컴퓨터 비전 5/e

컴퓨터 비전 5/e

원리, 알고리듬, 응용

E.R. Davies 지음 전성빈 옮김

에이콘

에이콘출판의 기틀을 마련하신 故 정완재 선생님 (1935-2004)

이 책을 가족들에게 바친다.

돌아가신 어머니 메리 데이비스는 언제나 사랑과 헌신을 보여주셨다.

돌아가신 아버지 아서 그랜빌 데이비스는 수학과 과학의 아름다움을 알려주셨다.

아내 조안은 사랑과 영감을 주었으며 인내해주고 지지해줬다.

나의 아이들 엘리자베스, 사라, 매리언은 내 삶의 즐거움이며,

손주 재스퍼, 제롬, 에바, 타라는 젊음의 끝없는 기쁨을 떠올리게 했다.

로이 데이비스의 최신 개정판에 추천사를 쓰게 돼서 영광이다. 이 책은 컴퓨터 비전 분야의 주요한 책 중 하나인데, 단순히 5판이 나올 정도로 오래됐기 때문만은 아니다. 이 책이 그런 위치에 오를 수 있었던 이유는 저자의 헌신과 노력이 있었기 때문이고, 책 자체가 보여주는 탁월함 때문이다.

컴퓨터 비전은 그 짧은 역사 속에서도 많은 진전을 이뤘다. 이는 기술의 발전 때문이기도 하다. 로이가 처음 연구를 시작했을 때에 비해 컴퓨터는 너무나 빨라졌고 메모리의 가격은 굉장히 저렴해졌다. 그리고 이에 따라 여러 성취와 발전이 이뤄졌다. 교재 역시 이에 맞추어 발전해왔다. 과거에도 훌륭한 교재가 여럿 있었으나, 현재는 절판됐거나 업데이트되지 않는 것들이 대다수다. 그에 반해 이 책은 발전된 점을 반영하며 계속 보완해왔다.

우리는 미래에 자동화 컴퓨터 비전이 우리 삶을 더욱더 편하고 풍요롭게 할 것이라 믿는다. 식품 산업에는 이미 컴퓨터 비전이 여러 방면으로 응용되고 있으며, 로봇 자동차 등도 곧 등장할 것이다. 그리고 의학 이미지 분석 분야에서도 지속적인 발전이 이뤄져, 컴퓨터 비전을 통한 자동 진단 및 처방을 시도하고 있다. 아울러 스마트폰에 들어가는 지문 인식이나 얼굴 인식도 계속 개선되고 있다. 이들 모두 컴퓨터, 컴퓨터 비전, 인공지능이 발전해온 결과라 할 수 있다.

컴퓨터 비전의 가능성을 믿는 사람들이라면 이 분야가 실제로 얼마나 흥미진진한지 알고 있을 것이다. 인간의 시각부터 전자적 하드웨어, 컴퓨터, 여러 컴퓨터 소프트웨어를 필요로 하는 머신 비전까지 다양한 방면에 걸쳐 있기 때문이다. 로이는 이 책에서 이 모든 것을 탁월하게 설명하고 있다.

이 책의 초판이 1990년에 출간됐을 때, 그 이론과 구현, 알고리듬을 독특하고 실용적인 방식으로 결합해 서술한 것에 감탄했던 기억이 난다. 이는 많은 학생이 컴퓨터 비전의 기초에 쉽게 접근할 수 있도록 해주었으며, 5판 역시 그 독창적인 접근법을 이어가고 있다. 으레 그렇듯 이 책은 판을 거듭하며 그 내용이 점점 방대해지고 있다. 수많은 컴퓨터 비전 연구자들이 새로운 기법을 발표하고, 개선하고, 발전시킴을 생각해보면 당연한 일이다.

5판에서 달라진 주된 점을 꼽자면 딥러닝의 등장이라 할 수 있다. 사실 컴퓨터 비전과 패턴 인식에 있어 이는 엄청난 변화였다. 컴퓨팅 파워와 메모리 가격 하락으로 인해 이 기법을 더 복잡하게 적용할 수 있었으며, 덕분에 '빅데이터'의 분석에 충분히 활용할 정도가 됐다. 이제는 딥러닝 및 합성곱 신경망의 성능을 무시할 수 없을 것이다. 혹은 유명 국제 학회의 프로그램 책자만 읽어봐도 연구자들 사이에서 그 혁명적인 기술의 반향을 엿볼 수 있을 것이다. 물론 아직은 초기 단계이긴 하지만 어느 정도의 방향을 제시하는 것은 필요하다. 인공지능 시스템에서 성능 문제는 언제나 고찰의 대상이며, 이를 풀어내기 위해서는 그 구조와 기반을 깊이 살펴볼 필요가 있다. 결국 교재의 역할이란 연구와 실제 측면에서 핵심적인 내용을 적절하게 요약해 소개하는 데 있다. 5판에서 딥러닝 내용을 포함한 것은 대담하지만 꼭 필요한 결정이라 생각한다.

저자에 대한 설명을 빠뜨릴 뻔했다. 그는 옥스퍼드대학교에서 고체물리학으로 박사학위를 받고, 새로운 핵자기공명 방식인 'Davies-ENDOR Electron and Nuclear Double Resonance(전자 핵 이중 공명)'을 발표해 이전의 'Mims-ENDOR'의 맹점을 보완했다. 1970년에 로열 홀로웨이의 조교수로 임명됐으며, 패턴 인식 및 그 응용에 대한 일련의 논문을 발표했고, 그 업적을 인정받아 정교수 임명 및 이학박사 학위를 받았다. 2005년에는 영국 머신 비전 협회 BMVA, British Machine Vision Association의 평생 공로상을 받았다. 그는 BMVA의 뉴스레터를 편집하는 등 여러 면에서 기여했다. 그의 연구 수준과 여러 동료, 논문들은 이 책의 내용에 깊이 녹아들어 있다.

5판이 내 책꽂이에 꽂혀 있는 4판을 대신하게 될 때를 기대하고 있다. 학생들의 책꽂이도 그렇게 될 것이라 믿어 의심치 않는다. 언제나 나에게 이 책은 필요한 정보를 찾기 위해 뒤적이는 교재 중 하나였다. 인터넷에 떠돌아다니는 단편적인 지식과 달리, 이 책을 통하면 맥락에 맞는 정보를 얻고 다른 자료로 안내받을 수 있다. 교재란 원래 그런 역할을 하는 것이다. 그리고 나는 이 5판이 그 역할을 충실히 할 것이라 확신한다.

마크 닉슨 Mark S. Nixon
사우샘프턴대학교
2017년 7월

E.R. 데이비스E.R. Davies

영국 런던대학교 로열 홀로웨이의 머신 비전 분야 명예교수다. 특징 검출, 노이즈 저감, 강건 패턴 매칭, 실시간 비전 응용 등 다양한 비전 분야에서 연구해왔다. 관심사는 자동 시각 검출, 감시, 차량 안내, 범죄 추적 등 다양하다. 200편 이상의 논문과 세 권의 책 『Machine Vision: Theory, Algorithms, Practicalities』(Morgan Kaufmann, 1990), 『Electronics, Noise and Signal Recovery』(Academic Press, 1993), 『Image Processing for the Food Industry』(World Scientific Publishing Company, 2000)를 썼다. 첫 번째 책은 여러 나라에서 25년 이상 사용돼 왔으며, 이 책은 그 내용을 대폭 보강한 5판이다. IoP와 IET의 펠로우이자 IEEE의 시니어 멤버이기도 하며, 「Pattern Recognition Letters」, 「Real-Time Image Processing」, 「Imaging Science」, 「IET Image Processing」의 편집위원이다. 런던대학교에서 이학박사 학위를, 2005년에는 'BMVA Distinguished Fellow'를, 2008년에는 'Fellow of the International Association of Pattern Recognition'을 받았다.

이 책의 표, 그림, 본문은 아래 열거한 과거 출판물을 이 책에 사용하도록 허락해주었기 때문에 온전히 출간할 수 있었다. 이에 대해 감사의 말을 전한다.

[Elsevier]

5장 본문 중 일부, 표 5.1~5.5, 그림 3.31, 5.2는 'Image and Vision Computing'의 다음 논문을 인용한 것이다.

Davies(1984b, 1987b)

8장 본문 중 일부, 그림 8.11은 'Pattern Recognition'의 다음 논문을 인용한 것이다.

Davies and Plummer(1981)

3장, 5장, 10장, 11장, 13장 본문 중 일부, 표 3.2, 10.4, 11.1, 그림 3.6, 3.8, 3.10, 5.1, 5.3, 10.1, 10.10, 10.11, 10.12, 10.13, 11.1, 11.3~11.11은 'Pattern Recognition Letters'의 다음 논문을 인용한 것이다.

Davies(1986, 1987a, c, d, 1988b, c, e, 1989a)

3장 본문 중 일부, 그림 3.15, 3.17~3.20은 'Signal Processing'의 다음 논문을 인용한 것이다.

Davies(1989b)

3장 본문 중 일부는 'Advances in Imaging and Electron Physics'의 다음 논문을 인용한 것이다.

Davies(2003c)

그림 8.9, 8.12, 9.1, 9.4는 'Encyclopedia of Physical Science and Technology'의 다음 논

문을 인용한 것이다.

Davies, E.R., 1987. Visual inspection, automatic (robotics). In: Meyers, R.A. (Ed.) Encyclopedia of Physical Science and Technology, vol. 14. Academic Press, San Diego, pp. 360–377.

[IEEE]

3장 본문 중 일부, 그림 3.4, 3.5, 3.7, 3.11은 다음 논문을 인용한 것이다.

Davies(1984a)

[IET]

3장, 4장, 6장, 13장, 21장, 22장, 23장 본문 중 일부, 표 3.3, 4.2, 그림 3.21, 3.28, 3.29, 4.6~4.10, 6.5~6.9, 6.12, 11.20, 14.16, 14.17, 22.16~22.18, 23.1, 23.3, 23.4는 'IET Proceedings and Colloquium Digests'의 다음 논문을 인용한 것이다.

Davies(1988a, 1999c, 2000a, 2005, 2008)
Sugrue and Davies(2007)
Mastorakis and Davies(2011)
Davies et al.(1998)
Davies et al.(2003)

[IFS Publications Ltd]

12장, 20장 본문 중 일부, 그림 10.7, 10.8은 다음 논문을 인용한 것이다.

Davies(1984c)

[The Royal Photographic Society]

3장 본문 중 일부, 그림 3.12, 3.13, 3.22~3.24는 다음 논문을 인용한 것이다(Maney 웹사이트 (www.maney.co.uk/journals/ims)도 참고하길 바란다).

Davies(2000c)
Charles and Davies(2004)

[Springer-Verlag]

6장 본문 중 일부, 그림 6.2, 6.4는 다음 논문을 인용한 것이다.

Davies(1988d), 그림 1~3

[World Scientific]

7장, 22장, 23장 본문 중 일부, 그림 3.25~3.27, 5.4, 22.20, 23.15, 23.16은 다음 도서를 인용한 것이다.

Davies, 2000. Image Processing for the Food Industry. World Scientific, Singapore.

[The Committee of the Alvey Vision Club]

11장 본문 중 일부, 그림 11.12, 11.13, 11.17은 'Proceedings of the 4th Alvey Vision Conference'에 다음과 같이 먼저 출판된 내용을 인용한 것이다.

Davies, E.R., 1988. An alternative to graph matching for locating objects from their salient features. In: Proceedings of 4th Alvey Vision Conference, Manchester, 31 August-2 September, pp. 281-286.

[F.H. Sumner]

8장 본문 중 일부, 그림 8.4는 'State of the Art Report: Supercomputer Systems Technology'의 기고문을 인용한 것이다.

Davies, E.R., 1982. Image processing. In: Sumner, F.H. (Ed.), *State of the Art Report*: Supercomputer Systems Technology. Pergamon Infotech, Maidenhead, pp. 223-244.

[Royal Holloway, University of London]

이 책의 문제 중 일부는 E.R. 데이비스가 다음 과목에서 사용한 시험 문제를 인용한 것이다.

EL385/97/2; EL333/98/2; EL333/99/2, 3, 5, 6; EL333/01/2, 4-6;
PH5330/98/3, 5; PH5330/03/1-5; PH4760/04/1-5.

[University of London]

이 책의 문제 중 일부는 E.R. 데이비스가 다음 과목에서 사용한 시험 문제를 인용한 것이다.

PH385/92/2, 3; PH385/93/1 – 3; PH385/94/1 – 4; PH385/95/4; PH385/96/3, 6; PH433/94/3, 5; PH433/96/2, 5.

[공개 이미지 데이터베이스 및 유틸리티]

15장 및 21장에 사용된 이미지 중 일부는 다음 이미지 데이터베이스 및 유틸리티를 사용해 생성한 것이다.

The Cambridge semantic segmentation online demo

그림 15.14에 사용된 이미지는 케임브리지대학교에서 제공하는 온라인 데모를 통해 처리한 것이다(Badrinarayanan et al.(2015) 참고).

http://mi.eng.cam.ac.uk/projects/segnet/ (07.10.16 접속 확인)

The CMU image dataset

그림 21.6의 '뉴스 라디오' 이미지는 Test Set C(CMU에서 Rowley, H.A., Baluja, S., Kanade, T. 등이 수집함)에서 취한 것이며, 다음 논문에서 이에 대해 설명하고 있다.

Rowley, H.A., Baluja, S., Kanade, T., 1998. Neural network-based face detection. IEEE Trans. Pattern Anal. Mach. Intell. 20(1), 23–38.

해당 세트는 다음 웹사이트에서 다운로드할 수 있다.

http://vasc.ri.cmu.edu/idb/html/face/frontal_images/ (20.04.17 접속 확인)

The Bush LFW dataset

21장에서 사용된 조지 부시[George W. Bush]의 이미지들은 매사추세츠대학교에서 수집한 다음 이미지 세트에서 취한 것이다.

Huang, G.B., Ramesh, M., Berg, T., Learned-Miller, E., 2007. Labeled Faces in the Wild: A Database for Studying Face Recognition in Unconstrained Environments. University of Massachusetts, Amherst, Technical Report 07-49, October.

해당 데이터베이스는 다음 웹사이트에서 다운로드할 수 있다.

http://vis-www.cs.umass.edu/lfw/ (20.04.17 접속 확인)

| 옮긴이 소개 |

전성빈(clockoon@gmail.com)

기계공학과에서 광공학과 이미지 처리를 세부전공으로 박사학위를 받았다. 지식의 시각화와 구조화에 꾸준한 관심을 기울이고 있다. 에이콘출판사에서 출간한 『파이썬 네트워킹 마스터 2/e』(2019), 『HLSL 프로그래밍』(2016) 등을 번역했다.

저자의 말처럼 컴퓨터 비전은 비교적 짧은 시간 동안 굉장히 빠르고 광범위하게 발전해왔으며 수많은 분야에서 활용되고 있습니다. 이 책은 과거에서 현재까지 컴퓨터 비전이 어떻게 발전해왔는지를 보여주고, 이론, 원리, 응용 분야를 가능한 한 모두 설명해 책을 읽는 사람들이 더 깊이 그리고 멀리 나아갈 수 있도록 길잡이 역할을 자처하고 있습니다. 저자 자신이 컴퓨터 비전 분야의 긴 여정을 오랫동안 걸어왔기 때문에, 이 책의 신뢰도는 높다고 할 수 있겠습니다. 요컨대 컴퓨터 비전에 관심을 갖고 이것으로 무언가 해보고 싶은 독자에게 이 책은 기반을 단단하게 다지고 어디로든 갈 수 있도록 도와줄 것입니다.

이 방대한 책을 번역하는 것은 쉽지 않은 일이었습니다. 그중 가장 높은 장벽으로 다가왔던 부분은 수많은 용어들을 어떻게 한국어로 옮길지에 관한 것이었습니다. 컴퓨터 비전은 그 특성상 수학과 컴퓨터의 중간에서 양쪽의 언어를 동시에 사용하며 학술적인 성격과 실무적인 성격을 동시에 띠기 때문에, 용어를 번역하기가 다소 까다로웠습니다. 이 책을 번역하면서 두 가지 원칙을 세우고 그 원칙에 따라 용어를 옮기려 노력했습니다. 첫째, 원어에 대응하는 역어를 찾았고, 만일 존재한다면 가급적 이를 사용했습니다. 한국수학회(https://www.kms.or.kr/mathdict/list.html)나 텀즈(http://www.terms.co.kr/) 등의 목록에서 많은 도움을 받았습니다. 둘째, 제안된 역어가 원어의 뉘앙스를 제대로 반영하기 어려운 경우에는 용어를 그대로 읽어 음역하는 방식을 취했습니다. 가능하다면 적절한 선택을 하려 노력했지만, 실수나 오해가 없을 것이라 확신하기는 어렵습니다. 어색한 부분이나 더 적절한 제안이 있다면 이메일 등으로 피드백 주시길 부탁드립니다.

이 책의 전체를, 그리고 컴퓨터 비전을 꿰뚫는 가장 핵심적인 문장은 1장에서 저자가 제시한 원칙이라 생각합니다. "눈이 할 수 있는 것은 기계도 할 수 있다." 모든 독자가 책을 통해 이 원칙을 확인할 수 있기를 바랍니다.

차례

05 외각 검출 181

06 모서리, 특징점, 불변 특징 검출 213

5부 컴퓨터 비전의 응용 759

5판 서문

이 책은 1990년에 초판이 나왔으며, 많은 연구자와 실무자에게 사랑을 받았다. 그러나 이후 20년의 시간이 흐르는 동안 이 분야가 발전하는 속도는 점점 빨라졌으며, 초판에서는 거의 언급하지 못했던 분야에 대한 내용을 점점 판을 거듭하며 더해왔다. 예를 들어 특징 검출, 수학적 모폴로지, 텍스처 분석, 감시, 인공신경망, 3차원 비전, 불변성, 모션 분석, 물체 추적, 강건 통계 등 새롭고 중요한 내용을 추가했다. 4판에서는 더 넓은 범위의 응용 분야를 살펴보고자 했으며, 특히 감시 및 차량 내 비전 시스템을 다루는 2개 장을 추가했다. 그렇지만 컴퓨터 비전 분야는 계속해서 움직이고 있다. 최근 4~5년간 딥 신경망에 대한 연구가 폭발적으로 이뤄지기 시작했으며, 이를 실제로 접목한 결과가 불완전하게나마 점차 발표되고 있다. 그러므로 5판에서는 이 급격한 발전에 대한 이론적인 설명과 실제 응용 측면을 모두 반영할 필요가 있었다. 이에 따라 이 책에서는 새로운 부(3부 '머신러닝과 딥러닝 네트워크')를 추가했으며, 제목에서 유추할 수 있듯이 (기존의 '인공신경망'에서 더 멀리 나아간) '딥러닝'에 대한 내용과 더불어, 엄밀한 확률론적 방법론에 따른 패턴 인식 접근법도 함께 다뤘다.

물론 이러한 내용을 설명하는 것이 쉽지만은 않다. 확률론적 방법론의 경우 수학적인 내용을 다루는 수준을 구성하는 데 있어 주의를 기울여야 한다. 너무 얕게 다루면 내용이 부실해져 실질적으로 전달되는 것이 없는 것과 마찬가지다. 너무 깊이 다루면 많은 독자가 내용을 따라가는 것이 불가능해진다. 어느 쪽이든 독자가 (수학적) 실제를 파악하는 데 적합하지 않다. 따라서 14장에서는 사용되는 방법론을 전체적으로 개괄하되, 최소한 처음 읽을 때는 약간의 수학적 복잡함을 느낄 수 있을 정도로 서술했다. 상대적으로 어려운 14장에 이어, 15장 및 21장은 사례 연구를 크게 두 부류로 나누어 설명한다. 전자는 딥러닝 네트워크에 대한 주요한 발전이 이뤄지던 기간(2012~2015년)에 해당하는 내용을, 후자는 비슷한 시기이지만(2013~2016년) 딥러닝이 얼굴 검출 및 인식에 초점을 맞춰서 주목할 만한 성과를 보인 내용을 다룬다. 그뿐 아니라, 새롭게 추가된 내용을 반영해 책의 제목 역시 수정했다. 아울러 책의 구성을 변경해, 응용 분야를 다룬 3개 장을 모아 새롭게 5부 '컴퓨터 비전의 응용'으로 묶었다.

현재 컴퓨터 비전은 엄밀함, 신뢰도, 일반성, (매우 강력한 GPU 등 향상된 하드웨어 구현을 통한) 실시간 성능 등의 측면에서 충분한 수준의 성숙도를 보이고 있다. 이는 연구자들이 이전보다 더 깊은 수준으로 이를 응용하고 있으며, 실제적인 어려움이 더 줄어들었음을 뜻한다. 이에 따라 5판에서는 이러한 새롭고 흥미로운 상황을 기초적인 수준에서부터 다뤘다.

전자공학 및 컴퓨터과학 학부 졸업학기 과목에서 이 책을 사용한다면 일반적으로 1~13장 및 16장에 더해, 필요에 따라 다른 장의 일부를 학습할 필요가 있다. 석사 및 박사 학위 과정에서는 3부와 4부를 깊게 다루고, 이미지 분석 시스템에 대한 여러 실용적인 예제와 함께 5부 중 일부 장을 다루도록 강의를 구성하는 것이 적절하다(부록에서 다룬 강건 통계의 경우 학부 수준 밖에 있긴 하지만, 깊은 수준으로 들어가기 위해서는 반드시 거쳐갈 필요가 있는 내용이다). 후자의 경우 구체적인 내용은 대상이 되는 학생이 어떤 분야를 연구하는지에 따라 달라진다. 즉, 어느 수준을 넘어서면 이 책은 연구를 위한 핸드북 역할이 더 강해지며, 실제로 책을 서술한 목적 중 하나는 이 중요한 분야의 연구자와 실무자가 핸드북으로 사용할 수 있도록 하는 것이다.

초판 머리말에서 언급했듯이, 이 책은 박사후 과정 학생과 함께 연구하며 얻은 경험에 많은 부분 기대고 있다. 특히 마크 에드먼즈Mark Edmonds, 사이먼 바커Simon Barker, 다니엘 셀라노Daniel Celano, 대럴 그린힐Darrel Greenhill, 데릭 찰스Derek Charles, 마크 수그루Mark Sugrue, 게오르기오스 마스토라키스Georgios Mastorakis에게 감사를 표한다. 그들은 각자의 방식으로 내 관점을 형성하는 데 많은 도움을 주었다. 또한 배리 쿡Barry Cook, 자히드 후세인Zahid Hussain, 이안 한나Ian Hannah, 데브 파텔Dev Patel, 데이비드 메이슨David Mason, 마트 베이트먼Mark Bateman, 톄잉 루Tieying Lu, 아드리안 존스톤Adrian Johnstone, 피어스 플러머Piers Plummer 등 동료들과의 여러 유익한 논의에 대해서도 감사하고 싶다. 특히 마지막 두 명은 내 연구실에서 비전 알고리듬을 하드웨어 시스템으로 구현하는 데 있어 큰 도움이 됐다. 다음으로, 영국 머신 비전 협회 동료들과 광범위하게 진행한 논의에 대해 언급할 필요가 있다. 그중에서도 마지드 미르메디Majid Mirmehdi, 아드리안 클락Adrian Clark, 네일 태커Neil Thacker, 마크 닉슨Mark Nixon에게 깊은 감사를 표한다. 그들은 이 책을 발전시키는 데 큰 영향을 끼쳤으며, 본문에 그 흔적이 남아 있다. 아울러 중요한 의견을 남기고 매우 가치 있는 조언을 아끼지 않은 여러 익명의 검토자들에게도 감사의 말을 전한다. 마지막으로, 엘스비어 사이언스[Elsevier Science]의 팀 피츠[Tim Pitts]에게는 큰 빚을 졌다. 그의 도움과 격려가 없었다면 5판은 완성되지 못했을 것이다.

보조 자료

엘스비어의 홈페이지에서 독자와 학생들이 참고할 수 있는 프로그래밍 관련 자료 등을 제공한다. 자세한 내용은 다음 주소에서 확인하라. https://www.elsevier.com/books-and-journals/book-companion/9780128092842

문의

한국어판에 관한 질문이 있다면 에이콘출판사 편집 팀(editor@acornpub.co.kr)이나 옮긴이의 이메일로 문의하길 바란다.

한국어판의 정오표는 에이콘출판사 도서정보 페이지 http://www.acornpub.co.kr/book/cv-5e에서 찾아볼 수 있다.

30년이 넘는 시간 동안, 머신 비전은 다양한 주제와 응용 분야에서 성숙한 주제로 발전해왔다. 즉, 자동 (로봇) 조립에서 자동 차량 안내로, 자동 문서 해석에서 서명 검증으로, 원격으로 취득한 이미지의 분석에서 지문 및 혈구 확인에 이르기까지 넓은 범위에서 발전이 이뤄졌다. 현재도 자동 시각 검사 분야는 계속해서 크게 성장하고 있으며, 특히 품질, 안전성, 비용 효율 측면에 중점을 두고 있다. 이러한 다방면의 변화 때문에 관련 분야 종사자들이 적절한 방법론을 따라가기란 쉽지 않다. 특히 돌발적인 발전과 의미 있는 진보를 구분하기가 어렵다. 이 책은 바로 이런 상황에 도움이 될 배경지식을 제공한다.

이 책은 10~12년에 걸쳐 런던대학교에서 학부 및 대학원생을 대상으로 강의한 내용과 여러 기업 강의 및 세미나에서 사용한 자료를 바탕으로 쓰였다. 그와 동시에 내 연구와 더불어 박사 과정 및 박사후 과정 연구자들을 지도한 경험이 이 책의 기반이 됐다. 만약 이 책이 8년, 6년, 4년 혹은 2년 전에 이미 존재했었더라면 머신 비전의 실제 문제들을 좀 더 쉽게 해결할 수 있었을 것이다. 독자들이 이 내용을 활용해 도움을 얻기를 바라며 이 책을 썼다. 물론 이 책에서 강조하는 내용에는 내 주관이 들어가 있다. 예를 들어, 자동 시각 검사 등 산업 분야에서 비전을 응용할 때 특정한 한 가지 방식에 치우쳐 해결 방법을 소개하게 될지도 모른다. 또한 여러 전문 분야를 다룸에 있어, 다양한 이미지 분석 분야에 대한 일반론을 구축할 수 있도록 주의를 깊이 기울여야 한다. 이 책을 읽다 보면 노이즈 저감, 외각 검출, 조명 이론, 특징 인식, 베이즈 이론, 그리고 (최근의) 허프 변환 등이 매우 포괄적으로 쓰임을 깨닫게 될 것이다. 그러나 '일반론'이란 더 근본적인 차원에서 출발한다. 이 책은 비전 알고리듬에 대한 한계, 제약 조건, 트레이드오프 등에 대한 일반적인 현상과 그 규칙을 다루는 것을 목표로 했다. 즉, 노이즈 효과, 오클루전, 왜곡, (덜 안정적인 임시적 변동성 또는 사후적 조치 대신) 고유한 강건성이 핵심적인 주제로 등장한다. 아울러 정확도, 체계적 설계, 알고리듬 및 아키텍처 매칭도 중요한 테마에 속한다. 마지막으로, 완전한 시스템에 반드시 포함돼야 하는 조명 효과가 있다. 이미지 처리 및 분석을 논하는 대부분의 책에서는 이 주제를 그리 깊이 다루지 않는 경향이 있다. 이러한 점에서 확인할 수 있듯이 이 책은 다양한 범위와 수준의 독자들을 대상으로 한다. 처음 읽을 때는 전반적인 내용을 빠르게 훑겠지만, 실제로 독자가 필요로 하는 내용은 그보다 훨씬 깊은 수준이 될 것이다.

물론 이런 류의 책을 쓸 때는 그 내용을 선정하는 과정이 굉장히 어렵다. 이 분야가 꽤 오래 연구됐기에 관련한 모든 주제를 다루는 것은 분량에 제약이 있어 불가능하다. 대신에 실현할 수 있는 한 가지 방법은 전체 분야를 재빨리 훑으며 필요한 모든 내용을 조금씩 언급하되, 독자가 자세한 내용을 이해하는지 혹은 책을 읽음으로써 무엇을 '이룰 수' 있는지의 여부는 무시하는 것이다. 그러나 실용적인 측면에서 생각해보면 이러한 방식은 극단적이고 무의미하다고 생각된다. 혹은 정반대로, 실용적인 측면에 집중하는 식으로 나아가는 방법도 가능하다(상세한 알고리듬, 상세한 조명 이론 등). 무엇이 더 적합할지는 독자가 판단해야 할 몫이다. 내 의견을 솔직히 말하자면, 독자나 학생들이 여러 주제에 대한 정보를 두서없이 취득하는 것보다는 연관된 주제를 함께 익히는 편이 훨씬 나으며, 학습한 내용을 정확하게 기억하는 데 도움이 될 것이라 생각한다. 그렇기에 이 책에서는 내 주관에 따라 텍스처 분석, 완화 방식, 모션, 광학 플로우 등 중요한 주제에 대한 자세한 논의를 불가피하게 생략할 수밖에 없었다.

내용을 구성할 때는 책의 앞부분에서 주제에 어려움 없이 접근할 수 있도록 관련 알고리듬을 충분히 상세하게 서술해(특히 2장 '이미지와 이미지 연산' 및 6장 '모서리, 특징점, 불변 특징 검출') 명확한 이해를 도우려 했다. 특히 중요하면서도 그 자체로 상당히 복잡한 바이너리 이미지의 연결성 같은 주제가 이에 속한다. 요컨대 1부는 서론 역할을 하지만 간단한 내용만 다루는 것은 아니며 일부는 최신 연구 결과도 포함한다(예를 들어, 임계화 기법이나 외각 검출 등). 2부는 핵심적인 내용을 다룬다. 사실 관련 문헌들을 검토해보면, 중간 수준의 비전 분야는 나머지와 상당한 격차를 보인다. 고수준 비전(AI) 관련 주제는 오랫동안 연구자들이 상상했던 바를 쫓아가는 단계라면, 중간 수준 비전이 갖고 있는 나름의 어려움은 상당히 성공적으로 해결되는 단계에 있다(1962년 처음 발표된 허프 변환의 경우 다소 난해한 문제를 해결하기 위한 특수한 주제로 여겨졌지만, 이제는 그 자체로서 인정받고 있음을 기억하라). 2부와 3부의 앞부분은 이러한 내용을 분명하게 전달하며, 4부는 이러한 특정 변환이 왜 유용해졌는지를 다룬다. 전체적으로

3부에서는 책의 앞부분에서 다룬 기본적인 연구를 실제로 응용하는 방법을 보이며, 그 구현에 필요한 이론 중 일부를 다룬다. 3부에서부터 조명 및 하드웨어 시스템에 대한 장이 등장한다. 또한 이를 실제로 응용하는 데 필요한 이론을 집중적으로 다룬다. 이렇게 해야 하는 이유는 산업에 활용되는지 여부와 무관하게 많은 비전 응용 분야가 존재하며, 이들을 나열하고 각각의 세부 내용을 끝없이 서술하는 것은 너무 지루하기 때문이다. 게다가 그 세부 내용은 시간이 흐르면서 급격히 변화한다. 이 책이 3차원 비전을 전부 다루지는 못했지만(이를 제대로 다루려면 책 한 권 분량을 할애해야 한다), 이 수학적으로 복잡하나 매우 중요한 주제에 대해 다소 상세한 개괄을 포함시킬 필요는 있다. 이에 따라 16장 '3차원 세계'는 이 책에서 가장 긴 장이 됐다. 마지막으로, 4부는 비전 알고리듬의 한계와 제약 조건에 대한 질문을 던지며, 앞쪽 장에서 살펴본 정보와 경험을 기반으로 그 답을 그려낸다. 마지막 장의 제목을 '결론'이라 붙이고픈 유혹이 없었던 것은 아니지만, 컴퓨터 비전처럼 급격하게 변화하는 분야이니만큼 이러한 유혹을 이겨내되 여러 교훈과 현재 상황을 제시하는 정도에서 그쳐야 했다. 이 다소 개인적인 관점으로 채워져 있는 장을 독자들이 흥미롭고 유용하게 받아들일 수 있다면 다행일 것이다.

로이 데이비스
영국 런던대학교 로열 홀로웨이

응용 분야별 관련 주제

	복강경 추적	손 검출 및 추적	인간 눈 및 홍채 위치 탐색	얼굴 검출 및 인식	미술작품 / 사진 / 이미지 스티칭	곡물 내 오염물 위치 탐색	감시	교통 흐름 모니터링	모델 기반 동물 추적	운전자 보조 시스템	도로, 차선, 표지판 검출	차량 및 보행자 위치 탐색	농업 차량주행 안내
아핀 모션 모델							√	√	√				
신뢰 네트워크							√	√					
부스팅				√									
챔퍼 매칭											√	√	
원형 및 타원형 검출			√								√		
형태-세기 디커플링									√				
딥러닝			√	√							√		
EM 알고리듬							√				√		
허프 변환			√										√
히스테리시스 임계화													√
칼만(Kalman) 필터							√	√		√			
메디안 필터 기반 분석						√							
모폴로지 처리	√					√							
오클루전 추정							√	√		√			
패턴 인식					√	√				√		√	
원근 및 소실점	√				√		√			√	√		
주성분 분석		√		√					√				

	복강경 추적	손 검출 및 추적	인간 눈 및 홍채 위치 탐색	얼굴 검출 및 인식	미술작품 / 사진 / 이미지 스티칭	곡물 내 오염물 위치 탐색	감시	교통 흐름 모니터링	모델 기반 동물 추적	운전자 보조 시스템	도로, 차선, 표지판 검출	차량 및 보행자 위치 탐색	농업 차량주행 안내
RANSAC	√									√	√		
분할	√	√		√		√					√	√	√
형태 왜곡						√							
스네이크								√	√				
근사 및 스플라인													
샘플링을 통한 속도 향상				√									
대칭 물체 검출			√							√		√	
시간 축 필터링							√	√	√	√			
추적 및 파티클 필터							√			√			
2단계/다단계 매칭				√		√							

통합 비전 시스템 설계 관계도

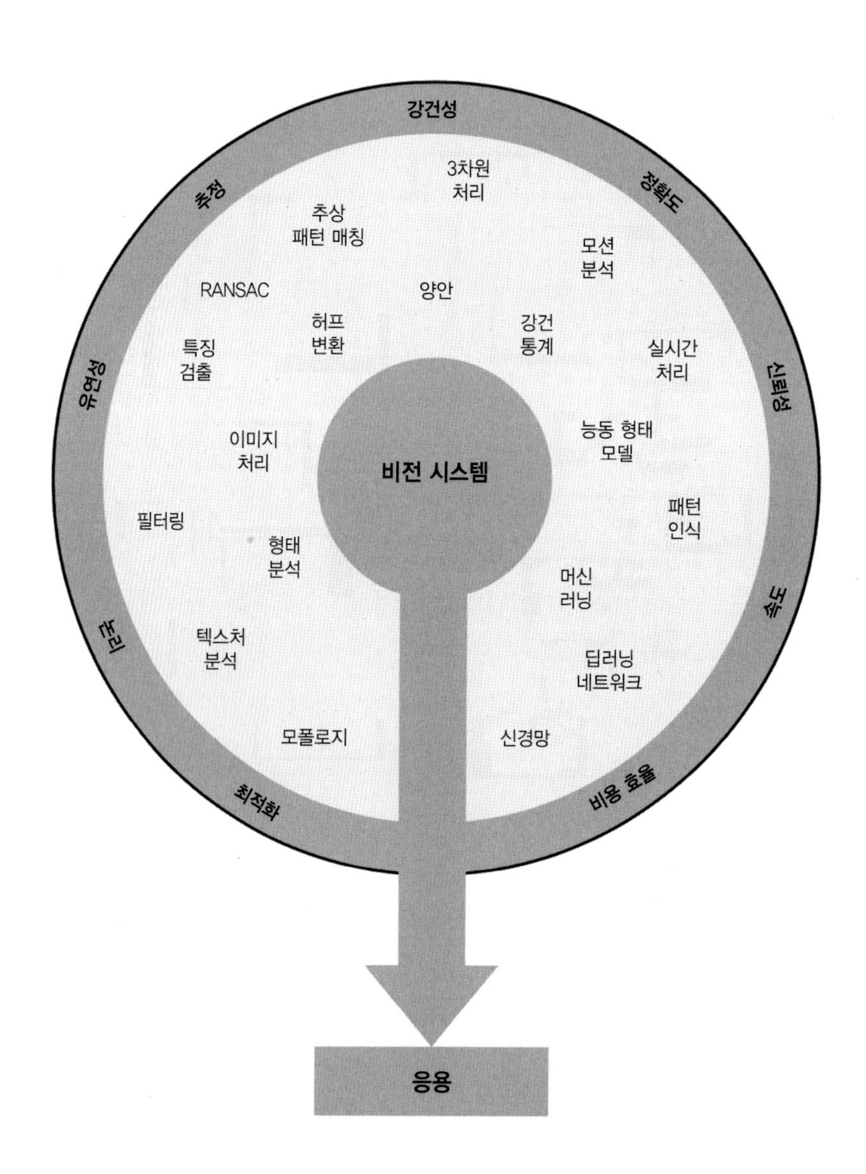

두문자 및 약어

1D	1차원one dimension/one-dimensional
2D	2차원two dimensions/two-dimensional
3D	3차원three dimensions/three-dimensional
AAM	능동 외형 모델active appearance model
ACM	(미국) 컴퓨터 학회Association for Computing Machinery
ADAS	첨단 운전자 보조 시스템advanced driver assistance system
AFW	외각 표시된 현실적 얼굴 세트annotated faces in the wild
AI	인공지능artificial intelligence
ANN	인공신경망artificial neural network
AP	평균 정확도average precision
APF	보조 파티클 필터auxiliary particle filter
ASCII	미국정보교환표준부호American Standard Code for Information Interchange
ASIC	응용 특정 집적회로application specific integrated circuit
ASM	능동 형태 모델active shape model
ATM	자동입출금기automated teller machine
AUC	곡선 아래 면적area under curve
AVI	오디오 비디오 인터리브audio video interleave
BCVM	클래스 간 분산 방식between-class variance method
BDRF	양방향 반사 분포 함수bidirectional reflectance distribution function
BetaSAC	베타 (분포) 샘플링 컨센서스beta (distribution) sampling consensus
BMVA	영국 머신 비전 협회British Machine Vision Association
BPTT	시간 역전파backpropagation through time

CAD 컴퓨터 지원 설계computer-aided design

CAM 컴퓨터 지원 생산computer-aided manufacture

CCTV 폐쇄회로 텔레비전closed-circuit television

CDF 누적 분포 함수cumulative distribution function

CLIP 셀 방식 논리 이미지 프로세서cellular logic image processor

CNN 합성곱 신경망convolutional neural network

CPU 중앙 처리 장치central processor unit

CRF 조건부 무작위 필드conditional random field

DCSM 개별 클래스 기반 노드 분할 지표distinct class based splitting measure

DET 보데 행렬식 연산자Beaudet determinant operator

DG 차분 그레이디언트differential gradient

DN 드레슐러-나겔 모서리 검출자Dreschler-Nagel corner detector

DNN 역합성곱 네트워크deconvolution network

DoF 자유도degree of freedom

DoG 가우시안의 변화량difference of Gaussians

DPM 변형 가능 파트 모델deformable parts models

EM 기댓값 최대화expectation maximization

EURASIP 유럽 신호 처리 협회European Association for Signal Processing

f.c. 완전연결fully connected

FAR 정렬 및 인식을 위한 전면화frontalization for alignment and recognition

FAST 가속 세그먼트 평가 기반 특징 추출features from accelerated segment test

FCN 완전 합성곱 네트워크fully convolutional network

FDDB 얼굴 검출 데이터셋 및 벤치마크face detection data set and benchmark

FDR 얼굴 검출 및 인식face detection and recognition

FFT 고속 푸리에 변환fast Fourier transform

FN 거짓 음성false negative

fnr 거짓 음성률false negative rate

FoE 확장 중심focus of expansion

FoV 시야field of view

FP 거짓 양성false positive

FPGA 현장 프로그래밍 가능 게이트 어레이field programmable gate array

FPP 전체 원근 투영full perspective projection

fpr 거짓 양성률false positive rate

GHT 일반 허프 변환generalized Hough transform

GLOH 그레이디언트 위치 및 각도 히스토그램gradient location and orientation histogram

GMM 가우시안 혼합 모델Gaussian mixture model

GPS 범지구 위치 결정 시스템global positioning system

GPU 그래픽 처리 장치graphics processing unit

GroupSAC 그룹 샘플링 컨센서스group sampling consensus

GVM 전역 골짜기 방법global valley method

HOG 방향 그레이디언트 히스토그램histogram of orientated gradients

HSI 색조, 채도, 세기hue, saturation, intensity

HT 허프 변환Hough transform

IBR 세기 극값 기반 영역 검출자intensity extrema-based region detector

IDD 통합 방향 도함수integrated directional derivative

IEE (영국) 왕립전기공학회Institution of Electrical Engineers

IEEE (미국) 전기전자기술자협회Institute of Electrical and Electronics Engineers

IET (영국) 공학기술학회Institution of Engineering and Technology

ILSVRC imageNet large-scale visual recognition object challenge

ILW 반복 가능도 가중iterated likelihood weighting

IMPSAC 중요도 샘플링 컨센서스importance sampling consensus

IoP (영국) 물리학회Institute of Physics

IRLFOD image-restricted, label-free outside data

ISODATA 반복 자가조직 데이터 분석iterative self-organizing data analysis

JPEG/JPG Joint Photographic Experts Group

***k*-NN** *k* 최근접 이웃k-nearest neighbor

KL 쿨백-라이블러Kullback-Leibler

KR 키친-로젠펠트 모서리 검출자Kitchen-Rosenfeld corner detector

LED 발광 다이오드light emitting diode

LFF 로컬 특징 집중 방식local-feature-focus method

LFPW 라벨링된 현실적 얼굴 부분 세트labeled face parts in the wild

LFW 라벨링된 현실적 얼굴 세트labeled faces in the wild

LIDAR 빛 감지 및 거리 측정light detection and ranging

LMedS 최소 제곱 메디안least median of squares

LoG 가우시안의 라플라시안Laplacian of Gaussian

LRN 로컬 반응 정규화local response normalization

LS 최소 제곱least squares

LSTM 장단기 메모리long short-term memory

LUT 룩업 테이블lookup table

MAP 최대 사후 확률maximum a posteriori

MDL 최소 설명 길이minimum description length

ML 머신러닝machine learning

MLP 다중 레이어 퍼셉트론multi-layer perceptron

MoG 가우시안 혼합mixture of Gaussians

MP 마이크로프로세서microprocessor

MSER 최대 안정 극영역maximally stable extremal region

NAPSAC *n* 근접 지점 샘플 컨센서스n adjacent points sample consensus

NIR 근적외선near infra-red

NN 최근접 이웃nearest neighbor

OCR 광학 문자 인식optical character recognition

OVR 일대다one versus the rest

PASCAL	패턴 분석, 통계 모델링, 계산 학습에 관한 우수성 네트워크Network of Excellence on pattern analysis, statistical modeling and computational learning
PC	개인 컴퓨터personal computer
PCA	주성분 분석principal components analysis
PE	처리기processing element
PnP	원근 *n* 지점perspective *n*-point
PPR	확률론 패턴 인식probabilistic pattern recognition
PR	패턴 인식pattern recognition
PROSAC	점진적 샘플 컨센서스progressive sample consensus
PSF	점확산함수point spread function
R-CNN	CNN 특징 영역regions with CNN features
RAM	랜덤 액세스 메모리random access memory
RANSAC	무작위 샘플 컨센서스random sample consensus
RBF	방사형 기저 함수(분류자)radial basis function (classifier)
RELU	정류 선형 유닛rectified linear unit
RGB	빨강, 초록, 파랑red, green, blue
RHT	무작위 허프 변환randomized Hough transform
RKHS	재생핵 힐베르트 공간reproducible kernel Hilbert space
RMS	제곱평균제곱근root mean square
RNN	순환 신경망recurrent neural network
ROC	수신자 조작 특성receiver-operator characteristic
RoI	관심 영역region of interest
RPS	(영국) 왕립사진협회Royal Photographic Society
s.d.	표준편차standard deviation
SFC	페이스북 소셜 얼굴 분석Facebook social face classification
SFOP	스케일 불변 특징 연산자scale-invariant feature operator
SIFT	스케일 불변 특징 변환scale invariant feature transform

SIMD	단일 명령어 흐름, 복수 데이터 흐름single instruction stream, multiple data stream
Sir	샘플링 중요도 리샘플링sampling importance resampling
SIS	순차 중요도 샘플링sequential importance sampling
SISD	단일 명령어 흐름, 단일 데이터 흐름single instruction stream, single data stream
SOC	정렬 최적 곡선sorting optimization curve
SOM	자기조직화 지도self-organizing map
SPIE	국제광공학회Society of Photo-optical Instrumentation Engineers
SPR	통계적 패턴 인식statistical pattern recognition
STA	시공 집중 (신경망)spatiotemporal attention (neural network)
SURF	고속 강건 특징 추출speeded-up robust features
SUSAN	최소 단일 값 세그먼트 흡수핵smallest univalue segment assimilating nucleus
SVM	서포트 벡터 머신support vector machine
TM	템플릿 매칭template matching
TMF	단축 메디안 필터truncated median filter
TN	참 음성true negative
tnr	참 음성률true negative rate
TP	참 양성true positive
tpr	참 양성률true positive rate
TV	텔레비전television
USEF	단위 계단 외각 함수unit step edge function
VGG	시각 기하 그룹Visual Geometry Group(옥스퍼드)
VJ	바이올라-존스Viola-Jones
VLSI	초고밀도 집적회로very large scale integration
VMF	벡터 메디안 필터vector median filter
VOC	시각 물체 클래스visual object classes
VP	소실점vanishing point
WPP	약한 원근 투영weak perspective projection

YOLO 한눈에 처리하기 you only look once

YTF 유튜브 얼굴 세트 YouTube faces

ZH 주니가-해럴릭 모서리 검출자 Zuniga-Haralick corner detector

01

비전, 그 도전

1.1 서론: 인간의 감각

사람의 다섯 감각(시각, 청각, 후각, 미각, 촉각) 중 시각, 즉 비전vision은 의심의 여지 없이 사람이 가장 많이 의지하는 감각이자, 가장 많은 정보량을 갖는 감각일 것이다. 우리의 눈은 시야에서 한 번에 수 메가비트에 달하는 정보를 받아들일 뿐만 아니라, 연속적으로 10Mbps가 넘는 데이터를 전송한다. 그러나 이 정보 중 상당 부분은 불필요하기 때문에, 시각 피질의 여러 레이어를 거치며 압축된다. 최종적으로 뇌의 고위중추higher center는 입력된 데이터에 비해 작은 양만 추상적으로 처리하게 된다. 그렇게 해도, 고위중추가 눈으로부터 받아들이는 정보의 양은 다른 네 종류의 감각보다 최소 100배는 더 많다.

인간의 비전 시스템의 또 다른 특징은 정보를 쉽게 해석해낼 수 있다는 것이다. 예를 들어, 우리는 풍경을 그저 본다(숲 속의 나무, 책상 위의 책들, 공장 안의 도구들). 특별한 추론이 필요한 것도 아니고, 이 풍경들을 해석하기 위해 엄청난 노력이 필요한 것도 아니다. 또한 우리는 0.1초 안에 이 풍경들을 판단해낸다. 단지 그 판단에 대해 혼동이 있을 뿐이다. 예를 들어, 와이어 형태의 정육면체는 '보기와 달리' 실제로는 겉과 속이 뒤집힌 것일 수도 있다. 이러한 착시현상들은 잘 알려져 있지만, 많은 경우 단지 호기심 측면에서 자연의 이상현상 정도로 관심을 가질 뿐이다. 그러나 착시현상은 뇌에서 많은 양의 복잡한 시각적 데이터를 받아들이는 과정에서 저항한 흔적이라는 측면에서 중요하다. 여기서 더 깊이 들어가지는 않겠지만(책의 여러 부분에서 착시에 대해 언급할 기회가 있을 것이다), 요점은 시각이라는 감각이 이토록 복잡하다는 것이다. 보는 것은 생각처럼 단순한 과정을 거치지 않는다. 비전 시스템은 수백만 년 동안 진화해왔지만, 그 과정에서 우리가 불필요한 정보를 더 잘 걸러내거나 반응 속도를 줄인다든가 하는 식으로 나아진 점은 거의 없다고 해도 무방하다.

현대에 들어서 인간은 기계를 사용해 더 많은 일을 할 수 있게 됐다. 기계적으로 간단하게 구현할 수 있는 경우에는 큰 문제가 되지 않지만, 더 복잡한 작업을 수행하려면 기계에도 시각이 필요하다. 40년이 넘는 시간 동안 사람들은 이를 해결하기 위해 노력해왔다. 처음에는 글을 읽거나 염기 이미지를 해석하는 등의 작업을 위한 방법이 고안됐다. 그러나 이렇게 고안한 방법을 실제로 정확하게 검증해보면, 많은 경우 더 많은 문제가 드러나고 이를 해결하기가 더 어려워진다. 일반적으로 연구자들은 노력을 기울이고 창의성을 발휘하는 데 방해가 된다면 정말 '사소한' 문제라도 민감하게 반응하는 경향이 있다. 초창기 비전 알고리듬 디자인은 이런 식으로 이뤄졌다. 그러나 곧 문제가 정말로 복잡해지고, 수많은 근본적인 문제가 연구자 앞에 놓이게 되자, 그들은 눈이 장면을 해석하는 원리가 정말로 어렵다는 사실을 깨달았다.

물론 인간의 비전 시스템이 기계보다 우월한 이유는 뇌가 10^{10}개의 세포(뉴런neuron)를 갖고 있으며, 각각은 10,000개가 넘는 다른 뉴런과 접촉(시냅스synapse)하고 있기 때문이다. 각 뉴런을 일종의 마이크로프로세서라고 하면, 우리 뇌는 수억 개의 모든 처리 엘리먼트가 동시에 작동하는, 인간이 만들어낼 수 있는 가장 큰 컴퓨터라고 봐도 좋을 것이다. 이 덕분에, 눈이 받아들인 시각 정보를 뇌에서 처리하는 과정은 눈깜짝할 사이에 일어나고 이 시스템은 현재 인간이 만든 다른 어떤 시스템보다도 빠르다. 속도에 더해, 이러한 거대한 처리 시스템을 어떻게 조직하고 프로그래밍하느냐의 문제도 있다. 분명히 눈-뇌 시스템은 진화 과정에서 형성된 것이지만, 우리는 우리의 눈으로 어떻게 보고 있는지를 트레이닝을 통해 어느 정도 바꿀 수도 있다. 요컨대 컴퓨터 비전을 구현하기 위해서는 거대한 병렬 처리 시스템과 그에 따르는 복잡한 제어를 필요로 한다. 정말이지 가장 어려운 지적 문제 중 하나라고 할 수 있다.

그런데 사람의 시각을 기계로 구현하는 것이 왜 그렇게 어려운 것일까? 지금부터 이어지는 몇 개의 절에서는 이 질문에 대한 답을 찾고자 한다.

1.2 비전의 본질

1.2.1 인식의 과정

이 절에서는 컴퓨터 비전을 구현할 때의 근본적인 어려움을 매우 간단한 예제(글자 인식)를 통해 묘사하고자 한다. 그림 1.1(A)와 같은 패턴 세트를 생각해보자. 각 패턴은 25비트의 정보로 이뤄져 있으며, 해석을 통해 특정한 클래스로 분류할 수 있다. 이 패턴과 클래스를 암기하는 식으로 학습하는 컴퓨터가 있다고 상상해보자. 새로운 패턴을 입력하면 컴퓨터는 이전에 학습한 '훈련 세트training set'와 비교해서, 그중 가장 비슷한 패턴이 속한 클래스로 분류한다(혹은 '인식한다'). 그림 1.1(B)의 테스트 패턴 (1)은 분명히 클래스 U로 분류될 것이다. 13장 '분류: 기본 개념'에서 다루겠지만, 이는 패턴 인식 기법 중 하나인 최근접 이웃nearest neighbor 방식의 간단한 예다.

위에서 묘사한 방법은 직관적이고 매우 효율적이며, 테스트 패턴에 왜곡이나 노이즈가 존재하는 경우에도 대응이 가능하다. 예를 들어, 그림 1.1에서 테스트 패턴 (2)와 (3)을 보라. 그러나 이러한 접근이 항상 성공하는 것은 아니다. 우선 노이즈나 왜곡이 너무 심해 해석 에러가 발생하는 경우가 있을 것이다. 혹은 왜곡이나 노이즈가 심하지 않음에도 불구하고 해석이 올바르게 이뤄지지 않을 수도 있다. 이 경우가 더욱 심각한데, 노이즈나 왜곡 같은 요인 외에 예상할 수 없었던 한계가 존재함을 뜻하기 때문이다. 특히 테스트 패턴 (6)처럼 단지 패턴의 위치나 방향이 달라지더라도 인식 문제가 발생할 수 있다.

13장 '분류: 기본 개념'에서 자세히 살펴보겠지만, 이러한 문제가 왜 발생하는지를 명쾌하게 설명하는 이론이 이미 존재한다. 요컨대 '훈련 세트 패턴이 충분하지 못한 경우', 또는 실제로 발생 가능한 상황을 패턴이 '충분히 반영하지 못하는 경우'에 문제가 생긴다. 불행하게도 이 문제를 해결하는 것은 상당히 어렵다. 충분한 수의 훈련 세트 패턴을 확보하려면 많은 저장공간이 필요할 뿐만 아니라, 패턴을 훈련시키는 과정에서의 검색 문제는 더욱 심각하다. 게다가 이러한 문제는 패턴이 더 커지고 현실적인 형태를 띨수록 급격히 늘어난다(예를

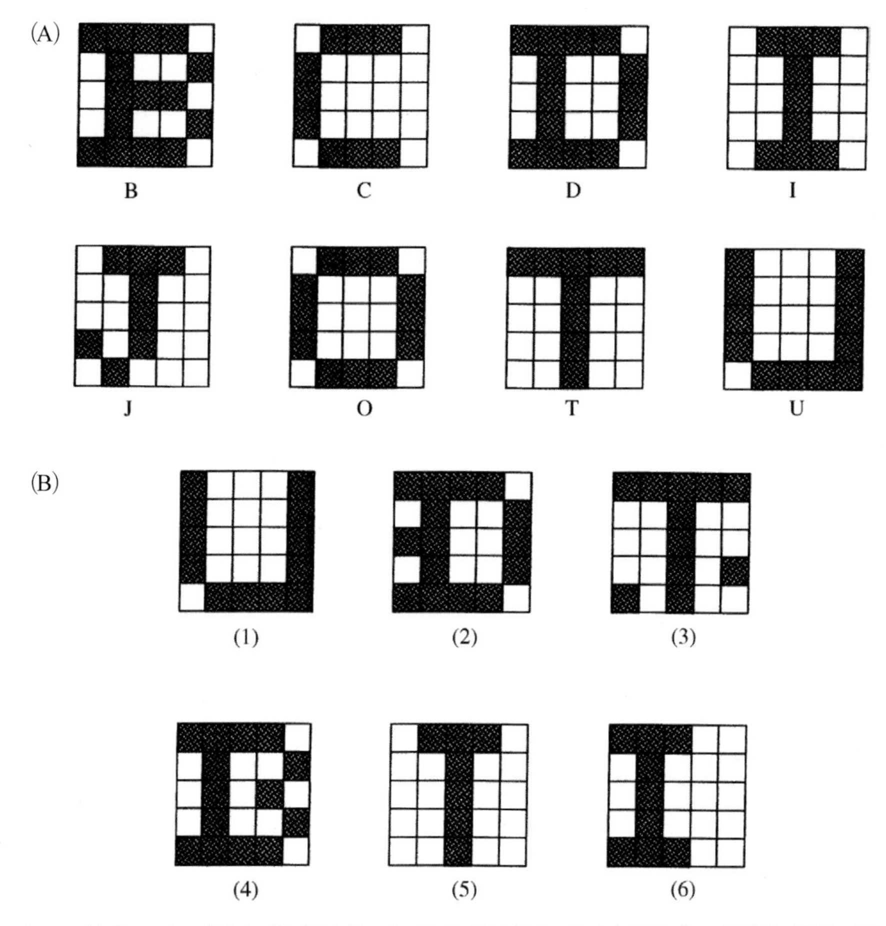

그림 1.1 단순한 25비트 패턴과 이를 인식하는 데 필요한 인식 클래스들: (A) 훈련 세트 패턴(각 패턴은 해당하는 클래스를 나타낸다), (B) 테스트 패턴

들어, 그림 1.1에서 예시로 나타낸 글자는 일반적인 폰트보다 현저히 해상도가 낮다). 다시 말해, 하나 이상의 매개변수가 약간의 변화에도 매우 큰 폭으로(때로는 기하급수적으로) 폭발적인 효과를 일으키는 '조합 확산combinatorial explosion' 현상이 발생한다. 친숙해 보이는 그림 1.1의 패턴들은 잠시 잊고, 랜덤한 비트 패턴을 생각해보자. $N \times N$ 패턴 안에는 N^2비트가 포함되어 있으며, 조합 가능한 패턴의 개수는 2^{N^2}가지다. $N = 20$만 돼도, 이 크기에서 조합 가능한 모든 패턴을 실제로 기계가 기억하고 해석할 수 있도록 하는 것은 불가능하다. 또한 패턴들을 검색하는 시스템을 구축한들 동작에 필요한 시간은 비현실적으로, 말 그대로 우주적인 길이가 될

것이다. 요컨대 브루트 포스brute force 방식을 사용한 패턴 인식은 현실적으로나 이론적으로나 구현이 불가능할 정도로 비효율적이다. 즉, 이러한 문제를 해결하기 위해서는 다른 방식을 사용해야 한다.

1.2.2 인식 문제 처리하기

인식 문제를 처리하는 확실한 방법은 이미지를 어떤 방식으로든 표준화하는 것이다. 예를 들어, 2D 그림 물체의 위치나 방향을 정규화하기만 해도 문제가 많이 쉬워진다. 구체적으로 말하면, 자유도가 3만큼 줄어들게 된다. 이를 위해서는 물체를 가운데 정렬하고(물체의 중앙을 이미지 중앙으로 조정) 이미지의 주된 축(예를 들어, 움직이는 경로)이 수평 또는 수직이 되도록 조정한다. 이렇게 하면 이미지에 포함된 규칙들을 파악할 수 있다. 이는 우리가 인식하려고 하는 거의 모든 패턴이 랜덤한 도트 패턴과 구분되기 때문에 가능하다. 이 방법을 좀 더 깊이 살펴보자. 무작위가 아닌 패턴에 대해서는 고립된 노이즈 지점들을 제거하는 것이 가능하다. 궁극적으로 이러한 방법들은 테스트 패턴에 해당하는 훈련 세트의 범위를 더 좁히는 데 도움을 준다(물론 훈련 세트 패턴도 처리를 통해 테스트 패턴을 충분히 잘 설명할 수 있게 해야 한다).

문자 인식에 대해 더 깊이 살펴보자. 문자가 어떤 구조를 하고 있는지 이해하면 문제를 처리하기가 더 쉬워진다. 예를 들어, 알파벳은 거의 균일한 선폭의 획으로 이뤄져 있으므로 선폭에 대한 정보는 그다지 중요도가 높지 않다. 이 경우 패턴의 선폭을 매우 얇게 줄여서(세선화thinning) 활용할 수 있다(이렇게 만들어진 그림을 스켈레톤skeleton이라고 부른다. 8장 '바이너리 형태 분석'을 참고하라). 이렇게 하면 테스트 패턴을 훈련 패턴과 비교했을 때 인식률을 더 높일 수 있다(그림 1.2). 이 또한 이미지의 자유도를 줄이는 방법 중 하나이며, 조합 확산을 방지할 수 있

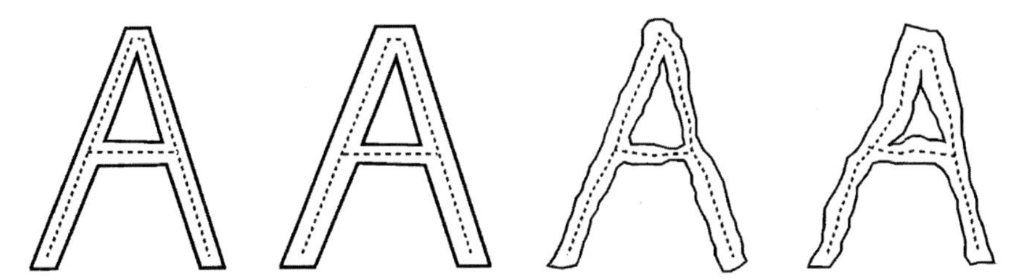

그림 1.2 세선화를 통한 문자 형태 규칙화. 그림에서 다양한 선폭의 문자(경우에 따라 균일하지 않은 선폭)가 스켈레톤으로 변환된 것을 확인할 수 있다. 이를 통해 인식 과정에서 불필요한 정보를 제거할 수 있게 된다.

게 된다. 혹은 효율적인 인식을 위해 필요한 훈련 세트 패턴의 숫자를 최소화하는 전략이라 할 수도 있다.

이제 좀 다른 방향에서 문제를 바라보자. 인식이란 결국 어떻게 식별하느냐의 문제다. 다시 말해, 서로 다른 클래스 간의 패턴들을 분류하고 식별하는 문제다. 그러나 실제로는 같은 클래스 안에서도 노이즈나 왜곡(이미지 깨짐 또는 오클루전occlusion) 등으로 변형이 일어나기 때문에, 같은 클래스 내의 패턴 간에 공통점을 찾는 일반화 문제 역시 발생한다. 따라서 보통은 식별과 일반화 사이 어디에 중점을 두어야 하는가를 고민해야 하며, 그 기준도 상황에 따라 달라진다. 문자 인식만 해도 어떤 클래스는 다른 클래스에 비해 서로 유사점이 많으며(예를 들어, 소문자 n과 h는 비슷한 모양을 하고 있다), 따라서 다른 클래스에 비해 일반화를 수행할 여지가 별로 없다. 반대 예시로 A가 대문자, 소문자, 이탤릭, 볼드, 아래첨자, 손글씨 등 다양한 형태를 하고 있더라도 모두 A라는 클래스로 인식하게 하려면 극단적인 수준의 일반화가 필요하다. 보통은 초기 훈련 세트를 통해 이 기준을 조정한다. 요컨대 일반화는 식별 못지않게 인식 문제에서 매우 중요한 요소다.

앞의 예시에 대해 실제로 일반화를 어떻게 실현하는지 구체적으로 살펴보자. 첫째, 물체의 위치나 방향을 올바르게 조정한다. 둘째, 노이즈 지점을 제거한다. 셋째, 스켈레톤 형태로 이미지를 세선화한다(이 과정은 문자 인식 같은 작업을 진행할 경우에만 필요하다). 마지막으로, 가능한 모든 획 선폭의 문자에 대한 일반화를 진행하며, 이때 선폭은 인식 과정에서 자유도로 고려하기에 부적절하다. 문자의 크기를 정규화하여 자유도를 더 줄이면 추가적인 일반화가 가능함을 유의하라. 이 모든 과정의 공통적인 목적은 문자를 최종적으로 인식하기 전에, 모든 알려진 종류의 변조에 대해 높은 수준의 표준화를 실현하는 것이다.

앞에서 설명한 표준화 또는 정규화 과정은 결국 이미지 프로세싱, 즉 어떤 이미지를 특정한 방법을 통해 다른 이미지로 변환하는 과정을 의미한다. 이 인식 과정은 두 단계로 이뤄진다. 첫째, 이미지를 동일한 비트의 데이터로 변환시켜 다루기 쉽도록 한다. 둘째, 분류 작업을 통해 결괏값을 매우 적은 비트의 데이터로 변환시킨다(그림 1.3). 사실 인식이란 결국 데이터를 추상화하는 과정이므로, 최종 데이터는 오리지널과 완전히 다른 형태일 수밖에 없다. 예를 들어 20 × 20비트로 이뤄진 A 글자에 대해 인식을 수행하면 결과로 나오는 데이터는 7비트의 아스키ASCII 형태, 구체적으로는 1000001이다(이 패턴의 모양에서 글자 A와 어떠한 유사

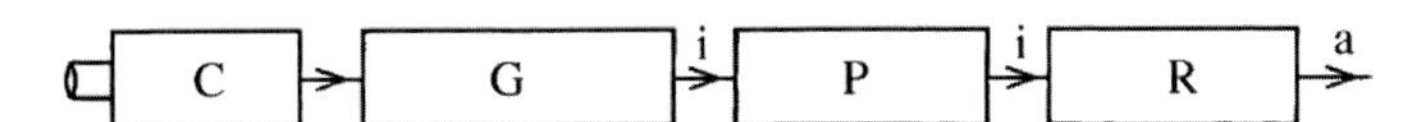

그림 1.3 2단계 인식 패러다임. C: 카메라 입력, G: 이미지 취득(디지털화 및 저장), P: 전처리, R: 인식(i: 이미지 데이터, a: 추출된 데이터). 전통적인 물체 인식 패러다임은 (1) 전처리(이미지 프로세싱)를 통해 노이즈 및 다른 아티팩트를 제거해 이미지 데이터를 규칙화하고, (2) 추상적(많은 경우 통계적) 패턴 인식을 통해 물체를 분류하는 데 필요한 매우 적은 양의 데이터를 얻어내는 과정으로 이뤄진다.

성을 찾는 것도 불가능하다).

마지막으로, 이미지 분석의 역사를 간략히 요약하면 다음과 같다. 초창기에 이미지 분석 문제를 수행하고자 할 때는 여러 가지 이미지 처리 기법을 통해 이미지를 '전처리'하고, 순수하게 패턴 인식 기법을 사용해 결과를 인식하는 순서를 거쳤다(13장 '분류: 기본 개념' 참고). 이러한 두 주제(이미지 처리와 패턴 인식)는 많은 연구를 통해 이미지 분석의 주된 비중을 차지하게 된 반면, 허프 변환Hough transform 등의 '중간 수준' 방식은 한동안 그다지 주목받지 못했다. 이 책의 목표 중 하나는 그러한 중간 수준의 처리를 중점적으로 살펴보고, 이 가장 광범위한 기법이 어떠한 컴퓨터 비전 작업에도 적용될 수 있음을 보이는 것이다.

1.2.3 물체 위치

앞에서 살펴본 문자 인식 문제는 매우 특수한 경우에 속한다. 실제로 접하는 수많은 문제에서는 그림의 작은 영역을 해석하는 것이 아니라, 전체 이미지상에 다양한 종류의 물체가 어디 위치해 있는지 찾아야 한다.

검색은 매우 큰 양의 계산이 필요한 작업이며, 조합 확산을 일으킬 수도 있다. 문서 페이지 안에서 E 글자를 찾아야 한다고 가정해보자. 가장 확실한 방법은 $N \times N$ 크기의 이미지에서 $n \times n$ 크기의 적절한 '템플릿'을 움직여가며 매칭되는 지점을 찾는 것이다(그림 1.4). 매칭을 템플릿과 이미지의 로컬한 부분이 완전히 일치하는 것으로 정의할 수 있지만, 1.2.1절에서 살펴봤듯이 실제로는 가장 로컬하게 잘 일치하는 지점(즉, 인접한 영역보다 더 많이 매칭되는 지점)을 찾는 편이 더 낫다. 이때 매칭이 더 잘된 지점일수록 E가 더 확실하게 존재함을 나타낸다.

매칭을 확인하는 가장 일반적인 방법은 템플릿과 이미지의 로컬 $n \times n$ 영역 사이의 해밍

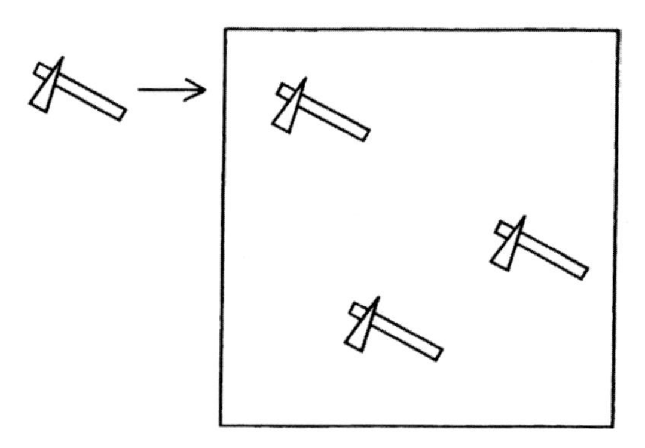

그림 1.4 템플릿 매칭. 템플릿을 이미지 전체에서 움직이면서 매칭이 발생하는 정확한 위치를 찾는 식으로 특정한 종류의 물체가 어디 있는지를 파악할 수 있다.

거리Hamming distance, 즉 해당하는 비트 간 거리의 총합을 측정하는 것이다. 1.2.1절에서 설명한 방법이 이에 해당한다. 해밍 거리가 낮을수록 매칭이 더 잘됐다고 말할 수 있다. 이러한 템플릿 매칭 방식은 템플릿과 이미지가 단지 바이너리 이미지가 아니라, 0~255 범위를 갖는 세깃값intensity value을 갖고 있을 때도 적용할 수 있다. 이때 계산식은 해밍 거리라기보다는 이를 일반화한 형태에 가깝다.

$$\mathcal{D} = \sum_{t} |I_i - I_t| \tag{1.1}$$

I_t는 로컬 템플릿값, I_i는 로컬 이미지값을 뜻하며, $\mathcal{D}$는 템플릿 영역 전체에 걸친 총합을 계산한다. 이 식을 사용하면 템플릿 매칭 방식을 여러 경우에 사용할 수 있다. 이어지는 장에서 이에 대해 더 자세히 다룰 것이다.

위의 검색 문제에서도 조합 확산 문제가 발생한다. 그 이유는 다음과 같다. 첫째, 5×5 템플릿이 $N \times N$ 이미지상에서 움직이며 매칭되는 지점을 찾는 과정에서 필요한 연산은 5^2N^2가지다. 예를 들어, 256×256 이미지의 경우 100만 개가 넘는 연산을 거쳐야 한다는 뜻이다. 즉, 이미지의 크기가 증가하면 검색에 필요한 연산의 수는 물체 크기의 제곱으로 늘어난다. $n \times n$ 템플릿을 사용해 $N \times N$ 이미지상에서 검색을 수행하면 총 연산량은 N^2n^2이기 때문이다. 30×30 템플릿을 256×256 이미지상에서 검색하면 연산량은 6000만 개로 급격히 증가한다. 템플릿을 일반적으로 검색하려는 물체보다 크게 잡는다는 점을 유의하라. 약간의 배경 정보가 포함돼야 물체를 분리하기가 더 쉽기 때문이다.

둘째, 앞에서 다뤘듯이 물체는 이미지상에서 여러 각도로 나타난다(문서 위에 프린트된 E 글자는 예외적인 경우다). 모든 가능한 방향을 360개라고 한다면(즉, 1°당 하나), 이에 해당하는 템플릿의 숫자도 원칙적으로는 동일해야 회전된 물체를 찾을 수 있다. 이렇듯 자유도가 추가되면 검색에 필요한 연산량과 시간이 엄청나게 증가하며, 무언가 새로운 방법이 제안되지 않는 이상 실시간 수준의 검색이 불가능해진다(여기서 '실시간'이란 일반적으로 정보가 곧바로 사용 가능하도록 처리되는 경우를 뜻한다. 정보를 여유 있게 저장하고 처리해도 되는 많은 경우(예를 들어, 우주 탐사선이 촬영한 이미지를 처리해야 할 경우)에는 해당하지 않는다). 다행히 많은 연구자가 이 문제를 해결하기 위해 고민했고 다양한 아이디어를 내놓았다. 아마도 그중 가장 중요하고 일반적으로 쓰이는 방법은 2단계(혹은 다단계) 템플릿 매칭two-stage/multistage template matching일 것이다. 핵심은 그 특징feature을 통해 물체를 찾는 것이다. 예를 들어, E라는 문자를 찾을 때 E에 포함된 가로줄 성분과 유사한 문자를 찾는 식이다. 혹은 공장의 컨베이어 벨트상에서 힌지를 찾기 위해, 힌지에 포함된 나사구멍을 먼저 찾을 수도 있다. 이런 식으로 작은 특징에서부터 검색 범위를 확장해나가, 전체적으로 필요한 연산량이 매우 줄어들기 때문에 유용하다. 다시 말해, E를 찾기 위해 앞에서처럼 가로줄 대신 선이 꺾이는 지점을 특징으로 삼는 것이 더 유리하다.

그러나 작은 특징을 검색하려고 하면 노이즈나 왜곡이 발목을 잡는다. 때로는 물체를 지나치는 경우도 발생한다. 따라서 여러 가지 특징을 동시에 대조해보는 식으로 검색하는 방식이 필요하다. 여기서 여러 검색 방법들이 구별된다. '얼마나 많은 특징을 대조해볼 것인가?', '많은 수의 작은 특징과 적은 수의 큰 특징 중 어느 쪽이 더 유리한가?' 등등. 거기에, 아직 어떤 종류의 특징을 대상으로 삼는 것이 더 좋은지에 대해서는 이야기하지 않았다. 이러한 질문들에 대해서는 이후의 장들에서 자세히 다룰 것이다.

이러한 질문들은 책의 주제와도 맞닿아 있다. 검색은 비전에 관해 가장 기초적인 문제 중 하나이며, 2단계 템플릿 매칭의 기본적인 아이디어와 그 응용은 이 책에서 다루고자 하는 내용과 깊은 연관이 있다. 요컨대 인식 문제를 해결하기 위해서는 데이터셋을 주의 깊게 설정해야 하는 것이다. 물론 결국은 데이터에 따라 달라지긴 하겠지만, 문제를 해결하기 위해 일반화할 만한 부분이 있는지 살펴보는 것은 가치 있는 일이다.

1.2.4 장면 분석

앞 절에서는 특정한 종류의 물체를 이미지에서 찾을 때 고려해야 할 것이 무엇인지 살펴봤다. 이렇게 찾은 결과는 물체의 중심점 좌표, 그리고 물체의 회전 각도를 담은 일종의 목록 형태로 되어 있을 것이다. 이번 절에서는 어떤 장면을 분석할 때 어떤 것을 고려해야 할지 생각해보자. 예를 들어 우리가 길을 걷거나, 장애물을 피하거나, 음식을 고르는 등의 행동을 떠올려보라. 장면은 여러 물체를 포함하고 있으며, 그것들의 위치를 식별하기 위해서는 물체 간의 상호 관계나 상대적인 위치도 고려해야 한다. 장면을 본질적으로 분석할 필요는 없고, 장면 안에 무엇이 있는지 소극적으로 검색할 수도 있다. 그러나 눈-뇌 시스템은 장면 내의 어느 위치에 무엇이 있는지 끊임없이 질문을 던지는 식으로 해석을 진행하며, 이에 대한 증거도 많이 있다(예를 들어, 눈의 움직임을 분석한 결과 등). 예를 들어, '저건 전신주일까?', '여기서 얼마나 떨어져 있지?', '이 사람은 내가 아는 사람일까?', '길을 건너도 안전할까?' 등등. 인간의 행동이나 심리를 논하려는 것은 아니다. 단지 장면을 분석하는 것이 엄청난 양의 입력 데이터와, 장면 안의 여러 물체 간의 복잡한 관계, 그리고 궁극적으로 이러한 복잡한 관계들을 묘사하는 작업을 필요로 한다는 것이 요지다. 이 관계들은 단순한 분류 레이블이나 물체 좌표를 넘어 더 많은 양의 정보를 필요로 한다. 요컨대 장면을 일단 묘사하려면, 숫자로 된 목록보다는 차라리 글로 표현하는 편이 더 낫다. 또한 단순히 물체를 식별하고 위치를 찾는 것보다 물체 간의 관계를 파악하는 작업에서 조합 확산이 일어날 가능성이 높으므로 모든 종류의 근거를 사용해 시각적 해석을 도와야 한다. 인간의 시각 체계의 경우, 맥락과 경우의 수에 대한 방대한 데이터베이스가 눈을 상당한 수준으로 보조한다.

또한 장면에 대한 묘사가 일단은 겉으로 보이는 모습에 대한 것이라 할지라도, 결국은 의미, 중요도, 관련성 등 더 깊은 수준까지 파악해야 함을 유의하라. 그러나 이 책에서는 그 정도 깊이의 영역까지는 다루지 않을 것이다.

1.2.5 역 그래픽으로서의 비전

비전이 '단지' 역 그래픽inverse graphics에 불과하다는 이야기도 많이들 한다. 그리고 이는 어느 정도 사실이기도 하다. 컴퓨터 그래픽은 컴퓨터를 통해, 장면에 대한 추상적인 설명과 이미지에 대한 규칙을 기반으로 형성된 이미지를 뜻한다. 비전 또한 이미지들과 이미지가 형성되는 규칙에 기반하여 물체들에 대한 설명을 구하는 과정임을 부정할 수는 없다(실제로 이미지를 형성하는 규칙들을 어떻게 정의했는지 검토하는 것이 좋다. 이미지에 대한 설명과 더불어 그 해석을 뒷받침하는 논리를 구축하는 데 있어 이 규칙들이 우선 제시돼야 하기 때문이다).

그러나 이 두 과정의 형식이 유사하다는 점에 주목하느라 몇몇 중요한 지점이 가려지는 현상이 발생한다. 우선, 그래픽은 '순방향feedforward' 작업이다. 즉, 뷰포인트와 물체, 이미지 형성 규칙에 대한 충분한 정보가 주어지면 이미지를 곧바로 만들어낼 수 있다. 물론 이를 위해 필요한 계산을 수행해야 하겠지만, 과정 자체는 전체적으로 명확하고 예측 가능하다. 그러나 비전에 있어서는 그리 간단한 문제가 아닌데, 검색을 필요로 하고 조합 확산이 일어날 수 있기 때문이다. 몇몇 비전 패키지는 그래픽(또는 CAD) 패키지를 포함하며(Tabandeh and Fallside, 1986), 해석을 위한 피드백 루프상에서 작동한다. 이 그래픽 패키지는 입력 이미지의 근삿값을 구할 수 있을 때까지, 즉 입력된 매개변수가 올바른 해석을 도출해낼 수 있는 시점까지 재귀적으로 실행된다(이러한 방식은 디지털-아날로그 컨버터를 사용해 아날로그-디지털 컨버터를 설계하는 문제와 약간 비슷하다). 이렇듯, 비전이 본질적으로 그래픽보다 더 복잡함을 부정할 수는 없다.

우리가 장면을 관측하면, 3차원 환경은 2차원 이미지와 상당한 수준의 깊이 정보로 압축되지만 나머지 정보는 손실된다. 이 때문에 이미지를 해석하는 데 있어 불확실한 상황이 발생하며(예를 들어, 나선 모양을 위에서 내려다보면 원으로 인식되는 것처럼), 3차원-2차원 변환은 다대일 관계에 해당한다. 뒤집어 말하면, 이미지 해석은 일대다 관계다. 한 가지 상황에 대해 여러 가지 가능한 해석이 존재하지만, 우리는 그중에 정답이 하나뿐임을 알고 있다. 즉, 비전은 여러 가능한 해석을 나열하는 것이 아니라 가장 적합한 해석 하나를 제공하는 것이다. 이때 하나의 가장 적합한 해석을 선택하기 위해서는 추가적인 규칙이나 제약 조건이 필요하다. 반면 그래픽은 단순히 다대일 관계이므로 이러한 문제를 고민할 필요가 없다.

1.3 자동 시각 검사와 감시

지금까지 비전의 특성을 살펴봤지만, 인간이 만든 비전 시스템에 대해서는 아직 이야기하지 않았다. 인공 비전 시스템은 여러 분야에서, 사람이 봐야 하는 것을 대신 볼 때 널리 쓰이고 있다. 이 책에서는 특히 감시, 자동 검사, 로봇 조립, 주행 안내, 교통 모니터링 및 제어, 바이오 측정, 원격으로 취득한 이미지의 분석 등에 초점을 맞춘다. 한 예로, 지문 분석과 인식은 오랫동안 컴퓨터 비전에서 중요한 응용 분야로서 연구돼왔으며, 적혈구 숫자를 세거나 서명 검증, 문자 인식, (항공 실루엣 이미지와 위성에서 촬영한 대지 이미지를 통한) 비행기 식별도 마찬가지다. 얼굴 인식이나 홍채 인식은 실용적 측면에서 가능성을 보이고 있으며, 비전을 통한 운전 보조 기술은 곧 도로에서 충분히 사용할 수 있는 수준까지 올라올 것이다. 대중이 이 기술들을 받아들일 것인지, 혹은 법적인 문제가 해결될 것인지의 여부는 다른 문제이지만, 최근 들어 항공 분야에서 레이더를 이용한 계기 착륙 보조 기술이 매우 널리 쓰이고 있음을 기억할 필요는 있다. 사실 사고를 예방하기 위해서라도, 마지막 순간에 자동으로 동작하도록 하는 정도는 수용할 만하다(24장 '결론: 비전에 대한 전망'에서 운전자 보조 기술에 대한 논의를 참고하라).

비전의 수많은 응용 분야 중에서 이 책은 제조업, 특히 자동화된 시각 검사나 자동 조립에 관련된 기술을 주로 다룬다. 이러한 분야의 경우 카메라가 생산 과정에서 동일한 부품을 촬영한다. 이렇게 얻어진 정보를 어떻게 사용하는가에 따라 기술이 차이를 갖는다. 조립 과정에서 로봇 팔이 부품을 집어 조립하려면 정확한 위치와 각도로 놓여 있는지 확인해야 한다. 예를 들어 모터나 브레이크 시스템에서 다양한 부품이 제자리에 놓여야 하고, 텔레비전 진공관에는 코일이 정확히 마운트돼야 하며, 집적 회로가 기판에 정밀하게 놓여야 한다. 심지어는 초콜릿을 박스에 포장하려 할 때도 마찬가지다. 검사의 경우, 보통 움직이는 컨베이어 위에 놓인 검사 대상이 초당 10~30개 정도 속도로 스테이션을 통과하는 와중에 결함이 있는지 확인한다. 결함이 발견되면 문제의 부품은 불량으로 판별되어 버려진다. 이러한 순방향 방식에 더해, 피드백feedback 방식을 도입할 수도 있다. 즉, 몇몇 매개변수를 조정함으로써 공장을 제어하거나 더 나아가 생산 라인을 중단시켜야 할 수도 있다(제품의 반지름 등 크기를 결정하는 매개변수의 경우가 이에 해당한다). 검사를 통해 또한 부품이 라인으로 들어오는 순간부터 관리를 위해 유용한 정보를 많이 확보할 수도 있다(예를 들어 하루에 생산되는 제품량, 결함이 발생한 제품량, 제품 크기의 분포 등). 인공 비전의 가장 중요한 특징은 사람처럼 피곤해하지 않으며, 따라서 '모든' 제품을 정밀하게 검사하고 측정할 수 있다는 데 있다. 즉, 퀄리티 컨트롤을 매우 높은 수준에서 유지할 수 있다. 자동으로 조립하는 시스템에서도 마찬가지로, 생산 현장에서의 즉각적인 검사가 이뤄질 수 있으며, 복잡하게 조립된 제품이 불량 판정을 받거나 비싼 비용을 주고 수리해야 할 경우가 생기는 것을 방지한다. 예를 들어, 나사산이 제대로 가공되지 않아 나사가 끝까지 박히지 않았다고 생각해보라.

산업 분야 작업은 대부분 실시간으로 이뤄져야 한다는 특징을 갖는다. 따라서 비전은 생산 과정을 계속 따라갈 수 있어야 한다. 조립의 경우 그리 큰 문제는 아니다. 한 로봇이 한 번에 하나 이상의 부품을 조립하기는 어렵기 때문이며, 비전 시스템 역시 그 속도와 비슷한 처리 시간으로 구현될 수 있기 때문이다. 검사의 경우에는 좀 경우가 다르다. 하나의 자동화 라인이라 할지라도(예를 들어, 병뚜껑 부착 공정) 초당 10개가 넘는 속도로 제품을 검사해야 한다(그리고 당연히 여러 라인이 동시에 돌아가면 속도는 더 빨라진다). 따라서 시각 검사는 컴퓨터 하드웨어를 매우 혹사시키는 작업이고, 하드웨어 가속에 대한 고민이 깊게 필요한 분야다.

마지막으로, 처음 부분에 나열한 비전의 다양한 응용 분야 중 감시에 대해 이야기해보자. 어떻게 보면 감시는 자동 검사 작업을 공장 밖에서 하는 것과 다를 바 없다(예를 들어, 도로를 질주하는 자동차가 생산 라인을 지나가는 제품이라고 생각해보라!). 실제로 감시는 최근에 기하급수적으로 수요가 증가하는 응용 분야다. 이에 따라 검사 분야의 기술이 다시 주목받고 있으며, 새로운 기법들이 개발되고 있다. 자연스럽게 새로운 관점의 주제가 등장하게 됐는데, 예를 들어 모션 분석이나 원근 불변성perspective invariants이 그것이다(자세한 내용은 4부 '3D 비전과 모션'을 참고하라). 이러한 기법들은 더 나아가 얼굴 인식 분야에도 접목될 수 있다(21장 '얼굴 검출과 인식: 딥러닝' 참고).

1.4 이 책에 대해

지금까지 컴퓨터 비전의 특성과 그 응용 분야를 자세히 알아봤다. 컴퓨터 비전을 적용하기 위해 고려해야 할 현실적인 어려움이 존재할 것은 자명하지만, 가장 근본적인 문제는 현실의 수많은 변수를 적용하다 보면 처리량과 처리 시간이 과도하게 증가한다는 점이다. 현실적인 문제는 많은 고민을 통해 잘 해결할 수 있지만, 근본적인 한계는 '어떤 방법으로도' 극복할 수 없다. 그나마 바랄 수 있는 것은 현실의 특성을 완전하게 이해해서 이러한 현상을 최소화하는 것이다.

따라서 컴퓨터 비전에서의 성공은 무엇보다도 전체적인 이해에서 출발한다. 그러나 이는 매우 어려운 일인데, 예상 가능한 상황에 모두 대입할 수 있도록 구성해야 하는 데이터셋은 그 종류가 너무나 다양하기 때문이다. 주어진 데이터셋의 특성을 분석하려면 단지 관측되는 물체뿐만 아니라 노이즈 레벨, 오클루전 레벨, 끊어짐, 결함, 예상되는 왜곡, 그리고 조명의 품질이나 특성에 대해서도 조사해야 한다. 궁극적으로, 다양한 경우에 대한 충분한 지식을 수집해야 주어진 환경을 잘 이해할 수 있다. 거기에 더해 적용 가능한 다양한 이미지 분석 기법을 비교해 선택하는 과정도 필요하다. 어떤 방법은 안정성, 정확성 또는 도입 비용 측면 등에서 그다지 만족스러운 결과를 주지 못할 것이다. 그리고 적절한 변수를 정의하고 결정하는 것 또한 물론 중요하다. 마지막으로, 적절히 적용할 수 있는 방법들을 비교해 정확도, 속도, 안정성, 비용 등의 트레이드오프가 모두 적당한 것을 결정하면 된다. 처음에는 이론적으로 비교하고, 나중에는 수치적으로 최적의 답을 찾는 식이다. 만약 단기간에 답을 찾고자 했다면, 이러한 과정은 복잡하고 오래 걸리는 것처럼 느껴질 것이다. 그러나 컴퓨터 비전은 기술에서 과학으로 발전하고 있다. 다행히 이러한 과정은 계속해서 개선되고 있으며, 이 책의 목표 중 하나 또한 여기에 힘을 조금이나마 보태는 데 있다.

더 진행하기 전에, 몇 가지 점을 더 언급하고자 한다. 첫째로, 중요한 법칙 하나를 기억하라. 눈이 할 수 있는 것은 기계도 할 수 있다. 즉, 어떤 이미지에 숨어 있는 물체를 우리 눈이 찾아 추적할 수 있다면 똑같은 식으로 동작하는 알고리듬을 고안해내는 것도 가능하다. 다음으로, 언젠가 마주할 질문을 던져보자. 목표를 더 높이 잡아, 우리가 눈을 뛰어넘는 알고리듬을 개발하는 것이 가능할까? 눈이 가장 뛰어난 비전 머신이라고 단정할 어떠한 이유도 없긴 하다. 눈은 기나긴 진화를 통해 만들어졌으며, 따라서 열매를 따거나 얼굴을 인식하는 목적으로는 잘 작동하지만, 어떤 용도에 대해서는 그리 잘 작동하지는 못한다. 그중 대표적인 예로는 측정이 있다. 사람의 눈은 어떤 물체의 크기를 한눈에 수 퍼센트 이상의 정확도로 볼 필요가 없다. 그러나 로봇 눈이 원격으로 단번에 물체의 크기를 정확하게, 0.001% 정도의 오차로 측정할 수 있다면 매우 유용할 것이다. 분명히 생물학적 시스템보다 로봇 눈은 이러한 부분에서 우위를 점하고 있다. 강조하지만, 이 책의 목표는 이런 모든 가능성을 논하고자 하는 것이다.

마지막으로, 머신 비전machine vision과 컴퓨터 비전computer vision이라는 용어를 명확하게 정의하고 갈 필요가 있다. 사실 이 두 용어가 처음 만들어졌을 때는 지금과 상황이 많이 달랐다. 시간이 흐르며 컴퓨터 기술은 매우 많이 발전했으며 비전이라는 분야 자체의 지식도 매우 급진적으로 늘어났다. 초창기에 컴퓨터 비전은 비전의 원리에 대한 연구와 이를 통해 '가능한' 소프트웨어 설계를 일컫는 말이었으며, 통합된 비전 시스템과는 거리가 멀었다. 반면 머신 비전은 소프트웨어와 하드웨어 환경 전반에 대한 연구를 가리켰으며, 실제로 사용 가능하기 위한 이미지 획득 기술도 포함했다. 즉, 좀 더 엔지니어링에 관련된 주제였다. 하지만 지금은 컴퓨터 기술이 굉장히 많이 발전했기 때문에, 일반적인 PC로도 현실의 문제를 실시간으로 구현 가능한 정도에까지 올라왔다. 이를 포함해 관련 분야의 많은 발전으로 인해 두 개념 사이의 간격이 많이 좁혀졌으며, 많은 경우 두 용어를 섞어 쓰곤 한다. 그러나 이 책에서는 혼동을 피하기 위해 컴퓨터 비전이라는 이름하에 해당 주제를 통합해서 가리키고자 한다.

1.5 머신러닝에 대해

앞에서 설명했던 것처럼 컴퓨터 비전이 발전하는 동안, 패턴 인식도 함께 발전하고 있었다. 베이즈 이론과 최근접 이웃 기법에 의해 처음 생긴 패턴 인식의 기본적인 개념은 인공신경망이 나타나면서 조금씩 변하기 시작했다. 사람 뇌의 뉴런 망을 흉내 내자는 아이디어가 나온 것이다. 거기다 서포트 벡터 머신support vector machine과 부스팅boosting 같은 여러 방법들이 등장했다. 아울러, 최근 10년 동안 '딥러닝deep learning'이 주목을 받기 시작했다. 이러한 모든 기법은 머신러닝이라는 새로운 주제로 묶을 수 있다. 즉, 순수한 패턴 인식을 구현하되, 단지 에러를 최소화하는 데 그치지 않고 확률론이나 수학적 최적화를 편입하도록 시도하는 것이다. 특히 근 4~5년 동안 이 주제가 컴퓨터 비전 분야에 가져온 파급은 대단했다. 이 책에서도 이러한 주제를 여러 장에 걸쳐 다룰 것이다. 2장 '이미지와 이미지 연산', 13장 '분류: 기본 개념'에서는 컴퓨터 비전의 이미징과 머신러닝을 다루며, 15장 '딥러닝 네트워크'에서는 딥러닝이라는 새로운 분야를 소개한다.

요약하면, 컴퓨터 비전에서 목표로 하는 주제는 기존의 컴퓨터 및 머신 비전과 머신러닝 기법을 모두 포함한다. 이 중 후자는 표준 추상 신경망 등의 초창기 패턴 인식 방식, 최신 '딥러닝' 네트워크, 그리고 다양한 확률론적 정밀 최적화 기법들을 기반으로 한다.

1.6 책 구성

2장과 13장에서는 이미지 프로세싱과 머신러닝이라는 두 주요 분야를 소개한다. 2장에서 7장까지는 이미지 프로세싱 중 저수준 비전과 널리 쓰이는 이미지 분할 기법들, 임계화thresholding, 외각 및 특징 검출과 텍스처 분석 등을 다룬다. 8~12장에서는 중간 수준의 처리 기법들을 다룬다. 이는 지난 20년 동안 복잡한 물체를 다루기 위해 중요하게 사용된 방법들이다. 뒷부분에서는 허프 변환이나 RANSAC 등을 자세히 다루며(10~11장), 많은 응용 분야에 쓰이는 능동 형태 모델active shape model도 살펴볼 것이다(12장). 13장 이후의 내용은 기본적인 PCA 및 다른 머신러닝 개념을 알아야 이해하기 수월하며, 14장에서 이에 대해 다룰 것이다. 16~19장은 3D 비전을 살펴보며, 20장은 모션을 소개한다. 21~23장은 세 가지 주요한 응용 분야인 얼굴 인식, 감시, 차량 비전 시스템에 대해 다룬다. 24장은 앞의 전체 내용을 요약하고 정리하는 부분이다. 부록 A는 이 책의 많은 기법과 연관이 있는 강건 통계robust statistics를 소개한다. 부록 B에서는 비전 등의 배경 개념으로서 샘플링 이론을 정리한다. 부록 C는 색의 표현 방식을, 부록 D는 머신러닝에서 중요한 개념인 분포 샘플링을 다룬다.

독자의 이해를 더 돕기 위해 이 책의 구성을 5부로 나누면 다음과 같다.

- 1부(2~7장): 저수준 비전
- 2부(8~12장): 중간 수준 비전
- 3부(13~15장): 머신러닝과 딥러닝 네트워크
- 4부(16~20장): 3D 비전과 모션
- 5부(21~23장): 컴퓨터 비전의 응용

5부의 제목은 비전을 현실에 응용하려면 빠르게 데이터를 처리해야 하며 필요한 인식 프로세스를 모두 시스템에 통합해야 함을 암시한다.

그러나 이러한 논리적 구성과 무관하게, 1.4절에서 설명한 내용(시각적 프로세스의 이해, 노이즈나 오클루전 등 현실상의 제약, 연관된 매개변수 간의 트레이드오프 등)은 본문 전반에 걸쳐 녹아 있다.

분량상의 문제로 이 책에 담지 못한 많은 주제는 각 장 끝에 달린 도서 목록, 책 맨 뒤의 참고문헌, 색인 등을 통해 보완하려 노력했다.

1.7 문헌

1장의 목적은 독자들에게 머신 비전이 무엇인지, 그리고 그 어려움이 무엇인지에 대해 너무 세부적이지는 않은 수준까지 소개하는 데 있다. 더 자세한 내용은 뒤의 내용을 계속 읽어나가면 될 것이다. 혹은 머신러닝의 대략적인 배경을 좀 더 깊이 다룬 Bishop(2006), Prince(2012), Theodoridis(2015)를 참고해보는 것도 좋다. 인간의 비전에 대해 더 알고 싶다면 Hubel(1995)도 읽어보자.

PART

1

저수준 비전

1부에서는 이미지와 이미지 처리를 소개하고, 이미지 분석 과정을 시작하기 위해 이미지 처리가 어떤 식으로 개발되는지를 보인다. 7장 '텍스처 분석'까지는 '전통적인' 방식을 통해서도 충분히 유용하고 실용적으로 이미지 분석을 이룰 수 있음을 보인다. 이 과정에서 살펴볼 주제는 주로 노이즈 저감, 특징 검출, 물체 분할, 모폴로지 기반 영역 분석 등이다. 1부의 처음 두 장에서는 이들 주제에 대한 기본적인 정의와 세부적인 설명을 다룬다.

02

이미지와 이미지 연산

이미지는 비전의 핵심적인 부분이며, 이미지를 처리하고 분석하는 방법은 간단한 것부터 복잡한 것까지 다양하다. 2장은 그중 간단하지만 익혀둘 필요가 있는 중요 알고리듬들을 다룬다. 특히 이러한 알고리듬의 중요성을 강조하기 위해, 독자가 직접 프로그래밍하고 테스트해볼 수 있는 기회를 제공하는 것을 목표로 한다.

12장에서 다루는 내용은 다음과 같다.

- 여러 종류의 이미지들: 바이너리, 그레이스케일, 컬러
- 이미지 프로세싱 연산의 표기법
- 기본적인 픽셀 연산: 클리어링, 복사, 반전, 임계화
- 기본적인 윈도 연산: 전이, 축소, 확대
- 바이너리 외각 위치 탐색 및 노이즈 제거 연산
- 다중 이미지 및 합성곱 연산
- 순차적/병렬 연산 간의 차이 및 순차적 연산 과정에서 발생하는 난점
- 이미지 외각 영역에서 발생하는 문제들

2장에서 다루는 내용은 기본적인 내용이긴 하지만, 1부 전체와 2부의 많은 부분에 대한 방법론을 제시한다. 그 중요성을 과소평가하거나 세부적인 내용을 무시해서는 안 되는 이유다. 이후에 소개할 여러 가지 복잡한 알고리듬을 프로그래밍하려면 기초적인 내용을 숙지하고 있어야 한다.

pixellated: (형용사) 화소 처리된

pixilated: (형용사) 머리가 좀 이상한, 별나고 우스운

2.1 서론

2장에서는 이미지와 간단한 이미지 처리 연산을 다룬다. 이를 기반으로 하여, 산업 분야에서 머신 비전을 구현할 때 쓰이는 고급 수준의 이미지 분석 연산으로 나아갈 수 있다. 요컨대 이 장의 주된 목표는 독자들에게 책 전체에서 쓰일 기본적인 기법과 법칙을 소개하는 데 있다. 그러나 여기서 소개할 이미지 처리 알고리듬들 또한 원격 센싱에서 의약 분야까지, 포렌식에서 군사나 과학 분야 등의 다양한 분야에서 그 나름의 가치를 갖고 활용되고 있다.

2장에서 다룰 이미지들은 적절한 이미지 센서를 통해 취득한 것이라고 가정한다. 이 취득 과정에 대해서는 이후의 장에서 다룰 것이다. 그림 2.1(A)는 일반적인 이미지의 예시를 보여준다. 이 이미지는 '흑백' 사진과 마찬가지로 그레이톤으로 되어 있다. 그러나 이미지를 확대해보면, 사진과 달리 이미지가 수많은 네모들, 즉 '픽셀pixel'로 이뤄져 있음을 발견할 수 있다. 정확히 말해 이 이미지는 128 × 128픽셀 크기다. 이러한 디지털화된 이미지의 특성을 잘 보여주는 것이 그림 2.1(B)로서, 각각의 픽셀을 구분할 수 있을 정도로 원본 이미지를 3배가량 확대한 42 × 42 섹션을 나타내고 있다.

이 그레이톤 이미지가 64 그레이 레벨로 디지털화된 것임을 알아차리기는 힘들다. 높은 공간 해상도 덕에 그레이스케일의 낮은 해상도가 어느 정도 보상되며, 이상적인 사진과 비교했을 때 각 회색 톤 간에 발생하는 미세한 차이를 발견하기란 어렵다. 또한 그림 2.1(B)의 확대된 섹션을 보면 각 픽셀의 밝기가 지닌 의미를 파악하기가 쉽지 않을 것이다. 요컨대 수많은 나무 속에서 숲 전체를 가늠하기란 어렵다. 초창기 텔레비전 카메라는 한 픽셀에 50레벨, 그러니까 6비트 정도의 정보만을 기록할 수 있었다. 최근의 반도체 카메라solid-state camera는 더 적은 노이즈와 8비트(혹은 더 나아가 9비트)의 정보를 픽셀 하나에 담을 수 있다. 그러나 사람의 눈으로 볼 수 없는 부분을 봐야 하거나 로봇이 물체를 인식하기 위해 수많은 다른 데이터를 필요로 할 때는 이 정도로 높은 그레이스케일 해상도가 확보되지 않아도 된다. 사람이 어떤 디지털 이미지에서 물체를 인식할 수 있다면 이론적으로는 컴퓨터 알고리듬도 동일한 공간 해상도 및 그레이스케일 해상도 조건에 대해 똑같은 작업을 할 수 있다는 점을 유의하자.

그럼에도 불구하고 많은 분야의 경우, 디지털 이미지의 그레이스케일 해상도가 높다면 더

그림 2.1 일반적인 그레이스케일 이미지: (A) 128 × 128 배열의 픽셀로 디지털화된 그레이스케일 이미지, (B) (A)에서 3배만큼 선형 확대한 이미지의 일부. 각 픽셀이 선명히 구분되는 것을 확인할 수 있다.

정확한 측정이 가능하다. 부품의 정밀도를 확인하는 것이 중요한 많은 로봇 관련 응용 분야가 그렇다. 뒤에서 이에 대해 더 자세히 논할 것이다. 또한 2부에서 다루겠지만, 부품의 위치를 효율적으로 찾기 위해서는 로컬 외각edge의 방향을 1° 이하의 오차로 찾아야 하며, 그러기 위해서는 최소한 6비트 그레이스케일 정보가 필요하다.

2.1.1 그레이스케일과 컬러

그림 2.1(A)로 돌아오자. 그레이스케일 대신에 RGB 컬러 카메라와 삼원색을 사용해 디지털 컬러 이미지를 만드는 것은 어떨까 하는 생각이 자연스레 들 것이다. 이 경우 살펴봐야 하는 관점은 크게 두 가지다. 하나는 머신 비전에서 색상이란 것이 갖는 '본질적인 가치'가 무엇인지이고, 다른 하나는 컬러 이미지를 다루고자 할 때 그 '추가적인 데이터와 처리로 인한 불이익'이다. 후자의 경우, 최근 컴퓨터의 가격이 저렴해지고 저장공간이나 속도도 매우 크게 발전했으므로 크게 논의할 만한 가치는 없다. 반면, 예를 들어 수많은 CCTV로부터 빠른 전송속도로 수집해야 하는 고화질 이미지들의 경우, 전달되는 '모든' 데이터를 분석할 수 있으려면 최소한 수년은 필요할 것이다. 따라서 이미지의 컬러값 때문에 저장공간이나 처리에 드는 계산량이 높아진다면, 이에 대해 논할 필요가 있다.

이 부분이 해결된다면 검사, 감시, 제어, 의료(수술 과정에서 컬러 이미지의 역할은 매우 중요하다) 등 다양한 응용 분야에서 컬러 이미지가 갖는 '잠재력'은 무궁무진하다. 그림 2.2와 그림 2.3은 그중 로봇 내비게이션이나 자동 운전을, 그림 2.4와 그림 2.5는 식품 검사를, 그림 3.12와 그림 3.13은 색 필터링에 대한 예시를 든 것이다. 그런데 이러한 이미지들 중 일부는 인공적으로 색을 칠한 것이 아님에도 불구하고 색이 두드러지게 표현되어 있다(특히 그림 2.4와 그림 2.5를 비교해보라). 나머지는 색상이 억제되어 있는 편이며(그림 2.3), 그림 2.5에서도 토마토를 제외하면 확실히 그렇다. 여기서 말하고자 하는 바는, 어떤 작업의 경우에는 색상이 너무 과하게 표현될 필요 없이 어느 정도 억제되어 있다 해도 올바른 정보를 제공할 수 있다는 것이다. 이렇게 예시를 들어보겠다. 기계 부품을 컨베이어 벨트나 작업대에서 정밀하게 살피는, 상대적으로 단순한 검사 응용 분야의 경우 물체나 그 부품의 색보다는 그 모양이 더 관심 있는 정보일 것이다. 반면 자동으로 과일을 분류하는 장치를 설계하고자 한다면, 모양보다는 그 색상을 확인하는 것이 더 중요하다. 색상이 어떤 경우에 특히 중요한지, 혹은 어떤 경우에 불필요한 정보인지는 독자의 판단에 맡기도록 하겠다.

다음으로 색상 관점에서의 이미지 처리를 살펴보자. 많은 경우, 각기 다른 두 종류의 물체를 나누고 구분하기 위해서는 색상이 명확하게 구별돼야 한다. 일반적으로는 단일 특정 색상 채널이 아니라, 둘 또는 세 종류의 채널을 조합해 구별한다(여기서 '채널channel'은 단순히 빨강, 초록, 파랑 등의 삼원색이 아니라, 색상을 조합해서 1차원으로 표현할 수 있도록 만든 모든 경우를 뜻한다). 가

그림 2.2 분할 및 인식을 위한 색상값의 예시. 이러한 야외 자연 풍경의 경우 색상을 통해 분할과 인식을 더 잘 수행할 수 있다. 초기 인류가 색상 정보를 활용해 야생에서 먹을 것을 더 잘 찾을 수 있었다면, 최근의 로봇 드론은 이를 통해 내비게이션 성능을 향상한다.

그림 2.3 도시에서의 색상. 도시 등의 인공적인 환경에서 색상은 사람에게 중요한 역할을 한다. 자동차의 경우 수많은 불빛과 도로 표지판, 각종 표식들(예를 들어, 노란 중앙선)은 운전자에게 도움을 준다. 또한 로봇이 더 안전한 운전을 할 수 있게 하는 중요한 정보의 역할을 하기도 한다.

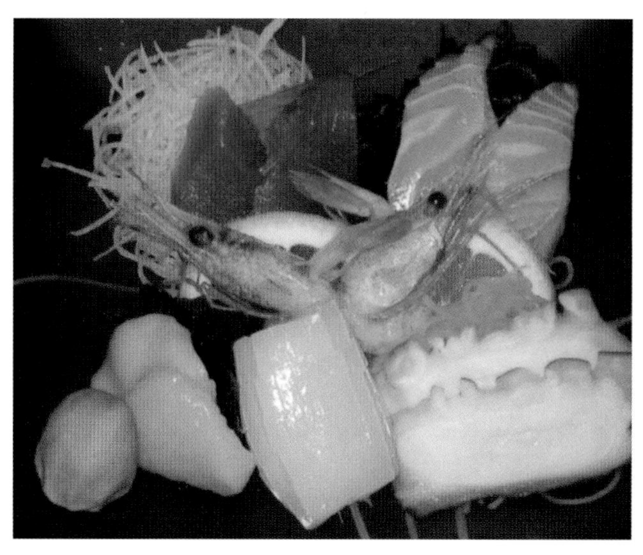

그림 2.4 음식 검사를 위한 색상 정보. 사진에서 많은 일본 음식이 풍부한 색을 띠고 있다. 사람에게도 먹음직스럽게 보이지만, 로봇의 경우에도 이물질이나 상한 음식을 구별하는 데 도움을 준다.

그림 2.5 음식 검사에서 억제된 음영의 영향. 토마토처럼 많은 음식은 색상이 또렷하지만 샐러드 야채는 좀 더 억제된 색상을 보이고 있으며, 따라서 확실히 식별할 수 있는 기법을 선택해야 한다. 이러한 특징은 가공되지 않은 제품을 검사하거나, 창고 및 슈퍼마켓 등에서 제품을 확인해야 할 때 중요하다.

장 복잡한 경우, 즉 세 종류의 색상 채널을 간단한 수식으로 조합해 각 픽셀에 적용하는 처리라 해도 그리 많은 계산량이 필요하지는 않다. 반면 색상 채널에서 데이터를 조합하는 최적의 방식을 '결정하고', 이미지 내의 여러 부분에 대해 각기 다른 연산을 동적으로 수행해야 할 경우, 필요한 처리량은 무시하지 못할 정도로 많아진다. 이는 컬러 신호가 이질성을 띠기 때문이다. 반대로 그레이스케일 이미지의 경우 모든 픽셀은 회색의 정도를 나타내는 하나의 숫자로 그 밝기를 표현하고, 따라서 디지털 컴퓨터는 하나의 항목으로 이를 다룰 수 있게 된다.

2.2 이미지 프로세싱 연산

이제 그림 2.1(A)와 2.7(A)를 대상으로, 여러 이미지 처리 연산이 어떻게 이뤄지는지 살펴보자. 이 이미지들의 해상도는 세부를 충분히 포함하고 있으며, 더 '의미 있는' 전체적인 정보를 어떻게 형성하는지를 논의할 수준에 해당한다. 즉, 이를 통해 간단한 이미지 연산이 이미지를 잘 해석하는 데 도움을 줄 수 있음을 확인할 수 있다.

이미지 처리 연산을 수행할 때는 원본 이미지와 별개의 저장 영역에 처리 이미지를 생성한다. 실제로 이 저장 영역은 프레임스토어frame store라 불리는 특별한 하드웨어 유닛을 컴퓨터에 연결하거나, 컴퓨터의 메인 메모리 또는 디스크에 마련된다. 과거에는 이미지를 저장하기 위한 메가바이트 단위의 저장공간이 일반적인 컴퓨터 메모리보다 컸기 때문에 특별히 프레임스토어를 장착해야 했던 것이다. 최근에는 이것이 큰 문제가 되지는 않지만, 이미지를 취득하거나 표시하는 용도로는 프레임스토어가 여전히 필요하다. 그러나 여기서 이에 대해 너무 깊게 다루지는 않을 것이다. 대신 모든 이미지를 잘 취득할 수 있고, 이 이미지들이 여러 이미지 '스페이스space' P, Q, R 등에 저장된다고 가정한다. 예를 들어, 스페이스 P에 저장된 이미지를 Q 스페이스에 복사하는 식이다.

2.2.1 그레이스케일 이미지 기본 연산

이 절에서는 우리가 C 등의 언어와 친숙하다고 가정하고 서술해나갈 것이다. 만약 C나 자바 Java 같은 프로그래밍 언어에 익숙하지 않을 경우, Stroustrup(1991) 또는 Schildt(1995)을 참고하라.

가장 간단한 이미지 연산은 이미지를 지우거나 전체 이미지 콘텐츠를 동일한 레벨로 채워 버리는 것이다. 다음과 같은 C++ 루틴을 사용하면 이를 구현할 수 있다.

```
for (j = 0; j <= 127; j ++ )
  for (i = 0; i <= 127; i ++ )                    (2.1)
    P[j][i] = alpha;
```

이 루틴에서 로컬 픽셀 세깃값은 P[*j*][*i*]로 표시되는데, P 공간이 세깃값에 대한 2차원 배열로 정의되기 때문이다(표 2.1). 혹은 위의 루틴을 다음과 같이 더욱 간결하게 표현할 수도 있다.

```
for all pixels in image do {P0 = alpha; }          (2.2)
```

이렇게 불필요한 부분을 없애면 이해가 한결 편하다. 픽셀 세기를 P0로 표현하는 이유는 뒤에서 설명할 것이다.

간단한 이미지 연산을 또 하나 소개하면, 어떤 이미지를 이 공간에서 저 공간으로 복사하는 작업이 있다. 원본 공간 P의 내용을 바꾸지 않은 채 다음 루틴을 실행하기만 하면 된다.

```
for all pixels in image do {Q0 = P0; }             (2.3)
```

좀 더 흥미로운 연산은 이미지를 반전하는 것이다. 예를 들어, 네거티브 사진을 포지티브 사진으로 바꾸거나 할 때 쓰인다. 이를 표현하면 다음과 같다.

```
for all pixels in image do {Q0 = 255 – P0; }       (2.4)
```

이 경우 픽셀 세기는 0~255의 값을 가지며, 이는 일반적으로 픽셀당 1바이트의 정보를 갖는 이미지라고 가정했을 때의 경우다. 또한 이 값은 부호가 없는unsigned 것으로 널리 가정되고 있음을 유의하라.

이러한 형태의 연산은 여러 종류가 있다. 그중 대표적인 예는 이미지를 상하좌우 또는 대각선으로 움직이는 것이다. 이는 원본 이미지에서 이웃한 위치의 세깃값을 새로운 이미지의

표 2.1 C++ 표기법

표기	의미
++	앞의 값을 하나 증가
[ ]	변수에 인덱스를 추가
[ ][ ]	변수에 두 차원의 인덱스를 추가
(int)	변수를 정수 타입으로 변경
(float)	변수를 부동소수점 타입으로 변경
{ }	명령 시퀀스를 블록으로 묶음
if ( ) { };	기본적인 조건문: ( ) 안의 조건이 성립하면 {} 안의 명령들을 실행할 것
if ( ) { }; else if ( ) { }; …; else { };	가장 일반적인 조건문 형식
while ( ) { }	일반적인 반복문 형식
do { } while ( );	또 다른 일반적인 반복문 형식
do { } until ( );	'until'은 'while not'과 같은 뜻으로서, C++ 문법을 엄격히 따르는 것은 아니지만 흔히 쓰이는 표기법임
for (; ;) { }	( ) 안의 조건문은 세미콜론을 통해 각각 초기 조건, 마침 조건, 증가 연산으로 나뉨
=	값을 대입
==	조건문에서 양쪽 값이 같은지를 확인
<=	≤
>=	≥
!=	≠
!	논리 연산자 NOT
&&	논리 연산자 AND
||	논리 연산자 OR
//	이 표시 뒤의 내용은 같은 줄에 한해 주석으로 간주
/* … */	여러 줄의 주석을 감쌈
A0 … A8 B0 … B8 C0 … C8	3 × 3 윈도의 비트 이미지 변수[a]
P0 … P8 Q0 … Q8 R0 … R8	3 × 3 윈도의 바이트 이미지 변수[a]
P[0], …	P0, …와 같은 의미

이 표는 이 책에서 사용될 여러 종류의 C++ 명령문의 의미를 이해하기 쉽게 나타낸 것이다. 소개의 목적이므로 너무 자세하게 설명하지는 않았다. 혼동을 피하기 위해, 파스칼(Pascal) 등 다른 일반적인 언어와 차이를 보이는 C++ 표기법을 위주로 표를 작성했다.

[a] 해당 변수들은 C++에서 사용할 수 없는 형식이지만, 2장부터 설명할 이미지 프로세싱 알고리듬을 좀 더 단순하게 설명하기 위해 사용했다.

로컬 세깃값으로 대입하는 식으로 쉽게 구현할 수 있다. 원래 C++ 루틴으로는 이중 접미사를 사용하면 바로 구현할 수 있지만, 좀 더 간단한 표기법으로 다음과 같이 이웃한 픽셀에 이름을 붙여서 사용하는 방법을 사용하고자 한다.

P4	P3	P2
P5	P0	P1
P6	P7	P8

다른 이미지 공간에도 P와 같이 이름을 붙인다. 이 표기법을 사용하면, 왼쪽으로 이미지를 움직이는 것을 다음과 같이 표현할 수 있다.

for all pixels in image do {Q0 = P1; } (2.5)

마찬가지로, 이미지를 오른쪽 아래로 움직이는 경우에는 다음과 같다.

for all pixels in image do {Q0 = P4; } (2.6)

여기서 P0와 Q0는 픽셀 세기를 나타내는 기본적인 표기법이 된다. '0'은 '이웃' 또는 '윈도'의 중앙 픽셀을 뜻하며, 한 공간에서 다른 공간으로 이를 복사하는 과정에서 이미지가 움직이지 않음을 의미한다. 그러나 이러한 윈도 연산은 단일 픽셀 연산보다 훨씬 강력하다. 이에 관한 여러 예제를 뒤에서 살펴볼 것이다. 그 전에, 이러한 연산을 적용할 경우 이미지의 가장자리 부분에서는 어려움이 발생함을 유의하라. 2.4절에서 이에 관해 다룰 것이다.

이러한 방식을 사용해 이미지를 수정하면, 인간이 관측할 것이라 예상할 수 있는 거의 모든 연산을 수행할 수 있다. 예를 들어, 이미지에 균일한 세기를 더하여 이미지를 밝게 하거나

for all pixels in image do {Q0 = P0 + beta; } (2.7)

반대로 이미지를 어둡게 할 수 있다. 혹은 밋밋한 이미지의 대비를 늘리는 연산을 수행할 수도 있다.

for all pixels in image do {Q0 = P0*gamma + beta; } (2.8)

단, gamma > 1이다. 실제 이 연산을 수행할 때는 (그림 2.6처럼) 세깃값이 원래 이미지의 세깃값 범위를 벗어나지 않도록 해야 한다. 예를 들어, 다음과 같이 연산을 진행할 수 있다.

그림 2.6 대비 늘리기: 그림 2.1(A)의 대비를 두 배 늘리고 평균 세기를 조정한 결과. 이제 물병 내부의 모습이 한결 잘 보인다. 그러나 이 연산을 통해 새로운 정보가 발생하거나 하지는 않는다는 사실을 유의하자.

```
for all pixels in image do {
    QQ  = P0*gamma + beta;
    if (QQ < 0) Q0 = 0;
    else if (QQ > 255) Q0 = 255;                    (2.9)
    else Q0 = QQ;
}
```

사실 대부분의 경우 훨씬 복잡한 전달 함수(비선형 또는 구간별 선형)를 사용하지만, 여기서는 그 정도로 복잡한 구현은 하지 않을 것이다.

이 시점부터는 뜻을 명확하게 하기 위해 이미지를 크게 두 종류로 나누어 표기할 것이다. 앞쪽의 알파벳들(A, B, C, …)은 바이너리 이미지를, 뒤쪽의 알파벳들(P, Q, R, …)은 그레이스케일 이미지를 뜻한다(표 2.1 참고). 소프트웨어에서는 이 변수들이 미리 정의되어 있으며, 프레임스토어 등의 하드웨어는 픽셀당 1 또는 8비트 크기로 메모리를 할당해서 이 값을 저장한다. 여기서는 여러 종류의 변수 데이터를 전송하면서 해결해야 하는 복잡함에 대해서는 다루지 않을 것이다. 다만 A0 = P0와 P0 = A0 둘 다 1비트 데이터를 주고받는다(후자의 경우에는 앞의 7비트에 0을 할당한다)고 가정하는 것으로 충분하다.

그다음으로 살펴볼 연산은 임계화thresholding를 통해 그레이스케일 이미지를 바이너리 이미지로 변환하는 것이다. 이미지에서 물체를 인식하는 데 널리 쓰이는 방식이므로, 자세한 내용은 뒤쪽에서 더 다룰 것이다. 여기서는 기본적인 이미지 연산이 어떤 식으로 동작하는지 알아보자. 임계화는 다음과 같은 루틴을 통해 작동한다.

```
for all pixels in image do {
  if (P0 > thresh) A0 = 1; else A0 = 0;          (2.10)
}
```

매우 흔하게 나타나는 경우로, 만일 어두운 물체가 밝은 바탕 위에 있다면 임계화 이미지에 대해 추가로 바이너리 처리 연산을 적용해 이를 반전시켜야 한다. 루틴은 다음과 같다.

```
for all pixels in image do {A0 = 1 – A0; }          (2.11)
```

다만 다음과 같이 두 루틴을 하나로 합치는 것이 더 일반적이다.

```
for all pixels in image do {
  if (P0 > thresh) A0 = 0;  else A0 = l;          (2.12)
}
```

결과 이미지를 원본과 근접한 형태로 표시하려면, 다시 반전시킨 다음 세깃값을 원래대로 변환해야 한다(그레이스케일에서 0과 1 세깃값은 거의 분간이 불가능하다).

```
for all pixels in image do {R0 = 255*(1 – A0);}          (2.13)
```

그림 2.7은 두 연산을 실행한 결과를 보여준다.

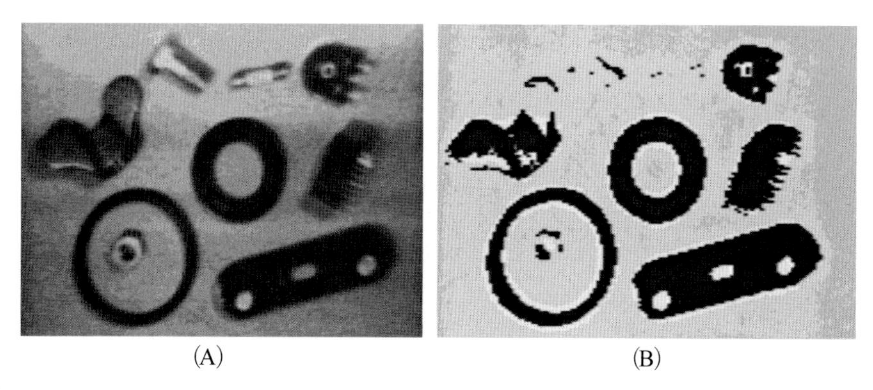

(A) (B)

그림 2.7 그레이스케일 이미지 임계화: (A) 부품들을 찍은 128 × 128픽셀 그레이스케일 이미지, (B) 임계화 후의 이미지

2.2.2 바이너리 이미지 기본 연산

이미지에 대해 임계화를 거치면, 다양한 바이너리 이미지 연산을 수행할 수 있게 된다. 여기서는 너무 깊게 들어가지 않고 소개 차원에서 그중 일부만을 다룬다. 다음 루틴은 어둡게 임계화된(배경 0, 물체 1) 물체를 수축시키는shrinking 연산을 수행한다(그림 2.8(A)).

```
for all pixels in image do {
   sigma = A1 + A2 + A3 + A4 + A5 + A6 + A7 + A8;
   if (A0 == 0) B0 = 0;
   else if (sigma < 8) B0 = 0;                                    (2.14)
   else B0 = 1;
}
```

사실 이 루틴은 다음과 같이 더 간결하게 표현할 수도 있다.

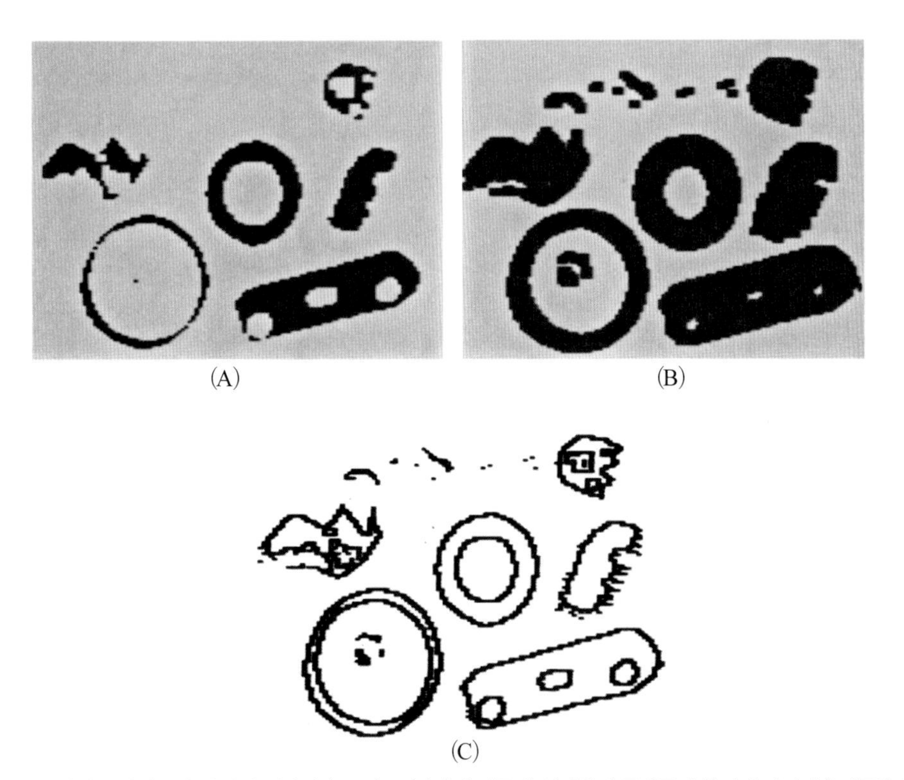

그림 2.8 간단한 바이너리 이미지 연산: (A) 그림 2.7(B)에서 어둡게 임계화된 물체를 수축시킨 결과, (B) 어두운 물체를 확장시킨 결과, (C) 외각 위치 탐색 루틴을 실행한 결과. 이 세 연산은 '어두운' 물체에 적용됐으며, 따라서 연산 과정에서 한 번 반전되고 이미지를 출력하는 과정에서 한 번 더 반전됐음을 유의하라(본문 참고).

```
for all pixels in image do {
   sigma = A1 + A2 + A3 + A4 + A5 + A6 + A7 + A8;
   if (sigma < 8) B0 = 0;  else B0 = A0;                    (2.15)
}
```

어두운 물체를 수축시키는 연산은 반대로 밝은 물체 또는 배경, 그리고 어두운 물체 내부의 구멍을 확장시킴을 유의하라. 반대로 어두운 물체를 확장시키는(혹은 밝은 물체를 수축시키는) 연산은 다음 루틴을 통해 이뤄진다(그림 2.8(B)).

```
for all pixels in image do {
   sigma = A1 + A2 + A3 + A4 + A5 + A6 + A7 + A8;
   if (sigma > 0) B0 = 1;  else B0 = A0;                    (2.16)
}
```

확장 또는 수축 연산은 '팽창dilation' 또는 '침식erosion'이라는 용어로 불리기도 한다(7장 '텍스처 분석' 참고). 앞에서 소개한 루틴들은 공통적으로 원본 이미지 각 픽셀의 이웃한 픽셀값을 살피는 기법을 사용한다. 뒤에서 여러 번 등장하겠지만, sigma 값은 3 × 3 크기의 이웃 픽셀을 설명하는 데 유용하고 강력하다. 요컨대 'if (sigma > 0)'라는 코드는 '만약 어두운 물체가 근접해 있다면'이라는 뜻이며, 그다음 코드는 '확장하라'는 뜻이다. 비슷하게, 'if (sigma < 8)'은 '만약 밝은 물체에 근접해 있다면' 혹은 '만약 밝은 배경에 근접해 있다면'을 의미하고, 그다음 코드는 '밝은 배경을 어두운 물체 영역으로 확장하라'는 뜻이다.

바이너리 물체의 외각을 찾는 과정은 여러 가지가 있다. 외각 지점의 sigma 값이 1~7 범위 내에 있을 것임은 자명하다. 그러나 이 값을 갖는 지점이 외각만 있는 것은 아니다. 배경이나 물체 중 어느 곳에 존재해도 무방한 것이다. 따라서 외각이 물체에 속한다고 정의하면(그림 2.8(C)), 주어진 이미지에서 외각을 찾는 루틴은 다음과 같이 표현할 수 있다.

```
for all pixels in image do {
   sigma = A1 + A2 + A3 + A4 + A5 + A6 + A7 + A8;
   if (sigma == 8) B0 = 0;  else B0 = A0;                   (2.17)
}
```

이 전략은 외각에 속하지 않는 모든 물체 픽셀을 삭제한다. 이 방식을 포함한 다른 많은 알고리듬(예를 들어, 축소나 확장 알고리듬을 활용해 외각을 찾는 방식)의 경우, 어떤 픽셀이 0 또는 1 값을 취해야 하는지(혹은 어떤 픽셀을 남기거나 지울 것인지)를 다음과 같은 표 형태로 표현할 수 있다.

		sigma	
		0~7	8
A0	0	0	0
	1	1	0

이렇듯 알고리듬은 인식 단계와 액션 단계로 나누어 나타낼 수 있다. 즉, 이미지상의 어떤 위치를 외각으로 인식할지 또는 노이즈를 제거할 것인지 등에 대해 판단하는 작업이 먼저 필요하고, 그런 다음 그 판단에 따른 변경을 수행하는 것이다.

바이너리 이미지에 대해 적용할 수 있는 또 하나의 유용한 함수는 '점잡음salt and pepper' 노이즈, 즉 이미지상에서 밝은 부분의 어두운 점 또는 어두운 부분의 밝은 점을 제거하는 것이다. 이 문제에서 우선 해결해야 하는 문제는 노이즈가 어디에 있는지 찾는 것이고, 그다음은 그 노이즈를 어떻게 제거할 것인가다. 전자를 해결하기 위해 다시 sigma 값이 등장한다. 밝은 점잡음salt noise(이 책에서는 0의 값을 갖는 노이즈)을 제거하기 위해서는 다음과 같은 루틴을 거치게 된다.

```
for all pixels in image do {
    sigma = A1 + A2 + A3 + A4 + A5 + A6 + A7 + A8;
    if (sigma == 8) B0 = 1;  else B0 = A0;                    (2.18)
}
```

이 루틴은 픽셀이 밝은 점잡음으로 판단되는 경우에만 그 값을 변경한다. 비슷한 방법으로 어두운 점잡음pepper noise(바이너리값 1)을 제거하는 루틴은 다음과 같다.

```
for all pixels in image do {
    sigma = A1 + A2 + A3 + A4 + A5 + A6 + A7 + A8;
    if (sigma == 0) B0 = 0;  else B0 = A0;                    (2.19)
}
```

앞의 두 루틴을 하나의 연산으로 결합해 작성할 수도 있다(그림 2.9(A)).

```
for all pixels in image do {
    sigma = A1 + A2 + A3 + A4 + A5 + A6 + A7 + A8;
    if (sigma == 0) B0 = 0;
    else if (sigma == 8) B0 = 1;                              (2.20)
    else B0 = A0;
}
```

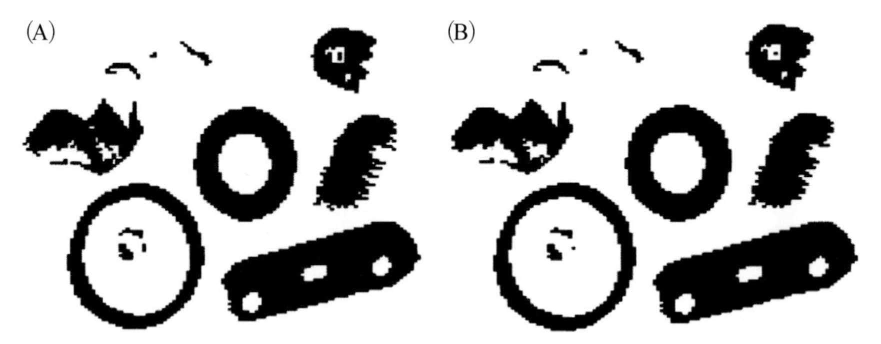

그림 2.9 간단한 바이너리 노이즈 제거 연산: (A) 임계화 이미지 그림 2.7(B)에 대해 점잡음 제거 연산을 수행한 결과, (B) 좀 더 약한 수준으로 노이즈 제거를 수행한 결과. 몇몇 물체의 울퉁불퉁한 부분이 좀 더 남아 있음을 확인할 수 있다.

아울러 이 루틴이 노이즈 픽셀을 판단하는 기준을 덜 엄격하게 설정함으로써, 물체나 배경의 울퉁불퉁한 부분을 덜 제거하도록 할 수도 있다(그림 2.9(B)). 이 변형된 루틴은 다음과 같은 형태가 된다.

```
for all pixels in image do {
    sigma = A1 + A2 + A3 + A4 + A5 + A6 + A7 + A8;
    if (sigma < 2) B0 = 0;
    else if (sigma > 6) B0 = 1;                                (2.21)
    else B0 = A0;
}
```

앞에서처럼, 그 사양을 엄밀하게 정의하면 알고리듬을 이해하기가 쉬워진다. 다음 표를 참고하라.

		sigma		
		0 또는 1	2~6	7 또는 8
A0	0	0	0	1
	1	0	1	1

이 외에도 바이너리 이미지를 대상으로 한 단순 연산들이 많이 있으며, 그중 일부는 8장 '바이너리 형태 분석'에서 다룰 것이다.

2.3 합성곱과 점퍼짐 함수

합성곱convolution은 이미지 처리 등 여러 과학 분야에서 널리 쓰이는 강력한 기법이다. 이 책에서도 여러 예제에 이를 사용할 것이며, 따라서 앞부분에서 미리 합성곱에 대해 설명하고 넘어가는 편이 나을 것이다. 우선 두 함수 $f(x)$와 $g(x)$를 적분하는 경우에 대해 합성곱을 정의해보자.

$$f(x) \otimes g(x) = \int_{-\infty}^{\infty} f(u)g(x-u)\mathrm{d}u \tag{2.22}$$

이 수식은 점퍼짐 함수PSF, point spread function $g(x)$를 모든 $f(x)$ 함수 위치에 곱하고, 그 결과를 전부 더하는 형태로 되어 있다. 중요한 사실은, 만약 PSF가 델타 함수 수준으로 매우 작을 경우 합성곱은 원본 함수 $f(x)$와 거의 유사하게 나온다는 것이다. 요컨대 $f(x)$는 합성곱 과정에서 $g(x)$의 영향을 받아 퍼지는 함수로서 이해할 수 있다. 그렇다고 합성곱이 원본 함수를 항상 흐리게blur 만드는 것은 아니다. 예를 들어, PSF가 양숫값을 갖는지 음숫값을 갖는지에 따라 양상은 매우 달라질 수 있다.

디지털 이미지에 합성곱을 적용할 경우, 앞의 수식과 두 가지 방향으로 차이를 보인다. (1) 이미지는 2차원이므로 이중 적분을 적용하게 된다. (2) 적분은 불연속적인 유한합 형태로 바뀌게 된다. 이러한 형태의 합성곱은 다음과 같이 표현할 수 있다.

$$F(x,y) = f(x,y) \otimes g(x,y) = \sum_i \sum_j f(i,j)g(x-i, y-j) \tag{2.23}$$

여기서 g는 공간 합성곱 마스크를 가리킨다. 합성곱 과정에서는 마스크를 반전시켜야 하는데, 이는 시각적으로 표현하기에 다소 불편하다. 특히 모서리 위치를 찾기 위해 적용하는 경우가 그렇다(6장 '모서리, 특징점, 불변 특징 검출' 참고). 이 책에서는 편의를 위해 다음과 같이 반전된 마스크를 미리 정의해서 사용할 것이다.

$$h(x,y) = g(-x, -y) \tag{2.24}$$

이 정의를 사용하면 합성곱을 좀 더 직관적으로 표현할 수 있다.

$$F(x,y) = \sum_i \sum_j f(x+i, y+j)h(i,j) \tag{2.25}$$

이 수식은 수정된 마스크를 인접한 곳의 값과 곱하는 식으로 작동한다. 예를 들어, 3 × 3 크기의 인접한 지점에 대해 곱하는 마스크의 계수는 다음 형식으로 표현된다.

$$\begin{bmatrix} h4 & h3 & h2 \\ h5 & h0 & h1 \\ h6 & h7 & h8 \end{bmatrix}$$

앞의 표기를 사용해 알고리듬을 나타내면 다음과 같다.

```
for all pixels in image do {
    Q0 = P0*h0 + P1*h1 + P2*h2 + P3*h3 + P4*h4
          + P5*h5 + P6*h6 + P7*h7 + P8*h8;
}
```
(2.26)

이제 합성곱을 실제 사례에 적용해보자. 여기서 소개할 예시는 인접한 픽셀의 평균값을 구해 노이즈를 저감하는 방법이다. 다음과 같이 간단한 합성곱 마스크를 사용하면 된다.

$$\frac{1}{9}\begin{bmatrix} 1 & 1 & 1 \\ 1 & 1 & 1 \\ 1 & 1 & 1 \end{bmatrix}$$

이때 마스크 제일 앞에 붙는 숫자는 모든 계수에 적용되며, 합성곱 연산 후에도 이미지의 평

그림 2.10 그림 2.1(A)에 대해, 3 × 3 균일 마스크의 합성곱을 통해 이웃값을 평균하여 노이즈를 저감한 결과. 노이즈가 저감되는 대신에 이미지가 상당히 흐려졌음을 유의하라.

균 세기에 영향을 끼치지 않게 하려 함이다. 앞의 내용에서 유추할 수 있듯이, 이 합성곱은 이미지를 흐리게 함과 동시에 일부 노이즈를 저감하는 효과를 가져온다(그림 2.10). 더 자세한 내용은 3장 '이미지 필터링과 모폴로지'에서 살펴볼 것이다.

지금까지 살펴봤듯이 합성곱은 선형 연산자에 속한다. 사실, 합성곱은 이미지 신호에 적용할 수 있는 가장 일반적인 공간 불변spatially invariant 선형 연산자에 속한다. 수학적인 분석에 있어서 선형성을 확보하는 것이 유리하며, 그렇지 않으면 분석을 진행하기가 상당히 어려움을 염두에 두어야 한다.

2.4 순차적 연산과 병렬 연산

앞서 살펴봤듯이 대부분의 이미지 연산은 한 공간에서 시작해 다른 공간에서 마치도록 정의되어 있다. 만약 이렇게 입력받는 공간과 출력되는 공간이 분리되지 않으면 많은 연산이 제대로 이뤄지지 않는다. 이는 이런 류의 연산이 근본적으로 '병렬 처리 형태'로 이뤄져 있기 때문이다. 다시 말해, 병렬 컴퓨터로 이러한 연산을 처리하려 한다면 필요한 프로세싱의 숫자는 이미지의 픽셀 숫자와 같으며, 모든 픽셀을 동시에 처리할 수 있음을 뜻한다. 만약 직렬 컴퓨터를 사용해 병렬 컴퓨터의 연산을 '흉내 내려' 한다면, 입력 이미지 공간과 출력 이미지 공간을 분리한 다음 출력 픽셀값을 계산하는 데 있어 원래 이미지값만이 쓰이도록 엄격하게 규정해야 한다. 예를 들어, 다음 연산은 엄밀하게 말해 병렬 프로세스가 아니다.

```
for all pixels in image do {
   sigma = A1 + A2 + A3 + A4 + A5 + A6 + A7 + A8;
   if (sigma < 8) A0 = 0; else A0 = A0;                    (2.27)
}
```

왜냐하면 연산이 절반 정도 진행됐을 시점에서 출력될 픽셀 세기는 아직 처리되지 않은 픽셀뿐만 아니라 이미 처리된 픽셀에도 영향을 받기 때문이다. 예를 들어, 컴퓨터가 이미지에 대해 일반적인 순방향 TV 래스터 스캔을 수행할 경우 다음 그림과 같이 스캔이 이뤄질 것이다.

√	√	√
√	×	×
×	×	×

그림에서 체크된 픽셀은 처리된 지점을 뜻한다. 따라서 앞의 연산을 적용하면 모든 물체가 수축되어 사라지게 된다!

혹은 좀 더 간단한 예를 들어서, 다음 루틴을 통해 이미지를 오른쪽으로 전이시킨다고 생각해보자.

for all pixels in image do {P0 = P5; } (2.28)

사실, 이 연산은 이미지의 각 픽셀 왼쪽에 위치한 값을 무조건 취해 채우는 방식이다. 따라서 시프트 연산은 근본적으로는 병렬로 이뤄진다(컴퓨터가 3 × 3 또는 그 이상 크기의 윈도 연산을 수행할 경우 이미지 바깥의 세기를 취해야 하는 픽셀이 발생하게 된다. 일반적으로 어떤 값을 대입하든 그 부분은 부정확할 수밖에 없고, 따라서 결과 이미지는 일종의 경계 형태를 부정확하게 포함할 수밖에 없다. 이러한 문제 때문에 소프트웨어나 프레임스토어의 특수 회로를 통해 이미지 바깥 영역에 해당하는 픽셀을 그대로 놔두도록 처리한다).

뒤에서 근본적으로 순차적인 프로세스, 즉 처리된 픽셀이 '원래' 이미지 공간으로 반환돼야 하는 연산을 살펴볼 것이다. 우선은 지금까지 설명한 루틴이 모두 병렬 처리로만 설명될 필요는 없다는 정도만 유의하면 된다. 특히, 모든 단일 픽셀 루틴(즉, 픽셀당 1 × 1 이웃에 대해서만 참조해 연산을 수행하는)은 사실상 순차적으로 수행된다고 봐도 무방하다. 예를 들어, 다음과 같이 세기를 조절하거나 임계화 연산을 수행하는 루틴을 생각해보라.

for all pixels in image do {P0 = P0*gamma + beta; } (2.29)

for all pixels in image do {if (P0 > thresh) P0 = 1; else P0 = 0;} (2.30)

이 두 종류의 연산을 비교하는 이유는 독자의 주의를 환기시키기 위해서다. 일반적으로 알고리듬을 설계할 때는 명백히 순차적인 연산이 필요하지 않은 한 병렬 처리로 설계하는 것이 안전하다. 뒤에서 이 부분을 더 자세히 다룰 것이다.

2.5 결론

2장에서는 이미지 연산을 표현하기 위한 표기법을 간단하게 소개했고, 기본적인 병렬 처리 루틴을 살펴봤다. 3장 '이미지 필터링과 모폴로지'에서는 이 내용을 확장해 그레이스케일 이미지에서 노이즈를 줄이는 방법을 알아볼 것이다. 이를 통해 머신 비전에 응용할 정도로 더 심화된 이미지 분석법을 익힐 수 있을 것이다. 또한 4장 '임계화의 역할'에서는 2.2.1절의 내용을 확장해 그레이스케일 이미지 임계화에 대한 자세한 내용을, 8장 '바이너리 형태 분석'에서는 바이너리 이미지에 대한 물체 형태 분석 방법을 알아본다.

픽셀–픽셀 연산도 기본적으로 디지털 이미지를 변형하는 데 사용할 수 있다. 그러나 2장에서 살펴봤듯이 윈도–픽셀 연산이 더 강력하고, 모든 크기나 형태로 변형하거나 노이즈를 제거하는 등의 연산을 수행할 수 있다. 다만, 순차적 연산을 아무 생각 없이 적용했다가는 예상치 못한 결과를 마주하게 될 수 있다는 점을 주의하자.

2.6 문헌과 연보

2장은 이미지 처리의 최신 동향이 아니라 기본적인 내용을 간략히 소개하는 것을 목표로 한다. 사실 2장에서 다룬 대부분의 주제는 여러 분야의 많은 사람들이 20년 이상 연구해온 것이다. 예를 들어 그레이스케일 이미지의 임계화는 1960년대에 처음 발표됐고, 바이너리 이미지의 축소 및 확장 연산도 비슷하다. 그 밖의 기법들이 언제 처음 등장했는지에 대해서는 일단 생략하자. 좀 더 자세한 내용은 Gonzalez and Woods(2008), Nixon and Aguado(2008), Petrou and Petrou(2010), Sonka et al.(2007) 등을 참고하라. 아울러 이미지 처리를 프로그래밍 관점에서 파고드는 두 권의 교재도 도움이 많이 될 것이다. Parker(1994)는 C 프로그래밍 관점에서, Whelan and Molloy(2001)은 자바 프로그래밍 관점에서 설명하고 있다. 좀 더 전문적인 도서는 이후의 장들을 참고하기 바란다.

2.7 문제

1. 수축 연산을 사용해 바이너리 그림 물체의 외각을 구하고, 원본 이미지와 합치는 알고리듬을 개발하라. 결과가 외각 탐색 루틴(식 (2.17))을 사용한 것과 같게 나타나는가? 2.2.2절의 알고리듬 표와 비슷하게 생각을 정리해 이를 증명해보라.

2. 특정 프레임스토어에서는 이미지 바깥 영역의 픽셀을 0 값으로 균일하게 채우거나 근접한 이미지 픽셀의 값을 취하는 식으로 처리한다. 이 경우 (1) 수축, (2) 확장, (3) 흐림 합성곱 연산 중 더 의미 있는 결과를 가져오는 것은 무엇일까?

3. 식 (2.20), 식 (2.21)의 노이즈 제거 루틴을 각각 순차적 알고리듬으로 다시 작성해야 한다고 생각해보자. 전자의 결과는 변하지 않지만, 후자의 경우 몇몇 바이너리 이미지에 대해 이상한 처리 결과를 가져오게 됨을 보여라.

03

이미지 필터링과 모폴로지

이미지 필터링은 윈도 연산을 사용해 노이즈 제거나 이미지 향상 등의 유용한 기능을 수행한다. 3장에서는 특히 평균, 메디안, 모드 등의 기본적인 필터를 사용하는 방법을 살펴본다. 흥미롭게도 이 필터들은 물체의 형태에 큰 영향을 미친다. 사실 형태에 관련된 연구는 오랫동안 이뤄져 왔으며, 모폴로지에 대한 수학적인 기틀이 충분히 자리 잡는 과정에서 다양한 알고리듬이나 기법들이 고안됐다. 3장에서는 이러한 수학적인 이론들을 가능한 한 직관적인 방식으로 설명해, 어떻게 실제로 유용하게 사용할 수 있을지 보이는 것을 목표로 한다. 그레이스케일 이미지에 초점을 맞추어 설명하겠지만, 컬러 처리에도 응용이 가능하다.

3장에서 다루는 내용은 다음과 같다.

- 로우 패스 필터링
- 임펄스 노이즈 문제와 제거 방법
- 메디안, 모드, 랭크 오더 필터
- 메디안과 랭크 오더 필터에 따른 전이와 왜곡
- '확장' 및 '수축'을 팽창과 침식으로 일반화하기
- 팽창과 침식을 결합해 더 복잡한 연산 수행하기
- '닫힘' 및 '열림'의 정의와 잔류 연산('탑 햇')을 통한 바이너리 물체 결함 검색
- 수학적 모폴로지를 일반화해 그레이스케일 처리에 응용하기

자주 쓰이는 다양한 종류의 필터에 대해 그 특성을 살펴, 기능과 한계를 이해해보자. 대부분의 필터는 외각 전이(edge shift) 현상을 보이지만, 그 양이 적고 예측할 수 있으며 원칙적으로는 보정 가능하다. 예외적으로 랭크 오더 필터는 이동하는 양이 크지만, 오히려 수학적 모폴로지 관점에서 이는 이러한 필터의 '장점'이라 할 수 있다. 3장에서 소개하는 이론은 다양한 주제를 아우르며, 많은 응용 분야에 접목할 수 있다는 점에서 가치 있다.

3.1 서론

2장 '이미지와 이미지 연산'에서는 그레이스케일 이미지의 임계화나 바이너리 이미지의 노이즈 제거 같은 단순한 이미지 연산을 다뤘다. 3장에서는 논의를 그레이스케일 이미지에 대한 노이즈 저감이나 품질 향상으로 확장할 것이다. 몇몇 응용 분야에서는 이러한 연산이 불필요하긴 하지만, 다른 많은 경우에는 활발히 쓰이기도 하거니와 뒤에 살펴볼 내용의 기초를 제공한다는 점에서 어느 정도는 깊이 살펴볼 필요가 있다.

앞에서 살펴봤듯이 실제 이미지에서는 노이즈가 발생하고, 따라서 이를 줄이기 위한 적절한 기법이 필요할 것이다. 보통 전자공학 관점에서 노이즈는 로우 패스 필터low-pass filter 등 주파수 대역에서 작동하는 필터를 통해 저감시킨다(Rosie, 1966). 1D 시계열 아날로그 신호의 경우에는 일련의 블랙 박스로 이뤄진 시그널 패스 중 특정 단계에 필터를 적용하면 되므로 쉽게 이해할 수 있다. 디지털 신호의 경우에는 좀 더 복잡해지는데, 신호를 주파수 대역으로 변환한 다음에 로우 패스 필터를 적용하고, 마지막으로 신호를 다시 시간 대역으로 역변환해야 하기 때문이다. 따라서 두 번의 푸리에 변환Fourier transform을 추가로 도입해야 주파수 대역에서 신호를 쉽게 수정할 수가 있다(그림 3.1). 이때 N 샘플 신호에 대한 이산 푸리에 변환discrete Fourier transform에 필요한 연산의 양은 N^2 단위가 된다(이를 $O(N^2)$이라 표현하자). 그러나 고속 푸리에 변환FFT, fast Fourier transform의 경우에는 필요한 연산이 $O(N \log_2 N)$ 단위로 줄어든다(Gonzalez and Woods, 1992). 노이즈를 제거하는 데는 이 방식이 더 실용적이다.

이미지에 이러한 개념을 적용하려면 우선 이미지 신호가 시계열로 변화하는 것이 아니라

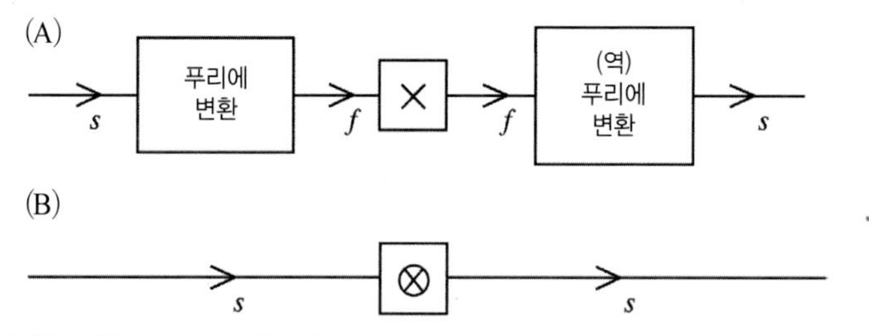

그림 3.1 노이즈 저감을 위한 로우 패스 필터링. s: 공간 도메인, f: 공간 주파수 대역, ×, 로우 패스 필터 곱, ⊗: 로우 패스 필터의 푸리에 변환에 대한 합성곱. (A) (공간) 주파수 대역에서의 곱을 통한, 가장 단순한 로우 패스 필터링 적용법, (B) 합성곱을 통한 로우 패스 필터링. (A)의 경우 두 번의 푸리에 변환을 거쳐야 하므로 더 많은 연산이 필요함을 유의하라.

공간 대역에 있으며, 따라서 필터링도 공간 주파수 대역에 대해 수행돼야 함을 유의해야 한다. 수학적으로는 큰 차이가 없어 보이지만 실제로는 중요한 문제가 발생한다. 첫째, 아날로그로 처리하기가 어려우므로 전체 프로세스가 디지털로 이뤄져야 한다(광학적으로 처리하면 성능, 속도, 고해상도 등의 이점이 있지만, 디지털 컴퓨터 기술과 접목하기가 거의 불가능하므로 여기서는 고려하지 않을 것이다). 둘째, $N \times N$픽셀 이미지에 대해 필요한 푸리에 변환 연산은 $O(N^3)$ 단위이며, FFT를 사용해도 $O(N^2 \log_2 N)$ 단위로 줄어들 뿐이다. 따라서 연산의 양에 대해 상당히 고려해야 할 부분이 크다(여기서 2D 변환은 1D 변환을 연속적으로 수행하는 식으로 이뤄졌다고 가정한다. Gonzalez and Woods(1992) 참고). 게다가 노이즈 저감을 위해서는 두 번의 푸리에 변환을 필요로 함도 유의해야 한다(그림 3.1). 그러나 많은 이미징 응용 분야에서 이러한 방식을 도입할 가치는 충분하다. 단순히 노이즈를 줄이는 것뿐만 아니라, 예를 들어 텔레비전 스캔 라인이나 그 밖의 결함을 제거하는 데도 적용할 수 있기 때문이다. 특히 원격 센싱이나 우주 분야에서 유용하다. 그러나 많은 산업 분야에서 중요한 것은 실시간 처리이기 때문에, 많은 경우 공간 주파수 대역에서 노이즈를 제거하는 연산은 실제로 잘 쓰이지 않는다. 게다가 로우패스 필터링은 가우시안 노이즈Gaussian noise를 제거하는 데 적합하지만, 임펄스 노이즈impulse noise의 경우에는 도리어 이미지를 왜곡시킨다.

2장 '이미지와 이미지 연산'에서는 팽창과 침식 연산을 알아봤다. 3.11절에서는 이를 사용해 바이너리 이미지를 필터링하고, 조합을 통해 이미지상에서 특정 종류의 물체를 제거하거나 그 위치를 찾을 수 있음을 보일 것이다. 이것이 가능한 이유는 형태의 기본적인 특성을 활용해 수학적 모폴로지 관점에서 접근했기 때문이다. 이 주제는 최근 몇십 년 동안 연구돼왔고 어느 정도 성숙한 단계에 이른 상태다. 3장의 목표는 이 중요한 분야를 이해하도록 돕는 것이다. 수학적 모폴로지는 형태에 대한 기초를 제공하며, 노이즈 저감, 형태 분석, 특징 인식, 스켈레톤화skeletonization, 볼록 껍질convex hull 문제 등을 다룰 수 있는 통합적인 기법을 확보할 수 있게 된다.

3.2절은 공간 주파수와 공간 대역에 대해 각각 가우시안 스무딩을 수행하는 방법을 알아본다. 이어지는 3개의 절에서는 메디안 필터, 모드 필터, 랭크 오더 필터를 소개하고, 각자의 속성과 용례를 비교한다. 3.6절은 샤프-언샤프 마스크 기법을 통해 간단하지만 매우 널리 쓰이는 이미지 향상 방법을 알아본다. 3.7절은 메디안 필터에 의한 외각 전이를, 3.8절에서

는 랭크 오더 필터를 통한 더 큰 양의 전이를 살펴본다. 이 부분의 내용은 모폴로지 연산 과정에서 발생하는 경계 이동을 장점으로 활용하는 예시이므로 중요하다. 3.10절은 필터를 컬러 이미지에 접목하는 방법을 다룬다. 3.11절은 2.2절에서 살펴봤던 확장 및 수축 연산의 개념을 모폴로지로 확장하는 내용이다. 3.12절은 지금까지 살펴본 중요한 내용을 이론적으로 엮어내되, 수학적인 엄격함보다는 개념의 이해에 초점을 맞춘다. 3.13절은 모폴로지 그룹핑 연산을 살펴보며, 3.14절은 모폴로지가 그레이스케일 이미지에 어떻게 대응되는지 논의한다.

3.2 가우시안 스무딩을 통한 노이즈 저감

로우 패스 필터링은 일반적으로 공간 고주파 신호를 제거하는 작업이며, 따라서 공간 주파수 대역에서 연산을 수행해야 한다. 그러나 공간 대역에서 바로 연산을 적용할 수도 있다. 이는 잘 알려져 있듯이(Rosie, 1966) 신호를 공간 주파수 대역에서 곱하는 것은 공간 대역에서 푸리에 변환된 신호에 대한 합성곱을 구하는 것과 동일하기 때문이다(그림 3.1). 만일 공간 대역에서 수행해야 하는 최종적인 합성곱 함수 범위가 충분히 작다면, 연산량은 그리 크게 늘어나지 않는다. 따라서 로우 패스 필터의 경우에는 이 원리를 무리 없이 적용할 수 있다. 이제 적절한 합성곱 함수를 찾기만 하면 된다.

만일 로우 패스 필터가 날카로운 차단점cutoff을 갖는다면, 필터를 적용한 후 이미지 공간에서는 진동하는 듯한 모양이 나올 것이다. 가장 극단적인 예로 sinc(sin x/x) 함수를 생각해 보자. 이 함수는 직사각형 모양에 로우 패스 필터를 적용하면 나오는 함수다(Rosie, 1966). 진동하는 듯한 합성곱 함수는 물체 주변에 헤일로halo를 발생시켜 이미지를 심하게 왜곡시키기 때문에 적절하지 않다. Marr and Hildreth(1980)에 의하면, 이미지에 올바른 종류의 필터를 적용해야 주파수 측면이나 공간 대역 측면에서 모두 적절한(진동하지 않는) 결과가 나온다. 이 관점에서 최적의 함수 중 하나는 가우시안 필터다. 이 함수는 공간 대역이나 주파수 대역에서 모두 동일한 모양을 하고 있다. 1차원 형식으로 표현하면 다음과 같다.

$$f(x) = \frac{1}{(2\pi\sigma^2)^{1/2}} \exp\left(-\frac{x^2}{2\sigma^2}\right) \tag{3.1}$$

$$F(\omega)=\exp\left(-\frac{1}{2}\sigma^2\omega^2\right) \tag{3.2}$$

따라서 로우 패스 필터링을 통해 노이즈를 줄이고자 할 때, 공간 합성곱 연산자는 가우시안 프로파일과 유사한 형태를 띠도록 하면 좋다. 어떻게 근사할지에 대해서는 많은 문헌에서 언급하고 있다. 이러한 문헌은 합성곱 과정에서 이웃 크기를 얼마나 설정할 것인지, 합성곱 마스크 계수를 어떤 값으로 할 것인지에 대해 차이를 보인다.

2장 '이미지와 이미지 연산'에서 소개했지만, 가장 일반적으로 쓰이는 마스크는 가우시안 프로파일과 유사한 것이 아니라, 다음과 같이 단순한 계산이 이뤄질 수 있는 형태로 되어 있다.

$$\frac{1}{9}\begin{bmatrix}1 & 1 & 1\\ 1 & 1 & 1\\ 1 & 1 & 1\end{bmatrix}$$

혹은 가우시안 프로파일과 좀 더 유사한 다음 마스크도 자주 쓰인다.

$$\frac{1}{16}\begin{bmatrix}1 & 2 & 1\\ 2 & 4 & 2\\ 1 & 2 & 1\end{bmatrix}$$

위의 두 마스크 모두 앞에 일정한 값을 곱해서 전체 계수에 가중치를 주고 있다. 이 가중치는 2.3절에서 언급했듯이 합성곱을 수행했을 때 이미지의 평균 세기가 변하지 않게 하는 역할을 한다. 가우시안 합성곱 마스크 중 약 80% 정도는 위의 두 마스크를 사용한다. 이 마스크들은 3 × 3 이웃 범위에서 연산을 수행하며, 따라서 상대적으로 적은 계산량을 필요로 함을 유의하라.

더 큰 영역의 이웃을 가진 가우시안 연산자에 대해서는 뒤로 미룰 것이다. 우선은 앞에서 소개한 연산자의 속성에 대해 알아보자. 우선, 세기가 균일한 노이즈 이미지에 이 연산을 수행한다고 하자. 만약 아홉 픽셀의 값을 평균 낸다면 노이즈는 확실히 저감될 것이다. 이 평균값 모델은 앞에서 소개한 첫 번째 마스크가 수행하는 작업이지만, 좀 더 가우시안 프로파일에 가깝게 근사됐을 뿐 두 번째 마스크도 유사한 방식으로 값을 평균 내는 모델을 취하고 있다.

노이즈가 줄어든다고 하긴 했지만, 신호 자체도 영향을 받게 된다. 신호가 균일하지 않은 경우에는 이 문제가 좀 더 심각해진다. 정확히 말해, 이미지 세기가 균일하거나 균일하다고 가정할 수 있다면 문제될 것은 없다. 그러나 신호가 한쪽 이웃에서는 균일하나 다른 쪽 이웃에서 증가한다고 해보자. 이는 물체의 경계에서 흔히 보이는 현상이다. 이 경우 이미지를 필터링하는 과정에서 물체는 이웃의 중심에 놓인 것으로 간주되어 처리되며(그림 3.2), 물체 경계가 흐려지는 효과를 낳는다. 이 연산자를 '섞기 연산', 즉 가까이 놓인 픽셀들의 세기를 한데 섞어 새로운 이미지로 만드는 연산으로 이해하면 왜 흐려지는 현상blurring이 발생하는지 쉽게 깨달을 수 있을 것이다.

공간 주파수 관점에서 살펴봐도 왜 이미지가 흐려지는지 이해할 수 있다. 기본적으로 공간 주파수 대역에서 신호에 날카로운 차단점을 적용한다면 공간 대역에서는 서서히 흐려지는 효과를 가져온다. 흐림 효과를 줄이려면 가능한 작은 크기로 근사된 가우시안 합성곱 필터를 사용하면 되지만, 이렇게 하면 동시에 노이즈 저감 효과도 줄어들게 된다. 이미지가 올바른 공간 해상도로 디지털화됐다면, 이미지 스무딩을 위해 3 × 3 이상 또는 최대 5 × 5픽셀의 합성곱 마스크를 쓸 필요는 크지 않다(여기서는 이미지의 공간 해상도를 변경해가며 품질을 분석하는 방법까지 다루지는 않을 것이다. 자세한 내용은 Babaud et al.(1986)을 참고하라).

요약하면, 로우 패스 필터링과 가우시안 스무딩은 이미지가 흐려지는 효과 때문에 노이즈 저감 응용 분야에는 적합하지 않다. 또한 임펄스 또는 '스파이크' 노이즈(몇몇 픽셀 세기가 갑자기 튀는 경우)가 발생한 지점에서 노이즈를 그보다 큰 이웃으로 평균 내는 연산은 이미지 품질을 더 훼손하게 되는데, 스파이크가 이웃 전체 영역에 평균되어 퍼지면서 전체 영역의 세깃

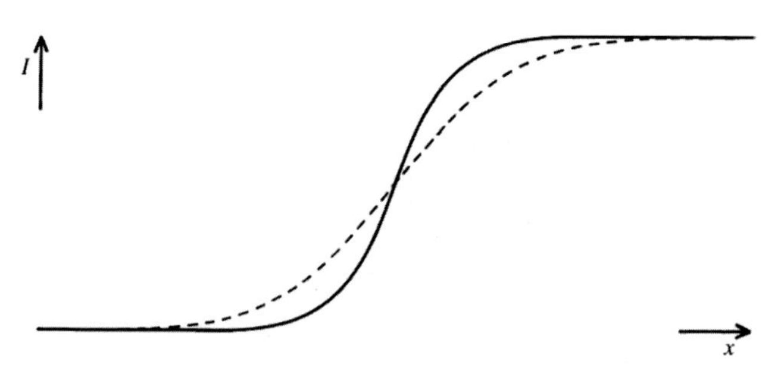

그림 3.2 간단한 가우시안 합성곱을 통한 물체 외각 흐림. 간단한 가우시안 합성곱을 그레이스케일 이웃 '섞음' 연산자로 간주하면, 왜 흐림이 발생하는지 이해할 수 있다.

값이 왜곡되기 때문이다. 이러한 문제 때문에, 뒤에서 소개할 리밋 및 메디안 필터링의 개념을 살펴볼 필요가 있다.

3.3 메디안 필터

이 절에서 다룰 아이디어를 요약하면, 이미지 내에서 세깃값이 너무 튀어 부적절할 확률이 높은 픽셀을 찾은 다음, 그 픽셀값을 버리고 좀 더 적당한 것으로 교체하자는 것이다. 예를 들어 여러 플롯으로 이뤄진 그래프를 그릴 때, 가장 근사된 그래프에서 동떨어진 플롯들은 무시하는 것과 비슷한 방식이다. 이 아이디어를 실현하는 확실한 방법은 일종의 '리밋limit' 필터를 사용해서 이웃 픽셀들의 세깃값 범위를 넘어서는 모든 픽셀을 제한하는 것이다.

```
for all pixels in image do {
  minP = min(P1, P2, P3, P4, P5, P6, P7, P8);
  maxP = max(P1, P2, P3, P4, P5, P6, P7, P8);
  if (P0 < minP) Q0 = minP;                                  (3.3)
  else if (P0 > maxP) Q0 = maxP;
  else Q0 = P0;
}
```

이 방식을 사용하려면 우선 특정한 이웃 내의 로컬 세기 분포를 파악해야 한다. 이 분포상에서 극값은 일종의 임펄스 노이즈와 같은 경향을 보인다. 따라서 앞의 리밋 필터처럼 값을 제거하는 것도 가능하지만, 더 나아가 분포의 양 옆 영역을 똑같이 제거하고 중간값(메디안median)으로 대체하는 방식도 가능하다. 요컨대 메디안 필터는 모든 로컬 세기 분포를 구한 다음, 그 분포로부터 중간값을 취해 새로이 이미지를 생성하는 방법이라 할 수 있다. 앞에서 언급한 것처럼, 메디안 필터는 임펄스 노이즈를 제거하는 데 탁월하다. 뒤에서 이에 대한 실례를 충분히 제시할 것이다(그림 3.3).

가우시안 스무딩 연산자를 거쳐 흐려진 이미지를 떠올린다면, 자연스럽게 메디안 필터를 사용해도 비슷한 효과가 나는지 의문이 들 것이다. 그림 3.3에서 볼 수 있듯이 흐림 효과는 거의 발생하지 않으며, 다만 세부적인 부분에서 일부 손실이 발생해 이미지가 '부드러운' 느낌을 내는 정도다. 이 현상에 대한 이론적인 논의는 일단 뒤로 미뤄놓자. 가우시안 스무딩 필터에서처럼 흐림 현상이 발생하지 않는다는 특성 덕분에, 메디안 필터는 일반적인 이미지

그림 3.3 그림 2.1(A)에 3 × 3 메디안 필터를 적용한 결과. 이미지 전체적으로 정밀한 세부가 날아가고 '부드러운' 느낌이 나는 것을 확인할 수 있다.

프로세싱 응용 분야에서 가장 널리 쓰이는 필터가 됐다.

메디안 필터를 사용하는 방법은 여러 가지가 있다. 표 3.1은 앞에서 설명한 내용을 구현하는 기본적인 알고리듬을 나타낸 것이다. 여기서는 2장 '이미지와 이미지 연산'에서 소개한 표기법을 확장해, 3 × 3 이웃 픽셀에 쉽게 접근할 수 있도록 접미사를 붙일 것이다(구체적으로, P0~P8은 P[*m*]으로 표기하며, 여기서 *m*은 0~8의 값을 갖는다).

표 3.1 메디안 필터 구현

```
for (i = 0; i <= 255; i++) hist[i] = 0;
for all pixels in image do {
  for (m = 0; m <= 8; m++) hist[ P[m] ]++;
    i = 0; sum = 0;
    while (sum < 5) {
      sum = sum + hist[i];
      i = i + 1;
    }
    Q0 = i - 1;
    for (m = 0; m <= 8; m++) hist[ P[m] ] = 0;
}
```

이 알고리듬은 다음과 같이 동작한다. 첫째, 히스토그램 배열을 초기화하고 이미지를 스캔해 Q 공간에 새로운 이미지를 생성한다. 둘째, 각 이웃에 대해 세깃값에 해당하는 히스토그램을 그리고 그 메디안값을 찾는다. 마지막으로, 히스토그램 배열상에서 값이 증가된 지점을 초기화한다. 이렇게 하면 히스토그램을 전부 초기화하지 않아도 되기 때문에 연산량이 감소한다. 일반적으로는 전체 분포상에서 메디안을 찾아야 하지만, 여기서는 전체 이웃의 넓이를 알고 있기 때문에(예제에서는 9) 분포의 절반만 한 번 스캔하면 된다.

이때 메디안을 계산하기 위해서는 픽셀 세기를 정렬하는 연산이 필요해진다. 버블 정렬 bubble sort(Gonnet, 1984)을 사용한다면 $n \times n$ 이웃에 대해 최대 $O(n^4)$ 단위의 연산이 필요하지만, 앞에서처럼 히스토그램 방식을 사용하면 256번의 연산으로 충분하다. 그러므로 n이 3이나 4 정도로 작은 경우라면 버블 정렬을, 5 이상이거나 세깃값의 범위가 제한되어 있을 때는 히스토그램 방식을 사용하는 것이 더 빠르다.

메디안 필터에 대한 많은 문헌은 연산량을 줄이기 위한 주제를 다루고 있다(Narendra, 1978; Huang et al., 1979; Danielsson, 1981). 특히 이 문헌들에서는 한 픽셀에서 다음 픽셀로 넘어갈 때 새롭게 등장하는 이웃 픽셀의 수는 상대적으로 적다는 사실을 지적하고 있다. 다시 말해, 메디안값을 구할 때마다 연산을 처음부터 다시 하는 것이 아니라 직전 값을 갱신하는 식으로 진행 가능하다(Huang et al., 1979).

3.4 모드 필터

노이즈를 저감하는 필터로서 로컬 세기 분포의 평균 및 메디안을 구하는 방식을 살펴봤지만, 분포의 모드mode를 고려하는 방식도 가능하다. 실제로 평균이나 메디안에 비해 모드는 어떠한 분포에 대해서도 가장 적합한 값을 찾는 방식이기 때문에 중요도가 크다.

그러나 실제로 모드를 이미지 필터로 적용하려면 귀찮은 문제가 따른다. 상대적으로 적은 숫자의 픽셀 세깃값을 통해 로컬 세기 분포를 계산해야 하기 때문이다(그림 3.4). 모드를 쉽게 찾기 위해서는 세기가 매끄럽게 분포돼야 하는데, 이 경우 다중 모드 분포, 즉 최댓값이 항상 '잠재적으로' 모드 위치를 가리킨다고 할 수 없는 분포를 띠게 된다. 따라서 모드를 계산하기 전에 충분히 매끄러운 분포 곡선을 확보해야 한다. 또 하나의 성가신 문제는 이웃에 따

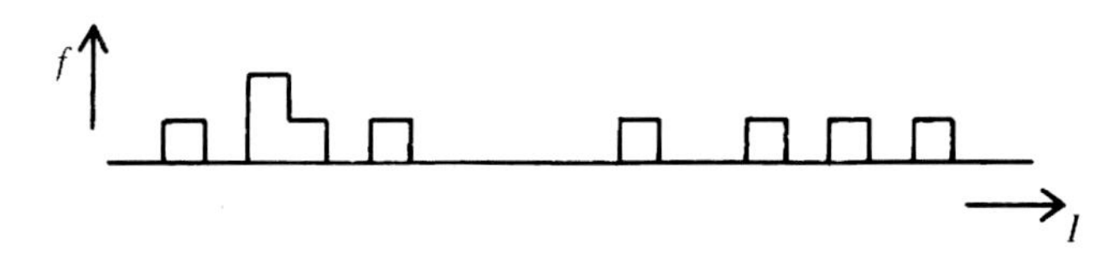

그림 3.4 작은 영역의 이웃에 대한 로컬 세기 히스토그램. 이렇게 희소한 경향을 띨 경우 모드를 추정할 때 심각한 문제를 초래한다. 또한 관측된 세깃값들은 이상적인 패턴이 아니라 노이즈가 포함됐다고 가정하며, 이는 메디안값을 정확히 추정하는 데 영향을 끼친다. © IEEE 1984

라서 분포 경향이 상당히 차이를 보인다는 점이다(예를 들어, 0에 가까운 분포를 보이거나 256에 가까운 분포를 보이는 경우가 공존할 수 있다). 따라서 어디에 기준을 두어 분포를 매끄럽게 해야 하는지 파악하기가 다소 어렵다. 이 때문에 모드의 위치를 측정할 때는 직접적으로 구하기보다는 간접적으로 찾는 편이 더 낫다.

사실, 메디안값을 구하면 모드 위치도 상당히 정확하게 예측할 수가 있다(Davies, 1984a, 1988c). 이 방식을 이해하기 위해서는 실제로 얼마나 다양한 종류의 로컬 세기 분포가 나타나는지를 생각해볼 필요가 있다. 이미지상의 대부분 지점에서 픽셀 세기의 변화는 배경의 조명 세기나 표면 방향의 다양한 변화, 혹은 노이즈에 의해 나타난다. 이러한 경우에는 로컬 세기 분포가 좌우대칭의 단봉분포unimodal로 나타난다고 예상할 수 있다. 또한 이 분포에서 평균, 메디안, 모드는 한데 모여 있게 된다. 좀 더 복잡한 경우는 이미지상에서 물체 외각 부분의 세기가 어떻게 변하느냐다. 이 경우에 로컬 세기 분포는 비대칭적이고, 무엇보다 단봉분포가 아니다. 정확히는, 외각에 가까울수록 물체 외각의 세깃값을 가진 픽셀이 이웃 영역에 포함되므로 **쌍봉분포**bimodal를 띠게 된다(그림 3.5). 이미지 전체로 보면 대칭 단봉분포 대신 가장 많이 보이는 경우로서, 삼봉분포나 특수한 요인(예를 들어, 금속 물체 외각에서 반짝임이 나타나는 현상)으로 인해 변형되는 분포는 매우 드물게 나타나므로 이 책에서는 다루지 않을 것이다(아울러 노이즈에 의한 효과도 생략하며, 단지 이미지 신호만을 고려할 것이다).

만일 이웃 영역이 외각에 걸쳐 있고 로컬 세기 분포가 쌍봉분포 형태일 경우, 더 큰 피크 지점을 우리가 찾으려는 값에 가장 가까운 세깃값으로 택해야 한다. 큰 피크값을 찾고자 한다면, 더 작은 피크값을 제거하는 방식이 적절한다. 모드의 위치를 알고 있다면, 잘라내려고 하는 더 작은 피크값의 위치를 찾을 수 있다. 분포의 극값 중 모드에 가까운 위치를 선택한 다음, 모드를 기준으로 둘 사이의 거리만큼 양쪽으로 움직여 범위를 선택한다(그림 3.6). 물론

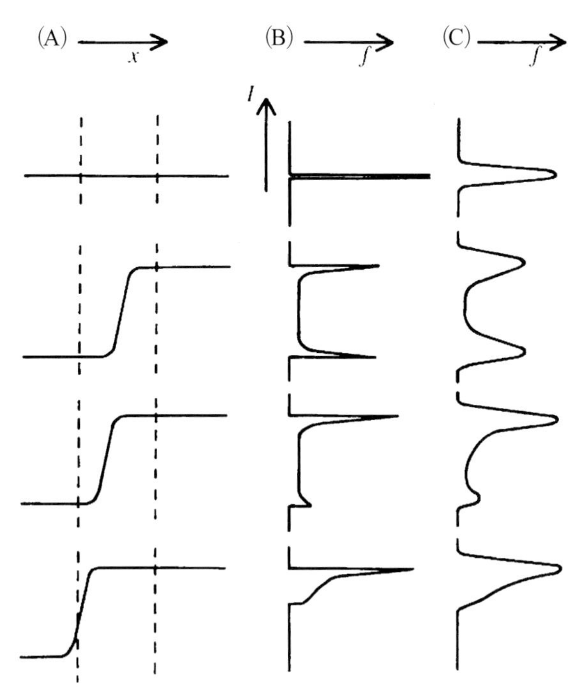

그림 3.5 물체 외각 부분의 이미지 데이터 로컬 모델: (A) 외각 부분이 필터 이웃에 근접하는 경우의 단면도. (B) 각각에 해당하는 로컬 세기 분포. 노이즈는 거의 없다고 가정한다. (C) 노이즈가 증가했을 때의 로컬 세기 분포 © IEEE 1984

처음부터 모드값을 알고 있지는 않으므로, 초깃값으로 메디안을 모드라고 가정한 다음 잘라내려는 지점을 찾는다. 분포가 일반적이지 않거나 쌍봉분포일 경우가 아닌 이상 보통 평균, 메디안, 모드 순서로 위치하기 때문에(그림 3.7), 이 방법은 필요한 양보다 더 적은 분포를 조심스럽게 잘라내며, 따라서 사용하기에 안전하다. 잘라내고 남은 분포의 메디안값을 계산하면, 이 위치는 처음 메디안보다 모드에 더 가까워지므로 불필요한 피크 영역을 더 많이 잘라낼 수 있다(그림 3.8). 연산을 반복할수록 모드값에 더 가까워지지만, 너무 많이 하지 않아도 충분히 좋은 결과물을 보여준다(그림 3.9).

지금까지 소개한 '절단 메디안 필터TMF, truncated median filter'의 특성을 더 자세히 알아보자. 메디안 필터 자체로도 노이즈를 상당히 잘 제거할 수 있지만, TMF는 노이즈를 제거함과 동시에 외각을 더 또렷하게 함으로써 이미지 품질을 향상한다. 왜 그런지에 대해서는 그림 3.10을 참고하라. 기본적으로 외각에 살짝 걸친 위치의 경우에도 대부분의 픽셀 세기가 더 큰 피

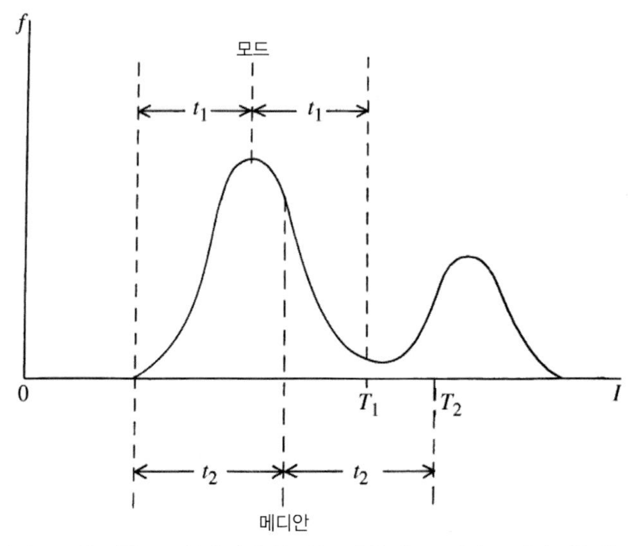

그림 3.6 잘라냄 과정. 모드를 기준으로 실제 잘라내는 분포의 위치는 T_1이다. 그러나 처음에는 모드의 위치를 모르기 때문에, 대신에 T_2를 기준으로 잘라내는 것이 덜 정확하긴 하지만 안전하다.

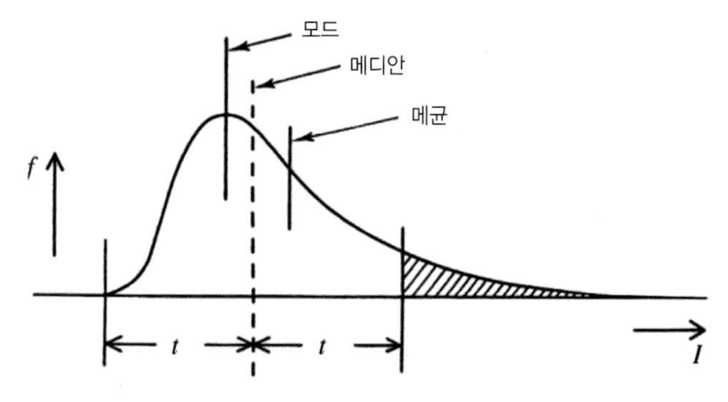

그림 3.7 일반적인 단봉분포에서의 모드, 메디안, 평균의 상대적인 위치. 쌍봉분포의 경우에도, 거의 동일한 너비의 가우시안 분포가 아닌 이상 순서는 바뀌지 않는다. © IEEE 1984

크값 주변에 분포하고 있으며, TMF는 더 적은 피크에 해당하는 픽셀 세기를 제외한다. 다시 말해, TMF는 양쪽 외각 중 어느 위치에 속하는지를 양자택일한다. 얼핏 생각하면 근접한 외각을 멀리 밀어내는 것으로 이해할 수 있지만, 실제로는 '양쪽 외각을 모두 밀어내어' 가장자리를 더 날카롭게 만들고 물체의 외형을 또렷하게 만드는 연산이다. 특히 인상적인 것은 한 이미지에 TMF를 여러 번 적용할 경우 물체들이 균일한 세기로 이뤄진 영역들로 쪼개지기

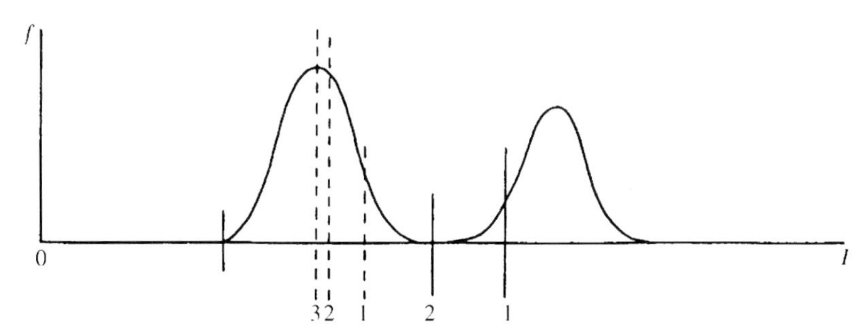

그림 3.8 반복적 로컬 세기 분포 잘라내기. 반복이 진행될수록 메디안값은 모드에 수렴하는 경향을 보인다. 이는 각 단계마다 잘라내고 남은 분포의 모드값이 변하지 않기 때문이다.

그림 3.9 그림 2.1(A)에 3 × 3 절단 메디안 필터를 적용한 모습

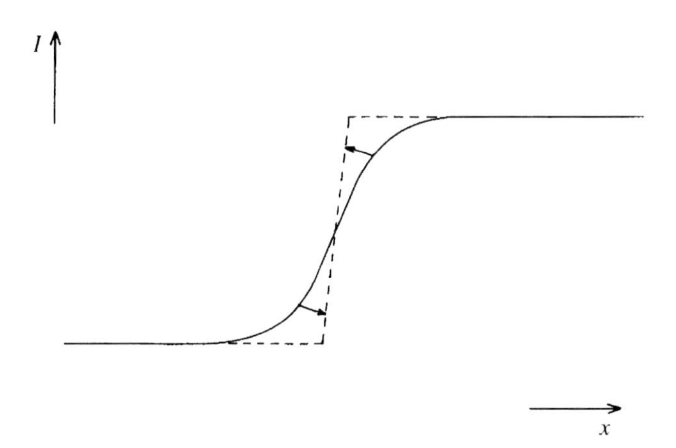

그림 3.10 모드 필터를 사용한 이미지 향상. 그림에서 외각 끝부분이 모드 필터에 의해 수평 방향으로 밀어지고 있음을 확인하고 있다. 그러나 양 외각 부분이 각각 반대 방향으로 밀어지고 있기 때문에 외각의 경계 위치 자체는 바뀌지 않으며, 최종적으로 외각이 또렷해지는 효과를 가져온다.

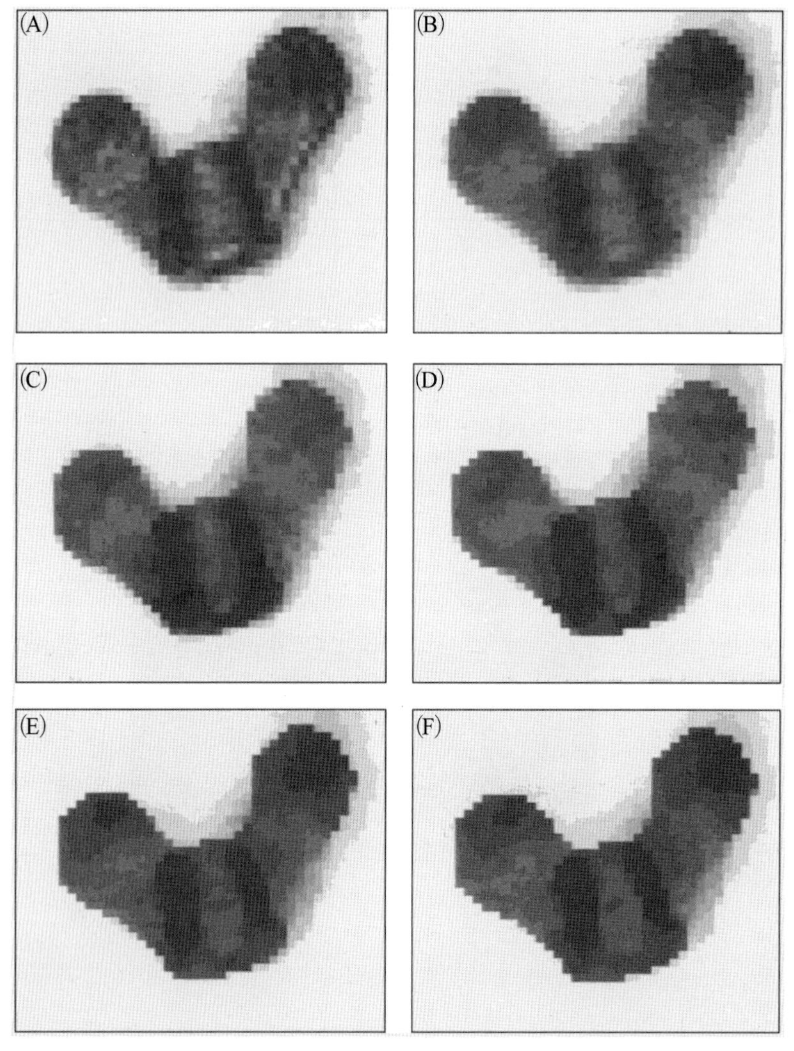

그림 3.11 절단 메디안 필터를 반복해서 실행한 결과: (A) 다소 노이즈가 포함된 원 이미지, (B) 3 × 3 메디안 필터를 적용했을 때의 결과, (C)~(F) 각각 1~4번 반복해 기본적인 절단 메디안 필터를 적용했을 때의 결과 © IEEE 1984

시작한다는 점이다(그림 3.11). 표 3.2에 이에 해당하는 알고리듬을 나타내었다.

앞에서 살펴본 문제는 여러 이유로 인해 꽤나 오랫동안 해결이 늦춰져 왔다. 첫째, 모드 필터는 여태껏 생각만큼 많은 주목을 받지 못했다. 둘째, 메디안 필터를 상당히 광범위하게, 많은 경우 별다른 생각 없이 써온 감이 있다. 셋째, 로컬 세기 분포를 분석하고, 이웃 영역에

표 3.2 절단 메디안 필터 알고리듬

```
do { // 필요한 만큼 필터를 여러 번 적용해도 무방
  for all pixels in image do {
    로컬 세기 분포 계산;
    do { // 모드를 더 정확히 추정하기 위해 반복해서 실행
      최소, 메디안, 최대 세깃값 계산;
      로컬 세기 분포에서 최소 또는 최대 중 어디부터 잘라낼 것인지 결정;
      로컬 세기 분포에서 잘라낼 범윗값을 결정;
      로컬 세기 분포 잘라내기;
      잘라낸 로컬 세기 분포에서 메디안값 계산;
    } 메디안값이 로컬 분포의 모드에 충분히 가까울 때까지 반복;
    추정한 모드값을 출력 이미지 공간에 기록;
  }
} 이미지가 충분히 향상될 때까지 반복;
```

주:

(i) 최외각 및 최내각 반복문은 생략할 수 있다(즉, 반복하지 않고 한 번만 실행해도 무방하다).

(ii) 최종적으로 모드 위치를 추정하는 단계에서 메디안을 계산하는 대신 간단하게 평균값을 구해도 무방하다. 오차가 발생하지만 무시할 수준이며, 계산량을 줄일 수 있다.

(iii) 최소 및 최댓값 대신, 예를 들어 로컬 세기 분포의 양쪽 끝 1/8 지점을 기준으로 하면 극값을 더 안정적으로 추정할 수 있다.

서 세기의 차이가 나타나는 영역을 완전히 제외해야 필터 간의 차이가 두드러지게 나타난다. 다시 말해, 로컬 세기 분포에 대한 충분한 정보가 주어져야 한다. 여기서 목적에 맞게 필요한 것을 파악해 연산을 설계하지 않고, 임의적으로 연산자를 만들어내는 것이 얼마나 위험한지 알 수 있다. 예를 들어 최대 임펄스 노이즈를 제거하고 싶다면 메디안 필터를, 이미지의 외각을 강조해 또렷하게 하고 싶다면 모드 필터나 TMF(노이즈로 인해 어느 가장자리 영역에 속하는지 혼동되는 문제 측면에서는 TMF가 모드 필터에 비해 더 보수적이고, 따라서 더 나은 방식이라 할 수 있다. Davies(1984a, 1988c) 참고)를 사용하면 된다.

지금까지는 로컬 세기 분포를 통한 이미지 향상 필터만을 살펴봤지만, 그렇지 않은 필터도 많다(Lev et al., 1977; Nagao and Matsuyama, 1979). 다만 이 장에서는 그 영역까지는 다루지 않을 것이다. '샤프-언샤프 마스킹'(3.6절)도 이미지 향상 효과를 가져오긴 하나, 이 필터는 의도치 않게 흐려진 이미지를 복원하는 데 주된 목적이 있다. 예를 들어, 흐린 날씨에 찍힌 사진이나 초점이 맞지 않은 카메라 등이 이에 해당한다.

이 절에서는 그레이스케일 이미지에 대한 모드 필터만을 다루었지만, Charles and

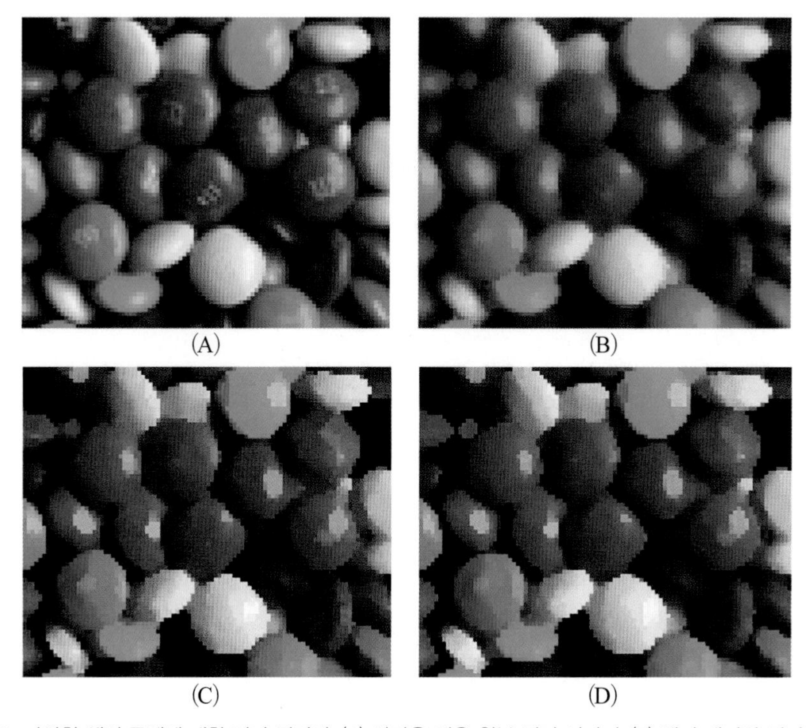

그림 3.12 다양한 색의 물체에 대한 컬러 필터링: (A) 사탕을 찍은 원본 컬러 이미지, (B) 벡터 메디안 필터를 적용한 결과, (C) 벡터 모드 필터를 적용한 결과, (D) 각 채널에 대해 독립적으로 모드 필터를 적용한 결과. (B)와 (C)는 색번짐 현상이 잘 나타나지 않지만 (D)에서는 두드러짐을 확인할 수 있다. 특히 노란색 사탕 주위를 관찰하면, 분홍색이나 초록색 픽셀에서 이 현상이 잘 등장한다. 색번짐 현상에 대한 자세한 설명은 3.10절을 참고하라. © RPS 2004

Davies(2003a, 2005) 등에서는 컬러 이미지에 TMF를 적용하는 방법을 소개하고 있다. 그림 3.12에 그 결과가 나타나 있다. 아울러, TMF가 이미지 향상을 위해 고안된 필터이긴 하지만, 그림 3.13에서 볼 수 있듯이 많은 양의 임펄스 노이즈를 이미지에서 제거하는 데도 유용하다. 이 측면만 놓고 보면 메디안 필터보다도 더 효과가 뛰어나다.

3.5 랭크 오더 필터

랭크 오더 필터rank order filter는 다음과 같은 원리에 의해 작동한다. 우선 주어진 이웃 영역의 모든 세깃값을 취한 다음, 오름차순으로 이를 정렬한다. 그리고 이 n개의 값 중 r번째 값을

그림 3.13 임펄스 노이즈가 많이 포함된 이미지의 컬러 필터링: (A) 70%의 무작위 컬러 임펄스 노이즈를 포함한 레나 이미지, (B) 벡터 메디안 필터를 적용한 결과, (C) 벡터 모드 필터를 적용한 결과. 모드 필터가 노이즈 저감에 있어 더 효과적이도록 설계되긴 했지만, 특히 노이즈 레벨이 매우 높을 때 월등한 성능을 보임을 확인할 수 있다. © RPS 2004

선택해 최종적으로 필터의 로컬 출력값으로 삼는다. 이렇듯 n 랭크 오더 필터는 r 값에 의해 그 동작이 결정되며, 그 특성이 비선형적이다. 다시 말해, 출력된 세깃값은 이웃 영역의 세깃값들을 선형적으로 연산해서 도출할 수 없다. 예를 들어, 메디안 필터(이는 n이 홀수인 경우에 한해 $r = (n + 1)/2$인 랭크 오더 필터로 표현할 수 있다)는 평균 필터와 일반적으로 같은 결과를 내놓지 않는다. 평균값과 메디안값이 동일한 유일한 예외는 분포가 좌우대칭으로 이뤄졌을 때다. 최소 및 최대 필터(각각 $r = 1$, $r = n$인 경우)의 경우 모폴로지 필터로 분류되는 경우가 많음을 유의하라(3.8.1절 참고). 아울러, 일반적으로 n이 짝수일 경우 메디안값을 구할 때는 분포의 중앙에서 두 값을 취해 평균을 계산한다.

3.6 샤프-언샤프 마스킹

이미지가 취득 전이나 취득 과정에서 흐려지면, 많은 경우 원래 상태에 충분히 가깝게 복원하는 것이 가능하다. 요컨대 흐려진 과정을 일종의 모델로 만들어 이미지에 역으로 적용함으로써 이를 되돌리는 것이다. 많은 경우 모델을 정확하게 만드는 것은 복잡한 과정이지만, 특정한 경우 상대적으로 단순한 샤프-언샤프 마스킹sharp-unsharp masking 방식을 통해 꽤 뛰어난 향상을 이룰 수 있다(Gonzalez and Woods, 1992). 그림 3.14에서 확인할 수 있듯이, 이 필터는 우선 가우시안 필터 등을 통해 이미지를 더 흐리게 한 다음 이를 원본에서 빼는 방식을 사용한다. 이 인공적인 흐림의 양과 흐려진 값을 어느 정도 비율로 뺄 것인가를 결정하는 문제는 정해진 답이 없고 눈으로 조정해야 함을 유의하라. 이 때문에 이 필터는 수학적으로 정확히

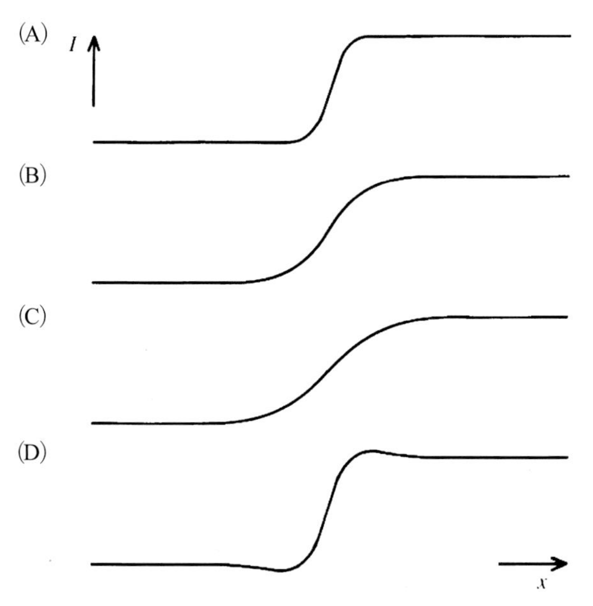

그림 3.14 샤프-언샤프 마스킹의 개념: (A) 이상적인 외각 이미지의 단면도, (B) 관측된 외각, (C) (B)를 인공적으로 더 흐리게 한 결과, (D) (B)에서 (C)를 뺀 결과

'복원'한다기보다는 '향상'을 위한 필터로 분류하는 것이 더 적절하다. 이러한 향상 기법에 대해서는 다음과 같은 Hall(1979)의 언급을 기억하라. "이미지를 향상하는 요령은 어느 시점에서 멈춰야 하는지를 아는 데 있다."

3.7 메디안 필터로 인한 전이

지금까지 여러 필터의 주된 특성을 살펴봤지만, 아직 파악해야 할 요인들이 남아 있다. 예를 들어, 생산 과정에서 정밀한 측정을 필요로 할 때는 노이즈를 잘 제거하는 것도 중요하지만 그 과정에서 물체의 위치나 크기가 변하면 안 된다. 이 때문에 지금부터 살펴볼 두 가지 문제가 발생한다.

첫째, 일반적으로 외각 경계 영역의 세기 프로파일은 대칭적이라고 가정한다. 이 경우 로컬 세기 분포의 평균과 메디안, 모드는 거의 비슷한 위치에 존재하며 어느 한 영역으로 편중될 일이 없다. 그러나 영역이 비대칭적인 세기 프로파일을 갖고 있다고 한다면, 필터를 적용했을 때 어떤 일이 일어날 것인지에 대한 자세한 모델을 만들기가 어려워진다. 상당한 정도의 노이즈가 이미지에 포함되어 있을 때는 문제가 더 심각해진다. 이미지 데이터에 따라서 양상이 달라지고, 자세하게 이를 분석하기가 어려워지기 때문이다.

둘째, 외각이 곡선 모양을 띠고 있다고 생각해보자. 이 경우에도 수많은 가능성이 존재하고, 외각의 형태에 따라서는 각 필터마다 그 위치를 다르게 구하게 될 수도 있다. 비전 분야에서는 보통 메디안 필터를 가장 많이 쓰는데, 이 필터의 주된 목적이 이미지를 흐리지 않고 노이즈를 저감시키는 데 있기 때문이다. 따라서 아래에서는 메디안 필터로 인해 발생하는 편중에 대해 다룰 것이다.

3.7.1 메디안 전이 연속체 모델

이 절에서는 연속적인 이미지(즉, 불연속적 격자가 아닌), 특히 (1) 바이너리 데이터로 이뤄지고 (2) 이웃 영역이 완전한 원형 형태이며, (3) 노이즈가 전혀 존재하지 않는 경우를 생각해보자. 이때 바이너리 이미지의 외각 단면은 대칭적이며, 직선 외각은 이 대칭성을 2차원까지 확장한다. 따라서 (대칭적인) 원형 이웃 영역에 메디안 필터를 적용하면 직선 외각을 밀거나 당길 수가 없다.

이제 직선 모양이 아닌 외각에 필터를 적용하면 어떻게 될지 생각해보자. 예를 들어 원 모양을 한 외각의 경우 로컬 세기 분포는 2개의 피크를 갖게 되며, 그 상대적인 크기는 이웃의 정확한 위치에 따라 달라진다(그림 3.15). 어떤 위치에서는 두 피크의 크기가 동일할 수 있다. 이는 이웃 영역의 중심점을 기준으로 메디안 필터의 출력값이 어두웠다가 밝아지는(또는 그 반대의) 경향이 보이는 상황에 해당한다. 따라서 메디안 필터는 원형 물체의 중심 방향을 향해 전이를 일으키며, 이 현상은 물체가 어두운 바탕에 밝은 모양을 하고 있거나 그 반대의 경

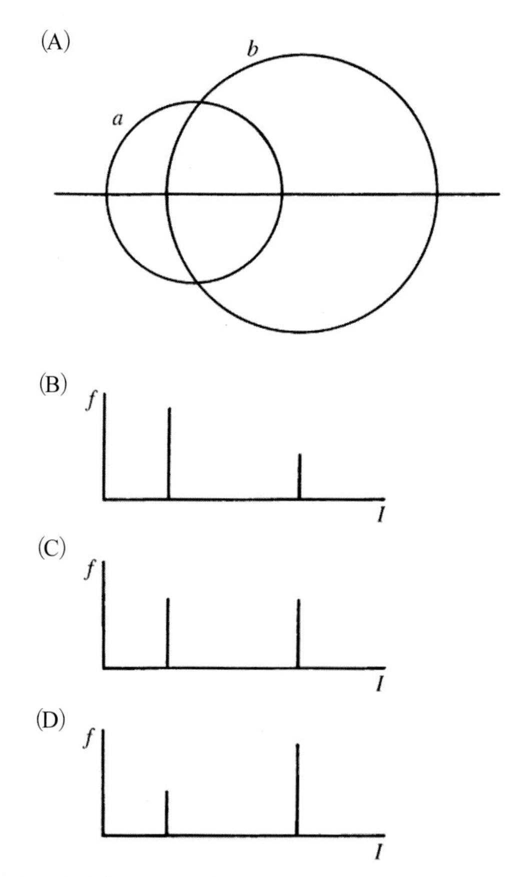

그림 3.15 이웃 위치에 따른 로컬 세기 분포 변화: (A) 반지름 a인 이웃 영역이 반지름 b인 어두운 원형 물체에 겹쳐진 경우의 이웃 영역, (B)~(D) 물체가 이웃 영역을 이등분하는 중심점 거리 d를 기준으로, 각각 d 이하, d, d 이상일 경우의 세기 분포 I

우에도 동일하게 나타난다. 이 효과가 얼마나 나타나는지 계산하려면, 물체의 경계상에서 원형 이웃 영역을 어디에 놓았을 때 이등분되는지를 살피면 된다.

이 위치를 비교적 정확하게 찾는 방법은 이웃 영역 내의 원형 물체에 대해 가로 방향의 평균 위치 $\bar{x}$를 추정하는 것이다. 이 위치에 넓이의 메디안값도 해당되기 때문이다. 우선 그림 3.16에서 나타내듯이 원형 물체는 다음과 같은 식으로 묘사된다.

$$(x-b)^2 + y^2 = b^2 \tag{3.4}$$

따라서

$$x = b - (b^2 - y^2)^{1/2} \approx \frac{y^2}{2b} \tag{3.5}$$

$$\therefore \quad \bar{x} = \int_{-a}^{a} xdy \Big/ \int_{-a}^{a} dy \approx \frac{1}{2a}\int_{-a}^{a} \frac{y^2}{2b} dy = \frac{1}{2ab}\left[\frac{y^3}{3}\right]_0^a = \frac{a^2}{6b} \tag{3.6}$$

물체의 곡률을 $\kappa = 1/b$로 정의한다면, 가로 방향 전이는 다음 식을 따라 이뤄진다고 가정할 수 있다.

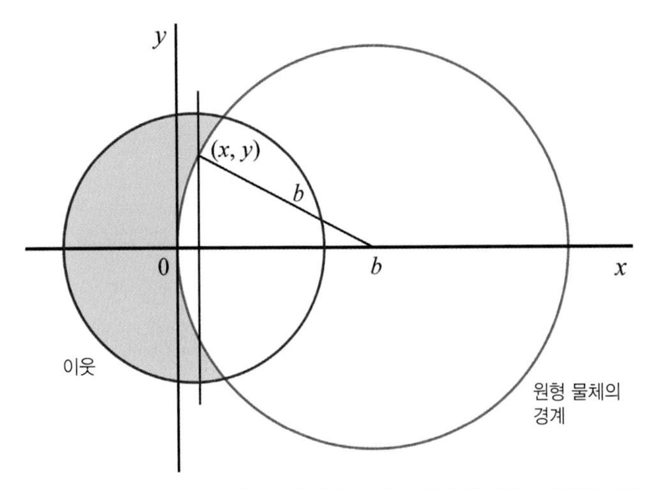

그림 3.16 이웃과 물체를 겹쳤을 때의 모습. 반지름 b의 원형 물체가, 역시 반지름 a의 원형 이웃 영역과 겹쳐진 상태다. x축 및 y축에 대한 원점은 물체의 경계에 걸쳐 있다. 이웃 영역에서 칠해진 부분과 칠해지지 않은 부분의 넓이는 동일하다.

$$D = \frac{1}{6}\kappa a^2 \tag{3.7}$$

위 근사식이 성립하는 이유는 곡률이 작을 경우 물체 경계가 이웃 영역을 지나가는 두 지점은 $2a$만큼 가까이 있기 때문이다.

이 연산을 수행해보면(Davies, 1989b), 예상할 수 있듯이 메디안 전이는 $b \to \infty$ 또는 $a \to 0$일 경우 $D \to 0$에 접근한다. 반대로 a가 b 이상일 경우에는 전이가 매우 커진다. 그러나 $a > \sqrt{2}b$일 경우에는 오히려 물체가 너무 작기 때문에 필터가 이를 무시해 노이즈로 인식하게 되며, 이때는 최종 이미지에 아무런 영향을 끼치지 않는다. 물체가 사라지지 않는 최대 외각 전이는 $(2 - \sqrt{2})b \approx 0.586b$이다.

3.7.2 그레이스케일 이미지 일반화

지금까지의 결과를 그레이스케일 이미지로 확장해보자. 우선 부드러운 계단 모양 1차원 경계에 메디안 필터를 적용할 경우, 이웃 영역의 중심점을 기준으로 양쪽 끝부분에서 더 낮거나 높은 세깃값의 개수는 동일하다. 즉, 세기 히스토그램에서 같은 넓이를 차지하게 되고, 따라서 메디안 필터로 인한 전이가 발생하지 않는다. 세깃값이 이웃 한쪽 끝에서 다른 쪽 끝으로 완만하게 증가하는 경우에도 마찬가지다.

2차원 이미지에서도 직선 모양의 가장자리의 경우에는 대칭성이 높기 때문에 동일한 현상이 나타나며, 따라서 바이너리와 마찬가지로 메디안 필터를 적용했을 때 전이가 일어나지 않는다.

곡면 경계의 경우, 그레이스케일 이미지는 바이너리 이미지와는 달리 경사 기울기가 유한하기 때문에 주의를 기울여야 한다. 경계가 거의 원형에 가까울 경우, 같은 세깃값을 등고선으로 그려보면 그림 3.17과 유사한 형태를 보인다. 메디안 필터가 어떻게 동작하는지를 알려면, 이웃 영역을 이등분하는 메디안 세기의 등고선을 찾아야 한다(2차원의 경우 전체 등고선을 메디안 세깃값으로 그리게 된다). 이렇게 그린 결과는 3.7.1절에서 살펴봤던 것과 유사하다. 차이점이라면 어떠한 이웃 영역 위치에든 이에 해당하는 메디안 등고선을 그릴 수 있으며, 각 등고선은 곡률에 따라 고유의 전잇값을 갖는다는 것이다. 앞에서 소개한 공식을 사용하면 각 등고선에 따른 전이량을 계산할 수 있다. 그림 3.17에서처럼 등고선을 그려보면 각 세깃값

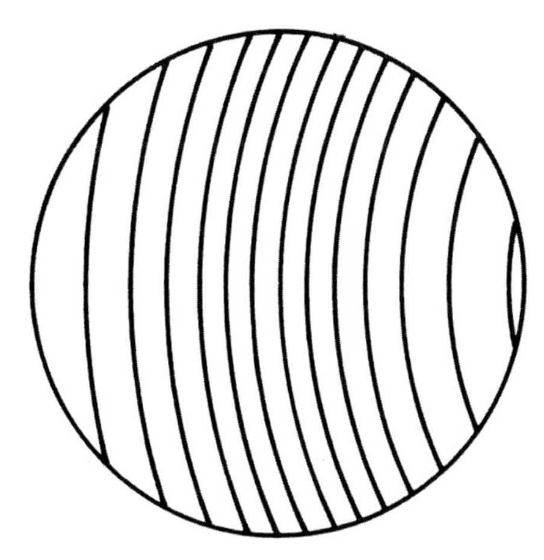

그림 3.17 커다란 원형 물체의 외각 부분에서 균일한 세기를 갖는 위치에 대한 등고선을 작은 원형 이웃 영역 내에서 나타낸 모습

이 동일한 곡률을 갖고 있으며, 따라서 모든 등고선은 안쪽 방향으로 비슷한 양만큼 움직이게 된다. 즉, 처음 근사와 비교할 때 물체의 외각선은 작아지지만 그 단면 프로파일의 형태는 동일하게 유지된다.

불연속 격자로 이뤄진 그레이스케일 이미지에 대해, 이론적으로 예측한 전이량을 넓은 범위의 원형 크기에 대한 실험과 비교하면 10% 이내의 오차를 보인다(추가적인 수정이 이뤄지긴 했지만 식 (3.5)와 같은 근사는 반영하지 않은 결과다. Davies(1989b) 참고. 그림 3.18). 그림 3.19와 그림 3.20은 실제로 전이가 발생하는 정도를 나타내고 있다. 그림에서처럼 필터에 의해 제거된 작은 구멍이나 나사선 등의 세부는 어떠한 외각 전이 복원 공식을 써도 되돌릴 수가 없다는 점을 유의하자. 물론 상대적으로 좀 더 큰 이미지 특징에 대해서는 올바른 경계 위치를 찾아내는 게 가능하다.

마지막으로, 외각 전이는 이웃 영역을 평균 내는 어떠한 다른 방법을 사용하더라도 피할 수 없는, 결국 평균값을 구하는 과정에서 본질적으로 발생하는 현상이다. 다만 특별히 고안된 연산을 사용해 어느 정도 줄일 수 있을 뿐이다. Nieminen et al.(1987), Greenhill and Davies(1994)를 참고하라. 특히 모드나 평균 필터는 메디안 필터와 유사한 크기의 전이를 보여준다. 표 3.3을 참고하라(대칭적인 계단 경계에 대해서는 평균, 메디안, 모드 필터가 동일한 전이를 보여주는데, 이는 대칭 세기 분포에서 세 값이 거의 같은 위치에 있기 때문이다).

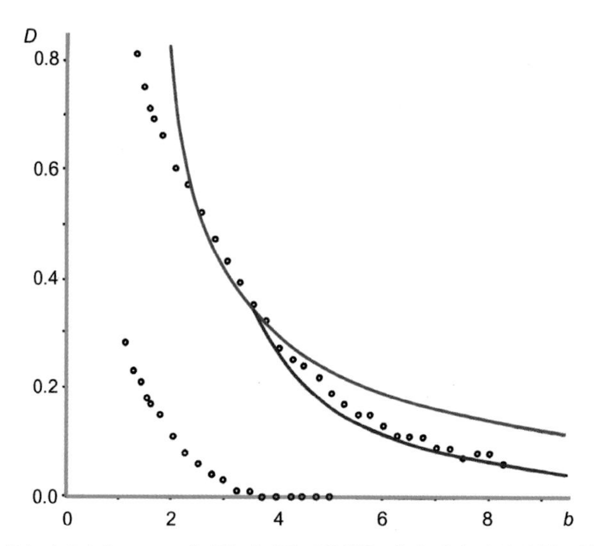

그림 3.18 그레이스케일 이미지에 5 × 5 메디안 필터를 적용했을 때의 외각 전이. 위쪽 점선은 실험 결과를, 위쪽 실선은 3.7.1절에서 유도한 식에서 나타낸 것이다. 아래쪽 실선은 좀 더 정밀한 모델로부터(Davies, 1989b), 아래쪽 점선은 전이 현상을 현저히 줄인 '세부 보존' 필터(3.16절 참고)를 사용한 결과를 나타냈다.

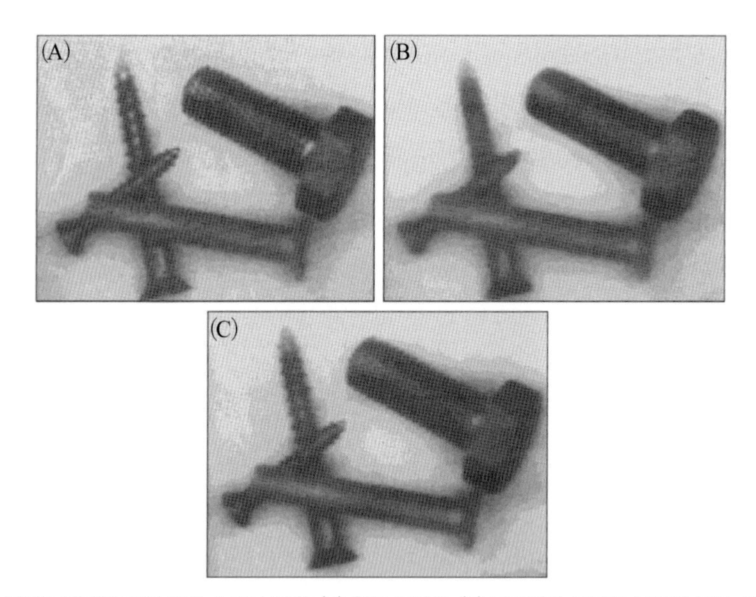

그림 3.19 메디안 필터에 대한 외각 스무딩 특성: (A) 원본 이미지, (B) 불규칙한 모양의 물체에 대한 메디안 스무딩. 특히 경계 부분을 주목하라(나사선이 이미지상에서 사라졌지만, 더 큰 크기의 세부는 남아 있음을 확인할 수 있다). 128 × 128픽셀 크기의 6비트 그레이스케일 이미지에, 5 × 5 이웃 영역의 21 엘리먼트 필터를 사용했다. (C) 세부 보존 필터를 사용했을 때의 결과(3.16절 참고)

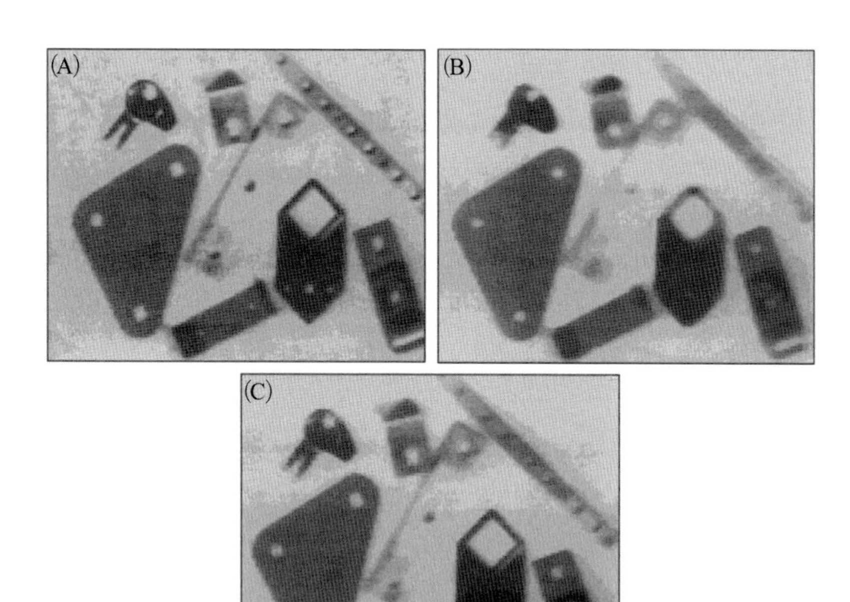

그림 3.20 금속 물체에 필터를 적용하기 전과 후 원형 구멍의 변화: (A) 128 × 128 6비트 그레이스케일 원본 이미지. (B) 5 × 5 메디안 필터를 적용한 이미지. 구멍의 크기가 줄어든 것을 뚜렷이 확인할 수 있으며, 실제로 비슷한 종류의 물체를 측정해야 할 때는 이러한 왜곡을 바로잡아야 한다. (C) 세부 보존 필터를 사용했을 때의 결과. 여전히 왜곡이 남아 있긴 하지만 (B)보다는 개선된 결과를 보여준다.

표 3.3 이웃 평균 필터를 적용했을 때의 외각 전이

	필터		
경계 종류	**평균**	**메디안**	**모드**
계단형	$\frac{1}{6}\kappa a^2$	$\frac{1}{6}\kappa a^2$	$\frac{1}{6}\kappa a^2$
중간	$\sim\frac{1}{7}\kappa a^2$	$\frac{1}{6}\kappa a^2$	$\frac{1}{2}\kappa a^2$
선형	$\frac{1}{8}\kappa a^2$	$\frac{1}{6}\kappa a^2$	$\frac{1}{2}\kappa a^2$

3.7.3 메디안 전이 불연속체 모델

3.7.2절에서 언급했듯이, 연속체 모델을 사용해 메디안 전이를 예측한 값은 실험 결과와 정확히 맞지는 않으며, 특히 b 값이 작은 경우 그 불일치가 상당하다(그림 3.18). 이 문제를 해결하기 위해 진행된 연구들은 불연속체 모델을 통해 주어진 이웃 영역 내의 픽셀의 위치를 명시적으로 정의하는 것이 필요함을 보이고 있다(Davies, 1999c).

이 책에서 관련 접근 방식을 처음부터 끝까지 설명할 필요는 없을 것이다. 그림 3.21에서처럼, 이렇게 함으로써 넓은 범위의 κ 값에 대해 이론과 실험 결과가 일치하는 결과를 보임을 설명해도 충분할 것이다. 다만 높은 κ 값에서는 불일치가 나타나는데, 이는 그레이스케일 이미지의 외각 부분에서 나타나는 세깃값의 기울기가 제한되어 있기 때문이다.

요약하면, 불연속체 모델을 통해 메디안 전이 문제를 명확히 이해하고 설명할 수 있음을 보였다. 연속체 모델의 경우 a와 $b(= 1/\kappa)$가 상당히 큰 경우에만(즉, $a, b \gg 1$) 정확한 결과를 보인다.

3.8 랭크 오더 필터로 인한 전이

이 절에서는 디지털 이미지에 다양한 효과를 줄 수 있는 모든 종류의 랭크 오더 필터(Bovik et al., 1983), 혹은 이러한 필터들의 조합을 다룬다. 예를 들어, 최대 또는 최소 필터가 이 범주에 속한다. 랭크 오더 필터가 메디안 필터의 개념을 확장한 형태이기 때문에, 직선 혹은 곡

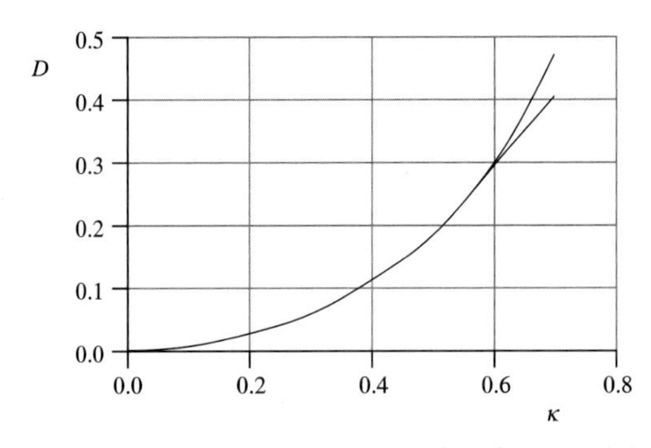

그림 3.21 3 × 3 메디안 필터의 비교. 아래쪽 실선은 불연속 모델을 사용하되 근사하지는 않은 결과이며(Davies, 1999f), 위쪽 실선은 그레이스케일 이미지를 사용해 실험한 결과다.

선의 세기 등고선에 대해 발생하는 왜곡이 어떠한지 살펴볼 필요가 있긴 하다. 게다가 이 필터들은 모폴로지 이미지 분석 및 측정에 있어 핵심적인 중요도를 갖고 있을뿐더러, 최대/최소 필터를 제외하고는 적용했을 때 노이즈를 억제한다는 장점도 있다(Harvey and Marshall, 1995).

3.8.1절에서는 랭크 오더 필터를 적용했을 때 전이가 발생하는 이유와 직사각형 모양의 이웃 영역에서 필터 연산을 수행하는 방식을 살펴본다. 또한 실제 예시로서 다양한 크기의 원형 디스크 모양에 5 × 5 랭크 오더 필터를 적용했을 때의 결과를 측정해 이론적인 계산값과 비교해볼 것이다.

3.8.1 직사각형 이웃 영역의 전이

앞에서 메디안 전이를 다루었을 때처럼, 여기서도 노이즈가 없는 이상적인 경우를 가정할 것이다. 또한 필터는 작은 이웃 영역에 대해 작동하며, 신호는 특정 방향으로 점진적으로 증가하는 세기 함수의 형태로 이뤄져 있다. 이 경우 가장 복잡한 세기 변화는 등고선이 곡률 κ를 그리게 된다. 이렇게 단순화한 예시를 통해서도, 실제로 랭크 오더 필터를 적용할 때 왜곡이 얼마나 발생하는지 충분히 확인할 수 있다.

랭크 오더 필터의 경우 메디안 필터에 비해 추가적인 매개변수가 필요하며 계산의 복잡성이 증가하므로, 간단한 예시로서 직사각형 모양 이웃에 대해 어떤 특성이 나타나는지를 살펴보자. 우선 직선 모양 세기 등고선이 직사각형의 짧은 면에 $1 \times n$픽셀 배열을 따라 평행하게 그려져 있으며(그림 3.22), 랭크 오더 필터를 여기에 적용한다고 가정해보자. 이 경우 이웃 내의 연속적인 픽셀 세깃값은 '증가하는' 경향을 띤다. 그다음 랭크 오더 필터의 기본적인 속성을 따라, 로컬 세기 분포의 히스토그램을 취해 이웃 내의 n 세깃값 중 r번째 값을 반환한다. 이를 다르게 표현하면, 랭크 오더 필터는 가장 어두운 값으로부터 B번째, 그리고 가장 밝은 값으로부터 C번째 픽셀을 선택하게 된다.

이러한 내용을 기반으로, Davies(2000c)는 랭크 오더 필터의 전이 현상을 이론적으로 정리한 바 있다. 여기서 그는 랭크 오더 매개변수로 r 대신 대칭적으로 -1(최대 필터)에서 0(메디안 필터), $+1$(최소 필터)로 점진적으로 변하는 η를 사용했다. 즉,

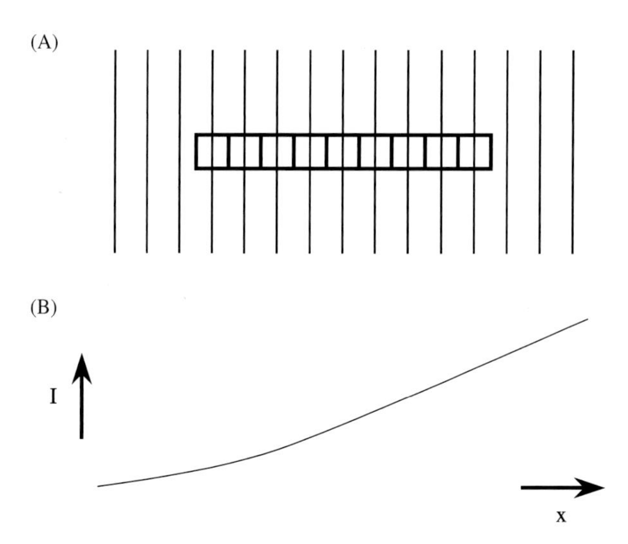

그림 3.22 직사각형 이웃에 대해 랭크 오더 필터를 적용하는 기본적인 상황. 그림은 1 × *n*픽셀 배열로 이뤄진 직사각형 이웃에 랭크 오더 필터를 적용하는 모습을 나타내고 있다. (B)에서처럼 세깃값은 왼쪽에서 오른쪽으로 완만하게 증가한다. 이 경우 (A)의 세기 등고선은 직사각형의 짧은 면과 평행하게 그려진다. © RPS 2000

$$\eta = (n - 2r + 1)/(n - 1) \tag{3.8}$$

다음으로 연속체 모델로 넘어가 보자. 형태에 무관하게 큰 수의 픽셀을 포함한(즉, $n \to \infty$) 이웃 영역을 가정하면, 전이의 양은 다음과 같이 예측할 수 있다.

$$D = \eta a + \frac{1}{6}\kappa \tilde{a}^2 \tag{3.9}$$

여기서 a와 $\tilde{a}$는 각각 직사각형 이웃 영역의 길이와 너비의 절반 값을 뜻한다. 이 식은 직사각형 이웃 영역의 낮은 곡률을 가진 등고선에만 적용되지만, 원형 모양의 이웃 영역에서 높은 곡률을 가진 등고선에도 이 이론을 적용할 수 있음을 시각적으로 확인할 수 있다(그림 3.23). 그림 3.24는 귀퉁이를 잘라낸 5 × 5 이웃 영역에 대해 실제로 발생하는 전이량을 나타낸 것이다(Davies, 2000c). 그래프에서 보이듯 실험 결과는 이론적으로 그려본 그래프와 충분히 유사하며, 더 정확한 불연속체 모델을 적용하지 않았음에도 개념적으로 들어맞는 이론임을 확인할 수 있다.

중요한 사실은 이 결과가 최대, 최소, 메디안 같은 특수한 경우뿐만 아니라 일반적인 상황에 모두 적용된다는 것이다. 특히 $\eta = 0$일 경우에는 메디안 필터에 해당되며, 3.7절에서 다

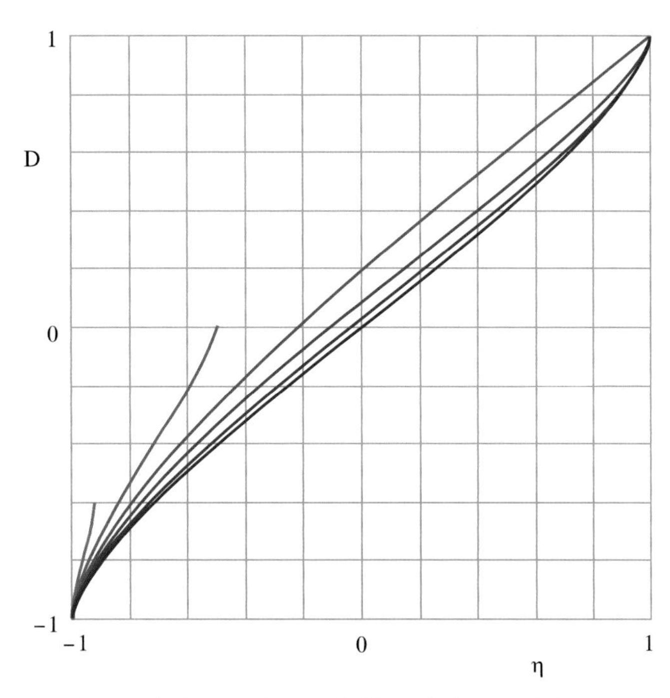

그림 3.23 랭크 오더 매개변수 η에 여러 종류의 κ를 적용했을 때의 전이 D에 대한 그래프. 이 그래프는 각각 κ가 0, 0.2/a, 0.5/a, 1/a, 2a, 5a일 경우 랭크 오더 필터가 어떤 식으로 작동하는지를 요약하고 있다. $b < a(\kappa > 1/a)$일 경우 η 및 D의 범위가 제한됨을 유의하라(3.8.1절 참고). D 값은 a의 배수를 반드시 포함한다. © RPS 2000

룬 내용을 그대로 유도할 수 있다. 마찬가지로 최대 필터는 η가 −1, 최소 필터는 1일 때 적용된다. 후자에 한정해서 생각할 경우, 전이량은 κ에 무관하게 각각 $D = -a$ 및 a로 나타나며, 최대 및 최소 (세기) 필터라는 점에서 생각하면 이해하기 쉬울 것이다. 최대 필터와 최소 필터 중간에서는 두 필터의 성능이 두드러지게 반대 방향으로 연속적인 변화를 보이며, 직선 등고선일 경우에는 메디안 필터 시점에서 두 필터의 효과가 상쇄된다. 그림 3.23에 이러한 상황을 요약해놓았다.

3.9 산업 비전 분야에서 필터의 역할

지금까지 메디안 필터가 점이나 선 모양의 노이즈 및 아티팩트를 얼마나 잘 제거할 수 있는지 살펴봤다. 문제는 미세한 선이나 중요하게 그려놓은 점, 혹은 구멍 등 꼭 필요한 특징들

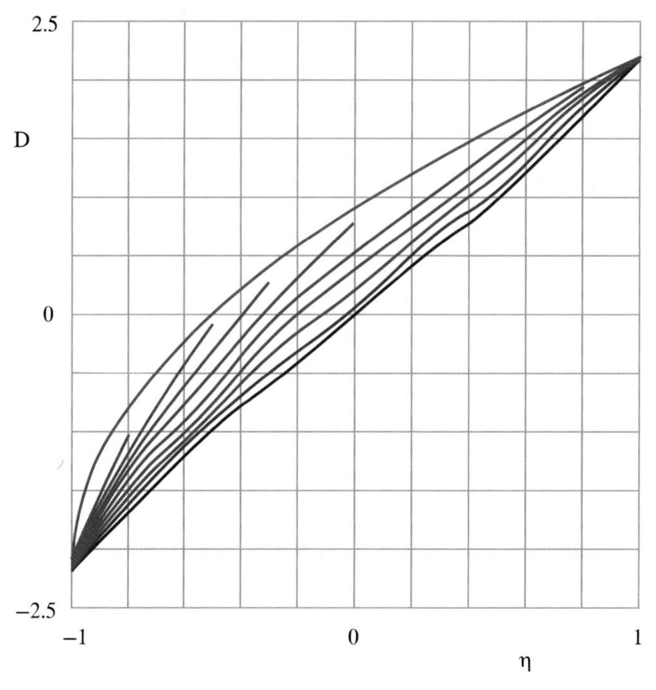

그림 3.24 불연속적인 이웃 영역에서 일반적으로 나타나는 전이. 이 전이는 귀퉁이가 잘린 5 × 5 크기의 영역을 사용해, 반지름이 10.0에서 1.25픽셀 사이이며 곡률이 0.1~0.8 사이에서 0.1 간격으로 증가하는 원형 디스크에 랭크 오더 필터를 적용했을 때를 기준으로 한다. 또한 가장 아래쪽의 곡선은 반지름이 픽셀, 곡률이 픽셀 범위에 있을 때의 결과를 평균 낸 것이며, 그래프상에서는 곡률이 없을 경우의 결과와 거의 구별이 힘들 정도로 비슷함을 확인할 수 있다. 가장 위의 곡선은 이론적으로 그릴 수 있는 최고한도를 나타낸 것이다. 그러나 불연속적인 경우에는 방향성으로 인해 이 곡선보다 최고한도가 더 낮다(본문 참고). © RPS 2000

을 노이즈와 구분하기가 어렵다는 점이다. 또한 살펴봤듯이 메디안 필터는 세부를 제거함으로써 이미지를 '부드럽게' 만든다. 반면 물체의 가장자리 부분을 잘라내 버린다는, 원치 않았던 특성도 존재한다(다만 이 부분은 6장 '모서리, 특징점, 불변 특징 검출'을 참고하라). 아울러 외각이 흐려지지 않는다 할지라도, 약간이라도 전이 현상이 일어나는 것을 막을 수 없다. 심지어 곡면 외각이 전이되는 현상은 노이즈 저감 필터에서 공통적으로 보이는 특징이라고까지 말할 수 있다.

이러한 왜곡 때문에 아무 생각 없이 덜컥 필터를 적용하기에는 어려움이 있다. 만약 이미지를 통해 정밀한 측정을 해야 한다면, 데이터가 어떤 식으로든 편향되지 않는지를 확인한 다음 진행해야 한다. 데이터를 수정하는 것이 가능하더라도, 노이즈 제거 필터는 가능하면 물체를 더 잘 보이게 하기 위한 용도로만 사용하도록 규칙을 세우는 것이 좋다. 혹은 외각 검출 필터와 다른 연산들을 조합해 자연스럽게 노이즈가 저감되게 해야 한다. 뒤쪽 장에서 다룰 내용이 바로 이에 관한 것이다. 요컨대 이 책에서 강조하고자 하는 원칙 중 하나는 알고리듬은 측정에 방해되는 노이즈나 다른 아티팩트에 대해 '강건한robust' 성능을 보여줘야 한다는 것이다. 이미지에 포함된 수많은 정보 중 불필요한 정보를 분리해내어 배제하는 작업이 일반적으로 가능하기 때문에, 이는 강건한 알고리듬을 설계하는 데 있어 매우 중요한 요소다.

3.10 컬러 이미지 필터링

2장 '이미지와 이미지 연산'에서 살펴봤듯이, 이미지에 있어서 색상은 분석 알고리듬의 복잡성과 계산량을 더하는 주범이다. 이러한 관점에서, 예를 들어 과일이 얼마나 익었는지 판단하는 등의 특수한 응용 예를 제외하면 색상은 불필요한 사치라 할 수 있다. 그럼에도 불구하고 이미지 프로세싱이나 필터링 분야에서 사람에게 출력할 이미지의 품질을 높이고 싶다면 색상을 필수적으로 고려해야 한다. 이에 최근 효과적으로 색상 필터링을 수행하는 알고리듬을 개발하려는 노력이 활발히 이뤄져 왔다. 이 책에서는 주로 메디안과 이에 연관된 임펄스 노이즈 필터링 방식을 소개한다.

우선 생각해야 할 점은 메디안 필터링이 정렬 연산을 포함하고 있으며, 따라서 일반적으로 3차원 데이터로 이뤄진 색상 대역에서는 작동하지 못할 것이란 사실이다. 간단한 해결 방법으로는, 각 색상 채널에 보통의 메디안 필터를 적용하고 다시 채널을 조합해 컬러 이미지로 만드는 것을 생각해볼 수 있다. 그러나 이 방식의 가장 큰 문제는 '색번짐bleeding' 현상이 나타난다는 점이다(그림 3.12). 정확히 말해 이 에러는 색상 채널 중 하나에서 외각이나 다른 이미지 특징의 위치에 임펄스 노이즈가 있을 때 나타난다. 외각 근처의 임펄스 노이즈가 나타나는 양상을 단순하게 표현하면 다음과 같다.

원본: 0 0 0 0 1 0 1 1 1 1 1 1
필터링: ? 0 0 0 0 1 1 1 1 1 1 ?

요컨대 3차원 메디안 필터는 임펄스 노이즈를 제거하지만, 동시에 외각을 앞으로 움직이게 한다. 그로 인해 컬러 이미지에서 외각 부분은 임펄스 노이즈가 존재하는 채널의 색을 희미하게 띠게 된다.

다행히 이 문제를 해결할 수 있는 방법이 존재한다. 단일 채널 메디안 필터링을 거리에 관한 최소화 문제로서 이해할 수 있기 때문에, 이 결괏값을 세 색상 채널(혹은 필요한 수만큼의 채널)로 확장하는 것이다. 우선 단일 채널을 기준으로 거리에 대한 식을 나타내면 다음과 같다.

$$\text{median} = \arg\min_i \Sigma_j |d_{ij}| \tag{3.10}$$

여기서 d_{ij}는 단일 채널(그레이스케일) 공간상에서 샘플 지점 i와 j 사이의 거리를 뜻한다. 아울러 'arg min'은 주어진 인덱스(여기서는 i)에 대해 특정 표현식(여기서는 $\Sigma_j |d_{ij}|$)이 최소가 되는 인수(여기서는 픽셀 세기)를 뜻하는 수학 기호다. 3차원 대역으로 이 거리 식을 확장하면 다음과 같다.

$$\text{median} = \arg\min_i \Sigma_j |\tilde{d}_{ij}| \tag{3.11}$$

여기서 $\tilde{d}_{ij}$는 샘플 지점 i와 j 사이의 거리를 일반화한 것이며, 세 색상에 대한 거리인 경우 보통 L_2 노름norm을 취해 이를 정의한다.

$$\tilde{d}_{ij} = \left[\sum_{k=1}^{3} (I_{i,k} - I_{j,k})^2 \right]^{1/2} \tag{3.12}$$

여기서 $\mathbf{I}_i$, $\mathbf{I}_j$는 RGB 벡터이며, $I_{i,k}$, $I_{j,k}(k = 1, 2, 3)$는 각 벡터의 컬러 성분이다.

이 벡터 메디안 필터VMF, vector median filter는 앞에서와 달리 색 성분을 독립적으로 다루지 않지만, 그렇다고 이 방식이 색번짐 현상을 완전히 방지한다고 말할 수는 없다. 사실 일반 메디안과 같이 이 필터 역시 노이즈가 많은 세깃값 $\mathbf{I}_n$을, 이상적인 세깃값 $\mathbf{I}$ 대신 같은 윈도상의 다른 픽셀 세깃값인 $\mathbf{I}_j$로 대체한다. 따라서 색번짐이 감소하기는 하지만 완전히 없어지지는 않는다. 임펄스 노이즈가 아니더라도 이미지상에서 색이 섞이는 어떤 지점에서 이러한 알고리듬이 혼란을 일으켜 적은 양이나마 의도치 않은 색번짐이 나타날 수 있는 가능성은 항상 있다. 요컨대 데이터의 차원이 증가하면서, 알고리듬을 적용했을 때 나타날 수 있는 결과도 복잡할 가능성을 가지며, 어떨 때에는 특정 이미지에 대해 이해하지 못한 채 임의적인 과정을 거쳐야 할 때도 있다.

그림 3.12는 모드 필터링에 대한 설명이긴 하지만, 색번짐이 어떤 식으로 일어나는지도 잘 보여주고 있다. 그림에서 확인할 수 있듯이 벡터 메디안과 벡터 모드 필터는 색번짐으로부터 상당히 자유롭지만, 스칼라 모드 필터의 경우에는 그렇지 않다. 이는 앞에서 메디안 필터에 대해 설명한 내용과 비슷한 이유 때문이다.

3.11 바이너리 이미지의 팽창과 침식

3.11.1 팽창과 침식

2장 '이미지와 이미지 연산'에서 살펴봤듯이, 팽창은 물체를 배경에 대해 확장시키며 물체 내의 '밝은 점잡음' 노이즈를 제거할 수 있다. 또한 물체에서 크기가 작은(세 픽셀 너비 이내) 틈새를 제거하는 데도 쓰인다.

반대로 침식은 바이너리 이미지 물체를 축소시키고, '어두운 점잡음' 노이즈를 제거하는 역할을 한다. 또한 물체에서 얇게 '삐져나온' 부분(세 픽셀 이내 너비)을 제거한다.

뒤에서 더 살펴보겠지만, 침식은 팽창과 밀접한 연관이 있다. 이미지를 반전해 팽창을 수행하면 침식이 되고, 그 역도 마찬가지다.

3.11.2 상쇄 효과

그런데 침식이 팽창을 또는 팽창이 침식을 상쇄하는지가 궁금할 수도 있겠다. 답은 간단하다. 팽창 연산을 실행하면 밝은 점잡음 노이즈나 틈새가 없어지지만, 이어서 침식을 실행한들 그 노이즈들이 되살아나지는 않는다. 따라서 상쇄 효과는 존재하지 않는다. 이를 일반적인 이미지 I에서 물체의 픽셀 세트 S에 대해 다시 쓰면 다음과 같다.

$$\text{erode}(\text{dilate}(S)) \neq S \tag{3.13}$$

특정한 종류의 이미지(예를 들어 밝은 점잡음 노이즈나 틈새, 경계 부분의 디테일이 없을 경우)에 한해서만 위 수식의 등호가 성립한다. 마찬가지로, 어두운 점잡음 노이즈나 삐져나온 부분을 침식으로 제거한 다음에 팽창으로 되살리는 것은 불가능하다. 즉,

$$\text{dilate}(\text{erode}(S)) \neq S \tag{3.14}$$

이를 종합하면 다음과 같이 일반적인 수식으로 쓸 수 있다.

$$\text{erode}(\text{dilate}(S)) \supseteq S \tag{3.15}$$

$$\text{dilate}(\text{erode}(S)) \subseteq S \tag{3.16}$$

그러나 상대적으로 크기가 큰 물체의 경우, 팽창을 수행하면 전체적으로 한 픽셀만큼 크기가 커지고 침식을 수행하면 한 픽셀만큼 작아짐을 유의해야 한다. 따라서 두 연산을 연속으로 수행하면 어느 정도는 상쇄가 이뤄진다고 말할 수도 있다. 다시 말해, 노이즈를 필터링하고 원하지 않는 세부를 이미지에서 제거하고자 할 때는 팽창과 침식 연산을 연속으로 진행하는 방식을 기반으로 하는 것이 가능하다.

3.11.3 수정 팽창 및 침식 연산자

어떤 이미지는 이미지의 축 방향으로 정렬된 물체를 포함하고 있을 수 있다. 이런 이미지 구조에는 따로 처리 방법을 적용할 수 있다. 예를 들어, 넓게 떨어진 수평선은 건드리지 않고 촘촘한 수직선만을 제거해야 하는 경우를 생각해보자. 이때 사용할 '수직 침식' 연산자는 다음과 같다.

```
for all pixels in image do {
  sigma = A1 + A5;
  if (sigma < 2) B0 = 0;  else B0 = A0;
}
```
(3.17)

연산을 수행한 다음, 수평선이 얇아지지 않도록 보상 차원에서 팽창 연산을 추가한다.

```
for all pixels in image do {
  sigma = A1 + A5;
  if (sigma > 0) B0 = 1;  else B0 = A0;
}
```
(3.18)

이 장에서는 이미지를 원본 이미지 공간으로 복원하는 연산에 대해 다루지 않을 것이다.

이 예제는 이미지 필터의 성능을 더 강력하게 만들 수 있음을 보여준다. 이 가능성을 전제로 하여, 다음 절에서는 좀 더 일반적인 관점으로 수학적 모폴로지의 형식에 접근해볼 것이다.

3.12 수학적 모폴로지

3.12.1 일반 모폴로지 팽창

수학적 모폴로지는 이미지에 여러 연산자를 묶어서 사용하는 응용 방식 또는 그 연산자를 뜻한다. 우선 3 × 3 이웃 영역에 대해 일련의 위치를 잡고, 이를 일반 팽창 마스크로 정의한다. 이웃 영역의 중심을 원점으로 생각하면, 다른 위치는 각각 원점에서 연결한 벡터 방향으로 이미지를 전이시킨다. 마스크를 통해 여러 방향의 전이가 이뤄진다면, 마스크에서 여러 전이 이미지의 1의 위치를 합집합 연산[set union operation] 형태로 결합할 수 있다.

가장 간단한 예제는 동등 연산으로서, 이미지를 변화시키지 않는다.

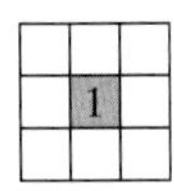

(마스크의 빈 공간에 0이 채워져 있지 않은 이유는 여러 위치에 대해 엘리먼트가 존재하는지 존재하지 않는지에만 집중하기 위해서다.)

다음으로 살펴볼 연산은 아래와 같다.

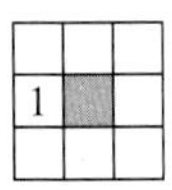

이 그림은 왼쪽으로 전이되는 경우를 나타내며, 2.2절에서 살펴본 연산과 동일하다. 위의 두 연산을 하나의 마스크로 결합해보자.

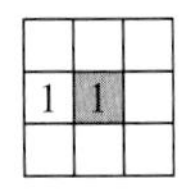

이 연산은 전이되지 않은 이미지와 왼쪽으로 전이된 이미지를 결합해, 이미지의 모든 물체를 수평 방향으로 두껍게 늘리는 역할을 한다. 같은 원리로, 모든 방향에 대해 물체를 두껍게 하는 연산은 다음과 같이 나타낼 수 있다.

1	1	1
1	1	1
1	1	1

(즉, 이 마스크는 2.2절과 3.11절에서 살펴본 팽창 연산자와 동일한 역할을 한다.) 또한 수평 방향에 대해 좌우 대칭으로 두껍게 하는 연산(3.11.3절 참고)은 다음과 같이 표시할 수 있다.

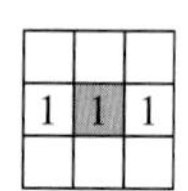

이러한 연산에서 지켜야 할 규칙은 출력된 이미지에 원본 물체 픽셀을 전부 포함하고 싶다면 마스크 중심(원점)에 1을 포함시켜야 한다는 것이다.

마지막으로, 마스크를 무조건 3 × 3 크기로 하도록 강제할 필요는 없다. 사실 앞에서 살펴본 마스크 중 일부는 3 × 3보다 작은 크기로도 구현 가능하며, 더 큰 마스크를 사용하면 더 복잡한 경우도 구현할 수 있다. 이를 강조하는 차원에서, 그리고 3 × 3 크기가 아닌 비대칭적인 마스크를 구현할 수 있음을 나타내는 의미에서 마스크의 원점은 계속 어두운 색으로 표시할 것이다.

3.12.2 일반 모폴로지 침식

이제 집합 연산 형태로 침식을 정의해보자. 특이하게도, 이 경우 역방향의 전이를 사용해 이를 정의하게 된다. 그 이유는 뒤에서 더 설명할 것이다. 마스크는 앞에서처럼 방향을 표현하지만, 여기서는 표시한 것의 반대 방향으로 이미지를 전이한 다음 교집합을 구하는 식으로 계산한다. 마스크에 엘리먼트가 하나만 있을 경우(예를 들어, 3.12.1절의 항등 연산이나 왼쪽 전이 연산자 등) 교집합 연산을 할 필요는 없으며, 최종 연산 결과는 팽창 연산자를 반대 방향으로 적용해 전이시킨 것과 같다. 좀 더 복잡한 경우에는 교집합 연산을 거치며 이미지의 크기가 줄어든다. 따라서 다음과 같은 마스크의 경우,

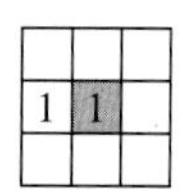

이미지의 왼쪽 부분을 잘라내는 것과 비슷한 효과(즉, 이미지가 오른쪽으로 움직인 다음 원래 이미지와 AND 연산을 수행한 결과)를 가져오게 된다. 마찬가지로, 다음 마스크를 적용하면

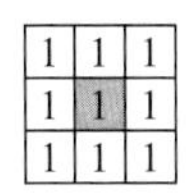

모든 방향으로 물체를 잘라내며, 이는 3.11.1절에서 설명한 침식 연산자와 동일한 결과가 된다.

3.12.3 팽창과 침식의 이중성

지금부터 팽창과 침식 연산을 각각 $A \oplus B$와 $A \ominus B$ 형식으로 표현할 것이다. 여기서 A는 이미지, B는 연산에 사용하는 마스크를 뜻한다.

$$A \oplus B = \cup_{b \in B} A_b \tag{3.19}$$

$$A \ominus B = \cap_{b \in B} A_{-b} \tag{3.20}$$

위 수식에서 A_b는 B의 엘리먼트인 b에 해당하는 방향으로 이뤄지는 기본 전이 연산을 뜻하며, A_{-b}는 역방향 전이 연산을 나타낸다.

다음으로 팽창과 침식 연산에 관련된 두 가지 중요한 정리를 살펴보자.

$$(A \ominus B)^c = A^c \oplus B^r \tag{3.21}$$

$$(A \oplus B)^c = A^c \ominus B^r \tag{3.22}$$

여기서 A^c는 A의 여집합을, B^r은 B를 원점에 대해 대칭시킨 집합을 뜻한다. 이 정리의 증명은 Haralick et al.(1987)을 참고하라.

이 두 정리에서 볼 수 있듯이 팽창과 침식 연산을 합집합과 교집합으로 정의해보면 서로의 연관성이 나타나며, 이를 통해 두 연산 간의 이중성을 확인할 수 있다. 앞에서 살펴봤지만 이미지에서 물체의 침식은 배경의 팽창과 동일한 결과이며, 그 역도 성립한다. 그러나 이 관계를 사소한 것으로 치부하면 안 되는데, 두 경우에서 마스크를 대칭시키는 과정이 필요하기 때문이다. 요컨대 교집합의 여집합에 대한 드모르간 법칙[de Morgan rule]과 달리,

$$(P \cap Q)^c = P^c \cup Q^c \tag{3.23}$$

팽창 또는 침식 마스크의 여집합은 실제 여집합이 아니며, 그 대신 대칭 집합으로 대체해 연산해야 한다.

3.12.4 팽창 및 침식 연산자의 특성

팽창과 침식 연산자는 매우 중요하고 유용한 특성을 몇 가지 갖고 있다. 우선, 연속된 팽창 연산은 결합 법칙을 적용할 수 있다.

$$(A \oplus B) \oplus C = A \oplus (B \oplus C) \tag{3.24}$$

단, 침식 연산에는 해당되지 않는다. 정확히는 다음과 같은 관계가 성립한다.

$$(A \ominus B) \ominus C = A \ominus (B \oplus C) \tag{3.25}$$

이렇듯 두 연산자의 대칭성은 단순히 이미지가 줄어들거나 늘어나는 동작으로 간주하는 것보다는 좀 더 복잡하다.

다음 특성으로,

$$X \oplus Y = Y \oplus X \tag{3.26}$$

이를 확장하면 이미지에 대해 어떤 팽창 연산을 먼저 수행하든 최종 결과는 동일하다. 침식의 경우에도 마찬가지 특성을 갖고 있다.

$$(A \oplus B) \oplus C = (A \oplus C) \oplus B \tag{3.27}$$

$$(A \ominus B) \ominus C = (A \ominus C) \ominus B \tag{3.28}$$

위의 관계식에서는 $\oplus$와 $\ominus$ 연산자만을 사용했지만, 그 외에 집합 연산에 사용할 수 있는 여러 연산자에 대한 관계도 존재한다. 다음 예제에서 볼 수 있듯이, 분배 법칙이 어떤 식으로 성립하는지에 대한 수식은 다소 복잡하다.

$$A \oplus (B \cup C) = (A \oplus B) \cup (A \oplus C) \tag{3.29}$$

$$A \ominus (B \cup C) = (A \ominus B) \cap (A \ominus C) \tag{3.30}$$

$$(A \cap B) \ominus C = (A \ominus C) \cap (B \ominus C) \tag{3.31}$$

이와 달리 선험적으로 등식이 성립될 것이라 예측할 수 있는 경우에는 포괄적으로 다음과 같이 표현할 수 있다.

$$A \ominus (B \cap C) \supseteq (A \ominus B) \cup (A \ominus C) \tag{3.32}$$

결합 법칙은 복잡한 팽창 또는 침식 연산을 더 단순한 2개의 팽창 및 침식 연산을 연속으로 수행하는 것으로 분해할 수 있으며, 이를 통해 더 효과적인 구현이 가능함을 보여준다. 마찬가지로, 분배 법칙은 복잡한 마스크를 2개의 분리된 마스크로 나누며, 각각 연산을 수행한 이미지를 OR 연산으로 결합해 원래 연산과 똑같은 이미지를 얻을 수 있음을 보인다. 이러한 접근 방식은 크기가 매우 크거나 복잡한 마스크를 사용해야 할 때 연산을 효율적으로 수행하는 데 유용하다. 예를 들어, 이미지에 각각 수평과 수직 방향으로 각각 팽창 연산을 수행하고 그 결과를 결합하면 다음과 같다.

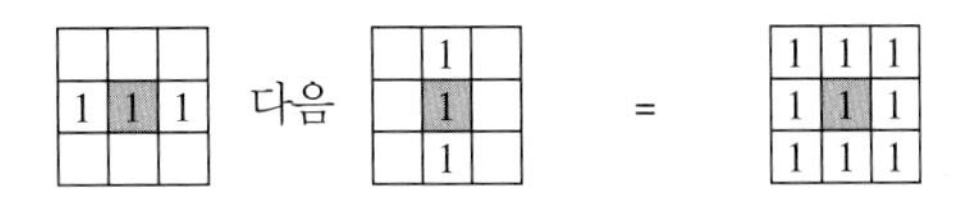

다음으로 동등 연산 I의 중요성에 대해 알아보자. 이 연산은 중앙 지점(A0)에 하나의 1만 있는 마스크에 해당한다.

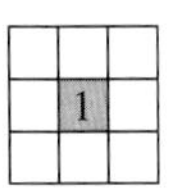

예시로서, 식 (3.29)와 식 (3.30)에서 C를 I로 치환해보자. B와 I의 합집합을 D라고 정의한다면, 마스크 D는 항상 중앙에 1을 포함하고 있다고 생각할 수 있다(즉, $D \supseteq I$). 따라서

$$A \oplus D = A \oplus (B \cup I) = (A \oplus B) \cup (A \oplus I) = (A \oplus B) \cup A \tag{3.33}$$

즉, 좌변은 언제나 A를 포함한다.

$$A \oplus D \supseteq A \tag{3.34}$$

마찬가지로

$$A \ominus D = A \ominus (B \cup I) = (A \ominus B) \cap (A \ominus I) = (A \ominus B) \cap A \tag{3.35}$$

즉, 좌변은 언제나 A에 포함된다.

$$A \ominus D \subseteq A \tag{3.36}$$

예를 들어 중앙에 1을 포함한 마스크를 통한 팽창처럼 출력 이미지가 입력값을 포함하는 연산을 **확장적**extensive이라 하며, 같은 마스크를 통한 침식처럼 출력 이미지가 입력값에 포함되는 연산을 **반확장적**antiextensive이라 한다. 확장적 연산은 물체를 확장시키고, 반확장적 연산은 반대로 물체를 축소시킨다. 만약 두 연산을 동시에 적용하면 크기가 변하지 않는다.

또 다른 연산의 종류로서 증가[increasing] 형식 연산을 들 수 있다. 증가 연산은 예를 들어 합집합처럼 물체의 크기와 관계없이 그 순서를 보존하는 합집합 연산이다. 만약 물체 F가 매우 작아서 물체 G 안에 포함되어 있다면, 팽창이나 침식 연산을 수행했을 때 크기나 모양이 바뀌더라도 그 관계까지 변하지는 않는다. 이 관계를 수식으로 표현하면 다음과 같다.

만약

$$F \subseteq G \tag{3.37}$$

일 경우

$$F \oplus B \subseteq G \oplus B \tag{3.38}$$

이며,

$$F \ominus B \subseteq G \ominus B \tag{3.39}$$

의 관계가 성립한다.

다음으로, 침식 연산을 사용하면 바이너리 이미지에서 물체의 경계를 찾는 데 활용할 수 있다.

$$P = A - (A \ominus B) \tag{3.40}$$

여기서는 집합 연산을 다루고 있으므로, 기술적으로 말해 위의 식은 빼기 함수라기보다는 ANDNOT 함수 \라고 보는 것이 더 적절하다. 그러나 전자라고 지칭하는 편이 그 의미를 좀 더 확실하게 전달할 수 있을 것이다.

다음 절에서는 팽창과 침식에 대한 실제 예시들 중 두 연산을 함께 사용하는 사례를 살펴볼 것이다.

그러나 그 전에, 왜 침식을 모폴로지에서 정의할 때 대칭 연산을 사용하는지 알아보자. 팽창과 침식이 일반적인 상황에서 서로를 상쇄시킬 수 있다는 데에서 그 발상이 시작된다. 예를 들어, 왼쪽 방향의 팽창 연산과 오른쪽 방향의 침식 연산을 생각해보자. 이 두 연산은 둘 다 다음 마스크로 표현된다.

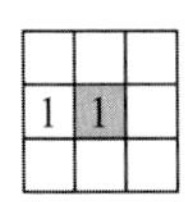

그러나 침식 연산의 경우 마스크를 대칭한 형태로 적용하게 되고, 따라서 물체의 왼쪽 외각을 침식시키기 위해서는 오른쪽 방향의 전이가 필요해진다. $(A \oplus B) \ominus B$ 형태의 연산을 수행했을 경우 A만 남기고 상쇄되는 이유는 이 때문이다. 혹은 상쇄를 가능하게 하려면 OR 대신 AND를 통해 빼기 연산을 수행하고, 반대 방향으로 전이가 이뤄져야 한다. 물론 많은 경우 팽창 마스크는 180° 회전에 대해 대칭 관계를 갖고 있기 때문에, B^r과 B를 구별하는 것은 순전히 학술적 차원의 문제다.

3.12.5 닫힘과 열림

팽창과 침식을 조합하면 다른 연산자들을 도출해낼 수 있다. 앞에서 침식이 팽창을 상쇄할 수 있고, 그 역도 성립함을 살펴봤다. 그렇다면 이 상쇄 과정을 연산자로 정의할 수도 있을 것이다. 전자의 경우를 닫힘closing이라고 부르는데, 이 연산이 많은 경우 물체 사이의 간극을 닫아주기 때문이다. 후자는 열림opening이라고 부르며, 적용할 경우 물체 사이의 간격을 넓혀준다(그림 3.25). 닫힘(●)과 열림(○)을 수식으로 정의하면 다음과 같다.

$$A \bullet B = (A \oplus B) \ominus B \tag{3.41}$$

$$A \circ B = (A \ominus B) \oplus B \tag{3.42}$$

닫힘은 밝은 점잡음 노이즈, 작은 균열, 흠집, 작은 구멍, 혹은 오목한 모양을 제거하는 데 쓰인다. 이 책에서는 바이너리 이미지에서 어두운 물체가 1을, 밝은 배경이나 그 밖의 특징이 0 값을 갖는다고 가정하고 있음을 기억하라. 반대로 열림은 어두운 점잡음 노이즈, 가는 털, 작은 돌출부 등을 제거한다. 요컨대 이 두 연산자는 실제 상황에서 매우 중요하다. 거기에 연산을 적용한 이미지를 원본에서 빼주면, 앞에서 언급한 종류를 포함해 다양한 결함을 발견할 수 있게 된다. 두 연산자가 중요한 이유는 이 때문이기도 하다. 예를 들어, 이미지에서 가는 털을 찾고자 한다면 다음과 같은 연산을 적용하라.

$$Q = A - A \circ B \tag{3.43}$$

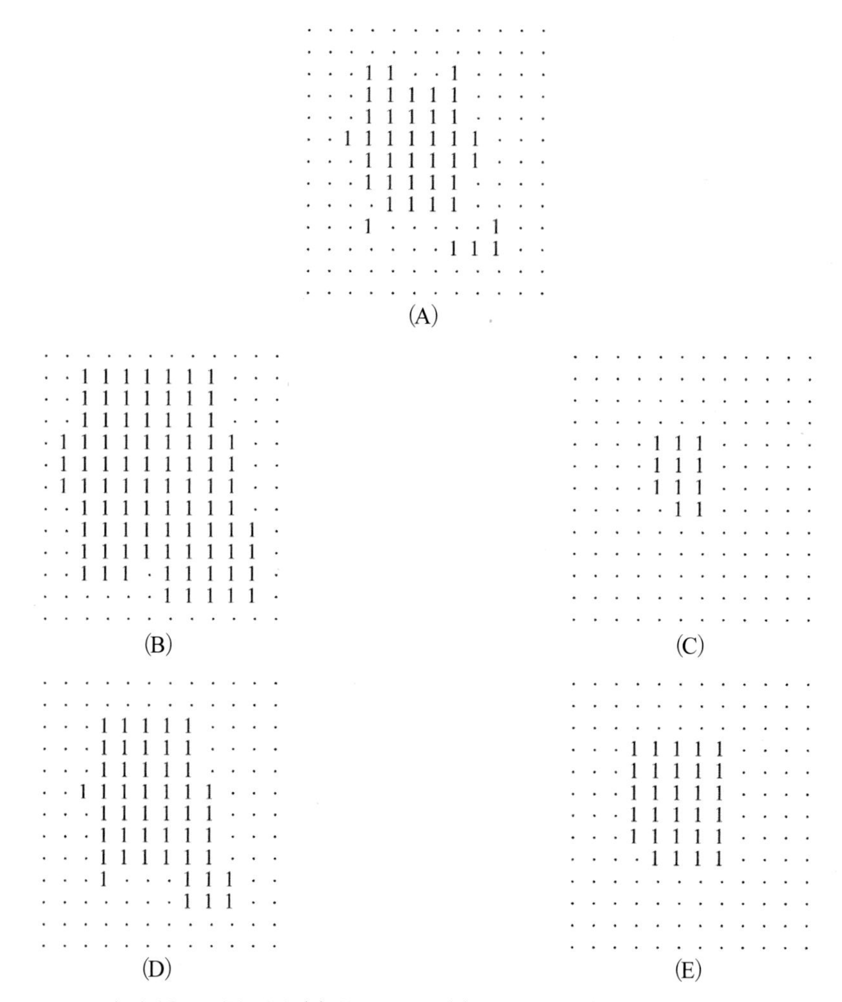

그림 3.25 모폴로지 연산을 수행한 결과: (A) 원본 이미지, (B) 팽창 연산, (C) 침식 연산, (D) 닫힘 연산, (E) 열림 연산 © World Scientific 2000

이 연산과 더불어 짝을 이루는 열림 식

$$R = A \bullet B - A \tag{3.44}$$

는 결함을 발견하고자 할 때 정말 매우 중요한 연산이다. 혹은 이 연산을 각각 화이트/블랙 '탑 햇top hat' 연산자라고 부른다. 사실 '탑 햇'이라는 이름이 이러한 종류의 연산자에 어울리지 않을 수도 있다. 아마도 '나머지 함수residue function' 또는 '나머지'라고 부르는 게 더 정확한 의미를 함축하고 있다고 할 것이다. 실무에서 이 연산을 활용하는 대표적인 예시로는 회로 기판을 제작할 때 납땜 과정에서 발생하는 브리지나 균열을 찾는 작업이 있다.

닫힘과 열림이 가진 흥미로운 특성으로는 멱등성이 있다. 멱등성이란 어느 연산을 반복해서 적용해도 추가적인 효과가 더 발생하지 않음을 뜻한다(팽창과 침식의 경우에는 반복해서 실행할 경우 이와 매우 반대되는 결과를 낳는다). 이 특성을 식으로 표현하면 다음과 같다.

$$(A \bullet B) \bullet B = A \bullet B \tag{3.45}$$

$$(A \circ B) \circ B = A \circ B \tag{3.46}$$

실제로 연산을 수행해보면 이 특성을 어느 정도 예상할 수 있는데, 한번 구멍이나 균열이 메꾸어지면 그 상태로 계속 유지되며 연산을 반복할 필요가 없어지기 때문이다. 마찬가지로, 털이나 돌출부가 제거된 다음에는 다시 그 노이즈가 생겨나지 않는 한 재차 제거할 필요가 없다. 반면 닫힘과 열림을 조합한 연산이 멱등성을 띤다는 점에 대해서는 약간의 부연이 필요하다.

$$\{[(A \bullet B) \circ C] \bullet B\} \circ C = (A \bullet B) \circ C \tag{3.47}$$

앞에서 논의한 내용을 열림과 닫힘 연산을 결합하는 경우에 적용해보자. 식을 좀 더 간단하게 바꿔보면 다음과 같다.

$$(A \oplus B) \circ B = (A \oplus B) \tag{3.48}$$

즉, 팽창에 사용된 마스크를 열림 연산에 사용해도 결과는 달라지지 않는다. 첫 번째 팽창 연산의 결과는 (열림 연산에 포함된) 침식 연산으로 상쇄할 수 없는 반면, 두 번째 팽창은 침식에 의한 효과를 오롯이 되돌린다. 마찬가지로, 다음 관계도 성립한다.

$$(A \ominus B) \bullet B = (A \ominus B) \tag{3.49}$$

이 외에도 닫힘과 열림 연산에 대한 많은 특징이 있다. 가장 유명한 것은 다음과 같이 $D \supseteq I$일 경우 성립하는 관계식들이다.

$$A \oplus D \supseteq A \bullet D \supseteq A \tag{3.50}$$

$$A \ominus D \subseteq A \circ D \subseteq A \tag{3.51}$$

따라서 이미지에 닫힘 연산을 적용하면 물체의 크기가 증가하고, 열림 연산을 적용하면 물체의 크기가 줄어든다. 다만 두 연산을 통해 변화되는 크기에는 한계가 존재한다.

마지막으로, 열림과 닫힘 연산은 팽창 및 침식 연산과 동일하게 이중성을 갖는다.

$$(A \bullet B)^c = A^c \circ B^r \tag{3.52}$$

$$(A \circ B)^c = A^c \bullet B^r \tag{3.53}$$

3.12.6 기본 모폴로지 연산 요약

앞에서는 팽창, 침식, 닫힘, 열림 모폴로지 연산의 특성들과 연산을 수행했을 때 실제로 어떤 결과가 나타나는지 살펴봤다. 아울러 수학적인 분석을 통해 이러한 연산이 우연히 나온 것이 아니며, 연산의 특성을 수학적으로 증명 가능함을 보였다. 또한 분석을 통해 (1) 연산을 연속적으로 수행함으로써 또 다른 효과를 도출할 수 있으며 (2) (예를 들어) 멱등성을 포함한 연산을 반복적으로 수행하는 대신 마스크를 더 작게 쪼개 효율성을 늘리고 계산량을 줄이는 방법을 살펴봤다.

요컨대 지금까지 살펴본 연산은 이미지에서 노이즈나 불필요한 아티팩트를 제거해 물체의 모양을 더 정확하게 인식할 수 있도록 해준다. 또한 원하는 특징을 기반으로 하여 결함을 찾아내는 데도 도움을 준다. 아울러 씨앗 등 작은 물체가 있는 이미지 영역을 따로 지정하는 그룹 함수를 지정할 수도 있게 된다(3.13절). 일반적으로 아티팩트를 제거하는 데는 닫힘이나 열림 등의 연산이 쓰이며, 연산 결과를 원본 이미지와 비교하는 과정을 통해 이러한 결함의 위치를 찾을 수 있다(식 (3.29) 및 식 (3.30)을 참고하라). 아울러 큰 규모의 닫힘 연산을 통해 작은 물체가 모인 영역을 파악할 수도 있다. 이 모든 작업을 수행하기 위해 알고리듬을 설계할 때는 적절한 스케일이나 마스크 크기를 찾는 일이 매우 중요하다. 통후추 이미지를 예시로 삼은 그림 3.26과 그림 3.27을 통해 이 점을 확인할 수 있다. 이 이미지의 경우 잔가지를 어떻게 인식할지와 이를 제거할지의 여부에 초점을 두고 있다.

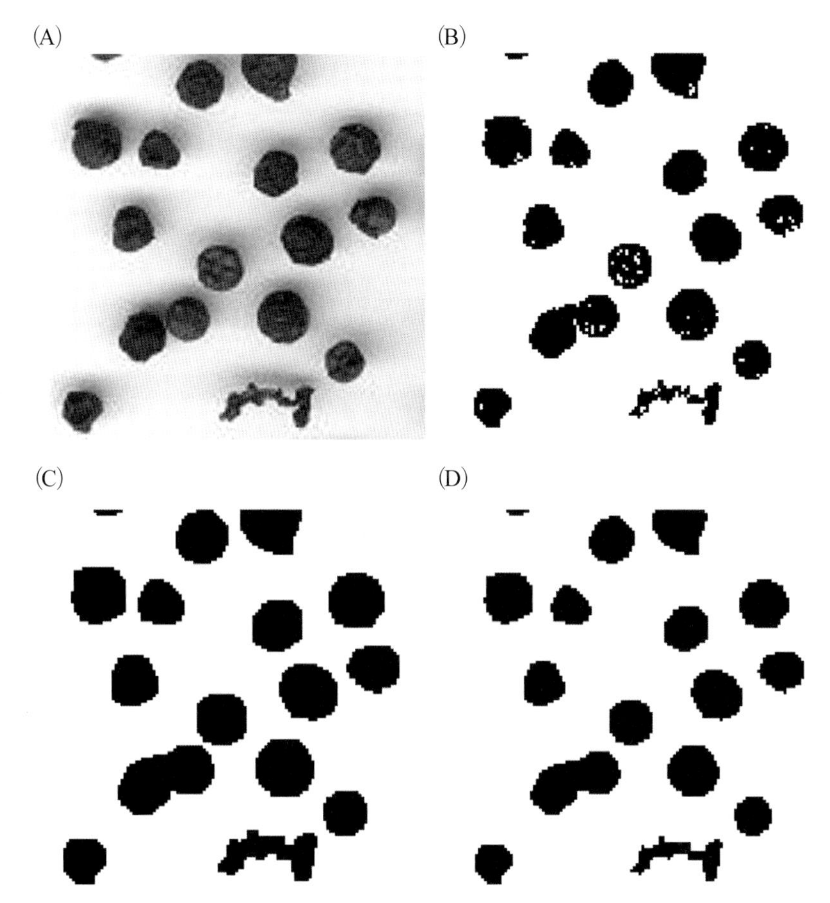

그림 3.26 닫힘 연산의 용례: (A) 통후추 이미지, (B) 임계화 결과, (C) 물체에 대해 3 × 3 팽창 연산을 적용한 결과, (D) (C) 직후 3 × 3 침식 연산을 적용한 효과. 최종적으로 (D)까지 진행했을 때의 결과는 '닫힘' 연산과 동일하다. 이 경우 닫힘 연산은 물체의 작은 구멍들을 메꾸는 데 유용하다. 예를 들어, 스켈레톤에서 흔히 보이는 고리 모양으로 인해 생기는 오류를 방지할 수 있다. 아울러 이 그림의 경우, 각 통후추들이 이어져 영역을 형성하려면 매우 큰 윈도 연산이 필요하다. © World Scientific 2000

3.13 모폴로지 그룹핑

텍스처 분석은 머신 비전에서 중요한 분야이며, 많은 원격 센싱 관련 응용에서처럼 이미지의 특정 영역을 분리하는 것에서 그치지 않고 각 영역의 절대적 특성을 찾아내고자 할 때 적합하다. 7장 '텍스처 분석'에서는 이러한 분석을 위한 여러 종류의 방식을 살펴볼 것이다. 몇몇

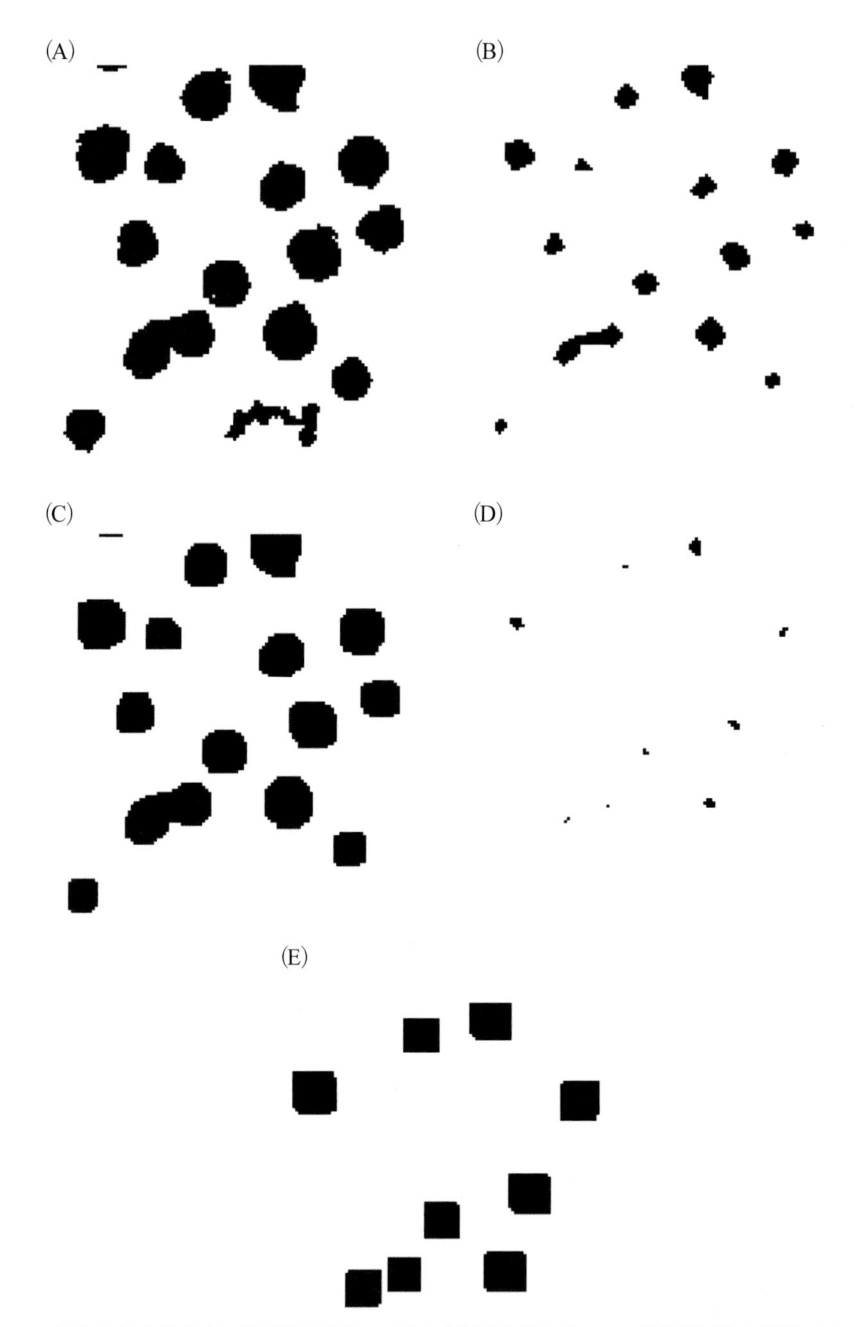

그림 3.27 열림 연산의 용례: (A) 임계화된 통후추 이미지, (B) 물체 형상에 7 × 7 침식 연산을 적용한 결과, (C) (B) 직후 7 × 7 팽창 연산을 적용한 결과. 최종적으로 (C)까지 진행했을 때의 결과는 '열림' 연산과 동일하다. 이 경우 열림 연산은 잔가지를 제거하는 데 유용하다. (D)~(E) 윈도의 크기를 11 × 11로 바꿔서 동일한 연산을 진행한 결과. 앞에서와 다르게 작은 크기의 통후추가 필터링되고 모든 입자가 분리된 것을 확인할 수 있다. 이를 응용하면 개수를 세거나 레이블링을 하는 데 쓰일 수 있다. © World Scientific 2000

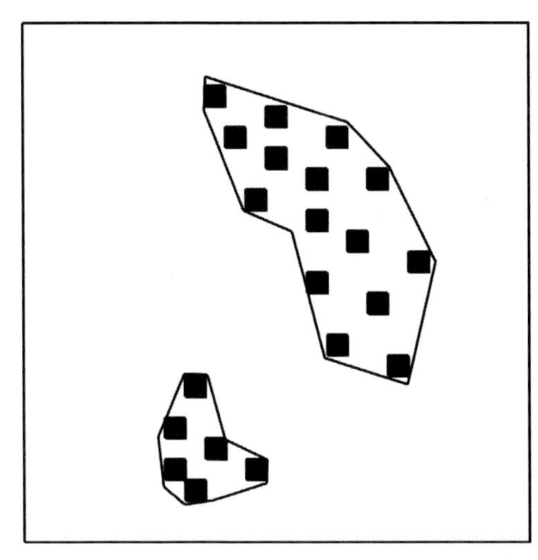

그림 3.28 작은 물체들을 영역으로 묶는 이상적인 예시. 닫힘 연산을 사용하면 그림과 같은 결과를 얻어낼 수 있다. © IEE 2000

은 많은 계산량을 필요로 하지만, 텍스처가 단순한 형태일 경우에는 좀 더 적은 계산으로도 분석을 수행할 수 있다. 예를 들어 작은 물체를 포함한 영역의 위치를 찾아야 한다면, 많은 경우 임계화를 거친 이미지에 대해 간단한 모폴로지 연산을 수행하기만 해도 가능하다(그림 3.28, Bangham and Marshall, 1998). 씨앗이나 곡물, 못, 모래 같은 입자 형태 물체의 영역을 파악해야 할 때는 전체적인 양과 더불어 얼마나 분포되어 있는지, 물체가 존재하지 않는 영역이 어디인지 찾아야 하기 때문에 이러한 방식이 유용하다. 이 경우 기본적으로 팽창 연산을 통해 모든 입자를 한데 뭉치게 한다. 이렇게 하면 물체들이 많이 뭉친 영역과 성긴 영역을 분리하는 데도 활용할 수 있다. 이어서 팽창에 사용된 모폴로지 커널을 그대로 사용해 침식 연산을 수행하면 확대 효과가 상쇄된다. 만약 입자들이 둥글둥글한 형태이고 잘 퍼져서 분포하고 있다면 침식 연산은 팽창 효과를 완전히 상쇄시킨다. 물론 이는 앞서 언급했듯이 물체가 이어지는 형태의 이미지인 경우에 한한 것으로, 두 연산을 합친 닫힘 연산은 일반적으로 이미지를 변형시킨다.

다음으로 간단한 검사 예시를 통해, 향상된 결과를 보여주는 좀 더 복잡한 방식을 알아보자. 그림 3.29(A)는 곡물 위에 놓인 쥐의 배설물 위치를 찾아야 하는 경우다. 이를 그림 3.29(B)에서처럼 원본 그림을 임계화해 어느 정도 불필요한 정보를 제거했다. 원하지 않는

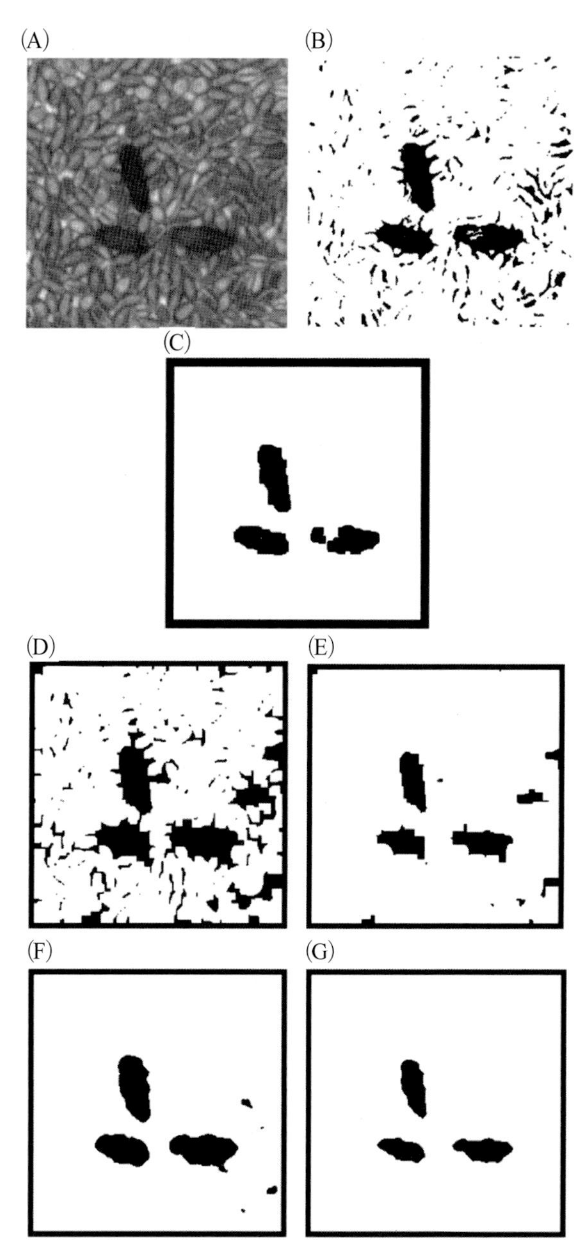

그림 3.29 곡물 이미지에 대한 다양한 연산과 필터링 결과: (A) 오염물(쥐 배설물)이 몇 개 올라간 곡물 이미지, (B) (A)를 임계화한 결과, (C) (B)에 대해 침식과 팽창을 이어서 수행한 결과, (D) (B)에 대해 팽창과 침식을 수행한 결과, (E) (D)에 대해 침식을 수행한 결과, (F) (B)에 대해 11 × 11 메디안 필터를 적용한 결과, (G) (F)에 대해 침식을 수행한 결과. 여기서 침식과 팽창 연산에는 모두 3 × 3 기본 마스크를 사용했다고 가정한다. © IEE 1998

배경 얼룩을 없애는 확실한 방법은 침식 연산을 수행하고 곧바로 팽창을 적용해 줄어든 배설물의 크기와 모양을 복구하는 것이다. 그림 3.29(C)에 그 결과를 나타내었다. 이 방식이 곡물 간의 그림자는 잘 제거하는 반면 배설물의 밝은 부분에는 제대로 대응하지 못함을 주목하라. 각 곡물 알갱이들은 어느 정도 균일하게 이뤄져 있는 반면, 배설물의 경우에는 크기나 모양, 색 등이 상당히 다른 특성을 보인다. 따라서 침식-팽창 방식을 쓰면 그 효과가 제한될 수밖에 없다. 이 문제를 해결하기 위해, 침식 전에 아예 팽창을 적용해 배설물을 두텁게 하고, 이를 통해 여기에 포함된 얼룩이나 밝은 부분을 제거하는 방식을 생각해볼 수 있다. 그림 3.29(D)가 이 방법을 적용한 결과다. 그러나 그림에서 확인할 수 있듯이 배설물보다 곡물 사이의 어두운 부분이 더 많이 두터워진다. 침식 연산을 몇 번 적용해보더라도(그림 3.29(E)) 두터워진 그림자는 완전히 사라지지 않을뿐더러, 그 크기도 배설물과 크게 다르지 않다. 요컨대 이 방식은 적절치 않으며, 오히려 적용했을 때 더 큰 문제를 야기한다.

대안으로, 그림 3.29(F)에서처럼 임계화된 이미지의 전경과 배경을 '동시에' 향상하기 위해 큰 메디안 필터를 적용하는 방법이 있다. 이를 통해 배설물을 잘 분리하면서도 본디 모양을 충분히 유지할 수 있게 된다. 또한 곡물 사이의 그림자 또한 잘 저감시킬 수 있다. 사실 이미지에서 배설물에 인접한 그림자들은 메디안 필터링을 거치면서 크기가 커지며, 멀리 떨어진 그림자 중 일부 또한 더 두터워지거나 크기가 유지된다. 이에 마지막 과정으로 침식 연산을 최종적으로 적용하면(그림 3.29(G)), 남아 있는 그림자를 제거하고 배설물의 크기나 모양을 적절하게 줄여준다. 그림 3.29(G)에서 드러나듯이, 메디안 필터-침식 방식은 배설물의 원래 형상을 간단하면서도 가장 좋은 품질로 분리해내면서도, 다른 아티팩트들을 제거해준다(Davies et al., 1998). 이 경우 메디안 필터는 특정 처리 단계에서 얻은 결과를 다듬는 일종의 분석 장치로서, 두 단계로 진행되는 처리 과정에서 에러가 그대로 넘어가는 현상을 방지하는 역할을 한다.

3.14 그레이스케일 이미지에서의 모폴로지

모폴로지를 그레이스케일 이미지에 대해 일반화하는 방법은 여러 가지가 있다. 그중 특히 간단한 방식은 '평탄' 구조 요소[flat structing element]를 적용하는 것이다. 즉, 이미지가 그레이 레벨

별로 분리되어 있다고 가정하고, 각각을 바이너리 이미지로 취급해 독립적으로 동일한 모폴로지 연산을 적용하는 것이다. 만약 팽창 연산을 적용한다면 이 결과들에 대한 최대 세깃값을 취하게 된다. 즉, 앞에서 살펴본 포함 관계를 크기의 비교로 대체하는 것이다. 수학적으로만 봤을 때 여기서 사용하는 연산은 일반적인 바이너리 이미지에 대한 것과 동일한 방식이되, 팽창 연산의 개념을 그레이스케일 이미지에 적용하기 위해 일반화한 것이라 할 수 있다. 비슷하게, 침식은 원본 바이너리 구조 요소와 동일한 모양으로 최소 세기의 구조 요소를 취하는 식으로 동작한다. 여기서는 어두운 배경 앞의 밝은 물체에 대한 경우만을 가정하고 있다. 이는 2장 '이미지와 이미지 연산'에서 규정했던 것과는 다르지만, 뒤에서 살펴보듯이 그레이스케일 이미지의 경우에는 특정 물체보다는 세깃값에 더 초점을 맞추어 처리해야 한다. 따라서 밝은 물체는 최대 세기 연산을 통해 팽창을 적용하고 최소 세기 연산을 통해 침식이 적용된다. 물론 경우에 따라서 또는 응용 분야에 따라서 반대 규칙을 적용해야 할 수도 있다. 지금까지 논의한 내용을 수식으로 요약하면 다음과 같다.

$$A \oplus B = \max_{b \in B} A_b \tag{3.54}$$

$$A \ominus B = \min_{b \in B} A_{-b} \tag{3.55}$$

물론 팽창이나 침식을 그레이스케일 이미지에 적용하는 더 복잡한 방법도 있다. 이 경우 3차원의 구조 요소를 취하는데, 각 그레이 레벨은 동일 레벨의 모양뿐만 아니라 인접한 레벨에도 영향을 받는다. 이러한 '비평탄' 구조 요소는 유용하긴 하지만, 평탄 구조 요소 자체가 바이너리 케이스에 비해 상당히 일반화된 것이기 때문에 많은 응용 분야에서 필수적인 것은 아니다.

이 절을 마무리하면서, 비평탄 구조 요소로 일반화하는 것이 그렇게까지 많이 복잡하진 않음을 보이려 한다. 실은 정반대다. 세깃값을 I로 정의할 수 있는 1차원 그레이스케일 이미지에 대해 최댓값 연산을 수행하고자 할 경우 일반적인 형태는 다음과 같다.

$$(I \oplus K)(x) = \max[I(x-z) + K(z)] \tag{3.56}$$

여기서 $K(z)$는 구조 요소를 뜻한다. 연산을 좀 더 깔끔하게 설명하기 위해, 그림 3.30과 같이 기하적인 방식으로 살펴보자. 그림은 삼각형 구조 요소를 사용한 경우를 나타내고 있다. 여기서 $K(z)$ 함수는 뒤집힌 형태로 이미지 $I(x)$ 위를 접촉한 상태로 훑으며 지나간다. 이때 뒤

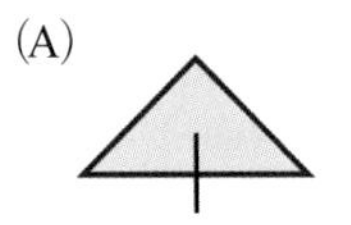

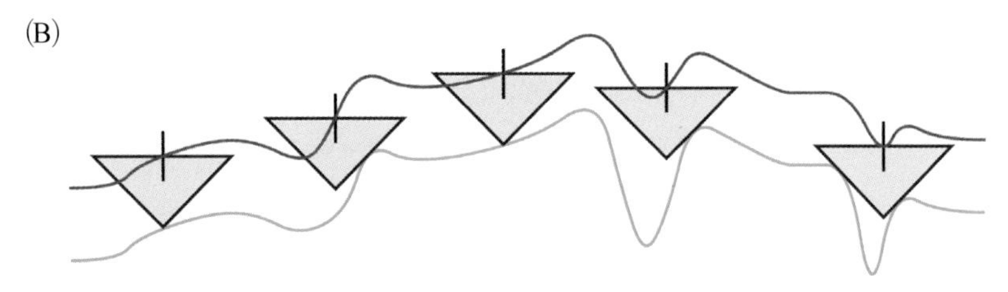

그림 3.30 1차원 그레이스케일 이미지에 대해 삼각형 구조 요소를 적용한 팽창 연산: (A) 구조 요소. 아래쪽의 수직선은 원점의 좌표를 나타낸다. (B) 원본 이미지(아래, 초록 실선), 몇몇 지점에서 뒤집힌 구조 요소가 움직이는 모양, 출력 이미지(위, 붉은 실선). 자동적으로 이 기하학적 결과는 식 (3.56)에서 최대 연산을 수행한 것으로 해석된다. (A)에서 볼 수 있듯이 구조 요소의 모든 부분이 원점보다 위에 있기 때문에, 출력된 세기는 모든 지점에서 원본 이미지보다 증가한다.

집힌 템플릿의 원점은 팽창 연산을 수행한 이미지의 가장 윗부분에 대한 궤적을 그린다. 그림 3.30과 같이 연산을 기하적으로 표현하면 2차원 이미지에 대해 일반화 연산이 어떤 식으로 작동하는지 시각적으로 이해할 수 있게 된다.

침식이나 닫힘, 열림 등 많은 집합 함수에 대해서도 비슷한 관계가 성립한다. 즉, 일반적인 바이너리 모폴로지 관계식인 식 (3.24) ~ 식 (3.32)를 바이너리 이미지뿐만 아니라 그레이스케일 이미지에도 적용할 수 있다. 또한 팽창–침식과 닫힘–열림 이중성(식 (3.21), (3.22), (3.52), (3.53))도 마찬가지로 그레이스케일 이미지에 적용된다. 직관적인 방식으로 모폴로지 개념을 적용할 수 있게 해주는 매우 강력한 결론이라 할 수 있다. 실제로 이를 적용할 때는 적절한 그레이스케일 구조 요소를 선택하는지의 여부가 중요한 변수가 된다.

3.15 결론

3장에서는 로컬 세기 분포를 통한 노이즈 저감 및 이미지 향상 연산자를 구현하는 방법에서 출발하되, 조금 다른 관점에 초점을 맞췄다. 즉, 알고리듬을 어떻게 설계할지를 결정하려면 먼저 필요한 이미지 처리의 세부적 내용을 결정해야 함을 보였다. 이렇게 해야 알고리듬이 제대로 작동할 수 있을 뿐만 아니라, 처리 과정에서 속도나 저장공간 등 필요로 하는 매개변수를 응용 분야에 맞게 최적화하는 것이 가능하다. 또한 이 장에서는 선택한 설계 전략에 대해, 예를 들어 외각 전이 등 원하지 않아도 포함되는 속성을 고려하고 다뤄야 함을 보였다. 아울러 랭크 오더 필터를 통해 발생하는 많은 양의 외각 전이는 모폴로지 연산자 관점에서는 유리하게 작용한다는 면에서 특히 중요하다.

바이너리 이미지는 2차원 물체의 모양, 크기, 위치, 방향 등을 분석하는 데 필요한 모든 데이터를 포함하고 있으며, 이를 통해 결함을 검사할 수 있다. 8장 '바이너리 형태 분석' 및 9장 '경계 패턴 분석'에서 살펴보겠지만, 단순한 이웃 연산들을 사용하면 바이너리 이미지를 처리해 이러한 검사를 수행할 수 있다. 얼핏 보면 체계적으로 발전해온 방식이라기보다는 우연한 발견과 경험을 통해 발전해온 도구로 보인다. 그러나 수십 년 전부터 수학적 모폴로지란 개념이 제시됐고, 형상 분석에 대한 통합된 이론을 제공하기 시작했다. 3장에서는 이 주제에 대해 대략적인 개요를 다뤘다. 사실 수학적 모폴로지는 그 이름에서 짐작할 수 있듯이 기본적으로 수학적 이론을 바탕으로 하고 있기 때문에 다소 어려울 수가 있다. 따라서 이 장에서는 핵심이 되는 이론과 그 결론 중 일부를 다루고, 본문 안에 녹여내고자 했다. 예를 들어 일반 팽창과 침식 연산은 닫힘, 열림, 템플릿 매칭, 더 나아가 연결 속성(마지막 두 주제는 분량의 제한 때문에 이 장에서 자세히 다루지는 못했다) 등 다른 연산의 개념과 구성에 필수적이기 때문에 비중 있게 다뤘다. 그레이스케일 모폴로지 처리에 대해서는 Haralick(1992)와 Soille(2003)을 참고하라. 흥미롭게도 수학적 엄밀함은 장점이 되기도 하지만, 한편으로는 결과가 덜 직관적이기 때문에 논쟁을 일으키기도 한다. 그러나 수학을 사용했을 때의 가장 큰 장점은 직관만으로는 발견할 수 없는 방식을 발견하고 새로운 결과를 도출해낼 수 있다는 데 있다.

메디안 필터는 오랫동안 외각을 흐리지 않으면서 임펄스 노이즈를 제거하기 위해 사용돼왔다. 그러나 3장에서는 메디안 필터를 사용할 때 외각의 전이가 발생하고, 모드 필터나 더 나아가 랭크 오더 필터에서도 그 속성이 나타남을 보였다. 특히 후자의 경우에는 그 발생량이 너무 커서, 역으로 모폴로지 처리의 근간으로 이용되기도 한다. 특히 침식이나 팽창, 닫힘과 열림 등의 연산은 수학적 모폴로지의 핵심적인 요소다. 아울러 수학적 연산을 통해 형상 분석을 더 정밀하고 적은 불확실성으로 수행한다. 또한 그레이스케일 이미지 처리에 이 개념을 확장해 유용하게 활용할 수도 있다.

3.16 문헌과 연보

3장에서 다룬 내용 중 대부분은 Davies(1988c)에서 가져온 것이다. 이 논문은 과거 가우시안, 메디안 등 랭크 오더 필터를 다룬 논문(Hodgson et al., 1985; Duin et al., 1986)의 연구 결과를 기반으로 썼다. 메디안 필터에서 나타나는 외각 전이는 평균 필터에서도 나타나며, 그 분포가 거의 동등함을 유의하라(Davies, 1991b). 아울러 메디안 필터가 가진 부정확성과 이를 보정하는 방식을 다룬 논문도 존재한다(Davies, 1992e).

초창기 문헌에서는 모드 필터가 거의 등장하지 않는다. 이는 모드 연산을 수행함에 있어 노이즈에 의해 혼동되지 않으면서도 빠르게 연산을 수행할 수 있는 추정자estimator를 찾기가 어려웠기 때문일 것이다. 실제로 이를 언급하는 문헌은 단 하나뿐이며(Coleman and Andrews, 1979), 이후의 논문에서 이를 발전시킨 연구를 제시했다(예: Evans and Nixon(1995), Griffin(2000)). 언급할 만한 그 밖의 문헌은 가우시안 및 메디안 필터를 분해하는 연구가 있고(Narendra, 1978; Wiejak et al., 1985), 빠른 메디안 필터 구현 방식에 관한 내용도 많은 논문에서 다루고 있다(예: Narendra(1978), Huang et al.(1979), Danielsson(1981), Davies(1992a)).

메디안 필터의 '핵심적인' 거동, 예를 들어 더 이상 이미지가 변하지 않을 때까지 반복해서 메디안 필터를 적용했을 때의 결과 등에 대해 많은 연구가 이뤄져왔다. 상당수의 연구는 이미지가 아니라 심박이나 음성 등의 1차원 신호를 대상으로 이뤄졌다(Gallagher and Wise, 1981; Fitch et al., 1985; Heinonen and Neuvo, 1987). 핵심적 거동은 신호에 내포된 본질적 구조와 연관되어 있으므로 주목을 받았지만, 이 구조를 이끌어내려면 많은 양의 처리가 필요하다. 몇몇 연구는 메디안 필터를 따라 하는 데 그치지 않고 더 향상하는 데 초점을 맞췄다. 예를 들어 그림 3.18의 아래쪽 그래프에 등장하는, 하이노넨Heinonen 등이 고안한 세부 보존 필터(Nieminen et al., 1987)가 있다. 이 주제에 신경망을 결합한 연구(예: Greenhill and Davies(1994))도 참고할 만하다. 비선형 필터링에 대한 최신 연구는 Marshall et al.(1998)을 참고하라. 또한 더 최근에는 Marshall(2004)에서 가중치 오더 통계 필터weighted order statistics filter에 대한 새로운 설계 방식을 고안했다.

나는 총 에러를 연속적 가우시안 함수에 근사하는 방식으로 작은 이웃 영역에 대한 선형 스무딩 필터를 최적화하는 방법을 보고한 바 있다(Davies, 1987b). 이 경우 영역 내부의 서브

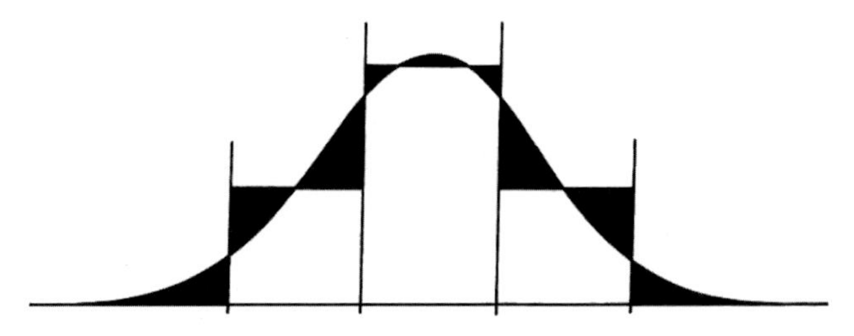

그림 3.31 불연속 가우시안을 연속적 가우시안 함수에 근사한 모습. 그림에서 보듯이 서브픽셀 에러 영역과 함수 바깥에 잘린 영역이 같아야 한다.

픽셀 에러와 영역 바깥에 분포한 값에 의한 에러의 균형을 맞춰야 한다(그림 3.31).

최근 매우 낮은 가격에 PC에서 컬러 프레임을 취득할 수 있게 되고, 디지털 카메라가 널리 쓰이게 되면서, 디지털 컬러 이미지 또한 어디에서나 사용하고 있다. 이 때문에 컬러 필터링에 대한 연구도 많이 등장했다. 1998년까지 발표됐던 연구들을 개괄하고 싶다면 Sangwine and Horne(1998)을 참고하라. 최근 발표된 벡터(컬러) 필터링은 Lukac(2003) 등이 다루고 있다. Charles and Davies(2003b)는 새로운 거리 가중 메디안 필터를 고안하고, 이를 컬러 이미지에 응용하는 방법을 소개하고 있다. 또한 필자가 이전에 발표했던 모드 필터를 컬러 이미지에 적용하기도 했다(Charles and Davies, 2003a, 2004). Davies(2000b)는 입력 이미지의 샘플 포인트(현재 이미지의 윈도 영역 내)에 멀티채널(컬러) 필터를 적용하고 그 출력을 입력된 벡터값 중 하나로 제한할 경우, 출력 이미지의 큰 픽셀 영역에 대해 부정확성을 증가시킴을 증명했다. 이는 메디안 필터에서 색번짐을 최소화하기 위해 일반적으로 쓰이는 방식이기 때문에, 컬러 필터링 알고리듬의 효용성에 대해서는 더 많은 연구가 필요하다.

데이비스Davies는 또한 다양한 랭크 오더, 평균, 모드 필터에 의해 생성되는 왜곡이나 경계 전이를 분석하고, 그 주제를 종합한 리뷰를 작성했다(Davies, 2003c). 메디안 필터의 경우, 연속체 모델을 확장한 과거 방식보다(Davies, 1989b) 불연속체 모델을 적용하는 것이 높은 정확도를 확보할 수 있음을 증명했다(Davies, 2003a).

Serra(1982)는 모폴로지에 대한 초창기 발전을 확인할 수 있다는 데 의의가 있다. 이어서 발표된 많은 논문은 수학적인 기반을 마련해줬으며, 그중 아마도 가장 중요하고 영향력 있었던 연구는 Haralick et al.(1987)일 것이다. 또한 모폴로지 연산자를 분해하는 방법을 연구한 Zhuang and Haralick(1986)이나 형상 인식에 대한 실례를 제시한 Crimmins and

Brown(1985)도 참고하라. Dougherty and Giardina(1988), Heijamans(1991), Dougherty and Sinha(1995a, b)는 그레이스케일 모폴로지 처리의 발전에 있어 중요한 연구다. 또한 Huang and Mitchell(1994)는 그레이스케일 모폴로지 분해에 대해, Jackway and Deriche(1996)은 다중 스케일 모폴로지 연산자에 대해 성과를 냄으로써 기여했다.

남은 문제 중 하나는 어떤 응용 분야에 대해 모폴로지 연산을 어떤 순서로 수행할지 정하는 방법에 대한 것이다. 이를 위해 유전 알고리듬을 사용해 전체 시스템을 체계적으로 생성하는 방식에 대한 연구가 이뤄지고 있다(Harvey and Marshall(1994) 등 참고).

3.16.1 최신 연구

2000년대에 들어서 픽셀이 임펄스 노이즈에 의해 오염됐는지 판단하는 '스위치' 타입 필터를 사용하는 방식이 고안됐다. 만약 노이즈가 발견되면 메디안 또는 VMF 같은 방식을 사용해 이를 제거한다. 만약 그렇지 않다면 불변 정책zero change policy을 통해 원본 픽셀 세기나 색상을 그대로 적용한다. 불변 정책을 사용하면 이미지의 선예도나 정확도가 유지되므로 유용하다. 이 방식에 대한 초창기 연구는 Eng and Ma(2001) 등을 예시로 들 수 있다. Chen et al.(2009), Smolka(2010) 등은 최근 더 복잡한 방식으로 이 개념을 구현하고자 했다(스몰카Smolka의 방식은 '피어 그룹 스위칭 필터'라는 범주에 속한다).

Davies(2007b)는 일반화된 (벡터가 아닌) 메디안 필터를 통해 VMF보다 더 많은 노이즈를 제거할 수 있음을 보였다. 다만 색번짐 현상을 제거하는 데는 초점을 맞추지 않았다. 또한 필터의 연산 시간이 VMF를 대체할 수 있을 만큼 충분히 빠르게 구현하는 방법을 제시했다.

Celebi(2009)는 오더 통계에 기반해, 정확도를 살리면서도 계산량을 줄인 방향성 벡터 필터를 어떻게 구현할지를 다뤘다. 다른 한편, Rabbani and Gazor(2010)은 로컬 혼합 모델을 통해 가산 가우시안 노이즈를 줄이는 방법을 연구했다. 그들은 웨이블릿wavelet 형태로 로컬을 표현함에 있어 불연속적 복소수 웨이블릿 변환을 사용하는 것이 피크 노이즈에 대한 성능과 계산량 측면에서 모두 유리함을 규명했다.

모폴로지 영역에 있어, Bai and Zhou(2010)은 상공의 비행기를 식별하기 위한 희미한 적외선 타깃의 위치를 더 찾을 수 있도록 '탑 햇' 선택 변형selection transformation을 설계했다. 선택 변형은 고전적인 탑 햇(나머지) 연산자에 기반하고 있다. 분석에는 타깃과 배경 간의 최소 세기 차이를 나타내는 n과 이를 추정할 수 있는 방법이 필요하다. Jiang et al.(2007)은 나머지 연산자를 사용해 얇고 대비가 낮은 경계를 찾는 방식을 제안했다. 이 방법은 기본적인 5×5 마스크를 사용해 직선 경계를 검출한다. 이때 여러 기법들을 조합해서 노이즈에 대한 저항을 높인다. Soille and Vogt(2009)는 바이너리 이미지를 분할해서 다양한 종류의 패턴을 인식할 수 있게 하는 방법을 제시했다. 여기에는 상호 간에 분리된 전경들도 포함된다. 예를 들어 세포핵, 섬세포, 연결자(루프와 브리지), 외각선(천공과 경계), 가지, 분리된 바이너리 패턴 등이 있다. Lézoray and Charrier(2009)는 컬러 이미지를 2차원 히스토그램으로 나타내어 주된 색상을 찾아내는 방법을 통해 분할하는 새로운 방식을 제안했다. 여기서 중요한 점은 모폴로지 등 표준적인 이미지 처리 기법만 사용해서도 2차원 히스토그램 클러스터화를 매우 효율적으로 수행할 수 있다는 데 있다. Valero et al.(2010)은 지향성 수학 모폴로지를 사용해 원격 센싱 이미지에서 도로를 탐지하는 방식을 제시했다. 논문은 선형으로 이어진 경로에 대한 경우에서부터 논의를 시작하지만, 곡선 도로 등 다른 연결 요소도 '경로 열림' 또는 '경로 닫힘'을 사용해서 필요한 구조 정보를 획득할 수 있다.

3.17 연습문제

1. 여러 크기의 이웃 영역에 메디안 필터를 적용하는 데 필요한 연산의 숫자를 표로 나타내어라. 표에는 (1) n^2픽셀에 대한 버블 정렬 연산 결과, (2) 버블 정렬을 수행한 다음 $1 \times n$ 및 $n \times 1$ 영역으로 분리한 결과, (3) 3.3절의 히스토그램 결과를 포함해야 한다. 이 결과를 기반으로 가능한 연산 오버헤드에 대해 논의하라.

2. 바이너리 이미지에 대해 메디안 필터 연산을 수행하는 방법을 요약하라. 또한 그레이스케일 이미지에 메디안 필터를 적용하기 위해 임계화를 거쳐 여러 레벨에 대한 바이너리 이미지 세트로 변환한 다음, 각각에 대해 메디안 필터를 수행한 후 다시 그레이스케일 이미지로 결합하는 방법을 정리하라. 임계화된 여러 이미지를 필터링하는 것에 비해 바이너리 이미지를 필터링하면 얼마나 연산량이 감소하는지 논하라.

3. '극값extremum' 필터는 각 픽셀의 세깃값에 대해, 두 극값 중 더 가까운 값을 대입해 출력하는 병렬 이미지 연산이다. 이 연산이 이미지 향상 필터로 어떻게 활용될 수 있을

지 논하라. 또한 이 필터의 단점 역시 생각해보라.

4. 1차원 신호에서 메디안 필터를 한 번 적용했을 때 핵심 신호가 출력되는 조건을 정리하라. 또한 이미지에 포함된 직선 경계에 메디안 필터를 적용할 경우, 단면상에서 외각이 전이되거나 흐려지지 않을 조건에 대해 논하라.

5. a. 다음 코드에서 메디안 필터가 어떻게 동작하는지 설명하라.

```
for all pixels in image do {
  for (i = 0; i <= 255; i++) hist[i] = 0;
  for (m = 0; m <= 8; m++) hist[ P[m] ]++;
  i = 0; sum = 0;
  while (sum < 5) {
    sum = sum + hist[i];
    i = i + 1;
  }
  Q0 = i - 1;
}
```

b. 이 알고리듬의 속도를 증가시키기 위해 사용하는 (1) 더 효율적인 히스토그램 클리어링 기법과 (2) 각 3 × 3 윈도의 최소 세깃값을 계산하는 기법을 정리하라. 각 경우 실행 속도가 얼마나 개선될지 예측해보라.

c. 왜 메디안 필터가 이미지를 흐리지 않으면서 노이즈를 제거하는지 설명하라.

d. 다음과 같은 단면 세기 프로파일을 가진 1차원 이미지를 가정하자.

1 2 1 1 2 3 0 2 2 3 1 1 2 2 9 2 2 8 8 8 7 8 8 7 9 9 9

이 이미지에 대해 각각 (1) 3개 및 (5) 5개의 요소로 이뤄진 메디안 필터를 적용하라. 적용한 결과를 바탕으로, 메디안 필터가 1차원 프로파일에 대해 '연속적인' 상숫값을 출력하는 경향이 있음을 보여라. 또한 특정 조건하에서 프로파일의 경계가 인접한 튀는 값에 의해 전이됨을 보여라. 1차원상에서 어떤 수의 요소를 사용한 메디안 필터를 적용했을 때 이 현상이 나타나는지에 대한 규칙을 기술해 보라.

6. a. 모드 필터는 어떤 픽셀값에 대해, 주위 픽셀을 대상으로 하는 윈도의 로컬 세기 분포를 구하고 그중 가장 적합한 값을 취하는 방식이다. 그레이스케일 이미지에 모

드 필터를 적용하면 이미지가 또렷해지고, 반면 평균 필터를 적용하면 이미지가 흐려짐을 보여라.

b. 최대 필터는 픽셀 주위 윈도의 로컬 세기 분포를 구하고 그 최댓값을 구하는 방식이다. 이미지에 최대 필터를 적용하면 어떤 결과가 나올지 논하라. 그 외의 모드 필터를 적용해도 비슷한 효과가 발생할지 생각해보라.

c. 메디안 필터의 목적에 대해 논하라. 왜 2차원 메디안 필터를 구현할 때 1차원 필터를 연속적으로 수행해도 되는지 생각해보라.

d. 5개의 요소로 이뤄진 1차원 평균, 최대, 메디안 필터를 다음 파형에 각각 적용했을 때의 결과를 비교하라(평균의 경우 나온 값을 반올림한 정수로 변환해서 출력한다).

```
0 1 1 2 3 2 2 0 2 3 9 3 2 4 4 6 5 6 7 0 8 8 9 1 1 8 9
```

e. 앞의 파형에 1차원 메디안 필터를 여러 번 적용하면 어떤 일이 일어날지 시험해보라.

7. a. 그림 3.P1에 대해 각각 (1) 3 × 3과 (2) 5 × 5 크기의 메디안 필터를 적용했을 때 어떤 효과가 발생하는지 논하라.

```
0 0 0 0 0 0 0 0 0 0
0 0 0 0 0 0 0 2 0 0
0 1 0 0 0 0 0 0 0 0
0 0 1 0 0 0 0 0 0 0
0 0 0 0 9 9 9 9 9 9
0 0 0 0 9 9 8 9 9 9
0 0 1 0 9 8 9 9 7 9
0 0 0 0 7 9 9 8 9 9
0 1 0 8 9 9 9 9 9 9
0 0 0 0 9 9 9 9 9 9
0 0 0 0 8 9 9 9 9 9
```

그림 3.P1 메디안 필터 테스트를 위한 이미지

b. 이 메디안 필터의 속성을 활용해 가장자리 검출을 구현할 수 있음을 보여라. 또한 이런 식의 설계 전략을 사용했을 때의 장단점을 논하라.

8. a. 평균 및 메디안 필터의 차이를 구별하라. 왜 평균 필터는 이미지를 흐리는 반면 메디안 필터는 그러지 않는지 설명하라. 이때 다음 1차원 신호에 1 × 3 윈도 필터를 적용한 결과를 예시로 들어라.

1 1 1 1 2 1 1 2 3 4 4 0 4 4 4 5 6 7 6 5 4 3 3

b. 히스토그램을 통해 3 × 3 윈도상에서의 메디안 필터 알고리듬을 기술하라. 왜 이 연산의 속도가 느린지 설명하라.

c. 대부분의 컴퓨터 언어에는 max(*a*, *b*) 연산이 구현되어 있다. 3 × 3 윈도상에서 최대 세깃값을 찾는 방식을, 이 함수를 사용해 설명하라. 또한 같은 연산을 활용해, 최댓값을 0으로 치환하는 식으로 메디안값을 찾는 방법에 대해 논하라. 만일 max(*a*, *b*)가 $a + b$ 연산과 같은 속도라면, *b*보다 해당 방식이 더 빠를 수 있을지 생각해보라.

d. 3 × 3 메디안 연산을 1 × 3 및 3 × 1로 나누어서 계산하면 이미지의 임펄스 노이즈를 제거하는 데 효과적인 이유를 생각해보라. 이 방식의 경우 max(*a*, *b*) 연산을 사용해 속도가 얼마나 개선될 수 있을까?

9. a. 아래 1차원 신호에 3개의 요소로 이뤄진 메디안 필터를 각각 적용했을 때의 결과를 나타내어라.

i. 0 0 0 0 0 1 0 1 1 1 1 1 1 1
ii. 2 1 2 3 2 1 2 2 3 2 4 3 3 4
iii. 1 1 2 3 3 4 5 8 6 6 7 8 9 9

b. 연산 결과를 통해 도출해낼 수 있는 사실에 대해 논하라. (i)의 경우 2차원 그레이스케일 이미지의 경계로 논의를 확장해보라.

c. 2차원 메디안 필터의 경우, 처리 속도를 향상하기 위해 1차원 메디안 필터를 연속적으로 적용할 수 있다. (1) 3 × 3, (2) 7 × 7, (3) 일반적인 경우, 메디안 필터를 이런 식으로 적용했을 때 속도가 얼마나 향상되는지 논하라.

10. 바이너리 이미지에 대한 외각 향상 그레이디언트 모폴로지 연산자는 다음과 같이 정의된다.

$$G = (A \oplus B) - (A \ominus B)$$

1차원 이미지의 외각이나 다른 경우를 예시로 들어 해당 연산이 넓은 외각을 형성함을 보여라. 그레이스케일에서 팽창(⊕)이 3 × 3 윈도 내의 로컬 최대 세깃값을, 침식(⊖)이 최소 세깃값을 출력한다 가정하고, G 연산을 수행했을 때의 결과를 묘사하라. 만약 소벨Sobel 강돗값을 취해 외각의 방향성을 무시한다면, 이 연산이 소벨 외각 향상 연산과 비슷한 효과를 가져옴을 보여라.

$$g = (g_x^2 + g_y^2)^{1/2}$$

04

임계화의 역할

실제 이미지 처리를 수행할 때 가장 중요한 목표 중 하나는 디지털 이미지의 물체 간 경계를 긋는 것이다. 이러한 처리를 분할(segmentation)이라 하며, 많은 경우 임계화(thresholding)를 통해 구현하게 된다. 넓은 의미로 임계화는 이미지의 어두운 영역과 밝은 영역을 분리해, 밝은 배경 앞의 어두운 물체(또는 그 반대의 경우)를 인식할 수 있게 하는 과정을 말한다. 4장에서는 임계화가 얼마나 효율적인지와 그 구현 방식을 다룬다.

4장에서 다루는 내용은 다음과 같다.

- 분할, 영역 확장, 임계화의 개념
- 임계 결정의 문제
- 전역 임계화의 한계
- 그림자 및 광택(하이라이트) 문제
- 로컬 적응형 임계화 알고리듬
- 보완된 분산, 엔트로피, 최대 가능도 방식
- 다중 레벨 임계화를 통한 이미지 모델링
- 전역 골짜기 변환값
- 단봉분포에서의 임곗값 구하기

임계화는 그 용도가 한정되어 있으며, 이미지마다 가장 알맞은 임곗값을 찾는 데는 어려움이 있다. 이를 해결하기 위해 많은 방법이 제안돼왔다. 사실 분할은 불량조건 문제(ill-posed problem)에 속하며, 사람의 눈이 임계화를 어느 정도 잘 수행할 수 있기 때문에 결과에 대한 의구심을 받을 수 있다. 그럼에도 적절한 조명계를 사용하면 이 과정을 간략화할 수 있고, 이를 통해 임계화를 더 효율적으로 적용할 수 있다. 요컨대 알고리듬을 꺼내어 쓸 수 있는 가상의 도구상자가 있다면 임계화도 그 안에 포함돼야 한다. 그러나 복잡한 이미지 데이터의 경우에는 외각 검출(5장 '외각 검출' 참고)을 사용하는 방법도 있다.

4.1 서론

비전 응용 분야에서 가장 먼저 수행해야 하는 작업 중 하나는 물체를 배경으로부터 분할segmentation하는 것이다. 만약 물체가 크고 표면에 대한 세부 정보가 많지 않을 경우, 분할은 각각 밝기, 색상, 텍스처, 모션 등의 매개변수가 상당히 균일하도록 이미지를 여러 영역으로 나누는 작업이다. 이 방식으로는 물체를 배경이나 다른 물체에서 분리하거나, 정육면체의 각 면을 구분하는 등의 작업은 어렵지 않게 수행할 수 있다.

그러나 앞에서 설명한 분할 개념은 이상적인 상황에 대한 것이며, 실제로도 종종 이러한 경우가 존재하긴 하지만 대부분은 들어맞지 않는다. 단지 우리가 몇몇 단순한 예시를 기반으로 일반화한 개념을 만들어낸 것이다. 문제는 사람의 눈은 실제 풍경을 보자마자 물체를 이미지에서 분할하고 인식할 수 있다는 데 있다. 그러나 비전 알고리듬을 설명할 때 이런 식으로 '직관'을 전제로 하는 것은 좋은 태도가 아니며, 컴퓨터 비전에서 분할이 가장 현실적으로 어렵고 중심에 놓인 문제임을 무시하고 넘어가는 것도 적절하지 못하다.

따라서 분할을 균일한 영역을 찾아내어 분리하는 작업으로 이해하려는 시각은 결국 한계에 부딪힐 수밖에 없다. 3차원 물체를 생각해보면 많은 반례를 찾을 수 있다. 예를 들어, 한쪽 방향에서 빛을 받고 있는 구체를 생각해보라. 표면의 밝기는 위치에 따라 연속적으로 변하고 있으며, 따라서 균일한 영역이란 존재하지 않는다. 혹은 여러 방향에서 빛을 받고 있어서 모든 면이 균일한 밝기를 가진 정육면체를 생각해보라. 이런 경우들에 밝기만 가지고 의도했던 대로 이미지에서 물체를 분할하는 것은 불가능하다.

그럼에도 불구하고 균일도를 측정하는 식의 접근법은 잘 다듬기만 하면 많은 분야에 활용할 수 있긴 하다. 이는 많은 분야(특히 산업적 응용)에서는 물체의 숫자나 범위가 매우 제한되어 있으며, 조명이나 환경을 완벽하게 통제할 수 있기 때문이다. 이러한 경우에는 완벽하게 일반화된 방식을 굳이 찾을 필요가 없으며, 이 특정한 상황에만 잘 들어맞도록 하면 된다. 요컨대 실무에서는 단순하고 계산량이 적은 방식과 더 일반적으로 사용할 수 있지만 계산이 많이 필요한 방식 중 어떤 것을 선택할지 고민해야 한다. 그리고 컴퓨터 비전 분야에서 실무 관련 주제를 다뤄야 할 때는 이 고민을 항상 품고 있어야 한다.

4.2 영역 확장 방식

앞서 설명한 분할 개념은 이후 영역 확장 기법으로 발전됐다(Zucker, 1976b). 이 방식은 세기 등의 속성이 유사한 픽셀을 특정 기준으로 묶고, 모든 이미지가 분할될 때까지 이 묶인 영역들을 계속 넓혀나가는 개념이다. 이때 인접한 픽셀 간의 값 차이가 너무 크면 묶지 않고, 전체적인 배경 조명에 의해 점차적으로 세기가 변화하는 경우를 결합하는 식의 규칙을 정해야 한다. 그러나 이것만으로는 충분치 않은 전략이며, 실무에서는 영역을 묶는 것뿐만 아니라 영역이 너무 크고 균일하지 않게 묶였을 경우 분할하는 과정도 포함돼야 한다(Horowitz and Pavlidis, 1974). 또한 노이즈나 샤프한 외각선 등의 경우, 혹은 어떤 선이 실제로 영역의 경계에 위치하고 있는지 등의 문제도 실제 상황에서 많이 발생하는 문제다. 예를 들어, 원격 센싱에서 이미지상의 울타리가 중간에 끊겨서 연속적인 경계를 형성하지 못하는 경우가 자주 발생한다. 이 상황에서는 지면을 정밀하게 분할하기가 쉽지 않아, 사람이 컴퓨터 대신 문제를 해결해주는 상호적인 방식을 택해야 한다. Hall(1979)는 이 방식을 적용하면 영역이 너무 빠르게 증가하기 때문에, 외각 검출 방법을 사용해 이 속도를 조절해야 한다는 사실을 발견했다. 예를 들어, 조금이라도 끊어진 부분이 있다면 두 영역이 하나의 거대한 영역으로 합쳐져 버린다.

따라서 영역 확장 방식은 사실 실무에 적용하기에는 매우 복잡한 분할 기법이다. 또한 재귀적으로 연산을 수행하는 방식이기 때문에, 계속해서 어떤 픽셀이 어떤 영역에 속하는지 찾아야 한다. 요컨대 이 기법은 이미지에 대해 로컬 연산과 전역 연산을 동시에 수행하기 때문에 복잡도가 높다. 더군다나 지금은 더 강력한 방식들이 많이 나와 있으며, 뒤에서 이에 대해 자세히 설명할 것이다. 따라서 영역 확장 방식에 대한 내용은 이 정도로 마무리해도 무방할 것이다.

4.3 임계화

배경의 조명이 균일하게 비춰지고 평평한 물체가 배경과 윤곽을 통해 대조를 이루고 있다면, 분할은 이미지에 대해 특정한 레벨을 기준으로 임계화thresholding를 함으로써 간단하게 수행할 수 있다. 2장 '이미지와 이미지 연산'에서 설명했듯이, 기본적으로 그레이스케일 이미지가 임계화 과정을 거치면 흰색 배경과 검은 물체(그림 2.7) 또는 검은 배경과 흰색 물체로 이뤄진 바이너리 이미지로 변환된다. 이 이후에 이미지 내의 영역에 대해 모양이나 크기를 분석할 수 있게 되며, 이 단계에서 물체를 인식하는 작업이 자연스럽게 이뤄진다. 8장 '바이너리 형태 분석'에서 이 작업을 자세히 다룰 것이다. 그 전에 중요한 문제 하나를 짚고 넘어가자. 최적의 임곗값을 찾아내려면 어떤 방법을 사용해야 할까?

4.3.1 적정 임곗값 찾기

적절한 임곗값을 찾는 간단한 기법 중 하나는 광학 문자 인식OCR, optical character recognition 같이 배경에 있는 물체(즉, 프린트) 영역의 비율이 여러 조건에 무관하게 비슷할 경우에 대한 것이다. 이 경우 여러 이미지들에 대해 밝은 영역과 어두운 영역의 비율이 고정되어 있다고 가정하고, 미리 통계적 분석을 수행해 적절한 임곗값을 설정한다(Doyle, 1962). 실제로는 여러 번의 실험을 통해 임계화된 이미지를 분석한 후 임곗값을 조정하게 된다. 이 단계에서 이미지 상의 어두운 영역과 밝은 영역의 비율을 측정한다. 그러나 측정 단계 이후 예상하지 못했던 이상(예를 들어, 조명이 나가버린다든가) 때문에 이미지의 상대적인 명암 비율이 변할 경우 이 방식은 문제를 일으키게 된다. 그럼에도 불구하고 산업적인 응용 분야에서 이 기법은 많은 경우 유용하며, 특히 물체 내의 세부를 검사해야 할 때 진가를 발휘한다. 가장 일반적인 예로는 브래킷bracket 같은 기계 부품에 뚫린 구멍 등이 있다.

임곗값을 찾기 위해 가장 자주 쓰이는 기법은 디지털화된 이미지의 세기 레벨에 대한 히스토그램을 분석하는 것이다(그림 4.1). 만약 최소 극값을 찾게 되면, 그 값을 찾고자 했던 임곗값으로 정하면 된다(Weska, 1978). 이는 히스토그램에서 왼쪽 극값이 어두운 물체, 오른쪽 극값이 밝은 배경에 해당한다는 가정에 기반한다(여기서는 많은 산업 분야에서 정하듯 물체를 어둡게, 배경을 밝게 표현한다고 가정한다).

이 방식은 다음과 같은 난점이 있다.

1. 히스토그램에서 골짜기 부분이 너무 넓게 형성되면 최소 지점을 찾기가 어려워진다.
2. 세부적인 이미지에 따라 최소 극값이 여러 군데 존재할 수 있다. 이 경우 그중 가장

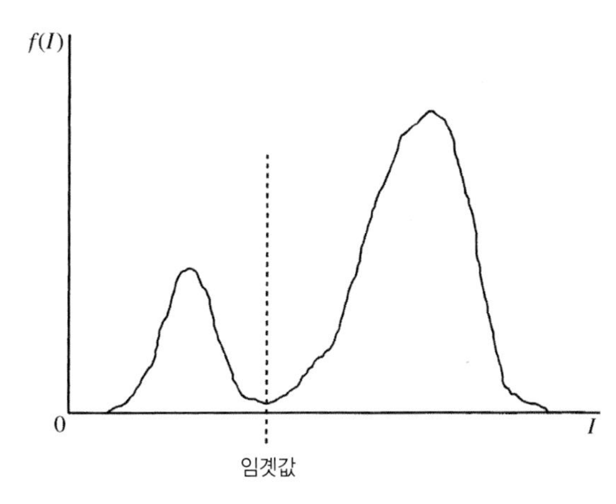

그림 4.1 이미지의 픽셀 세기에 대한 히스토그램 개념도. 오른쪽의 큰 피크는 배경 조명에 의한 것이며, 왼쪽의 작은 피크는 어두운 전경 물체에 따른 것이다. 분포가 최소가 되는 위치를 찾으면 간편하게 임곗값을 계산할 수 있다.

비중 있는 값을 찾기가 쉽지 않다.

3. 골짜기 부분에 노이즈가 발생할 경우 최적 지점을 찾는 것을 방해한다.
4. 노이즈의 양이 과도하거나 배경 조명이 이미지 전체에 대해 상당히 많이 변화하는 경우 골짜기 자체가 잘 안 보일 수 있다.
5. 히스토그램에서 큰 피크값(대부분 배경에 의해 발생한다)의 값이 나머지보다 너무 클 경우, 최솟값의 위치가 편향된다.
6. 히스토그램이 다봉분포multimodal 형태일 경우, 적절한 임곗값을 찾기가 어렵다.

문제를 단순하게 하기 위해 여기서는 마지막 문제를 무시하고, 1~5번 문제로 인해 임곗값을 찾기가 어려울 경우(예를 들어 물체가 '번잡하거나', 노이즈가 많거나, 조명이 균일하지 않을 경우) 어떻게 대응해야 하는지에 집중할 것이다.

4.3.2 임곗값 선택 과정에서의 편향 문제

이 절에서는 앞 절의 5번 문제, 즉 임곗값을 선택할 때 히스토그램에서 한쪽 피크가 다른 쪽보다 클 경우 발생하는 편향에 대해 살펴볼 것이다. 우선, 피크의 상대적인 높잇값을 알고 있다면, 앞에서 언급했듯이 '고정 비율' 방식을 사용해 임곗값을 정하면 되므로 문제는 간단하다. 그러나 보편적으로 통하는 방식은 아니다. 더 효과적인 방법은 세기 분포에서 너무 크고 균형이 깨진 부분에 가중치를 주어 편향을 억제하는 것이다. 이 경우 대개 물체 경계에 해당하는 세기가 중간값에 위치하므로 중요해진다. 따라서 이미지상에서 세기가 급감하는 지점(즉, 이미지 경계에 해당하는)을 찾고, 이 지점 근방에 대해서만 세깃값을 분석하는 것을 기본적인 전략으로 삼으면 좋다. 이 영역의 경우 배경과 전경의 픽셀 수가 비슷해지므로 편향이 일어날 확률이 적다.

이런 식의 기법을 사용하면 임곗값을 적절하게 구할 수 있게 된다. 그러나 균일하지 않은 조명의 문제까지 완벽하게 해결하지는 못한다. 또한 광택이나 그림자, 번잡한 이미지 문제를 대응하는 것도 불가능하다. 문제는 이러한 결함이 실제 상황에서 빈번히 등장하고(그림 4.2와 그림 4.3) 실무에서 이를 제거하는 것도 상당히 어렵다는 점이다. 평평한 물체라 할지라도 조명이 어떻게 놓여 있느냐에 따라서 물체 주변에 그림자가 강하게 질 수 있다. 또한 광택과 그림자의 경우, 두 단계로 이뤄진 이미지 분석을 거쳐야만 제거가 가능하다. 즉, 해당하는 값을 가정한 다음 픽셀 전체에 대해 상세히 재분석을 수행해 이를 확정하는 것이다. 이제 임계화 문제를 해결할 때 가장 많이 발생하는 문제인 배경 조명의 변화를 어떻게 처리할 것인가로 돌아가 보자.

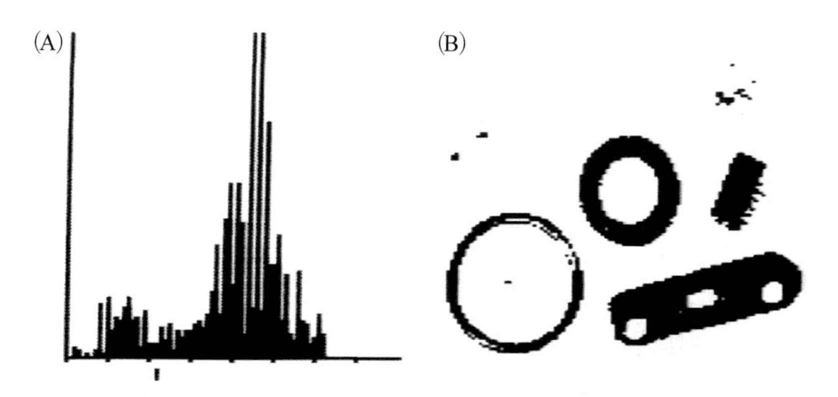

그림 4.2 그림 2.7(A) 이미지에 대한 히스토그램. 이 히스토그램의 형태가 그림 4.1에서처럼 이상적인 모양을 띠지 않으므로, (A)를 통해 구한 임곗값은 (B)의 바이너리 이미지에서 볼 수 있듯이 모든 물체에 대해 완벽한 결과를 내지는 않는다. 그럼에도 불구하고 그림 2.7(B)에서처럼 임의의 임곗값을 정하는 것보다는 훨씬 나은 이미지를 보여준다.

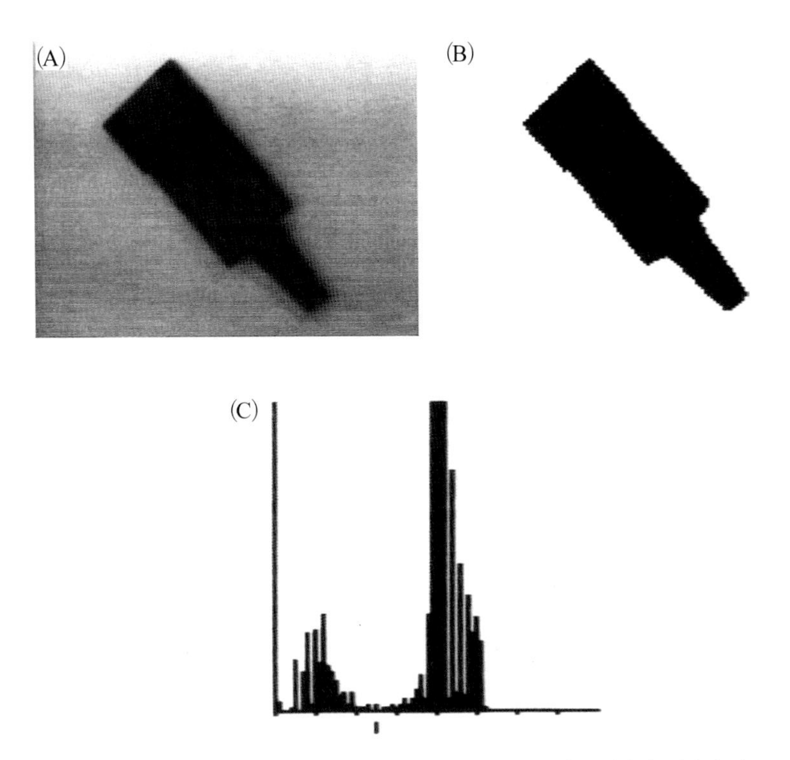

그림 4.3 좀 더 이상적인 이미지의 경우: (A) 거의 균일하게 조명을 받은 플러그 이미지. 이미지 히스토그램 (C)는 개념도의 분포와 유사하며, 따라서 임계화 결과 (B)도 어느 정도 들어맞는다. 그러나 이진화 과정에서 플러그의 많은 세부구조는 사라지게 된다.

4.4 적응형 임계화

조명이 충분히 균일하지 않은 경우, 전체 이미지에 대해 조명에 상응하는 임곗값을 구하는 식으로 해결할 수 있다. 원칙적으로 이를 구현하는 방법은 여러 종류가 있다. 그중 하나는 이미지 내부의 배경을 모델링하는 것이고, 다른 하나는 각 픽셀에 대해 이웃 영역의 세기 범위를 분석해 로컬 임곗값을 찾는 것이다.

배경을 모델링하는 깔끔한 방법은 물체가 없는 순수 배경 이미지를 취득하는 것이다. 공장 생산 라인 등에서는 이 방법을 사용하기가 용이하다. 원칙적으로는 이렇게 하면 적응형 임계화를 정밀하고 정확하게 수행할 수 있다. 그러나 그림자 외에도(연산 과정에서 그림자를 물체의 일부로 치부하는 것이 가능하다) 물체 표면에서 반사된 빛이 배경이나 다른 물체에 비춰지는 효과가 발생할 수 있기 때문에 주의가 필요하다. 이러한 효과는 비선형적이며, 물체와 배경 사이의 세기 차뿐만 아니라 물체 간의 반사율을 곱한 세깃값을 더해주어야 한다. 다시 말해, 앞에서처럼 순수 배경 이미지만으로는 문제가 해결되지 않는다. 물론 이 방식은 우선적으로 임계화된 결과를 추정하는 방법으로는 상당히 유용하지만, 제대로 작동하지 않는 경우임을 확인한 뒤에는 분할을 수행할 실제 이미지에서 곧바로 배경을 모델링할 수밖에 없다. 이러한 문제는, 예를 들어 자동차나 행인이 도로 또는 보도를 통행하는 모습을 감시할 때도 비슷하게 나타난다(22장 '감시'를 참고하라).

4.4.1 로컬 임계화 방식

앞에서 언급한 접근 방식 중 후자는 로컬 임곗값을 찾아야 할 때 특히 유용하다. 즉, 각 픽셀의 이웃 영역 세기를 분석해 최적화된 로컬 임곗값 레벨을 찾는다. 이때 효율적인 샘플링 과정을 통해 필요한 정보를 정확히 구하는 것이 중요하다. 간단한 방법은 근접한 세깃값에 대해 적절한 함수를 적용해 세깃값을 구하는 것이다. 많은 경우 이 함수로서 로컬 세기 분포의 평균을 사용하는데, 통계적으로 단순하며 결과도 꽤 정확하기 때문이다. 예를 들어, 천문 이미지는 이 방식을 사용해 임계화를 수행한다. Niblack(1985)는 로컬 표준편차를 일정 비율만큼 평균값에 적용해(예를 들어, 천체 등의 밝은 물체는 값을 더하고 어두운 물체는 값을 빼주는 것이 더 적합하다) 노이즈를 억제하고 더 적절한 임곗값을 구하는 방식을 발표했다.

자주 쓰이는 또 다른 통계 정보는 로컬 세기 분포에서 최대 세깃값과 최소 세깃값의 평균이다. 분포상에서 두 주된 피크 세깃값의 크기가 어떻든 간에 이 값은 히스토그램상의 최솟값 위치를 꽤 정확하게 찾아준다. 다만 (1) 물체 외각의 세기 프로파일이 대칭적이고, (2) 노이즈의 영향이 이미지 전체에 균일하게 작용해 분포상의 두 피크의 너비가 비슷하며, (3) 두 피크의 높이 크기가 비슷할 때만 정확한 결과를 보장할 수 있다. 예를 들어, 계란 등의 표면에 (어둡게) 균열이 간 것을 찾거나 하는 경우는 이 가정에 해당하지 않는다. 이러한 경우 로컬 세기 분포에서 평균 및 최댓값을 찾아 다음과 같이 임곗값을 추론할 수 있다.

$$T = \text{평균} - (\text{최댓값} - \text{평균}) \tag{4.1}$$

이 식은 노이즈의 분포가 대칭적임을 가정하고 밝은 배경 위의 가장 어두운 세깃값을 찾는다

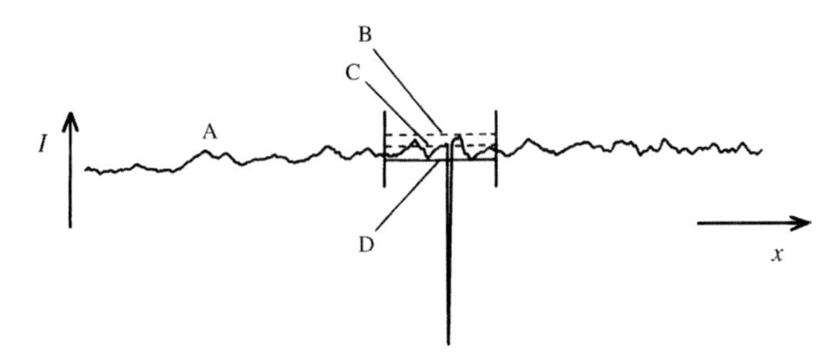

그림 4.4 금 간 계란 껍질을 임계화하는 방법: (A) 균열 근처의 계란 껍질 세기 프로파일. 이때 균열은 (비스듬한 조명을 받을 경우) 어둡게 보인다. (B) 계란 표면의 로컬 최대 세기, (C) 로컬 평균 세기. 이때 식 (4.2)를 사용하면 임곗값 T를 추정하기가 쉬워진다.

(그림 4.4). 이때 균열 영역이 적고 평균값에 크게 영향을 끼치지 않는 경우에만 위 식에서처럼 평균을 사용하는 것이 현실적이다. 그렇지 않다면 상황에 맞게 가중치를 주어 값을 조정한다.

$$T = \text{평균} - k(\text{최댓값} - \text{평균}) \tag{4.2}$$

여기서 k 값은 최소 0.5의 값을 가질 수 있다(Plummer and Dale, 1984).

이 방법은 Niblack(1985)가 제안한 것과 근본적인 원리는 같지만, 계산량을 줄이기 위해 표준편차를 구하는 과정이 생략됐다. 요컨대 세기의 로컬 극값을 찾는 것이 위의 두 방법의 핵심이다. 이 값을 구하면 계산량을 줄일 수 있지만, 노이즈의 영향으로 인해 어느 정도는 불확실성이 생길 수밖에 없다. 이미지에 미리 필터링을 해서 노이즈를 제거하려 해도, 균열이 포함된 이미지를 임계화하려 할 때는 균열이 노이즈와 같이 없어져 버릴 수 있기 때문에 적합하지 않다. 더 나은 방법은 식 (4.1)과 식 (4.2)에서 구한 T 값으로 이미지를 그려보는 것이다. 이 이미지에 스무딩을 적용하면 입력한 이미지를 효과적으로 임계화할 수 있게 된다.

그러나 지금까지 소개한 모든 방법은 임곗값을 찾기 위한 이웃 영역 안에 배경과 전경이 충분히 포함되도록 그 넓이를 크게 잡아야 한다는 단점이 있다. 실제 상황에서 이렇게 할 수 있는 경우가 그리 많지 않으므로 잘못된 결과를 내게 된다. 예를 들어, 어두운 물체 안의 더 어두운 반점을 찾거나 분할하는 등의 동작이 일어난다. 그러나 적절한 응용 분야를 택하면 이러한 일이 나타날 확률이 적다. 대표적인 예로는 OCR이 있다. 글자의 선폭은 고정값이거나 변화량이 적다고 가정할 수 있으므로 글자와 배경 영역을 전부 포함하는 이웃 영역 크기

표 4.1 인쇄물에 적응형 임계화를 적용하는 간단한 알고리듬

```
minrange = 255 / 5;
/* 인쇄된 문자와 배경 사이의 최소 가능도 차이: 이 값은 수동으로 정하거나 앞의 루틴을 통해 '학습'할 수
있다. */
for all pixels in image do{
  로컬 세기 분포의 최솟값 및 최댓값 찾기;
  range = 최대 - 최소;
  if (range > minrange)
    T = (최소 + 최대)/2; // 이웃 영역에 인쇄 부분이 포함됨
  else T = 최대 - minrange / 2; // 이웃 영역은 전부 흰색
  if (P0 > T) Q0 = 255; else Q0 = 0; // 인쇄물 이진화
}
```

를 정할 수 있게 되며, 따라서 위의 코드처럼 간단한 테스트를 통해 문자를 효율적으로 임계화할 수 있다. 표 4.1의 코드가 얼마나 유용한지는 그림 4.5에 잘 나타나 있다.

이 주제를 끝마치기 전에, 적응형 임계화의 한 종류인 히스테리시스 임계화hysteresis thresholding에 대해 언급하고자 한다. 이 방식은 로컬하게 변화하는 임곗값에 효과적으로 대응할 수 있다. 자세한 내용은 5.10절에서 살펴볼 것이다.

4.5 더 정확한 임곗값 선택 방식

이제 전역적으로 임곗값을 선택하는 방식으로 돌아가, 수학적으로 엄밀하게 접근한 주요 방법들을 소개할 것이다. 각각 분산, 엔트로피, 최대 가능도에 기반한 임계화 방식이다. 세 방식 모두 자주 쓰이지만, 특히 두 번째의 경우 최근 20~30년 동안 널리 사용됐으며, 통계적 패턴 인식에 기반한 세 번째 방식은 매우 많이 쓰이고 있다. 통계적 패턴 인식에 대해서는 13장 '분류: 기본 개념'에서 더 자세히 다룰 것이다.

4.5.1 분산 기반 임계화

앞에서 소개했듯이 임계화를 수행하는 기본적인 원리는 전체 이미지의 세기 히스토그램에서 좁게 들어간 부분을 찾는 것이다. 그러나 어두운 부분의 피크값이 무시할 만한 크기일 경우,

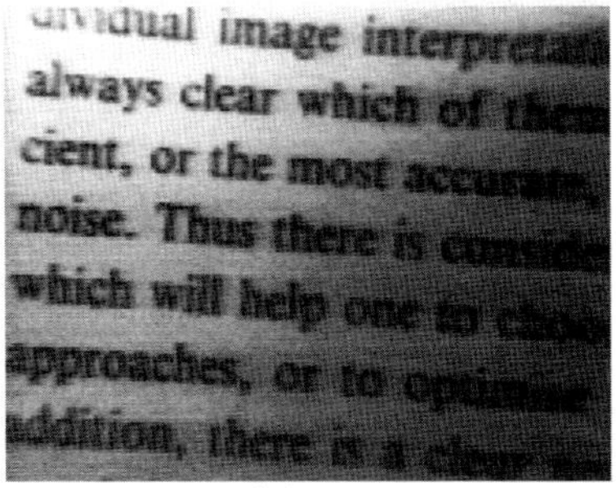

(A) 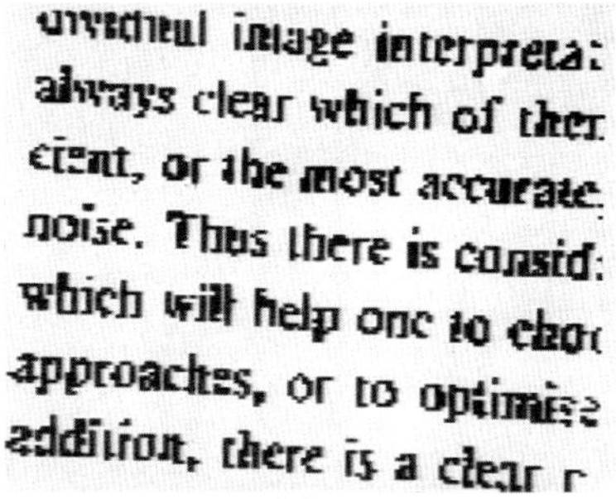 (B)

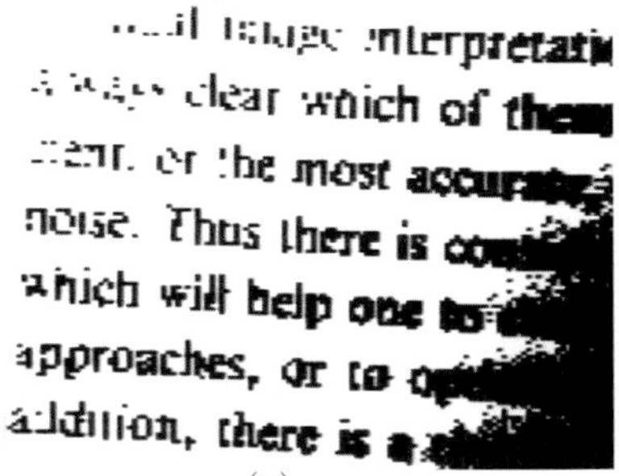

(C)

그림 4.5 인쇄된 텍스트에 로컬 임계화를 적용할 경우의 유용성. 앞에서 소개했던 단순한 로컬 임계화 방법을(표 4.1) 이웃 영역 3 × 3 크기로 적용해 텍스트 인쇄물을 이진화했다(A). 조명 상태가 썩 좋지 못하지만 이진화가 꽤나 잘 이뤄진 것을 확인할 수 있다(B). 노이즈를 완전히 억제한 반면, i 위에 찍힌 점은 꽤나 정확하게 살아 있음을 주목하라. 균일한 임곗값을 적용했을 때 가장 잘 나온 임계화 결과는 (C)에 나타나 있다.

노이즈에 묻혀서 잘 구분이 안 갈 수도 있다. 이때는 일반적인 알고리듬을 사용하기가 어려워진다.

이 문제를 해결하기 위해 많은 연구자가 성과를 발표했다(예: Otsu(1979), Kittler et al.(1985), Sahoo et al.(1988), Abutaleb(1989)). 그중 가장 잘 알려진 방법이 분산값에 기반한 방식이다. 이 방식은 이미지 세기 홀로그램을 분석해 집단 내 분산, 집단 간 분산, 총 분산의 비율을 구하고 최적화된 값을 찾는다. 가장 간단한 방법(Otsu, 1979)은 뒤에서 설명하겠지만 집단 간 분산을 계산하는 방식이다.

우선 어떤 그레이스케일 이미지가 L 그레이 레벨의 해상도로 이뤄졌다고 가정하자. 그레이 레벨 i를 가진 픽셀의 수를 n_i라고 하면, 이미지의 총 픽셀 수는 $N = n_1 + n_2 + \cdots + n_L$이 된다. 따라서 특정 픽셀이 그레이 레벨 i를 가질 확률은 다음과 같다.

$$p_i = n_i / N \tag{4.3}$$

이때

$$p_i \geq 0 \qquad \sum_{i=1}^{L} p_i = 1 \tag{4.4}$$

가 된다.

어떤 임곗값 k를 기준으로 위아래 범위를 각각 나누면, 집단 간 분산 σ_B^2와 총 분산 σ_T^2는 다음과 같이 계산할 수 있다.

$$\sigma_B^2 = \pi_0(\mu_0 - \mu_T)^2 + \pi_1(\mu_1 - \mu_T)^2 \tag{4.5}$$

$$\sigma_T^2 = \sum_{i=1}^{L} (i - \mu_T)^2 p_i \tag{4.6}$$

이때

$$\pi_0 = \sum_{i=1}^{k} p_i \qquad \pi_1 = \sum_{i=k+1}^{L} p_i = 1 - \pi_0 \tag{4.7}$$

$$\mu_0 = \sum_{i=1}^{k} i p_i / \pi_0 \qquad \mu_1 = \sum_{i=k+1}^{L} i p_i / \pi_1 \qquad \mu_T = \sum_{i=1}^{L} i p_i \tag{4.8}$$

로 정의된다.

식 (4.7)과 식 (4.8)을 사용하면, 집단 간 분산을 다음과 같이 간단하게 표현할 수 있다.

$$\sigma_B^2 = \pi_0 \pi_1 (\mu_1 - \mu_0)^2 \tag{4.9}$$

단일 임곗값에 대해, 최대가 되는 기준값은 집단 간 분산과 총 분산 사이의 비율을 통해 정할 수 있다.

$$\eta = \sigma_B^2 / \sigma_T^2 \tag{4.10}$$

그러나 이미지 히스토그램에 대해 총 분산이 변할 일은 없기 때문에, η의 최댓값은 곧 집단 간 분산의 최댓값을 찾는 것과 동일하다.

임곗값을 2개로 설정하는 경우($1 \le k_1 \le k_2 \le L$)에도 앞의 방식을 쉽게 확장할 수 있다. 이때 두 임곗값은 그레이 레벨을 세 클래스 C_0, C_1, C_2로 나누며, 이 클래스는 각각 $[1, \cdots, k_1]$, $[k_1 + 1, \cdots, k_2]$, $[k_2 + 1, \cdots, L]$의 그레이 레벨 범위를 나타낸다.

몇몇 경우(예: Hannah et al.(1995)) 이 방식은 여전히 히스토그램 노이즈에 대응하기에 충분히 민감하지 못하며, 더 복잡한 방식을 사용해야 한다. 엔트로피 기반 임계화도 그중 하나이며, 이 주제에서 빼놓을 수 없는 방법이다(Pun, 1980; Kapur et al., 1985; Abutaleb, 1989; Brink, 1992). 집단 간 분산 기법BCVM, between-class variance method의 성능을 더 자세히 살펴보고 싶다면 4.7절을 참고하라.

4.5.2 엔트로피 기반 임계화

엔트로피 측정을 통한 임계화는 엔트로피 자체의 개념에서부터 출발한다. 어떤 변숫값이 가능한 범위 내에 골고루 분포되어 있다면 엔트로피가 높고, 잘 정렬되어 좁은 범위 내에 분포하고 있다면 낮은 값을 보인다. 요컨대 엔트로피는 무질서를 측정하는 지표이며, 완벽히 정돈된 경우 0의 값을 갖게 된다. 엔트로피 임계화entropy thresholding의 개념은 세기 확률 분포상에서 임곗값을 기준으로 나누어진 두 영역의 엔트로피를 각각 계산했을 때, 그 합이 최대가 되는 값을 찾는 것이다. 이렇게 하는 이유는 임계화를 적용했을 때 엔트로피가 원본에 비해 가장 많이 감소하는(즉, 가장 질서도order가 증가하는) 지점을 찾기 위해서다. 다시 말해 가장 적절한 임곗값은 시스템의 질서도가 가장 증가하는 경우, 즉 가장 의미 있는 결과를 내는 값이 된다.

임계화를 수행하기 위해서는 마찬가지로 세기 확률 분포를 임곗값 k 기준으로 위아래 범위의 두 클래스로 나눈다(Kapur et al., 1985). 이렇게 하면 2개의 확률 분포 A와 B가 다음과 같이 정의된다.

$$\text{A:} \quad \frac{p_1}{P_k}, \frac{p_2}{P_k}, \ldots, \frac{p_k}{P_k} \tag{4.11}$$

$$\text{B:} \quad \frac{p_{k+1}}{1 - P_k}, \frac{p_{k+2}}{1 - P_k}, \ldots, \frac{p_L}{1 - P_k} \tag{4.12}$$

이때

$$P_k = \sum_{i=1}^{k} p_i \qquad 1 - P_k = \sum_{i=k+1}^{L} p_i \tag{4.13}$$

에 해당한다.

각 클래스에 대한 엔트로피는 다음과 같이 주어진다.

$$H(A) = -\sum_{i=1}^{k} \frac{p_i}{P_k} \ln \frac{p_i}{P_k} \tag{4.14}$$

$$H(B) = -\sum_{i=k+1}^{L} \frac{p_i}{1 - P_k} \ln \frac{p_i}{1 - P_k} \tag{4.15}$$

그리고 총 엔트로피를 계산하면 다음과 같다.

$$H(k) = H(A) + H(B) \tag{4.16}$$

이를 종합하면

$$H(k) = \ln\left(\sum_{i=1}^{k} p_i\right) + \ln\left(\sum_{i=k+1}^{L} p_i\right) - \frac{\sum_{i=1}^{k} p_i \ln p_i}{\sum_{i=1}^{k} p_i} - \frac{\sum_{i=k+1}^{L} p_i \ln p_i}{\sum_{i=k+1}^{L} p_i} \tag{4.17}$$

이며, 이 값을 최대로 만드는 임곗값을 찾으면 된다.

Hannah et al.(1995)에서 확인할 수 있듯이, 이 방식을 사용해 얻은 결과는 매우 훌륭한 편이다. 앞에서와 마찬가지로 임곗값이 2개일 경우에도 응용할 수 있지만, 여기서 자세히 논의하지는 않을 것이다(Kapur et al., 1985). 사실 확률에 기반한 분석을 통해 수학적으로 완벽한 두 임곗값을 찾는 방식은 실무 입장에서 그리 좋은 방법이 아니다. 두 임곗값을 순차적으로 찾는 다른 방법은 Hannal et al.(1985)에서 확인할 수 있으며, X레이 검사 작업에 쓰인다.

4.5.3 최대 가능도 임계화

세기 히스토그램 등의 분포를 다룰 때는 실제 데이터와 훈련 세트에 기반한 모델 데이터를 비교하는 것이 중요하다. 이는 사전 확률prior probability에 대해 충분히 고려해야 하는 통계적 패턴 인식에도 연관된다(13장 '분류: 기본 개념'을 참고하라). 이를 구현하기 위한 방법 중 하나는 가우시안 등 알려진 분포 함수를 통해 훈련 세트 데이터를 모델링하는 것이다. 이렇게 하면 상대적으로 단순하게 수학적 분석을 수행할 수 있는 등 많은 장점이 있다. 아울러, 평균과 표준편차라는 익숙한 두 매개변수를 사용한다는 점에서 다른 방식과 차이를 보인다. 이 변수들은 현실에서 쉽게 측정할 수 있다. 이때 가우시안 분포Gaussian distribution는 다음과 같이 표현된다.

$$p_i(x) = \frac{1}{(2\pi\sigma_i^2)^{1/2}} \exp\left[-\frac{(x-\mu_i)^2}{2\sigma_i^2}\right] \tag{4.18}$$

여기서 i는 특정 분포를 뜻하며, 당연히 일반적인 임계화의 경우 분포의 개수는 2개가 된다. 선험적으로 클래스 확률 P_1, P_2를 각각 적용했을 때(13장 '분류: 기본 개념' 참고)의 결과를 분석하면(Gonzalez and Woods, 1992) $p_1(x) = p_2(x)$일 경우 다음과 같은 식이 성립한다.

$$x^2\left(\frac{1}{\sigma_1^2} - \frac{1}{\sigma_2^2}\right) - 2\,x\left(\frac{\mu_1}{\sigma_1^2} - \frac{\mu_2}{\sigma_2^2}\right) + \left(\frac{\mu_1^2}{\sigma_1^2} - \frac{\mu_2^2}{\sigma_2^2}\right) + 2\log\left(\frac{P_2\sigma_1}{P_1\sigma_2}\right) = 0 \tag{4.19}$$

일반적으로 이 식은 2개의 해를 가지며, 이는 임곗값이 2개 필요하다는 것을 뜻한다. 그러나 $\sigma_1 = \sigma_2$일 경우 해는 하나만 존재한다.

$$x = \frac{1}{2}(\mu_1 + \mu_2) + \frac{\sigma^2}{\mu_1 - \mu_2}\ln\left(\frac{P_2}{P_1}\right) \tag{4.20}$$

해가 2개 존재하는 이유는 하나의 해가 두 가우시안 분포가 겹치는 영역에 대한 임곗값을 나타내기 때문이다. 이 경우 다른 하나는 수학적으로 반드시 존재하며, 매우 높거나 낮은 세깃값에 위치한다. 그러나 두 가우시안이 동일한 표준편차를 가질 경우, 분포들이 교차하지 않기 때문에 후자의 해는 사라진다. 어떠한 경우에도 모델링된 분포들이 실제로 가우시안 분포에 근사돼서 비중심 해가 중요해지는 일은 일어나지 않는다. 즉, 일종의 수학적 허구이므로 고려하지 않아도 무방하다.

각 클래스에 대한 사전 확률이 동일할 경우, 위의 식을 더 단순하고 분명하게 표현할 수 있다.

$$x = \frac{1}{2}(\mu_1 + \mu_2) \tag{4.21}$$

이 장에서 설명하는 모든 방식 중 최대 가능도 방법만이 선험적인 확률 분포를 사용한다. 이러한 특성 때문에 이 방식만이 정밀하고 다른 방식은 부정확하고 편향된 것으로 보일 수 있겠지만, 실제로는 그렇지 않다. 이는 다른 방식들이 샘플 데이터의 실제 주파수를 포함하는데 그 값 자체에 선험적 확률이 포함되어 있기 때문이다(13.3절 참고). 따라서 다른 방식을 사용해도 정확한 결과를 낼 수 있다. 그럼에도 불구하고 선험적 확률을 명시적으로 사용하기 때문에 어떤 애매한 상황에서도 편향되지 않은 결과를 보장할 수 있다는 신뢰도 측면에서는 더 낫다.

4.6 전역 골짜기 임계화

많은 임계화 방법, 특히 엔트로피 임계화 등이 가진 중요한 단점은 일반적이지 않거나 복잡한 경우, 예를 들어 같은 이미지에서 여러 임곗값이 필요할 경우(Kapur et al., 1985; Hannah et al., 1995; Tao et al., 2003; Wang and Bai, 2003; Sezgin and Sankur, 2004)에 어떤 결과가 나올지 불확실하다는 데 있다. 또한 복잡한 방식을 사용하면 원본 데이터에서 중요한 부분을 놓치고 지나갈 위험성이 높아진다. 전역 골짜기 방식(Davies, 2007a)은 기본으로 돌아가 세기 히스토그램의 전역 골짜기를 찾는 식으로 데이터의 본질적인 특성을 파악해 정확한 결과를 얻는 것을 목표로 한다.

그림 4.6(A)의 윗부분은 기본적인 상황, 즉 임계화가 효과적이고 최적값을 찾기도 쉬운 경우에 해당한다. 그러나 '한눈에' 파악할 수 있는 대부분의 경우가 아닌, 세기 히스토그램에 골짜기와 피크가 어지럽게 분포되어 있어서 사람이 보기에도 혼동되는 경우를 생각해보자. 특히 여기서는 로컬 최솟값보다 전역 골짜기 위치를 찾는 것이 중요하기 때문에 심각성이 더 크다. 그림 4.6(B)를 통해 어떤 상황인지 확실히 이해할 수 있다. 그림에서 (좌측부터) 첫 번째 골짜기가 세 번째 골짜기보다 더 낮은 위치에 있지만, 근접한 피크가 높기 때문에 세 번째가 더 깊다고 볼 수 있다. 반면 첫 번째 골짜기 또한 가장 높은 피크로 둘러싸여 있으며, 이러한 관점에서는 분포상에서 '전역적으로' 가장 깊은 골짜기라고 할 수 있다.

이렇듯 전역 골짜기의 깊이를 판단하기 위해서는 수학적인 기준을 잡아야 골짜기들을 비교할 때 애매한 부분을 없앨 수 있다. 어떤 지점(지점 j)이 전역 골짜기에 해당하는지에 대한

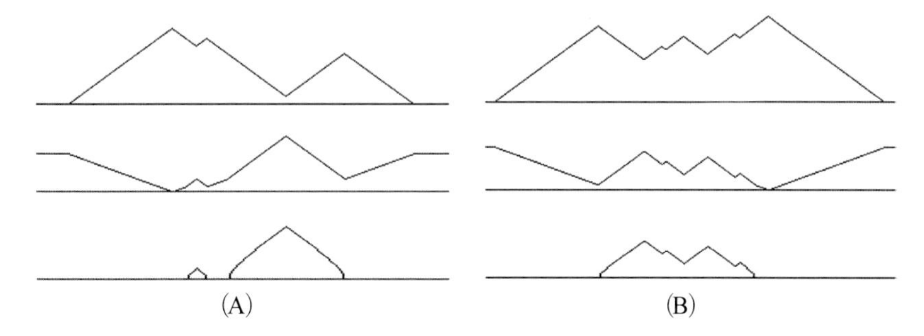

그림 4.6 전역 최소화 알고리듬을 1차원 데이터셋에 적용한 결과: (A) 피크가 2개인 일반적인 구조, (B) 일반적인 다봉구조. 위: 원본 1차원 데이터셋. 가운데: 식 (4.22)를 사용한 결과. 아래: 식 (4.23)을 사용한 결과 © IET 2008

판단 기준값을 정하기 위해, 좌측 지점들(i) 중 가장 높은 피크 지점과 우측 지점들(k) 중 가장 높은 피크 지점을 찾는다. 즉, i의 최댓값과 k의 최댓값을 찾아야 한다. 이 작업을 모든 j에 대해 반복하여, 각각 좌측 지점 $i(i < j)$와 우측 지점 $k(k > j)$의 최대 높잇값을 구해 각각 h_i, h_j, h_k로 규정한다. 이때 기준 함수 C_j를 일반적인 형식으로 정의하면 $\max_{i,k} \{Q(h_i - h_j, h_k - h_j)\}$가 된다. 그러나 높이가 음숫값으로 나타날 수도 있기 때문에, 이를 방지하기 위해 부호 함수 $s(\cdot)$를 사용한다. 즉, $u > 0$일 때 $s(u) = u$이고, $u \leq 0$일 때 $s(u) = 0$이 된다. 이를 종합하면 다음과 같은 함수가 된다.

$$F_j = \max_{i,k} \left\{ \frac{1}{2} \left[s(h_i - h_j) + s(h_k - h_j) \right] \right\} \tag{4.22}$$

그림 4.6(A)의 위쪽 곡선에 이를 적용하면, 구하고자 했던 골짜기 위치가 최댓값으로 나타나게 된다(그림 4.6(A) 중간). 또한 i와 k의 최댓값은 원본 피크에서 각각 첫 번째와 세 번째 피크에 해당한다. 부호 함수 $s(\cdot)$는 음숫값이 등장해서 상황을 불필요하게 복잡하게 만들지 않는 역할을 한다.

앞에서 구한 F가 선형 함수 형태로 사용 가능하므로 쉽게 심화된 분석을 진행할 수 있는 반면, 출력된 분포의 양쪽 끝부분이 높은 값을 보인다는 단점도 있다. 피크나 골짜기가 여러 개 분포해 있는 경우 이 현상 때문에 판단이 복잡해질 수 있다. 다행히 기하적 방식을 사용하면 크게 문제가 되지 않기 때문에, 전역 골짜기 방법GVM, global valley method에서도 이를 통해 해당 부분을 제거한다. 즉, F_j 대신 다음 함수를 사용한다.

$$K_j = \max_{i,k}\{[s(h_i - h_j)s(h_k - h_j)]\} \tag{4.23}$$

이때 두 매개변수가 거의 유사하면 산술적 방식과 기하적 방식은 비슷한 결과를 내지만, 차이가 나면 많이 다른 양상을 보인다. 예를 들어, 분포의 끝부분에서 한쪽에만 피크가 있는 골짜기 영역은 무시해야 하기 때문에 기하적 방식이 산술적 방식보다 유리하다. 그림 4.6(B)의 예시를 참고하라.

요약하면, 여기서 소개한 방식의 핵심은 세기 분포에서 가장 비중 있는 골짜기, 즉 원본 이미지에서 어두운 물체와 밝은 배경을 가장 잘 구별할 수 있는 지점을 찾는 데 있다. 명확하게 구분이 가능한 상황도 상당히 많지만(그림 4.6(A)), 일반적으로는 피크와 골짜기들이 헷갈리게 모여 있어서 전역 골짜기 값을 찾기가 어렵다. 이를 해결하기 위해 식 (4.23)은 최적의 전역 값을 자동으로 찾는 방법을 제안하고 있다. 출력된 분포를 분석해 최댓값을 구하면, 그 지점은 원본 분포에서 전역 골짜기 지점에 해당한다. 이 방식을 확장하면 다봉분포에 대해 여러 개의 임곗값 위치를 찾는 것도 가능하다.

이러한 히스토그램 기반 방식을 사용할 때는 분포상에 존재하는 로컬 노이즈가 부정확한 결과를 낼 수 있음을 항상 유의해야 한다. 따라서 임곗값을 찾기 전에 먼저 K 분포를 스무딩하는 것이 낫다.

또 하나 유의해야 할 사항은 위 방법을 구현할 때 필요한 연산량에 대한 것이다. 최적화된 답을 구하기 위해서는 모든 샘플링 지점 i, j, k에 대해 꼼꼼히 스캔을 수행해야 한다. 다행히 연산량은 $O(N^3)$에서 $O(N)$ 수준으로 낮출 수가 있다. 여기서 N은 세기 분포의 그레이 레벨을 뜻한다.

4.7 전역 골짜기 방식 예제

앞에서 살펴본 개념을 그림 4.7(A)와 같이 실제 이미지에 적용해보자. 연산은 다음 순서대로 진행된다. (1) 이미지에 대해 세기 히스토그램을 그린다(그림 4.7(D) 위). (2) K 함수를 구한다(그림 4.7(D) 중간). (3) 분포에 스무딩을 적용한다(그림 4.7(D) 아래). (4) 피크 위치를 찾는다(그림 4.7(D)의 짧은 수직선). (5) 가장 비중 있는 피크값을 임곗값으로 설정한다((4)의 여덟 피크를 모두

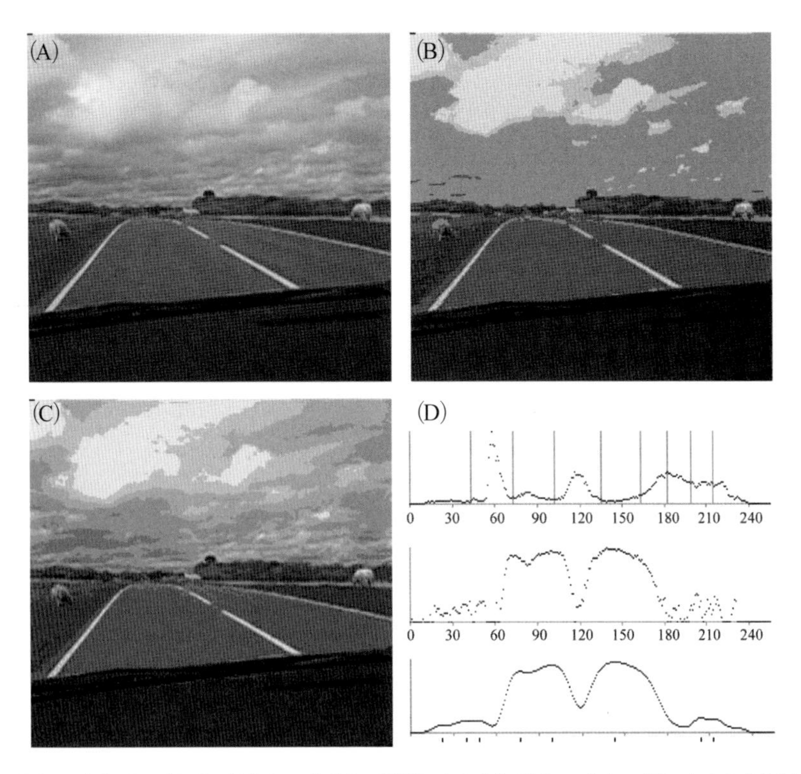

그림 4.7 전역 골짜기 알고리듬을 다봉분포 세기에 적용한 결과: (A) 원본 그레이스케일 이미지, (B) 분포상에서 구한 8개의 피크값을 사용해 임계화를 수행한 결과, (D) 위: (A)의 원본 세기 분포, 중간: 전역 골짜기 변환을 적용한 결과, 아래: 스무딩을 적용한 결과, 맨 아래 8개의 짧은 수직선은 피크 위치를 나타낸다. (D)에서 세기 스케일은 0~255로 되어 있으며, 수직 스케일은 전체 최대 높이를 기준으로 정규화되어 있다. 참고: 실제 계산된 값은 그래프에 표시된 반올림값보다 25배 더 정교하므로, 피크 위치도 그 정도 수준으로 정밀하다고 할 수 있다. 비교를 위해, (C)에 동일한 이미지에 대해 집단 간 분산 방식을 사용한 결과를 나타내었다. 여기서 사용한 8개의 임곗값은 (D)의 위쪽 그래프의 수직선에 나타나 있다. © IET 2008

선택한다). (6) 원본 이미지에 대해, 각 픽셀값에 가장 인접한 임곗값을 대입하는 식으로 임계화를 진행한다. 이렇게 나온 결과(그림 4.7(B))는 원본과 비교해 분할이 상당히 잘 이뤄지긴 하지만, 구름 영역을 보면 한계가 분명함을 확인할 수 있다. 이는 임계화를 적용하기 위해서는 명도가 전체 그레이 레벨에 걸쳐 분포되어 있어야 하기 때문이다. 그러나 세기가 다봉분포 형태로 이뤄진 이미지에 대해 다중 레벨 임계화를 자동으로 적용할 수 있다는 점은 분명 장점이다. 예를 들어, 엔트로피 임계화는 이러한 경우 어려움을 겪게 된다(Hannah et al., 1995). 그림 4.7(C)는 최근 다중 레벨 임계화를 체계적으로 수행하는 방법으로 다시 각광을 받고 있

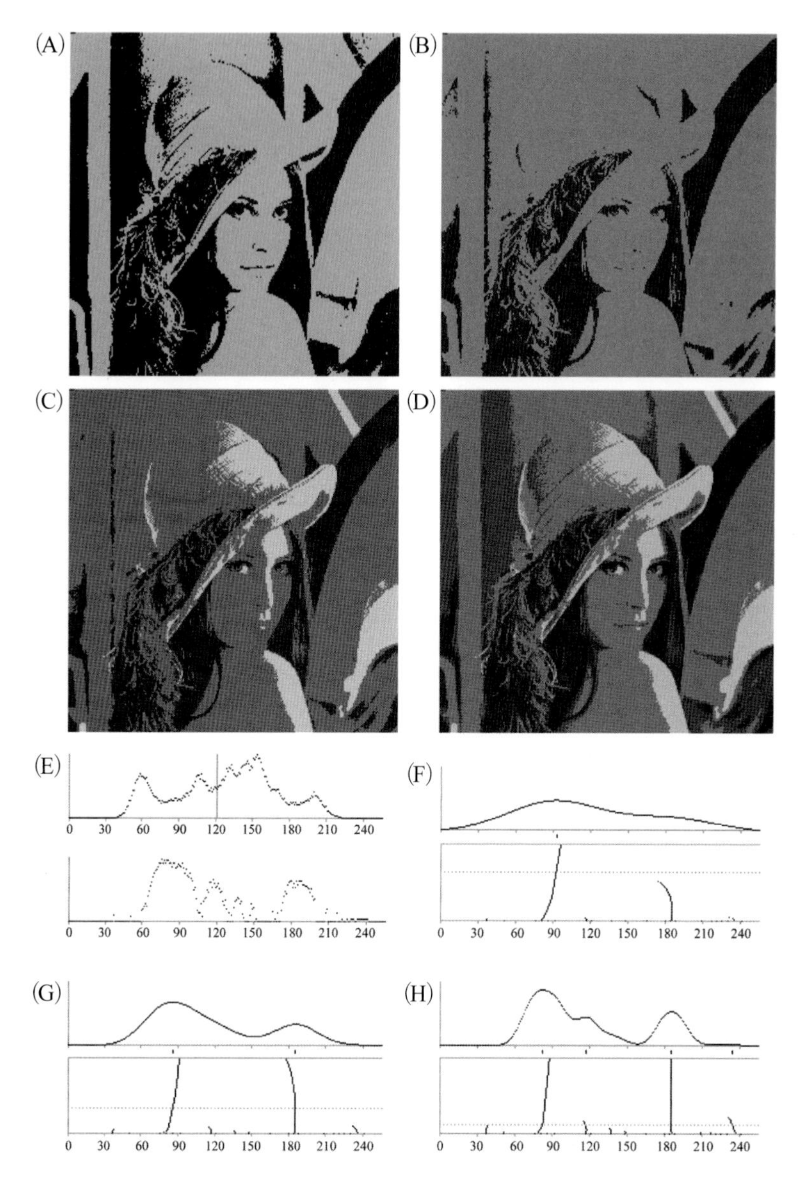

그림 4.8 레나 이미지에 다중 레벨 임계화를 적용한 결과. 원본 그레이스케일 이미지는 USC-SIPI Image Database의 'Miscellaneous'를 참고하라(http://sipi.usc.edu/database/database.php, 2011/12/13 확인). (A) 집단 간 분산 방식(BCVM)을 적용한 결과. (B)~(D) 전역 골짜기 방식을 적용한 결과. 각각 2, 3, 4레벨의 이미지로 변환했다. (E) 위: 세기 히스토그램. 수직선은 BCVM을 통해 선택한 2레벨 임곗값이다. 아래: *K* 함수 분포. (F)~(H) 위쪽 그래프는 *K* 분포에 스무딩을 적용한 결과이며, 짧은 수직선은 1개, 2개, 4개의 임계점 위치를 나타낸다. 아래쪽 그래프는 *K* 분포에 점진적 스무딩을 적용한 결과를 나타낸다. 스케일을 조정해, 위쪽 회색 수평선에서 확인할 수 있듯이 일부가 잘려 있음을 유의하라. 회색 점선은 임곗값이 어떻게 자동으로 선택되는지를 보여준다(본문을 참고하라). © IET 2008

는 최대 BCVM 결과를 나타낸 것이다(Liao et al., 2001; Otsu, 1979).

이 방식을 복원성reconstructability(원본과 비교했을 때 얼마나 많은 부분이 복원되고 얼마나 차이를 보이는지의 정도) 차원에서 분석하면, 불필요하고 과도한 정보가 제거됐다는 측면에서 성공적이다. 잘 알려진 레나Lena 이미지를 대상으로 한 그림 4.8의 결과를 보더라도 이러한 특성이 잘 나타난다.

스무딩을 적용할 때 중점으로 두어야 할 점은 필요한 임곗값 지점이 사라지지 않게 하는 선에서 노이즈를 제거하는 것이다. 이를 위해 K 분포에 대해 $\frac{1}{4}[1\ 2\ 1]$ 커널을 사용한 합성곱을, 적절한 수준의 스무딩이 이뤄질 때까지 반복해 적용한다. 이 과정에서 GVM 피크가 계속 변화함을 유의하라. 그림 4.8(F)~(H)에서 볼 수 있듯이, 스무딩 과정을 계속 되풀이하면 피크는 점차 움직이다가 합쳐진다. 합쳐지기 직전에는 대개 해당 위치를 향해 피크가 빠르게 모이는 움직임이 일어난다. 이 현상에 대응하고 적절한 임곗값 레벨을 찾을 때 사용되는 유용한 방법은 합쳐진 위치에서 그다음 합쳐진 위치를 향해 $\frac{1}{4}$만큼 움직이는 것이다(그림 4.8(F)~(H)의 수평 점선을 참고하라). 이해를 돕기 위해 표 4.2에 기본적인 GVM 알고리듬을 나타내었다.

그림 4.8(F)~(H)는 1, 2, 4개의 임곗값 지점을 찾기 위한(즉, 2, 3, 5레벨 임계화를 수행하기 위한) 스무딩 예제를 나타낸다. 이 값을 적용한 결과는 그림 4.8(B)~(D)에 나타나 있다. 레나 코 부분의 옅게 그림자가 진 영역에 노이즈가 나타나지 않고 안정적인 양상을 보임을 주목하라. 위 처리를 적용하는 과정에서 약간에 혼동이 올 수 있음을 유의해야 한다. 스무딩을 적용하면, GVM 임곗값의 숫자는 점차 감소한다. 따라서 임계화가 진행되는 동안, 그림 4.8(F)~(H)는 반대 순서로 나타나게 된다. 그러나 BCVM의 경우에는 논리적인 순서가 정방향으로 진행되며, 임곗값의 수가 증가하면서 필요한 계산량도 기하급수적으로 증가한다.

이제 GVM의 장점을 더 자세히 살펴보자. 세기 범위의 양 끝부분 값에 해당하는 적은 양의 세기에 대해 정확한 판단을 내릴 수 있다. 분포상에서 해당 영역을 증폭하여 매우 안정적으로 이미지 분할을 수행하기 때문이다. 그림 23.1(C)에서 자동차 밑의 그림자를, 그림 4.9(C)에서 맥각병에 걸린 곡물을 유의하라. 이 그림들은 차량 유도 및 검사 과정에서 중요한 부분이다. (1) 자동차 아래의 그림자를 사용하는 기술은 길 위의 자동차 위치를 정확히 알아낸다(Liu et al., 2007). (2) 맥각병에 걸린 곡물은 독성이 있으므로, 사람이 먹을 수 있도록

표 4.2 기본적인 전역 골짜기 알고리듬

```
scan = 0;
do {
   numberofpeaks = 0;
   for (all intensity values in distribution) {
      if (peak found) {
         peakposition[scan, numberofpeaks] = intensity;
         numberofpeaks++;
      }
   }
   if (numberofpeaks == requirednumber) {
      if (previousnumberofpeaks > numberofpeaks) lowestscan = scan;
      else highestscan = scan;
   }
   previousnumberofpeaks = numberofpeaks;
   apply incremental smoothing kernel to distribution;
   scan++;
} while (numberofpeaks > 0);
optimumscan = (lowestscan*3 + highestscan)/4;
for (all peaks up to requirednumber)
   bestpeakposition[peak] = peakposition[optimumscan, peak];
```

이 알고리듬은 필요한 피크의 숫자(requirednumber)를 알고 있지만, 최적의 스무딩 횟수는 알지 못한다고 가정한다. 이 횟수는 필요한 수만큼의 피크를 구하기 위한 최소 및 최대 숫자의 가중 평균을 취하여 구한다. 알고리듬의 마지막 줄은 필요한 피크 위치에 해당하는 가장 적절한 위치를 계산한다. 이 알고리듬의 형태는 필요한 특정 수의 피크 위치를 찾는 것이 목적이지만, 기본적으로 피크를 찾을 수 없을 때까지 처리를 반복하기 때문에 그 과정에서 발생하는 모든 안정성 그래프를 그리게 된다. 자세한 내용은 4.7절을 참고하라.

밀이나 다른 곡물 사이에서 이를 골라내는 것은 중요하다(Davies, 2003b). 그림 4.9(D)에서 볼 수 있듯이 노이즈가 많이 낀 K 분포에 대해서도 GVM을 적용할 수 있다는 사실에 주목하라.

GVM을 BCVM과 비교하면(그림 4.8(A), (E)), 2레벨 BCVM 임계화를 수행한 결과는 세기 히스토그램상에서 적절한 위치를 선택한 것 같이 보인다. 그러나 자세히 들여다보면 BCVM은 히스토그램상의 세기 영역을 절반으로 나누는 근사 평균값을 구하는 과정이라 할 수 있다. 다시 말해, 단봉분포에 가까운 히스토그램에서는 최적화된 분할을 수행하기가 쉽지 않음을 뜻한다. 전형적인 히스토그램 모양에 대한 예시(그림 4.10)에서 골짜기의 바닥 지점을 찾을 수 없음을 확인할 수 있다. 또한 GVM과 달리, 다중 레벨 BCVM은 세기 범위의 끝부분

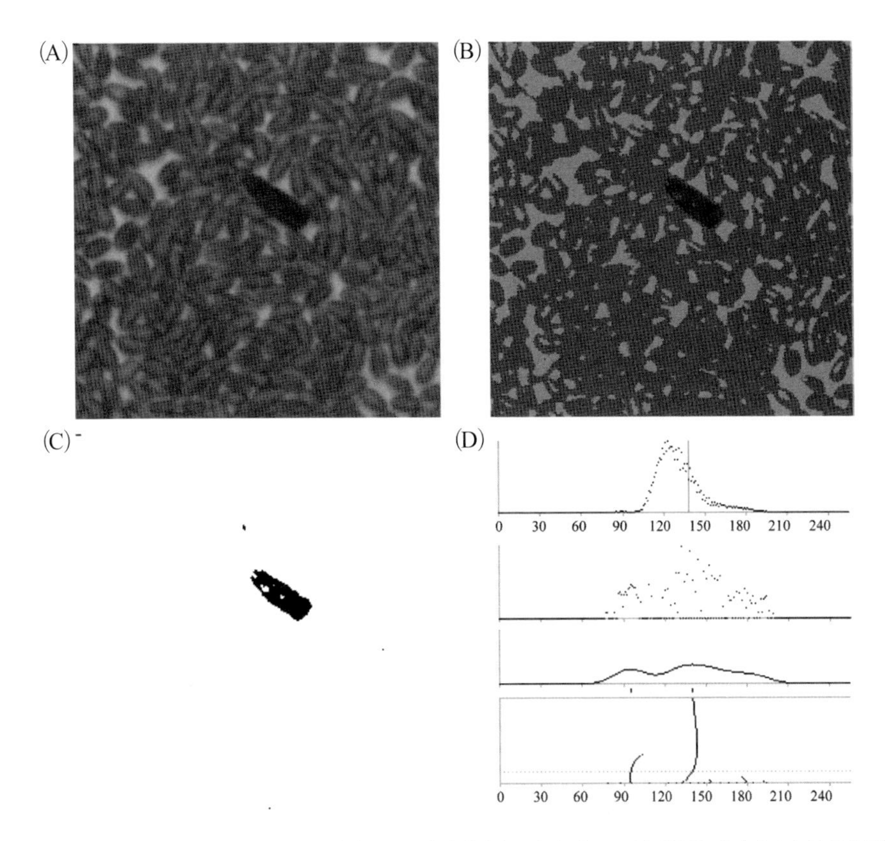

그림 4.9 밀알 내의 맥각병 곡물 위치 찾기: (A) 원본 이미지, (B) 2개의 값으로 임계화된 이미지, (C) 낮은 임곗값만 적용한 결과, (D) 위에서부터 차례대로 (A)의 세기 히스토그램, 전역 골짜기 변환을 적용한 결과, 전역 골짜기 변환 이후 스무딩을 적용한 결과, (B)에 사용된 두 임곗값을 점선에 기준하여 찾은 결과. 낮은 임곗값은 맥각병 곡물을 찾기 위해 필요하며, 높은 임곗값은 밀알과 더 밝은 배경을 구분하기 위해 필요하다. 더 자세한 내용은 본문을 참고하라. © IET 2008

에 존재하는 임곗값을 놓치는 경우가 종종 있다(예를 들어, 그림 4.7(D)의 위쪽 그래프에서 수직선들의 위치를 참고하라).

요약하면, GVM은 BCVM보다 훨씬 더 안정적으로 임곗값을 찾아내고, 임계화 이미지에서 경계선의 노이즈가 덜하며, 더 중요한 결과를 얻어낼 수 있다는 장점이 있다. BCVM은 세기 분포 영역을 무조건 절반에 가깝게 나누는 경향이 있다. 물론 수학적으로 필연적인 것은 아니지만, 알고리듬을 수행해보면 그렇게 유도되는 경우가 많다.

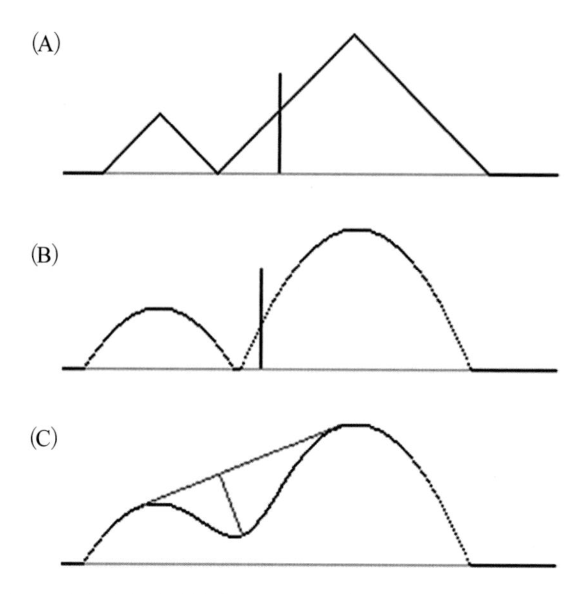

그림 4.10 이상적인 형태에 대해 집단 간 분산 방식(BCVM)을 적용한 다음 오목성 분석을 진행한 결과. 각각 (A) 삼각형 모양 히스토그램과 (B) 포물선 모양 히스토그램에 BCVM을 적용했다. 수직선은 BCVM에 의해 선택된 2레벨 임곗값을 나타낸다. 이 값이 히스토그램상의 전역 최솟값과 다소 떨어져 있음을 유의하라. (C) 오목성 분석을 통한 임곗값 찾기. 이 기법은 분포상에서 볼록 껍질을 찾고, 양 끝점을 이은 다음, 그 선분상에서 가장 길게 그어지는 수직선의 끝점을 임곗값 위치로 삼는다. 매우 효율적인 방법이지만, 최적화된 최소 지점을 찾는 방식보다는 주요한 피크에 더 가까운 결과를 내놓는 경향이 있다. © IET 2008

4.8 히스토그램 오목성 분석

이 절에서는 히스토그램 오목성 분석concavity analysis에 대해 연구됐던 내용을 살펴볼 것이다. Rosin(2001)은 간단한 기하학적 작업을 통해(그림 4.10(C)) 적절한 2레벨 임곗값을 찾는 방법을 기술했다. 이 방식은 히스토그램에서 쉽게 식별이 가능한 '모서리' 부분을 사용한다. 그러나 모서리 부분이 애매할 경우에는 편향된 값을 구할 수 있으므로, 임곗값을 전반적으로 바로잡을 수 있도록 히스토그램 분포를 모델링해야 한다. 완전한 단봉분포(예를 들어, 그레이스케일 외각선 이미지)나 한쪽 모드가 매우 작은 '단봉분포에 근접한' 경우에 이러한 방법을 적용하게 된다. 완전한 단봉분포에서 GVM은 작동하지 않는다. K 함수를 구성하는 신호 중 하나가 0의 값을 갖기 때문이다. 이러한 경우에는 앞에서 설명했듯이 로진Rosin이 발표한 방식을 사용할 수밖에 없다. 물론 이는 그 이전부터 오랫동안 연구돼오던 것이다(Rosenfeld and de la Torre(1983), Tsai(1995) 등). 단봉분포에 근접한 경우, 그림 4.10(C)에서 확인할 수 있듯이 로진 방식은 편향된 결과를 내놓긴 한다. 그러나 많은 경우 모델링을 통해 문제를 해결할 수 있다. 하지만 앞에서 살펴봤듯이 GVM의 경우에는 모델링까지 할 필요가 없다(그림 21.2와 그림 23.1을 참고하라).

4.9 결론

지금까지 임계화 처리에 중요한 요인들을 알아봤다. 예를 들어 임곗값을 계산할 때 값이 편향되는 것을 막기 위해 히스토그램상에서 어두운 영역과 밝은 영역의 비율이 같은 지점을 선택하고, 조명이 균일하지 않을 경우 작은 이웃 영역을 선택해 로컬 세기 히스토그램상에서 골짜기가 잘 드러나도록 한다.

사실 실무에서 이러한 방식들을 전부 사용하거나 절충할 필요는 없다. 예를 들어, 이미지 전체에서 일관되게 어둡고 밝은 픽셀이 절반으로 정해지는 동일한 이웃 영역의 크기를 찾는 것은 일반적으로 불가능하다. 만약 외각에 걸칠 정도로 영역 크기가 작다면 편향되지 않은 로컬 임곗값을 구할 수는 있겠지만, 큰 물체의 경우에는 유명무실하다. 다른 방법을 사용해 임곗값을 계산하더라도 문제가 해결되지는 않는데, 근본적으로 영역 크기가 정해져 있기 때문이다. 다시 말해, 영역의 크기가 변할 수 있는 방법을 찾아야 한다.

이 시점에 이르면 임계화 방식이 이렇게 복잡할 필요가 있는지 궁금해질 것이다. 특히 세기 분포가 다봉분포 형태일 경우에는 더 그렇다. 결국 임계화의 목표는 로컬 세기 그레이디언트를 구해 정확하고 편향되지 않은 임곗값을 찾는 것이다. 다시 말해, 그레이스케일 이미지를 동등하게 나누는 지점을 통해 이미지의 '층위' (혹은 공간적인) 경계를 찾는 것이다. 반면 그레이디언트로부터 '곧바로' 경계 조건을 계산하는 방식을 사용한다든가 하는 식으로 과정을 단순하게 바꾸는 방법을 찾을 필요도 있다. 이러한 접근 방식은, 예를 들어 세기 히스토그램이 단봉분포 형태인 넓은 이미지 영역에도 잘 들어맞는다. 물론 이 외에도 많은 문제가 있기는 하지만 말이다(5장 '외각 검출'과 10장 '선, 원, 타원 검출'을 참고하라).

전반적으로 많은 접근 방식(영역 확장, 임계화, 외각 검출 등)은 '근사로 인한 한계'에 도달하고 나면 비슷비슷한 성능을 낼 것이다. 결국 모든 방법은 물리적 효과에 의해 성능이 제한된다

(예를 들어 이미지 노이즈, 조명의 변화, 그림자 등). 그러나 어떤 방법은 더 쉽게 적용할 수 있고, 어떤 방법은 계산량이 가장 적고, 어떤 방법은 강건한 성능을 보여줄 것이다. 이 중 임계화는 특정 종류의 이미지를 해석하는 데는 매우 효율적인 방식이다. 그리고 이미지가 일정 수준 이상으로 복잡해지면, 외각 검출보다 훨씬 덜 복잡하고 더 효율적인 방식이 된다. 5장 '외각 검출'에서 이에 대해 다룰 것이다. 우선은 조명계를 최적화하고 작업대나 컨베이어 벨트를 깨끗하고 하얗게 유지하는 식으로, 임계화 과정이 간편하게 이뤄지도록 해야 한다. 정말 많은 산업 응용 분야에서 이런 식으로 임계화에 대한 접근 방식을 취하고 있다.

임계화를 수행하면 물체의 형태로 된 일종의 실루엣이 나타난다. 이는 원본 이미지의 '이진화된' 버전이라고 봐도 무방하다. 바이너리 형태 분석은 여러 방법을 통해 수행할 수 있으며, 그중 일부는 8장 '바이너리 형태 분석'에서 살펴볼 것이다. 다만 원본 이미지에 포함된 많은 특징들(예를 들어 텍스처, 그루브 등 표면 구조)은 바이너리 이미지에는 포함되지 않았다. 다중 임곗값을 사용해 원본 이미지에 대해 여러 개의 바이너리 버전을 만들면 원본 이미지의 정보 중 필요한 것을 보존할 수 있긴 하지만 역시나 한계가 존재하고, 결국 더 자세한 정보를 얻기 위해서는 원본 그레이스케일 이미지로 돌아와야 한다.

> 임계화는 가장 간단한 이미지 처리 연산 중 하나이며 분할을 수행하는 매력적인 방법이다. 한계도 분명히 존재하지만, 임계화와 최근 개발된 툴킷 형태의 도구들을 살펴보지 않고 넘어가는 실수는 범하지 말아야 한다.

4.10 문헌과 연보

임계화를 통한 분할은 오래전부터 간단한 수준에서 이뤄지고 있었으며, 최근 들어 발전된 방식들이 여럿 등장했다. 초기 방법 중 주목할 만한 것은 Chow and Kaneko(1972) 방법으로서, 새로운 패러다임을 제시하긴 했지만 계산량이 집중적으로 많다. 4.4.1절에서 다룬 내용이 바로 이것이다. Nakagawa and Rosenfeld(1979)는 삼봉분포 형태에 이 방법을 적용하는 방법을 개발했지만 계산량을 향상하지는 못했다.

Fu and Mui(1981)은 이미지 분할에 대한 유용한 개론을 담고 있다. Haralick and Shapiro (1985)는 그 뒤를 이어서 비슷한 시도를 했다. 이 장에서 분량의 문제로 담지 못한 많은 주제는 이 리뷰 논문들에서 확인할 수 있으며, Sahoo et al.(1988) 또한 임계화 기법에 대한 유용한 개론으로 참고할 만하다. 그럼에도 불구하고 Fu and Mui(1981)에서 지적하듯이 "모든 영역 확장 기법은 그림을 반복해 처리하며 계산 시간과 메모리를 상당히 소비한다."라는 내용은 주목할 만하다.

4.4절에서 짧게 언급했듯이, 임계화(특히 로컬 적응형 임계화)는 OCR 분야에서 많이 응용하고 있다. 초창기에 연구됐던 알고리듬은 Bartz(1968)과 Ullmann(1974) 등이 있다. 또한 White and Rohrer(1983)은 매우 효과적인 두 알고리듬을 발표했다.

1980년대 들어 엔트로피를 이용한 자동 임계화 방식이 연구됐다(Pun, 1981; Kapur et al., 1985; Abutaleb, 1989; Pal and Pal, 1989). 이 접근 방식은(4.5.2절) 매우 효율적임이 증명되어 90년대까지도 활발히 개발이 이뤄졌다(Hannah et al., 1995).

2000년대에 엔트로피를 통한 임곗값 선택은 여전히 중요하게 다뤄졌으며, 기존의 영역 위치나 물체와 배경 사이 천이 영역transition region을 찾는 방식을 통해 더 정확하게 분할을 처리하는 방식이 연구됐다(Yan et al., 2003). 한편으로는 퍼지 엔트로피나 유전 알고리듬을 유용하게 적용할 수 있다는 발견 또한 이뤄졌다(Tao et al., 2003). Wang and Bai(2003)은 경계가 불연속적이지 않고 연속적일 경우에 픽셀의 세기를 클러스터화해 임곗값을 더 확실하게 선택할 수 있음을 보였다(문제는 제한된 영역들로 이뤄진 이미지를 바이너리로 근사해야 할 경우, 외각 지점은 물체와 배경 두 영역 사이에 위치한다기보다는 어느 한쪽에 쏠릴 수밖에 없다는 점이다). 그러나 복잡한 실외 풍경이나 뇌 스캔 등 많은 의학 이미지의 경우, 임계화 한 가지만 사용하는 것은 충분하지 않으며 그래프 매칭이라는 수단(11장 '일반 허프 변환' 참고)을 써서 가장 좋은 결과를 낼 수도 있다. 여기서 알 수 있는 중요한 사실은 분할이 저수준이 아닌 고수준 처리에 속한다는 것이다(Wang and Siskind, 2003). 필요로 하는 경우가 상당히 적긴 하지만, 변형 가능한 모델 유도 분리-통합 기법deformable model-guided split-and-merge technique은 여전히 유용하다(Liu and Sclaroff, 2004).

4.10.1 최신 연구

Sezgin and Sankur(2004)는 2004년 이전까지 이뤄졌던 임계화 관련 연구에 대한 리뷰와 평가를 정리했다. 그보다 더 최근에는 단봉분포(Coudray et al., 2010; Medina-Carnicer et al., 2011)

및 단봉분포에 가까운(Davies, 2007a, 2008) 히스토그램에 대한 임계화 연구가 꾸준히 이뤄졌다. 특히 후자의 경우에는 4.6절과 4.7절에서 그 내용을 다뤘다. Coudray et al.(2010)의 경우, 세기 그레이디언트 히스토그램에 임계화를 수행해 외각 위치를 정확히 찾는 것이 목표였다. 이를 위해 레일리Rayleigh 노이즈 등의 영향을 모델링하고 전체적인 분포를 분석하는 방식을 고안했다. Medina-Carnicer et al.(2011)은 같은 목표를 구현하는 과정에서 Otsu(1979)나 Rosin(2001) 방식에 히스토그램 변환을 접목하면 성능이 향상됨을 발견했다. Li et al.(2011)은 임계화 과정에서 고려해야 할 그레이 레벨 범위를 제한하기 위해, 배경과 전경의 그레이 레벨 변화량을 줄여 원본 이미지를 좀 더 단순하게 하고 세기 히스토그램을 다봉분포에 더 가깝게 만드는 새로운 방법을 제안했다. 그 이후에도 임계화를 더 확실하게 구현하는 방법이 여럿 등장했다. Ng(2006)은 Otsu(1979) 방법을 단봉분포에 잘 작동하도록 수정해 기술했고, 이를 결함 검출에 유용하게 활용했다. 이러한 '골짜기 강조' 방식은 오츠Otsu 임곗값 계산 과정에서 가중치를 주는 식으로 구현된다. 이렇듯, 최근 이뤄지는 연구들은 기존 방법에 특정 방식의 변환 등을 적용해 더 복잡하고 정교하게 개선하는 방향을 택하고 있다. 즉, 이론적으로 심하게 복잡한 것은 아니다. 마지막으로, 다소 놀랄지도 모르겠지만 이후 수십 년 동안에도 임계화는 '핫한' 주제로 남아 있을 것으로 예상한다. 임계화는 개념이 매우 단순하면서도 아주 유용하기 때문에 그렇게 될 수밖에 없을 것이다.

4.11 연습문제

1. 4.3.3절의 방식을 사용해, 이미지 내의 모든 외각 및 그 근접한 픽셀에 해당하는 세기 분포를 모델링하라. 이렇게 하면 원본과 비교했을 때 더 가파른 골짜기를 보여주긴 하지만, 라플라시안 연산자를 통해 찾은 픽셀들과 비교하면 덜 가파름을 보여라.
2. 다봉분포, 그중에 이중 가우시안 분포에서 임곗값을 찾을 때 (a) 최소 지점을 찾는 방식과 (b) 두 피크 지점의 평균을 구하는 방식 중 어느 것이 더 적절할지 예측하라. 피크의 높잇값을 사용해 오차를 보정하는 것이 가능한지도 생각해보라.
3. 식 (4.19)를 유도해보라. 또한 일반적으로 (4.5.3절에서 언급했듯이) 2개의 해가 존재함을 보여라. 물리적으로 이 현상을 어떻게 설명할 수 있을까? 아울러 왜 $\sigma_1 = \sigma_2$일 경

우 해가 하나만 존재하는지 설명해보라.

4. 4.6절에서, 전역 값을 통한 히스토그램 분석 방식의 계산량을 $O(N^3)$에서 $O(N)$으로 줄일 수 있음을 증명하라. 또한 이를 위해 히스토그램에 최대 두 번의 과정이 더 필요함을 보여라.

05

외각 검출

외각 검출은 임계화보다 이미지 분할을 처리하고자 할 때 본질적으로 더 정확한 결과를 내어주는 수단이다. 그러나 특히나 외각 검출 알고리듬은 긴 역사를 갖고 있으며, 5장에서는 외각 검출의 어떤 부분이 특별한지와 그 기법들을 이해하기 위한 이론 및 실용적인 내용을 소개하고자 한다.

5장에서 다루는 내용은 다음과 같다.

- 외각 검출에 사용돼왔던 여러 종류의 템플릿 매칭(TM, template matching) 연산자: 프리윗(Prewitt), 키르슈(Kirsch), 로빈슨(Robinson) 연산자
- 차분 그레이디언트(DG, differential gradient) 기반 외각 검출: 로버츠(Roberts), 소벨(Sobel), 프레이-첸(Frei-Chen) 연산자
- TM 연산자의 성능에 대한 이론
- DG 연산자를 최적으로 설계하는 방법과 '원형' 연산자의 값
- 해상도, 노이즈 저감 능력, 외각 위치 정확도, 외각 방향 정확도 간의 트레이드오프
- 외각 향상과 외각 검출의 구분
- 현대적 연산자: 캐니(Canny) 및 라플라시안(Laplacian) 기반 연산자

외각 검출 방식을 다루는 5장에서는 그레이스케일값에 포함된 정보를 잘 활용해 작은 윈도 내에서도 외각 방향을 놀라운 수준으로 정확하게 계산할 수 있음을 보인다. 높은 방향 정확도는 허프(Hough) 변환을 사용해 디지털 이미지 내에서 확장된 물체의 위치를 찾을 때 중요한 비중을 차지한다. 이에 대해서는 2부 '중간 수준 비전'의 여러 장에 걸쳐 살펴볼 것이다.

5.1 서론

4장 '임계화의 역할'에서는 이미지 내의 균일한 영역을 찾는 일반적인 방식을 통해 분할을 다뤘다. 이는 표면이나 물체의 한쪽 면에 대해 대체로 적합한 방식이다. 이런 방식으로 접근할 때 가장 효율적으로 계산하는 방식은 임계화를 진행하는 것이지만, 실제 이미지의 경우 실패할 가능성이 높거나 제대로 된 결과를 내기가 쉽지 않다. 실제로 제대로 작동하게 하려면 다중 해상도 또는 위계적 방식을 택하되, 정밀한 계산을 통해 적절한 로컬 임곗값을 구할 수 있어야 한다. 이때는 로컬 세기 그레이디언트와 픽셀 세기를 동시에 고려하거나, 더 간단하게는 세기 그레이디언트만 고려하게 된다.

5장에서 깊게 다뤄볼 외각 검출은 이미지 분할을 수행하는 또 다른 방법이다. 많은 장점과 더불어 외각 검출은 큰 비율로(일반적으로 1/100) 불필요한 대부분의 이미지 데이터를 줄여버리는 이득이 있다. 즉, 정보를 저장할 공간이나 이를 분석할 처리량도 많이 절약된다.

외각 검출은 30년 동안 많은 진화를 이뤄왔다. 이 시기에 연구된 외각 검출 방식의 종류는 크게 TM 계열과 DG 계열로 나눌 수 있다. 양쪽 모두 목표는 세기 그레이디언트 양 g가 충분히 큰 지점을 찾아 물체의 외각을 구분점으로 삼는 것이다. 이 경우 g는 4장 '임계화의 역할'에서 세기를 다룬 것처럼 임계화를 진행할 수 있다(g에 대해 임계화를 적용하는 대신 로컬 극댓값을 찾을 수도 있다). TM 및 DG 방식은 g를 로컬하게 유추하는 방법에서 차이를 보인다. 또한 물체 검출 과정에서 중요한 변수인 로컬 외각 방향을 찾는 방식도 다르다. 5.11절에서 살펴볼 캐니 연산자는 과거의 다른 외각 검출자보다 훨씬 더 정밀하게 설계됐다. 마지막으로, 라플라시안 기반 연산자에 대해 알아볼 것이다.

외각 검출 연산자의 성능을 비교해보기 전에, 외각 자체에도 여러 종류가 있음을 언급하고 가는 편이 나을 것이다. 예를 들어 '계단 외각sudden step edge', '기울어진 계단 외각slanted step edge', '경사 외각planar edge' 등 여러 종류의 외각 프로파일이 있다(그림 5.1). 이 장 대부분에서는 그림 5.1의 (A)~(D) 형식 중 하나를 다룰 것이다. 그리고 뒷부분에서는 그림 5.1의 (E)와 (F)에 근사할 수 있는 외각을 살펴볼 것이다.

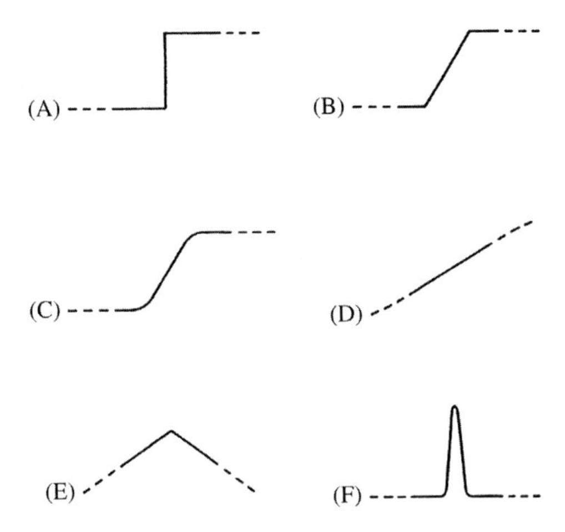

그림 5.1 외각 모델: (A) 계단 외각, (B) 기울어진 계단 외각, (C) 부드러운 계단 외각, (D) 경사 외각, (E) 지붕형 외각, (F) 선형 외각. 제대로 정의된 외각 모델은 일정한 이웃 영역에서만 0이 아닌 값을 갖는다. 기울어진 혹은 부드러운 계단 외각은 실제로 볼 수 있는 외각 프로파일에 가까운 형태라 할 수 있다. 즉, 급격한 계단 또는 경사 외각은 극단적인 형태로서 성능을 비교할 때 유용하다(본문 참고). 지붕형 및 선형 외각 모델은 참고를 위해 나타낸 것이며, 이 장에서는 더 이상 다루지 않는다.

5.2 외각 검출의 기본 원리

DG와 TM 연산자는 적절한 합성곱 마스크를 사용해 로컬 세기 그레이디언트를 유추한다. DG 타입 연산자의 경우, x 및 y 방향으로 2개의 마스크가 필요하다. TM의 경우 각기 다른 방향으로의 그레이디언트 로컬 성분을 구하려면 최대 12개의 합성곱 마스크를 사용해야 한다(Prewitt, 1970; Kirsch, 1971; Robinson, 1977; Abdou and Pratt, 1979).

TM 방식에서 로컬 외각 그레이디언트의 크기(더 줄여서 외각 '크기')는 성분 마스크에 대한 응답 중 최댓값을 취해서 구한다.

$$g = \max(g_i: i = 1, \ldots, n) \tag{5.1}$$

여기서 n은 보통 8 또는 12 값을 취한다.

DG 방식에서 로컬 외각 크기는 비선형 변환을 통해 벡터 형식으로 구하게 된다.

$$g = (g_x^2 + g_y^2)^{1/2} \tag{5.2}$$

보통 계산량을 줄이기 위해 이 식을 다음과 같이 좀 더 간단하게 근사해서 사용하기도 한다(Abdou and Pratt, 1979).

$$g = |g_x| + |g_y| \tag{5.3}$$

또는 다음과 같이 쓸 수도 있다.

$$g = \max(|g_x|, |g_y|) \tag{5.4}$$

위의 두 식은 평균적으로 동일한 정확도를 갖는다(Föglein, 1983).

TM 방식의 경우, 외각 방향을 구할 때는 간단하게 마스크에 대해 식 (5.1)을 적용해 그레이디언트가 가장 큰 값을 찾는다. DG 방식에서는 좀 더 복잡한 식을 사용해 벡터 형태로 구하게 된다.

$$\theta = \arctan(g_y/g_x) \tag{5.5}$$

DG 방식을 나타낸 식 (5.2)와 식 (5.5)는 TM 방식 식 (5.1)보다 더 정확하지만, 대신 많은 계산량을 필요로 한다. 그러나 어떤 경우에는 외각의 방향 정보가 필요하지 않을 수 있다. 또한 이미지 대비가 광범위하게 변해서, 임계화를 통해 더 정확하게 g를 계산할 수도 있다.

표 5.1 주요 차분 외각 연산자

a. 로버츠(Roberts) 2 × 2 연산자 마스크

$$R_{x'} = \begin{bmatrix} 0 & 1 \\ -1 & 0 \end{bmatrix} \qquad R_{y'} = \begin{bmatrix} 1 & 0 \\ 0 & -1 \end{bmatrix}$$

b. 소벨(Sobel) 3 × 3 연산자 마스크

$$S_x = \begin{bmatrix} -1 & 0 & 1 \\ -2 & 0 & 2 \\ -1 & 0 & 1 \end{bmatrix} \quad S_y = \begin{bmatrix} 1 & 2 & 1 \\ 0 & 0 & 0 \\ -1 & -2 & -1 \end{bmatrix}$$

c. 프리윗(Prewitt) 3 × 3 '스무딩 그레이디언트' 연산자 마스크

$$P_x = \begin{bmatrix} -1 & 0 & 1 \\ -1 & 0 & 1 \\ -1 & 0 & 1 \end{bmatrix} \quad P_y = \begin{bmatrix} 1 & 1 & 1 \\ 0 & 0 & 0 \\ -1 & -1 & -1 \end{bmatrix}$$

마스크를 직관적으로 표시하기 위해(즉, 계수를 x 및 y의 양의 방향으로 증가시키기 위해) 일반적인 합성곱과 비교해서 180° 회전시켰다. 이 장에서는 일관되게 이 형식을 사용할 것이다. 로버츠 2 × 2 연산자 마스크는 일반적인 x, y축과 비교해서 45°로 회전한 x', y'축으로 생각할 수 있다.

표 5.2 주요 3 × 3 템플릿 매칭 외각 연산자

	0°	45°
a. 프리윗(Prewitt) 마스크	$\begin{bmatrix} -1 & 1 & 1 \\ -1 & -2 & 1 \\ -1 & 1 & 1 \end{bmatrix}$	$\begin{bmatrix} 1 & 1 & 1 \\ -1 & -2 & 1 \\ -1 & -1 & 1 \end{bmatrix}$
b. 키르슈(Kirsch) 마스크	$\begin{bmatrix} -3 & -3 & 5 \\ -3 & 0 & 5 \\ -3 & -3 & 5 \end{bmatrix}$	$\begin{bmatrix} -3 & 5 & 5 \\ -3 & 0 & 5 \\ -3 & -3 & -3 \end{bmatrix}$
c. 로빈슨(Robinson) '3레벨' 마스크	$\begin{bmatrix} -1 & 0 & 1 \\ -1 & 0 & 1 \\ -1 & 0 & 1 \end{bmatrix}$	$\begin{bmatrix} 0 & 1 & 1 \\ -1 & 0 & 1 \\ -1 & -1 & 0 \end{bmatrix}$
d. 로빈슨 '5레벨' 마스크	$\begin{bmatrix} -1 & 0 & 1 \\ -2 & 0 & 2 \\ -1 & 0 & 1 \end{bmatrix}$	$\begin{bmatrix} 0 & 1 & 2 \\ -1 & 0 & 1 \\ -2 & -1 & 0 \end{bmatrix}$

이 표에서는 각각 8개로 이뤄진 마스크 세트에서 2개의 마스크만 나타내고 있다. 나머지 6개 마스크는 대칭 연산을 통해 쉽게 얻을 수 있다. 3레벨 및 5레벨 연산자의 경우, 8개 중 4개의 마스크는 나머지 4개의 마스크와 부호가 반대다(본문 참고).

이러한 이유 때문에, 많은 사람이 DG 방식 대신 TM 방식을 선호한다. 두 방식 모두 로컬 세기 그레이디언트를 계산하는 과정을 거치기 때문에, 적지 않은 경우 TM 마스크와 DG 마스크는 동일한 형상을 띠게 된다(표 5.1과 표 5.2).

5.3 템플릿 매칭 방식

표 5.2는 잘 알려진 외각 검출 TM 마스크를 나타낸다. 이 마스크들(Prewitt, 1970; Kirsch, 1971; Robinson, 1977) 중 뒤의 2개는 표 5.1에 나타낸 DG 마스크 2개로부터 영감을 받아 만들어진 것이다. 각각의 경우 마스크는 계수들을 순환시키는 방식으로 8개를 만들어 세트를 이룬다. 순환이 짝수 번 이뤄진다면 대칭 연산으로도 동일한 결과를 얻을 수 있지만, 홀수 번일 경우에는 대칭만으로 전체 세트를 정의할 수는 없다. 자세한 예시는 뒤에서 설명할 것이다.

우선 '3레벨' 및 '5레벨' 마스크 세트에서 4개의 마스크는 다른 4개의 마스크 부호를 바꿈으

로써 생성할 수 있다. 즉, 각 픽셀 이웃 영역에 대해 4번의 합성곱만 수행해도 된다는 뜻으로서, 계산량을 줄일 수 있게 된다. TM 방식의 기본적인 아이디어가 여덟 방향의 세기 그레이디언트값을 비교하는 데 있음을 생각해보면 중요한 이점이다. 이러한 전략을 사용하지 않은 두 연산자는 비교적 오래전에 우연한 영감으로 고안된 것이다.

다음 절로 넘어가기 전에, 로빈슨Robinson '5레벨' 마스크에 대해 좀 더 설명하고자 한다. 이 마스크는 대각선 방향 외각에 가중치를 두어, 사람 눈이 이미지에서 수직 및 수평 성분을 더 잘 보는 경향을 보상하고자 했다(Robinson, 1977). 일반적으로 이미지 분석은 컴퓨터로 해석하기 때문에 모든 방향에 대해 균등한 반응을 필요로 한다. 따라서 '5레벨' 연산자는 특수한 경우에만 사용하는 것이 옳으며, 이 책에서는 더 깊이 살펴보지 않을 것이다.

이렇듯 앞에서 살펴본 네 종류의 템플릿 연산자는 이론적으로 묘사하기에는 한계가 있다. 다음 절에서는 이에 대해 좀 더 깊게 살펴볼 것이다.

5.4 3×3 템플릿 연산자 이론

45° 간격으로 8개의 마스크를 사용할 것이라고 가정해보자. 또한 성능 저하를 막기 위해 그 중 4개의 마스크는 나머지와 부호만 다르다고 가정하자. 대칭 연산이 필요할 경우 0°와 45°에 해당하는 마스크는 다음과 같이 정의된다.

$$\begin{bmatrix} -A & 0 & A \\ -B & 0 & B \\ -A & 0 & A \end{bmatrix} \quad \begin{bmatrix} 0 & C & D \\ -C & 0 & C \\ -D & -C & 0 \end{bmatrix}$$

마스크를 설계할 때 여러 방향에 일관되게 반응할 수 있도록 하는 것은 매우 중요하다. 마스크 계수에 이를 어떻게 반영해야 하는지 알고 싶다면, 세기 그레이디언트를 벡터합 방식으로 계산해보면 된다. 예를 들어, 3 × 3 이웃 영역 내의 픽셀 세깃값이 다음과 같다고 하자.

$$\begin{array}{|ccc|} \hline a & b & c \\ d & e & f \\ g & h & i \\ \hline \end{array}$$

이 마스크에 대해 0°, 90°, 45° 방향의 그레이디언트는 다음과 같이 계산할 수 있다.

$$g_0 = A(c + i - a - g) + B(f - d) \tag{5.6}$$

$$g_{90} = A(a + c - g - i) + B(b - h) \tag{5.7}$$

$$g_{45} = C(b + f - d - h) + D(c - g) \tag{5.8}$$

벡터합이 가능하려면, 다음과 같은 관계가 성립해야 한다.

$$g_{45} = (g_0 + g_{90})/\sqrt{2} \tag{5.9}$$

위의 식들을 계수 a, b, …, i에 대해 정리하면 다음과 같이 두 관계식으로 표현할 수 있다.

$$C = B/\sqrt{2} \tag{5.10}$$

$$D = A\sqrt{2} \tag{5.11}$$

아울러 0° 및 45° 마스크가 22.5°에 대해 동일한 반응을 나타내야 한다. 이는 다음 수식으로 확인할 수 있다.

$$B/A = \sqrt{2}\frac{9t^2 - \left(14 - 4\sqrt{2}\right)t + 1}{t^2 - \left(10 - 4\sqrt{2}\right)t + 1} \tag{5.12}$$

여기에 $t = \tan 22.5°$를 대입하면, 다음과 같다.

$$B/A = \left(13\sqrt{2} - 4\right)/7 = 2.055 \tag{5.13}$$

지금까지 TM 마스크에 대해 알아본 내용을 요약하면 다음과 같다. 첫째, 마스크 세트를 계산할 때 정사각형 이웃 영역 안에서 계수를 '순환시키며' 바꾸는 방식은 보편적으로 쓸 수가 없으며 좋은 결과를 가져오지 못할 수도 있다. 둘째, 벡터합 관계가 성립하고 여러 방향에서 동일한 반응이 이뤄지게 하려면 TM 마스크가 소벨Sobel 계수에 가까운 값을 갖는 것이 이상적이다. 마지막으로, 정확한 B/A 비율값을 정밀하게 유도했다.

이렇게 외각 검출을 위한 TM 마스크를 설계하는 방법을 살펴봤다. 다음으로는 DG 마스크 설계에 대해 알아보자.

5.5 차분 그레이디언트 연산자 설계

이 절에서는 DG 연산자를 설계하는 방법을 알아본다. 예를 들어 2 × 2 로버츠[Roberts] 연산자와 3 × 3 소벨[Sobel] 및 프리윗[Prewitt] 연산자가 있다(Roberts et al., 1965; Prewitt, 1970; 소벨 연산자: Pringle, 1969; Duda and Hart, 1973, p. 271; 표 5.1). 프리윗 또는 '그레이디언트 스무딩' 연산자의 경우, 더 큰 픽셀 이웃 영역에 적용하는 방식이 연구돼왔다(Prewitt, 1970; Brooks, 1978; Haralick, 1980; 표 5.3). 이 연구들의 기본적인 접근 방식은 알맞은 크기의 이웃 영역에 가장 잘 들어맞는 로컬 외각을 모델링하는 것이다. 수학적으로 설명하면, 적절한 가중치를 주어 평균을 구하고 이 값을 통해 x 및 y 방향의 기울기를 추정하는 방식이다. Haralick(1980)에서 설명하고 있듯이, 방향에 관계없이 가중치를 동일하게 주어 평균을 구하면 결과가 부정확해진다. 표 5.3에 나타낸 마스크의 종류에 따라 적절한 가중치도 달라지게 된다. 이러한 특성 때문에 로버츠 및 프리윗 연산자는 최적화가 가능하나 소벨 연산자는 그렇지 않은 것처럼 보인다. 이에 대해서는 조금 뒤에서 더 자세하게 다룰 것이다.

표 5.3 정사각형 이웃 영역 그레이디언트 성분 추정 마스크

	M_x	M_y
a. 2 × 2 이웃	$\begin{bmatrix} -1 & 1 \\ -1 & 1 \end{bmatrix}$	$\begin{bmatrix} 1 & 1 \\ -1 & -1 \end{bmatrix}$
b. 3 × 3 이웃	$\begin{bmatrix} -1 & 0 & 1 \\ -1 & 0 & 1 \\ -1 & 0 & 1 \end{bmatrix}$	$\begin{bmatrix} 1 & 1 & 1 \\ 0 & 0 & 0 \\ -1 & -1 & -1 \end{bmatrix}$
c. 4 × 4 이웃	$\begin{bmatrix} -3 & -1 & 1 & 3 \\ -3 & -1 & 1 & 3 \\ -3 & -1 & 1 & 3 \\ -3 & -1 & 1 & 3 \end{bmatrix}$	$\begin{bmatrix} 3 & 3 & 3 & 3 \\ 1 & 1 & 1 & 1 \\ -1 & -1 & -1 & -1 \\ -3 & -3 & -3 & -3 \end{bmatrix}$
d. 5 × 5 이웃	$\begin{bmatrix} -2 & -1 & 0 & 1 & 2 \\ -2 & -1 & 0 & 1 & 2 \\ -2 & -1 & 0 & 1 & 2 \\ -2 & -1 & 0 & 1 & 2 \\ -2 & -1 & 0 & 1 & 2 \end{bmatrix}$	$\begin{bmatrix} 2 & 2 & 2 & 2 & 2 \\ 1 & 1 & 1 & 1 & 1 \\ 0 & 0 & 0 & 0 & 0 \\ -1 & -1 & -1 & -1 & -1 \\ -2 & -2 & -2 & -2 & -2 \end{bmatrix}$

위 마스크는 프리윗 마스크를 확장한 형태를 띠고 있다. 3 × 3 마스크는 프리윗 마스크와 동일하며, 완결성을 위해 표에 포함했다. 단순함을 위해 마스크에서 가중치는 생략했으며, 이 장 전체에서 이와 같은 방식으로 표현할 것이다.

외각 검출 문제는 결국 로컬 세기 패턴이 완만하지 않을 경우에 외각의 크기와 방향을 얼마나 정확하게 추정할 수 있을지에 대한 것이다. 사실 계단형 외각의 경우 외각의 방향에 따라 외각 검출 연산자가 얼마나 정확도를 보이는지에 대한 연구가 상당수 이뤄졌다. 특히 O'Gorman(1978)은 정사각형 이웃 영역 내에서 계단 외각의 실제 외각의 방향과 추정을 통해 구한 방향의 차이를 분석하고 있다(아울러 Brooks(1978)도 참고하라). 단, 이 연구는 불연속적으로 픽셀화된 이미지가 아니라 연속체의 경우에 대한 것임을 유의하라. 이때 오차는 연속적으로 변화하는데, 0°와 45°에서 최솟값 0°를 가지며 28.37°에서 최댓값 6.63°를 나타내게 된다(즉, 이 경우 추정되는 값은 21.74°가 된다). 0 ~ 45° 범위 밖의 경우에는 오차의 양상이 대칭적으로 반복된다. Abdou and Pratt(1979)는 소벨 및 프리윗 연산자를 불연속적인 격자 이미지에 대해 분석했을 때 비슷한 양상이 나타나며 최대 오차는 각각 1.36°와 7.38°가 나타남을 보였다(Davies, 1984b). 소벨 연산자의 경우 '정확한 원형' 연산자에 가까우므로 방향에 대한 정확도가 가장 좋은 편이다. 이 부분에 대해서는 다음 절에서 다뤄보자.

5.6 원형 연산자 개념

앞에서 설명했듯이 정사각형 이웃 영역상에서 계단 외각에 대해 외각 방향을 추정하면 최대 6.63° 오차가 나타난다. 이러한 오차는 선형 외각에서는 잘 나타나지 않는데, 정사각형 윈도 안에서 선형 외각 프로파일에 대한 회귀는 정확하게 이뤄지기 때문이다. 정사각형 이웃 영역 안에서 실제 외각 프로파일이 이상적인 직선 모양과 거리가 있을 때만 오차가 발생한다. 특히 계단 외각은 '최악의 경우'에 속하는 결과가 나타날 수 있다.

외각을 추정할 때 발생하는 오차를 제한하는 방법 중 하나는 외각을 원형 이웃 영역상에서 분석하도록 하는 것이다. 연속체의 경우 원형 이웃 영역 내에서 계단형 외각을 근사하는 유일한 방식은 모든 평면이 하나의 중심점을 지나가는 대칭적인 형태를 띤다고 가정하는 것이다. 이렇게 하면 모든 방향에서 오차를 없앨 수 있다. 즉, 추정한 방향각 θ는 실제 각도 φ와 동일하다. Brooks(1976)은 이에 대해 정밀한 계산을 수행했으며, 이후 정사각형 이웃 영역에 대한 다음 식이(O'Gorman, 1978)

$$\tan\theta = 2\tan\varphi/(3 - \tan^2\varphi) \quad 0° \le \varphi \le 45° \tag{5.14}$$

원형 영역에 대해서는 다음과 같이 유도됨이 증명됐다(Davies, 1984b).

$$\tan\theta = \tan\varphi, \quad \text{즉} \;\; \theta = \varphi \tag{5.15}$$

비슷하게, 연속체를 가정했을 때 원형 이웃 영역 내에서 '어떠한' 외각 프로파일을 평면으로 근사하더라도 각도 오차는 발생하지 않는다. 임의의 외각 표면을 근사할 때 발생하는 유일한 문제는 수학적으로 가장 잘 근사된 평면이 우리가 주관적으로 짐작한 것과 일치하지 않을 수도 있다는 점이다(이 경우 전체적으로 각도 보정을 수행해야 한다). 이러한 경우를 제외하면, 근본적인 문제는 디지털화된 이미지의 작은 범위(보통 3 × 3 또는 5 × 5)에서 원형 이웃 영역을 어떻게 근사하는가에 있다.

이것이 어떤 식으로 이뤄지는지 살펴보기 위해, 우선 Haralick(1980)에 나온 기본 원칙을 인용해보자.

> 수직 관계인 두 기울기를 통해 모든 방향에 대한 기울기를 도출할 수 있다는 사실은 벡터 미적분 분야에서 잘 알려진 법칙이다. 그러나 이미지 처리 분야에서는 이 사실이 잘 알려지지 않은 것 같다.

즉, 두 수직 방향에 대해 기울기를 적절하게 추정하면, 이를 통해 다른 모든 방향에 대한 기울기를 계산할 수 있다. 다시 말해, 이 원칙을 적용하고 싶다면 먼저 기울기를 잘 추정할 수 있어야 한다. 만약 기울기를 잘못 추정하면 올바른 벡터값이 형성되지 못하고, 이를 사용해 외각 방향을 추정한 값도 오차가 발생하게 된다. 이는 프리윗 등의 연산자에서 발생하는 오차의 주된 원인이다. 어떤 경우든 기울기 요소가 잘못 계산되는 정도는 크지 않지만, 벡터 계산에 적용하려면 '그 값이 서로 상당히 정확해야 하므로'(Davies, 1984b) 허용 가능한 수준의 오차가 아니다.

지금까지 연속적인 외각에 대해 살펴본 것처럼, 기울기를 정확하게 계산하려면 원형 이웃 영역을 사용해야 한다. 연산자를 설계함에 있어, 그다음에 나타나는 문제는 불연속적 격자 이미지에서 어떻게 원형 이웃 영역을 모사해 오차를 최소화할 수 있는지일 것이다. 이를 위해서는 마스크를 계산할 때 원형으로 가중치를 주어 그레이디언트 가중치와 원형 가중치 간의 상관도를 고려할 수 있게 해야 한다.

5.7 원형 연산자 실제

실무에서 각도 변화 및 오차 곡선을 계산하기 위해서는 이웃 영역 내의 각 픽셀을 더 작은 서브픽셀 행렬로 나누는 수치적인 방법을 사용해야 한다. 각 서브픽셀에는 그레이디언트 가중치(x나 y 위칫값)와 이웃 가중치(원형 이웃 반지름 r을 기준으로 내부는 1, 외부는 0)를 할당해준다. 이때 '원형' DG 외각 검출 연산자의 각도 정확도는 원형 이웃 영역의 반지름과 관련 있다. r이 크면 불연속적 이웃 영역이 연속체와 유사해지기 때문에 정확도가 높아지며, r이 작으면 정확도가 낮아진다.

그림 5.2에 이러한 내용을 나타내었다. 그래프에 나타난 변화량은 외각 방향을 추정한 값의 (1) 제곱평균제곱근RMS, root mean square 각도 오차 및 (2) 최대 각도 오차를 나타낸다. 각 변화 곡선이 상당히 매끄러운 형태임을 확인할 수 있는데, 이웃 영역의 크기에 따라 픽셀이 어떤 식으로 배열되는지에 대한 통계만을 나타내고 있기 때문이다. 이 통계에 대해서는 5.8절에서 더 자세히 다룰 것이다.

결국 그림 5.2에서 주목할 만한 지점은 세 가지다. 첫째, 예상할 수 있듯이 r이 무한대로

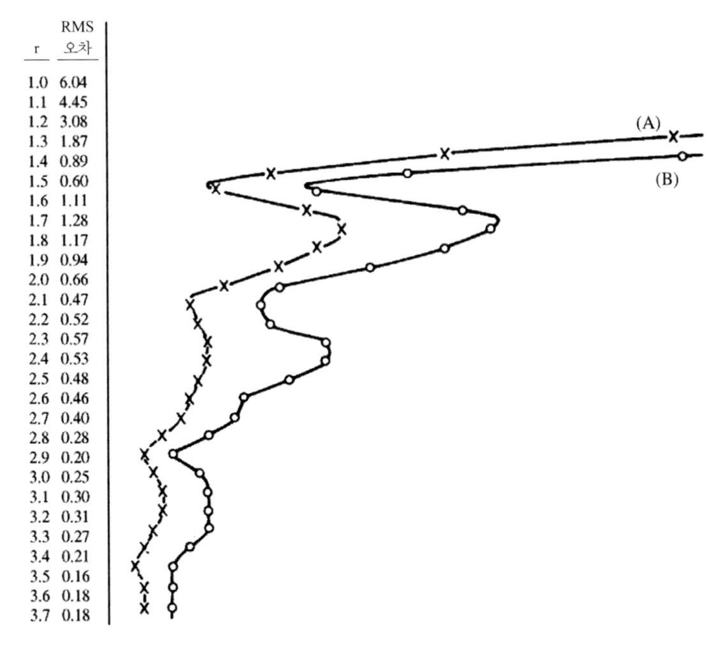

그림 5.2 반지름 r에 대한 각도 오차: (A) RMS 각도 오차, (B) 최대 각도 오차

향하면 오차는 0에 가까워진다. 둘째, 오차 곡선은 주기적으로 변화하는 양상을 띠는데, 원형 연산자가 디지털 픽셀 격자의 크기의 정수배 값을 가지면 최소 극값을 보인다. 셋째, 어떠한 유한 r 값에서도 오차는 사라지지 않는다. 이러한 제약 때문에 오차는 최소화될 수 있을 뿐 그 이상으로 해결될 수 없다. 이 곡선을 분석하면, 최적의 결과를 내는 연산자(오차 곡선의 최소 극값들에 해당하는)를 만들 수 있다. 잘 알려진 연산자 중에서는 소벨 연산자가 최적에 가까운 양상을 보인다.

그림 5.2에서 나타나는 오차량은 반지름에 해당하는 픽셀 중심점이 연속적인 형태에 가깝게 잘 둘러싸인, 혹은 '닫힌' 픽셀 고리(그림 5.2에서 낮은 오차량을 보이는 지점들)와 비교해서 얼마나 덜 둘러싸인 형태인지로 설명할 수 있다(Davies, 1984b). 이 관점에 따라 표 5.4와 같이 '닫힌 고리' 연산자를 구할 수 있게 되며, 해당 연산자가 보이는 오차량에 대해서는 표 5.5에 비교해놓았다. 앞에서 소벨 연산자가 3 × 3 외각 그레이디언트 연산자 중 가장 정확함을 보인 바 있는데, 이 연산자의 계수를 조정해 좀 더 원형에 가깝게 만들면 30% 이상의 정확도를

표 5.4 '닫힌 고리' 차분 그레이디언트 외각 연산자 마스크

a. a–c 셀을 포함한 고리(유효 반지름 = 1.500)

$$\begin{bmatrix} -0.464 & 0.000 & 0.464 \\ -0.959 & 0.000 & 0.959 \\ -0.464 & 0.000 & 0.464 \end{bmatrix}$$

b. a–e 셀을 포함한 고리(유효 반지름 = 2.121)

$$\begin{bmatrix} 0.000 & -0.294 & 0.000 & 0.294 & 0.000 \\ -0.582 & -1.000 & 0.000 & 1.000 & 0.582 \\ -1.085 & -1.000 & 0.000 & 1.000 & 1.085 \\ -0.582 & -1.000 & 0.000 & 1.000 & 0.582 \\ 0.000 & -0.294 & 0.000 & 0.294 & 0.000 \end{bmatrix}$$

c. a–h 셀을 포함한 고리(유효 반지름 = 2.915)

$$\begin{bmatrix} 0.000 & 0.000 & -0.191 & 0.000 & 0.191 & 0.000 & 0.000 \\ 0.000 & -1.085 & -1.000 & 0.000 & 1.000 & 1.085 & 0.000 \\ -0.585 & -2.000 & -1.000 & 0.000 & 1.000 & 2.000 & 0.585 \\ -1.083 & -2.000 & -1.000 & 0.000 & 1.000 & 2.000 & 1.083 \\ -0.585 & -2.000 & -1.000 & 0.000 & 1.000 & 2.000 & 0.585 \\ 0.000 & -1.085 & -1.000 & 0.000 & 1.000 & 1.085 & 0.000 \\ 0.000 & 0.000 & -0.191 & 0.000 & 0.191 & 0.000 & 0.000 \end{bmatrix}$$

이 표에서는 x 마스크만을 나타내었다. y 마스크는 간단히 대칭 연산을 통해 구할 수 있다. 마스크 계수는 소수점 3자리 이내의 정확도를 갖고 있지만, 실무에서 사용할 때는 보통 소수점 1자리 또는 2자리로 반올림한 값을 사용한다.

표 5.5 연산자 간의 각도 오차량 테스트 결과

실제 각도(°)	추정 각도(°)[a]					
	Prew	Sob	a–c	circ	a–e	a–h
0	0.00	0.00	0.00	0.00	0.00	0.00
5	3.32	4.97	5.05	5.14	5.42	5.22
10	6.67	9.95	10.11	10.30	10.81	10.28
15	10.13	15.00	15.24	15.52	15.83	14.81
20	13.69	19.99	20.29	20.64	20.07	19.73
25	17.72	24.42	24.73	25.10	24.62	25.00
30	22.62	28.86	29.14	29.48	29.89	30.02
35	28.69	33.64	33.86	34.13	35.43	34.86
40	35.94	38.87	39.00	39.15	40.30	39.71
45	45.00	45.00	45.00	45.00	45.00	45.00
RMS 오차	5.18	0.73	0.60	0.53	0.47	0.19

Prew: 프리윗, Sob: 소벨, a–c: a–c 셀을 포함하는 닫힌 고리의 이론적 최적 형태, circ: 실제 원형 연산자의 최적 형태(그림 5.2의 첫 번째 최소 극값), a–e: a–e 셀을 포함하는 닫힌 고리의 이론적 최적 형태, a–h: a–h 셀을 포함하는 닫힌 고리의 이론적 최적 형태

[a] 표에 나타낸 값은 각각 소수점 2자리의 정확도를 갖고 있다.

더 확보할 수 있다. 또한 닫힌 고리라는 개념하에서 보면, 5 × 5 이상의 픽셀 범위로 이뤄진 연산자는 사용하지 않는 것이 계산량을 줄일 뿐만 아니라 성능도 더 좋다. 아울러 이러한 특징은 외각 검출뿐만 아니라 다른 여러 종류의 연산자에 대해서도 성립한다.

마지막으로, 앞에서 수치적으로 구한 최적의 3 × 3 원형 연산자는 5.4절에서 벡터합 개념을 따라 분석적으로 구한 TM 마스크와 비슷하다. 후자의 경우 두 마스크 계수 간의 비율이 2.055이며, 전자의 경우 값은 0.959/0.464 = 2.067 ± 0.015로 계산된다. 다시 말해, 우리가 우연히 구했다고 생각한 계숫값이(Kittler, 1983) 사실은 최적화를 거쳐서 닫힌 형태closed form로 구해진 값인 것이다(5.4절).

5.8 차분 외각 연산자 설계 체계

5.6절 및 5.7절에서 살펴본 '원형' DG 외각 연산자는 반지름 r이라는 매개변수를 공유하고 있다. 이 매개변수 중 외각의 방향을 가장 정밀하게 추정할 수 있는 값의 개수는 한정되어

있다.

따라서 연산자를 설계할 때는 이 매개변수에 의해 조정되는 다른 특성이 있는지와 이에 따라 값을 어떻게 조정해야 하는지를 고려할 필요가 있다. 구체적으로 신호 대 잡음비, 해상도, 측정 오차, 계산량이 이 매개변수에 의해 영향을 받는다. 이를 이해하기 위해 우선 유의해야 할 사항은 신호량이 영역에 비례하는 반면 잡음량은 영역의 제곱근에 비례하므로 신호 대 잡음비가 원형 이웃 영역의 반지름에 선형적으로 변화한다는 점이다. 해상도 및 '스케일' 또한 반지름에 따라 변화하는데, 선형적으로 변화하는 이미지 특성은 활성화된 이웃 영역 내의 평균으로 구해지기 때문이다. 마지막으로 계산량이나 이에 따르는 하드웨어의 처리 속도는 이웃 영역의 픽셀 수에 최소한 비례해서 증가하며, 따라서 r^2에 비례한다.

이렇듯 네 가지의 중요한 매개변수는 이웃 영역의 반지름에 따라서 변화되도록 고정되어 있다. 즉, 반지름을 바꿈에 따라 각 변수들 간의 상충되는 지점이 존재하며, 어떤 값이 개선되면 어떤 값은 더 나빠진다. 엔지니어링적인 관점에서 이러한 문제는 상황에 맞게 그 균형점을 찾는 식으로 해결할 수밖에 없다.

5.9 기존 방식의 문제점과 그 대안

앞에서 살펴본 방식은 흥미롭긴 하지만, 근본적인 문제가 있다. 이웃 영역의 중심에서 외각까지의 거리 E와, 외각의 크기나 방향이 편향되어 나타나는 노이즈를 고려하지 않는다는 것이다. 예를 들어, 소벨 연산자로 계단형 외각 방향을 추정할 경우 다음 조건하에서 오차가 발생하지 않는다.

$$|\theta| \leq \arctan(1/3) \quad \text{그리고} \quad |E| \leq (\cos\theta - 3\sin|\theta|)/2 \tag{5.16}$$

또한 다음 형태와 같은 3 × 3 연산자를

$$\begin{bmatrix} -1 & 0 & 1 \\ -B & 0 & B \\ -1 & 0 & 1 \end{bmatrix} \quad \begin{bmatrix} 1 & B & 1 \\ 0 & 0 & 0 \\ -1 & -B & -1 \end{bmatrix}$$

다음 형태의 외각에 적용할 경우

a	$a+h(0.5-E\sec\theta+\tan\theta)$	$a+h$
a	$a+h(0.5-E\sec\theta)$	$a+h$
a	$a+h(0.5-E\sec\theta-\tan\theta)$	$a+h$

Lyvers and Mitchell(1988)은 다음 수식을 통해 외각의 방향을 추정할 수 있음을 보였다.

$$\varphi = \arctan[2B\tan\theta/(B+2)] \tag{5.17}$$

이 과정에서 자연스럽게 소벨 연산자가 특정한 θ 및 E 범위에서 오차를 보이지 않음을 확인할 수 있다. 그러나 이 범위 바깥에서는 상당히 오차가 발생하므로 이 부분을 오해해서는 안 된다. 이 오차는 앞 절에서 살펴본 바 $E = 0$일 때 나타날 뿐만 아니라, E 값에 따라서 크게 변화한다. 이렇게 더 일반화해서 분석할 경우, 소벨 및 프리윗 연산자의 최대 오차는 각각 2.90° 및 7.43°로 증가한다(또한 RMS 오차는 각각 1.20°와 4.50°로 나타난다). 따라서 최대 및 평균 오차를 줄이는 방법을 찾기 위해서는 전체적인 차원에서의 분석을 필요로 한다. Lyvers and Mitchell(1988)은 실증적 분석을 통해, 소벨 연산자로 추정한 방향 오차를 보정하기 위한 룩업 테이블을 고안했고 이를 통해 최대 오차를 2.06°까지 낮추었다.

오차를 줄이는 또 다른 방법은 Reeves et al.(1983)에서 주장하듯이 모멘트 기반 연산자를 사용하는 것이다. 이 방식을 통해 구한 소벨 형태의 3 × 3 마스크는 Davies(1984b)에서 구한 것과 근본적으로 동일하며, 둘 다 (A = 1일 경우) B = 2.067 값을 갖는다. 또한 세기의 2차 모멘트를 계산하기 위한 마스크를 추가로 사용할 경우, 모멘트 방식을 통해 외각 위치 E를 추정할 수도 있다. 따라서 2차원 룩업 테이블을 사용해 외각 방향을 예측하면 성능이 상당히 향상된다. 구체적으로 3 × 3 마스크의 경우 최대 오차가 2.83°에서 0.135°까지 줄어들며, 5 × 5 마스크의 경우에는 0.996°에서 0.0042°로 감소한다.

그러나 Lyvers and Mitchell(1988)에 따르면 노이즈 때문에 이러한 정확도의 향상이 의미가 없어지며, 예를 들어 3 × 3 연산자에 40dB 신호 대 잡음이 포함된 경우에 외각 방향 추정에 대한 RMS 표준편차는 이미 0.5°에 달한다. 이유는 간단한데, 각 픽셀 세깃값에 이미 노이즈가 포함되어 있으며 이 성분은 마스크 가중치에 따라 오차를 발생시키기 때문이다. 이러한 오차는 성분별로 독립적으로 발생하며, 따라서 오차로 인한 효과가 중첩된다(Davies, 1987b). 이 점을 통해 그레이디언트의 x 및 y 성분에 대한 노이즈를 계산할 수 있다. 다시 말해, 외각 그레이디언트 벡터에 대해 평행하거나 수직 방향인 노이즈 성분을 추정할 수 있다

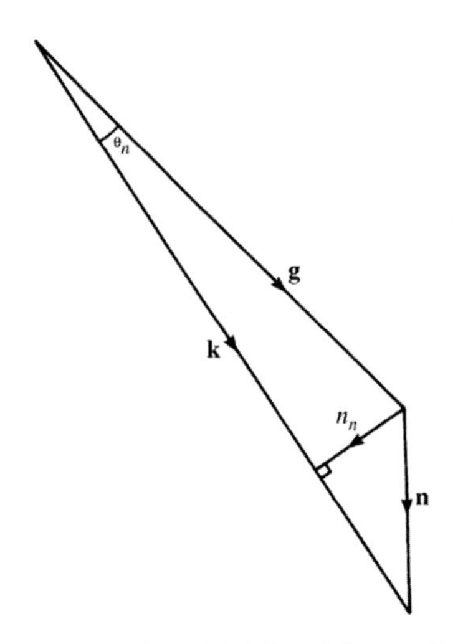

그림 5.3 노이즈에 따른 각도 오차 계산. **g**: 세기 그레이디언트 벡터, **n**: 노이즈 벡터, **k**: 세기 그레이디언트와 노이즈 벡터의 벡터합, n_n: 노이즈의 노말 성분, θ_n: 노이즈로 인한 방향 오차

(그림 5.3). 소벨 연산자의 외각 방향은 $\sqrt{12}\sigma/4h$라디안만큼 영향을 받게 된다. 이때 σ는 픽셀 세기의 표준편차를, h는 외각 대비 값을 뜻한다. 이 관계를 Pratt(2001)에서 정의한 신호 대 잡음비 식에 대입하면 Lyvers and Mitchell(1988)에 나타난 각도 오차를 도출할 수 있다.

$$\mathrm{S/N} = 20\log_{10}(h/\sigma) \tag{5.18}$$

Canny(1986)은 외각을 검출하는 완전히 새로운 방법을 제안했다. 함수 해석을 통해 외각을 검출할 수 있는 최적의 함수를 유도했으며, 그 과정에서 세 가지 최적화 기준을 제시했다. 검출률, 로컬화, 그리고 화이트 노이즈 조건에서 외각당 하나의 반응만 나타나는지가 그것이다. 분석을 수행하는 방법은 너무 기술적이므로 이 책에서 자세히 다루기는 어렵다. 요약하면, 1차원 캐니Canny 함수는 가우시안 함수의 도함수와 유사한 형태를 하고 있다. 여기에 수직 방향으로 동일한 σ 값을 갖는 가우시안 함수를 설정하고, 피크값에 대해 0.001 범위의 값만 취한 후, 적당한 마스크로 나누게 된다. 간단히 설명하면, 가우시안 스무딩을 수행한 이미지에 대해 그레이디언트의 로컬 극댓값에 해당하는 위치가 외각이라고 가정한다. 아울러 캐니 방식은 일차적으로 구한 외각 세기에 히스테리시스 연산을 적용해 외각이 충분하게 연결되도록 한다(5.10절). 마지막으로, 외각 검출을 통해 출력된 값을 여러 스케일로 분석한다. 이에 대해서는 조금 뒤에 더 자세히 다룰 것이다. Lyvers and Mitchell(1988)은 캐니 연산자를 분석해, 앞에서 살펴본 모멘트 및 통합 방향 도함수IDD, integrated directional derivative 연산자보다 상당히 낮은 방향 추정 정확도를 보임을 보였다. 또한 이 연산자는 180개의 마스크를 필요로 하며, 비록 지금은 초창기 논문보다 훨씬 더 빠르고 실용적으로 적용할 수 있는 방법들이 많이 제안됐지만 그럼에도 상당히 많은 계산 시간을 필요로 한다. 게다가 이렇듯 수많은 방법들이 있기 때문에, 캐니 방식을 적용하자고 하면 "어떤 캐니?"라는 질문이 돌아올 것이다. 이러한 특징은 실무에서 연산자 간의 성능을 비교할 때 문제가 된다. 5.11절에서 이에 대해 자세히 다룰 것이다.

역사적으로 중요하게 살펴볼 만한 연산자는 Marr and Hildreth(1980)이 발표한 것이다. 이 연산자는 포유류의 시각이 정신물리학적으로 어떻게 이뤄지는가를 모델링하는 식으로 디자인됐다. 가우시안 스무딩된 이미지의 라플라시안($\nabla^2 G$) 값을 취한 다음, 이 값의 영점을 지나는 선분들로 이뤄진 '기초 스케치raw primal sketch'를 구한다. 마르-힐드레스Marr-Hildreth 연산자는 단지 $\nabla^2 G$가 영점을 지나는지만을 판단하므로 임계화를 고려할 필요가 없다. 임곗값을 결정하는 일은 어렵고 신뢰도가 낮은 작업이므로 이러한 특성은 매력적으로 다가올 수 있다. 그러나 가우시안 스무딩은 스케일에 따라 다른 결과를 가져오기 때문에, 이 스케일값이 임곗값을 대신해 새로운 변수로 작용하게 된다. 실제로 이후 발표된 연구들에서(Witkin, 1983; Bergholm, 1986) 주목했던 마르-힐드레스 연산자의 주요한 특징은 스케일값을 바꿔가며 영점을 지나는 지점들을 구할 수 있다는 점이며, 이를 통해 더 강력한 의미론적 처리semantic processing를 구현할 수가 있다. 이는 체계적이고 의미 있는 방식으로 정보를 결합하는 방법을 필요로 한다. 많은 연구가 바텀업bottom-up 또는 톱다운top-down 방식으로 이에 대해 접근하고 있다. 그러나 많은 응용 분야(특히 산업 검사 분야)는 원하는 만큼의 해상도와 빠른 계산 속도를 중점으로 둔다는 사실을 기억할 필요가 있다. 아울러 초창기에는 마르-힐드레스 연산자를 제대로 구현하려면 최소한 35 × 35 크기의 이웃 영역을 필요로 한다고 알려져 있었지만(Brady, 1982), 이후 5 × 5 크기까지의 이웃 영역으로도 연산자를 적용 가능함이 밝혀졌다. Wiejak et al.(1985)는 선형 스무딩 연산을 사용해 연산자의 계산량을 줄일 수 있음을 보였다. Lyvers and Mitchell(1988)은 마르-힐드레스 연산자를 사용했을 때의 각도 정확도를 분석해, 그 오차가 크지 않음을 보였다(노이즈가 없을 경우 5 × 5 영역에서 2.47°, 7 × 7 영역에서 0.912°).

앞서 언급했듯이, 다양한 스케일에 대해 외각 검출 연산을 수행하면 각각 다른 외각 맵을 그리게 된다. 이때 낮은 스케일에서 구할 수 있는 외각은 높은 스케일에서 나타나지 않을 수 있다. 또한 낮은 스케일과 높은 스케일에서 모두 구해지는 외각도 더 높은 스케일에서는 전이되거나 합쳐져서 나타난다. Bergholm(1986)은 외각이 사라지거나 전이되거나 합쳐지는 현상을 보였고, Yuille and Poggio(1986)은 높은 해상도로 구한 외각이 낮은 해상도에서도 나타날 수 있음을 보였다. 이러한 외각 위치의 특성에 대해서는 뒤에서 자세히 설명할 것이다.

다음 절에서는 캐니 연산자를 설명할 때 잠깐 언급했던 히스테리시스 임계화를 좀 더 깊게 살펴볼 것이다. 5.11절에서는 캐니 연산자를 더 자세히 알아보며, 실제 이미지에 적용한 결과를 제시할 것이다. 마지막으로 5.12절에서는 라플라시안 형식의 연산자를 살펴볼 것이다.

5.10 히스테리시스 임계화

히스테리시스 임계화는 비단 이미지나 신호 처리뿐만 아니라 다양한 응용 분야에 일반적으로 적용할 수 있는 개념이다. 예를 들어, 슈미트 트리거Schmitt trigger는 변화하는 전압을 펄스(바이너리) 파형으로 변환할 때 널리 사용되는 전기 회로다. 이 경우 2개의 임곗값이 존재하며, 위쪽 임곗값보다 큰 입력이 들어오면 스위치 온 상태가, 아래쪽 임곗값보다 입력이 작으면 스위치 오프 상태가 출력된다. 이 방식은 입력 파형에 포함된 노이즈를 효과적으로 억제해준다. 단, 위쪽 임곗값과 아래쪽 임곗값의 차이가 충분히 커야 하는데, 소위 제로 히스테리시스의 경우 작은 양의 노이즈로도 출력 레벨이 위쪽과 아래쪽 출력 레벨 사이를 너무 자주 오가기 때문이다.

이미지 처리의 경우 이러한 개념을 외각 검출에 사용할 수 있으며, 이 경우 조금 뒤에서 살펴보겠지만 2차원으로 해석하기에는 복잡도가 증가하기 때문에 물체의 경계선을 1차원 파형으로 취급한다. 기본적인 방식은 우선 위쪽 값을 기준으로 임계화를 수행한 다음, 이렇게 구한 외각에 인접한 픽셀 중 외각 영역에 해당할 수도 있는 것을 비교해가며 아래쪽 임곗값에 이를 때까지 연장해가는 것이다.

그림 5.4는 그림 5.4(E)의 외각 그레이디언트 이미지를 대상으로 한 것이다. 그림 5.4(A)

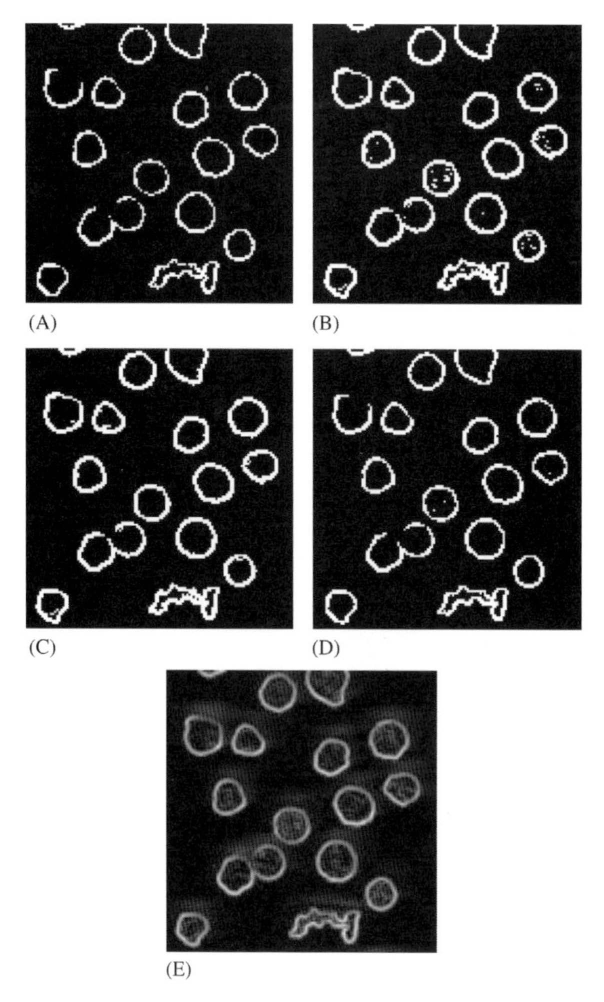

(A) (B) (C) (D) (E)

그림 5.4 히스테리시스 임계화의 성능: (A) 위쪽 히스테리시스 레벨로 임계화를 수행한 결과, (B) 아래쪽 히스테리시스 레벨로 임계화를 수행한 결과, (C) 히스테리시스 임계화를 수행한 결과, (D) 중간값으로 임계화를 수행한 결과. 이러한 결과는 (E)에 나타낸 외각 그레이디언트 이미지를 사용해 수행한 것이다(이 이미지는 그림 3.26(A)의 이미지에 대해 소벨 연산자를 적용하면 얻을 수 있다). © World Scientific 2000

와 (B)는 각각 위쪽 및 아래쪽 값으로 임계화를 시도한 결과이며, 그림 5.4(C)는 이 두 레벨을 사용해 히스테리시스 임계화를 적용한 결과다. 비교를 위해 두 값의 사이에서 적절한 중간값을 취해 임계화를 수행한 결과를 그림 5.4(D)에 나타내었다. 히스테리시스 임계화는 물체 내의 고립된 외각 지점을 무시하지만, 노이즈로 인해 튀어나오는 값은 그대로 살릴 수도 있음을 유의하라. 외각 이미지에 대한 히스테리시스 임계화 처리 과정은 다음 과정을 통해 특정 지점들의 위치를 찾는 과정이라 할 수 있다.

1. 위쪽 임곗값을 기준으로 임계화를 수행해 구한 외각 이미지의 지점과
2. 아래쪽 임곗값을 기준으로 임계화를 수행해 구한 외각 이미지의 지점을 각각 집합으로 구하여
3. 일반적인 연결성connectedness 규칙을 통해 1번 이미지의 지점들에 연결될 수 있는 2번 이미지의 하위 집합을 구한다(8장 '바이너리 형태 분석' 참고).

이렇게 하면 외각 지점 중 위쪽 임계화 이미지에 포함된 값만이 남게 된다.

확인할 수 있듯이 그림 5.4(C)의 결과가 그림 5.4(D)보다 낫다. 튀어나온 노이즈는 몇몇 경우 여전히 남아 있지만, 경계 부분의 갭은 사라지거나 짧게만 남아 있는 것을 확인할 수 있다. 히스테리시스 임계화를 수행하는 목적은 물체 경계의 연결성을 이용해 거짓 음성 또는 거짓 양성이 발생하는 양의 균형을 맞추는 데 있다. 이 추가적인 매개변수를 잘 조정하면 경계 픽셀 분류 에러의 총 (평균) 양을 줄일 수 있다. 히스테리시스 임곗값을 선택하는 간단한 방법을 소개하면 다음과 같다.

1. 노이즈 레벨의 범위를 알고 있다면, 이를 억제하기 위해 상응하는 한 쌍의 히스테리시스 임곗값을 사용하라.
2. 아래쪽 임곗값을 선택할 때는 노이즈가 튀는 양을 고려해서 그 값을 정한다(이론적으로 최저 임곗값에 대한 서브셋은 모든 경계 지점을 포함해야 한다).
3. 위쪽 임곗값을 선택할 때는 주요한 경계 지점을 전부 집합으로 포함할 수 있도록 그 값을 정한다(이론적으로, 최고 임곗값에 대한 서브셋은 '모든' 경계 지점을 포함해야 한다).

그러나 신호가 큰 범위 내에서 변화는 상황에서 2번과 3번 방법은 히스테리시스를 완전히 없애버리는 결과를 낳는다. 결국 이 문제를 완전하게 해결하는 유일한 방법은 많은 수의 이미지를 대상으로 거짓 음성 및 거짓 양성에 대해 통계적인 분석을 수행하는 새로운 방법을 고안해내는 것밖에 없다.

5.11 캐니 연산자

캐니 연산자는 1986년 처음 발표된 이후(Canny, 1986) 가장 널리 쓰이는 외각 검출 연산자로 자리 잡았다. 그 전까지 쓰이던 연산자는 대부분 마스크를 기반으로 했기 때문에 '설계'된 것이라 보기 힘들었던 반면, 이 연산자는 주어진 원칙을 완전히 반영해 만들어진 것이기 때문이다. 이 원리의 핵심은 예상되는 범위 내의 공간 주파수를 특정하고, 임곗값 범위 밖의 불필요한 값을 제거해 얇은 선형 구조만 남도록 한 후, 이 선들을 가능한 한 길게 연결해 특정 스케일과 대역에 대해 유의미한 결과가 되도록 하는 데 있다. 이를 위해 캐니 방식은 다음과 같은 단계를 거쳐 이미지를 처리한다.

1. 로우 패스 공간 주파수 필터링
2. 1차 차분 마스크 적용
3. 픽셀 세기에 대해 서브픽셀 보간을 수행 후 비최대 억제NMS, nonmaximum suppression 수행
4. 히스테리시스 임계화

원칙적으로 로우 패스 필터링은 미리 정해둔 표준편차(또는 공간 대역폭) σ 값을 적용한 가우시안 합성곱 연산자를 사용한다. 이 필터링을 수행한 다음에 1차 차분 마스크를 적용해야 하는데, 소벨 연산자를 사용해도 무방하다. 여기서 소벨 연산자는 기본적인 [−1 1] 형태의 마스크에 [1 1] 스무딩 마스크를 합성곱(⊗)한 것으로 간주할 수 있다. 이때 소벨에 대한 x 방향의 도함수는 다음과 같다.

$$\begin{bmatrix} -1 & 0 & 1 \\ -2 & 0 & 2 \\ -1 & 0 & 1 \end{bmatrix} = \begin{bmatrix} 1 \\ 2 \\ 1 \end{bmatrix} [-1 \quad 0 \quad 1] \tag{5.19}$$

여기서

$$[1 \quad 2 \quad 1] = [1 \quad 1] \otimes [1 \quad 1] \tag{5.20}$$

$$[-1 \quad 0 \quad 1] = [-1 \quad 1] \otimes [1 \quad 1] \tag{5.21}$$

확인할 수 있듯이 소벨 연산자는 그 자체로도 상당한 정도의 로우 패스 필터링을 포함하

(A)								(B)	
0.000	0.000	0.004	0.008	0.004	0.000	0.000			
0.000	0.016	0.125	0.250	0.125	0.016	0.000			
0.004	0.125	1.000	2.000	1.000	0.125	0.004	1	2	1
0.008	0.250	2.000	4.000	2.000	0.250	0.008	2	4	2
0.004	0.125	1.000	2.000	1.000	0.125	0.004	1	2	1
0.000	0.016	0.125	0.250	0.125	0.016	0.000			
0.000	0.000	0.004	0.008	0.004	0.000	0.000			

그림 5.5 잘 알려진 3 × 3 스무딩 커널의 정확도. 널리 쓰이는 3 × 3 스무딩 커널(B)에 대해, 중앙 3 × 3 영역의 값이 가장 비슷한 가우시안 스무딩 커널(A)을 나타내었다. 혼동을 피하기 위해 두 커널 모두 1/16으로 정규화되지 않았다. (A)의 경우 영역 바깥쪽의 엔벨롭(envelope)이 0으로 떨어지고, 값을 전부 더하면 (B)처럼 16이 아닌 18.128이 나온다. 따라서 (B) 커널은 가우시안에 대해 ~13% 정도 근사한 형태라고 할 수 있다. 구체적으로 가우시안의 표준편차 0.849와 비교해, 해당 커널의 표준편차는 0.707로 계산된다.

고 있으므로, 1단계에서 필터링을 그렇게 많이 적용할 필요는 없다. 또한 로우 패스 필터링은 그 자체로 그림 5.5(B)와 같은 형태의 스무딩 마스크 역할을 하기 때문에, 그림 5.5(A)에 보이듯 실제 2D 가우시안과 얼마나 유사한지 분석해보는 것도 좋을 것이다. 아울러 그림 5.5(B) 마스크의 경우 정확한 대역폭값을 계산할 수 있는데(0.707), 이를 소벨 연산자와 결합할 경우 전체 대역폭은 거의 1.0에 가까운 값을 보인다.

다음으로 3단계 비최대 억제, 말그대로 최댓값을 제외하고 제거하는 방법을 알아보자. 식 (5.5)를 통해 외각의 로컬한 노멀 방향을 구하고, 그 방향으로 움직여보며 현재 위치가 로컬 극댓값에 해당하는지 여부를 확인한다. 해당하지 않을 경우 현재 위치의 외각 출력값을 무시하고, 로컬 극댓값임이 확인된 지점만을 남긴다. 로컬 극댓값이 노멀 방향 축을 따라 단 한 곳만 존재하기 때문에, 이 과정을 거치면 그레이스케일 외각이 단위 너비만큼으로 얇아진다. 다만 이렇게 하면 외각의 노멀 방향 축이 인접한 픽셀의 가운데를 지나지 않을 수 있다는 문제가 생길 수도 있기 때문에, 캐니 방식의 경우 이 축을 따라서 세기를 보간한 값을 사용해야 한다. 3 × 3 이웃 영역에서 어떤 팔분원octant을 통과하는 외각 노멀 축은 그림 5.6(A)에서처럼 한 쌍의 픽셀 사이에 놓여 있기 때문에, 보간을 간단하게 수행할 수 있다. 더 큰 이웃 영역의 경우에는 여러 쌍의 픽셀에 대해 보간을 수행해야 한다. 예를 들어 5 × 5 이웃 영역의 경우 두 쌍 중 어느 쪽이 더 적절한지 결정해야 하며(그림 5.6(B)), 그다음에 적절한 보간 공식을 적용하면 된다. 그러나 3 × 3 이웃 영역의 경우 이미 필요한 모든 정보를 포함하고 있으며, 1단계에서 스무딩을 진행할 때 무시할 만큼의 정확도만을 손해보기 때문에, 굳이 더 큰

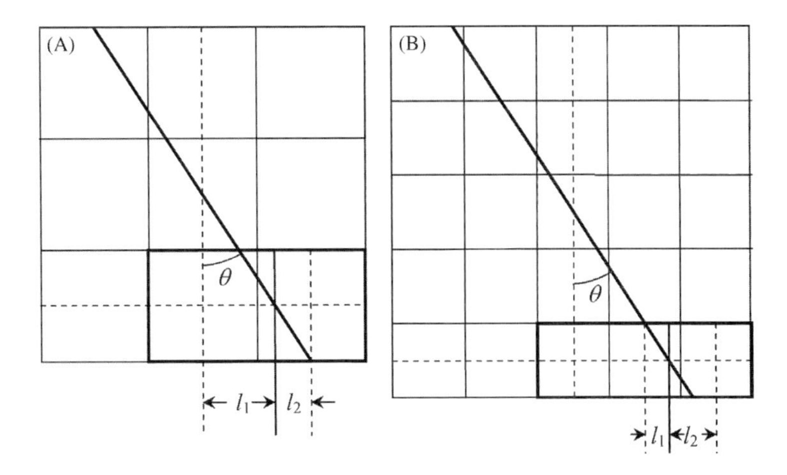

그림 5.6 캐니 연산자의 픽셀 보간: (A) 3 × 3 이웃 영역의 우하단에 강조된 픽셀 2개에 대해 보간을 수행한 결과, (B) 5 × 5 이웃 영역에 대한 보간. 인접한 픽셀 쌍에 대해 보간할 수 있는 방법은 두 가지가 존재하며, 그중 적절한 거리에 해당하는 오른쪽에 대해 보간을 수행했다.

이웃 영역을 사용할 필요는 없다. 물론 임펄스 노이즈가 존재할 경우에는 큰 오차가 발생하긴 하지만, 이 경우 로우 패스 필터링을 어떤 식으로든 적용한다고 해서 이 노이즈가 사라진다는 보장이 없으므로, 결국 비최대 억제 방식에서는 작은 크기의 이웃 영역을 사용하는 편이 낫다. 실제 이미지 데이터와 노이즈를 통해 이러한 특성을 확인해보자. 그림 5.6에서처럼 두 거리 l_1과 l_2를 고려한다고 할 때, 외각 노멀을 지나는 픽셀 세기는 각 픽셀 세기에 대해 거리에 대해 '반비례하는' 가중치를 주어 합한 값으로 표현된다.

$$I = (l_2 I_1 + l_1 I_2)/(l_1 + l_2) = (1 - l_1)I_1 + l_1 I_2 \tag{5.22}$$

여기서

$$l_1 = \tan\theta \tag{5.23}$$

마지막으로, 히스테리시스 임계화다. 3단계까지 진행하면 임계화를 제외하고 필요한 모든 처리를 거친 셈이다. 이때 2개의 히스테리시스 임곗값을 적용하는 이유는 1개의 임곗값만을 적용했을 때 발생할 수 있는 문제를 줄이고 다른 임곗값으로 발생한 문제를 해결하기 위해서다. 즉, 위쪽 임곗값을 사용해 일차적으로 외각을 선택하고, 이 외각과 인접하는 지점 중 실제 외각일 확률이 높은 지점을 선택해 잇는다. 이러한 방식은 다소 임기응변적으로 보일지 모르나, 상당히 좋은 결과를 낸다. 아래쪽 임곗값을 선택하는 간단한 규칙은 위쪽 임곗값의 절반을 택하는 것이다. 마찬가지로 이 규칙은 오랜 경험이 쌓여 비롯된 것으로, 특정 이미지 데이터에서는 정확하지 않을 수도 있으므로 조심해야 한다.

그림 5.7과 그림 5.8은 캐니 연산자의 수행 단계 및 다양한 임곗값에 대한 비교를 보여주고 있다. (E)는 히스테리시스 임계화를, (F)는 아래쪽 레벨만으로 임계화를 수행한 결과를, (G)는 위쪽 레벨만으로 임계화를 수행한 결과를 나타낸다. 확인할 수 있듯이 히스테리시스 임계화는 단일 레벨 임계화보다 오류나 잘못된 값을 더 적게 내며, 따라서 더 신뢰할 수 있고 일관적인 방식이다.

5.12 라플라시안 연산자

소벨 등의 외각 검출 방식은 1차 도함수 연산자에 해당하지만, 라플라시안은 2차 도함수 연산자이며, 이 경우 세기 그레이디언트의 변화에 대해서만 민감하게 반응한다. 2차원의 경우 라플라시안은 보통 (수학적으로) 다음과 같이 정의된다.

$$\nabla^2 = \frac{\partial^2}{\partial x^2} + \frac{\partial^2}{\partial y^2} \tag{5.24}$$

라플라시안을 계산하기 위한 로컬 마스크는 다른 대역폭을 갖는 2개의 가우시안 함수로 이뤄진 가우시안차[DoG, difference of Gaussian] 커널을 사용한다(더 자세한 내용은 6.7.4절을 참고하라). 이 경우 등방형의 2차원 프로파일이 나오며, 가운데의 양수를 음수가 둘러싸고 있는 형태다. 이를 3 × 3 윈도에 근사하면 다음과 같은 모양이 나온다.

$$\begin{bmatrix} -1 & -1 & -1 \\ -1 & 8 & -1 \\ -1 & -1 & -1 \end{bmatrix} \tag{5.25}$$

사실 이 마스크 역시 등방형과는 거리가 멀다. 그러나 더 큰 크기의 마스크, 예를 들어 DoG 커널처럼 더 등방형에 가까운 마스크에서도 공유되는 특성이다.

여기서는 이러한 종류의 연산자가 갖는 특성에 대해 간단한 개요만을 설명할 것이다. 그림 5.9를 참고하라. 첫째, 라플라시안 출력값은 양수와 음수에 걸쳐 있음을 유의하라. 따라

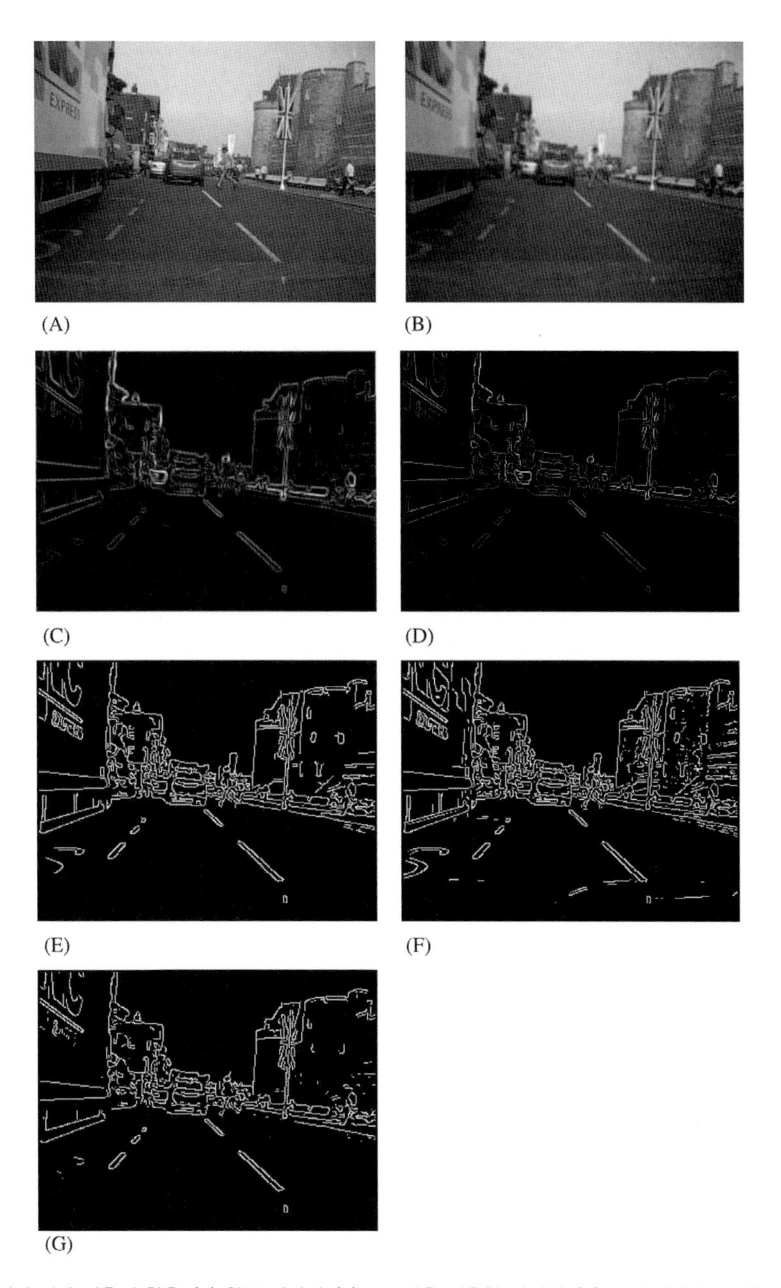

그림 5.7 캐니 외각 검출의 활용: (A) 원본 이미지, (B) 스무딩을 적용한 이미지, (C) 소벨 연산자를 적용한 결과, (D) 비최대 억제를 수행한 결과, (E) 히스테리시스 임계화를 적용한 결과, (F) 아래쪽 임곗값만을 가지고 임계화를 수행한 결과, (G) 위쪽 임곗값만을 가지고 임계화를 수행한 결과. 단일 임계화를 적용했을 때보다 (E)에서 오류나 잘못된 출력이 더 적게 나타나는 것을 확인할 수 있다.

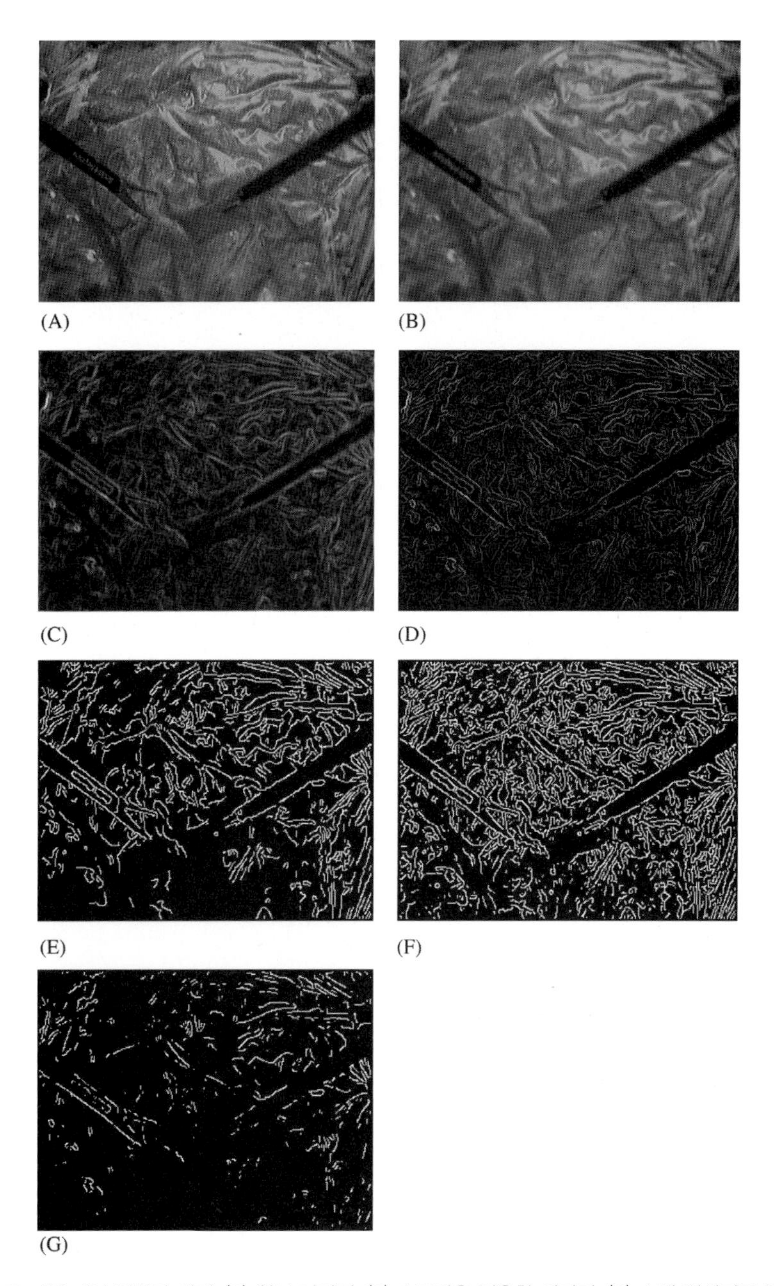

그림 5.8 또 다른 캐니 연산자 예제: (A) 원본 이미지, (B) 스무딩을 적용한 이미지, (C) 소벨 연산자를 적용한 결과, (D) 비최대 억제를 수행한 결과, (E) 히스테리시스 임계화를 적용한 결과, (F) 아래쪽 임곗값만을 가지고 임계화를 수행한 결과, (G) 위쪽 임곗값만을 가지고 임계화를 수행한 결과. 마찬가지로, 단일 임계화를 적용했을 때보다 (E)에서 오류나 잘못된 출력이 더 적게 나타난다.

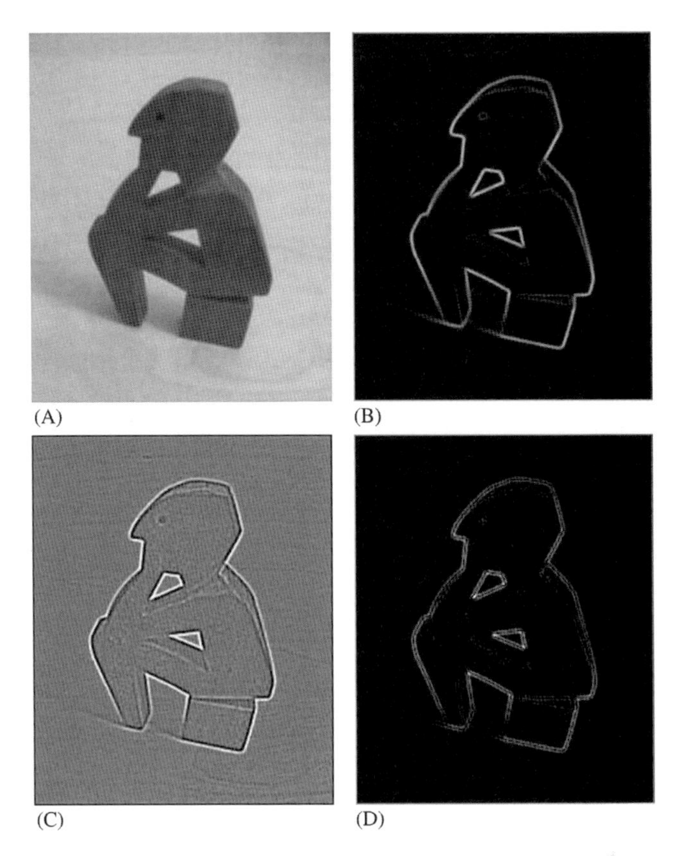

그림 5.9 소벨과 라플라시안 연산의 비교: (A) 원본 이미지를 스무딩한 결과, (B) 소벨 연산자를 적용한 결과, (C) 라플라시안 연산자를 적용한 결과. 라플라시안값이 양수나 음수일 수 있으므로, (C)의 결과는 중간 회색(128) 그레이 레벨을 배경으로 해서 나타나 있다. (D) 라플라시안 연산의 절댓값. 차이를 확실하게 보이기 위해 (C)와 (D)는 대비를 증가시킨 이미지다. (D)에서 외각이 2중으로 나타나고 있으며, 각각 소벨이나 캐니 연산을 통해 구해지는 외각의 안쪽과 바깥쪽을 나타내고 있음을 유의하라(즉, 라플라시안을 통해 외각을 구할 때는 영점을 기준으로 찾아야 한다). 소벨 및 라플라시안 모두 3 × 3 윈도를 통해 구한 것이다.

서 그림 5.9(C)에서 배경은 중간 회색을 갖는데, 이는 앞에서 살펴봤듯이 라플라시안 출력값이 0인 부분을 정확한 외각으로 삼고 이를 잘 나타내기 위해서다. 그림 5.9(D)와 같이 라플라시안의 절댓값을 나타내면 의미가 더 명확하게 드러난다. 여기서 외각은 안팎의 강한 신호 사이에 위치해 있으며, 이 값은 소벨 또는 캐니 연산자로 구한 외각의 위치(그림 5.9(B))에 해당한다. 이상적으로 이 효과는 대칭적으로 나타나며, 라플라시안으로 외각을 검출할 때는 영점을 기준으로 그 위치를 찾게 된다. 그러나 이미지를 스무딩하더라도(그림 5.9(A)) 그림

5.9(D)의 배경에는 많은 양의 노이즈가 포함되며, 따라서 그냥 영점을 찾으면 외각 지점뿐만 아니라 노이즈도 적지 않게 포함하게 된다. 차분(특히 이 경우처럼 2차 차분)을 거치면 노이즈가 강조되는 경향이 있기 때문이다. 그럼에도 불구하고 이 방식은 높은 정확도로 외각을 찾는다. 일반적으로 DoG 연산자를 적용하게 되는데, 더 큰 크기의 윈도를 사용하면 영점 근처를 지나는 픽셀의 수가 증가하며, 낮은 라플라시안값만을 갖는 영역과 구분하기가 더 쉬워진다. 라플라시안 영점을 구하는 방식의 장점은 이 연산을 수행했을 때 이론적으로 물체 주변을 닫힌 형태로 둘러싸는 경향을 띤다는 데 있다(다만 노이즈 신호 역시 닫힌 형태의 윤곽을 나타내긴 한다).

5.13 결론

앞 절에서는 외각 검출 연산자 설계가 얼마나 많이 발전해왔는지를 살펴봤고, 외각의 위치를 서브픽셀 정확도까지 구할 수 있음을 보였다. 또한 여러 스케일로 외각 맵을 구하여 이미지를 해석하는 데 사용할 수 있음을 확인했다. 이러한 방법 중 일부는 상당히 복잡하고 계산량이 많이 필요한 것도 사실이다. 많은 응용 분야에서는 이러한 복잡성이 제약 조건으로 작용할 수 있기 때문에 문제가 된다. 게다가 실시간 처리가 필요할 경우에는 계산량을 더욱 줄여야 한다. 이 때문에 많은 경우 소벨 연산자 같은 단일 고해상도 연산자를 사용해서 계산량과 위치 정확도 사이에 균형을 잡을 수 있는 방법을 고민해야 한다. 실제로 책의 2부 '중간 수준 비전'에서는 이러한 종류의 연산자를 사용해 외각 방향의 오차를 1° 이내로 추정하도록 하고 있다. 물론 그렇다고 해서 최근에 고안된 방법들, 특히 여러 스케일에서 외각을 구하는 방식이 폄하될 일은 아니다. 일반적인 장면 분석 등 넓은 영역에 대해 제약 조건이 없는 이미지 데이터를 처리해야 하는 비전 시스템에서는 필요한 성능이기 때문이다.

이 장에서는 저수준 이미지 분할에 관련된 또 다른 면을 다뤘다고 할 수 있다. 이어지는 장에서는 3장 '이미지 필터링과 모폴로지' 및 4장 '임계화의 역할'에서 살펴본 임계화와 외각 검출을 통해 물체의 모양을 판단하는 방법을 알아볼 것이다. 8장 '바이너리 형태 분석'에서는 물체가 차지하는 영역을 분석해서 형태를 파악하는 방법을, 9장 '경계 패턴 분석'에서는 경계 패턴을 통해 형태를 분석하는 방법을 살펴본다.

외각 검출은 디지털 이미지에서 물체의 위치를 파악하고 인식하는 데 가장 널리 쓰이는 방법이다. 여러 외각 검출 방법은 정확도나 목적에 따라 차이를 보이지만, 5장에서 살펴봤듯이 어떤 방법이든 민감도, 노이즈 억제 능력, 크기에 따라 증가하는 계산량 등의 면에서 봤을 때는 근본적으로 같은 법칙하에 있다.

5.14 문헌과 연보

처음 몇 개의 절에서 살펴봤듯이, 초창기의 외각 검출은 여러 템플릿 마스크를 사용해 다양한 방향에 대한 외각 위치를 찾는 방식으로 이뤄졌다. 대부분의 마스크는 임의적으로 만들어졌지만, 마침내 1980년 이후 기존의 여러 형태를 기반으로 DG 방식이 제안됐다(이 분야에 큰 영향을 끼친 논문으로서 Haralick(1980)을 참고하라).

프레이-첸[Frei-Chen] 방식은 3 × 3 이웃 영역의 크기에 해당하는 같은 수의 마스크 세트를 사용했다. 그중 하나는 밝기, 4개는 외각, 나머지 4개는 외각선을 찾기 위한 목적이다(Frei and Chen, 1977). 흥미로운 시도이긴 하지만, 프레이-첸 외각 마스크는 최적의 외각 검출을 위한 방식은 아니다. Lacroix(1988)은 이후 이 방식의 효용성을 다시 주목하여 연구를 수행했다.

그동안 Marr(1976), Wilson and Giese(1977) 등이 정신물리학적인 접근을 통해 외각 검출에 대한 또 다른 방식을 제안했다. 이러한 접근법은 유명한 Marr and Hildreth(1980)으로 이어졌으며 이 연구는 이후 몇 년간 많은 영향을 끼쳤다. 즉, 많은 연구자가 대안을 고민했으며, Canny(1986) 연산자 또한 이러한 분위기 속에서 등장한 것이다. 사실 마르-힐드레스 연산자는 이미지를 여러 스케일에서 분석하기 위해 전처리를 거치도록 하는 첫 번째 시도였다. 이러한 기법은 이후 여러 발전을 거쳤으며(예: Yuille and Poggio(1986)), 6장 '모서리, 특징점, 불변 특징 검출'에서 더 자세히 살펴볼 것이다. 마르-힐드레스 연산자는 계산량 문제를 갖고 있었기 때문에, 이후에도 기존의 방식을 사용한 연구들이 많이 등장했다. 예를 들어 Reeves et al.(1983), Haralick(1984), Zuniga and Haralick(1987) 등이 여기에 속한다. Lyvers and Mitchell(1988)은 이러한 많은 연구를 정리해 또 다른 방식을 제안했다. 또한 Petrou and Kittler(1988)은 연산자를 최적화하는 주제에 집중했고, Sjöberg and Bergholm(1988)은 물체의 외각과 그림자의 외각을 구분하는 것 또한 연구 주제로서 삼을 수 있음을 보였다.

좀 더 최근에는 로컬 아웃라이어local outlier를 제거함으로써 외각을 더 확실하고 신뢰도 높게 구할 수 있는 방법에 대해 연구가 많이 이뤄졌다. Meer and Georgescu(2001)이 발표한 방식은 그레이디언트 벡터 추정, 비최대 억제, 히스테리시스 임계화 등의 과정을 통합해 신뢰성 척도를 계산함으로써 좀 더 강건한 결과를 구할 수 있도록 하고 있다. 구체적으로, 이 알고리듬의 마지막 두 단계 '전에' 각 픽셀에 대해 신뢰성 값을 계산하게 된다. Kim et al.(2004)는 이 기법을 발전시켜, 퍼지 추론 방식을 사용해 임곗값을 미리 설정하지 않아도 되는 방식을 발표했다. 비슷한 취지로, Yitzhaky and Peli(2003)은 수신자 조작 특성receiver operating characteristic 곡선과 카이 제곱값을 통해 외각 검출을 위한 최적의 매개변수를 찾는 방법을 고안했고, 기존 연구와 비슷한 결과를 도출해내는 데 성공했다. Prieto and Allen(2003)은 외각 이미지 간의 유사성을 측정해, 여러 외각 검출 방식 간의 성능을 확인할 수 있도록 했다. 이때 외각의 유사성을 잘 비교하기 위해서는 측정 과정에서 외각의 폭이 어느 정도는 허용돼야 한다. 또한 외각 변위와 강도를 고려해서 외각 이미지의 유사성을 판단하는 새로운 접근법도 제안했다.

사람이 결정하는 알고리듬에서 벗어나서 Suzuki et al.(2003)은 역전파 신경망 기반 외각 향상을 고안했다. 즉, 모델 데이터를 통한 지도 학습을 거쳐, 노이즈가 낀 이미지에 (깨끗하고 연속적인 외각인 것처럼) 잘 대응할 수 있도록 했다. 이 방식은 기존의 알고리듬(Canny, Heuckel, Sobel, Marr-Hildreth)에 비해 유사성 테스트를 거쳤을 때 월등히 뛰어난 수준으로 외각을 찾아내었다. 단점이라면 학습 시간이 길다는 것이지만, 한 번 학습을 마치면 실행 시간은 짧아진다.

5.14.1 최신 연구

최근의 연구 중 Shima et al.(2010)은 육각 격자를 사용해 더 정확한 그레이디언트 연산자를 설계하는 방법을 다뤘다. 그리 널리 쓰이는 방법은 아니지만, 육각 격자로 이뤄진 픽셀의 경우 같은 거리상에 인접한 이웃 영역의 숫자가 더 많기 때문에 오랫동안 특별한 관심을 받은 주제이기도 하다. 이렇게 육각 격자를 가정할 경우 윈도 연산 및 알고리듬이 더 정확하고 효율적이며, 특히 외각 검출과 세선화에 유리하다. Ren et al.(2010)은 세기와 색상의 변화를 동시에 고려하여, 특히 색상 이미지의 각 채널 간 정보를 더 활용해 외각을 잘 검출할 수 있음을 보였다.

5.15 연습문제

1. 식 (5.12)와 식 (5.13)을 증명하라.
2. 5.9절에서, 소벨 연산자가 외각 방향을 추정할 때 오차가 발생하지 않는 조건을 찾아라. 그런 다음 이를 활용해 식 (5.17)을 증명하라.

06

모서리, 특징점, 불변 특징 검출

모서리 검출은 복잡한 모양의 물체 위치를 찾고 2차원 또는 3차원상에서 그 위치를 추적하고자 할 때 유용하다. 6장에서는 이 주제를 살펴보고, 검출에 가장 적합한 방식이 어떤 것인지를 논할 것이다.

6장에서 다루는 내용은 다음과 같다.

- 모서리 특징을 활용하는 방법
- 모서리 검출을 위한 다양한 방법들: 템플릿 매칭, 2차 도함수 방식, 메디안 방식, 해리스(Harris) 특징점 검출법
- 최대 모서리 신호 위치와 검출 과정에서의 편중 현상
- 모서리 방향 추정 방법
- 불변 특징 검출이 필요한 이유와 불변 특징의 체계
- 유사성과 아핀 변환에 대해 불변인 특징 검출법: SIFT, SUFT, MSER 등
- 불변 검출자에 연속적인 매칭 작업을 수행하기 위한 다중 변수 설명자를 도입해야 하는 이유
- 기존 및 불변 타입 특징 및 그 검출자의 성능을 측정하기 위한 지표
- 그레이디언트 지향 히스토그램(HOG, histograms of oriented gradients)을 통한 특징 검출 접근법

위와 같이 어떤 검출 작업을 수행하기 위해 서로 연관된 다양한 방식들이 존재한다. 그러나 각 방식은 속도, 정확도, 민감성, 강건성 등에서 서로 차이를 보인다. 6장에서는 이러한 모든 측면을 소개하는 것을 목표로 한다.

6.1 서론

이 장에서는 모서리를 효율적으로 검출하는 방법을 다룬다. 앞 장에서 살펴봤듯이, 일반적으로는 특징점을 구하는 방식을 통해 물체의 위치를 가장 효과적으로 찾을 수 있다. 예를 들어 직선이나 원형, 곡선, 구멍, 모서리 등이 중요한 특징에 속한다. 그중에서도 모서리는 물체의 위치와 방향을 찾고, 크기를 측정할 수 있다는 측면에서 특히 중요하다. 예를 들어 로봇이 물체를 집어 들도록 지시할 때 방향 정보는 필수인데, 대부분의 검사 분야에서 크기를 측정하는 과정은 필수적이다. 따라서 머신 비전에서 효율적이고 정확한 모서리 검출 방식은 큰 비중을 차지한다.

먼저 가장 확실한 검출 방법(템플릿 매칭)을 살펴본 다음, 로컬 세기 함수의 2차 도함수를 기반으로 한 다른 방식을 다룬다. 이어서 메디안 필터가 모서리를 검출하는 데 유용하게 쓰일 수 있으며, 그 속성이 2차 도함수 기반 연산자와 비슷함을 보일 것이다. 그런 다음 로컬 세기 함수의 '1차' 도함수를 계산한 뒤, 그 2차 모멘트를 사용한 검출자에 대해 검토할 것이다. 이러한 전통적인 모서리 검출 방식을 거쳐, 십여 년 전부터 쓰여온 불변 로컬 특징 검출자로 넘어간다. 이 방식은 특히 3차원 장면을 넓은 각도로 관측할 때, 예를 들어 빠르게 움직이는 물체를 매칭하기 위해 개발됐다. 마지막 부분에서는 다양한 모서리 및 특징 검출자의 성능 지표를 비교하는 중요한 작업에 대해 언급한다.

6.2 템플릿 매칭

앞에서 템플릿 매칭 방식을 다룬 내용을 떠올려보면(5장 '외각 검출' 참고), 모서리 검출을 위해서는 적절한 템플릿을 구할 필요가 있다. 이 템플릿은 일반적인 모서리 모양을 담게 되는데, 예를 들어 3 × 3 이웃 영역의 경우 다음과 같은 형태를 취한다.

$$\begin{bmatrix} -4 & 5 & 5 \\ -4 & 5 & 5 \\ -4 & -4 & -4 \end{bmatrix} \quad \begin{bmatrix} 5 & 5 & 5 \\ -4 & 5 & -4 \\ -4 & -4 & -4 \end{bmatrix}$$

이 두 템플릿을 90° 간격으로 회전시켜 8개의 템플릿 세트를 만들게 된다. Bretschi(1981)

은 다른 방식으로 템플릿 세트를 생성하는 방법을 제안했다. 외각 검출 템플릿의 경우 포함된 마스크 계수를 전부 더하면 0이 되도록 값을 정하게 되며, 따라서 모서리 검출은 빛의 전체적인 세기 변화에 영향을 받지 않는다. 이론적으로 이 템플릿 세트를 사용하면 22.5° 범위 내의 모든 모서리의 위치와 방향을 찾을 수 있다.

그러나 모서리는 너무나 다양한 특성을 갖고 있다. 예를 들어 뾰족함의 정도나 내부 각도, 경계의 세기 그레이디언트 등에서 차이를 보인다(여기서 '뾰족함pointedness'은 '평탄함bluntness'의 반대 의미로 사용됐다. 이와 구분해, '선예도sharpness'는 모서리 영역에서 경계가 꺾이는 총 각도 η, 즉 π에서 내부 각도를 뺀 각도를 뜻한다). 이러한 이유 때문에 최적의 모서리 검출 연산자를 찾는 일은 상당히 어렵다. 또한 일반적으로 3 × 3 템플릿 마스크를 사용할 경우에는 모서리를 효율적으로 찾기가 쉽지 않다. 그런데 큰 이웃 영역의 경우, 마스크 크기가 커질 뿐만 아니라 최적의 모서리 검출을 위해서는 더 많은 수의 마스크가 필요해진다. 이 때문에 실제로 모서리를 검출할 때 필요한 계산량이 지나치게 증가할 것임은 어렵지 않게 예상할 수 있다. 이에 대한 해결책으로서, 분석적 방식으로 임의의 방향에 대한 모서리 반응을 추정하는 접근법이 있다. 이렇게 하면 여러 경우에 대해 각자 반응을 구하고 최대의 신호를 찾지 않아도 된다. 이 장의 나머지 내용은 이러한 접근법에 입각한 방식들을 살펴볼 것이다.

6.3 2차 도함수 방식

2차 차분 연산자는 외각 검출에 쓰이는 1차 차분 연산자의 접근 방법을 모서리 검출에 적용한 방식이라 할 수 있다. 물론 실제로 둘 간의 관계는 좀 더 복잡하다. 그레이스케일 이미지에서 모서리는 세기 레벨이 급격하게 변하는 영역에 해당한다. 이 경우 외각 검출에 사용되는 연산자를 적용하면 모서리 또한 찾을 수 있다. 그러나 모서리 픽셀은 외각 픽셀보다 그 수가 매우 적다. 한 예로, 두 외각 선분이 교차하는 지점을 모서리 픽셀로 정의할 수 있다(예를 들어 256 3 256 또는 64K 픽셀 이미지에 대해, 외각 픽셀이 1000개(~2%)인 반면 모서리 지점은 30개(~0.06%)만 존재할 수 있다). 따라서 '곧바로' 모서리를 찾는 연산자, 즉 '번거롭게 외각 위치를 찾지 않아도 되는' 연산자가 있으면 좋을 것이다. 이를 구별하기 위해서는 이미지 세기의 로컬 변화를 최소 2차 미분 단위로 구하는 작업이 필요하다. 이에 따르면 로컬 세기 변화는 다음과 같이 쓸 수 있다.

$$I(x, y) = I(0,0) + I_x x + I_y y + I_{xx}x^2/2 + I_{xy}xy + I_{yy}y^2/2 + \ldots \tag{6.1}$$

여기서 아래첨자는 x 및 y 방향에 대한 편미분을 나타내며, 원점 $X_0(0, 0)$ 기준으로 위 식을 적용한다. 이를 통해 대칭적인 2차 도함수 행렬을 구하면 다음과 같다.

$$\mathcal{I}_{(2)} = \begin{bmatrix} I_{xx} & I_{xy} \\ I_{yx} & I_{yy} \end{bmatrix} \quad \text{여기서 } I_{xy} = I_{yx} \tag{6.2}$$

이 식을 적용하면 X_0에서의 로컬 곡률에 대한 정보를 얻을 수 있다. 좌표계를 필요한 만큼 회전하려면 $\mathcal{I}_{(2)}$를 사선 형태로 변화시키면 된다.

$$\tilde{\mathcal{I}}_{(2)} = \begin{bmatrix} I_{\tilde{x}\tilde{x}} & 0 \\ 0 & I_{\tilde{y}\tilde{y}} \end{bmatrix} = \begin{bmatrix} \kappa_1 & 0 \\ 0 & \kappa_2 \end{bmatrix} \tag{6.3}$$

이 경우 X_0에서의 주된 곡률값을 다시 해석해 도함수로 삼게 된다.

특히 회전에 대해 불변인 연산자를 찾는 것은 중요하며, $\mathcal{I}_{(2)}$ 등의 행렬의 대각합이나 행렬식값이 회전에 대해 불변이라는 점으로부터 Beaudet(1978) 연산자를 구할 수 있다.

$$\text{라플라시안}^{\text{Laplacian}} = I_{xx} + I_{yy} = \kappa_1 + \kappa_2 \tag{6.4}$$

$$\text{헤시안}^{\text{Hessian}} = \det(\mathcal{I}_{(2)}) = I_{xx}I_{yy} - I_{xy}^2 = \kappa_1\kappa_2 \tag{6.5}$$

라플라시안 연산자는 선분과 외각에 대해 높은 반응을 보이며, 따라서 모서리 검출을 위해서는 그렇게 적합한 것은 아니다. 반면에 보데Beaudet의 'DET' 연산자는 선분이나 외각에는 반응하지 않지만 모서리 근처에서는 강한 신호를 낸다. 이러한 특성 때문에 모서리 검출로서는 매우 유용하다. 하지만 DET는 모서리 한쪽 면과 다른 면에 대해 반대 부호의 반응을 보인다. 다시 말해 실제 관심 지점, 즉 실제 모서리 지점에서는 반응을 보이지 않는다. 따라서 모서리가 존재하는지의 여부와 정확한 모서리 지점을 찾기 위해서는 좀 더 복잡한 분석이 필요하다(Dreschler and Nagel, 1981; Nagel, 1983). 그림 6.1에서 이 문제를 확인할 수 있다. 점선은 경사를 따라가며 변화하는 세기에 대해 수평 방향의 최대 곡률을 찾는 과정을 나타낸다. DET 연산자는 P와 Q 지점에서 최대 반응을 보이며, 따라서 P와 Q 사이에 DET 값이 0인 '이상적' 모서리 지점 C를 찾는 과정이 추가된다.

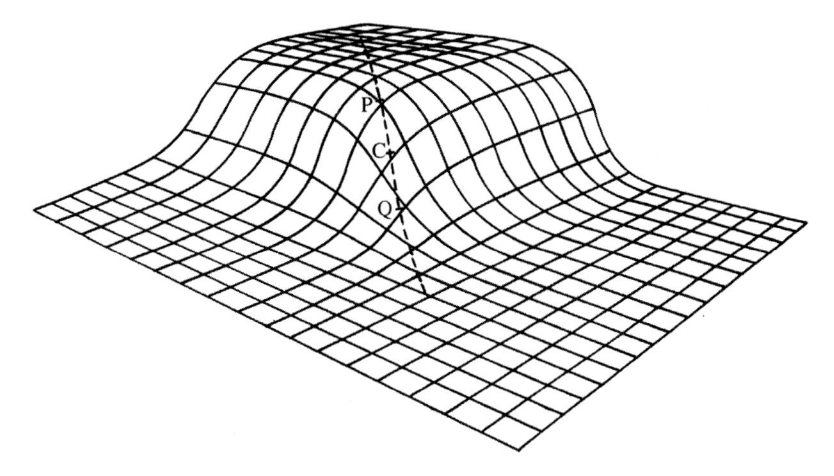

그림 6.1 완만하게 변하는 세기 함수에 대해 정확한 모서리 위치를 찾는 과정. 점선은 경사를 따라가며 변화하는 세기에 대해 수평 방향의 최대 곡률을 찾는 과정을 나타낸다. DET 연산자는 P와 Q에서 최대 반응을 나타내며, DET가 반응을 보이지 않는 정확한 모서리 지점 C를 찾는 과정이 필요하다.

비교적 복잡하지 않게 이 문제를 해결하는 방법으로서, Kitchen and Rosenfeld(1982)는 외각 방향의 로컬 변화를 시작으로 다양한 전략을 비교했다. 이 과정에서 수평 외각 탄젠트 방향의 그레이디언트 방향 벡터에 대한 로컬 변화율을 추정하는 정확한 연산자를 고안했고, 이 값이 세기 함수 I의 곡률 κ를 계산한 값과 수학적으로 동일함을 보였다. 실제 모서리의 강도를 나타내기 위해 κ에 로컬 세기 그레이디언트 g를 곱한 값을 사용했다.

$$\begin{aligned} C &= \kappa g = \kappa(I_x^2 + I_y^2)^{1/2} \\ &= \frac{I_{xx}I_y^2 - 2I_{xy}I_xI_y + I_{yy}I_x^2}{I_x^2 + I_y^2} \end{aligned} \tag{6.6}$$

마지막으로, 외각의 노멀 방향에 대해 비최대 억제를 수행하는 휴리스틱 알고리듬을 사용해 모서리 위치를 더 정확하게 찾을 수 있도록 했다.

1983년 나겔Nagel은 비최대 억제를 사용한 KRKitchen and Rosenfeld 모서리 검출자가 이론적으로는 DNDreschler and Nagel 모서리 연산자와 동일함을 보일 수 있었다. 1년 뒤에는 Shah and Jain(1984)에서, 세기 함수에 대해 바이큐빅bicubic 다항 모델을 적용한 ZHZuniga and Haralick 모서리 검출자(1983)가 KR 검출자와 근본적으로 같음을 보였다. 그러나 ZH 모서리 검출자는 세기 그레이디언트에 대해 임계화를 진행한 다음 이미지상의 외각 지점만 선택해, 여기에 모서리 세기 기준으로서 곡률 함수를 적용하는 방식으로 이뤄진다. 외각 검출을 연산자에 포함시킴으로써, ZH 검출자는 노이즈로 인식될 수 있는 거짓 모서리를 대부분 제거하게 된다.

그다지 놀랍지 않지만, 이 세 모서리 검출자는 마지막 과정에서 같은 물리적 현상을 다루기 때문에(Davies, 1988d) 기본적으로 거의 유사하다. 그러나 이렇게 수학 공식을 통해 최종 결과를 구하는 방식이, 수평 방향 곡률에 세기 그레이디언트를 구하는 방식처럼 시각적으로 쉽게 나타낼 수 있다는 점은 주목할 만하다.

6.4 메디안 필터 기반 모서리 검출

Paler et al.(1984)는 모서리를 검출하는 완전히 다른 전략을 발표했다. 이 방식은 메디안 필터의 특성에 기반해, 놀랍게도 처음부터 비수학적인 접근 전략을 취한다. 구체적으로 이미지에 메디안 필터를 적용한 다음, 원본 이미지와 필터링한 이미지의 차이를 구해서 새로운 이미지를 형성한다. 이 차이 이미지는 모서리의 로컬한 강도 정보를 나타내는 신호를 담고 있다.

이러한 방식의 문제는 원본 이미지에 포함된 모든 노이즈를 끄집어내 이것을 '모서리' 신호로 판단한다는 데 있다. 다행히 이러한 현상이 그렇게 심각한 수준은 아니다. 우선 노이즈가 없을 경우, 메디안 필터가 직선 외각의 위치를 심하게 움직이거나 하지는 않기 때문에(3장 '이미지 필터링과 모폴로지' 참고) 강한 신호는 이러한 외각이나 배경 영역에 속하지 않는다. 또한 윈도가 배경 영역에서부터 서서히 움직여 중앙 픽셀이 볼록한 물체 모서리에 이르는 동안까지, 메디안 필터를 적용한 값은 변하지 않는다. 따라서 급격히 변하는 신호는 모서리를 가리킨다고 해도 무방하다.

Paler et al.(1984)는 이 방식으로 얻은 신호의 세기를 분석해, 신호의 강도가 (1) 로컬 대비와 (2) 모서리의 '선예도sharpness'에 비례함을 밝혔다. 이때 선예도란, Wang et al.(1983)에 따르면 경계가 휘어 들어가는 각도 η를 뜻한다. 경계가 필터 이웃 영역 내에서(보통 η 전체) 돌아 들어가도록 되어 있다고 가정하므로, 2차 세기 도함수 방식과는 차이가 크다고 할 수 있다. 이 경우 1차 및 2차 계수가 로컬 세기의 특성을 충분히 정확하게 대변한다는 가정을 포함하며, 따라서 세기 함수는 연속적이고 미분 가능한 속성을 띠게 된다. 따라서 2차 도함수 방식은 몇 픽셀 범위 내에서 모서리 방향이 바뀌는 뾰족한 모서리의 경우에는 결과를 예측할 수 없게 된다. 그렇긴 해도, 두 방식의 차이점을 제대로 파악하기 위해서는 우선 비슷한 점들을 정리하는 것이 더 유리하다. 다음 절에서 이에 대해 알아볼 것이다.

6.4.1 메디안 검출 연산 분석

여기서는 필터 이웃 영역 내에서 그레이스케일 세기가 거의 변하지 않는 경우에 메디안 모서리 검출자의 성능이 어떻게 나오는지를 분석한다. 이를 통해 모서리 검출자가 세기 변화에 대한 낮은 차원의 도함수와 어떤 관계에 있는지를 밝힐 수 있으며, 결국 앞에서 살펴본 2차 도함수 모서리 검출자와 성능을 비교할 수 있게 된다.

우선 연속적인 아날로그 이미지에 대해, 완벽한 원형 이웃 영역으로 메디안 필터를 적용한다고 가정하자. 신호 강도와 미분 계수 간의 관계를 찾아야 하므로, 너무 문제가 복잡해지지 않게 하기 위해 노이즈는 존재하지 않는다고 가정한다. 이제 3장 '이미지 필터링과 모폴로지'에서 살펴봤듯이, 세기 함수가 특정 방향 $\tilde{x}$에 대해서는 거리에 비례해 변하지만 그 수직 방향인 $\tilde{y}$에 대해서는 변하지 않는 경우, 원형 윈도 내의 메디안값은 이웃 영역의 중앙값과 일치한다. 즉, 메디안 모서리 검출자는 수평 방향 곡률이 로컬하게 0일 경우에 0을 출력한다.

수평 방향으로 작은 양의 곡률 κ가 존재할 경우, 같은 값의 세기를 연결하면 원형에 가까우며 곡률이 거의 균일한 등고선들을 그릴 수 있고 원형 윈도 안에서는 반지름 a로 그려진다(그림 6.2). 메디안값을 따라서 등고선을 그렸다고 생각해보자. 이 등고선의 중심점은 윈도의 중심을 지나지는 않지만, $\tilde{x}$축의 음의 방향을 따라서 위치가 변화한다. 또한 이 변위에 따라 모서리 검출자를 통해 얻은 신호가 달라지게 된다. 예를 들어 변윗값이 D일 경우, 거리 D에 따라 세기가 변하는 정도를 나타내는 $g_{\tilde{x}}$를 가정하면 모서리 신호는 $Dg_{\tilde{x}}$가 된다(그림 6.2). 남은 문제는 D와 수평 곡률 κ 사이의 관계다. 사실 3장 '이미지 필터링과 모폴로지'에서 이미 이 둘 사이의 관계를 수식으로 표현한 바 있다. 다음 수식을 기반으로 하면,

$$D = \frac{1}{6}\kappa a^2 \tag{6.7}$$

모서리 신호는 다음과 같이 표현된다.

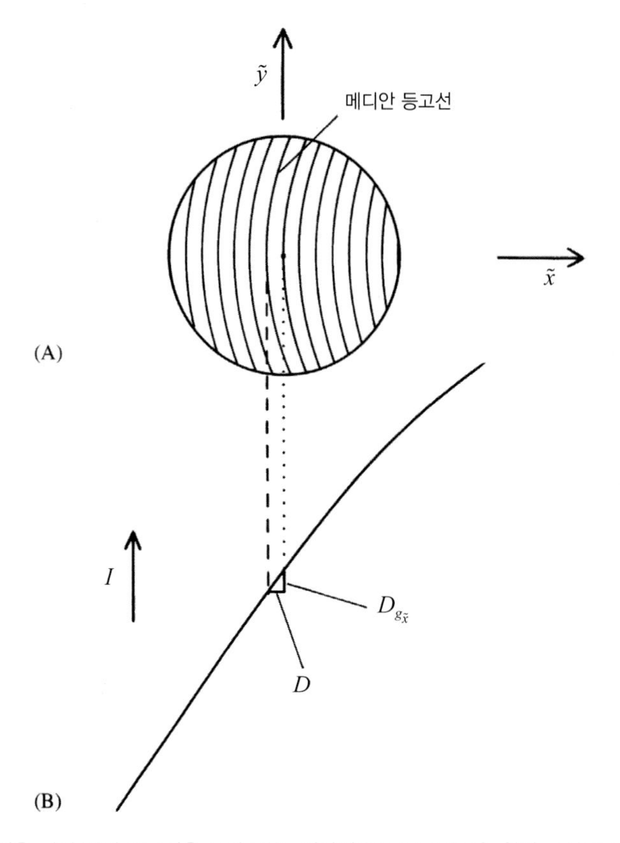

그림 6.2 (A) 작은 이웃 영역 내에 등고선을 그린 모습. 이상적으로 등고선들은 원형 곡선으로 평행하게 그려지며, 곡률이 균일하다(메디안 세기에 해당하는 등고선은 이웃 영역의 중심점을 지나지 않는다). (B) 세기 변화를 나타낸 단면도. 메디안 등고선 위치 *D*를 통해 모서리 세기를 추정할 수 있음을 확인할 수 있다. © Springer 1988

$$C = Dg_{\tilde{x}} = \frac{1}{6}\kappa g_{\tilde{x}} a^2 \tag{6.8}$$

C의 단위가 세기(상수)와 같다는 점을 고려하면 이 수식은 다음 형식으로 표현해도 무방하다.

$$C = \frac{1}{12}(g_{\tilde{x}} a)\cdot(2a\kappa) \tag{6.9}$$

따라서 Paler et al.(1984)가 고안한 공식에 따르면, 모서리 세기는 모서리의 대비 및 선예도와 깊은 연관이 있다.

요약하면, 메디안 기반 모서리 검출자를 통해 얻은 신호는 수평 방향 곡률과 세기 그레이디언트에 비례한다. 따라서 이 방식은 6.3절에서 살펴본 세 종류의 2차 세기 도함수 검출자와 동일한 반응을 보여주며, 그중에서도 KR 검출자와 가장 유사한 형태를 하고 있다. 그러나 사실 이러한 비교는 세기에 대한 2차 도함수가 전체 이미지에 걸쳐 유의미한 정보를 제공해줄 때만 의미가 있다. 예를 들어, 모서리가 너무 뾰족해 전체 각도 중 상당 부분이 메디안 이웃 영역 내에서 휘어 들어가는 경우에는 상황이 매우 다를 것이다. 또한 메디안 필터 자체가 임펄스 노이즈를 억제하는 데 상당히 유리하므로 노이즈로 인한 차이 또한 발생할 것임을 어렵지 않게 예측할 수 있다. 일단 작은 수평 곡률에 대해서는 메디안과 2차 도함수 방식이 잡는 모서리 위치의 차이가 없으며 그 정확도도 동일하다.

6.4.2 실제 예제

메디안 필터를 통한 모서리 검출 방식은 매우 효과적임이 실험을 통해 증명된 바 있다(Paler et al., 1984; Davies, 1988d). 실험 결과에서 모서리는 명확히 검출되며, 로컬 이미지 대비와 모서리 선예도에 비례해 신호의 세기가 증가하는 것을 확인할 수 있다(그림 6.3). 3 × 3 필터를 적용했을 때 노이즈가 더 눈에 잘 띄며, 따라서 5 × 5 이상의 이웃 영역에 대한 필터를 사용하는 것이 모서리를 더 잘 식별할 수 있다. 그러나 이웃 영역 크기가 커지면 메디안 연산이 더 느려지며, 5 × 5 이웃 영역에서도 배경 노이즈가 두드러지는 것은 마찬가지이므로, 기본적으로 메디안 기반 방식이 2차 도함수 방식보다는 성능이 좋다고 말할 수는 없다. 하지만 이 단점은 소위 '스키밍skimming' 과정을 거치면 보상할 수 있다. 즉, 먼저 외각 그레이디언

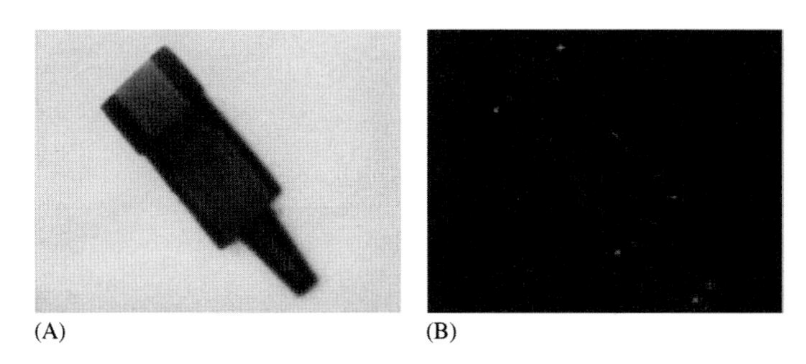

그림 6.3 (A) 128 × 128 6비트 그레이스케일 원본 이미지. (B) 5 × 5 이웃 영역 크기의 메디안 필터를 사용한 외각 검출. 신호 강도가 대략 모서리 대비와 선예도에 비례함을 유의하라.

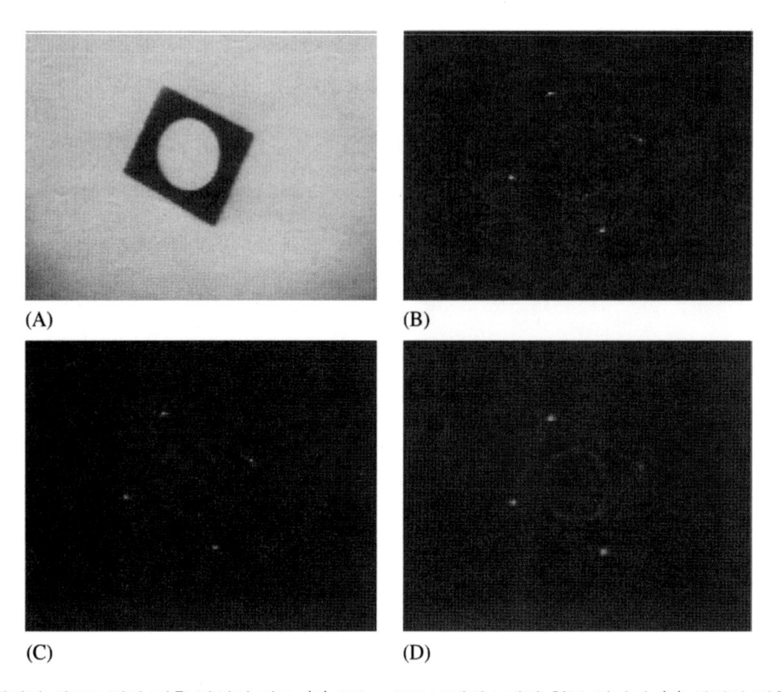

그림 6.4 메디안 및 KR 외각 검출 방식의 비교: (A) 128 × 128 그레이스케일 원본 이미지, (B) 메디안 검출 방식을 적용한 결과, (C) 적절한 그레이디언트 임계화를 적용한 결과, (D) KR(Kitchen and Rosenfeld) 검출 방식을 적용한 결과. 배경 노이즈가 상당히 많음에도 (A)에서는 잘 드러나지 않는 반면, (B)에서는 두드러진다. 메디안 및 KR 방식을 잘 비교하기 위해, 둘 모두 동일하게 5 × 5 이웃 영역 크기를 사용했으며 비최대 억제 연산을 적용하지 않았다. 또한 그레이디언트 임곗값은 (C)와 (D)에서 동일하다. © Springer 1988

트값을 임계화해 외각 위치를 잡고, 여기에 메디안 검출자를 적용해 모서리 위치를 찾는 것이다(Davies, 1988d). 이렇게 보완한 방식을 사용하면, KR 방식과 성능을 비교했을 때 모서리 신호 위치를 더 잘 포착할 수 있고 정확도도 향상된다. 2차 도함수 방식은 그에 비해 신호가 또렷하지 않고, 흐리거나 불명확한 결과를 내놓는 경향이 있다(그림 6.4).

이 단계에 이르면 굳이 2차 도함수 연산을 사용해 흐린 모서리 신호를 얻을 이유가 없다. 기본적으로 뾰족한 모서리의 경우 세기 함수에 대해 좀 더 높은 차수의 도함수가 더 중요해지므로 2차 도함수 연산자를 적용했을 때는 이러한 특성과 충돌할 가능성이 높아지며, 따라서 이 방식을 적용할 만한 당위성이 적다. 2차 도함수 방식을 적용할 경우 뾰족한 모서리의 끝부분이 이웃 영역 안에 있기만 하면 강한 모서리 신호가 나오므로, 이 모서리 신호가 흐려지는 영역은 최소 반지름 a를 갖는다. 그러나 KR 방식을 통해 얻는 신호의 선예도는 비최대 억제를 통해 향상될 수 있다(Kitchen and Rosenfeld, 1982; Nagel, 1983). 그런데 이 기법은 메디안 기반 모서리 검출 방식으로 얻은 값에도 적용할 수 있으므로, 결국 메디안 기반 방식이 근본적으로 2차 도함수 방식보다 더 정밀한 신호를 얻게 해준다고 할 수 있다.

종합하면, 메디안 기반 모서리 검출 방식의 불리함은 스키밍 방식을 통해 개선할 수 있으며, 이 기법을 거치면 2차 도함수 방식보다 훨씬 정밀하게 모서리 신호를 얻을 수 있다. 정확도에 차이가 나는 기본적인 이유는 메디안 필터가 윈도 내부에서 메디안값에 해당하는 등고선 주변의 몇 픽셀에만 민감하게 반응하는 반면, 2차 도함수 연산자는 일반적인 합성곱을 통해 윈도 내의 모든 픽셀 세깃값에 영향을 받기 때문이다. 따라서 KR 연산자는 뾰족한 모서리의 끝부분이 윈도 안에 존재하기만 하면 강한 신호를 내는 경향이 있다.

6.5 해리스 특징점 연산자

앞에서 살펴본 2차 도함수 방식은 기본적으로 모서리의 세기 프로파일이 부드럽게 변하는 이상적인 형태를 가정해 설계된 것이다. 또한 세기 프로파일이 부드럽게 변하거나 미분 가능하지 '않은' 곡선 외각의 경우에, 다른 접근 방식을 통해 모서리를 검출할 수 있게 하는 메디안 필터 검출자도 살펴봤다. 지금부터는 이 두 가지 외의 모서리 검출 방법을 정리해볼 것이다. 그중 매우 광범위하게 쓰이는 방식을 꼽아보자면 해리스Harris 연산자가 있다. 2차 도함수 방식과는 다소 다르게, 해리스 연산자는 세기 함수에서 1차 도함숫값만을 취한다. 그런데 이것만으로 모서리를 검출하기 위한 충분한 정보가 되는 걸까? 이 절에서는 이 연산자 모델을 소개하며 이 질문에 대한 답을 제시할 것이다.

해리스 연산자는 이미지의 세기 그레이디언트 로컬 성분 I_x, I_y를 사용해 매우 간단하게 정의할 수 있다. 이때 정의된 크기의 윈도 영역 전체에 대한 평균값 $\langle \cdot \rangle$을 사용한다. 우선 다음과 같은 행렬을 계산한다.

$$\Delta = \begin{bmatrix} \langle I_x^2 \rangle & \langle I_x I_y \rangle \\ \langle I_x I_y \rangle & \langle I_y^2 \rangle \end{bmatrix} \tag{6.10}$$

이때 아래첨자는 세기 I의 편미분 변수를 가리킨다. 그런 다음 행렬의 행렬식과 대각합을 계산해 모서리 신호를 추정한다.

$$C = \det \Delta / \operatorname{trace} \Delta \tag{6.11}$$

살펴본 것처럼 정의상으로는 평균을 사용하도록 되어 있지만, 세기 그레이디언트의 2차곱의 합을 사용하면 좀 더 편리하게 계산할 수 있다.

$$\Delta = \begin{bmatrix} \Sigma I_x^2 & \Sigma I_x I_y \\ \Sigma I_x I_y & \Sigma I_y^2 \end{bmatrix} \tag{6.12}$$

검출자가 어떻게 작동하는지 이해하기 위해, 우선 단일 외각을 예시로 살펴보자(그림 6.5(A)). 이 경우

$$\det \Delta = 0 \tag{6.13}$$

이는 I_x가 윈도 영역 전체에 대해 0이기 때문이다. 이때 det Δ와 trace Δ가 축의 회전에 대해 값이 변하지 않으므로, 외각이 수평 방향이라 할지라도 상관없음을 유의하라.

다음으로 모서리 영역에 대해 계산해보면 다음과 같다(그림 6.5(B)).

$$\Delta = \begin{bmatrix} l_2 g^2 \sin^2 \theta & l_2 g^2 \sin \theta \cos \theta \\ l_2 g^2 \sin \theta \cos \theta & l_2 g^2 \cos^2 \theta + l_1 g^2 \end{bmatrix} \tag{6.14}$$

여기서 l_1 및 l_2는 윈도 내의 두 외각 성분의 길이, g는 외각 대비(윈도 내에서 상수라고 가정)다. 따라서 다음과 같은 관계가 성립한다.

$$\det \Delta = l_1 l_2 g^4 \sin^2 \theta \tag{6.15}$$

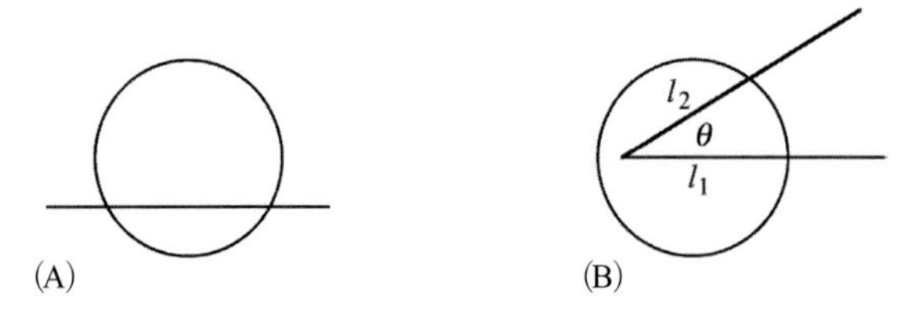

그림 6.5 직선 외각과 일반적인 모서리에 대한 경우: (A) 원형 윈도 내에 걸쳐 있는 단일 직선 외각, (B) 원형 윈도 내에 걸쳐 있는 일반적인 모서리. 원형 윈도를 사용하면 방향에 대해 어떠한 형태의 편향도 발생하지 않는다. © IET 2005

그리고

$$\text{trace}\,\Delta = (l_1 + l_2)g^2 \tag{6.16}$$

따라서

$$C = \frac{l_1 l_2}{l_1 + l_2} g^2 \sin^2\theta \tag{6.17}$$

즉, (1) 윈도 내의 외각 길이에 따라 결정되는 세기 인수 λ와 (2) 대비 인수 g^2, (2) 외각 '선예도' θ에 따라 결정되는 형태 인수 $\sin^2\theta$의 곱이 된다. C는 $\theta = 0$ 및 $\theta = \pi$일 경우에 0이 되고, $\theta = \pi/2$일 경우에 최댓값이 된다. 직관적으로 그 이유를 이해할 수 있을 것이다.

세기 인수 λ와 C가 최댓값이 되는 외각 길이 l_1 및 l_2에 대한 규칙이 존재한다. 상수 $L = l_1 + l_2$를 가정하면 $l_1 = L - l_2$가 된다. 이제 l_1을 소거하면,

$$\lambda = \frac{l_1 l_2}{l_1 + l_2} = \left[L l_2 - l_2^2\right]/L \tag{6.18}$$

$$\therefore \quad \mathrm{d}\lambda/\mathrm{d}l_2 = 1 - 2l_2/L \tag{6.19}$$

이때 $l_2 = L/2$, 즉 $l_1 = l_2$일 때 값은 0이 된다. 다시 말해 윈도 내에 모서리가 대칭적으로 위치하고 있을 때 같은 L에 대해 모서리 신호가 최댓값을 기록하며, 모서리가 움직여 L 자체가 최대가 되는 위치를 찾아가면 신호는 더 증가한다(그림 6.6).

또한 l_i가 작을 경우(i에 관계없이) 모서리 신호는 l_i에 대해 선형으로 증가하지만, 앞에서 살펴봤듯이 너무 길어져서 단일 직선 외각 영역으로 넘어가게 되면 모서리 검출자는 이를 무시한다.

마지막으로, 앞에서 살펴본 모델의 경우 모든 직교 좌표축에 대한 대칭 행렬의 속성을 이용하기 때문에 고윳값 및 고유벡터값을 계산할 수가 있다. 그러나 모서리를 2등분할 수 있도록 축을 선택해 위 수식을 계산하면 Δ 행렬의 비대각 성분은 부호만 달리하여 $(L/2)g^2 \sin(\theta/2)\cos(\theta/2)$ 값을 가지며, 따라서 소거 가능하다. 또한 대각 성분은 고윳값이 되며, 각각 $(L/2)g^2 \times 2\cos^2(\theta/2)$와 $(L/2)g^2 \times 2\sin^2(\theta/2)$가 된다. 되풀이하면 $\theta = 0$ 및 $\theta = \pi$일 경우 고윳값은 0이 되며, 따라서 행렬식 역시 0이 되어 모서리 신호가 사라지게 된다. 또한 $\theta = \pi/2$일 경우 신호는 최대가 된다.

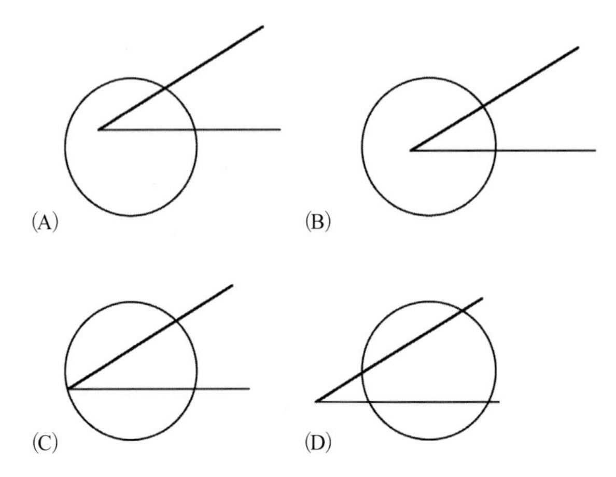

그림 6.6 원형 윈도에 대해 뾰족한 모서리가 위치할 수 있는 경우의 수: (A) 일반적인 경우, (B) $l_1 = l_2$인 대칭적인 위치(표기법에 대해서는 그림 6.5(B)를 참고하라), (C) 최대 신호인 경우, (D) 모서리 끝이 윈도를 벗어나 신호가 줄어드는 경우 © IET 2005

6.5.1 여러 형태의 모서리 신호 및 전이

이 절에서는 모서리의 선예도에 따라 최대 모서리 신호가 나타나는 조건을 비교해볼 것이다. 앞 절에서 살펴봤듯이 기본적으로 최대 신호는 $l_1 = l_2 = L/2$일 때 나타난다.

먼저 $\theta = 0$일 경우 $C = 0$이 됨을 이미 앞에서 살펴본 바 있다.

다음으로 θ가 작은 경우, 즉 $\pi/2$ 이하일 때는 모서리를 움직여 L이 모서리 양쪽에 대해 대칭적으로 증가하도록 하면 된다. 최대 지점은 모서리 끝이 윈도 반대쪽 끝에 도달하는 경우다(그림 6.6). 모서리가 더 멀리 움직여도 되지 않을까 생각할 수 있겠지만, 이 경우 양쪽 외각이 가로로 움직이므로 길이가 오히려 짧아지며, 따라서 신호도 감소한다(그림 6.6(D)).

이제 $\theta = \pi/2$일 경우를 생각해보자. 앞의 경우와 마찬가지로 모서리를 움직여보면 최댓값은 여전히 모서리 끝이 윈도 반대쪽 끝에 도달할 때가 된다(그림 6.7(A)). 그러나 θ가 더 커지는 경우에는 최댓값의 위치가 달라진다(그림 6.7(B)~(D)). 이 경우 모서리 끝이 최댓값 위치에 도달하기 위해 움직여야 하는 거리가 감소하며, 정확히는 모서리의 양쪽 외각이 윈도의 지름 거리에 걸쳐 있을 때가 최댓값 위치가 된다(그림 6.7(D)). 이를 대칭적인 경우($l_1 = l_2$)에 대해 정의하면 다음과 같은 식이 된다.

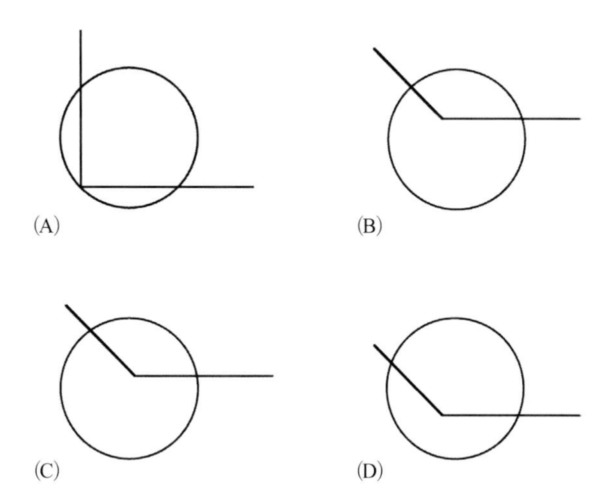

그림 6.7 직각 및 둔각 모서리 형태: (A) 직각 모서리에 대한 최댓값 위치. 그림 6.6(C)에 해당한다. (B) 일반적인 둔각 모서리, (C) $l_1 = l_2$인 대칭적 위치, (D) 최대 신호, (D)의 경우 모서리를 이루는 외각이 원형 윈도의 경계와 교차하는 지점을 이으면 지름이 된다. © IET 2005

$$\lambda_{\text{sym}} = (L^2/4)/L = L/4 \tag{6.20}$$

따라서 L이 감소하면 λ_{sym}과 C 역시 감소한다. 이러한 경향은 $\theta = \pi$가 될 때까지 계속되며, 이 경우 C는 다시 0이 된다.

이제 해리스 검출자로 인한 모서리 전이를 계산해볼 차례다. 검출자는 앞에서 살펴본 '최댓값' 위치를 기준으로 할 때 윈도 중심 위치에서 최대 신호를 나타낸다. 모서리 각도가 작을 경우 모서리 끝이 움직일 수 있는 위치가 윈도 외각의 양쪽 끝에 걸쳐 있으므로, 전이는 윈도의 반지름 a와 같은 양으로 발생한다. θ가 $\pi/2$보다 클 경우, 간단한 기하 계산을 통해(그림 6.8(A)) 전이의 양을 계산할 수 있다.

$$\delta = a \cot(\theta/2) \tag{6.21}$$

따라서 δ는 $\theta = \pi/2$일 때 a로 시작해, $\theta \to \pi$로 접근함에 따라 0을 향해 감소한다(그림 6.8(B)).

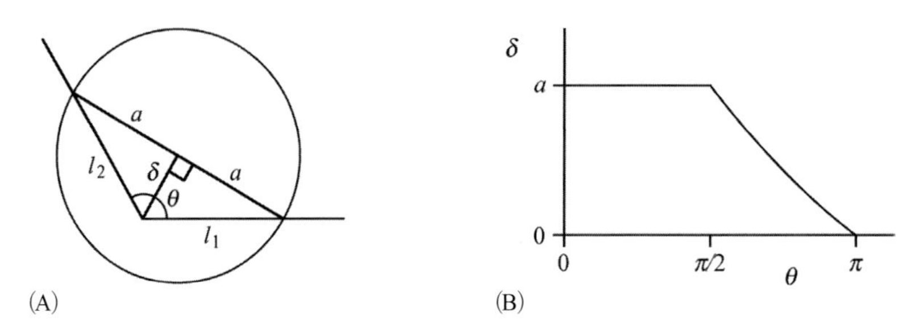

그림 6.8 둔각 모서리 전이량의 계산과 그 결과: (A) 그림 6.7(D)의 모서리 전이량을 계산하기 위한 기하적 설명, (B) 모서리 전이 δ를 모서리 선예도 θ에 대해 나타낸 결과. 그래프 왼쪽 부분은 뾰족한 모서리에 대해 전이량이 a로 균일함을 나타내고 있으며, 오른쪽 부분에서 둔각 영역으로 넘어가면서 그 값이 감소하는 것을 확인할 수 있다. © IET 2005

6.5.2 교차점과 삼중 분기

이 절에서는 간단한 모서리 외에 다양한 형태의 특징에 대해 해리스 연산자가 어떻게 동작하는지를 살펴볼 것이다. 그림 6.9와 그림 6.10에 그 예시를 나타내었다. 결론부터 말하면 해리스 연산자는 이 경우에도 모서리와 비슷한 수준의 성능을 보여준다. 우선 교차점부터 알아보자.

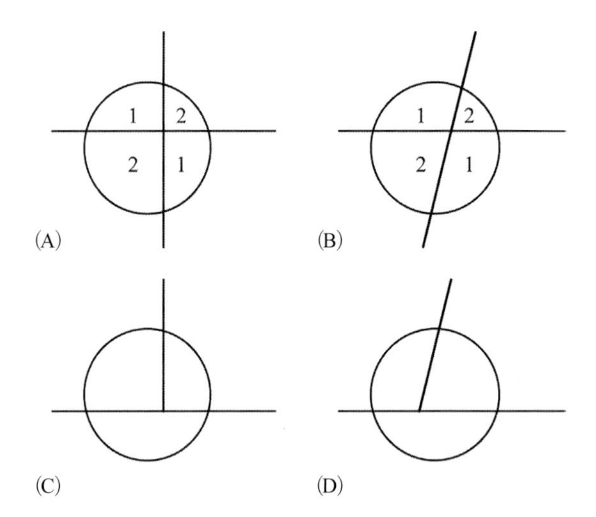

그림 6.9 여러 종류의 특징점. 그림에서 나타내고 있는 특징점은 단순히 모서리로 분류하기 어려운 것들을 모아놓은 것이다. (A) 교차점, (B) 기울어진 교차점, (C) 삼중 분기, (D) 기울어진 삼중 분기. (A)와 (B)에서 숫자는 세깃값이 같거나 다른 영역을 표시한 것이다. © IET 2005

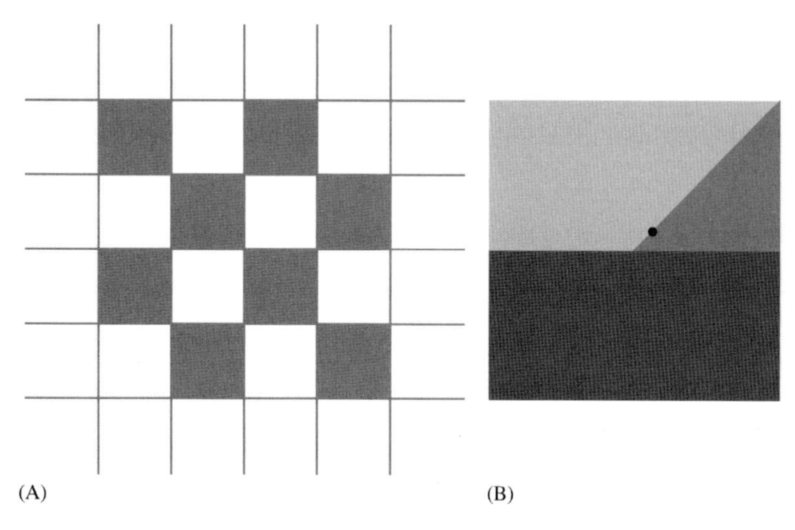

그림 6.10 해리스 모서리 검출자의 성능: (A) 각 모서리 교차 지점에 대해 높은 반응을 보이는 체크보드 패턴. 패턴의 대칭성에 의해 피크 위치는 교차 지점과 동일한 곳에 존재한다. (B) 삼중 분기의 예시. 검은 점은 일반적인 피크 위치를 나타낸다. 그림의 경우 대칭성이 존재하지 않으므로 피크 지점이 분기점에 존재한다는 보장이 없다.

교차점의 경우 가장 중요한 사실은 모서리와 비슷하게 수식을 적용할 수 있다는 데 있다. 특히 식 (6.17)은 동일하다. 그러나 l_1 및 l_2 값은 두 방향에 대한 외각 길이를 합하는 식으로 계산해야 한다. 염두에 둬야 할 점은 두 외각 방향 모두 교차점을 기준으로 대빗값의 부호가 바뀐다는 사실이다. 그렇긴 하지만, 식 (6.17)에서 대비 g의 제곱을 취하기 때문에 반응값 자체가 바뀌지는 않는다. 이 때문에 윈도가 교차점의 중앙에 위치할 경우, 교차점을 여러 모서리 끝이 만나는 지점으로 이해하면 l_1과 l_2 값은 두 배가 된다.

고려해야 할 또 다른 요인은 모서리가 교차점을 기준으로 대칭인지의 여부이며, 이는 최대 신호 지점과도 연관이 있다. 전역적으로 최대 신호는 윈도의 양쪽 외각이 최대 길이를 갖는 지점에서 나타나며, 이 경우 윈도 지름에 근접해 위치하게 된다. 이는 직각 또는 기울어진 교차에서 모두 성립한다(그림 6.9(A), (B) 및 그림 6.10(A)).

이제 역시 자주 나타나는 경우인 삼중 분기에 대해 살펴보자. 이때 분기점은 직각 또는 비스듬하게 영역을 나누며, 사실 모서리나 교차점보다도 이런 식으로 각기 다른 세기를 가진 세 영역을 형성하는 경우가 더 일반적이라 할 수 있다(그림 6.9(C), (D) 및 그림 6.10(B) 참고). 여기서 모든 경우에 대해 처음부터 끝까지 분석을 하지는 않을 것이다. 대신 흥미로운 경우로서, 높은 대비의 외각이 뻗어나가고 낮은 대비의 다른 외각이 거기에 가로막히는 상황을 살펴보자. 이 경우에 추가적인 세기로 인해 분기의 대칭성이 깨지며, 모서리의 피크 지점이 분기점 위에 위치하지 않고 가로 방향으로 움직이게 된다. 그러나 낮은 대비의 모서리가 다른 두 외각에 비해 대비가 매우 낮은 경우 가로 방향의 전이는 최소화된다. 모서리 신호를 계산하기 위해, 우선 식 (6.17)에서 한 외각이 다른 외각보다 높은 대비를 갖는 경우에 대해 일반화해보면 다음과 같다.

$$C' = \frac{l_1 l_2 g_1^2 g_2^2}{l_1 g_1^2 + l_2 g_2^2} \sin^2 \theta \tag{6.22}$$

여기서 l_1은 높은 대비 g_1을 갖는 직선 외각, l_2는 낮은 대비 g_2를 갖는 직선 외각의 길이다. 앞에서 살펴본 내용을 토대로 하면 최대 신호는 $l_1|g_1| = l_2|g_2|$일 때 발생한다. 흥미롭게도, 이는 최대 신호가 낮은 대비의 외각 쪽에 매우 비대칭적으로 나타남을 뜻한다(그림 6.10(B)). 해리스 연산자를 다룬 여러 문헌에서(예: Shen and Wang(2002)) 이렇게 피크의 위치가 형성되는 현상이 관측되긴 했지만, 2005년에 저자가 이 현상을 지적하고 설명하기 전까지는 진지한 연구 대상이 된 바 없었다(Davies, 2005). 얼핏 사소해 보일지라도, 관측된 값의 편중이 이를 기반으로 진행되는 알고리듬의 오차를 가져올 수 있다는 면에서 이는 매우 중요한 현상이다. 그러나 이제는 실제 연산자를 사용할 때 편중이 발생하더라도 여러 연구를 통해 편중 현상을 규명하고 그 값도 계산할 수 있게 됐다.

해리스 연산자는 '특징' 연산자로 분류되기도 하는데, 이는 모서리뿐만 아니라 교차점이나 삼중 분기 등의 특징점 역시 검출하기 때문이다. 앞에서 왜 그런지에 대해 다룬 바 있다. 모서리가 아닌 경우 2차 도함수 신호는 큰 값을 보이지 않는데, 교차점에서 두 2차 도함수의 유사성이 거의 없거나 아예 일치하지 않기 때문이다. 흥미롭게도 해리스 연산자는 플레시Plessey 연산자라고도 종종 불리는데, 이는 연산자를 처음 개발한 기업의 이름을 딴 것이다.

6.5.3 해리스 연산자의 다른 형식

이 절에서는 해리스 연산자를 다른 방식으로 표현하는 방법을 살펴본다. 식 (6.11)에서 나타낸 형태는 Noble(1988)의 방식을 따른 것인데, 이 방식은 식 (6.11)의 역수 형태에서 분모에 작은 양의 상수를 더해 0으로 나눠는 상황을 방지한 것이었다. 그러나 해리스 연산자의 원래 형태는 이와는 다르게 표현된다.

$$C = \det \Delta - k(\text{trace } \Delta)^2 \tag{6.23}$$

여기서 $k \approx 0.04$이다. 상수를 빼면 앞 문단에서 나타낸 형식과 이 수식은 사실상 차이가 없으며, 특히 최적 신호 및 로컬 편중값은 동일하다. k를 포함한 항은 Harris and Stevens(1988)에서, 주요 외각으로부터 발생하는 거짓 양성의 숫자를 제한하기 위해 추가된 것이다. 앞에서 살펴봤듯이, 고립된 외각에서는 $\det \Delta = 0$이므로 근본적으로 이러한 효과가 나타나지 않는다. 그러나 노이즈나 클러터clutter로 인해 어떤 외각의 주변에서 다른 짧은 외각과 이어져 유사 모서리를 형성하는 경우가 발생한다(이 현상의 원인을 설명한 문헌은 없기 때문에 이렇게 설명하는 것이 가장 합리적이다). 따라서 시행착오를 거쳐, 거짓 양성의 수를 최소화하는 k 값을 찾아야 한다. 문헌들을 찾아보면 실제로 이러한 과정을 통해 얻을 수 있는 k 값은 거의 비슷하게 0.04나 0.05로 수렴한다. 로켓Rocket은 이를 분석해, (1) k를 0이 아니라 0.04로 설정하면 외각에 의한 거짓 양성을 현저하게 줄일 수 있으나, (2) 최적의 k 값은 0.04보다는 0.05에 훨씬 더 가깝고, 0.06 이하에서 k 반응 함수는 연속적으로 완만하게 변하는 곡선을 그린다는 사실을 발견했다(Rocket, 2003). 그럼에도 불구하고 k의 최적값은 이미지 데이터에 따라 다르다.

그러나 그림 6.11에 나타낸 해리스 연산자 테스트는 (0으로 나누는 문제에 대해 고려함에도 불구하고) k 항을 포함시키지 않은 식 (6.11)을 사용했다. 결과에서 볼 수 있듯이 외각에서 거짓 양성이 두드러지게 나타나는 경향은 없지만, 이는 앞에서 설명한 효과가 잘 일어나지 않는 특정한 종류의 데이터이기 때문일 가능성이 있다.

끝으로 언급할 것은, 해리스와 그 밖의 연산자(2차 도함수나 메디안 등)를 이론적으로 비교할 때는 식 (6.11)과 식 (6.17)의 제곱근을 취해서 결과가 외각 상수 g에 비례하는지 확인해야 한다는 점이다.

6.6 모서리 방향

이 장에서는 모서리의 위치에만 초점을 맞추어 검출하는 방식을 살펴보고 있다. 그러나 검출 가능한 다른 종류의 물체와 비교해보면, 모서리는 구멍과 달리 등방형이 아니므로 방향 정보

그림 6.11 해리스 특징점 검출자: (A) 원본 이미지, (B) 특징점의 특징 강도, (C) 5픽셀 및 (D) 7픽셀 범위에서 가장 큰 반응을 보이는 특징점 위치, (E)~(F) 이어지는 시퀀스에서의 최대 특징점 위치(7픽셀 범위 내의 최댓값 기준). (D)~(F)에서는 특징들이 일관되게 검출되는 것을 확인할 수 있는데, 이는 추적을 위해 매우 중요한 요소다. 특징점이 말 그대로 특징적인 위치들, 즉 모서리, 발, 하얀 차선의 끝부분, 성의 창문과 지붕 등을 가리키고 있음을 주목하라. 또한 픽셀 범위 내에서 구한 값이 더 클수록 그 특징이 실제 물체와 갖는 관련성이 커진다.

를 포함하고 있다. 이렇게 여러 특징에서 얻은 정보를 활용해 물체의 존재와 위치를 찾는 데 사용될 수 있다. 11장 '일반 허프 변환'에서 살펴보겠지만 방향 정보를 포함시키면 이미지 해석의 범위를 상당히 좁힐 수 있으며, 따라서 탐색 문제 등에서 계산 시간이 꽤 단축된다.

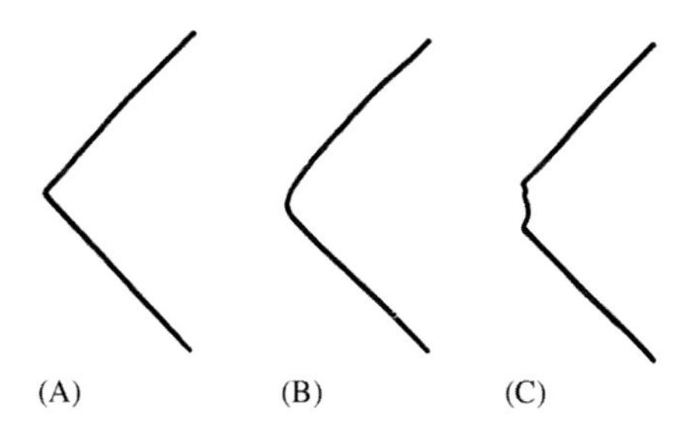

그림 6.12 모서리의 종류: (A) 뾰족한 모서리, (B) 둥근 모서리, (C) 부서진 모서리. (A) 형태의 모서리는 일반적인 금속 물체이고 (B) 형태는 비스킷이나 음식인 데 비해, (C)는 음식에서 자주 보이지만 금속 재질로는 잘 나타나지 않는 형태다. © IEE 1988

모서리를 정확하게 지정할 수 없을 경우(그림 6.12) 또는 작은 이웃 영역 내에서만 검출될 수 있을 경우에는 방향의 정확도가 제한될 수밖에 없다. 그러나 방향 오차는 거의 45° 이상 발생하지 않으며, 대부분 20° 이하다(사실 모서리 위치의 정확도 또한 문제가 되지만, 이는 11장 '일반 허프 변환'에서 제시하듯이 허프 변환을 통해 해결할 수 있다). 모서리 방향의 정확도가 외각 방향(1° 정도)보다는 낮긴 하지만(5장 '외각 검출' 참고), 이미지를 해석할 수 있는 범위를 제시한다는 점에서 가치가 충분하다.

모서리 방향을 추정하기 위한 간단한 방법부터 시작해보자. 기본적으로 모서리 위치를 정확하게 찾기만 하면, 방향은 간단하게 그 위치의 그레이디언트를 계산하면 된다. 이때 추정한 모서리 위치 주변의 작은 영역에 대해 평균 세기 그레이디언트를 계산하면 방향을 더 정확하게 구할 수 있다. 다시 말해, $\langle I_x \rangle$ 및 $\langle I_y \rangle$ 성분을 사용하는 방식이다.

6.7 로컬 불변 특징 검출자 및 설명자

앞 절에서는 모서리 및 특징점 검출자, 즉 특징을 사용해 물체의 위치를 찾는 방법을 살펴봤다. 이때 물체를 놓치거나 그 위치를 잘못 찾을 확률을 줄이기 위해서는 검출자의 민감도, 신뢰성, 정밀도가 중요해진다. 2부, 특히 11장 '일반 허프 변환'에서 다루는 물체 유추 방식의 경우, 특징 중 일부를 찾지 못하거나 반대로 노이즈를 특징으로 인식하더라도 그리 큰 문제가 되지 않을 정도로 충분히 강건하다. 전체적인 맥락에서 이 유추 방식은 2차원 정보를 바탕으로 물체를 찾는다. 물체는 거의 평평하거나 평평한 면을 갖고 있다고 가정하며, 따라서 3차원적인 왜곡은 발생하지 않는다. 게다가 3차원 공간에서 모서리는 거의 모든 시점에서 봐도 모서리로 보이므로, 강건한 물체 유추 알고리듬을 적용하면 물체의 위치를 찾을 수 있다. 그러나 3차원 공간에서 완전히 다른 방향의 시점으로 물체를 바라보면 모양이 너무나 많이 바뀌어서, 이미지상에 모든 특징이 계속 존재한다 하더라도 물체를 인식하기가 매우 어려워진다. 이 지점에서 광간격wide-baseline 관측 방식이 등장한다. 양안시binocular vision의 경우 두 시점이 좁은 화각(인간의 경우 ~7cm)을 갖고 배치되어 있으며, 시점 간의 차이를 통해 깊이 정보를 얻게 된다. 이때 하나의 시점에서 관측되는 특징이 다른 시점에서 인식되지 않는 경우는 매우 드물다(다만 직물 등 수많은 비슷한 특징들이 패턴을 갖고 반복되는 경우에는 예외다). 반면 광간격을 두고 물체를 관측하면, 예를 들어 큰 움직임이 있었을 때 시점 간의 각도 차는 50°에 육박한다. 각도가 더 크게 벌어질수록 인식률이 떨어짐은 당연하다. 이러한 상황은 물체가 관측되는 순서를 기억하는 식으로 극복할 수 있긴 하지만, 일단 여기서는 50° 정도 화각이 넓게 배치된 시점에서 로컬 특징을 통해 얻을 수 있는 정보에 집중할 것이다.

요약하면 50°가량의 넓은 화각 시점에서 로컬 특징을 인식해, 특별한 어려움 없이 물체를 인식하고 추적할 수 있게 하는 것이 목표다. 앞에서 살펴본 모서리와 특징점 검출자는 이러한 상황에 대응할 특별한 방법을 갖고 있지 않다. 따라서 대응을 위해서는 추가적인 기준을 만족해야 한다. 첫째, 일관되게 특징을 검출해야 하며 시점의 변화와 무관하게 특징 검출이 반복성을 띠어야 한다. 둘째, 특징은 해당하는 영역의 관한 설명을 포함해 각 시점에서 물체의 동일한 물리적 특징을 찾아낼 확률을 높여야 한다. 예를 들어, 각 이미지가 ~1000개의 모서리 특징을 포함하고 있다고 하자. 두 시점 간의 특징을 연결하는 경우의 수는 백만 가지가량 될 것이다. 평평한 물체의 경우 강건한 유추 방식을 통해 이를 연결할 수 있지만, 일반적인 3차원 물체를 관측할 경우에는 특징을 짝짓는 것이 불가능하거나 불확실성을 줄이기 위해 상당히 긴 시간을 필요로 한다. 따라서 특징을 연결하는 작업에 드는 시간을 최소화하는 것이 상당히 중요한 비중을 차지한다. 이상적으로, 각 특징에 대해 충분한 설명description이 주어진다면 시점 간에 특징을 쉽게 일대일로 연결할 수 있다. 그러나 우리가 검출한 모서리에 대해서는 꺾인 각도와 세기(또는 색상) 정보만 확인할 수 있기 때문에 현재 단계에서는 먼 이야기다(게다가 이러한 정보는 시점이 바뀜에 따라 약간씩 변한다는 점도 감안해야 한다). 다음으로 일관적이고 반복성 있는 특징 검출 및 특징 설명을 위해 필요한 두 가지 요소를 살펴볼 차례이지만, 그 전에 먼저 이에 필요한 특징 정규화 방식들을 정리할 것이다.

6.7.1 기하 변환과 특징 정규화

대체로, 일관되고 반복적인 특징 검출을 위해서는 시점 간의 차이를 정규화하는 작업이 필요하다. 확실하게 쓸 수 있는 정규화 요소는 스케일scale, 아핀 왜곡affine distortion, 원근 왜곡perspective distortion이다. 첫 번째는 간단하고, 두 번째는 어려우며, 세 번째는 적용하기에 비현실적이다. 이러한 차이는 특징마다 요소를 얻어내는 데 필요한 매개변수의 수가 다르기 때문이다. 로컬 특징점은 필연적으로 적은 수를 유지해야 한다는 점을 유의하자. 특징점의 숫자가 늘어날수록 추정해야 할 매개변수의 정확도는 감소하기 때문이다. 그림 6.13은 2차원 형태에 여러 종류의 변환을 적용한 결과를 나타낸다. 이어지는 수식은 각각 유클리드 변환Euclidean transformation, 유사 변환similarity transformation, 아핀 변환affine transformation을 정의한다.

$$\begin{bmatrix} x' \\ y' \end{bmatrix} = \begin{bmatrix} r_{11} & r_{12} \\ r_{21} & r_{22} \end{bmatrix} \begin{bmatrix} x \\ y \end{bmatrix} + \begin{bmatrix} t_1 \\ t_2 \end{bmatrix} \tag{6.24}$$

$$\begin{bmatrix} x' \\ y' \end{bmatrix} = \begin{bmatrix} sr_{11} & sr_{12} \\ sr_{21} & sr_{22} \end{bmatrix} \begin{bmatrix} x \\ y \end{bmatrix} + \begin{bmatrix} t_1 \\ t_2 \end{bmatrix} \tag{6.25}$$

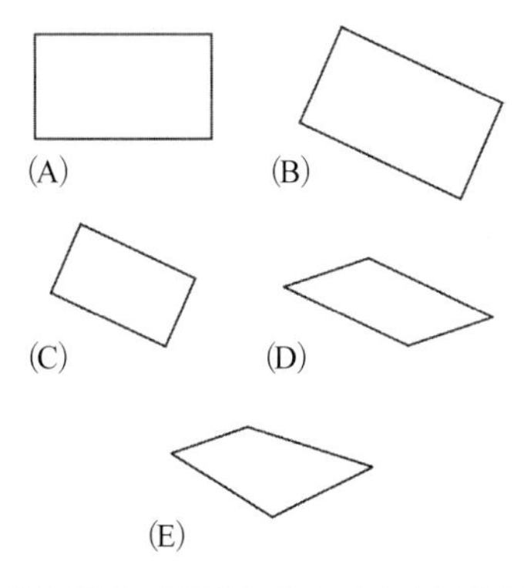

그림 6.13 볼록한 2차원 형태에 다양한 변환을 적용했을 때의 결과: (A) 원본 형태, (B) 유클리드 변환(이동 + 회전)을 적용한 결과, (C) 유사 변환(스케일 변경)을 적용한 결과, (D) 아핀 변환(늘이기 + 기울이기)을 적용한 결과, (E) 원근 변환(perspective transform)을 적용한 결과. (D)에서는 원본 형태에서 평행했던 변이 평행을 유지하고 있지만, 투영 변환을 수행한 뒤 (E)에서는 평행이 깨졌음을 유의하라. 각 변환은 직전 항목까지의 변환을 일반화한 것으로 이해할 수 있다. 변환에 대한 자유도는 각각 3, 4, 6, 8이다. 마지막 항목의 경우, 볼록성을 유지한다는 전제하에 각 4개의 꼭짓점이 독립적으로 2개의 자유도를 가지며 움직인다.

$$\begin{bmatrix} x' \\ y' \end{bmatrix} = \begin{bmatrix} a_{11} & a_{12} \\ a_{21} & a_{22} \end{bmatrix} \begin{bmatrix} x \\ y \end{bmatrix} + \begin{bmatrix} t_1 \\ t_2 \end{bmatrix} \tag{6.26}$$

이때 회전은 각도 θ에 따라 이뤄지며, 회전 행렬은 다음과 같다.

$$\begin{bmatrix} r_{11} & r_{12} \\ r_{21} & r_{22} \end{bmatrix} = \begin{bmatrix} \cos\theta & -\sin\theta \\ \sin\theta & \cos\theta \end{bmatrix} \tag{6.27}$$

유클리드 변환은 이동 및 회전 연산을 구현하며, 3개의 자유도DoF, degrees of freedom를 갖는다. 유사 변환은 여기에 확대/축소 연산을 포함하며, 4개의 자유도를 갖는다. 아핀 변환은 여기에 늘이기 및 기울이기 연산을 추가하며, 6개의 자유도를 갖는다. 또한 평행한 변이 평행을 유지하는 연산 중 가장 복잡한 변환에 속한다. 투영 변환projective transformation은 더욱 복잡한 변환이며 8개의 자유도를 갖는다. 이 경우에 추가된 연산은 (1) 평행선을 평행하지 않게 움직이며, (2) 직선의 길이 '비율'을 바꾸는 동작을 한다. 이렇게 매개변수가 늘어남에 따라, 특징점의 분포를 통해 원근 왜곡을 추정하기가 어려워진다. 또한 아핀 왜곡을 추정할 경우 스케일 변수의 정확도가 감소하는 경향을 띠기도 한다.

6.7.2 해리스 스케일 및 아핀 불변 검출자와 설명자

앞에서 설명한 아이디어를 더 자세히 들여다보기 전에, 해리스 연산자 같은 특징 검출자를 통해 이미 위치와 방향을 추정할 수 있으며 따라서 이동과 회전에 대한 정규화가 가능하다는 점을 언급해둔다. 스케일은 추가적으로 정규화가 가능하다. 기본적으로는 주어진 특징 검출자를 여러 스케일에 대해 마스크의 크기를 점점 키워서 적용한다. 해리스 연산자의 경우 크게 두 가지 스케일을 사용한다. 하나는 외각 검출(차분)을 위한 스케일 σ_D이고, 하나는 이미지의 전체적 특징을 구하기 위한(적분) 스케일 σ_I다. 실무에서 이 두 스케일은 $\sigma_I = \gamma\sigma_D$의 관계로 연결할 수 있으며(이 경우 보편성을 약간 잃게 된다), 여기서 γ는 0~1 범위 내의 값을 갖는다(일반적으로는 ~0.5 정도 값이 된다). 따라서 σ_I는 전체 특징 연산자의 스케일을 나타낸다. 이제 σ_I 값을 바꾸어가며 로컬 이미지 데이터에 가장 들어맞는 결과를 내는 연산자를 구하면 된다. 가장 잘 들어맞는 경우(극값), 이미지의 해상도와 무관하게 로컬 이미지 구조를 나타내게 된다. 이런 식의 '스케일 적응형scale-adapted' 해리스 연산자는 '스케일 공간scale-space'상에서 봤을 때

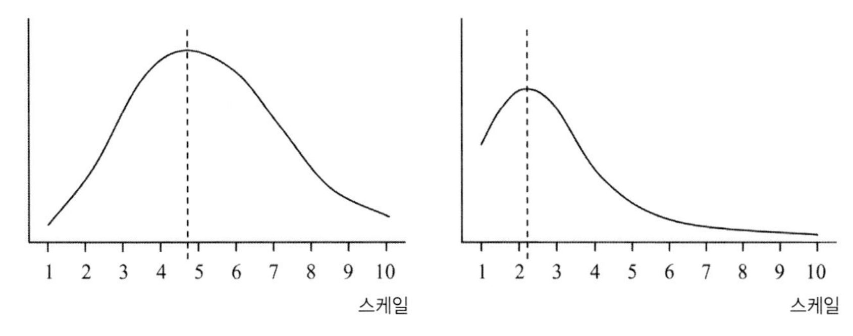

그림 6.14 매칭 대상인 두 물체의 스케일 그래프. 왼쪽의 그래프는 4.7의 극값을 보이며, 오른쪽은 2.2가 최대다. 따라서 스케일링 비율을 2.14:1로 설정했을 때 두 물체가 가장 잘 매칭된다. 그래프 수직축의 스케일은 최적화를 계산하는 데 크게 중요한 요소가 아니다.

실제 최댓값에 이르지는 못한다(Mikolajczyk and Schmid, 2004). 이는 스케일이 넓은 범위 내에서 변화하더라도 모서리는 계속 모서리로서 인식되기 때문이다(Tuytelaars and Mikolajczyk, 2008). 최적의 스케일을 찾기 위해서는 완전히 다른 방식으로 접근할 필요가 있다. 즉, 해리스 연산자를 사용해 특징점 위치를 찾은 다음, 그 주변에 대해 라플라시안 연산자를 사용해 이상적인 스케일을 구하는 것이다. 이렇게 구한 스케일을 조정해, 부합하는 필터(즉, 최적의 신호 대 잡음비를 갖는)를 통해 라플라시안 프로파일이 로컬 이미지 구조와 가장 정확하게 맞는 경우를 찾는다(그림 6.14). 이때 필요한 연산자를 가우시안의 라플라시안LoG, Laplacian of Gaussian이라 부른다. 이는 가우시안 필터로 이미지를 스무딩한 다음 라플라시안 $\nabla^2 = \frac{\partial^2}{\partial x^2} + \frac{\partial^2}{\partial y^2}$ (5장 '외각 검출' 참고)을 적용하는 것과 같다. 또한 합성곱(⊗) 결합 규칙을 적용하면, $\nabla^2 \otimes (G \otimes I) = (\nabla^2 \otimes G) \otimes I = LoG \otimes I$가 된다. 이를 통해 등방성 결합 합성곱 연산자를 나타내면 다음과 같다.

$$LoG = \frac{(r^2 - 2\sigma^2)}{\sigma^4(2\pi\sigma^2)} \exp(-r^2/2\sigma^2) = \frac{(r^2 - 2\sigma^2)}{\sigma^4} G(\sigma) \tag{6.28}$$

여기서

$$G(\sigma) = \frac{1}{2\pi\sigma^2} \exp(-r^2/2\sigma^2) \tag{6.29}$$

이 연산자에 대한 최적화를 수행하면 모서리의 스케일, 위치, 2차원 방향을 구할 수 있다.

이는 두 모서리를 비교하는 동안 이동, 회전, 스케일을 불변으로 유지할 수 있음을 뜻한다. 아핀 불변성을 확보하려면 모서리 이웃 영역의 아핀 형태를 추정해야 한다. 식 (6.10)의 해리스 행렬을 스케일 적응형으로 다시 쓰면 다음과 같다.

$$\Delta = \sigma_D^2 G(\sigma_I) \otimes \begin{bmatrix} I_x^2(\sigma_D) & I_x(\sigma_D)I_y(\sigma_D) \\ I_x(\sigma_D)I_y(\sigma_D) & I_y^2(\sigma_D) \end{bmatrix} \tag{6.30}$$

여기서

$$I_x(\sigma_D) = \frac{\partial}{\partial x} G(\sigma_D) \otimes I \tag{6.31}$$

이며, $I_y(\sigma_D)$의 경우에도 비슷하다. 이 수식들은 차분(σ_D)과 적분(σ_I) 스케일에 모두 적용된다. 이제 스케일 적응형 해리스 연산자의 각 스케일에 대해, 라플라시안 방식에서 사용한 과정을 되풀이한다. 다만 이번에는 먼저 반복적인 방법으로 로컬 세기 패턴에 가장 잘 들어맞는 타원 곡선의 프로파일을 찾는다. 이렇게 타원 곡선으로 근사한 값을 사용해 뚜렷한 모서리에 적용하면, 각각 다른 스케일에서 시작하는 것보다 더 일관되고 강건한 평균값을 구할 수 있다. 이러한 타원 곡선은 (원형과 비교했을 때) 두 수직 방향으로 늘어난 형태를 띤다. 늘어나고 기울어진 정도를 계산하면 아핀 매개변수가 된다.

마지막 단계인 특징 정규화는 타원형 프로파일을 등방성을 띤 원형 곡선으로 변환해, 아핀 불변성(즉, 아핀 변형이 사라진)을 확보하는 것이다. 이는 최적 스케일 적응형 2차 행렬(식 (6.30))의 고윳값을 균등화하는 과정에 해당한다.

두 모서리를 비교할 때는 불변 매개변수가 필요하다. 이러한 종류의 설명자를 구하기 위해서는 특징점의 로컬 이웃 영역에 대해, 특징 프로파일을 등방 형태로 변환한 다음 해당하는 가우시안 도함수를 찾아야 한다. 이때 가우시안 도함수를 표준화된 등방 프로파일 크기에 맞게 조정하고, 고차 도함수를 1차 도함수 성분(즉, 이웃 영역의 평균 세기 그레이디언트)으로 나누어 세기 변화에 대해 정규화를 진행해야 한다. Mikolajczyk and Schmid(2004)의 연구에서, 12차원의 설명자는 4차까지의 도함수를 사용해 구할 수 있다(사용된 도함수의 차수는 1차 2개, 2차 3개, 3차 4개, 4차 5개다. 1차 도함수를 제외하면 4차까지 사용된 도함수는 총 12개다). 이 설명자 세트를 적용했을 때, 분리된 각도가 40°에 달하는 시점에 대해서는 40% 이상, 70° 분리된 아핀 변환의 경우 최대 40%의 반복성으로 특징을 인식하고 매칭하는 것이 가능함이 증명됐다. 또한 해리스-라플라스 방식의 경우 위치의 정확도가 분리 각도에 대해 선형으로, 40° 이상부터는 급격히 감소하는 반면, 해리스-아핀 방식은 허용 가능한 정확도(~1.5픽셀 에러)를 유지했다. 해리스-라플라스 방식은 분리각 40°를 일종의 한계점으로 삼는다.

6.7.3 헤시안 스케일 및 아핀 불변 검출자와 설명자

해리스 연산자에 기반한 스케일 및 아핀 불변 검출자와 설명자가 개발되던 동일한 시기에, 헤시안Hessian 연산자를 기반으로 한 유사 연산자 역시 연구되기 시작했다. 해리스 연산자가 세기 함수 I의 1차 도함수에 대해 정의되는 반면, 헤시안 연산자(식 (6.5) 참고)는 I의 2차 도함수에 대해 정의된다. 따라서 해리스 연산자는 외각에 기반하고 있으며, 헤시안 연산자는 블롭blob에 기반한다고 볼 수 있다. 이는 두 가지 이유 때문에 중요하다. 첫째, 두 형태의 연산자는 물체에 대해 각기 다른 정보를 전달할 것이고 실제로 그렇다. 따라서 어떤 면에서 둘은 상보적인 관계에 있다고 해야 한다. 둘째, 헤시안은 해리스보다 라플라시안 스케일 추정자에 잘 매치된다. 실제로 헤시안은 행렬식에 기반하고 있으며 라플라시안은 2차 도함수 행렬의 대각합에 기반한다(식 (6.2)). 헤시안이 라플라시안에 더 잘 매치된다는 것은 곧 스케일을 더 정확하게 선택할 수 있음을 뜻한다(Mikolajczyk and Schmid, 2005). 헤시안-라플라시안 및 헤시안-아핀 연산자의 나머지 세부 사항은 이에 대응하는 해리스 연산자와 유사하기 때문에 여기서 더 다루지는 않을 것이다. 다만 네 경우 모두 그 내용에 따라 이미지당 200~3000개의 영역을 검출하게 됨은 유의할 필요가 있다(Mikolajczyk and Schmid, 2005).

6.7.4 스케일 불변 특징 변환 연산자

로우Lowe의 스케일 불변 특징 변환SIFT, scale invariant feature transform은 1999년 처음 발표됐으며, 더 자세한 내용은 Lowe(2004)에서 찾을 수 있다. 스케일에 대해서만 불변성을 한정하고 있지만, 이 방식의 등장은 두 가지 이유에서 중요하다. (1) 비전 커뮤니티에 불변 형태 검출자가 존재한다는 사실과 그 중요성 및 가치를 상기시켰다. (2) 설명자가 특징 매칭에 대해 얼마나 큰 역할을 할 수 있는지를 보였다. 스케일 추정에 대해, SIFT 연산자는 기본적으로 앞에서 설명한 해리스나 헤시안 기반의 연산자와 동일한 원리로 작동한다. 차이점이라면 LoG 대신 가우시안의 변화량DoG, Difference of Gaussians을 사용해 계산 시간을 단축한다는 것이다. 이것이 왜 가능한지는 식 (6.29)에서 G를 σ에 대해 미분해보면 알 수 있다.

$$\frac{\partial G}{\partial \sigma} = \left(\frac{r^2}{\sigma^3} - \frac{2}{\sigma}\right) G(\sigma) = \sigma\, LoG \tag{6.32}$$

따라서 두 스케일 간의 DoG를 사용하면 LoG를 근사할 수 있게 된다.

$$LoG \approx \frac{G(\sigma') - G(\sigma)}{\sigma(\sigma' - \sigma)} = \frac{G(k\sigma) - G(\sigma)}{(k-1)\sigma^2} \tag{6.33}$$

여기서 스케일 상수 k는 스케일 간에 정규화를 수행한다.

이렇게 하는 이유는 해리스 및 헤시안 기반 검출자에 대해 SIFT가 확실히 차이를 보이도록 설명자를 설계했기 때문이다. 이 경우 연산자는 각 스케일에 대해 받침 영역support region을 16 × 16 샘플 배열로 나누어, 각각에 대해 세기 그레이디언트 방향을 추정한다. 그런 다음 이 배열을 다시 16개의 4 × 4 하위 배열로 묶고, 각각 방향에 대한 히스토그램을 생성한다. 이때 방향값은 8 방향 중 하나로 제한된다. 즉, 최종적으로 출력되는 값은 8 방향으로 분류한 히스토그램의 4 × 4 배열이 된다. 이때 이 출력은 4 × 4 × 8 = 128차원으로 정의할 수 있다.

이런 형태의 검출자는 해리스-아핀보다 더 반복성이 좋은 것으로 알려졌으며(Mikolajczyk, 2002), 50° 이상 각도가 분리된 경우에도 50% 이상 매칭 정확도를 유지한다. 그러나 해리스-아핀 방식이 지닌 안정성의 한계 때문에, Lowe(2004)는 Pritchard and Heidrich(2003)의 방식을 따라 60° 화각이 분리된 경우에 대한 SIFT 요소를 추가할 것을 추천하고 있다. 이러한 검출자의 성능에 대해서는 6.7.7절에서 더 자세히 다룰 것이다.

6.7.5 고속 강건 특징 연산자

SIFT가 등장한 이후, 효과적이며 매우 효율적인 그리고 SIFT보다 상대적으로 더 작은 크기의 불변 특징 검출자를 개발하고자 하는 노력이 이어져 왔다. 그 결과 중 주목할 만한 것은 Bay et al.(2006, 2008)에 처음 등장한 고속 강건 특징SURF, speeded-up robust feature 방식이다. 이 방식은 헤시안-라플라스 연산자에 기반을 두며, 속도를 증가시키기 위해 다음 몇 가지 방법을 사용한다. (1) 헤시안을 빠르게 계산하고 스케일 공간을 분석하기 위해 적분 이미지 방식을 사용한다. (2) LoG 대신 DoG를 사용해 스케일값을 정한다. (3) 그레이디언트 히스토그램 대신 하르Haar 웨이블릿의 합을 사용하며, 이로 인해 설명자는 SIFT의 절반인 64차원으로 구성된다. (4) 매칭 단계에서 라플라시안값의 부호를 고려한다. (5) 여러 가지 상황에 맞게 다양한 형태로 연산자를 단순화한다. 특히 '수직' 버전의 경우 빌딩이나 다른 야외 객체처럼 수직으로 곧게 서 있는 물체의 특징을 ±15° 범위 내에서 인식하게 해준다. 정확하고 강건한 설계를 유지한 덕분에 이 연산자는 SIFT보다 더 성능이 뛰어나며, 3차원 물체의 방향을 1° 이하의 정확도로, SIFT나 해리스-라플라스, 헤시안-라플라스보다 더 정밀하게 추정할 수 있음이 증명됐다.

이 방식의 구현에서 중요한 부분을 차지하는 것은 적분 이미지 방법(Simard et al., 1999)으로서, Viola and Jones(2001)에 의해 빛을 봤지만, 2000년대에 예상한 만큼 널리 쓰이지는 않았다. 이 방법은 매우 단순하지만 탁월한 속도 향상을 기대할 수 있다. 적분 이미지 I_Σ는 주어진 입력 이미지에 대해 픽셀별로 세깃값을 스캔해 더한 값으로서, 다음과 같이 계산한다.

$$I_\Sigma(x, y) = \sum_{i=0}^{i \leq x} \sum_{j=0}^{j \leq y} I(i, j) \tag{6.34}$$

이 이미지를 통해 원래 이미지의 픽셀 세깃값을 구할 수도 있으며,

$$I(i, j) = I_\Sigma(i, j) - I_\Sigma(i-1, j) - I_\Sigma(i, j-1) + I_\Sigma(i-1, j-1) \tag{6.35}$$

입력 이미지 내에서 임의의 직사각형 영역(예를 들어, 그림 6.15에서 $x = i \sim i + a$, $y = j \sim j + b$에 해당하는 블록 D)의 픽셀 세기 합을 구하는 것도 가능하다.

$$\begin{aligned} \sum_{\mathrm{D}} I &= \sum_{\mathrm{A}} I - \sum_{\mathrm{A,B}} I - \sum_{\mathrm{A,C}} I + \sum_{\mathrm{A,B,C,D}} I \\ &= I_\Sigma(i, j) - I_\Sigma(i+a, j) - I_\Sigma(i, j+b) + I_\Sigma(i+a, j+b) \end{aligned} \tag{6.36}$$

이 방식은 특히 같은 값이 블록 형태로 분포되어 있는 하르 필터를 계산하는 데 자주 쓰인다. 예를 들어 다음과 같은 형태다.

$$\begin{bmatrix} -1 & -1 & 1 & 1 & 1 & 1 & -1 & -1 \\ -1 & -1 & 1 & 1 & 1 & 1 & -1 & -1 \\ -1 & -1 & 1 & 1 & 1 & 1 & -1 & -1 \\ -1 & -1 & 1 & 1 & 1 & 1 & -1 & -1 \end{bmatrix}$$

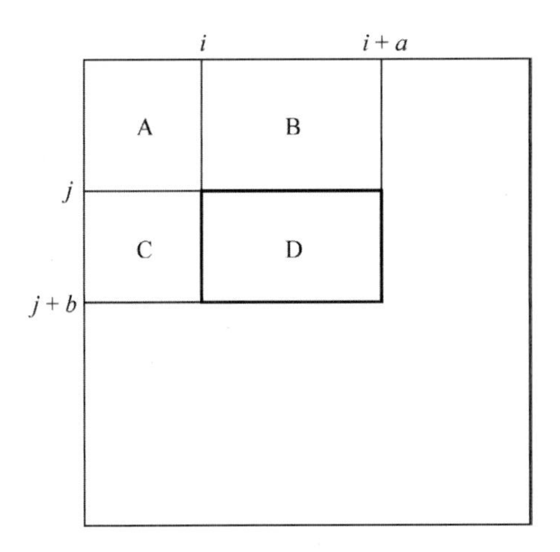

그림 6.15 적분 이미지 방식. 블록 D를 구하기 위해서는 우선 블록 A + B + C + D를 구한 다음, A + B 및 A + C 값을 뺀 후, 마지막으로 A를 더하면 된다. 정확한 수학적 정의는 본문을 참고하라.

계산한 적분 이미지를 사용하면, 어떠한 블록 영역에 대해서든 4개의 값을 사용해 그 영역의 세기 합을 구할 수 있음을 유의하라. 다시 말해, 영역 크기에 무관하게 매우 짧은 시간에 연산을 수행할 수 있다. 이 방식을 일반화하면 3차원 박스 필터에도 적용할 수 있으며(Simard et al., 1999), 상술했듯이 SURF에서 스케일 공간 내에서의 계산에 사용된다.

6.7.6 최대 안정 극값 영역

지금까지는 불변 특징을 살펴봤지만, 불변 영역 형태로 된 특징은 다루지 않았다. 이 형태의 특징에 대해 가장 중요하게 다뤄지는 방식은 최대 안정 극값 영역MSER, maximally stable extremal region이다. 이 방식은 세기 범위를 늘려가며 해당하는 영역을 분석해, 안정적으로 극값을 이루는 경우를 찾는 것을 목표로 한다(6.7.2절에서 살펴봤듯이, 극값을 찾는 방법은 불변 특징을 찾는 효과적인 방식이다).

이 방식(Matas et al., 2002)은 우선 세깃값이 0인 픽셀을 취한 다음, 세기 레벨을 점점 높여가며 해당하는 픽셀들을 더한다. 그리고 각 단계에서 픽셀의 영역을 확인해 가장 넓게 연결된 영역, 즉 '연결 성분connected component'을 극값 영역으로 삼는다(연결 성분 및 관련된 계산에 대한 자세한 설명은 8.3절을 참고하면 된다. 우선은 '연결 성분'을 '영역 내의 모든 픽셀과 연결된 픽셀들을 모은'

영역이라고 이해해보라. 이 정의를 이해한다면 연결 성분이 극값 영역임도 이해할 수 있을 것이다). 더 넓은 범위의 그레이 레벨을 포함시키면 연결 성분의 넓이도 커져가며, 처음에는 분리되어 있던 영역들도 합쳐질 것이다. MSER은 이 연결 성분이 (넓이가 더 이상 급격히 증가하지 않고) 안정되는 시점을 가리킨다. 즉, 각 MSER은 영역의 증가율에 대한 함수를 나타냈을 때 로컬 세기 최솟값을 보이는 위치에 해당한다. 흥미롭게도 넓이의 상대적인 변화는 아핀 불변 특성이므로, 찾아낸 MSER 영역은 스케일 및 아핀에 대해 불변 특성을 갖는다. 또한 세깃값을 다루는 특성상, 이미지 세기를 일괄적으로 변경해도 MSER이 바뀌지는 않는다.

모든 MSER을 임계 이미지의 연결 성분으로 이해할 수 있긴 하지만 이 방식은 전역 임계화와는 다르며, 각 연결 성분이 얼마나 안정적인가를 통해 극값을 판단하는 것이다. 근본적으로 MSER은 임의의 모양을 갖지만, 매칭을 위해 적절한 넓이와 방향, 모멘트를 갖는 타원형으로 변환할 수 있다. 아핀 특징 관점에서는 특이하게도, 이 값의 계산 시간은 픽셀 개수에 선형으로 증가하므로 매우 효율적이라 할 수 있다. 아울러 반복성이 좋은 반면, 이미지 블러에는 취약하다는 특징이 있다. 이 마지막 특징은 연결 성분을 분석하는 과정에서의 정확도와 각 그레이 레벨 간의 종속성에 의해 발생한다. 최근 심화 연구에서 이 문제를 다룬 바 있다(Perdoch et al., 2007).

6.7.7 불변 특징 검출자 간의 비교

지금까지 살펴본 것 외에도 다룰 수 있는 불변 특징 검출자들이 많이 있고(Salient 영역, IBR, FAST, SFOP, …) 여기서 파생된 검출자는 더 많지만(GLOH, PCA-SIFT, …), 지금부터는 검출자 간의 비교에 초점을 두어보자. 사실 새로운 검출자를 발표하는 논문들은 대부분 이전 검출자와의 성능을 비교하는 내용을 넣곤 하지만, 많은 경우 제한된 데이터셋을 사용한다. 이 절에서는 SIFT, SURF, 해리스-라플라스, 해리스-아핀 검출자를 비교한 Ehsan et al.(2010) 논문의 결론 부분을 인용하고자 한다. 이 논문에서 사용한 데이터셋은 각각 6개의 이미지로 이뤄진 Bark, Bikes, Boat, Graffiti, Leuven, Trees, UBC, Wall의 8개 모음을 사용했다. 이미지에 대한 자세한 정보는 옥스퍼드 데이터셋Oxford Data Sets(http://www.robots.ox.ac.uk/~vgg/research/affine/, 2011년 4월 19일 확인)을 참고하라. 표 6.1은 헤시안-라플라스를 기반으로 수정한 SURF를 사용해 그 결과를 나타내고 있다.

표 6.1 불변 특징 검출자 비교

데이터셋	SIFT	해리스-라플라스	헤시안-라플라스	SURF	해리스-아핀	헤시안-아핀	총점
Bark	■■■	■	■	■■	■	■	9
Bikes	■	■■	■■■	■■■	■■	■■■	14
Boat	■■	■■	■■■	■■	■	■■	12
Graffiti	■	■	■	■	■■■	■■■	10
Leuven	■■■	■	■■	■■■	■	■■	12
Trees	■	■■	■■■	■■■	■■	■■	13
UBC	■■	■■■	■■■	■■■	■■■	■■■	17
Wall	■■■	■■	■■	■■■	■■	■■	14
총점	16	14	18	20	15	18	101

총점은 검출자의 전체적인 능력과 데이터셋의 복잡성을 나타낸다. 그러나 검출자 총점의 경우 가장 고수준의 불변성, 즉 스케일이나 아핀을 기준으로 해석해야 한다.

표 6.1과 별개로, Ehsan et al.(2010)은 반복성 관점에서 특징 검출자의 성능을 평가하기 위한 세 가지 기준을 제시하고 있다. 첫 번째는 표준적인 반복성 지표로서,

$$C_0 = N_{\mathrm{rep}}/\min(N_1, N_2) \tag{6.37}$$

여기서 N_1은 첫 번째 이미지에서, N_2는 두 번째 이미지에서 검출된 총 지점 개수이며, N_{rep}는 반복적으로 나타나는 지점의 개수다.

해당 논문은 이전 연구에서(Tuytelaars and Mikolajczyk, 2008) 이미 밝혔듯이 '주어진 응용 분야에 대한 높은 반복성이 높은 성능을 보장하지 않음'을 강조하고 있다. 그 이유 중 하나는 이 방식이 전체 이미지 시퀀스 대신 인접한 이미지 쌍에 대해 특징을 비교하기 때문이다. 구체적으로 논문은 시퀀스의 첫 번째 프레임을 기준으로 하여 각 이미지를 다음 기준에 따라 비교할 것을 제안했으며,

$$C_1 = N_{\mathrm{rep}}/N_{\mathrm{ref}} \tag{6.38}$$

또한 반복성을 측정하는 좀 더 대칭적인 지표도 다음과 같이 제시하고 있다.

$$C_2 = N_{\mathrm{rep}}/(N_{\mathrm{ref}} + N_{\mathrm{c}}) \tag{6.39}$$

여기서 N_{c}는 현재 프레임에서 검출된 총 지점의 수다. 이 지표는 이미지 시퀀스상에서 실제

관측된 값과 비교했을 때 좀 더 현실적이고 덜 엄격한 경향을 갖는다. 일반적인 반복성 지표인 C_0의 경우, (N_1이나 N_2 중 어떤 값이 감소하면 C_0 값이 '증가하기' 때문에) 특징을 검출하는 데 실패하는 경우가 발생한다. 따라서 논문은 C_0의 최댓값 대신 최솟값을 사용할 것을 추천한다. 그러나 최대든 최소든 극단적인 결과를 강조하는 것은 마찬가지이므로 강건한 값이라고 말할 수는 없다. 이러한 관점에서 볼 때 가장 적절한 지표는 C_2다. 피어슨 상관 계수를 통한 실제 관측 결과와 비교할 때 이 값은 최적의 결과를 보이며, 에러가 포함될 확률이 낮음이 증명된 바 있다(Ehsan et al., 2010). C_2를 사용할 경우, 표 6.1(논문의 표 2)에서 볼 수 있듯이 헤시안을 사용한 검출자가 높은 성능을 보인다. 헤시안 연산자의 총합은 각각 18, 18, 20인데, 다른 연산자가 각각 14, 15, 16의 값을 보이는 것에 비하면 높은 결과다(흥미롭게도 최대 및 최소 성능을 보이는 데이터셋(각각 Bark와 UBC)을 제외하고 추산할 경우 그 성능차는 더 크게 나타난다). Tuytelaars and Mikolajczyk(2008)은 헤시안 기반 연산자의 성능을 그렇게 뛰어나다고 분석하지는 않았지만, 이는 해당 연구에서 사용한 데이터셋이 비교적 광범위하지 않기 때문일 것이다. 또한 Ehsan et al.(2010)은 C_2를 사용해 처음으로 이미지 시퀀스를 엄격하게 분석한 연구다.

Tuytelaars and Mikolajczyk(2008)에서 수행한 리뷰는 반복성, 로컬화 정확도, 강건성, 효율성 등 다양한 기준을 통해 성능을 분석했다는 면에서 큰 의의를 갖는다. 표 6.2에 그 결과 중 일부를 나타내었으며, 표 6.1에 다룬 특징 검출자와 단일 스케일 해리스 및 헤시안, 앞에서 살펴본 MSER 검출자(Matas et al., 2002)에 대해 확인할 수 있다. 또한 표를 통해 다음 사실을 발견할 수 있다.

1. 스케일 불변 연산자는 강건성을 유지하는 30° 이하의 뷰포인트 변화 범위 내에서 사용하는 것이 적절하다. 이 이상의 각도에서는 물체의 모양이 바뀌면서 아핀 변환이 발생하기 때문이다.
2. 응용 분야마다 중요하게 여기는 특징의 속성은 다르므로, 적절한 특징을 선택하는 것이 연산자의 성능을 좌우한다.
3. 특징 검출 성능에서 반복성이 항상 제일 중요한 요소는 아니다. 어떻게 측정할지를 정의하고 측정하기 어려움과 더불어, 약간의 모양 변화에 대한 강건성이 더 중요하다.

표 6.2 여러 특징 검출자 간의 성능 평가

검출자	불변성	반복성	정밀도	강건성	효율	총점
해리스	회전	▬▬▬	▬▬▬	▬▬▬	▬▬	11
헤시안	회전	▬▬	▬▬	▬▬	▬	7
SIFT	스케일	▬▬	▬▬	▬▬	▬▬	8
해리스-라플라스	스케일	▬▬▬	▬▬▬	▬▬	▬	9
헤시안-라플라스	스케일	▬▬▬	▬▬▬	▬▬▬	▬	10
SURF	스케일	▬▬	▬▬	▬▬	▬▬▬	9
해리스-아핀	아핀	▬▬▬	▬▬▬	▬▬	▬▬	10
헤시안-아핀	아핀	▬▬▬	▬▬▬	▬▬▬	▬▬	11
MSER	아핀	▬▬▬	▬▬▬	▬▬	▬▬▬	11

총점은 검출자의 전체적인 능력을 나타낸다. 그러나 검출자 총점의 경우 가장 고수준의 불변성을 기준으로 해석해야 한다.

4. 특징의 상보성에 초점을 두어, 상보적인 검출자 또는 상보적 특징을 찾는 검출자를 개발할 필요가 있다.

마지막으로, 비교적 최근에 발표된 Ehsan et al.(2011)은 특징점 검출자의 범위를 측정하는 방법에 대한 기반 연구를 진행했다. 이 연구는 최근의 SFOP 스케일 불변 특징 변환(Förstner et al., 2009)이 가장 뛰어난 검출자이며, 단독으로 또는 다른 연산자와 함께 사용할 수 있음을 확인했다. 또한 C를 계산함에 있어 조화 평균을 사용해 인접한 특징을 과도하게 강조하지 않도록 했다.

$$C = N(N-1) / \sum_{i=1}^{N-1} \sum_{j>1}^{N} (1/d_{ij}) \tag{6.40}$$

(이 식에서 d_{ij}는 지점 i와 j 사이의 유클리드 거리를 나타낸다.)

어떤 검출자가 얼마나 넓은 범위에서 적용 가능한지의 척도를 쉽게 가늠할 수가 없음을 유의하라. 결국 특징점을 랜덤하게 찾아내는 검출자가 이 부분에서는 유리하다고 할 수 있다. 따라서 범위에 대한 지표는 상보적 특징 및 상보 검출자에 대해서만 의미를 갖는다. 혹은 다양한 종류의 특징을 잘 검출하는 경우에도 높은 점수를 받겠지만, 이 경우 다른 지표(반복성, 강건성 등)에 대해서도 좋은 성능을 보일 것이다.

6.7.8 그레이디언트 지향 히스토그램

로컬 불변 특징 검출자에 대해 논할 때 그레이디언트 지향 히스토그램HOG, histograms of oriented gradients 방식을 빼놓고 생각할 수는 없다(Dalal and Triggs, 2005). 이 방식은 앞에서 언급한 SIFT, SURF 등 여러 검출자와 비슷한 시기에 등장했다. HOG는 원래 인간 형상을 검출하기 위해 설계됐고, 실제로 잘 작동한다. 기본적으로 인간의 몸이 뼈대로 이뤄진 모양을 하고 있으며, 같은 방향을 향하고 있는 여러 외각 지점이 존재한다고 가정한다. 물론 걷는 등 어떤 동작을 취하면 외각의 방향이 자연스럽게 바뀐다. 이 방식은 우선 이미지를 여러 개의 픽셀 세트인 '셀'로 나누고, 방향에 대한 지향 히스토그램orientation histogram을 생성한다. 지향 히스토그램의 도수분포구간은 그레이디언트의 세기에 비례해 가중치를 주어 정한다. 셀들을 겹쳐 더 큰 블록으로 합치다 보면, 인간이 존재함을 예측할 수 있는 뼈대 신호가 점점 더 크게 나타나게 된다. HOG 검출자는 실루엣 등고선을 따라가는 경향이 있으며, 머리, 어깨, 발을 강조한다.

HOG 방식과 SIFT 연산자 모두 지향 히스토그램을 사용한다는 점에서는 유사하지만, 구체적인 부분에서는 차이를 보인다. SIFT는 두 이미지 사이의 방향 차이를 제외하여 특징을 매칭하는 방식이며, 따라서 방향에 대한 불변성을 확보할 수 있다(본질적으로 SIFT는 스케일에 대해 불변성을 갖고 있으며, 설명자가 각 특징에 대한 위치와 방향 정보를 포함하고 있으므로 궁극적으로는 방향 및 회전에 대해서도 불변성이 있다). 반면 HOG 방식은 방향에 대한 불변성이 없지만 대신 이미지 내의 각 셀에 대한 지향 히스토그램을 맵 형식으로 나타내며, 이를 통해 인간 또는 다른 형상을 인식할 수 있다. 즉, 이 방식은 로컬 이미지 설명자local image descriptor라기보다는 영역 이미지 설명자regional image descriptor라고 정의해야 한다. 그러나 로컬한 방향 변화만을 고려하므로 형상의 모양이나 광학적 특성에 대해 불변성을 갖는다는 장점 또한 존재한다.

HOG 연산자가 조명에 대한 불변성을 갖게 하기 위해서는 이미지 대비에 대해 히스토그램을 정규화해야 한다. Dalal and Triggs(2005)는 이웃 셀 블록(일반적으로 2 × 2 크기)에 대해 대비를 정규화하는 식으로 이를 구현했다. 이때 셀마다 블록을 여러 방식으로 구성해 겹치는 셀을 각자 다르게 하고, 여러 번 연산을 반복해 각 결과를 독립적인 신호로 취급하는 방법이 더 나은 결과를 낸다. 2 × 2 블록의 경우, 각 셀은 다음 그림과 같이 네 종류의 정사각형에 포함되고, 따라서 4개의 신호를 갖게 된다.

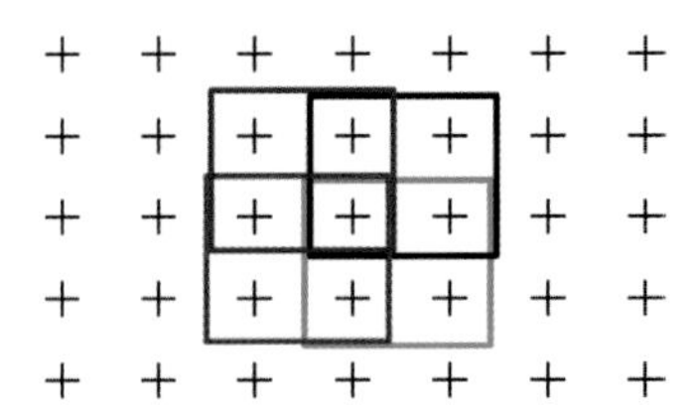

실험에 의하면 6~8픽셀 크기의 셀을 2 × 2 또는 의 블록으로 묶었을 때 최고의 성능을 보였다(여기서 '최고'란 특정한 이미지 데이터셋에서 인간의 뼈대를 가장 잘 찾는다는 뜻이다).

해당 연구에서 흥미로운 지점은 0°~18° 범위에 대해 상당히 촘촘하게 9개의 히스토그램 도수분포구간을 나누었으며, 그레이디언트값에 부호를 지정함으로 인한 특별한 이점이 없다는 데 있다(다만 자동차나 오토바이를 인식할 때는 위칫값의 부호를 바꿔주어야 한다).

6.8 결론

모서리 검출은 물체의 위치를 찾는 과정에서 유용한 바탕이 되며, 11장 '일반 허프 변환'에서 다룰 추상적 패턴 매칭 방식과 함께 쓰이는 경우가 많다. 적용 범위가 상대적으로 좁은 템플릿 매칭 방식을 제외하고, 6장에서는 세 종류의 접근법을 주로 다뤘다. 첫 번째로 2차 도함수 방식, 그중에서도 KR, DN, ZH 방법을 살펴봤다. 이들은 기본적으로 유사한 특성을 갖고 있다. 두 번째로 살펴본 메디안 기반 방식은 모서리가 서서히 변하는 세기 함수 형태일 경우 2차 도함수 방식과 동일한 형태를 띤다. 마지막으로 세기 함수의 '1차' 도함수의 2차 모멘트 행렬을 기반으로 한 해리스 검출자가 있다. 이 방식은 앞의 두 접근법과 동일한 결과를 낼 수 있지만, 모서리 검출자라기보다는 특징점 검출자라고 부르는 것이 더 적합하다. 실제로 해리스 검출자는 모서리 및 특징점 검출자 중 가장 많이 쓰여왔으며, 일반적인 목적(3차원 검출을 제외한)인 경우 지금도 마찬가지다. 더 빠르고 효과적인 SUSAN 검출자가 등장하긴 했지만(Smith and Brady, 1997), 이 방식은 노이즈에 좀 더 취약하다.

흥미롭게도 1998년부터 앞에서 설명한 구도가 급격히 바뀌는 경향을 보이기 시작했다. 연구자들이 물체의 위치를 찾는 데 있어서 노이즈나 왜곡, 부분적인 오클루전, 불필요한 특징들에 대해 다소 취약하더라도, 다양한 방향에서 장면scene을 바라볼 때 발생하는 왜곡을 해결할 수 있는 접근법을 고민하기 시작했기 때문이다. 이러한 '광간격' 문제는 3D 또는 모션 관련 응용 분야, 특히 움직이는 물체를 추적하고자 할 때 두드러지며, 따라서 이를 위해 새로운 발상과 연구가 활발히 이뤄지기 시작했다. 그중 앞에서 살펴봤듯이, 해리스 연산자를 도입해 유사성(스케일)과 아핀 변환에 대한 불변성을 확보하고자 하는 노력이 있었으며, 좀 더 앞쪽에서 살펴본 것과 같이 결국에는 헤시안 연산자로 돌아옴으로써 더 나은 성능을 낼 수 있게 됐다. MSER 등의 다른 접근법은 어떠한 모서리나 특징점 위치를 고려하지 않는다. 대신 4장 '임계화의 역할'에서 살펴봤던 임계화 방식을 사용한다. 그러나 이를 수행하기 위해 분할과 더불어 인식 또는 매칭 과정이 전제된다는 면에서는 이점을 갖는다. 임계화, 외각 검출, 모서리 검출 등 문제를 너무 엄격하게 분류하기란 불가능에 가깝거나, 최소한 실제 사례와 마주쳤을 때 최적의 해를 찾는 데 어려움을 겪게 된다. 이러한 관점에서 새로이 등장한, 다중 변수 설명자를 사용한 특징 검출자는 검출 자체의 성능도 뛰어나지만 넓은 화각에서의 3D 매칭에 더욱 적합하다.

요약하면 이 장에서는 70° 가까이 각도를 두고 물체를 관측하기 위해 스스로를 변형시키는 모서리 검출자에 대해 다뤘으며, 실제로 잘 작동함을 확인했다. 놀랍게도 이러한 발전은 10년 조금 넘는 기간 동안에 이뤄졌는데, 이 분야에 대한 연구가 가속화되고 있음을 방증한다. 특징 검출이 원본 그림과 고수준 해석 정보 사이를 핵심적으로 연결하기 때문에, 오랜 컴퓨터 격언인 '쓰레기를 넣으면 쓰레기가 나온다'는 여기서도 유효하다.

6장에서는 모서리와 특징점 정보로부터 물체를 검출하고 그 위치를 찾는 방법을 알아봤다. 고전적인 검출자 설계와 더불어, 최근 등장한 불변성 접근 방식은 다변수 특징 설명자를 통해 넓은 화각으로 인해 분리되어 보이는 물체를 매칭할 수 있게 해준다.

6.9 문헌과 연보

모서리 검출은 30년이 넘게 연구가 진행돼온 분야다. 가장 먼저 등장한 것은 회전에 대한 불변성을 가진 이미지 연산자를 도입한 Beaudet(1978)의 평행한 모서리 검출 알고리듬이다. 이를 기반으로 Dreschler and Nagel(1981)은 좀 더 복잡한 2차 도함수 모서리 검출자를 개발했다. 이 연구는 도로 이미지 시퀀스에서 모서리 정보를 통해 자동차의 움직임을 명확히 해석하는 것을 목표로 했다. 1년 후 Kitchen and Rosenfeld(1982)는 외각의 방향을 기반으로 한 모서리 검출자 연구를 발표했는데, 여기에 제시된 방법이 6.3절에서 살펴본 2차 도함수 KR 방식이다. 1983년과 1984년은 각각 2차 도함수 ZH 검출자와 메디안 기반 검출자에 대해 연구가 이뤄진 해다(Zuniga and Haralick, 1983; Paler et al., 1984). 이어서 뭉뚝한 모서리를 검출하고(11장 '일반 허프 변환' 참고) 메디안 기반 검출자를 분석하고 발전시키는 연구가 이뤄졌다(Davies, 1988a,d, 1992a). 그 사이에 해리스 알고리듬 등(Harris and Stephens, 1988; Noble, 1988) 다른 방식에 대한 개발도 진행됐다. Smith and Brady(1997)이 발표한 'SUSAN' 알고리듬은 일종의 전환점이 됐는데, 모서리의 형태에 대해 가정할 필요가 없으므로 로컬 그레이 레벨을 한층 더 간편하게 비교할 수 있게 됐기 때문이다. 이 방식은 모서리 검출 알고리듬 중 가장 많이 인용되는 것 중 하나다.

2000년대에 들어서 더 많은 모서리 검출자가 개발됐다. Lüdtke et al.(2002)는 혼합 외각 방향 모델을 기반으로 한 검출자를 설계했다. 이 방식은 특히 넓은 모서리 각도에 대해 해리스 및 SUSAN 연산자보다 효과적일 뿐만 아니라, 각도 및 모서리 세기를 정확하게 구할 수 있다. Olague and Hernández(2002)는 단위 스텝 외각 함수USEF, unit step edge function라는 개념을 통해 복잡한 모서리를 모델링하는 방법을 연구했다. 이를 기반으로 모서리를 서브픽셀 단위의 정확도로 검출할 수 있는 검출자를 도입할 수 있게 됐다. Shen and Wang(2002)는 허프 변환에 기반한 검출자를 연구했다. 이 방식은 1차원 매개변수 공간에서 동작하므로 실시간 연산을 수행하기에 충분히 빠르다. 이 논문에서 눈여겨볼 내용은 해당 검출자를 Wang and Brady, 해리스, SUSAN 검출자와 비교한 부분이다. 몇 가지 예제 이미지를 통해, 논문은 어떤 이미지에 정확히 들어맞는 모서리 검출자를 찾기가 어려우며(즉, 모서리 검출은 불량조건 문제에 속한다) 잘 알려진 검출자조차도 설명할 수 없는 이유로 명백하게 모서리인 부분을 검출하는 데 실패하곤 한다. Golightly and Jones(2003)은 외부 풍경에 대한 문제를 실제 사례로 다뤘다. 논문은 거짓 음성 및 거짓 양성이 발생하는 경우와 더불어, 예를 들어 움직이는 동안 모서리가 올바르게 매칭될 수 있는 확률에 대해 다뤘다.

Rocket(2003)은 KR 검출자, 메디안 기반 검출자, 해리스 검출자의 세 모서리 검출 알고리듬에 대한 성능 평가를 진행했다. 결과는 복잡하고, 각 검출자는 서로 매우 다른 특성을 갖는다. 해당 논문은 세 방식을 어떻게 최적화해야 하는가(특히 해리스 검출자에서 매개변수 k가 ~0.05 범위에 들어야 한다든가)를 보여주고 있으며, 새로운 검출자를 '제시'하기보다는 기존 방식을 자세히 분석한다는 측면에서 의미를 갖는다. Tissainayagam and Suter(2004)는 중요한 응용 분야 중 하나인 점 특징(또는 움직임) 추적의 관점에서 모서리 검출자의 성능을 평가했다. 흥미롭게도, 이미지 시퀀스 분석에 있어 해리스 검출자는 SUSAN 검출자보다 더 노이즈에 강건했다. 유력한 설명 중 하나는 '검출자 공식 안에 스무딩 함수가 기본적으로 포함되어 있기 때문'이다. 마지막으로, Davies(2005)는 해리스 연산자의 로컬화 특성을 분석했다. 이에 대해서는 6.5절을 참고하라.

물론 모서리 검출에 대한 연구들은 앞에서 언급한 것이 전부가 아니다. 많은 응용 분야에서는 특정한 모서리 검출자가 아니라, 어떠한 특징을 가진 세기 패턴에서도 적절히 대응 가능한 '특징점' 검출자를 더 필요로 한다. 사실 해리스 검출자는 많은 경우 특징점 검출자로 분류하기도 한다. 그 이유는 6.5.2절에 자세히 나타나 있다. Moravec(1977)은 처음으로 특징점에 관심을 두었으며, 이를 이어서 Schmid et al.(2000) 등의 연구가 이뤄졌다. 그러나 Sebe and Lew(2003)과 Sebe et al.(2003)은 이러한 종류의 지점을 돌출점salient point이라고 정의하고 있다(이 용어는 '인간' 시각 체계에서 특징으로 인식되는 지점을 묘사하는 데 더 자주 사용된다). 결국 Haralick and Shapiro(1993)에서 사용된 다음과 같은 정의가 가장 정확할 것이다. "특징점은 구분 가능하고 불변성이 확보된 '특징적인' 지점을 뜻한다." 좀 더 자세히 말하면, 특징점은 다른 지점에 비해 두드러짐과 동시에 예를 들어 스케일이나 뷰포인트 등이 어느 정도 변함에 따라 나타나는 기하학적인 왜곡에 대해 불변성이 있어야 한다(Haralick and Shapiro(1993)은 이 외에도 안정성, 독특함, 해석 가능성 등의 특성을 가져야 한다고 주장했다). Kenney et al.(2003)은 불변성이라는 측면에 대해, 매칭 과정에서 불량조건 지점을 제외해 신뢰도를 높이는 방법을 보였다.

불변 특징 검출자 및 설명자 분야는 10년을 조금 넘는 기간을 거쳐 정립됐으며, 이후에도 끊임없이 발전해왔다. Lindeberg(1998)과 Lowe(1999)의 초창기 논문은 기본적인 방식과 기법을 제시했다. 이 방식은 큰 발전을 이뤘는데, 넓은 화각으로 분리된 스테레오 이미지나 많은 비디오 프레임 안에서 물체의 특징을 추적하는 작업이 어렵기 때문에, 혹은 시간이 지나면서 특징의 모양이 바뀌는 바람에 쉽게 일치하지 않게 되기 때문이었다. 이 분야에서 우선 해결해야 했던 문제는 상대적으로 간단한 것으로서, 특징의 크기가 변하는 영향을 제거함으로써 스케일 불변성을 확보하는 것이었다(움직임 및 회전에 대한 불변성은 이미 해결됐음을 전제한다). 이후 아핀 불변성에 대한 연구가 진행됐다. 이러한 맥락에서 Lindeberg(1998)의 선구적인 이론 이후 Lowe(1999, 2004)는 스케일 불변성 특정 변환SIFT에 대한 연구를 진행했다. 이어서 Tuytelaars and Van Gool(2000), Mikolajczyk and Schmid(2002, 2004), Mikolajczyk et al.(2005) 등이 아핀 불변성 방식을 연구했다. 이와 동시에, MSER(Matas et al., 2002)이나 그 밖의 외부적 방식(예: Kadir and Brady(2001), Kadir et al.(2004)) 등도 발표됐다.

특징점에 대한 연구는 상당 부분 Harris and Stephens(1988)의 연구를 기반으로 했으며, 그 과정에서 심도 있는 실험적 결과와 비교 연구들이 등장했다(Schmid et al, 2000; Mikolajczyk and Schmid, 2005; Mikolajczyk et al., 2005). 그러나 이후에는 경향이 바뀌어, 예를 들어 SURF 접근법에서처럼(Bay et al., 2006, 2008) 실시간 연산에 초점을 맞춘 특징 검출자 등을 설계하는 시도들이 나타났다.

주요 접근법을 요약한 리뷰 논문으로는 Tuytelaars and Mikolajczyk(2008)이 있다. 그러나 여기서 끝이 아니다. 6.7.7절에서 설명했듯이, Ehsan et al.(2010)은 주요 특징과 그 검출자에 대한 반복성을 리뷰했고 실험적으로 이를 평가했다. 이 논문은 두 종류의 새로운 반복성 평가 지표를 제시해 불변 검출자에 필요한 요소를 더 현실적으로 반영할 수 있게 했다. 또한 이후 연구(Ehsan et al., 2011)에서는 Tuytelaars and Mikolajczyk(2008)의 날카로운 비평을 반영해, 불변 특징 검출자의 적용 범위에 대한 내용을 다뤘다. 2000년대의 처음 10년이 지나면서, 이제는 검출자를 개발하는 데 있어 더 엄격한 성능 평가가 요구되는 경향이 나타나고 있다. 더 이상 새로운 불변성 측징 검출자를 고안하는 것으로는 충분치 않고, 대신 목표로 하는 응용 분야를 위해 필요한 방식을 통합함으로써 엄격한 설계를 통해 요구되는 기준을 전부 만족시키고 각 기준 간의 트레이드오프를 훨씬 투명하게 살필 수 있도록 해야 한다.

6.9.1 최신 연구

Tuytelaars and Mikolajczyk(2008)의 연구 이후, 특징 검출자 및 설명자에 대한 후속 연구가 나타나기 시작했다. Rosten et al.(2010)은 FAST 모서리 검출자를 제안했는데, 이 연산자는 새로운 휴리스틱을 통해 더 빠르면서 반복성도 높다는 특징이 있다. 또한 특징 검출자를 비교하는 방법을 리뷰했는데, 특징 검출자가 동작하는 원리보다는 최적화를 위해 필요한 성능 지표에 더 집중했다. Cai et al.(2011)은 로컬 이미지 설명자의 차원성을 줄이기 위한 '선형 분리 투영' 과정을 연구했으며, SIFT 항목의 수를 128에서 30으로 감소시켰다. 그러나 또한 저자는 이미지 데이터의 형식에 맞는 투영을 통해서만 이것이 가능하다고 경고하고 있다. 비슷한 발상에서, Teixeira and Corte-Real(2009)는 SIFT 설명자를 양자화해, 트리 형태로 미리 정의한 단어vocabulary로 일종의 시각적 문장visual words을 만드는 방법을 제시했다. 이 경우 추적할 물체의 종류에 따라 제네릭 데이터셋을 사용하게 된다. van de Sande et al.(2010)은 컬러 물체 설명자를 생성하는 방법을 논의했다. 논문에 의하면, 어떤 종류의 단일 색상 설명자든 이 경우에는 최적의 결과를 내지 못한다. 그러나 'OpponentSIFT'(세 종류의 색상에 대해 각기 다른 세 SIFT 특징 세트를 사용하는 방식)는 임의의 데이터를 주었을 때 광학적인 변화에 대한 불변성을 가장 잘 확보하게 된다. Zhou et al.(2011)은 설명자 조합 및 분류자classifier 합성 방식을 제안했다. 논문은 물체 분류 문제를 일종의 학습 설정learning setting, 즉 적응형이며 새로운 데이터는 재학습을 반드시 거치도록 하는 방식으로 봤다. 이를 통해, 특정 학습 데이터를 사용해 128 SIFT(또는 그에 상응하는) 특징을 가진 원본 데이터를 줄이는 방법을 시도했다.

6.10 연습문제

1. 모서리를 가진 바이너리 이미지를 적절히 선택하여 메디안 모서리 검출자가 모서리의 바깥 방향으로 절반 지점의 외각이 아닌 모서리 경계에서 최대 반응을 보임을 보여라. 그레이스케일 이미지에서는 어떻게 바뀌는가? 개선된 메디안 검출자에 쓰이는, 노이즈를 필터링한noise-skimming 그레이디언트 임계점의 값이 이로 인해 어떤 영향을 받는지에 대해서도 논하라.

2. 다음 곡률 공식을 기반으로 식 (6.6)을 증명하라.

$$\kappa = (\mathrm{d}^2 y/\mathrm{d}x^2)/\left[1+(\mathrm{d}y/\mathrm{d}x)^2\right]^{3/2}$$

힌트: 우선 dy/dx를 세기 그레이디언트의 성분으로 표현하되, 세기 그레이디언트 벡터 (I_x, I_y)가 외각 노멀 방향을 따라 형성됨을 기억하라. 그런 다음 앞의 수식에서 x 및 y 변화량을 I_x 및 I_y 변화량으로 대체하라.

07

텍스처 분석

텍스처가 무엇인지 이해하는 것은 상당히 쉽지만, 정확히 정의하기란 그리 쉽지 않다. 텍스처를 분류하고 다른 것과 구별하는 것은 여러 이유로 유용하며, 또한 서로 다른 텍스처 간의 경계는 많은 경우 실제 물체의 경계에 해당하기 때문에, 이를 찾는 것 또한 유용하다. 7장에서는 이를 해결하기 위한 방식에 무엇이 있는지 살펴본다.

7장에서 다루는 내용은 다음과 같다.

- 텍스처를 분류하기 위한 기본적인 지표(예: 규칙성, 랜덤성, 방향성)
- 자기상관 등 '분명한' 텍스처 분석 방식을 사용했을 때의 문제점
- 오랫동안 널리 쓰인 그레이스케일 동시출현 행렬 방식
- 로스(Laws) 방식 및 에이드(Ade) 정규화 방식
- 텍스처상의 랜덤한 성분으로 인해 텍스처를 통계적으로 분석해야 하는 필요성

텍스처가 대부분의 이미지에서 핵심적인 성분을 이루고 있듯이, 텍스처 분석은 비전 관련 분야에서 핵심적인 요소다. 따라서 1부 '저수준 비전'에 이 주제만큼 꼭 포함돼야 하는 것은 없다고 할 수 있다.

7.1 서론

지금까지 이미지 분석 및 인식에 대해 많은 부분을 알아봤다. 그중 핵심적인 개념은 분할, 즉 이미지를 세기, 색상, 텍스처, 깊이, 움직임 등의 속성에 대해 어느 정도 일관성을 갖는

영역으로 나누는 작업이라 할 수 있다. 4장 '임계화의 역할'에서 살펴봤듯이, 이렇게 경계를 나누었을 때 실체 물체의 경계와 항상 일치한다는 보장이 없기 때문에 이 프로세스는 많은 부분 이미지에 따라 달라진다. 그럼에도 불구하고 임계화는 더 정확하거나 반복적인 방식으로 물체 면의 경계를 찾기 위한 선행 과정, 또는 그 결과 자체로 표면의 품질을 판단하기 위해서라도 중요하다.

이 장에서는 텍스처 및 그 측정을 다룬다. 텍스처는 정의하기 어려운 속성이다. 1979년 하랄릭Haralick은 당시까지 등장한 정의 중 납득할 만한 것이 없다는 의견을 낸 바 있다. 사실 개개인이 텍스처를 보고 느끼며 이해하는 뉘앙스는 다분히 개인적이고 주관적이다. 그럼에도 불구하고 텍스처를 정의하는 작업은 필요하며, 특히 비전 분야에서는 이미지상의 특정한 표면이나 영역에서 세기가 어떻게 변하는지에 초점을 맞추게 된다. 이렇게 정의한 기준을 가지고도, 지금 관측하고 있는 것이 실제 물체인지, 아니면 물체에 해당하는 이미지인지를 구별할 수는 없다. 추가로 표면의 거칠기나 구조, 구성 성분 등의 요소를 시각적 특성으로 반영해야 하기 때문이다. 따라서 이 장에서는 이미지를 해석하는 데 중점을 두고, 텍스처를 이미지 영역의 세기 변화 특성으로 정의한다. 이때 텍스처를 통해 해당 영역을 인식하고 그 경계를 구분할 수 있어야 한다(그림 7.1).

텍스처를 이렇게 정의할 때는 텍스처 표면의 세기가 균일하지 않거나, 표면의 세기가 어떻게 변하는지 또는 이 변화를 어떻게 인식하고 묘사할지 규정할 수가 없다는 전제를 둔다. 사실 다양한 방식으로 어떻게 이미지 세기가 변하는지를 묘사할 수 있다 해도, 텍스처의 경우 이 변화가 인식이나 분할을 수행할 수 있을 정도로 균일하지 않다.

다음으로 텍스처 내에서 세기가 변하는 경향에 대해 다룬다. 어쨌든 간에 이미지의 세기는 빠르거나 천천히, 두드러지거나 낮은 대비로, 혹은 어떤 방향성이나 규칙성을 가지고 변할 것이다. 특히 규칙성은 어떤 지표로서 활용되는데, 예를 들어 섬유는 텍스처 패턴이 규칙적이며 모래사장이나 풀밭은 무작위적인 특성을 갖는다. 그러나 텍스처가 규칙적이라는 말이 정말로 일관된 규칙을 갖고 있다는 뜻은 아니며(섬유의 경우를 다시 한번 생각해보라) 그렇다고 완전히 랜덤이라는 뜻도 아니다(예를 들어, 감자를 더미로 쌓아놓은 경우처럼). 따라서 텍스처의 특징을 정의하고자 할 때는 그 랜덤성과 규칙성을 측정한 다음 비교하는 작업이 필요하다.

지금까지 언급한 내용 외에도 텍스처에 대해서는 고려해야 할 사항들이 많다. 텍스처는

그림 7.1 실제 물체에서 나타나는 다양한 텍스처들: (A) 나무껍질, (B) 나무결, (C) 침엽수 잎, (D) 병아리콩, (E) 카페트, (F) 패브릭, (G) 자갈돌, (H) 물. 세기 패턴을 통해, 광범위하게 존재하는 비슷한 텍스처들을 쉽게 묶을 수 있다.

많은 경우 비슷한 모양을 지닌 많은 작은 물체나 성분이 랜덤하거나 규칙적인 방식으로 배치되는 방식으로 나타난다. 예를 들어 담벼락의 벽돌, 모래사장의 모래, 풀밭의 풀잎, 옷감의 섬유, 셔츠의 줄무늬, 바구니의 대나무줄기 등을 생각해보라. 이때 이미지 영역에서 비슷하게 반복되는 텍스처 성분에 이름을 붙이면 텍스처를 분석하는 데 유용하다. 이러한 성분을 텍셀texel이라고 부른다. 이 관점에서 텍스처의 특성을 정리하면 다음과 같다.

1. 텍셀은 각기 다른 크기와 균일성을 갖는다.
2. 텍셀은 다양한 방향으로 배열된다.
3. 텍셀은 여러 방향에 대해 각기 다른 간격으로 배열된다.
4. 텍스처상에서 다양한 크기와 분포로 대비가 이뤄진다.
5. 텍셀 사이에는 여러 종류의 배경 정보가 존재한다.
6. 텍스처를 이루는 패턴은 그 균일성 및 랜덤성이 다양하게 변한다.

이렇듯 텍스처는 수치화하기가 어려운 특성이다. 주된 이유는 텍스처의 특성을 나타내기 위해 너무나 많은 매개변수가 필요하기 때문이다. 게다가 이렇게 매개변수가 많이 얽혀 있으면, 각 매개변수에 필요한 요소를 분리해 측정하고 그중 텍스처 인식에 가장 적합한 것을 결정하기가 어려워진다. 그리고 물론 이러한 변수 중 상당수는 통계적으로 복잡한 경향을 보인다. 그러나 지금까지 상황이 얼마나 복잡한지를 설명했다면, 이제부터는 그중에서 매우 단순한 지표를 사용해 실제로 텍스처를 인식하고 분할하는 방법을 알아볼 것이다.

앞에서 살펴봤듯이 형상을 분석하려면 두 방식을 양자택일해야 한다. 한쪽에는 예를 들어 진원도circularity, 종횡비aspect ratio 등 형상에 대해 묘사할 수 있지만 그 자체로 원래 형상을 재구성할 수는 없는 지표들을 사용하는 방법이 있다. 다른 한쪽에는 거리 함숫값, 모멘트 등을 포함한 스켈레톤 같은 축약된 설명자를 통해, 비록 제약이 있긴 하나 전체적인 형상을 예측 가능할 정도로 상세히 재구성하는 방법이 있다. 원칙적으로는 텍스처의 경우에도 재구성 가능한 기준을 사용할 수는 있다. 그러나 실제로 재구성은 두 단계로 나눌 수 있다. 첫째, 실제 텍스처와 픽셀 단위로 비교하지 않는 이상 사람의 눈으로 구분이 불가능할 정도로 패턴을 재현한다. 둘째, 텍스처 패턴을 정확히 복제한다. 여기서 핵심은 텍스처가 일반적으로 어느 정도 통계적인 특성을 갖고 있기 때문에 세깃값을 픽셀 단위로 정확히 같게 만들기가 쉽지 않다는 것이다. 혹은 그러한 시도는 무의미하다. 따라서 텍스처를 분석할 때는 텍스처의 통계적 특성을 가능한 한 정확히 묘사해, 동일해 보이는 텍스처를 재현하는 것을 목표로 할 수밖에 없다.

40년이 넘는 시간 동안 많은 연구자가 다양한 접근법을 통해 텍스처를 분석하고자 노력했다. 다양한 재질이 갖고 있는 수많은 통계적 특성은 많은 이에게 좌절감을 안겨줬다. 7.4절은 특별히 초보자를 위한 부분으로서, 로스Laws의 텍스처 에너지 접근 방식을 통해 소프트웨어 및 하드웨어에 모두 직관적이고 간단하게 적용이 가능할 뿐만 아니라 다양한 응용 분야에 효율적으로 적용이 가능하다. 반면 그레이스케일 동시출현 행렬을 다룬 7.3절은 역사적으로 의미가 크긴 하지만 처음 읽을 때는 건너뛰어도 무방하다.

7.2 기본 텍스처 분석 접근법

7.1절에서는 세기가 어떤 특징을 갖고 변하는 이미지 영역을 텍스처로 정의한 다음 이를 묘사, 인식하거나 경계를 분간할 수 있음을 보였다. 텍스처 전체 영역의 세깃값이 통계적인 관점에서 어떻게 변하는지를 통해 이러한 특징을 찾을 수 있다. 그러나 이러한 접근법은 대부분의 경우 텍스처에 대해 충분히 자세한 정보를 제공하지는 못하며, 텍스처를 재구성하는 것도 불가능하다. 게다가 특히 텍셀을 정확히 규정했거나 텍스처가 높은 반복성을 갖고 있을 때는 더더욱 부적절하다. 옷감처럼 반복성이 높은 텍스처의 경우에는 푸리에 분석을 사용하는 것이 더 적당하다. 이 방식은 항상 좋은 결과를 내지는 않지만, 이미지 분석 초창기에 널리 연구된 주제다. 마지막으로, 텍스처 영역을 정확히 찾아서 분할 연산을 수행하기 위한 특성값으로 계산할 수 있는 방식이 있다. 이 주제는 지금 당장은 다루지 않을 것이다. 텍스처 분할 작업 문제를 수행할 때는 분류자에 대한 학습 과정이 선행돼야 한다.

Bajcsy(1973)은 푸리에 영역에 링 모양 또는 특정 방향성을 갖는 스트립 필터를 사용해 텍스처 특징을 분리하고자 했다. 이러한 접근법은 풀, 모래, 나무 등의 자연적인 텍스처에서 잘 작동되는 것이 확인됐다. 그러나 푸리에 파워 스펙트럼을 사용할 경우 정보가 처음 예상했던 것보다 더 넓게 흩어져 분포하므로 기본적으로 어려움이 있다. 또한 강한 모서리 부분 정보나 이미지 경계 부분에 발생하는 효과로 인해 텍스처를 정확하게 분석하기가 불가능하

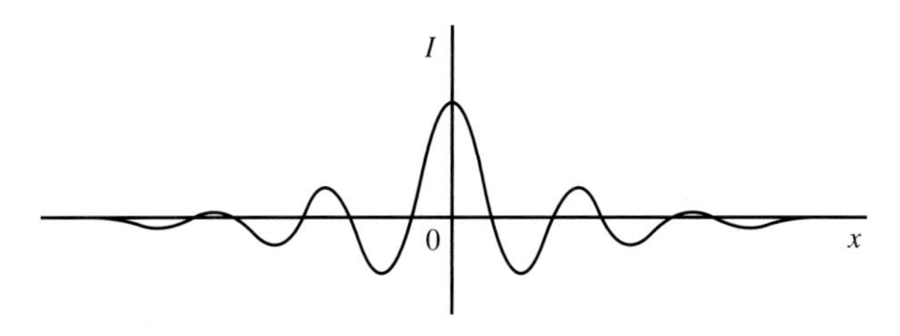

그림 7.2 자기상관 함수를 통한 텍스처 분석. 그림은 직물 모양의 주된 특성을 갖는 재질에 자기상관 함수를 적용했을 때의 결과를 나타내고 있다. 자기상관 함수의 반복성이 매우 짧은 거리 만에 급격히 줄어들고 있음을 유의하라.

다는 단점도 있다. 어쩌면 더 중요한 문제는 푸리에 접근법이 범용적인 방식인 반면, 텍스처 분석을 통한 이미지 분할에는 적용하기가 어렵다는 데 있다(Weszka et al., 1976).

자기상관autocorrelation은 텍스처의 로컬 세기 변화와 반복성을 모두 고려하기 때문에 텍스처 분석에서 주목받는 방법 중 하나였다(그림 7.2). Kaizer(1955)의 초창기 연구에서 그는 이미지에 자기상관을 수행했을 때, 함숫값이 초깃값 대비 1/e만큼 감소할 경우 얼마나 많은 픽셀이 움직이고 거칠기coarseness가 얼마나 변하는지를 측정했다. 그러나 이후 Rosenfeld and Troy(1970a, b)는 이후 자기상관이 그 거칠기를 측정하는 데 그리 만족스러운 지표가 아님을 보였다. 게다가 자기상관 방식은 자연 텍스처의 등방성을 잘 구별하지 못한다. 이 때문에 연구자들은 다소 빠르게 Haralick et al.(1973)에서 처음 제시한 동시출현 행렬 접근법으로 넘어갔다. 이 방식은 자기상관 방식을 대체했을 뿐만 아니라, 1970년대를 지나며 텍스처 분석의 '표준적인' 방법이 됐다.

7.3 그레이 레벨 동시출현 행렬

그레이 레벨 동시출현 행렬graylevel co-occurrence matrix 접근법은 공간 그레이 레벨 의존 행렬SGLDM, spatial gray level dependence matrix 접근법이라고도 부르며, 픽셀 세기 분포의 특성에 대한 연구를 기반하고 있다. 앞에서 픽셀 세깃값의 변화에 대해 다룬 내용에서 유추할 수 있듯이, 단일 픽셀의 특성에는 텍스처에 대해 실제로 사용하기에 충분한 정보가 없다. 따라서 픽셀 '쌍'의 공간적 관계를 담은 2차 통계 정보를 사용하는 것이 자연스러운 귀결이다. 동시출현 행렬은 각각 i, j의 세깃값을 가진 두 픽셀 간의 상대적 거리를 극좌표 (d, θ)로 나타내고, 둘

간의 상대적 주파수(혹은 확률) $P(i, j|d,\theta)$를 담고 있다. 동시출현 행렬은 텍스처에 대한 수치적 기본 데이터를 제공하며, 이를 통해 텍스처를 분류하기 위해서는 데이터의 양을 많이 압축해야 한다. Haralick et al.(1973)의 초기 논문은 14개의 지표를 통해 다양한 종류의 재질을 성공적으로 분류했다(예를 들어 나무, 옥수수, 풀, 물 등). 그러나 Conners and Harlow(1980a)는 5개의 지표, 즉 '에너지', '엔트로피', '상관성', '로컬 동질성', '관성'만 사용하고서도 분류가 가능함을 보였다(지표의 이름과 실제 연산이 이뤄지는 방식이 무관할 수 있음을 유의하라).

이 기법이 어떻게 이뤄지는지 더 자세히 살펴보기 위해, 그림 7.3과 같은 동시출현 행렬을 예시로 들어보자. 이 행렬은 거의 균일한 단일 영역으로 이뤄진 이미지에 해당하며, 픽셀 세기는 가우시안 노이즈 분포를 포함하고 있다. 또한 동일한 벡터 거리 $\mathbf{d} = (d, \theta)$에 해당하는 픽셀 쌍에 값이 집중되어 있다. 다음으로 그림 7.4의 동시출현 행렬은 노이즈가 거의 없으며 몇 개의 균일한 영역으로 나누어진 이미지에 대한 것이다. 이 경우 각 쌍의 두 픽셀은 같은 영역 또는 다른 영역에 속할 수 있지만, d가 작은 값인 경우에는 근접한 이미지 영역에만 속하게 된다. 따라서 동시출현 행렬의 대각선상에는 N개의 패치가 존재하지만, 대각선 바깥에는 가능한 M개 중 L개의 패치만이 여기에 연결되어 있다. 이는 $M = {}^{N}C_2$ 및 $L \leq M$에 해당

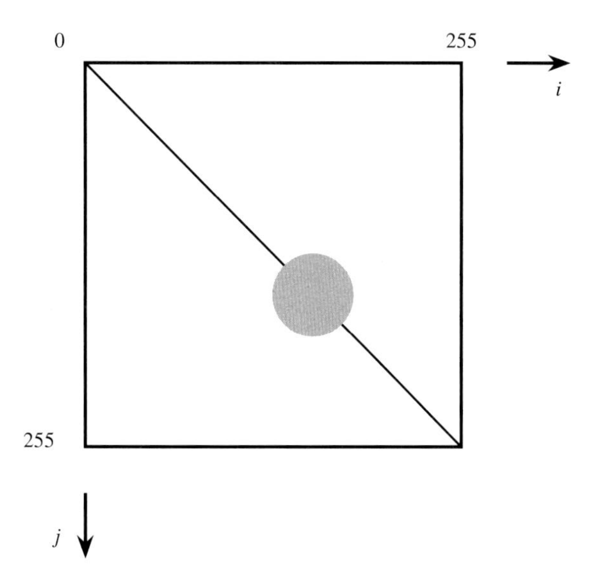

그림 7.3 거의 균일한 형태의 그레이스케일 이미지에 가우시안 노이즈를 적용한 경우에 해당하는 동시출현 행렬. 세기 변화가 연속에 가깝게 이뤄지고 있다. 여기서는 불연속적인 값을 다루는 표와 같이, j 값이 아래쪽으로 증가하는 규칙을 사용한다(그림 7.4 참고).

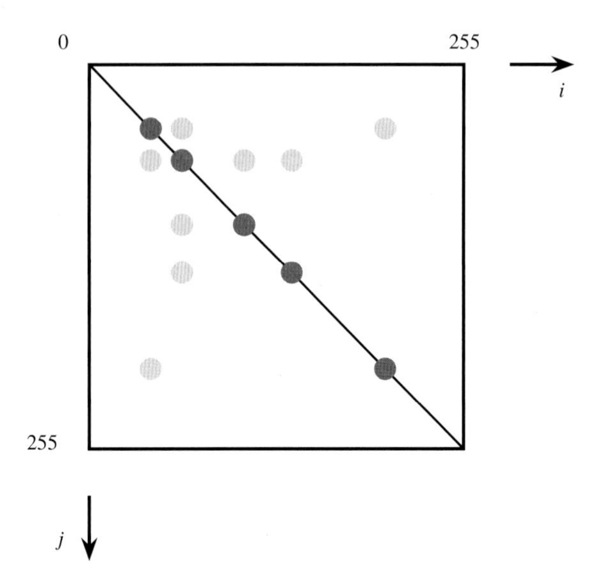

그림 7.4 각각 세기가 균일한 여러 영역으로 이뤄진 이미지에 대한 동시출현 행렬. 다른 경우와 마찬가지로 대각선은 왼쪽 위에서 오른쪽 아래로 향하고 있다(그림 7.2 및 그림 7.5 참고).

한다(일반적으로 L은 N^2이 아닌 N차수에 속한다). 텍스처 이미지의 경우 텍스처가 너무 강하지 않다면 노이즈로 모델링할 수 있으며, 이미지의 $N + L$ 패치는 더 크기가 커지지만 여전히 겹치지는 않는다. 그러나 더 복잡한 경우에는 동시출현 행렬상에서 패치가 겹치지 않도록 **d** 값을 선택해야 분할이 이뤄질 수 있다. 많은 텍스처가 방향성을 갖고 있으므로 θ를 적절하게 선택해야 하며, d 값의 경우 여러 텍스처 특성을 동시에 고려해야 한다.

더 자세히 설명하기 위해, 그림 7.5(A)에서처럼 작은 이미지를 예시로 들어보자. 주어진 **d** 값에 대한 동시출현 행렬을 만들기 위해서는 **d** 거리만큼 떨어진 픽셀 중 세깃값이 각각 i, j에 해당하는 경우를 계산해야 한다. 여기서는 **d** = (1, 0) 및 **d** = (1, π/2)에 해당하는 두 경우에 대한 행렬을 그림 7.5(B)와 (C)에 나타내었다.

이 간단한 예제를 통해, 행렬의 데이터양이 원래 이미지보다 몇 배는 더 증가함을 확인할 수 있다. 사실 복잡한 경우에는 텍스처를 표현하기 위해 더 많은 d 및 θ 값의 개수가 필요하므로 상황이 더 악화된다. 더욱이 그레이 레벨은 6단계가 아닌 256단계로 이뤄져 있으며, 행렬 데이터의 양은 이 숫자의 제곱에 비례해 차이가 난다. 마지막으로, 동시출현 행렬이 데이터를 표현할 새로운 방식일 뿐임을 유의하라. 즉, 그 자체로는 인식 문제를 해결하지는 못

(A)

0	0	0	1
1	1	1	1
2	2	2	3
3	3	4	5

(B)

	0	1	2	3	4	5
0	2	1	0	0	0	0
1	1	3	0	0	0	0
2	0	0	2	1	0	0
3	0	0	1	1	1	0
4	0	0	0	1	0	1
5	0	0	0	0	1	0

(C)

	0	1	2	3	4	5
0	0	3	0	0	0	0
1	3	1	3	1	0	0
2	0	3	0	2	1	0
3	0	1	2	0	0	1
4	0	0	1	0	0	0
5	0	0	0	1	0	0

그림 7.5 작은 이미지에 대한 동시출현 행렬: (A) 원본 이미지. (B) **d** = (1, 0) 및 (c) **d** = (1, π/2)에 해당하는 동시출현 행렬. 이 정도의 간단한 경우에도 행렬이 원본 이미지보다 훨씬 많은 양의 데이터를 담고 있음을 주목하라.

한다.

이러한 변수의 경우 그레이스케일을 더 적은 양의 값으로 압축하고 특정한 샘플값 d, θ를 주의 깊게 선택해야 한다. 대부분의 경우 어떤 값을 선택해야 하는지 불확실하고, 자동으로 이를 선택하는 방법을 찾는 것은 더더욱 어렵다. 더군다나, 텍스처를 적절하게 묘사하고 분류할 수 있을 때까지 행렬 데이터를 이루는 여러 함수들을 선택하고 검증해야 한다.

이러한 동시출현 행렬 접근법의 문제를 해결하기 위해 여러 노력들이 이뤄져 왔다. 여기서는 그중 두 가지 방법을 제시하고자 한다. 첫째로, 이미지상에서 어떤 방향의 역방향 정보에 대해서는 무시하는 방법이 있다. 이렇게 하면 데이터양을 50% 줄일 수 있다. 둘째로 그레이 레벨 간의 '차이'를 분석하는 방법이 있다. 이 경우 행렬마다 주 대각선에 평행한 축을 따라 더한 값을 대상으로 한다. 이렇게 구한 세트는 1차 도함숫값에 해당한다. 이러한 개선을 통해 동시출현 접근법이 얼마간 더 활기를 띠긴 했지만, 1980년대에 이르러서는 텍스처를 분석하는 방식이 매우 다양하게 분화되기 시작한다. 그중 로스 접근법(1979, 1980a, b)을 주목할 만한데, 시스템적이고 적응적인 방식을 제안함으로써 다른 연구에도 영향을 끼쳤기 때문이다. 이에 대해서는 다음 절에서 다룰 것이다.

7.4 로스의 텍스처 에너지 접근법

1979년 및 1980년에 로스는 에너지 접근법을 통해 새롭게 텍스처 분석을 시도했다(Laws, 1979, 1980a, b). 이 방식은 디지털 이미지에 간단한 필터들을 적용하는 식으로 이뤄진다. 기본적으로 가우시안, 외각 검출자, 라플라시안 타입 필터를 사용해, 이미지상에서 높은 '텍스처 에너지'가 나타나는 지점을 찾는다. 이러한 고에너지 지점을 찾고, 필터를 적용한 여러 이미지들을 스무딩smoothing하고, 이로부터 정보를 풀링pooling하는 방식으로 텍스처의 특성을 매우 효율적으로 정의할 수 있다. 앞에서 언급했듯이 로스 접근법은 이후 많은 연구에 영향을 끼쳤기 때문에, 이 절에서는 그 방식을 자세히 살펴볼 것이다.

로스 마스크는 기본적인 1 × 3 마스크를 합성곱으로 합쳐서 생성한다.

$$L3 = [1 \quad 2 \quad 1] \tag{7.1}$$

$$E3 = [-1 \quad 0 \quad 1] \tag{7.2}$$

$$S3 = [-1 \quad 2 \quad -1] \tag{7.3}$$

마스크 이름에서 알파벳 L은 로컬 평균local averaging, E는 외각 검출edge detection, S는 스팟 검출spot detection을 나타낸다. 정확히 말해, 이 마스크 세트는 전체 1 × 3 부분공간을 정의한다. 1 × 5 마스크의 경우 이 1 × 3 마스크 쌍을 합성곱해 얻으며, 마찬가지로 전체 세트를 형성한다. 이론적으로 이렇게 하면 9개의 마스크를 얻을 수 있지만, 그중 서로 다른 것만 추리면 5개로 줄어든다.

$$L5 = [1 \quad 4 \quad 6 \quad 4 \quad 1] \tag{7.4}$$

$$E5 = [-1 \quad -2 \quad 0 \quad 2 \quad 1] \tag{7.5}$$

$$S5 = [-1 \quad 0 \quad 2 \quad 0 \quad -1] \tag{7.6}$$

$$R5 = [1 \quad -4 \quad 6 \quad -4 \quad 1] \tag{7.7}$$

$$W5 = [-1 \quad 2 \quad 0 \quad -2 \quad 1] \tag{7.8}$$

(마스크 이름의 알파벳 L, E, S는 앞의 경우와 같은 뜻을 나타내며, 추가로 R은 파문 검출ripple detection, W는 파동 검출wave detection을 뜻한다.) 또한 1 × 3 마스크에 대해 비슷한 형태의 3 × 1 마스크 행

렬을 곱하면 다음과 같이 9개의 마스크를 구할 수 있다. 예를 들어,

$$\begin{bmatrix} 1 \\ 2 \\ 1 \end{bmatrix} \begin{bmatrix} -1 & 2 & -1 \end{bmatrix} = \begin{bmatrix} -1 & 2 & -1 \\ -2 & 4 & -2 \\ -1 & 2 & -1 \end{bmatrix} \tag{7.9}$$

이렇게 구한 마스크들 역시 전체 세트를 이룬다(표 7.1). 이 중 2개는 소벨 연산자 마스크와 동일한 형태임을 주목하라. 5 × 5 마스크 역시 거의 비슷하지만, 이 책에서는 3 × 3 마스크를 대상으로 설명을 이어나갈 것이므로 더 이상 언급하지 않을 것이다.

이러한 마스크 세트 중에서 하나를 제외하고는 평균값이 0에 해당한다. 이 마스크는 텍스처보다는 이미지 세기에 더 영향을 받기 때문에, 텍스처 분석에는 덜 적합하다. 나머지 마스크는 외각 지점, 스팟, 선 등의 조합에 민감하게 반응한다.

마스크를 통해 로컬 외각 등을 나타내는 이미지를 생성한 다음에는 이 값들의 로컬한 크기를 구한다. 그리고 기본 필터 마스크보다 적당히 큰 크기의 윈도로 스무딩을 적용한다(예: 로스는 3 × 3 마스크에 대해 15 × 15 윈도로 스무딩했다). 이를 통해 텍스처 외각과 다른 세부특징 microfeature 사이의 간극을 줄일 수 있다. 이 시점에서 윈도는 일종의 벡터 이미지가 되며, 각 성분은 여러 항목에 대한 에너지를 나타낸다. 로스는 텍스처 에너지를 계산하기 위해 크기의 제곱 및 절댓값을 모두 사용했는데(Laws, 1980b), 전자는 실제 에너지값을 대변하며 더 나은

표 7.1 9개의 3 × 3 로스 마스크

	$L3^TL3$			$L3^TE3$			$L3^TS3$	
1	2	1	−1	0	1	−1	2	−1
2	4	2	−2	0	2	−2	4	−2
1	2	1	−1	0	1	−1	2	−1
	$E3^TL3$			$E3^TE3$			$E3^TS3$	
−1	−2	−1	1	0	−1	1	−2	1
0	0	0	0	0	0	0	0	0
1	2	1	−1	0	1	−1	2	−1
	$S3^TL3$			$S3^TE3$			$S3^TS3$	
−1	−2	−1	1	0	−1	1	−2	1
2	4	2	−2	0	2	−2	4	−2
−1	−2	−1	1	0	−1	1	−2	1

반응을 보여준다면, 후자는 계산량에 있어 이점이 있다.

$$E(l,m) = \sum_{i=l-p}^{l+p} \sum_{j=m-p}^{m+p} |F(i,j)| \tag{7.10}$$

$F(i, j)$는 일반적인 세부특징의 로컬 크기를 나타내며, (l, m)은 $(2p + 1) \times (2p + 1)$ 윈도에 의해 스무딩된 값의 위치를 나타낸다.

이제 각 픽셀 위치에 대해 여러 방식으로 이러한 에너지값을 조합해, 원하는 텍스처에 대한 분류자에 대입하는 과정을 거친다(그림 7.6). 필요하다면 주성분 분석을 사용해 조합한 값 중 필요한 것만을 선택해 세트를 구성할 수도 있다.

로스 방식은 상당히 정확한 분류 정확도를 보여준다. 예를 들어 풀, 밀짚, 울, 럭비공, 가죽, 물, 나무 등의 텍스처 이미지에 대해 동시출현 행렬 방식이 72% 정도의 정확도를 보이는 반면, 로스 방식은 87%의 정확도를 보였다(Laws, 1980b). 또한 그레이스케일 텍스처 이미지에 대해 히스토그램 균등화를 적용해 1차 도함수를 제거하면 정확도가 더 향상됨을 보였다.

Pietikäinen et al.(1983)은 연구를 통해 로스 마스크 계수의 정밀도가 낮아질 때 성능이 어떻게 변하는지를 고찰했다. 이에 의하면 마스크의 일반적인 형태가 유지되는 한 성능이 나빠지지는 않으며, 어떤 측면에서는 더 좋아질 수도 있다. 다시 말해, 로스의 텍스처 에너지 지표는 픽셀 쌍을 사용한 방식(즉, 동시출현 행렬)보다 더 강력하다 할 것이다.

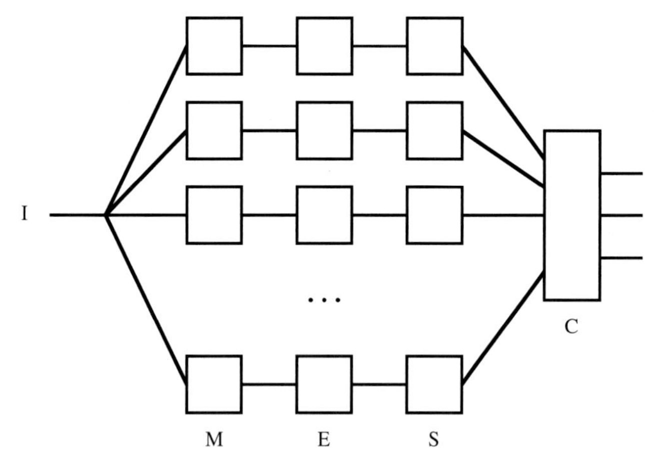

그림 7.6 로스 텍스처 분류자의 기본적인 형태. I는 입력 이미지, M은 세부특징 계산, E는 에너지 계산, S는 스무딩, C는 최종 분류를 나타낸다.

7.5 에이드의 고유필터 접근법

1983년 에이드Ade는 로스 접근법에 기반해, 고유필터eigenfilter를 접목한 새로운 방식을 개발했다(더 나아가기 전에, 주성분 분석과 고윳값 문제를 다룬 14.5절을 읽고 오는 것을 추천한다). 즉, 3 × 3 윈도 내의 모든 픽셀 쌍을 취해, 9 × 9 공분산 행렬을 통해 이미지 세기 특성 데이터를 얻는다. 그런 다음 대각화에 필요한 고유벡터들을 찾는다. 이 벡터는 로스 마스크와 비슷하게 필터 마스크 역할을 하며, 이 '고유필터' 마스크를 적용하면 주어진 텍스처에 대한 주성분 이미지를 얻을 수 있다. 아울러 고윳값은 원본 이미지에 각 필터를 적용해 계산한 분산값에 해당한다. 기본적으로, 주어진 텍스처에 대해 공분산 행렬을 계산해 얻은 분산값은 그 텍스처를 포괄적으로 묘사한다. 즉, 어떤 텍스처에 적용했을 때 분산값이 낮게 나오는 필터는 텍스처 인식에 사용하기에 중요도가 떨어진다.

3 × 3 윈도를 예로 들어 이 기법을 설명해보자. 다음은 에이드가 3 × 3 윈도 픽셀의 스캔 순서를 나타낸 것이다(Ade, 1983).

1	2	3
4	5	6
7	8	9

이 윈도의 픽셀 세기 간의 관계를 묘사하기 위해, 앞에서 설명했듯이 9 × 9 공분산 행렬을 생성한다. 이 시점에서 텍스처의 속성이 픽셀 격자와 무관하다고 가정하면, 텍스처를 설명할 때 공분산 행렬 **C**의 여러 계숫값을 같게 할 수 있다. 예를 들어 C_{24}는 C_{57}과, C_{57}은 C_{75}와 동일하다. 이 작업은 매개변수의 숫자를 줄임과 동시에, 남은 변수의 정확도를 높일 수 있기 때문에 중요하다. 원래 픽셀 쌍을 이루는 경우의 수는 ${}^{9}C_{2} = 36$가지 방식이 있지만, 전체 쌍의 이동을 무시하면 각기 다른 12개의 공간적 관계만이 존재한다(혹은 널 벡터null vector를 포함해서 13개라고 할 수도 있다(표 7.2)). 이때 13개의 매개변수 $a \sim m$을 포함하는 공분산 행렬(14.1절 및 14.5절 참고)은 다음과 같은 형태로 나타난다.

표 7.2 3 × 3 윈도 내 픽셀 간의 공간적 관계

a	*b*	*c*	*d*	*e*	*f*	*g*	*h*	*i*	*j*	*k*	*l*	*m*
9	6	6	4	4	3	3	1	1	2	2	2	2

이 표는 3 × 3 윈도 내에서 픽셀 간 공간적 관계의 빈도를 나타낸다. a는 공분산 행렬 **C**의 대각선상에 있으며, 나머지 항목은 표에 나타난 숫자의 두 배만큼 행렬상에 존재함을 유의하라.

$$\mathbf{C} = \begin{bmatrix} a & b & f & c & d & k & g & m & h \\ b & a & b & e & c & d & l & g & m \\ f & b & a & j & e & c & i & l & g \\ c & e & j & a & b & f & c & d & k \\ d & c & e & b & a & b & e & c & d \\ k & d & c & f & b & a & j & e & c \\ g & l & i & c & e & j & a & b & f \\ m & g & l & d & c & e & b & a & b \\ h & m & g & k & d & c & f & b & a \end{bmatrix} \tag{7.11}$$

C는 대칭성을 띠며, 이러한 형태의 공분산 행렬의 고윳값은 양의 실숫값을 갖는다. 또한 고유벡터는 상호 직교성을 갖는다(14.5절 참고). 또한 이러한 방식으로 생성된 고유필터는 대상이 되는 텍스처의 구조를 대변하며, 그 특성에 완벽하게 들어맞는다. 예를 들어 방향성이 높은 패턴을 가진 텍스처의 경우, 해당 방향에 대한 하나 이상의 고유벡터를 적용했을 때 높은 고윳값 에너지를 얻을 수 있다.

7.6 로스 및 에이드 접근법의 비교

지금부터는 로스 접근법과 에이드 접근법을 좀 더 상세히 비교해보자. 로스 접근법의 경우 표준적인 필터를 사용해 텍스처 에너지 이미지를 생성하고, 그런 다음 주성분 분석을 통해 인식을 수행하게 된다. 반면 에이드 접근법은 특수한 필터(고유필터)를 적용하는 과정에서 주성분 분석 결과가 반영되고, 인식을 위해 어떤 텍스처 에너지 지표를 계산하고 적용해야 하는지를 결정하게 된다.

에이드 접근법은 낮은 에너지값 성분을 조기에 제외하므로, 계산량이 더 작다는 이점이 있다. 예를 들어, 에이드 방식에서 9개의 성분 중 처음 5개는 총 텍스처 에너지의 99.1%를 차지하기 때문에 나머지 성분은 무시해도 무방하다. 또한 나머지 성분 중 각각 1.9%와 0.7% 에너지를 차지하는 것 또한 약간의 정확도 손해를 감수하고 제외할 수 있다. 그러나 텍스처가 연속적으로 변하는 경우, 매 순간 세세하게 조정해야 하는 방식에는 적합하지 않다. 예를 들어 (1) 옷감을 제조하는 과정에서 그 신축성이 연속적으로 변하는 경우, (2) 콩 등의 식품을 가공하는 과정에서 알갱이의 크기 분포가 계속 바뀌는 경우, (3) 케이크 등을 제조할 때 온도나 습도에 따라 푸석함이 바뀌는 경우가 있다.

Unser(1986)은 에이드 기법을 개량해 Faugeras(1978), Granlund(1980), Wermser and Liedtke(1982) 방식을 포함할 수 있게 했다. 이를 통해 텍스처 분류와 더불어, 두 텍스처의 공분산 행렬을 동시에 대각화해 구별하는 방법에 대한 최적화를 이뤘다. 이후 Unser and Eden(1989, 1990)은 더 나아가, 비선형 검출자를 사용하는 방법을 심도 있게 분석했다. 여기서 적용된 비선형 검출자는 크게 두 단계로 나눌 수 있다. 첫 번째는 선형 필터 직후에 적용되며, (특정 가우시안 텍스처 모델을 통해) 분산 또는 필요한 지표에 대한 스무딩을 수행한다. 두 번째 단계는 공간 스무딩 이후에 적용해 앞의 비선형 필터를 상쇄하며, 입력 신호와 동일한 단위의 특징값을 구한다. 이러한 방식을 통해 실제로 얻는 값은 각 선형 필터 채널의 제곱평균제곱근RMS, root mean square 텍스처 신호에 해당한다.

요약하면, 1980년대에 처음 등장한 로스 접근법은 그 직관성 덕분에 동시출현 행렬 접근법을 상당히 대체했다. 물론 다른 이점을 가진 여러 방법들도 이 시기에 제시된 바 있음을 잊어서는 안 된다. 예를 들어 Harwood et al.(1985)의 로컬 랭크 상관 방식, 서로 다른 텍스처 간의 외각을 찾기 위한 Vistnes(1989)의 강제선택 방식 등은 로스보다 훨씬 나은 정확도를 보였다. Vistnes(1989)에 따르면, 로스 접근법은 (1) 마스크의 스케일이 작아 더 큰 스케일의 텍스처 구조에 대해서는 부정확하며 (2) 텍스처 에너지 스무딩 연산 과정에서 외각 부분에 걸치는 텍스처 특징값이 흐려진다는 한계가 있다. 이 중 후자는 두 텍스처 사이에 세 번째 텍스처가 존재할 경우 더 두드러지게 나타나며, Hsiao and Sawchuk(1989, 1990)은 특징 스무딩을 개선하는 연구를 수행했다. 아울러 결과 데이터를 공간적으로 구성하기 위해 확률적 완화probabilistic relaxation를 도입했다.

7.7 결론

7장에서는 텍스처를 분석하는 작업이 얼마나 어려운지 살펴봤다. 이러한 어려움은 많은 경우 텍스처에 잠재된 골치 아픈 복잡성, 특히 상당수의 텍스처가 강하게 보이는 통계적인 특성 때문이다. 과거에 널리 쓰였던 그레이스케일 동시출현 행렬 접근법은 계산 면에서 단점을 보여왔다. 구체적으로 말하자면 첫째, 주어진 텍스처를 명확히 설명하기 위해서는 많은 동시출현 행렬(각각 다른 d 및 θ 값에 대한)이 필요하다. 둘째, 동시출현 행렬은 그 크기가 매우 클 수 있으며, 역설적으로 묘사하려는 원본 이미지보다도 더 많은 양의 데이터를 다룰 수밖에 없다. 특히 그레이스케일값의 범위가 넓을 경우에는 더욱 그렇다. 거기에 더해, 이미지 상에서 텍스처가 어떻게 변화하는지를 찾거나 분할을 진행하고자 할 때는 많은 양의 동시출현 행렬 세트가 필요하다. 따라서 동시출현 행렬을 상당히 압축하는 작업이 필요하기는 하지만, 이를 어떻게 진행해야 할지 선험적으로 명확하지도 않을뿐더러 자동으로 압축하는 방법은 더더욱 찾기 어렵다. 따라서 1980년대를 지나며 사람들은 다른 방식에 눈을 돌리기 시작했다. 예를 들어, 로스의 기법과 그 파생 방식(특히 에이드 방법)이 있다. 혹은 분량의 한계로 여기서 다루지는 못했지만 프랙탈fractal 관련 지표나 마르코프Markov 접근법, 가보르Gabor 필터 기법 등을 사용하는 방식도 존재한다. 7.8절에서 관련 문헌을 참고하라.

텍스처는 일반적인 물체와 마찬가지로 인간이 쉽게 인식하거나 분할할 수 있다. 7장에서 살펴봤듯이 텍스처를 분석할 때는 세부특징을 먼저 파악한 다음 좀 더 거시적인 특징으로 넘어가야 한다. PCA를 사용하면 텍스처와 가장 잘 들어맞는 최적 구조를 찾을 수 있다. 이는 홍채 인식 등의 최근 응용 분야에서 중요한 비중을 차지한다.

7.8 문헌과 연보

텍스처 분석은 Haralick et al.(1973)이 처음 문을 열었으며, Weska and Rosenfeld(1976)은 텍스처 분석을 사용해 재질에 대한 분석을 시도했다. Zucker(1976a)와 Haralick(1979)는 이에 대해 리뷰했으며, Ballard and Brown(1982) 및 Levine(1985) 등은 상세한 설명을 담았다.

1970년대 종반, 로스 기법이 등장했다(Laws, 1979, 1980a, b). 이 기법은 동시출현 행렬이 주류를 차지하기 전까지 널리 쓰였다. 이어서 에이드의 주성분 접근법(Ade, 1983)이 나타났고, Dewaele et al.(1988), Unser and Eden(1989, 1990) 등이 이를 발전시켰다. 로스가 제시한 방향은 특히 텍스처 분석을 간편하게 도입할 수 있으며, 검사 등 실시간 응용 분야에서 안정적으로 사용할 수 있다는 점에서 가치를 갖는다.

1980년대에 나타난 또 다른 흐름은 Pentland(1984)의 프랙탈 접근법과 마르코프 랜덤 필드 텍스처 모델이 있다. Hansen and Elliott(1982) 논문은 크로스Cross, 데린Derin, D. 게만Geman, S. 게만, 제인Jain 등이 이후 계속해서 다뤘음에도 불구하고 매우 완성도가 높다. Bajcsy and Liebermann(1976), Witkin(1981), Kender(1983)은 '텍스처를 통한 형상 검출' 개념을 처음 개척했으며, 이는 이후 많은 주목을 받았다. 이후 신경망을 통한 텍스처 분석, 예를 들어 Greenhill and Davies(1993)과 Patel et al.(1994) 등의 여러 연구가 이뤄졌다. 또한 Van Gool et al.(1985), Du Buf et al.(1990), Ohanian and Dubes(1992), Reed and Du Buf(1993) 등이 여러 접근법에 대한 리뷰 및 비교를 수행하기도 했다.

좀 더 최근에는 자동으로 시각 검사를 수행하는 분야에 접목시키려는 연구가 이뤄지기도 했다(Davies, 2000a; Tsai and Huang, 2003; Ojala et al., 2002; Manthalkar et al., 2003; Pun and Lee, 2003). 이 중 몇몇 논문은 그 외에도 의학, 원격 센싱 등 다른 응용 분야에 대해서도 다루고 있다. 또한 마지막 세 논문은 회전 불변 텍스처, 맨 마지막 논문은 거기에 더해 스케일 불변 텍스처에 대한 분류에 초점을 맞추고 있다. 새롭게 등장한 주제도 아니건만, 이전까지는 회전 불변성에 그렇게 많이 주목하지 않았다. 다른 연구(Clerc and Mallat, 2002)에서는 텍스처 그레이디언트 공식을 통해 텍스처로부터 형상을 얻어내는 방법을 연구했으며, Ma et al.(2003)은 특히 홍채 텍스처를 사용해 사람을 인식하는 연구를 진행했다. Mirmehdi and Petrou(2000)은 컬러 텍스처 분할을 심도 깊게 다뤘다. 이 주제의 경우 흥미로운 응용 분야(인간 홍채 인식 등)에서 텍스처를 분석할 때 '웨이블릿'을 사용하는 경우가 점점 증가하고 있음을 주목하라(예: Daugman(1993, 2003)). 웨이블릿은 로스 외각, 바, 파문, 파동 등을 연상하게 하는 방향성 필터이지만, 그보다 더 정밀한 형상과 엔벨롭으로 이뤄진 다중 해상도 세트다(Mallat, 1989).

이후 연구 중 특히 흥미로운 것으로는 Spence et al.(2004)가 있다. 광도 양안법photometric stereo을 사용해 텍스처를 제거하고, 이를 통해 표면이 이루는 형상(혹은 '범프 맵bump map')을 찾는다. 이 정보를 사용하면 다양한 뷰포인트에서 텍스처를 포함한 물체의 재구성이 가능하다. McGunnigle and Chantler(2003)은 이 기법을 응용해 텍스처 표면에서 펜의 압력으로만 쓰여 보이지 않는 글씨 자국을 찾아내는 방법을 발표했다. 비슷한 맥락에서 Pan et al.(2004)는 (납이나 나무로 만들어진) 고대 서판에서 텍스처를 제거해 그 아래에 쓰인 글씨 이미지를 또렷하게 드러내는 연구를 진행했다.

7.8.1 최신 연구

2000년대 이후에는 앞에서 언급했던 스케일 및 회전 불변 텍스처 분석 연구가 계속 이어져 왔다. Janney and Geers(2010) 논문은 주어진 위치 주변에 원 모양으로 샘플링 위치를 잡아 1차원 형태의 배열을 얻고, 이를 사용한 '로컬 텍스처 불변 특징' 접근법을 묘사하고 있다. 이 방식은 하르Haar 웨이블릿을 사용해 계산상의 이점을 얻는다. 또한 스케일 불변성을 확보하기 위해 다양한 스케일에 대해 적용한다. 아울러 스케일 및 회전 외에도 조명에 대한 불변성도 확보하기 위해 세기 정규화를 포함하고 있다.

최근 이 주제에 대해 깊게 다룬 두 권의 책도 소개할 만하다. Petrou and Sevilla(2006)은 매우 잘 작성된 교재이며, 기초적인 부분에서 시작해서 이 책에서 다루지 못한 프랙탈, 마르코프 랜덤 필드, 기브스Gibbs 분포, 가보르Gabor 함수, 웨이블릿, 위그너Wigner 분포까지 나아가고 있다. Mirmehdi et al.(2008)은 묶음 단행본으로서, 다양한 연구자들이 여러 장에 걸쳐 새로운 연구 내용을 담고 있다. 'TEXEMS: 랜덤 텍스처 표현 및 분석', '3D 텍스처 분석', '외양 모델 텍스처', '동적 텍스처에서 동적 형상과 외양 모델까지', '분할 텍스처: 계층 특징 묘사', '추적 변환의 실제 적용', '로컬 바이너리 패턴을 사용한 안면 인식' 등과 같은 장 제목들만 읽어봐도 이를 엿볼 수 있다.

PART

2

중간 수준 비전

2부에서는 중간 수준의 이미지 분석, 즉 이미지 그 자체로부터 시작해 추상적인 정보를 취득하는 과정을 다룬다. 이 단계에서는 예컨대 한 이미지를 다른 이미지로 변환하는 등의 이미지 처리 작업이 주 관심사가 아니다. 대신 목적에 맞도록 체계적으로 설계된 변환 방식 등을 사용하게 된다.

2부에서 다룰 대부분의 장은 다양한 이미지 특징의 위치나 방향에 대한 추상적 정보를 얻는 것을 목표로 한다. 현실의 데이터를 얻는 방법에 관한 내용은 3~5부에서 다룰 것이다. 요컨대 2부에서는 이미지 내에 원이 존재하는지 여부를 판단할 뿐이며, 그것이 바퀴인지 혹은 원의 형상에 결함이 존재하는지 등은 뒤에서 살펴보게 될 것이다.

08

바이너리 형태 분석

바이너리 이미지는 그레이스케일보다 훨씬 적은 양의 정보를 담고 있지만, 그 정보는 물체 인식에 매우 유용한 형태 및 크기 정보다. 그러나 이 정보는 디지털 픽셀 격자 형식으로 이뤄져 있으므로 기하적으로 고려할 내용이 많아진다. 8장에서는 이러한 문제를 해결하고, 형태를 처리하는 데 쓰이는 여러 중요한 알고리듬을 살펴본다.

8장에서 다루는 내용은 다음과 같다.

- 연결성 역설과 이를 해결하는 방법
- 물체 레이블링과 레이블링 충돌을 해결하는 방법
- 바이너리 이미지의 측정 기준 문제
- 사이즈 필터링 기법
- 형태 특징화를 위한 볼록 껍질 방식
- 거리 함수 및 이를 순차적/병렬 알고리듬으로 구하는 방법
- 스켈레톤의 개념과 세선화 알고리듬, 그리고 스켈레톤 계산과 분석에서 교차수(crossing number)의 역할
- 진원도와 종횡비를 사용한 간단한 형태 인식 기준
- 모멘트, 경계 설명자 등을 통한 더 엄밀한 형태 인식

이 장은 넓이를 기반으로 한 형태 분석을 주로 다루며, 경계 기반 방식은 9장 '경계 패턴 분석'에서 살펴볼 것이다. 다만 진원도 계산과 경계 추적은 두 장에서 모두 다룬다. 그러나 이 장에서 소개하는 모든 방식은 다른 여러 분야로 '연결되는' 내용이 많다. 구체적인 내용을 살펴보기 전에 이러한 개념을 파악하는 것도 가치 있는 일일 것이다.

이 장에서 소개하는 알고리듬 중 일부는 복잡한 개념으로 이뤄져 있다. 특히 연결성은 디지털 형태 분석 전반에서 중요한 비중을 차지하며, 이해하는 과정에서 다소 머리가 아파질지도 모른다.

8.1 서론

수십 년 전부터, 디지털 이미지상에서 물체를 인식하고 그 위치를 찾는 데 2차원 형태 분석이 쓰여왔다. 기본적으로 2차원 형상이 중요한 이유는 각 물체의 독특한 특성을 나타내기 때문이다(예를 들어 열쇠와 문자, 개스킷과 스패너, 지문과 염색체 등). 1장 '비전, 그 도전'에서 살펴봤듯이 매우 단순한 패턴이라도 템플릿 매칭 방식을 적용했을 때 조합 확산이 발생하고, 따라서 효율적인 물체 인식과 위치 찾기에 있어 먼저 이미지를 분석해 그 특징을 찾는 작업이 매우 중요하다. 이러한 관점에서 볼 때, 실제 시각 인식 시스템에서 바이너리 형상 분석은 매우 기본적인 차원에서 필요하다.

40여 년 동안 형태 분석 기법 및 그 응용에는 너무나 다양한 발전이 이뤄져 왔다. 당연히 이 모든 내용을 장 하나에 완벽하게 담기란 불가능하며, 시도조차 하지 않을 것이다(즉, 마치 카탈로그처럼 모든 알고리듬과 방법을 일일이 개괄하지 않을 것이다). 대신 주제에 대한 예제와 함께 관련된 분야 및 실제 응용을, 한편으로는 기초적인 원리에 해당하는 내용을 다룬다. 이 장에서는 다음 주제들이 반복적으로 나타난다. 바이너리 이미지의 연결성이 중요한 이유, 로컬과 전역 이미지 연산의 차이점과 이미지 데이터 표현법 간의 차이점, 정확도와 계산 효율성 간의 균형, 알고리듬과 하드웨어의 호환성. 우선 바이너리 이미지에서 연결성을 어떻게 측정하는지부터 알아보자.

8.2 바이너리 이미지의 연결성

이 절에서는 임계화 등의 방법을 통해 물체가 1로, 배경이 0으로 분할되어 있다고 가정한다(2~4장의 내용을 참고하라). 중요한 건, 여기에 두 번째 가정이 내포되어 있다는 것이다. 바로 바이너리 이미지에서 물체 간의 경계를 나누기가 쉽다는 가정이다. 그러나 디지털 이미지는 정사각 격자로 표현되어 있기 때문에, 연결성connectedness이라는 문제가 발생한다. 다음과 같이 덤벨 형태의 물체를 1로 표현한 예시를 생각해보자(빈 공간은 바이너리값 0으로 채워져 있다고 간주하라).

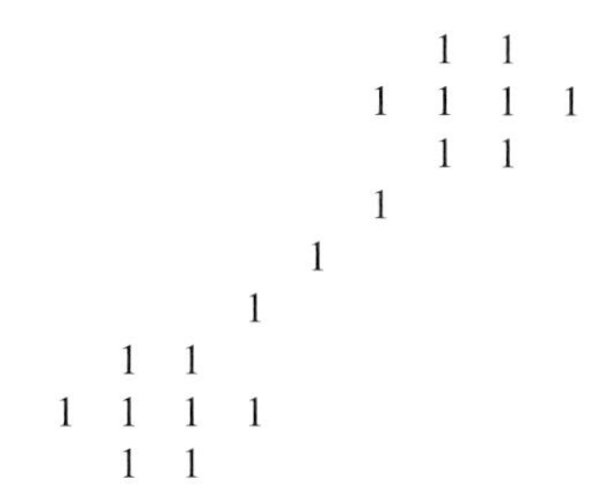

물체 중심 부분에는 다음 형태가 존재한다.

0 1
1 0

이 부분은 배경을 두 영역으로 나눈다. 이때 대각선으로 배열된 1은 서로 연결되어 있다고 간주할 수 있으며, 0은 연결되어 있지 않다고 봐야 한다. 즉, 둘은 상반된 관계에 있다. 그러나 대각선상의 0 쌍이 이미 이어진 1 쌍을 끊지 않고 넘어가 연결되는 것은 거의 불가능하다. 마찬가지로, 0과 1 중 어느 한쪽이라도 이어져 있는 동시에 '연결되어 있지 않은 상태'가 된다는 것은 모순적이다. 따라서 이러한 경우 연결성이 대칭적으로 정의되는 것은 가능하지 않고, 전경에 해당하는 대각선 이웃 영역만 연결되어 있다고 보는 것이 일반적이다. 즉, 전경은 '8 연결' 상태, 배경은 '4 연결' 상태에 있다. 뒤에서도 이러한 규칙을 사용할 것이다.

8.3 물체 레이블링과 카운팅

지금까지 연결성이 무엇인지에 대해 살펴봤다. 바이너리 이미지상의 모든 물체를 명확하게 분리하려면, 각각의 물체에 레이블을 붙이고 수를 세는 알고리듬을 고안해야 한다. 레이블링은 이미지를 스캔하다가 1이 나타나는 지점을 첫 번째 물체로 정의하는 데에서부터 시작한다. 이 스캐닝 위치를 기록하고, 그 위치에서부터 1이 계속 나타나는 물체 영역 전체에 레이블을 '전파propagation'하듯이 붙인다. 이때 원본 이미지와 별개로 레이블링을 위한 이미지 공간을 새로 사용해야 한다. 레이블링이 끝나면 스캔을 계속하되, 이미 레이블을 붙인 지점은 무시하고 새로운 물체가 나타날 때까지 진행한다. 이 물체 영역은 레이블링 이미지 공간에 2로 기록한다. 이런 식으로 전체 이미지에 대한 스캔이 끝날 때까지 반복하면 모든 물체

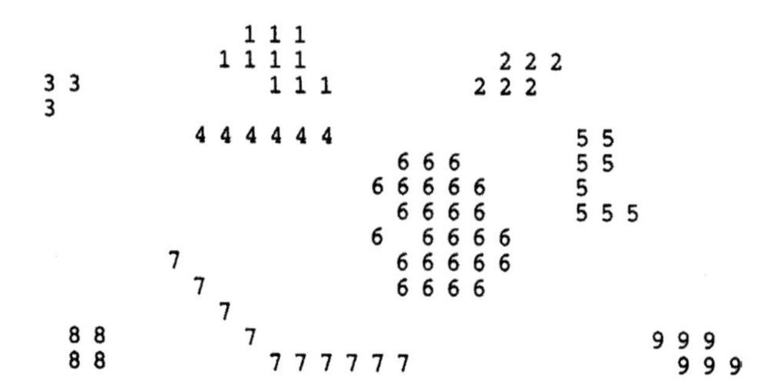

그림 8.1 바이너리 물체를 레이블링하는 과정

에 레이블이 붙게 된다(그림 8.1). 이 방식은 연결된 물체에 대해 전파가 가능하다는 것을 전제로 두고 있다. 만약 전파를 수행할 범위를 제한할 방법이 없다고 한다면, 전체 이미지 공간을 대상으로 이 과정을 진행해야 한다. 이때 전파는 다음과 같은 형식으로 이뤄진다.

```
do {
    for all points in image
        if point is in an object
          and next to a propagating region labelled N
        assign it the label N
} until no further change;
```
(8.1)

do-until 반복문의 핵심적인 부분을 좀 더 명확하게 설명하면 다음과 같다.

```
// 원본 이미지는 A 공간에, 레이블은 P 공간에 저장
     if ((A0 == 1)
        && ((P1 == N)||(P2 == N)||(P3 == N)||(P4 == N)
        ||(P5 == N)||(P6 == N)||(P7 == N)||(P8 == N)))
     P0 = N;
}
```
(8.2)

이러한 맥락에서 물체 레이블링을 수행하는 매우 간단한 알고리듬을 구현하면 표 8.1과 같다. 여기서 for forward scan over image do {...} 부분은 이미지에 대해 '순차적으로' 포워드 래스터 스캔을 수행함을 뜻한다.

앞의 물체 카운팅 및 레이블링 과정의 경우, 이미지 공간에 대해 '최소' $2N + 1$번, 현실적으로는 $NW/2$번(여기서 W는 물체의 평균 너비를 가리킨다)에 가까운 패스를 필요로 함을 유의하라. 이 때문에 이 알고리듬은 다소 효율성이 떨어지며, 어떻게 이미지에 대한 패스의 수를 줄여서 계산량의 이득을 보는지에 대한 고민이 필요하다. 그 방법 중 하나는 이미지상에서

표 8.1 간단한 물체 레이블링 알고리듬

```
// A 공간에 물체를 포함한 바이너리 이미지
// 레이블 공간 초기화
for all pixels in image do { P0= 0; }
// 초기에 물체가 없다고 가정
N = 0;
/* 순차적 스캔을 통해 물체를 찾은 후 레이블을 전파 */
do { // 레이블이 붙지 않은 물체 검색
     found = false;
     for forward scan over image do {
        if ( (A0 == 1) && (P0 == 0) && not found) {
              N == N1 1;
              P0 = N;
              found = true;
        }
     }
     if(found) // 발견한 물체에 레이블 붙이기
       do {
            finished = true;
            for all pixels in image do {
              if ( (A0 == 1) && (P0 == 0)
                    && ( (P1 == N) || (P2 == N) || (P3 == N) || (P4 == N)
                    || (P5 == N) || (P6 == N) || (P7 == N) || (P8 == N) ) ) {
                       P0 = N ;
                       finished = false;
              }
            }
       } until finished;
} unntil not found; // 즉, 물체가 (더) 없을 경우
// N: 발견하고 레이블을 붙인 물체 개수
```

포워드 스캔을 진행하면서, 물체를 발견하면 새로운 레이블을 붙여 스캔 방향을 따라 전파시키는 것이다. 이 방식은 볼록한 물체에는 대부분 잘 작동하지만, 오목한 물체(예를 들어 'U' 모양의 물체)를 다룰 때는 물체의 여러 부분에 각기 다른 레이블이 붙을 수 있으며, '상충하는' 레이블을 잘 처리해야 한다(예를 들어, 물체상에서 가장 큰 영역을 차지하는 레이블을 나머지 영역까지 전파시키는 방법을 사용해야 할 수 있다. 그림 8.2를 참고하라). 그런 다음 역스캔을 통해 이미지상에서 맞지 않는 부분을 찾아 고친다. 그러나 이렇게 하더라도, 더 복잡한 물체(예: 나선형)에 발생하는 문제까지 모두 해결하지는 못한다. 이 경우 병렬로 전파를 진행해, 새로운 레이블을 붙이

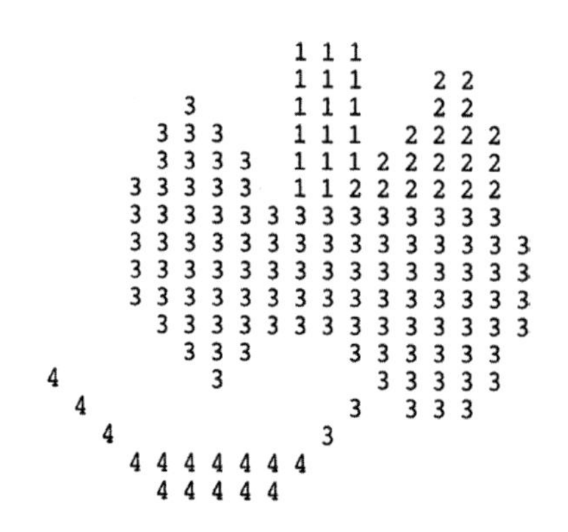

그림 8.2 U 형태의 물체에 레이블링하기. 이러한 형태의 물체는 단순한 알고리듬만으로는 한계가 있다. 이 경우 레이블 간의 '상충'을 대비해야 하지만, 이어지는 처리 과정을 통해 이러한 혼란을 없앨 수 있다.

지 않을 때까지 반복하는 식으로 대응한다. 물론 이렇게 하면 앞에서와 마찬가지로 계산량에 대한 고려가 필요하다. 그러나 SIMD^single instruction stream, multiple data stream^ 머신 같은 병렬 프로세서에 사용하기에는 매우 편리한 방법이다.

궁극적으로 가장 적은 연산량으로 전파를 수행하기 위해서는 조금 다른 접근법을 사용해야 한다. 즉, 이미지 전체에 걸쳐 '하나의' 순차 패스를 통해 물체 또는 물체 부분에 레이블을 붙이면서, 물체에 하나 이상 중첩되어 붙은 레이블이 있을 경우 기록한다. 그런 다음 대략적인 처리 단계에서 레이블을 각각 정렬해, 처음 기준이 될 레이블을 결정한다. 마지막으로 패스를 한 번 더 거쳐, 이미지상의 물체에 다시 적절한 레이블을 붙인다(만약 이미지 데이터에 너무 복잡한 방식으로 레이블이 붙어 있어 이를 해석할 방법만 필요한 것이라면 이 패스는 불필요하다). 이 개선된 레이블링 알고리듬은 표 8.2와 같은 형식을 띠게 된다. 이 단일 순차 스캔 알고리듬은 처음 것보다 훨씬 더 효율적이지만, 특별한 하드웨어나 SIMD 프로세서를 사용할 경우 상황은 다르다.

표 8.2의 알고리듬을 약간만 수정하면 물체 영역과 둘레도 함께 고려하게 할 수 있다. 즉, 스캔 과정에서 물체를 발견하는 순서 대신 물체의 영역이나 둘레에 따라 레이블을 매길 수 있다. 더욱이 전파 루틴을 따로 지정할 수 있다는 것은, 만약 필요하다면 물체를 각각 옮겨서 이미지 공간을 분리하거나 따로 저장해 각 물체 간에 간섭을 받지 않는 방식으로 분석이 가능함을 뜻한다. 만약 물체를 각각 따로 바이너리 공간에 나타낼 수 있다면, 최대 및 최소

표 8.2 개선된 물체 레이블링 알고리듬

```
// 레이블 공간 초기화
for all pixels in image do { P0 = 0; }
// 초기에 물체가 없다고 가정
N = 0;
// 중첩된 레이블 데이터 저장 테이블 초기화
for (i = 1; i <= Nmax; i++)
     for (j = 1; j <= Nmax; j++)
          coexist[i][j]= false;
// 단일 스캔을 통한 물체 레이블링
for forward scan over image do {
    if (A0 == 1) {
    }
        if ( (P2 == 0) && (P3 == 0) && (P4 == 0) && (P5 == 0) ) {
                N = N + 1;
                P0 = N;
            }
            else {
                P0 = max(P2, P3, P4, P5);
                // 어떤 레이블이 물체에 동시에 붙었는지 확인
                coexist[P0][P2] = true;
                coexist[P0][P3] = true;
                coexist[P0][P4] = true;
                coexist[P0][P5] = true;
            }
    }
}
중첩 레이블 테이블을 분석해 최적의 레이블링 방식을 결정;
필요하다면 이미지 레이블링을 다시 수행;
```

공간 좌표를 어렵지 않게 측정하고 중심값을 곧바로 구할 수 있으며 정확한 모멘트값(뒷부분을 참고하라) 등 다른 매개변수도 쉽게 얻을 수 있다.

8.3.1 복잡한 레이블링 문제

이 절에서는 표 8.2 마지막 부분에 어렵지 않다는 듯 써놓은 '중첩 레이블 테이블coexist table을 분석해 최적의 레이블링을 결정'에 관한 내용을 자세히 다룰 것이다. 먼저 이 작업이 간단하게 이뤄지지 못하는 예시를 들어보자. 그림 8.3의 예제 이미지는 이미 표 8.2의 순차적 레이

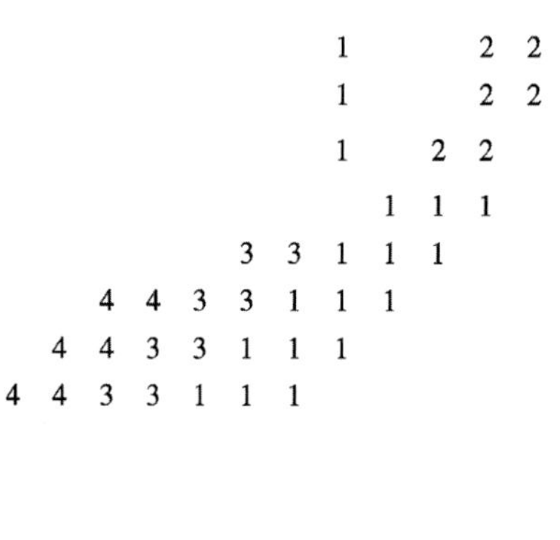

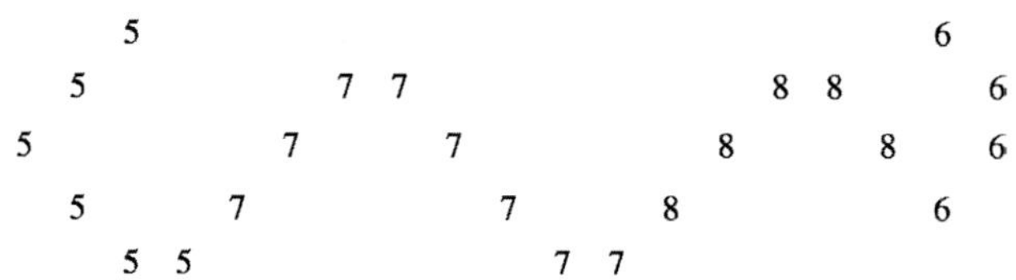

그림 8.3 더 복잡한 형상에 대한 레이블링 문제 예시

블링을 거친 상태다. 다만 최댓값 대신 최솟값을 사용한 레이블링 규칙을 적용해, 좀 더 이상적인 레이블에 가까운 값을 내고 있다(이 부분은 적절한 레이블링 알고리듬을 설계하는 방법이 단 하나만 존재하지 않음을 보여주기도 한다). 알고리듬을 통해 구한 중첩 테이블은 표 8.3과 같은 모양을 띨 것이다. 그러나 단지 중첩 여부를 체크하는 것이 아니라 표 8.4와 같이 각 항목에 중첩되는 레이블 숫자를 부여하고, 대각선 축을 따라 값을 매기면 최적 레이블링 계산 과정을 좀 더 효율적으로 진행할 수 있다. 사실 대각축 아래쪽의 숫자는 기술적으로 불필요하지만, 마찬가지로 효율성을 위해 남겨놓았다.

다음 단계로 표 8.5처럼 각 행마다 레이블의 개수를 최소화한다. 그다음에는 열을 기준으로(표 8.6), 마지막으로 다시 행을 기준으로 최소화를 수행한다(표 8.7). 이 세 가지 과정을 최적값을 찾을 때까지 반복해서 수행한다. 이렇게 하면 대각선 축의 값이 최종 결과가 된다. 추가적으로 이 레이블을 1부터 시작하는 순차적 정수로 바꾸는 과정이 필요하긴 하지만, 매우 기본적인 연산이며 2차원 데이터가 필요한 것도 아니다. 이 단순한 작업은 여기서 굳이 구현하지 않을 것이다.

여기까지 살펴보면 앞에서 설명했듯이 연산량 관점에서의 개선을 확인할 수 있다. 즉, 원본 이미지 데이터에 대해 레이블을 나타내는 데 필요한 공간의 크기가 효과적으로 줄어든다.

표 8.3 그림 8.3에 해당하는 중첩 테이블

	1	2	3	4	5	6	7	8
1		√	√					
2	√							
3	√			√				
4			√					
5							√	
6								√
7					√			√
8						√	√	

체크 표시는 레이블이 중첩됨을 나타낸다.

표 8.4 추가 수치 정보를 포함한 중첩 테이블

	1	2	3	4	5	6	7	8
1	1	1	1					
2	1	2						
3	1		3	3				
4			3	4				
5					5		5	
6						6		6
7					5		7	7
8						6	7	8

이 중첩 테이블은 표 8.3을 개선한 것이다. 대각선 축과 그 아래 영역의 값은 기술적으로 불필요하지만, 이어지는 연산 속도를 높이기 위해서는 필요하다.

표 8.5 행별로 최소화해 재작성한 중첩 테이블

	1	2	3	4	5	6	7	8
1	1	1	1					
2	1	1						
3	1		1	1				
4			3	3				
5					5		5	
6						6		6
7					5		5	5
8						6	6	6

이 시점에서 테이블은 더 이상 대칭이 아니다.

표 8.6 열별로 최소화해 재작성한 중첩 테이블

	1	2	3	4	5	6	7	8
1	1	1	1					
2	1	1						
3	1		1	1				
4			1	1				
5					5		5	
6						6		5
7					5		5	5
8						6	5	5

표 8.7 마지막으로 한 번 더 행별로 최소화한 중첩 테이블

	1	2	3	4	5	6	7	8
1	1	1	1					
2	1	1						
3	1		1	1				
4			1	1				
5					5		5	
6						5		5
7					5		5	5
8						5	5	5

이 시점에서 테이블은 최종 결과를 담고 있으며, 다시 대칭 형태를 띤다.

정확히는 중첩당 하나의 항목만이 필요한데, 테이블이 여전히 원본 이미지처럼 2차원 형태로 이뤄져 있는 것은 그 때문이다. 더 낮은 차원으로는 이미지의 토폴로지를 정확히 표현하기 어렵다. 앞에서 살펴봤듯이 행과 열 두 축에 대해 최소화 작업을 수행하는 것도 이러한 이유 때문이다. 반대로 총 계산량을 최소화하고 반복 연산을 거의 수행하지 않기 위해 대각선 축 위쪽과 아래쪽 항목을 전부 사용하는 등의 과정이 이뤄지기도 한다.

바이너리 이미지의 연결된 성분을 찾는 방식에 대한 내용이 너무 길게 느껴질 수도 있겠다. 사실 이 주제는 특히 산업 검사 분야에서 모든 대상을 인식하고 조사하기 위해 각각의 위치를 파악하고자 할 때 매우 중요하게 다뤄진다. 그림 8.3에서 볼 수 있듯이, 레이블링 문제에 있어 어려움을 겪는 형태는 U 모양뿐만이 아니다. 그림에서 물체 좌상단 부분을 참고하라.

8.4 사이즈 필터링

사이즈 필터링size filtering으로 넘어가기 전에, 디지털 격자상에서 i, j로 레이블이 붙은 픽셀 쌍 간의 거리(또는 '메트릭metric')를 8 연결성 및 4 연결성에서 어떻게 정의하는지 나타내보자.

$$d_8 = \max\left(|x_i - x_j|, |y_i - y_j|\right) \quad (8.3)$$

$$d_4 = |x_i - x_j| + |y_i - y_j| \quad (8.4)$$

d_4와 d_8 메트릭을 사용할 경우 어느 정도 정확도가 떨어지긴 하지만, 바이너리 이미지상에서 로컬 연산을 수행하고자 할 때는 유용하다. 이 절에서는 단지 로컬 (3 × 3) 연산을 통해 간단한 사이즈 필터링을 수행하는 방법을 알아보고자 한다. 기본적인 아이디어는 축소 연산을 여러 번 적용해서 작은 물체를 제거할 수 있다는 데서 출발한다. 말하자면 N 축소 연산은 짧은 축 기준으로 $2N$ 이하의 픽셀 길이를 갖는 물체(또는 물체의 부분)를 제거한다. 물론 이 과정은 이미지상의 '모든' 물체를 줄어들게 하지만, 이론적으로 이어서 확장 연산을 N번만큼 수행하면 그보다 큰 물체는 처음 크기로 되돌아오게 할 수 있다.

그러나 만약 작은 물체는 완전히 사라지게 하면서도 그보다 큰 물체는 그대로 놔두고 싶다면, 다른 방법을 사용해야 한다. 많은 경우 앞의 연산을 수행하면 큰 물체가 변형되거나 쪼개질 가능성이 있기 때문이다(그림 8.4). 큰 물체를 '원래' 형태로 복원하기 위해서는 축소된

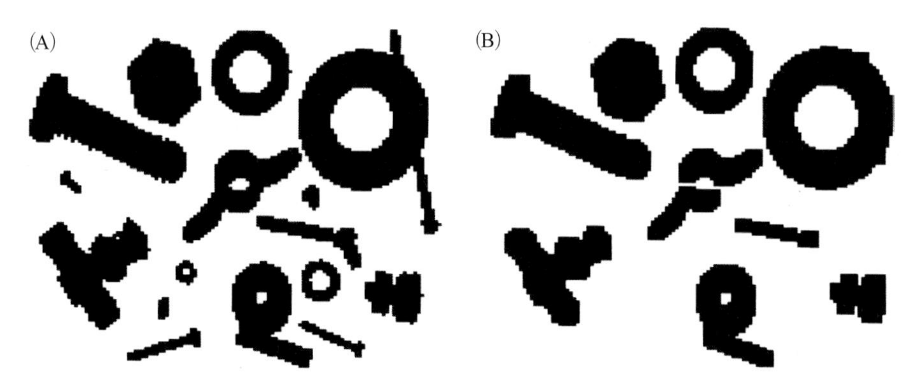

그림 8.4 간단한 사이즈 필터링 연산 결과. N 축소 및 N 확장 연산을 통해 사이즈 필터링을 수행하면, 그보다 큰 물체는 원래 크기에 가깝게 돌아오긴 하나 모양은 왜곡되거나 조각나는 경우가 많다. 이 예제에서 (B)는 (A) 이미지에 대해 두 번의 축소와 확장 연산을 수행한 결과다.

표 8.8 축소된 물체를 원래 모양으로 복원하는 알고리듬

```
// 원본 이미지 저장
for all pixels in image do { C0 = A0; }
// 원본 물체를 N번 축소
for (i = 1; i <= N; i++) {
     for all pixels in image do {
       sigma = A1 + A2 + A3 + A4 + A5 + A6 + A7 + A8;
         if (sigma < 8) B0 = 0; else B0 = A0;
     }
     for all pixels in image do {A0 = B0; }
}
// 원본 정보를 기반으로 축소된 물체에 전파 연산
do {
     finished = true;
     for all pixels in image do {
       sigma = A1 + A2 + A3 + A4 + A5 + A6 + A7 + A8;
         if ( (A0 == 0) && (sigma > 0) && (C0 == 1) ) {
               A0 = 1;
               finished = false;
         }
     }
} until finished;
```

물체를 일종의 '씨앗'으로 삼아, 그로부터 전파 과정을 통해 원본을 성장시켜나가는 것이다. 표 8.8에 소개한 알고리듬이 이 과정을 위한 것이다.

앞에서 살펴봤듯이 모든 축에서 특정한 값보다 짧은 길이를 갖는 (연결된) 물체들을 전부 없애는 방법을 응용하면, 특정 길이 범위를 갖는 물체들만 서브셋으로 묶어서 제거하는 알고리듬을 만드는 것도 가능하다. 큰 물체의 경우 더 작은 물체를 제거한 다음 원본 이미지와 논리적 마스킹 연산을 적용하는 방식으로 필터링할 수 있고, 중간 범위의 물체만 제거하고자 할 경우 우선 더 큰 서브셋을 제거한 뒤에 따로 이미지 공간에 저장해놓았던 작은 이미지를 복원하는 식으로 하면 된다. 결국 이러한 필터링은 각 물체의 내부적인 연결성에 따라 어떤 식으로 그 과정을 수행해야 하는지를 고려해서 수행하게 된다.

수축 연산 직후 확장 연산을 진행하는 방식은 근접한 물체를 잇거나 구멍을 채우는 등의 작업에서 유용하다. 또한 이 단순한 기법을 다양한 방식으로 수정하거나 추가할 수도 있다. 특히 흥미로운 예시는 수축 연산을 통해 초콜릿 등 서로 붙어 있는 물체들의 윤곽을 분리해

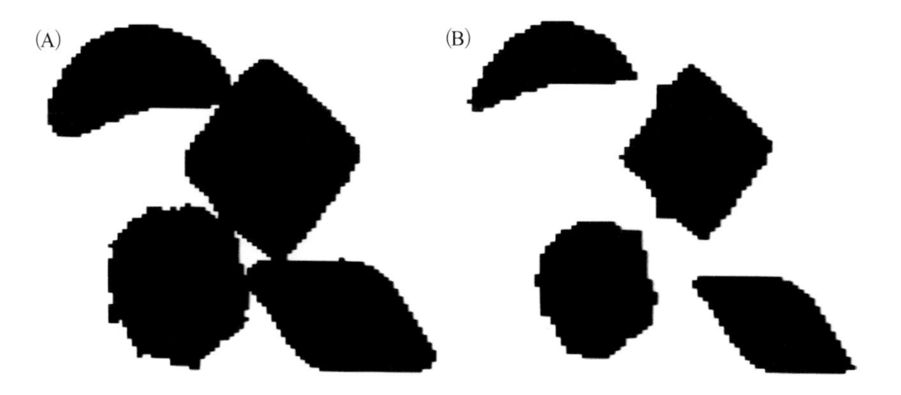

그림 8.5 붙어 있는 물체에 축소 연산을 적용해 분리하기. (A)에서 물체(초콜릿)를 분리하기 위해 축소 연산을 적용했으며(B), 이를 통해 물체의 수를 더 명확하게 셀 수가 있다.

서 나타내는 방법에 관한 것이다. 이렇게 하면 각 조각을 명확하게 카운팅할 수가 있다(그림 8.5).

8.5 거리 함수와 그 응용

물체의 거리 함수는 형태 분석에 있어서 매우 단순하고 유용한 개념이다. 기본적으로 물체의 각 픽셀에 대해, 배경과의 거리를 계산해서 그 값을 붙인다. 일반적으로 배경 픽셀은 0, 외각 픽셀은 1 값을 갖는다. 경계 바로 안쪽의 물체 픽셀은 2, 그다음 안쪽은 3, 같은 식으로 모든 물체 픽셀에 값을 부여하게 된다(그림 8.6).

표 8.9에 나온 병렬 알고리듬은 전파를 통해 바이너리 물체의 거리 함수를 구현한다. 이 알고리듬에서 마지막 패스는 아무런 역할을 하지 않음을 유의하라. 이 패스는 알고리듬 특성상 피할 수 없는 과정이다.

순차적 처리를 사용하면, 훨씬 더 적은 연산으로도 거리 함수 전파를 구현할 수 있다. 우선 물체 내에 1차원상으로 다음과 같이 값을 상행시키는 루틴을 진행한다.

```
for all pixels in a row of pixels do {Q0 = A0*255;}
for forward scan over row of pixels do
  if (Q0 > Q5 + 1) Q0 = Q5 + 1;
```

```
                  1 1 1
                  1 2 1       1 1
          1       1 2 1       1 1
        1 1 1     1 2 1     1 1 1 1
        1 2 1 1   1 2 1 1 1 2 2 1
      1 1 2 2 1   1 2 2 2 2 2 2 1
      1 2 2 2 1 1 1 2 3 3 3 3 2 1
      1 2 3 2 2 2 2 2 3 4 4 3 2 1 1
      1 2 2 3 3 3 3 3 3 3 3 3 2 2 1
      1 1 2 2 2 2 2 2 2 2 3 3 2 2 1
        1 1 2 1 1 1 1 1 2 2 3 2 1 1
          1 1 1           1 1 2 2 2 1
1           1               1 1 2 1 1
  1                     1     1 1 1
    1                 1
      1 1 1 1 1 1 1
        1 1 1 1 1
```

그림 8.6 바이너리 형상의 거리 함수. 각 픽셀의 값은 배경으로부터의 거리(d_8 값 기준)를 나타낸다.

표 8.9 거리 함수 전파를 위한 병렬 알고리듬

```
// A 공간: 물체를 포함한 바이너리 이미지
for all pixels in image do { Q0 = A0 * 255; }
N = 0;
do {
    finished = true;
    for all pixels in image do {
      if ( (Q0 == 255) // 물체 내부에서 값이 매겨지지 않은 경우
            && ( (Q1 == N) || (Q2 == N) || (Q3 == N) || (Q4 == N)
            || (Q5 == N) || (Q6 == N) || (Q7 == N) || (Q8 == N) ) ) {
                  // N 값과 인접한 경우
                  Q0 = N + 1;
                  finished = false; // 주어진 동작을 수행
            }
    }
    N = N + 1;
} until finished;
```

그런 다음, 수직 및 수평 방향에 대해 물체 내에 일종의 산 모양으로 값을 쌓아가도록 해야 한다. 이는 두 종류의 순차적 연산을 통해 멋지게 해낼 수 있다. 한 번은 포워드 래스터 스캔forward raster scan, 다른 한 번은 리버스 래스터 스캔reverse raster scan을 적용한다.

```
for all pixels in image do {Q0 = A0 *255;}
for forward scan over image do {
    minplusone = min(Q2, Q3, Q4, Q5) + 1;
    if (Q0 > minplusone) Q0 = minplusone;
}                                                    (8.5)
for reverse scan over image do {
    minplusone = min(Q6, Q7, Q8, Q1) + 1;
    if (Q0 > minplusone) Q0 = minplusone;
}
```

코드에서 포워드 래스터 스캔은 `for forward scan over image do {...}`, 리버스 래스터 스캔은 `for reverse scan over image do {...}`로 나타내었음을 유의하라. 코드를 좀 더 간결하게 나타내면 다음과 같다.

```
for all pixels in image do {Q0 = A0*255;}
for forward scan over image do {
    Q0 = min(Q0 – 1, Q2, Q3, Q4, Q5) + 1;
}                                                    (8.6)
for reverse scan over image do {
    Q0 = min(Q0 – 1, Q6, Q7, Q8, Q1) + 1;
}
```

내용을 마무리하며, 거리 함수를 전파함에 있어 순차적 처리를 거칠 때의 장점을 알아보자. 이 순차적 알고리듬을 직렬 컴퓨터에서 실행할 경우, $N \times N$ 이미지에 대해 같은 컴퓨터에서 병렬 알고리듬을 돌리는 것보다 $O(N)$배 더 '빠르게' 실행할 수 있지만, 병렬 컴퓨터에서 병렬 알고리듬을 돌리는 것보다는 $O(N)$배 더 '느리게' 실행된다. 이는 거리 함수의 전파뿐만 아니라 다른 많은 연산에 대해서도 성립한다(대체로 병렬 처리는 SIMD 머신 등의 병렬 컴퓨터에서 매우 효율적으로 수행할 수 있다).

8.5.1 로컬 극댓값과 데이터 압축

거리 함수의 응용 분야 중 흥미로운 부분은 데이터 압축에 관한 것이다. 즉, 거리 함수의 로컬 극댓값local maxima에 해당하는 픽셀의 위치를 구하고(그림 8.7), 이렇게 저장한 픽셀의 값과 위치를 기반으로 하향 전파를 통해 원본 이미지를 복원한다(아래 참고). 거리 함수의 로컬 극댓값을 찾는 과정 자체는 데이터 압축에 필요한 기본적인 정보를 제공해줄 뿐이며, 실제 압축은 데이터를 원본 그림 형식 대신 해당 픽셀 정보의 목록으로 저장할 때에 이뤄진다. 로컬 극댓값은 다음 병렬 루틴을 사용해 찾게 된다.

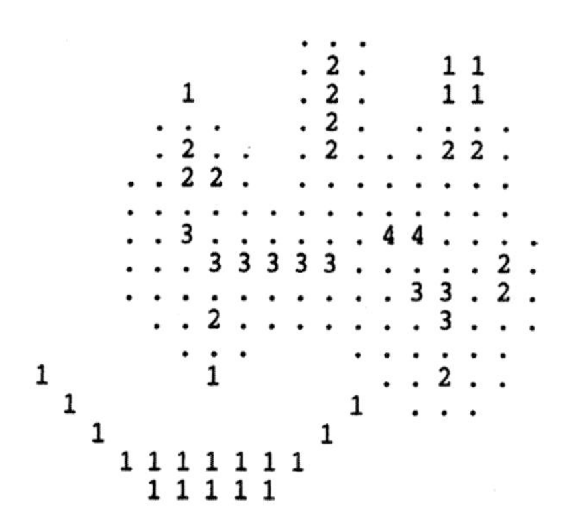

그림 8.7 그림 8.6의 형상에 대한 거리 함수의 로컬 극댓값. 최댓값 이외의 픽셀은 점(물체)과 공백(배경)으로 나타내었다. 로컬 극댓값 중 같은 거리 함숫값을 갖는 픽셀들끼리 클러스터로 묶이게 되며, 특히 다른 값을 갖는 클러스터는 완전히 분리되어 있다.

```
for all pixels in image do {
    maximum = max(Q1, Q2, Q3, Q4, Q5, Q6, Q7, Q8);
    if ((Q0 > 0) && (Q0 ≥ maximum)) B0 = 1; else B0 = 0;
}
```
(8.7)

압축된 데이터는 다음과 같이 단일 이미지 공간으로 변환될 수 있다.

```
for all pixels in image do {
    maximum = max(Q1, Q2, Q3, Q4, Q5, Q6, Q7, Q8);
    if ((Q0 > 0) && (Q0 ≥ maximum)) P0 = Q0; else P0 = 0;
}
```
(8.8)

데이터 압축을 위해 선택된 로컬 극댓값은 절대적인 최댓값이라기보다는 그 픽셀 인접에 더 큰 값이 없음을 뜻함을 유의하라. 이렇게 정의해야 원래 물체를 완전히 복원하는 데 필요한 충분한 숫자의 픽셀을 확보할 수 있다. 이에 따라 절대적 최댓값은 인접한 픽셀들과 연결되어 클러스터를 형성하며, 각 클러스터는 동일한 최댓값을 가지고 다른 값을 가진 클러스터와는 분리되어 있다(그림 8.7). 요컨대 물체의 로컬 극댓값 집합은 연결된 서브셋 형태가 아니다. 이러한 특성은 스켈레톤을 구하고자 할 때 중요하게 삼아야 할 내용이다(아래 참고).

이렇게 거리 함수의 로컬 극댓값을 찾아 데이터 압축을 수행한 다음에는 병렬 하향 전파 알고리듬을 통해 로컬 극댓값으로부터 물체의 형상을 복원해야 한다(표 8.10). 만일 물체의 최대 너비를 알고 있다면 그로부터 전파를 수행해야 하는 패스의 숫자 N을 구할 수 있고, 이 경우 알고리듬은 간단하게 구현할 수 있다.

표 8.10 거리 함수의 로컬 극댓값으로부터 물체를 복원하는 병렬 알고리듬

```
// 입력 이미지가 Q 공간에 속하며, 최댓값을 제외하고는 0 값으로 채워져 있다고 가정
do {
    finished = true;
    for all pixels in image do {
        maxminusone = max(Q0 + 1,Q1,Q2,Q3,Q4,Q5,Q6,Q7,Q8) - 1;
        if (Q0 < maxminusone){
            Q0 = maxminusone;
            finished = false; // 주어진 동작을 수행
        }
    }
} until finished;
```

```
for (i = 1; i <= N; i ++)
    for all pixels in image do {
      Q0 = max(Q0 + 1, Q1, Q2, Q3, Q4, Q5, Q6, Q7, Q8) - 1;
}
```
(8.9)

8.6 스켈레톤과 세선화

스켈레톤skeleton은 바이너리 이미지의 형상을 분석하고 설명하기 위해 사용할 수 있는 강력한 개념이다. 스켈레톤은 그림의 가운데 뼈대 부분을 따라 이어진 선의 집합으로 정의할 수 있다. 예를 들어, 손으로 그린 두꺼운 문자에서 스켈레톤은 실제 펜이 움직인 경로를 따라 형성된다. 다시 말해, 스켈레톤의 기본적인 발상은 추가적인 정보를 제거하고 물체의 형태와 구조에 대한 토폴로지 정보만을 남겨, 인식 등을 더 잘 수행할 수 있도록 하는 것이다. 손 문자 예시에서 글자의 획 두께는 불필요한 정보이며, 따라서 획 두께의 랜덤한 변화로 인해 인식에 어려움을 겪지 않도록 균일하게 줄이는 것이 유용하다(그림 1.2).

이러한 정의에서 더 나아가면, 스켈레톤은 물체 경계 내에 꽉 끼는 디스크를 집어넣고 그 중심점이 움직이는 궤적을 찾는 과정이라 할 수 있다. 우선 이미지 공간이 연속체 형태로 되어 있다고 가정하자. 그런 다음 물체의 경계가 선형으로 되어 있다고 가정해, 원형 디스크의 중심점이 쉽게 궤적을 그리며 움직일 수 있도록 한다. 이때 궤적은 세 종류로 나누어 생각할 수 있다.

1. 모서리 끝까지 나아가며 모서리 각도를 이등분하는 궤적
2. 두 경계 사이에서 중심 위치를 유지하며 그려지는 선형 궤적
3. 각 경계와 그 경계에서 가장 가까운 다른 경계선 지점과 같은 거리를 유지하며 포물선 형태를 그리는 궤적(즉, 두 선이 합쳐지는 모서리)

이때 1번 및 2번 분류는 일반적인 경우의 특수한 예다.

이러한 방식을 통해 선형 경계로 이뤄진 물체에 대한 스켈레톤을 만들 수 있으며, 간단한 방식으로 곡면 형상에 대해 일반화할 수도 있다. 사실 이 방식은 보통 필요한 정도보다 더 많은 세부 정보를 구하며, 가장 뭉뚝한 모서리에 대해서도 스켈레톤이 뾰족하게 생성된다(그림 8.8). 따라서 많은 경우 임계화 과정을 추가해서 스켈레톤 선이 정해진 각도 이하로 뾰족할 때에만 그려지게 한다.

이제 디지털 격자상에서 스켈레톤을 그려보자. 가장 먼저 정해야 할 것은 어떤 단위를 선택할 것인지다. 만약 유클리드 단위(즉, 픽셀 쌍 간의 거리를 유클리드 거리로 계산)를 선택한다면, 상당히 많은 계산량을 필요로 한다. 만약 d_8 단위를 선택한다면 정확도는 좀 떨어지겠지만 계산량은 좀 더 줄어들 것이다(여기서는 전경상의 물체에 대해서만 다루고 있으므로 d_4 단위는 고려하지 않는다). 지금부터는 d_8 단위를 기준으로 설명할 것이다.

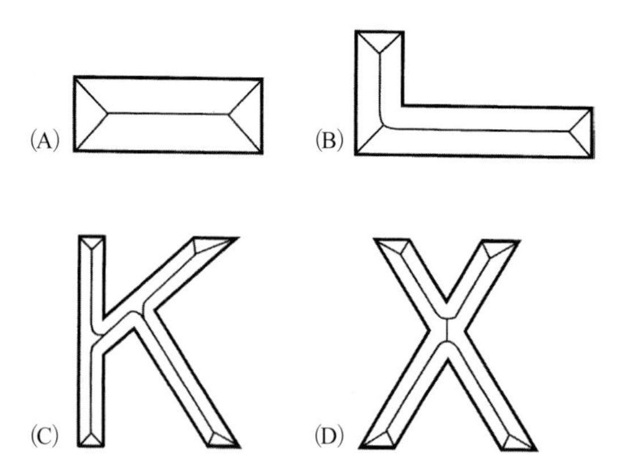

그림 8.8 모두 직선 세그먼트 경계로 이뤄진 네 종류의 형상. 이상적으로 스켈레톤은 각 모서리에 대해 뾰족한 정도에 상관없이 그 끝으로부터 이어진다. (B), (C), (D)의 경우 일부분 스켈레톤은 직선 대신 포물선 형태로 이뤄져 있다. 그로 인해, 스켈레톤의 정확한 모양(또는 불연속적인 픽셀 이미지에 대해 근사한 모양)은 처음에 예상했거나 실제로 사용하기 위해 선호하는 형태로 나오지 않는다.

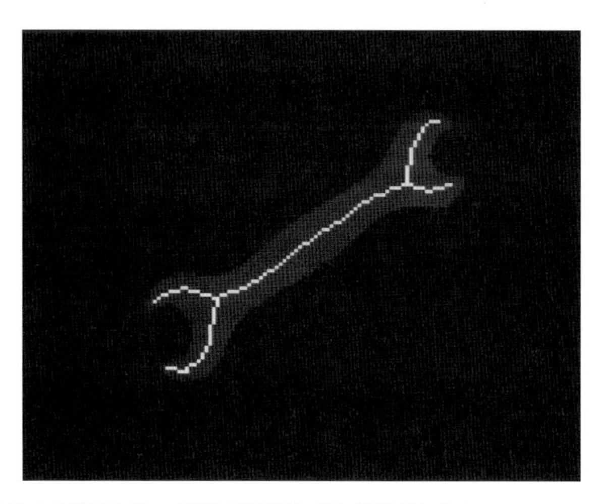

그림 8.9 불연속적인 격자에 세선화 알고리듬을 적용했을 때의 일반적인 결과

이 시점에서 몇몇은 스켈레톤 선을 그리는 데 쓰는 최대 너비의 디스크를 응용해 거리 함수의 로컬 극댓값 위치를 구하는 데 사용할 수 있겠다는 생각을 했다. 안타깝게도 앞 절에서 살펴봤듯이 로컬 극댓값 집합은 전체가 하나의 연결된 그래프를 형성하지도 않을뿐더러, 실제로 스켈레톤은 얇은 선 형태가 아닌 2픽셀 너비로 이뤄져 있다. 따라서 연결된 단위 길이 스켈레톤을 얻어서 물체의 형태를 간단하게 표현하고자 할 때 문제가 발생하게 된다. 여기서 세선화라는 다른 방식이 등장한다.

세선화thinning는 스켈레톤을 만드는 가장 간단한 접근법 중 하나다. 즉, 물체의 최외각 레이어를 계속해서 벗겨내서, 단위길이 스켈레톤만 남기는 것이다(예: 그림 8.9). 이를 구현하기 위해 정확도 측면에서 여러 종류의 알고리듬이 제시된 바 있으며, 뒤에서 원하는 수준의 정밀함을 테스트하고 구할 수 있는지에 대해 알아볼 것이다. 그러나 우선은 세선화 알고리듬에서 어떤 외각 지점을 벗겨내야 하는지 판단하는 메커니즘을 알아보자.

8.6.1 교차수

지금부터 세선화 알고리듬에서 어떤 지점을 제거해야 하는지 판단하는 정확한 메커니즘을 살펴보자. 이를 위해, 특정 3 × 3 이웃 영역에 대해 바깥 부분 8픽셀의 교차수crossing number χ(카이chi) 값을 기준으로 삼는다. χ는 바깥 영역을 따라 0에서 1로, 1에서 0으로 이동하는 경

0 0 0 0 1 0 0 0 0	0 0 0 0 1 1 1 1 1	1 0 0 0 1 1 1 1 1	1 0 0 0 1 0 0 1 0	1 0 1 0 1 0 1 1 1	1 0 0 0 1 0 1 0 1	1 0 1 0 1 0 1 0 1
0	2	4	4	6	6	8

그림 8.10 주어진 픽셀 이웃 영역 형태에 따른 교차수의 몇몇 예시

우의 개수로 정의한다. 사실 이는 이웃 영역의 가운데 부분과 물체와의 연결 가짓수를 두 배한 값과 같다(그림 8.10). 그러나 8 연결성을 기준으로 했을 때 χ 값을 구하는 공식은 좀 더 복잡하다. 좀 더 효율적으로 표현하기 위해 여기서는 C++ '(int)'를 사용해 논릿값 `true`와 `false`를 1과 0으로 변환한다. 이렇게 하면 기본적으로 다음 식을 구할 수 있다.

$$\begin{aligned} \text{badchi} = &(\text{int})(A1 \mathrel{!=} A2) + (\text{int})(A2 \mathrel{!=} A3) + (\text{int})(A3 \mathrel{!=} A4) \\ &+ (\text{int})(A4 \mathrel{!=} A5) + (\text{int})(A5 \mathrel{!=} A6) + (\text{int})(A6 \mathrel{!=} A7) \\ &+ (\text{int})(A7 \mathrel{!=} A8) + (\text{int})(A8 \mathrel{!=} A1) \end{aligned} \tag{8.10}$$

그러나 8 연결성 기준에서는 이 식이 성립하지 않는다. 예를 들어, 다음 경우에서

```
0 1 0
0 1 1
1 1 1
```

위의 식을 적용하면 χ는 2 대신 4 값으로 계산된다. 이는 우상단에 따로 떨어진 0이 인접한 1끼리 합쳐지는 것을 막지 못하기 때문이다. 이를 반영해 수식을 고치면 다음과 같다.

$$\begin{aligned} \text{wrongchi} = &(\text{int})(A1 \mathrel{!=} A3) + (\text{int})(A3 \mathrel{!=} A5) + (\text{int})(A5 \mathrel{!=} A7) \\ &+ (\text{int})(A7 \mathrel{!=} A1); \end{aligned} \tag{8.11}$$

그러나 고친 수식도, 다음 경우에서는 잘 들어맞지 않는다.

```
0 0 1
0 1 0
1 1 1
```

계산하면 4 대신 2 값이 나오는데, 이를 해결하기 위해 외각에 따로 떨어진 1을 고려하는 네 항을 추가해야 한다.

$$
\begin{aligned}
\text{chi} = &(\text{int})(A1\ != A3) + (\text{int})(A3\ != A5) + (\text{int})(A5\ != A7) \\
&+ (\text{int})(A7\ != A1) \\
&+ 2^*((\text{int})((A2 > A1)\ \&\&\ (A2 > A3)) + (\text{int})((A4 > A3)\ \&\&\ (A4 > A5)) \\
&+ (\text{int})((A6 > A5)\ \&\&\ (A6 > A7)) + (\text{int})((A8 > A7)\ \&\&\ (A8 > A1)));
\end{aligned} \tag{8.12}
$$

이렇게 새로 수정한 수식은 교차수가 0, 2, 4, 6, 8인 여러 경우에 대해 잘 작동한다(그림 8.10). 세선화 과정에서 지점을 제거하는 규칙은 χ가 2인 물체 외각 지점만 없애는 것이다. χ가 2보다 큰 지점은 물체의 두 부분과 연결되어 있다는 뜻이므로 남겨두어야 한다. 값이 0인 경우에는 제거했을 때 구멍을 만들게 되므로 역시나 남겨두어야 한다.

마지막으로, 세선화 과정에서 지점을 제거할 때 만족해야 할 추가적인 규칙에 대해 알아보자. 3 × 3 이웃 영역에서 바깥 부분 8픽셀값의 합 σ(시그마sigma, 2장 '이미지와 이미지 연산'을 참고하라)는 1이 아니어야 한다. 이는 다음과 같이 선의 끝부분에 해당되는 픽셀을 남겨두기 위함이다.

$$
\begin{matrix} 0 & 0 & 0 \\ 0 & 1 & 0 \\ 0 & 1 & 0 \end{matrix} \qquad \begin{matrix} 0 & 0 & 0 \\ 0 & 1 & 0 \\ 0 & 0 & 1 \end{matrix}
$$

만약 세선화로 인해 선이 침식되면 최종적으로 얻은 스켈레톤이 물체의 형태(뼈대 간의 상대적인 크기를 포함해서)를 정확하게 대변하지 못하게 된다(그러나 만약 연결성을 유지하면서 물체를 축소하고자 하는 것이라면, 이 추가적인 규칙은 무시해도 된다). 다음 절에서는 지금까지 살펴본 기초적인 내용을 바탕으로 실제 세선화 알고리듬을 구현해볼 것이다.

8.6.2 병렬 및 순차 세선화 구현

세선화는 '기본적으로 순차적 과정'이다. 한 번에 한 지점씩만 제거하면 연결성을 유지할 것이 당연하기 때문이다. 앞에서 살펴봤듯이 교차수가 2가 아닌지만 확인하면 된다. 표 8.11은 바이너리 이미지에 대해 '완벽히' 순차적인 알고리듬을 나타내었다. 일반적인 포워드 래스터 스캔을 가정하면, 물체 우하단 외각 부분을 따라 매우 왜곡된 스켈레톤을 얻게 된다. 다시 말해 χ = 2 조건에 더해, 지점을 어떤 순서로 제거해야 하는지도 고려해야 한다. 왜곡되지 않고 순수하게 중간선을 따라 스켈레톤을 얻기 위해서는 물체 경계를 따라 가능한 한 균일하게 지점들을 제거해야 한다. 새로운 처리 순서를 도입해 이를 해결해보자. 즉, 첫 번째 패스

표 8.11 '완벽히' 순차적인 세선화 알고리듬

```
do {
    finished = true;
    for forward scan over image do {
      sigma = A1 + A2 + A3 + A4 + A5 + A6 + A7 + A8;
      chi = (int) (A1 != A3) + (int) (A3 != A5) + (int) (A5 != A7)
             + (int) (A7 != A1)
             + 2*((int) ((A2>A1) && (A2>A3))+(int) ((A4>A3) && (A4>A5))
             + (int) ((A6>A5) && (A6>A7))+(int) ((A8>A7) && (A8>A1)));
      if ( (A0 == 1) && (chi == 2) && (sigma != 1) ) {
            A0 = 0;
            finished = false; // 주어진 동작을 실행
      }
    }
} until finished;
```

에서 외각 지점을 표시하고, 두 번째 패스에서는 앞의 알고리듬을 적용하되 '표시한 지점에 대해서만' 제거한다. 그리고 새로운 외각 지점을 표시하고 다시 표시한 지점을 벗겨내는 과정을 반복해서, 더 이상 변화가 없을 때까지 패스를 되풀이한다. 이러한 방식을 사용한 초기의 알고리듬은 Beun(1973)에 발표된 바 있다.

이러한 순차적 세선화 알고리듬은 좀 더 적절하게 스켈레톤을 구하긴 하지만, 만약 물체 외각을 대칭적으로 벗겨내어 스켈레톤이 어느 한쪽으로 편중되는 것을 근본적으로 방지한다면 훨씬 더 나은 결과를 얻을 수 있을 것이다. 이러한 관점에서 보면 병렬 알고리듬이 꽤나 이점이 있다. 그러나 병렬 알고리듬은 한 번에 여러 픽셀을 동시에 제거하기 때문에 2픽셀 너비의 선이 존재할 경우 제거되며(이는 3 × 3 이웃 영역 마스크가 전체적인 물체를 '파악할' 수 있을 정도로 충분히 크지 않아, 어떤 지점을 제거하는 것이 타당한지 판단할 수 없기 때문이다) 형상이 끊어지는 현상이 발생하게 된다. 이를 방지하는 일반적인 방법은 각 패스마다 물체 경계의 각기 다른 부분을 기준으로 지점을 제거하는 것이며, 이렇게 하면 물체가 끊어지는 위험이 사라진다. 물론 이 외에도 각 경계 부분마다 마스크나 조건을 다르게 적용하는 식으로 문제를 해결하는 수많은 방법이 있다. 만약 경계가 전체적으로 볼록할 경우에는 문제가 덜하지만, 양자와 노이즈가 포함되어 있는 등 문제가 복잡하다면 고민이 깊어진다. 여러 해결 방식 중, 여기서는 쉽게 이해가 가능하면서도 꽤나 괜찮은 결과를 내는 방법에 초점을 맞출 것이다.

그 방법이란 바로 동서남북 방향의 지점을 세선화가 끝날 때까지 돌아가면서 지워나가는 것이다. 예를 들어, 북측 지점은 다음과 같이 정의된다.

$$\begin{matrix} \times & 0 & \times \\ \times & 1 & \times \\ \times & 1 & \times \end{matrix}$$

여기서 ×는 0과 1에 무관함을 뜻한다. 나머지 방향 지점도 비슷한 방식으로 정의된다. 이에 따르면, $\chi = 2$ 및 $\sigma \neq 1$를 만족하는 북측 지점은 병렬로 제거해도 스켈레톤이 끊어질 우려가 없음을 쉽게 알 수 있다. 나머지 방향에 대해서도 마찬가지이며, 따라서 정사각형 격자를 기준으로 병렬 세선화 알고리듬은 다음과 같이 구현할 수 있다.

```
do {
    strip appropriate north points;
    strip appropriate south points;
    strip appropriate east points;
    strip appropriate west points;
} until no further change;
```
(8.13)

여기서 '적절한' 북측 지점을 벗겨내는 기본적인 병렬 루틴은 다음과 같이 구현한다.

```
for all pixels in image do {
  sigma = A1 + A2 + A3 + A4 + A5 + A6 + A7 + A8;
  chi = (int)(A1 != A3) + (int)(A3 != A5) + (int)(A5 != A7)
        + (int)(A7 != A1)
        + 2* ((int)((A2 > A1) && (A2 > A3)) + (int)((A4 > A3) && (A4 > A5))
        + (int)((A6 > A5) && (A6 > A7)) + (int)((A8 > A7) && (A8 > A1)));
  if ((A3 == 0) && (A0 == 1) && (A7 == 1) //north point
        && (chi == 2) && (sigma != 1))
        B0 = 0;
  else B0 = A0;
}
```
(8.14)

(여기에 더해 해당 패스를 적용한 뒤 이미지가 변화했는지 판단하는 코드가 들어가야 한다.)

이러한 종류의 알고리듬은 직관적이고 즉흥적으로 보이긴 해도 매우 효율적이다. 1981년에 진행한 조사에 따르면(Davies and Plummer, 1981), 많은 스켈레톤 알고리듬은 문제점이 있었다. 연결성을 유지할 정도로 정교하게 설계되지 않았다는 점을 차치하더라도, 크게 네 가지 문제로 분류할 수 있다.

1. 스켈레톤의 편향

2. 특정 획에 대한 스켈레톤이 제거되는 문제

3. '노이즈가 튀는' 현상

4. 느린 연산 속도

2번과 3번 문제는 많은 관점에서 반대되는 현상이다. 알고리듬이 노이즈가 튀는 것을 억제하도록 설계되면, 스켈레톤이 제거될 확률이 더 높아진다. 반대로 스켈레톤을 최대한 살리는 방향으로 설계하면, 노이즈를 억제하기가 점점 힘들어진다. 이러한 상황은 세선화를 위한 마스크나 조건이 직관적이고 즉흥적일 경우 발생하며, 따라서 스켈레톤 선이 성립하는지의 여부를 구별하기 위한 근거가 없다. 결국은, 순전히 로컬한 연산자만을 통해 완전히 전역적인 모델을 만들기란 현실적으로 어렵기 때문에 일어나는 일이다. 비슷하게, 오차나 편향을 우려해 물체 지점을 지나칠 정도로 조심스럽게 제거하는 알고리듬의 경우 그렇지 않은 알고리듬보다 계산 속도가 느리다. 요컨대 직관적으로 설계된 로컬 연산자로 전역적으로 올바른 결정을 빠르게 내릴 수 있는 알고리듬을 설계하기란 어렵다. 따라서 앞에 묘사한 문제를 동시에 해결하려면 완전히 새로운 접근법을 생각해야 한다. 다음 절에서 이러한 대안을 알아볼 것이다.

8.6.3 유도 세선화

이 절에서는 8.5.1절에서 살펴봤듯이, 거리 함수의 로컬 극댓값이 연결되지 않고 클러스터를 형성해 완전한 스켈레톤을 이루지 못하는 부분에서부터 다시 시작할 것이다. 이때 클러스터는 2픽셀 너비로 이뤄진 경우가 많다. 긍정적인 측면에서 보면 클러스터는 스켈레톤 관점에서 편향되지 않은 적절한 위치에 생성된다. 따라서 (1) 클러스터를 적절하게 연결하고 (2) 이를 단위 너비만큼으로 축소하면 이상적인 스켈레톤을 구할 수 있을 것이다. 다만 당연하지만 단위 너비 스켈레톤이 완전히 편향되지 않으려면 물체의 너비가 홀수 픽셀만큼이어야 한다.

클러스터를 연결하는 간단한 방법은 기존의 세선화 알고리듬을 사용하는 것이다(8.6.2절 참고). 우선 일반적인 방식으로 세선화를 적용하되 클러스터 지점은 지우지 않고 남겨놓는다. 이렇게 하면 2픽셀 너비로 연결된 그래프를 얻게 된다. 그런 다음, 그래프를 단위 너비로 벗겨내는 루틴을 진행한다. 이렇게 하면 (1/2픽셀 범위 내에서) 편향되지 않은 스켈레톤을 얻을 수 있다. 이 단계에서 주된 문제는 노이즈가 튀는 것을 어떻게 잡을 것인가에 있으며, 이는 적절한 전역 규칙을 설정함으로써 해결할 수 있다. 그중 간단한 방법은 스켈레톤 그래프상에서 로컬 극댓값이 1인 지점을 찾아, 포함하는 줄을 제거하거나 안의 로컬 극댓값이 드러나도록 한 겹 벗겨내는 것이다. 이 경우에 해당하는 로컬 극댓값은 물체 경계에 대해 그리 중요하지 않은 정보를 담고 있기 때문이다. 세부적으로 어느 수준까지 제거할지에 대해서는 시스템적으로 정할 수 있다(Davies and Plummer, 1981). 전체적인 유도 세선화 과정은 그림 8.11에 묘사해놓았다.

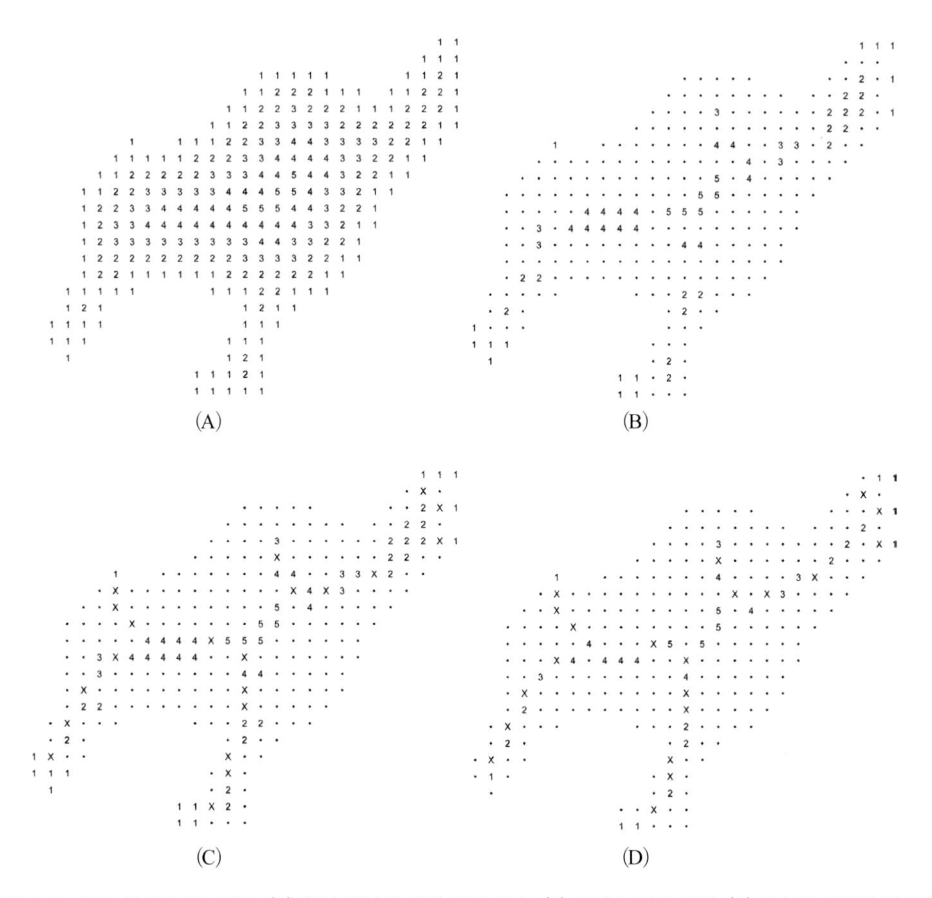

그림 8.11 유도 세선화 알고리듬: (A) 원래 형상에 대한 거리 함수, (B) 로컬 극댓값 집합, (C) 단순한 세선화 알고리듬을 통해 로컬 극댓값끼리 연결한 결과, (D) 최종적으로 세선화가 이뤄진 결과. 노이즈가 튀는 현상을 방지하기 위해 속의 로컬 극댓값이 나올 때까지 1을 한 겹 제거하는 과정을 적용했으며, (D)에서 이를 확인할 수 있다. 이 과정을 통해 물체의 형태를 명확하게 정의할 수 있다.

8.6.4 스켈레톤의 특징에 대한 주석

8.6절 시작 부분에 예시로 든 문자 인식의 경우, 문자를 그리기 위해 펜이 지나간 경로를 따라 스켈레톤이 형성돼야 한다. 그러나 현실적으로는, 유사성을 판단하거나 세선화를 수행하는 알고리듬의 특성상 쉽게 되지 않는다. 알파벳 K를 예로 들어보자. 왼쪽 수직획에 대한 스켈레톤은 두 선으로 이뤄지며, 가운데 분기점은 2개의 포물선으로 연결된다(그림 8.8). 결과에 대한 제약 조건을 걸어주기 위한 고수준의 모델이 적용돼야 획이 곧게 나온다.

8.6.5 스켈레톤 노드 분석

스켈레톤 노드 분석을 이해하기 위해서는 교차수 개념을 가져오는 게 편하다. 스켈레톤 선의 중간 지점은 교차수가 4, 끝 지점은 2를 갖게 되며, T자로 분기되는 스켈레톤의 경우 분기점의 교차수는 6, X자 교차에서는 8이 된다. 그러나 +자로 교차되는 경우에는 조금 주의가 필요하다.

$$\begin{matrix} 0 & 1 & 0 \\ 1 & 1 & 1 \\ 0 & 1 & 0 \end{matrix}$$

이 경우 교차되는 형태를 띠고 있음에도 불구하고, 공식에 의하면 교차수는 0이 된다. 일단 + 모양 교차 형태를 다루기 위해 3 × 3 이웃 영역 크기로는 충분한 해상도를 확보할 수가 없다. 따라서 제일 좋은 방법은 이런 식의 문제가 있는 특정한 바이너리 패턴을 찾아, 3 × 3 교차수보다 더 큰 영역에 대해서도 교차가 이뤄지는지 여부를 확인하는 것이다. 예를 들어, 다음 두 패턴을 구분하는 문제를 생각해보라.

$$\begin{matrix} 0 & 0 & 0 & 0 & 0 \\ 0 & 0 & 1 & 0 & 0 \\ 0 & 1 & 1 & 1 & 0 \\ 0 & 0 & 1 & 0 & 0 \\ 0 & 0 & 0 & 0 & 0 \end{matrix} \quad \text{그리고} \quad \begin{matrix} 0 & 0 & 1 & 0 & 0 \\ 1 & 0 & 1 & 0 & 0 \\ 1 & 1 & 1 & 1 & 1 \\ 0 & 0 & 1 & 0 & 0 \\ 0 & 0 & 0 & 1 & 0 \end{matrix}$$

그러나 실제로 분석을 진행해보면 전자는 세선화를 거쳐 점이나 작은 막대로 줄어들며, 만약 (후자의 경우처럼) 최종 스켈레톤에 + 모양의 노드가 나타날 경우, χ 값과는 반대로 교차가 존재함을 확인할 수 있다. Davies and Celano(1993)은 이러한 경우를 반영해 '수정된' 교차수 $\chi_{skel} = 2\sigma$를 고안했다. χ와 비교했을 때, 이 교차수는 스켈레톤을 구할 때 어떤 지점을 제거할지가 아니라 최종 스켈레톤에 포함될 것으로 '예상되는' 지점이 실제로도 그러한지를 확인하기 위해 쓰인다. χ_{skel}은 0에서 8 사이가 아니라, 최대 16의 값까지 가질 수 있음을 유의하라.

마지막으로, 다음과 같이 좁은 각도로 이뤄진 T자 분기가 2개 붙어 있는 형태의 교차를 분석하기 위해서는 정말로 충분한 해상도를 확보해야 함을 유의하라.

$$\begin{matrix} 0 & 0 & 0 & 0 & 0 & 0 & 0 & 1 \\ 1 & 1 & 1 & 0 & 0 & 1 & 1 & 0 \\ 0 & 0 & 0 & 1 & 1 & 0 & 0 & 0 \\ 0 & 1 & 1 & 0 & 0 & 1 & 1 & 1 \\ 1 & 0 & 0 & 0 & 0 & 0 & 0 & 0 \end{matrix}$$

사실 3 × 3 이웃 영역 안의 해상도로는 쉼표 등 복잡한 형태를 인식하기가 불가능하다. 가장 좋은 해결 방법은 임시로 교차점에 레이블을 붙이고, 이미지상의 모든 교차 레이블을 분석해 특정 로컬 영역의 교차점들을 묶어서 해석할 수 있는지 살피는 것이다. 예를 들어, 2개의 T자 분기를 교차로 볼 수 있게 된다. 이러한 분석은 교차 영역에서 스켈레톤에 발생하는 왜곡을 해결하고자 할 때 특히 중요하다(8.6.4절 참고).

8.6.6 형태 분석을 위한 스켈레톤

스켈레톤 형태와 크기를 분석함으로써 형태 분석을 수행하는 것이 가능하다. 스켈레톤 노드(즉, 둘이 아닌 수의 스켈레톤 이웃이 존재하는 지점)를 사용하면 단순한 형태는 분류할 수 있으나, 예를 들어 모든 알파벳 대문자에 대해 분류를 수행하기란 어렵다. 많은 분류 방식은 획의 길이나 위치를 사용해 이를 구현하며, 책의 뒷부분에서 이에 대해 다룰 것이다.

대부분 교차 또는 V자 형태를 갖는 염색체 형태 분석에서도 비슷한 상황이 벌어진다. 소형 산업 부분 분야에서도 더 자세한 형태 분석이 필요하며, 스켈레톤 선을 따라 거리 함숫값을 분석하는 식으로 구현하곤 한다. 일반적으로 스켈레톤을 통한 형태 분석은 노드, 획의 길이와 각도, 거리 함숫값을 사용해 필요한 수준의 특징을 얻을 수 있을 때까지 진행한다.

특히 연결된 형태를 분석할 때 스켈레톤은 중요성을 갖는데, 이는 스켈레톤이 움직임이나 회전에 대해 불변일 뿐만 아니라 (거리 함숫값과 함께) 대부분의 목적에 대해 원본 이미지의 핵심적인 정보를 매우 간편하게 표현할 수 있는 수단이기 때문이다. 이 정보로부터 물체의 원래 형태를 정확히 추론할 수 있다면, 단지 물체마다 다른 수준이 아니라 충분히 신뢰 가능한 설명자라 할 수 있을 것이다(예를 들어, 8.7절에서 살펴볼 진원도 방식과 비교해보라).

8.7 기타 형태 인식 기준

이 외에도 물체 간의 형태 유사성이나 결함 등을 확인하기 위한 여러 간단한 방법들이 많다. 예를 들어 물체의 넓이, 둘레, 최대 길이, 중심점 대비 모멘트, 구멍의 수 및 넓이, 볼록 껍질(아래 참고) 및 이를 둘러싼 직사각형의 넓이와 길이, 뾰족한 모서리 개수, 교차점의 수 및 교차점 간의 원형 및 각도(그림 8.12), 스켈레톤 노드의 개수와 종류 등이 있다.

여기서 빼놓지 말아야 할 기준값은 C = 넓이/둘레^{2}이다. 이 값은 '진원도circularity' 또는 '밀집도compactness'라고 부르며, 원형에서 최대 $1/4\pi$ 값을 가지고 형태가 납작해짐에 따라 감소하다가 긴 선분 형태가 되면 0이 된다. 이와 반대로 '복잡도complexity'는 형태가 점점 복잡해질수록 값이 증가한다. 두 기준 모두 단위가 없으며, 크기와 무관하게 물체의 형태에 대해서만 반영함을 유의하라. 이와 비슷한 종류로는 직각도rectangularity와 종횡비aspect ratio가 있다.

이러한 기준들은 형태의 특징을 나타내는 속성이긴 하나, 물체만의 독자적인 특징을 묘사하지는 못한다. 예를 들어, 진원도 등의 값이 똑같은 여러 가지 형태를 찾기는 어렵지 않다. 따라서 이런 종류의 임시 기준은 스켈레톤(8.6절) 또는 모멘트(아래 참고) 등 원하는 만큼 정확하게 형태를 표현하거나 복원할 수 있는 접근법에 비해 그 가치가 떨어진다. 그럼에도 불구하고 한 가지라도 높은 정확도로 측정한 값을 확보할 수 있다면, 가공한 부품 등을 엄밀하게

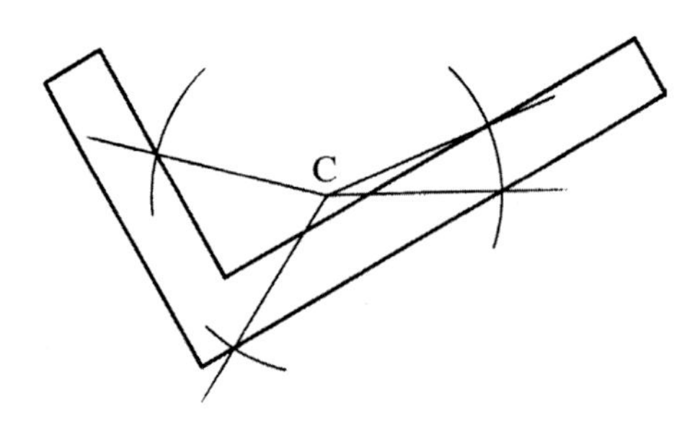

그림 8.12 극좌표 확인을 통한 빠른 물체 검사

확인하고 분류하고자 할 때 긍정적인 역할을 할 수 있다.

형태 분석에 대해 모멘트를 사용할 수 있음은 앞에서 이미 언급한 바 있다. 이 방식은 널리 쓰이므로 좀 더 자세히 설명할 필요가 있다. 모멘트 예측은 2차원 형태를 엄밀하게 묘사하고자 할 때 쓰이며, 다음과 같이 그림 함수 $f(x, y)$에 대해 급수 전개를 사용한다.

$$M_{pq} = \sum_x \sum_y x^p y^q f(x, y) \tag{8.15}$$

형태를 충분히 정확하게 예측했다면 이 급수의 계산량을 줄일 수 있다. 형태의 중심을 기준축으로 하면, 모멘트는 위치에 불변한 값을 갖는다. 또한 정규화를 통해 회전 및 스케일에 불변하도록 할 수도 있다(Hu, 1962; Wong and Hall, 1978). 모멘트 설명자를 사용했을 때의 중요한 이점은 특정한 응용 분야에서 정확도를 잃지 않으면서 매개변수의 수를 줄일 수 있다는 데 있다. 다만 필요한 숫자를 확인하려면 관련된 범위 내의 형태에 대해 테스트를 진행해야 한다. 모멘트는 캠 등 둥근 물체의 형태를 묘사할 때 특히 가치가 있으며, 그 외에도 비행기 실루엣 인식 등 다양한 응용 분야에 도입할 수 있다(Dudani et al., 1977).

역시 앞에서 언급한 볼록 껍질은 형태에 대해 복잡하지만 완벽한 설명자를 구하고자 할 때 사용되고 있다. **볼록 껍질**convex hull이란 개념은 원본 형태를 포함할 수 있는 가장 작은 크기의 볼록 형태다(원본 형태 바깥을 얇은 비닐이 둘러싸고 있을 때 어떤 모양일지 상상해보라). **볼록 결핍**convex deficiency은 주어진 형태에 대해 볼록 껍질을 형성하기 위해 추가로 덧붙여야 하는 형태로 정의할 수 있다(그림 8.13). 볼록 껍질은 물체의 넓이를 빠르게 파악해야 할 때 사용할 수 있는 간단한 예측법이다. 좀 더 정확하게 형태를 묘사할 때는 **오목 트리**concavity tree를 사용할

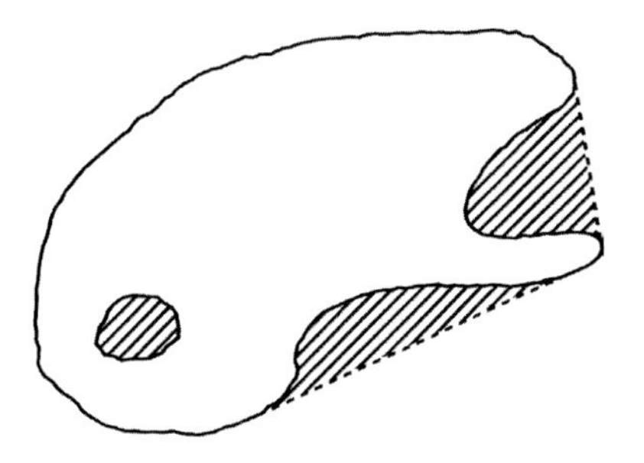

그림 8.13 볼록 껍질과 볼록 결핍. 볼록 껍질은 물체 주변에 고무 밴드를 둘렀을 때 나타나는 형태와 같다. 빗금 친 영역은 볼록 결핍에 해당하며, 볼록 껍질을 만들기 위해 덧붙여야 하는 영역을 나타낸다.

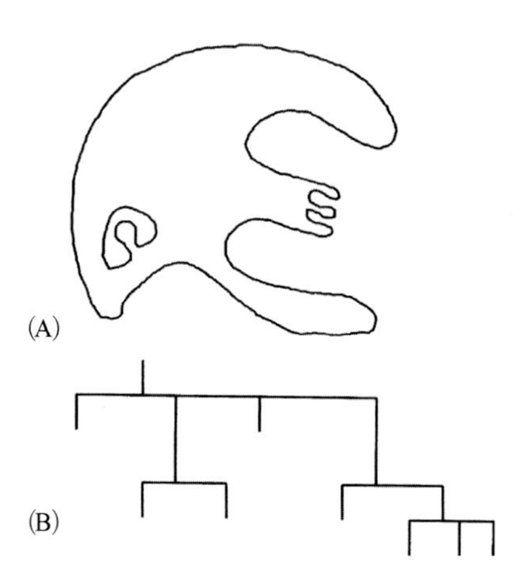

그림 8.14 간단한 형태와 오목 트리. (A)의 형태에 대해 볼록 껍질 및 볼록 결핍을 형성하는 방식으로, 형태를 구성하는 모든 영역이 볼록할 때까지 계속한다(본문 참고). (B)는 전체 처리 과정을 트리로 나타낸 것이다. 각 노드에 대해 왼쪽 가지는 볼록 껍질을, 오른쪽 가지는 볼록 결핍을 나타낸다.

수 있다. 이 경우 물체에 대한 볼록 껍질과 이에 해당하는 볼록 결핍을 구하고, 이 볼록 결핍에 대한 볼록 껍질과 볼록 결핍을 구한다. 이렇게 계속해서 얻은 형태가 모두 볼록하거나, 원본 형태에 대해 적당한 수준의 예측이 가능할 때까지 계속한다. 이 과정에서 트리를 형성해 형태 분석 및 인식에 사용하면 된다(그림 8.14). 이러한 접근법의 장점을 말하는 데에서 더 나아가 형태의 볼록 껍질을 구하는 적절한 방법을 살펴볼 것이다.

볼록 껍질을 얻는 간단한 전략은 오목한 형태를 갖는 모든 이웃 영역의 중앙 픽셀의 값을 1로 하는 것이다. 예를 들어, 다음과 같은 형태가 되도록 한다.

$$\begin{matrix} 1 & 1 & 1 \\ 1 & 0 & 0 \\ 0 & 0 & 0 \end{matrix} \qquad \begin{matrix} 0 & 1 & 1 \\ 1 & 0 & 0 \\ 0 & 0 & 0 \end{matrix}$$

변화가 이뤄지지 않을 때까지 이 과정을 반복한다. 이렇게 얻은 형상은 실제 볼록 껍질보다는 더 크며 팔각형(또는 팔각형에 가까운 모양) 형태로 근사된다. 따라서 볼록 껍질을 얻을 때는 더 복잡한 알고리듬을 사용한다. 그중 유용한 방식은 경계 추적 방식을 사용해 공통 탄젠트 선이 지나가는 경계 위치를 찾는 것이다.

8.8 경계 추적 방식

지금까지는 스켈레톤이나 모멘트 등 바디 표현법을 사용해 형태를 분석하는 방법을 알아봤다. 그러나 중요한 접근법 중 하나를 아직 언급하지 않았다. 바로 경계 패턴 분석이다. 이 접근법은 계산량을 상당히 줄일 수 있다는 이점이 있다. 어떤 물체든 경계 안쪽이 아니라 경계상의 픽셀에 대해서만 검사하기 때문이다. 경계 패턴 분석 기법을 사용하려면, 이미지상의 모든 물체 경계를 추적하는 방법을 찾아야 한다. 또한 물체 내의 구멍이나 구멍 내의 물체도 놓치지 않아야 한다.

어떤 면에서 이러한 문제는 모든 이미지상의 물체에 대해 스캔 및 전파하는 8.3절의 물체 레이블링 알고리듬을 통해 이미 분석한 바 있다. 여기에 물체 경계를 따라 추적하는 방법이 더 필요하다. 이 경우 따로 이미지 공간을 만들어 추적할 지점을 표시하는 것이 확실히 유용하다. 혹은 물체 경계 이미지를 만들어 이 공간상에서 추적을 진행하고, 추적된 지점들은 처리 후 제거하는 식으로도 가능하다.

후자의 방식을 따르면, 특정 지점에 단위 너비로 이뤄진 물체는 연결이 끊어진다. 따라서 이 방식 대신 전자를 따르는 편이 더 낫다. 물체에 단위 너비 섹션이 존재할 경우 추적 알고리듬을 잘못 설계해서, 다음 섹션으로 넘어가는 대신 이전 섹션으로 되돌아가는 식으로 경로를 잘못 선택할 수 있다(그림 8.15). 이러한 현상을 막기 위해서는 다음 전략을 사용하는 것이

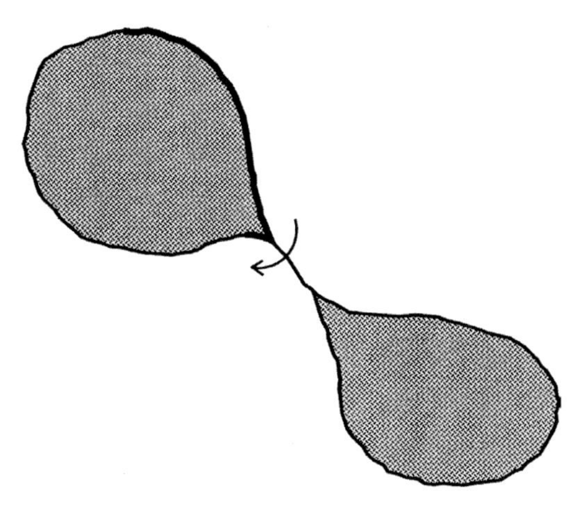

그림 8.15 지나치게 단순한 경계 추적 알고리듬의 문제점. 경계 추적 과정에서 단위 너비 경계 부분과 마주하면 항상 남은 경로를 따라가는 대신 이를 건너뛴다는 문제가 있다.

표 8.12 단일 물체 주변 추적을 위한 기본 과정

```
do {
    // 움직이기 위한 방향 찾기
    현재 추적 방향에서 시작;
    방향 역전;
    do {
        추적 방향을 시계 방향으로 회전
    } until (다음 1이 3 × 3 이웃의 바깥쪽 픽셀과 만남);
    새로운 현재 방향으로 기록;
    현재 방향을 따라 한 픽셀 이동;
    경계 인덱스 증가;
    현재 위치를 경계 목록에 저장;
} until (위치 == 초기 위치) && (방향 == 초기 방향)
```

최선이다.

1. 남은 경로로 계속 움직이며 각 경계를 따라 추적한다.
2. 시작 지점을 원래 방향으로 지나가게 되면(혹은 처음 두 지점을 동일한 순서로 통과하게 되면) 추적 과정을 멈춘다.

시작 시 필요한 초기화 과정을 제외하면, 필요한 추적 과정은 표 8.12에 묘사되어 있다.

지금까지 바이너리 이미지상에서 물체 경계 주변을 추적하는 방법을 살펴봤으므로, 뒤에서는 경계 패턴 분석에 대해 알아볼 것이다. 관련한 내용은 9장 '경계 패턴 분석'을 참고하라.

8.9 결론

8장에서는 이미지 처리 기법을 활용해 전통적인 이미지 분석을 수행하는 방법을 집중적으로 살펴봤다. 이는 자연스럽게 모멘트나 볼록 껍질 기반 등을 사용해 물체를 표현하는 분야로 이어진다. 스켈레톤 접근법은 물체를 그래픽 구조로 변환하는 방식이므로 조금 특별한 경우에 속한다. 혹은 경계 패턴에 적절한 추적 알고리듬을 적용해 형상을 표현하는 방법도 있다. 이에 대해서는 뒤에서 더 자세히 알아볼 것이다. 이 장에서 또 하나 핵심적으로 다룬 내용은 연결성에 관한 것으로서, 배경 영역에 의해 서로 분리된 물체들은 각각에 대해 따로 고려하고 특징을 파악할 수 있다. 연결성을 고려하면 생각보다 더 많은 연산이 필요해지며, 따라서 알고리듬을 설계하는 데 많은 주의를 기울여야 한다. 이는 많은 시간이 흐른 뒤에도 여전히 새로운 세선화 알고리듬이 발표(예: Kwok(1989), Choy et al.(1995))되는 이유 중 하나다(이러한 복잡함이 존재하는 이유는 결국 순전히 로컬한 방식으로 이미지의 전역적인 특성을 파악해야 하기 때문이다).

경계 패턴 분석은 영역 패턴 분석보다 더 이점이 있지만, 둘을 비교할 때는 알고리듬을 실행할 하드웨어 측면을 반드시 고려해야 한다. 이 관점에서 봤을 때 이번 장에서 소개한 많은 알고리듬은 픽셀당 하나의 프로세싱 엘리먼트를 갖는 SIMD 프로세서상에서 효율적으로 작동하는 반면, 경계 패턴 분석은 좀 더 전통적인 직렬 컴퓨터에서 더 잘 동작한다.

형태 분석은 경계 또는 영역을 기반으로 해서 진행할 수 있다. 두 방식 모두 연결성에 깊은 영향을 받으며, 디지털 픽셀 격자의 길이 이슈와 관련이 있다. 이 장에서는 이러한 이슈들을, 예를 들어 거리 변환 등 전역적인 측면과 로컬 정보를 함께 고려함으로써 해결할 수 있음을 보였다.

8.10 문헌과 연보

형태 분석 기법은 특히 광범위하게 연구돼왔다. 여기서는 이러한 역사를 간략히 정리하는 정도에서 그치고자 한다. 연결성 및 그와 관련된 디지털 이미지의 인접성adjacency 개념에 대한 매우 중요한 이론의 상당 부분은 로젠펠트Rosenfeld가 연구한 바 있다(Rosenfeld, 1970). 연결성 개념으로부터 디지털 사진의 거리 함수(Rosenfeld and Pfaltz, 1966, 1968) 및 스켈레톤(Pfaltz and Rosenfeld, 1967)에 관한 아이디어가 나왔다. 그러나 스켈레톤 자체에 대한 기본적인 발상은 Blum(1967)의 고전적인 연구로부터 시작한다(추가로 Blum and Nagel(1978)도 참고하라). 세선화에 대한 중요한 연구로는 Arcelli et al.(1975, 1981) 및 Arcelli and di Baja(1985)와 비슷한 시기에 발표된 Davies and Plummer(1981)이 있다. 후자의 논문은 획 가지치기limb pruning의 가능성을 다루고 있으며, 특히 스켈레톤 편향에 대해 어떤 종류의 세선화 알고리듬이든 그 결과를 테스트할 수 있는 엄밀한 방식을 제안한다. 더 최근 논문인 Arcelli and Ramella(1995)

는 그레이스케일 이미지에 대한 스켈레톤 문제에 다시 접근했다. Huttenlocher et al.(1993) 등 거리 함수 개념을 일반화해 균일하고 등방적인 특성을 갖도록 수정하는 중요한 연구들도 주목할 만하다. 수정 교차수 χ_{skel}을 설계하고 이를 통해 스켈레톤 형태를 분석하는 연구도 비슷한 시기에 이뤄졌다. 8.6.5절에서 언급했듯이, χ_{skel}은 χ와 달리 스켈레톤을 구하는 과정에서 '제거될' 지점 대신 '남게 될'(스켈레톤) 지점을 평가한다(Davies and Celano, 1993).

스클란스키Sklansky는 볼록성convexity 및 볼록 껍질에 대해 많은 연구를 진행했으며(예: Sklansky(1970), Sklansky et al.(1976)), Batchelor(1979)는 오목 트리를 사용해 형태를 묘사하는 연구를 수행했다. Haralick et al.(1987)은 그레이스케일 분석 등 수학적(모폴로지) 개념에 대한 일반적인 기반을 닦았다. 불변 모멘트를 통한 패턴 인식은 Hu(1961, 1962)가 큰 영향을 끼쳤다. Pavlidis(1980)은 임시적인 형태 측정 대신 명확한('점근적') 형태 표현 방식이 가진 중요성에 주목했다.

2000년대 들어 스켈레톤에 대한 관심과 활용은 계속됐고, 유사한 형태를 참조하는 방식으로 더 정확도를 높여가거나(Kégl and Krzyżak, 2002) 기존의 건초불grass-fire 변환(Blum, 1967) 결과를 더 정밀하게 구할 수 있는 개념인 쇼크shock 그래프를 연구하는 식으로 발전했다(Giblin and Kimia, 2003). 불연속적인 공간의 경우 웨이블릿 변환을 통해 스켈레톤을 더 정확하게 구하는 연구도 진행됐다(Tang and You, 2003). 한편 형태 매칭은 자기유사성 분석을 트리로 표현하는 식으로 이뤄졌으며, 특히 신체나 손의 움직임 등 분절된 물체 형태에 대해 좋은 결과를 보였다(Geiger et al., 2003). 손으로 쓴 글자의 스켈레톤 형태를 카타스트로피catastrophe 이론에 기반해 시각적으로 분석한 결과도 참고할 만하다(Chakravarty and Kompella, 2003). 경우에 따라 (1) 임계점 또는 변곡점을 곡률이 최대 및 최소인 두 지점 쌍으로 바뀔 수 있으며, (2) T자 교차가 실제로는 교차하지 않을 수도 있으며, (3) 고리 형태를 뾰족한 모양 또는 모서리로 바뀔 수 있기 때문이다(이 외에도 많은 경우들이 가능하다). 핵심은 단순히 형태를 분류하기 위한 판단에서 그치는 것이 아니라 형태 간의 '차이'를 매핑하는 방식이 필요하다는 것이다(다시 말해, 프로세스와 임시적 엔지니어링 간의 과학적인 차이를 이해해야 한다).

8.10.1 최신 연구

최근에는 스켈레톤 처리를 통해 물체 매칭 및 분류에 활용하는 분야에 대한 연구가 활발해지고 있다. Bai and Latecki(2008)은 스켈레톤 분기의 끝점을 실제 물체의 시각적인 부분(예를 들어, 말의 다리)과 비교해 의미 있는 부분만 간결하게 남기는 방법을 연구했다. 이 방식을 도입하면, 말 등의 물체에 대해 구조나 외각 형태가 어떻게 바뀌든 매치할 수 있다. 이 방식은 매칭을 더 효율적으로 실현할 뿐만 아니라 부분적인 오클루전에 대해 덜 영향을 받는다. 이렇게 최종적으로 구한 스켈레톤에 유의미한 정보를 포함시키는 과정에서 (물체 내의 작은 구멍을 내는 노이즈로 인해 발생하는) 사소한 세부는 무시된다. 이러한 접근법은 추적, 스테레오 매칭, 데이터베이스 매칭 등의 응용에 유용하게 사용될 수 있다. Ward and Hamarneh(2010)은 스켈레톤 분기 중 어디를 제외할 것인지에 대해 연구했다. 논문은 여러 제외 알고리듬을 분석해 노이즈, 분류 정확도, 동종 간 스켈레톤 유사도 등을 평가했다. 이 연구가 중요한 이유는 중간축 변환 방식이 형태 경계 부분의 사소한 변화에도 불안정한 성능을 보이기 때문이다. 따라서 스켈레톤을 안정적으로 사용하려면 노이즈가 튀는 등의 에러를 제외하여 원래 형태를 잘 반영할 수 있게 해야 한다.

8.11 연습문제

1. 표 8.2의 알고리듬 뒤에 붙이기 위해 필요한 레이블 목록을 정렬하는 C++ 루틴을 작성하라.
2. 8.6.2절에서 병렬 세선화 알고리듬을 다룬 바와 같이, 모든 북측 지점을 병렬로 제거하더라도 스켈레톤이 끊어질 위험이 없음을 증명하라.
3. 바이너리 이미지에서 물체의 위치를 찾고, 레이블링하고, 카운팅하는 방법을 묘사하라. 이때 '시드' 픽셀로부터 전파하는 방식과 스켈레톤을 단계적으로 줄여나가 하나의 지점을 얻어낸 다음 거기서부터 전파하는 방식 중 더 목적에 맞게 효율적인 방식을 찾아야 한다. 여러 형태에 대한 예시를 기반으로 설명하라.
4. a. 바이너리 이미지상의 물체를 레이블링하는 간단한 단일 패스 알고리듬을 제시하고, 여기서 연결성의 역할을 명확히 설명하라. 그런 다음 이 알고리듬이 실제 물체에 대해 잘못 작동하는 예시를 들어라. 픽셀 그림을 그려, 각 형태에 대해 레이

블이 어떻게 매겨지는지 보여라.

b. 물체에서 중복된 레이블을 제거하기 위해 테이블 기반 접근법을 어떻게 적용하는지 보여라. 테이블을 어떻게 구성하고 어떤 값을 넣어야 하는지 정의하라. 테이블 분석에 필요한 반복 횟수가 전체 원본 이미지의 다중 패스 레이블링 알고리듬에 대한 패스 숫자와 유사한가?

5. a. 3 × 3 윈도에 대해 다음 표기법을 사용한다고 할 때

A4	A3	A2
A5	A0	A1
A6	A7	A8

전경 부분에 다양한 형태의 작은 물체가 존재할 경우 다음 알고리듬이 어떻게 작동하는지 논하라.

```
do {
  for all pixels in image do {
    sum = (int)(A1 + A3 = = 2) + (int)(A3 + A5 = = 2)
          + (int)(A5 + A7 = = 2) + (int)(A7 + A1 = = 2);
    if (sum > 0) B0 = 1; else B0 = A0;
  }
  for all pixels in image do {A0 = B0;}
} until no further change;
```

b. 알고리듬에서 do ... until no further change 함수를 어떻게 구현할지 보여라.

6. a. 3 × 3 윈도를 사용해, 바이너리 이미지상의 각 물체 외각에 '직사각형' 형태의 볼록 껍질을 생성하는 간단한 알고리듬을 구하라. 이때 do ... until no further change 함수를 실행할 수 있는 코드를 언어에 상관없이 구현하라.

b. 볼록 껍질을 더 정확하게 구할 수 있는 복잡한 알고리듬을 구현하라. 이 경우 경계 추적 방식을 포함시켜야 하는 이유에 대해 논하라. 바이너리 이미지 내의 물체 경계 주변에 대한 추적 알고리듬의 일반적인 전략을 제시하고, 이를 구현하는 프로그램을 작성하라.

c. 볼록 껍질 알고리듬에 대한 설계 전략을 제시하고, 이미지 크기에 따라 얼마나 빨리 연산할 수 있을지 논하라.

7. a. 거리 함수distance function라는 용어의 의미를 설명하라. 그림 8.P1 등 간단한 형태에

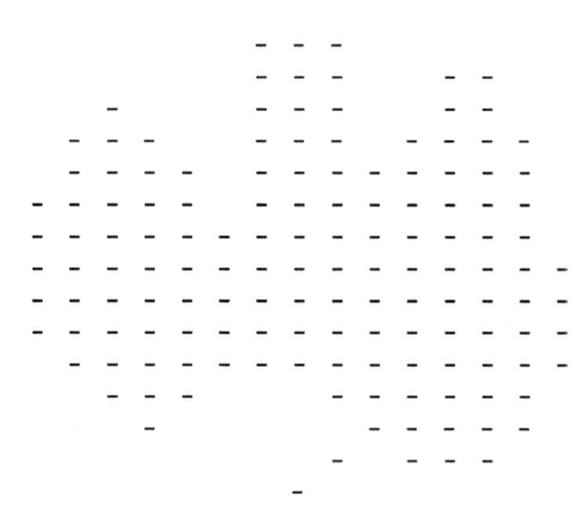

그림 8.P1 형태 분석을 위한 바이너리 그림 물체

대한 거리 함수 예시를 제시하라.

b. 이미지 정보를 빠르게 전달하기 위해 거리 함수의 로컬 극댓값 지점의 위치와 그 값만을 보내게 된다. 이미지상에서 거리 함수에 대한 로컬 극댓값을 찾는 알고리듬과 이 정보를 기반으로 원본 바이너리 이미지를 복원하는 알고리듬을 각각 설명하라.

c. 다음 데이터셋 중 그림 8.P1에 비해 가장 데이터를 많이 압축하는 경우를 고르고 그 이유를 논하라.

   i. 로컬 극댓값의 좌표 및 값 목록

   ii. 물체의 경계 지점 좌표 목록

   iii. 경계 위치 및 경계를 따라 이웃한 지점 간의 상대적인 방향(각 지점은 3비트 코드로 표현된다.)

8. a. 바이너리 이미지에서 거리 함수는 무엇을 뜻하는가? 그림 8.P2에 나타낸 물체만이 포함된 128 × 128 이미지 P를 예시로 하여 답변을 설명하라. (1) 병렬 알고리듬 및 (2) 순차적 알고리듬을 사용했을 때 이미지의 거리 함수를 구하기 위해 필요한 패스는 각각 얼마인가?

b. 거리 함수를 구하기 위한 병렬 또는 순차적 알고리듬을 전체적으로 묘사하고 작동 원리를 설명하라.

```
1 1 1 1 1 1 1 1 1 1 1 1 1 1 1 1 1
1 1 1 1 1 1 1 1 1 1 1 1 1 1 1 1 1 1
1 1 1 1 1 1 1 1 1 1 1 1 1 1 1 1 1 1 1
1 1 1 1 1 1 1 1 1 1 1 1 1 1 1 1 1 1 1 1
1 1 1 1 1 1 1 1 1 1 1 1 1 1 1 1 1 1 1 1
  1 1 1 1 1 1 1 1 1 1 1 1 1 1 1 1 1 1 1
                          1 1 1 1 1 1 1
                          1 1 1 1 1 1 1
                          1 1 1 1 1 1 1
                          1 1 1 1 1 1 1
                          1 1 1 1 1 1 1
                          1 1 1 1 1 1 1 1 1
```

그림 8.P2 거리 함수 분석을 위한 바이너리 그림 물체

c. 이미지 P를 빠르게 전송하기 위해 거리 함수의 로컬 극댓값 좌표와 그 값만을 전송한다고 하자. 전송할 로컬 극댓값의 정보를 나타내고, 이 값을 받아서 어떻게 원본 이미지를 복원할 수 있을지 설명하라.

d. 앞의 방법대로 전송할 경우, 압축 인수 η를 계산하라. 일부 로컬 극댓값을 전송 전에 제거하면 η가 증가함을 보이고, 실제로 어느 정도로 증가할지 예상하라.

9. a. 거리 함수의 로컬 극댓값은 다음 두 가지 방식으로 정의할 수 있다.

i. 이웃한 모든 픽셀보다 큰 값을 갖는 픽셀

ii. 이웃한 모든 픽셀 이상의 값을 갖는 픽셀. 둘 중 어떤 정의를 사용하는 것이 원본 물체 형태를 복원하는 데 더 유용한가? 그 이유는 무엇인가?

b. 거리 함수의 로컬 극댓값에서 원본 물체 형태를 복원하는 알고리듬을 제시하고, 그 동작 원리를 설명하라.

c. 이미지 압축에 대한 런run–렝스length–부호화encoding 접근법을 설명하라. 런–렝스–부호화 방식과 로컬 극댓값 방식이 바이너리 이미지를 압축할 때 어떤 차이가 있는지 비교하라. 각각에 대해 압축률 면에서 이점을 보이는 형태를 예시로 제시하라.

10. a. 거리 함수 전파가 어떻게 병렬 알고리듬을 통해 가능한지 설명하라. 그리고 이미지상에 2개의 병렬 패스를 진행하는 간단한 알고리듬을 구현하라.

b. 패스당 3픽셀 이하의 1차원 윈도를 적용한 4 패스 순차 알고리듬이 2 패스 알고리듬보다 더 빠르게 동작함이 알려져 있다. 해당 알고리듬 중 '한 패스'에 대한 코

드를 작성하라.

c. 위의 세 알고리듬을 $N \times N$ 픽셀 이미지에 적용했을 때의 계산 속도를 예측하라. 일반적인 직렬 컴퓨터를 사용했다고 가정한다.

11. 조그맣고 검은 벌레가 곡물들과 섞여 있다고 하자. 이 벌레는 20 × 7픽셀 크기의 직사각형 막대기 형태로 볼 수 있다. 이를 인식하는 알고리듬을 다음과 같이 설계했다고 하자. (1) 외각 검출자를 적용해 배경을 1로, 외각 지점을 0으로 표시한다. (2) '배경' 영역에 대해 거리 함수를 전파시킨다. (3) 거리 함수의 로컬 극댓값 위치를 찾는다. (4) 로컬 극댓값을 분석한다. (5) 적절한 이미지 처리를 통해 벌레의 평행한 변을 찾는다. (4)단계와 (5)단계에서, 어떻게 곡물을 무시하고 벌레만 인식할 수 있을지 논하라. 이미지가 그다지 크지 않아 거리 함숫값이 바이트 한계에 대해 오버플로하지 않는다고 가정한다. 외각이 몇 부분으로 쪼개져 있을 경우에 이 방식이 얼마나 강건한지에 대해 논하라.

12. 바이너리 이미지에서 물체의 경계를 따라 추적하는 알고리듬의 일반적인 전략을 설명하라. 만약 추적자가 교차수 $\chi = 2$ 및 $\begin{bmatrix} 0 & 0 & 1 \\ 0 & 1 & 1 \\ 1 & 1 & 1 \end{bmatrix}$ 이웃 영역에 해당하는 경계 지점에 도달할 경우, 어떤 방향으로 진행해야 할지를 구하라. $\chi = 2$인 다른 모든 경우에 대해서도, 다음 그림에서 나타낸 방향 코드를 사용해 현재 픽셀(*)로부터의 진행 방향을 정리하라.

4	3	2
5	*	1
6	7	8

만약 $\chi \neq 2$일 경우에는 알고리듬을 어떻게 수정해야 할까?

13. a. 바이너리 이미지의 물체 경계를 따라 추적하면서 아웃라인을 찾는 방식의 원리를 설명하라. 일반적인 3 × 3 윈도 정보를 사용해 이를 구현하는 알고리듬을 간단히 요약하라.

b. 바이너리 이미지상의 데이터를 가능한 한 많이 압축하고자 한다. 이를 위해 다음 정보를 사용한 알고리듬을 테스트할 것이다.

i. 경계 이미지

ii. 스켈레톤 이미지

iii. 거리 함수의 로컬 극댓값 이미지

iv. 거리 함수의 로컬 극댓값 중 일부를 선택한 서브셋 이미지

v. 런-렝스 데이터, 즉 이미지 전체를 라인 스캔하며 연속적인 0의 개수, 그다음 연속적인 1의 개수, 그다음 연속적인 0의 개수를 반복하여 세어 그 숫자를 나열한 데이터

c. (i)과 (ii)의 경우 체인 코드, 즉 시작 지점의 '좌표'에 이어 현재 위치 C로부터 다음 지점으로의 '방향'을 다음과 같이 1~8의 값으로 연속적으로 나타내는 방식을 사용한다.

4	3	2
5	C	1
6	7	8

d. 적절한 예시를 들어, 위의 방식 중 주어진 형태의 데이터 중 가장 데이터 압축률이 높은 것이 무엇인지 구하라.

e. 노이즈가 없는 입력 이미지에 노이즈를 추가할 경우 어떤 일이 일어날지 논하라.

14. 8.7절에서 살펴본 이중 마스크 방식을 통해 바이너리 물체의 볼록 껍질을 구하는 방식을 시험해보라. 이 방식이 잘 작동하며 최종 형태를 기하학적으로 잘 예측하는지 확인해보라. 만약 두 마스크 중 하나만 사용할 경우 어떻게 되는가? 이중 마스크 방식이 순차적 및 병렬 알고리듬으로 모두 구현할 수 있음을 보여라. 알고리듬을 수정해 근접한 형태들이 합쳐지지 않도록 하라.

09

경계 패턴 분석

바이너리 패턴 분석을 통하면 간단하게 바이너리 물체 인식을 수행할 수 있지만, 이 과정에서 극복해야 할 여러 문제들이 있다. 9장에서는 그러한 문제들을 제시한다. 특히 경계가 끊어지거나 여러 물체가 붙어서 생기는 왜곡으로 인해 매칭 과정이 실패할 수 있는데, 이 장에서는 이러한 문제와 더불어 그 해결책을 소개한다.

9장에서 다루는 내용은 다음과 같다.

- 무게중심 프로파일 접근법과 그 한계
- 무게중심 방식의 속도 향상 방법
- (s, ψ) 경계 플롯에 기반한 더 강건한 인식 방법
- (s, ψ) 플롯에 기반한 더 편리한 (s, κ) 플롯
- κ와 ψ의 관계
- 오클루전 문제를 해결하는 더 정교한 방법
- 경계 길이 측정값의 정확도에 대한 논의

물체 경계를 표현하고, 이를 통해 물체를 측정하거나 인식하는 방법은 다양하다. 결국 모든 방법은 오클루전(포함된 데이터가 가려지는) 현상과, 픽셀에 기반해 정확도가 떨어지는 문제를 해결해야 한다. 오클루전을 다루는 방법에 대해서는 9.6절에서 자세히 다룬다. 이번 장은 강건한 물체 인식을 위해 널리 쓰이는 방식인 허프 변환 등에 대한 일종의 예고장 역할을 한다.

9.1 서론

앞에서는 임계화를 사용해 그레이스케일 이미지를 이진화하고 물체를 2차원 형태로 표현했다. 그러나 이미지 분할은 조명이 충분히 좋은 조건에 있고, 예를 들어 밝은 배경 위에 어두운 조각들이 놓여 있는 경우처럼 물체가 잘 인식될 수 있어야 성공할 확률이 높다. 적응형 임계화 역시 비슷하며, 대안으로서 소개한 외각 검출 방식이 조명 문제에 좀 덜 민감하다. 그럼에도 불구하고 외각을 강조한 이미지에 대해 임계화를 수행했을 때 문제가 없는 것은 아니다. 특히 어떤 곳에서는 외각이 가늘어지고 어떤 곳에서는 두꺼워지는 현상이 나타난다(그림 9.1). 많은 경우 외각 검출자를 통해 이상적으로 얻고자 하는 결과는 물체의 표면을 따라 단

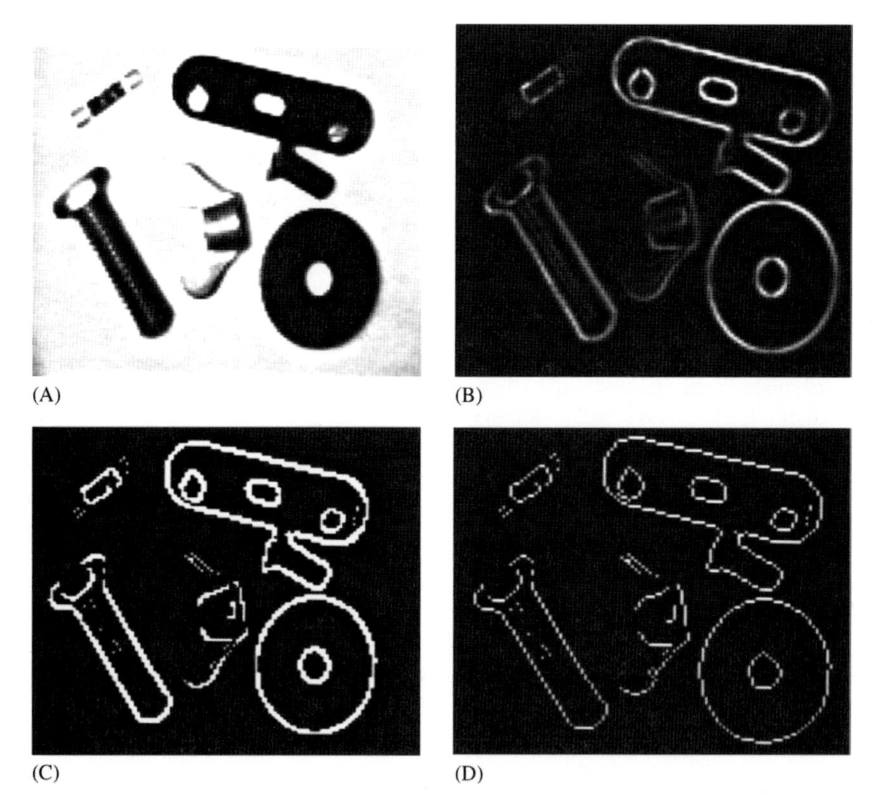

그림 9.1 외각 관련 문제. 원본 이미지 (A)에 대해 외각을 강조하고(B) 임계화를 수행했다(C). 이렇게 검출된 외각은 어떤 부분에서 가늘어지고 어떤 부분에서는 두꺼워진다. 세선화를 통해 단위 두께로 줄일 수 있지만(D) 임시적인(즉, 정형화된 방식이 아닌) 연결 알고리듬으로 얻은 결과(그림에 없음)는 오류가 많을 수 있다.

위 두께의 선으로 연결된 선의 모음이며, 따라서 만약 캐니Canny 또는 다른 비최대 억제 방식 연산자로 부족하다면(5장 '외각 검출' 참고), 이를 위한 추가적 변환 과정이 필요하다.

세선화 알고리듬은 연결성을 유지하면서 외각을 단위 두께까지 줄이기 위한 목적으로 사용된다(그림 9.1(D)). 이러한 목적을 달성하기 위해 많은 알고리듬이 고안됐는데, 이러한 알고리듬이 마주하고 있는 주된 문제는 다음과 같다. (1) 불규칙한 픽셀 잘라내기 때문에 약간의 편향과 부정확함이 발생한다. 특히, 아무리 좋은 알고리듬이라도 로컬한 차원에서는 이상적인 위치에서 1/2픽셀 이내로 벗어난 선분을 그리게 된다. (2) 필연적으로 노이즈가 튀는 현상이 발생한다. 첫 번째 문제는 그레이스케일 외각 세선화 알고리듬을 원본 그레이스케일 외각 강화 이미지에 바로 적용하는 것으로, 그 영향을 최소화할 수 있다(예: Paler and Kittler(1983)). 물체 주변에 튀는 노이즈는 (예를 들어) 3픽셀 이하의 선분을 제거하는 식으로 효율적으로 저감시킬 수 있다. 결국 최종적으로 해결해야 할 문제는 임계화 과정에서 파편화된 경계를 다시 연결하는 것이 된다.

이렇게 쪼개진 경계를 재연결하는 임시적인 방법들은 여럿 나와 있다. 예를 들어, 선분의 끝을 그 방향으로 계속 연장해나갈 수 있다. 이는 너무나 한계가 명확한 방식인데, (최소한 바이너리 외각의 경우) 가능한 방향은 여덟 가지뿐이며 선분을 연장해도 만나지 않을 가능성이 상당히 높기 때문이다. 또 다른 접근법으로는 가까운 거리에서 두 선분의 방향과 그 끝을 연결한 벡터의 방향이 비슷할 경우 연결하는 방식이 있다. 이론상으로는 꽤 괜찮아 보이지만 결국 임시적인 방식일 뿐 모델에 기반한 것은 아니기 때문에, 실제로 사용해보면 앞에서 언급한 문제가 그대로 발생한다. 결국 표면의 표시나 그림자상에 등장하는 선분들은 이러한 알고리듬을 통해 임의로 연결되는 셈이다. 많은 경우, 만약 모델에 기반한 처리 과정을 적용할 수 있다면 좋을 것이다. 예를 들어, 타원형 등 이상적인 경계에 가장 잘 근사하는 선분들을 찾는다고 생각해보라. 혹은 완화 레이블링relaxation labeling, 즉 반복적으로 이미지를 개선해 점차 원본 그레이 레벨이 강화되는 방향으로 나아가는 방식이 있다. 결국 외각 연결이 가능하려면 원본 이미지에 적절한 증거가 존재하고 있어야 한다. 비슷하지만 계산 면에서 더효율적인 방식으로는 5장 '외각 검출'에서 살펴본 히스테리시스 임계화가 있다. 여기서는 위쪽 임곗값보다 높은 세기 그레이디언트를 외각 위치로 취하고, 더 낮은 두 번째 임곗값보다 높은 그레이디언트는 처음에 외각으로 판단된 위치와 인접했을 때만 외각으로 판단한다(더 자세한 분석은 5.10절을 참고하라).

마르-힐드레스Marr-Hildreth 및 관련된 (라플라시안 기반) 외각 검출자는 서로 연결된 외각 등고선을 내놓기 때문에, 이러한 문제에 빠지지 않을 것이라 생각할 수 있다. 하지만 이런 식으로 연결성을 강제한 방식을 사용하더라도 (예를 들어, 외각이 흐리거나 대비가 낮아서 노이즈가 중대한 비중을 차지할 때) 등고선 중 일부가 의미 없이 이어질 수 있다. 이러한 영역에서는 등고선이 물체의 경계 대신 노이즈를 따라 구불대며 그려진다. 더욱이, 단지 신호가 노이즈보다 낮은 경우뿐만 아니라 의미 있는 신호가 전혀 존재하지 않을 때도 문제가 발생할 수 있다. 예를 들어, 조명으로 인해 대비가 0이 되는 상황이나(정육면체의 두 면이 정확히 같은 밝기를 갖는 경우를 생각해보라) 오클루전이 그 원인이 될 수 있다. 공간 주파수가 낮아도 물체상의 여러 선분이 합쳐져 보이는 문제가 생길 수 있다.

이어지는 내용에서는 이러한 모든 문제를 조명, 디지털화 등의 방법으로 충분히 해결한 상태임을 전제로 한다. 아울러 적절한 세선화 및 연결 알고리듬을 적용해 모든 물체가 연결된 단위 너비 경계 선으로 둘러졌음을 가정한다. 따라서 이제 경계 이미지로부터 물체의 위치를 찾고, 식별하고, 그 방향을 찾는 것을 정확하게 수행할 수 있다.

9.2 경계 추적 과정

경계 패턴을 통해 물체를 매칭하려면, 이미지상의 모든 물체에 대해 경계를 따라 추적할 수 있는 수행 방식을 구현해야 한다. 이 경우 앞에서 살펴봤듯이 세기 임계화 루틴 등의 방식을 통해 얻은 결과를 통해 가능하다(8장 '바이너리 형태 분석'). 그러나 만약 외각 검출 등 다른 방식을 사용해 단위 너비의 연결된 경계를 구할 수 있다면 추적이 더 쉬워진다. 단지 현재 경계 픽셀 위치에서 다음 픽셀을 찾아 움직이기만 하면 되기 때문이다. 다만, (1) 진행하던 방향을 거슬러가지 않고, (2) 전체 경계를 한 바퀴 돌았다는 상태를 인식할 수 있어야 하며, (3) 현재 추적하고 있는 경계가 어떤 물체에 해당하는지 파악이 가능해야 한다. 영역을 따라 추적할 경우, 시작점에 돌아와 처음과 같은 방향으로 진행하는지 여부를 파악해 추적을 중단할 수 있어야 한다.

9.3 무게중심 프로파일

실제 2차원 템플릿 매칭을 사용하면 물체의 위치를 찾기 위한 검색 공간이 더 적게 필요하며, 각 물체의 경계를 단일 차원에 대해 매칭시키는 방식으로 쉽게 구현할 수 있다. 가장 이해가 쉬운 방법은 (r, θ) 좌표를 사용하는 것이다. 우선 물체의 무게중심 위치를 찾는다. 즉, 여기서는 물체를 영역에 기반해 묘사할 필요가 없다. 그런 다음 이 위치를 기준으로 극좌표계를 사용한 (r, θ) 그래프, 또는 '무게중심 프로파일centroidal profile'을 그린다(그림 9.2). 이를 통해 얻은 1차원 그래프를 동일한 방식으로 같은 형태의 이상적인 물체에 대해 그린 그래프와 매칭시킨다. 일반적으로 물체는 임의의 방향을 향하고 있으므로, 이 그래프를 이미지 그래프와 가장 잘 매치되도록 방향을 '맞추는' 작업이 필요하다. 이때 특정 방향 α_j가 매칭되는 정도를 확인하기 위해 여러 θ 값에 대해 경계 그래프 B와 템플릿 그래프 T의 차를 구하고, 이 값들의 제곱을 합한 적합도 D_j를 얻는다.

$$D_j = \sum_i \left[r_{\mathrm{B}}(\theta_i) - r_{\mathrm{T}}(\theta_i + \alpha_j)\right]^2 \tag{9.1}$$

또는 다음과 같이 차이의 절댓값을 합할 수도 있다.

$$D_j = \sum_i \left|r_{\mathrm{B}}(\theta_i) - r_{\mathrm{T}}(\theta_i + \alpha_j)\right| \tag{9.2}$$

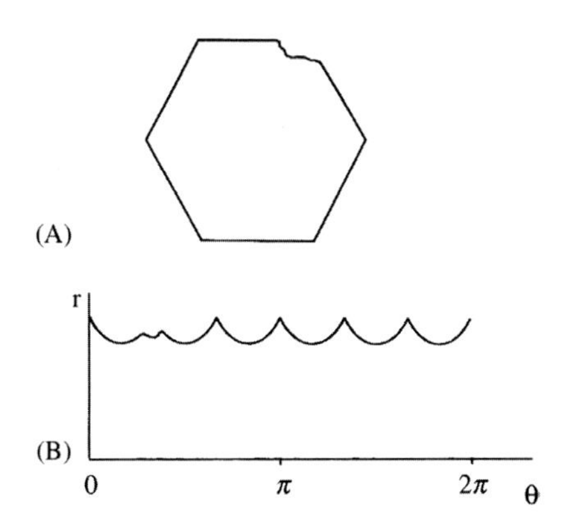

그림 9.2 물체 인식 및 검사를 위한 무게중심 프로파일: (A) 한쪽 모서리가 손상된 육각형 너트 형태, (B) 무게중심 프로파일. 이 그래프를 사용해 물체를 쉽게 인식할 수 있으며, 형태를 정밀하게 검사할 수도 있다.

후자의 값은 계산이 좀 더 쉬우며, 차잇값이 극단적이거나 지나치게 벗어난 경우에도 덜 편향적이다. 이렇게 하면 기본적인 2차원 매칭 연산이 1차원으로 줄어들며, 만약 1° 간격으로 연산하고자 할 경우 방향 인덱스 i와 j는 각각 360개 정도의 값을 갖게 된다. 따라서 물체 하나를 확인하고자 할 때 연산량은 360^2(즉, ~100,000) 수준으로 줄어들고, 상당히 적은 계산으로도 경계 패턴 분석이 가능해진다.

지금까지 설명한 1차원 경계 패턴 매칭 접근법을 사용하면 물체를 인식할 뿐만 아니라 그 방향을 찾을 수도 있다. 사실 맨 처음 물체의 무게중심을 찾은 것만으로도 9.1절 끝부분에 제시한 연습문제 중 하나를 해결한 셈이다. 아울러 매칭 과정을 통해 물체의 형태를 검사하는 것이 가능함도 기억하라(그림 9.2). 이렇듯 무게중심 프로파일 기법은 여러 기능을 동시에 구현할 수 있다는 점에서 매우 강력하다 할 수 있다.

마지막으로, 이 방식은 동일한 형태의 다른 크기를 가진 물체에도 잘 대응될 수 있음을 유의하라. 이는 r의 최댓값을 사용해 프로파일을 (ρ, θ)(여기서 $\rho = r/r_{max}$)로 정규화함으로써 가능하다.

9.4 무게중심 접근법의 문제점

실제로는 앞에서 소개한 방식을 사용하는 과정에서 몇 가지 문제가 발생하게 된다. 우선, 물체의 경계에 결함이나 오클루션이 존재하면 무게중심이 실제 위치에서 벗어나면서 매칭 과정이 엉망으로 이뤄진다(그림 9.3). 이 경우 알고리듬은 물체를 판단할 때 경계가 손상된 X 타입의 물체가 아니라 아예 다른 종류의 것으로 보게 된다. 이는 물체를 적극적으로 인식하되 결함 판단을 필요로 하며, 너무 구체적인 검사를 하지 않고 물체를 불량 판정해야 하는 많은 자동 검사 분야에 적절하지 않다.

둘째, 특정 종류의 물체에서는 (r, θ) 플롯이 일대일 관계가 아니다(그림 9.4). 이렇게 되면 매칭 과정이 2차원상에서 이뤄지며, 복잡도나 계산량이 증가한다.

셋째, (r, θ) 공간상에 플롯하게 되면 픽셀 간의 간격이 변하는 점을 고려해야 하는 복잡함이 있다. 이 때문에 1차원 그래프에 대해, 특히 무게중심에 가까운 경계 영역에 대해서는 충분하게 스무딩을 수행해야 한다. 스패너나 스크루드라이버 등 한쪽 방향으로 가늘고 긴 물체

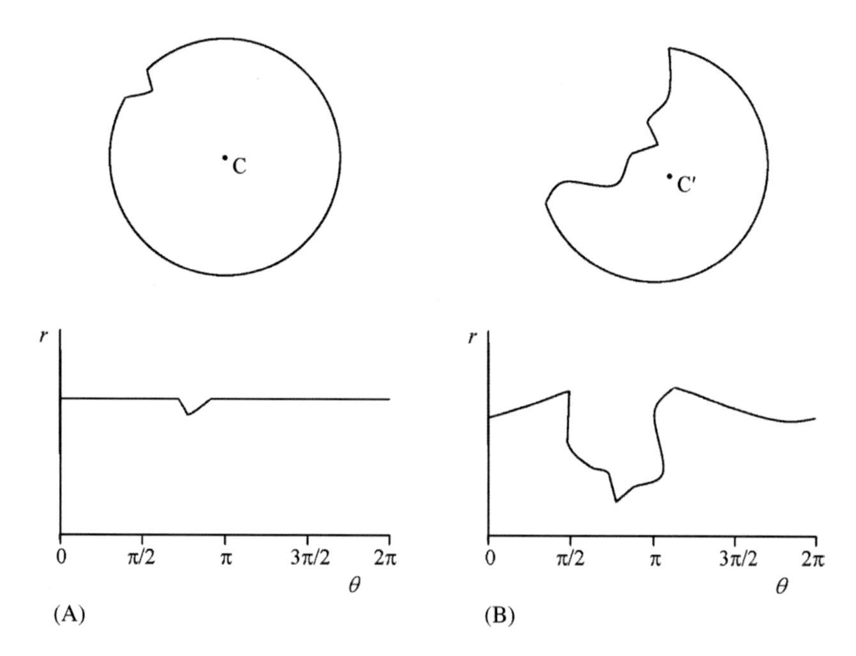

그림 9.3 무게중심 설명자의 문제점. (A)는 표면에 약간의 결함이 있는 원형 물체이며, 아래에 무게 중심 프로파일을 나타내었다. (B)는 좀 더 많은 결함이 있는 물체이며, 이 경우 무게중심이 C′으로 이동하게 되어, '전체' 무게중심 프로파일이 심하게 왜곡된다.

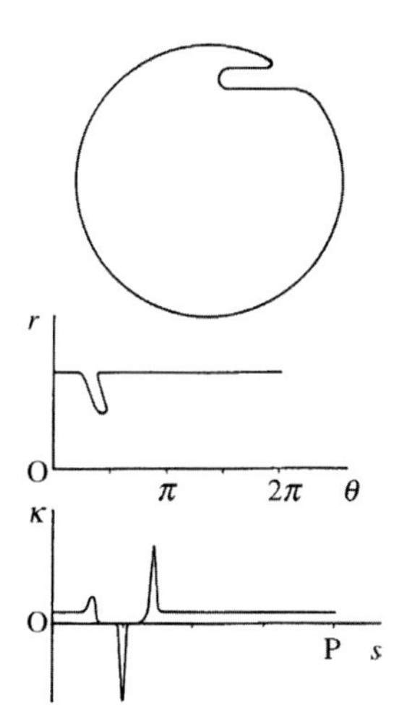

그림 9.4 (r, θ) 및 (s, κ) 플롯을 통한 경계 패턴 분석

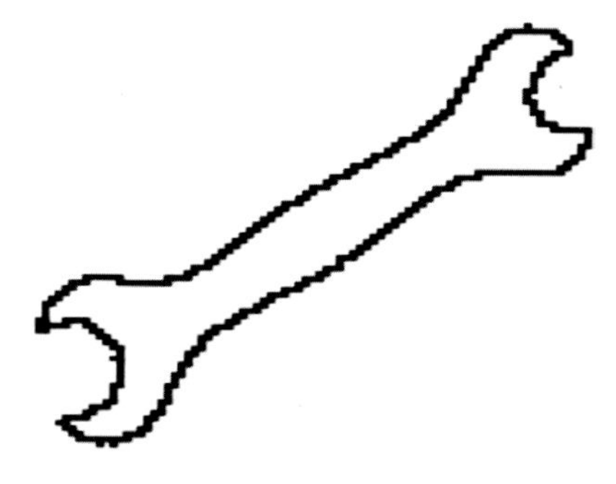

그림 9.5 한쪽으로 가늘게 긴 물체에 대한 무게중심 프로파일 문제. 그림과 같이 한쪽으로 가늘게 긴 물체(스패너)의 경우 무게중심에 가까운 영역의 프로파일을 정밀하게 구하기가 쉽지 않다.

가 특히 그렇다(그림 9.5). 그러나 어떤 부분에서는 정확도가 필요한 정도보다 더 높으며, 따라서 전체적인 과정에 있어 낭비되는 부분이 많다. 축을 따라 양자화가 균일하게 이뤄져야 두 템플릿을 움직여 가장 잘 맞는 방향을 찾기가 편리해진다.

마지막으로 여전히 계산 시간이 적지 않게 소요되며, 따라서 이를 저감시키기 위한 방법이 필요하다.

9.4.1 해결책

위에서 소개한 네 가지 문제를 해결하는 방법은 여러 가지가 있으며, 그 성능도 각기 다르다. 첫째로 오클루전과 심한 결함에 대한 대응은 가장 근본적이고 만족스럽게 해결하기가 어려운 문제다. 성공적으로 해결하기 위해서는 물체 내의 안정적인 기준점을 찾아야 한다. 기본적으로 무게중심은 평균적인 위치를 뜻하기에 대부분의 노이즈나 심하지 않은 결함을 제거하며, 기준점으로 적합하게 사용할 수 있다. 그러나 끊어지거나 오클루전 등으로 인해 결함이 크게 발생할 경우 역효과가 발생한다. 경계의 무게중심이 이상해지며, 노이즈를 억제하지 못할 확률이 늘어난다. 또 다른 방법으로는 모서리, 구멍, 호의 중심 등 주요한 특징의 위치를 기준점으로 사용하는 것이다. 일반적으로 이러한 특징점의 경우, 크기가 작을수록 끊어지거나 오클루전으로 인해 인식이 안 될 확률이 높아지며, 반면 크기가 클수록 결함에 더 많은 영향을 받게 된다. 다만 원호의 경우 부분적으로 오클루전이 발생해도 (호의 중심) 위치를 정확하게 찾을 수가 있다(10장 '선, 원, 타원 검출' 참고). 이렇듯 특징점을 적절하게 사용해 기준점으로 삼을 수 있다. 또는 대칭적으로 놓인 구멍을 사용하는 것도 가능한데, 구멍 중 하나가 흐려지더라도 나머지가 잘 보인다면 기준점으로 사용할 수 있기 때문이다.

이렇듯 특징점들을 적절히 활용하는 방법이 있지만, 이 경우 1차원 경계 패턴 매칭 방식의 가치 자체에 대한 의문이 생길 수밖에 없다. 물체 인식을 위해 더 나은 방법이 있지 않을까? (2부의 뒷부분 장을 참고하라.) 일단 지금 시점에서는 (1) 물체 부분이 사라지거나 오클루전이 발생할 경우에 문제가 상당히 복잡해지며, (2) 무게중심 대신 주요한 특징을 기준점으로 삼음으로써 어느 정도 이러한 문제로부터 자유로워진다고 결론짓고 넘어가자. 결국 오클루전에 대응하기 위해 추가적으로 수정할 내용 중 중요한 부분은 $(r_B - r_T)$ 값이 (예를 들어) 3픽셀보다 크지 않은 경우만 고려하는 것이며, 이에 따라 B와 T가 잘 일치되는 θ 중 가장 큰 값을 최적 매치로 선택한다.

두 번째 문제인 (r, θ) 플롯의 일대다 대응 문제는 간단하게 주어진 θ 값에 대해 가장 작은 r 값을 선택하는 과정을 적용하고, 이후 일반적인 매칭을 진행하면 해결할 수 있다(이때 물체 경계 내에 존재하는 모든 구멍의 경계는 별개로 다루며, 각각 구한 정보를 인식 과정 마지막 부분에 합치는 식으로 진행함을 가정한다). 이 임시적 방식을 사용해 일단 물체를 1차원 템플릿에 매칭하고, 물체의 방향을 정확하게 맞춘 다음에는 원래대로 프로파일을 구해 다음 단계로 진행하는 식이다.

세 번째 문제는 (r, θ) 그래프에서 경계의 픽셀 간 거리가 θ축을 따라서 차이를 보이기 때문에 발생한다. 이는 허용 가능한 θ 값들을 정한 뒤, 경계상에서 이 값과 가장 가까운 θ에 해당하는 지점의 목록을 구하는 식으로 어느 정도 해결할 수 있다. 이 목록에 대해 로컬 스무딩을 적용할 수도 있지만 일반적으로는 불필요한데, 이는 연결된 경계의 경우 무게중심에서 주어진 θ 각도로 선을 뻗어 연결하면 가장 가까운 거리는 언제나 1픽셀일 것이기 때문이다.

네 번째 문제인 처리 속도 역시 조금 전 잠깐 언급한 2단계 접근법을 사용해 해결할 수 있다. 우선 θ를 (예를 들어) 5° 정도 상대적으로 넓은 간격으로 취해 물체와 1차원 템플릿을 대략적으로 매칭한다. 이때 이미지 데이터나 템플릿에 그 중간 각도는 대입하지 않고 무시한다. 그런 다음 1° 간격으로 각도를 미세하게 움직여가며 더 정확한 매칭값을 찾는다. 이렇게 하면 앞에서처럼 전체 매치를 진행하는 것보다 대략적인 매칭이 20배 정도 더 빠르며, 최종적인 미세 매칭은 몇 군데만 더 계산해보면 되기 때문에 상대적으로 짧게 진행된다.

이러한 2단계 처리에 간단한 계산을 몇 가지 더함으로써 더 최적화할 수도 있다. 대략적 매칭이 $\delta\theta$ 간격으로 이뤄진다면, 계산량은 $(360/\delta\theta)^2$에 비례할 것이며, 정밀 매칭은 360 $\delta\theta$에 비례한다. 따라서 총 계산량은 다음과 같다.

$$\lambda = (360/\delta\theta)^2 + 360\,\delta\theta \tag{9.3}$$

원래 계산량과 이를 비교해보자.

$$\lambda_0 = 360^2 \tag{9.4}$$

결국 계산량은 다음과 같이 줄어든다(또는 알고리듬 속도가 다음과 같이 빨라진다).

$$\eta = \lambda_0/\lambda = 1/\left[(1/\delta\theta)^2 + \delta\theta/360\right] \tag{9.5}$$

이 함수는 $\mathrm{d}\eta/\mathrm{d}\delta\theta = 0$에서 최대가 되며, 따라서

$$\delta\theta = \sqrt[3]{2 \times 360} \approx 9^\circ \tag{9.6}$$

실제로 이렇게 구한 $\delta\theta$는 다소 큰 편이며, 그대로 적용할 경우 대략적 매칭을 통해 물체를 인식하지 못할 정도로 근사가 잘 안 될 수 있다. 따라서 일반적으로 $\delta\theta$는 2~5° 정도로 설정하는 것이 더 효과적이다(예: Barman et al.(1985)). 최적의 η 값은 26.8이며 $\delta\theta = 5^\circ$일 경우에는 18.6 정도로만 줄어든다. 반면 $\delta\theta = 2^\circ$인 경우 3.9로 떨어진다.

또 다른 해결법으로는 (r, θ) 그래프상에서 뾰족한 모서리 등의 특징적인 부분을 (대략적 매칭 단계에서) 찾아, 이 부분을 대상으로 좀 더 정밀한 매칭을 통해 물체의 방향을 유추하는 것이다. 물체에 비슷한 특징들이 여럿 있을 경우 에러가 발생할 수 있지만 직사각형 형태의 경우 각각의 특징에 대해 이를 진행하는 것이 그리 손해는 아니므로, 만약 물체가 적절하고 명확한 특징을 포함하고 있다면 이런 식으로 해결하는 것이 이점이 있다. 이때 방향을 잡기 위한 특징으로서 최댓값 r_{max} 위치를 사용할 수 있기는 하나, 최댓값이 완만한 프로파일상에 나타날 경우 각도 오차가 상대적으로 높게 나타나기 때문에 많은 경우 부적합하다.

9.5 (s, ψ) 플롯

앞에서 살펴봤듯이 경계 패턴 분석 방식은 대체로 효과적이나, 오클루전이나 심한 수준의 결

함에 대한 문제가 있다. 따라서 이러한 문제를 해결하기 위한 대안을 제시하기 위한 시도들이 이뤄졌다. 그중 (s, ψ) 그래프는 (r, θ) 그래프보다 결함이나 오클루전에 더 적합하기 때문에 더 널리 쓰이게 됐다. 또한 (r, θ) 방식에서 나타나는 일대다 대입 현상으로부터도 자유롭다.

(s, ψ) 그래프는 무게중심 등 어떠한 기준점이 필요하지 않으며, 경계로부터 곧바로 구할 수 있다. 그래프는 탄젠트 방향 ψ는 경계 거리 s에 대한 함수 형태로 그려진다. 물론 이 방식이 아무런 문제가 없는 것은 아닌데, 경계를 따라 그 거리를 정확하게 측정할 수 있어야 한다. 가장 널리 쓰이는 방법은 가로와 세로를 따라 움직인 만큼의 단위 거리를 세고, 대각선 방향으로 움직인 경우에는 $\sqrt{2}$ 단위만큼 세는 것이다. 사실 이렇게 계산하는 것은 다소 임시적인 방식이며, 9.7절에서 더 자세히 다룰 것이다.

(s, ψ) 그래프를 사용해 물체를 인식해보면, ψ 값이 경계를 한 바퀴 돌 때마다 2π씩 값이 증가함을 눈치챌 것이다. 즉, $\psi(s)$ 값의 주기는 s가 아니다. 이 때문에 그래프는 기본적으로 2차원 형태이며, 다시 말해 이상적인 물체 템플릿을 s 및 ψ축으로 움직여야 한다. 물론 그래프 방향을 따라 템플릿을 대각선으로 움직일 수도 있다. 그러나 실제 물체에 포함된 노이즈 등 이상적인 형태와의 차이점 때문에 매칭 과정은 최소한 부분적이라도 2차원상에서 이뤄질 수밖에 없다. 즉, 계산량이 증가한다.

이 문제를 해결하는 방법 중 한 가지는 경계 길이 P와 같은 둘레를 갖는 원형과 비교하는 것이다. 이렇게 하면, 주어진 ψ에 대해 같은 둘레의 원형에 대해 기대할 수 있는 값과의 차이인 $\Delta\psi$를 대상으로 한 $(s, \Delta\psi)$ 그래프를 그릴 수 있게 된다.

$$\Delta\psi = \psi - 2\pi s/P \tag{9.7}$$

위 수식에 의하면 $\Delta\psi$ 값이 경계를 한 바퀴 돌았을 때 초기화되기 때문에(즉, $\Delta\psi$가 s에 주기적이기 때문에) 그래프가 1차원 형태로 그려진다.

그런데 $\Delta\psi(s)$ 값의 변화가 $s = 0$일 때와 다른 임의의 지점에서 다른 양상을 보임을 발견했을지도 모른다. 이러한 종속성을 제거하는 것이 편하므로, $\Delta\psi$에서 평균값 μ를 빼서 새로운 변수를 정의한다.

$$\tilde{\psi} = \psi - 2\pi s/P - \mu \tag{9.8}$$

이 시점에서 그래프는 완전히 1차원 형태로 주기성을 띠게 된다. 즉, 그래프와 비슷한 특징을 갖는다. 이제 매칭 과정은 $\tilde{\psi}(s)$ 그래프를 따라 템플릿을 이동하면서 가장 잘 들어맞는 위치를 찾는 방식으로 간단하게 바뀌었다.

이제 (1) 물체의 스케일을 알고 있고 (2) 오클루전이나 다른 이상이 나타나지 않는다면 아무런 문제 없이 매칭이 진행될 것이다. 둘레 P를 사용하여 s 값을 정규화하면 스케일을 계산할 수 있다. 그러나 오클루전이 나타난다면 P 값으로 s를 정규화하는 것이 부적절할 것이며, 따라서 이 방법이 제대로 동작한다는 보장이 없어진다. 물론 스케일을 이미 알고 있다면 표준적인 둘레 P_T 값을 사용하면 되므로 문제없다. 하지만 오클루전으로 인한 문제가 이것 하나만은 아니며, 다음 절에서 이에 대해 다룰 것이다.

$\psi(s)$의 비주기성을 해결하는 또 다른 방법은 ψ를 그 도함수 $d\psi/ds$로 대체하는 것이다. 이렇게 하면 계속해서 증가하는 ψ 문제(즉, 경계를 한 바퀴 돌 때마다 2π만큼 증가하는 현상)가 사라진다. ψ에 2π를 더해도 $d\psi/ds$ 값이 로컬하게 변하지는 않기 때문이다($d(\psi + 2\pi)/ds = d\psi/ds$). 여기서 $d\psi/ds$는 로컬 곡률 함수 $\kappa(s)$에 해당하며(그림 9.4 참고), 따라서 이 그래프를 물리적으로 해석하기가 쉬워진다. 다만 이 방식의 문제점이라면, κ가 뾰족한 모서리 부분에서 무한대의 값을 갖는다는 점이다. 뾰족한 모서리가 많이 포함된 산업 부품의 경우 실제로 곤란한 문제이며, 인접한 그레이디언트값으로 근사하되 κ가 모서리 영역 전체에 대해서는 올바른 값을 대변하도록 해야 한다(Hall, 1979).

이후 많은 연구에서 (s, κ) 그래프 개념을 발전시켜, $\kappa(s)$를 푸리에 급수로 전개했다.

$$\kappa(s) = \sum_{n=-\infty}^{\infty} c_n \exp(2\pi ins/P) \tag{9.9}$$

이것이 많이 쓰이는 푸리에 설명자 방식이다. 이 방식의 경우, 형태를 푸리에 설명자 성분의 급수로 표현한다. 이때 충분한 수만큼 전개가 진행되면 항의 값이 0으로 수렴하게 된다. 다만 이 방식을 수행하는 데 필요한 계산량은 상당한 수준인 반면, 몇 개의 항만 사용해도 그래프를 어느 정도 근사하는 것이 가능하다. 실시간으로 연산을 수행해야 하는 산업 분야에서는 이 점이 문제가 되기 때문에 그냥 기본적인 (s, κ) 그래프를 사용해 매칭하는 것이 더 적절하다. 이렇게 하면 물체 특징 간의 차이 검사를 적절한 정확도로 실시간에 진행할 수 있게 된다.

9.6 오클루전 문제

지속적으로 증가하는 ψ를 어떤 식으로 해결하든, 오클루전에 대한 문제는 아직 남아 있다. 그런데 (r, θ) 방식과 달리 이 경우 경계 중 일부가 끊어졌을 때는 문제가 복잡해진다. 앞에서 언급했듯이 오클루전으로 인해 물체의 둘레가 달라지며, 따라서 P를 사용해 스케일을 찾는 것이 불가능하다. 그러므로 우선 정확한 둘레를 구하는 과정이 필요하며, 이를 선행했다고 가정한 다음 계속 논의를 이어갈 것이다. 오클루전으로 인한 또 다른 문제는 경계의 일부는 원래 물체에, 다른 부분은 가로막는 물체에 속하는 현상이다. 다시 말해, 손상이 발생해 예상하지 못한 경계 부분이 생긴 것이다. 따라서 물체 2개가 겹쳐서 전체 경계를 형성할 경우 관측된 경계 P_B는 이상적인 둘레 P_T보다 큰 값이 된다.

경계 중 원래 물체에 속한 부분과 그렇지 않은 부분을 나누는 작업은 선험적으로 어려운 작업이다. 일단 가능한 느슨하게 매칭을 진행한 다음 그중 부적절한 부분을 제거하는 전략을 사용하는 것이 다소 유용하다. 혹은 일반적인 매칭 결과에 대해 잘못 근사된 경계 부분을 무시하는 것이다. 매칭은 경계 B를 따라 템플릿 T를 움직임으로써 수행하면 된다고 생각할지 모르겠지만, T가 s에 대해 주기성을 가지며 $0 \leq s \leq P_T$ 범위를 넘어서도 값이 끊어지지 않는다. 따라서 매칭은 $2P_T$ 길이에 걸쳐 진행해야 한다. 얼핏 생각하면 B와 T 사이에 대칭성이 존재할 것 같지만, 이미 값을 알고 있는 T와 달리 B는 부분적으로 모르는 부분이 존재하며, 이상적인 경계와 비교해서 한 군데 이상이 끊어지고 그 위치에 다른 물체의 경계 성분이 포함됐을 수 있다. B에서 어느 부분이 끊어져 있는지는 모르기 때문에, 모든 B 위치에 대해 T를 매칭시켜야 한다. $2P_T$를 매칭 길이로 삼으면 T에서 끊어진 부분을 효과적으로 찾을 수 있다. 그림 9.6을 참고하라.

매칭 과정에서는 기본적으로 다음과 같은 차이를 계산해 사용한다.

$$D_{jk} = \sum_i \left[\psi_B(s_i) - (\psi_T(s_i + s_k) + \alpha_j)\right]^2 \tag{9.10}$$

여기서 j와 k는 각각 방향과 경계 위치를 나타낸다. 이렇게 구한 D_{jk}는 적절히 근사되는 경계 길이 L에 대략 비례함을 유의하라. 다만 이는 L 값이 감소함에 따라 값이 '더 정확하게' 계산됨을 뜻한다. 따라서 여러 종류의 오클루전이 발생한 경우, B와 T가 잘 매치되는 최대 길이

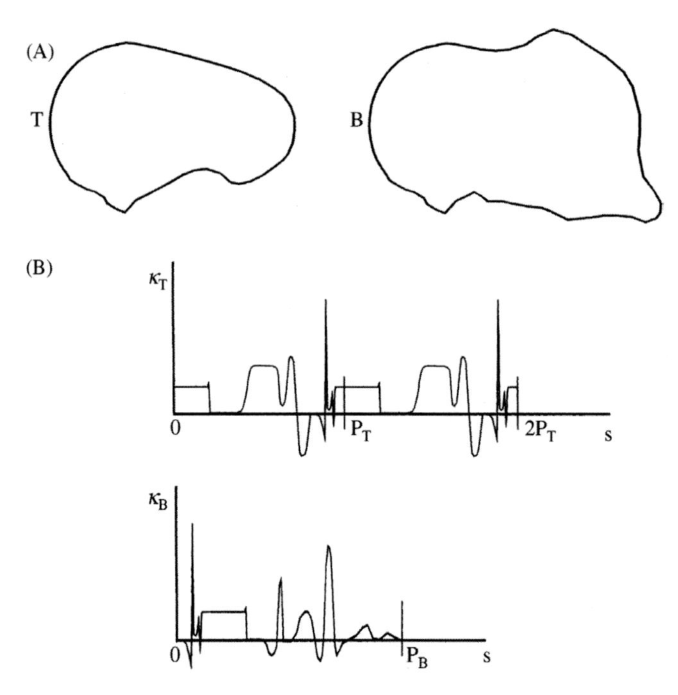

그림 9.6 왜곡된 경계에 대한 템플릿 매칭. 경계 B가 끊어지거나 부분적으로 오클루전이 일어났지만 연속적일 경우, B에 대해 길이가 두 배 $2P_T$인 템플릿 T를 매칭시켜 T를 모든 지점에서 끊어도 무방하도록 한다. (A) 기본적인 결과, (B) (s, κ) 공간에서의 매칭

L을 기준으로 최적 매치를 찾아야 한다(이는 식 (9.10)에서 합을 구할 때 B와 T가 잘 매치되는 s 값의 최대 개수가 된다. 즉, 대괄호 안의 차잇값이 예를 들어 5°보다 작아지는 i 값이다).

만약 한 군데 이상에서 오클루전이 일어날 경우, L은 가려지지 않은 경계 중 단일 선의 최대 길이로 정의할 수 있다(즉, 가려지지 않은 전체 경계 길이가 아니다). 각각의 경계 조각들이 일반적으로 템플릿에 '동시에 맞춰지지 않기' 때문이다. 이는 정확한 결과를 얻는다는 측면에서는 단점으로 작용하는데, 너무 벗어난 영역과의 매칭은 노이즈를 유발해 근사를 어렵게 한다. 결국 물체가 인식되지 않거나 그 정확도가 낮아진다. 따라서 경계 템플릿의 짧은 부분만을 대상으로 매칭을 진행하는 편이 더 낫다. 이렇게 하면 속도가 개선되며 인식 정확도를 잃지 않거나, 주요한 특징을 선택할 경우 오히려 개선될 수도 있다(완만한 곡선 부분 등 주요하지 않은 특징은 물체 여러 부분에 존재할 수 있으며, 따라서 물체를 인식하거나 위치를 정확하게 찾는 데 그다지 유용하지 않다. 따라서 차라리 고려하지 않는 편이 낫다). 이런 방식의 경우 $P_T < P_B$ 관계가 되며,

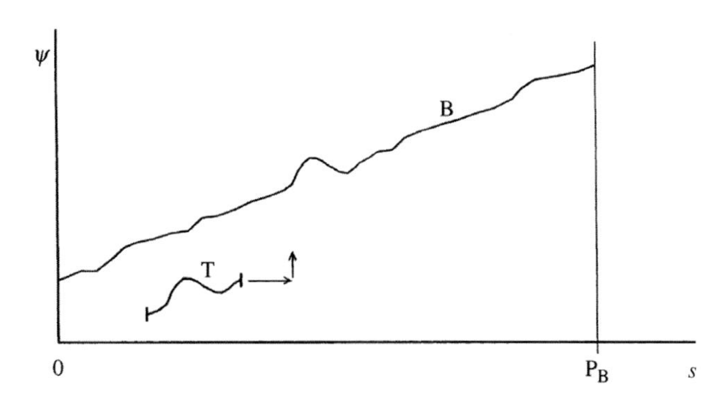

그림 9.7 짧은 템플릿을 사용해 경계 부분을 매칭한 결과. 이상적인 경계의 짧은 부분 템플릿 T를 관측한 경계 B에 매칭시켰다. 엄밀히 말하면, 수직(방향)축에 대해 매우 약간의 불확실성이 있음에도 불구하고, (s, ψ) 공간에 매칭시키면 2차원 그래프를 얻게 된다.

T가 더 이상 주기성을 띠지 않으므로 매칭을 $2P_T$가 아닌 P_T 길이에 대해 진행해야 한다(그림 9.7). 여러 부분의 위치를 찾은 다음, 이를 가능한 전체적인 모양으로 재조립하면 결함, 오클루전 등 왜곡을 명확하게 찾고 기록할 수 있다. 물체 경계를 재조립할 때는 허프 변환이나 관계 패턴 매칭 기법 등을 사용한다(11장 '일반 허프 변환' 참고). 이에 관해 Turney et al.(1985)는 모서리나 '튀어나온' 형태 등의 주요한 특징을 짧은 경계 부분으로 선택해야 함을 제시했다.

다음 내용으로 넘어가기 전에, 오클루전이 존재한다면 둘레 길이를 알고 있다고 가정하더라도 $\Delta\psi$의 평균값(식 (9.8))을 추정할 수 없으므로, $\tilde{\psi}$를 사용하지 못함을 유의하라. 이로 인해 매칭 작업은 다시 2차원상에서 이뤄진다(문제는 앞에서 언급했듯이 매칭 위치를 찾을 때는 ψ 방향에 대해 제약을 거의 받지 않아야 한다는 점이다). 그러나 작은 영역으로 이뤄진 주요한 특징을 찾은 경우, 각각에 대해서는 오클루전이 발생하지 않았다고 가정할 수 있다(즉, 특징은 온전히 존재하거나 아예 가려지거나 둘 중의 하나일 것이다). 이로 인해 T 전체에 대한 평균 기울기 $\bar{\psi}$를 계산하는 것이 가능하며(그림 9.7), 이렇게 하면 다시 연산은 1차원으로 줄어든다(Turney et al., 1985).

요컨대 물체 경계가 부분적으로 존재하지 않을 경우 경계 패턴 분석을 수행하는 방식에 대해 근본적으로 다시 고려할 필요가 있다. 결함이 다소 작을 경우 (r, θ) 방법을 충분히 강건하게 적용할 수 있으나, 그보다 심할 경우에는 (s, ψ) 접근법을 적용하는 편이 나으며, 심각한 오클루전이 발생했을 때는 전체 경계에 대해 매칭하는 것보다는 주요한 특징을 작은 부분만 선택해 매칭하는 것이 낫다. 이 부분에서 뒷장에서 살펴볼 허프 변환과 관계 패턴 매칭 기법이 등장하게 된다.

9.7 경계 길이 측정값의 정확도

이제 앞에서 살펴봤듯이, 8 연결성 곡선상에서 인접한 픽셀이 축을 따라 연결되어 있으면 1픽셀로, 대각선 방향 벡터를 형성하면 $\sqrt{2}$ 픽셀로 정의하는 방식이 얼마나 정확한지 확인해보자. 일반적으로 이러한 방식으로 경계 거리를 추정하면 실제보다 과도하게 계산하는 경향이 있다. 다음과 같은 상황을 가정해보면 그 이유를 간단하게 알 수 있다.

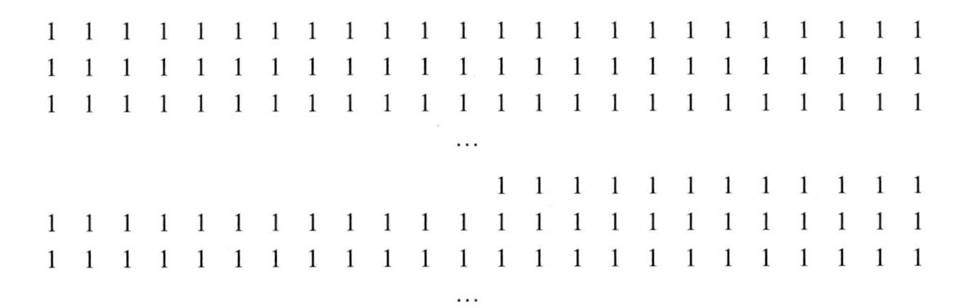

물체의 윗부분만을 따져보자. 첫 번째 예제에서 앞의 규칙을 적용했을 때 물체 윗부분의 경계 길이는 실제와 동일하게 계산된다. 그러나 두 번째 예제에서는 중간의 단차 때문에 추정한 길이가 $\sqrt{2}-1$만큼 더 길게 계산하게 된다. 만약 윗부분의 너비가 꽤 큰 값인 p픽셀이라고 가정하면, 실제 경계 길이는 p로 근사할 수 있음에 비해 추정한 길이는 $p+\sqrt{2}-1$이 된다. 즉, 확실히 오차가 존재한다. p 값이 감소할수록 오차의 비중은 더 커지는데, 실제 (단차 하나가 존재하는) 물체 윗부분의 길이는 일관되게 다음과 같기 때문이다.

$$L = (1+p^2)^{1/2} \approx p \tag{9.11}$$

따라서 비율상의 오차는 다음과 같이 계산되며,

$$\xi \approx (\sqrt{2}-1)/p \tag{9.12}$$

p가 작아질수록 그 값이 커진다.

이는 곧, 경계 길이를 추정할 때 경계 방향 ψ가 0에서부터 증가하는 순간 비율상의 오차 ξ도 증가한다고 해석할 수 있다. 방향이 45°에서부터 감소할 때도 비슷한 효과를 보인다. 따라서 ξ 값은 0°와 45° 사이에서 가장 많이 변한다. 이렇듯 경계 길이에 대해 근본적으로 발생하는 과대추정을 제거하기 위한 개선 모델로서, 픽셀당 길이를 축을 따라 s_m, 대각선 방향을 s_d로 바꿔보자. 결론적으로 그 값은 다음과 같다(Kulpa, 1977; Dorst and Smeulders, 1987).

$$s_m = 0.948 \tag{9.13}$$

$$s_d = 1.343 \tag{9.14}$$

위 수식에 의하면 s_m이 1보다 작은 값이 나오기는 하지만, 놀랍게도 이렇게 구한 값 역시 s_d/s_m 비율은 $\sqrt{2}$다.

그러나 2개의 매개변수만을 사용하는 추정자는 각 물체 둘레를 추정하는 과정에서 여전히 꽤 큰 오차를 내게 된다. 이 문제를 개선하기 위해서는 경계를 따라 존재하는 단차 패턴에 대해 좀 더 정교한 모델링이 필요하나(Koplowitz and Bruckstein, 1989), 계산량은 상당히 증가하게 된다.

여기서 소개한 연구들은 연속적인 원본 경계를 기반으로 한 것이지, 디지털화된 경계에 대한 것은 아니라는 사실을 유념하자. 게다가 디지털화 과정에서 정보가 손실되므로, 원래 경계 길이가 아닌 그 추정값을 구하는 것이 최선이다. 이 때문에 1과 $\sqrt{2}$가 아니라 앞에서 구한 0.948과 1.343을 사용하면 경계 길이 추정 오차를 6.6%에서 2.3%로 줄일 수 있다. 다만 이웃한 경계 픽셀에 대해 방향 간의 상관관계를 적절히 가정해야 한다(Dorst and Smeulders, 1987).

9.8 결론

9장에서는 경계 패턴 분석에 대해 다뤘다. 경계 패턴은 외각 검출 연산 이후 끊어진 부분을 연결하고 단위 너비로 바꾸는 작업을 위한 것이다. 세기 임계화 방식을 통해 이미지를 분할했다면, 이 장에서는 경계 추적 방식을 응용해 경계 패턴 분석을 수행했다. 반대로 말하면, 적절한 알고리듬을 적용해 외각 검출 연산으로 구한 경계를 연결한 다음(얼핏 생각하는 것보다 좀 더 까다롭다. Ali and Burge(1988)), 이 경계를 영역 형태로 변환해 8장 '바이너리 형태 분석'에서 살펴본 바이너리 형태 분석 방식을 적용할 수 있게 한다. 이렇게 형태를 영역 또는 바이너리 형태로 표현할 수 있다. 즉, 한 가지 형식으로 표현되어 있는 형태를 다른 형식으로 달리 표현하는 것이 가능하며, 상황에 따라 적절한 형식을 선택해 형태 분석에 사용할 수 있다.

이 장에서 눈여겨볼 내용은, 경계 패턴 분석을 적용했을 때 중요한 이점은 계산량이 (형태를 표현하는 두 가지 방식에 각각 필요한 픽셀 수의 비율만큼) 감소한다는 것이다. 또 하나 중요한 주제는 오클루전에 대한 것이다. 오클루전이 존재할 경우, 예를 들어 앞부분에서 소개한 무게중심 프로파일 방식 등 여러 방법이 제대로 작동하지 못하는 경우가 많다. (s, ψ) 방식은 이를 해결하기 위한 좋은 출발점이다. 살펴봤듯이, 주요한 짧은 부분들을 검출해 관계 패턴 매칭 기법으로 전체 물체를 재구성하는 방식이 가장 좋은 성능을 보여준다(11장 '일반 허프 변환'에서 좀 더 자세히 다룰 것이다).

형태 분석에서는 다양한 방식으로 경계를 표현할 수 있지만, 이 장에서는 직관적인 방식을 사용했을 때 근본적인 강건성 문제가 존재함을 보였다. 이러한 문제를 해결하려면 추측을 배제한 방법이 필요하다. 디지털 격자상의 데이터로 연속적인 형태를 추정해야 한다는 점도 문제다.

9.9 문헌과 연보

이 장에서 소개한 많은 기법은 초창기 이미지 분석 연구에서부터 다뤘던 것이다. 경계 추적은 1961년 프리먼Freeman의 연쇄 코드부터 등장했다. 프리먼은 계속해서 이 분야를 연구했다(예: Freeman(1974)). Freeman(1978)은 '임계점'을 기준으로 경계를 분할해 매칭을 용이하게 하는 방식을 제시했다. 임계점으로는 모서리(곡률이 불연속적인 지점), 변곡점, 최대 곡률 지점 등을 사용할 수 있다. 이 연구는 Turney et al.(1985)와 깊은 연관이 있다. Rutovitz(1970), Barrow and Popplestone(1971), Zahn and Roskies(1972) 등은 (r, θ) 및 (s, ψ) 좌표계를 기반으로 한 푸리에 경계 설명자를 연구했다. 또한 Persoon and Fu(1977) 논문도 이 분야에서 주목할 만하다. 흥미로운 연구로서, Lin and Chellappa(1987)은 푸리에 설명자를 이용해 부분적인(즉, 닫히지 않은) 2차원 곡선을 분류하고자 했다.

이 장 시작 부분에서 언급했듯이, 이미지상에서 모든 물체에 연결된 얇은 경계를 얻는 것은 중요한 문제다. 이를 상당 부분 해결한 방법이 1988년부터 등장한 능동 등고선 모델active contour model(또는 '스네이크snake')이다. 12장 '물체 분할과 형태 모델'에서는 스네이크 알고리듬에 대한 개괄을, 22장 '감시'에서는 이를 자동차 위치 검출에 응용하는 예시를 확인하라.

지난 20~30년 동안 분석의 정확도는 눈에 띄게 향상돼왔다. 예를 들어, 9.7절에서 논의했듯이 디지털화된 경계에 대한 길이 추정자 관련 연구들을 따라가 보라(Kulpa, 1977; Dorst and Smeulders, 1987; Beckers and Smeulders, 1989; Koplowitz and Bruckstein, 1989; Davies, 1991c). 최근은 어떠한지 궁금하다면 Coeurjolly and Klette(2004)를 참고하라.

근래 들어 각각 떨어진 형태가 아닌 형태군families의 특징을 파악하고 분류하는 작업에 대한 연구가 중요하게 이뤄졌다. 대표적으로 Cootes(1992), Amit(2002), Jacinto et al.(2003) 등이 있다. Klassen et al.(2004)는 형태군 내의 다양한 형태 간 최단 경로를 통해 평면(경계) 형태를 분석하는 예제를 제시했다. 이 논문에서는 서리Surrey 어류 데이터베이스를 예시로 사용하고 있다(Mokhtarian et al., 1996). 자기유사성 분석 및 매칭 접근법 역시 비슷한 발상으로부터 출발하며(Geiger et al., 2003), 이 논문에서는 신체의 형상 및 손의 움직임을 대상으로 분석하고 있다. Horng(2003)은 적응형 스무딩 접근법을 통해 디지털 평면 곡선을 직선과 원호로 근사하는 방법을 제시하고 있다. 이를 통해 많이 쓰이는 다항 근사법보다 확실히 정확도가 향상되면서도, 스플라인 근사보다 계산량이 적게 필요하도록 했다. 이러한 모델은 정확도 측면에서 제약이 있긴 하지만, 불연속적인 픽셀 격자상에서 이뤄지는 것이므로 큰 영향을 주지 못한다. da Gama Leitão and Stolfi(2002)는 다중 스케일 등고선을 기반으로 하여 단편적인 2차원 물체를 매칭하고 재구성하는 방법을 개발했다. 원래는 고고학에서 도자기 조각들을 재조립하려는 목적에서 시작된 연구이지만, 저자는 이 연구가 포렌식 분야, 예술품 복원, 피로파괴된 기계 부품 분석을 통한 원인 규명 등에 응용될 수 있음을 제시했다.

형태 및 형태 분석에 관해 참고할 만한 책은 두 권 있으며, 각각은 다른 방식으로 주제에 접근하고 있다. Costa and Cesar(2000)은 전반적인 내용을 다루되 푸리에 분석, 웨이블릿, 다중 스케일 방식에 좀 더 집중하고 있다. Mokhtarian and Bober(2003)은 스케일 공간(그중에서도 곡률 스케일 공간) 표현법을 기반으로 하여(즉, 기본적으로 다중 스케일을 표현 가능한 상태에서) 다양한 주제를 다루는 접근법을 택한다.

9.9.1 최신 연구

Ghosh and Petkov(2005)는 물체 경계를 불완전하게 얻는 문제의 원인을 명확히 해석하는 연구를 진행했다. 이 논문은 ICR 테스트, 즉 분할이나 오클루전, 혹은 알 수 없는 이유로 경계가 제거될 때 남아 있는 등고선의 비율을 인식 성능으로 평가했다. 실험을 통해 그중 오클루전이 가장 심각한 원인이고, 랜덤한 픽셀 제거가 가장 빈도가 낮은 원인으로 나타났다. Mori et al.(2005)는 다양한 2차원 시점 결과를 기반으로 3차원 형태를 인식하는 문제에 대해 연구했다. 이때 효율적인 매칭을 위해서는 '형태 맥락shape contexts', 즉 n개의 샘플 세트를 통해 형태를 표현하고 물체상의 상대적 위치의 분포를 분석하는 방식이 중요해진다. 이 기법을 통해 형태 매칭을 두 단계(대략적인 후보군 선정과 자세한 매칭)로 나누어 효율적으로 진행할 수 있다.

9.10 연습문제

1. 바이너리 이미지 내의 물체 경계를 (8 연결된) 세선화하는 프로그램을 제시하라.
2. a. 무게중심 프로파일 접근법을 통한 형태 분석을 설명하라. 예시로 원형, 정사각형, 삼각형 및 각 형태에 결함이 생긴 경우를 가정해 사용하라.
   b. 무게중심 프로파일상의 직선을 통해 형태를 표현하는 일반적인 공식을 구하라.
   c. 무게중심 프로파일을 통해 물체를 인식하는 두 가지 방식을 보여라. 하나는 프로파일 분석, 하나는 템플릿과의 비교를 통한 방식이다.
   d. 후자의 방식의 경우 저해상도와 전체 해상도의 두 단계로 나눠서 구현할 경우 속도를 향상할 수 있다. 원본 대비 $1/n$의 저해상도를 사용할 경우, 총 계산량이 얼마인지 계산하는 공식을 구하라. 이를 통해 계산량이 최소인 n 값을 구하라. 전체 각도 해상도가 $1°$ 단위로 360단계로 되어 있음을 가정한다.
3. a. 바이너리 이미지에서 점잡음 노이즈를 제거하는 간단한 알고리듬을 제시하고, 이를 응용해 물체에 짧게 튀어나온 부분을 제거할 수 있음을 보여라.
   b. '수축' + '확장' 방식으로도 비슷한 결과를 얻을 수 있음을 보여라. 이 방식이 물체의 형태에 어느 수준으로 영향을 끼치는지 예시를 통해 논하고, 어떤 크기와 형

태를 물체 내에서 제거할 수 있는지 제시하라.

c. 물체 형태를 설명하는 (r, θ) 그래프 방식을 논하라. 이 그래프에 1차원 메디안 필터링 연산을 적용해 물체 형태를 스무딩할 수 있음을 보여라. 이 접근법이 수축 + 확장 방식보다 물체 경계를 더 효율적으로 스무딩할 수 있는가?

4. a. 2차원상에서 물체를 인식하는 (r, θ) 그래프 방식을 설명하고, 이 방식의 주된 장점과 한계를 논하라. 정삼각형에 대해 (r, θ) 그래프 형태가 어떻게 나타나는지 묘사하라.

b. 3×3 윈도상에서 2차원 물체의 볼록 껍질을 유추하는 전체 알고리듬을 작성하라. 물체에 대한 (r, θ) 그래프상에서 튀어나온 부분을 연결하는 식으로 좀 더 정확하게 유추할 수 있음을 보여라. 그러나 이 방식으로 구한 결과가 단지 근삿값에 불과한 이유를 설명하고, 정확한 볼록 껍질을 얻을 수 있는 방법을 제시하라.

5. 형태를 분석하는 또 다른 방법으로서 물체 경계를 따라가며, 수직/수평 방향으로 움직일 때마다 1단위 픽셀, 대각선으로 움직일 때마다 $\sqrt{2}$단위 픽셀로 그 거리를 계산할 수 있다. 한 변이 20픽셀 길이인 정사각형이 이미지 축을 따라 평행하게 놓여 있다고 가정하자. 이 도형을 조금 돌렸을 때, $1:\sqrt{2}$ 모델은 경계를 따라가며 그 거리를 정확하게 추정하지 못함을 보여라. 정사각형이 이미지 축을 기준으로 45° 회전했을 때도 비슷한 효과가 나타남을 확인하라. 그리고 이러한 문제를 어떻게 해결할 수 있을지 논하라.

10

선, 원, 타원 검출

시각 패턴 인식에서는 육안으로 구분 가능한 특징 또한 중요하다. 특히 직선 성분 인식은 생산이나 조립 분야에서 중요한 관심사가 되어 있다. 허프 변환(HT, Hough transform)과 RANSAC(ransom sample consensus)을 사용하면 이러한 특징들의 위치를 강건하게 찾을 수 있다. 10장에서는 이 방법들의 원리와 그 처리 과정을 다룬다. 또한 생산 과정에서 자주 등장하는 원형 특징 역시 허프 변환을 통해 인식할 수 있다. 여기서 더 나아가면 타원형 물체 또는 원형 물체가 기울어져 관측된 경우에도 인식이 가능하다. 그러나 원형과 비교하면 타원형을 정의하기 위한 매개변수의 수가 많기 때문에 좀 더 복잡한 과정이 필요하다.

10장에서 다루는 내용은 다음과 같다.

- HT를 통해 이미지상의 직선 위치 찾기
- 노이즈와 배경 클러터에 대한 HT의 강건성
- RANSAC을 통해 직선 위치를 찾는 방법과 그 성능
- 복강경 도구의 위치를 찾는 방법
- HT를 활용해 이미지상의 원형 물체 위치 찾기
- 반지름을 알지 못하는 원형 물체를 인식하는 방법
- 처리 속도를 향상하는 방법
- 지름 이등분 방식과 현-탄젠트 방식을 통한 타원 인식
- 인간 홍채 위치 찾기

10장은 이미지에서 중요한 특징을 인식하는 두 가지 방식을 주로 설명한다. HT는 직선, 원형, 타원 등 넓은 범위의 특징에 대한 위치를 찾을 수 있는 반면, RANSAC은 직선에 대해서만 효율적으로 위치를 찾을 수 있지만 그 성능은 전자보다 월등히 뛰어나다. 두 방식 모두 투표에 기반해 이뤄지며, 물체와 특징에 대한 '긍정적인' 증거를 찾는 데 집중하기 때문에 강건성을 확보하게 된다.

10.1 서론

대량생산하는 대부분의 제품이나 부품에서 직선 외각은 가장 많이 존재하는 특징일 것이다. 일단 우리가 살고 있는 건물들은 대부분이 직선형이다. 사실 자연적인 직선이란 그리 많이 존재하지 않는다. 당장 떠오르는 예시는 수평선 정도일 텐데, 이마저도 우주에서 보면 원형 경계선의 일부이지 않은가! 실제로 그런지의 여부는 차치하고, 수면 역시 기본적으로 평평하게 보이긴 한다. 어쨌든 자연 풍경에서 직선은 거의 보이지 않는 것이 사실이나, 도시나 공장에서는 직선 외각을 인식하기 위한 효율적인 방법이 필요하다. 이 장에서는 이 중요한 특징의 위치를 찾는 방법들을 살펴볼 것이다.

역사적으로 HT는 선분을 찾는 주된 방식이었고, 처음 고안된 이후(Hough, 1962) 이러한 목적에 맞게 계속해서 연구와 개선 대상이 됐다. 이에 따라 이 장에서도 여기에 초점을 맞출 것이다. 아울러 뒷장에서 살펴보겠지만 원형, 타원형, 모서리 등을 인식하기 위한 이론적 기초도 다질 수 있을 것이다. 우선 허프 변환이 원래 어떤 방식으로 작동하는지에 대해, 계산상으로 다소 불필요하더라도 이론적으로 중요한 원리를 살펴볼 것이다. 이 장의 뒷부분에서는 HT 외에 사용할 수 있는 다른 선형 인식 방식인 RANSAC에 대해서도 알아볼 것이다. 두 방식은 각각 장점과 한계가 뚜렷하며, 10.6절에서 이에 대해 자세히 논한다.

아울러 이 장에서는 둥근 물체의 위치를 찾는 방법도 살펴본다. 이는 여러 이미지 분석 분야, 특히 자동차 검사 및 조립 라인 등의 산업 분야에서 중요하다. 식품 산업 분야에만 한정지어도 비스킷, 케이크, 피자, 파이, 오렌지 등 다양한 종류의 둥근 물체가 존재한다(Davies, 1984c). 자동차 업계에서도 워셔, 휠, 피스톤, 볼트 머리 등과 더불어 케이스나 실린더 블록에 뚫은 구멍 등 수많은 둥근 물체가 포함되어 있다. 이뿐만 아니라 단추 등 일상에서 사용하는 수많은 물체가 둥글다. 물론 이러한 물체를 비스듬한 각도로 보면 타원형으로 관측되며, 어떤 물체는 '실제로' 타원형인 경우도 있다. 이렇게 원형과 타원형을 동시에 찾을 수 있으려면 또 다른 알고리듬이 필요하다. 마지막으로 물체 내의 구멍 위치를 찾아 이를 기반으로 물체의 위치를 찾을 수 있는데, 따라서 이러한 구멍이나 특징의 위치를 찾음으로써 더 큰 문제를 해결할 수 있다. 이 장에서는 이에 대해 다양한 관점으로 논의할 것이다.

물체 위치를 찾는 알고리듬이 그림자나 노이즈 등의 결함에 얼마나 잘 대응하는지 역시

표 10.1 가장 적합한 선분을 찾는 기본 RANSAC 알고리듬

```
Mmax=0;
for all pairs of edge points do {
  find equation of line defined by the two points i, j;
  M = 0;
  for all N points in list do
    if (point k is within threshold distance d of line) M++;
  if (M > Mmax) {
    Mmax = M;
    imax = i;
    jmax = j;
    // 현재까지 가장 적합한 선분을 묘사하는 가설을 저장
  }
}
/* 만약 Mmax > 0일 경우, (x[imax], y[imax]) 및 (x[jmax], y[jmax])는 가장 적합한 선분을
정의하는 지점의 좌표가 된다. */
```

이 알고리듬은 하나의 선분만을 반환한다. 정확히는 가장 적합한 선분을 묘사하는 모델을 반환한다. 덜 적합한 선분은 마지막 과정에서 탈락한다.

중요하다. 9장 '경계 패턴 분석'에서 살펴봤듯이, 표 10.1에 나타낸 패러다임은 이러한 상황을 충분히 해결하지 못한다. 이번 장에서는 HT 기법이 이러한 난점을 특히 잘 해결하며, 상당한 수준의 오클루전에 대해서도 그러함을 보일 것이다. 특히 어떤 추가적인 처리를 하지 않아도 기법 자체가 결함에 대해 강건함을 확인할 수 있다.

HT를 통한 가장 간단한 응용 예로는 원형 검출이 있다. 그러나 다양한 크기의 원형을 정확하고 빠르게 검출하게 하려면 몇 가지 개선과 수정이 필요하다. 기본적인 HT 기법을 살펴본 다음 이에 대해 깊이 들어갈 것이며, 그런 다음 타원형 검출에 대한 HT 알고리듬을 논할 것이다. 마지막으로, 중요한 응용 분야 중 하나인 홍채 인식에 HT를 적용하는 방법을 알아볼 것이다.

10.2 허프 변환을 통한 선분 검출

HT를 사용해 직선을 찾는 원리는 점과 선의 이중성이다. 즉, 어떤 지점 P는 하나의 좌표쌍으로 정의되지만, 또한 그 지점을 지나는 선분의 모음으로 나타낼 수도 있다. 만약 P_i 지점들

이 동일 선상에 있다고 가정한다면, 각각 그 지점을 지나는 직선 모음을 나열할 수 있다. 이때 모든 모음에는 공통적으로 하나의 선분이 포함되어 있을 것이다. 혹은 여러 점에 걸쳐 있지 않은 선분을 제거한다. 여기에 더해, 만약 여러 노이즈 지점 Q_j가 신호 지점 P_i와 섞여 있는 경우 여러 점을 지나는 선분을 찾으면, 동시에 이 선상에 없는 지점을 노이즈로 분리해낼 수 있다.

이 이중성을 더 밀고 나아가 보자. 만약 어떤 점을 선분의 모음에 대응해 정의할 수 있다면, 반대로 어떤 선분을 지점의 모음에 대응해 정의하는 것도 당연히 가능하다. 이 원리에 따라, 수학적으로 우아한 선분 검출법을 구할 수 있다. 놀랍게도 허프 검출법은 논문으로 처음 발표된 것이 아니라, 전자기기에서 발생한 고에너지 입자를 추적하려는 목적으로 고안된 특허에서 시작했다(Hough, 1962).

최초로 등장한 형식은 선분을 기울기와 y 절편으로 이뤄진 1차 함수 형태로 표현해 그 매개변수를 찾는 것이었다.

$$y = mx + c \tag{10.1}$$

이제 직선 외각상의 모든 지점에 대해, 각 지점을 지나는 모든 직선을 (m, c) 공간상에서 직선으로 나타낼 수 있게 된다. (m, c) 값의 범위를 무제한으로 놓으면 골치 아픈 경우가 자주 생기므로(예를 들어, 수직에 가까운 선분은 무한에 가까운 매개변숫값을 갖는다) 기울기가 1 미만인 경우와 1 이상인 경우로 각각 나누어 그리는 식으로 해결할 수 있다. 후자의 경우 식 (10.1)은 다음과 같이 바꾸어 표현하면 된다.

$$x = \tilde{m}x + \tilde{c} \tag{10.2}$$

여기서

$$\tilde{m} = 1/m \tag{10.3}$$

이런 식의 다소 번거로운 방식은 Duda and Hart(1972)를 통해 간단하게 바꿀 수 있다. 즉, 기울기와 y 절편 대신 '정규' (θ, ρ) 형식으로 직선을 표현한다(그림 10.1).

$$\rho = x \cos \theta + y \sin \theta \tag{10.4}$$

다시 말해, 각 지점 P_i를 지나는 선분 모음은 (θ, ρ) 공간에서 사인 형태의 곡선 모음으로

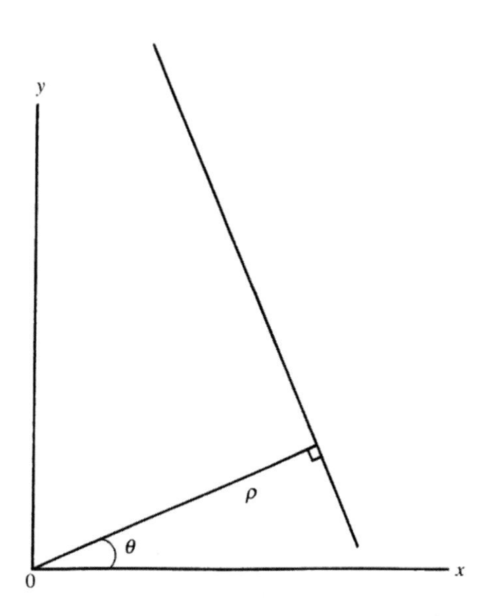

그림 10.1 직선에 대한 (θ, ρ) 정규 매개변수화

나타낼 수 있다. 예를 들어, $P_1(x_1, y_1)$ 지점의 경우 사인 곡선은 다음 수식으로 이뤄진다.

$$\rho = x_1 \cos\theta + y_1 \sin\theta \tag{10.5}$$

이제 (θ, ρ) 공간에서 여러 개의 곡선이 지나는 지점의 θ, ρ 값은 원본 이미지상에서 해당하는 선분이 존재함을 의미하게 된다.

지금까지 살펴본 방식은 공통적으로 '추상적인' 매개변수 공간을 설정하고, 이 공간상을 여러 번 지나는 값을 찾는다는 특징을 갖는다. 매개변수 공간에 '플롯'하는 방식을 소개했지만, 본질적으로는 많은 데이터를 축적accumulation해 그 피크값을 찾는 형태로 이뤄진다. AND 함수 등의 논리 연산을 통해 그 값을 찾을 수도 있긴 하지만, 허프 방식은 각 사건에 대해 투표 방식voting scheme으로 '근거를 누적'하므로 더 이점이 있다. 뒤에서 이 방식이 높은 수준의 강건함을 가짐을 보일 것이다.

이러한 방식이 여러 간섭 신호 및 노이즈를 배제하고 선분(또는 서로 연결되어 있지 않은 동일 선상의 지점들)을 검출한다는 목적하에서는 수학적으로 우아하긴 하지만, 실제로는 계산 문제가 꽤나 크게 작용한다. 이는 원본 이미지의 주요한 지점이 매개변수 공간에서 너무나 많은 곳에 투표하기 때문인데, 예를 들어 256 × 256 이미지에 대해 (m, c) 매개변수를 사용하면

256개의 투표가 이뤄지며, (θ, ρ) 매개변수의 경우에도 비슷한 숫자가 필요하다. 예를 들어, θ가 1° 단위의 선분 각도를 측정할 수 있다면 360개에 해당한다(여기서 '주요한 지점'을 어떻게 결정할 것인가는 논외다. 예를 들어 외각 지점이나 어두운 얼룩, 구멍 중심점 등을 사용할 수 있다. 이 책에서는 외각 지점만을 고려할 것이다).

몇몇 연구자들이 이 문제를 연구하기 시작했고, Dudani and Luk(1978)이 θ와 ρ 추정을 분리하는 방식으로 이를 해결했다. 우선 θ에 대한 1차원 매개변수 공간을 만들고, 거기에 투표를 누적해 일종의 히스토그램을 만든다. 이때 이 히스토그램은 그 자체로 간단한 형태의 HT라 할 수 있다(요컨대 원본 데이터의 속성을 찾기 위해 매개변수 공간에 투표를 누적하고, 그 피크를 구하는 방식은 전부 HT라고 봐도 무방하다). θ 히스토그램상에서 피크를 찾은 다음에는 각 피크에 해당하는 모든 지점을 대상으로 ρ 히스토그램을 만든다. 이 방식으로 처음 2차원 매개변수 공간 대신 1차원 공간 2개만이 필요하므로 정보량과 계산량을 매우 줄일 수 있다. 그러나 이런 형태의 2단계 연산은 정확도 면에서는 손해가 있는데, 첫 번째 단계에서 원하는 답으로 잘 찾아가지 못하기 때문이다. 예를 들어, 2차원 공간상에서 다소 떨어져 위치한 선분 쌍에 대해 적용할 경우 편중된 θ 값을 얻게 된다. 또한 θ 값을 찾는 과정에서 어떤 식으로든 에러가 존재하면 ρ 값을 찾는 단계에도 그대로 전달되어 정확도가 더욱 떨어진다. 이 때문에 Dudani and Luk(1978)은 마지막 단계로 최고제곱근사법을 적용해 이미지상에서 찾은 직선 선분 외각에 대한 정확도를 검사했다(이 부분에 대해서는 많은 연구자가 지적한 바와 같이 최소 제곱 근사법을 사용했을 때 덜 정확하거나 선분과 무관한 지점들에 대해서도 너무 높은 비중으로 고려하는 경향이 있음을 유의하라. 최소 제곱법의 한계에 대해서는 부록 A '강건 통계'를 참고하라).

실제로 이 방식을 사용해 선분을 검출하려면, 우선 세기 그레이디언트의 로컬 성분을 얻고, 이를 통해 유추한 그레이디언트 세기 g로 임계화를 진행해 이미지상의 외각 픽셀 위치를 찾는다. 이때 로컬 외각 그레이디언트 성분 g_x, g_y에 대해, arctan 함수로 θ 값을 찾을 수 있다.

$$\theta = \arctan(g_y / g_x) \tag{10.6}$$

arctan 함수는 π 주기를 가지므로, 구한 주요 값에 $\pm\pi$를 더해 $-\pi$와 π 범위 내로 변환한다. 이때 g_x 및 g_y의 부호에 따라 더할 값의 부호를 결정한다(C++에서 기본적으로 지원하는 arctan 함수는 atan이다. 이 함수는 g_y/g_x 값 하나만을 인수로 받는다. 그러나 atan2 함수는 g_x, g_y 2개의 인수를 받아 $-\pi$에서 π 사이의 각도를 자동으로 계산해 반환한다). θ 값을 사용해, 식 (10.4)로부터 ρ 값을 찾을 수 있다.

이때 직선 선분과 외각은 다르며 다른 방식으로 검출해야 함을 유의하라(직선 외각edge은 물체 경계에서 흔히 발견할 수 있는 반면, 직선 선분line은 예를 들어 야외에 늘어진 전깃줄 같은 형태를 갖는다). 지금까지 살펴본 내용은 외각 검출자를 기반으로 HT를 사용해 직선 외각을 찾는 방식에 관한 것이다. 직선 선분 부분은 라플라시안 형태의 연산자를 사용해 위치를 찾고, 0~360° 대신 0~180° 범위에서 각도를 구한다. 이 경우 HT를 조금 다른 방식으로 설계해야 한다. 이 장의 나머지 부분에서는 직선 '외각' 검출에 집중해서 다룰 것이다.

10.2.1 길이 방향 선분 로컬화

이전 절에서 디지털 이미지상의 선분 위치와 방향을 찾는 다양한 방법을 살펴본 바 있다. 그러나 무한히 긴 직선상에서 어느 한 부분만 존재할 경우에는 그리 잘 작동하지 않는다. 이는 근사 과정에서 단 2개의 매개변수만을 포함하기 때문이다. 이러한 특성은 선상에 부분적으로 오클루전이 일어날 경우에도 검출이 잘된다는 점에서는 유리하다. 만약 선분 부분이 여럿 존재할 경우, 매개변수 공간상에서 피크를 형성하게 되므로 검출을 더 잘하게 된다. 반면 이미지 전체에 대해 해석할 때는 선분 부분에 대한 길이 방향 정보를 얻는 것이 좋다.

이를 위해서는 추가적인 처리 단계가 필요하다. 즉, 각 피크를 이루는 지점들을 찾은 다음, 각각에 대해 연결성을 구한다(선의 기울기가 45° 이하일 경우 x축에, 45° 이상일 경우 y축에 투영하여 구하는 것이 편리하다. 다른 사분면에서도 비슷한 방법론을 적용할 수 있다). Dudani and Luk(1978)은 이 과정을 'xy 그룹핑'이라고 명명했다. 다만 꼭 선분 부분이 4 또는 8 연결성이어야 하는 것은 아니며, 임계 거리 내에 충분히 많은 지점이 이웃해 있기만 해도 된다. 다시 말해, 지정한 거리(보통 5픽셀) 내의 지점들을 묶어서 합칠 수 있다. 마지막으로, 지정한 길이(역시 5픽셀 내)보다 짧은 선분 부분은 이미지를 해석하는 데 있어 중요도가 너무 낮으므로 무시해도 무방하다.

10.3 법선 방식

계산량을 줄이는 또 다른 방법은 매개변수를 설정하는 방식을 다르게 해서 arctan 등의 삼각 함수를 계산하지 않아도 되도록 하는 것이다(Davies, 1986). 앞에서 살펴본 방식들에서 공통적으로 사용한 매개변수 공간은 이미지 공간과 비교했을 때 시각적으로 높은 관련성을 찾기가 어렵다. 지금 소개하는 방식은 매개변수 공간이 두 번째 이미지 공간 역할을 하며, 이미지 공간과 유사한 형태를 띠고 있다(즉, 매개변수 공간은 이미지 공간과 비슷하며, 매개변수 공간의 각 지점은 이미지 공간의 해당하는 지점에 대한 정보를 담고 있다).

이 경우 매개변수 공간은 다음과 같은 방식으로 구할 수 있다. 첫째, 앞에서와 마찬가지로 이미지 내의 외각 부분을 충분히 확보해 ρ를 구할 수 있도록 한다. 그러나 이번에는 원점으로부터 법선을 그어 만나는 지점을 매개변수 공간 내에서의 투표 지점으로 삼는다(그림 10.1). 법선 지점의 위치는 앞에서 ρ와 θ 값을 통해 구했던 모든 정보를 담고 있으며, 수학적으로는 두 방식이 기본적으로 동일하다. 그러나 살펴보겠지만 세부적인 부분을 들여다보면 차이가 있다.

직선 외각을 검출할 때는 우선 (1) 로컬 픽셀 좌표 (x, y)와 (2) 이에 해당하는 세기 그레이디언트의 로컬 성분 (g_x, g_y)를 분석하는 데에서부터 시작한다. 원점에서부터 법선을 그어 대상 선분(필요하다면 적당히 근사해서 선을 그어야 한다. 그림 10.2를 참고하라)과 만나는 지점 (x_0, y_0)에 대해 다음 수식이 성립한다.

$$g_y/g_x = y_0/x_0 \tag{10.7}$$

$$(x - x_0)x_0 + (y - y_0)y_0 = 0 \tag{10.8}$$

이 두 수식을 사용하면 충분히 (x_0, y_0) 좌표를 구할 수 있다. x_0과 y_0에 대해 각각 해를 구하면 다음과 같다.

$$x_0 = vg_x \tag{10.9}$$

$$y_0 = vg_y \tag{10.10}$$

여기서

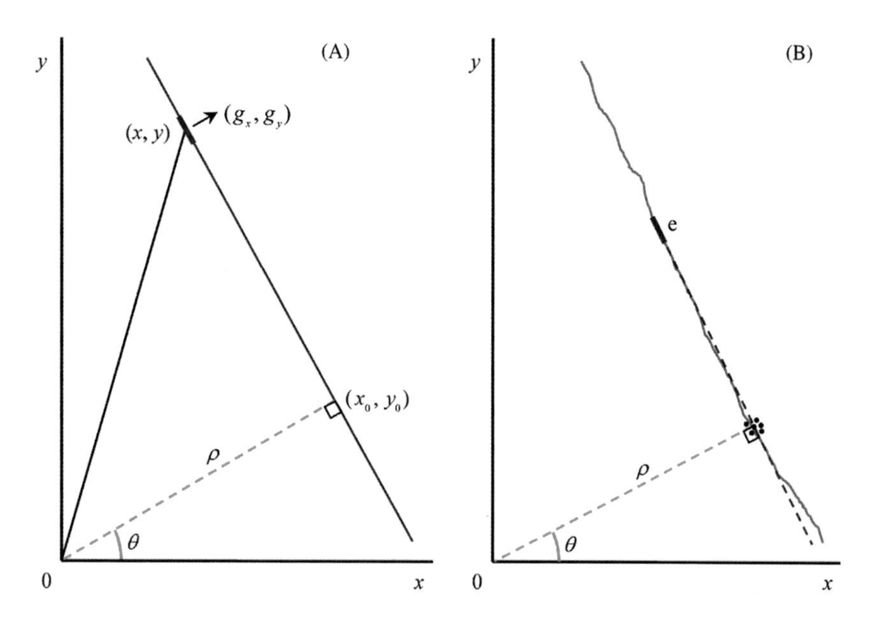

그림 10.2 이미지 공간상의 직선에 대한 매개변수화: (A) 계산을 위해 필요한 매개변수들(본문 참고), (B) 현실적인 예시에 대해 매개변수 공간상에서 법선 위치를 구하는 과정. 주어진 선분은 완전히 직선이 아니다. e는 일반적인 외각 부분을 나타내며, 매개변수 공간에서 하나의 투표값을 갖는다.

$$v = \frac{xg_x + yg_y}{g_x^2 + g_y^2} \tag{10.11}$$

이렇게 구한 식들이 덧셈, 곱셈, 그리고 한 번의 나눗셈으로만 연산을 수행함을 주목하라. 따라서 이 수식을 사용하면 투표 작업을 효율적으로 수행할 수 있다.

10.3.1 법선 방식의 응용

법선 방식이 수학적으로는 (θ, ρ) 방식과 비슷하지만, 두 방식이 얻을 수 있는 선분 방향의 정확도는 차이를 보인다. 이는 방향 정확도가 ρ 값의 정확함, 즉 실제 ρ 값의 크기에 따라 결정되기 때문이다. 예를 들어 ρ 값이 작을 경우, 법선 지점의 '위치'를 정확하게 알고 있다 해도 매개변수 공간의 피크 위치에서 유추한 선분의 방향은 상대적으로 부정확하다. 법선 매개변수 공간상의 피크 지점을 찾아 이를 θ 히스토그램으로 만들면 조건에 관계없이 선분 방향값을 더 정확하게 찾을 수 있다.

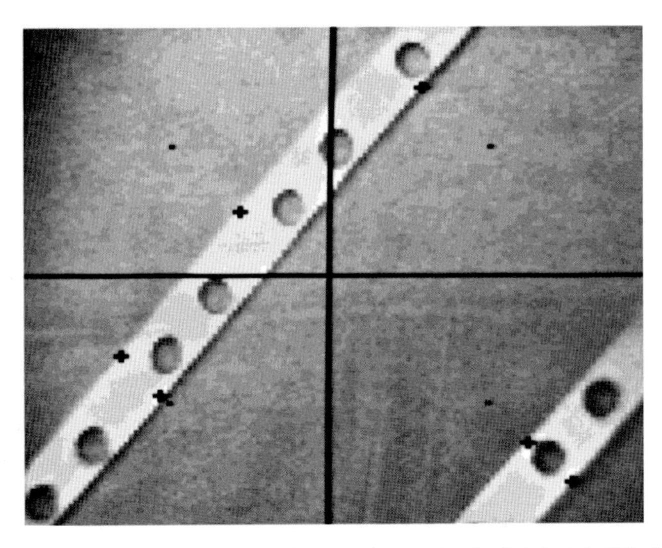

그림 10.3 기계 부품 이미지에 대한 매개변수화 결과. 각 4분면의 중심점은 이미지 공간 변환 계산의 기준이 되는 원점이다. 십자 모양 표시는 매개변수 공간에서 각 직선 외각을 대변하는 피크의 위치다. 자세한 설명은 본문을 참고하라.

그림 10.3에 이러한 방식을 적용한 결과를 나타내었다. 128 × 128 이미지를 64 × 64 크기의 서브이미지로 만들어서 적용한 것이다. 그림에서 물체 중 일부는 직선 외각이 매우 잘 나타나 있으므로, ρ 값이 작아도 큰 문제가 되지 않는다. 피크값이 $\rho > 10$인 경우, 선분의 방향은 2° 범위 내에서 추정할 수 있다. 결과적으로 그림의 경우 이 기법을 사용하면, θ 히스토그램이 없어도 물체의 위치는 1픽셀 이내, 방향은 1° 이내 정확도로 구할 수 있게 된다. 그림 10.3의 서브이미지 중 둘은 검출되지 않는 선분 부분을 포함하고 있는데 이는 상대적으로 낮은 대비, 평균보다 높은 노이즈 레벨, 짧은 길이 때문이다. 그러나 한편으로는 처음의 외각 검출자와 마지막의 피크 검출자에 설정한 임곗값의 영향도 있다. 설정한 값이 낮을 경우 더 많은 선분을 검출할 수 있으나 동시에 매개변수 공간에서 노이즈 피크가 두드러지기 시작하며, 각각을 주의 깊게 검사해 실제 이미지에 해당하는 선분이 있는지 확인해야 한다. 이미지 분석 분야에서 일반적으로 마주하게 되는 문제 중 하나다.

10.4 RANSAC 기반 직선 검출

RANSAC은 HT와 함께 자주 쓰이는 모델 기반 검색 방식이다. 특히 선분 검출에서 매우 효율적인 성능을 보이기 때문에, 이 장에서 같이 소개할 필요가 있다. 투표 전략을 사용한다는 점에서는 비슷하지만, HT와는 다른 방식으로 이를 적용한다. HT는 매개변수 공간에서 투표를 진행함으로써 목표 물체에 대한 근거를 축적하고, 이를 기반으로 물체가 존재하는지의 여부를 결정한다(혹은 물체가 존재할 것이라는 가정을 제시한 직후 이를 검증한다). RANSAC은 목표 물체에 대한 '가설'들을 순차적으로 제시하고, 각각의 가설에 부합하는 데이터 지점의 개수를 세어 합당한지를 결정한다. 그런 다음, 예상할 수 있듯이 대상 물체 후보에 대해 가장 많은 지점에 해당하는 가설만을 선택하는 방식을 취한다. 이 방식은 HT보다 더 압축적으로 정보를 저장하게 된다. 즉, RANSAC이 가설 목록만을 메모리에 올리는 반면, HT는 전체 매개변수를 메모리에 올려서 희소한 계산만을 수행한다. 그 결과 RANSAC 데이터는 추상적인 리스트 형식인 반면, HT는 법선 선분 검출자와 유사하게 매개변수 공간상에 그림 형식으로 나타난다. 물론 RANSAC이 이미지 공간에서 (예를 들어, 검출한 직선을) 표현이 불가능하다는 뜻은 아니며, 마찬가지로 HT가 리스트 형태로 투票값을 저장할 수 없다는 뜻도 아니다.

RANSAC을 좀 더 자세히 설명하기 위해 선분 검출을 예시로 들어보자. HT의 경우, 외각 검출자를 먼저 적용해서 이미지의 외각 지점 위치를 모두 확보하는 것으로 시작한다. 뒤에서 보겠지만 RANSAC은 지점 숫자가 제한적이어야 가장 잘 작동하므로, 세기 그레이디언트 이미지상에서 로컬 극댓값에 해당하는 외각 지점을 찾는 것이 더 효과적이다(이러한 접근은, 예를 들어 캐니 연산자처럼 각각의 '분리된' 지점 대신 연결된 '일련의' 외각 지점을 찾는 비최대 억제 방식과는 다르다. 뒤에서도 계속 전자에 초점을 맞출 것이다). 그런 다음 직선 가설을 세우기 위해 로컬 극댓값 연산을 수행하고 얻은 N개의 외각 지점 목록에서 두 지점을 짝짓는다. 각 가설에 대해, N개의 목록 중 이를 뒷받침하는 지점의 개수 M을 구한다. 이런 식으로 계속해서 가설(외각 지점 쌍)을 세우고, 가장 많은 뒷받침 지점 개수 M_{max}를 포함하는 가설 하나만 남긴다. 표 10.1에 이 과정을 나타내었다.

표 10.1의 알고리듬은 HT에서 매개변수 공간상의 최대 피크 중심점을 구하는 과정에 해당한다. 이미지에서 모든 선분을 찾고자 할 때 가장 확실한 전략은 다음과 같다. 우선 선분

하나를 찾고, 이 선분을 뒷받침하는 모든 지점을 제거한다. 남은 지점으로 그다음 선분을 찾고 이를 뒷받침하는 모든 지점을 제거한다. 이런 식으로 목록에서 모든 지점이 제거될 때까지 계속한다. 이 과정을 좀 더 간단하게 나타내면 다음과 같다.

```
repeat {
  find line;
  eliminate support;
}
until no data points remain;
```

이러한 전략의 문제는 두 선분이 교차할 때 (둘 중 덜 확실한) 두 번째 선분이 원래보다 더 적은 뒷받침 지점을 갖게 된다는 점이다. 그러나 이미지상에서 선분들이 너무 어지럽게 놓여 있지 않은 한 심각한 문제는 아니다. 그렇기는 해도 이 과정이 순차적으로 진행되기 때문에 선분이 제거되는 순서에 따라 뒷받침하는 지점의 영역이 미세하게 바뀔 수 있고, 따라서 결과(즉, 정확한 선분 위치)가 달라질 수는 있다. 결국 복잡한 이미지에 대해 순차적으로 처리를 해야 한다는 말인데, 사람의 눈과 뇌 역시 이러한 방식으로 이미지를 해석한다는 사실이 많은 증거로 확인되고 있다. 흥미롭게도 HT는 '병렬' 피크 인식을 통해 이러한 방식에서 벗어나려고 한다. 간단한 이미지의 경우에는 이 방식이 성립하지만, 외각선이 여기저기 겹치는 등 복잡한 이미지에서는 앞에서 설명한 것처럼 순차적인 분석이 필요하다(예를 들어, Gerig and Klein(1986)의 '역투사back-projection' 방식을 참고하라). 요컨대 RANSAC처럼 특정 목록 형태로 표현하는 방식의 경우, 당장 복수의 물체를 어떻게 인식할 것인지에 대한 문제를 마주하게 된다. 이는 앞에서 설명했듯이 HT의 경우 항상 발생하지는 않는 문제다. 마지막으로, 뒷받침 지점을 연속적으로 제거해나가는 방식은 목표 물체들을 찾아나갈수록 연산이 쉬워지고 계산량이 줄어든다는 장점이 있다. 그러나 표 10.1에서 나타낸 RANSAC 과정을 보면, 뒷받침 지점을 제거하기 위해 한 줄을 두 번씩 실행해야 하므로 전체적으로는 손해가 발생하게 된다.

다음으로 RANSAC 과정의 계산량을 살펴보자. N개의 외각 지점에 대해 가능한 선분의 개수는 $^{N}C_2$이며, 이는 $O(N^2)$차원의 계산량에 해당한다. 그러나 각 선분의 뒷받침 지점을 찾는 과정은 $O(N)$ 연산에 해당하므로, 결국 총 계산량은 $O(N^3)$이 된다. 여기에 더해 뒷받침 지점을 제거하는 과정도 추가적인 계산이 필요하며, n개의 선분에 비례해 $O(nN)$차원 계산량이 더해지는데, 이는 전체 계산량에는 큰 영향을 주지 않는다.

간과하지 말아야 할 것은 N개의 외각 지점이 모두 직선 선분에 해당하지는 않는다는 사실이다. 일부는 선분을 이루지만 어떤 지점은 곡선에서, 어떤 경우에는 배경 클러터, 또는 노이즈로부터 올 수 있다. 이러한 거짓 양성 숫자를 제한하기 위해서는 뒷받침 지점에 대한 임곗값 M_{thr}를 정해, $M > M_{thr}$인 선분 후보가 실제 직선이고 그렇지 않을 경우 곡선이나 노이즈로 인한 결함이라고 판단하는 방법을 사용한다. 이 경우 M_{max}가 M_{thr}보다 작을 경우 RANSAC을 적용할 수가 없다. 또한 예를 들어 길이가 L픽셀 이상인 경우처럼 '주요한' 선분만을 구하고자 할 때도 있다. 이 경우에는 RANSAC 알고리듬을 적용하는 과정에서 더 많은 지점을 제거해야 한다. 아울러 너무 가깝게 붙어 있는 픽셀 쌍을 가설로 선택하는 경우에 대해서도 고려해야 한다. 예를 들어, 5픽셀 이내로 떨어져 있는 픽셀을 쌍으로 삼을 경우에는 선분 방향 위에 놓일 확률이 적기 때문에 부적절해 보일지 모른다. 그러나 RANSAC은 이러한 경우에도 적용이 가능하며, 가깝게 붙은 픽셀 쌍을 배제하지 않고 얻어낸 가설들은 실제로 가장 높은 정확도를 보일 수 있다. 결국 거리에 기반해 픽셀 쌍을 제한했을 때 얻는 이득은 계산량의 감소다. $O(N^3)$이 상당히 큰 수준임을 생각하면 더욱 그렇다. 반면에 HT의 계산량은 투표 과정에서 $O(N^2)$ 수준이고, 단일 외각 지점과 그레이디언트를 사용했을 때는 $O(N)$에 불과하다.

이렇듯 RANSAC은 HT와 비교했을 때 계산량 측면에서는 상대가 되지 않는다. 따라서 RANSAC은 N이 어떤 식으로든 줄어들 수 있을 때 적용하는 것이 낫다. 즉, 전체 외각 지점 대신, 비최대 억제 또는 그 전의 과정을 통해 일련의 로컬 극댓값 N개를 구해 사용하는 것이 유리하다. 사실 무작위로 샘플링해 충분히 많은 가설을 검사하고, 주요한 선분을 다 구할 때까지 이를 반복하는 방식이 더 많은 이점을 갖는다(이 방식은 RANSAC이란 용어 자체가 랜덤 샘플링 컨센서스RANdom SAmpling Consensus를 뜻한다는 측면에서 의미심장하다. 여기서 '컨센서스'는 어떠한 가설이든 충분히 많은 뒷받침 데이터가 있으면 선분에 대한 총의를 이룰 수 있음을 뜻한다). 이 과정을 통해 계산량을 $O(N^3)$에서 $O(N^2)$, 더 나아가 $O(N)$까지 줄일 수 있다(실제 얻게 되는 계산의 복잡도를 파악하기란 쉽지 않다. 결국 얻을 수 있는 계산량은 상당 부분 데이터에 따라 달라진다). 이때 선분상에 놓여 있는 쌍을 찾지 못해 주요한 선분을 놓치게 되는 리스크를 파악해야, 모든 선분을 검출했음을 보장할 수 있다. 이 부분에 대해서는 A.6절에서 더 자세히 다룰 것이다.

마지막으로, 계산량을 줄일 수 있는 또 다른 방법을 살펴본 뒤 다음 내용으로 넘어가자. 여기서는 비최대 억제를 통해 얻은 일련의 외각 지점에 대해, 추가로 너무 짧은 뭉치는 제거하고 긴 뭉치는 p픽셀 간격으로 분리되도록 조정하는 작업을 수행한다($p \approx 10$). 이 방식은 앞에서 살펴본 알고리듬에 비해 훨씬 적은 지점을 사용하며, 또한 지점들이 직선 위에 놓일 확률과 가능성을 높여준다. 다시 말해 데이터의 질이 올라가는 효과를 줄 뿐만 아니라, $O(N^3)$ 차원이었던 계산량이 상당히 줄어들게 된다. 물론 노이즈가 많은 상황에서는 이 방식이 잘 작동하지 않으므로, 그림 5.7과 그림 5.8에 나타낸 캐니 연산자를 통해 외각 지점을 얻은 다음 실제로 어떠한지 적용해 판단해보라.

이제 실제로 RANSAC을 적용해서 직선 선분을 검출한 결과를 살펴보자. 지금부터 진행할 테스트에서는 세기 그레이디언트의 로컬 극댓값을 기준으로 외각 지점을 얻어, 이로부터의 지점 쌍을 가설로 삼았다. 그림 10.4에 나타낸 경우는 20면체 나무 블록과, 외각이 평행한 복강경 수술 도구 2개를 대상으로 했다. 그림 10.4(A)에서 우측 선분 하나를 검출하지 못했는데, 이는 각 선분에 대해 요구하는 뒷받침 지점 개수를 더 낮게 제한할 수 없기 때문이다. 만약 그렇게 하면 그림 10.4(B)에서처럼 외각 지점의 수가 상대적으로 적더라도 한 지점이 여러 동일 선상에 놓일 가능성이 급증하며, 이로 인해 거짓 양성이 너무 많이 발생하게 된다. 그림 23.2와 그림 23.3은 RANSAC을 사용해 차선의 위치를 찾는 과정을 보여준다. 여기 사용된 RANSAC도 동일한 방식이긴 하지만, 그림 23.3은 위치를 찾은 선분에 해당하는 지점을 좀 더 잘 제거할 수 있도록 일부 세부를 수정했다(아래를 참고하라). 예제들에서 확인할 수 있듯이, RANSAC은 디지털 이미지의 직선 선분 위치를 찾는 방식 중 매우 주목할 만한 후보다. 여기서는 자세히 다루지 않았지만, RANSAC은 2차원 및 3차원의 여러 다른 형태를 근사하는 데도 유용하며 강건하다.

RANSAC의 특징 중 하나는 에일리어싱aliasing에 대해 HT보다도 덜 영향을 받는다는 것이다. 이는 HT 피크가 에일리어싱에 의해 나눠져서, 다소 강한 스무딩을 적용해야 최적의 가설을 찾을 수 있기 때문이다. 반면 RANSAC은 가설들 각각이 전부 정확할 필요는 없기 때문에 이런 면에서는 유리하다. 요컨대 충분한 수준의 가설을 잘 구할 수 있는가에 관한 문제이며, 이에 대해서 RANSAC은 자유롭다.

끝으로 앞에서 언급했던, 검출한 선분에 해당하는 지점을 더 효율적으로 제거하는 방법을

그림 10.4 RANSAC 기법을 사용한 직선 선분 위치 검출: (A) 원본 그레이스케일 이미지에 포함된 여러 직선 외각의 위치를 RANSAC 기법으로 찾은 결과, (B) (A)의 결과를 내기 위해 RANSAC에서 사용한 외각 지점들, (C) 복강경 도구 쌍(커터와 그리퍼)의 직선 외각 위치를 RANSAC으로 찾은 결과, (D) (C)의 결과를 내기 위해 RANSAC에서 사용한 외각 지점들. (A)에서 20면체의 외각 중 3개는 검출이 되지 않았다. 대비 및 세기 그레이디언트가 낮은 지붕형 외각(roof edge)이 이에 해당한다. 그 외에 필요로 하는 뒷받침 지점 레벨보다 낮아서 외각을 검출하지 못한 선분 하나가 존재한다(본문 참고).

좀 더 이야기해보자. 선분을 따라 외각 지점들이 (단면 방향으로) 가우시안 분포를 이룬다고 가정하자. 실제 가우시안은 양쪽 방향에 대해 무한대로 값을 가지므로 뒷받침 영역의 분포와는 일치하지 않는다. 따라서 선분의 중심점에 대해 $\pm\sigma$만큼 떨어진 영역을 뒷받침 영역으로 취하면 높은 정확도를 얻을 수 있다. 그러나 이 지점들을 제거하고 남은 지점 중 선분과 인접한 것들은 이후 다른 선분을 형성하거나 다른 지점과 결합하는 등 거짓 양성을 만들 수 있다. 따라서 Mastorakis and Davies(2011)의 검출 과정에서 뒷받침 지점에 대해 '삭제 거리' d_d를 '근사 거리' d_f보다 크게(예: $d_f = \sigma$, $d_d = 2\sigma$ 또는 3σ) 잡는 식으로 개선이 가능하다(이때 가우시안 분포에서 $\pm 3\sigma$ 범위 내의 샘플은 99.9% 영역에 해당하므로, $d_d \approx 3\sigma$로 잡으면 가장 최적의 범위를 선택한 것이다). 그림 23.3은 근사 거리를 3픽셀로, 삭제 거리를 3, 6, 10, 11픽셀로 설정한 예시를 보여주며, d_d가 d_f보다 상당히 클 경우에 이득이 많음을 확인할 수 있다. 그림 23.4는 이 알고리듬의 플로우차트를 보여준다.

10.5 복강경 도구의 위치

앞 절에서 RANSAC이 디지털 그림에서 직선 외각 위치를 찾는 데 매우 효율적인 방법임을 보이고, 복강경 도구의 핸들 위치를 찾는 예제를 소개했다. 복강경은 다양한 형태의 '키홀 수술key-hole surgery'을 수행하는 데 쓰인다. 즉, 두 군데를 절개해 한쪽으로 도구 하나(예: 커터)를 넣고 다른 한쪽에 나머지 도구(예: 그리퍼)를 넣는 식이다. 거기에 광섬유 기술을 접목해 내부를 관측하고, 복강이나 흉강을 확장하기 위해서는 추가로 절개가 필요하다.

그림 10.4(C)는 복강경 그리퍼 및 커터 도구가 가상의 신체 부위 앞에 놓인 모습을 나타내고 있다. 이 부위는 대체로 붉은색의 젖은 표면을 이루고 있으며, 많은 영역이 거울처럼 반사되는 경향을 보인다. 이러한 조건 때문에 배경의 세기 변화가 심하며 장면을 해석하기가 어렵다. 실제 수술 도구를 잡고 집도하는 의사는 손에서 느껴지는 피드백 등을 통해 많은 단서를 얻고 상황을 잘 이해할 수 있지만, 예를 들어 TV 모니터나 컴퓨터를 통해 장면을 보는 다른 사람들은 많이 혼란스러워할 수밖에 없다. 컴퓨터가 수술 과정을 해석하고 분석하고 녹화하고자 할 때도 마찬가지의 문제에 마주한다. 특히 이는 수술을 기록하거나, 다른 의사들을 교육하거나, 다른 전문가들과 원격으로 논의하거나, 이후 수술 경과를 보고하는 경우에 상당히 중요한 문제다. 따라서 복강경 프레임에 대해 도구의 위치, 방향 등의 매개변수를 정확히 확보할 필요가 있다. RANSAC을 적용하면 이를 위해 필요한 도구 핸들 위치의 2차원 데이터를 얻을 수 있다. 핸들에서 선분이 끝나는 지점을 분석하면 3차원 정보도 확보할 수 있다. 거기다 도구의 끝부분 좌표를 통해 추가적인 정보를 구하는 것도 가능하다.

도구의 끝부분 위치를 찾기 위해, 우선 핸들 끝 위치를 찾는다. 이는 도구 핸들 외각에 대한 RANSAC 뒷받침 영역이 끝나는 지점의 정보를 통해 쉽게 구할 수 있다. 도구의 나머지 끝부분 위치를 찾을 때는 대략적인 위치를 예측하고, 적응형 임계화를 적용한 다음, 연

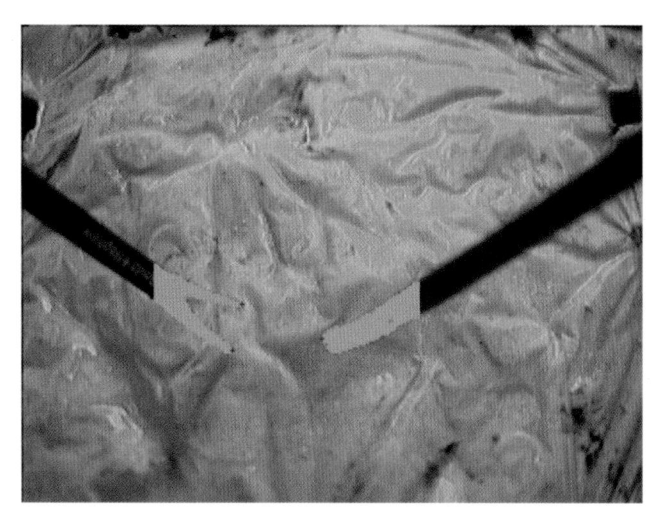

그림 10.5 복강경 도구의 끝부분 위치. 기준이 되는 도구 부분을 회색으로 나타내었다.

결 성분 분석을 수행하는 식으로(그림 10.5) 특별히 주의를 기울여 정확한 위치를 구한다. 그림 10.5에서 위치의 정확도는 왼쪽 그리퍼의 경우 ~1픽셀 정도, 오른쪽에 있는 다물어진 커터의 경우 그보다는 약간 적은 수준이다. 만약 그리퍼가 열려 있다면 정확도가 그리퍼와 비슷한 수준일 것이다. 배경 부분의 세기 패턴이 다소 복잡하기 때문에, 도구의 끝부분 위치를 찾으려면 먼저 도구 핸들의 위치를 찾아야 함을 유의하라.

각 복강경 도구는 (X, Y, Z) 위치 좌표와, 이미지 평면 (x, y)상의 회전 ψ, 이미지 평면에 대한 회전 θ(즉, Z축상의 회전), 그리고 핸들 축에 대한 회전 φ 등으로 표현할 수 있다. 추가로 도구가 열릴 경우 그 각도 α도 필요하다(그림 10.6). 이 일곱 가지 매개변수를 단지 하나의 단안monocular 시점상에서 정확하게 구하기란 매우 어렵다. 그러나 원론적으로, 도구 끝부분의 CAD 모델을 가지고 있다면 15~20° 수준으로는 각도를 구할 수 있다. 핸들의 중심선과 너비에 대한 2차원 정보, 핸들 날이 만나는 지점, 도구 끝의 정확한 위치 등을 활용하면 3차원 분석도 가능하다. 일단 여기서는 2차원 분석에 집중할 것이다. 3차원 분석을 진행하는 데 필요한 배경 이론은 3부에서 다룬다.

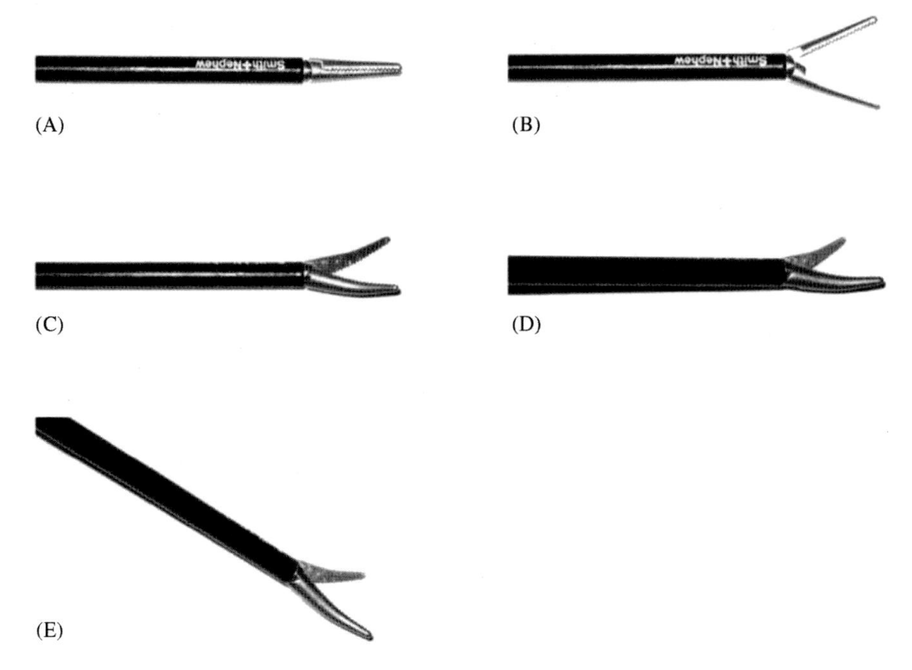

그림 10.6 복강경 도구의 방향 매개변수: (A) 날을 다문 그리퍼 도구, (B) α 각도로 날이 열린 그리퍼, (C) 수평축에 대해 φ만큼 회전한 그리퍼, (D) 이미지 평면에 대해 θ만큼 회전한 그리퍼, (E) 카메라 광학 축에 대해 ψ만큼 회전한 그리퍼

10.6 허프 변환 기반 원형 물체 인식

이 절에서는 HT에 기반해 원형 물체를 인식하는 접근법을 살펴본다. 9장에서 다룬 강건하지 못한 무게중심 프로파일 방식(표 10.2에 요약해놓았다) 대신 적용해볼 것이다.

초창기 HT를 통해 원을 찾는 방법(Duda and Hart, 1972)에서는 이미지 전체에 대해 세기 그레이디언트를 추정한 다음 임계화를 통해 주요한 외각 위치만을 찾았다. 그리고 그 위치를 기반으로 모든 가능한 중심점 위치, 즉 각 외각 픽셀에 대해 반지름 R만큼 떨어진 모든 픽셀을 매개변수 공간에 모았다. 이 매개변수 공간은 일반적인 저장 영역을 사용해도 되지만, 원형을 찾는 과정의 경우 이미지 공간과 동일한 형태로 구성하는 것이 편리하다. 즉, 이미지 공간과 같은 새로운 평면을 형성해 원의 중심점을 모은다. 이 매개변수 공간상의 피크값을 찾아 그 위치를 원형 물체의 중심점으로 삼는다. 외각 너비가 존재하고, 피크 위치를 찾는

표 10.2 (r, θ) 경계 그래프를 사용한 물체 검색법

1. 이미지상의 외각 위치 찾기
2. 끊어진 외각 잇기
3. 두꺼운 외각 세선화하기
4. 외각선을 따라 분석하기
5. (r, θ) 플롯 그리기
6. 표준 템플릿에 (r, θ) 플롯 매칭하기

이러한 방식은 실제 데이터, 예를 들어 노이즈나 물체 형태의 왜곡 등 많은 종류의 실제 데이터에 그다지 강건하지 못하다. 실제로 외각선을 따라가다 갑자기 방향을 이상하게 틀어 그림자나 다른 결함으로 나아가는 경우가 적지 않다.

과정에서 언제나 노이즈가 섞여 들어가기 때문에, 정확한 중심점 위치를 찾기 위해서는 적절한 평균화 과정이 필요하다(Davies, 1984c; Brown, 1984).

이 접근법을 사용하려면 매개변수 공간에 굉장히 많은 수의 지점을 축적해야 하기 때문에, 약간 수정한 형태가 더 널리 쓰이고 있다. 이 경우, 각 외각 픽셀에 대한 외각 방향 정보를 사용해 원형 중심점의 정확한 위치를 추정하게 된다(Kimme et al., 1975). 즉, 각 외각 위치에서 노멀 방향으로 R만큼 움직이는 식이다. 따라서 축적하는 지점의 수는 이미지상의 외각 픽셀 숫자와 동일하며, 따라서 계산량이 상당히 줄어든다(여기서 물체는 배경보다 밝거나 어두운 경우 '모두를' 가정하며, 따라서 외각 노멀의 한쪽 방향으로만 움직일 수 있다). 이 방식을 실제로 사용하려면 매우 정확한 외각 검출 연산자를 필요로 한다. 다행히 소벨 연산자를 사용하면 매우 간단하게 1° 정도의 정확도로 외각 방향을 구할 수 있다(5장 '외각 검출' 참고). 이런 식으로 변형한 형태를 통해 구현할 수 있게 된다.

5장 '외각 검출'에서 살펴봤듯이 소벨 합성곱 마스크를 적용하면 세기 그레이디언트의 로컬 성분 g_x 및 g_y를 구할 수 있으며, 이를 통해 로컬 세기 그레이디언트 벡터의 크기와 방향을 다음 식과 같이 계산 가능하다.

$$g = (g_x^2 + g_y^2)^{1/2} \tag{10.12}$$

$$\theta = \arctan(g_y / g_x) \tag{10.13}$$

그러나 중심점 위치 좌표 (x_c, y_c)를 추정할 때는 다음과 같이 삼각함수가 소거되므로, arctan 연산을 사용할 필요가 없다.

$$x_c = x - R(g_x/g) \tag{10.14}$$

$$y_c = y - R(g_y/g) \tag{10.15}$$

$\cos\theta$ 및 $\sin\theta$ 값은 다음과 같다.

$$\cos\theta = g_x/g \tag{10.16}$$

$$\sin\theta = g_y/g \tag{10.17}$$

추가로, 중심점 후보군에 대해 전체적으로 스무딩을 살짝 적용하는 식으로 (보통 상당한 처리량을 필요로 하는) 외각 세선화 및 외각 연결 연산을 생략할 수 있다(Davies(1984c), 표 10.3). 이렇듯 허프 변환에 기반한 원형 중심점 위치 검출은 매우 효율적이며, 불필요한 연산을 수행하지 않고 오직 외각 검출, 중심점 후보 위치 계산, 후보 지점의 평균 위치 계산 과정만 진행한다. 또한 매우 강건한 방식이기 때문에, 물체 경계 중 일부가 흐리거나 왜곡되더라도 물체 중심점 위치를 정확하게 찾을 수 있다. 실제로 결과를 얻어보면 놀랄 만한 성능을 보여주는 경우가 꽤 있다(예를 들어, 그림 10.7이나 그림 10.8의 경우를 보라). 그림 10.9에 이렇게 되는 이유를 간략하게 나타내었다.

여기서 효율적이라는 뜻은, 계산상에서 실제 HT 부분이 전체 이미지에 대한 세기 그레이디언트를 계산하고 임계화를 적용하는 과정 중에서 거의 대부분을 차지함을 의미한다. 그 이유 중 하나는 외각 검출자가 3 × 3 이웃 영역 내에서 동작하고 따라서 12픽셀값에 대한 접근, 4번의 곱셈, 8번의 덧셈, 2번의 뺄셈, 제곱 합의 제곱근 연산(식 (10.12))만을 필요로 하기 때문이다.

표 10.3 허프 변환 기반 원형 물체 위치 탐색

1. 이미지상의 외각 위치 찾기
2. 끊어진 외각 잇기
3. 두꺼운 외각 세선화하기
4. 각 외각 픽셀에 대한 중심점 후보 찾기
5. 모든 중심점 후보의 클러스터 위치 탐색
6. 각 클러스터의 평균 위치를 계산해 정확한 중심점 위치 찾기

이 과정은 매우 강건하게 이뤄진다. 그림자, 이미지 노이즈, 형상 왜곡, 물체 결함 등에 의해 영향을 거의 받지 않기 때문이다. 여기서 1~3단계는 표 10.2의 1~3단계와 동일함을 유의하라. 그러나 허프 기반 방식의 경우 2~3단계를 생략함으로써 계산량을 줄일 수 있으며, 정확도도 실제로 향상된다.

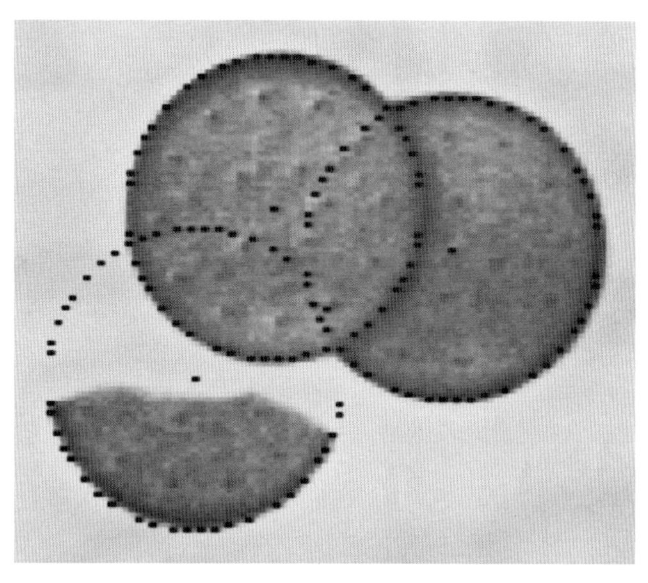

그림 10.7 중심점 위치 기법의 강건성을 보이기 위한 깨지거나 겹쳐진 비스킷의 예시. 그림의 검은 점은 각각 중심점으로부터 1/2픽셀 이내의 거리 정확도를 보인다. © IFS 1984

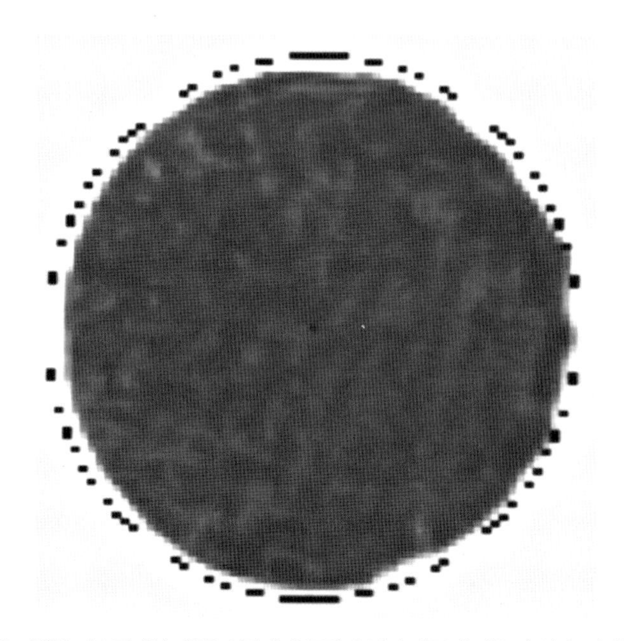

그림 10.8 초콜릿이 코팅된 비스킷에서, 한쪽 외각에 초콜릿이 넘쳐 왜곡된 경우의 위치. 계산한 중심점 위치가 이 튀어나온 부분 때문에 옆으로 '당겨지지' 않았음을 유의하라. 검은색 점을 명확하게 나타내기 위해, 노멀 방향의 반지름 거리 대비 2픽셀 바깥에 마킹했다. © IFS 1984

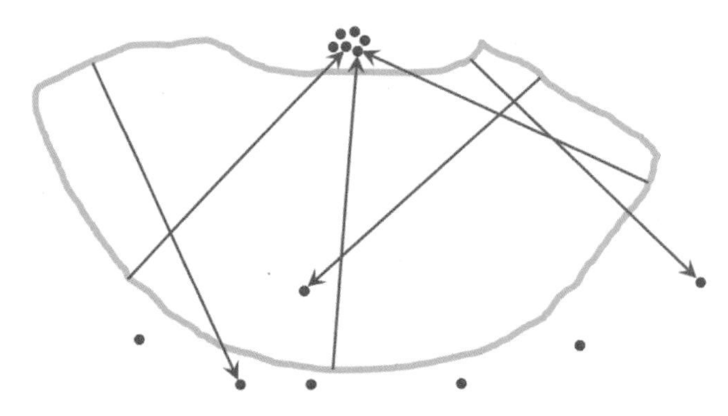

그림 10.9 원형 물체의 중심점 위치를 찾기 위한 허프 변환의 강건성. 경계의 원호 부분을 통해 중심점 위치를 계산하면 실제 중심 주변을 가리키는 반면, 비정상적으로 그려진 경계는 무작위 위치를 가리킨다. 여기서 경계는 그림 10.7의 깨진 비스킷과 비슷한 형태를 하고 있다.

요컨대 중심점 위치 후보를 찾기 위해서는 많은 양의 계산을 수행해야 정확도를 확보할 수 있다. 그러나 이 장의 뒷부분에서 다루겠지만, 소프트웨어의 개선만으로도 상당히 속도를 향상할 수가 있다. 그 전에, 이미지상에서 여러 종류의 반지름을 가진 원이 포함되어 있거나 이미지 내의 원 반지름을 알 수 없는 경우에 대해 뒤에서 살펴볼 것이다.

10.7 반지름 찾기 문제

원의 반지름을 알지 못한 채로 시작하는 경우는 상당히 많다. 그중 하나는, 예를 들어 여러 종류의 동전이나 워셔 이미지처럼 반지름이 여러 가지인 원들이 포함되어 있을 때다. 혹은 원의 반지름이 일정치 않을 때(음식이나 비스킷처럼) 공차 내에 있는지 판단하는 시스템도 있을 수 있다. 어찌 됐든 이미지상의 모든 원형 물체에 대해 위치와 반지름을 찾을 수 있어야 한다. 이러한 경우 일반적인 방법은 가능한 반지름값 각각에 해당하는 매개변수 평면을 포함하는 매개변수 공간을 만들고, 이 공간에 대해 후보 중심점을 동시에 축적하는 것이다. 매개변수 공간상의 피크 중심점은 각 원의 2차원 위치와 반지름을 나타낸다. 이 방식은 원리상으로는 완벽하지만, 실제로는 몇 가지 문제가 있다.

1. 매개변수 공간에 축적해야 할 지점이 너무 많다.

2. 매개변수 공간을 위해 필요한 공간이 크게 증가한다.

3. 피크를 찾기 위해 매개변수 공간을 탐색하는 데 상당히 많은 양의 계산이 요구된다.

사실 이러한 공간 확장 방식을 통해 여러 물체를 원본 이미지에서 곧바로 검출할 수 있기 때문에, 어느 정도는 예상할 수 있는 문제라 할 수 있다.

곧 살펴보겠지만 뒤의 두 문제는 상당히 해결할 수 있다. 즉, 하나의 매개변수 평면에 여러 반지름을 갖는 원형의 위치 정보를 전부 축적하는 것이다. 다시 말해, 외각 픽셀당 하나의 지점이 아니라 외각 노멀 방향을 따라가는 선분에 해당하는 지점들을 하나의 평면에 저장한다. 이때 선분을 무한대로 확장할 필요는 없으며, 이미지상의 원형 물체나 구멍에 대해 예상되는 반지름 범위에 한정하기만 해도 된다.

이렇게 반지름 범위를 제한하더라도, 단일 매개변수 평면에 축적되는 지점의 숫자는 꽤 많다. 따라서 얼핏 생각하면 이미지상의 모든 '얼룩' 형태가 원형과 유사함으로 인해 매개변수 공간에서 피크를 형성하며, 이로 인해 지점의 수가 급증할 것 같다. 그러나 실제로 이런 일이 벌어지지는 않고, 완전한 원형 또는 거의 원형에 가까운 형태만이 주요한 피크를 이룬다.

이 상황을 이해하기 위해, 어떻게 하면 매개변수 공간상에서 특정 위치에 넓은 피크가 등장하는지를 생각해보자. 즉, 이 위치에서 방사형으로 뻗어나가는 벡터 중 상당수가 물체 경계에 수직으로 지나갈 때 이러한 현상이 일어난다. 만약 경계가 항상 연속적이라면, 원호상에 놓인 근접한 경계 지점 세트만이 반지름 벡터와 수직을 이룬다. 그럼에도 불구하고, 이 방식을 사용할 때 로컬 외각 방향에 대한 측정 오차가 존재하면 원형 물체를 검출하는 데 있어 정확도가 약간 떨어지게 된다.

이렇게 단일 매개변수 평면에 모든 후보 지점을 투표하는 방식의 경우 반지름 정보가 사라짐을 유의하라. 따라서 물체 반지름을 찾기 위해 추가적인 분석 단계가 필요해진다. 다만 중심점 위치를 찾는 과정에서 탐색해야 할 공간의 범위가 줄어들기 때문에, 이 단계에서 추가되는 계산량은 거의 무시할 수준이다. 요컨대 반지름을 매개변수로 하는 1차원 HT만 적용하면 된다.

10.7.1 예제

앞에서 소개한 방법은 대부분 의도한 대로 잘 작동하지만, 작은 원형 물체(반지름이 20픽셀 이하)가 포함된 저해상도 이미지의 경우 문제가 발생한다(Davies, 1988b). 근본적으로 이는 앞에서 예상했듯이 작은 물체에 대해 정확한 형태를 식별할 수가 없기 때문이다(그림 10.10 참고). 살펴봤듯이, 이러한 특징은 오히려 작은 반지름을 가진 원형 특징을 검출하는 데는 유리한 경우가 많다(그림 10.10에서 윙 너트의 위치를 찾는 과정을 참고하라).

한편, 물체가 부분적으로 가려진 경우에도 이를 검출할 수 있어야 한다. 그러나 그림 10.10에서 볼 수 있듯이 크기 범위를 크게 잡은 상태에서 단일 매개변수 평면 방식으로 물체를 검출하려고 하면 중심점 위치를 정확하게 찾지 못한다. 따라서 가능한 한 투표 범위를 작게 추리는 과정이 제일 낫다.

요컨대 이 방식은 속도와 정확도 간에 트레이드오프가 존재한다. 그러나 예제에서 확인할 수 있듯이 다양한 반지름을 가진 물체 위치를 찾기 위해 매개변수 공간을 압축해 사용하며, 따라서 매개변수 공간에 투표해야 하는 총 개수가 변하지 않는다 할지라도 저장공간이나 계산량을 상당히 절약할 수가 있다.

10.8 속도 문제 해결

이 절에서는 원형 검출 속도를 어떻게 개선할지에 대해 알아보며, 크게 두 가지 방식을 시도해볼 것이다. (1) 이미지 데이터를 샘플링한다. (2) 단순한 외각 검출자를 사용한다. (1)을 구현하기 위해 가장 적당한 방법은 이미지에 대해 n번째 줄마다 검사하는 것이고, (2)의 경우 외각을 검색할 때 2개의 요소를 갖는 이웃 영역을 사용하는 것이다(Davies, 1987d). 이 접근법은 외각 방향을 추정하지는 못한다는 단점이 있지만, 원의 수직 및 수평 현을 찾아 이등분하는 과정에서는 문제가 되지 않으며 이를 통해 중심점 좌표 x_c, y_c를 구할 수 있게 된다. 이렇게 하면 곱셈 및 제곱근 계산 또는 대부분의 나눗셈 연산을 생략하거나 2개의 요소 간의 차이 연산으로 대체하게 되어 계산량도 매우 적어진다. 실제로 속도 면에서 얼마나 이점이 있는지에 대해서는 다음 예시에서 나타내었다.

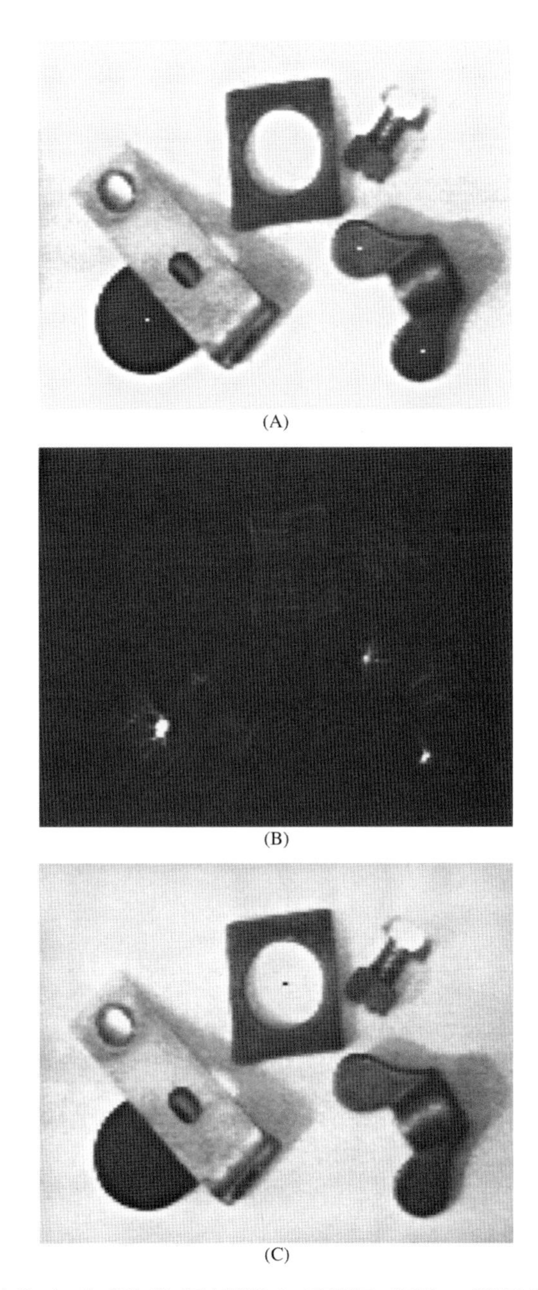

그림 10.10 (A) 렌즈 캡과 윙 너트에 대해, 반지름 범위를 4~17픽셀로 가정해 그 위치를 동시에 정확하게 검출하는 과정, (B) 주어진 반지름 범위에 대해 매개변수 공간상의 반응. 렌즈 캡과 브래킷에 해당하는 변형된 데이터들이 겹쳐져 나타남을 유의하라. (C) (A) 이미지상에서 반지름 범위를 −26 ~ −9픽셀(구멍을 찾는 것이므로 물체가 배경에 대해 음의 대비를 갖게 된다)로 잡았을 때 인식에 실패한 결과. 이 이미지의 경우 음수 반지름의 범위를 더 작게 설정해야 한다.

일반적인 HT와 현 이등분 접근법은 모두 피크를 찾는 방식이지만, 전자는 단일 2차원 피크를 찾는다면 후자는 2개의 1차원 피크를 따로 구하게 된다. 원형 검출 방식이 강건하려면 모든 피크를 확실하게 찾을 수 있어야 하는데, 물체가 왜곡된 형태라면 그 확실성이 떨어지게 된다. 만일 1차원 피크를 찾는 과정에서 가로 또는 세로 방향 스캔 라인의 개수를 적게 사용한다면 검출 강건성이 줄어들 수 있다. 다시 말해, 피크를 찾지 못할 수 있다는 뜻이다. 또 하나 고려해야 할 요소는, 가능한 가로 및 세로 스캔 라인 중 α 비율만큼만 사용해 1차원 HT 피크를 구할 경우 신호 대 잡음비가 $\sqrt{\alpha}$만큼 감소하며, 중심점 위치의 정확도도 비슷한 비율로 감소한다는 점이다.

현 샘플링 전략이 매우 효율적이긴 하지만, 텍스처 성분이 많은 물체의 경우에는 잘 작동하지 못할 가능성이 높다. 이는 텍스처상에서 너무 많은 거짓 외각이 나타나므로 현을 그었을 때 물체 끝까지 가지 않을 수 있기 때문이다. 이를 해결하기 위해 α를 낮추면 강건성과 정확도 역시 낮아지게 된다.

10.8.1 예제

그림 10.11의 이미지를 사용한 예시의 경우(Davies, 1987d), α를 0.1 이하 값으로(즉, 10줄 이상의 간격으로 가로 및 세로 라인을 스캔) 설정했을 때 25배 이상의 성능 향상을 보였다. 깨진 원에 대한 결과는(그림 10.12) 특별한 설명 없이도 이 방식이 어느 정도까지 제대로 작동하는지를 보여주고 있다. 전체적인 알고리듬 개요는 표 10.4에서 확인할 수 있다(피크가 여러 개 나타날 경우 결정하는 방법은 상대적으로 간단한 문제임을 유의하라).

그림 10.13은 2요소 외각 검출자의 임곗값을 조정했을 때의 효과를 보여준다. 그림 10.13(A)에서처럼 값을 너무 낮게 잡으면, 외각 검출자가 물체 표면 텍스처에 반응하여 현의 이등분점을 구하는 과정에서 중심점 좌표에 대해 일련의 거짓 추정을 내놓게 된다. 그림 10.13(B)는 임곗값을 너무 높게 잡았을 때의 결과로서, 추정 중심점 좌표의 개수 자체가 줄어들어 민감도가 떨어지게 된다.

요약하면, 앞에서 살펴본 방식으로 중심점 위치를 찾으면 일반적인 HT보다 확실히 빠르게 구현할 수 있으며, 많은 경우 25배가량 속도의 이득을 볼 수 있다. 실시간 분야에서 이는 매우 중요한 결과다. 강건성 측면에서도 이 방식은 물체의 원주가 최소 1/4 정도 없어도 작

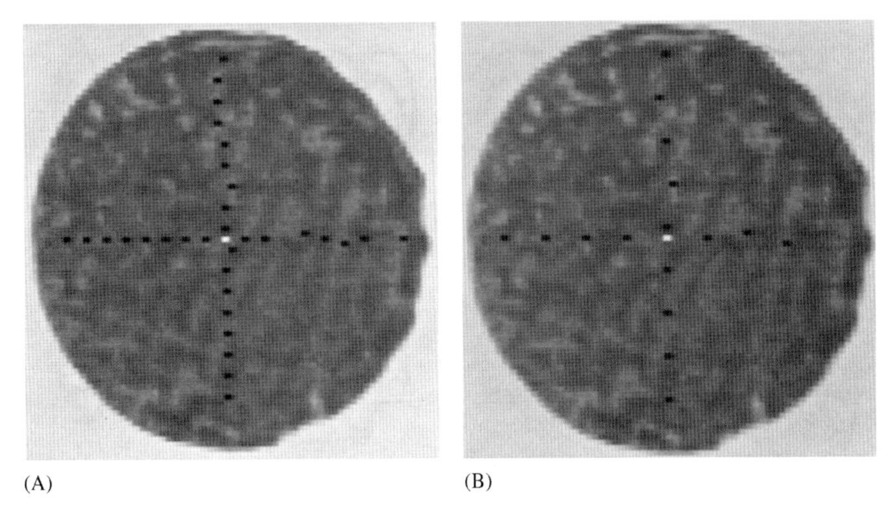

그림 10.11 현 이등분 알고리듬을 사용해 동일한 이미지에 대해 4픽셀 및 8픽셀 간격으로 진행하여 물체 위치를 구한 결과. 검은 점은 각각 가로 및 세로 현의 이등분점을 나타내며, 흰 점은 중심점 위치를 나타낸다.

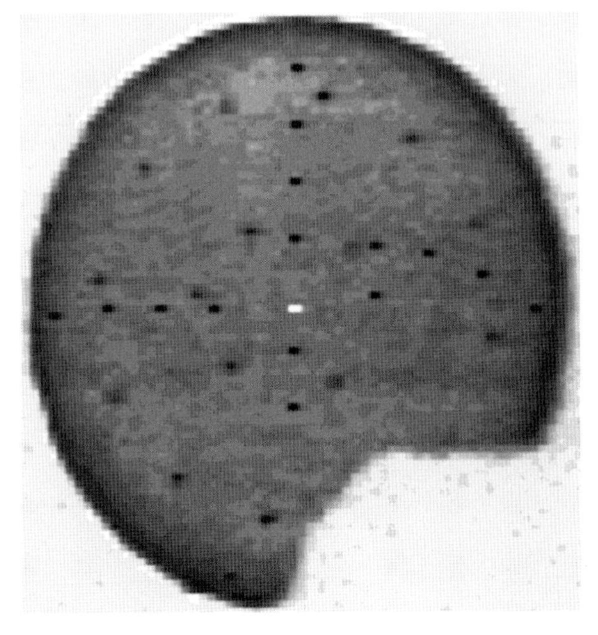

그림 10.12 깨진 물체에 대해 현 이등분 알고리듬을 적용해 위치를 찾은 결과. 원본 대비 1/4의 외각이 사라진 상태다.

표 10.4 빠른 중심점 탐색 알고리듬 개요

```
y = 0;
do {
    가로 라인 y를 스캔해 물체의 시작점 및 끝점을 탐색;
    가로 방향 물체 부분에 대해 이등분점을 찾음;
    1차원 매개변수 공간(x 공간)에서 이등분점을 축적;
    // 모든 라인 y에 대해 동일한 x 공간을 사용
    y = y + d;
} until y > ymax;
x = 0;
do {
    세로 라인 x를 스캔해 물체의 시작점 및 끝점을 탐색;
    세로 방향 물체 부분에 대해 이등분점을 찾음;
    1차원 매개변수 공간(y 공간)에서 이등분점을 축적;
    // 모든 라인 x에 대해 동일한 y 공간을 사용
    x = x + d;
} until x > xmax;

x 공간상의 피크 탐색;
y 공간상의 피크 탐색;
피크값을 기반으로 계산 가능한 모든 물체 중심값의 타당성 확인;
// 마지막 과정은 각 공간에 대해 ∃ > 1 피크 이상일 경우에만 진행
// d: 가로 및 세로 간격값(= 1/α)
```

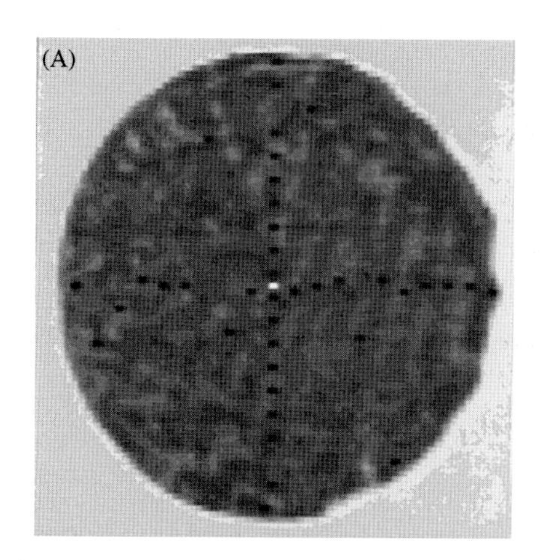

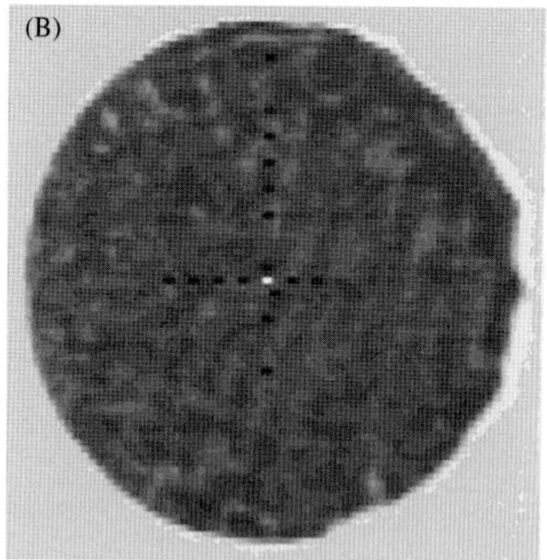

그림 10.13 그레이디언트 임곗값을 잘못 설정했을 때의 효과: (A) 임곗값을 너무 낮게 잡으면, 표면 텍스처가 알고리듬을 혼란스럽게 만든다. (B) 임곗값을 너무 높게 잡으면, 민감도가 떨어진다.

동한다. 또한 이 알고리듬이 어떤 종류의 이미지 데이터에서 불확실성이 나타나는지에 대해서도 명확하다는 점은 중요한 지점이다.

10.9 타원 검출

얼핏 생각하면 타원 검출 문제는 원을 검출하는 방법에 이심률 하나만 추가하면 되므로, 복잡함이 약간만 더해질 것 같다. 그러나 이심률은 원의 대칭성을 파괴하기 때문에 장축의 방향을 추가로 정의해야 한다. 그 결과 4개가 아닌 5개의 매개변수를 사용해야 타원을 묘사할 수 있으며, 타원을 검출하는 과정에서 명시적이든 암시적이든 이 점을 반영해야 한다. 그럼에도 불구하고 타원을 검출하는 방법 중 매우 단순하고 구현하기 쉬운 것이 있으니, 바로 지름 이등분 방식이다. 다음 절에서는 이 방식을 설명할 것이다.

10.9.1 지름 이등분 방식

Tsuji and Matsumoto(1978)의 지름 이등분 방식은 매우 간단한 개념이다. 우선 이미지상의 모든 외각 지점을 목록으로 모은다. 그런 다음 목록을 정렬해 외각 방향이 역평행인 관계, 즉 타원 지름의 양 끝점에 위치할 수 있는 지점들을 찾는다. 그리고 이 지점 쌍을 연결해 그

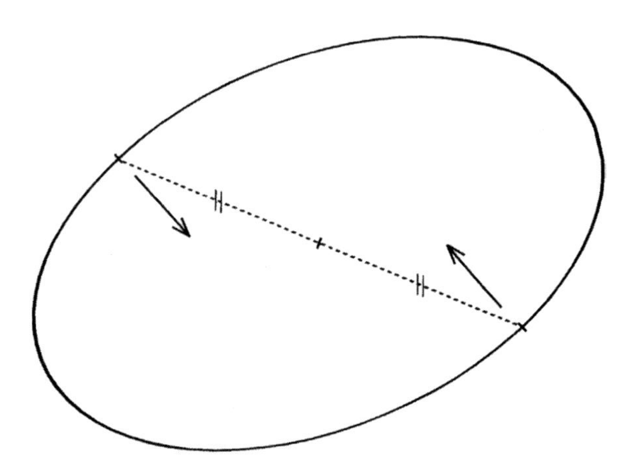

그림 10.14 지름 이등분 방식의 원리. 외각 방향이 역평형 상태에 있는 지점 쌍의 위치를 구한다. 타원상의 지점이므로, 두 지점을 연결한 선분의 이등분점이 곧 타원의 중심이 된다.

중심점을 매개변수 공간상에 투표한다(그림 10.14). 원형 위치 때와 같이 여기서 매개변수 공간은 이미지 공간과 형태가 동일하다. 마지막으로 매개변수 공간상에서 주요한 피크를 찾아, 그 위치가 타원 중심점인지 판단한다.

이미지상에 타원이나 기타 형태의 물체들이 많이 포함되어 있을 경우, 역평행 관계의 외각 지점 쌍이 굉장히 많이 존재할 것이며, 이를 연결해 구한 중심점을 매개변수 공간에 투표할 경우 대부분은 불필요한 데이터가 된다. 결국 이러한 군더더기 정보로 인해 불필요한 계산이 발생할 수밖에 없다. 그러나 HT의 원리상 모든 지점은 '이론적으로' 실제 물체의 중심점일 가능성이 있기 때문에 매개변수 공간에 투표가 이뤄져야 한다. 투표한 지점 중 실제 물체의 중심 위치인지 판단하는 것은 피크를 찾는 과정에서 결정된다.

이러한 군더더기 정보는 불필요한 계산을 만들 뿐만 아니라 계산 자체를 비대하게 만든다. 이는 이 방식이 모든 외각 지점 '쌍'을 조사하는데, 실제 외각 지점의 수보다 지점 쌍의 개수가 훨씬 더 많기 때문이다(m 외각 지점은 ${}^{m}C_2 \approx m^2/2$ 외각 지점 쌍을 형성한다). 실제로 일반적인 이미지의 경우 최소 1000개의 외각 지점이 존재하므로, 계산 문제는 심각한 수준에 이른다.

흥미롭게도 이 방식은 기본적으로 타원만을 추정하기 위한 것이 아니다. 여러 대칭적 형태, 즉 정사각형, 타원, 원형, 초타원($x^s/a^s + y^s/b^s = 1$ 형태로 표현되며, 타원은 초타원의 특수한 경우에 해당한다) 등 180° 회전에 대해 대칭인 모든 형태에 반응한다. 또한 이 기본적인 방식을 사용할 경우, 이미지상에 타원이 하나만 존재하는 경우라도 거짓 인식이 많이 발생할 수 있다(그림 10.15). 그러나 Tsuji and Matsumoto(1978)은 인식한 물체가 실제 타원이 맞는지 판단하는 기법 역시 제안한 바 있다. 이 기법은 수직 관계에 있는 두 반지름 길이 OP, OQ(O는 타원의 중심, P와 Q는 각각 경계 지점을 나타낸다)가 다음 관계를 만족하는 데에서 출발한다.

$$1/\mathrm{OP}^2 + 1/\mathrm{OQ}^2 = 1/R^2 = \text{상수} \qquad (10.18)$$

이때 매개변수 공간상에서 피크에 속하는 외각 지점 세트를 사용해 R 값에 대한 히스토그램을 그린다(이 값은 식 (10.18)을 통해 구할 수 있다). 히스토그램상에서 주요한 피크가 나타날 경우, 이미지상의 특정 지점에 타원형이 존재한다는 중요한 증거다. 만약 피크가 둘 이상 나타날 경우, 동심상에 여러 타원이 존재한다는 것을 암시한다. 그러나 피크가 없다면 정사각형, 초타원 등의 대칭 형태가 존재함을 뜻하며, 각 형태에 알맞은 인식 방법을 취해야 한다.

이 방식은 결국 타원 지름의 양 끝 지점에 해당하는 외각 지점을 적절하게 확보하는지

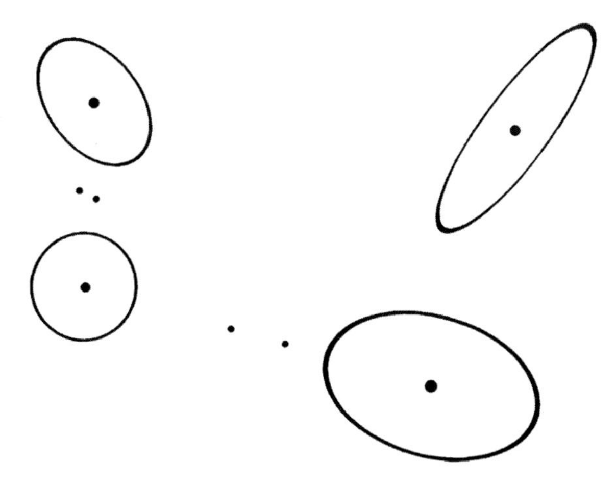

그림 10.15 기본적인 지름 이등분 방식을 사용한 결과. 큰 점은 실제 타원의 중심점을 구한 결과를, 작은 점은 거짓 인식이 흔히 일어나는 위치를 나타내고 있다. 이 지점들은 본문에서 설명한 테스트를 적용해서 제거한다.

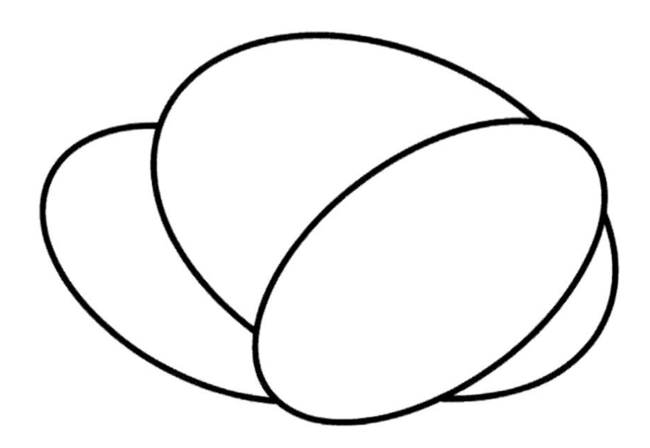

그림 10.16 지름 이등분 방식의 한계. 타원 3개가 존재하지만, 가장 왼쪽의 타원은 나머지와 달리 이 방식을 통해 인식이 불가능하다.

의 여부가 중요해진다. 즉, 충분한 비율의 물체 경계가 드러나 있어야 함이 강제된다(그림 10.16). 끝으로, 이 방식을 사용했을 때 쌍을 이루지 않은 외각 지점 신호로 인한 낭비가 심하다는 점 또한 유의해야 한다. 이러한 이유로 인해, 좀 더 나은 타원 인식 방법을 찾을 필요가 있다.

10.9.2 현-탄젠트 방식

Yuen et al.(1988)에서 처음 고안한 현-탄젠트 방식chord-tangent method은 마찬가지로 타원의 단순한 기하학적 특성을 이용한다. 앞에서처럼 외각 지점들을 짝지은 다음, 각 지점 쌍에 대해 타원에 대한 법선을 그어 만나는 점 T를 찾는다. 아울러 지점을 이어 그 이등분점을 M으로 한다. 이때 TM 선분을 묘사하는 수식을 계산해서, 일정 비율만큼 연장한 MK 선분상의 모든 지점을 매개변수 공간에 축적한다(그림 10.17 참고. 이는 T와 타원 중심점이 M에 대해 서로 반대편에 위치하기 때문이다). 마지막으로, 앞에서와 동일하게 피크 위치를 찾는다.

이 방식이 왜 작동하는지 증명하는 방법은 그다지 어렵지 않다. 원형의 경우 대칭성을 기반으로 작동이 가능하다면, 타원 역시 투영성projective을 통해 작동할 수 있게 된다. 수직 투영 조건에서(16장 '3차원 세계' 참고), 직선 선분, 이등분점, 법선은 그대로이지만, 원형은 타원형으로 투영된다. 즉, 원형을 주어진 타원형 형태로 투영할 수 있는 각도를 찾을 수가 있다.

다만 이 방식은 매개변수 공간에 굉장히 많은 지점을 축적해야 하기 때문에 계산량이 상당히 많이 늘어난다. 다양한 응용 분야에 사용하기 위해 감수해야 할 비용이긴 하지만, 최소한 세 가지 방식으로 계산을 최소화할 수 있다. (1) 타원의 크기와 타원 간 간격을 예측해, 매

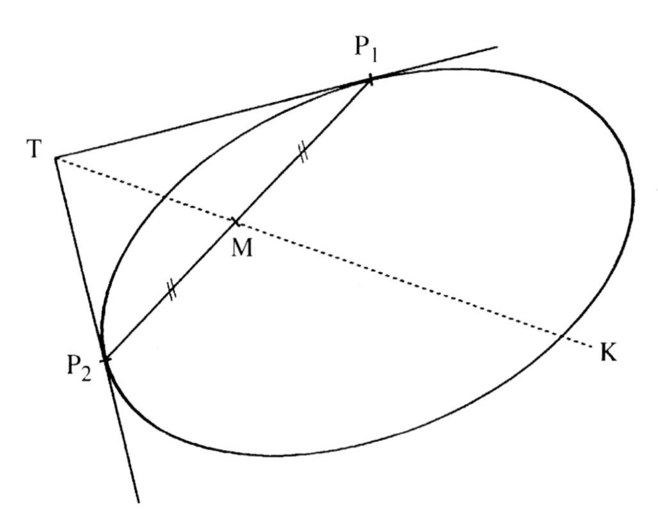

그림 10.17 현-탄젠트 방식의 원리. P_1 및 P_2 지점의 법선은 T에서 만나고, P_1P_2의 이등분점은 M에서 만난다. 타원의 중심 C는 TM 선분을 연장한 선과 만난다. 이때 M은 C와 T의 사이에 위치함을 유의하라. 이로 인해 주어진 P_1 및 P_2 지점에 대해 연장선에서 MK 부분만을 사용하면 된다.

개변수 공간에 투표를 축적할 선의 길이를 줄인다. (2) 두 외각 지점이 너무 가깝거나 먼 경우 처음부터 쌍을 형성하지 않는다. (3) 특정한 타원에 속한다고 인식되는 외각 지점을 제거한다.

10.9.3 나머지 타원 매개변수 찾기

앞에 소개한 방식은 타원의 중심점 좌표를 찾기 위한 목적이므로, 다른 타원 매개변수를 구하기 위해서는 좀 더 잘 짜인 접근법이 필요하다. 이를 위해 다음 형식으로 타원 식을 정의한다.

$$Ax^2 + 2Hxy + By^2 + 2Gx + 2Fy + C = 0 \tag{10.19}$$

쌍곡선과 구분하기 위해 다음 조건을 추가한다.

$$AB > H^2 \tag{10.20}$$

이 조건으로 인해 A는 0의 값을 갖지 않으며, $A = 1$로 놓고 일반성을 잃지 않은 채 타원 수식을 다시 쓸 수 있다. 이 경우 5개의 매개변수가 남는다. 즉, 타원의 위치, 방향, 크기, 형태(이심성)에 관한 매개변수다.

타원의 위치를 찾으면 그 지점 (x_c, y_c)를 새로운 원점으로 설정할 수 있다. 이를 기준으로 수식을 고치면 다음과 같다.

$$x'^2 + 2Hx'y' + By'^2 + C' = 0 \tag{10.21}$$

여기서

$$x' = x - x_c; \quad y' = y - y_c \tag{10.22}$$

이제 타원 중심 위치가 정확한지 확인하기 위해, 주어진 외각 지점들을 식 (10.21)에 근사하면 된다. 이 과정은 높은 수준의 과결정 문제overdetermined problem에 속하기 때문에, 최소자승법을 사용하는 것이 일반적인 방법이다. 다만 이 기법은 아웃라이어 지점에 매우 민감하기 때문에 정확도가 떨어진다. 따라서 식 (10.21)을 미분하는 Tsukune and Goto(1983)을 대신 사용해볼 것이다.

$$x' + By'/dx' + H(y' + x'dy'/dx') = 0 \tag{10.23}$$

이때 dy'/dx'은 (x', y') 지점의 로컬 외각 방향으로 구할 수 있으며, 이를 통해 얻은 지점 세트를 새로운 (H, B) 매개변수 공간에 축적한다. (H, B) 공간상에서 피크를 찾을 수 있게 되면, 식 (10.21)에 적절한 데이터(원본 외각 지점 세트의 서브셋)를 대입해 C' 값의 히스토그램을 그린다. 이렇게 하면 타원의 모든 매개변수를 얻을 수 있다.

다음 공식은 타원 방향 θ와 타원의 반지름 a, b를 H, B, C'으로 표현한 것이다.

$$\theta = \frac{1}{2}\arctan\left(\frac{2H}{1-B}\right) \tag{10.24}$$

$$a^2 = \frac{-2C'}{(B+1) - [(B-1)^2 + 4H^2]^{1/2}} \tag{10.25}$$

$$b^2 = \frac{-2C'}{(B+1) + [(B-1)^2 + 4H^2]^{1/2}} \tag{10.26}$$

수학적으로 θ는 타원의 회전 각도로서, 식 (10.21)의 2승 항을 대각화한다. 대각화를 적용하면 기본적인 타원 수식 $\tilde{x}^2/a^2 + \tilde{y}^2/b^2 = 1$ 형태로 표현할 수 있으므로 a와 b를 구할 수 있다.

지금까지 살펴본 방법은 5개의 타원 매개변수를 '세 단계'에 걸쳐 구함을 유의하라. 우선 위치 좌표를 구하고, 그다음 방향, 마지막으로 크기와 이심률을 얻는다(엄밀하게 말해 이심률은 $e = (1 - b^2/a^2)^{1/2}$이지만, 대부분의 경우 긴반지름과 짧은반지름의 비율 b/a를 구하는 것을 선호한다). 이렇게 세 단계로 구하면 계산량은 줄어들지만 오차는 더 많아진다. 아울러 적게 발생하긴 하지만 외각 방향 오차를 피하기 위해 제한이 발생한다. 이를 해결하기 위해 Yuen et al.(1988)은 식 (10.21)을 바로 건드리는 대신, HT 속도를 올리는 식으로 접근했다. 즉, 두 번째 단계에서 식 (10.21)의 모든 매개변수를, 하나의 3차원 매개변수 공간을 사용해 빠르게 구하는 방법을 구현했다.

요컨대 일단 타원의 위치를 찾으면 방향과 반지름을 구할 수 있는 최적의 수단이 존재한다. 반대로 말하면, 타원의 위치를 찾는 과정이 필요하다는 약점이 있다. 이를 위해 앞에서 소개한 두 가지 접근법은 모든 외각 지점 쌍을 조사해야 한다는 특성 때문에 계산이 많이 필요하다. 대안으로 일반 허프 변환GHT, generalized Hough transform을 적용해, 외각 지점을 짝짓지 않고 물체 위치를 찾는 방법이 있다. 어떻게 이것이 가능한지는 11장 '일반 허프 변환'에서 다룰 것이다.

10.10 홍채 위치 인식

사람의 홍채 위치를 인식하는 것은 컴퓨터 비전의 중요한 응용 분야 중 하나다. 이는 세 가지 이유 때문이다. (1) 인간의 얼굴을 분석하는 데 필요한 기반 정보를 제공한다. (2) 시선 방향을 판단하는 데 사용할 수 있다. (3) 바이오메트릭스에서 개개인을 식별하기 위한 목적으로 쓰일 수 있다. 후자의 경우 7장 '텍스처 분석'에서 이미 텍스처 기반 홍채 인식에 대한 개요를 설명하면서, 참고문헌과 함께 언급한 바 있다. 얼굴 위치를 찾고 분석하는 과정에 대한 자세한 내용은 21장 '얼굴 검출과 인식: 딥러닝'에서 다룰 것이다. 여기서는 HT를 사용해 홍채 위치를 찾는 방법에 집중해보자.

사실 홍채 위치를 찾고 인식하는 문제는 충분히 간단하게 해결할 수 있다. 먼저 머리 위치를 충분히 정확하게 찾은 다음, 홍채가 있을 만한 부분을 관심 영역으로 설정한다. 시선이 앞을 향하는 정면 구도의 경우 홍채는 높은 대비를 갖는 둥근 형태로 나타나므로, HT를 사용해서 어렵지 않게 찾을 수 있다(Ma et al., 2003). 조명의 형태에 따라서, 홍채가 상대적으로 밝거나 쉽게 구분되지 않는 색을 띨 경우에는 약간 난이도가 올라간다. 그보다도, 눈꺼풀과 눈 밑의 윤곽이 홍채를 일부 가린다는 점이 좀 더 중요하다(그림 10.18(A)). 이로 인해 인식이 좀 더 어려워지긴 하지만, 뒤에서 살펴보듯이 HT는 어느 정도 오클루전이 존재하는 경우에도 대응이 가능하다.

정면 구도가 아닐 경우 홍채는 타원형 형태로 나타남을 유의하라. 여기에 더해 눈의 형태는 구형과는 거리가 먼, 수평 지름이 수직 지름보다 긴 모양을 띤다. 역시 이 때문에 홍채가 타원형에 가까워진다(Wang and Sung, 2001). 두 경우 모두 마찬가지로 HT를 적용할 수 있다. 더 나아가, 단순히 홍채를 인식하는 것이 아니라 이를 기반으로 시선의 방향을 상당히 정확하게 구할 수 있다(Wang and Sung(2001). 타원의 이심률을 측정할 때 존재하는 시선 방향의 불명확성은 안구상의 타원 위치를 찾음으로써 보상할 수 있다). 또한 Toennies et al.(2002)는 실시간으로 홍채의 위치를 찾는 응용 분야에 HT를 사용할 수 있음을 보였으며, 눈꺼풀과 눈 밑 윤곽이 홍채를

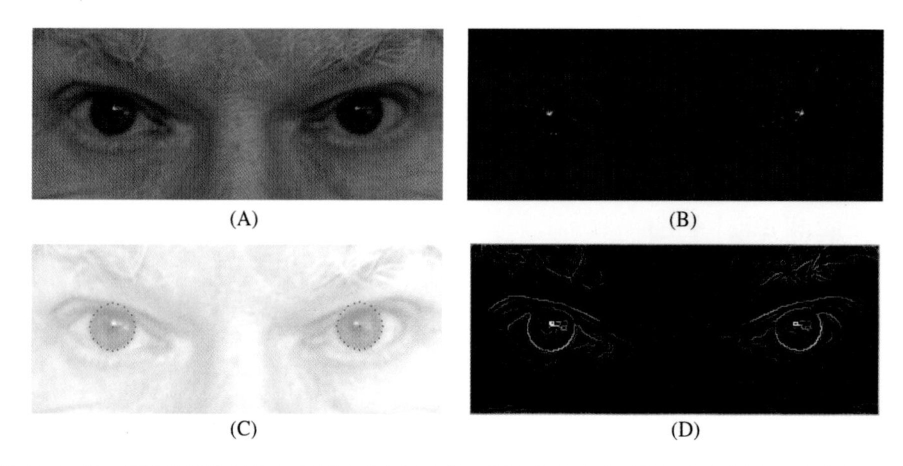

그림 10.18 허프 변환을 통한 홍채 위치 찾기: (A) 얼굴의 눈 영역에 해당하는 원본 이미지, (B) 그레이디언트 가중치를 준 허프 변환(HT)을 적용했을 때의 매개변수 공간, (C) (B)에서 피크 위치를 기반으로 찾은 정확한 홍채 위치, (D) 캐니 연산자(그리고 추가로 스무딩, 비최대 억제, 히스테리시스)를 사용해 외각 이미지를 얻은 결과. 그레이디언트 가중치를 주면 물체(홍체) 위치를 찾을 때 강건성과 정확도를 확보할 수 있다. (D)의 경우 홍체 외에 불필요한 외각이 너무 많이 발생함을 유의하라. 이 때문에 홍체가 아닌 곳에서 너무 많은 투표가 발생하고, 위치를 찾는 것을 방해한다.

다소 가리더라도 잘 작동함을 확인했다.

지금까지 설명한 내용을 그림 10.18의 예제에서 확인할 수 있다. HT를 적용할 수 있는 나른 간단한 응용 분야와 달리 눈 영역에는 굉장히 많은 양의 외각이 존재하며, 이로 인해 홍채 외의 다른 위치에서 발생하는 수많은 투표가 위치를 찾는 것을 방해한다. 특히 위아래 눈꺼풀과 그 주변의 피부 주름이 주범이다. 결국 HT가 제대로 작동한다는 보장이 없는 상황이므로, 그레이디언트 가중치(11.4절 참고)가 특히 중요한 역할을 하게 된다. 그림 10.18에서 찾은 홍채 반지름은 17.5픽셀 정도이며, 특별히 타원형이라고 볼 만한 근거는 나타나지 않는다. 그러나 홍채의 정확한 위치와 이심률을 측정해 방향(예를 들어, 시선의 각도)을 추정하기 위해서는 대략 반지름이 100픽셀 정도 수준에 이르는 높은 해상도를 필요로 한다. 또한 바이오메트릭을 위해 홍채 텍스처 패턴을 분석할 경우 더 큰 반지름이 요구된다.

10.11 결론

10장에서는 디지털 이미지에서 직선 선분과 외각을 찾는 다양한 방법을 다뤘다. 이 중 일부는 HT를 기반으로 하는데, 이미지의 전역 데이터를 체계적으로 추출하고 오클루전이나 노이즈 등의 '로컬' 문제를 피할 수 있다는 점에서다. 뒷장에서도 계속 등장하겠지만, 이는 '중간 수준' 처리를 위해 필요한 특징이다.

앞에서 살펴본 기법들은 직선에 관한 다양한 매개변수를 구하거나, 효율성과 정확도를 높이는 방식에 관한 것이다. 특히 2단계에 걸쳐 선분을 찾음으로써 속도를 향상할 수가 있다. 뒷장에서 다룰 그 밖의 HT 응용 분야에서도 이 방법은 유용하다. 다만 불확실성이 존재하고, 첫 단계에서 간섭 신호에 대해 너무 많은 영향을 받기 때문에 정확도는 떨어지는 경향이 있다. 그러나 최소자승법 등의 근사 방식으로 보완하면 정확도를 향상할 수가 있다.

이어서 살펴본 RANSAC 접근법의 경우 역시 선분을 근사할 수 있으며, 특정한 목적에서는 HT보다 훨씬 나은 성능을 보여주지만, 계산량이 더 증가하는 경향이 있다(외각 지점이 N개일 경우 계산량은 $O(N^2)$이 아닌 $O(N^3)$차원이다). 어떤 접근법을 선택할 것인가는 이미지 데이터에 포함된 노이즈나 배경 클러터 등을 판단해서 결정하면 된다.

아울러 HT 방식을 시작으로 원형 및 타원 인식 기법을 알아봤다. HT의 경우 효율적이고 오클루전, 노이즈 등 결함에 대해 강건한 성능을 보여주지만, 정보량과 계산량을 꽤 많이 필요로 한다. 특히 반지름을 알 수 없는 원형이 포함되어 있을 때 더 그렇다. 후자의 경우 단일 2차원 매개변수 공간을 사용해 해결하는 방법이 제안된 바 있다. 또한 행과 열에 대해 n줄 간격으로 샘플링해 원형 인식을 위한 계산량을 상당히 줄일 수도 있다. 이 방식은 근본적으로 2차원 탐색을 두 번의 1차원 탐색으로 바꿔주며, 더 효율적이긴 하나 강건성과 정확도를 제한한다. 이는 (HT의 경우) 강건성은 부차적인 취급이 아닌, 어떤 비전 알고리듬에서든 필수적인 요소가 돼야 한다는 원칙과 궤를 같이 한다.

그런 다음 두 가지 종류의 HT 기반 타원 인식 방법, 즉 지름 이분법 방식과 현-탄젠트 방식을 살펴봤다. 일반 허프 변환을 사용한 타원 인식은 11장 '일반 허프 변환'에서 다양한 방법을 소개하며, 각각이 어떻게 작동하는지를 자세히 다룰 것이다.

선분 인식에서처럼, 알고리듬을 두 단계 이상으로 나누는 방식으로 원형 및 타원형 인식 방식을 설계할 수 있다. 이는 어떤 형태의 물체나 특징을 다른 것과 정확히 구별하거나 크기 등의 특성을 측정하기 위해 이미지상의 중요하고 적절한 부분을 찾고자 할 때 유용하다. 더 나아가, 우선 이미지상의 외각 특징을 찾는 방식을 통해 이 장에서 소개한 모든 알고리듬을 더 효율적으로 구현할 수 있다. 이러한 점 때문에, 뒷장에서는 2단계 템플릿 매칭을 방법론적으로 깊게 다뤄볼 것이다. 2단계 템플릿 매칭이 효율성을 높이는 표준적인 방법이긴 하지만(VanderBrug and Rosenfeld, 1977; Davies, 1988f), 무조건 효율적인 방향으로 작용하는 것은 또 아니다. 대상에 따라서는 독창성을 발휘해야 할 수도 있다.

HT와 RANSAC은 모두 특징점으로부터 물체의 존재를 추정하는 방법에 속한다. 공통적으로 투표 방식을 통해 가장 근사하는 선분을 찾지만, HT는 매개변수 공간을 사용한다는 차이가 있다. 또한 둘 모두 물체가 존재한다는 긍정적인 형태의 근거에 기대서 물체를 판단한다. HT는 원형이나 타원형 인식에 대해서도 상당히 인상적인 수준의 강건성을 보여준다. 몇몇 경우 실제 사용하는 과정에서 속도나 정보량에 의한 문제가 생길 수 있으며, 이는 매개변수 공간의 차원을 줄이는 식으로 개선할 수 있다.

10.12 문헌과 연보

HT는 1962년 고에너지 핵물리 분야에서 (직선 방향으로 움직이는) 입자를 추적하기 위해 개발됐으며(Hough, 1962), 이후 Rosenfeld(1969)에 의해 이미지 분석 분야에 들어왔다. Duda and Hart(1972)는 이 방식을 더 발전시켜 디지털 이미지의 선분과 곡선 인식 분야에 적용했다. 직후 O'Gorman and Clowes(1976)이 외각 방향 정보를 사용해 허프 기반 선분 인식의 효율성을 개선했으며, 비슷한 시기에 Kimme et al.(1975)에서 (교류 없이 독자적으로) 동일한 방식으로 원형 위치를 효과적으로 찾는 방법을 발표했다. 이 장에서 소개한 빠르고 효율적인 선형 검출법 중 상당수는 Dudani and Luk(1978)에서 그 아이디어를 가져온 것이다. 필자가 고안한 법선 방식(Davies, 1986)은 시기적으로 훨씬 나중에 등장했다. 1990년대에 걸쳐 이 분야에는 많은 발전이 있었다. 예를 들어 Atiquzzaman and Akhtar(1994)는 선분의 양 끝점과 길이를 효율적으로 찾는 방법을 발표했고, Lutton et al.(1994)는 소실점을 찾기 위해 허프 변환을 응용했다. 또한 Kamat-Sadekar and Ganesan(1998)은 특히 도로 환경에 대해 복수의 선분 부분을 정확하게 인식할 수 있도록 확장한 방법을 제안했다.

잠깐 라돈Radon 변환에 대해 이야기해보자. 이 변환은 이미지를 노멀 방향 좌표 매개변수 (θ, ρ)에 대해 무한히 가늘게 잘라, 이를 따라 그림 함수 $I(x, y)$를 적분해 그 결과를 (θ, ρ) 매개변수 공간에 저장한다. 즉, 라돈 변환은 선분 검출을 위해 HT를 일반화한 방식이다(Deans, 1981). 특히 직선 선분 인식의 경우 라돈 변환을 단순하게 바꾸면 Duda and Hart(1972) 형식 HT가 된다. 실제 선분을 변환하면 매개변수 공간상에서 '나비' 형태(정확히는 해당하는 피크로부터 다발이 뻗어나가는 형태)로 나타나는 특성이 있다. 이러한 현상은 Leavers and Boyce(1987)에서 처음 연구됐는데, 피크를 민감하게 찾아내기 위해 특수한 3 × 3 합성곱 필터를 만들어 사용했다.

HT를 진행하는 과정에서의 계산의 어려움을 해결하려는 노력은 오랫동안 꾸준히 이어져 왔다. 사실 이 부분은 컴퓨터 비전에서는 피할 수 없는 매칭 문제와 밀접한 관련이 있기 때문에 끊임없이 연구돼야 한다. Schaffalitsky and Zisserman(2000)은 소실점 및 소실선을 구하기 위한 기존 방식을 바탕으로 하여, 특정 울타리나 벽돌 건물 등에서 반복적으로 발견되는 선분을 찾아 사용하는 방법으로 개량했다. Song et al.(2002)는 크기가 큰 이미지상에서 외각이 모호하거나 노이즈가 포함된 경우에 HT를 적용하는 방법을 개발했다. 또한 Guru et al.(2004)는, 예를 들어 간단한 고윳값 분석을 통한 휴리스틱 검색 등을 사용해 HT를 대체할 수 있음을 보였다.

필자가 연구한 자동 검사 분야의 원형 인식의 경우, 실시간으로 높은 정확도로 작동이 가능해야 한다. 10.7절과 10.8절에서 언급한 기법들은 이러한 조건하에 개발된 것이다(Davies, 1987d, 1988b). 또한 외각 방향을 계산하는 과정에서 노이즈의 영향, 특히 중심점 위치를 찾을 때의 정확도가 감소하는 효과를 보였다(Davies(1987c), 5.9절 참고).

Yuen et al.(1989)는 HT를 사용한 다양한 원형 인식 방법을 정리했다. 이에 따르면, 10.7절에서 살펴봤듯이 반지름을 모르는 원형 인식 방식은 효율적이긴 하나, 이를 구현하는 과정에 포함된 2단계 처리는 때에 따라 강건성 측면에서 약간 손해를 보게 된다. 이러한 문제는 Gerig and Klein(1986)이 수정한 알고리듬을 사용하면 어느 정도 해결할 수 있지만, Gerig and Klein(1986) 접근법 자체가 2단계 과정으로 진행됨을 유의해야 한다. 최근에는 Pan et al.(1995)가 지하 파이프 검사 분야에서 먼저 외각 픽셀들을 원호로 묶은 다음 인식을 진행하는 식으로 계산 시간을 더 줄인 바 있다.

2단계 템플릿 매칭 및 연관된 방식으로 디지털 이미지상의 검색 효율성을 늘리는 방식은 1977년에 알려졌으며(Nagel and Rosenfeld, 1972; Rosenfeld and VanderBrug, 1977; VanderBrug and Rosenfeld, 1977), 이후로도 계속 연구가 이뤄졌다. 특히 이 장에서 살펴본 특정 응용 분야에서 많은 진전이 있었다(Davies, 1988f).

이 책의 타원 인식에 관한 절은 Tsuji and Matsumoto(1978), Tsukune and Goto(1983), Yuen et al.(1988)을 참고했다. 이 중 4번째 방법(Davies, 1989a)처럼 계산을 줄이기 위해 Ballard(1981)과 같이 GHT를 사용하는 내용에 대해서는 11장 '일반 허프 변환'을 참고하라. 언급하겠지만, 소개한 방법들은 서로 차이가 많을뿐더러 복잡하다. 특히 GHT를 적용하는 과정에서 차원 수를 줄이는 아이디어를 응용하면 일반적인 원형 검출에서도 사용할 수 있다(Davies, 1988b). 이후 타원 매개변수를 찾기 위해 다단계 방식이 필요함이 증명되긴 했지만, 놀랍게도 결국 가장 최적의 결과를 보이는 단계 수는 2단계에 불과하다.

이후 연구는 실제 데이터에 오차 및 오차 특성을 포함시켜 알고리듬에 높은 수준의 강건성을 확보하는 방향으로 나아갔으며(Ellis et al., 1992), 이어서 허프 방식을 검증하는 단계에 집중하는 경향을 보였다(Ser and Siu, 1995). 또한 타원과 직사각형 사이의 형태를 갖는 초타원을 인식하는 연구가 진행됐다. 다만 Rosin and West(1995)에서 사용된 방식은 HT가 아닌 세그먼트 트리다(물론 특수한 경우가 아니라면 지름 이등분 방식을 사용해 초임계를 인식할 수 있다. 10.9.1절을 참고하라). 이에 대해서는 Rosin(2000)을 참고하라.

곡물 검사 분야의 경우 일반적으로 초당 300개 이상의 알갱이를 검사해야 하므로 매우 빠른 속도의 알고리듬이 필요하며, 이를 위해 현 기반 HT를 경우에 맞게 변형한 알고리듬이 개발됐다(Davies, 1999a,b). Xie and Ji(2002)는 효율적인 타원 인식 방식을 도입하는 방식으로 이를 시도했으며, Lei and Wong(1999)는 대칭성에 기반한 방법을 제안했는데, 이를 사용하면 타원뿐만 아니라 포물선이나 쌍곡선도 검출이 가능하다. 이러한 방식들은 몇몇 응용 분야에서는 이점이 있으나, 식별 단계를 생략하기 때문에 다른 용도에서는 단점으로 작용함을 유의해야 한다. 아울러, 탄젠트나 곡률을 계산할 필요가 없기 때문에 다른 방법보다 안정적이라는 장점이 있으며, Sewisy and Leberl(2001)에서 이러한 장점에 대해 다뤘다. 2000년대 들어서도 기본적인 타원 검출 방식에 대한 연구가 이어져 오고 있으며, 이는 이미지 분석 분야에 대해 시사하는 바가 있다. 즉, 현재 시점에서도 사용할 수 있는 알고리듬들이 완성됐다 말하기는 어려우며, '체계적으로' 새로운 도구를 개발하는 방법들이 미완성 상태인 것이다. 더욱이 이미지 분석 방법을 정의하기 위해 필요한 매개변수들을 전부 찾았다 해도, 그들 간의 트레이드오프가 어떤 식으로 이뤄져 있는지에 대해서는 아직 미지의 영역이 많다.

10.12.1 최신 연구

HT를 응용하려는 연구는 현재까지도 계속 이어지고 있다. 특히 Chung et al.(2010)은 방향에 기반한 제거 전략을 개발했으며, 기존의 HT 기반 선분 인식 방식보다 효율적임을 보였다. 이 방법은 외각 픽셀들을 작은(일반적으로 10° 정도) 방향 범위별로 묶어서 각각에 대해 선분 검출을 진행한다. 이렇게 하면 매개변수 공간의 크기가 줄어들므로 정보량과 검색 시간을 개선할 수가 있다.

RANSAC 방식은 Fischler and Bolles(1981)에 처음 등장했다. 이 논문은 컴퓨터 비전 분야에서 가장 많이 인용된 문헌 중 하나일 것이며, RANSAC은 현재까지도 가장 많이 쓰이는 방식이다(심지어 HT보다도 더 많이 쓰이는데, 이는 RANSAC이 계산한 것이긴 하지만 어쨌든 가설에 기반해 진행하기 때문이다). 원래 이 논문은 3차원상에서 투영된 *n*개의 지점에 대한 근사를 수행하기 위해 RANSAC을 제안했다(17장 '*n*지점 원근 문제' 참고). Clarke et al.(1996)은 직선 선분의 위치를 찾고 추적하는 데 이를 응용했다. Borkar et al.(2009)는 도로의 차선 표시 위치를 찾기 위해 알고리듬을 도입했고, Mastorais and Davies(2011)은 이를 더욱 발전시켰다. Borkar et al.(2009)의 방식에서 눈여겨볼 점은 낮은 해상도의 HT를 통해 RANSAC을 보완한 다음, 인라이어는 최소자승법으로 근사한다는 것이다. 논문 자체에서는 이러한 3단계 접근법을 통해 정확도나 신뢰도 측면에서 얼마나 이점이 있는지 다루지 않았다(만약 충분한 양의 가설을 사용하고 추가적인 처리가 불필요하다면 HT나 최소자승법을 적용하지 않아도 되지만, 속도 면에서 최적화를 이루고 싶다면 최소자승법은 필수적으로 들어가야 한다). RANSAC에 대한 추가적인 내용은 23장 '차량 내 비전 시스템'과 부록 A를 참고하라.

최근 들어 HT를 사용한 홍채 인식에 대한 많은 연구가 진행됐다. Jang et al.(2008)은 특히 눈꺼풀에 의해 가려진 홍채 영역에 대해, 포물선 버전 HT를 사용해 경계 위치를 정확히 찾으면서도 계산량을 손해보지 않으려 했다. Li et al.(2010)은 원형 HT를 사용해 홍채의 위치를 찾고, RANSAC과 유사한 기법을 통해 위아래 눈꺼풀을 역시 포물선 형태로 가정하여 위치를 찾았다. 이 방식은 홍채 이미지에 노이즈가 아주 많이 들어갔을 때도 대응이 가능하다. Chen et al.(2010)은 원형 HT를 사용해 홍채 위치를, 직선 HT를 사용해 각 눈꺼풀 외각마다 최대 2개의 직선 성분 위치를 찾았다. Cauchie et al.(2008)은 전체적 혹은 부분적인 원형 성분을 통해 동심점을 찾고, 이 값이 홍채 위치에 해당함을 보였다. Min and Park(2009)는 원형 HT로 홍채 검출, 포물선 HT로 눈꺼풀을 검출하고, 임계화를 통해 속눈썹을 찾는 방식을 사용했다.

마지막으로, Guo et al.(2009)에서 텍스처 영역에 난잡하게 나타나는 외각 세트 문제를 어떻게 해결했는지 요약해서 살펴보자. 이러한 종류의 외각이 작용하는 것을 줄이기 위해, 등방형 주변 억제[isotropic surround suppression]를 측정하는 방식을 도입했다. 이 알고리듬은 허프 공간에 투표를 축적할 때 텍스처 영역에 해당하는 외각에는 가중치를 적게 주고, 실제 경계가 분명한 외각에는 가중치를 크게 준다. 특히 빌딩처럼 사람이 만든 구조물이 포함된 씬에 대해 직선을 찾고자 할 때 이 방식은 좋은 결과를 낸다.

10.13 연습문제

1. a. 법선 방식 HT는 이미지 중심점을 원점 O (0, 0)으로 삼아 거기서부터 각 외각 부분 E (x, y)를 포함하는 법선을 내려, 만나는 지점 F (x_f, y_f)를 따로 이미지 공간에 투표하는 식으로 진행된다.

b. 정사각형 이미지 내의 선분 위치와 이에 해당하는 법선 위치를 찾는 식으로 HT를 구현할 경우, 이론적으로 필요한 매개변수 공간의 정확한 크기를 구하라.

c. 이 방식으로 HT를 구현해 선분 위치를 찾을 경우, (ρ, θ) 방식과 비교해 (1) 강건성과 (2) 계산량 부분에서 유사한 성능을 보이는지 논하라.

2. a. 왜 HT가 물체의 실제 위치가 아니라 '가설'을 구한다고 하는지 논하라.

b. 직선 선분을 찾는 새로운 형태의 HT를 생각해보자. 즉, 이미지 내의 모든 외각 성분을 취해 이미지 경계에 이를 때까지 양쪽 방향으로 선을 확장한 다음, 해당 위치에 대한 투표를 축적한다. 이 경우 각 선분마다 2개의 피크를 찾아야 한다.

이 피크를 찾는 방식은 기본적인 HT보다 적은 계산량이 필요하지만, 선분을 추정하는 과정에서 추가적인 계산이 필요하다. 그 이유를 설명하라. 계산량이 (1) 이미지의 크기와 (2) 이미지 내의 선분 개수에 따라 어떻게 변화하는가?

c. 이 방식을 직선 선분 위치를 찾는 기본적인 방식과 비교해 그 장단점을 논하라.

3. a. HT 접근법을 사용해 물체 위치를 찾는 과정을 설명하라. 무게중심 (r, θ) 플롯 접근법과 비교했을 때의 장점을, 반지름이 R인 원형의 위치를 찾는 경우를 예시로 들어 설명하라.

b. HT를 사용해 어떻게 직선 외각 위치를 찾을 수 있는지 논하라. 만약 원본 이미지에 곡선 외각도 많이 존재할 경우 매개변수 공간에서 어떻게 나타날지 설명하라.

c. 이미지에 임의의 정사각형 물체만이 존재할 경우 어떻게 될지를 설명하라. 매개변수 공간상의 정보를 사용해 이미지에 정사각형 물체가 존재함을 어떻게 추정할 수 있을까? 정사각형 물체의 존재 여부 및 위치를 찾기 위한 알고리듬에 포함될 주된 특징에 대해 논하라.

d. (c)에서 설명한 전략에 대해, (1) 정사각형의 일부 모서리가 가려지거나 (2) 하나 이상의 변이 존재하지 않거나 (3) 이미지에 여러 정사각형이 존재하거나 (4) (1)~(3)이 중복해서 나타날 경우에 어떻게 될지 논하라.

e. 이러한 형태의 알고리듬에서 외각 방향을 정확하게 찾을 수 있는 외각 검출자가 어느 정도로 중요할까? 구체적으로 어떤 형태의 외각 검출자가 필요할지에 대해 논하라.

4. a. 원형 물체의 크기를 알고 있다고 가정했을 때, HT를 사용하는 방법을 설명하라. 또한 원형 물체의 크기를 모른다고 가정했을 때, 타원 인식 방법을 활용할 수 있음을 보여라.

b. 원형 물체의 위치를 찾는 다른 방법으로서, 이미지를 가로 및 세로 방향으로 스캐닝하는 방식이 있다. 이 경우, 현의 이등분점을 구한 다음 그 지점의 x 및 y 좌표를 각각 1차원 히스토그램에 축적한다. 이 방식이 간단한 HT의 형태와 같으며, 이를 통해 원의 위치를 구할 수 있음을 보여라. 이 방식을 사용할 때 발생할 문제점이 어떤 것일지 논하라. 또한 HT를 사용한 기본적인 원형 인식법과 비교했을

때 어떤 장점이 있을지 논하라.

c. 원형의 위치를 찾기 위한 또 다른 방법을 생각해보자. 이미지를 가로 방향으로 스캔하는 것까지는 같지만, 각 현에 대해 중심점이 놓일 수 있는 두 지점을 추정해 투표하는 식으로 진행된다. 이 방식이 어떤 식으로 이뤄지는지 그림을 통해 설명하고, (b)에서 설명한 방식과 비교해 속도가 어떠할지 논하라. 혹은 (b)의 방식에 비해 어떠한 단점이 있을지 생각해보라.

5. 이 장에서 설명한 방식을 기반으로 (1) 쌍곡선, (2) $Ax^3 + By^3 = 1$ 형태의 곡선, (3) $Ax^4 + Bx + Cy^4 = 1$ 형태의 곡선을 인식할 수 있을지 논하라.

6. 타원에 대한 식 (10.18)을 증명하라. 힌트: P 및 Q 좌표를 적절한 매개변수 형태로 기술하고, OP⊥OQ인 특성을 이용해 수식의 좌항에서 매개변수 하나를 제거해보라.

7. 지름 이등분 및 현-탄젠트 방식을 통해 이미지상에서 타원 위치를 찾는 과정을 묘사하고, 각각의 특성을 비교하라. 현-탄젠트 방식의 경우 어떻게 원형을 인식할 수 있는지를 먼저 증명한 다음, 이를 확장해 타원 인식을 설명하라.

8. 자판기 내에서 여러 크기의 둥근 동전의 위치를 찾고, 인식하고, 분류하고자 한다. 이 경우 3D (x, y, r) 매개변수 공간을 사용하는 일반적인 HT 원형 위치 인식 방식 대신 현-탄젠트 방식을 사용할 수 있는지 논하라.

9. (1) 지름 이등분 방식과 (2) 현-탄젠트 방식에 대해, HT를 사용해 타원 위치를 어떻게 찾을 수 있을지 묘사하라. 각 방식의 원리를 설명하고, 어떤 방식이 더 강건하고 계산량이 적은지 논하라.

10. 지름 이등분 방식의 경우, 전체 외각 지점에 대해 일일이 필요한 방향을 찾으려면 상당히 많은 계산이 필요하다. 속도를 올리는 위한 방법 중 하나로 2단계로 나누어 진행할 수 있다. (1) 외각 지점을 방향에 따라 표로 만들어 분류한다. (2) 표 내에서 필요한 방향을 갖는 외각 지점을 찾는다. 이렇게 할 경우 지름 이등분 방식에 비해 어느 정도 속도가 향상될지 논하라.

11. 지름 이등분 방식은 한 이미지에 여러 타원이 존재할 경우 제대로 결과를 내지 못하고, 어느 타원에도 속하지 않는 거짓 '중심점'을 구하는 경우가 있다. 또한 타원이 아

닌 다른 형태도 인식하는 현상을 보인다. 각각의 경우에 대해 지름 이등분 방식이 민감하게 반응하는 요소가 무엇인지 확인하고, 이를 해결할 수 있는 방법에 대해 논하라.

11

일반 허프 변환

11장에서는 허프 변환(HT)을 통해 일반적인 형상의 위치를 찾는 방법을 알아보고, 이러한 경우에도 앞에서처럼 강건한 특성을 가짐을 확인할 것이다. 조금 다른 이야기를 하면, 추상적 패턴 매칭은 이미지에서 한 발 물러나 좀 더 고수준 차원에서 추상적인 특징을 묶어 물체가 존재함을 추론하는 식으로 이뤄진다. 오래전부터 그래프 매칭을 사용하는 것이 표준이지만, 몇몇 경우 일반 허프 변환(GHT, generalized Hough transform)이 더 나은 성능을 보여준다. 이 장에서는 이러한 종류의 추론 방식을 살펴본 다음, 이미지 데이터상에서 다양한 형태의 검색을 수행하는 방법을 알아본다.

11장에서 다루는 내용은 다음과 같다.

- GHT 기법
- 공간 매치 필터링과의 관계
- 균일 가중치 대신 그레이디언트 가중치를 적용한 민감도 최적화
- GHT를 이용한 타원 검출
- 다양한 HT 기법에 대한 계산량 추정
- 매치 그래프 접근법을 사용한 특징점 기반 물체 인식
- 서브그래프-서브그래프 동형을 이용한 매칭 작업 단순화
- GHT가 최대 클릭 패러다임보다 뛰어난 성능을 보이는 경우

이 장에서는 GHT를 설명하며, HT를 보편적인 컴퓨터 비전 기법으로 확장하고자 한다. 또한 타원 검출에 대한 세 가지 HT 기반 방법의 계산량 수준을 비교한다. 아울러 물체의 특징점 세트로부터 그 존재를 판단할 수 있는 방법과, 특정 경우 GHT를 사용했을 때의 이점을 다룬다.

11.1 서론

앞의 몇몇 장에서 HT가 선분, 원형, 타원형 등의 특징을 검출하고 그 이미지 매개변수를 구하는 데 있어 매우 중요한 비중을 차지하는 방법임을 살펴봤다. 그렇다면 이를 일반화해 임의의 형상을 검출할 수 있는지 확인해볼 만한 가치가 충분할 것이다. Merlin and Farber (1975)와 Ballard(1981)은 GHT를 개발했다는 점에서 역사적으로 중요한 위치에 있다. 이 장에서는 GHT가 어떤 식으로 구현되고, 여러 형태의 이미지 데이터에 적용하기 위해 어떻게 최적화해야 하는지를 살펴볼 것이다. 이를 위해 우선 기본적인 원리인 공간 정합 필터링 spatial matched filtering에서부터 시작한다. GHT를 이론적으로 적절히 변형해 타원 검출에 적용 가능하며, 계산량을 최소화할 수 있음을 보일 것이다. 아울러 GHT와 HT의 계산 관련 문제를 좀 더 일반적인 수준으로 살펴본다.

물체가 복잡한 형태로 이뤄진 경우 작은 구멍이나 모서리, 원형 및 타원형 부분, 그리고 쉽게 로컬화가 가능한 서브패턴 등 핵심적인 특징의 위치를 찾는 것이 일반적이다. 앞에서 특징의 위치를 구하는 방법을 살펴봤지만, 다양한 형태의 특징을 포함한 물체를 인식하고 그 위치를 찾기 위해서는 여러 특징들의 정보를 함께 대조해야 한다. 많은 경우 그래프 매칭 방식을 사용하며, 이에 대해서는 이 장의 뒷부분에서 자세히 다룰 것이다. 그러나 예를 들어 최대 클릭 접근법 등의 그래프 매치 방법은 NP 완전이기 때문에 계산량 문제가 크다. 흥미롭게도 특정한 경우 GHT를 사용해 지점 패턴 매칭 작업(즉, 특징점으로부터 물체를 인식하는 작업)을 수행할 수 있으며, 이를 통해 다항 시간 안에 효율적으로 물체를 찾을 수 있다. 11.10절에서 이에 대해 설명할 것이다. 더 나아가 모서리의 방향이나 선예도 등의 추가적 속성을 활용해 계산량을 한층 줄이고 해석의 불확실성을 해결하는 방법을 알아본다.

11.2 일반 허프 변환

이 절에서는 일반적인 허프 기법을 일반화해 임의의 형태를 검출하는 방법을 살펴본다. 기본적인 원리는 간단하다. 먼저 이상적인 형태로 템플릿을 만들어 그 내부의 로컬 지점 L을 선택한다. 그런 다음, 마치 원과 중심점의 관계처럼 각 외각 지점으로부터 로컬 외각 노멀 방향으로 '고정된' 거리 R만큼 이동하는 것이 아니라, L까지 도달하도록 '가변' 거리 R 및 가변 방향 φ만큼 이동한다. R과 φ는 로컬 외각 노멀 방향 θ에 대한 함수로 표현할 수 있다(그림 11.1). 이 경우 투표는 사전에 설정한 물체 로컬 지점 L에 피크를 형성한다. $R(\theta)$ 및 $\phi(\theta)$ 함수는 컴퓨터 알고리듬을 통해 해석적으로 구할 수도 있고, 임의의 형태의 경우 룩업 테이블 형태로 저장할 수도 있다. 어떤 식으로 하든 원리는 간단하지만 실제 구현 과정에서는 두 가지 복잡한 문제가 존재한다. 첫째, 오목하거나 구멍을 포함하는 등 특정 형태의 경우 θ 값에 대응하는 R 및 φ 값이 여러 개 필요할 수 있다(그림 11.2). 둘째, 임의의 방향에 대응하는 과정에서, 등방 형태(원형)를 넘어 비등방 형태를 고려해야 한다.

첫 번째 문제를 해결하기 위해 룩업 테이블lookup table(일반적으로 'R 테이블'이라고 부른다)을 사용한다. 즉, 각 외각 방향 θ에 해당하는 모든 물체 경계 지점을 구해 L에 대한 상대 위치 $\mathbf{r}$의 목록을 만든다(혹은 해석적인 방법으로도 비슷한 목록을 만들 수 있다). 그런 다음, 이미지상에서 방향이 θ인 외각 부분으로부터 $\mathbf{R} = -\mathbf{r}$만큼 거리를 이동해 L의 위치를 추정한다. 만약 R 테이

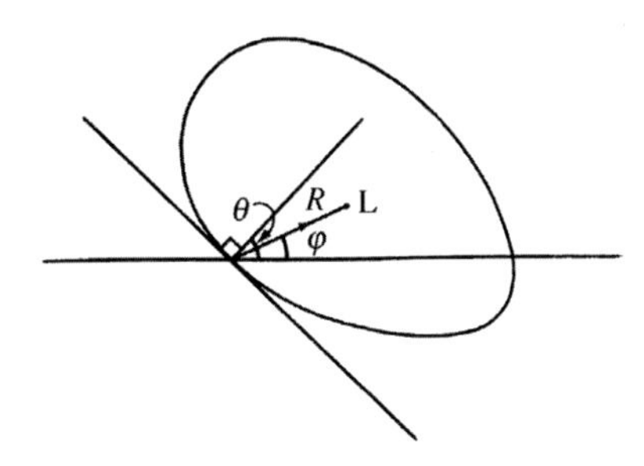

그림 11.1 일반 허프 변환 계산 과정

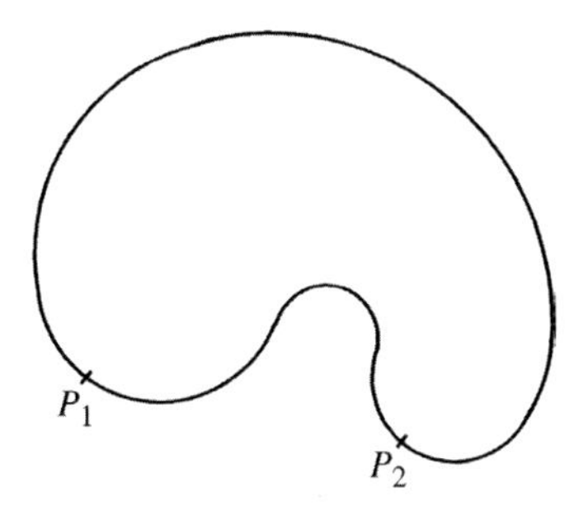

그림 11.2 오목함을 포함한 형태. 이 경우 하나의 P_1 및 P_2처럼 θ 값에 대응하는 경계 지점과 이에 해당하는 R 및 φ가 여러 개 존재한다.

블에 일대다 항목이 존재한다면(즉, 특정 θ에 대해 **r** 값이 여러 개 존재할 경우) 그중 하나의 항목만 올바른 L 위치를 가리킬 것이다. 모든 외각 부분이 매개변수 공간에서 L에 해당하는 피크를 생성한다는 면에서 이 방식은 최적 민감도를 보인다. 이러한 특성은 GHT가 공간 매치 필터 형태를 하고 있기 때문이며, 뒤에서 이에 대해 더 자세히 다룰 것이다.

두 번째 문제의 경우, 원형만이 완전한 등방형이기 때문에 발생하는 문제다. 대부분의 응용 분야(자동 조립 등 산업 분야를 포함해서)에서 초기 물체의 방향은 알지 못한다고 가정하며, 따라서 알고리듬이 자체적으로 물체 방향을 얻어야 한다. 즉, 매개변수 공간에 추가적인 차원이 필요해진다(Ballard, 1981). 그런 다음, 매개변수 공간에 주어진 형태와 방향을 가정했을 때의 물체에 해당하는 평면들을 만들고, 각 평면에 대해 외각 지점이 투표하도록 한다. 마지막으로, 전체 매개변수 공간에 대해 피크를 찾으면 그중 최댓값에 해당하는 지점은 물체의 위치와 방향을 동시에 가리킨다. 만약 물체 크기를 매개변수로 추가하면 문제는 더더욱 복잡해지며, 여기서는 그 정도까지는 다루지 않을 것이다(다만 10.7절에서 다룬 내용이 이 경우에 해당한다).

GHT를 구현하는 과정에서의 복잡함을 해결할 경우 앞에서 살펴본 HT 원형 검출자만큼 강건하다. 이는 GHT를 개선하는 데 이점으로 작용하며, 따라서 실제로 적용할 때 발생하는 계산 문제를 개선할 수가 있다. 특히 매개변수 공간의 크기를 상당히 줄여야 서장공간을 절약함과 동시에 탐색 작업을 단축해 수행할 수 있다. 이 부분을 해결하기 위한 대안을 마련하기 위해 상당히 많은 노력이 이뤄졌다. 특히 타원 및 다각형 검출 등의 중요한 경우에 대해서는 큰 진전이 있었다. 타원 검출에 대해서는 10장 '선, 원, 타원 검출'에서 설명하고 있으며, 다각형 검출에 대해서는 Davies(1989a)를 참고하라. 일단은 GHT의 기본적인 내용을 좀 더 살펴보자.

11.3 공간 매칭 필터링의 타당성

이미 오래전에, HT가 템플릿 매칭(Stockman and Agrawala, 1977) 및 공간 매치 필터링(Sklansky, 1978)과 동일하다는 사실이 증명된 바 있다. 매칭 필터링은 2차 대전 당시 레이더를 개발할 때부터 시작됐고, 신호를 검출하는 데 있어 이상적인 방식으로 알려져 있었다. 주어진 신호에 대해 '매칭된' 필터는 특히 화이트 노이즈 조건에 대해 최적의 신호 대 잡음비SNR, signal-to-noise ratio를 보인다(North, 1943; Turin, 1960). 화이트 노이즈는 모든 주파수 대역에서 동일한 파워를 갖는 노이즈를 뜻하며, 이미지 과학 분야에서는 모든 공간spatial 주파수에 대해 동일한 평균 파워를 갖는 노이즈를 의미한다. 이 정의가 중요한 이유는 서로 다른 픽셀에 포함된 노이즈는 전혀 상관관계가 없지만 같은 그레이스케일 확률 분포에 의해 결정되기 때문이다. 즉, 모든 픽셀은 같은 세기 범위 안에서 값을 가질 가능성을 갖는다.

수학적으로 매칭 필터를 사용하는 것은 검출하고자 하는 시간적 또는 공간적 프로파일 신호(또는 '템플릿')와의 상관관계를 구하는 것과 동일하다(Rosie, 1966). 하지만 상관관계를 계산해 이미지를 분석할 경우, 배경 조명이 변하면 이미지 또는 이미지 부분 간의 신호가 크게 변하게 된다. 이 문제는 두 가지 방법으로 해결할 수 있다.

1. 템플릿을 조정해 평균값을 0으로 맞춘다. 이렇게 하면 조명 변화로 인한 효과를 줄일 수 있다.
2. 템플릿을 좀 더 작은 템플릿 여러 개로 쪼개되, 각 템플릿의 평균을 0으로 맞춘다. 서브템플릿의 크기가 0에 가까워질수록, 조명 변화로 인한 효과의 정도 역시 0에 근접한다.

첫 번째 방법은 이미지 분석에서 널리 쓰이며, 특히 외각, 선분, 모서리 등 작은 특징을 검출하고자 할 때 사용돼왔다. 이러한 작은 특징을 기준으로 하여 더 큰 물체를 검출하고자 할 때는 두 번째 방법도 쓰이곤 한다. 그러나 작은 템플릿 세트를 통해 물체를 검출할 경우 물체 전체를 고려하는 것이 아니므로, 물체가 온전히 존재함을 확인할 수 있는 방법이 추가로 필요하다. 만약 충분히 엄격하게 이를 확인하지 않는다면, 물체를 찾지 못하거나 엉뚱한 형태를 검출할 수도 있다. 즉, 매칭 필터 패러다임상에서 발생하는 오차로 인한 위험성이 있다.

일단은 GHT가 매칭 필터 형태이며, 앞에서 살펴본 방법들을 통해 제어할 수 없는 배경 조명 변화를 처리할 수 있다는 정도로만 살펴보고 넘어가자. 다르게 말하면 이러한 방법들을 통해 노이즈 백색화 필터를 대충이나마 적용해, 매칭 필터를 이상적인 형태에 가깝게 가져갈 수 있다.

흥미롭게도 0 평균 템플릿을 사용하면 절대적인 신호 레벨이 0으로 줄어들면서 상대적인

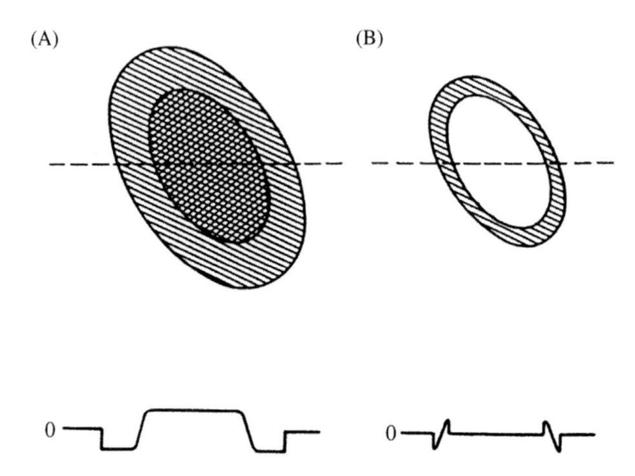

그림 11.3 둘레 템플릿 개념. 원본 공간 매칭 템플릿(A)과 그에 해당하는 '둘레 템플릿'(B) 모두 평균값이 0이다(본문 참고). 아래 그래프는 점선에 해당하는 단면을 그린 것이다.

로컬 신호 레벨 차이는 유지되므로, GHT를 통해 물체의 내부 영역 신호는 억제하면서 경계 부분만 남길 수 있다. 이 때문에 GHT는 물체 위치를 찾는 데에는 매우 민감도가 높지만 물체 검출 자체에 대해서는 그리 최적화된 방법이 아니다. 요컨대 GHT는 물체 외부 둘레(대비가 높은 내부 외각 영역도 포함)에 대한 템플릿 형태로 이해해도 무방하다(그림 11.3).

11.4 그레이디언트 가중치와 균일 가중치

GHT에 관한 또 다른 오래된 문제는 매개변수 공간에 투표를 진행할 때 각 외각 그레이디언트의 크기에 따라 가중치를 어떻게 줘야 할지에 대한 것이다. 이 문제는 정확한 답을 구하기 위한 공간 매칭 필터를 찾은 뒤 이에 해당하는 GHT를 구하는 식으로 해결할 수 있다. 유의할 것은, 외각 그레이디언트 크기에 비례해서 서브템플릿(또는 둘레 템플릿)의 응답이 결정된다는 점이다. 또한 공간 매칭 필터를 사용할 경우 신호와 동일한 형태를 갖는 템플릿을 사용했을 때 검출이 가장 잘 된다. 즉, 공간 매칭 필터에 대한 응답값은 신호 및 템플릿의 로컬 크기에 비례한다. (1) 공간 매칭 필터를 적용한 뒤 합성곱 공간상의 피크를 통해 물체의 위치를 찾는 방법과 (2) GHT를 적용한 뒤 매개변수 공간상의 피크를 통해 물체의 위치를 찾는 방법

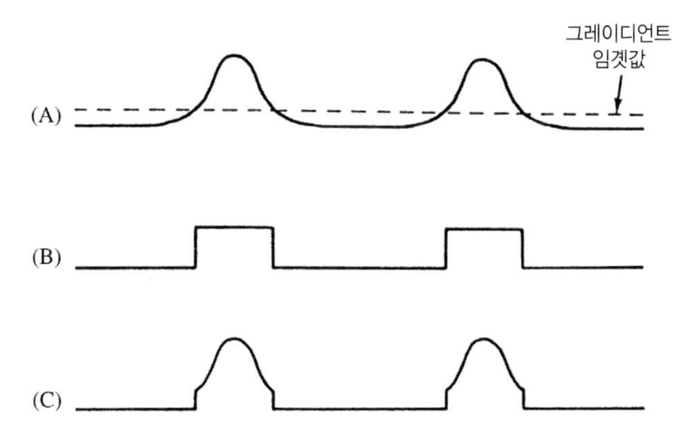

그림 11.4 보통의 대비를 갖는 물체 단면에 상당히 낮은 임곗값을 적용했을 경우, 위치에 대한 함수 형태로 나타낸 유효 그레이디언트 세기: (A) 원본 이미지 데이터의 그레이디언트 세기와 임곗값 레벨, (B) 균일 가중치. 외각의 유효 폭이 거칠게 증가하며, 매개변수 공간상에서 피크 위치를 찾기가 어려워진다. (C) 그레이디언트 가중치. 매개변수 공간상의 피크 위치를 추정하는 기본적인 방법은 그레이디언트 프로파일 형태를 원본 이미지 데이터와 유사하게 제한하는 것이다.

의 결과를 일치시키기 위해서는 외각 지점의 그레이디언트 및 선험적인 외각 그레이디언트에 비례해 가중치를 주어야 한다.

가중치를 선택하는 방법으로는 크게 두 가지가 있다. 첫째, 균일 가중치 방식을 사용해 그레이디언트 크기가 임곗값을 넘어가는 모든 외각 픽셀의 값을 임곗값으로 맞춰서 신호를 잘라낸다. 이렇게 하면 고대비 물체의 SNR이 꽤나 줄어든다. 둘째, 균일 가중치를 주면 고대비 물체의 외각 너비가 너무 정직하게 늘어나므로(그림 11.4), 그레이디언트 가중치를 주어서 넓어지는 정도를 조절하고, 가우시안 형태에 가까운 외각 프로파일을 구할 수 있다. 즉, 매개변수 공간의 피크가 좀 더 좁고 둥글게 형성되며, 물체의 기준점 L을 더 쉽고 정확하게 찾을 수 있게 된다. 그림 11.5에서 균일 가중치를 적용했을 때 노이즈 레벨이 증가함을 확인할 수 있다.

또한 그레이디언트 세깃값이 낮으면 외각의 위치를 파악하기가 어려우며, 높은 값을 확보해야 또렷하게 외각을 정의할 수 있음을 유의하라. 즉, 물체 위치에 대한 정보가 얼마나 정확한지는 각 외각 픽셀의 그레이디언트 크기에 비례하며, 따라서 이에 적합한 가중치를 주어야 한다.

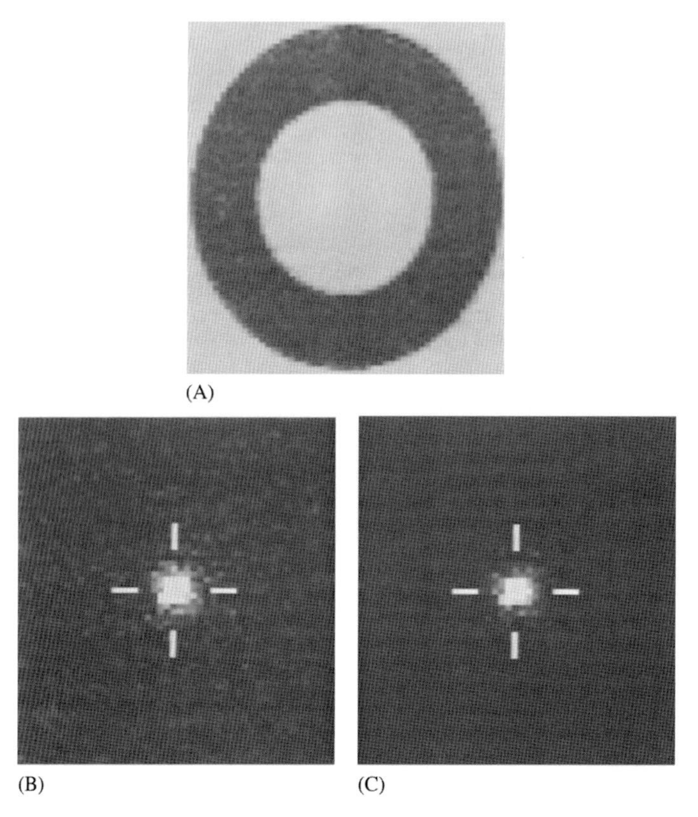

그림 11.5 실제 이미지에 두 종류의 가중치를 적용한 결과: (A) 원본 이미지, (B) 균일 가중치를 주었을 때의 결과, (C) 그레이디언트 가중치를 주었을 때의 결과. (워셔의 바깥쪽 외각에 형성되는) 피크를 두 경우 모두에 대해 같은 값으로 균등화했다. (B)의 경우 노이즈 레벨이 증가하는 모습이 두드러지게 나타난다. 이 예제에서 그레이디언트 임곗값을 낮게 설정했기 때문에(최댓값 대비 10%) 대비가 낮은 물체도 검출 가능하다.

11.4.1 민감도 계산 및 계산량

이 절에서는 앞에서 살펴본 내용을 기반으로 민감도 및 계산량에 대한 공식을 구한다. $N \times N$ 크기의 이미지 안에 $n \times n$ 크기의 물체 p개가 포함되어 있다고 가정할 것이다.

상관관계를 구할 경우 이미지상의 모든 물체가 위치할 수 있는 지점을 대상으로 총 N^2n^2번의 연산을 통해 합성곱을 계산하게 된다. 둘레 템플릿을 사용하면 템플릿상의 픽셀 수가 감소함에 따라 기본적인 연산량이 N^2n 수준으로 줄어든다. GHT는 외각 픽셀 위치를 찾기 위해 N^2 수준의 연산을 필요로 하며, 거기에 매개변수 공간상에서 지점을 축적하는 $\sim pn$번의 연산이 추가된다.

민감도의 경우 조금 다르다. 상관관계를 구하는 과정에서 n^2픽셀의 결괏값을 전부 합치게 되므로, 신호는 n^2에 비례하는 반면 (각 픽셀에 대해 독립적인 양상을 보이는) 노이즈는 n에 비례한다. 잘 알려져 있듯이, 이는 다양한 독립적 노이즈 성분들이 가산성이기 때문이다(Rosie, 1966). 결국 SNR 값 역시 n에 비례하게 된다. 둘레 템플릿의 경우 차지하는 픽셀 수가 n개뿐이므로, 최종적으로 SNR은 $\sqrt{n}$에 비례하게 된다. GHT는 본질적으로 둘레 템플릿 방식과 동일하기 때문에, 계산한 외각 그레이디언트 g와 선험적 외각 그레이디언트 G를 곱한 값에 비례해 매개변수 공간의 플롯에 가중치를 주게 된다. 즉, 비례 상수 α를 계산해야 한다. 물체 전체에 대한 세깃값(거의 균일하다고 가정) 신호의 평균값 s를 취하고, S를 전체 매칭 필터 템플릿의 크기로 하자. 그리고 둘레 템플릿 신호에 대해 같은 방식으로 g(와 G)를 구한다. 이때 $\alpha = 1/sS$가 된다. 즉, 둘레 템플릿과 GHT 방식은 두 가지 이유로 민감도 면에서 손해가 있는데, 첫째로 가능한 것보다 적은 양의 신호를 고려하고, 둘째로 낮은 신호에 대해서만 고려하기 때문이다. 스텝 형태 외각(즉, 세기가 1픽셀 이내에서 급격히 변화할 경우)의 경우 그레이디언트 크깃값이 큰데, g와 G는 s와 S 값과 같게 수렴한다(그림 11.6). 이 조건에서 둘레 템플릿 방식과 GHT는 n 값에 대해서만 민감도가 결정된다.

앞서 설명한 내용을 요약해 표 11.1에 나타내었다. GHT의 계산량은 물체 내부 영역보다 현저히 적은 양의 둘레 픽셀 수에 비례한다고 흔히 일컬어지지만, 사실은 가정일 뿐이다. 게다가 이런 식으로 계산량을 줄일 경우 그에 해당하는 비용이 발생한다. 특히 민감도(SNR)는 (최소) 물체 넓이/둘레의 제곱근 비율로 줄어든다(이때 영역과 둘레를 동일한 단위로 계산해야 정확한 비율을 구할 수 있음을 유의하라).

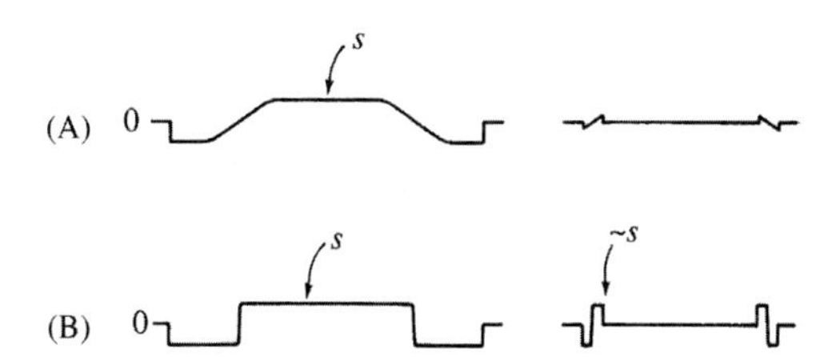

그림 11.6 둘레 템플릿 신호에서 외각 그레이디언트가 주는 영향: (A) 외각 그레이디언트가 작을 경우, 신호는 그레이디언트에 비례한다. (B) 외각 그레이디언트가 클 경우 신호는 s에 수렴한다.

표 11.1 계산량 및 민감도에 관한 공식[a]

	템플릿 매칭	둘레 템플릿 매칭	일반 허프 변환
연산 횟수	$O(N^2n^2)$	$O(N^2n)$	$O(N^2) + O(pn)$
민감도	$O(n)$	$O(\sqrt{n}gG/sS)$	$O(\sqrt{n}gG/sS)$
최대 민감도[b]	$O(n)$	$O(\sqrt{n})$	$O(\sqrt{n})$

[a] 이 표는 $N \times N$ 이미지상에서 $n \times n$ 크기의 p 물체에 대한 계산량과 민감도에 대한 공식을 나타낸다. 전체 물체 템플릿상의 이미지 세깃값을 s로, 이상적인 템플릿의 세깃값을 S로 놓는다. 또한 둘레 템플릿상의 세기 그레이디언트값은 각각 g와 G로 잡는다.

[b] 최대 민감도는 스텝 외각의 경우, 즉 $g \approx s$ 및 $G \approx S$인 경우를 나타낸다(그림 11.6 참고).

끝으로, GHT의 절대 민감도는 gG에 따라 변화한다. 대비가 $g \rightarrow g'$로 변화하면, $gG \rightarrow g'G$인 것을 확인할 수 있다. 즉, 민감도는 g'/g 비율로 바뀐다. 예상되던 결과이긴 하지만, 실제로는 그레이디언트 가중치 조건하에서만 성립한다.

11.4.2 요약

앞 절에서는 GHT에 관해 다음 인수를 최적할 수 있음을 보였다.

1. 매개변수 공간의 각 지점에 대해, 세기 그레이디언트에 비례하는 가중치를 줌으로써 외각 픽셀을 두드러지게 할 수 있으며, 또한 민감도를 최적화해야 할 경우 선험적 그레이디언트에 비례하여 가중치를 줄 수 있다.
2. 세기 그레이디언트값이 낮은 픽셀을 무시하는 식으로 GHT의 계산량을 줄일 수 있다. 그레이디언트 크기의 임곗값을 너무 높게 잡으면 검출되는 물체의 수가 적어진다. 반대로 임곗값을 너무 낮게 잡으면 계산량이 거의 줄어들지 않는다. 따라서 적절한 방식으로 임곗값을 설정해야 하지만, 저대비 이미지에 대해 높은 민감도를 유지해야 할 경우에는 가능한 계산량 절약 수준 자체가 미미할 수 있다.
3. GHT는 본질적으로 물체 검출보다는 물체 위치를 찾는 데 최적화되어 있다. 다시 말해, 물체 영역 전체를 고려하는 다른 방식으로는 검출이 가능한 저대비 물체를 GHT

에서 놓치는 경우가 발생한다. 그러나 복잡하지 않은 환경에서 물체를 빠르게 찾는 것이 SNR보다 더 중요한 문제일 경우 이 부분을 크게 고려하지 않아도 된다.

요약하면 GHT는 특수한 형태의 공간 매칭 필터이며, 따라서 항상 최대의 민감도로 결과를 내지는 않는다. 이 기법은 효율성이 높고, 전체 물체 영역에 비해 상대적으로 매우 적은 양의 둘레 픽셀에 비례해서 계산량이 결정된다는 장점이 있다. 더불어 물체 경계에 초점을 맞추기 때문에, 위치를 찾는 데 있어서는 높은 성능을 보인다. 요컨대 물체를 '검출하는' 것과 물체의 '위치를 찾는' 작업의 민감도를 구분해야 한다.

11.5 GHT를 이용한 타원 검출

앞에서 살펴봤듯이, GHT로 비등방성 물체를 검출하려면 매개변수 공간상에 많은 수의 평면을 마련해야 한다. 지금부터는 모든 가능한 물체 방향에 대한 투표를 '하나의' 매개변수 공간 평면에 투표해 계산량을 상당히 줄일 수 있는 방법을 알아볼 것이다. GHT를 사용할 때는 (일반적으로) 360개의 매개변수 공간 평면을 필요로 하는 반면, 해당 방법은 하나의 평면만을 사용해 저장공간을 크게 절약할 수 있음과 동시에 최종적인 피크를 찾는 계산량도 줄어들게 된다. 그러나 동시에 거짓 피크가 나타난다는 단점이 있으며, 따라서 이러한 관점에 대해서도 신중히 고려해야 한다.

이러한 목표를 달성하려면 각 외각 픽셀값을 축적하기 위한 점퍼짐 함수^PSF, point spread function^의 형태를 분석해야 한다. 예시로서 방향을 모르는 타원의 경우를 생각해보자. 우선 타원 매개변수 ψ를 통해 정의한 위치에서 일반적인 외각 부분을 취하고, 이를 기반으로 로컬 외각 노멀에 대한 상대적 위치 방향을 추론해볼 것이다(그림 11.7). 장축 및 단축의 반지름이 각각 a와 b인 타원의 좌표계는 다음과 같이 정의할 수 있다.

$$x = a\cos\psi \tag{11.1}$$

$$y = b\sin\psi \tag{11.2}$$

따라서

$$\mathrm{d}x/\mathrm{d}\psi = -a\sin\psi \tag{11.3}$$

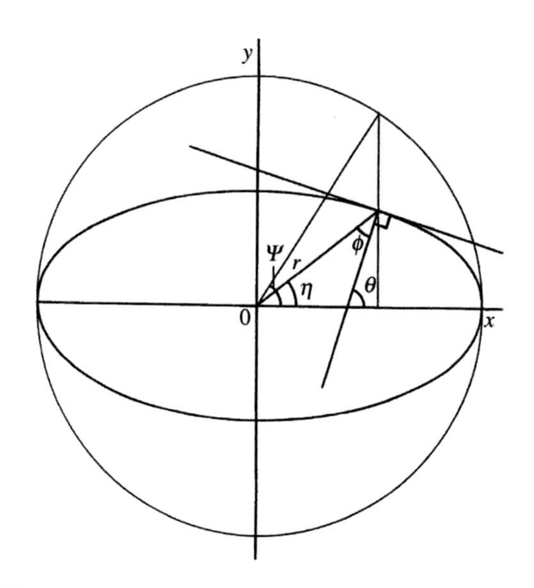

그림 11.7 타원과 외각 노멀

$$dy/d\psi = b \cos \psi \tag{11.4}$$

이며,

$$dy/dx = -(b/a) \cot \psi \tag{11.5}$$

이로써 외각 노멀의 방향은 다음과 같이 구할 수 있다.

$$\tan \theta = (a/b) \tan \psi \tag{11.6}$$

이제 로컬 외각 노멀에 대한 타원의 중심 방향을 추정해보자. 그림 11.7에서 다음 관계를 구할 수 있다.

$$\phi = \theta - \eta \tag{11.7}$$

여기서

$$\tan \eta = y/x = (b/a) \tan \psi \tag{11.8}$$

이고,

$$\tan\phi = \tan(\theta - \eta) \\ = \frac{\tan\theta - \tan\eta}{1 + \tan\theta\tan\eta} \tag{11.9}$$

여기서 $\tan\theta$ 및 $\tan\eta$를 소거해 정리하면 다음 수식과

$$\tan\phi = \frac{(a^2 - b^2)}{2ab}\sin 2\psi \tag{11.10}$$

다음 수식이 성립한다.

$$r^2 = a^2\cos^2\psi + b^2\sin^2\psi \tag{11.11}$$

임의의 방향에 대한 타원의 PSF를 구할 때는 간단하게 원점을 지나는 외각 부분을 취한 후 u축을 따라 노멀의 방향을 계산한다(그림 11.8). 그런 다음 타원 중심이 위치할 수 있는 모든 지점에 대해 궤적을 PSF로 삼는다. 이 궤적의 형태를 구하려면 식 (11.10)과 식 (11.11)의 ψ를 소거해야 한다. 2배각 공식으로 r^2을 다시 표현해보자(2배각은 타원이 180° 대칭 관계가 있다는 점에서 중요하다).

$$r^2 = \frac{a^2 + b^2}{2} + \frac{a^2 - b^2}{2}\cos 2\psi \tag{11.12}$$

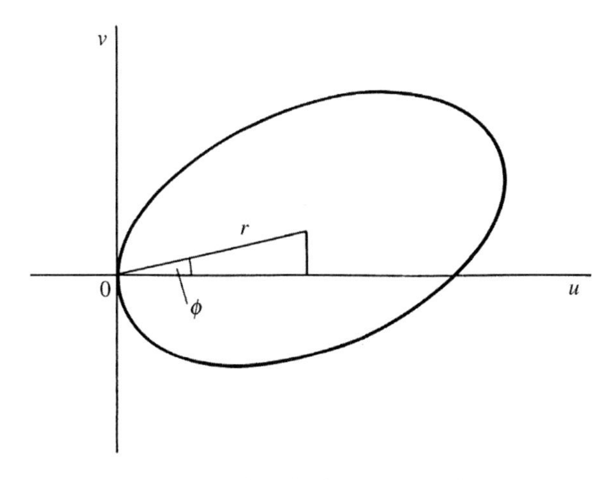

그림 11.8 주어진 외각 부분을 지나는 타원의 중심점 궤적을 그려 PSF를 찾는 과정

이 식을 적당히 변형하면 궤적을 다음과 같이 구할 수 있다.

$$r^4 - r^2(a^2 + b^2) + a^2b^2\sec^2\phi = 0 \tag{11.13}$$

외각을 기준으로 한 좌표계로 변형하면 다음 형태로 표현할 수 있다.

$$v^2 = (a^2 + b^2) - u^2 - a^2b^2/u^2 \tag{11.14}$$

사실 그림 11.9에서처럼 이심률이 낮은 타원에서는 PSF가 복잡하고 다양한 형태로 나타나며, 이를 타원으로 근사하는 것 자체는 가능하다. 그러나 이러한 특수 형태를 고려해 룩업 테이블을 만들어 사용하는 편이 일반적으로 더 낫다.

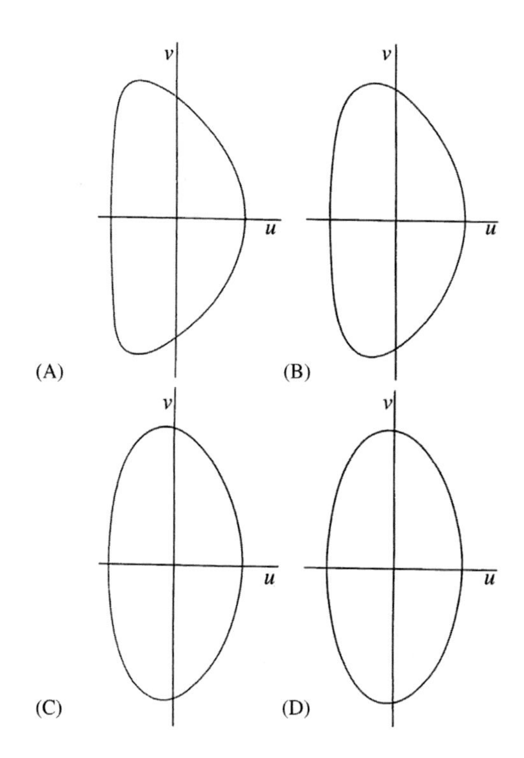

그림 11.9 다양한 이심률의 타원을 검출할 때의 일반적인 PSF 형태: (A) a/b = 21.0, (B) a/b = 5.0, (C) a/b = 2.0, (D) a/b = 1.4인 타원. 이심률이 0으로 줄어들면 PSF 형태는 종횡비 2.00인 작은 타원으로 수렴함을 유의하라.

11.5.1 예시

타원 검출을 위한 룩업 테이블의 경우, 알고리듬을 통해 스케일, 위치, 회전을 조정해 매개변수 공간에 해당하는 지점을 축적한다. 그림 11.10은 앞에서 설명한 방식을 경사면에 놓인 O 링 이미지에, 그림 11.11은 타원형 물체에 적용한 결과를 각각 나타내고 있다. PSF는 각각 50개와 100개의 투표로 이뤄져 있다. 그림 11.10의 경우, O 링이 겹쳐지고 오클루전이 존재함에도 불구하고 위치를 정확하고 상당히 강건하게 찾았음을 확인할 수 있다.

그림 11.10은 타원 경계상의 모든 외각 지점에 PSF를 적용한 결과를 매개변수 공간상에 배열한 모양을 보여준다. 이 배열 패턴은 그림 11.11에서 더 뚜렷하게 확인할 수 있다. 두 경우 모두 복잡한 구조를 나타내고 있다(흥미롭게도 이 패턴들은 '네잎클로버' 형태와 유사하다). 이상

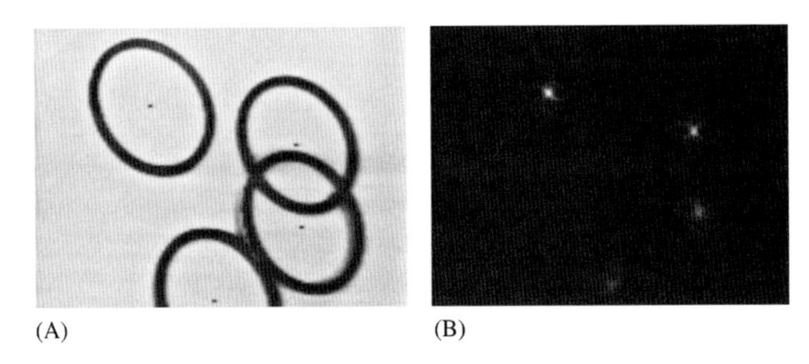

그림 11.10 PSF를 적용해 기울어진 원형을 검출한 결과: (A) 임의의 방향으로 45°만큼 비스듬히 놓인 128 × 128 크기의 O 링 세트 이미지, (B) 매개변수 공간에 변환시킨 결과. 타원형을 변환하면 특유의 '네잎클로버' 패턴이 나타남을 유의하라. (A)에는 (B)를 기반으로 찾은 O 링 중심점도 표시되어 있다. 노이즈, 그림자, 클러터, 해상도 등의 영향으로 정확도는 표준편차 0.6픽셀 수준으로 제한된다.

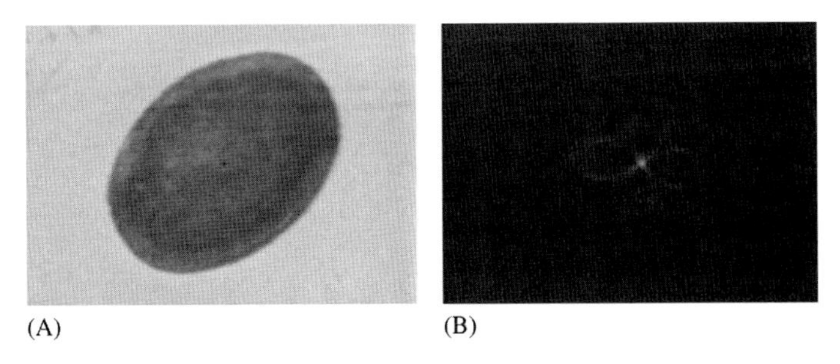

그림 11.11 PSF를 적용해 타원형 물체를 검출한 결과: (A) 임의의 방향으로 놓인 128 × 128 타원형 비누 이미지, (B) 매개변수 공간에 변환시킨 결과. 네잎클로버 패턴이 더 확연히 나타남을 확인할 수 있다. 위치의 정확도는 물체의 형태가 왜곡된 정도에 따라 부분적으로 제한되지만, 최종적으로는 표준편차 0.5픽셀 수준으로 찾아진다.

적인 경우 메인 피크와 먼 부분에서는 특정한 구조가 나타나지 않으며, 타원 중심이 아닌 피크에 해당하는 모든 PSF 지점은 그 주변에 랜덤하게 분포하게 된다. 그럼에도 불구하고 중심점에 형성되는 피크는 매우 뚜렷하며, 이러한 형태의 GHT를 확실히 적용할 수 있음을 보여주고 있다.

11.6 다른 타원 검출 방식과의 비교

이 절에서는 지금까지 살펴본 타원 검출 방식 간의 계산량을 비교한다. 정확한 비교를 위해 오로지 타원 방향 부분만 비교 대상으로 삼고, (1) 다른 타원 매개변수를 찾거나 (2) 여러 형태 중 타원을 구분해내거나 (3) 동심 타원을 분리하는 등의 작업에 대해서는 무시할 것이다. 우선 GHT 방식과 지름 이등분 방식을 비교해보자.

첫째, $N \times N$픽셀 이미지상에 각각 장축과 단축 반지름이 a와 b이며, PSF에 대한 추가 매개변수 $c = \frac{1}{2}(a + b)$ 및 $c = \frac{1}{2}(a - b)$인 동일한 타원 p개가 포함되어 있다고 가정하자. 노이즈 및 일반적인 배경 클러터를 무시하면, 뒤에서 살펴보겠지만 지름 이등분 방식을 선택하는 편이 더 낫다. 추가로 논의를 간단하게 하기 위해, 위치를 찾을 때의 계산량은 매개변수 공간상에서 투표를 축적하는 과정만을 대상으로 하자. 외각 픽셀의 위치와 매개변수 공간상의 피크 위치를 찾는 연산은 훨씬 낮은 비중을 차지하기 때문이다.

이러한 상황하에서 GHT 방식에 필요한 계산량은 외각 픽셀의 개수와 각 외각 픽셀당 매개변수 공간에 축적하는 지점의 개수, 즉 PSF 지점의 개수를 곱한 만큼으로 근사할 수 있다. 다시 말해, 계산량은 다음에 비례한다.

$$\begin{aligned} L_{\mathrm{G}} &\approx p \times 2\pi c \times 2\pi(2d + d)/2 = 6\pi^2 pcd \\ &\approx 60\, pcd \end{aligned} \tag{11.15}$$

여기서 타원의 이심률은 상대적으로 낮은 값을 가지며, 따라서 11.5절에서 봤듯이 PSF를 단축과 장축 길이가 각각 $2d$와 d인 타원에 근사할 수 있다.

지름 이등분 방식의 경우, 실제로 투표가 진행되는 부분은 알고리듬에서 그리 중요하지 않다. 실제로 이 과정은 GHT에 포함시켜야 하기 때문이다(표 11.1의 코드 부분을 참고하라). 어떤 방식이든 계산량은 외각 방향을 계산하고 비교하는 과정과 연관이 있다. 이러한 연산 및 비교 과정이 결국 비슷한 연산을 필요로 한다고 가정하면, 지름 이등분 방식의 계산량을 다음과 같이 표현할 수 있다.

$$\begin{aligned} L_{\mathrm{D}} &\approx {}^{p \times 2\pi c}C_2 \approx (2\pi pc)^2/2 \\ &\approx 20p^2c^2 \end{aligned} \tag{11.16}$$

따라서

$$L_{\mathrm{D}}/L_{\mathrm{G}} \approx pc/3d \tag{11.17}$$

예를 들어 원형처럼 a가 b에 가까운 값일 경우, $L_{\mathrm{G}} \rightarrow 0$이므로 지름 이등분 방식을 쓰는 것은 그리 좋은 선택이 아니다. 그러나 a가 $2b$에 가까운 값일 경우에는 c가 $3d$에 가까워지므로 계산량 비율은 다음과 같이 계산된다.

$$L_D/L_{\mathrm{G}} \approx p \tag{11.18}$$

p 값이 1까지 낮아질 수도 있지만 그리 흔하지는 않고, 배경 이미지 클러터나 노이즈가 상당히 포함되는 경우 또는 모든 p개 타원의 외각 세부에 자기유도적 클러터 형태의 부적절한 신호가 포함되는 경우(그림 11.10의 O 링 예제를 참고하라) 등의 문제가 있다.

또한 지름 이등분 방식에서 외각 지점 쌍 중 일부를 고려하지 않고 배제할 수 있다. 예를 들어, 모든 외각 지점에 대해 타원 크기에 따른 상호작용 범위를 지정하는 식이다. 이렇게 하면 p 단위로 계산량을 줄일 수 있다(그러나 p만큼 작게 줄이지는 못한다). 그렇지만 이 과정에서 필요한 계산 오버헤드는 무시하지 못하는 수준이다.

요컨대 GHT 방식은 지름 이등분 방식에 비해 대부분의 응용 분야에서 상당히 빠르게 연산을 수행할 수 있다. 특히 지름 이등분 방식은 이미지 클러터 및 노이즈가 강할 경우 확실히 불이익이 있다. 현-탄젠트 방식은 지름 이등분 방식보다 더 많은 계산을 요하는데, 이는 모든 외각 지점 쌍을 검사한 뒤 각 쌍에 대해 매개변수 공간상에서 투표 '선분'을 형성하기 때문이다.

다음으로 여러 방식들 간의 특성 차로 인한 한계를 알아보자. 지름 이등분 방식의 경우 앞에서 살펴봤듯이 다양한 대칭 형태의 물체 위치를 찾을 수 있으므로 그다지 문제될 것이 없다. 현-탄젠트 방식은 타원에 특화되어 있지만, 크기나 이심률에 무관하게 작동한다. GHT 방식은 이 모든 요인에 영향을 받는다. 응용 분야에 따라 이 영향성이 존재하는지의 여부가 장점이 되기도 하고 단점이 되기도 한다. 여기서 모든 상황을 일일이 설명하지는 않을 것이다. 아울러 지름 이등분 방식의 경우 다른 것보다 덜 강건한데, 이는 역평행 외각 지점 쌍의 한쪽 지점을 찾지 못하면 반대쪽 지점의 정보를 파악하는 것도 불가능하고, 결국 타원을 검출할 수 없기 때문이다. 반면 다른 방식은 모든 외각 정보를 고려하기 때문에 이러한 문제가 생기지 않는다.

11.7 그래프 이론 기반 물체 위치 검출

이 절에서는 물체가 제약 조건을 갖는 경우, 예를 들어 수평 방향의 작업대나 컨베이어 위에 올라가 있고, 카메라와의 거리를 알고 있는 등 흔히 발생하는 상황에 대해 다룰 것이다. 아울러 (1) 물체가 납작하거나 3차원상에서 놓이는 각도가 제한되어 있고, (2) 완전히 부감 각도로 관측되고 있으며, (3) 시점에 의한 왜곡이 작다고 가정한다. 이런 경우에는 물체를 검출하고 위치를 찾기 위해 쓸 수 있는 특징점이 이론적으로 매우 적은 수만 존재한다. 이러한 특징은 그 자체로 어떤 구조를 형성하지 못하기 때문에 단일 특징만으로 물체 위치를 특정하기란 불가능하며, 구별할 수 있고 사이 거리를 알고 있는 두 특징을 확보해야 물체를 인식하고 위치를 찾을 수가 있다. 완전히 구별할 수 없는 특징점의 경우에도, 180° 회전에 대해 대칭이 아닌 물체에 대해서는 여전히 불확실하다. 따라서 일반적으로 주어진 범위 내에서 물체의 위치를 찾거나 인식하려면 최소한 3개의 특징점이 필요하다. 물론 노이즈나 오클루전 등의 다른 결함이 포함되면 상황이 좀 달라질 수 있다. 실제로 이상적인 물체를 가정하고 만든 지점 템플릿을 실제 이미지에서 매칭하는 과정에서 다음을 확인할 수 있다.

1. 이미지상에서 찾고자 하는 형태의 물체가 여럿 존재할 경우, 상당히 많은 특징점이 존재한다.
2. 노이즈나 다른 형태의 물체, 배경 구조에 의한 지점들이 추가로 나타난다.
3. 노이즈나 오클루전, 찾고자 하는 물체상의 결함 때문에 찾지 못하는 지점이 존재한다.

이러한 문제로 인해, 일반적으로는 이상적 템플릿을 여러 종류의 서브셋으로 쪼개 매칭시키는 과정을 거친다. 만일 지점 세트를 특징점 노드node로 이뤄진 그래프graph로 이해한다면, 이 과정을 수학적으로 서브그래프-서브그래프 동형 문제, 즉 이미지 그래프상에서 이상적인 템플릿 그래프와 동형 관계에 있는 서브그래프 위치를 찾는 문제로 치환할 수 있다(여기서 '동형'이란 동일한 형태와 구조를 가짐을 뜻한다). 물론 여기서 매칭되는 경우 중 상당수는 극히 적은 양의 지점을 포함하는데, 이는 원본 이미지상에서 '발생한' 특징들(앞 목록에서 2번 항목과 같은 경우) 중 적당한 거리만큼 떨어진 것들의 세트에 해당한다. 중요도가 가장 큰 매칭은 꽤 많은 특징을 포함하기 마련이고, 이를 통해 올바르게 물체를 인식하고 위치를 찾을 수 있게 된다. 다시 말해, 특징점 매칭 방식은 내부적인 정합성이 가장 큰, 즉 물체당 매칭되는 지점 수가 제일 많은 경우를 찾을 수 있어야 물체를 실제와 가장 가깝게 해석할 수 있다.

하지만 이러한 방식은 여전히 많은 응용 분야에 적용하기는 너무 단순한데, 이는 왜곡에 대한 강건성을 충분히 확보하지 못했기 때문이다. 특히 광학적(예를 들어, 시점에 의한) 왜곡이나 물체 자체에 발생한 왜곡, 또는 일부가 다른 물체 위에 있어서 가정했던 각도로 놓이지 않을 경우가 그렇다. 따라서 특징 간의 거리는 실제로는 예상했던 것과는 다른 값을 갖게 된다. 이러한 요인들 때문에 특징 쌍 사이의 거리에 대해 공차를 고려해야 하며, 일반적으로는 임곗값을 지정해 특징 간 거리가 이 값보다 작은 공차를 가질 경우에만 유효한 것으로 받아들인다. 지점 매칭 기법에서 왜곡은 더 큰 영향을 주기에, 내부적으로 가장 큰 정합성을 갖는 답을 찾아야 할 필요가 커진다. 따라서 물체의 위치를 찾고 인식하기 위해서는 가능한 한 많은 수의 특징을 고려해야 한다. 최대 클릭maximal clique 방식은 이 부분에 집중하고 있다.

우선 가능한 한 많은 특징을 원본 이미지에서 인식하고, 예를 들어 일반적인 TV 래스터 스캔을 진행하며 발견하는 순서 같은 간단한 방식으로 번호를 매긴다. 이 번호를 이상적인 물체에 나타나는 해당 특징의 번호와 매칭시킨다. 매치 그래프match graph(또는 연관 그래프association graph)를 사용하면 이를 체계적으로 수행할 수 있다. 이때 각 노드는 특징 할당feature assignment을 나타내고, 노드 간의 연결선은 이 할당 간의 짝지음 정합성pairwise compatibility을 표현하는 식이다. 가장 잘 매칭되는 경우를 찾기 위해서는 매치 그래프상에서 상호연결성cross-linkage이 최댓값인 영역을 찾아야 한다. 이를 위해 매치 그래프에서 클릭clique을 찾게 되는데, 클릭은 완전 하위 그래프complete subgraph, 즉 포함된 노드의 모든 가능한 쌍이 호로 연결되어 있는 그래프를 뜻한다. 그런데 이에 따르면, 어떤 클릭이 다른 클릭에 포함되어 있을 경우 더 큰 클릭

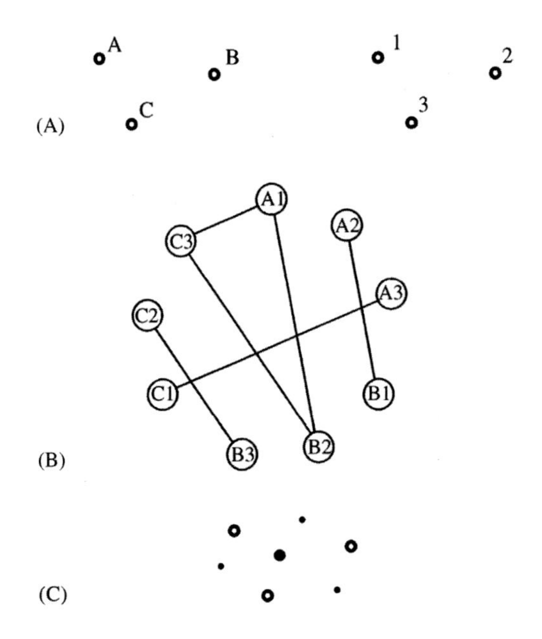

그림 11.12 일반적인 삼각형에 대한 단순한 매칭 문제: (A) 모델(왼쪽) 및 이미지(오른쪽)에 대한 기본적인 레이블링, (B) 매치 그래프, (C) 매개변수 공간에서의 투표 결과. (B)에서 최대 클릭은 (1) A1, B2, C3, (2) A2, B1, (3) B3, C2, (4) C1, A3 네 가지다. (C)에서 기호는 다음을 뜻한다. ○: 관측된 특징의 위치, •: 투표 위치, ●: 주요한 투표 피크의 위치 © AVC 1988

이 더 나은 매칭을 보인다고 할 수 있다. 이러한 최대 클릭을 통해 관측한 이미지와 물체 모델 간에 가장 매칭이 잘되는 답을 찾을 수 있다.

그림 11.12(A)는 일반적인 삼각형의 예시를 보여주고 있다. 문제를 단순하게 하기 위해, 이미지에 단 하나의 삼각형이 포함되어 있으며, 길이가 정확하게 매칭되고 오클루전이 발생하지 않는다고 가정한다. 이 예시에 대한 매치 그래프를 그림 11.12(B)에 나타내었다. 가능한 특징 할당 수는 9가지이고, 짝지음 정합성 개수는 6건, 최대 클릭은 4가지이며, 이 중 가장 큰 것이 정확하게 매칭되는 경우를 나타낸다.

그림 11.13(A)는 좀 더 특수한 경우인 사각형에 대한 예시이며, 11.13(B)에 이에 대한 매치 그래프를 나타내었다. 이 경우 16가지 특징 할당이 존재하며, 짝지음 정합성은 12가지, 최대 클릭은 7가지를 찾을 수 있다. 만약 특징에 오클루전이 존재할 경우, 매칭 경우의 수가 줄어들며 따라서 짝지음 정합성과 최대 클릭의 개수, 최대 클릭의 최대 크기 역시 감소한다.

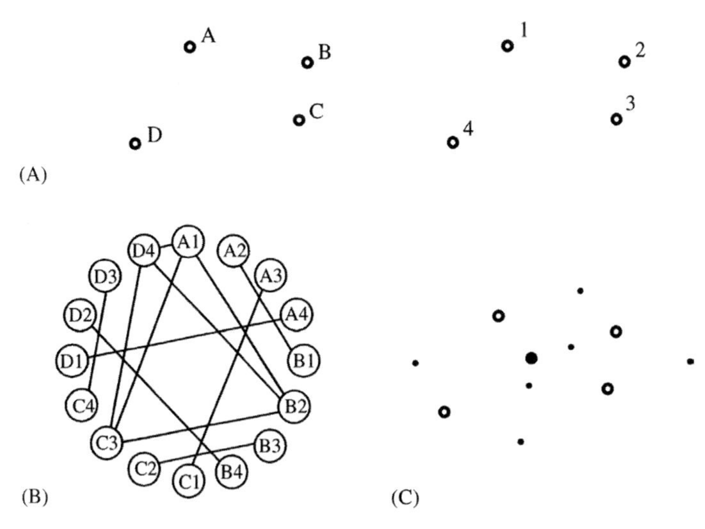

그림 11.13 일반적인 사각형을 대상으로 한 매칭 문제: (A) 모델(왼쪽) 및 이미지(오른쪽)에 대한 기본적인 레이블링, (B) 매치 그래프, (C) 매개변수 공간에서의 투표 결과(그림 11.12와 동일한 표기법을 사용한다.) © AVC 1988

반면 노이즈나 클러터 등이 존재하면 잘못된 특징의 수가 늘어난다. 이렇게 기존 특징에 대해 임의의 거리에 잘못된 특징이 존재할 경우, 특징 할당의 수는 증가하지만 매치 그래프상에서 정합성이 변하는 일은 없기 때문에, 복잡도가 아주 약간 더해질 뿐이다. 그러나 이렇게 추가된 특징이 기존의 특징 대비 '지정된' 거리만큼 위치할 경우에는 매치 그래프에서 정합성이 추가적으로 나타나게 되므로 분석이 번거로워진다. 그림 11.14는 두 종류의 복잡성 요인(오클루전과 추가 특징)을 포함하고 있다. 이 경우 그림 11.13의 원본에 비해 짝지음 정합성 개수는 8가지, 최대 클릭은 6가지로 줄어들게 된다. 그러나 가장 큰 최대 클릭을 찾는 방식을 사용하면 여전히 이미지를 가장 잘 해석하는 결과를 매우 강건하게 얻을 수 있다는 점이 중요하다.

최대 클릭 접근법과 같이 반복적인 연산이 필요한 방식을 사용할 경우, 계산량을 줄일 수 있는 방법을 찾을 필요가 있다. 물체에 어떤 종류의 대칭성이 존재한다면 충분히 절약이 가능하다. 평행사변형의 경우를 생각해보자(그림 11.15). 이때 매치 그래프에 가능한 정합성은 20가지, 최대 클릭은 10가지가 존재한다. 이 중 가장 큰 두 가지의 클릭은 노드 수가 동일하고, 둘 다 평행사변형을 대칭적으로 표현한다. 다시 말해, 여기서 최대 클릭 방식은 꼭 필요

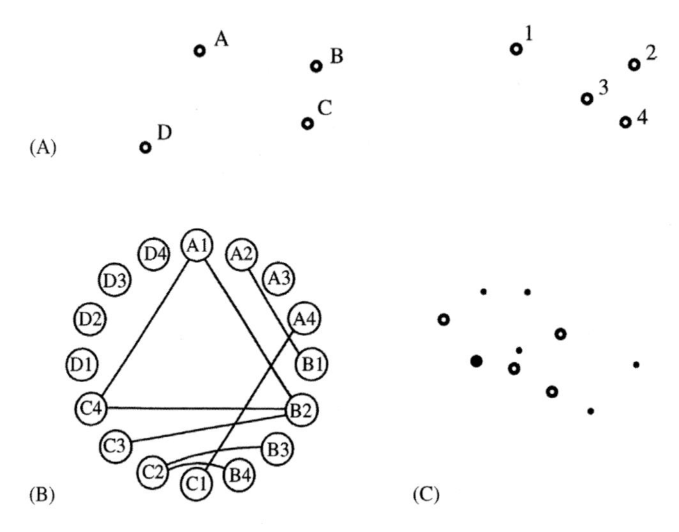

그림 11.14 특징 중 한 지점이 가려지고 다른 하나가 추가된 경우의 매칭 결과: (A) 모델(왼쪽) 및 이미지(오른쪽)에 대한 기본적인 레이블링, (B) 매치 그래프, (C) 매개변수 공간에서의 투표 결과(그림 11.12와 동일한 표기법을 사용한다.)

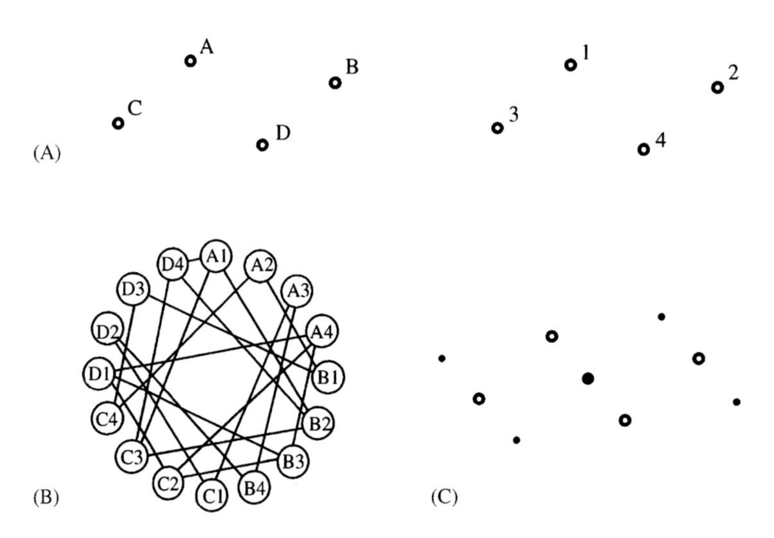

그림 11.15 대칭성을 갖는 그림에 대한 매칭 결과: (A) 모델(왼쪽) 및 이미지(오른쪽)에 대한 기본적인 레이블링, (B) 매치 그래프, (C) 매개변수 공간에서의 투표 결과(그림 11.12와 동일한 표기법을 사용한다.)

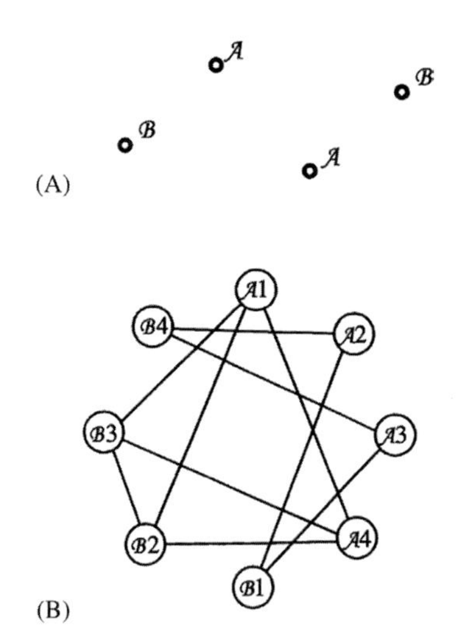

그림 11.16 대칭성 감소 매치 그래프: (A) 재레이블링을 진행한 모델 템플릿, (B) 대칭성 감소 매치 그래프

한 정도보다 훨씬 많은 양의 연산을 수행한다. 이를 방지하기 위해서는 모델 템플릿에 대칭 연산을 적용해 레이블링을 다시 하여, 새로운 '대칭성 감소symmetry-reduced' 매치 그래프를 만들어야 한다(그림 11.16). 이렇게 하면 정합성 및 최대 클릭의 개수를 절반으로 줄일 수 있다. 특히 최대 크기를 갖는 유일한 클릭을 찾는 것이 가능해진다. 다만 대칭성을 적용하더라도 클릭의 크기 자체는 줄어들지 않음을 유의하라.

11.7.1 예제: 크림 비스킷

그림 11.17(A)는 크림 비스킷 중 하나를 나타내고 있으며, '바늘 구멍'을 통해 그 위치를 짝지을 것이다. 이러한 전략은 제품의 위치를 매우 정확하게 찾은 다음 이를 기반으로 자세한 검사를 진행할 수 있다는 장점을 갖는다(예제의 경우 비스킷 구멍을 통해 위치를 정확하게 찾은 다음, 각 비스킷의 정렬 상태를 확인하고 제품 가장자리에 빠져나온 크림이 있는지 검출하는 검사를 수행한다). 구멍의 경우 그림 11.17(B)에서처럼 간단한 템플릿 매칭 방식을 통해 찾을 수 있다. 이때 템플릿의 크기는 다소 작고, 따라서 매칭 과정이 빨리 진행되기는 하나 모든 구멍을 다 찾지는 못하며, 구멍이 아닌데도 오인하는 경우도 있다. 따라서 구멍 위치 데이터를 분석하기 위해서는 '똑똑한' 알고리듬을 사용해야 한다.

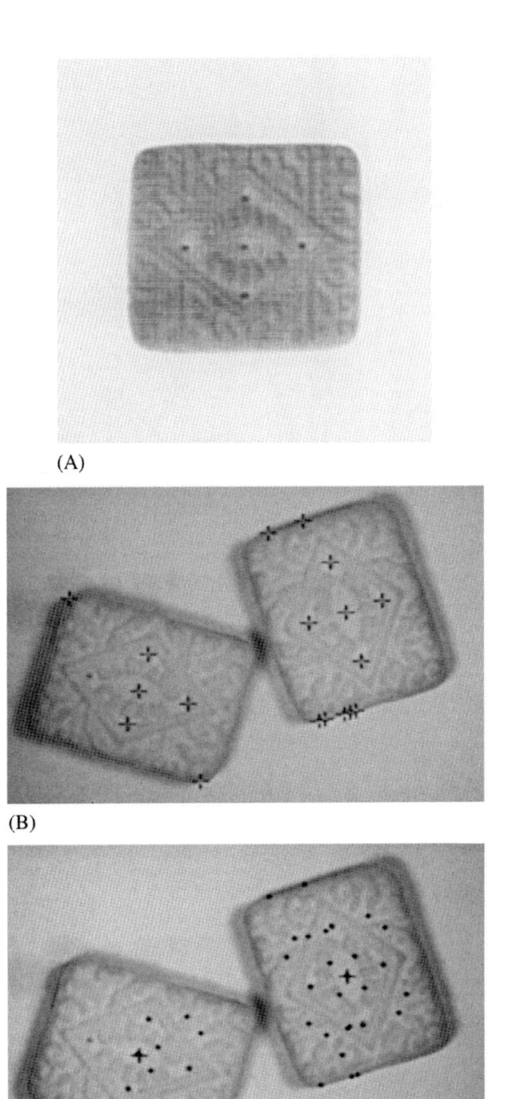

그림 11.17 (A) 일반적인 크림 샌드위치 비스킷. (B) 크림 샌드위치 비스킷 2개. 십자 표시는 단순한 구멍 검출 과정을 적용해서 얻은 결과다. (C) (B)에서 얻은 구멍 데이터를 기반으로 두 비스킷에 GHT를 적용한 결과. 따로 떨어져 있는 작은 십자 모양은 각각 단일 투표의 위치를 나타낸다. © AVC 1988

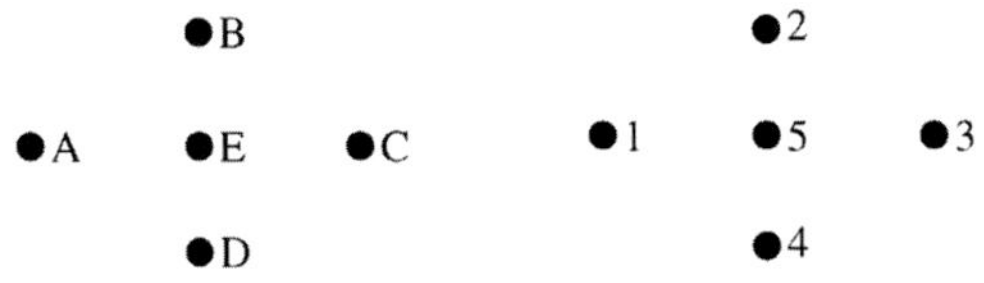

(A)

(B)

	A	B	C	D	E
A	0	d	2a	d	a
B	d	0	d	2b	b
C	2a	d	0	d	a
D	d	2b	d	0	b
E	a	b	a	b	0

(C)

$\mathcal{A} = \{A,C\}$
$\mathcal{B} = \{B,D\}$
$\mathcal{C} = \{E\}$

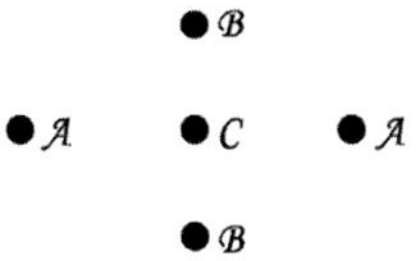

(D)

	$\mathcal{A}$	$\mathcal{B}$	$\mathcal{C}$
$\mathcal{A}$	0,2a	d	a
$\mathcal{B}$	d	0,2b	b
$\mathcal{C}$	a	b	0

그림 11.18 크림 비스킷에서 구멍에 해당하는 특징 간의 거리. (A) 모델(왼쪽) 및 이미지(오른쪽)에 대한 기본적인 레이블링과, 이에 따라 (B) 허용 가능한 거릿값. (C) 모델에 대칭 세트 표기법을 따라 다시 레이블링한 결과와, 이에 따라 (D) 허용 가능한 거릿값. 최종적으로 구한 표에서 특징 간 거리가 0인 경우에는 의미 있는 매치를 보이지 않으므로 무시해도 무방하다.

확인할 수 있듯이 비스킷은 매우 대칭적인 형태를 하고 있으며, 따라서 앞에서 언급한 대칭성 감소 매치 그래프를 도입하는 것이 낫다. 우선 물체 모델에서 구멍을 짝짓고 둘 간의 거리를 구해 표로 만든다(그림 11.18(B)). 그런 다음 대칭 연산을 고려해 표를 다시 분류하는 식으로(그림 11.18(D)) 해당하는 이미지에 대한 매치 그래프를 작성한다. 예제의 데이터를 분석하면 주요한 최대 클릭이 2개 존재하며, 각각 두 비스킷 중 하나에 대응한다. 여기서 대칭성 감소 매치 그래프가 이미지에 대한 '완전한' 해석을 담고 있지는 않음을 유의하라. 즉, 두 물체의 위치를 찾을 수는 있지만, 두 비스킷에 대해 각 구멍이 어떻게 매칭되는지에 대해서는 불확실한 정보를 제공한다. 예를 들어 주어진 A 타입의 구멍에 대해, B 타입의 구멍 둘 중 어느 곳에 이어지는지는 알 수 없다. 어떤 B 타입 구멍에 도달했는지 확인하려면 중심 구멍 E에 대해 시계 방향으로 회전하는 간단한 좌표계를 설정하면 된다.

11.8 계산량 감소 가능성

지금까지 살펴본 예제들의 경우, 서브그래프 중 최대 클릭을 찾는 과정은 연산이 단순했다. 그러나 실제로 매칭 과정을 진행할 때는 이를 다루기 어려워진다(예를 들어, 꼭짓점이 7개인 두

표 11.2 단순한 최대 클릭 알고리듬

```
set clique size to 2;
// 이미 매치 그래프에 포함된 크기
while (newcliques = true) { // 새로운 클릭을 찾을 경우
  increment clique size;
  set newcliques = false;
  for all cliques of previous size {
    set all cliques of previous size to status maxclique;
    for all possible extra nodes
      if extra node is joined to all existing nodes in clique {
        store as a clique of current size;
        set newcliques = true;
      }
  }
  // 더 큰 크기의 클릭 찾기
  for all cliques of current size
    for all cliques of previous size
      if all nodes of smaller clique are included in current clique
        set smaller clique to status not maxclique;
  // 서브클릭에 대해 재레이블링하기
}
```

물체를 포함하는 이미지의 매치 그래프를 그려보라!).

표 11.2는 최대 클릭을 가장 확실하게 찾는 알고리듬이라 할 수 있다. 즉, 주어진 수의 노드를 가진 모든 클릭에 대해, 노드를 추가해서 생성할 수 있는 다른 클릭을 찾는 방식이다(이 추가적인 노드는 기존 클릭에 포함된 노드와 정합성을 유지해야 한다). 이러한 방식을 통해 매치 그래프상의 모든 클릭을 인식할 수 있다. 이때 최대 크기를 갖는 클릭을 찾기 전에 새로 생성한 클릭의 서브그래프에 해당하는 클릭을 제거(또는 재레이블링)하는 과정을 거쳐야 한다.

최대 클릭을 찾는 과정의 중요성으로 인해, 이를 구현하기 위한 알고리듬이 여럿 고안됐다. 이 중 성능이 가장 뛰어난 알고리듬을 찾을 경우 연산 속도를 고려하는 것이 적절하다. 그러나 최적 실행 시간은 (매치 그래프상에서 최대 M개의 노드를 가진 경우에) M차 다항식보다 훨씬 더 빠르게 변하는 함수 형태로 계산된다. 구체적으로 최대 클릭을 찾는 작업은 유명한 외판원 문제traveling salesman problem와 유사하며, 'NP 완전' 문제로 분류할 수 있기 때문에 지수함수 형태의 시간이 소요된다(11.9.1절 참고). 따라서 M이 최대 6일 경우에 비해 10일 경우에 런

타임은 100배 정도 더 느려지며, M이 14 이상일 경우에는 추가로 100배 정도 더 느려진다. 실제로 적용할 때는 다음과 같은 방법을 사용해 이 문제를 해결하게 된다.

1. 될 수 있는 대로 대칭성 감소 매치 그래프를 사용한다.
2. 이용 가능한 빠른 알고리듬을 사용해 최대 클릭을 찾는다.
3. 최대 클릭 알고리듬의 핵심적인 반복문 부분을 기계어로 작성한다.
4. 알고리듬을 적용하기 위한 특수 하드웨어나 멀티프로세서 시스템을 구축한다.
5. 로컬 특징 집중LFF, local-feature-focus 방식을 사용한다(아래를 참고하라. 이 방식은 작은 M에 대한 클릭을 찾은 다음 이를 기반으로 다른 방식에 적용하는 과정으로 이뤄진다).
6. 아예 순차적인 방식을 사용한다. 다만 이 경우 이미지상의 모든 물체를 찾는다는 보장이 없다.
7. GHT 접근법을 적용한다(11.9절 참고).

이 중 첫 번째는 어떤 경우든 적용할 수 있다. 2~4번 방법은 구현 과정의 개선에 대한 것이며, 수확 체감diminishing returns에 영향을 받는다. 이때 실행 시간은 M에 대해 매우 빠르게 변화하기 때문에, 소프트웨어적으로 아무리 잘 구현하더라도 실제로는 M을 2 이상 증가시키기 어렵다(즉, $M \rightarrow M + 2$). 마찬가지로, 전용 하드웨어를 구현하더라도 단지 M을 4에서 6 정도만 증가시킨다. 5번 방법은 일종의 '지름길'로서, 실제로 상당히 효율적이다. 물체 특징에 대한 특정 서브셋을 찾아, 물체가 존재한다고 가정하고 원본 이미지에 실제로 물체가 존재하는지 확인하는 방식이다. Bolles and Cain(1982)는 상당히 복잡한 이미지에서 힌지를 찾기 위해 이 방식을 고안했다. 이 방식의 경우, 물체를 찾기 위해 특정 서브셋을 대상 또는 큐cue로 삼았을 때 오클루전이나 다른 아티팩트로 인해 일부 찾지 못하는 경우가 있다는 단점을 갖는다. 따라서 각 물체에 대해 여러 종류의 서브셋을 큐로 두어 찾아야 한다. 이는 매치 필터의 방법론, 즉 검출 민감도를 줄이는 또 다른 예라 할 수 있다. 이렇게 물체를 큐나 로컬 초점foci으로 찾는 방식을 LFF 방식이라 부른다.

최대 클릭 접근법은 완전 탐색exhaustive search 방식에 속하며, 사실상 병렬 알고리듬이라 할 수 있다. 따라서 매우 강건하게 작동하나, 한편으로는 속도가 느린 원인 중 하나로도 작용한다. 대안으로서, 이미지 전체 또는 부분에 대한 해석이 충분히 이뤄졌다고 판단할 수 있을 때까지 순차적으로 물체를 찾아가는 방법이 있다. 예를 들어, 주어진 숫자의 물체에 대해 특정 수 이상의 특징이 매칭될 때 탐색을 중단하는 식이다. 몇몇 응용 분야의 경우 이러한 접근이 유리하며, 일반적으로도 *M*이 6보다 클 경우 기존의 최대 클릭 방식에 비해 상당히 빠르다. Ullmann(1976)은 서브그래프 동형사상을 구현할 때 쓰는 여러 트리 탐색 알고리듬을 분석한 바 있다. 이 논문은 가상으로 생성한 데이터를 사용해 알고리듬을 테스트했는데, 이 데이터가 실제 이미지와 얼마나 연관되어 있는지는 분명하지 않다. 그러나 모든 불완전 탐색 알고리듬은 어떠한 이미지 데이터를 대상으로 하는가에 따라 성공 여부가 결정된다. 그러므로 이 주제에 대해서는 여기서 더 나아가기가 어렵다(다만 11.11절에서 검색 방식에 관한 추가적인 내용을 확인할 수 있다).

앞에 제시한 목록의 마지막 방식은 GHT에 기반한 것이다. 여러 면에서 이 방식은 문제를 해결하는 가장 이상적인 해결책이라 할 수 있다. 즉, 완전 탐색 기법을 사용해, NP 완전 문제에 속하지 않으면서도 근본적으로는 최대 클릭 접근법과 동일하도록 한다. 어찌 보면 이는 모순적인데, 잘 정의된 수학적 문제를 따르는 접근법은 수학적 제약 조건에 따라 해답이 결정되기 때문이다. 그러나 추상적인 차원에서 최대 클릭 문제가 NP 완전이라 하더라도, 그 '서브셋'은 2D 이미지 데이터를 대상으로 하기 때문에 다른 방식을 통해, 특히 2D 기법을 사용해 더 적은 계산으로 해결할 수 있다. 다만 이는 특수한 상황이며, 일반적인 NP 완전 문제의 경우 GHT 접근법을 사용해 특수해를 구하는 것은 불가능하다! GHT 접근법에 대해서는 다음 절에서 설명할 것이다.

11.9 GHT를 사용한 특징 비교

이 절에서는 최대 클릭 접근법 대신 GHT를 사용해 지점 특징과 정보를 비교하고 물체를 찾는 방법을 설명한다. 우선 그림 11.12 ~ 그림 11.14처럼 대칭성이 하나도 없는 물체를 생각해보자.

GHT를 적용하기 위해 먼저 모든 특징을 찾고, 매개변수 공간상에서 각 특징 '쌍'에 부합하는 로컬 지점 L이 위치할 수 있는 모든 지점에 대해 투표한다(그림 11.19). 이 전략은 최대

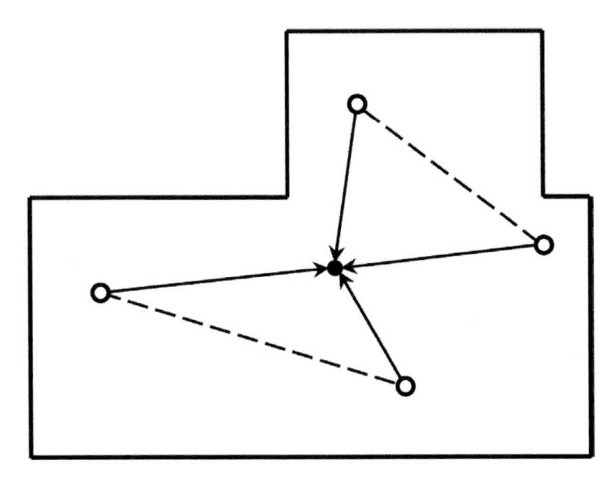

그림 11.19 특징 위치 쌍으로부터 L 위치를 찾는 방법. 물체가 대칭성이 없을 경우, 각 특징점 쌍은 매개변수 공간에서 투표가 가능한 위치 2개를 만들어낸다. 대칭성이 존재할 경우 각 특징 쌍에 대해 최대 4개까지의 위치에 투표가 가능하다. 그림 11.17(C)에서 이에 대해 자세히 다뤘다.

클릭 방식의 짝지음 할당과 같은 맥락에서 놓고 생각할 수 있다. 그다음으로, 특징 간 거리를 GHT *R* 테이블의 룩업 매개변수로 사용해야 한다. 구분할 수 없는 점 특징의 경우, 이 방식을 사용하면 각 특징 간 거릿값에 대해 L 위치가 2개씩 구해진다. 앞에서부터 가정했듯이, 물체에 대칭성이 존재하지 않고 모든 특징 쌍이 다른 특징 간 거리를 갖고 있는 경우임을 유의하라. 이 가정이 없으면 *R* 테이블상에서 특징 간 거리당 둘 이상의 벡터가 들어간다.

그림 11.12에 나타낸 삼각형 예제를 기반으로 이 방식을 설명해보자. 그림 11.12(C)는 매개변수 공간에 투표를 축적할 위치를 나타내고 있다. 이때 각 피크의 높이는 3, 1, 1, 1로 나타나며, 문제를 복잡하게 만드는 오클루전이나 결함이 없다고 했을 때, 물체는 크기가 가장 큰 피크 위치에 존재한다고 할 수 있다. 마찬가지로, 그림 11.13의 사각형 예제에 이 방식을 적용했을 경우 크기가 각각 6, 1, 1, 1, 1, 1, 1인 피크 7개가 나타나게 된다(그림 11.13(C)).

그림 11.12 ~ 그림 11.14를 좀 더 자세히 들여다보면, 매개변수 공간상의 각 피크는 매치 그래프상의 최대 클릭에 일대일 대응 관계에 있다. 앞에서처럼 복잡하지 않은 경우에는 물체 내에 어떤 특징이 존재하든 이 관계가 성립하는데, 특징 간의 모든 짝지음 정합성에 해당하는 잠재적 물체 위치가 두 가지로 나타나기 때문이다. 이 중 하나는 실제 물체 위치이며, 나머지 하나는 특징 쌍만의 관점에서만 성립하는 위치다. 따라서 실제 물체의 위치는 큰 최대

클릭 및 매개변수 공간상의 피크를 나타내며, 그렇지 않은 위치는 최대 클릭에 2개의 잘못된 할당이 포함되는데, 이는 매개변수 공간에서 크기가 1인 거짓 피크에 해당한다. 이는 오클루전이 발생하거나 추가적인 특징이 포함된 경우에도 여전히 성립한다(그림 11.14 참고). 대칭성이 존재할 경우에는 좀 더 복잡한데, 두 가지 방식이 각각 다른 방향으로 어긋나기 때문이다. 여기서 이 내용을 깊게 다루기에는 공간이 부족하지만, 그림 11.15(A)와 그 해법을 나타낸 그림 11.15(C)를 비교해보라. 결국 여전히 두 접근법의 해법 간에 일대일 관계가 존재한다고 생각하면 편하다.

마지막으로, 11.7.1절에서 다룬 예제에 대해(그림 11.17(A)) GHT 방식으로 다시 해법을 찾아보자. 그림 11.17(C)는 GHT를 통해 찾은 물체 중심 지점의 후보 위치를 나타낸다. 이 중 따로 떨어져 있는 작은 십자가 모양은 단일 투표를 나타내며, 큰 2개의 십자가 주변에 위치한 모양들은 가중치가 각각 10과 6인 피크를 형성한다. 즉, 이를 통해 구한 물체 위치는 정확하고 강건한 결과라 할 수 있다.

11.9.1 계산량

이 절에서는 최대 클릭 방식과 GHT 접근법을 통해 물체 위치를 찾는 데 필요한 계산량을 비교한다. 문제를 단순하게 하기 위해, 이미지상에 찾아야 할 물체가 하나만 존재한다고 가정하자. 아울러 물체에는 n개의 특징이 포함되어 있으며, (11.7절의 예제처럼) 거리에 상관없이 모든 가능한 짝지음 정합성을 찾음으로써 물체를 인식할 것이다.

n개의 특징을 가진 물체에 대해, 매치 그래프는 n^2 노드(즉, 가능한 할당)를 포함하고 있다. 또한 그래프를 만드는 과정에서 확인해야 할 짝지음 정합성의 개수는 ${}^{n^2}C_2 = n^2(n^2 - 1)/2$가 된다. 이 단계에서 필요한 계산량은 $O(n^4)$ 수준이다. 여기에 최대 클릭을 찾기 위한 계산을 추가로 더해야 한다. 이 문제는 NP 완전에 해당하므로 계산량은 다항식보다 더 빠르게, n^2에 대한 지수 형태로 증가한다(Gibbons, 1985).

이제 GHT로 짝지음 정합성을 구해 물체 위치를 찾는 경우에 대해 살펴보자. 앞에서 살펴봤듯이, 매개변수 공간상의 모든 피크의 총 높이는 매치 그래프상의 짝지음 정합성 값의 크기와 같다. 따라서 계산량 역시 동일하게 $O(n^4)$ 수준으로 증가한다. 그다음으로 매개변수 공간에서 모든 피크의 위치를 찾는 과정이 있다. 이 경우 매개변수 공간과 이미지 공간이 일치하기 때문에, $N \times N$ 이미지에 대해 N^2개의 지점을 고려해야 하며, 계산량은 $O(N^2)$ 수준이 된다. 이렇게 하는 대신, 매개변수 공간상에서 상대적으로 적은 수를 기록한 투표 위치를 보존하는 전략을 쓸 수도 있다. 이때 계산량은 $O(n^4)$ 수준인데, 비록 '차수'가 높아지긴 하지만 실제로 비교해보면 계산량이 줄어드는 경우가 많다.

지금까지 설명한 기본적 GHT 방식을 주의 깊게 읽었다면, 이 방식이 물체의 특징으로부터 위치를 구할 수는 있지만 방향은 구하지 않았음을 눈치챘을 것이다. 그러나 알고리듬을 한 번 더 돌려서 각 피크에 대한 할당을 찾는 식으로 방향을 구하는 것이 가능하다. 혹은 각 물체 내부의 다른 로컬 지점을 찾아볼 수도 있다. 어떤 식으로든, 전체 과정에 소요되는 시간은 기존 대비 두 배가 약간 넘어가지만, 여전히 $O(n^4 + N^2)$ 수준이다.

GHT는 최대 클릭 문제를 다항 시간으로 풀기 위해 처음 등장했지만, 실제로는 실제 공간 템플릿 매칭 문제를 다항 시간으로 해결한다. 다만 '추상적' 그래픽 이론 문제에 대해서는 다항 시간 내에 해결하지 못한다. 요컨대 그래프 이론으로는 실제 공간을 잘 표현하지 못하며, 실제 공간을 사용할 경우 추상적 NP 완전 문제를 다항 시간으로 풀 수가 없다.

11.10 최대 클릭 및 다른 접근법의 일반화

이 절에서는 그래프 매칭 개념을 일반화하여 앞에서 소개한 종류 외에 다양한 속성을 갖는 특징에 적용하는 방법을 다룬다. 지금까지는 점 특징과 특히 작은 구멍에 한정 지어 논의해 왔으며, 모서리의 경우 위치 좌표 외의 속성을 무시하고 점 특징으로 취급했다. 구멍이나 모서리는 이상적인 형태에 가까우므로 로컬화를 가장 잘 수행할 수 있으며, 따라서 물체 위치를 찾는 데 있어 가장 높은 정확도를 보인다.

다른 형태의 특징은 일반적으로 둘 이상의 매개변수를 갖고 있는데, 대비와 크기도 그중 일부다. 대부분의 구멍과 원형 물체의 경우, 아무리 작은 구멍이라도 중심점의 세깃값을 매개변수로 측정하는 것이 가장 유용할 수 있다. 모서리는 대비, 색상, 선예도, 방향 등 다양한 속성을 포함하는데, 이 중 일부는 정확도가 높지 않을 수 있다. 끝으로, 타원 같은 복잡한 형상은 방향, 크기, 이심률, 그리고 마찬가지로 대비나 색상 등의 속성을 사용할 수 있다.

사실 확보할 수 있는 정보는 너무 많으므로, 물체 위치를 찾을 때는 어떤 정보를 사용할지

정해야 한다. 편의상 최대 클릭 방식을 살펴보자. 이 경우 해답은 매우 간단한데, 정합성을 고려해 매치 그래프상에서 노드를 연결한 상태에서는 '어떠한' 정보든 이미지와 물체 모델의 특징 쌍을 매칭하는 데 사용할 수 있다. 11.7절에서는 논의를 단순하게 하기 위해 특징 간 거릿값만을 사용해 이를 진행했다. 그러나 물체 모델에 포함된 특징들을 더 많이 고려해, 이들이 모두 주어진 공차 내에서 매치되는지를 확인하는 방법도 있다. 예를 들어, 특징 간 거리 외에도 구멍은 크기, 모서리는 선예도와 방향이 일치할 때 매치가 이뤄졌다고 할 수 있다. 일반적으로, 이러한 정보는 적절한 룩업 테이블을 사용해 다루는 것이 실보다 득이 더 크다. 가능한 해석의 수를 상당히 많이 줄여 매치 그래프를 매우 단순하게 만들고, 많은 경우 최대 클릭을 찾는 데 필요한 계산량을 크게 줄여주기 때문이다.

요컨대 특징에 대한 추가적인 속성은 계산을 줄이는 데 큰 역할을 할 뿐만 아니라 해석을 잘못할 가능성을 줄여준다는 면에서도 유용하다.

11.11 탐색

지금까지 최대 클릭 접근법을 사용해 이미지상의 물체 위치를 찾거나, 장면상에서 영역이 어떻게 나타날지 예상해 미리 정한 규칙에 따라 레이블링하는 방법을 알아봤다. 두 경우 모두 기본적으로, 관측을 통해 얻어낸 데이터를 기반으로 하여 알맞은 해답을 탐색하는 과정을 거친다. 이 탐색 과정은 할당 공간, 즉 관측한 특징에 대해 해석이 가능한 모든 할당 조합이 존재하는 공간에서 이뤄진다. 따라서 이는 관측을 통해 얻은 할당에 대해, 적합한 하나 이상의 세트를 찾는 문제로 생각할 수 있다.

탐색해야 할 공간이 매우 클 경우, 가능한 모든 해답에 대한 완전 탐색을 수행하기 위해서는 매우 큰 계산량과 시간을 필요로 한다. 안타깝게도 가장 확실하고 매력적인 방식인 최대 클릭 접근법은 NP 완전이며, 해답을 찾기 위해 어마어마하게 큰 시간을 필요로 한다. 따라서 이 기회에 최대 클릭 방식의 특성을 명확히 알아볼 필요가 있다. 우선 탐색 과정을 두 가지 분류, 즉 너비 우선breadth-first 및 깊이 우선depth-first 탐색으로 나누어서 살펴보자.

너비 우선 탐색은 인접한 해답을 건너뛰지 않고, 후보 트리를 따라 순차적으로 탐색하는 방식이다. 반면 깊이 우선 탐색은 일단 각각의 해답에 가능한 한 바로 접근한 다음, 올바른 경우 거기서 중단하고 잘못된 부분이 있을 경우 트리를 거슬러 올라가는 방식이다. 일반적으로 충분히 많은 해답의 가능성이 존재할 경우 깊이 우선 탐색을 통해 시간을 단축할 수 있다. 즉, 트리상에서 상당수의 가능성은 고려하지 않아도 된다. 너비 우선 탐색도 충분한 해답 후보가 존재한다면 비슷한 원리로 시간을 단축할 수 있지만, 앞에서 설명한 최대 클릭 접근법은 완전 탐색 형태로 너비 우선 탐색을 진행한다.

최대 클릭 접근법은 완전 너비 우선 탐색이기도 하지만, '맹목적'이고 '평면적'인 방식이기도 하다. 즉, 휴리스틱적이거나 체계적으로 탐색하지는 않는다. 탐색을 더 빠르게 진행하려면 이러한 다양한 방식을 도입해야 한다. 우선, 휴리스틱을 통해 탐색의 여러 단계에서 어떤 경로로 나아가야 할지(즉, 트리상에서 어떤 노드로 이동해야 하는지), 혹은 어떤 경로를 무시해야 할지(즉, 어떤 노드를 잘라낼지) 결정한다. 둘째, 좀 더 '체계적'인 탐색을 진행한다. 일단 해답이 가져야 할 특징에 대해 큰 그림을 그리고, 나중에 다시 돌아와(대략 몇 단계 뒤에) 그 세부적인 내용을 채운다. 여기서 그 자세한 방법을 설명하지는 않을 것이다. 다만 Rummel and Beutel(1984)가 제시한 흥미로운 접근법은 소개할 만하다. 이 논문에서는 산업 부품 이미지를 탐색하기 위해 모서리나 구멍 등의 특징을 사용하고, 너비 우선 탐색과 깊이 우선 탐색 사이의 여러 단계에서 매개변수를 동적으로 수정하는 휴리스틱을 도입했다. 즉, 목표에 다가가기까지 얼마나 더 탐색해야 하는지, 그리고 현재 시점에서 그 정확도가 어떤지를 계산하는 식이다. Rummel and Beutel(1984)에 의하면 인식에 필요한 특징의 개수에 따라, 속도와 정확도 간의 트레이드오프 '가이드 인수'를 정의할 수 있다. 즉, 속도를 올리려고 하다 보면 최적의 해답을 찾지 못할 수도 있는 리스크를 안게 된다.

11.12 결론

10장 '선, 원, 타원 검출'에서는 HT를 통해 선분을 검출하고, 더 나아가 원형과 타원 검출에 응용할 수 있는 방법을 알아봤다. 이번 11장에서는 이를 좀 더 다듬어 물체 검출에 도입하는 방법을 다뤘다. HT는 특히 노이즈나 오클루전 측면에서 강건함을 보이는 등 여러 장점이 있음에도, 일반적인 관점에서의 중요성이란 새로운 투표 방식이라는 것 정도였다. 이 장에서는 단순히 어떤 기법적인 면에서가 아니라, HT를 처음 의도한 것 외에도 더 보편적인 관점에서 접근할 수 있음을 보였다. 즉, 공간 매치 필터의 특성을 갖고 있기 때문에, 물체 검출에 있어 최적에 가까워지는 민감성을 갖게 된다. 그러나 이를 구현하는 과정에서 상당한 계산량이 필요하기 때문에, 이 문제를 일반적인 경우와 특정한 경우에 대해 해결하려는 노력이 이뤄졌다. 이 장의 앞부분에서는 그중 일반적인 경우를 다뤘다. 특정한 경우에 대한 해법 역시 중요하게 고려해야 하는데, 선분, 원형, 타원, 다각형 등의 형태가 제조된 물체에서 큰 비중을 차지하고 있고(또는 해당 형태로 근사할 수 있고), 특정 경우의 해답을 찾기 위한 방법을 구현하는 과정에서 HT의 더 일반적인 해법에 대한 가능성을 발견하는 경우가 있기 때문이다.

또한 GHT의 일반성을 더 강조하기 위해, 공간 매치 필터 검출자를 흉내 내어 주어진 선분 길이의 최적 위치를 찾았다. 이를 기반으로 다각형 및 모서리를 최적으로 검출하는 데 적용할 수 있다. 예를 들어, 그림 11.20을 보라(Davies, 1988a, 1989a).

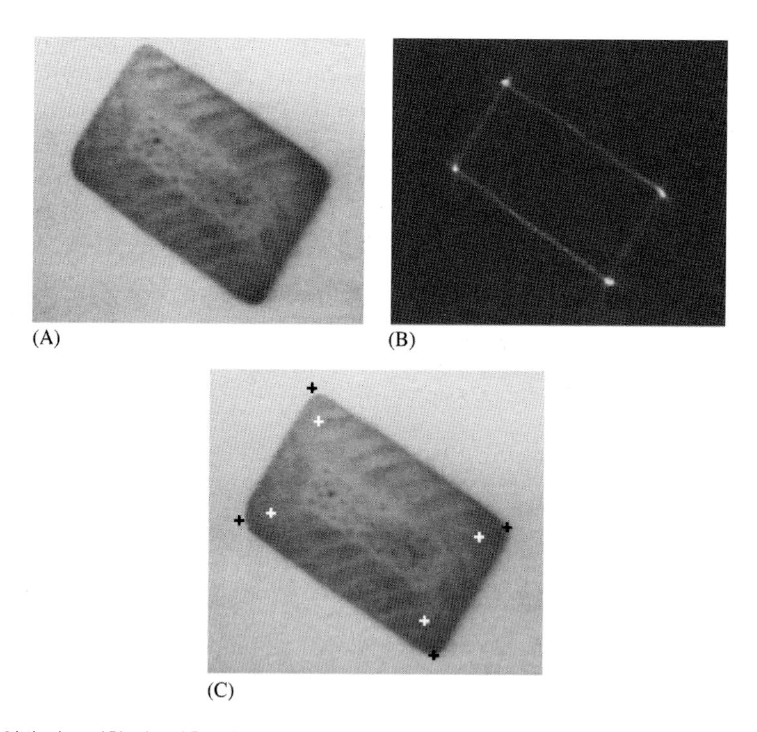

그림 11.20 일반 허프 변환 접근법을 통한 모서리 검출 예시: (A) 비스킷에 대한 원본 이미지(128 × 128픽셀, 64 그레이 레벨), (B) 짧은 축의 22% 정도 수준의 가로 변위를 기준으로 변환한 결과, (C) 변환을 통해 얻은 피크의 위치와(흰색 십자) 이상적인 모서리 위치(검은색 십자)를 나타낸 이미지. 여기서 사용한 가로 변위는 해당 종류의 물체에 대한 최적값에 가까운 결과를 보인다.

아울러 이 장에서는 점 특징을 기반으로 물체를 인식하는 방법을 다뤘다. 최대 클릭 접근법을 사용해 해법을 찾을 수 있지만, NP 완전 문제에 한정된다. 흥미롭게도, GHT를 사용하면 다항 시간 형태로 동일한 작업을 수행할 수 있다. 이는 GHT에서 수행하는 실제 공간에 대한 템플릿 매칭을 그래프 이론 형태로 표현해보면 잘 매치되지 않기 때문이다. 앞에서 언급했듯이 GHT가 공간 매치 필터의 한 종류이기 때문에 실제 공간에서의 물체 검출에는 특히 잘 들어맞지만, 최대 클릭 접근법에서는 그렇지 않다.

마지막으로, 그래프 매치 접근법의 경우 절대 스케일상에서 세부 이미지 구조 중 아주 일부만을 짝지음 특징 속성만 사용해 취함을 유의하라. 2차원 이미지 해석에서는 이 정도 정보로도 충분하지만, 3차원 이미지 분석처럼 더 많은 자유도(일반적으로 장면 내의 물체당 위치 정보에 대해 3 자유도, 방향에 대해 3 자유도가 필요하다)를 고려해야 하는 상황에서는 부적절하다. 따라서 이 경우 좀 더 복잡하고 특화된 접근법을 도입해야 한다. 3부에서 이에 대해 다룰 것이다.

이 장에서는 HT가 겉보기와는 달리 매치 필터링을 기반으로 하여 설계됐으며, 따라서 최적의 민감도를 위해 투표에 그레이디언트 가중치를 적용할 것임을 보였다. 또한 타원 검출을 위한 세 가지 방법을 비교해, 계산량을 어떻게 추정하고 최소화할 수 있는지 살펴봤다. 아울러 물체를 탐색할 때 특징을 대상으로 하는 것이 템플릿 매칭보다 훨씬 더 효과적임을 확인했다. 이 때문에 물체가 존재함을 추론할 필요성이 커지게 되지만, 이 작업 역시 고도의 계산이 필요하다. 이러한 관점에서 GHT는 그래프 매칭보다 훨씬 더 효율적인 방법임을 확인할 수 있다.

11.13 문헌과 연보

HT가 1962년에 처음 등장하긴 했지만, GHT의 경우 처음 개발(Ballard, 1981)되기 전 단계에 여러 초기 아이디어를 필요로 했다. 특히 Merlin and Farber(1975) 및 Kimme et al.(1975) 등이 이에 해당한다. 이 시기에 HT는 형식적인 측면에서 템플릿 매칭(Stockman and Agrawala, 1977) 및 공간 매치 필터링(Sklansky, 1978)과 동일한 것으로 이미 알려져 있는 상태였다.

1985년 들어 HT를 일반적으로 사용하고자 할 때, 특히 몇몇을 제외한 임의의 형태를 입증된 민감도와 상당한 강건성으로 검출하고자 할 때 가장 크게 작용하는 걸림돌은 계산량이었다. Li et al.(1985, 1986)은 비균일 양자화 매개변수 공간을 사용해 피크 위치를 더 빠르게 찾을 수 있는 가능성을 보였다. Princen et al.(1989a, b) 및 Davies(1992g)는 이 방법을 이어서 더 발전시켰다. 중요한 방식 중 하나로 랜덤 허프 변환을 꼽을 수 있는데, Xu and Oja(1993)이 이 분야에서는 선구자적인 위치에 있다. 이 방식은 매개변수 공간에서 어떠한 피크가 두드러질 때까지만 투표를 진행해, 불필요한 계산량을 줄이는 것이 목적이다.

정밀한 피크 위치 역시 HT 접근법에서 중요한 비중을 차지한다. 정확하게 말해서, 이는 아웃라이어를 제거하는 강건 통계의 영역에 있다(부록 A 참고). Davies(1992f)는 HT 피크 위치를 효율적인 계산으로 정밀하게 찾는 수단을 보였고, 왜 어떤 경우 피크가 선험적으로 예상하는 것보다 더 좁은 범위에서 나타나는지를 규명했다(Davies, 1992b). Kiryati and Bruckstein(1991)은 HT를 적용하면서 나타나며, 정확도를 떨어뜨리는 에일리어싱 효과에 대해 다뤘다.

시간이 지남에 따라 GHT는 기하적 해싱, 구조적 인덱싱 등 다른 접근법으로 확장됐다(예: Lamdan and Wolfson(1988), Gavrila and Groen(1992), Califano and Mohan(1994)). 동시에 확률적인 접근법의 기초를 다지는 연구(Stephens, 1991) 역시 등장했다. Grimson and Huttenlocher(1990)은 GHT를 복잡한 물체 인식 작업에 부주의하게 도입하는 경향에 대해(다소 과도하게 비관적으로) 경고했는데, 이러한 경우에는 거짓 피크가 등장할 수 있기 때문이다. 1993년까지 이 주제를 다룬 연구들에 대한 더 자세한 리뷰는 Leavers(1993)을 참고하라.

2부의 여러 장에서 살펴봤듯이 HT는 탐색을 통해 어떤 가설을 이끌어내며, 물체가 존재하는지에 대해 최종적으로 결정하기 전에 이 가설이 성립하는지 확인해야 한다(최대 클릭 접근법 등 그래프 매칭 방법을 통해 물체 위치를 찾을 때도 비슷하다). 그러나 Princen et al.(1994)는 HT 그 자체를 가설을 테스트할 수 있는 프레임워크로 놓는다면 그 성능을 향상할 수 있음을 보였다. 이는 물체 위치를 찾는 데 있어 HT가 모델 기반 접근법이라는 개념과 부합한다. Kadyrov and Petrou(2001)은 라돈 변환의 일반화된 형태인 대각 변환trace transform을 개발했는데, 이 변환은 HT와 밀접하게 관계를 갖고 있다.

혹은 HT를 아핀 불변 탐색으로 활용한 연구자들도 있다. Montiel et al.(2001)은 수집한 데이터에 잘못된 근거가 포함되는 비율을 줄이도록 개선했으며, Kimura and Watanabe(2002)는 2차원 형태 인식에 도입해 오클루전이 나타나거나 경계가 끊어지는 상황에 덜 민감하도록 개선했다. Kadyrov and Petrou(2002)는 대각 변환을 아핀 매개변수 추정에 응용했다.

아닐 바라트Anil Bharath와 동료들은 그레이디언트 가중치에 대한 Atherton and Kerbyson(1999) 및 Davies(1987a)의 연구(11.4절 참고)를 일반화해, HT의 민감도를 어떻게 최적화할 수 있는지 검토했다(개인 커뮤니케이션, 2004). 여기서 제안한 방법은 임곗값을 조기에 설정함으로써 많은 HT 기법의 제한을 풀어준다. 비슷한 맥락으로, Kesidis and Papamarkos(2000)은 변환 과정에서 그레이스케일 정보를 보존해 원본 이미지를 좀 더 정확하게 표현하려 했다.

Olson(1999)는 로컬 에러 정보를 HT에 전달해 이를 엄격하게 다룸으로써 로컬화 정확도를 향상하는 방법을 제시했다. 어떠한 성능의 저하 없이 HT를 여러 개의 더 작은 문제로 쪼갤 수 있다는 사실은 중요하다. 이 발견을 3차원 모델 기반 비전 분야에 응용하면 거짓 양성이 발생하는 빈도를 줄일 수 있다(Olson, 1998). Wu et al.(2002)는 이 분야를 더욱 확장해, 안경을 찾는 데 3차원 HT를 사용했다. 즉, 같은 평면에 놓인 특징 세트를 찾아서 이를 안경테로 해석한다. 이렇게 함으로써 얼굴과 안경을 분리하고, 완전한 형태로 그 위치를 구할 수 있게 된다.

van Dijck and van der Heijden(2003)은 Lamdan and Wolfson(1988)의 기하 해싱 방법을 발전시켜, 전체 3차원 해싱을 통해 3차원상의 유사성을 매치했다. 이렇게 하면 3차원 구조에 대한 지식을 통해 투표 및 잘못된 매치 수를 줄일 수 있다는 장점을 갖는다. Tuytelaars et al.(2003)은 불변 매칭 및 HT를 사용해 (3차원) 장면상에서 평면을 따라 규칙적으로 반복되는 형태를, 기울임 및 원근에 무관하게 인식하는 방법을 제시했다. 결과적으로 이 시스템은 일관성을 확보하게 되고, 특정 지점에 대한 주기성, 거울 대칭성, 특정 지점에 대한 반사 등을 다루는 것이 가능하다.

그래프 매칭 및 클릭 검색 알고리듬은 1970년대 들어 문헌에 등장하기 시작했다. 그래프 동형사상 문제에 대한 초창기의 연구는 Corneil and Gottlieb(1970)을 참고하라. 이후 서브그래프 동형사상 문제를 Barrow et al.(1972)에서 다뤘으며, Ullmann(1976)의 연구도 참고하라. 이중 서브그래프 동형사상(또는 서브그래프-서브그래프 동형사상) 문제는 일반적으로 매치 그래프상에서 최대 클릭을 찾는 식으로 해결하게 되는데, 이에 대한 알고리듬은 Bron and Kerbosch(1973), Osteen and Tou(1973), Ambler et al.(1975)에서 연구된 바 있다(Kehtarnavaz and Mohan(1989)는 속도 측면에서 Osteen and Tou(1973)의 알고리듬을 호의적으로 평가했음을 참고하라). 아울러 최소 매치 그래프 방식을 통해 속도 면에서도 개선이 이뤄졌다(Davies, 1991a).

Bolles(1979)는 최대 클릭 기법을 실제 사례(엔진 커버 위치)에 적용해, 추가적인 특징을 고려하여 좀 더 강건한 연산을 수행하는 방법을 다뤘다. Bolles and Cain(1982)는 LFF 방식을 통해 (1) 물체상에서 탐색할 특징 세트를 제한하고, (2) 계산을 줄이기 위해 대칭성을 고려하고, (3) 올바른 매치가 이뤄졌는지 확인하기 위해 원본 이미지를 다시 고려하는 방식을 고안했다. 이 논문은 이러한 형태의 방식을 사용해 얻은 해답이 충분히 부합하는지 확인할 수 있는 다양한 기준을 제시하고 있다.

최대 클릭 방식의 속도에 만족하지 못한 연구자들은 깊이 우선 탐색 기법을 시도했다. Rummel and Beutel(1984)는 데이터에 따라 깊이 우선과 너비 우선 탐색 방식을 선택하는 아이디어를 발표했다. 비록 이를 구현하기 위해 사용한 휴리스틱이 일반적으로 잘 작동하지는 않지만, 접근법 자체는 매우 강력하다. 한편, Kasif et al.(1983)은 수정된 GHT('관계적 HT')를 그래프 매칭에 사용할 수 있음을 보였다. 다만 해당 논문은 실례를 거의 다루고 있지 않기는 하다. 11.9절에서 GHT를 응용해 2차원 매칭을 수행하는 또 다른 사례를 소개했으며, 이 방법은 이후 정확도를 최적화하는 후속 연구로 이어졌다(Davies, 1992c). 아울러 복잡한 폴리곤 형태의 물체에 대해 비슷한 작업을 수행하기 위한 목적으로 기하 해싱이 개발됐다(Tsai, 1996).

최근 몇십 년 동안, 불완전 매칭 알고리듬은 완전 매칭 알고리듬보다 점점 우위를 차지해왔다. 이는 다양하게 등장하는 노이즈, 왜곡, 누락 혹은 추가된 특징점 등으로 인해 정확도가 떨어지고 결국 특징 속성을 제대로 매치하지 못하게 되기 때문이다. 불완전(혹은 '오차 허용') 매칭에 대한 연구 분야 중 하나는 구조를 어떻게 비교할 것인가에 대한 것이다(Shapiro and Haralick, 1985). 유사성을 다루던 초기 연구에서는 '문자열 편집 거리'의 개념을 그래픽 구조에도 적용할 수 있음을 보였다(Sanfeliu and Fu, 1983). 이 편집 거리에 대한 개념은 이후 Bunke and Shearer(1998) 및 Bunke(1999)에 의해 그래프 동형사상, 서브그래프 동형사상, 최대 공통 서브그래프 동형사상 등에 대해 비용 함수를 고려하고 합리화하는 식으로 확장됐다. 각 데이터셋에 대해 알고리듬이 제대로 작동하려면, 비용 함수를 어떻게 선택하느냐가 매우 중요하다. 논문은 자세한 분석을 통해 각 경우에 대한 주요 세부 요소를 제시했다(Bunke, 1999).

또 다른 분야는 최적화에 관한 것이다. 담금질 모델simulated annealing(Herault et al., 1990), 유

전 탐색(Cross et al., 1997), 신경망 처리(Pelillo, 1999) 등이 여기에 속한다. Umeyama(1988)은 행렬 고윳값 분해에 기반한 최소자승법을 통해, 매칭을 하려는 두 그래프의 치환 행렬을 복원했다. 가장 최근의 연구는 스펙트럼 그래프 이론을 활용한 치환 구조 복원에 관한 것이다. 스펙트럼 그래프 이론은 인접한 행렬의 고윳값과 고유벡터를 사용해 그래프의 구조적 특성을 분석한다. 다만 Umeyama(1988) 접근법은 동일한 크기의 그래프에 대해서만 매칭을 진행한다. 다른 비슷한 방식도 등장했지만(예: Horaud and Sossa(1995)), 역시나 다른 크기의 그래프 간 비교는 가능하지 않았다. 그러나 Luo and Hancock(2001)이 해결책을 제시했다. 즉, 그래프 매칭 작업을 통해 EM 알고리듬 형식을 사용한 최대 가능도 추정이 이뤄질 수 있음을 보였다. 따라서 특이값 분해 방법을 사용해 효과적으로 대응 문제를 해결할 수 있다. 궁극적으로 이 방식이 중요한 이유는 그래프 매칭을 조합 탐색 문제가 따르는 불연속적 처리가 아닌, 최적 해답을 향해 체계적으로 접근하는 연속적 최적화 문제로 해결할 수 있도록 하기 때문이다. 이 방식은 상당한 수준의 구조적 오염에 대해서도, 예를 들어 데이터-그래프 인접성 행렬상에 50%가량의 초기 항목이 에러인 경우에도 작동함을 유의하라(Luo and Hancock, 2001). 이후 연구에서 Robles-Kelly and Hancock(2002)는 스펙트럼 그래프 형식만 사용해 동일한 결과물을 더 향상된 성능으로 얻는 방법을 제시했다.

한편, 빠르고 단계적으로 불완전 그래프 매칭을 진행하는 접근법에 대한 연구도 이뤄졌다(Hlaoui and Wang, 2002). 또한 재현 가능한 힐베르트 공간reproducible kernel Hilbert space 보간자에 기반한 그래프 매칭 알고리듬을 기반으로 하여, PC상에서 500개 이상의 교점을 포함한 거대한 그래프(예: 항공 사진)를 효율적으로 매칭할 수 있다(van Wyk et al., 2002). 불완전 매칭 알고리듬에 관한 더 자세한 내용은 Lladós et al.(2001)을 참고하라. 이 논문은 IEEE Trans. PAMI의 'Graph Algorithms and Computer Vision' 특별 세션에 실렸다(Dickinson et al., 2001).

11.13.1 최신 연구

최근에 이뤄진 연구들은 다음과 같다. Aragon-Camarasa and Siebert(2010)은 GHT를 사용해 SIFT 특징 매치 결과를 클러스터화하는 방법에 대해 고려했다. 그러나 이 경우 불연속적인 것이 아니라 '연속적인' HT 공간을 필요로 한다. 다시 말해, 매칭된 각 지점의 정확한 값을 허프 공간에 목록 데이터 구조로 저장해야 한다. 따라서 피크 위치는 표준 비지도 클러스터링unsupervised clustering 알고리듬 형태를 취해야 한다. 이는 GHT가 예상과 달리 표준적인 투표 및 축적 과정을 따르지 않는 흥미로운 사례다. Assheton and Hunter(2011)은 보행자를 검출하고 추적하기 위해 일반적인 GHT 접근법에서 크게 벗어나, 가우시안 혼합 모델에 기반한 형태 투표 알고리듬을 사용했다. 이 알고리듬은 윤곽 형태를 이용해 보행자를 매우 효율적으로 검출할 수 있다. Chung et al.(2010)은 데이터베이스로부터 정보를 찾는 방식을 연구했다. GHT 및 적응형 이미지 분할을 사용해 얻은 영역 기반 해법을 통해 물체를 찾는 것이다. 이때 전체적인 과정 중 중요한 부분은 데이터베이스 및 대상 이미지상의 아핀 불변 MSER(6장 '모서리, 특징점, 불변 특징 검출' 참고) 위치를 찾는 것이다. Roy et al.(2011)은 GHT를 응용해 글자 및 기하 패턴이 포함된 편지 속에서 씰(스탬프)을 검출하고 검증했다. 이 경우 노이즈가 포함되거나, 텍스트나 사인이 간섭을 일으키고, 또는 충분히 균일하게 누르지 않아서 스탬프가 덜 찍히는 현상이 어려움으로 작용한다. 실제 스탬프의 위치를 찾을 때는 스케일 및 회전 불변 특징(특히 텍스트 문자에 대한 특징)을 사용한 다음, 이웃 연결 성분 쌍에 대한 공간 특징 설명자를 응용해 GHT 피크를 찾는 식으로 검출한다. 이때 각각의 외각이나 특징점 대신 씰에 포함된 글자를 기본적인 특징으로 삼게 된다. *R* 테이블을 2개의 룩업 테이블(글자 쌍 테이블과 거리 테이블)로 쪼개기 때문에 필요한 메모리는 제한된다.

Silletti et al.(2011)은 가변 접근법variant approach을 스펙트럼 그래프 매칭에 적용해 유사성을 새로운 방식으로 측정했다. 이 방식은 다양한 종류의 이미지에 적용할 수 있으며, 기존 방법들에 비해 상당한 개선 결과를 보였다. Gope and Kehtarnavaz(2007)은 평면 지점 세트 간의 아핀 매칭을 수행하는 새로운 방법을 제시했다. 이 방법은 지점 세트에 대한 볼록 껍질을 사용해 매칭을 진행하며, (1) 볼록함이 아핀 불변이고 (2) 볼록 껍질이 본질적으로 강건하다는 면에서 유용하다. 특히 (2)번 속성의 경우, 볼록 껍질은 지점을 추가하거나 삭제하는 등의 로컬한 변화가 있을 때에만 변동이 있다. 이 방법은 개선된 수정 하우스도르프Haussdorff 거리를 사용해, 기존의 여러 방법에 비해 노이즈와 오클루전이 존재할 때 더 나은 결과를 낸다. Aguilar et al.(2009)는 새로운 '그래프 변환 매칭' 알고리듬을 개발해 이미지 쌍 사이의 지점들을 매치했다. 이 방법은 각 이미지에 대해 *k* 최근접 이웃 그래프를 생성한 다음, 지점 간의 공간적 구성을 통해 각 매치를 검증한다. 그래프 사이에서 구조적 유사성이 없는 교점의 경우 반복을 통해 제거되며, 따라서 최종적으로 일치된 그래프는 이미지 간의 올바른 지점 매치 세트를 나타내게 된다.

11.14 연습문제

1. a. HT를 응용해 디지털 이미지상에서 물체의 위치를 찾는 방법을 큰 단계로 나누어 설명하라. HT 기법을 사용할 때만의 이점은 무엇이 있는지를, 이유와 함께 제시하라.

   b. HT는 이미지상에 물체가 존재할 것이라는 '가설'만을 제시하며, 최종적으로 이미지의 내용에 대한 결정을 내리기 전에 이 모든 가설을 독립적으로 확인해야 한다. 이 명제가 사실인지에 대해 논하라.

2. 선분의 길이 L을 알고 있을 때, GHT를 사용해 선분을 검출하기 위한 공간 매치 필터를 유도하라. 온전한 선분 L에 대해 검출을 시도할 경우 그 반응이 $2L$ 길이에 분포되어 나타나고 선분의 한가운데에 피크가 생기는 반면, 부분적인 오클루전이 존재하는 선분의 경우 가운데 부분에 갓 모양 피크가 발생하고 더 넓게 분포하게 된다. 실제로 이러한지를 보여라.

3. GHT 버전 공간 매치 필터를 사용하면 정삼각형을 검출할 수 있고, 더 나아가 피크가 삼각형 내부에 나타나는 별 모양으로 변형할 수 있다. 이 접근법을 (1) 일반적인 삼각형과 (2) N개의 변을 가진 다각형에 어떻게 응용할 수 있는가?

4. 이등변삼각형 형태에 대해 특징 세트의 매치 그래프를 구하라. 이때 대칭성과 대칭성 감소 매치 그래프를 사용해 문제를 더 단순하게 만들 수 있는지를 논하라. 이 결과를 (2개의 이등변삼각형이 밑변을 마주하여 대칭적으로 배열된) 연 모양으로 확장해보라.

5. 2개의 (사다리꼴) 조각칼날은 모서리 기준으로 그 위치를 찾을 수 있다. 날 하나의 두 모서리가 다른 날에 의해 가려졌다고 가정하자. 가능한 구도를 정리하고, 각 경우에 대해 존재하는 모서리 개수를 계산하라. 만약 모서리를 점특징으로 놓고 다른 속성을 고려하지 않을 경우, 매치 그래프로 얻은 해답이 불확실함을 보여라. 또한 모서리

의 방향을 고려할 경우 이 불확실성을 제거할 수 있음을 보여라. 아울러 이 경우 필요한 모서리 방향의 정확도에 대해 논하라.

6. 연습문제 5번의 상황에서, GHT를 적용하는 것이 더 나은지에 대해 논하라.

7. a. 금속 플랜지의 위치를 찾기 위해, 뚫려 있는 구멍에 그래프 매칭(최대 클릭) 기법을 적용한다. 각 플랜지 바는 동일한 크기의 구멍 4개가 뚫려 있으며, 그림 11.P1에서처럼 좁은 부분으로부터 각각 1, 2, 3, 5cm 거리에 뚫려 있다. 네 구멍 중 하나가 각각 가려졌을 때의 매치 그래프를 그리고, 각 경우에 대해 플랜지 위치를 정확히 찾을 수 없는지, 아니면 불확실성이 발생하는지를 판단하라.

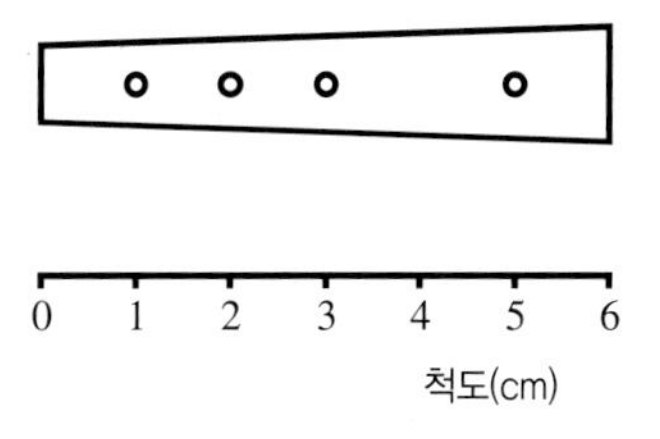

그림 11.P1 GHT를 사용한 금속 플랜지의 위치 찾기

   b. 이렇게 구한 결과가 우리의 직관과 일치하는가? 실제 상황에서 이러한 오차나 불확실성을 어떻게 해결할 수 있을까?

8. a. 최대 클릭 접근법을 통해 물체 위치를 찾는 방법을 설명하라. 왜 최대 클릭 중 가장 큰 값이 물체의 위치에 가장 가까운 결과를 나타내는지 논하라.

   b. 만약 4개의 특징점이 대칭적으로 배열된 물체의 위치를 찾고자 할 경우, 물체 템플릿에 적절한 레이블링을 적용해 작업을 더 단순하게 할 수 있음을 보여라. 대칭성의 종류에 따라 결과가 달라지는가? 직사각형이나 평행사변형의 경우에는 어떠한가? (후자의 경우 그림 11.P2의 A, B, C, D 지점을 참고해 설명하라.)

   c. 5개의 특징점을 포함해 대칭에 가까운 물체(그림 11.P2)의 위치를 찾고자 한다. 이 경우 우선 특징점 A, B, C, D만을 고려하고 다섯 번째 지점 E는 무시하는 식으로 진행한다. 최대 클릭 접근법을 사용할 경우, 이 다섯 번째 지점을 통해 물체의 방향을 찾을 수 있는지에 대해 논하라. 이런 식으로 두 단계에 걸친 접근을 시도

할 경우 단점은 무엇이 있을까?

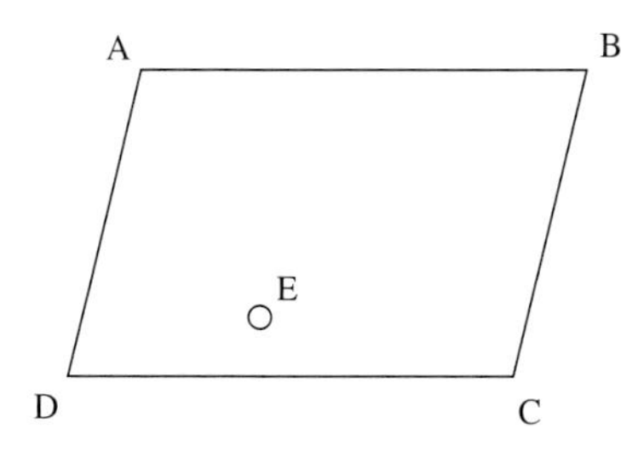

그림 11.P2 5개의 특징점을 가진 물체

9. a. 템플릿 매칭이란 무엇인가? 왜 물체의 위치를 찾을 때 일반적으로 전체 물체 템플릿이 아닌 특징을 사용하는지 설명하라. 이러한 목적에 대해 어떤 특징을 주로 쓰는가?

   b. 모서리 및 구멍 검출을 위해 사용하는 템플릿에 대해 설명하라.

   c. 조각칼날의 형태를 개선한 다음(그림 11.P3) 로봇이 6개 단위로 포장하도록 하려 한다. 로봇 비전 시스템에 최대 클릭 방식을 적용할 경우, 칼날의 위치를 모서리 또는 구멍 정보로 찾을 수 있음을 보여라(즉, 둘 중 어느 것을 사용해도 무방함을 보여라).

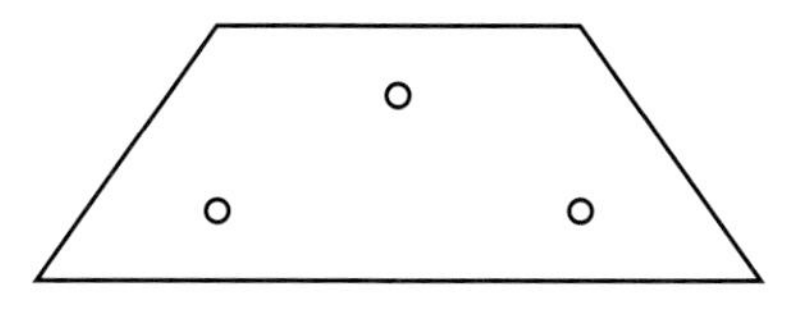

그림 11.P3 대칭 형태의 조각칼날

   d. 이후, 칼날이 겹쳐져 있을 때 로봇이 종종 위치를 혼동하는 현상이 나타났다. 이 때문에 칼날 위치를 찾을 때 구멍과 모서리를 '모두' 사용하기로 했다. 이 경우 모든 종류의 혼동을 방지할 수 있는 이유를 설명하라. 아울러 최종적으로 모서리와 구멍을 구별하는 과정을 통해 극단적으로 겹쳐진 경우를 방지할 수 있음을 보여라.

10. a. 네 모서리와 위치가 고정된 두 구멍으로 이뤄진 조각칼날을 생각해보자(그림 11.P4). 최대 클릭 기법을 사용해 이 칼날의 위치를 찾고자 한다. 물체가 작업대 위에 놓여 있고, 주어진 거리에서 수직으로 이를 보고 있다고 가정하자.

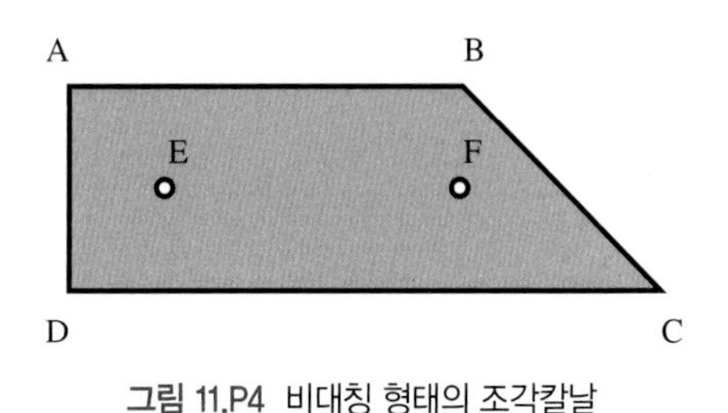

그림 11.P4 비대칭 형태의 조각칼날

b. 다음 상황에 대해 매치 그래프를 그려라.

i. 구멍과 모서리를 '구분할 수 없는' 특징점으로 삼아 물체의 위치를 찾고자 할 경우

ii. 모서리만 사용해 물체의 위치를 찾고자 할 경우(즉, 이미지의 모서리와 이상적인 물체의 모서리를 매칭할 경우)

iii. 구멍만 사용해 물체의 위치를 찾을 경우

iv. 구멍과 모서리 둘 다 사용하되, 이를 '구분 가능한' 특징으로 삼아 물체의 위치를 찾을 경우

c. 다음 주제에 대해 앞의 결과를 논하라.

i. 확보할 수 있는 강건성

ii. 계산 속도

d. 계산 속도에 대해, 기본적인 매치 그래프를 만드는 시간과 모든 최대 클릭을 찾는 시간을 구분해보라. n개의 노드로 이뤄진 매치 그래프상에서 m개의 노드를 갖는 최대 클릭을 찾는 시간을 계산하고, 이를 위해 사용한 가정을 제시하라.

11. a. 모양을 낸 비스킷에 대해, 구멍을 통해 위치를 찾은 다음 검사하고자 한다. 그림 11.P5(A)와 같은 상황에서 최대 클릭 그래프 매치 기법을 적용해, 같은 크기와 형태의 비스킷들의 위치를 찾고 식별하는 방법을 설명하라.

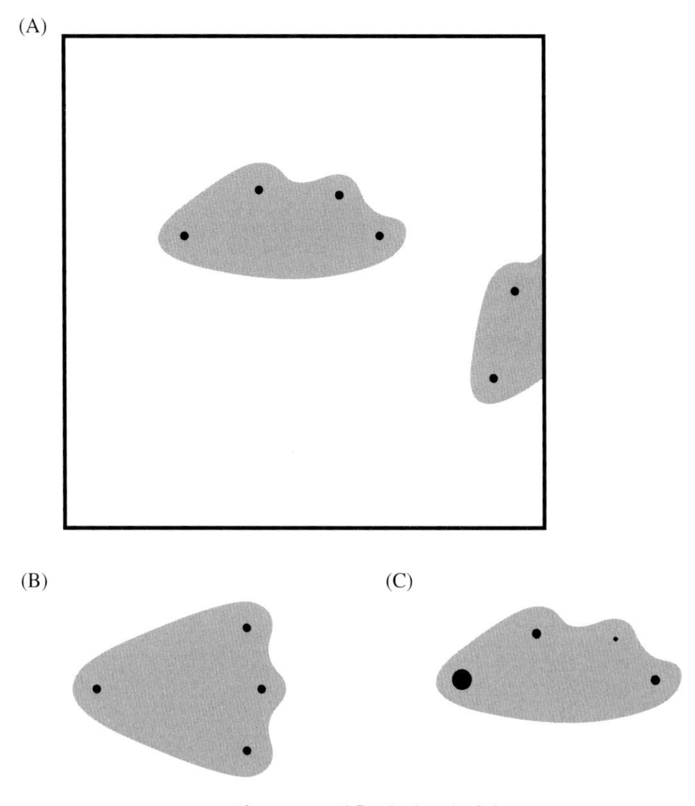

그림 11.P5 모양을 낸 비스킷 검사

b. 그림 11.P5(B)처럼 비스킷 모양이 대칭성을 띠고 있을 때 분석에 어떤 영향이 있을지 논하라. 또한 이 경우 계산을 단순하게 수정할 수 있는지에 대해서도 논하라.

c. (a)에서 사용한 비스킷은 구체적으로 11.P5(C)에 나타낸 것처럼 '세 가지' 크기의 구멍을 포함하고 있다. 이 형태를 분석해 이미지 데이터로부터 매치 그래프를 더 단순하게 구하고, 이를 통해 성공적으로 물체 위치를 찾을 수 있음을 보여라.

d. 구멍 크기 정보를 사용하면 더 나은 매칭 전략을 유도할 수 있다. 즉, 매치 그래프상에서 다른 크기의 구멍 쌍 간의 매치만을 나타낸다. 이 전략이 얼마나 잘 작동하는지 확인하고, 예를 들어 특징 수가 더 많은 물체를 대상으로 유용하게 적용할 수 있는지에 대해 논하라.

e. 구멍과(또는) 모서리 특징점에 대해 구멍의 크기나 모서리의 각도 및 방향이 다를 수도 있고, 각 물체 표면이 다른 색과 텍스처를 갖고 있으며, 물체의 특징 수가 더 많을 경우에 물체를 식별할 수 있는 최적의 전략을 생각해보라. 이때 '최적'이란 용어를 명확히 규정해야 한다.

12. a. 그림 11.P6은 4개의 모서리를 가진 2차원 부품 모양을 나타내고 있다. 최대 클릭 기법을 적용해 어떻게 물체 위치를 찾을 수 있는지, 특히 다른 부품 등 여러 종류의 물체로 가려지더라도 적용 가능한지에 대해 설명하라.

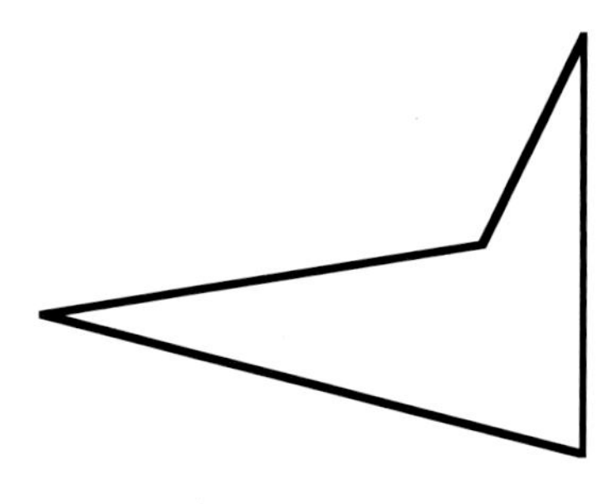

그림 11.P6 부품 도식도

b. 앞의 기본 알고리듬이 서로 뒤집힌 형태로 놓인 부품을 구분할 수 없는 이유를 설명하라. 아울러 로봇이 올바른 방향으로 놓인 부품만을 고를 수 있도록 방법을 수정해보라.

c. 부품을 관측하던 카메라가 갑자기 어딘가에 부딪혀, 작업대로부터의 높이가 알 수 없게 바뀌어버렸다. 이 경우 최대 클릭 기법을 사용해 물체를 식별할 수 없는 이유를 설명하라. 또한 적절한 데이터를 확보하고 올바른 해석을 도출해 모든 물체를 식별할 수 있도록 전체적인 과정을 수정하라. 우선 화면에 잡히는 물체가 전부 부품인 상황을 가정하고, 그런 다음 다양한 종류의 물체가 나타나는 상황을 다루어라.

d. 카메라가 또 어딘가에 부딪혀, 이번에는 수직 방향 각도가 알 수 없는 정도로 약간 변했다. 작업대 위에 모양을 알고 있는 수평 보정용 물체가 놓여 있다고 가정하고, 이 변화를 감지하고 보정하는 방법을 고안하라. 보정을 위해 어떤 모양이

적절한지 결정하고, 그 모양이 어떻게 보정에 사용되는지 설명하라.

13. 볼록 평면 형태는 아핀 변환 이후에도 볼록함을 유지함을 보여라.

12

물체 분할과 형태 모델

임계화나 외각 검출을 사용하면 물체 분할을 수행할 수 있지만, 그 과정에서 노이즈나 그림자 같은 랜덤한 이미지 결함로 인해 올바른 결과에서 크게 벗어날 수 있다. 형태 모델을 사용할 경우 조건을 제어해 더 의미 있는 분할 결과를 얻을 수 있다. 그 수단 중 하나는 능동 등고선 모델 또는 '스네이크'를 사용하는 것이고, 혹은 주성분 분석(PCA, principal components analysis) 기반 방법을 사용할 수도 있다.

12장에서 다루는 내용은 다음과 같다.

- 분할 과정에서 형태 모델의 필요성
- 능동 등고선 모델(스네이크)을 사용한 물체 경계 분할
- 에너지 최소화의 원리
- 스네이크 발달 제어: 모델 제약
- 레벨 세트 접근법을 통한 물체 분할
- 쾌속행진산법과 앞전파법
- PCA를 사용한 형태 모델 학습
- 고윳값 목록의 크기 제한
- 랜드마크 지점을 통한 시스템 학습
- 다양한 스케일을 사용한 검색 속도 및 매칭 성능 향상
- 그레이스케일 경계 프로파일을 사용한 마할라노비스 거리 모델 개선

스네이크 접근법은 정확히 어떤 종류의 형태가 나타날지에 대한 정보가 주어지지 않은 상태에서 모든 필요한 규칙을 분할 알고리듬에 대입해야 하는 어려움이 있다. 반면 PCA 기반 방식은 시스템을 학습시켜 어떤 종류의 형태를 찾는 것인지 알아내므로 좀 더 강력하다. 덕분에 복잡한 과정과 계산이 더 필요하지만, 그 결과 상당한 노이즈가 포함된 영역에서도 물체를 찾아낼 수 있다.

12.1 서론

이 장은 5장 '외각 검출'에서 자연스럽게 이어지는 내용을 다룬다. 즉, 외각을 이미지상에서 찾은 상태에서 이를 체계적인 방식으로 연결해 물체 모양을 형성해야 한다. 사실 형태 모델을 발전시키는 과정에서 외각 지점을 저절로 찾게 되므로, 이를 탐색하는 과정이 선행될 필요는 전혀 없다. 스네이크 또는 '능동 등고선' 접근법은 후자를 따른다. 이 경우 그림상에 존재하는 외각에 매치될 때까지 스네이크 모델이 체계적으로 발전하게 된다. 뒤의 절에서 살펴보겠지만, 스네이크가 발전할 때는 에너지를 최소로 하는 등의 여러 제약에 따라 변하게 된다. 이 접근법과 뒤에 이어지는 레벨 세트 기법은 일반적인 분할 원칙을 따라 작동하지만, 찾고자 하는 형태의 정확한 모델을 구하지는 않는다. 반면, PCA 등의 다른 접근법은 형태 모델을 생성하는 방식이다. 요컨대 분할 알고리듬이라기보다는 오히려 인식 알고리듬에 가깝다. 또한 이 방식은 굉장히 널리 쓰이고 있으며 상당히 넓은 범위의 경우에 대응할 수 있다. 일단 능동 등고선 접근법에 대한 기본적인 내용에서부터 출발하자.

12.2 능동 등고선

능동 등고선 모델active contour model(또는 '변형 가능 등고선deformable contour' 또는 '스네이크snake')은 물체 등고선을 체계적으로 찾기 위해 널리 쓰여온 방법이다. 기본적인 개념은 대비가 잘 나타나지 않거나 노이즈, 혹은 흐릿한 경계로 인해 불분명하게 보이는 물체의 외형을, 완전하고 정밀하게 구하는 것이다. 우선 초기 근삿값을 구하되, 넓게 등고선을 그려 실제 물체 크기로 줄이거나 반대로 작게 등고선을 그려 실제 크기로 키우는 방식으로 진행한다. 근본적으로 초기 경계는 임의로 그려지므로 물체 바깥에 치우쳐져 그려졌는지, 내부를 주로 지나가는지 알 수 없다. 그런 다음, 에너지 최소화 과정을 통해 형태를 점점 맞춰간다. 한편으로 근사한 형태가 실제와 불일치하는 정도에 따른 '외부' 에너지를 최소화하는 과정을, 다른 한편으로는 '내부' 에너지를 최소화하여, 예를 들어 이미지 노이즈의 특성으로 인해 스네이크 형태가 복잡해지지 않도록 하는 과정을 거친다. 외부 에너지에 관여하는 정도를 수식 형태로 표현하는 모델 제한도 있다. 예를 들어, 이미지 경계 밖으로 나가거나 차량이 도로 영역을 벗어나는 등 스네이크가 가면 안 되는 영역으로 움직이는 것을 막기 위한 제한이 이에 속한다.

스네이크의 내부 에너지는 스네이크를 확대하거나 축소하기 위해 필요한 탄성 에너지 elastic energy와 굽힘 에너지bending energy로 이뤄져 있다. 만약 굽힘 에너지가 없다면 스네이크상에 뾰족한 모서리나 스파이크가 아무 제약 없이 나타나게 된다. 비슷하게, 탄성 에너지가 없다면 스네이크가 아무렇게나 커지거나 쪼그라들 수 있다.

이미지 데이터는 주로 세 종류의 이미지 특징을 통해 스네이크와 관계를 맺는다. 선분, 외각, 끝부분termination(선분의 끝이나 모서리가 이에 해당한다)이 그것이다. 스네이크가 필요로 하는 상태에 따라 이 특징들에 여러 종류의 가중치를 주게 된다. 예를 들어 외각과 모서리는 지나치고, 외각이 없는 경우에만 선분을 따라가야 할 수 있다. 이 경우 선분은 외각이나 모서리보다 훨씬 낮은 가중치를 갖게 된다.

이러한 관점에서 스네이크 에너지를 나누면 다음과 같다.

$$\begin{aligned} E_{\text{snake}} &= E_{\text{internal}} + E_{\text{external}} \\ &= E_{\text{internal}} + E_{\text{image}} + E_{\text{constraints}} \\ &= E_{\text{stretch}} + E_{\text{bend}} + E_{\text{line}} + E_{\text{edge}} + E_{\text{term}} + E_{\text{repel}} \end{aligned} \tag{12.1}$$

스네이크상의 각 지점 $\mathbf{x}(s) = (x(s), y(s))$에 대해 에너지를 정의할 수 있으며, 이때 매개변수 s는 스네이크 경계를 따라가는 곡선의 길이를 나타낸다. 따라서

$$E_{\text{stretch}} = \int \kappa(s) \left\| \mathbf{x}_s(s) \right\|^2 ds \tag{12.2}$$

그리고

$$E_{\text{bend}} = \int \lambda(s) \left\| \mathbf{x}_{ss}(s) \right\|^2 ds \tag{12.3}$$

이 성립하고, 여기서 아래첨자 s, ss는 각각 1차 및 2차 미분을 가리킨다. 비슷하게 E_{edge}는 세기 그레이디언트 세기 $|grad\ I|$에 대해 다음과 같이 계산되며,

$$E_{\text{edge}} = -\int \mu(s) \left\| grad\ I \right\|^2 ds \tag{12.4}$$

여기서 $\mu(s)$는 외각 가중치 인수가 된다.

이제 모든 위치에서의 에너지를 더하여 전체 스네이크 에너지를 구한다. 그런 다음 연립

미분방정식을 설정해 총 에너지를 최소화하는 작업에 들어간다. 여기서 이 과정을 전부 다루기에는 분량이 너무 많다. 다만 방정식의 분석적 해를 구하는 것은 불가능하므로, 반복을 통해 수치적인 해를 구할 수밖에 없다. 즉, 초기에 높은 에너지 상태로 스네이크 형태를 설정하고, 최종적으로 이미지의 실제 등고선을 따르도록 낮은 에너지 평행 상태를 지향해 발달시킨다.

일반적인 경우 다음과 같은 문제를 해결해야 한다.

1. 적절한 이미지 등고선 수를 모를 경우 그 위치를 찾기 위해 여러 개의 스네이크가 필요하다.
2. 서로 다른 종류의 스네이크는 서로 다른 초기 조건에서 시작해야 한다.
3. 스네이크가 여러 조각난 등고선에 걸친 상태로 형성될 수 있기 때문에, 이를 쪼개야 할 수도 있다.

또한 절차적인 문제도 존재한다. 원래 이 방식은 스네이크가 미분 가능하다는 가정 아래 이뤄진 것이다. 그러나 선분, 외각, 끝부분은 일반적으로 매우 국지적이며, 따라서 스네이크가 바로 몇 픽셀 가까이 위치한다 할지라도 이를 인식하고 그 형태에 접근할 수 있는 방법이 없다. 이러한 특성으로 인해 스네이크는 '더듬거리며' 진행하게 되고, 여차하면 최소 전역 에너지에 해당하는 등고선으로 빠져버리게 된다. 이러한 문제를 해결하려면, 이미지에 스무딩을 적용해 외각이 얼마간의 거리를 두어 스네이크와 대응하게 하고, 스네이크가 목표로 하는 위치에 가까워질수록 점차적으로 스무딩을 줄여나가는 방식을 취해야 한다. 궁극적인 문제는 알고리듬이 전체적인 상황을 고려하지 않고, 단지 이미지상의 로컬한 정보 집합에 반응하는 것에 불과하다는 점이다. 개념 자체는 얼핏 매력적이나, 이러한 이유 때문에 스네이크를 이용한 분할은 다소 위험성이 있다.

이러한 잠재적인 문제에도 불구하고, 제대로 설정하기만 하면 경계에 일부 불연속적인 부분이 존재하더라도 스네이크를 그릴 수 있다는 특징은 이 방식이 가진 가치라 할 수 있다. 특히 흐릿하거나 대비가 낮은 외각, 혹은 작은 결함이 분할을 방해하고 있는 상황(예를 들어, 저항기 다리) 등의 실제 상황에서도 대응이 가능하도록 하기 때문이다. 이는 스네이크 에너지가 '전역적으로' 계산되기 때문이다. 이는 오차 전파로 인해 의도했던 경로에서 크게 벗어날 수 있는 경계 추적과는 상당히 다르다. 스네이크에 대한 많은 문헌이 기본적인 이론과 더불어(Kass and Witkin, 1987; Kass et al., 1988) 실제 상황에서 어떻게 이를 적용할 것인가에 대해 다루고 있으니 참고하면 좋을 것이다.

12.3 능동 등고선 예시

이 절에서는 능동 등고선 개념을 간단하게 구현한 예시를 살펴볼 것이다. 여기 소개하는 방법은 능동 등고선을 충실하게 반영하면서도 실제 상황에서 가장 간단하게 구현할 수 있는 것이다. 과정이 너무 복잡해지거나 고도의 계산이 필요하지 않도록, '탐욕' 알고리듬을 사용한다. 즉, 로컬 최적화(에너지 최소화)를 통해 전역 최적화를 시도한다. 당연히 이렇게 구한 해답은 에너지 함수의 절대적 최솟값을 가리키지 않는다. 물론 이 문제는 탐욕 알고리듬 혼자만 갖는 것은 아니고, 재귀적으로 에너지 최소화를 시도하는 모든 방법이 빠질 수 있는 함정이다.

이 알고리듬을 사용하기 위해 우선 필요한 작업은 이론을 현실에 맞게 바꾸어 실제 상황에 적용하는 것이다. 이에 따라 스네이크 늘임 함수(식 (12.2))를 다음과 같이 불연속적인 형태로 만든다.

$$E_{\text{stretch}} = \sum_{i=1}^{N} \kappa \left\| \mathbf{x}_i - \mathbf{x}_{i+1} \right\|^2 \tag{12.5}$$

이 식에는 N개의 스네이크 지점 $\mathbf{x}_i$(여기서 $i = 1, \cdots, N$)가 포함되어 있다. 이 지점 세트는 순환적으로 접근해야 함을 유의하라. 탐욕 알고리듬을 사용해 i번째 지점의 위치를 업데이트할 경우에는 식 (12.5)를 로컬한 형태로 변형한 다음 식을 사용해야 한다.

$$\varepsilon_{\text{stretch},\, i} = \kappa \left(\left\| \mathbf{x}_i - \mathbf{x}_{i-1} \right\|^2 + \left\| \mathbf{x}_i - \mathbf{x}_{i+1} \right\|^2 \right) \tag{12.6}$$

이 함수는 스네이크를 조이는 역할을 하긴 하지만, 잘못하면 스네이크 지점들이 뭉쳐져 버리는 결과가 온다. 이를 막기 위해 위의 식을 다음과 같은 형태로 고쳐서 사용한다.

$$\varepsilon_{\text{stretch},\, i} = \kappa \left[\left(d - \left\| \mathbf{x}_i - \mathbf{x}_{i-1} \right\| \right)^2 + \left(d - \left\| \mathbf{x}_i - \mathbf{x}_{i+1} \right\| \right)^2 \right] \tag{12.7}$$

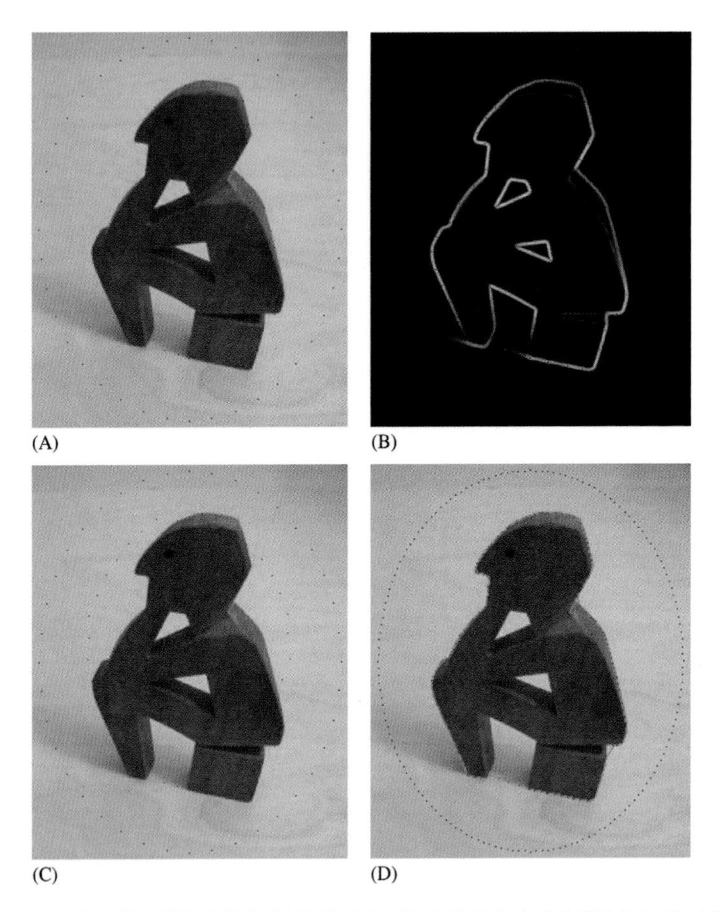

그림 12.1 능동 등고선 모델(스네이크) 생성: (A) 원본 이미지에 대해 이미지 경계 근처에 초기 스네이크 지점(파랑)을 설정한 모습. 최종 스네이크 위치(빨강)는 물체 바깥에 걸쳐 있지만, 아래 부분의 크게 오목하게 들어간 외각은 지나치고, 대신 옅은 그림자 부분을 따라서 움직인다. (B) (A)에 스무딩과 소벨 연산자를 적용한 결과. 이 이미지를 스네이크 이미지에 입력한 결과를 (B)에 겹쳐서 나타내었다(빨강). 결과와 외각 최댓값이 높은 정도로 일치하는 것을 확인할 수 있다. (C) 총 반복(60회) 중 절반(30회)을 진행한 뒤의 결과. 확인할 수 있듯이, 외각 지점을 일단 하나 찾고 나면 나머지를 찾는 것은 상대적으로 쉬워진다. (D) 초기 지점(파랑)의 수를 늘리고 최종적으로 찾은 위치(빨강)를 이어서(초록) 연결된 경계를 형성한 결과. 몇몇 부분에서 불완전함이 남아 있는 것을 분명히 확인할 수 있다.

여기서 d는 인접한 스네이크 지점 쌍 간의 평균 거리에 가장 가까운 값을, 대상 물체의 형태에 따라 고정해 사용한다. 그림 12.1에 구현한 사례에서, d는 그다지 가깝지 않도록 8픽셀로 설정했다. 흥미롭게도 이런 식으로 값을 정하면 스네이크가 의도했던 최종 형태로 더 빠르게 수렴하는데, 이는 위 식에서 소괄호 내의 값이 최소화되는 방향으로 더 잘 접근하기 때문이다.

그림 12.1에 나타난 등고선은 오른쪽 윗부분의 오목한 형태는 채우지만, 옅은 그림자 외각 때문에 아래쪽의 오목한 부분을 지나친다. 이러한 약한 외각의 영향성은 식 (12.4)에서 grad^2 계수 μ를 바꿔서 조정할 수 있음을 유의하라. 그림에서 스네이크 지점 개수는 $p = 40$이며, $r = 60$회 반복하여 최종 지점을 구하게 된다. 매 반복마다 각 스네이크 지점에 대해 $n \times n$픽셀 영역($n = 11$)상에서 탐욕 최적화를 진행한다. 따라서 계산 시간은 prn^2에 비례하며, 이 값을 기준으로 시간을 제어할 수 있다.

그림 12.1(D)에 나타낸 최종 등고선은 초기 지점의 수를 증가시킨 다음, 최종적으로 구한 위치를 이어 연결 경계를 형성한 결과다. 남아 있는 결함은 단순히 점과 점을 잇지 않고, 스플라인 근사 등의 방식을 적용해 줄일 수 있다.

앞에서 언급했듯이 이는 단순한 방식으로 구현한 것이다. 즉, 모서리나 굴곡은 고려하지 않았다. 그림 12.1에 이러한 성분이 포함되어 있긴 하지만, (D)를 제외하면 큰 불리함이나 결함이 있는 것은 아니다. 물론 더 복잡한 이미지 데이터를 다루기 위해서는 추가적인 에너지 성분을 포함해 방법을 다시 설계해야 한다. 흥미롭게도 식 (12.1)에서 단지 2개의 성분, 즉 늘임과 외각 성분만 사용하더라도 상당히 많은 부분에 대응할 수 있다. 그러나 탐욕 알고리듬이 최적의 성능으로 동작하게 하려면, 각 스네이크 지점마다 인접한 연결 '양쪽 모두의' 에너지를 포함하여(식 (12.6)과 식 (12.7)에서처럼) 편중이나 그 밖의 복잡한 문제를 제한하는 것이 중요하다.

12.4 물체 분할을 위한 레벨 세트 접근법

앞의 두 절에 걸쳐 설명한 능동 등고선 접근법은 많은 경우 효율적으로 작동하긴 하지만, 다음과 같은 단점이 존재한다(Cremers et al., 2007).

1. 스네이크가 내부적으로 교차할self-intersection 가능성이 있다.
2. 발달하고 있던 스네이크가 쪼개지거나 합쳐지는 등 토폴로지 변환은 허용하지 않는다.

3. 초깃값을 어떻게 설정하느냐에 따라 알고리듬 성능이 많은 차이를 보이며, 잘못하면 스네이크가 한쪽으로 편향되거나 로컬 최솟값에서 멈춰버리는 현상이 발생한다.

4. 스네이크는 확률론적으로 유의미한 해석을 포함하고 있지 않다. 따라서 그 내용을 색상, 텍스처, 움직임 등으로 일반화하는 것은 직관적이지 않다.

레벨 세트level-set 접근법은 이러한 단점을 해결하기 위한 목적으로 만들어졌다. 기본적인 방식은 외각이 아닌 전체 영역에 대해, '임베딩 함수embedding function'를 발달시켜서 등고선이 직접적이지 않고 암시적으로 표현되도록 하는 것이다. 결국 임베딩 함수는 $\phi(\mathbf{x}, t)$ 함수로 나타낼 수 있으며, 등고선은 이 함수를 0으로 만드는 조건으로 정의할 수 있다.

$$C(t) = \{\mathbf{x} | \phi(\mathbf{x}, t) = 0\} \tag{12.8}$$

각 로컬 노멀 $\mathbf{n}$을 따라 F 속도로 발달하는 등고선에 대해,

$$\phi(C(t), t) = 0 \tag{12.9}$$

따라서 다음과 같이 쓸 수 있다.

$$\frac{\mathrm{d}}{\mathrm{d}t}\phi(C(t), t) = \nabla\phi \frac{\partial C}{\partial t} + \frac{\partial \phi}{\partial t} = F\ \nabla\phi \cdot \mathbf{n} + \frac{\partial \phi}{\partial t} = 0 \tag{12.10}$$

다음 관계에 따라 $\mathbf{n}$을 소거하면,

$$\mathbf{n} = \frac{\nabla\phi}{|\nabla\phi|} \tag{12.11}$$

다음을 얻는다.

$$\frac{\partial \phi}{\partial t} = -|\nabla\phi| F \tag{12.12}$$

다음으로 F를 소거해보자. Caselles et al.(1997)에 따라 다음 관계가 성립한다.

$$\frac{\partial \phi}{\partial t} = |\nabla\phi| div\left(g(I)\frac{\nabla\phi}{|\nabla\phi|}\right) \tag{12.13}$$

여기서 $g(I)$는 스네이크 포텐셜 관점에서 $|\nabla\phi|$를 일반화한 함수다.

등고선 C는 직접적이 아닌 암시적으로 표현되기 때문에 이를 업데이트하는 과정에서 모든 픽셀을 고려해야 하고, 결국 불필요한 계산이 수없이 포함된다. 이러한 문제를 해결하기 위해 등장한 '협대역narrow band' 방식은 현재 등고선 주변의 좁은 영역만을 업데이트한다. 그러나 이 영역을 끊임없이 업데이트해야 한다는 점 때문에, 여전히 필요한 계산량은 상당하다. 대안으로 등장한 '쾌속행진산법fast-marching method'은 우선 능동 파면을 따라 빠르게 해답으로 나아가되, 픽셀값이 반대 방향으로 움직이지 않도록 한다. 이렇게 함으로써 진행 속도 F의 부호가 바뀌지 않고 유지된다. Paragios and Deriche(2000)의 헤르메스Hermes 알고리듬은 이 두 접근법을 결합하고자 했다. 즉, 중간 과정에서 모든 제약 조건을 느슨하게 고려하면서 '최종적으로' 이를 모두 만족하는 해답을 찾고자 했다. 이러한 앞전파front propagation 알고리듬은 앞에 언급한 네 가지 문제를 극복할 수 있다. 요컨대 비정형 물체를 추적하거나 스네이크의 끊어짐 및 결합에 대응할 수 있으며, 계산량도 낮다. 논문은 이러한 장점을 증명하기 위해 교통 씬에서 자동차와 보행자를 성공적으로 추적해 보였다.

이 방식에 대해 여기서 더 깊이 들어가지는 않을 것이다. 이제 좀 더 널리 쓰이는 다른 접근법으로서, PCA를 사용해 형태 모델을 학습시켜 사용하는 방법을 소개할 것이다.

12.5 형태 모델

형태를 모델링하기 위해서는 표현법을 다른 방식으로 써야 한다. 9장 '경계 패턴 분석'에서는 경계 패턴 분석을 위해 (r, θ), (s, ψ), (r, κ) 경계 플롯으로 표현했다. 이러한 플롯은 푸리에 방식으로 모델링할 수는 있지만 다소 번거롭고, 이동이나 회전, 형태 변형이 발생할 경우 연속적인 경계보다는 불연속적인 경계 지점 세트를 사용하는 편이 더 낫다. 이렇게 하면 특히 고해상도에서 유리한데, 해상도와 관계없이 상대적인 위치에 대해 동일한 수의 지점을 유지하며 경계를 표현할 수 있기 때문이다. 또한 경계를 불연속적으로 표현할 경우 PCA 등의 방식을 사용해 데이터를 처리할 수 있게 된다. 뒤에서 다루겠지만, 이는 형태를 찾기 위해 학습 방식을 적용해 최소 설명자를 얻고자 할 때 특히 유리하다. 물론 PCA 역시 상당한 계산이 필요하긴 하지만, 15~20년 전에 비해 현재 시점에서는 크게 신경 쓸 정도는 아니다. 따라서 이 방식이 정교하고 강건하며, 학습이 가능하고, 특별한 조정 없이도 가치 있는 정보를 제공한다면, 사용할 것을 진지하게 고려해볼 만하다. 이때 '가치 있는 정보' 중 신경 써야 할 부분은, 급수의 (더 작은) 뒤쪽 항을 제거해(낮은 에너지 고윳값은 노이즈에 더 크게 영향을 받으므로) 불필요한 정보나 계산량을 줄이는 것이다.

불연속적 경계 지점 형태 모델을 구현하려면, 모델에 대한 명확한 정보를 얻는 데에서 시작해야 한다. 이를 위해 대상으로 하는 형태 주변에, 일반적으로 마우스를 사용해 '랜드마크' 지점을 표시한다. 이 접근법은 사람의 손이 간다는 분명한 한계가 있긴 하지만, 형태를 정의하기 위해 적은 수의 지점이 필요한 경우에는 매우 정교하며 적절한 방법이다. 특히 의료 이미지를 분석해야 할 때가 더 그러한데, 이러한 종류의 이미지는 컴퓨터 알고리듬을 사용해 분석하고자 할 때 일관된 결과를 내는 것이 무엇보다 중요한 반면, 명확하지 않고 전문가의 해석이 필요한 경우가 많기 때문이다. 일단 랜드마크 지점을 정확히 지정하고 나면, 나머지 지점들은 사람이 관여하지 않아도 실질적으로 쉽게 구할 수 있다. 이제 짧은 동영상에서 추출한 손 이미지에 이 방법을 적용해보자.

그림 12.2(A)는 사람의 손 그림을 나타내며, 그림 12.2(B)는 마우스를 사용해 9개 지점을 표시한 것이다. 이 지점들은 손가락 끝 다섯 지점과($\mathbf{t}_1 \sim \mathbf{t}_5$) 손가락 사이 네 지점($\mathbf{b}_1 \sim \mathbf{b}_4$)으로 이뤄져 있다. 이를 통해 그림 12.2(C)에서처럼, 흰색으로 그은 선분상에서 추가적으로 5개의 손가락 중간 지점($\mathbf{m}_1 \sim \mathbf{m}_5$)을 유도했다. 이러한 세 지점 세트를 위에서부터 번호를 매긴 다음, $\mathbf{m}_1 \sim \mathbf{m}_5$ 위치 간의 벡터 관계를 다음과 같이 정의할 수 있다.

$$\mathbf{m}_1 = \mathbf{b}_1 + c(\mathbf{b}_1 - \mathbf{b}_4) \tag{12.14}$$

$$\mathbf{m}_2 = \mathbf{b}_2 + \frac{1}{2}(\mathbf{b}_2 - \mathbf{b}_3) \tag{12.15}$$

$$\mathbf{m}_3 = \frac{1}{2}(\mathbf{b}_2 + \mathbf{b}_3) \tag{12.16}$$

$$\mathbf{m}_4 = \frac{1}{2}(\mathbf{b}_3 + \mathbf{b}_4) \tag{12.17}$$

$$\mathbf{m}_5 = \mathbf{b}_4 + \frac{1}{2}(\mathbf{b}_4 - \mathbf{b}_3) \tag{12.18}$$

위의 수식에서 $\mathbf{m}_3$와 $\mathbf{m}_4$에 대한 수식은 확실히 타당하며, $\mathbf{m}_2$ 및 $\mathbf{m}_5$에 대한 수식도 수긍할 수 있다. $\mathbf{m}_5$의 경우 새끼손가락의 너비가 다른 것보다 더 작다는 점에서 조정해야 할 필요는 있지만, 실제 사용할 때는 큰 문제가 아니다. $\mathbf{m}_1$의 경우 조금 까다롭긴 하지만, c 값을

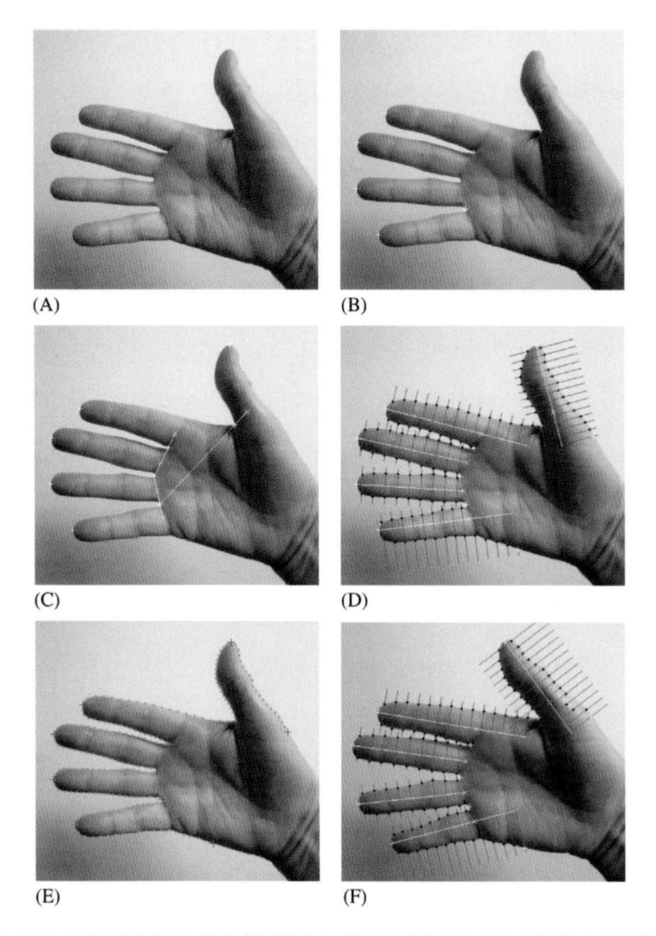

그림 12.2 PCA 분석을 통한 경계 특징 생성: (A) 원본 손 이미지, (B) 마우스를 이용해 손가락 끝과 사이에 랜드마크 지점을 입력한 결과, (C) 손가락 중간 지점 위치를 구하기 위한 기하 구성, (D) 손가락 끝과 사이를 연결한 흰 선분과, 흰 선분에 평행하게 그어 경계 지점 위치를 찾기 위한 어두운 선분, (E) 보간하여 균일한 간격으로 구한 경계 지점, (F) 빛을 받아 반짝이는 부분으로 인해 경계 지점을 잘못 찾은 경우. PCA를 사용할 때 해결해야 하는 문제다. 본문에서 이에 대한 여러 과정을 참고하라.

1/6로 놓으면 대체로 잘 작동한다. 단, 이러한 벡터 방식은 손 형태가 항상 평면에 가깝게 유지된다는 가정하에 성립하며, 따라서 아핀 늘임이 가능하다 점을 기억해두자. 반면 3차원적으로 손을 늘이거나 오그릴 경우에는 결과가 그리 정확하지 않으며, 랜드마크 지점을 상당히 많이 지정해야 한다.

그다음 단계로 $\mathbf{t}_i$에서 $\mathbf{m}_i$로 이어(i = 1~5) 5개의 손가락 중심선을 긋고, 특히 첫째, 둘째,

다섯째 손가락 길이까지 선을 연장한다. 이 선들을 동일한 길이로 나누고, 이 분절된 지점에서 수직으로 선을 그어 배경 영역에 도달할 정도까지 충분히 연장한다. 이렇게 하면 그림 12.2(D)에서처럼 어느 정도 균일한 간격으로 손가락 경계 영역의 위치를 찾을 수 있다. 마지막으로, 이 경계 지점을 보간하고 적절한 알고리듬으로 스무딩하여 손가락 경계상에서 균일한 간격으로 지점 세트를 구한다(그림 12.2(E)). 이렇게 함으로써 경계 지점을 가능한 한 정확하게 재현해, 비슷한 손 형태에 해당하는 지점들을 매칭할 수 있다. 일반적으로 처음 선택한 9개의 랜드마크 지점보다 더 정확하게 위치를 찾는 것은 불가능하지만, 최소한 이렇게 얻은 경계 지점(각 손당 114개의 지점 세트)은 사람이 추가적으로 개입하지 않아도 충분히 정확하다. 가끔 경계 부분의 대비가 없거나, 특히 엄지 쪽에 빛을 받아 반짝이는 부분이 존재할 경우, 경계 지점 중 일부는 의도치 않은 곳에서 위치를 찾게 된다(그림 12.2(F)). 그러나 뒤에서 보겠지만 PCA는 평균을 통해 이러한 영향을 제거할 수 있다. 경계 지점을 PCA 알고리듬에 대입하기 전에도 수월하게 제거할 수 있기는 하지만(예를 들어, 메디안 기반 아웃라이어 검출자와 적절한 보간 방식을 함께 사용하는 것도 가능하다), 여기서는 PCA만 사용해서 이를 구현해볼 것이다.

PCA를 적용할 경우, 이동 및 회전 매개변수를 미리 제거해야 한다. 우선 모든 경계 지점의 평균 위치를 구해 빼는 형식으로 이동 요인을 제거한다. 그런 다음 마찬가지로 모든 경계 지점의 방향 평균을 구해 각 지점마다 이를 빼주고, 새로운 경계 지점 좌표를 구한다. 이는 arctan 함수를 적용한 다음(예를 들어, C++나 Matlab의 'atan2' 함수), 코사인 및 사인 함수를 사용해 새로운 물체 좌표를 계산하는 식으로 가능하다. 그냥 바로 각도를 평균 내버리면 그 주기성 때문에 무의미한 값이 나온다는 사실을 기억해두자(색조 영역이 회전 방향으로 대칭적인 경우에 메디안 필터를 적용하는 등 다른 경우에도 마찬가지다). 가장 엄밀한 방법은 모든 지점을 단위 원에 대입해 변환하고, 사인 및 코사인값들의 평균을 구해 평균 방향을 구하는 것이다. 마지막으로, 모델과 새로운 이미지 지점 간의 거리 제곱합이 최소가 되도록 물체 크기를 정규화한다. 이러한 정규화 및 정렬을 통해 입력 데이터 간의 차이를 제거하고, PCA 알고리듬을 더 쉽게 수행할 수 있도록 하며, 최종 모델을 물체 위치, 방향, 크기 등에 무관하게 구할 수 있도록 한다. 다시 말해 이렇게 구한 지점들은 가우시안 분포에 가까운 형태를 띠며, 이는 이상적인 PCA를 통해 얻을 수 있는 결과다.

앞의 손 문제 예시로 돌아와서, 각 114개의 경계 지점으로 이뤄진 17세트에 PCA를 적용

표 12.1 손 이미지 17개의 고윳값

차수	λ	*csum*	$\sqrt{\lambda}$	$\sqrt{\lambda}/n$
1	36,590.6	36,590.6	191.3	17.9
2	8400.7	44,991.3	91.7	8.6
3	4572.9	49,564.2	67.6	6.3
4	868.1	50,432.3	29.5	2.8
5	687.0	51,119.3	26.2	2.5
6	388.3	51,507.6	19.7	1.8
7	156.9	51,664.5	12.5	1.2
8	103.8	51,768.3	10.2	1.0
9	81.0	51,849.3	9.0	0.8
10	44.9	51,894.2	6.7	0.6
11	32.2	51,926.4	5.7	0.5
12	23.2	51,949.6	4.8	0.5
13	16.7	51,966.2	4.1	0.4
14	10.4	51,976.6	3.2	0.3
15	7.0	51,983.6	2.6	0.2
16	5.5	51,989.1	2.4	0.2

그림 12.2(A)와 유사한 형태의 손 이미지 17개 세트에 대한 고윳값 λ를 차수 순서로 정렬해, 누적합 *csum*과 함께 나타내었다. 아울러 표준편차에 해당하는 고윳값의 제곱근값도 함께 표시했다. 누적합의 중요성에 대해서는 본문을 참고하라. 가장 오른쪽 열은 경계 지점당 평균 편차를 서브픽셀 단위로 계산한 것이다. 일반적으로 경계 노이즈는 표준편차에 1픽셀 이하 값으로 포함되어 있다고 간주하며, 강한 모드가(고윳값이) 여러 픽셀에 걸쳐 일관적으로 나타난다.

하면 표 12.1과 같은 결과를 얻는다. 누적합 *csum*이 최댓값 대비 η배 이상 클 경우 고윳값 목록을 단축할 수 있다. 여기서 η는 이미지 데이터 종류에 따라 90~99.5% 범위 내의 값을 갖는다. 능동 형태 모델ASM, active shape model 접근법을 처음 발표한 Cootes and Taylor(1996)에서는 98% 값을 사용했다. 이 값을 표 12.1의 *csum*에 대입하면, 처음 5개의 고윳값은 유지됨을 확인할 수 있다. 그림 12.3에 나타낸 손 모델 모드를 보면 5개는 적절한 개수임을 확인할 수 있는데, 더 작은 모드에서의 이미지 변화는 거의 구분이 불가능하기 때문이다. 그림 12.4를 통해 더 자세하게 파고들어 보자. 이 경우 모드에 고윳값 가중치(여기서는 $\pm\lambda$ 대신 $\pm\sqrt{\lambda}$)를 곱하지 않고, 고정된 값 100을 곱하여 기본적인 특성을 확인하도록 했다. 이 가장 큰 고윳값의 경우 손가락들이 함께 움직이는 것을 쉽게 확인할 수 있지만, 고윳값이 5차를 넘어가면 이러한 움직임을 식별하기가 매우 어려워지며, 대부분 경계 노이즈에 의한 무작위 움직임이 보인다. 몇몇 경우 이러한 노이즈는 앞에서 언급한 빛나는 부분이 불확실성을 만들어서 생기

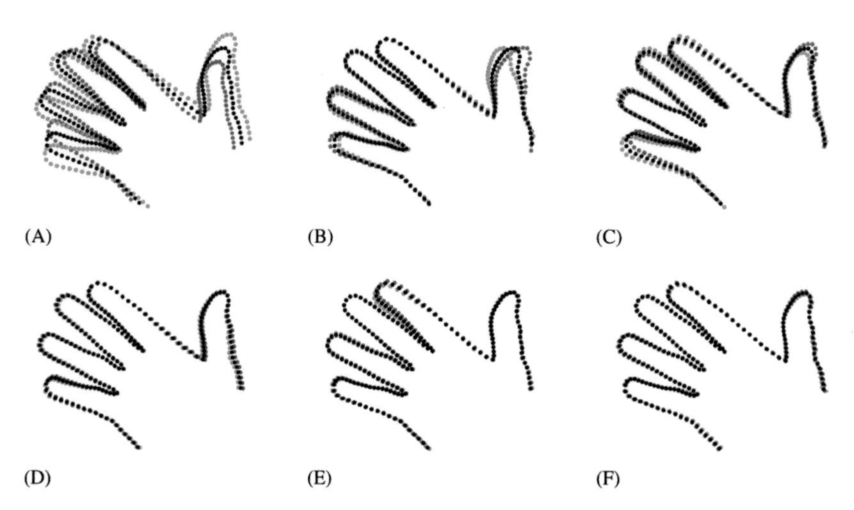

그림 12.3 고윳값의 변화에 의한 효과. 그림 12.2와 같은 형태로 된 17개의 손 이미지를 학습시켰을 때, 고윳값이 큰 순서대로 그 효과를 나타내었다. 검은 점은 평균 손 위치를, 붉은색 및 초록색 점은 평균 위치에 대해 해당하는 고윳값의 제곱근(이 값은 고윳값의 실제 세기를 대변한다)만큼 움직일 수 있는 범위다. 6차 이상의 고윳값의 경우 움직임이 거의 없는 것을 확인할 수 있다.

는 것이다(흥미롭게도 고윳값 '모드'라는 용어는 분자 진동에 관한 물리학 용어에서 나왔는데, 여기서 고윳값은 진동 모드에 해당한다. 각 손의 모드가 모여 손이 진동하는 모드를 형성한다고 보면 완전히 틀린 말은 아니다. 17개의 손 이미지가 포함된 비디오를 상상해보면 이해가 될 것이다).

PCA 고윳값은 일반적으로 '에너지'에 해당하지만, 이 사실이 그렇게 유용한 것은 아니다. 그림 12.4처럼 작은 고윳값에 의한 경계 변화는 표준편차 관점에서 더 잘 설명할 수 있고, 이미지상에서 측정이 가능하다. 아울러 어떤 고윳값을 버릴지에 대해서도 더 잘 고려할 수 있다. 이 부분에 대해서는 값의 변화가 각각의 경계 지점에 어떻게 영향을 끼치는지 이해할 필요가 있다. 예를 들어, 표 12.1에 나타낸 고윳값은 n = 114개의 경계 지점을 통해 구한 것이다. 이때 평균 경계 변화는 평균 제곱 변화량을 λ/n로, 이에 해당하는 표준편차를 $\sqrt{\lambda/n}$로 놓음으로써 근사할 수 있다. 표준편차는 표 12.1에도 나타나 있다. 우리의 손 예제에서 모드에 따른 경계 변화는 20픽셀에서 ~0.2서브픽셀 수준까지 걸쳐 있으며, 후자의 경우 경계 보간 알고리듬이 경계 노이즈를 상당히 스무딩하기 때문에 적은 정도로 나타난다. 일반적으로 고윳값을 버려도 되는 적당한 지점은 경계 지점 변화의 표준편차($\sqrt{\lambda/n}$)가 예상되는 픽셀 노이즈 표준편차에 근접하는 경우다.

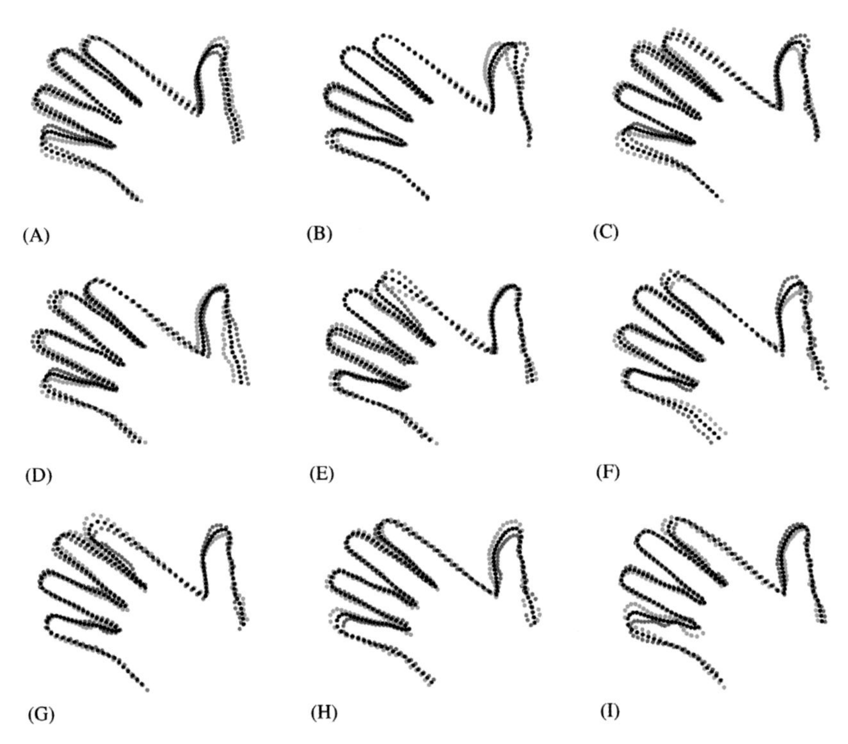

그림 12.4 작은 고윳값에 대한 효과. 여기서는 큰 순서대로 9개의 고윳값에 의한 효과를 나타내었다. 그림 12.3과 달리 여기서는 고유벡터에 해당하는 고윳값의 제곱근 대신 고정값 100을 곱해주었다. 이렇게 증폭해서 보면, 작은 고윳값의 경우 손가락이 함께 움직이는 모양이 아니라 무작위 경계 노이즈에 따라 움직임을 확인할 수 있다. 이러한 불확실성은 특히 (F)~(I)에서처럼 빛나는 부분(예를 들어, 그림 12.2(F) 참고)에서 더욱 두드러진다.

12.5.1 형태 모델을 사용한 물체 위치 찾기

학습 기반 PCA 시스템을 통해 이미지상의 물체 위치를 찾기 전에, 지금까지 살펴본 내용을 정리해보자. 우선, 유사성 변환을 통해 학습 세트 예제를 적절하게 조절했다. 특히 이동, 회전, 크기 매개변수를 정규화하여 랜드마크 지점 간 거리의 제곱합을 최소로 만든다. 이 과정을 통해 일관성을 얻어야 PCA 고유벡터가 더욱 정교해진다. 물론 테스트 패턴 역시 학습 세트 패턴과 동일한 취급을 받아야 하므로, 미리 비슷한 변환을 적용해 이동, 회전, 크기를 정규화해놓는다(아래 참고).

학습 세트 샘플을 조절한 다음, 형태 정보를 각 N개의 랜드마크 지점 $(x_{ij}, y_{ij})(j = 1, \cdots, N)$로 이뤄진 형태 벡터 s개에 저장한다.

$$\mathbf{x}_i = (x_{i1}, y_{i1}, x_{i2}, y_{i2}, \ldots, x_{iN} y_{iN})^T, i = 1, \cdots, s \tag{12.19}$$

이를 통해 학습 세트 물체의 평균 형태를 정의할 수 있다.

$$\bar{\mathbf{x}} = \frac{1}{s}\sum_{i=1}^{s}\mathbf{x}_i \tag{12.20}$$

(N개의 랜드마크 위치에 대해서도 평균을 구하는 것이 유용한다. 이때 사용하는 식은 앞에서와 비슷하다 ($\bar{\xi} = \frac{1}{N}\sum_{j=1}^{N}\xi_j$, $\xi_j = (x_{1j}, y_{1j}, x_{2j}, y_{2j}, \cdots, x_{sj}, y_{sj})^T$, $j = 1, \cdots, N$). 사실 식 (12.20)은 얼핏 보면 혼동할 수도 있는데, 형태보다는 지점에 대한 평균을 구하는 것처럼 보이기 때문이다).

또한 형태 공분산은 다음과 같이 계산할 수 있다.

$$\mathbf{S} = \frac{1}{s-1}\sum_{i=1}^{s}(\mathbf{x}_i - \bar{\mathbf{x}})(\mathbf{x}_i - \bar{\mathbf{x}})^T \tag{12.21}$$

PCA 근사를 수행하기 위해, 우선 성분 고유벡터에 가중 합계를 구해 정규화된 테스트 패턴을 추정한다.

$$\mathbf{x} = \bar{\mathbf{x}} + \mathbf{\Phi b} \tag{12.22}$$

이때 **b**는 고윳값 중 가장 크고 비중이 큰 t개(앞 절을 참고하라)에 해당하는 t개의 모델 매개변숫값을 포함한 가중 벡터다. 또한 **Φ**는 이에 해당하는 고유벡터를 포함한 행렬을 나타낸다 ($\mathbf{\Phi} = (\phi_1, \phi_1, \cdots, \phi_t)$). 식 (12.22)를 뒤집으면 가중 벡터 **b**를 구할 수 있다.

$$\mathbf{b} = \mathbf{\Phi}^T(\mathbf{x} - \bar{\mathbf{x}}) \tag{12.23}$$

(**Φ**는 대칭적이므로 역행렬이 전치행렬과 동일함을 유의하라.)

그다음 과정은 좀 더 어려운데, 테스트 데이터의 원시 픽셀값을 학습 데이터의 랜드마크 지점과 매칭시키기 때문이다. 게다가 한두 개가 아닌 많은 이미지에 대해 일일이 랜드마크 지점을 수동으로 지정할 수는 없는 일이다. 따라서 테스트 이미지와 학습 이미지 간의 그레이스케일 지점을 바로 매칭하는 방법을 찾아야 한다. 일단 각 랜드마크 지점에 해당하는 외각 노멀을 따라 로컬 그레이 레벨 외각 프로파일을 생성한다(문제를 단순하게 하기 위해, 각 랜드마크 지점의 로컬 노멀은 인접한 랜드마크 지점을 이어 수직 이등분한 지점을 취한다). 이 프로파일을 동일한 구간에 대한 정규화 테스트 패턴과 매칭하고, 근사가 가장 잘되는 경계 지점 위치를 찾는다. 각 랜드마크 지점에 이 과정을 수행하고 나면 물체에 대한 새로운 형태 모델을 얻을 수 있다. 결과가 수렴할 때까지, 대부분 두세 번 정도 스케일을 바꿔가며 근사 과정을 반복한다.

로컬 그레이 레벨 외형 모델은 원래 1차 미분($\mathbf{g}_i$)을 정규화하여 얻는다(Cootes and Taylor, 1996). 쿠츠Cootes 등은 각 테스트 샘플 $\mathbf{g}_\mathrm{u}$에 대한 학습 세트 프로파일 $\mathbf{g}_i(i = 1, \cdots, s)$의 평균값 $\overline{\mathbf{g}}$를 취해 마할라노비스 거리Mahalanobis distance M을 최소화하도록 매칭을 진행했다. 이때 M은 다음과 같이 정의된다.

$$M^2 = (\mathbf{g}_\mathrm{u} - \overline{\mathbf{g}})^T \mathbf{S}_g^{-1} (\mathbf{g}_\mathrm{u} - \overline{\mathbf{g}}) \tag{12.24}$$

이 수식에서 $\mathbf{S}_g^{-1}$은 그레이디언트 공분산 행렬 $\mathbf{S}_g$의 역행렬이다. $\mathbf{S}_g$가 단위 행렬 형태일 경우 M을 유클리드 거리로 약분할 수 있음을 유의하라. 마할라노비스 거리를 최소화함으로써 학습 세트 데이터와 동일한 다변량 가우시안 분포에서 $\mathbf{g}_\mathrm{u}$를 이끌어낼 확률을 극대화할 수 있다. 역행렬을 취하는 이유는 1차원 가우시안 분포에 대해 $\mathbf{S}_g^{-1}$이 분산의 역행렬로 약분될 수 있기 때문이다(이때 가우시안 지수는 $1/2\sigma^2$을 인수로 갖는다).

17개의 손 이미지 세트(그림 12.2 ~ 그림 12.4 참고)를 통해 얻은 PCA 모델에 앞의 과정을 적용한 결과를 그림 12.5에 나타내었다. 연속 이미지 (A)~(D)는 120번에 걸쳐 반복했을 때 수렴하는 결과를 보여주고 있지만, 그 정확도에는 한계가 있다. 궁극적으로 이 문제는 손 영역에서 상대적으로 큰 세기 변화가 나타나고 있기 때문에 발생한다. 특히 앞에서 언급했듯이 밝게 빛나는 엄지손가락 부분과, 손가락 아래쪽 부분에 나타나는 어두운 그림자 영역이 이에 해당한다. 요컨대 마할라노비스 매칭이 이뤄진 경계 지점은 많은 경우 올바른 지점에 대해 몇 픽셀 정도 차를 두고 위치한다(그림 12.6 참고). 반복을 진행하며 매칭이 어느 정도 정확하게 이뤄질 수도 있긴 하지만, 이 경우에는 편향되고 노이즈가 많이 낀다.

이미지가 이상적이지 않아 선형 마할라노비스 거리 모델로 잘 매칭이 안 되는 경우에 대해 그레이스케일 프로파일 매칭을 개선하는 방법을 발표한 연구자들이 많다. 예를 들어, van Ginneken et al.(2002)는 몇 가지 형태의 물체 배경의 경우, *k*-NN 분류자를 사용해 가장 잘 인식할 수 있음을 보였다. 비슷하게 Kroon(2011)은 물체 경계 근처에 그림자 혹은 반사로 인한 하이라이트로 인해 급격한 그레이 레벨 변화가 발생하는 경우를 다뤘다. 크룬Kroon은 로컬 그레이스케일 외형 프로파일에 PCA를 적용해, 가장 공통적인 변화 모드를 인식하는 엄밀한

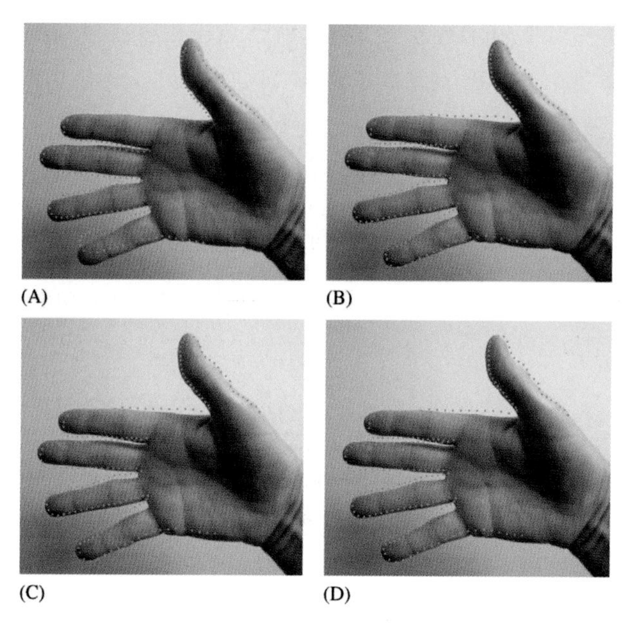

그림 12.5 PCA 모델을 사용해 손 그림을 근사한 결과: (A) 초기 예측. (B)~(D) 마할라노비스 거리 접근법을 사용해 각각 40회, 80회, 120회 반복했을 때 수렴하는 근사 결과. 이 접근법을 사용하더라도, 결국 손 영역에 존재하는 큰 세기 변화로 인해 정확도에 한계가 존재함을 유의하라.

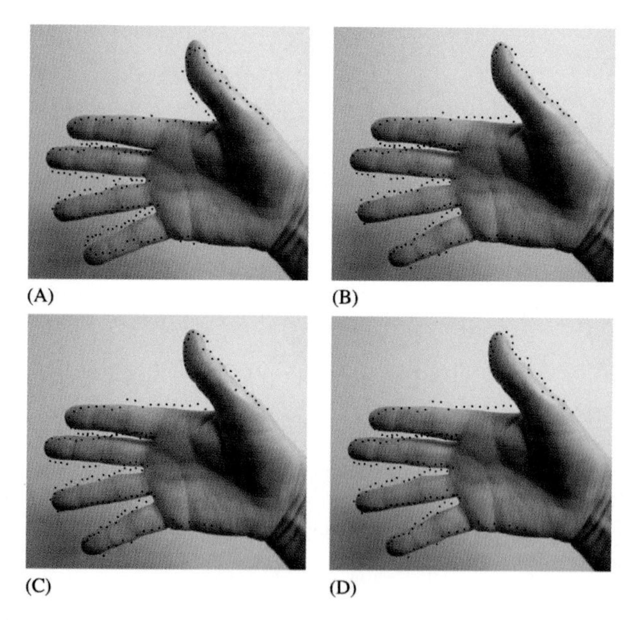

그림 12.6 마할라노비스 거리 접근법을 통해 생성한 로컬 예측: (A)~(D)는 각각 1, 41, 81, 121회의 반복을 거쳤을 때의 예측 결과를 보여준다. 뒤로 갈수록 결과가 개선되긴 하지만, 편향과 노이즈가 여전히 남아 있음을 유의하라.

접근법을 개발했다. 이런 식으로 그레이스케일 세기intensity 프로파일에 PCA를 적용하는 방식은 앞에서처럼 경계 형태shape 프로파일에 적용하는 것과는 거리가 있다. 즉, 학습을 거쳐 고유벡터를 찾고, 이를 통해 미지의 테스트 프로파일에 대한 모델 매개변수를 찾게 된다. 학습을 통해 표준편차를 얻고, 각 매개변수에 대해 해당하는 값을 나눠주면, 매칭 거리는 정규화 모델 값의 제곱합으로 구할 수 있다. 근사를 최적화하면 이 매칭 거리를 최소로 만들 수 있다. 그림 12.7과 그림 12.8은 손 위치를 찾는 문제에서 이러한 접근법이 매우 잘 작동함을 보여주고 있다. 특히 마할라노비스 거리 접근법에 비해 매우 적은 반복으로도 근사가 정확히 이뤄진다. 이러한 특성을 보이는 근본적인 이유는 전체적인 근사에 필요한 매치 위치를 상당히 신뢰도 있고 정확하게 구하기 때문이다.

끝으로, 테스트 물체에 대한 학습 시스템과 근사 알고리듬을 정리했다(표 12.2). 이 표가 다소 복잡하다면, 이는 단계마다 기준이 되는 프레임이 계속해서 바뀌기 때문일 것이다. 아울러 다소 혼란스러울 것 같아 표에는 넣지 않았지만, 알고리듬에 대해 참고해야 할 몇 가지 내

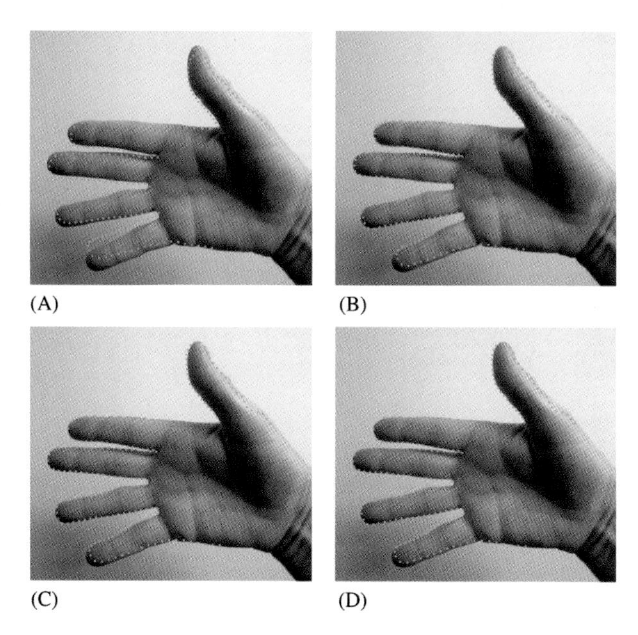

그림 12.7 손 그림의 세기 프로파일을 개선한 다음 PCA 모델을 통해 근사한 결과: (A) 초기 예측, (B)~(D) PCA 세기 프로파일 접근법을 사용해 각각 8회, 16회, 24회 반복했을 때 수렴하는 근사 결과. 손 영역에서 세기 변화로 인해 생기는 제한이 상당히 제거됐으며, 이로 인해 매우 적은 반복으로도 거의 완벽에 가깝게 근사가 이뤄짐을 확인할 수 있다.

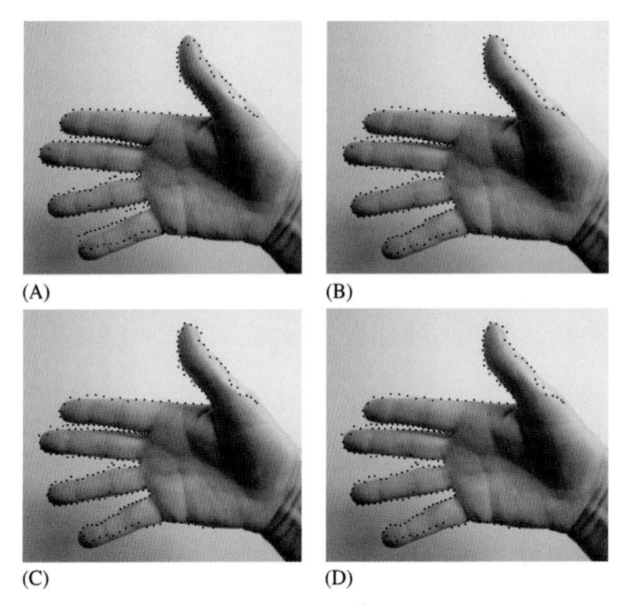

그림 12.8 PCA 세기 프로파일 접근법을 통해 생성한 로컬 예측. (A)~(D)는 각각 1, 9, 17, 25회의 반복을 거쳤을 때의 예측 결과를 보여준다. 뒤로 갈수록 결과가 개선되며, 특히 마할라노비스 거리 접근보다 훨씬 에러 요인이 잘 제어됨을 확인할 수 있다.

용을 다음과 같이 정리했다.

1. 변형 **T**는 포즈 매개변수(이동, 회전, 크기)를 정규화하는 과정을 포함한다.
2. 매칭 과정에서 각 랜드마크 지점당 주변의 $2k + 1$개 샘플 지점을 사용한다. 또한 $\pm l$ 범위 내에서 매칭이 결정된다($l \approx k$).
3. 일반적으로 사용되는 매개변숫값은 다음과 같다. $k = 6$, $l = 6$, $m = 3$
4. 여러 스케일 크기에 대해, 예를 들어 4픽셀 간격 정도로 작은 수준에서 1픽셀 간격까지 검색을 구현함으로써 그 속도를 높일 수 있다.
5. 이 알고리듬은 일반적인 형태를 묘사하고 있으며, 마할라노비스 또는 PCA 프로파일 매칭 거리 둘 다에 적용할 수 있다.

표 12.2 PCA 물체 모델링 및 근사 알고리듬 요약

	기준 프레임
학습	
학습 형태에 대해 랜드마크 지점을 생성한다.	I
적절한 변형을 사용해 랜드마크 좌표를 정규화하고, 학습 현태를 일반 기준 프레임 N에 정렬한다. 모든 학습 세트 변형 결과의 평균값 $\mathbf{T}_0$을 취한다.	I → N
PCA를 수행한다.	N
고윳값 중 가장 크고 중요한 t개로 그 숫자를 제한한다.	N
각 랜드마크 지점에 대해 (학습) 세기 프로파일을 얻는다.	I
테스트	
(학습) 형태의 평균에 맞추어 모델 형태 매개변수를 초기화한다(즉, $\mathbf{b} = 0$).	N
평균 물체 형태(랜드마크 지점 포함)를 학습 물체에 근접하게 위치시킨다. 수동으로 하거나, 역변형 $\mathbf{T}_0^{-1}$을 사용한다.	N → I
do{	
등고선 노멀을 따라 그레이 프로파일을 샘플링하는 식으로 테스트 물체의 외형 맵을 생성한다. 이때 각 랜드마크 지점당 k개의 샘플 지점을 사용한다.	I
각 등고선 노멀을 따라, 모델 노멀에 가장 가까운 외형 프로파일을 길이가 $2k + 1$인 섹션으로 나눠 각각 검색을 수행한다.	I
각 섹션의 중심점을 새로운 랜드마크 위치로 삼는다.	I
업데이트된 변형 $\mathbf{T}$를 사용해, 랜드마크 좌표를 학습 단계와 동일한 방식으로 정규화한다.	I → N
수식 $\mathbf{b} = \Phi^T(\mathbf{x} - \bar{\mathbf{x}})$를 사용해 새로운 모델 매개변수를 개산한다.	N
모델 매개변수를 $\pm m\sqrt{\lambda}$ 범위로 제한한다.	N
$\mathbf{x} = \bar{\mathbf{x}} + \Phi\mathbf{b}$ 수식을 사용해 모델 매개변수를 정규화된 등고선 위치로 변환한다.	N
정규화 역변형 $\mathbf{T}^{-1}$을 사용해 등고선 위치를 실제 이미지 위치로 변환한다.	N → I
} 결과가 충분히 수렴하거나 최대 반복 횟수에 도달할 때까지 반복	

오른쪽 열은 동작이 어디에서 이뤄지는지를 나타낸다. 이미지 프레임 I, 정규 프레임 N, 혹은 그 사이를 움직이면서 이뤄지는지 구분한다.

12.6 결론

12장에서는 형태 모델을 사용해 물체 분할을 구현하는 개념을 다뤘다. 오랫동안의 경험을 통해, 단지 임계화와 외각 검출만으로는 이미지 분할을 간단하게 수행할 수 없음이 드러났다. 이 방법을 사용하면 종종 잘못된 길로 들어서 해답과 멀어지기 때문이다. 특히 노이즈나 그림자 등의 랜덤한 이미지 결함에 의한 영향이 있으며, 검출 대상이 아닌 배경의 다른 물체에 의한 클러터는 더 말할 필요도 없을 것이다. 형태 모델을 사용하면 이러한 상황을 제어해

더 의미 있는 분할 결과를 얻을 수 있다. 이러한 문제를 다루는 방법 중 한 갈래로서 능동 등고선 모델(스네이크)과 레벨 세트 모델이 있으며, PCA 기반 방법은 또 다른 방향을 제시한다. 스네이크 및 레벨 세트 접근법은 정확히 어떤 종류의 형태가 나타날지에 대한 어떠한 정보도 없이 필요한 모든 규칙을 분할 알고리듬에 대입해야 한다는 점에서 어려움이 있다. PCA 기반 방식은 시스템을 학습시켜 어떤 종류의 형태를 찾는 것인지 알아낸다는 점에서 좀 더 강력하다. 사실 실제 데이터를 대상으로 학습을 진행할 경우 매우 많은 노력이 필요한 경우가 많기 때문에 더욱 복잡한 방법이다. 이렇듯 복잡한 과정과 계산이 더 필요하다는 점은 단점이지만, 장점이라면 상당한 노이즈가 포함된 영역에서도 (학습한) 물체를 찾아낼 수 있다는 것이다.

오랫동안 임계화 기반 방법과 영역 확장 방식은 물체 분할에 있어서 기초적인 역할을 했다. 이어서 등장한 능동 등고선 모델(스네이크)과 레벨 세트 방법은 좀 더 반복적이고 분석적인 방식을 사용했다. 그러나 PCA 기반 방법을 사용할 경우, 특정한 타깃 물체에 대해 학습시킨 모델을 사용해 물체를 검색하고 이를 통해 그 신뢰도가 비약적으로 높아지게 된다. 그 결과 노이즈가 상당히 낀 영역에 대해서도 물체를 복원할 수 있다.

12.7 문헌과 연보

능동 등고선 모델과 스네이크는 오래전 카스Kass, 위트킨Witkin, 테르조풀로스Terzopoulos가 처음 고안했다(Kass and Witkin, 1987; Kass et al., 1988). 이후 많은 연구자가 스네이크의 분명한 단점을 극복하면서도 동일한 목표를 달성하기 위한 여러 방법을 찾기 위해 노력했다. 그중 Cremers et al.(2007), Caselles et al.(1997), Paragios and Deriche(2000) 등은 레벨 세트 접근법에 주목했다. Cootes and Taylor(1996)만이 거의 유일하게 PCA 기반 ASM 방식에 집중했으며, 이후 좀 더 일반적인 방식인 능동 외형 모델AAM, active appearance model 방식을 개발했다(Cootes et al., 2001).

Cosío et al.(2010)은 ASM에 심플렉스 검색을 접목해 경계 분할을 개선했다. 즉, 수치적인 관점에서 최적화를 빠르게 수행해, 미분하지 않고도 비선형 함수상에서 가장 적절한 값을 찾을 수 있도록 한다. 이를 위해 기본적으로 네 종류의 포즈 매개변수와 열 종류의 형태 매개변수를 사용해 전립선 등의 형태를 정의했다. 이 방식은 물체 포즈를 인식할 수 있는 범위를 크게 늘려 경계 분할을 더 정확하게 수행할 수 있도록 한다. Chiverton et al.(2008)은 능동 등고선 개념에 밀접한 연관을 가진 방법을 제시했다. 즉, 전경 부분의 유사성과 배경 부분의 비유사성에 대한 매개변수를 통해 물체 영역을 나누고, 변분 로지스틱variational logistic 최댓값을 모델링 과정에서 후험적으로 적용한다. 이렇게 적응형 매칭을 반복함으로써, 움직이는 물체를 추적하는 데 성공할 수 있었다. Mishra et al.(2011)은 기존의 다섯 가지 능동 등고선 모델이 갖고 있는 기본적인 한계를 정리했다. 그리고 이를 해결하기 위한 방법으로서, 내부적/외부적 능동 등고선 에너지를 분리해 각각을 따로 업데이트하는 방식을 제시했다. 이 방법은 더 빠르고, 최소한 기존 다섯 가지 방식에 비해 확연히 나은 분할 정확도를 보여주었다.

PART

3

머신러닝과 딥러닝 네트워크

3부는 머신러닝에 대한 이해와 사용, 특히 최근 등장한 딥러닝 네트워크에 관한 주제를 다룬다. 우선 13장 '분류: 기본 개념'에서는 추상적인 패턴 분류(또는 '패턴 인식')에 대해 소개한다. '추상적'이란 단어가 나타내듯이, 이 방식은 어떤 형태의 입력 데이터든 훨씬 압축된 출력을 얻게 되는 방식이다. 가장 간단한 예시로서, 광학 문자 인식은 글자의 아스키(ASCII) 코드를 출력하며, 얼굴 인식은 현재 보고 있는 사람의 이름을 제공한다.

오랜 기간 동안 패턴 인식 분야가 성숙한 결과, 좀 더 현대적인 형태의 확률론적 패턴 해석 프레임워크인 머신러닝이 등장했다. 이 프레임워크는 모든 가능한 해석에 대한 정확한 확률과 신뢰도를 계산하고, 가장 적절한 해석을 명시한다. 4장 '머신러닝: 확률론적 방식'에서는 머신러닝에 관해 크게 두 가지 영역을 중점으로 두어 살펴본다. 하나는 엄밀한 접근법인 '기댓값 최대화' 방식이고, 다른 하나는 여러 약한 분류자의 결과를 결합해 매우 정확한 통합 분류자를 생성하고 이를 통해 빠른 속도와 효율을 추구하는 '부스팅' 방식이다.

15장 '딥러닝 네트워크'는 13장 '분류: 기본 개념'에서 언급한 초기 인공신경망이 어떻게 '딥러닝' 개념으로 발전할 수 있는지 살펴본다. 특히 딥러닝 아키텍처를 통해 정확도와 속도가 크게 향상되는 과정을 따라가며, 얼굴 검출 및 인식 분야에서 어떻게 중요한 비중을 차지하게 됐는지 알아본다.

마지막으로, 5부의 첫 번째 장이기도 한 21장 '얼굴 검출과 인식: 딥러닝'에서는 이러한 딥러닝 관련 내용을 확장해, 얼굴 검출이나 인식이라는 중요한 분야에 어떻게 적용할 수 있을지 다룬다.

13

분류: 기본 개념

패턴 인식(PR, pattern recognition)은 인간이 별다른 노력 없이 '한눈에' 가능한 작업 중 하나다. PR은 많은 경우 형태를 구조적으로 분석해 구현하게 된다. 반면 통계적 PR(SPR, statistical PR)은 물체의 특징을 추상적인 항목 세트로 추출해 통계적인 방식으로, 많은 경우 세트 간의 수학적 유사성을 알려진 클래스로 분류한다. 13장에서는 이 주제에 대한 이론적인 내용과 더불어, 인공신경망(ANN, artificial neural network)을 통해 분류 작업을 구현하는 방법을 살펴본다.

13장에서 다루는 내용은 다음과 같다.

- (아마도 모든 SPR 기법 중 가장 직관적인) 최근접(NN, nearest neighbor) 알고리듬
- (이상적으로 최소 분류 에러 시스템인) 베이즈 이론
- NN 알고리듬과 베이즈 이론을 잇는 관계
- 최적의 특징 수가 항상 유한한 이유
- 지도 학습과 비지도 학습의 차이점
- 비지도 학습을 구현하기 위한 군집 분석 접근법
- 지도 학습을 구현하기 위한 서포트 벡터 머신(SVM, support vector machine)
- 잘못된 학습이나 학습 데이터의 오버피팅을 피하면서 ANN을 학습시키는 방법

SPR은 실제 비전 시스템을 디자인하는 데 있어 핵심적인 방법론이다. 일반적으로는 구조적 PR 방식에 여러 가지 적절한 기법을 결합하는 식으로 사용한다. 14장 '머신러닝: 확률론적 방식'에서는 이를 확률적 PR(PPR, probabilistic PR)과 현대적인 머신러닝으로 확장할 것이다.

13.1 서론

1부와 2부에서는 적절한 큐cue를 찾아 여러 물체 간의 동일성과 위치를 쉽고 자연스럽게 구하는 방식으로 이미지를 해석했다. 이미지상의 물체가 단순한 형태라면, 예를 들어 컨베이어 벨트 위에 놓인 원형 워셔 같은 경우 처리 과정은 한 단계로 충분하다. 납작한 브래킷이나 힌지처럼 좀 더 복잡한 물체는 그래프 매칭 방식 등 최소 두 단계를 거쳐야 위치를 찾을 수 있다. 가장 복잡한 3차원 물체의 경우 좀 더 정교한 과정이 필요하며, 이에 대해서는 4부에서 자세히 다룰 것이다. 그러나 일반적으로, 여러 3차원 물체에 대한 2차원 이미지를 해석하는 과정에서의 불확실성을 해결하기 위해서는 무엇보다도 적절한 큐를 찾고 가설을 제시하는 데에서부터 시작해야 한다. 즉, 여러 이미지의 복잡한 데이터 구조를 풀기 위해서는 큐가 핵심적으로 중요하다. 하지만 다소 간단한 상황에서는, 이미지를 효율적이고 빠르게 해석하기 위해 작은 특징들에 집중하는 편이 나을 때도 있다. 이러한 방식은 많은 컴퓨터 비전 응용 분야, 예를 들어 부품 라인에서 검사를 진행하거나 고속도로에서 차량을 검사할 때처럼 특정한 종류의 물체에 대해 복잡하지 않은 작업을 수행하는 곳에서는 절대 사라지지 않을 것이다. 물론 훨씬 많은 경우에는, 최종적인 해석을 구하기 위해 여러 가능한 해답을 충분히 고려해야 할 수밖에 없다. 예를 들어, 이미지의 작은 부분을 분할하고 그 부분만 따로 해석해야 하는 상황이 이에 해당한다. 광학 글자 인식OCR, optical character recognition도 그중 하나로, SPR을 주로 이용해 이를 구현한다.

'통계적 패턴 인식'에서 '머신러닝'까지

실제로 물체를 분류할 때는 중요한 특징을 구하는 방법이 간단하다. 이 방식은 널리 쓰이지만, 그 해답의 확실성은 상황에 따라 다르다. 대신 이미 알고 있는 수많은 물체와 그 특징을 비교해, 통계적으로 가장 유사한 분류를 찾는 방식이 등장했다. 이러한 분류 과정을 **SPR**이라고 부른다.

초창기 PR 기법과 알고리듬은 이러한 통계적인 접근법을 구현하긴 했지만, 한 발 더 나아가 수학적으로 가장 '적합한' 해답을 결정하는 방법까지는 아직 이르지 못했다. 따라서 이후 연구의 초점은 **통계적 PR**(SPR)에서 **확률적 PR**(PPR)로 옮겨갔으며, 단지 통계적으로 적합할 뿐만 아니라 확률적으로 최적인 해답을 찾고자 했다. 이 부분이 머신러닝(ML, machine learning)이 나아가고자 하는, 즉 구한 값의 확률적 최적화를 통한 인식이다. 14장 '머신러닝: 확률론적 방식'에서는 ML을 통해 많은 중요한 문제를 해결하는 예시를 보일 것이다. 이 장의 목표는 그 전에 ML의 핵심에 다가가기 위한 기반을 다지는 것이다.

이후의 절들에서는 SPR의 이론적인 부분을 다룬다. 이 분야에 대한 연구를 전부 다루려면 책을 여러 권은 써야 하기에 감히 시도조차 할 수가 없다. 다행히 SPR은 40년이 넘게 활발히 연구돼왔기에, 그에 대한 일종의 길잡이 정도로 이 장을 읽으면 좋을 것이다. 우선 SPR에 대한 NN 접근법을 설명하고, 베이즈 결정 이론을 통해 좀 더 일반적인 처리 모델을 제시할 것이다.

13.2 최근접 알고리듬

NN 알고리듬은 기본적으로 입력한 이미지 패턴을 다양한 경우에 대해 비교하고, 그중 가장 잘 매치되는 경우의 클래스로 분류한다(그림 13.1). 그림 1.1의 간단한 예제를 통해 차근차근 살펴보자. 알고리듬의 학습 단계에서 여러 바이너리 패턴을 컴퓨터에 입력한다. 그리고 테스트 패턴을 한 번에 하나씩 넣어, 각 학습 패턴과 비트 단위로 비교한다. 이렇게 하면 일반적으로 괜찮은 결과를 내긴 하지만, 몇 가지 상황에서 문제가 발생한다. (1) 학습 패턴의 클래스가 서로 다르나 해밍 거리Hamming distance가 가까울 경우(즉, 단지 몇 비트만이 차이 나서 쉽게 구분하기 어려울 경우), (2) 미세한 이동, 회전, 노이즈로 인한 변화로 정확한 인식이 어려운 경우. (2)번 문제는 좀 더 일반적인 차원에서 보면 학습 패턴을 통해 테스트 단계에서 어떤 형태를 고려할지 충분한 정보를 확보하지 못했다는 의미가 된다. 이는 굉장히 중요한 사실을

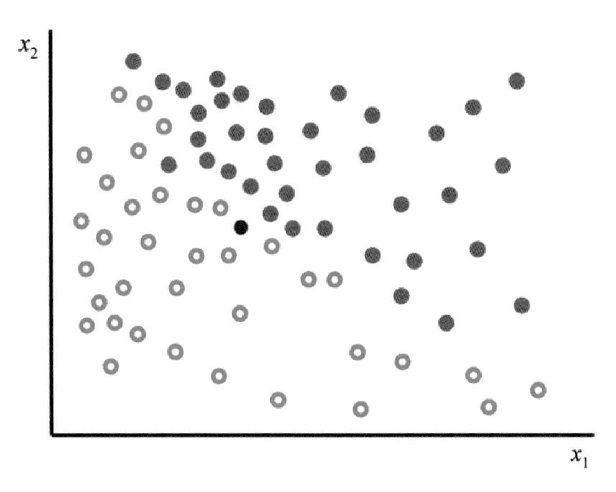

그림 13.1 2클래스 문제에 대한 최근접 알고리듬의 원리. 클래스 1 학습 세트 패턴은 붉은색으로, 클래스 2 학습 패턴은 초록색으로 나타내었다. 단일 테스트 패턴은 파란색으로 표시되어 있다.

내포하는데, 학습 세트에 충분한 양의 패턴이 있어야 알고리듬이 각 클래스에 대한 모든 가능한 패턴을 일반화할 수 있다. 그러나 문제 (1)의 경우 어떠한 알고리듬을 사용하더라도 구분할 수 없는 클래스가 일부 존재하며, 따라서 잘못 분류하는 결과가 나올 수 있음을 뜻한다. 아래에서 볼 수 있듯이, 이는 특징 공간의 분포 간에 겹치는 부분이 존재하기 때문이다(앞에서 소개한 NN 알고리듬을 포함하여 이 장에서 살펴볼 방식들은 매우 일반적으로 쓰이며, 다양한 종류의 데이터셋에 대해 인식을 수행할 수 있다. 예를 들어, 음성이나 심전도 파형도 여기에 속한다).

그림 1.1의 예제는 사소해 보이나 중요한 교훈을 담고 있다. 일반적인 이미지는 그림 1.1의 경우보다 더 많은 픽셀 수를 갖고 있으며 단지 바이너리가 아닐 것임에 유의하라. 그러나 계산을 줄이기 위해서는 가능한 한 데이터를 단순하게 만드는 게 옳기 때문에, 이미지가 전형적으로 포함하는 다양한 특징을 집중적으로 살펴 그에 기반하여 분류를 진행하는 것이 일반적이다. 일례로 좀 더 현실에 가까운, 즉 글자 한 변이 최소 32픽셀로 이뤄진 경우의 OCR 문제를 생각해보라(이때도 글자의 위치를 '충분히' 정확하게 찾을 수 있으므로, 글자를 포함한 서브이미지를 분류하는 데만 집중하면 된다고 가정한다). 우선 글자에 세선화를 진행해 스켈레톤을 드러내고, 스켈레톤 노드와 선폭을 측정한다(1장 '비전, 그 도전' 및 8장 '바이너리 형태 분석'을 참고하라). 이를 통해 (1) 다양한 형태의 노드와 선폭, (2) 선폭의 길이와 상대적인 방향, (3) 대략적인 선폭에 곡률 정보를 구할 수 있다. 결과적으로 서브이미지의 글자에 대한 수치적 특징 세트를 얻게 된다.

일반적으로는 학습 세트에 포함된 글자를 다차원 특징 공간에 플롯하고 이를 분류 인덱스로 묶는다. 그런 다음, 테스트 패턴을 특징 공간에 차례대로 대입해 각각 가장 근접한 학습 세트 패턴에 해당하는 클래스로 분류한다. 그림 13.1에 묘사한 방식의 일반적인 버전이다. 이러한 특징 공간상의 거리는 더 이상 해밍 거리가 아니라, 마할라노비스 거리 등 좀 더 일반적인 단위로 표현된다(Duda and Hart, 1973). 이때 고려해야 할 사항은 특정 공간상의 크기가 다를 때도 거리에 대해 동일한 비중으로 반영해야 하는가다. 그보다는 각각 다른 가중치를 주어 물리적인 부분을 좀 더 실제와 가깝게 반영하는 것이 옳다. 가중치 문제를 여기서 깊이 다루지는 않을 것이므로, 자세한 내용은 Duda and Hart(1973) 등의 문헌을 참고하라. 다만 거리에 대해 적절하게 정의가 이뤄진다면, 앞에서 설명한 방식은 여러 문제에 일반적으로 대응이 가능하다.

에러율을 적절히 낮게 유지하기 위해서는 학습 세트 패턴의 수가 많이 필요한 것이 보통이다. 다시 말해, 상당히 많은 저장량과 계산량이 요구되는 문제가 있다. 이러한 문제를 줄이는 수단으로서 몇 가지 주요한 전략을 사용하게 되는데, 그중 특히 기억해야 할 과정은 특징 공간에서 클래스 영역의 경계에 있지 않은 패턴들을 제거해 학습 세트를 가지치기하는 것이다. 이러한 패턴은 오분류율을 줄이는 데 있어 그리 큰 도움이 되지 않기 때문이다.

적은 계산량으로 동일한 성능을 내는 또 다른 전략은 원본 학습 세트 대신에 조각 선형 등의 함수로 이뤄진 분류자를 사용하는 것이다. 혹은 NN 방식 자체를 평면 결정 경계planar decision surface 세트로 바꿔, 클래스 영역 간의 경계에 있는 서로 다른 클래스의 패턴을 연결한 쌍을 수직 이등분(또는 다차원 공간상에서 비슷한 역할을 하는 방식)하는 식으로 성능을 그대로 유지하는 경우도 있다. 평면계를 어떤 방식으로든 좀 더 단순하게 바꾼다면 계산량을 훨씬 더 줄일 수 있다(그림 13.2). 예를 들어 앞에서 암시했듯이 스무딩 처리를 진행하는 간접적인 방식이나, 새로운 학습 세트 패턴을 받을 때마다 곧바로 결정 경계의 위치를 업데이트하도록 학습 과정을 찾는 직접적인 방식이 있다. 후자의 경우 저장공간을 크게 줄일 수 있기 때문에 여러모로 매력적이나, 학습 과정에서 그 결과가 충분히 빨리 수렴하는지는 확인하고 선택해야 한다. 마찬가지로 이 방식에 대한 깊은 논의는 다른 문헌을 참고하라(Nilsson, 1965; Duda and Hart, 1973; Devijver and Kittler, 1982).

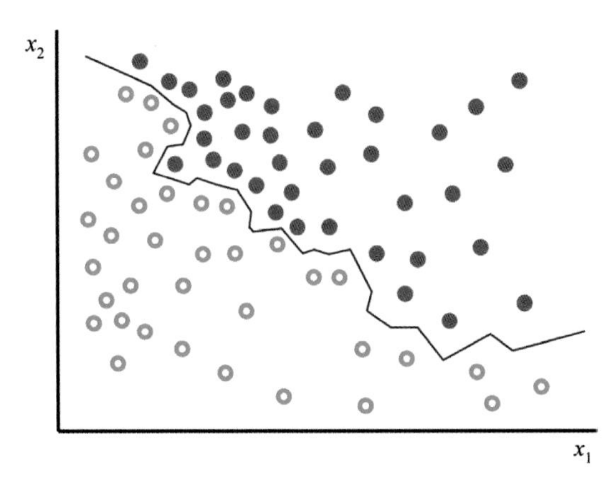

그림 13.2 패턴 분류에 대한 평면 결정 경계. 이 예제에서는 '평면 결정 경계'를 2차원 형태의 조각 선형 결정 경계로 단순하게 나타냈다. 일단 결정 경계를 구하면, 학습 세트 패턴 자체를 계속 저장하고 있을 필요가 없어진다.

이제 좀 더 일반적인 접근법인 베이즈 결정 이론에 대해 살펴보자. NN 및 그 파생 방식이 해결하지 못하는 상황에 대한 이론적 기반을 제공하기 위함이다.

13.3 베이즈 결정 이론

베이즈 결정 이론Bayes' decision theory의 기본적인 내용에서부터 시작하자. 컴퓨터를 통해 물체를 분류할 경우, 각 물체에 대해 길이 등 중요한 특징을 측정하고 이를 통해 물체를 분류하는 것이 일반적이다. 그런데 생산 과정에서의 공차로 인해 발생한 특징 같은 경우 패턴 클래스를 파악하기 위한 정보를 제대로 제공하지 않을 수 있다. 예를 들어, 악필로 쓴 손글씨에서 얻은 특징은 글자를 해석하는 데 별 도움이 되지 않는다. 이 경우 우리가 이미 알고 있는 정보, 예를 들어 글자 간의 상대적인 등장 빈도나 문맥 등을 고려하는 것이 더 신뢰도가 높으며, 정확한 해석을 할 확률을 높여준다. 취득한 특징 정보가 정해진 기준보다 더 높은 에러율을 보인다면, 주어진 패턴이 등장할 선험적인 확률을 반영하는 것이 더 확실하다.

요컨대 인식 성능을 높이기 위한 다음 단계는 취득한 특징 정보와 선험적인 확률을 결합하는 것이다. 이를 위해 베이즈 법칙을 적용한다. 단일 특징 x의 경우 이 법칙은 다음 형태로 표현할 수 있다.

$$P(C_i|x) = p(x|C_i)P(C_i)/p(x) \tag{13.1}$$

여기서

$$p(x) = \sum_j p(x|C_j)P(C_j) \tag{13.2}$$

위의 수식에서 각 변수의 의미는 다음과 같다. (1) 클래스 C_i에 대한 선험적 확률 $P(C_i)$, (2) 특징 x에 대한 확률 밀도 함수 $p(x)$, (3) 클래스 C_i에 대한 특징 x의 조건부 클래스 확률 밀도(즉, C_i로 분류된 물체에 특징 x가 포함되어 있을 확률) $p(x|C_i)$, (4) x가 관측됐을 때 클래스 C_i로 분류될 후험적 확률 $P(C_i|x)$

$P(C_i|x)$는 특징이 x 값을 가질 때 클래스 C_i를 가질 확률을 표현할 때 표준적으로 쓰이는 표기법이다. 베이즈 법칙에 따르면, 물체의 클래스를 찾고자 할 때 두 종류의 정보 세트를

확보해야 한다. 기본적으로 특정한 클래스가 등장할 확률인 $P(C_i)$가 필요하며, 각 클래스에서 특징 x 값이 분포하는 정보도 필요하다. 다행히 이러한 정보 세트는, 예컨대 컨베이어 벨트상에서 물체를 순차적으로 관찰하는 과정을 통해 쉽게 얻을 수 있다. 앞에서처럼 여기에 사용되는 일련의 물체는 학습 세트라고 부른다.

일반적으로 사용되는 많은 이미지 분석 기법은 물체를 인식하거나 분류하기 위한 특징들을 제공한다. 예를 들어 물체의 넓이, 둘레, 내부에 포함하고 있는 구멍의 수 등이다. 분류 성능을 개선하기 위해서는 선험적인 확률뿐만 아니라 이러한 여러 특징 정보를 동시에 적용해야 한다. 일반적으로 더 많은 수의 특징을 고려하면 물체를 더 잘 분류할 수 있으며 에러율도 줄일 수 있다(그림 13.3). 그러나 고려할 특징을 끝없이 추가한다고 해서 에러율이 0으로 줄어들지는 않으며, 13.5절에서 살펴보겠지만 오히려 상황이 악화될 수도 있다.

베이즈 법칙을 다차원 특징 공간상에서 일반적인 특징 $\mathbf{x}$에 대해 적용할 경우 다음과 같은 수식을 사용한다.

$$P(C_i|\mathbf{x}) = p(\mathbf{x}|C_i)P(C_i)/p(\mathbf{x}) \tag{13.3}$$

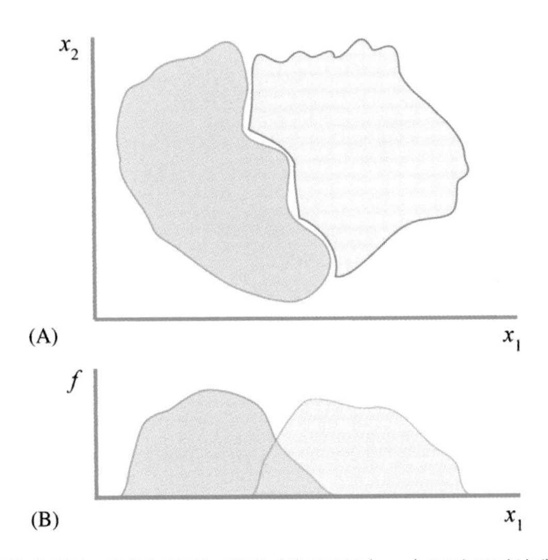

그림 13.3 여러 특징을 사용해 분류 에러를 줄이는 방법: (A) 2차원 (x_1, x_2) 특징 공간상에서 2개의 영역을 나눈 모습, (B) 패턴 벡터를 x_1축에 투영했을 때 각 클래스가 등장하는 빈도. 확인할 수 있듯이 두 특징 중 하나만 사용하면 에러율이 높지만, 둘 다 사용하면 낮게 줄일 수 있다.

여기서 $P(C_i)$는 클래스 C_i의 선험적 확률이며, $p(\mathbf{x})$는 특징 벡터 $\mathbf{x}$의 총 확률 밀도를 나타낸다.

$$p(\mathbf{x}) = \sum_j p(\mathbf{x}|C_j)P(C_j) \tag{13.4}$$

이제 모든 $P(C_j|\mathbf{x})$ 값을 비교해, 다음 조건을 만족할 경우 물체를 클래스 C_i로 분류한다.

$$P(C_i|\mathbf{x}) > P(C_j|\mathbf{x}) \quad \text{모든 } j \neq i\text{에 대해} \tag{13.5}$$

13.3.1 나이브 베이즈 분류자

NN 알고리듬과 베이즈 분류자 등 많은 분류 방식의 경우, 에러율을 낮추기 위해 충분한 학습을 수행하려면 상당한 양의 저장 용량과 계산량을 필요로 한다. 따라서 필요한 분류 정확도를 유지하면서 계산을 최소화하는 방법을 확보하는 것이 매우 중요해진다. 많은 응용 분야에서는 나이브 베이즈 분류자naïve Bayes' classifier가 이를 위해 널리 쓰이고 있다. 특히 이 방식에 해당하는 각각의 특징들, 예를 들어 곡률, 크기, (오렌지의) 붉은 기 등은 독립적이라 할 수 있다.

이 내용을 이해하기 위해 식 (13.4)의 $p(\mathbf{x}|C_i)P(C_i) = p(x_1, x_2, \cdots, x_N|C_i)P(C_i)$ 부분을, (상관성이 없는) 독립적인 특징의 관점에서 다시 표현하면 다음과 같다.

$$p(\mathbf{x}|C_i)P(C_i) = p(x_1|C_i)p(x_2|C_i)\ldots p(x_N|C_i) \cdot P(C_i) = \prod_j p(x_j|C_i) \cdot P(C_i) \tag{13.6}$$

이 식이 성립하는 이유는 독립적인 변수 세트의 총 확률을 독립적인 확률의 곱으로 나타낼 수 있기 때문이다. 우선, 이렇게 하면 원래의 일반 수식을 상당히 단순하게 표현할 수 있다. 둘째, N개의 독립적인 변수에 대해 전체 $N \times N$ 공분산 행렬이 아니라 평균과 분산만을 계산해도 된다. 나이브 베이즈 분류자는 매개변수의 수를 줄인다는 측면에서 그 성능이 저하된다. 그러나 동일한 학습 세트에 대해 계산하고자 하는 매개변수가 더 정확해지기 때문에 이러한 단점이 상쇄된다. 결과적으로 특징을 올바르게 조합할 경우 나이브 베이즈 분류자는 실제로 매우 효율적인 방식이 된다.

13.4 최근접 접근법과 베이즈 접근법의 관계

베이즈 이론을 간단한 PR 작업에 적용할 경우 선험적인 확률이 명시적으로 요구되며, 이는 패턴을 어디로 분류할지 결정하는 과정에서 중요도를 갖는다. 그러나 NN 형태 분류자에서는 그렇지 않다. 전체적으로 NN 분류자는 이러한 고려 자체를 배제하는 개념에서 출발한다. 그 대신 특징 공간상에서 학습 세트 패턴 결과의 위치에 얼마나 근접했는지에 따라 패턴을 분류하게 된다. 이러한 관점에서 NN 형태의 분류자는 SPR 분야에 잘 들어맞는다 할 수 있다. 그러나 선험적인 확률을 NN 공식에 '암시적으로' 고려해야 하는지의 여부와, 이에 따라 NN 분류자를 수정해 에러율을 최소화해야 하는지의 여부에 대해서는 분명한 답을 내야 한다. 즉, 여러 상황에 대해 범주를 나누어 식을 표현하는 것이 중요하므로, 다음 절에서는 이와 더불어 필요한 분석을 수행할 것이다.

13.4.1 수학적 표현

이 절에서는 NN 알고리듬과 베이즈 이론 간의 관계를 더 자세하게 살펴볼 것이다. 문제를 단순하게 하기 위해(그러면서도 너무 지엽적으로 되지 않도록) 특징 공간상의 모든 차원에 대해 동일한 가중치를 주어, 거릿값이 복잡한 인수가 되지 않도록 한다.

가장 정확하게 분류를 수행하려면, 다양한 학습 세트 패턴을 사용함과 동시에 특징 공간의 위치 $\mathbf{x}$와 클래스 C_i에 대한 학습 세트의 밀도 $D_i(\mathbf{x})$를 정의해야 한다. 만일 $\mathbf{x}$에서 클래스 C_k에 대한 $D_k(\mathbf{x})$ 값이 클 경우 학습 세트 패턴들이 가까이 모여 있다 할 수 있으며, 따라서 $\mathbf{x}$에 해당하는 테스트 패턴은 C_k 클래스에 근접한다. 특히 다음 조건이 성립할 경우,

$$D_k(\mathbf{x}) = \max_i D_i(\mathbf{x}) \tag{13.7}$$

기본적인 NN 공식에 따르면 $\mathbf{x}$에 해당하는 테스트 패턴은 C_k 클래스로 분류됨을 암시한다.

그러나 지금까지 살펴본 분석은 어떻게 클래스 C_k에 대한 선험적 확률을 통해 분류가 이뤄질 수 있는지 명시적으로 설명하지 못한다. 우선 $D_i(\mathbf{x})$는 학습 패턴이 클래스 C_i에 속할 경우 특징 공간상의 $\mathbf{x}$ 위치에 존재할 조건부 확률 $p(\mathbf{x}|C_i)$와 깊은 연관을 갖는다. 실제로 $D_i(\mathbf{x})$는 $p(\mathbf{x}|C_i)$의 비정규nonnormalized 값에 해당한다.

$$p(\mathbf{x}|C_i) = \frac{D_i(\mathbf{x})}{\int D_i(\mathbf{x})\, \mathrm{d}\mathbf{x}} \tag{13.8}$$

이제 표준 베이즈 공식(식 (13.3) 및 식 (13.4))을 통해 C_i에 대한 후험적 확률을 계산할 수 있다.

지금까지 살펴본 바, 분류가 확실히 이뤄지기 전에 NN 법칙을 통해 선험적 확률을 학습 세트 밀도 데이터와 결합하는 것이 가능하다. 즉, 단지 특징 공간상에서 패턴 클래스를 나타내는 용도 이상으로 최근접 학습 세트 패턴을 활용할 수 있다. 그러나 만약 학습 세트 패턴 집합과 클래스 내부 분포가 거의 겹치지 않는다면 그 겹치는 영역 내에서는 낮은 에러 확률을 보이며, $P(\mathbf{x}|C_i)$ 대신 $p(\mathbf{x}|C_i)$를 사용해 클래스를 나타내면 많은 경우 결정 경계에 아주 작은 양의 편향만이 나타난다. 따라서 '수학적으로' 부적절하다 할지라도, 그 에러가 심각한 수준까지는 아니다.

이제 선험적 확률을 곱함으로써 NN 접근법이 어떤 영향을 받는지 좀 더 자세히 알아보자. 선험적 확률을 곱하는 방법으로는, 각 클래스 밀도에 해당하는 $p(\mathbf{x}|C_i)$를 곱하는 '직접적' 방식과 높은 선험적 확률을 갖는 클래스에 대해 적절한 양만큼 추가적인 학습을 진행하는 '간접적' 방식이 있다. 이때 추가적인 학습을 위해 필요한 양은 해당하는 학습 세트 패턴이 원래 나타나는 빈도에 따라 확보할 수 있는 양과 '정확히' 일치한다(뒤의 수식 참고). 예를 들어 다양한 클래스의 물체가 컨베이어를 따라 이동하고 있을 경우, 물체를 구분하거나 각 클래스에 대해 동일한 수의 패턴을 학습시키는 것이 아니다. 대신 컨베이어를 정상적으로 흘리게 하고, 물체가 나타나는 빈도를 찾아 그에 맞춰 학습을 진행한다. 이 과정에서 학습 세트 패턴이 원래 빈도대로 나타나지 않았다면, 분류자가 편향된 속성을 갖게 된다. 이 때문에 학습 세트를 통해 분류자가 각 클래스의 패턴 '형태'뿐만 아니라 '빈도' 역시 반영할 수 있도록 주의를 기울여야 한다.

아래 증명은 밀도 기반 결정 법칙(식 (13.3), 식 (13.4))에 대한 내용이며, 처음 읽을 때는 건너뛰어도 무방하다.

선험적 확률을 간접적으로 포함하는 아이디어를 수식으로 표현하면 다음과 같다.

$$P(C_i) = \frac{\int D_i(\mathbf{x}) \ \mathrm{d}\mathbf{x}}{\sum_j \int D_j(\mathbf{x}) \ \mathrm{d}\mathbf{x}} \tag{13.9}$$

따라서

$$P(C_i|\mathbf{x}) = \frac{D_i(\mathbf{x})}{\left(\sum_j \int D_j(\mathbf{x}) d\mathbf{x}\right) p(\mathbf{x})} \tag{13.10}$$

여기서

$$p(\mathbf{x}) = \frac{\sum_k D_k(\mathbf{x})}{\sum_j \int D_j(\mathbf{x}) \ \mathrm{d}\mathbf{x}} \tag{13.11}$$

이므로, $p(\mathbf{x})$를 소거하면 다음과 같다.

$$P(C_i|\mathbf{x}) = \frac{D_i(\mathbf{x})}{\sum_k D_k(\mathbf{x})} \tag{13.12}$$

따라서 다음 조건을 만족하면 결정 법칙을 적용해 물체를 클래스 C_i로 분류할 수 있다.

$$D_i(\mathbf{x}) > D_j(\mathbf{x}) \quad \text{모든 } j \neq i \text{에 대해} \tag{13.13}$$

지금까지의 내용을 종합하면 다음과 같다.

1. NN 분류자는 선험적 확률을 제대로 포함하지 않기 때문에 분류에 있어 편향이 존재할 수 있다.
2. NN 분류자를 학습시키는 과정에서 모든 클래스에 대해 동일한 수의 학습 세트 패턴을 사용할 경우 일반적으로 제대로 작동하지 않는다.
3. NN 분류자를 올바르게 학습시키는 방법은 가공하지 않은 학습 세트 데이터에서 학습 세트 패턴이 등장하는 원래의 비율을 구해 그 수를 적용하는 것이다.

아마도 세 번째가 가장 놀라우면서도 만족스러운 결론일 것이다. 요컨대 학습 세트 패턴은 주어진 데이터의 클래스 분포에 따라 결정돼야 한다. 뒤에서 보겠지만, 이를 일반화하면 다음 원칙을 도출할 수 있다. **학습 세트는 대상 모집단을 완전히 대표해야 한다.** 여기서 '완전한 대표'란, 전체 모집단 패턴 내에서 나타나는 여러 클래스의 분포를 대표할 수 있어야 함을 의미한다. 이러한 원칙은 학습을 기반으로 한 여러 종류의 분류자에 일반적으로 적용되는 것이다.

13.4.2 최근접 알고리듬의 중요성

NN 알고리듬이 중요한 이유는 컴퓨터로 구현할 수 있는 분류자 중 가장 단순한 종류에 속하기 때문이다. 또한 두 종류의 (베이즈 분류자로 얻을 수 있는) 이상적 에러율에 비례해 그 에러가 결정된다는 장점이 있다. 기본적인 분류 방식을 수정해, 어떤 테스트 패턴에 대한 *k*개의 최근접 학습 세트 패턴 중 가장 자주 등장하는 클래스를 찾도록 한다면('*k*-NN' 방식), 에러율을 베이즈 분류자에 가까울 정도로 더 줄일 수 있다(이 경우 역시 식 (13.12)를 통해 계산할 수 있음을 유의하라). 그러나 NN과 (이를 강화한) *k*-NN 방식은 충분한 학습 세트 패턴 벡터를 구하기 위해 상당히 많은 저장공간을 필요로 하며, 따라서 각 테스트 패턴에 대한 이상적인 매치를 찾는 과정에서 많은 계산량이 요구된다는 단점이 있다. 이 때문에 앞에서 살펴봤던 것처럼 계산량을 줄이기 위해 가지치기 등의 방식이 추가로 필요해진다.

마지막으로, 선험적 확률을 NN 및 *k*-NN 형식 분류자에 결합시키는 순간 이 방식은 더 이상 SPR이 아닌 PPR의 범주에 속하게 된다(13.1절의 글상자를 참고하라).

13.5 최적 특징 숫자

13.3절에서 살펴봤듯이 분류자가 고려할 특징 숫자를 늘릴 경우 에러율을 줄일 수 있지만, 성능이 저하되는 문제 때문에 한계가 있다. 이번 절에서는 이 문제를 다룰 것이다. 기본적으로 이러한 현상이 발생하는 이유는 *D*개의 데이터 지점 세트에서 곡선을 근사하기 위해 많은 매개변수를 사용하는 경우와 유사하다. 매개변수의 개수 *P*가 증가하면 곡선을 더 잘 근사할 수 있으며, 일반적으로 $P = D$일 때 가장 완벽한 근사를 구할 수 있다. 그러나 이 시점에서

근사의 유의도는 오히려 나빠지는데, 매개변수가 데이터를 과결정하지 않으며 어떠한 종류의 평균화도 이뤄지지 않기 때문이다. 예를 들어 원본 입력 데이터에 포함된 모든 노이즈가 매개변수에 그대로 반영된다. 특징 공간에서 학습 세트 패턴을 다룰 때도 같은 문제가 발생한다. 결국 학습 세트를 특징 공간에서 너무 적은 단위로 묶어서 고려할 경우, 같은 클래스의 패턴과 최근접할 확률이 줄게 되므로 에러율이 굉장히 높아진다. 이 상황은 특징 간의 비율이 통계적으로 거의 유사성을 갖지 않기 때문으로 해석할 수도 있다. 즉, 추가적인 정보를 거의 제공하지 않으므로 시스템에 불확실성만을 더하게 된다.

그러나 한편으로 고려해야 할 중요한 요인은, 특징의 최적 숫자가 분류자를 구하기 위한 학습의 양에 비례해 결정된다는 것이다. 만약 학습 세트 패턴의 숫자가 증가하면 더 많은 특징에 대한 더 많은 정보를 확보할 수 있으며, 따라서 학습 패턴을 더 정확하게 분류할 수 있다. 학습 세트 패턴이 매우 많이 필요해진다는 한계를 차치하더라도, 특징의 수가 증가할수록 성능은 더 좋아진다.

이러한 사실은 Hughes(1968)에서 처음 밝혀졌으며, Ullmann(1969)에서는 n튜플 PR (Bledsoe and Browning(1959)에서 고안한 NN 분류자의 변형)에 적용해 검증된 바 있다. 두 연구자 모두 특징의 수가 증가함에 따라 분류자의 정확도가 증가하는 선명한 경향을 확인했고, 동시에 특징의 수가 많아짐에 따라 성능이 하락한다는 사실 또한 확인했다.

마지막으로 유의해야 할 점은 앞에서 다룬 내용은 분류에 사용되는 특징 숫자에 관해서이지 모든 특징에 대한 것은 아니라는 사실이다. 분명 어떤 특징은 다른 특징보다 더 중요할 것이며, 따라서 분류에 사용되는 특징은 데이터에 따라 상황이 매우 달라진다. 실험을 통해 어떻게 특징 서브셋을 구성해 분류 에러를 최소화할 것인가를 찾는 것은 별개의 주제로 다뤄야 한다(Chittineni, 1980).

13.6 비용 함수와 에러-탈락 트레이드오프

지금까지는 후험적 확률에 따라 올바른 분류가 이뤄졌는지 판단하는 것을 가정했다. 그러나 이렇게 확률을 구하는 것이 맞기는 하나, 실제 엔지니어링 환경에서는 비용을 최소화하는 것이 더 중요하다. 따라서 결정을 옳고 그르게 내리는지를 확인하기 위해 비용을 비교해보는

작업이 필요하다. 이를 수학적으로 표현하기 위해 손실 함수 $L(C_i | C_j)$를 통해, C_j에 속하는 특징 $\mathbf{x}$를 C_i로 판단할 때의 비용을 계산한다.

비용 최소화를 반영해 결정 법칙을 수정해보자. 우선 조건부 위험성에 대한 함수를 정의한다.

$$R(C_i|\mathbf{x}) = \sum_j L(C_i|C_j)P(C_j|\mathbf{x}) \tag{13.14}$$

이 함수는 $\mathbf{x}$를 관측했을 때 클래스 C_i로 결정함으로써 예상되는 비용을 구한다. 이를 최소화하는 것이 목표이므로, 다음 조건을 만족할 때만 C_i로 결정하도록 해야 한다.

$$R(C_i|\mathbf{x}) < R(C_i|\mathbf{x}) \quad \text{모든 } j \neq i\text{에 대해} \tag{13.15}$$

다음 형태처럼 비용 함수를 매우 단순하게 계산한다면,

$$L(C_i|C_j) = \begin{cases} 0 & i = j \text{ 인 경우} \\ 1 & i \neq j \text{ 인 경우} \end{cases} \tag{13.16}$$

결과적으로 앞에서 계산한 확률 기반 결정 규칙(식 (13.5))과 동일한 식이 된다. 이때 에러로 인해 상대적으로 크거나 작은 비용이 발생할 경우 일반적인 결정 법칙에서 벗어난 결과가 나오게 된다. 예를 들어, 적진에서 다른 차량 소리와 섞여 있는 적군 탱크의 소리를 인식해야 한다고 생각해보라. 이 경우 알람이 잘못 울릴 리스크를 감수하더라도 민감도를 높이는 게, 만에 하나 적군 요원을 찾지 못하는 것보다 훨씬 낫다. 요컨대 비용 함수로 인한 편향은 안전한 결정을 위해, 미리 정해진 방향을 따라 엄밀하게 통제하는 식으로 이뤄진다. 또한 분류자를 통해 얻은 속성은 의도한 대로 균형 잡힌 결과를 보이게 된다.

비용을 최소로 하는 또 다른 방법은, 둘 이상의 클래스가 같은 정도로 유사해 어떻게 분류해야 할지 '애매한' 경우를 인식하도록 분류자를 구성하는 것이다. 이때 결정의 신뢰도를 확보하기 위해, 특징 공간상에서 최대 가능도 분류 위치와 먼 방향으로 편향되도록 결정 평면을 정한다. 혹은 패턴을 '알 수 없는' 분류로 탈락시키는 방법도 있다. 이 경우 다른 적절한 수단을 통해 적절하게 분류해야 한다. 예를 들어 원본 데이터로 돌아가서 더 많은 종류의 특징을 측정하는 방법도 있지만, 많은 경우 사람을 시켜 최종적으로 어떻게 분류할지 판단하는 것이 더 적절하다. 다만 이 방식은 더 많은 비용이 들므로, '탈락' 분류를 사용할 경우 상대적

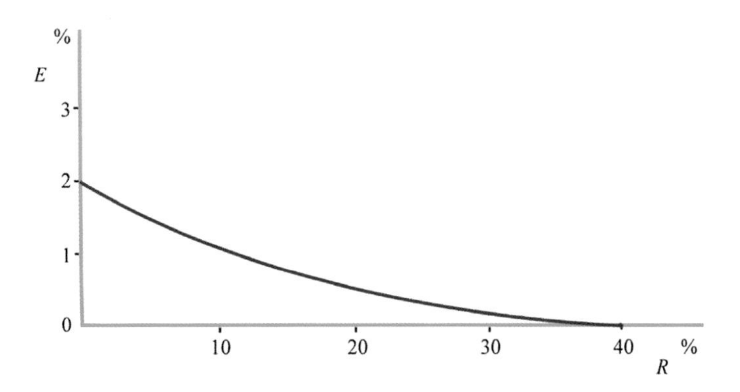

그림 13.4 에러-탈락 트레이드오프 곡선(*E*: 에러율, *R*: 탈락률). 이 예제에서 탈락률 *R*이 40% 정도가 되면 에러율 *E*는 0까지 떨어진다. 일반적으로는 *R*이 100%가 될 때까지 *E*는 0 이상의 값을 갖는다.

으로 비용적인 면에 더 영향을 받는다. 더 큰 문제는 에러율이 탈락 비율이 높아지는 양의 일부만큼만 감소한다는 점이다(여기서 모든 에러 및 탈락률은 분류되는 테스트 패턴 총수의 비율에 따라 계산하게 된다고 가정한다). 실제로 간단한 2클래스 시스템을 가정할 경우, 에러율이 감소하는 양은 탈락률이 증가하는 정도의 절반밖에 되지 않으며(즉, 에러율을 1% 줄이기 위해서는 탈락률이 2% 증가해야 한다), 에러율을 점점 더 줄일수록 이 비율은 급격히 늘어난다(그림 13.4). 따라서 최적의 방식을 찾기 전에 에러-탈락 트레이드오프 곡선을 통해 비용 분석을 충분히 진행해야 한다. 마지막으로, 분류 시스템의 총 에러율은 탈락 여부를 검사하는 분류자(예: 인간 검사자)의 에러율을 따라가므로 트레이드오프를 정확하게 고려해야 한다.

13.7 지도 학습과 비지도 학습

이 장의 앞부분에서는 모든 학습 세트 패턴이 분류될 클래스를 알고 있으며, 분류자를 학습할 때 이 클래스를 사용한다고 간주했다. 사실 이러한 가정은 얼핏 당연해 보인다. 하지만 실제로 분류자를 학습할 때는 두 종류의 접근법을 사용할 수 있다. 하나는 지도 학습supervised learning(미리 알고 있는 클래스를 사용한 학습)이고, 다른 하나는 비지도 학습unsupervised learning(클래스를 알지 못하거나 알고 있는 클래스를 사용하지 않는 학습)이다. 많은 실제 상황에서 비지도 학습은 장점이 있다. 예를 들어 컨베이어 위를 흐르는 물체를 분류할 경우, 컴퓨터로 하여금 물체에 해당하는 클래스들을 구하고 이들을 어떻게 묶을지 결정하게 하면 인간 검사자가 필요하지 않다. 즉, 검사를 수행하는 과정에서의 상당한 노력이 사라진다. 반면, 뒤의 절에서 다루겠지만 비지도 학습을 사용하는 과정에서는 여러 종류의 어려움이 따르게 된다.

비지도 학습이 유용한 이유를 두 가지 더 소개하고 다음으로 넘어가자. 첫째, 물체의 특성이 시간에 따라 변할 경우(예를 들어, 계절이 지나면서 콩의 크기와 색이 변하게 된다) 분류자가 이러한 특성의 변화를 반영하도록 해야 하는데, 비지도 학습은 이러한 작업을 수행하는 데 훌륭한 수단이다. 둘째, 분류 시스템을 구축할 경우 물체의 특성, 특히 (예를 들어, 품질 관리 측면에 관한) 가장 중요도가 큰 매개변수는 알려지지 않을 때가 많으며, 따라서 데이터의 성향을 통해 어떠한 실마리를 얻을 수 있다는 점에서 유용하다. 그러므로 분류가 실패하는 경우 로그를 남기고, 물체에 허용할 수 있는 변화에 대해 기록할 필요가 있다. 예를 들어, Times Roman 등 OCR의 대상이 되는 많은 폰트는 'a' 윗부분에 오른쪽에서 왼쪽으로 휘어진 획이 존재하지만, Monaco 같은 폰트는 이러한 획이 존재하지 않는다. 비지도 분류자를 사용할 경우 특징 공간상에서 두 세트 패턴 군집을 완전히 다른 위치에 놓는 식으로 이 특징을 표시할 수 있다(그림 13.5 참고). 일반적으로 비지도 학습은 특징 공간상에서 군집의 위치를 찾는 과정이라 할 수 있다.

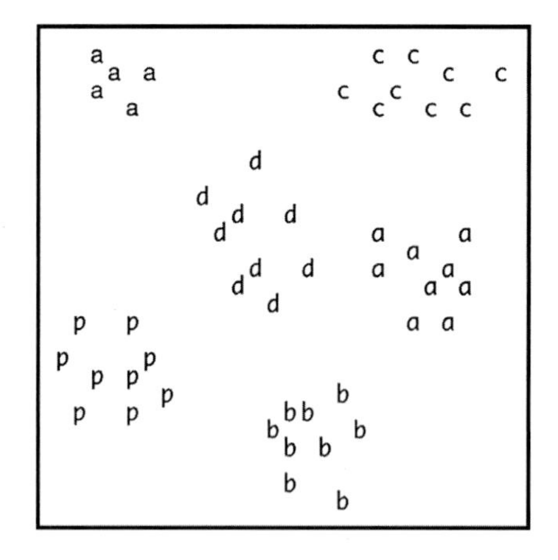

그림 13.5 특징 공간에서의 군집 위치. 여기서 글자는 다양한 폰트에 대해 뽑은 예시다. 왼쪽으로 굽은 위쪽 획이 있는 a 글자의 경우 작은 군집을 형성하고 있으며, 특징 공간상에 따로 떨어져서 위치하고 있다. 즉, 군집 분석을 통해 이러한 형태의 차이를 구분할 수 있다.

13.8 군집 분석

앞에서 언급했듯이, 군집 분석을 진행하는 중요한 이유는 입력 데이터의 특징을 파악하기 위해서다. 그러나 결국 그 근간은 테스트 데이터 패턴을 적절하게 분류하고자 함에 있다. 이를 위해서는 특징 공간을 주요한 군집에 대한 영역으로 나누고, 각 영역(및 군집)이 포함하고 있는 데이터의 형태에 따라 레이블을 붙이는 작업이 필요하다. 두 가지 방식으로 이를 수행할 수 있다.

1. 군집 분석을 진행한 다음, 인간 검사자에게 적은 수의 학습 세트 패턴에 대한 클래스 정보를 준 뒤 군집에 레이블을 붙이게 한다.
2. 적은 수의 학습 세트 패턴에 대해 지도 학습을 진행한 다음, 학습 세트의 크기를 실제만큼 키워서 비지도 학습을 진행한다.

어떤 식으로든 결국 레이블을 붙이는 과정에서 지도 학습을 건너뛸 수가 없다. 이 단조로운 과정은 등장 가능한 클래스를 미리 파악하기 때문에 최종적인 인식 성능에 영향을 끼친다. 그러나 비지도 학습에 방점을 찍음으로써 어느 정도 생략할 수 있다.

다음으로 넘어가기 전에, 특징 공간상에 군집이 얼마나 있는지 미리 알 방법이 전혀 없을 수 있음을 유의하라. 예를 들어, 위성 이미지에서 여러 영역을 분류하고자 할 때 이러한 상황이 발생한다. OCR이나 초콜릿 박스에 놓인 초콜릿을 인식할 때와는 정반대의 상황이다.

군집 분석은 몇 가지 중대한 문제를 안고 있으며, 특히 시각화 부분에 대한 문제가 크다. 첫째, 1차원 또는 2차원, 혹은 3차원 공간에 대해서도 우리는 군집의 숫자와 위치를 쉽게 눈으로 파악하고 결정할 수 있지만, 이 과정에서 잘못 판단할 소지가 있다. 게다가 더 큰 차원에까지 이 능력을 확장하기란 쉽지 않다. 둘째, 컴퓨터는 우리가 하듯이 시각 정보를 파악할 수가 없기 때문에 특화된 알고리듬을 도입할 필요가 있다. 저차원 특징 공간에서는 컴퓨터로 하여금 인간을 흉내 내게 하는 것이 가능하지만, 차원이 높아지면 조합 확산이 발생할 수 있다. 따라서 자동으로 군집 위치를 찾도록 하기 위해서는 특징 벡터의 목록을 기반으로 한 알고리듬을 개발해야 한다.

군집 분석을 위한 알고리듬은 크게 응집형agglomerative과 분리형divisive으로 묶을 수 있다. 응집형 알고리듬은 (클래스를 제외한 학습 세트 패턴의) 개별 특징점들을 취해, 설정한 기준에 도달할 때까지 유사성 함수를 적용해 묶는 과정을 진행한다. 분리형 알고리듬은 특징점 전체 세트를 하나의 거대한 군집으로 묶고, 설정한 기준에 도달할 때까지 이를 점차 나눠간다. 특징점이 P개 존재한다고 하자. 응집형 알고리듬을 적용해 두 군집을 결합할지의 여부를 결정하려면 각 특징점 위치 쌍 간의 비교가 이뤄져야 하는데, 최악의 경우 필요한 횟수는 다음과 같다.

$$ {}^{P}C_2 = \tfrac{1}{2}P(P-1) \tag{13.17} $$

이 과정에서 필요한 반복 횟수는 $P - K$ 수준이다(K는 최종적으로 구하게 될 군집 개수이며, $K \leq P$이다). 반면 분리형 알고리듬의 경우 각 특징점 위치 쌍을 비교하기 위해 필요한 숫자는 다음과 같이 줄어든다.

$$ {}^{K}C_2 = \tfrac{1}{2}K(K-1) \tag{13.18} $$

이 과정에서 필요한 전체 반복 횟수는 K 수준이다.

이렇듯 분리형 알고리듬이 응집형 알고리듬보다 훨씬 적은 계산량을 필요로 하는 듯 보이나, 실상은 다르다. 어떤 군집이 p개의 특징점으로 이뤄져 있을 때, 이 군집이 어떻게 서브군집으로 나눠질지에 대한 수많은 가능성을 고려해야 하기 때문이다. 구체적으로 그 숫자는 다음과 같다.

$$ \sum_{q=1}^{p} {}^{p}C_q = \sum_{q=1}^{p} \frac{p!(p-q)!}{q!} \tag{13.19} $$

즉, 일반적으로 응집형 접근법을 쓰는 것이 적절하다. 사실 앞에서 설명한 응집형 접근법은 완전exhaustive하고 엄밀한 경우에 해당하고, 좀 덜 정확한 반복 접근법을 사용해도 된다. 우선 적절한 숫자를 골라 K개의 군집 중심점을 정한다(이 숫자는 선험적인 정보를 기반으로 정해도 되고, 임의의 수를 골라도 된다). 그런 다음 각 특징 벡터를 가장 가까운 군집 중심점에 할당한다. 셋째, 이를 기반으로 군집 중심점을 재계산한다. 이 과정을, 군집의 어떤 특징점이 다른 군집으로 옮겨가거나 군집화 수준이 변하지 않을 때까지 계속 반복한다. 표 13.1에 포지(Forgy, 1965)가 발표한 기본적인 알고리듬을 나타내었다.

표 13.1 포지 알고리듬을 사용한 군집 분석 개요

```
목표로 하는 군집 숫자 K를 선택;
초기 군집 중심점을 설정;
군집화 수준을 계산;
do {
   각 데이터 지점을 가장 근접한 군집 중심점에 할당;
   군집 중심점을 재계산;
   군집화 수준을 재계산;
} until (군집에 변화가 없거나 군집화 수준이 변하지 않을 때까지)
```

이 알고리듬은 데이터에 따라서, 특히 어떤 데이터 지점들을 사용할 것인지에 따라서 그 성능이 극명하게 갈린다. 또한 알고리듬을 적용했을 때 결과가 계속 변동하거나 최적점을 찾지 못할 수도 있다(즉, 가장 정확한 해답에 도달하지 못할 수 있다). 이러한 상황은 어떤 군집 중심점이 다른 두 작은 군집 사이에 나타나는 순간 발생한다. 게다가 이 방식은 적절한 군집 숫자가 어느 정도여야 하는지에 대해 전혀 알려주지 않는다. 이 때문에 이 알고리듬에 대한 다양한 변종 및 대안이 등장했다. 그중 하나가 ISODATA 알고리듬이다(Ball and Hall, 1966). 포지 방식과 유사하지만, 인접한 군집끼리 합치거나 길게 이어진 군집을 쪼개는 과정이 추가되어 있다.

반복 알고리듬의 또 다른 단점은 언제 멈춰야 할지 불확실하므로 계산 집약적인 작업이 돼버리기 쉽다는 것이다. 이 문제를 해결하기 위해 비반복적인 알고리듬이 등장하게 됐다. 그중 가장 잘 알려진 비반복적 군집화 알고리듬은 맥퀸MacQueen의 *K* 평균 알고리듬이다(MacQueen, 1967). 이 알고리듬은 데이터 지점에 대해 두 단계로 접근한다. 하나는 군집 중심점을 찾는 것이고, 다른 하나는 최종적으로 패턴을 분류하는 과정이다(표 13.2). 앞에서와 마

표 13.2 맥퀸의 *K* 평균 알고리듬 개요

```
목표로 하는 군집 숫자 K를 선택;
K개의 데이터 지점을 골라 초기 군집 중심점을 설정;
for (나머지 모든 데이터 지점) { // 일차 패스
   각 데이터 지점을 가장 근접한 군집 중심점에 할당;
   적절한 군집 중심점을 재계산;
}
for (모든 데이터 지점) // 이차 패스
   데이터 지점을 가장 근접한 군집 중심점에 할당;
```

찬가지로, 초기 군집 중심점은 임의로 정하거나 기존 정보에 기반해서 선택한다.

비반복 알고리듬은 앞에서 설명했듯이 데이터 지점을 어떻게 선택할 것인가에 따라 성능이 좌우된다. 이미지 데이터의 경우 이 부분은 특히 까다로운데, 처음 선택한 지점들이 상당히 비슷할 가능성이 높기 때문이다(예를 들어, 하필 전부 하늘이나 배경 픽셀을 선택했다고 생각해보라). 이 문제를 해결하는 효율적인 방법은 데이터 지점을 랜덤하게 선택하도록 하여, 이미지 내의 모든 부분에 골고루 나타나도록 하는 것이다. 일반적으로 비반복 군집화 알고리듬은 반복 알고리듬보다는 덜 효율적인데, 데이터를 어떻게 선택할 것인가에 따라 너무 영향을 많이 받기 때문이다.

결국 앞에서 설명한 알고리듬의 주된 문제점 중 하나는 가장 적절한 K 값을 찾지 못한다는 것이다. 그러나 만약 K 값이 가능한 범위를 알 수 있다면, 각각에 대해 전부 알고리듬을 적용해본 다음 그중 목표로 하는 기준을 잘 만족시키면서 가장 좋은 성능을 보이는 것을 최적의 결과로 삼으면 된다. 즉, 이 경우 특정한 관점에서 데이터를 가장 잘 설명하는 군집 세트를 얻게 된다. 또는 군집 분석을 수행하기 전에 데이터를 분석해 적절한 K 값을 찾는 방식을 사용할 수도 있다. Zhang and Modestino(1990)의 접근법이 이 범주에 속한다.

마지막으로 유의해야 할 것은, 지금까지 군집 분석에 대해 다룬 내용은 확률적인 내용을 전혀 포함하지 않았기 때문에 이 절을 온전히 SPR에 대한 것으로 이해해도 무방하다는 사실이다. 14장 '머신러닝: 확률론적 방식'에서는 이 문제를 극복하기 위한 새로운 이론과 방법론을 소개할 것이다.

13.9 서포트 벡터 머신

서포트 벡터 머신SVM, support vector machine은 1990년대에 등장한 새로운 SPR 패러다임으로서, 특히 실용적인 관점에서 중요하게 다뤄진다. 기본적인 개념은 그림 13.6(A)에서처럼 특징 공간을 선형으로 분리하는 것에서 시작한다. 즉, 두 특징 클래스를 가장 잘 분리하는 평행한 초평면hyperplane 쌍을 찾아, 에러로부터 가장 잘 방어할 수 있도록 하는 것이다. 그림 13.6(A)에서 점선으로 나타낸 초평면 세트는 더 낮은 분리도를 보여주고 있기 때문에, 에러로부터 방어하기가 힘들다는 점에서 최선의 해답이라 할 수 없다. 각 평행 초평면 쌍은 특정한 특징

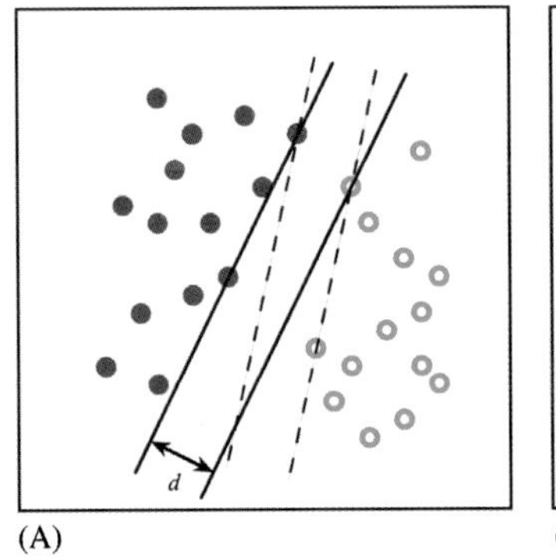

(A)

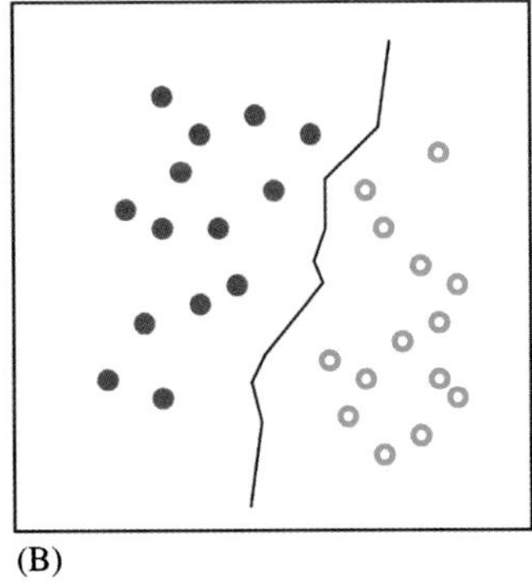
(B)

그림 13.6 서포트 벡터 머신의 원리: (A)는 선형으로 분리 가능한 두 특징점 세트를 나타내고 있다. 실선으로 그은 2개의 평행한 초평면은 최대로 가능한 분리 거리 *d*를 확보하고 있으며, 예를 들어 점선으로 그은 평면 쌍에 비해 훨씬 나은 분리도를 갖는다. (B)는 최근접 방식을 통해 최적의 조각 선형 해답을 찾은 모습을 보여주고 있다.

점 세트, 즉 서포트 벡터support vector를 통해 그 특성이 결정된다. 그림 13.6(A)의 특징 공간에서 평면들은 3개의 서포트 벡터로 정의되는데, 이는 2차원 특징 공간에서의 경우에 해당하는 것이다. 요컨대 N차원 공간에서 필요한 서포트 벡터의 수는 $N + 1$이다. 수많은 데이터 지점이 특징 공간에 존재함에도, 이를 표현하기 위해 필요한 벡터의 수를 최대 $N + 1$로 제한하게 된다. 이는 오버피팅overfitting의 위험성을 막는 데 중요한 역할을 한다.

한편, 그림 13.6(B)는 NN 알고리듬을 적용했을 때의 상황을 나타내고 있다. 이렇게 하면 각 위치에 대해 로컬한 분리 거리가 최대가 되도록 최적의 분리 경계 위치를 결정하기 때문에, 에러로부터 더 잘 방어할 수 있다. 그러나 정확도가 증가하는 반면 예시로 사용할 패턴을 더 많이 정의해야 하기 때문에 비용 역시 증가한다. 실제로 앞에서 봤듯이 SVM이 갖는 이점의 상당 부분은 예시 패턴(서포트 벡터)을 최소한도로 사용함에서 온다. 단점이라면 기본적으로 선형 분리가 가능한 데이터셋에서만 제대로 동작한다는 것이다.

이 문제를 해결하는 방법으로서, 학습 및 테스트 데이터를 더 높은 차원의 특징 공간으로 변형해 선형 분리가 가능하도록 할 수 있다. 그러나 이러한 접근법은 오히려 SVM의 주된 장점을 희석시키거나 심지어 없어지게 하며, 데이터 오버피팅이 발생하거나 일반화 성능이 떨어질 수 있다. 그러나 만약 비선형으로 변형이 이뤄질 경우, 최종적으로 구한 (선형 분리가 가능한) 특징 공간은 허용 가능한 범위의 차원을 갖게 되며, SVM의 장점을 훼손하지 않는다. 어쨌든 선형 분리에 대한 제한이 존재한다는 면은 고민해볼 필요가 있다. 이러한 관점에서 최적화 수식에 '느슨한slack' 변수 s_i를 추가해 분리에 대한 제한이 어느 정도 가해질 것인지를 추가하면 효과적이다. 이 변수는 일반적인 오차 함수에 비용 항 $C \sum_i s_i$를 추가하는 식으로 만들 수 있다. 이때 C는 변경 가능한 규칙화 매개변수이며, 다양한 학습 데이터를 통해 그 성능을 모니터링하여 최적의 값을 찾게 된다.

이 주제를 더 자세히 살펴보고 싶다면, Vapnik(1998) 등 바프니크Vapnik가 최초로 쓴 논문이나, Cristianini and Shawe-Taylor(2000), 또는 Webb(2002) 등 SPR에 출판된 논문을 참고하라.

13.10 인공신경망

PR에 유용하게 적용되고 있는 인공신경망ANN, artificial neural network은 1950년대에 그 개념이 처음 등장했으며, 60년대를 거치며 발전해왔다. 예를 들어 Bledsoe and Browning(1959)는 'n튜플' 형태, 즉 비트 단위로 정보를 기록하여 바이너리 특징 데이터를 검색하는 분류자를 사용해 '비가중치weightless' 또는 '논리적logical' 형태의 ANN을 구현했다. 논리적 분류자가 이후 얼마간 사용되긴 했지만, 조금 과장해서 말하면 로젠블랫Rosenblatt의 '퍼셉트론perceptron' 분류자야말로 엄청난 영향을 끼쳤다 할 수 있다.

단순한 형태의 퍼셉트론은 패턴을 두 클래스로 나누는 선형 분류자다. 특징 벡터 $\mathbf{x} = (x_1, x_2, \cdots, x_N)$을 입력으로 받아, 하나의 스칼라값 $\sum_{i=1}^{N} w_i x_i$를 출력한다. 이때 분류 과정에서 θ를 기준으로 (헤비사이드 계단Heaviside step) 임계화를 진행하게 된다(그림 13.7 참고). $-\theta$를 w_0으로 쓰고 이에 해당하는 입력값 x_0을 상수 1로 두면 수식을 더 단순하게 바꿀 수 있다. 이렇게 작성한 분류자에서 선형으로 표현되는 부분은 다음과 같다.

$$d = \sum_{i=1}^{N} w_i x_i - \theta = \sum_{i=1}^{N} w_i x_i + w_0 = \sum_{i=0}^{N} w_i x_i \qquad (13.20)$$

분류자를 적용하면 최종적으로 다음 값이 출력된다.

$$y = f(d) = f\left(\sum_{i=0}^{N} w_i x_i\right) \qquad (13.21)$$

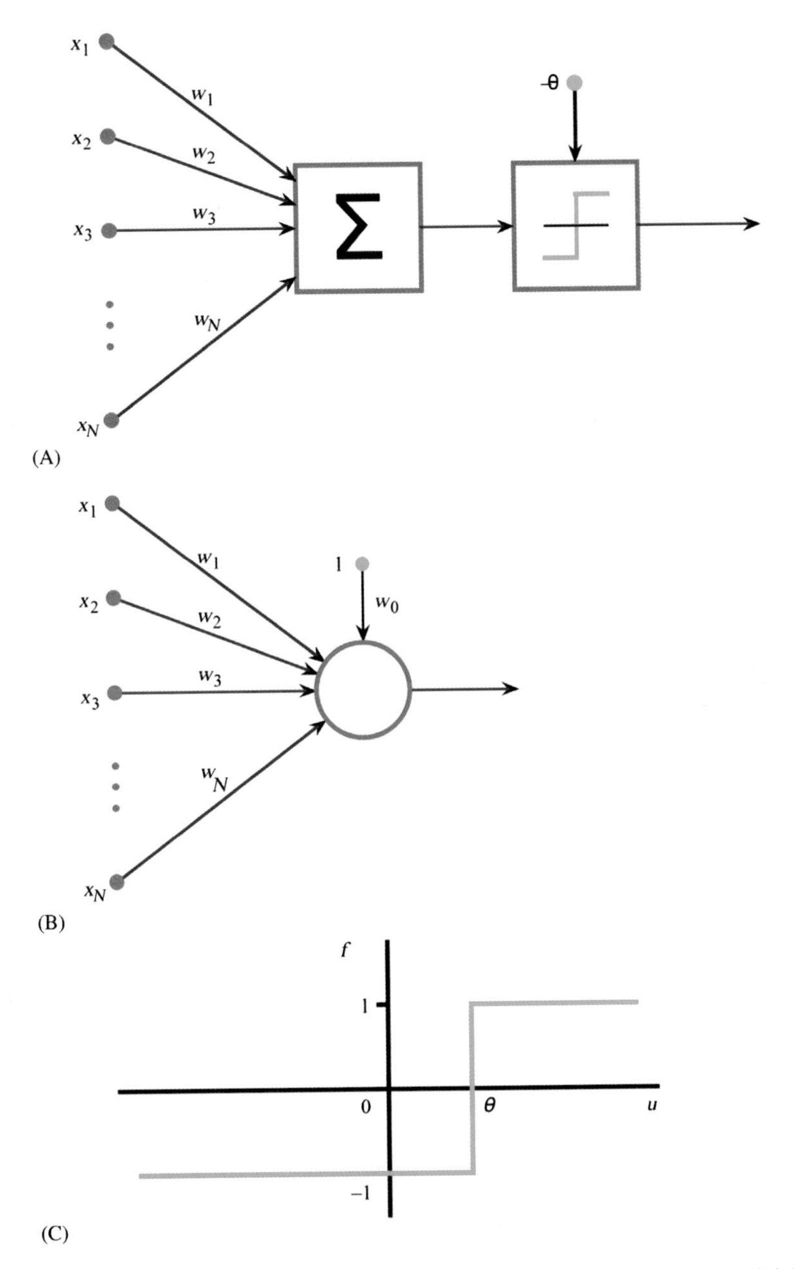

그림 13.7 단순한 형태의 퍼셉트론. (A)는 단순한 퍼셉트론의 기본적인 형태를 나타낸다. 입력 특징값에 가중치를 주고 합친 값을 출력해, 임계화 유닛을 거쳐 출력 연결구로 보낸다. (B)는 퍼셉트론의 구조를 간단하게 표시한 것이며, (C)는 임계화 유닛의 활성화 함수다.

표 13.3 고정증분 퍼셉트론 알고리듬

```
작고 랜덤한 값으로 가중치를 초기화;
0~1 범위에서 적당한 학습률 계수 η를 설정;
do {
  for (학습 세트 내의 모든 패턴) {
    특징 벡터 x와 클래스 ω를 구함;
    퍼셉트론 출력값 y를 계산;
    if (y ! = ω) 값에 따라 가중치를 조정 wi = wi + η(ω - y)xi;
  }
} until (변화가 없을 때까지);
```

이 형태의 뉴런은 다양한 방식으로 학습이 가능하다. 예를 들어 표 13.3에서처럼 고정증분 규칙fixed increment rule을 사용할 수 있다(기존 부동증분 규칙은 학습률 계수 η를 1로 놓는다). 이 알고리듬의 기본적인 원리는 선형 분리 평면을 움직이되 잘못 분류하는 일이 일어나지 않을 때까지 균일한 거리만큼 움직이는 식으로 총 에러율을 개선하는 것이다. 그러나 이 과정은 분류 에러가 발생했을 때만 진행한다.

$$w_i(k+1) = w_i(k) \quad y(k) = \omega(k) \tag{13.22}$$

$$w_i(k+1) = w_i(k) + \eta[\omega(k) - y(k)]x_i(k) \quad y(k) \neq \omega(k) \tag{13.23}$$

이 수식에서 매개변수 k는 분류자에 대해 k번째 반복을 진행하고 있음을 뜻하며, $\omega(k)$는 k번째 학습 패턴의 클래스를 의미한다. 중요한 것은 이 학습 과정이 실제로 효과가 있는지다. 알고리듬을 수정해 주요한 부분을 충분히 여러 번 반복할 수 있다면, 그리고 특징 벡터를 선형적으로 분리할 수 있다면, 이 알고리듬을 통해 에러 없이 올바른 해답을 구할 수 있다.

그런데 대부분의 특징 벡터 세트는 선형으로 분리할 수가 없다. 이 때문에 가중치를 조정하기 위한 다른 방법이 필요하다. 위드로-호프Widrow-Hoff 델타 규칙은 분류자에 포함된 에러 $\delta = \omega - d$에 비례에서 가중치를 조정하는 방식이다(이 에러는 임계화를 거쳐 실제 클래스를 결정하기 '전에' 계산한다. 즉, δ를 구할 때는 $f(d)$가 아닌 d를 사용한다). 규칙을 표현하면 다음 형태와 같다.

$$w_i(k+1) = w_i(k) + \eta\delta x_i(k) = w_i(k) + \eta[\omega(k) - d(k)]x_i(k) \tag{13.24}$$

위드로-호프 규칙이 고정증분 규칙과 다른 점은 크게 두 가지다.

1. 분류자가 실제 분류 에러를 발생시키는지 여부에 관계없이 가중치를 조정한다.

2. 학습 과정에서의 출력 함수 d는 테스트 과정의 함수 $y = f(d)$와 다르다.

이러한 차이점으로 인해 비선형으로 분리해야 하는 특징 데이터에 대응할 수 있게 된다. 그림 13.8은 이에 관해 2차원 형태로 나타낸 것이다. 그림 13.8(A)에 나타낸 데이터는 고정증분 규칙을 통해 간단하게 분리가 가능하다. 그러나 고정증분 규칙은 그림 13.8(B)와 같이 분리할 수 없는 데이터에도 대응할 수 있도록 설계되어 있지는 않다. 반면 위드로-호프 규

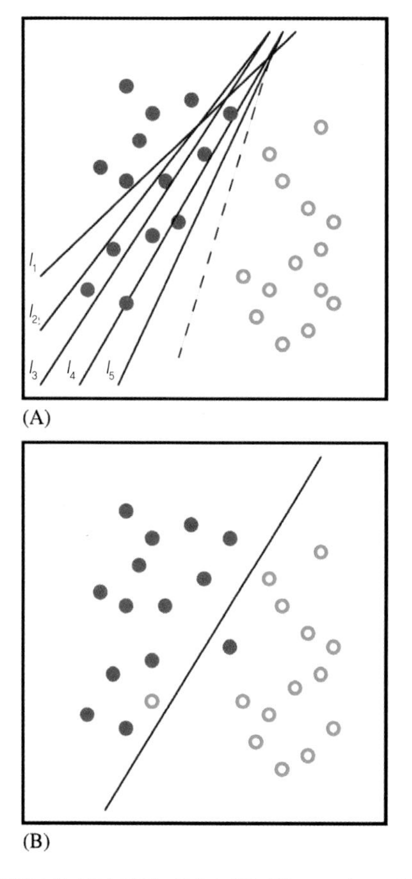

그림 13.8 분리 가능한 데이터와 분리 가능하지 않은 데이터. (A)에서 $l_1 \sim l_5$는 고정증분 규칙을 통해 두 종류의 패턴 데이터에 대한 선형 결정 경계를 찾는 과정을 나타내고 있다. 마지막 선분 l_5가 이러한 조건을 만족시키고 있음을 주목하라. 점선은 위드로-호프 델타 규칙을 통해 구한 최종 경계를 나타낸다. (B)는 분리할 수 없는 데이터에 대해 위드로-호프 규칙을 적용해서 구한 안정적인 경계를 나타내고 있다. 이 데이터에 고정증분 규칙을 적용하면 경계 위치가 학습 과정에서 일정한 범위를 갖고 흔들린다.

칙은 해당 형태의 데이터에 잘 대응한다. 그림 13.8(A)에 대해 흥미로운 내용을 하나 덧붙이면, 고정증분 규칙을 사용할 경우 최적의 해답에 도달하는 것처럼 보이지만 사실은 에러가 존재하지 않는 상황에 도달하는 데 '만족하는' 것뿐이다. 이상적인 분류자는 에러가 발생하는 확률이 최소인 해답을 지향해야 한다. 위드로-호프 규칙은 이러한 문제를 해결하는 방법을 제공한다.

지금까지 단순한 퍼셉트론을 통해 무엇을 할 수 있는지 알아봤다. 사실 퍼셉트론 자체는 특징 데이터를 가르는 역할밖에 하지 못하지만, 그림 13.9처럼 단순한 퍼셉트론을 잘 배열해 학습시킨 '단일 레이어 퍼셉트론'은 특징 공간을 수많은 서브영역으로 나누어 (다차원 공간 상의) 초평면으로 묶어준다. 그러나 다중 클래스를 사용하는 응용 분야의 경우, 이 방식을 적용하려면 굉장히 많은 수의 단순한 퍼셉트론이 필요하다. 예를 들어, c 클래스 시스템에서는 최대 ${}^{c}C_2 = \frac{1}{2}c(c-1)$개가 요구된다. 따라서 일반적으로 적용하기 위해서는 다른 방식이 필요하다. 특히 뇌의 신경망을 흉내 낼 수 있는 다중 레이어 퍼셉트론MLP, multilayer perceptron 네트워크(그림 13.10)는 단순한 퍼셉트론의 첫 레이어에서 출력되는 값을 기록한다는 점에서 이러

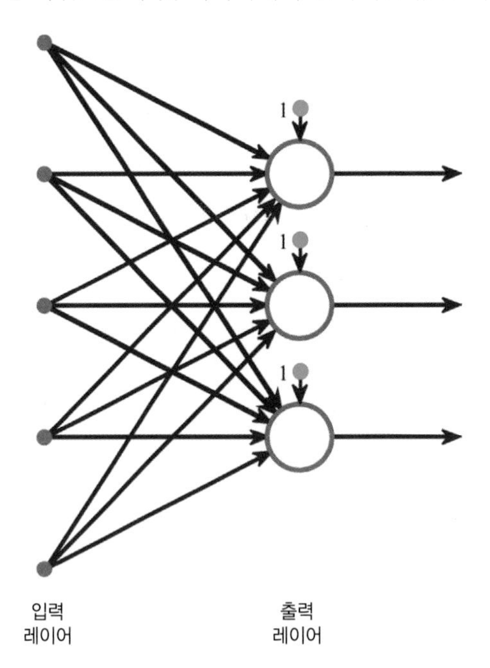

그림 13.9 단일 레이어 퍼셉트론. 단일 레이어 퍼셉트론은 하나의 레이어에 여러 단순한 퍼셉트론을 포함하고 있다. 각 출력구는 서로 다른 클래스(또는 특징 공간의 특정 영역)에 해당한다. 더 복잡한 그림의 경우, 명확하게 하기 위해 일반적으로 편향 유닛(bias unit, 레이블 '1'이 붙음)을 무시한다.

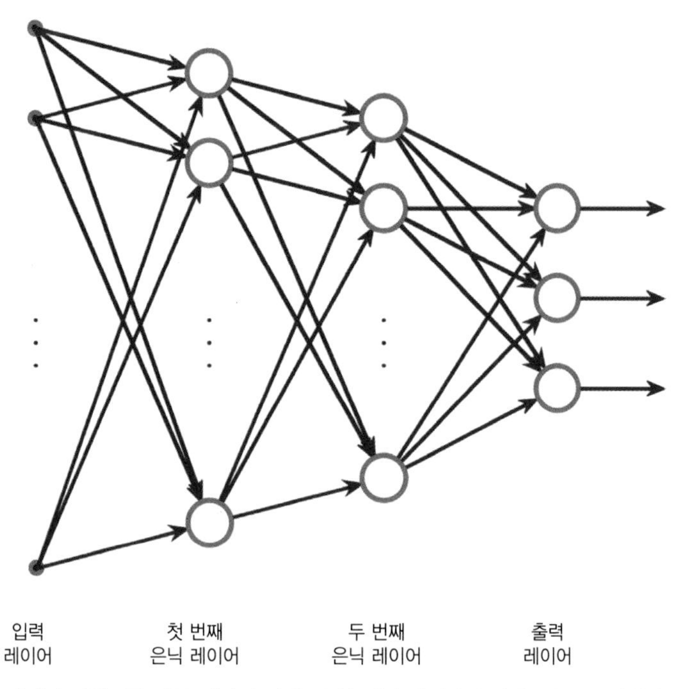

그림 13.10 다중 레이어 퍼셉트론. 다중 레이어 퍼셉트론은 여러 레이어의 퍼셉트론으로 이뤄져 있다. 이론적으로 이 토폴로지를 사용하면 특징 공간상의 더 복잡한 영역에 대해 정의할 수 있고, 패턴 인식 작업을 더 정확하게 진행할 수 있다. 이 경우, 각 레이어를 어떻게 학습시킬 것인지에 대한 체계적인 수단을 찾는 것이 주요한 문제가 된다. 이 그림부터는 간결함을 위해 편향 유닛을 생략할 것이다.

한 문제를 해결할 수 있다.

로젠블랫은 이러한 네트워크 개념을 제안하긴 했지만, 이를 학습하기 위한 일반적인 수단 체계를 찾지는 못했다. 1969년 민스키Minsky와 페이퍼트Papert가 발표한 유명한 논문은 MLP에 대해 유령처럼 떠돌았던 '무의미한 일반성이라는 괴물'에 대해 다루고 있다. 즉, MLP에 대해 이 문제를 결코 해결할 수 없음을 보였다. 예를 들어, 지름이 제한된(즉, 제한된 범위의 지름을 갖기 때문에 이미지 내에서 작은 영역만 차지하는) 퍼셉트론의 경우 이미지상에 존재하는 큰 스케일의 연결성을 측정할 수가 없다. 이 결론 이후 이 부분에 대한 연구는 상당히 줄어들었고, 오랫동안 전문가 시스템expert system 등 다른 분야에 대한 관심이 높았다. 그러나 드디어 1986년 루멜하트Rumelhart 등이 논문을 발표해, MLP를 학습할 수 있는 체계적인 접근법을 제안하는 데 성공했다. 이 해답이 바로 역전파 알고리듬이다.

13.11 역전파 알고리듬

MLP 학습이 어려운 이유를 간단히 요약하면, 앞의 레이어에서 특징 데이터를 받고 뒤의 레이어에서 클래스 데이터를 받는다는 것이다. 즉, MLP에서 모든 매개변수는 바뀔 가능성이 있고, 어떤 레이어에 도달하는 정보 역시 고정되지 않는다. MLP 내의 각 레이어를 따로 학습시켰을 때 전체적으로 이상적인 분류자를 향해 수렴한다는 보장은 전혀 없다(이상적인 분류자를 어떻게 정의하든 이 결론은 바뀌지 않는다). 얼핏 이 문제가 그리 어려워 보이지 않을 수 있지만, 실상은 다르다. 정확히 이 문제는 기여도 할당 문제credit assignment problem의 사례 중 하나다. 사실 기여도 할당 문제의 일반적인 형태와는 좀 다르긴 하다(정확히 말해 이 경우는 결함 할당 문제deficit assignment problem라고 부르는 게 더 적절하다). 기여도 할당 문제는 전역적인 속성을 이루는 로컬 특징을 올바르게 결정하고, 보상과 벌칙, 수정 등의 요소를 적절히 배치하는 식으로 전체 시스템을 체계적으로 최적화하는 방법을 찾는 문제다.

MLP의 속성을 예측하고 이를 적절하게 학습시키는 과정에서 나타나는 주된 어려움은 뉴런에 입력하는 값이 극히 조금 바뀌더라도 그 출력값이 갑자기 널을 뛰듯 변해버린다는 데 있다. 따라서 학습을 더 쉽게 하기 위해, MLP 네트워크의 앞쪽 레이어에서는 임계화 함수를 제거해버리는 방법을 사용할 수 있다. 그런데 이렇게 하면 현재 레이어와 앞의 레이어를 커다란 선형 분류자로 묶어 생각할 수 있으므로, 원래 분류자보다 입력값을 구분하는 성능이 훨씬 떨어지게 된다(모든 레이어에서 임계화를 없애고 마지막 출력구에만 남기면, MLP 전체를 하나의 거대한 단일 레이어 퍼셉트론으로 취급할 수 있다).

이 문제를 해결하는 방법은 MLP를 구성하는 퍼셉트론을 수정해 헤비사이드Heaviside 함수보다 덜 '하드한' 활성화 함수를 도입하는 것이다. 앞에서 봤듯이 선형 활성화 함수는 거의 역할을 하지 못하고, 대신 tanh 함수에 가까운 형태를 띤 '시그모이드sigmoid'(그림 13.11)가 좋은 성능을 보인다. 실제로 현재 가장 많이 쓰이는 활성화 함수라 할 수 있다(여기서는 대칭형 활성화 함수와 이를 기반으로 축을 이동한 다른 함수를 따로 구분하지는 않을 것이다. 대칭형 함수는 양방향성을 띠기 때문에 더 선호되는 면이 있다. 예를 들어 tanh 함수는 -1에서 1 사이 범위 내에서 $\tanh u = (e^u - e^{-u})/(e^u + e^{-u}) = 1 - 2/(1 + e^{2u})$ 형태로 정의할 수 있는데, 이 형태는 일반적으로 쓰이는 $(1 + e^{-v})$ 함수와 밀접한 관계가 있다. 이때 후자의 함수는 대칭형이라 할 수 있다. v가 $-\infty$에서 ∞ 범위로 움직일 때 그 값이

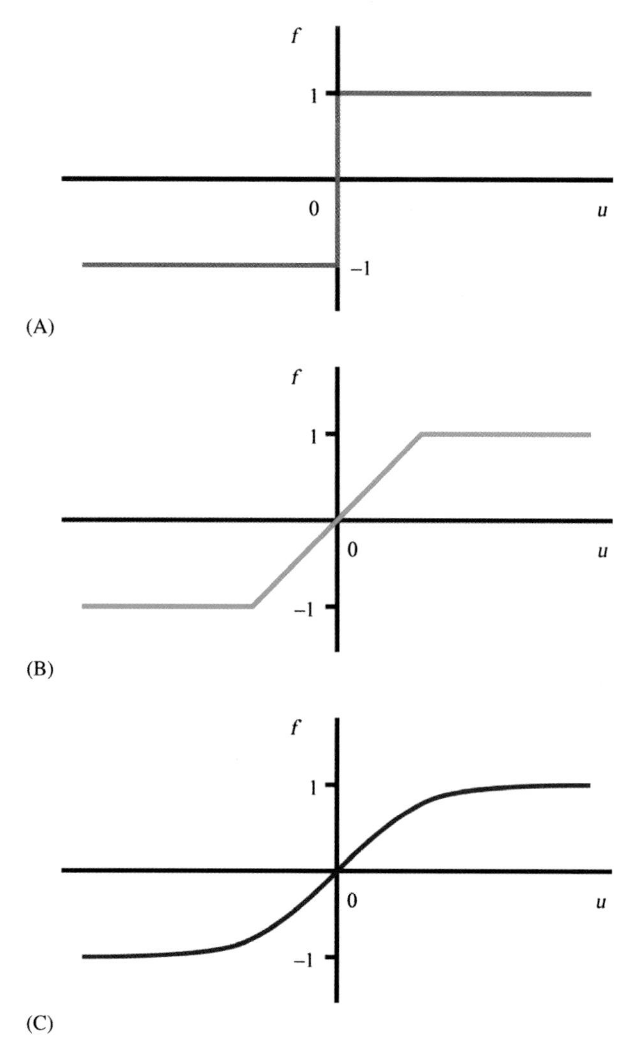

그림 13.11 대칭형 활성화 함수의 여러 가지 예시: (A) 단순한 퍼셉트론에 쓰이는 헤비사이드 활성화 함수, (B) 선형 활성화 함수. 이 경우 포화 메커니즘에 의해 제한이 발생한다. (C) 쌍곡 탄젠트 함수와 유사한 형태를 띤 시그모이드 활성화 함수

0과 1 사이로 나타나기 때문이다).

좀 더 약한 활성화 함수를 사용할 경우 각 MLP 레이어로 하여금 데이터를 좀 더 정확하게 '느끼게' 할 수 있으며, 따라서 더 체계적으로 학습 과정을 진행할 수가 있다. 특히 각 뉴런에서 데이터가 바뀌는 비율은 다른 레이어와의 관계를 통해 그 값이 증가하는 방향으로 적절히 학습해 정해진다. 여기서 이에 대한 자세한 설명이나, 왜 이 방식이 (일반적인) 에너지 경계로의 에너지 최소화 및 경사하강법과 마찬가지로 수렴하는지를 수학적으로 증명하지는 않을 것이다. 대신 표 13.4에 역전파 알고리듬의 대략적인 과정을 설명해놓았다. 이에 더해 추가로 유의해야 할 내용은 다음과 같다.

1. 어떤 노드의 출력값은 그다음 노드의 입력값과 같으며, 따라서 모든 입력값(x) 대신 출력값(y)에 대해 변수를 지정하는 식으로 진행하면 된다. 이때 출력 매개변수는 전부 0에서 1 사이의 값을 갖는다.
2. 클래스 매개변수 ω는 출력 변수 y의 목푯값 t에 대해 일반화하여 사용한다.
3. 최종 출력값을 제외한 δ_j는 $\delta_j = y_j(1 - y_j)(\Sigma_m \delta_m w_{jm})$ 공식을 사용해 계산되며, 이때 수식에서 급수 항의 값은 노드 j '앞의' 모든 레이어 노드를 합친 값을 사용한다.
4. 노드 가중치를 계산하는 과정은 출력 노드에서 시작해서 한 번에 한 레이어씩 거슬러 올라가는 식으로 진행한다.
5. 숨겨진 노드가 없다면, 이 공식은 위드로-호프 델타 규칙으로 바꿀 수 있다. 이 경우 앞에서 설명했듯이 입력 매개변수를 y_i로 표현해야 한다.

표 13.4 역전파 알고리듬

```
작고 랜덤한 값으로 가중치를 초기화;
0~1 범위에서 적당한 학습률 계수 η를 설정;
do {
  for (학습 세트 내의 모든 패턴) {
    for (MLP 내의 모든 노드 j) {
      특징 벡터 x와 목표 출력값 t를 결정;
      MLP 출력값 y를 계산;
      if (노드가 출력 레이어에 있을 경우)
        δj = yj(1 - yj)(tj - yj);
      else δj = yj(1 - yj)(Σm δm wjm);
    }
    wij = wij + η δj yi에 따라 노드 j의 가중치 i를 변경;
  }
} until (지정한 수준 아래로 변화가 나타날 때까지);
```

6. 초기 가중치를 무작위 숫자로 지정한 다음 진행해야, 시스템이 어떤 대칭 상태에 갇혀 복구가 어려운 상황을 최소화할 수 있다.
7. 학습률 계수 η를 정할 때는 학습률을 높이는 동시에 오버슛overshoot을 방지할 수 있는 값을 택해야 한다. 일반적으로 0.8 전후의 값을 사용한다.

숨겨진 노드가 많이 존재할 경우 가중치가 수렴하는 속도는 매우 느린데, 이는 MLP 네트워크의 단점 중 하나다. 수렴 속도를 높이기 위해 많은 노력이 이뤄져 왔으며, 그중 매우 널리 쓰여온 방식은 가중치를 업데이트하는 공식에 '모멘텀momentum' 항을 추가해 k번째 반복 단계에서 가중치가 바로 전 $k-1$번째 반복과 비슷한 양상으로 바뀌도록 조정하는 것이다.

$$w_{ij}(k+1) = w_{ij}(k) + \eta\delta_j y_i + \alpha[w_{ij}(k) - w_{ij}(k-1)] \tag{13.25}$$

여기서 α는 모멘텀 인수다. 이 기법은 네트워크가 에너지 경계의 로컬 최솟값에서 멈추어 움직이지 않는 사태를 방지하려는 목적이 크다.

13.12 다중 레이어 퍼셉트론 구조

앞 절에서는 MLP를 디자인하고 적절한 학습 과정을 찾아야 하는 이유를 제시하고, 일반적인 MLP 구조 및 널리 쓰이는 역전파 학습 알고리듬을 살펴봤다. 그러나 일반적인 해답을 찾는다고 모든 문제가 해결되는 것은 아니다. 일반적인 구조를 특정한 형태의 문제에 어떻게 적용할 것인지가 남아 있다. 여기서 모든 해답을 다 소개할 수는 없다. 리프만Lippmann은 1987년에 이 문제에 도전했다. 그는 (은닉 레이어 하나를 포함시킨) 두 레이어로 이뤄진 MLP가 임의의 볼록 결정 경계를 표현할 수 있으며, 더 복잡한 형태의 결정 경계는 (은닉 레이어 2개를 포함한) 3레이어 네트워크를 필요로 함을 보였다. 이후 뉴런 수만 충분하다면 3레이어 방식으로도 일반적인 상황에 상당 부분 대응이 가능하므로, 은닉 레이어는 2개를 넘어갈 필요가 없음이 밝혀졌다(Cybenko, 1988). 뒤이어 Cybenko(1989) 및 Hornik et al.(1989)는 MLP 레이어가 2개보다 많은 경우 갖는 장점이 있지만, 2레이어 MLP만을 사용해도 모든 종류의 연속 함수를 근사할 수 있음을 보였다.

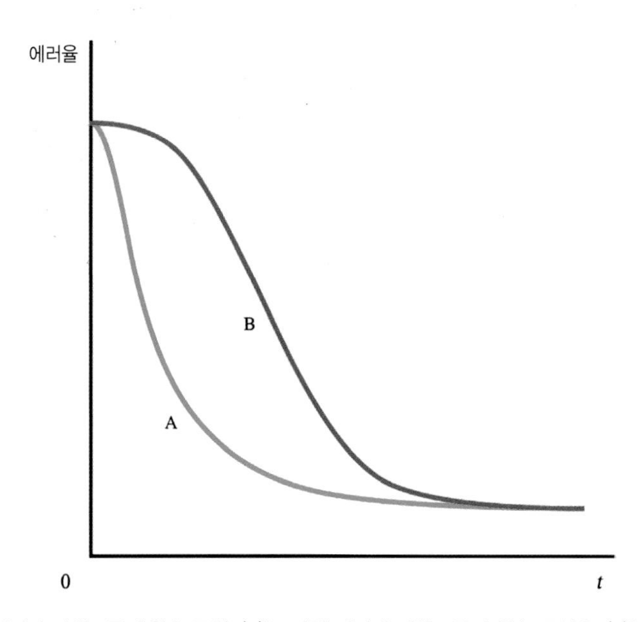

그림 13.12 다중 레이어 퍼셉트론의 학습 곡선. (A)는 단일 레이어 퍼셉트론의 학습 곡선을, (B)는 다중 레이어 퍼셉트론의 학습 곡선을 나타낸다. 다중 레이어 퍼셉트론의 경우, 초기에는 각 레이어가 다른 레이어로부터 유용한 학습 정보를 거의 제공하지 않기 때문에 상당한 학습 시간을 필요로 한다. 또한 그림의 아랫부분에서 확인할 수 있듯이, 두 곡선은 모두 에러율이 점차적으로 수렴하는 이상적인 경우를 나타낸다. 이는 실제 상황에서는 거의 나타나지 않는 양상이다.

역전파 알고리듬을 사용하면 레이어 숫자에 관계없이 MLP를 학습시킬 수 있지만, 실제로는 다른 레이어를 '통해' 특정 레이어를 학습시키는 과정에서 어떤 불확실성이 발생하게 된다. 이는 학습 시간의 증가로 이어진다(그림 13.12). 따라서 뉴런 레이어의 수를 최소로 하는 것이 좀 더 이점을 갖는다. 이러한 맥락에서, 앞에서처럼 필요한 은닉 레이어의 수를 고려해야 하는 이유를 이해할 수 있을 것이다.

13.13 학습 데이터의 오버피팅

MLP나 다른 종류의 ANN을 학습할 경우, 학습한 데이터에 대해 네트워크를 오버피팅하는 과정에서 문제가 생긴다. SPR의 근본적인 목표는 특정 데이터셋을 학습한 다음, 테스트 과

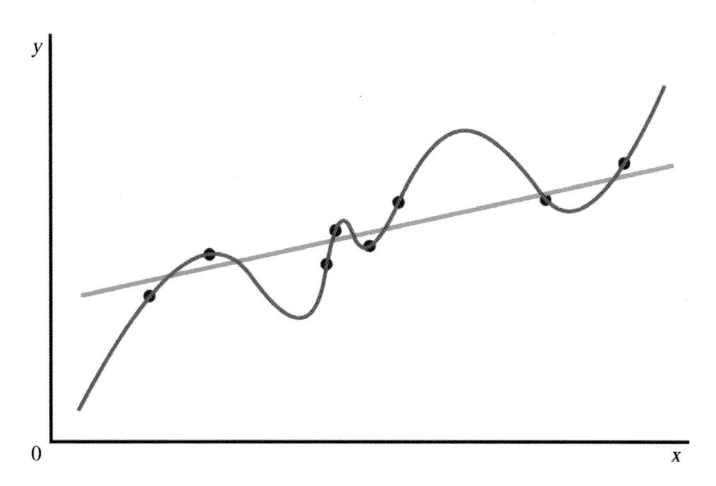

그림 13.13 데이터 오버피팅. 그래프에서 붉은 곡선은 데이터 지점 간의 양상을 일일이 고려해 근사가 너무 잘 이뤄진 상태다. 이론적으로 붉은 곡선을 택해야 할 이유가 충분하지 않다면, 그냥 초록색 직선처럼 근사하는 것이 더 높은 신뢰도를 갖는다.

정에서 다른 형태의 데이터에 적용할 수 있도록 학습 머신을 구축하는 것이다. 특히 이 머신은 학습 과정과 아예 다른 종류의 데이터에 제대로 대응할 정도까지는 아니더라도, 최소한 데이터에 포함된 노이즈, 왜곡, 흐릿함에 대응할 수 있어야 한다. 여기서 중요한 부분은 다음과 같다. (1) 주어진 개체군에 대해 학습 데이터를 선택한 경우 머신이 이에 대응할 수 있어야 하며, (2) 개체군 내의 다른 데이터와 잘 호응하지 않는 학습 데이터를 입력한 경우 잘 대응하면 안 된다. 그림 13.13은 2차원상에서 상당히 이상적인 수준의 근사와 데이터셋 내의 모든 분위기를 반영한 근사를 동시에 나타내고 있으며, 후자의 경우 오버피팅이 이뤄짐을 보이고 있다.

일반적으로 오버피팅은 학습 머신이 학습 데이터를 모델링하기 위해 기본적으로 필요한 수보다 더 많은 조정 가능한 매개변수가 존재할 경우 발생할 수 있다. 매개변수가 너무 적을 경우 이러한 상황은 벌어지지 않는다. 그러나 만약 학습 머신이 주어진 개체군을 적절히 근사하기 위해 충분한 매개변수를 확보했다면, 학습 세트의 일부에서는 오버모델링이 일어나게 된다. 따라서 전체적인 인식 성능이 떨어진다. 이러한 현상이 발생하는 궁극적인 이유는 인식 작업이 구별과 일반화 사이에서 아슬아슬한 균형을 잡아야 하기 때문이며, 어떠한 복잡한 학습 머신이라도 고려해야 할 모든 특징에 대해 이 균형을 유지하기는 쉽지 않다.

그렇다 할지라도, 학습 데이터를 과하게 따르는 현상을 방지하기 위한 수단 자체는 확보해놓아야 한다. 그중 한 가지 방법은 과적응 현상이 나타나기 전에 학습 과정을 중단하는 것이다(많은 경우 이 방법은 오버트레이닝overtraining을 방지하기 위한 목적으로 소개된다. 그러나 '오버트레이닝'이란 용어 자체가 모호한 면이 있다. 한편으로는 학습 머신이 과적응overadaptation되기 전까지 '동일한' 학습 데이터셋을 계속 재활용하는 방법을 뜻한다. 다른 한편으로는 '완전히 새로운' 데이터를 더욱더 많이 사용하는 방법을 의미한다. 이렇게 하면 데이터에 대한 과적응이 나타날 일이 없는 반면, 성능은 확실히 향상된다. 사실 이러한 모호함 때문에, 용어 자체를 사용하지 않는 게 더 낫다). 사실 학습을 중단하는 작업은 그리 어렵지 않게 진행할 수 있다. 단지 학습 과정에서 과적응에 도달할 때까지 시스템을 주기적으로 테스트하면 된다. 그림 13.14는 분리된 데이터셋에서 테스트를 동시에 진행할 때 어떤 일이 일어나는지를 보여준다. 처음에는 테스트 데이터의 성능이 학습 데이터와 거의 일치하며, 이후에도 약간의 과적응이 일어나긴 하지만 높은 일치도를 보인다. 그러나 조금 시간이 지나면, 학습 데이터가 테스트 데이터를 벗어나 점점 더 나은 성능을 보이기 시작한다.

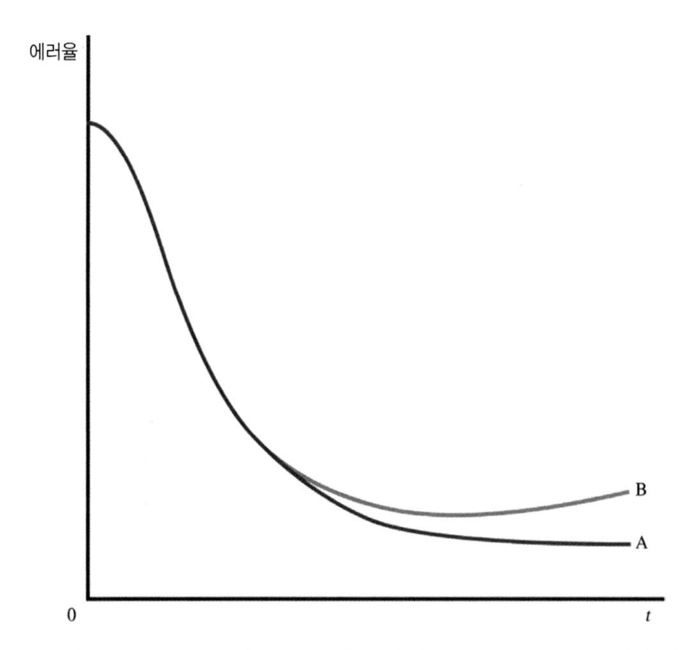

그림 13.14 교차 검증 테스트. 다중 레이어 퍼셉트론에 대해 (A) 학습 데이터로 테스트를 진행했을 때와 (B) 특수한 검증 세트를 사용한 학습 곡선. (A)의 경우 오버피팅이 나타날 때도 성능이 계속 나아지고 있다. 그러나 동시에 (B)는 악화되기 시작하는 양상을 보인다. 노이즈의 영향을 고려해야 하므로(곡선 (A) 및 (B)에는 나타나지 않음) (B)의 최솟값 대비 5~10% 정도의 손해는 허용 가능 범위 내에 있다.

이 시점부터 심각한 오버피팅이 나타나기 때문에 학습 과정을 중단해야 한다. 이제 다음 목표는 원본 학습 세트를 두 부분으로 나누어 더 엄밀하게 전체적인 학습 과정을 진행하도록 하는 것이다. 이때 한 부분은 일반적인 학습 세트의 형태를 유지하지만, 다른 하나는 검증 세트validation set의 역할을 한다. 후자의 경우 어떤 최종적인 테스트 세트가 아니라, 실제 학습 세트의 일부라고 봐야 함을 유의하라.

검증 세트를 사용해 학습 수준을 확인하는 작업을 교차 검증cross-validation이라 부르며, 이는 ANN을 제대로 사용하기 위해 필수에 가깝다. 학습 알고리듬의 일부로서 교차 검증 과정을 전부 포함시켜야 하며, 부가적인 요소로 취급해서는 안 된다.

역전파 또는 다른 종류의 정확성 검증가능 알고리듬provably correct algorithm을 통해 학습 과정을 온전히 수행하려 한다면, 과적응이 일어나는지의 여부를 예측해보는 것이 유용하다. 과적응이 어떻게 발생하는지에 대한 메커니즘은 이미 제시된 바 있다. 예를 들어, 학습 데이터가 가중치를 충분히 가깝게 유지하도록 제어하지 못한다면 일부는 양 또는 음의 방향으로 멀리 가버리지만, 학습 데이터 안에서만 보면 이 정도는 충분히 무시할 수 있기 때문에 문제가 없는 것처럼 보인다. 그러나 테스트 또는 검증 데이터를 대상으로 할 경우에는 상황이 달라진다. 시그모이드 함수 형태와 같이 일부 노드를 '쳐내는' 방식으로도 상황을 해결하지는 못하는데, 매개변수들을 비활성화하고 들어오는 데이터의 특성 일부를 숨기는 역할을 하기 때문이다. 하지만 MLP의 본질적인 구조와 학습 방식은 학습 세트 내의 부적절한 특징을 배제하기 위해 일부 노드를 쳐내도록 '의도되어' 있다. 문제는 이 비활성화가 우연히 발생하는지 아니면 의도적으로 설계된 것인지의 여부다. 학습 세트가 얼마나 잘 구성되어 있고 현재 또는 예상되는 특징 공간에 얼마나 잘 대응하는지에 따라 이 문제에 대한 답이 달라진다.

마지막으로, MLP를 설정할 때 초기에는 은닉 레이어가 얼마나 많이 존재하거나 각 레이어에 얼마나 많은 노드를 설정해야 하는지 모르는 상태라고 가정하자. 이 경우 얼마나 많은 학습 세트 패턴이 필요한지, 얼마나 많이 학습을 반복해야 하는지, 또는 모멘텀이나 학습 매개변숫값을 얼마로 설정해야 할지도 알지 못할 것이다. 실제로 적절한 매개변수를 찾기 위해서는 상당한 수의 테스트를 필요로 한다. 때문에 최종적인 시스템은 학습 세트뿐만 아니라 검증 세트에 대해 과적응이 일어날 수 있는 리스크를 안게 된다. 이러한 상황에서는 네트워크가 완성 단계에 이르고 최종적인 학습이 이뤄진 다음 두 번째 검증 세트를 사용할 필요가 있다.

13.14 결론

13장에서 살펴본 방식들은 어떠한 선험적인 확률 정보를 미리 확보하지 않아도 이미지 처리나 분석이 가능하다는 특징이 있다. 이는 알고리듬을 설계하고 구현하는 사람이 입력 데이터 종류에 대한 지식을 갖고 있기에, 예를 들어 적정한 임곗값을 통해 암시적으로 선험적인 확률을 구할 수 있기 때문이다. 그럼에도 불구하고 SPR은 적용할 수 있는 범위 내에서는 매우 좋은 성능을 보인다. 컨베이어 위에 놓인 물체를 인식하고 그 품질을 평가하거나, 레이블과 코드를 읽거나, 사인을 검사하거나, 지문을 인식하는 등의 작업이 이에 속한다. SPR을 적용할 수 있는 분야는 넓으며, 이 책에서 소개하는 다른 방식들과 충분히 견줄 만하다.

이 장은 지도 학습 접근법에 초점을 맞추어 SPR을 다뤘다. 그러나 비지도 학습 역시 상당히 중요하며, (예를 들어 공장에서처럼) 많은 양의 샘플을 다룰 경우에 특히 그렇다. 그러므로 이 주제에 관한 절은 중요하지 않다고 착각해 사소하게 지나치면 안 된다.

요컨대 (충분한 학습이 이뤄진) NN 기반 방식과 베이즈 이론은 SPR을 넘어 확률적인 분석을 도입하고 있다. 14장 '머신러닝: 확률론적 방식'에서는 설계 단계에서 확률론적인 관점을 토대로 하는 새로운 방식을 살펴볼 것이다.

비전은 크게 보면 구조적인 관점과 통계적 관점을 모두 포함하는 인식 과정이라 할 수 있다. 이 장에서는 SPR을 주제로 하여, 기초적인 분류 에러 한계를 중점으로 베이즈 이론, NN 알고리듬, ANN에 대해 살펴봤다. 이 중 ANN은 다른 SPR 방식에 비해, 학습의 정확도와 오버피팅 가능성 측면에서 같은 한계를 가짐을 유의하라. 확률론적인 관점을 포함한 방식에 대해서는 뒤의 장, 특히 14장 '머신러닝: 확률론적 방식'으로 넘어가서 다룰 것이다.

13.15 문헌과 연보

SPR이 이미지 분석 작업에서 핵심적인 역할을 하는 경우는 많지 않지만, 최소한 중요한 배경 정보를 제공함은 분명하다. 특히 자동으로 외관을 검사해 제품이 기준을 만족하는지 계속해서 판별하는 경우에 그렇다(다만 인공위성 이미지에서 다파장 데이터를 분석하고자 할 때는 SPR이 중추적인 역할을 한다. 예를 들어, Landgrebe(1981)을 참고하라). 이 주제는 대부분 1970년대 전후에 이미 여러 논문에서 다뤘다. 예를 들어 Hughes(1968)과 Ullmann(1969)는 분류자에서 필요로 하는 최적의 특징 수에 대해 연구했다. 이 시기에 나온 저술 중 참고할 만한 것들은 Duda and Hart(1973)과 Ullmann(1973), 그리고 조금 뒤에 나온 Devijver and Kittler(1982) 등이 있다.

사실 이미지를 해석하기 위해 SPR을 사용하기 시작한 시점은 1950년대로 거슬러 올라간다. 예를 들어 Bledsoe and Browning(1959)에서는 PR을 기반으로 *n*튜플 방식을 개발했는데, 이 방식은 NN 분류자 형태 중 하나임이 확인된 바 있다(Ullmann, 1973). 그러나 이후 RAM (*n*튜플) 룩업 방식에 기반한 단순한 하드웨어 머신(예: Aleksander et al.(1984))이 등장했다는 점에서, 알고리듬을 이를 작동시킬 수 있는 구조에 결합시키는 것이 얼마나 중요한지를 잘 보여준다고 할 수 있다.

이 분야에서 이뤄진 가장 중요한 연구라면 각기 다른 분류자 간의 성능, 특히 저장공간이나 계산량 측면에 대해 비교한 것을 들 수 있을 것이다. 이러한 시도를 한 논문으로는 Hart(1968)과 Devijver and Kittler(1980)이 대표적이다. 이상한 점은 선험적인 확률을 NN에 접목하는 방법을 다룬 논문을 필자가 처음 발표(Davies, 1988e)할 때까지 아무도 이 주제를 다루지 않았다는 것이다(13.4절을 참고하라).

비지도 접근법을 SPR에 접목한 시도로서 Forgy(1965)는 데이터 군집화를 위한 방식을 제안했으며, 그런 다음 Ball and Hall(1966)이 잘 알려진 ISODATA 방식을 발표했고, 이어서 MacQueen(1967)의 *K* 평균 알고리듬이 등장했다. 계속해서 이에 관한 논문들이 나왔으며, 이를 정리한 Jain and Dubes(1988)은 고전의 반열에 올랐다. 그러나 군집 분석은 너무 노력이 많이 드는 작업이기 때문에, 여러 연구자들이 이 주제에 대해 더 멀리 나아가야 할 필요성을 느꼈다. 예를 들어 Postaire and Touzani(1989)는 더 정확한 군집 경계를 구하고자 했고, Jolion and Rosenfeld(1989)는 노이즈 환경에서 군집을 더 정확하게 검출하기 위한 연구를 진행했다. Chauduri(1994)는 시간에 따라 변화하는 데이터에 대응하고자 했고, Juan and Vidal(1994)는 *K* 평균 군집화를 더 빠르게 수행하는 방법을 연구했다. 이러한 연구들은 사실 기존의 방식대로 설명하는 것이 가능하며, 그 자체가 통계적으로 엄밀할 필요는 없다. 그러나 아웃라이어를 제거하는 작업은 신뢰할 수 있는 군집 분석을 수행하는 데 있어 핵심적인 역할을 한다. 이러한 관점에 대한 더 자세한 논의는 부록 A의 내용 및 참고문헌을 확인하라.

1990년 이후 PR 분야는 이전만큼 빠르게 진전하지는 않았지만, 다행스럽게도 최근에 이 주제에 대해 어렵지 않게 파악할 수 있는 논문들이 등장했다(Duda et al., 2001; Webb, 2002; Theodoridis and Koutroumbas, 2009).

SVM 역시 1990년대 이후 주류 위치에 올랐으며, 여러 응용 분야에 도입됐다. 이 방식은 바프니크가 처음 고안했으며, Vapnik(1998)에서 그 당시 제안했던 개념을 확인해볼 수 있다. Cristianini and Shawe-Taylor(2000)은 이 분야의 교과서 역할을 한다.

그다음으로 ANN의 역사를 살펴보자. ANN은 1950년대와 60년대에 긍정적인 반응을 얻으며 시작했지만, 그러나 이후 악평(혹은 무시) 속에 Minsky and Papert(1969)에서 일종의 사망선고를 받았다. 그러나 1980년대 들어 이 방식은 다시 되살아나는데, Rumelhart et al.(1986)의 역전파 알고리듬 덕분에 폭발적인 관심을 받게 된 것이다. 이후 1990년대 중반에 이르면 비전 및 여러 응용 분야에서 일반적으로 쓰이는 도구의 지위를 얻게 된다. 유의할 것은 역전파 알고리듬이 마침내 이러한 지위를 얻을 때까지 여러 번 등장한 바 있었다는 점이다(Werbos, 1974; Parker, 1985). MLP 분야가 발전하던 시점과 동시에, Oja(1982)는 헵 주성분 네트워크Hebbian principal components network를 개발했다. ANN에 대한 초기 문헌으로는 Haykin(1999)와 Bishop(1995)가 있고, 분할 및 물체 위치를 다룬 Toulson and Boyce(1992)와 Vaillant et al.(1994) 등이 있다. 또한 맥락적 이미지 레이블링contextual image labeling을 다룬 Mackeown et al.(1994)도 참고하라.

1990년대 초반의 재발견 이후, ANN을 비전 분야에 보편적으로 적용하기 위한 여러 시도가 이어졌다. 그 과정에서 발견한 사실은 ANN이 특징 추출과 선택을 함께 진행하는 접근법이란 측면에서 장점을 가지며(다만 이로 인해 사용자가 그 통계적 정보를 파악하기 어렵다는 단점이 있긴 하지만), 적당히 비선형적인 해답을 비교적 쉽게 찾을 수 있는 능력을 갖고 있다는 것이다. 이후 ANN을 얼굴 인식에 응용하고자 하는 논문들이 등장했으며(Fasel, 2002; Garcia and Delakis, 2002), 그중에서도 특히 Rowley et al.(1998)이 중요한 위치에 있다. ANN에 대해 더 자세한 정보를 얻고 싶다면 Bishop(2006)을 참고하라.

13.15.1 최신 연구

주류 SPR로 돌아가서, Jain(2010)은 'Data clustering: 50 years beyond *K*-means'라는 주제

로 군집화에 대한 주제를 리뷰했다. "K 평균은 50년도 더 전에 발표됐으며, 천 가지가 넘는 군집화 알고리듬이 등장했지만 여전히 널리 쓰이는 방식이다." 이 말은 뒤집어 말하면 일반적인 목적으로 군집화 알고리듬을 설계하고 문제를 잘 정의하는 것이 얼마나 어려운지 보여준다. 또한 최근 등장해 유용하게 연구되는 분야로서 반지도 군집화semisupervised clustering 및 앙상블 군집화ensemble clustering를 소개한다. 리뷰는 2010년 시점에서 해결해야 하는 주된 내용과 이슈, 무엇보다도 군집화 방식을 테스트하고 평가하기 위한 실제 벤치마크 데이터를 다루고 있다.

Youn and Jeong(2009)는 나이브 베이즈 분류자를 사용해, 텍스트 마이닝에 대해 클래스에 따라 특징을 스케일링하는 방식을 제안했다. 예를 들어, 텍스트를 분류하거나 검색하는 작업이 이에 속한다. 사실 최근까지도 나이브 베이즈 독립 가정naïve Bayes independence assumption이 잘 들어맞는 이유를 제대로 설명하거나 이론을 제시한 것이 없긴 하지만, 이 논문은 제안한 방식이 많은 양의 데이터에 대한(예시로 단백질 시퀀스 데이터에 대해 필요한 특징 수는 100,000개가량에 달한다) 텍스트를 분석할 때 좋은 선택임을 보였다. 특히 나이브 베이즈 분류자는 단순함과 효율성이라는 측면에서 텍스트 분류와 잘 어울린다. Rish(2001)은 실험을 기반으로 나이브 베이즈를 연구했으며, 많은 유용한 정보를 제공하고 있다.

13.16 연습문제

1. 만일 식 (13.16)에서 비용 함수를 선택한다면, 결정 규칙(식 (13.15))을 식 (13.5)의 형태로 표현할 수 있음을 보여라.
2. 단순한 2클래스 시스템에 대해, 탈락 분류 개념을 도입해 에러 수를 R로 줄이려 하면 실제로는 $2R$개의 테스트 패턴을 탈락시켜야 함을 보여라(여기서 R은 작은 숫자라고 가정한다). R이 증가할 경우 결과는 어떻게 변하는가?
3. 1차원 특징 공간에 대해, 후험적인 확률 곡선이 결정 경계를 지나는 위치를 찾아 특징값을 결정할 경우 주어진 조건에서 분류 에러가 최소로 됨을 보여라.

14

머신러닝: 확률론적 방식

14장에서는 두 종류의 강력한 확률론적 방식인 기댓값 최대화(EM, expectation maximization) 알고리듬(더불어 이를 위해 주로 사용하는 혼합 모델) 및 다중 분류자, 특히 부스팅 분류자에 대해 소개한다. 이에 관련된 확률론적 이론을 구축하는 방법을 살펴보며, 이러한 방식을 엄격하게 지킬 경우 실제로 좀 더 정확한 결과를 얻을 수 있음을 보인다. 또한 이 장에서는 주성분 분석(PCA, principal components analysis) 및 성능 분석 등의 주제도 다룬다.

14장에서 다루는 내용은 다음과 같다.

- EM 알고리듬과 가우시안 혼합 모델
- *K* 평균을 통한 EM 알고리듬 초기화
- 혼합 모델을 사용한 히스토그램 기반 이미지 분할
- PCA 및 그 장점
- 다중 분류자 및 부스팅
- 부스팅 손실 함수 간의 비교
- 다중 클래스에 대해 부스팅을 구현하는 방법
- 확률론적 최적화를 구현하는 다양한 방법
- 수신자 조작 특성(ROC, receiver operating characteristic) 곡선을 통해 거짓 음성과 거짓 양성에 대한 최적 비율을 찾는 방법

확률론적 방식은 머신러닝의 핵심에 속하며, 모든 응용 분야마다 기존 코드를 되풀이해 (재)프로그래밍하는 지루한 작업을 피하게 해준다. EM 알고리듬과 부스팅 접근법은 이 주제에 대한 패러다임으로서, 확률론적 접근법을 실제로 어떻게 적용해야 하는지 이해하게 해준다. 이어지는 장에서는 심화된 이론 및 응용과 더불어, 최근 들어 급격히 발전하는 주제인 딥러닝을 다룬다.

14.1 서론

14장에서는 13장 '분류: 기본 개념'에서 살펴본 기초적인 패턴 인식 내용에서 더 나아가, 머신러닝의 좀 더 모던한 영역으로 들어가 볼 것이다. 물론 13장 '분류: 기본 개념'의 내용에서 벗어난다기보다는, 이를 기반으로 더 이론적인 분야로 나아가고자 하는 것이다. 우선 13.8절의 K 평균 군집화 알고리듬에서부터 시작해보자. 이 접근법은 강력하지만 어느 정도 한계가 있다. 특히 수행 과정에서 이상적인 해답에 어느 정도까지 접근했는지 확인할 방법이 없다는 점이 치명적이다. 다음으로 확률론적 최적화에 기반해 강력한 성능을 갖는 EM 알고리듬을 살펴본다. 이 방식을 여러모로 활용해, 확률론적 최적화가 무엇인지 알아볼 것이다. 이 부분에서는 다소 복잡한 수학적 방식으로 증명을 진행할 것이므로, 어느 정도 어렵게 느껴질 수도 있다. 그러나 예를 들어 혼합 모델을 실제로 사용해 얻게 되는 결과물은 기존과 매우 확연하게 차이를 보이므로, 개선이 이뤄지고 있다는 사실 자체는 분명히 확인할 수 있을 것이다.

확률론적 최적화의 핵심은 수학적인 목표가 명확하게 존재하고 있다는 데 있다. 즉, 항상 확률이 증가하는 방향으로 해답을 구해야 한다. 예를 들어 대부분이 랜덤하게 이뤄진 큰 데이터를 분석하고자 할 경우, 그 결과에 있어 실제로 개선이 이뤄졌는지 알 수 있는 방법은 없다. 그러나 해답을 내는 과정이 올바르게 해석될 확률을 증가시키는 방향임을 수학적으로 증명할 수 있다면, 최적화를 위한 매우 중요한 도구를 손에 넣었다고 할 수 있다. 많은 경우, 사실상 확률은 그 판단을 위한 유일한 기준이다. 다른 값으로 이를 대신하거나 동시에 사용한들, 이는 무언가가 진행되고 있다는 눈속임 역할밖에는 하지 않는다.

이러한 아이디어와 발상은 굉장히 훌륭하지만, 이 방법을 써서 실제로 확률식을 구성하려면 정확히 어떻게 해야 할까? 원칙적으로는, 아직까지도 우리는 확률 및 확률론적 접근 방식을 어떤 식으로 적용해야 할지 잘 모르고 있다 해도 무방하다. 일단, 이러한 목표를 달성하려면 어떤 방식으로 진행해야 할까? 2010년대 들어 이 문제에 대한 해답을 줄 수 있는 많은 방법이 개발됐고, 현재까지도 이 분야는 발전이 활발히 이뤄지고 있다. 따라서 꾸준히 연구를 계속하다 보면, 특히 컴퓨터 비전 분야는 미래에 더 나은 결과를 얻을 수 있을 것이다.

확률론적 방법론에 대한 탄탄한 기초를 제공하기 위해, 여기서는 맛보기 차원에서 몇 가

지 기본적인 방식과 기법을 언급하고자 한다. 그중 가장 강력한 것은 베이즈 이론으로, 응용 통계 분야에서 필수 불가결한 방식이다. 그다음으로, 예를 들어 옌센Jensen 부등식이나 두 확률 분포 간의 차별성을 거리로 나타내는 쿨백-라이블러Kullback-Leibler 발산 공식 등의 중요한 수학적 제약이 있다. 또한 뉴턴 근사법이 있는데, 이 방법은 기초적이지만 EM 알고리듬과 함께 사용하면 좋다. 그러나 그중에서도 절대 잊지 말아야 할 내용은 수직선('조건부') 표기법으로서, 확률을 곱 규칙으로 다시 표현하는 것이다($p(A, B) = p(A|B)p(B)$).

마지막으로, 이러한 확률적 형식론이 추구하는 목표 중 상당 부분은 입력 데이터의 모델을 구축하는 데 있다. 특히 정확한 데이터 통계 모델을 구하기 위해 고안된 EM 알고리듬의 경우가 그렇다. 그런데 어떤 종류의 모델을 사용해야 하는가? 답은 가우시안 분포에 있는데, 랜덤 노이즈로 인한 부정확한 값을 감수하더라도 모델을 정확하게 그릴 수 있기 때문이다. 정확히는, '가우시안' 랜덤 노이즈라고 불러야 할 것이다. 다른 종류의 랜덤 노이즈와 혼동할 수 있기 때문이다(예를 들어, 정류기에서 전기 신호가 나오는 과정에서 양의 값으로 더해지는 레일리Rayleigh 노이즈가 있다). 그러나 가우시안 노이즈가 특히 중요한 이유는 중심 극한 정리central limit theorem 때문이다. 즉, 여러 외란으로 인해 각기 다른 노이즈가 발생할 경우, 전체적인 외란은 가우시안 분포 형태로 나타난다. 예를 들어 그림 14.1에서 동일한 사각 펄스 분포를 단지 두 번 결합(합성곱)했는데도 가우시안에 가까운 형태가 나오고, 서너 번 반복하면 겉보기에는 가우시안과 동일해진다. 좀 더 형식적으로 표현하면, N개의 독립적인 랜덤 변수를 합할 경우 그 결과 역시 랜덤 변수이지만, N이 증가함에 따라 그 분포는 가우시안 분포에 가까워진다. 이러한 점 때문에 가우시안 분포는 실제로 중요성이 높다. 또한 표현이 단순하다는 점뿐만 아니라, 다차원으로 확장하기가 기본적으로 그리 어렵지 않다는 점으로 인해 더 그렇다. 여기서 '기본적'이란 1차원일 때 평균 및 표준편차를 구하는 방식을, 2차원에서 두 평균과 두 표준편차를 구하는 방식으로 일반화할 수 있음을 말한다(더 고차원인 경우에도 마찬가지다). 다만

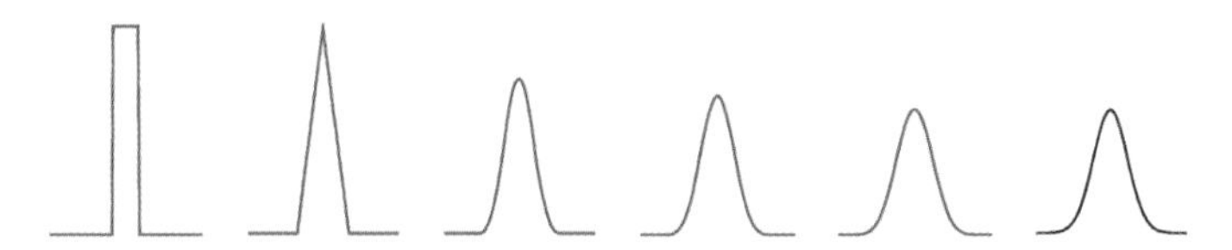

그림 14.1 중심 극한 정리의 예시. 왼쪽의 사각 펄스에 대해 합성곱을 순차적으로 연속 진행할 경우의 형태를 나타내고 있으며, 맨 오른쪽 파란색 형태는 실제 가우시안이다. 합성곱 결과가 가우시안과 구별되지 않을 정도로 빠르게 변함을 유의하라.

완벽한 일반 2차원 가우시안은 실제로는 2 × 2 공분산 행렬을 포함하며, 총 4개의 매개변수를 필요로 한다(n차원 가우시안은 2 × 2 공분산 행렬을 포함하며, 총 n^2개의 매개변수를 갖는다. 그중 겹치는 것을 제외하면 $\frac{1}{2}(n^2 + n)$개다). 물론 하나의 형식론이 더 많은 수의 매개변수를 포괄한다는 것 자체는 그 성능과 가치를 증명하지만, 매개변수가 늘어날수록 필요한 계산량도 같이 증가한다는 문제 역시 존재한다. 그럼에도 불구하고, 도입 가능하도록 확률 모델을 구성할 함수가 부족한 상황에서 가우시안 분포는 1차원이든 다중 변수 형태로든 언제나 우선 고려해볼 만하다. 다른 경쟁자로서는 스튜던트 t 분포나, 베타/감마 분포 같은 지수 기반 분포가 있다. 흥미롭게도, 뒤에서 살펴보겠지만 로그함수를 사용해 확률을 계산하는 것이 유용한 경우가 많다. 또한 로그가 지수함수의 역함수 형태라는 사실은, 곧 지수 기반 분포를 기반으로 수학적 최적화를 더 용이하게 진행할 수 있음을 의미한다.

요컨대 앞에서 살펴본 다양한 요인을 사용하면 좋은 성능을 확보할 수 있지만, 이를 증명하기 위해서는 간단한 계산이 아닌 수학적인 기술이 필요하다. 다만 이 증명은 보통 기존 결과와 정리에 기반하기 때문에, 사용된 기법들에 익숙해야 이 상황을 완전히 납득할 수 있다. 뒤에서 EM 알고리듬과 그 밖의 방식들을 간략히 살펴보는 과정을 통해, 컴퓨터 비전 등의 응용 분야에 이러한 이론을 실제로 적용할 수 있음을 보게 될 것이다.

14.2 가우시안 혼합과 EM 알고리듬

EM 알고리듬을 설명하고 정의하기 전에, 이 알고리듬을 어떤 문제에 적용할 것인지를 먼저 살펴보면 도움이 될 것이다. 우리에게 1차원 데이터 분포가 주어지고, 이를 근사해야 한다고 생각해보자. 모델을 만드는 가장 확실한 방법은 입력된 각 가우시안 분포의 피크를 취해 세트로 묶어 사용하는 것이다. 수학적으로 이 모델은 각 가우시안에 대해 혼합 계수 m을 주어 합친 가우시안 혼합으로 나타낼 수 있다. 아울러 만약 확률론적 전략을 취하고자 한다면, 입력 분포와 결과를 모두 확률 분포로 표현할 필요가 있다.

우선 가우시안 분포를, 1로 적분 가능한 확률 분포로 표현해보자.

$$\mathcal{N}(x|\mu, \sigma) = \frac{1}{(2\pi\sigma^2)^{1/2}} \exp\left[-\frac{(x-\mu)^2}{2\sigma^2}\right] \tag{14.1}$$

이때 μ와 σ는 각각 분포의 평균과 표준편차를 나타낸다. 아울러 여기서는 가우시안을 흔히 부르는 **정규 분포**normal distribution란 이름으로 지칭하고, 이를 $\mathcal{N}$ 기호로 표현한다. 이제 위의 문제를 (확률) 결합 분포로 다시 쓰면 다음과 같다.

$$p(x) = \sum_{k=1}^{K} m_k \mathcal{N}(x|\mu_k, \sigma_k) \tag{14.2}$$

여기서 k는 혼합 계수 세트의 인덱스를 나타낸다. 결합 분포 $p(x)$가 참 확률임을 확인하기 위해, 식 (14.2)의 양변을 적분해 다음 조건을 얻는다.

$$\sum_{k=1}^{K} m_k = 1 \tag{14.3}$$

여기서 혼합 계수 m_k는 혼합된 값의 선험적 확률로 볼 수 있음을 유의하라. 모든 데이터 지점 $x_i(i = 1, \cdots, N)$에 대해 가장 잘 근사가 이뤄지는 매개변수 세트 m_k, μ_k, σ_k를 찾는 방법으로는 여러 가지가 있으며, 가우스-뉴턴 방식처럼 비선형 최적화 형태도 존재한다. 그러나 이 문제를 두 단계로 쪼갤 경우, 각각에 대해 복잡도나 계산량을 줄여서 해결하는 것이 가능하다. 이러한 접근법을 EMexpectation maximization(기댓값 최대화) 알고리듬이라고 부른다. E단계에서는 가우시안 매개변수를 고정한 다음, 혼합 매개변수 m_k(또는 '책임값' ρ_k – 아래를 참고하라)를 푼다. M단계에서는 혼합 매개변수를 고정한 다음 가우시안 매개변수 μ_k, σ_k를 푼다. 이 과정을, 처음 가정보다 더 정확한 값을 찾을 때까지 필요한 만큼 반복한다.

이때 혼합 계수 m_k를 '은닉' 변수 z_k로 다시 표현할 경우, 베이즈 정리를 도입해 중요한 결과를 도출할 수 있다(여기서 '은닉hidden' 또는 '잠재적latent' 변수라는 용어는 일반적으로 많이 쓰이는 방식이지만, 일부가 이를 일종의 기만으로 여기는 것 또한 사실이다. 무엇보다, 왜 가우시안 세기와 그 평균 및 표준편차를 임의로 분리해서 생각해야 하는가? 그러나 최소한 EM 알고리듬에 대해서는 변수를 두 세트로 나눠서 각각에 대해 최적화를 진행하는 방식이 더 '유용하다'). 이 경우 K개의 변수를 갖는 벡터 $\mathbf{z} = (z_1, \cdots, z_K)$를 정의할 수 있다. 이때 각 z_k는 $z_k \in \{0, 1\}$ 및 $\sum_k z_k = 1$을 만족한다. z_k와 m_k 간의 관계는 다음과 같이 나타낼 수 있다.

$$\left.\begin{aligned} p(z_k = 1) &= m_k \\ p(z_{j \neq k} = 0) &= 1 \end{aligned}\right\} \tag{14.4}$$

따라서

$$p(\mathbf{z}) = \prod_{j=1}^{K} m_j^{z_j} \tag{14.5}$$

마찬가지로,

$$p(x|z_k = 1) = \mathcal{N}(x|\mu_k, \sigma_k) \tag{14.6}$$

$$\therefore \quad p(x|\mathbf{z}) = \prod_{j=1}^{K} \mathcal{N}(x|\mu_j, \sigma_j)^{z_j} \tag{14.7}$$

결합 분포 $p(x, \mathbf{z}) = p(x|\mathbf{z})p(\mathbf{z})$를 합하면 $\mathbf{z}$의 모든 상태를 포함시키게 되며, 다음 식을 얻게 된다.

$$p(x) = \sum_{\mathbf{z}} p(x|\mathbf{z})p(\mathbf{z}) = \sum_{k=1}^{K} m_k \mathcal{N}(x|\mu_k, \sigma_k) \tag{14.8}$$

이 결과는 식 (14.2)와 일치하는데, 이는 데이터 지점의 1차원 분포를 두 가지 다른 방식으로 표현할 수 있음을 뜻한다. 더욱이 중요한 점은, 이제 베이즈 정리를 사용해 x를 알 경우의 z_k에 대한 확률, 즉 $p(z_k = 1|x)$를 구할 수 있다는 것이다.

$$\rho(z_k) \equiv p(z_k = 1|x) = \frac{p(x|z_k = 1)p(z_k = 1)}{\sum_{j=1}^{K} p(x|z_j = 1)p(z_j = 1)} = \frac{p(x|\mathbf{z})p(\mathbf{z})}{\sum_{\mathbf{z}} p(x|\mathbf{z})p(\mathbf{z})} \tag{14.9}$$

이 값을, 관측 x의 k번째 혼합 성분에 대한 책임값responsibility $\rho(z_k)$라 부른다. 여기에 식 (14.4)와 식 (14.6)을 적용하면,

$$\rho(z_k) = \frac{m_k \mathcal{N}(x|\mu_k, \sigma_k)}{\sum_{j=1}^{K} m_j \mathcal{N}(x|\mu_j, \sigma_j)} \tag{14.10}$$

마지막으로, 각 데이터 지점 $x_i (i = 1, \cdots, N)$마다 각기 다른 가우시안 분포를 가질 경우 해당하는 책임값을 구하면 다음과 같다.

$$\rho(z_{ik}) = \frac{m_k \mathcal{N}(x_i|\mu_k, \sigma_k)}{\sum_{j=1}^{K} m_j \mathcal{N}(x_i|\mu_j, \sigma_j)} \tag{14.11}$$

여기서 m_k는 선험적 확률, $\rho(z_{ik})$는 후험적 확률을 뜻한다.

지금까지가 EM 알고리듬의 E단계를 나타낸 것이다. EM, 즉 '기댓값 최대화' 알고리듬이라고 하는 방법 중 하나의 큰 부분은 결합 분포 $p(x)$를 데이터 지점에 최적으로 근사하는 과정으로 이뤄진다. 앞의 경우, 베이즈 정리를 적용해 얻은 (확률에 대한) 가능도 함수를 최적화하기만 하면 된다. 그러나 많은 경우 가우시안 등 지수함수를 사용해 데이터를 모델링하기 때문에, 로그 가능도 함수를 최적화하는 방식이 문제를 단순하게 만든다는 측면에서 더 유리하다. 특히 데이터를 단일 가우시안 분포로 근사하고자 할 경우, 각 데이터 지점에 대한 pdf가 독립적으로 측정되고 같은 가우시안 형태를 갖는다고 가정한다면, 그 곱을 취하는 식으로 해결할 수 있다.

$$p(x_1, \ldots, x_I|\mu, \sigma) = \prod_{i=1}^{N} p(x_i|\mu, \sigma) = \prod_{i=1}^{N} \mathcal{N}(x_i|\mu, \sigma) \tag{14.12}$$

이 분포에서 피크를 찾으면 최대 가능도를 얻을 수 있긴 하지만, 로그 가능도 함수 $\mathcal{L}$를 사용하는 방식을 택할 수도 있다. 이 함수는 단조함수 형태이며, 원래 함수와 동일한 위치에서 최댓값을 갖는다. 이를 수식으로 나타내면 다음과 같다.

$$\begin{aligned}\mathcal{L} &= \ln\prod_{i=1}^{N}\mathcal{N}(x_i|\mu, \sigma) = \sum_{i=1}^{N}\ln[\mathcal{N}(x_i|\mu, \sigma)] \\ &= \sum_{i=1}^{N}\left[-\frac{1}{2}\ln(2\pi\sigma^2) - \frac{(x_i-\mu)^2}{2\sigma^2}\right]\end{aligned} \tag{14.13}$$

이렇게 하면 식이 매우 단순해지며, x의 평균이 μ임을 확인할 수 있다. 여기서 몇 가지 과정만 더 거치면 표준편차에 대한 식도 구할 수 있다.

요컨대 가우시안 분포를 혼합해 데이터를 근사하고자 할 경우, 최댓값을 찾는 작업은 좀 더 어렵다. EM 알고리듬이 필요한 이유는 여기에 있다.

14.2.1 기댓값 최대화 알고리듬 상세

처음 이 부분을 읽을 때는 식 (14.15) ~ 식 (14.20)을 건너뛰어도 무방하다. 일단은 식 (14.22)와 식 (14.23)에서 설명하듯 E단계와 M단계의 계산에 더 집중하라.

이제 가우시안을 혼합한 경우의 로그 가능도 함수에 대해 알아보자. 이 함수는 다음과 같은 형태를 띠게 된다.

$$\mathcal{L} = \sum_{i=1}^{N} \ln \sum_{k=1}^{K} m_k \mathcal{N}(x_i|\mu_k, \sigma_k) \tag{14.14}$$

식 (14.14)를 μ_k에 대해 미분하면 다음과 같다.

$$\begin{aligned}
\frac{\mathrm{d}\mathcal{L}}{\mathrm{d}\mu_k} &= \sum_{i=1}^{N} \frac{m_k}{\sum_{j=1}^{K} m_j \mathcal{N}(x_i|\mu_j, \sigma_j)} \times \frac{\mathrm{d}\mathcal{N}(x_i|\mu_k, \sigma_k)}{\mathrm{d}\mu_k} \\
&= \sum_{i=1}^{N} \frac{m_k \mathcal{N}(x_i|\mu_k, \sigma_k)}{\sum_{j=1}^{K} m_j \mathcal{N}(x_i|\mu_j, \sigma_j)} \times \frac{(x_i - \mu_k)}{{\sigma_k}^2} \\
&= \sum_{i=1}^{N} \rho(z_{ik}) \times \frac{(x_i - \mu_k)}{{\sigma_k}^2}
\end{aligned} \tag{14.15}$$

여기서 식 (14.11)을 사용해 합의 첫째 항을 책임값 $\rho(z_{ik})$로 치환한다. 이때 다음 조건을 만족할 때 $\mathrm{d}\mathcal{L}/d\mu_k = 0$이 성립한다.

$$\mu_k = \frac{\sum_{i=1}^{N} \rho(z_{ik}) x_i}{\sum_{i=1}^{N} \rho(z_{ik})} \tag{14.16}$$

비슷하게, 다음 조건을 만족할 때 $\mathrm{d}\mathcal{L}/d\sigma_k = 0$이 성립한다.

$${\sigma_k}^2 = \frac{\sum_{i=1}^{N} \rho(z_{ik})(x_i - \mu_k)^2}{\sum_{i=1}^{N} \rho(z_{ik})} \tag{14.17}$$

그러나 m_k 값을 업데이트하는 식으로는 최적점을 찾기가 쉽지 않은데, $\sum_{k=1}^{K} m_k = 1$ 조건을 만족해야 하기 때문이다(식 (14.3) 참고). 이 조건을 고려해, 라그랑주Lagrange 승수 λ를 사용해, 단지 $\mathcal{L}$이 아니라 $\mathcal{L} + \lambda[(\sum_{k=1}^{K} m_k) - 1]$의 최댓값을 구하는 방식을 사용한다. 이 식을 m_k에 대해 미분해 0을 만족하는 경우를 생각해보자.

$$\sum_{i=1}^{N} \frac{\mathcal{N}(x_i|\mu_k, \sigma_k)}{\sum_{j=1}^{K} m_j \mathcal{N}(x_i|\mu_j, \sigma_j)} + \lambda = 0 \tag{14.18}$$

λ를 찾기 위해, 식 (14.18)의 각 변에 m_k를 곱한 다음 k에 대한 합을 구하고, 제약 조건을 적용한다(식 (14.3)). 이렇게 하면 간단히 $\lambda = \sum_{i=1}^{N} - 1 = -N$이라는 관계를 얻을 수 있다. 이제 각 변에 m_k를 곱하고 식 (14.11)에서 정의한 책임값 $\rho(z_{ik})$를 치환하면, 다음 결과를 구하게 된다.

$$\sum_{i=1}^{N} \rho(z_{ik}) = -\lambda m_k = N m_k \tag{14.19}$$

$$\therefore \quad m_k = \frac{1}{N} \sum_{i=1}^{N} \rho(z_{ik}) \tag{14.20}$$

(이때 이 결과를 k에 대해 합하면 $\sum_{i=1}^{N} \sum_{k=1}^{K} \rho(z_{ik}) = N$이 되는데, 이는 N개의 데이터 지점에 대해 구한 책임값을 전부 더하면 N이 되며 어떤 식으로든 K개의 가우시안 분포마다 각기 그 값이 분포되어 있음을 뜻한다.)

이렇게 구한 최대 가능도에, 각 데이터 지점에 해당하는 책임값만큼 가중치를 적용해 가우시안의 평균과 분산을 업데이트한다. 그리고 그 평균값에 맞춰, 데이터 지점을 근사하기 위해 사용할 혼합 계수를 조정한다.

마지막으로 유의해야 할 부분은 지금까지 살펴본 과정이 1차원 형태의 가우시안에 대해 단순하게 전개한 것이란 사실이다. 그러나 이를 n차원에 대해 확장하는 것 역시 그리 어렵지 않다.

$$\mathcal{N}(\mathbf{x}|\boldsymbol{\mu}, \boldsymbol{\Sigma}) = \frac{1}{(2\pi)^{n/2}|\boldsymbol{\Sigma}|^{1/2}} \exp\left[-\frac{1}{2}(\mathbf{x}-\boldsymbol{\mu})^{\mathrm{T}}\boldsymbol{\Sigma}^{-1}(\mathbf{x}-\boldsymbol{\mu})\right] \tag{14.21}$$

여기서 $\boldsymbol{\mu}$와 $\boldsymbol{\Sigma}$는 각각 분포의 평균과 $(n \times n)$ 공분산 행렬을 뜻한다. 최종적으로, (앞의 증명을 아주 약간만 변형해) 최대 가능도 방식으로 구한 해법은 다음과 같다.

E단계: 초기 책임값 계산

$$\rho(z_{ik}) = \frac{m_k \mathcal{N}(\mathbf{x}_i | \boldsymbol{\mu}_k, \boldsymbol{\Sigma}_k)}{\sum_{j=1}^{K} m_j \mathcal{N}(\mathbf{x}_i | \boldsymbol{\mu}_j, \boldsymbol{\Sigma}_j)} \tag{14.22}$$

M단계: 가우시안 매개변수 및 혼합 계수 업데이트

$$\begin{aligned} \boldsymbol{\mu}'_k &= \frac{\sum_{i=1}^{N} \rho(z_{ik}) \mathbf{x}_i}{\sum_{i=1}^{N} \rho(z_{ik})} \\ \boldsymbol{\Sigma}'_k &= \frac{\sum_{i=1}^{N} \rho(z_{ik}) (\mathbf{x}_i - \boldsymbol{\mu}_k)(\mathbf{x}_i - \boldsymbol{\mu}_k)^{\mathrm{T}}}{\sum_{i=1}^{N} \rho(z_{ik})} \\ m'_k &= \frac{1}{N} \sum_{i=1}^{N} \rho(z_{ik}) \end{aligned} \tag{14.23}$$

이때 각각의 프라임 기호는 매개변수가 적절하게 업데이트됐음을 의미한다(다만 $\boldsymbol{\Sigma}_k$를 업데이트하는 과정에서 사용한 $\boldsymbol{\mu}_k$ 값은 업데이트된 값이 아닌데, $\boldsymbol{\mu}_k$와 $\boldsymbol{\Sigma}_k$ 값이 동시에 결정됨을 전제로 하기 때문이다).

마지막으로, 로그 가능도가 수렴하는지 여부를 확인하는 것으로 EM 알고리듬을 마친다.

$$\mathcal{L}' = \sum_{i=1}^{N} \ln \sum_{k=1}^{K} m'_k \mathcal{N}(\mathbf{x}_i | \boldsymbol{\mu}'_k, \boldsymbol{\Sigma}'_k) \tag{14.24}$$

가우시안 혼합 모델을 생성하기 위한 EM 알고리듬의 전반적인 과정을 표 14.1에 요약해 놓았다. 이론적으로는 로그 가능도를 통해 그 수렴 여부를 확인해야 하지만, 보통은 그 변화값 $\Delta\mathcal{L} = \mathcal{L}' - \mathcal{L}$이 정해진 임계보다 '작은지의 여부'로 판단한다. 이 점에 대해서는 뒤에서 더 자세히 다룰 것이다.

지금까지 살펴본 내용을 복습해보자. 가능도 함수의 모든 매개변수를 동시에 조정해서 최적점을 찾는 데 너무 많은 시간을 잡아먹는 대신, 여기서는 전체 과정을 두 부분으로 나누었

표 14.1 EM 알고리듬 요약

```
초기 해답을 가정
do {
  M단계를 적용해 책임값을 추정
  E단계를 적용해 가우시안 매개변수와 혼합 계수를 업데이트
} until (로그 가능도가 충분히 수렴할 때까지)
```

다. 즉, 우선 주어진 조건에 대해 책임값을 최적화하고 이를 기반으로 가우시안 매개변수를 업데이트했다. 각 과정은 분석적으로 정의할 수 있기 때문에 일반적인 과정보다 훨씬 덜 복잡하게 수행할 수 있다. 사실 각각을 따로 떼어놓고 보면 최적점에 도달하지 못하는 불완전한 과정이지만, 함께 반복해 진행할 경우 충분한 수준으로 수렴에 도달할 수 있다. 예를 들어, 요트를 타고 바람에 맞서 '지그재그로 닻을 움직여' 나아가는 과정과 비슷하다(사실 닻의 방향을 바꾸더라도 동일한 과정으로 항해가 이뤄진다는 점에서는 완전히 일치하는 예시는 아니다).

또 한 가지 생각해야 할 부분은 EM 알고리듬을 적용했을 때 로그 가능도를 더 정확하게 구할 수 있음을 아직 증명하지 못했다는 점이다. M단계를 수행하면 당연히 그러한 결과를 얻게 되는 것처럼 보이지만, 실제로는 $\mathcal{L}$이 어떤 값을 향해 수렴할 뿐 그 값이 최댓값이라는 보장은 없다. 다음 절에서는 이에 대해 살펴보고, 좀 더 일반론적인 관점에서 EM 알고리듬을 검토할 것이다.

14.3 EM 알고리듬에 대한 일반론적 관점

이 절을 처음 읽을 때는 이론적인 내용 중 상당 부분(특히 식 (14.25) ~ 식 (14.29), 식 (14.31) ~ 식 (14.33))을 건너뛰어도 무방하다. EM 알고리듬의 전체적인 과정에 대해서는 그림 14.2에서 자세히 설명하고 있다.

일반화를 위해, 가우시안 함수를 벗어나 가우시안 매개변수 $\boldsymbol{\mu}_k$ 및 $\boldsymbol{\Sigma}_k$를 좀 더 일반적인 매개변수 세트 $\boldsymbol{\theta}$로 바꾸어 생각해보자. 즉, $\mathcal{N}(\mathbf{x}\,|\,\boldsymbol{\mu}, \boldsymbol{\Sigma})$를 $P(\mathbf{x}\,|\,z, \boldsymbol{\theta})$로 바꿀 수 있다. 이때 z는 혼합 계수 및 다른 계수에 대한 은닉 변숫값이다. 좀 더 일반화하기 위해, $\mathbf{z}$를 은닉 변수 세트로 설정하면, 다음과 같이 로그 가능도 함수를 구할 수 있다.

$$\mathcal{L} = \ln p(\mathbf{x}|\boldsymbol{\theta}) = \sum_{\mathbf{z}} p(\mathbf{x}, \mathbf{z}|\boldsymbol{\theta}) \tag{14.25}$$

이제 함수의 최댓값을 구하고 그 값이 최적의 위치에 있는지를 확인하는 방법을 찾아야 한다. 쿨백-라이블러KL, Kullback-Leibler 발산 함수 KL($q||p$), 즉 두 확률 분포(q와 p) 사이의 차이에 대한 함수를 사용하면 이 문제를 해결할 수 있다. 이때 KL($q||p$) ≥ 0의 관계를 가지며, $q(\mathbf{z}) = p(\mathbf{z}|\mathbf{x}, \boldsymbol{\theta})$일 경우에만 등호가 성립한다. KL 발산을 수식으로 표현하면 다음과 같다.

$$\mathrm{KL}(q||p) = -\sum_{\mathbf{z}} q(\mathbf{z})\ln\frac{p(\mathbf{z}|\mathbf{x}, \boldsymbol{\theta})}{q(\mathbf{z})} \tag{14.26}$$

이 식과 앞의 부등식을 사용하기 위해서는 시작하는 함수를 잘 선택해야 한다. 다시 말해, $\mathcal{L}$의 형태와 잘 부합하는 함수를 찾아야 한다. 이를 위해 다음 함수를 정의한다.

$$\mathcal{B}(q, \boldsymbol{\theta}) = \sum_{\mathbf{z}} q(\mathbf{z})\ln\frac{p(\mathbf{x}, \mathbf{z}|\boldsymbol{\theta})}{q(\mathbf{z})} \tag{14.27}$$

곱 미분법을 적용하면,

$$\begin{aligned}\mathcal{B}(q, \boldsymbol{\theta}) &= \sum_{\mathbf{z}} q(\mathbf{z})\ln\frac{p(\mathbf{z}|\mathbf{x}, \boldsymbol{\theta})p(\mathbf{x}|\boldsymbol{\theta})}{q(\mathbf{z})} \\ &= \sum_{\mathbf{z}} q(\mathbf{z})\ln\frac{p(\mathbf{z}|\mathbf{x}, \boldsymbol{\theta})}{q(\mathbf{z})} + \sum_{\mathbf{z}} q(\mathbf{z})\ln p(\mathbf{x}|\boldsymbol{\theta})\end{aligned} \tag{14.28}$$

이제 이렇게 $\mathcal{B}(q, \boldsymbol{\theta})$를 정의하는 이유를 알아보자. KL 발산 함수에 이를 더하면, 소거를 거쳐 다음 식을 얻게 된다.

$$\begin{aligned}\mathcal{B}(q, \boldsymbol{\theta}) + \mathrm{KL}(q||p) &= \sum_{\mathbf{z}} q(\mathbf{z})\ln p(\mathbf{x}|\boldsymbol{\theta}) \\ &= \ln p(\mathbf{x}|\boldsymbol{\theta})\end{aligned} \tag{14.29}$$

마지막 변에서처럼 로그 가능도 $\mathcal{L}$만 남겨지는 이유는 $\sum_z q(\mathbf{z}) = 1$이기 때문이다.

여기에 KL 발산 부등식 KL($q||p$) ≥ 0을 적용하면 중요한 결론에 다다르게 된다.

$$\mathcal{B} \leq \mathcal{L} \tag{14.30}$$

즉, $\mathcal{L}(\mathbf{x}|\boldsymbol{\theta})$는 $\mathcal{B}(q, \boldsymbol{\theta})$의 상한값이다. 또한 $q(\mathbf{z}) = p(\mathbf{z}|\mathbf{x}, \boldsymbol{\theta})$를 만족할 때만 등식이 성립한다

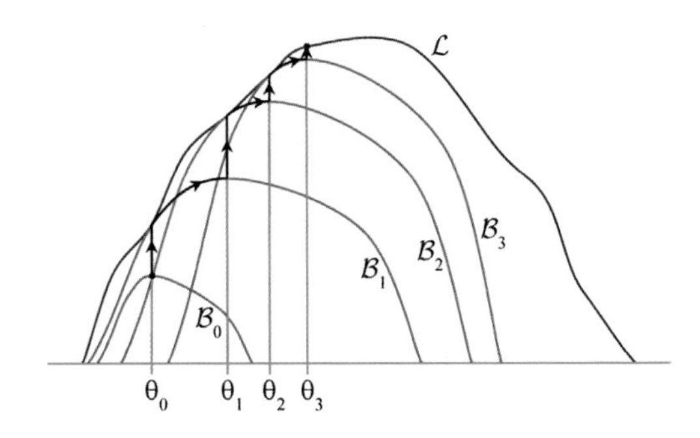

그림 14.2 EM 알고리듬의 E단계와 M단계. $\mathcal{B}_0$은 가능도 함수의 초기 하한값이고, E단계에서 은닉 매개변수(z)를 조정하면 최적 로그 가능도 곡선 $\mathcal{L}$(파란색)과 만나게 할 수 있다. 그런 다음 M단계에서 θ 매개변수를 조정해, 붉은색 $\mathcal{B}_1$ 곡선을 따라 로컬 극댓값에 이를 때까지 움직인다. E단계 및 M단계를 되풀이하여(검은 화살표로 그 과정을 나타내었다) $\mathcal{L}$ 곡선의 최댓값 위치에 이르도록 한다. 과정을 명확하게 보이기 위해 그림에서는 처음 몇 번만 표시했다.

는 것은 **z** 값을 조정해 $\mathcal{B}$가 $\mathcal{L}$과 동일한 최댓값을 갖게 할 수 있음을 뜻한다. 일반적으로 최댓값은 하나만 존재하며, 따라서 최적점에 가깝게 **z** 값을 고정하고 **θ**를 변경할 경우 **θ** 곡선은 $\mathcal{L}$과 멀어진다. 다시 말해, 두 곡선은 **z** 최적 위치에서만 만나고 있다(그림 14.2). 또한 **z**를 고정한 상태에서 **θ**를 조정하면 $\mathcal{L}$의 최댓값이 더 높아질 수 있음을 암시한다. 유의할 것은 M단계에서 (**θ**를 바꿈에 따라) $\mathcal{B}$ 곡선이 $\mathcal{L}$ 곡선으로부터 멀어지기 때문에 KL 발산이 0이 될 수 없으며, M단계에서 $\mathcal{L}$ 값이 더 높아지는 것을 막지 못한다는 점이다. 실제로 EM 알고리듬의 각 단계에서는 $\mathcal{L}$의 값이 증가하거나 (이미 최댓값에 도달했을 경우에는) 직전 수준을 유지하도록 할 수밖에 없다.

다만 이러한 방법을 사용해도 최적 위치에 도달하지 못하는 경우가 존재한다. 전체적으로 KL 발산 공식이 적절한지의 여부에 많이 의존하는 방식이기 때문이다. 볼록 또는 오목 함수에 대한 옌센 부등식을 적용해보면 해당 여부를 확인할 수 있다. 볼록 함수는 $y = x^2$처럼 모든 현이 함수보다 위에 존재하는 경우를 말한다. 여기에 해당하는 옌센 부등식은 다음과 같다.

$$\int F(x)p(x)\mathrm{d}x \geq F\left[\int xp(x)\right]\mathrm{d}x \tag{14.31}$$

이 공식을 KL 발산에 적용하면,

$$\mathrm{KL}(q||p) = -\int q(x)\ln\frac{p(x)}{q(x)}\,\mathrm{d}x \geq -\ln\left[\int\frac{p(x)}{q(x)}\,q(x)\,\mathrm{d}x\right] \tag{14.32}$$

(이때 로그는 볼록 함수이므로, 원래는 부등식의 방향이 반대가 돼야 한다. 식 (14.32)에서는 마이너스 부호가 붙음으로써 이 문제가 해결된다.)

$q(x)$를 소거하고 $p(x)$를 1로 정규화하면 예상하던 부등식을 얻을 수 있다.

$$\mathrm{KL}(q||p) \geq 0 \tag{14.33}$$

(이 관계의 경우 q와 p 사이에 대칭성이 존재하지 않음을 주의하라.)

$\mathcal{L}$이 볼록 함수가 아닐 경우 EM 알고리듬이 최댓값을 찾지 못하는지, 즉 왜 EM이 로컬 극댓값에서 멈춰 더 나아가지 못하는지에 대한 주된 이유가 여기에 있다. 이 때문에 EM 알고리듬의 초기 조건을 다양한 출발 위치와 상태에 놓고 시작하는 것이 일반적이다. 어떤 식으로든 여러 종류의 문제를 정의하면 여러 해답을 얻게 되며, 각각은 로컬 극댓값을 가리킨다. 따라서 필요한 수만큼의 답을 구하려면 최소한 같은 수의 시작점을 정의해야 한다. 사실 많은 경우, 더 많은 수의 시작 지점을 필요로 하게 된다. 또한 모든 해답을 찾도록 하기 위해서는 (1) 시작 지점을 무작위로 선택하고 (2) 무작위 순서에 따라 해답을 찾으며 (3) 이 과정을 여러 번 반복해야 한다. 여기에 더해, 모든 해답을 '판별하는' 작업이 필요하다. 전체 해답을 다 구했다 치더라도, 각각이 어떤 답인지는 알지 못한다. 예를 들어 κ개의 해답을 찾은 경우, 가능한 상태의 가짓수는 $\kappa!$개가 된다(K개의 가우시안이 존재할 경우, 상태의 가짓수는 정확히 $K!$개에 해당한다). 이 과정은 시간에 따라 해답의 순서가 변하는 상황에서 특히 중요하다. 따라서 다양한 해답에 대해 상태를 조합해보는 테스트 과정을 계속 진행해야 한다. 예를 들어 감시 관련 응용 분야의 경우, 물체를 추적하려면 프레임 간에 움직이는 속도를 추정하고 매칭하는 과정이 있어야 한다.

EM 알고리듬을 초기화하는 데 K 평균 알고리듬이 흔히 쓰이기도 한다. EM을 사용하는 것보다 훨씬 계산량이 적기 때문이다. 반면 이렇게 한다 해도, K의 최적값을 찾는 과정 자체는 개선이 없다. 두 알고리듬 모두 시행착오를 필요로 하며, 문제를 해결하는 체계적인 방식으로 변분 혼합 모델링이나 관련도 벡터 머신[RVM, relevance vector machine] EM 등의 더 발전된 방법(Vetrov et al., 2010)이 제시된 바 있다.

14.4 예제

이제 EM 알고리듬을 사용하는 몇 가지 예시를 살펴보자. 우선 세 가우시안에서 2차원 분포를 취한다. 이때 각 가우시안의 평균 위치가 (1, 1.5), (2, 5), (−2, 5)이며 공분산 행렬이 다음과 같이 주어진다고 하자.

$$\begin{bmatrix} 2 & 0 \\ 0 & 0.4 \end{bmatrix}, \begin{bmatrix} 0.5 & 0 \\ 0 & 1.5 \end{bmatrix}, \begin{bmatrix} 1 & -0.5 \\ -0.5 & 1 \end{bmatrix}$$

그림 14.3(A)에서 볼 수 있듯이 각 가우시안에서 200개의 지점을 무작위로 뽑을 경우 유의미하게 겹쳐진 양상을 보이기 때문에, EM 알고리듬에 사용할 만큼 충분히 복잡하다고 할 수 있다(주어진 분포로부터 샘플 지점을 추출하는 방식에 대해서는 부록 D를 참고하라). 그림 14.3(B)~(F)는 25번 반복했을 때까지의 결과를 나타내며, 적당히 설정한 임곗값 $\Delta\mathcal{L} = 0.01$ 아래로 로그 가능도가 떨어지는 것을 확인할 수 있다. 그림 14.4는 $\mathcal{L}$이 수렴하는 것을 보여준다. $\mathcal{L}$이 0~1 범위 내의 확률에 대한 로그를 취한 값이므로, 항상 음숫값을 갖게 됨을 유의하라.

아울러 동일한 시작 데이터에 대해 6개의 데이터 지점 세트를 무작위 순서로 반영하는 식으로 테스트를 진행했다(그림 14.5). 각 경우((A)~(F)), 10번 반복 후에는 결과가 각자 상당히 차이를 갖지만, 25번 반복 후에는 14.3(F)와 동일한 결과를 보여준다.

이제 좀 더 실제 상황에 와 닿는 예제를 살펴보자. 그림 14.6(A)에서처럼 한 이미지를 여러 개의 영역 부분으로 나누는 작업을 수행하려 한다. 4.7절에서 살펴본 다중 레벨 임계화 알고리듬을 사용하면 이를 구현할 수 있다. 이때 그림 14.6(C)의 세기 히스토그램(초록 선)에 여러 개의 가우시안(붉은 선)을 대입하면 EM 알고리듬을 사용해 모델링하는 것이 가능하다. 해당 데이터의 경우 가우시안 6개를 사용하는 것이 가장 최적의 결과를 가지며, 실제로 이를 사용해 합친 푸른 선은 초록색 원본 데이터와 거의 일치한다. 최적 근삿값은 초기 조건에 따라 10~20번 정도 반복하면 얻을 수 있다. 그림 14.6(D)에서 한 예를 나타내었다. 최종적인 분할 결과는 그림 14.6(B)에서 확인할 수 있으며, 구름 영역을 제외하면 그림 4.7과 거의 흡사한 형태를 띠고 있다. 이 경우 이미지상에서 인접한 가우시안이 교차하는 지점의 픽셀은 해당하는 가우시안의 평균 세기로 그 값을 바꾸게 된다. 이 방법이 최선인 이유는 후험적 확률이 전체적인 에러를 최소로 하는 결정 경계에 해당하기 때문이다.

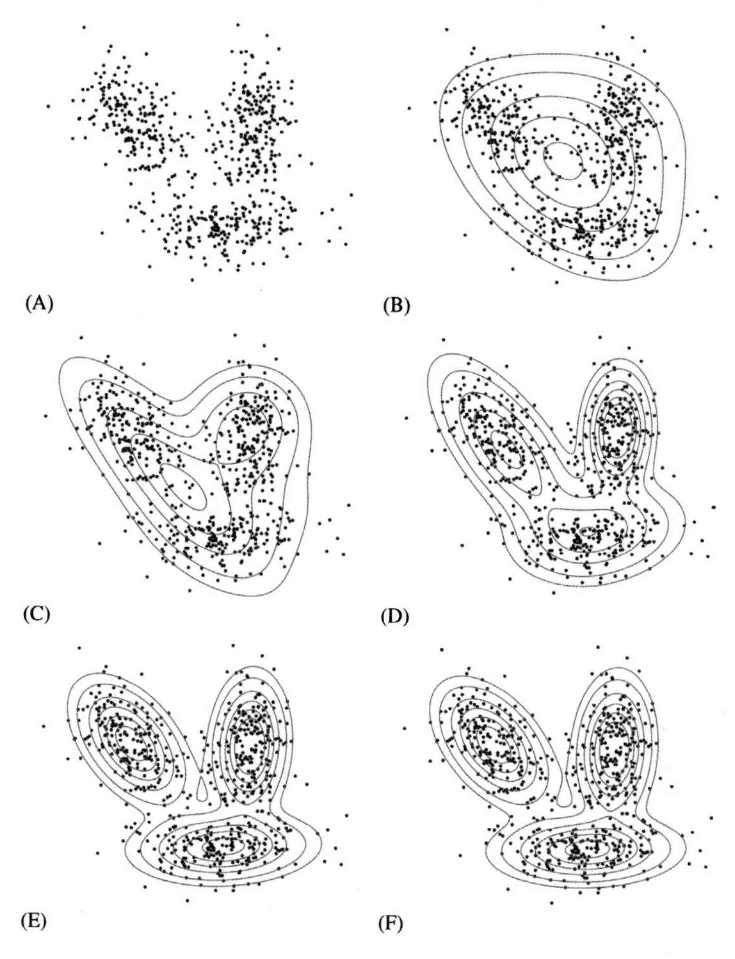

그림 14.3 가우시안 혼합 분포에 EM 알고리듬을 적용해 근사하는 과정. (A)~(F)는 각각 원본 데이터와 5, 10, 15, 20번 알고리듬을 반복했을 때의 결과를 나타낸다. 이때 알고리듬을 25회는 반복해야 로그 가능도가 0.01 이하로 변하게 된다. 가장 바깥을 제외하면 등고선은 균일한 간격으로 그려졌다(0.005, 0.01, 0.02, 0.03, 0.04, 0.05). 각각에 쓰인 데이터 지점은 모두 동일하다(본문 참고). 또한 알고리듬의 초기화 조건은 다섯 경우에 모두 같다.

다음으로 반복을 멈춰야 하는 시점을 분석해보자. $\Delta\mathcal{L}$ 값을 미리 정해놓고 시작하는 것이 그리 최선의 방법이라고는 할 수 없다. 그렇지만 잘 생각해보면 $\Delta\mathcal{L} = 0$일 때 이 최댓값을 가질 것이다. 그림 14.6(D)의 그래프에서 이러한 현상을 명확히 나타내고 있기도 하다. 그런데 한편으로는, 왜 이 최댓값으로 갔다가 다시 감소할까? 합리적으로 생각해보면, 오버트레이닝overtraining이 진행되면서 모델이 데이터에 과적응하게 되기 때문이다. 이상적인 데이터를

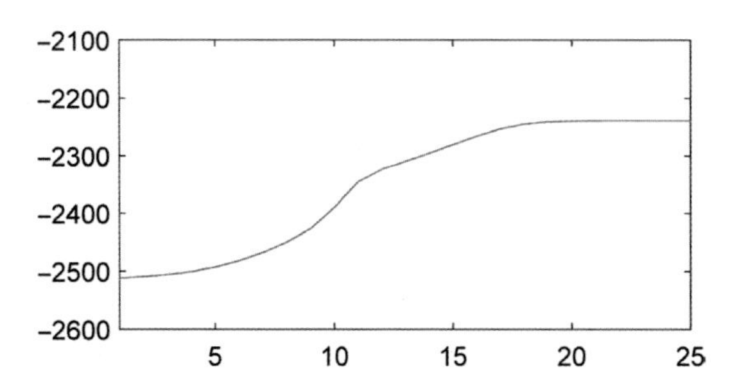

그림 14.4 그림 14.3(A)에서 사용한 데이터에 25회 이상 EM 알고리듬을 반복했을 때 $\mathcal{L}$이 수렴하는 그래프

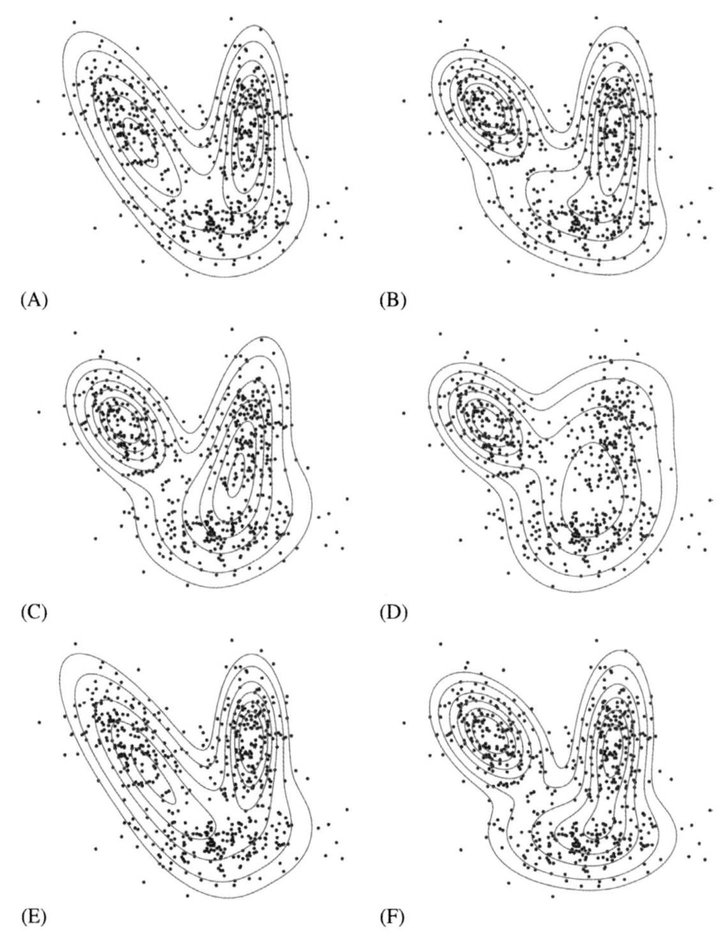

그림 14.5 EM 알고리듬 진행에 있어 데이터 순서의 영향성. 여기서 사용한 데이터 지점은 그림 14.3과 동일하다. 그러나 각 여섯 경우에 대해 데이터의 순서를 각기 무작위로 섞었다. 여기 나타낸 결과는 그림 14.3(C)에서처럼 10번 반복한 시점에 대한 것이다. 하지만 25회 반복한 뒤에는 모두 일관되게 그림 14.3(F)와 동일한 결과를 보이고 있다.

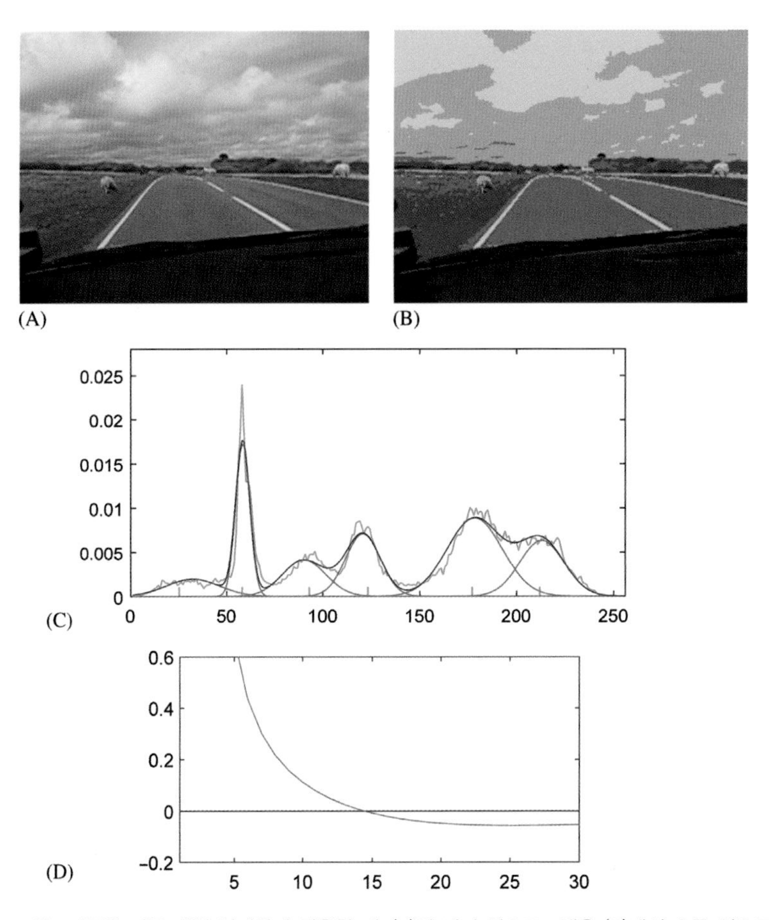

그림 14.6 EM 알고리듬을 다중 레벨 임계화에 적용한 예. (A)의 세기 히스토그램은 (C)에서 초록 선으로 나타내었다. EM 알고리듬을 통해 구한 GMM은 (C)에서 붉은 선으로 나타나 있다. 이를 하나로 합친 푸른색 그래프는 어떠한 구조적인 변화를 주지 않아도 초록 선과 매우 유사하게 따라가고 있다. 즉, 여기서 수행한 6 가우시안 근사가 최적이라 할 수 있다. 근접한 가우시안 간에 겹치는 부분의 픽셀의 경우, 평균값을 구해 (B)에서처럼 이미지에 다시 대입했다. 구름 부분의 세기 근사는 자연스럽게 보이지 않고 그 품질이 떨어지지만, 나머지 부분은 잘 들어맞는 편이다. (D)는 알고리듬을 30회 반복했을 때 $\Delta\mathcal{L}$이 어떻게 변하는지를 보여준다. (C)에서 수평축 위에 표시된 6개의 시안색 마커는 K 평균 알고리듬을 통해 찾은 평균 위치를 나타낸다.

사용한 이상적인 경우에는(그림 14.3에 나타낸 예가 여기에 가까울 것이다) 이러한 현상이 일어나지 않는다. 그러나 세기 히스토그램상에 상당히 많은 노이즈와 클러터가 존재한다면, 알고리듬이 로컬 최적값이라는 함정에 갇혀 전역 최댓값에 도달하지 못하기가 매우 쉽다. 따라서 $\Delta\mathcal{L} = 0$에 도달하면 알고리듬을 중단하는 편이 훨씬 낫다.

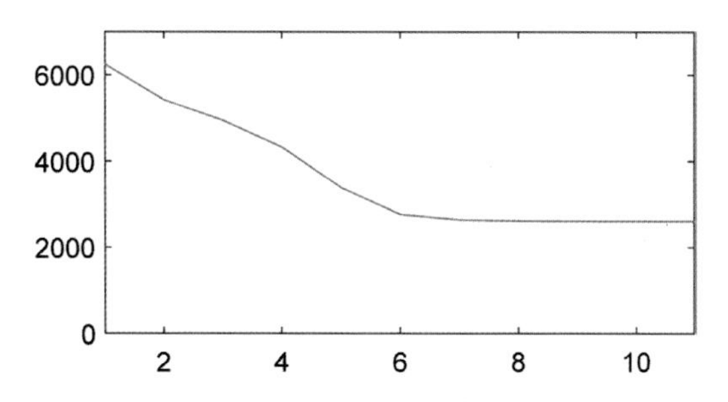

그림 14.7 그레이스케일 이미지 그림 14.6(A)에 대해 K 평균 알고리듬을 11번 반복했을 때 $\mathcal{D}$의 수렴 그래프. 여기서 $\mathcal{D}$는 전체 데이터 지점에 대해 평균과의 최근접 거리를 제곱합한 값이다.

초기화 문제로 돌아오면, 초기 근삿값을 구할 경우 K 평균 알고리듬을 유용하게 사용할 수 있으며, 실제로 자주 쓰이곤 한다. 그림 14.6(A)의 경우 K 평균이 EM보다 훨씬 강건하며, 더 넓은 범위 내에서 더 빠르게 수렴한다. 그림 14.7에서 전체 데이터 지점에 대해 평균과의 최근접 거리 제곱합을 표시한 그래프를 통해 그 수렴 속도를 확인할 수 있다. 그림 14.6(C)의 그래프 수평축에 표시된 6개의 시안색 마커는 K 평균 알고리듬을 수행한 일차적인(그러나 매우 정확한) 결과를 나타낸 것이다. 이 결과는 최종적으로 구한 EM 가우시안 피크 위치와 매우 유사하며, 따라서 여러 번 확인했듯이 EM 알고리듬의 초깃값으로 삼기에 적절하다. 그러나 K 평균 방식을 통한 추정과 EM 알고리듬 간의 차이점 또한 명확하다. 왜냐하면 두 알고리듬은 각기 다른 값을 찾는 방식이기 때문이다. 앞의 히스토그램 예제의 경우 K 평균은 특정한 범위 안에서 평균을 찾는 반면, EM은 적절한 모델을 찾아 피크값을 계산한다. 아울러 EM은 은닉 매개변수를 통해 가우시안 간의 겹치는 영역에서 일어나는 상황을 정밀하게 추정한다. 마지막으로 EM은 단순히 임시적인 규칙을 적용하지 않고, 정밀한 확률 최적화라는 견고한 기반 위에 있다. 사실 EM 방식과 비교했을 때 오히려 K 평균 방식의 성능이 잘 나오는 편이라 할 수 있다. 그러나 여기서 사용한 EM 알고리듬은 앞의 히스토그램 예제처럼 모델을 적절히 구할 수 있도록 가우시안이 잘 배치된 상황에 대한 것임을 잊으면 안 된다.

이러한 점을 고려해볼 때, K 평균 알고리듬의 이점을 좀 더 들여다볼 필요가 있다. 특히 컬러 이미지를 다룰 경우 그 진가를 확인할 수 있으며, 적용하기가 그리 어려운 것도 아니다. 그림 14.8은 K 값을 약간 바꿔가며 테스트를 진행한 결과를 보여준다. 이 경우 풀, 도로,

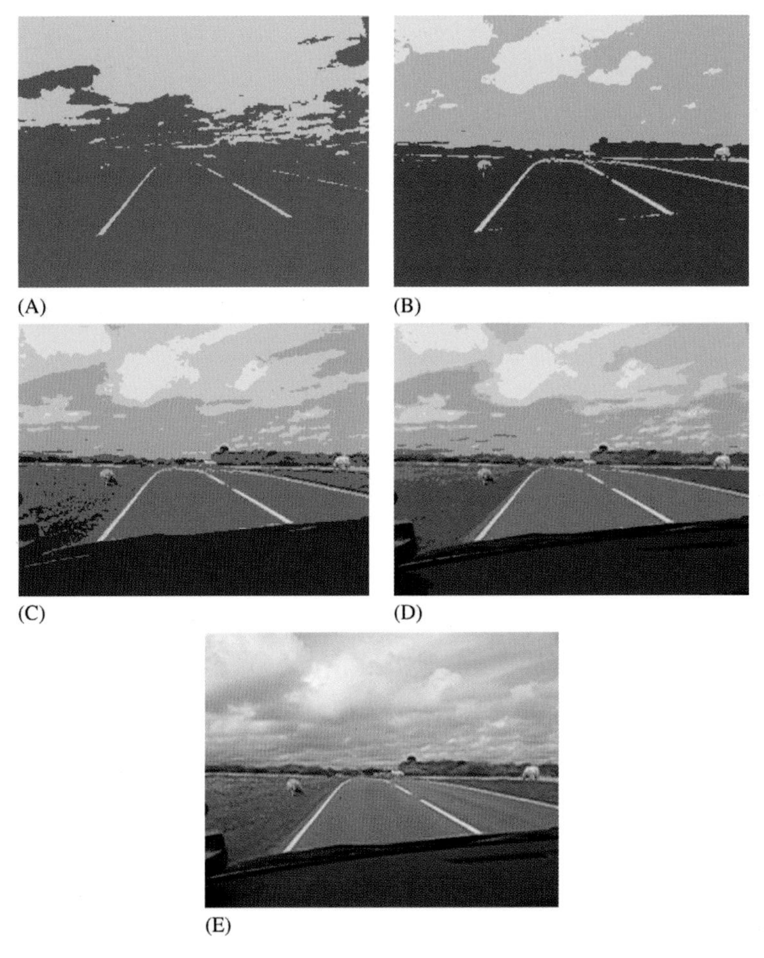

그림 14.8 *K* 평균을 사용한 분할. 원본 이미지 (E)에 대해 *K* 평균 알고리듬을 사용해, 각각 균일한 색상으로 이뤄진 *K*개의 영역으로 분할한다. (A)~(D)는 각각 *K* 값을 2, 3, 5, 8로 설정한 결과를 나타낸다. 구름을 제외하면, (D) 이미지가 (E)를 적절히 표현하고 있다.

차의 두 부분, 푸른 하늘, 구름을 충분히 정확하게 분할하기 위해 여덟 색상이 필요하다. *K* 값이 (그레이스케일 이미지에서처럼) 6보다 커야 하는 이유는 다색으로 이뤄진 영역에 대해 분할을 수행하기 위해 더 많은 정보가 있어야 하기 때문이다. 요컨대 복잡한 데이터를 표현하려면 더 많은 매개변수가 필요하다. 그림 14.9의 이미지에서도 비슷한 경향을 확인할 수 있다. 이 경우, 얼굴에 나타나는 녹색 빛의 반점에서 볼 수 있듯이 $K = 8$일 경우에도 이미지의 주

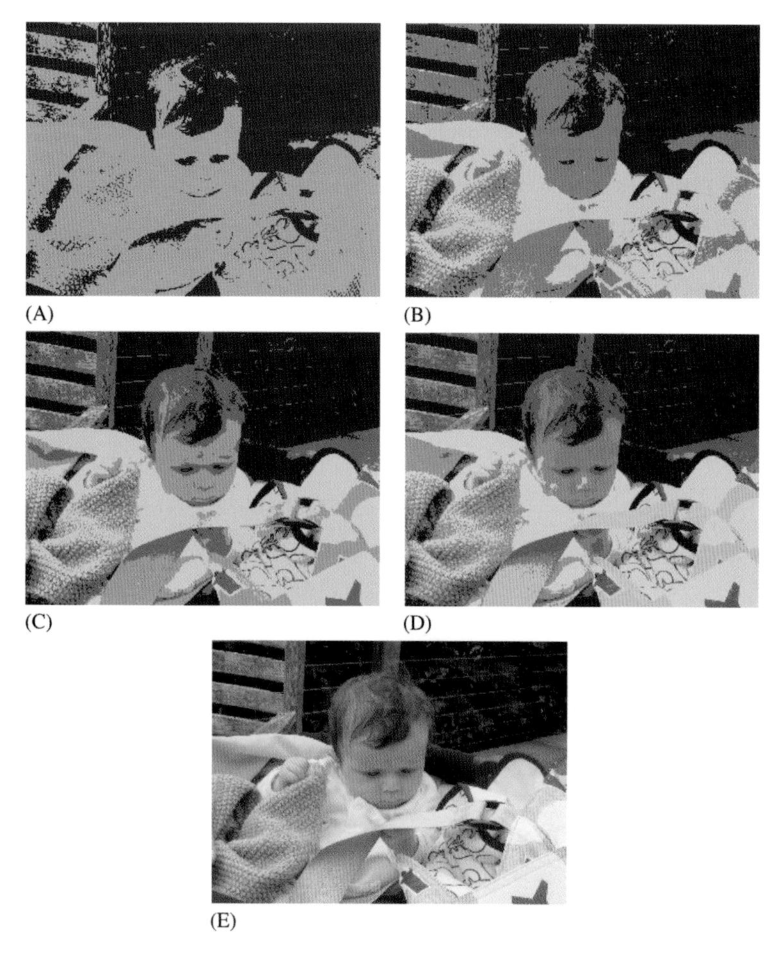

그림 14.9 K 평균을 사용한 분할. 원본 이미지 (E)에 대해 K 평균 알고리듬을 사용해, 각각 균일한 색상으로 이뤄진 K개의 영역으로 분할한다. (A)~(D)는 각각 K 값을 2, 3, 4, 8로 설정한 결과를 나타낸다. 얼굴 부분을 제외하면, (D) 이미지가 (E)를 적절히 표현하고 있다.

요 영역을 정확하게 표현하기에는 불충분하다.

그런데 왜 K 평균을 사용해 컬러 이미지를 분할하는 것이 '그리 어렵지 않은' 걸까? 이는 K 평균을 구하는 기본적인 과정, 즉 각 데이터 지점을 최근접 군집 중심점에 할당하는 방식에 있다(표 13.2). 각 픽셀의 k 컬러 채널에 대해 $(I - \mu_k)^2$을 최소로 하고, 이렇게 구한 평균값을 새로운 μ_k 값으로 설정한다. 이때 모든 k에 대해 $(I_{\text{red}} - \mu_{\text{red},k})^2 + (I_{\text{green}} - \mu_{\text{green},k})^2 + (I_{\text{blue}} -$

$\mu_{blue,k})^2$을 최소화함으로써 색상을 일반화한다. 다만 실제로 적용하고자 할 경우 그리 단순한 작업은 아니다. 그레이스케일 이미지에서는 대부분 세기 히스토그램상에서 계산이 이뤄지며, 그 값은 0~255 범위 내에서 움직인다. 하지만 컬러 영역의 경우, 3차원 히스토그램 공간은 256^3개의 영역을 갖는다. 다시 말해, 전체 색상 영역에 대해 작업을 하면 계산 지옥이 펼쳐진다. 이를 해결하는 일반적인 방법은 영역들을 큰 단위bucket로 묶어서(예를 들어, 단위당 8^3 영역) 컬러 공간을 32^3($\approx$ 32K) 정도로 크게 줄여, 좀 더 실제로 적용 가능하게 만드는 것이다. 그러나 이 경우에는 해상도 손실을 피하기 위해 컬러 공간 대신 이미지 공간($\approx$ 64K 픽셀)에 대해 스캔하는 편이 더 낫다.

한편, 이러한 문제를 푸는 과정에서 사용할 수 있는 표현 방식은 크게 두 가지다. 하나는 (일반화) 히스토그램 공간이고, 다른 하나는 이미지 공간이다. 그레이스케일 이미지의 경우에는 전자가, 컬러 이미지의 경우에는 후자가 유리하다. 혹은 컬러 공간상에 정보가 희소하게 분포할 수도 있다. 이때는 유효한 엘리먼트에 대한 목록을 사용할 수 있다. 이 흔치 않은 경우를 제외하면 컬러 이미지에 K 평균을 적용할 경우 상대적으로 높은 계산량이 필요해지는데, 이는 각 반복마다 모든 픽셀을 비교해야 하기 때문이다. 그럼에도 불구하고 K 평균이 수렴하는 속도가 상당히 빠르며, 가우시안처럼 복잡한 함수를 사용해 계산하지 않는다는 점에서 분명한 이점이 있다.

EM 알고리듬을 컬러 이미지에 적용할 경우에는 난이도가 훨씬 올라가는데, 계산량이 지나치게 많아지는 경향이 있기 때문이다. 특히 이러한 형태의 알고리듬에 포함된 확률 공식을 생략하지 않고 전부 사용할 경우에 그렇다. 또한 색상 정보를 다루는 것은 좀 더 복잡한 편인데, 특히 색상, 채도, 세기(HSI) 같은 방식으로 표현하는 방식이 그렇다. 색상값은 순환 경계 조건을 갖고 있기 때문이다. 최종적으로는 색상의 항상성을 유지하는 문제(즉, 조명 조건이 바뀌더라도 색상을 동일하게 인식하는)를 해결해야 하며, 이 부분이 상황을 더욱 복잡하게 만든다 (부록 C에서 이 문제를 검토한다).

이러한 점을 차치하더라도, EM을 진행함에 있어 가장 어려운 부분은 따로 있다. 바로 근사해야 할 매개변수의 개수다. 그 수가 증가함에 따라 수렴에 이르는 숫자와 정확도가 영향을 받기 때문이다. 각 1차원 가우시안을 근사할 때마다 혼합 매개변수 하나, 평균 매개변수 하나, 분산 매개변수 하나씩이 필요하다. 그러나 n차원 다변수 가우시안의 경우 하나의 혼합 매개변수에 n개의 평균 매개변수(차원당 하나), 그리고 $n \times n$ 공분산 행렬이 필요하다. 다만 공분산 행렬은 대칭성을 띠어야 하므로 실제 필요한 양은 약간 줄어들긴 한다. 요컨대 n차원 가우시안은 혼합 매개변수 하나, 평균 매개변수 n개, 그리고 $\frac{1}{2}(n^2 + n)$개의 공분산 매개변수를 필요로 한다. 만약 공분산 행렬이 대각행렬이거나(매개변수 n개) 등방성을 가질 경우(이 경우 매개변수 1개만 필요하다), 문제를 좀 더 단순하게 할 수 있다. 각각의 경우를 수식으로 표현하면 다음과 같다.

$$\begin{bmatrix} a & f & e \\ f & b & d \\ e & d & c \end{bmatrix}, \begin{bmatrix} a & 0 & 0 \\ 0 & b & 0 \\ 0 & 0 & c \end{bmatrix}, \begin{bmatrix} a & 0 & 0 \\ 0 & a & 0 \\ 0 & 0 & a \end{bmatrix}$$

각 상황에 대해 필요한 매개변수의 수를 표 14.2에 나타내었다. 흥미롭게도 그림 14.3과 그림 14.6의 문제는 동일한 수의 매개변수를 필요로 하며(18개) 비교적 정확하게 수렴이 이뤄지지만, 색상 분할 문제에서는 계산량이 더 많이 필요하며 수렴에 있어서 더 신경을 써야 한다. 실제 데이터로부터 공분산 행렬을 구할 경우, 대각행렬이나 등방성을 갖도록 이를 근사하는 것이 가능한지 여부는 직접 해보기 전에는 알 수 없다. 그러나 EM 알고리듬은 일반적인 공분산 행렬을 사용해야 더 낫고 이득을 볼 여지가 많은 반면, 그림 14.8과 그림 14.9에서처럼 K 평균 알고리듬은 등방성 행렬을 사용할 때 가장 적절한 성능을 내준다. 다만 EM 알고리듬을 진행할 때는 초기 근사 조건으로 대각행렬이나 등방성 행렬을 사용하는 것이 일반적이다. 그림 14.3은 후자에 속한다.

표 14.2 가우시안 매개변수 개수 비교

가우시안 조건	매개변수 개수				해당하는 그림
	혼합	평균	공분산	총합	
3: 일반 2차원	3	3 × 2	3 × 3	18	그림 14.3
6: 1차원(그레이스케일)	6	6 × 1	6 × 1	18	그림 14.6
8: 3차원(컬러)	8	8 × 3	8 × 6	80	그림 14.8: 이상적인 경우
8: 3차원(컬러)	8	8 × 3	8 × 1	40	그림 14.8: K 평균

마지막 행의 K 평균에 대한 내용은 유효한 매개변수의 수를 나타내고 있다. 가우시안이 알고리듬에 명확하게 사용되는 것은 아니지만, 복잡성은 유지되기 때문이다.

14.5 주성분 분석

데이터를 표현하는 방법은 군집 분석과 밀접한 연관이 있다. 그중 강력한 방법을 꼽는다면 PCA가 있다. 즉, 특징 공간상에서 지점 군집의 평균을 찾고, 다음과 같이 해당하는 주축 principal axis을 찾는다. 첫째, 평균 위치를 지나며 원본 데이터에 대해 최대 분산을 갖는 축을 찾는다. 둘째, 첫 번째 축에 대해 수직이면서 분산이 최대인 축을 찾는다. N차원 특징 공간에 대해 N개의 주축을 찾을 때까지 이 과정을 반복한다. 그림 14.10에 전체적인 과정을 요약해놓았다. 사실 수학적인 관점에서 보면 앞에 묘사한 과정을 엄격하게 따를 필요는 없다. 단지 공분산 행렬을 대각화할 수 있도록 수직 관계에 있는 축 세트를 찾기만 하면 된다.

입력 모집단에 대한 공분산 행렬은 다음과 같이 정의할 수 있다.

$$\mathbf{\Sigma} = \mathbb{E}((\mathbf{x}_{(p)} - \boldsymbol{\mu})(\mathbf{x}_{(p)} - \boldsymbol{\mu})^{\mathrm{T}}) \tag{14.34}$$

여기서 $\mathbf{x}_{(p)}$는 p번째 데이터 지점의 위치를 나타내며, $\boldsymbol{\mu}$는 P개의 데이터 지점에 대한 평균값이다. 또한 $\mathbb{E}(\cdot)$는 모집단에 대한 기댓값을 나타낸다. 다음 식을 사용하면 $\mathbf{\Sigma}$를 추정하는 것

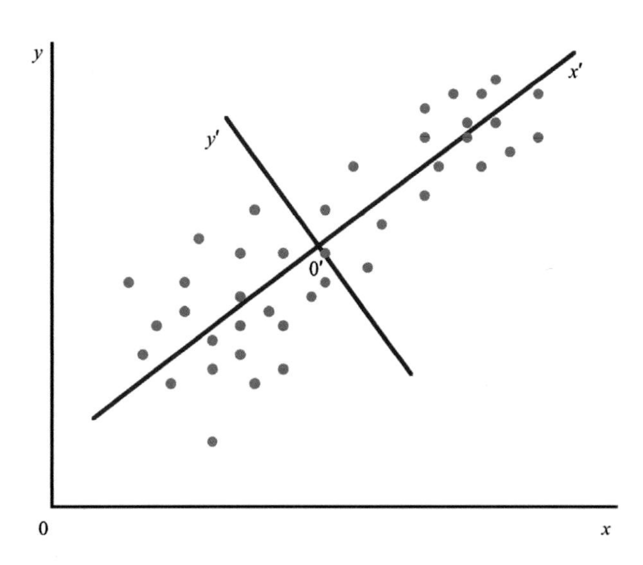

그림 14.10 주성분 분석. 여기서 점은 특징 공간상에서 패턴을 나타내며, x 및 y축을 기준으로 하여 위치가 분포되어 있다. 그런 다음 샘플 평균 위치 $0'$을 정하고, 분산이 최대인 방향을 찾아 첫 번째 주성분의 방향 $0'x'$을 찾는다. 두 번째 주성분 $0'y'$은 $0'x'$에 대해 수직 방향을 갖는다. 더 고차원의 특징 공간상에서는 $0'x'$과 수직이면서 분산이 최대인 방향을 찾는 과정이 필요하다.

이 가능하다.

$$\mathbf{\Sigma} = \frac{1}{P}\sum_{p=1}^{P} \mathbf{x}_{(p)}\mathbf{x}_{(p)}{}^{\mathrm{T}} - \boldsymbol{\mu}\boldsymbol{\mu}^{\mathrm{T}} \tag{14.35}$$

$$\boldsymbol{\mu} = \frac{1}{P}\sum_{p=1}^{P} \mathbf{x}_{(p)} \tag{14.36}$$

$\mathbf{\Sigma}$가 실수이며 대칭적이므로, 적절한 수직 변환 행렬 $\mathbf{A}$를 사용하면 이를 대각화하여 N개의 고윳값 λ_i에 대한 정규 수직 고유벡터 $\mathbf{u}_i$ 세트를 얻을 수 있다.

$$\mathbf{\Sigma}\mathbf{u}_i = \lambda_i \mathbf{u}_i \quad (i = 1, 2, \cdots, N) \tag{14.37}$$

$\mathbf{u}_i$는 원본 벡터 $\mathbf{x}_i$로부터 계산되며,

$$\mathbf{u}_i = \mathbf{A}(\mathbf{x}_i - \boldsymbol{\mu}) \tag{14.38}$$

이를 원본 데이터 벡터로 되돌리기 위해서는 역변환 과정을 거쳐야 한다.

$$\mathbf{x}_i = \boldsymbol{\mu} + \mathbf{A}^{\mathrm{T}}\mathbf{u}_i \tag{14.39}$$

이때 수직 행렬에 대해서는 다음 관계가 성립한다.

$$\mathbf{A}^{-1} = \mathbf{A}^{\mathrm{T}} \tag{14.40}$$

여기서 행렬 $\mathbf{A}$의 행은 $\mathbf{\Sigma}$의 고유벡터로부터 구해지며, 대각화 공분산 행렬 $\mathbf{\Sigma}'$은 다음과 같이 주어진다.

$$\mathbf{\Sigma}' = \mathbf{A}\,\mathbf{\Sigma}\,\mathbf{A}^{\mathrm{T}} \tag{14.41}$$

$$\mathbf{\Sigma}' = \begin{bmatrix} \lambda_1 & 0 & \cdots & 0 \\ 0 & \lambda_2 & & 0 \\ \vdots & & \ddots & \vdots \\ 0 & 0 & \cdots & \lambda_N \end{bmatrix} \tag{14.42}$$

행렬의 대각합은 수직 변환을 거쳐도 바뀌지 않음을 유의하라. 따라서 주어진 데이터에 대한 대각합은 다음과 같다.

$$\mathrm{trace}\ \mathbf{\Sigma} = \mathrm{trace}\ \mathbf{\Sigma}' = \sum_{i=1}^{N} \lambda_i = \sum_{i=1}^{N} s_i^2 \tag{14.43}$$

여기서 λ_i는 주성분 축 방향에 대한 데이터의 분산을 나타낸다(실수 대칭 행렬에 대해 고윳값은 양의 실수를 가짐을 유의하라).

이제 고윳값을 크기에 따라 내림차순으로 배열했다고 가정하자. λ_1은 데이터 지점 세트에 대해 가장 큰 특성을 갖는 값을 나타내며, 뒤로 갈수록 그 비중은 점점 줄어들 것이다. 좀 더 나아가면, λ_1이 데이터에서 가장 관심을 갖게 되는 특성이고, λ_N은 거의 관심을 주지 못하게 될 것이다. 혹은 실제 상황에서 λ_N을 무시한다 할지라도 중요한 정보를 그리 많이 놓치지는 않으며, 맨 뒤쪽의 몇몇 고윳값은 통계적으로 그리 중요하지 않거나 심지어 노이즈에 속하기까지 한다. 이러한 특성 때문에 PCA는 주로 특징 공간의 차원을 N에서 더 낮은 값인 N'으로 줄이기 위해 사용한다. 특정 분야에서는 입력 데이터에서 불필요한 정보를 크게 줄이는 용도로 도입하기도 한다.

이를 확인하기 위해, 차원을 줄인 공간에 해당하는 데이터의 분산을 계산해보자.

$$\text{trace}\,(\mathbf{\Sigma}')_{\text{reduced}} = \sum_{i=1}^{N'} \lambda_i = \sum_{i=1}^{N'} s_i^2 \tag{14.44}$$

데이터상에서 분산이 줄어드는 것을 분명하게 관찰할 수 있다. 아울러 역변환을 통해(식 (14.39)) 평균 제곱 에러를 구해보면 다음과 같다.

$$\overline{e^2} = \sum_{i=1}^{N} s_i^2 - \sum_{i=1}^{N'} s_i^2 = \sum_{i=N'+1}^{N} s_i^2 \tag{14.45}$$

PCA가 굉장히 중요한 비중을 차지하는 응용 분야로는 궤도위성 등에서 촬영한 다파장 이미지 분석이 있다. 일반적으로 이러한 이미지는 같은 대지 영역에 대해 6개의 입력 채널을 갖는다(삼색에 더해 3개의 적외선 채널). 예를 들어, 이미지가 512 × 512픽셀 크기라고 하면 25만 개 정도의 데이터 지점이 6차원 특징 공간상에 분포해 있게 된다. 데이터 지점에 대해 평균과 공분산 행렬을 구한 다음, 공분산 행렬을 대각화해 6개의 주성분 이미지를 구한다. 일반적으로 이 중 두세 개만이 중요한 정보를 포함한다고 간주하고, 나머지는 무시한다(예를 들어 6개의 주성분 이미지 중 처음 3개는 입력 이미지의 분산에 대해 95% 범위 내에 있게 된다). 이상적인 경우 처음 몇 개의 주성분 이미지는 들판, 도로, 강 등의 영역을 나타내며, 지도를 그리는 등의 용도에 사용하기 충분한 정확도를 갖는다. 일반적으로 패턴 인식 과정이 여기에 필수적으로 추가되며, 또한 처음 몇 개의 주성분만 사용함으로써 용량을 상당히 절약하게 된다.

마지막으로, PCA가 특정한 형태로 데이터를 표현한다는 점을 지적하고 싶다. 이 방식 자체로는 패턴 분류에 대응할 수가 없기 때문에, 식별에 필요한 작업이 수반돼야 한다. 따라서 가장 높은 분산을 갖는 특징을 선택한다고 해서 반드시 가장 좋은 성능을 갖는 패턴 분류자가 된다고 할 수는 없다. 특징 공간에서 데이터를 분석함에 있어 중요하게 봐야 할 또 하나의 요인은 여러 가지 특징의 스케일에 관한 것이다. 많은 경우 길이, 가중치, 색상, 구멍의 개수 등이 굉장히 다양하게 차이를 갖는다. 이러한 특징 세트는 비교할 만한 특정한 기준이 존재하지 않고, 동일한 단위로 측정하기에는 부적절하다. 즉, 같은 특징 공간에 이를 전부 놓고, 여러 축의 스케일이 같은 가중치를 갖는다고 가정하는 것은 옳지 않다. 이러한 문제에 대응하는 한 가지 방법은 특징들의 분산을 계산해, 이에 기반하여 어떠한 표준 스케일을 설정하고 각 특징을 여기에 정규화하는 것이다. 이렇게 하면 자연히 주성분 계산 결과가 급격하게 변화하므로, 주성분 방법론을 경솔하게 적용하지 않게 된다. 일부 상황에서는 서로 다른 특징들이 큰 차이를 보이지 않아, PCA를 무리 없이 적용하는 것이 가능하다. 한 예시로는 모든 특징이 같은 윈도 내에서 픽셀 세기로 표현되는 경우가 있다(7.5절에서 이러한 상황을 살펴봤다).

14.6 다중 분류자

최근에는 분류자를 다중으로 동작하게 하여 분류 과정에서의 신뢰도를 더 높이려는 움직임이 나타났다. 법원의 예를 들어보면, 한 명의 판사가 혼자 판단하는 것보다 세 명의 판사가 함께 논의하는 것이 더 정확한 판결을 내릴 확률이 높다. 각자 자기 분야에서는 전문가라 할지라도 모든 분야를 망라할 수는 없을 것이므로, 그들의 지식을 한데 모으면 더 신뢰도 높은 판결을 내릴 수 있게 되는 것이다. 전문가 AI 시스템이라는 개념도 이와 비슷하다. 다중 전문가 시스템을 통해 개개의 단점을 보완하는 것이다. 이 경우, 각각의 분류자를 모으는 과정에서 불명확한 영역을 만들지 않도록 하는 방법을 확보해야 한다.

유의해야 할 사실은 이 방식이 단지 모든 분류자의 특징 검출자를 모아서 여러 개의 의사결정 장치를 하나의 더 복잡한 동일 의사결정 장치로 대체하는 것은 아니라는 점이다. 실제로 그러한 전략을 14.5절에서 살펴본 문제에 적용해보면, 잘 작동하기는 하지만 최적보다 더 많은 특징 숫자를 사용하게 된다. 다시 말해, 최선의 경우에도 약간의 개선이 있을 뿐이며 최악의 상황에는 실패할 확률이 매우 높아진다. 오히려 이 방식은 여러 종류의 완전한, 그러나 완전히 따로 작동하는 분류자로부터 그 분류 결과를 받아, 이를 합쳐 최종적인 결과를 상당히 개선하는 방식이다. 심지어 각 분류자가 완전히 다른 전략을 사용해 결과를 낸다 해도 상관없다. 예를 들어 하나는 최근접 분류자이고, 하나는 베이즈 분류자, 다른 하나는 신경망 분류자로 이뤄질 수 있다(13.10~13.13절 참고). 혹은 하나가 구조 패턴 인식 방식을 취하고, 하나는 통계적 패턴 인식, 나머지 하나는 구문syntactic 패턴 인식을 사용할 수도 있다. 각 분류자를 적용함에 있어 이점이 있을 것이고, 장단점도 뚜렷할 것이다. 결국 어떻게 보면 편리함 때문에 이 방식이 등장했다고 할 수 있다. 현존하는 분류자 중 괜찮은 것을 골라, 다른 괜찮은 분류자와 연계해 성능을 끌어올리는 것이다.

그렇다면 실제로 어떻게 이를 적용하는지 알아보자. 가장 단순하게는 분류자가 각 입력 패턴의 클래스에 투표하도록 하는 방법이 있다. 나쁜 방법은 아니지만, 각 분류자의 단점이 장점보다 클 경우에는 제대로 작동하지 못할 확률이 높다. 따라서 좀 더 방법을 복잡하게 구성할 필요가 있다.

또 다른 방법은 앞에서와 마찬가지로 각 분류자가 투표하게 하되, 배타적인 방식을 써서 각 입력 패턴에 대해 가능한 한 많은 클래스를 제거하는 것이다. 간단한 교차 규칙을 사용하면 이 방법을 사용할 수 있다. 즉, 어떤 클래스에 대해 '모든' 분류자가 투표한 경우에만 후보로 받아들이는 것이다. 각 분류자에 대해 임곗값을 도입함으로써 이러한 전략을 구현할 수 있으며, 이제부터 이에 대해 설명할 것이다.

우선 전제조건으로서 각 분류자가 입력 패턴에 대한 클래스를 결정할 뿐만 아니라, 모든 가능한 클래스에 대해 순위를 매길 수 있어야 한다. 다시 말해 1순위 클래스, 2순위 클래스 등을 정할 수 있어야 한다. 그런 다음 분류자가 실제 패턴의 클래스를 얼마나 잘 찾았는지를 순위 매겨 레이블을 붙인다. 이때 전체 학습 세트에 각 분류자를 적용하는 식으로 순위 표를 작성한다(표 14.3). 마지막으로, 각 분류자가 구한 최악의 경우(가장 낮은 순위)를 찾아 그 순윗값을 임곗값으로 설정해 최종적인 다중 분류자에 사용한다(혼동을 피하기 위해 용어를 정의하면 최악의 경우는 가장 낮은 순위를 뜻하며, 이때 그 순윗값은 반대로 가장 큰 수를 갖는다. 반대로 가장 높은

표 14.3 교차 전략을 통한 분류자 세트 결정

	분류자 순위				
	C_1	C_2	C_3	C_4	C_5
D_1	5	3	7	1	8
D_2	4	9	6	4	2
D_3	5	6	7	1	4
D_4	4	7	5	3	5
D_5	3	5	6	5	4
D_6	6	5	4	3	2
D_7	2	6	1	3	8
임곗값	6	9	7	5	8

표의 위쪽 부분은 각 입력 패턴에 대해 분류자가 구한 순위를 나타낸다. 맨 아래쪽 행은 그중 최악의 경우에 해당하는 순윗값이다. 이 값은 이후 테스트 패턴에 적용할 때 임곗값으로 작용해, 분류자의 결과를 적용할지 여부를 결정하는 데 쓰인다.

순위는 가장 작은 순윗값에 해당한다). 이 방법을 테스트 입력 패턴에 사용하면 임곗값 안에 들어오는 분류자만이 결과를 내게 되고, 이를 기반으로 교차 규칙을 적용해 최종적인 클래스 목록을 얻을 수 있다.

지금까지 살펴본 '교차 전략'은 각 분류자가 보이는 최악의 상황에 중점을 두고 있으며, 입력 패턴에 여러 분류자를 적용했을 때 가능한 클래스 목록 자체는 그 크기를 거의 줄이지 못한다. 이러한 경향에 대응하기 위해, '결합 전략'은 각 분류자의 특화된 분야에 초점을 맞춘다. 즉, 각 분류자를 각각의 패턴에 대입해 가장 높은 순위(분류자의 순위에 대한 용어는 앞에서 정의한 바 있다)를 찾는다(표 14.4). 각 패턴에 대해 가장 낮은 순윗값을 취한 다음, 전체 입력 패턴에 대해 가장 큰 값을 찾는다. 이 값을 임곗값으로 사용하면 분류자에서 출력한 값을 통해 패턴 클래스를 결정할 수 있는지 여부를 정할 수가 있다. 이때 임곗값은 학습 세트 단계에서 결정이 되고, 이를 적용하는 것은 각 테스트 패턴에서다. 따라서 각 패턴에 대해 클래스를 가장 잘 판단할 수 있도록 분류자 세트의 범위를 제한하게 된다.

결합 전략이 어떻게 동작하는지 명확히 하기 위해 학습 세트 단계 관점에서 살펴보자. 패턴의 실제 클래스를 제외하는 일이 없도록, 이 단계에서는 충분한 양의 분류자를 포함시켜야 한다(당연하게도 테스트 세트에서는 그러한 상황이 발생할 수도 있다). 그래야 분류자를 통해 각각의 패턴을 잘 인식할 수 있음을 보장하게 된다.

표 14.4 결합 전략을 통한 분류자 세트 결정

	분류자 순위					최고 분류자				
	C_1	C_2	C_3	C_4	C_5	C_1	C_2	C_3	C_4	C_5
D_1	5	3	7	1	8	0	0	0	1	0
D_2	4	9	6	4	2	0	0	0	0	2
D_3	5	6	7	1	4	0	0	0	1	0
D_4	4	7	5	3	5	0	0	0	3	0
D_5	3	5	6	5	4	3	0	0	0	0
D_6	6	5	4	3	2	0	0	0	0	2
D_7	2	6	1	3	8	0	0	1	0	0
최소-최고 임곗값						3	0	1	3	2

표의 왼쪽 부분은 각 입력 패턴에 대해 분류자가 구한 순위를 나타낸다. 오른쪽 부분은 그중 패턴을 가장 잘 인식한 분류자의 순위 하나만을 남겨놓았다. 분류자 순위에 대한 임곗값을 수월히 찾기 위해, 표의 나머지 부분은 0으로 채운다. 임곗값이 0인 경우, 그 분류자가 입력 데이터를 분석하는 데 효용이 없음을 뜻한다.

물론 이를 보장하기 위해 치르는 비용도 존재한다. 특히 학습 세트에 아웃라이어가 포함되어 있을 경우 전체적인 성능이 하락하게 된다. 이 문제를 해결하는 방법은 여러 가지가 있으며, 그중 간단한 것으로는 학습 세트에서 심하게 나쁜 항목을 제거하는 것이다. 혹은 결합 전략을 완전히 버리고 좀 더 복잡한 투표 전략을 취할 수도 있다. 그 외에도 데이터를 재배열해서 실제 클래스의 순위를 좀 더 개선하는 접근법이 있다(Ho et al., 1994).

14.7 부스팅 접근법

부스팅boosting이라는 개념은 1980년대 후반에 처음 등장했다. 즉, 약한 학습자(우연보다 조금 나은 수준)를 여러 개 결합하는 식으로 그 성능을 개선할 수 있다는 것이다. Schapire(1990)은 3개의 약한 학습자 세트 C_1~C_3을 사용해 정교하게 정의한 방법으로 학습할 경우 확실히 성능을 향상할 수 있음을 보였다. 우선 C_1로 N개의 지점에서 학습을 진행하고, 이 중 잘못 분류된 지점을 절반만큼 취해 N개의 지점을 세트로 만들어 C_2를 학습시킨다. 이제 C_1 및 C_2가 모두 거부한 지점들을 모아 N개의 지점을 묶고, C_3을 학습시킨다. 마지막으로 C_1, C_2, C_3의 다수결 결과를 모아 개선된('부스팅') 분류자를 얻는다.

이러한 존재 정리existence theorem를 따라 연구가 빠르게 이뤄졌고, Freund and Schapire (1996)에 의해 현재도 널리 쓰이고 있는 불연속 에이다부스트Discrete AdaBoost 알고리듬이 발표됐다. 이 알고리듬은 약한 바이너리 분류자 $f_m(x)(m = 1, \cdots, M)$ 세트를 정의한 다음, 학습 지점에 가중치를 주어 학습하되 잘못 분류된 지점은 가중치를 높이고 제대로 분류된 지점은 가중치를 낮추는 식으로 진행한다. 학습이 끝난 다음 나온 M개의 분류자를 합쳐서 최종적인 분류자로 삼는다. 표 14.5에 전체 알고리듬을 정리해놓았다. 이때 세트 지시자 함수 $\mathcal{I}(A)$를 중요하게 사용하게 됨을 유의하라. 구체적으로 A가 참일 때 1, 거짓일 때 0을 갖는 논리 함수를 뜻한다. 즉, 알고리듬에서 $\mathcal{I}(f_m(x) \neq y_i) = 1$인 경우는 분류가 잘못됐음을 뜻한다. 이를 반영하면, 알고리듬의 각 M단계에서 (남은 약한 연산자 중) 가장 나은 것을 취해 가중치를 업데이트할 수 있다. 다시 말해, 알고리듬은 약한 분류자를 최상 우선best first 기준으로 정렬한다. 그리고 약한 분류자 중 가장 나쁜 것을 사용하지 않음과 동시에 가중치를 업데이트해 성능을 향상하는 전략을 택한다.

초평면 세트를 합치면 하나의 초평면 결정 경계를 얻을 수 있지만, 이 경우 성분 함수 $f_m(x)$가 상당히 비선형이기 때문에 에이다부스트 알고리듬에 해당하지는 않는다.

데이터 지점에 대한 가중치를 왜 각 학습 단계 이전에 조정하는지 알아보자. 첫째, 처음 m 단계에서 올바르게 분류된 지점들은 처음 m개의 약한 분류자 계수에 이미 그 정보가 반영됐기 때문에 그 비중을 줄이는 것이 자연스럽다. 즉, 이 지점들은 이미 그 역할을 다했다고 볼

표 14.5 불연속 에이다부스트 알고리듬

N개의 학습 지점 x_i와 해당하는 바이너리 클래스 $y_i \in \{-1, 1\}$를 입력
가중치 w_i를 $\sum_{i=1}^{N} w_i = 1$로 정규화할 수 있도록 $1/N$로 초기화
for $m=1, \ldots, M$ do {
　가중치를 적용한 분류 에러

$$e_m = \sum_{i=1}^{N} w_{i,m} \mathcal{I}(f_m(x_i) \neq y_i)$$

　가 최소인 최적 근사 분류자를 탐색
　$c_m = \ln[(1-e_m)/e_m]$을 계산
　다음 값으로 가중치를 업데이트: $w_i = w_i \exp[c_m\ \mathcal{I}(f_m(x_i) \neq y_i)]$, 모든 $i=1, \ldots, N$에 대해
　$\sum_{i=1}^{N} w_i = 1$을 만족하도록 가중치 w_i를 다시 정규화
}
최종 분류자 $S(x) = \text{sign}\left[\sum_{m=1}^{M} c_m f_m(x)\right]$를 출력

수 있다. 그러나 잘못 분류된 지점들의 경우는 다르다. 다시 말해, 남아 있는 약한 분류자를 학습하는 과정에서 더 많은 비중을 주어야 한다. 이러한 개념이 어떻게 구현되는지는 그림 14.11에서 확인할 수 있다.

그림 14.11(A)는 학습 데이터를, 뒤의 이미지는 다양한 숫자의 약한 분류자를 적용했을 때 얻을 수 있는 결과를 나타낸다. 여기서 결정 경계는 단순한 직선 형태로 이뤄져 있다. 확인할 수 있듯이 분류자를 결합할 경우 각각의 약한 분류자로는 얻을 수 없는 결과를 도출해낸다. 처음 몇 단계에서는 데이터 지점의 가중치 조절이 상당히 제대로 이뤄지는 것으로 보이지만, 뒤로 갈수록 몇몇 소수 지점의 가중치가 상당히 커지며, 20단계를 넘어가면 약한 분류자의 매우 작은 부분에 상당한 집중이 이뤄지는 현상이 나타남을 주목하자. 심한 경우 오버트레이닝이 발생할 가능성도 있다. 이를 좀 더 자세히 알아보기 위해, 학습 및 테스트 과정에서의 에러율을 살펴보자.

그림 14.12는 학습 및 테스트 과정에서의 분류 에러 그래프다. 학습 분류 에러는 처음에 급격히 줄어들다가, 18개의 약한 분류자를 학습한 뒤에는 평평한 양상을 보인다. 마찬가지로, 동일한 소스에서 뽑은 새로운 샘플을 전체 분류자에 대해 테스트해볼 경우 초기에 개선되는 정도는 거의 같으나 약한 분류자 18개 이후부터는 역시 평탄한 추세를 보인다. 이때 최종 에러율은 학습 단계보다 30% 정도 높다. 아울러 뒤로 갈수록 곡선이 살짝 상승하는 경향을 보이기 때문에, 전역적인 최솟값은 18~20개의 약한 분류자 수준에서 나타난다. 요컨대 분류자가 오버트레이닝됐을 때 성능이 하락함을 어느 정도 확인할 수 있다. 사실 초창기에는 부스팅된 분류자가 오버트레이닝에 영향을 받지 않을 것이라 예상됐지만, 이후 연구에서는 부스팅된 분류자가 오버트레이닝에 저항성을 갖는 것이 사실이긴 하나 영향을 안 받지는 않음을 확인했다. 왜냐하면 뒤 순번의 약한 분류자를 진행할수록, 그다음 단계에서 학습에 사용하게 되는 데이터 샘플의 수가 점점 적어지며(그림 14.11), 따라서 전체적인 오버트레이닝 기준이 낮아지기 때문이다. 고려해야 할 또 다른 요인은 각 학습 단계에서 약한 분류자가 완전히 독립적으로 작동해 올바르게 분류한 데이터 샘플 중 '대부분인' 비율만큼을 후속 과정에서 제거해버리기 때문에 m단계 후 남아 있는 비율이 $(1-\eta)^m$에 불과하다는 점이다. 만약 $\eta \approx 0.3$일 경우, 남아 있는 데이터 비율은 1.00, 0.70, 0.49, 0.34, 0.24 순으로 줄어든다. 즉, $m \approx 20$까지 에러율이 지수함수에 가까운 양상으로 떨어지게 된다(그림 14.12).

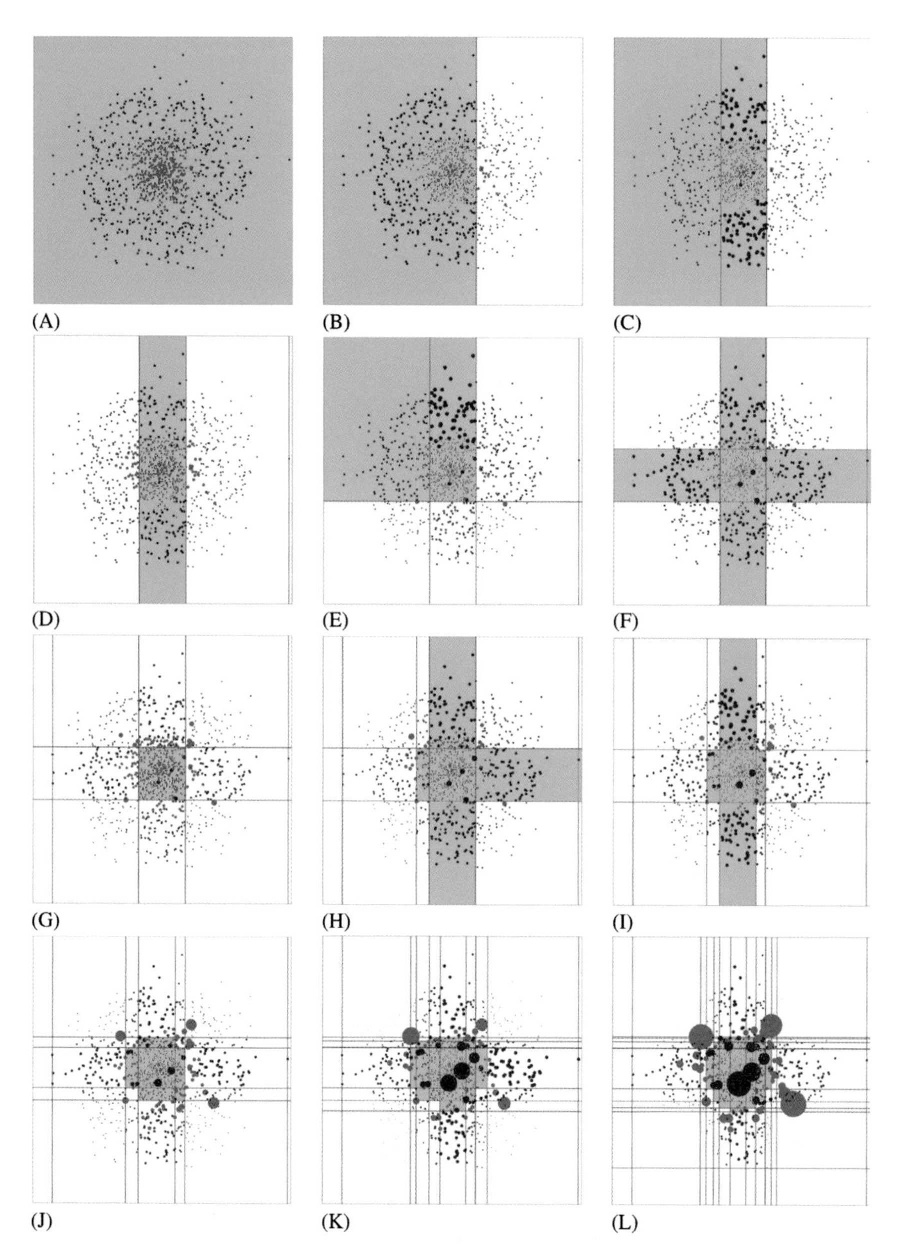

그림 14.11 약한 분류자를 차례로 적용해 에이다부스트를 학습시킨 결과. (A)는 학습 세트의 초기 분포를 나타내며, 500개의 붉은 데이터 지점과 500개의 푸른 데이터 지점으로 이뤄져 있다. (B)~(L)은 약한 분류자를 각각 1, 2, 3, 4, 5, 6, 7, 8, 12, 20, 30개 학습시킨 결과를 나타내며, 각 분류자는 하나의 직선 결정 경계로 나타난다. 각각의 약한 분류자의 최적 근사를 적용한 다음에는 데이터 지점의 가중치를 조정한다. 즉, 정확히 분류된 지점은 작게, 잘못 분류된 지점은 크게 바꾼다. (J)~(L)에서 확인할 수 있듯이 붉은 지점과 푸른 지점 양쪽에서 몇몇의 크기가 커지는데, 이러한 지점은 오버트레이닝에 해당한다고 봐야 한다.

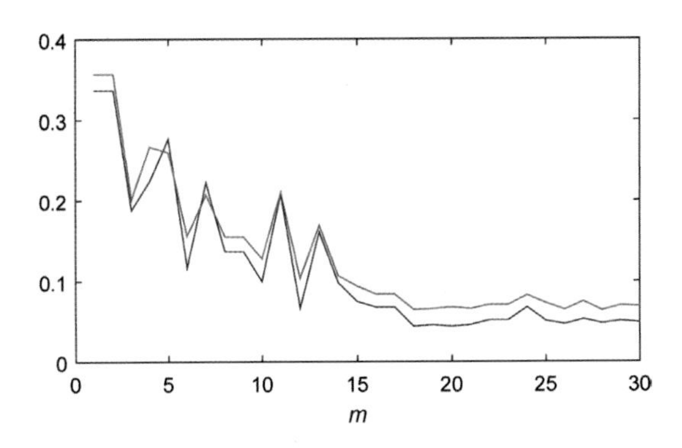

그림 14.12 학습 및 테스트 과정에서의 분류 에러 그래프. 아래쪽(파랑) 그래프는 학습 단계에서의, 위쪽(빨강) 그래프는 테스트 과정에서의 에러율을 나타낸다. 두 그래프 모두 초기에는 에러율이 급격히 떨어지며, 이후 평탄해지는 구간에서는 테스트 세트가 더 높은 에러율을 유지한다. 즉, 학습 세트를 대상으로 테스트를 진행하면 항상 더 나은 성능을 보이게 된다. 18~20개의 약한 분류자를 적용하면, 성능이 더 개선되지 않고 오버트레이닝이 뚜렷하게 나타난다.

14.8 에이다부스트 모델링

앞 절에서 분류 성능을 개선하기 위해 에이다부스트 알고리듬을 대략적으로 살펴봤다. 지금부터는 이 알고리듬이 실제로 어떻게 작동하는지 이론적으로 분석해볼 것이다. Friedman et al.(2000)이 발표한 이론적 모델의 경우 지수 손실 함수를 기반으로 한다.

$$E=\sum_{i=1}^{N}\exp(-y_iF(x)) \tag{14.46}$$

이때

$$F(x)=\sum_{m=1}^{M}c_mf_m(x) \tag{14.47}$$

y_i는 학습 세트 클래스를 나타내며, $y_i\in\{-1, 1\}$이다.

이 모델을 사용해 최소화를 진행하려면, 우선 무엇을 최소화할 것이고 무엇을 놔둘 것인지 알아야 한다. 첫째, m단계의 약한 분류자를 다룰 때는 다른 분류자는 신경 쓰지 않아도 된다. 나머지 분류자 역시 알고리듬의 다른 단계에서 각각 다뤄질 것이기 때문이다. 즉, c_m과

$f_m(x)$를 통해 E_m만을 최소화하면 된다. 이론적으로는 간단하지만, 지시자 함수 $\mathcal{I}(\cdot)$를 포함한 계산 과정은 상당히 조심스럽게 다뤄야 하기 때문에, 처음에는 세부적인 증명을 생략하고 넘어가도 무방하다. 에이다부스트 알고리듬(표 14.5)에 쓰이는 주요한 식은 식 (14.52)에서 확인할 수 있다. E_m을 다음과 같이 정의할 경우,

$$E_m = \sum_{i=1}^{N} w_{i,m} \exp(-y_i c_m f_m(x_i)) \tag{14.48}$$

가중치 $w_{i,k}(k = 1, \cdots, m)$는 앞 단계에서 구한 약한 클래스 1, ⋯, $m - 1$에 대한 지수 인수이며, 따라서 c_m 및 $f_m(x)$에 대해서만 최소화를 진행하면 된다. 즉, $w_{i,k}(k = 1, \cdots, m)$는 상수로 취급하며 최소화 과정에서 무시해도 무방하다. 그다음으로, 올바르게 분류한 지점의 c_m 변화량(y와 f가 같은 부호를 가짐)과 잘못 분류한 지점의 변화량(y와 f가 다른 부호를 가짐)을 분리해야 한다.

$$\begin{aligned}
E_m &= e^{-c_m} \sum_{i:\text{correct}} w_{i,m} + e^{c_m} \sum_{i:\text{incorrect}} w_{i,m} \\
&= e^{-c_m} \sum_{i=1}^{N} w_{i,m} - e^{-c_m} \sum_{i:\text{incorrect}} w_{i,m} + e^{c_m} \sum_{i:\text{incorrect}} w_{i,m} \\
&= e^{-c_m} \sum_{i=1}^{N} w_{i,m} + (e^{c_m} - e^{-c_m}) \sum_{i:\text{incorrect}} w_{i,m} \\
&= e^{-c_m} \sum_{i=1}^{N} w_{i,m} + (e^{c_m} - e^{-c_m}) \sum_{i=1}^{N} w_{i,m} \mathcal{I}(f_m(x) \neq y_i)
\end{aligned} \tag{14.49}$$

이 식에서 처음 항은 $f_m(x)$와 독립적이기 때문에, $f_m(x)$에 대해 E_m의 최소를 구하는 것은 에이다부스트 알고리듬에서 $e_m = \sum_{i=1}^{N} w_{i,m}\ \mathcal{I}(f_m(x_i) \neq y_i)$ 항의 최소를 구하는 것과 동일하다. 만일 c_m에 대해 E_m의 최소를 구하고자 한다면, 다음과 같이 미분식을 구한 다음

$$\frac{\partial E}{\partial c_m} = (e^{c_m} + e^{-c_m}) \sum_{i=1}^{N} w_{i,m} \mathcal{I}(f_m(x_i) \neq y_i) - e^{-c_m} \sum_{i=1}^{N} w_{i,m} \tag{14.50}$$

$\frac{\partial E}{\partial c_m} = 0$을 대입한다.

$$e_m = \frac{\sum_{i=1}^{N} w_{i,m}\ \mathcal{I}(f_m(x_i) \neq y_i)}{\sum_{i=1}^{N} w_{i,m}} = \frac{e^{-c_m}}{e^{c_m} + e^{-c_m}} = \frac{1}{e^{2c_m} + 1} \tag{14.51}$$

(여기서 정의한 e_m은 식 (14.49)에서 정의한 것과 차이를 보이는데, 이는 에이다부스트가 각 반복 단계에서 가중치 w_i를 정규화하기 때문이다. 표 14.5를 참고하라.)

이를 변형하면 다음 관계를 얻을 수 있다.

$$c_m = \frac{1}{2}\ln\left[\frac{1-e_m}{e_m}\right] \tag{14.52}$$

이로써 에이다부스트 알고리듬의 마지막 최적화 과정에서 '모든' 약한 분류자 계수에 대해 상수 $\frac{1}{2}$을 적용할 수 있음을 증명했다. 핵심은, 지수 손실 함수 E가 존재한다는 '하나의' 가설만으로 전체 알고리듬의 특성과 최소화 속성을 정의할 수 있다는 데 있다.

14.8.1 실수형 에이다부스트

여기서 소개하는 방식의 에이다부스트 및 그 증명(식 (14.53) ~ 식 (14.56))은 처음 이 책을 읽을 때는 건너뛰어도 무방하다. 머신러닝의 원리를 따름과 동시에 좀 더 엄밀한 확률론을 도입하기 위해 소개하는 내용이다.

실수형 에이다부스트는 에러 대신 확률 관점에서 구축하는 방식이지만, 기존과 마찬가지로 지수 손실 함수를 사용해서 유도한다. 이를 위해, m번째 약한 분류자에 대한 손실량을 다음 형태로 표현해보자.

$$\mathbb{E}(E_m) = \mathbb{E}\big(\exp[-yf_m(x)]\big|x\big) = P_m(y=1|x)e^{-f_m(x)} + P_m(y=-1|x)e^{f_m(x)} \tag{14.53}$$

$$\therefore \quad \frac{\partial\mathbb{E}(E_m)}{\partial f_m(x)} = -P_m(y=1|x)e^{-f_m(x)} + P_m(y=-1|x)e^{f_m(x)} \tag{14.54}$$

$\frac{\partial\mathbb{E}(E_m)}{\partial f_m(x)} = 0$으로 놓아 예상 손실량을 최소로(즉, 클래스 확률을 최대로) 하면, 다음 식을 얻게 된다.

$$e^{2f_m(x)} = \frac{P_m(y=1|x)}{P_m(y=-1|x)} = \frac{P_m(y=1|x)}{1-P_m(y=1|x)} \tag{14.55}$$

$$\therefore \quad f_m(x) = \frac{1}{2}\ln\left[\frac{P_m(y=1|x)}{1-P_m(y=1|x)}\right] \tag{14.56}$$

표 14.6 실수형 에이다부스트 알고리듬

```
N개의 학습 지점 x_i와 해당하는 바이너리 클래스 y_i∈{−1, 1}를 입력
가중치 w_i를 Σ_{i=1}^N w_i=1로 정규화할 수 있도록 1/N로 초기화
for m=1, ..., M do {
  학습 데이터에 대해 가중치 w_i를 적용해, 클래스 확률 추정값 p_m(x)를 최적화하는 최적 근사 분류자를 탐색
  f_m(x_i)=½ln[p_m(x_i)/(1−p_m(x_i))]를 계산
  다음 값으로 가중치를 업데이트: w_i=w_i exp[−y_i f_m(x_i)], 모든 1, ..., N에 대해
  Σ_{i=1}^N w_i=1을 만족하도록 가중치 w_i를 다시 정규화
}
최종 분류자 S(x) = sign[Σ_{m=1}^M f_m(x)]를 출력
```

이제 $\frac{1}{N}\sum_{i=1}^{N} \mathcal{I}(y_i = 1)$을 이용해 $P_m(y = 1 \mid x)$를 추정하고 데이터에 대한 최적 근사를 찾아, 최종 결과를 $p_m(x) = \hat{P}_m(y = 1 \mid x)$ 형태로 나타낸다. 이때 최적 근사를 찾는 과정에서 argmin 함수를 사용할 수 있다. 이러한 과정을 거쳐 실수형 에이다부스트를 구현하게 된다(표 14.6).

14.9 부스팅 손실 함수

사실 손실 함수의 종류는 굉장히 다양하게 존재한다. 물론 E는 다루기에 단순하긴 하지만 잘못 분류된 지점에 대해 너무 높은 가중치를 준다는 문제가 있다. 따라서 최소한 강건함 측면에서는 분명한 손해를 보게 된다. 이 문제를 해결하는 간단한 방법으로는 다음과 같은 '로그 손실' 함수를 사용하는 것이다.

$$L = \ln[1 + \exp(-yF(x))] \tag{14.57}$$

(그 의미를 분명하게 보이기 위해, 여기서는 i 첨자와 N 학습 세트 지점에 대한 합은 생략한다.) E와 L을 비교하는 가장 좋은 방법은 L을 정규화해서, E처럼 $yF = 0$일 때 1이 되도록 하는 것이다. 아울러 $yF = 0$에서 같은 그레이디언트값을 갖도록 조정하는 것이 좋다. 이렇게 수정한 함수는 다음과 같다.

$$\tilde{L} = \ln[1 + \exp(-2yF(x))] + 1 - \ln 2 \tag{14.58}$$

이때 그레이디언트는 다음 식으로 표현된다.

$$\frac{\mathrm{d}\,\tilde{L}}{\mathrm{d}(yF)} = \frac{-2}{1+\exp(2yF(x))} \tag{14.59}$$

또한

$$\frac{\mathrm{d}^2\,\tilde{L}}{\mathrm{d}(yF)^2} = \frac{4\exp(2yF(x))}{[1+\exp(2yF(x))]^2} \tag{14.60}$$

이 식은 $yF = 0$일 때 1의 값을 갖는다. 이 결과는 지수 손실 함수 E의 경우와 같다. 그림 14.13에서 이를 확인할 수 있는데, $yF = 0$일 때 E와 $\tilde{L}$은 같은 값과 그레이디언트, 곡률을 갖는다. 또한 yF가 음수일 경우 $\tilde{L}$은 그레이디언트 -2에 해당하는 선형 점근선 A에 가까워진다. 한편 yF가 양수일 때는 수평 점근선에 근접하며, 그림 14.13에서처럼 두 점근선은 모두 $(0, 1 - \ln 2)$, 즉 $(0, 0.31)$ 지점을 통과한다.

요컨대 $\tilde{L}$은 E의 장점을 취하면서도, yF가 음수일 때 지수 단위로 날아가버리는 현상을 보이지 않는다. 대신 해당 영역에서 선형에 가까운 반응을 얻을 수 있다. 같은 영역에 대해(그림

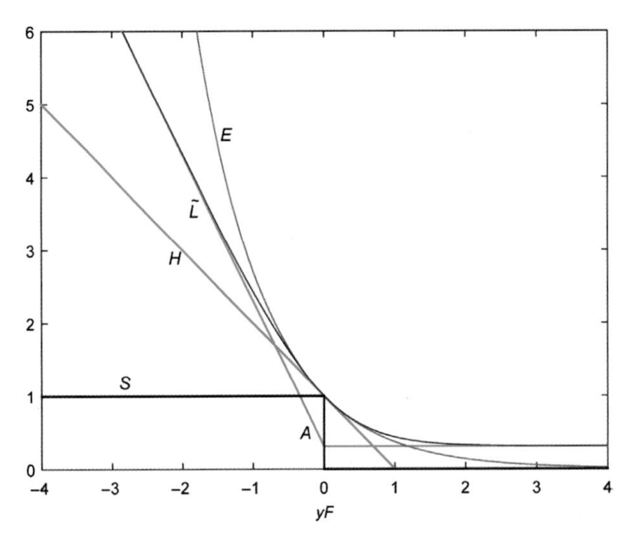

그림 14.13 부스팅에 사용되는 손실 함수의 비교. E와 $\tilde{L}$은 각각 지수함수(빨강)와 로그 손실 함수(파랑)이며, H는 SVM 분류자가 사용하는 힌지 함수(초록)다. S는 오분류 바이너리 계단 함수(검정)이며, 손실 함수는 이 함수를 부드럽고 단조롭게 변하는 형태로 흉내 낸 것이다. A는 $\tilde{L}$에 대한 두 선형 점근선(시안)이고, $yF = 0$에서 서로 만난다. E와 $\tilde{L}$이 S와 함께 만나는 지점에서는 그 값과 그레이디언트, 곡률이 같음을 유의하라. 중요한 것은 yF가 음수 방향으로 멀리 변하더라도 $\tilde{L}$은 같은 특성을 유지한다는 점이다.

14.13 참고) 이 함수는 서포트 벡터 머신[SVM, support vector machine] 분류 방식을 구축하는 '힌지 함수' H와 유사하며, E와 $\tilde{L}$이 접하는 (0, 1) 지점에서 그레이디언트 1 값을 갖는다.

그림 14.13에서는 바이너리 오분류[misclassification] (계단) 함수 S도 확인할 수 있는데, 이 함수는 제대로 분류했을 때는 0, 잘못 분류한 경우에는 1의 값을 갖는다. 사실 손실 함수 자체가 S를 흉내 내어 수학적으로 표현하려는 목적에서 출발한다. 이때 손실 함수는 미분 가능해야 하므로, 그 변화가 단조로워야 한다(즉, 그레이디언트는 같은 부호를 유지해야 한다). 또한 이상적으로는 위쪽으로 볼록해야 하는데, 이렇게 해야 확실하게 최적화를 진행할 수 있기 때문이다. 이러한 모든 조건은 E와 L에 해당하지만, 이들 함수는 S뿐만 아니라 H나 A와도 들어맞는 손실 함수라 할 수는 없다(후자의 함수에 양의 yF축이나 수평 점근선을 결합해도 이는 마찬가지인데, 조각 선형 함수가 미분 가능하지 않기 때문이다).

지금까지는 로그 손실 함수 L(또는 $\tilde{L}$)이 갖는 변화가 적절하다고 가정했으며, 실제로 이러한지에 대해 증명은 제시하지 않았다. 만약 식 (14.56)에서 유도한 $f_m(x)$를 사용해 $p_m(x)$를 구하면 다음과 같다.

$$p_m(x) = \frac{e^{f_m(x)}}{e^{-f_m(x)} + e^{f_m(x)}} = \frac{1}{1 + e^{-2f_m(x)}} \tag{14.61}$$

혹은 결합 확률을 다음과 같이 전체적으로 나타낼 수 있다.

$$P(y = 1|x) = \frac{1}{1 + e^{-2F(x)}} \tag{14.62}$$

따라서 정의에 따라 로그 가능도는

$$\mathcal{L} = -\ln[1 + \exp(-2yF(x))] \tag{14.63}$$

이 결괏값은 로그 손실 함수에 대한 확률적인 기반이 된다. 다시 말해, 로그 손실 함수를 학습한 다음 이로부터 확률값을 확보할 수 있다. 지수 손실 함수 E가 갖고 있는 주된 문제 중 하나는 이러한 확률을 제공하지 않는다는 것이었다. 사실 이는 E가 바이너리 변수에 대한 어떠한 확률 질량 함수의 로그와 일치하지 않아 로그 가능도 형태를 갖는다고 할 수 없기 때문이다. 혹은 E의 로그를 취하더라도 마찬가지다. 그렇기 때문에, $f(x)$로부터 어떠한 확률을 추정하고자 할 때 에이다부스트는 사용할 수 없다.

로그 손실 함수 및 그 최소화 과정(식 (14.64) ~ 식 (14.68))은 처음 읽을 때는 넘어가도 무방하다. 다만 이 부분의 내용이 적절한 확률 기반 알고리듬을 개발하는 데 필요한 것임을 유의하라. 특히 14.10절의 로짓부스트(LogitBoost) 알고리듬에서 중요하다.

다음으로 로그 손실 함수의 평균 최솟값을 구하는 함수를 찾아보자. 다음 식에서

$$\begin{aligned}\mathbb{E}(L) &= \mathbb{E}\,(\ln[1+\exp(-2yF(x))]) \\ &= P(y=1|x)\ln\left(1+e^{-2F(x)}\right)+P(y=-1|x)\ln\left(1+e^{2F(x)}\right)\end{aligned} \tag{14.64}$$

$F(x)$에 대해 미분하면 다음과 같다.

$$\frac{\partial \mathbb{E}(L)}{\partial F(x)} = \frac{-2P(y=1|x)\,e^{-2F(x)}}{1+e^{-2F(x)}} + \frac{2P(y=-1|x)\,e^{2F(x)}}{1+e^{2F(x)}} \tag{14.65}$$

최솟값을 구하기 위해 $\frac{\partial \mathbb{E}(L)}{\partial \mathbb{F}(x)} = 0$으로 놓는다. 소거 과정을 거치면 다음과 같이 표현할 수 있다.

$$\frac{P(y=1|x)}{P(y=-1|x)} = e^{2F(x)} \tag{14.66}$$

$P(y=1\,|\,x)+P(y=-1\,|\,x)=1$이므로, 이를 각 두 확률에 대해 풀면 다음과 같다.

$$P(y=1|x) = \frac{1}{1+e^{-2F(x)}} \tag{14.67}$$

$$P(y=-1|x) = \frac{1}{1+e^{2F(x)}} \tag{14.68}$$

y가 $\{-1, +1\}$ 내에 존재함에 따라, 위의 결과를 결합하면 다음 식을 얻는다.

$$P(y|x) = \frac{1}{1+e^{-2yF(x)}} \tag{14.69}$$

(이항분포 계산의 경우, 이런 식으로 결과를 하나의 매개변수로 결합하는 방법을 유용한 트릭으로 기억해두면 좋다.)

또한 다음 식에 따라 잘 알려진 '모집단 최소자population minimizer'를 간단하게 찾을 수 있다.

$$F(x) = \frac{1}{2}\ln\left[\frac{p(x)}{1-p(x)}\right] \tag{14.70}$$

(리스크 최소자risk minimizer라고도 소개되는) 모집단 최소자라는 개념을 명확하게 이해하기 위해, 이미지상의 각 윈도에 대해 메디안 필터가 이 함수를 수행함을 유의하라. 요컨대 메디안 회귀는 L_1 회귀라고도 불린다.

흥미롭게도, 이는 식 (14.56)에서 지수 손실 함수에 대해 얻은 모집단 최소자와 기본적으로 같다. 따라서 어떻게 서로 다른 손실 함수가 똑같은 최소자를 갖는지에 대해 살펴볼 만한 가치가 있다. 간단한 계산을 거치면(앞에서 L에 대해 구한 것보다도 더 간단하게) $g(e^{-\gamma F(x)})$ 형태로 된 어떠한 손실 함수든지 식 (14.70)의 형태와 동일한 모집단 최소자를 갖게 됨을 보일 수 있다(학생이라면 교육 차원에서 이를 증명하고 $g(\cdot)$ 함수의 제한을 추정해보라).

사실 식 (14.69)는 13.11절에서 살펴봤듯이 학습이나 인공신경망을 사용하기 위해 쓰이는 시그모이드 활성화 함수를 대상으로 하는 특별한 예에 속한다. 일반적으로 로지스틱 시그모이드 함수logistic sigmoid function(그림 14.14)는 다음과 같이 정의된다.

$$\sigma(v) = \frac{1}{1 + e^{-v}} \tag{14.71}$$

(이 함수를 로지스틱 시그모이드 함수라고 부르는 이유는 다른 시그모이드(S 모양의) 함수, 예를 들어 arctan 함수나 프로빗probit 함수와 구분하기 위해서다. 여기서 프로빗 함수는 $-\infty$ 이상 범위 내에서 누적 가우시안

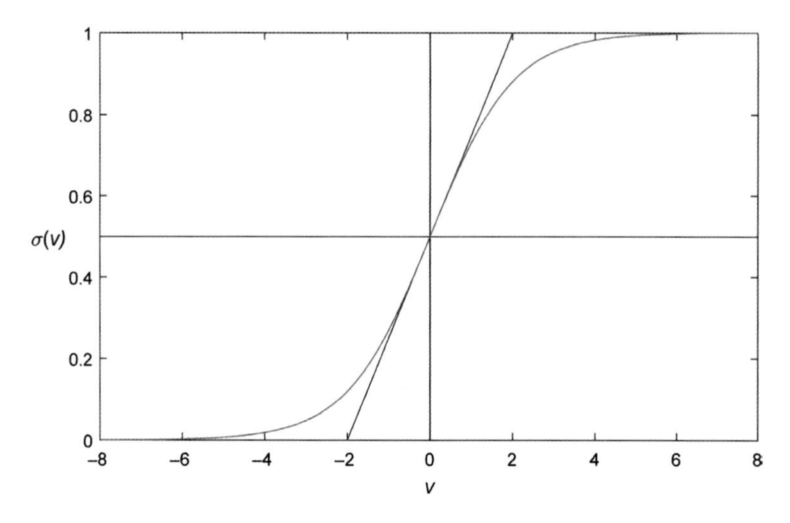

그림 14.14 로지스틱 시그모이드 함수. 이 대칭 곡선은 그림 13.11(C)에 나온 모양을, 원점을 중심으로 놓도록 조정한 것이다. 파란 선은 중심점에 대한 접선을 나타낸 것이며, 그레이디언트는 0.25나 축 간의 스케일에 따라 다르게 보일 수 있다.

분포를 보인다.)

식 (14.70)의 역함수는 로짓 함수logit function라고 부른다.

$$v = \ln\left[\frac{\sigma}{1-\sigma}\right] \tag{14.72}$$

14.10 로짓부스트 알고리듬

앞에서는 로그 손실 함수 L의 중요성을 깊이 다뤘다. 그러나 이 함수는 지수 손실 함수 E에 비해 훨씬 복잡하기 때문에, 적절한 최적화 알고리듬을 디자인하는 과정에서 전략을 크게 수정할 필요가 있다. Friedman et al.(2000)이 제안한 로짓부스트 알고리듬(표 14.7)은 이러한 점을 반영해 나온 것이다. 첫째, 최소 제곱법을 사용해 최적화를 진행한다. 둘째, 얼핏 보면 이 전략은 손실 함수를 사용하지 않는 것처럼 보이지만 실제로는 손실 함수의 도함수를 적용하는 방식이다. 셋째, 이 전략은 분류 에러를 직접적으로 최소화한다기보다는 $2u\ F(x)$ 함수를 통해 얻을 수 있는 조각 선형 데이터 모델이 손실 함수와 일치하도록 수식을 구성한다. 이때 확률값과 맞추기 위해 클래스는 $y \in \{-1,\ 1\}$이 아닌 $u \in \{0,\ 1\}$ 형태로 표현하며, 두 매개변수는 다음 식과 같은 관계를 갖게 된다.

$$u = (y+1)/2 \tag{14.73}$$

표 14.7 로짓부스트 알고리듬

N개의 학습 지점 x_i와 해당하는 바이너리 클래스 $u_i=(y_i+1)/2$를 입력($u_i \in \{0,\ 1\}$)
가중치 w_i를 $1/N$로 초기화
확률 추정값 $p(x_i)$를 $1/2$로 초기화
for $m=1,\ \ldots,\ M$ do {
  각 반응 $r_i = \dfrac{u_i - p(x_i)}{p(x_i)[1-p(x_i)]}$를 계산
  가중치 $w_i = p(x_i)[1-p(x_i)]$를 계산
  가중치 w_i를 사용해 r_i에 최소 제곱 회귀를 적용하고, 최적 근사 분류자를 탐색
  $F(x)=F(x)+\frac{1}{2}f_m(x)$로 업데이트
  $p(x_i)=1/[1+\exp(-2F(x_i))]$로 업데이트
}
최종 분류자 $S(x)=\mathrm{sign}\left[\sum_{m=1}^{M} f_m(x)\right]$를 출력

$$y = 2u - 1 \tag{14.74}$$

따라서 함수 $2u\ F(x)$는 두 선형 섹션을 포함한다. $u = 0$일 때는 $F(x)$축을 따라 움직이고, $u = 1$일 때는 $2F(x)$축을 따라 움직인다. 이러한 표현법을 따르면, 최적화를 진행할 경우 얻게 되는 u 값은 $u = 1$ 클래스가 나타날 확률 p와 동일하다.

이제 앞의 내용을 좀 더 자세히 증명해보자. 표 14.7에서 반응 r_i 및 가중치 w_i에 대한 수식은 Friedman et al.(2000)에서 유도한 것이다. 우선 $F(x) + f(x)$와 예상 로그 가능도를 결합해 다음과 같이 수식을 구한다.

$$\mathbb{E}(L) = \mathbb{E}\left(2u[F(x) + f(x)] - \ln\left(1 + e^{2[F(x)+f(x)]}\right)\right) \tag{14.75}$$

여기서 $F(x)$는 m단계 이전에서, $f(x)$는 m단계 이후에서 얻은 결과다. 지숫값에는 마이너스 부호가 붙어야 하지만(식 (14.57) 참고), $F(x)$에 포함되어 있기 때문에 생략할 수 있다. 또한 수식 앞쪽의 $2u\ F(x)$ 함수에서 y는 u로 바뀌었다. 요컨대 이 수식은 '확실히' 최적화에 필요한 모든 부분을 포함하고 있다. 이 계산 단계의 핵심은 가중치 최소 제곱 회귀를 통해 예상되는 로그 손실을 최소화하는 것이다. 즉, $f(x)$에 대해 $\mathbb{E}(L)$의 1차 및 2차 도함수를 찾아서 $f(x) = 0$ 조건에서의 결과를 구한다. 증명 과정을 간단히 하기 위해 $f(x)$ 항을 무시하고 $F(x)$에 대해서만 미분을 진행하면 다음 결과를 얻는다.

$$\begin{aligned} L' = \frac{\partial \mathbb{E}(L)}{\partial F(x)} &= \mathbb{E}\left(2u - \frac{2e^{2F(x)}}{1 + e^{2F(x)}} \middle| x\right) \\ &= 2\mathbb{E}\left(u - \frac{1}{1 + e^{-2F(x)}} \middle| x\right) = 2\mathbb{E}\left(u - p(x) | x\right) \end{aligned} \tag{14.76}$$

$$\begin{aligned} L'' = \frac{\partial^2 \mathbb{E}(L)}{\partial F(x)^2} &= -2\mathbb{E}\left(\frac{2e^{-2F(x)}}{\left[1 + e^{-2F(x)}\right]^2} \middle| x\right) \\ &= -4\mathbb{E}\left(\frac{1}{1 + e^{-2F(x)}} \times \frac{1}{1 + e^{2F(x)}} \middle| x\right) = -4\mathbb{E}(p(x)[1 - p(x)] | x) \end{aligned} \tag{14.77}$$

그런 다음, 뉴턴 방식을 적용해 최적화 함수를 업데이트한다.

$$F(x) = F(x) - \frac{L'}{L''} = F(x) + \frac{1}{2}\mathbb{E}\left(\frac{u - p(x)}{p(x)[1 - p(x)]}\middle| x\right) \tag{14.78}$$

(뉴턴 방식은 연속적인 근사를 진행해($x_{i+1} = x_i - g(x)/g'(x)$), 수식의 해를 찾는 데 널리 쓰이는 방식이다. 최적화의 경우 로컬 극댓값 또는 최솟값을 구해야 하므로, 도함수derivative function의 해를 구한다. 따라서 앞에서처럼 1차 및 2차 도함수를 적용하는 것이 적절하다.)

이 수식에서 인숫값 1/2은 표 14.7에서 $F(x)$에 대한 식과 동일하다. 또한 가중 최소 제곱 회귀를 진행하는 과정에서 argmin 함수를 사용하며, 이 경우에는 $\sum_{i=1}^{N} w_i[r_i - f_m(x_i)]^2$을 최소화하게 된다.

그림 14.15는 로짓부스트 알고리듬의 성능을 나타내고 있다. 여기서는 약한 분류자를 생성하기 위해 각도 간격을 좀 더 세세하게 설정했기 때문에 에이다부스트의 결과(그림 14.11)와 직접적으로 대응하지는 못하지만, 약한 분류자를 더 적게 사용하더라도 확실히 인상적인 성능을 보여주는 것은 사실이다.

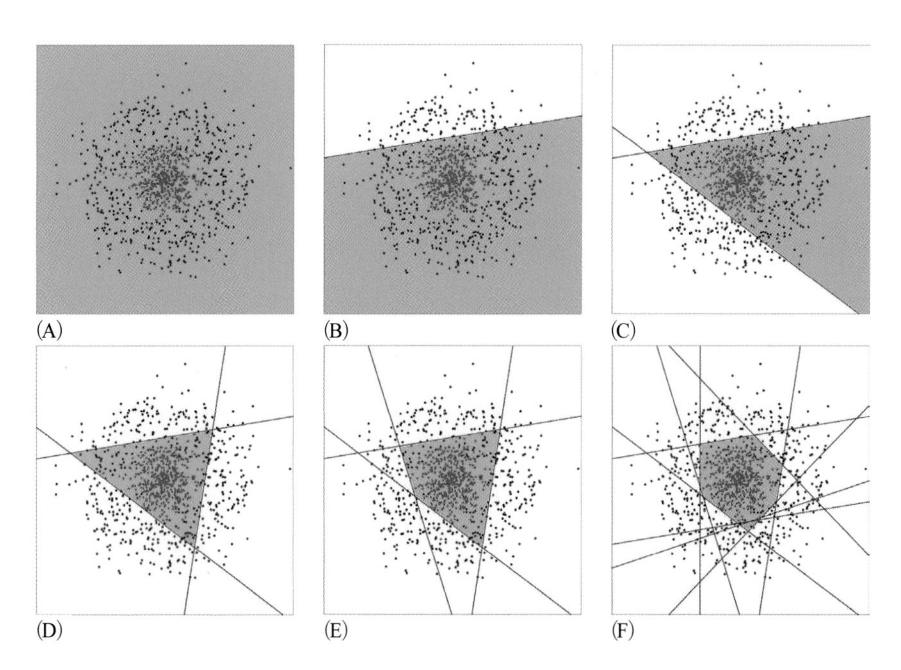

그림 14.15 약한 분류자를 차례로 적용해 로짓부스트를 학습시킨 결과. (A)는 학습 세트의 초기 분포를 나타내며, 500개의 붉은 데이터 지점과 500개의 푸른 데이터 지점으로 이뤄져 있다. (B)~(F)는 약한 분류자를 각각 1, 2, 3, 4, 10개 학습시킨 결과를 나타내며, 각 분류자는 하나의 직선 결정 경계로 나타난다.

결론적으로 로짓부스트가 사용하는 손실 함수는 에이다부스트의 지수함수보다 아웃라이어 측면에서 훨씬 강건하다. 그러나 로짓부스트의 주된 문제점은 최적화를 진행하기 위해 그레이디언트 하강이나 뉴턴 기반 방식을 사용해야 한다는 어려움에 있다. 이러한 방식은 반복적으로 최소 제곱의 가중치를 다시 매기기 때문에 계산량이 상당히 증가하게 된다. 또한 $p(x_i)$가 0이나 1에 가까워지면, 로짓부스트 식에서 r_i 항의 값이 매우 커지며 수치적으로 불안정한 상태에 놓이게 됨을 유의하라. 이 때문에 r_i의 최대 절댓값과 w_i의 최솟값을 제한할 필요가 있다.

14.11 부스팅의 효용성

이제 조금 뒤로 물러나, 부스팅이 왜 효과적인지 살펴보자. 간단하게는 Hughes(1968) 효과를 통해 이해할 수 있다. 이 효과는 매우 많은 수의 특징을 사용해 매우 정확하게 분류하고자 할 때 발생한다. 사실 이러한 상황에서는 좋든 싫든 '차원성의 저주'가 나타날 수 있으며, 한정된 학습 데이터에 대해 충분히 정확한 특징을 추가적으로 확보할 수가 없으므로, 성능이 저하된다. 반면 부스팅의 경우, 매우 많은 수의 약한 분류자를 사용한다고 해서 얻게 되는 특징 수 역시 동일하게 많지는 않다. 각 단계에서 모델 예측 성능을 가장 잘 향상하는 분류자만이 남게 되기 때문이다. 다만 특정 학습 세트는 부스팅 분류자에 훨씬 더 가깝게 매핑되기 때문에, 결국 오버트레이닝이 발생한다. 이러한 분석은 부스팅을 통한 물체 인식을 연구한 Viola-Jones(2001)에서 성공적으로 수행한 바 있으며, 이에 대해서는 21장 '얼굴 검출과 인식: 딥러닝'에서 다룰 것이다.

14.12 다중 클래스 부스팅

이 절을 처음 읽을 때는 우선 넘어가도 무방하다. 여기 소개된 추가적인 내용은 중요하며, 관련된 이론과 이를 쉽게 이해하는 방법을 보이고 있다. 특히 대칭형 다중 로지스틱 변환(식 (14.79))과 식 (14.98) 이전 또는 식 (14.99) 이후에 등장하는 조언 겸 경고를 유의해서 읽어라.

지금까지는 두 클래스만 구분할 경우에 부스팅을 적용하는 방법에 집중했다. 구분하거나 인식해야 할 물체가 매우 많을 때는 이런 방식이 그다지 유용한지 의문이 들 수 있다. 그러나 얼굴 등의 특정 물체를 얼룩덜룩한 배경으로부터 '검출해야' 할 경우 등이 분명히 존재하고, 이런 상황을 다루는 데는 유용하다. 물론, 예를 들어 쥐나 고양이 등의 물체를 각자 구분하고자 하는 상황 역시 존재한다. 앞에서 살펴본 2클래스 인식을 사용한다면 이러한 문제의 주요한 부분은 해결할 수 있다. 왜냐하면 K클래스 인식은 결국 모든 물체 형태를 쌍으로 짝지은 후, 각각에 대해 2클래스 머신을 생성해 구분하게 하는 식으로 구현할 수 있기 때문이다. 이 경우 문제는 이 전략을 구현하는 데 필요한 상당한 수의 2클래스 머신(또는 이진분류자 dichotomizer)을 어떻게 다루는가로 바뀐다. 이 수는 구체적으로 ${}^{K}C_2 = \frac{1}{2}K(K-1)$이다. K가 5 이하이면 이 수는 10보다 작으며, 충분히 감당할 수준이다. 또 다른 전략으로는 순차적으로 바이너리 컷을 적용하는 것이 있으며, 이렇게 하면 1000개 이상의 클래스를 단지 10번의 컷으로 구분할 수 있다. 이 경우 정확히 필요한 이진분류자의 수는 $\log_2 K$다. 이 수는 이상적인 상황에 대한 해법이며, 충분한 성능을 확보하려면 추가적인 과정이 필요하다는 점을 유의하자. 이 외에도 '일대다OVR, one-versus-the-rest' 분류자를 사용할 수 있으며, 이 경우 필요한 이진분류자는 정확히 $K-1$개가 된다. 또한 스케일은 K에 따라 선형으로 증가하므로, 필요한 분류자의 수가 바이너리 컷 전략만큼 작지는 않다(표 14.8).

OVR은 부스팅에 널리 쓰여온 분류자다. 이를 구현하기 위해, 우선 다음과 같이 대칭형 다중 로지스틱 변환을 진행한다.

$$F_j(x) = \ln p_j(x) - \frac{1}{K}\sum_{k=1}^{K} \ln p_k(x) \tag{14.79}$$

$K = 2$일 경우

$$\begin{aligned} F_j(x) &= \ln p_j(x) - \frac{1}{2}\sum_{k=1}^{2} \ln p_k(x) \\ &= \frac{1}{2}[\ln p_1(x) - \ln p_2(x)] = \frac{1}{2}\ln\left[\frac{p(x)}{1-p(x)}\right] \end{aligned} \tag{14.80}$$

이 식에서는 $j = 1$ 및 $k = 1, 2$를 취해, 최종적으로 $p(x)$의 첨자를 생략했다. 식 (14.80)은 식

표 14.8 다중 분류자 복잡성 비교

클래스 수	전체 쌍	바이너리 컷	OVR
2	1	1	1
3	3	2	2
4	6	2	3
5	10	3	4
6	15	3	5
7	21	3	6
8	28	3	7
9	36	4	8
10	45	4	9
100	~5000	7	99
1000	~500,000	10	999

이 표는 K개의 클래스를 분류하는 데 필요한 이진분류자의 수를 여러 전략별로 비교하고 있다. OVR은 '일대다(one-versus-the-rest)' 분류자를 뜻한다.

(14.70)과 동일한 결과를 보여주며, 따라서 식 (14.79)가 식 (14.70)에 대한 대칭 일반화 형태라고 할 수 있다. 이 형태로 된 함수가 K개 존재할 것이므로, $F_j(x)$는 OVR 분류 전략을 나타내는 함수가 된다.

이제 이렇게 정의한 $F_j(x)$에 대한 확률을 구해보자. 식 (14.79)를 다음 형태로 고쳐 쓰면

$$\ln\left[\frac{p_j(x)}{e^{F_j(x)}}\right] = \frac{1}{K}\sum_{k=1}^{K} \ln p_k(x) \tag{14.81}$$

우항은 x에 대한 상수 함수 $\beta(x)$로 놓을 수 있다. 이제 이 식을 $p_j(x)$에 대해 풀면

$$p_j(x) = e^{\beta(x)} e^{F_j(x)} \tag{14.82}$$

확률은 합이 1이 돼야 하므로, 다음 관계를 얻을 수 있다.

$$e^{\beta(x)} \sum_{k=1}^{K} e^{F_k(x)} = 1 \tag{14.83}$$

따라서

$$p_j(x) = \frac{e^{F_j(x)}}{\sum_{k=1}^{K} e^{F_k(x)}} \tag{14.84}$$

또한 식 (14.79)에서 $k = 1$부터 K까지 합치면 다음을 얻는다.

$$\sum_{k=1}^{K} F_k(x) = 0 \tag{14.85}$$

식 (14.85)는 계산 과정에서 수치적으로 불안정한 결과가 나오고 있는지 확인하는 용도로 유용하다. 확률에는 영향을 받지 않는 값이기 때문이다(식 (14.82) ~ 식 (14.84)에서 확인할 수 있듯이, 각 $F_j(x)$에 상수를 더하면 $\beta(x)$는 변하나 $p_j(x)$는 바뀌지 않는다).

식 (14.79), (14.84), (14.85)는 Friedman et al.(2000)에서 처음 등장했으며, 다중 클래스 부스팅 알고리듬의 기초가 되는 식이다. 더 개선된 다중 클래스 에이다부스트 변종 중 하나인 AdaBoost.MH 알고리듬은 이 일반식에 기초해 만들어진 것이다. 이는 각각 N개의 샘플로 이뤄진 데이터셋을 포함한 K개의 이진분류자에 대해(즉, 총 샘플 개수 KN개) 따로따로 부스팅 알고리듬을 적용하는 방식과 동일하며, 이 경우 '내포된 확률의 합이 1이 된다고 보장할 수 없다'(Friedman et al., 2000). 프리드먼Friedman 등은 이 문제를 해결하기 위해 대칭 다중 로지스틱 변환(식 (14.79))을 엄밀히 결합해 새로운 다중 클래스 로짓부스트를 구현했다(표 14.9).

표 14.9 다중 클래스 로짓부스트 알고리듬

각각 u_{ij} 클래스를 갖는 NK개의 학습 지점 x_{ij} 입력($i=1, \ldots, N$, $j=1, \ldots, K$)
가중치 w_{ij}를 $1/N$로 초기화
확률 추정값 $p_j(x_{ij})$를 $1/K$로, 함수 $F_j(x_{ij})$를 0으로 초기화
for $m=1, \ldots, M$ do {
  for $j=1, \ldots, K$ do {
    각 반응 $r_{ij}= \dfrac{u_{ij} - p_j(x_{ij})}{p_j(x_{ij})[1 - p_j(x_{ij})]}$를 계산
    가중치 $w_{ij}=p_j(x_{ij})[1-p_j(x_{ij})]$를 계산
    가중치 w_{ij}를 사용해 r_{ij}에 최소 제곱 회귀를 적용하고, 이를 통해 $f_{mj}(x)$를 근사
  }
  대칭식 $f_{mj}(x)=\frac{K-1}{K}\left[f_{mj}(x) - \frac{1}{K}\sum_{k=1}^{K} f_{mk}(x)\right]$를 적용
  $F_j(x)=F_j(x)+f_{mj}(x)$로 업데이트
  $p_j(x)=e^{F_j(x)}/\sum_{k=1}^{K} e^{F_k(x)}$로 업데이트
}
최종 분류자 $Q(x)=\arg\max_i[F_j(x)]$를 출력

아울러 확률을 통해 문제와 그 해답을 표현하는 방식에서는 분류자 간의 미스매치가 일어나지 않는데, 이는 확률이 곧 클래스 간의 일관성을 대변하기 때문이다. 흥미롭게도 다중 클래스 로짓부스트 및 그 증명은 2클래스 방식과 거의 일치하며, 약간의 복잡함만 추가됐을 뿐이다. 이는 2클래스 수식이 얼마나 강력한지와 더불어, 2클래스에서부터 시작하는 방식이 갖는 가치에 대한 하나의 증거라 할 수 있다.

이제 이 방식을 유도하기 위해, K개의 클래스 중 임의의 기반 클래스 J를 선택하고 나머지 클래스와 비교해보자. 이때 J번째 클래스를 K번째로 재정렬하면 수학적으로 증명하기가 더 간편해질 것이며, 일반성을 해치지도 않는다. 마찬가지로 예상되는 변화량과 로그 가능도를 합치기 위해, 나머지 $K-1$ 클래스에 적용될 수 있도록 일반화해 수식을 구하면 다음과 같다.

$$\mathbb{E}(L) = \mathbb{E}\left(u_j\left[F_j(x) + f_j(x)\right] - \ln\left(1 + \sum_{k=1}^{K-1} e^{[F_k(x)+f_k(x)]}\right)\right) \tag{14.86}$$

우선 $f_j(x)$에 대해 $\mathbb{E}(L)$의 1차 및 2차 도함수를 구하고, $f_j(x) = 0$일 때의 결과를 계산한다. 앞과 마찬가지로 증명을 단순화하기 위해 $f_j(x)$ 항을 무시하고 $F_j(x)$에 대해 미분을 진행하면 다음과 같다.

$$G_j = \frac{\partial \mathbb{E}(L)}{\partial F_j(x)} = \mathbb{E}\left(u_j - \frac{e^{F_j(x)}}{1 + \sum_{l=1}^{K-1} e^{F_l(x)}} \middle| x\right) \tag{14.87}$$

$$H_{jj} = \frac{\partial^2 \mathbb{E}(L)}{\partial F_j(x)^2} = -\mathbb{E}\left(\frac{e^{F_j(x)}}{1 + \sum_{l=1}^{K-1} e^{F_l(x)}} \times \frac{\left[1 + \sum_{l=1}^{K-1} e^{F_l(x)}\right] - e^{F_j(x)}}{1 + \sum_{l=1}^{K-1} e^{F_l(x)}} \middle| x\right) \tag{14.88}$$

$$H_{jk:\ k\neq j} = \frac{\partial^2 \mathbb{E}(L)}{\partial F_j(x)\,\partial F_k(x)} = \mathbb{E}\left(\frac{e^{F_j(x)}}{1 + \sum_{l=1}^{K-1} e^{F_l(x)}} \times \frac{e^{F_k(x)}}{1 + \sum_{l=1}^{K-1} e^{F_l(x)}} \middle| x\right) \tag{14.89}$$

그다음을 진행하기 위해, 식 (14.72)의 다중 로지스틱 버전을 적용한다.

$$F_j(x) = \ln\left[\frac{P(u_j = 1|x)}{P(u_K = 1|x)}\right] \qquad j = 1, \ldots, K-1 \tag{14.90}$$

이 식에서 함수는 일반적인 형식으로(즉, 자연로그 앞에 1/2 인수가 존재하지 않는 형태로) 표현되고 있는데, 이는 간결함을 위해 식 (14.75)의 업데이트 항과 지수 항에 붙은 인수 2를 생략했기 때문이다(Friedman et al.(2000) 역시 동일한 방식을 취했다). 이에 해당하는 확률을 식으로 표현하면 다음과 같다.

$$p_j(x) = \frac{e^{F_j(x)}}{1 + \sum_{k=l}^{K-1} e^{F_l(x)}} \qquad j = 1, \ldots, K-1 \tag{14.91}$$

$$p_K(x) = \frac{1}{1 + \sum_{k=l}^{K-1} e^{F_l(x)}} \tag{14.92}$$

식 (14.87) ~ 식 (14.89)를 소거하면 다음을 얻을 수 있다.

$$G_j = \mathbb{E}\big(u_j - p_j(x)|x\big) \qquad j = 1, \ldots, K-1 \tag{14.93}$$

$$H_{jj} = -\,\mathbb{E}\big(p_j(x)\left[1 - p_j(x)\right]|x\big) \qquad j = 1, \ldots, K-1 \tag{14.94}$$

$$H_{jk:k\neq j} = \mathbb{E}\big(p_j(x)p_k(x)\big) \qquad j, k = 1, \ldots, K-1 \tag{14.95}$$

사실 식 (14.94)와 식 (14.95)는 다음과 같은 형태로 더 줄여쓸 수 있다.

$$H_{jk} = -\,\mathbb{E}\big(p_j(x)\left[\delta_{jk} - p_k(x)\right]|x\big) \qquad j, k = 1, \ldots, K-1 \tag{14.96}$$

다중 클래스 로짓부스트 알고리듬의 경우(표 14.9) 마찬가지로 최소 제곱 근사가 필요하며, 뉴턴 방식을 차용해 헤시안 H_{jk}에 대한 대각 근사를 구하면 업데이트 식을 다음과 같이 쓸 수 있다.

$$F_j(x) = F_j(x) - \frac{G_j}{H_{jj}} = F_j(x) + \mathbb{E}\left(\left.\frac{u_j - p_j(x)}{p_j(x)\left[1 - p_j(x)\right]}\right| x\right) \tag{14.97}$$

마지막으로, 식 (14.79)를 적용해 대칭 매개화 변환을 진행해야 한다. 앞에서 언급했듯이, 이 과정을 거쳐야 전체 이진분류자에 대해 엄밀하고 일관된 확률을 얻을 수 있다. 아울러 기반 클래스로 가능한 모든 선택지에 걸쳐 평균을 구한다(이는 $K-1$개의 원본 분포를 K개의 클래스로 나눈 것과 같다).

$$F_j(x) = F_j(x) \quad + f_j(x) \tag{14.98}$$

여기서

$$f_j(x) = \frac{K-1}{K}\left[\mathbb{E}\left(\frac{u_j - p_j(x)}{p_j(x)[1 - p_j(x)]}\middle| x\right) - \frac{1}{K}\sum_{k=1}^{K}\mathbb{E}\left(\frac{u_k - p_k(x)}{p_k(x)[1 - p_k(x)]}\middle| x\right)\right] \tag{14.99}$$

대칭화 때문에, 다중 클래스 로짓부스트 알고리듬(표 14.9)에서 $p_j(x)$에 대한 최종적인 업데이트 공식은 식 (14.91)이 아닌 식 (14.84)임을 유의하라.

14.13 수신자 조작 특성

이 장의 앞쪽 절에서는 분류 에러율을 가능한 한 줄여야 한다는 암묵적인 가정을 하고 내용을 진행했지만, 13.6절에서 살펴봤듯이 실질적으로는 에러보다 비용이 더 중요한 매개변수다. 또한 에러율과 탈락률 간의 트레이드오프를 고려해, 분석 과정에서 추가적인 개선이 필요하다는 사실도 확인했다.

여기서는 바이너리 형태로 결정을 내려야 하는 실제 상황에서 필요한 또 하나의 개선점을 살펴볼 것이다. 레이더가 이 주제의 좋은 예가 될 수 있는데, 레이더는 크게 두 종류의 분류 에러를 보인다. 첫째, 실제로는 존재하지 않는 미사일이나 비행기를 레이더에서 표시할 수 있다. 이 경우의 에러는 거짓 양성(혹은 좀 더 널리 쓰이는 용어로 거짓 경고)이라 불린다. 둘째, 실제로 미사일이나 비행기가 존재하는데 레이더가 잡지 못하는 경우가 있다. 이 경우는 거짓 음성이라 부른다. 비슷하게 자동화 산업 분야에서 검사를 진행해 제품의 결함을 찾고자 할 때도, 정상적인 상황에서 결함을 찾는 거짓 양성이나 결함이 있는 제품을 놓치고 지나가는 거짓 음성이 발생할 수 있다.

이러한 경우 상황은 크게 네 가지로 분류할 수 있다. (1) 참 양성(실제 양성으로 분류함), (2) 참 음성(실제 음성으로 분류함), (3) 거짓 양성(실제 양성을 분류하지 못함), (4) 거짓 음성(실제 음성을 분류하지 못함). 어떤 응용 분야에서 여러 실험을 통해 이 네 분류의 비율을 계산하면, 그 값은 각각의 등장 확률로 놓을 수 있다. 표현을 분명하게 하면, 각 분류들은 다음과 같은 관계로 정의할 수 있다.

$$P_{TP} + P_{FN} = 1 \tag{14.100}$$

$$P_{TN} + P_{FP} = 1 \tag{14.101}$$

(왜 이런 식으로 확률이 결합되는지 혼란스러울 수 있을 것이다. 어떤 물체가 결함이 있다면, 그 물체는 '제대로' 검출되거나 결함이 없다고 '잘못' 분류되거나 둘 중의 하나다. 후자의 경우가 거짓 음성에 해당한다.)

이제 에러 확률 P_E는 다음 합으로 나타낼 수 있다.

$$P_E = P_{FP} + P_{FN} \tag{14.102}$$

일반적으로 거짓 양성과 거짓 음성은 비용이 각기 다르다. 따라서 손실 함수 $L(C_1|C_2)$는 손실 함수 $L(C_2|C_1)$과 같지 않다. 예를 들어, 적의 미사일을 놓치거나 유아식에서 유리조각을 찾는 데 실패하는 상황은 거짓 경고가 몇 번 울리는 것(식품 검사의 경우에는 정상적인 음식 몇 개를 불량으로 분류하는 것)보다도 더 큰 비용을 갖는다. 실제로, 거짓 음성의 수(검출해야 하는 목표를 놓치는 경우의 수)를 가능한 한 최우선적으로 줄여야 하는 응용 분야는 상당히 많다.

하지만 어느 정도까지 거짓 음성의 수를 줄이고자 해야 하는가? 이 질문은 중요하며, 임시적인 수단이 아닌 체계적인 분석을 통해 답을 찾아야 한다. 핵심은 거짓 양성과 거짓 음성의 비율이 체계를 구성하는 매개변수에 따라 독립적으로 변화하고, 많은 경우에는 전체적인 세부를 정의하기 위해 단 하나의 임계 매개변수만을 고려해야 한다는 점이다. 이때 이 매개변수를 제거하고 거짓 양성 및 음성의 수가 서로에 대해 어떤 관계를 갖는지 정한다. 이 결과를 수신자 조작 특성receiver operating characteristic, 즉 ROC 곡선이라고 부른다(그림 14.16 참고. 본문에서는 P_{FP} 및 P_{FN}에 대해 ROC 곡선을 정의했지만, 다른 많은 문헌에서는 예를 들어 P_{TP} 및 P_{FP}를 사용하는 식으로 다르게 정의하며 이 경우 그래프는 뒤집혀서 나타난다).

ROC 곡선은 대부분 대칭에 가깝게 나타나며, 항목 개수 대신 확률에 대해 표현할 경우 그림 14.16에서처럼 (1, 0) 및 (0, 1) 지점을 통과한다. 일반적으로 이 그래프는 매우 오목한 형태이기 때문에, 두 끝 지점을 제외하면 $P_{FP} + P_{FN} = 1$ 선분보다 훨씬 아래로 지나간다. 원점과 가장 가까운 지점은 또한 많은 경우 $P_{FP} = P_{FN}$ 선분과 가깝게 위치한다. 즉, 만약 거짓 양성 및 거짓 음성이 같은 비용을 갖도록 되어 있다면, 분류자는 단지 $P_{FP} = P_{FN}$ 조건하에서 P_E의 최솟값을 찾기만 하면 된다. 그러나 유의할 점은 원점에 가장 가까운 지점이 곧 P_E를

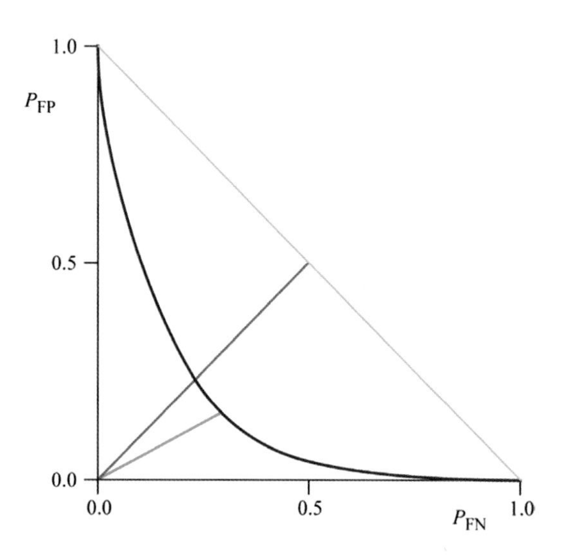

그림 14.16 이상적인 ROC 곡선(파랑). 빨간색 선분은 그레이디언트 +1 값을 가지며, 선험적으로 가장 적은 에러를 보일 것으로 예상되는 지점을 나타낸다. 실제로 최적인 지점은 초록색 선분을 통해, 곡선상에서 그레이디언트가 −1인 지점을 가리킨다 주황색 곡선은 그레이디언트 −1 값을 가지며, 최악의 경우에 대한 조건을 가리킨다. 실제로 ROC 곡선은 모두 이 선 아래쪽에 형성된다.

최소화하는 지점이 아니라는 사실이다. 총 에러를 최소화하는 지점은 ROC 곡선상에서 그레이디언트가 −1 값을 갖는 곳에 위치한다(그림 14.16).

공교롭게도 ROC 곡선의 형태를 예측할 수 있는 일반적인 이론은 존재하지 않는다. 더군다나 학습 세트의 샘플 개수는 제한적이고(특히 검사 과정에서 드물게 발생하는 오염을 찾아야 할 경우), 따라서 정확하게 어떤 형태로 나타나는지 증명할 방법이 마땅치 않다. 특히 곡선의 양쪽 날개 끝부분이 그렇다. 몇몇 경우, 지수함수 또는 다른 형태로 모델링을 시도할 수 있다. 그림 14.17에서는 지수함수를 통해 곡선을 상당히 정확하게 묘사하고 있다. 그러나 기본적으로 곡선의 형태가 완전히 지수함수라고 하기는 어려운데, 이는 ROC 곡선이 (1, 0) 및 (0, 1) 지점을 지나는 대신 무한대에서 0으로 접근하기 때문이다. 또한 두 지수를 연결할 경우 이론적으로 연속성 문제가 발생한다. 그럼에도 불구하고 적절한 임계 범위 내에서 충분히 정확하게 모델이 들어맞는다면 거짓 양성과 거짓 음성에 대한 상대적인 비용 인수를 적절히 조정할 수 있으며, 이 모델을 이상적으로 작동할 수 있는 지점을 찾는 체계적인 방법이라 볼 수 있다. 물론 추가적인 요소를 고려해야 할 경우도 있다. 예를 들어, 거짓 음성이 특정 수준을 넘

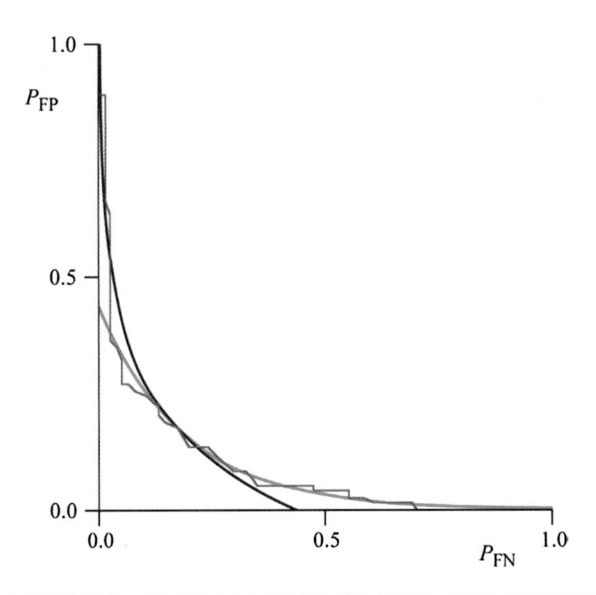

그림 14.17 지수함수를 사용한 ROC 곡선 근사. ROC 곡선(빨강)은 한정된 데이터 지점 세트를 통해 형성됐기 때문에 뚜렷한 계단 형태를 보인다(Davies et al.(2003c) 참고). 두 지수함수(초록 및 파랑)를 사용하면 두 축에 대해 ROC 곡선을 상당히 잘 근사할 수 있다. 이 경우 각 함수에서 가장 잘 모델이 들어맞는 영역을 취사해 결합하게 된다. 또한 두 모델이 맞닿는 영역은 대체로 매끄럽게 연결되긴 하지만, 이론적인 근거가 있는 것은 아니다. 아울러 지수함수는 극한점 (0, 1) 및 (1, 0)을 지나지 않는다.

어가지 않아야 할 수 있다. ROC 분석에 대한 예시로는 Keagy et al.(1995, 1996) 및 Davies et al.(2003)을 참고하라.

14.13.1 에러율 기반 성능 평가

(전형적인 레이더 관련 분야에서 쓰이는) 신호 탐지 이론의 경우, 지금까지 살펴본 확률보다는 에러율을 기준으로 삼는 경향이 있다. 이를 따르면 다음과 같이 정의하게 된다.

$$\text{참 양성률}^{\text{true positive rate}}: \quad tpr = \frac{TP}{P} = \frac{TP}{TP + FN} \tag{14.103}$$

$$\text{참 음성률}^{\text{true negative rate}}: \quad tnr = \frac{TN}{N} = \frac{TN}{TN + FP} \tag{14.104}$$

$$\text{거짓 양성률}^{\text{false positive rate}}: \quad fpr = \frac{FP}{N} = \frac{FP}{TN + FP} \tag{14.105}$$

$$\text{거짓 음성률}^{\text{false negative rate}}: \quad fnr = \frac{FN}{P} = \frac{FN}{TP + FN} \tag{14.106}$$

여기서 P와 N은 각각 클래스 P 및 N에 속하는 물체의 수를 뜻한다. 식 (14.100)과 식 (14.101)을 적용하면 다음이 성립한다.

$$tpr + fnr = 1 \tag{14.107}$$

$$tnr + fpr = 1 \tag{14.108}$$

따라서 앞의 네 정의식이 유효하다고 할 수 있다.

불행하게도 패턴 인식의 여러 분야에서 이에 관련된 명칭과 매개변수들이 너무 많이 등장하기 때문에, 이를 접하다 보면 혼란스러울 수 있다. 다음 표는 이러한 이름들과 그 정의를 정리한 것이다.

민감도(sensitivity)	특정 형태의 목표를 찾는 데 성공하는 비율을 표현하는 매개변수. 혹은 적중률(hit rate)이라고 부르기도 한다. 즉, *tpr*과 동일한 값이다.
재현율(recall)	특정 항목을 데이터베이스에서 찾는 데 성공하는 정도를 뜻한다. 즉, *tpr*과 동일한 값이다.
특이도(specificity)	특히 의약 분야에서 사용되며, 검사에서 아프지 않다고 판정받은 환자 중에서 실제로 완치된 비율을 뜻한다. 즉, $tnr = 1 - fpr$과 동일한 값이다.
분리도(discriminability)	특정 목표를 비슷한 형태의 다른 대상과 구분하는 데 성공하는 정도를 뜻한다. 즉, $TP/(TP + FP)$와 같은 값이다.
정밀도(pricision)	노이즈나 클러터 등 다른 방해물로부터 특정 형태의 목표를 정확히 분간할 수 있는 정도를 뜻한다. 즉, $TP/(TP + FP)$와 같은 값이다.
정확도(accuracy)	배경과 전경을 구분하는 데 성공하는 전체적인 비율을 뜻한다. 이 값을 구하려면 $(TP + TN)/(P + N)$을 계산하면 된다.
거짓 경고율	*fpr*과 동일
양성예측도	정밀도와 동일
F 값	전체적인 성능을 나타내는 값으로서, 재현율과 정밀도(또는 민감도와 분리도)를 결합해 구한다. 이때 에러율이 아닌 에러 개수를 결합($FP + FN$)하므로, *F* 값을 구하는 공식은 기본적으로 다소 복잡한 형태를 갖는다. $\frac{2}{1/\text{재현율} + 1/\text{정밀도}}$

F 값을 좀 더 일반적으로 표현하면 다음과 같다.

$$F_\gamma\text{-measure} = \frac{1}{\gamma/\text{재현율} + (1-\gamma)/\text{정밀도}} \tag{14.109}$$

이때 γ 값을 조절해 재현율과 정밀도 간에 가장 적절한 가중치를 주어야 하며, 보통은 0.5에 가까운 값을 갖는다.

상당히 많은 경우 재현율과 정밀도를 사용하면 ROC와 유사한 그래프를 그릴 수 있다. 다만 실제로는 *tpr*과 *fpr*의 관계를 보여주는 ROC 곡선과는 다소 거리가 있다(재현율 = *tpr*이더라도 정밀도 ≠ *fpr*임을 유의하라).

마지막으로, 바이너리 분류자의 성능을 잘 나타내는 지표로서 *tpr*과 *fpr*에 대한 ROC 곡선 아래의 면적AUC, area under the curve을 사용할 수 있다. 이 값은 ROC 곡선이 $tpr = 1$, $fpr = 0$ 축에 근접할 때 가장 커진다. 이 값을 사용할 경우, AUC가 가장 큰 분류자의 성능이 가장 좋다고 할 수 있다.

14.14 결론

14장에서는 확률적 머신러닝 분야에서 굳게 그 자리를 지키는 두 가지 주된 주제를 살펴봤는데, 하나는 EM 알고리듬이고 하나는 부스팅 분류다. 이 둘은 각자 다르게 확률론적으로 접근하고 있으며, 여러 전략을 통해 부스팅을 포함한 이들 방법을 구현할 수 있다. 요컨대 원래 확률은 완전하고 유일한 방식으로 작동하지만, 실제로 확률론적인 접근법을 제대로 구현하려면 이론적인 부분을 발전시켜야 한다. 결국 일부 접근법만이 다른 것에 비해 현실에 더 가까이 따라가게 된다. 물론 응용 분야에 따라 강건성 등 다른 기준도 중요하며, 따라서 각기 다른 범위의 데이터셋을 여럿 사용해 각각의 기준에 따라 달리 근사를 구하는 작업이 필요하다. 예를 들어, 가우시안 대신 스튜던트 t 분포를 사용해 혼합 모델을 구하면 분포의 꼬리 부분에 가중치를 더 많이 주도록 조정할 수 있다. 이를 통해 데이터의 아웃라이어를 더 강건하게 다룰 수 있다(Sfikas et al., 2007). 또 다른 예로는 로짓부스트 알고리듬이 이론적으로 에이다부스트와 다른 출발점에서 시작하는 사례가 있다. 일반적으로 문제를 수학적으로 다루는 과정에서는 필요한 확률을 명확하게 정의해야 한다. 이는 자연스러운 현상인데, 대다

수 또는 거의 모든 응용 분야에서 적절한 정규 확률 분포를 찾으리란 확신이 없기 때문이다. 그렇다 해도 문제에 들어맞는 확률론적 방식을 유추하기 위해서는 결국 적절한 모델을 찾아야 한다.

또한 이 장에서는 그 밖의 중요한 방식들을 소개했다. 수많은 비전 관련 주제에서 쓰이는 PCA도 그중 하나다. 예를 들어 다파장 이미지를 최적화하거나, 형태 모델을 찾거나, '고유 얼굴' 접근법(12장과 21장 참고)을 사용해 표정의 변화를 매칭시키는 등 다양한 방면에서 사용된다.

마지막으로, 비전 분야에서 중요하게 다루는 ROC와 성능 분석에 대해 자세히 살펴봤다. 알고리듬의 근간이 되는 이론을 기반으로 하여 학습 과정을 거치면 이를 구현할 수 있지만, 이에 더해 성능을 분석하는 작업이 필요하다. 이러한 분석은 보통 성공률과 실패율(예: *tpr*, *fnr* 등)을 통해 이뤄지며, 이 값은 이 장의 많은 부분에서 다뤘던 확률과 완전히 동떨어진 것도 아니다.

14장에서는 EM 알고리듬과 이를 혼합 모델링에 적용하는 방법을 다뤘다. 또한 히스토그램 기반 분할에 성공적으로 적용할 수 있음을 보였다. *K* 평균은 혼합 모델링에 있어 초기 근삿값을 구하는 데 유용한 방식이다. 그러나 관련이 있을 뿐이지 실제로는 확률론적 방식이 아니므로 정확도가 떨어질 수 있다. 부스팅 분류자는 약한 분류자를 체계적으로 사용하는 데 매우 적절한 방식이며, 오버트레이닝을 상당히 억제하기까지 한다.

14.15 문헌과 연보

14장에서 다룬 다른 많은 주제에 비해, EM 알고리듬은 처음 언급된 논문이 Dempster et al.(1977)일 정도로 상당히 오래된 편이다. 그럼에도 불구하고 이 방식은 오랜 기간 동안 검증을 거쳤으며 비전 분야에서 꾸준히 주류의 위치를 놓지 않고 있다. 그보다 훨씬 뒤에 혼합 모델이 비전 분야에 등장했으며, 배경 제거(Stauffer and Grimson, 1999) 및 피부 검출(Jones and Rehg, 2002) 등의 중요한 응용 분야에 도입됐다. 이후 Ma et al.(2007)이나 Sfikas et al.(2007) 등의 논문에서 혼합 모델을 사용한 분할을 다뤘다. 이 중 후자의 논문에서는 가우시안 대신 스튜던트 *t* 분포를 사용해 양 끝부분을 더 넓게 구성하게 했다. 이렇게 하면 아웃라이어를 포함한 데이터를 강건하게 다룰 수 있다는 장점이 있다. 특히 스튜던트 *t* 분포는 가우시안보다 더 많은 매개변수를 포함하고 있기 때문에, 분포 꼬리 부분에 더 많은 가중치를 주도록 조정할 수 있다.

PCA는 칼 피어슨Karl Pearson이 1901년에 발명한 이후 지금까지 내려오는 오래된 수학 기법이다. 1960년대 디지털 컴퓨터가 도래한 이후, PCA는 모든 종류의 과학 분야에서 데이터 근사를 위해 그 사용이 폭발적으로 늘었다. 응용 분야에 따라 이러한 방식들은 각기 다른 이름으로 불렸는데, 예를 들어 호텔링Hotelling 변환, KLKarhunen-Loève 변환, 특잇값 분해 등이 있다. 최근 들어서는 커널 PCA(Schölkopf et al., 1997)와 확률론적 PCA(Tipping and Bishop, 1999) 등 다양한 방식으로 연구가 진행된 바 있다.

다중 분류자 접근법은 비교적 최근에 등장했으며, Duin(2002)에 잘 요약되어 있다. Ho et al.(1994)는 이 주제가 다소 초창기였던 당시 시점에서 검토할 만한 흥미로운 선택지들을 정리했다.

'배깅bagging'과 '부스팅boosting'은 또 다른 다중 분류자의 한 종류라 할 수 있으며, Breiman(1996)과 Freund and Schapire(1996)이 개발했다. 배깅('부트스트랩 추출bootstrap aggregating'의 약자)은 학습 세트를 n번 복원 샘플링하고, b개의 부트스트랩 세트를 생성해 b개의 서브분류자를 학습한 다음, 테스트 패턴을 각 서브분류자가 가장 많이 예측한 클래스로 분류하는 방식이다. 이 방식은 불안정한 상황(예를 들어, 분류 트리를 사용할 경우)에서 특히 유용하지만, 안정적인 분류 알고리듬(예: 최근접 알고리듬)을 사용할 경우에는 거의 가치가 없다. 부스팅은 약한 분류자의 성능을 개선하는 데 유용하다. 병렬로 작동하는 배깅과 달리 부스팅은 순차적인 결정론적 방식이다. 즉, 각 학습 세트 패턴에 대해 (추정한) 본래 정확도를 따라 각기 다른 가중치를 부여한다. 이 기법에 대해 더 심화된 연구는 Rätsch et al.(2002), Fischer and Buhmann(2003), Lockton and Fitzgibbon(2002) 등을 참고하라. 마지막으로, Beiden et al.(2003)은 여러 분류자를 학습하고 테스트하는 과정에서 필요한 여러 인수에 대해 논했는데, 이 중 상당수는 다변량 ROC 분석과 연관이 있다.

Li and Zhang(2004)는 새로운 부스팅 알고리듬인 '플로트부스트FloatBoost'를 적용해 최초로 실시간 다중 뷰 얼굴 인식 시스템을 구현할 수 있음을 보이고, 그 방식을 설명했다. 즉, 에이다부스트 학습을 반복하되, 각 단계가 끝날 때마다 되추적backtracking 메커니즘을 사용해 직접적으로 에러율을 최소화한다. 또한 약한 분류자 중 가장 뛰어난 것을 학습하는 새로운 통계 모델과, 후험적인 확률을 구하기 위한 단계적인 근사 방법을 사용했다. 이를 통해 에이다부스트보다 훨씬 적은 수의 약한 분류자만을 필요로 한다. Gao et al.(2010)은 에이다부스트의 핵심적인 문제인 어떻게 가장 잘 구별할 수 있는 약한 학습자를 '선택할 것인지'와 이렇게 선택한 약한 학습자들을 어떻게 '결합할 것인지'를 해결하기 위해 알고리듬을 수정했다. 또한 가상 및 실제 데이터(자동차 및 비자동차 패턴)를 대상으로 실험을 진행해, 실제로 이 알고리듬이 상술한 두 문제를 해결할 수 있는지 그 능력을 검증했다. Fumera et al.(2008)은 배깅을 이론적으로 분석해 분류자의 선형 조합으로 나타냈고, 이를 통해 배깅 과정에서 잘못 분류할 확률을 앙상블 크기에 대한 함수로 모델링했다.

결정 트리는 패턴 인식을 빠르게 수행할 수 있는 편리한 방식이며, 최근 들어 그 방법론이 빠르게 발전해왔다. Chandra et al.(2010)은 새로운 노드 분할 방식인 DCSM[distinct class-based splitting measure]을 통해 결정 트리를 구축했다. 노드 분할 지표는 결정 트리를 좀 더 간결하고 일반적으로 만들 수 있게 해준다는 점에서 중요하다. Chandra et al.(2010)은 DCSM이 잘 작동하며, 널리 쓰이는 다른 노드 분할 지표에 비해 결정 트리가 더 간결하고 분류의 정확도가 더 높음을 보였다. 아울러 DCSM은 가지치기(간결함과 정확도를 더 개선할 수 있는)에 있어서도 유리하다. Köktas et al.(2010)은 보행 분석을 통해 무릎 관절 상태를 평가할 때 쓰이는 다중 분류자에 대해 다뤘다. 여기서는 결정 트리의 잎 부분에 다중 레이어 퍼셉트론[MLP, multilayer perceptrons]을 도입했다. 이때 트리의 각 잎 부분에는 바이너리 분류를 위한 세 중류의 서로 다른 MLP('전문가[experts]')를 사용했다. 논문은 이러한 형태의 데이터의 경우 제안한 방식이 하나의 다중 클래스 분류자보다 더 나은 결과를 냄을 보였다. Rodríguez et al.(2010)은 많은 양의 데이터셋에 앙상블 방식을 적용해 더 정확한 분류자를 생성하는 방법을 다뤘다. 또한 다중 클래스 문제의 경우, 결정 트리의 앙상블('숲[forests]')이 중첩된 이분 분기[nested dichotomies]의 앙상블과 잘 결합할 수 있음을 보였다. 이렇게 중첩된 이분 분기 앙상블과 숲 방식을 함께 기초 분류자로서 직접적으로 사용하는 접근법은 결정 트리의 중첩된 이분 분기를 기초 분류자로 사용하는 앙상블 방식을 사용해 개선할 수 있다.

Fawcett(2006)은 참/거짓, 양성/음성을 사용하는 많은 설명자가 도입하고 있는 ROC 분석에 대해 훌륭하고 친절한 요약을 제공하고 있다. 특히 이 논문은 다양한 맥락에 따라 각기 다른 이름을 갖는 여러 설명자를 한데 모은 것에 그 가치가 있다. 특히, 최근에 더욱 널리 쓰이는 용어인 '정밀도'나 '재현율'은 '민감도', '특이도', '정확도' 등과 연관을 갖고 있다(각 용어들이 성능을 어떻게 정의하는지에 대해서는 14.13.1절을 참고하라). 아울러 '*F* 값' 등의 지표를 정의하고, ROC 그래프를 사용했을 때 발생하는 문제점도 다뤘다. Ooms et al.(2010)은 Fawcett(2006) 요약의 가치를 인정하면서도, ROC 개념에는 일정한 제한이 있으며 '오분류 비용'을 중점으로 보는 경우와는 달리 '분류'에 있어서 최적의 지표는 아님을 보였다. 아울러 분류 최적화 곡선SOC, sorting optimization curve을 제안해, 분류 문제를 해결하고 가장 잘 작동하는 지점을 찾도록 했다. FP 대비 FN의 비율 또는 TP 대비 FP의 비율을 그리는 ROC 곡선과는 달리, SOC 곡선은 수율yield rate(Y) 대 품질 개선율(Q)의 관계를 그린다. 이때 $Y = (TP + FP)/(P + N)$으로 표현된다. 이렇게 정의하는 이유는 제품을 파는 시점에서 참 양성과 거짓 양성을 구분하는 의미가 없어지기 때문이다. 품질 Q는 정밀도 $Pr = TP/(TP + FP)$에 대한 함수 $Q = f(Pr)$로 정의하게 되며, 이때 함수 f는 특정한 상품(예: 사과)을 분류하고자 할 때 사용된다. 일반적으로 최적화를 진행하면, 허용 가능하거나 합법적이라 할 수 있는 최소한의 품질 수준까지 Y대 Q 곡선을 위로 움직이게 된다.

한편 지난 몇십 년 동안 ROC 곡선의 수준을 평가하는 주제가 그 중요성을 더해왔으며, 주로 AUC 지표를 통해 그 성능을 나타내게 된다(Fawcett, 2006). 예를 들어 Hu et al.(2008)은 특징 평가 및 선택 작업을 최적화하는 과정에서 이 지표를 유용하게 사용했다.

14.16 연습문제

1. 식 (14.17)을 완전히 증명하라.
2. 식 (14.23)에 나타낸 세 식을 완전히 증명하라.
3. 식 (14.70)에 기반해 모집단 최소자를 $g(e^{-yF(x)})$ 형태의 모든 손실 함수에 적용할 수 있음을 증명하고, 값의 범위나 그레이디언트 등 $g(\cdot)$ 함수에 적용되는 모든 제한을 명시하라.
4. 식 (14.75)에서 출발해 계산을 다시 진행해보고, 그 과정에서 수식에 포함된 2개의 2가 꼭 필요한지 논하라. 즉, 최종적인 결과식에 이 값이 영향을 끼치는지 조사하라.

5. ROC 곡선에서 원점에 근접한 지점이 총 에러가 최소인 지점과 '일치하지 않는' 이유는 무엇인가? 실제로 ROC 곡선상에서 총 에러가 최소인 지점은 그레이디언트가 −1인 지점에 해당한다(14.13절 참고). 이를 증명하라.

6. 14.13절에서 정의한 *TP*, *TN*, *FP*, *FN*에 대해, 양성 비중이 드물고 분류 에러가 비교적 낮은 상황을 가정했을 때 이 값들을 크기순으로 나열하라. 만약 *tpr*, *tnr*, *fpr*, *fnr* 비율을 마찬가지로 크기순으로 정렬한다면, 이 순서는 *TP*, *TN*, *FP*, *FN*과 동일할 것인가?

7. ROC 곡선과, 동일한 분류자에 대한 정밀도-재현율 곡선의 형태를 비교하라. 두 형태는 수학적으로 어떤 관계를 가질까? 두 분류자에 대한 ROC 곡선이 교차하는 횟수가 정밀도-재현율 곡선의 경우와 일치하는지 여부를 논하라.

8. 식 (14.109)를 사용하면, 수학적인 방법을 통해 정밀도와 재현율을 하나의 지표로 묶을 수 있음을 증명하라. 이 경우 고려해야 할 수학적인 기준은 무엇이 있을까?

15

딥러닝 네트워크

15장에서는 딥러닝 네트워크를 소개한다. 우선 13장 '분류: 기본 개념'에서 살펴본 일반적 형태의 인공신경망(ANN, artificial neural network)에서부터, 합성곱 신경망(CNN, convolutional neural network)이라는 개념이 어떻게 발전하는지를 살펴본다. 또한 여러 예시를 통해, CNN이 분류나 분할 등에 응용되는 경우가 급격히 증가하는 이유와 자동 이미지 캡션 생성 등의 다른 분야에서 이뤄지는 중요한 발전에 대해 알아본다.

15장에서 다루는 내용은 다음과 같다.

- CNN이 초기 ANN 형태보다 성능 향상을 보이는 이유
- 일반적인 CNN 구조
- 기술적 특징: 깊이, 스트라이드, 제로 패딩, 수용 영역, 풀링
- AlexNet을 LeNet에 비해 개선하는 방법
- Zeiler and Fergus(2014)가 AlexNet을 더 개선한 방법
- VGGNet을 통해 성능을 더 개선하는 방법
- 역합성곱 네트워크(DNN, deconvolution network)를 사용한 CNN 연산 시각화
- CNN-DNN(인코더-디코더) 네트워크에서 풀링과 언풀링의 역할
- CNN-DNN 네트워크를 사용한 시맨틱 분할
- 순환 신경망(RNN, recurrent neural network)을 사용한 이미지 캡션 생성

초기 ANN에 대한 관심이 식었던 이유는 그 내부 정보를 알 수 없고, 부적절하거나 불충분한 학습이 이뤄질 경우 실패에 취약했기 때문이다. CNN의 내부 구조를 시각화하는 것을 돕는 DNN을 사용할 경우 이러한 우려를 해소할 수 있다. 아울러 학습에 사용하는 데이터셋도 점점 그 규모가 방대해졌다. 현재 시점에서 딥러닝의 미래는 밝다고 할 수 있다. 다만 기존의 접근법에 어떻게 이를 사용할지에 대한 문제가 남아 있다.

15.1 서론

원래 ANN을 설계하게 된 목표는 인간의 뇌에서 일어나는 일을 흉내 내고자 함이었다. 즉, 정보가 눈으로 들어가면, 외측 슬상핵을 거쳐 시각 피질에 도달하며, V1, V2, V4, IT(아래관자피질)의 순서대로 처리가 이뤄져 최종적으로 인식 작업이 수행된다. 이러한 과정은 두뇌에서 매우 간단하게 이뤄지는데, 특별한 노력 없이도 전체 장면을 '눈 깜짝할 사이에' 분석해낸다. 이에 따라 ANN은 인간의 시각 시스템을 흉내 내어, 데이터를 변경하는 여러 레이어로 구성되어 있다. 앞쪽 레이어는 데이터를 로컬하게 다루고, 레이어가 진행될수록 점점 큰 뉴런 세트가 관여해 인식과 장면 분석이 완료될 때까지 계속된다. 그러나 초창기에는 ANN에서 다루는 레이어의 수가 몇 개 되지 않았다. 당시 실제로 작동하는 최대 깊이는 입력 레이어 하나, 은닉 레이어 3개, 출력 레이어 하나에 불과했다. 다만 이후 밝혀진 사실은, 굳이 은닉 레이어를 2개 이상 사용할 필요는 없으며 많은 기본적인 작업은 하나의 은닉 레이어로 이뤄진 3레이어 신경망으로 충분하다는 것이었다(13.12절 참고).

적은 수로 레이어를 제한하는 이유 중 하나는 신뢰도 할당 문제credit assignment problem, 즉 나머지 레이어를 '통해' 많은 수의 레이어를 학습시키기가 어려워지며, 또한 레이어가 많아진다는 것은 학습할 뉴런의 수 역시 많아지는 것이므로 작업을 완료하기 위해 더 많은 계산량이 필요해진다는 문제다. 이 때문에 ANN의 경우, 앞쪽의 학습되지 않은 레이어에서는 일반적인 특징 검출자를 통해 고전적인 인식 과정만을 진행하게 된다. 따라서 이미지 전처리 과정을 거친 다음 학습 분류자를 진행하는 것이 일반적인 패러다임이다(그림 15.1). 성능이 뛰어난 검출자를 직접 설계할 수 있다면 이러한 틀이 큰 문제가 되지는 않는다. 그러나 시간이 흐름에 따라, 다양한 형태의 물체가 여러 위치와 각도로 놓여 있는 실제 장면에 대해 풀스케일 장면 분석을 수행할 필요성이 점점 커져왔다. 따라서 초기의 간단한 ANN 형태를 넘어, 훨씬 복잡한 다중 레이어 인식 시스템으로 나아가려는 경향이 나타나기 시작했다. 아울러 전처

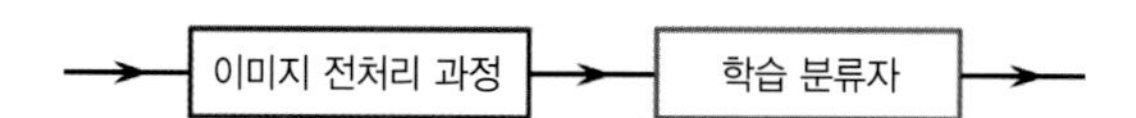

그림 15.1 고전적인 분류 시스템 패러다임. 고전적인 이미지 전처리 과정에서는 주로 비학습적인 방식을 직접 코딩해 특징을 검출한다. 일반적으로 학습 분류자는 역전파를 통해 학습시킨 ANN을 사용한다.

리 시스템 자체를 학습시켜, 뒷부분의 물체 분석 시스템이 요구하는 요소를 구비하고자 했다. 요컨대 통합적인 다중 레이어 신경망을 구축할 필요성이 높아졌다.

이러한 과정 속에서 몇몇 연구자들이 다른 형태의 분류자에 눈길을 돌리기 시작했다. ANN이 천천히 퇴장하는 사이에, 서포트 벡터 머신SVM, support vector machine이 유력한 대안으로 떠올랐다. 이제는 예전 방식의 ANN을 더 이상 많이 사용하지 않고, 가능한 한 배제하는 추세다. 1990년대 후반부터 이러한 경향이 등장했다. 사실 ANN은 또 다른 문제가 있었는데, 실제로 이를 적용하려면 소위 '일단 들이대는suck-it-and-see' 방식으로 문제에 접근해야 했다. 다시 말해 뉴런이나 레이어가 얼마나 필요한지, 학습 과정을 얼마나 많이 거쳐야 하는지, 혹은 학습 세트를 얼마나 복잡하게 구성해야 하는지 결정하기 위한 과학적인 근거가 없다(다른 관점으로 보면, 이상적인 네트워크 구성을 알 방법이 없었다는 것이 된다. 실제로 구성은 상황에 따라 변한다. 어떤 네트워크는 중간 부분의 레이어가 얕고, 어떤 네트워크는 깊다). 내부 연산을 과학적으로 분석할 방법을 마련하지 않는 한, 어떤 경우에서든 ANN이 내부적으로 어떻게 동작하는지는 알지 못한다. 성난 결정권자들이 실무에 이러한 방식을 도입하려고 할 때 그 적절성이나 신뢰도를 파악할 수 없다는 뜻이다. 요컨대 기존의 ANN은 이제 잘 쓰이지 않으며, 그 주된 이유는 다음과 같다.

1. 레이어와 레이어당 노드 수가 적을 때만 효율적인 학습이 가능하다.
2. 학습 과정에서 샘플 세트를 주의해서 선택해야 하기 때문에, 진행 가능한 학습의 양이 제한되는 경향이 있다.
3. 연산 과정을 과학적으로 분석해 입증하기가 어렵다.
4. 실제로 어느 정도의 신뢰도를 갖는지 확신할 수 없으며, 로컬 최솟값에서 빠져나가지 못할 위험성이 존재한다.
5. SVM 및 다른 기법들의 성능이 훨씬 더 뛰어나다.
6. 생물학적인 시스템을 흉내 냈음에도 불구하고, 큰 이미지에 바로 적용할 수 있을 정도로 스케일을 잘 키울 수 없다.
7. 이미지 간의 공간 불변성 측면에서 불리한 구조를 갖고 있다.

마지막 항목에서처럼 불변성이 떨어지는 이유는 각 은닉 레이어마다 뉴런이 독립적으로 학습되기 때문이다. 즉, 각 뉴런은 같은 레이어의 다른 뉴런과는 다른 학습 데이터를 받고, 따라서 초기 가중치를 랜덤하게 넣어줘야 한다. 이것은 상당히 큰 단점인데, 어떤 물체가 이미지상에서 어디에 있든 동일한 결정을 내리는 것이 합당하기 때문이다. 6번 항목의 스케일 문제 또한 특히 심각한데, 큰 이미지 내에서 물체 간의 상관관계를 찾는 작업(예를 들어, 자동차를 찾기 위해 네 바퀴의 위치를 구하는 등)을 진행하려면, (최소) 이미지 크기의 제곱 정도의 크기와 복잡성을 갖는 신경망을 필요로 하기 때문이다. ANN을 20 × 20픽셀짜리 네모 상자 이미지에 적용하는 것과, 좀 더 많은 은닉 레이어가 필요한 400 × 400픽셀짜리 이미지에 적용하는 것은 전혀 다른 일이다.

결국, 이미지에서 주어진 물체를 찾는 문제direct imaging problem를 다루기 위해서는 다른 형태의 구조가 필요하다. 특히 공간적 불변성이 확보돼야 하며, 여러 스케일의 데이터 간에 상관관계가 존재해야 한다. 원칙적으로는 입력 이미지와 동일한 크기로 네트워크를 넓게 설정하고, 그 출력값을 더 작은 네트워크에 입력하는 과정을 반복하면, 최종적인 레이어(이 레이어는 단 하나의 연결만 가질 수도 있다)에 다다라 어떤 결과를 가리키게 된다. 예를 들어, 촬영한 장면 속 어딘가에 불이 났는지 여부를 찾는다고 생각해보자. 혹은 최종적으로 작은 인터페이스를 출력하게 하면, 예를 들어 얼굴이나 자동차 바퀴처럼 해당하는 모든 물체의 위치를 구하고 이를 인식하게 할 수 있다.

사실 1990년대 후반이 되면 기본적인 ANN에서 분화된 아이디어가 여럿 등장하기 시작하지만, 그중 정말로 진지하게 논의의 대상이 된 것은 몇 되지 않으며, 대다수는 다른 종류의 ANN과 마찬가지로 사망선고를 받았다('사망'이라는 용어를 문자 그대로 너무 심각하게 받아들일 필요는 없다. 단지 더 사용되지 않고 논의의 장에서 사라졌다는 뜻이다). 그럼에도 불구하고 일부 추종자들은 대안으로 삼을 만한 구조를 찾기 위해 연구를 계속했다. 그 결과물 중 하나가 CNN이다. 이 방식은 2000년대 후반에 들어 전면에 등장했으며, 특히 뒤에서 보겠지만 2011년과 2012년에 완전히 시류를 타게 됐다. 이 시점에 이르러 드디어 '딥'러닝 네트워크라는 개념이 도착했다고 할 수 있다. 여기서 딥 네트워크/깊은 네트워크deep network는 3개 이상의 비선형적 은닉 레이어를 포함한 네트워크를 뜻하며, 따라서 일반적인 ANN의 범주를 벗어나게 된다(이러한 관점을 확장하면, 매우 깊은 네트워크very deep network는 10개 이상의 은닉 레이어를 가진 네트워크를 의미한다).

15.2 합성곱 신경망

CNN은 일반적인 ANN과 비교해서 여러 방면의 차이를 보인다.

1. CNN 뉴런은 로컬 연결성을 가지며, 따라서 직전 레이어 뉴런의 출력과 '전부' 연결될 필요는 없다.
2. 입력 필드는 중복돼도 무방하다.
3. 각 레이어에 대해, 해당하는 모든 뉴런은 같은 가중치 매개변수를 갖는다.
4. CNN은 기존의 시그모이드 출력 함수를 사용하지 않으며, 대신에 비선형 함수 형태인 정류 선형 유닛ReLU, rectified linear unit을 쓴다(다만 각 합성곱 레이어가 곧바로 ReLU 레이어와 연결될 필요는 없다).
5. 서브샘플링subsampling 또는 '풀링pooling' 레이어를 사용해 합성곱 레이어를 축약한다.
6. 정규화 레이어를 통해 각 레이어마다 적절한 수준으로 신호를 유지한다.

그러나 두 방식 모두 지도 학습을 사용하며, 역전파를 통해 네트워크를 학습시킨다.

이제 둘 간의 차이를 좀 더 자세히 살펴보자. 우선, 일반적인 ANN 내의 네트워크는 각 입력에 기존에 정한 가중치를 곱해 모두 더한다. 이때 만약 레이어 전체의 뉴런과 그 가중치가 동일하면(3번 항목) 이 연산은 결과적으로 합성곱에 해당한다고 정의할 수 있다. CNN이라는 용어는 여기서 유래했다. 중복 조건을 고려할 경우(2번 항목), 만약 어떤 레이어가 직전 레이어와 동일한 크기를 갖는다면, 각 픽셀에 대한 입력 필드는 거의 모든 출력에 대해 겹쳐진 상태가 된다(그림 15.2). 사실 이 책의 앞부분에서는 특징 검출을 다루면서 이미 합성곱 예제를 여럿 제시한 바 있다. 대표적으로 외각, 모서리, 특징점 인식이 있다. 이 경우 합성곱에 이어 비선형 검출자를 사용하게 된다. 4번 항목과 같은 차이를 보이는 이유는 비선형성이 필요하기 때문이다. ReLU는 정류 선형 유닛Rectified Linear Unit을 뜻하며, 직전 합성곱 레이어에서 출력된 값을 x라 할 경우 $(0, x)$에서 최댓값을 갖도록 정의된 비선형 함수다(그림 15.3 참고. 이때 ReLU는 각 출력 연결에 대한 1 대 1 필터다).

풀링(5번 항목)은 특정 영역에서 나오는 모든 출력을 모아 하나의 출력으로 내보내며, 보통

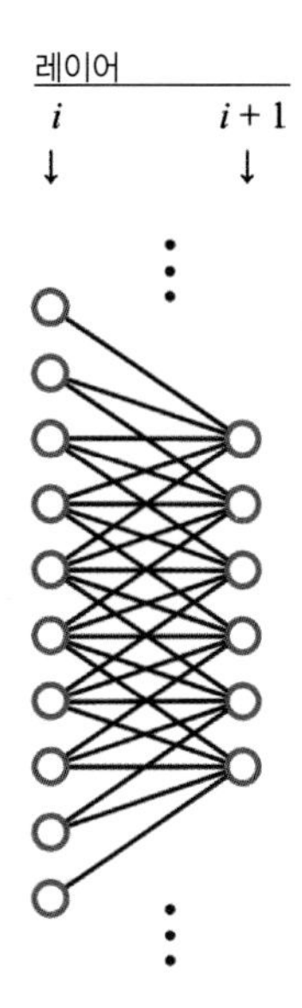

그림 15.2 합성곱 신경망의 일부. i 레이어에 이은 $i+1$ 레이어 뉴런의 입력 필드는 거의 모든 출력에 대해 겹쳐진 상태다. 이때 $i+1$ 레이어에서 인접한 뉴런은 연결이 거의 동일한 구성으로 이뤄져 있으며, 하나만 차이 난다(2차원 구조일 경우에는 그 차이가 더 커진다). 그림의 예에서 출력 뉴런의 입력 필드는 전부 5의 값을 갖는다.

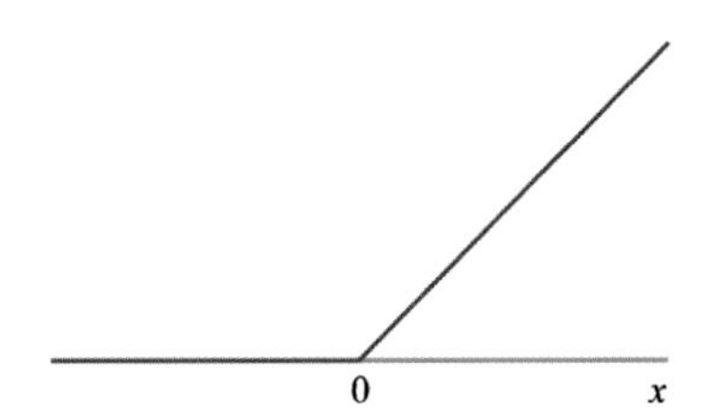

그림 15.3 max(0, x) 형태로 이뤄진 ReLU 비선형 함수. 이 함수는 직전 CNN 레이어의 모든 출력 연결구에 각각 적용된다.

모든 입력을 합하거나 최댓값을 구하는 식으로 작동한다. 일반적으로 2 × 2 또는 3 × 3 윈도를 설정하는데, 전자를 더 흔하게 쓰며 최댓값을 합(또는 평균)보다 더 많이 사용한다. 후자의 조합은 데이터를 최소한도로 수정해, 네트워크의 특정 레이어에서 불필요한 부분을 상당히 제거하면서도 중요한 데이터를 유지하고자 할 때 사용한다(사실 최댓값은 평균값보다 임펄스 노이즈가 포함될 가능성이 높기 때문에 좀 의아할 수도 있지만, 많은 합성곱 연산에는 스무딩/로우패스 필터링 과정이 일부 포함되기 때문에, 최대 연산으로 구한 최종적인 출력값의 품질이 그렇게 떨어지지 않는다).

유의할 점은 ANN에 대한 CNN의 변경점이 동일한 선형 연산($\sum_i w_i x_i$)에 기반하고 있다는 사실이다. ReLU나 풀링 연산은 예외적이지만, 마찬가지로 신호 그레이디언트를 시스템에서 받아들이는 식으로 작동하기 때문에 ANN과 동일한 방식으로 역전파를 적용하는 것이 가능하다.

추가로, 어떤 레이어 직후에 여러 개의 합성곱 레이어를 동시에 위치시킬 수 있다는 점을 알아두자. 이 여러 레이어는 하나의 커다란 합성곱과 동일하다. 굳이 왜 이렇게 해야 싶기도 하겠지만, 실제로 총 계산량에는 큰 영향을 끼친다. 예를 들어 3 × 3 합성곱 셋은 7 × 7 합성곱 하나와 동일한 효과를 갖는다. 다시 말해, 27번의 연산이 49번과 동일한 효과를 갖는다는 뜻이다. 따라서 전자를 택하는 것이 더 적절하다 할 수 있다. 반면 그래픽 처리 유닛GPU, graphics processing unit(아래 참고)을 사용해 CNN을 계산할 경우에는 꼭 이렇게 할 필요는 없다.

요약하면, CNN은 ANN을 대체할 수 있는 효과적인 방법이다. 또한 15.1절에서 살펴봤던 모델처럼, 이미지에 대해 로컬한 부분에서 전역적으로 고려하거나 점점 더 큰 특징이나 물체를 찾고자 하는 추세에 잘 대응할 수 있다. 아울러 CNN에서 확보할 수 있는 공간 불변성은 특히 ANN에서 얻을 수 없는 중요한 장점이다.

이미지를 네트워크에 통과시키는 과정을 통해 로컬 연산에서 전역 연산까지 확대할 수 있긴 하지만, CNN의 앞쪽 몇 레이어만 활용할 경우 특정한 저수준 특징을 찾을 수도 있다. 이 경우 이들 레이어는 이미지와 동일한 크기를 갖게 된다. 또한 네트워크에서 풀링 연산을 적용해 이어지는 레이어의 크기를 줄이도록 한다. 이렇게 합성곱과 풀링 단계를 몇 번 거치고 나면, 네트워크 크기는 상당히 작게 줄어들며, 몇 개의 레이어만이 완전연결 상태로 남게 된다. 여기서 완전연결이란 모든 레이어에서 각 뉴런이 직전 레이어의 '모든' 출력과 연결되어 있는 상태를 말한다. 최종 단계에서는 매우 적은 수의 출력만 남게 되고, 이 값은 네트워크를 통해 최종적으로 얻고자 하는 매개변수를 대변한다. 예를 들어 분류 결과나, 절대/상대 위치 등 관련 매개변수가 그것이다.

ANN에 비해 CNN이 진일보한 또 한 가지는, 공간 불변성으로 인해 네트워크에 적용해야 할 가중치의 수가 상당히 줄어들었다는 점이다. 이로 인해 학습 과정이 굉장히 단순화됐으며, 주어진 네트워크 크기에 대해 계산량이 굉장히 많이 줄어들었다. 너비가 R인 수용 영역의 경우, CNN은 레이어당 R개의 매개변수만이 존재하게 된다. 반면 ANN은 총 W개가 필요하다. 2차원 이미지를 처리할 경우에는 이 숫자가 제곱이 되므로, W^2과 R^2(엄격하게 정의하면 WH다. 이어지는 절을 참고하라)을 비교해야 한다. 즉, ANN은 이미지 크기가 증가함에 따라 계산량이 급격히 늘어나지만, CNN은 적은 양을 유지하게 된다. 아울러, ReLU 함수는 ANN의 시그모이드 함수보다 간단하기 때문에 처리 속도를 빠르게 할 수 있다. 사실 ReLU 연산은 다른 것에 비해 굉장히 단순한 편인데, 단 한 줄로 이를 구현할 수 있기 때문이다(if ($x < 0$) output = 0 else output = x). 반면 시그노이드 함수 또한 한 줄로 기술할 수 있기는 하지만(output = tanh x), tanh 함수 자체를 구하려면 훨씬 많은 계산을 필요로 한다. 마지막으로, ReLU는 ANN이 겪는 포화 문제(tanh 함수의 극한값(± 1)에 가까운 값을 출력하는 뉴런의 경우, 역전파 알고리듬에 적절한 그레이디언트값을 줄 수 없어 계속 같은 값에서 움직이지 않는 현상)를 피하게 해준다. 실제로 ReLU 그레이디언트는 $x \geq 0$ 범위에서는 상숫값을 가지며, 이 범위 내에서 함숫값이 계속 증가한다는 점에 따라 학습 속도를 높일 수 있다.

15.3 CNN 구조 정의 매개변수

CNN 구조를 분석하고자 할 경우 몇 가지 지점을 고려해야 한다. 구체적으로, 다음과 같은 값과 용어를 정의해야 한다. 너비^width^ W, 높이^height^ H, 깊이^depth^ D, 스트라이드^stride^ S, 제로 패딩^zero padding^ 너비 P, 수용 영역^receptive field^ R. 여기서 너비와 높이는 입력 이미지의 크기에 관한 것이고, 나머지는 특정 신경망 레이어의 크깃값이다. 깊이 D는 네트워크 전체 또는 특정 블록이 포함하고 있는 레이어의 개수를 가리킨다.

레이어의 너비 W 및 높이 H 값은 각각 포함하고 있는 뉴런의 개수다. 스트라이드 S는 출력 필드에서 인접한 뉴런 간의 거리를 가리키며, 입력 필드의 인접 뉴런 간 거리를 기준으로 계산한다(그림 15.4). 스트라이드 S를 너비나 높이 모두에 대해 정의할 수 있으나, 보통의 경우 두 값은 같다. 만약 $S = 1$일 경우, 인접한 레이어는 같은 크기를 갖는다(하지만 아래에서 수용 영역 R 크기를 통해 그 값을 바꿀 수 있음을 보게 될 것이다). 스트라이드 S 값을 증가시키면 메모리 및 계산량이 절약된다는 장점이 있음을 유의하라. 원칙적으로는 풀링을 사용해도 비슷한 효과를 얻을 수 있지만, 풀링은 평균 계산을 사용하는 반면 스트라이드값을 증가시키면 사용

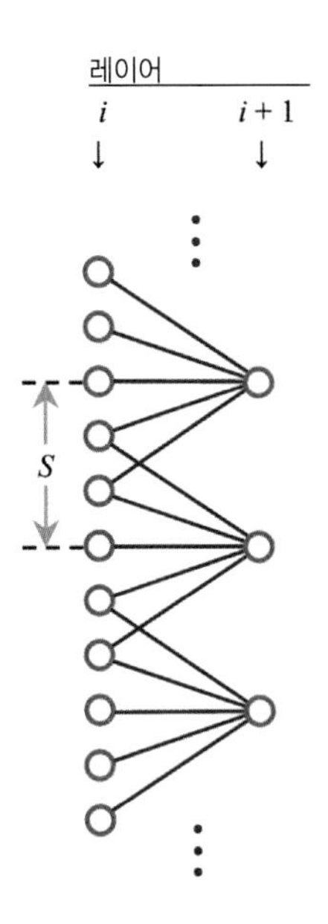

그림 15.4 스트라이드 거리 S에 대한 설명. S는 출력 필드에서 인접한 뉴런 사이의 거리로 정의되며, 입력 필드의 인접한 뉴런 간의 거리를 기준으로 계산한다. 그림에서 화살표로 나타낸 거리 길이가 이에 해당한다. 모든 출력 뉴런의 입력 필드는 5의 값을 가지며, 스트라이드는 3이다.

하는 샘플 숫자 자체가 줄어든다.

R_i는 i 레벨에 속하는 각 뉴런의 수용 영역 너비를 뜻한다. 즉, 레벨상의 모든 뉴런의 입력 개수다. 제로 패딩은 너비의 각 끝부분에 P개씩 '가상의' 뉴런을 더해, 고정된 수의 입력을 주기 위함이다(여기서는 분석을 간단하게 하기 위해 각 레이어의 너비 W에 대해서만 다루며, 뉴런 역시 너비 선상에만 놓인다고 가정한다. 높이 성분을 제외하더라도 일반화하는 데는 문제가 없다). 제로 패딩 뉴런은 가중치가 0으로 고정되어 있으며, 같은 레이어에 있는 뉴런이 모두 같은 수의 입력을 받도록 하여 프로그래밍을 용이하게 하는 데 목적이 있다. 아울러, 이렇게 하면 합성곱이 이어짐에 따라 유효 너비가 점점 작아지는 일이 없다. 요컨대 $S = 1$일 경우, 인접한 레이어는 정확히 같은 너비를 갖게 된다(즉, $W_{i+1} = W_i$). 여기서 사용하는 제로 패딩은 이미지 처리를 다룬 2.4절과 동일한 개념이다.

식 (15.1)은 이들 값을 아우르는 간단한 공식이다(이 공식이 성립함을 증명하는 과정은 연습문제로 남겨놓을 것이다. 각 매개변수의 의미를 이해한다면 그리 어려운 증명은 아니다).

$$W_{i+1} = (W_i + 2P_i - R_i)/S_i + 1 \tag{15.1}$$

이때 첨자는 i 레이어가 받는 입력 및 $i + 1$ 레이어에 내보내는 출력을 나타낸다. 아울러 $S_i = 1$, $P_i = 1$, $P_i = 0$일 때 무효 상황null situation $W_{i+1} = W_i$가 나타남을 기억하라(이 값은 구조를 디자인할 때 일종의 기반값으로 사용할 수 있으며, 이후의 과정에서 R_i를 증가시키는 것이 일반적이다).

한 예로 $W_i = 7$, $P_i = 1$, $R_i = 3$, $S_i = 1$일 경우 $W_{i+1} = 7$을 얻게 되는데, 이는 앞에서 언급했듯 $S_i = 1$일 때 $W_{i+1} = W_i$가 됨을 입증한다. 이제 다른 매개변수를 고정한 채 S_i를 2로 변경해보자. 이 경우 $W_{i+1} = (7 + 2 - 3)/2 + 1 = 4$가 된다(그림 15.5). 다음으로 W_i를 9로 바꿔보면, 스트라이드가 3의 값을 가질 수 없게 된다. 이는 후속 레이어의 너비를 제대로 구할 수 없기 때문이다(결과가 정수로 나오지 않는다). $W_{i+1} = (9 + 2 - 3)/3 + 1 = 3.67$. 그 결과 이미지 외각 부분에서 데이터 손실이 발생하게 된다. 각기 다른 제로 패딩값을 갖게 하면(예를 들어, 오른쪽에 더 넓은 패딩을 준다든지) 이 문제를 해결할 수 있다. 다만 R_i가 작은 값이면 패딩이 넓은 쪽은 제대로 결과를 내지 못한다(0의 수가 증가하면 해당하는 수용 영역에서 너무 많은 정보를 잃어버리게 된다). 앞의 예제에서 $P_i = 1$을 $P_{iL} = 1$, $P_{iR} = 2$로 바꾸면 너비 $W_{i+1} = (9 + 1 + 2 -$

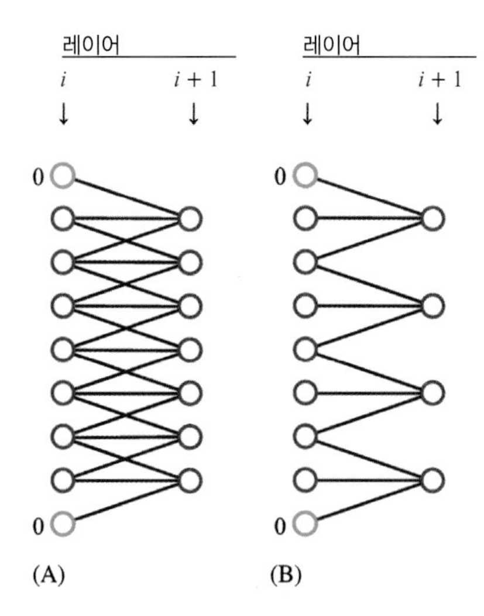

그림 15.5 CNN에서 스트라이드와 제로 패딩이 작동하는 방식에 대한 설명. (A)에서처럼 일곱 뉴런으로 이뤄진 레이어를 같은 수의 다음 레이어와 연결할 때, 각 끝부분에 하나의 '가상' 뉴런(초록)을 적용해 모든 출력 뉴런이 동일한 수의 입력 연결 R을 만들도록 한다. (B)는 스트라이드가 2로 증가한 상황을 보여주며, 두 경우 모두 $P = 1$, $R = 3$의 값을 갖는다(표 15.1의 2~3행을 참고하라).

3)/3 + 1 = 4가 된다. 이에 따라 식 (15.1)을 약간 수정하면 다음과 같다.

$$W_{i+1} = (W_i + P_{iL} + P_{iR} - R_i)/S_i + 1 \tag{15.2}$$

요컨대 패딩을 사용하는 목적은 원하는 스트라이드 및 수용 영역 값에 맞게 0의 수를 조절해, 각 레이어의 양쪽 극단에서 나타나는 말단 효과end effect를 (체계적으로) 다루기 위함이다. 표 15.1에 앞에서 살펴본 예시들을 요약했다.

마지막으로, CNN 레이어의 깊이를 정의하는 방식을 자세히 살펴보자. 초기 연구에서는 CNN의 인접한 레이어를 차례대로 하나씩 접근해야 한다고 가정했다. 이 경우 합성곱의 크기가 뒤로 가며 더 커짐에 따라, 점점 더 큰 특징이나 규칙적인 물체를 검출할 수 있게 된다. 하지만 몇 가지 다른 방식도 가능할 것이다. 첫째, 네트워크의 주어진 출발점(예: 입력 이미지)에서 시작해 여러 레이어에 병렬로 진행시키는 방식이 있다. 그림 15.6에서 이 두 방식을 비교했다. 둘째, 이미지상에서 예를 들어 선분, 외각, 모서리 등 다양한 종류의 특징을 찾아야 할 경우에는 더욱 전체적인 검출자holistic detector에 병렬로 진행시켜야 한다. 이 방식은 뒤에서 LeNet 구조를 다루며 자세히 알아볼 것이다. 이 구조는 르쿤LeCun 등이 손글씨 숫자 및 우편번호를 인식하기 위해 개발했다.

표 15.1 CNN 매개변수의 일관성 확인

W_i	S_i	R_i	P_{iL}	P_{iR}	W_{i+1}	비고
7	1	1	0	0	7	무효
7	1	3	1	1	7	
7	2	3	1	1	4	
9	3	3	1	1	3.67	잘못된 배치
9	3	3	1	2	4	$P_{iL} \neq P_{iR}$
9	3	3	0	0	3	

이 표에서는 여러 매개변수의 값이 후속 레이어 뉴런에 들어가는 출력 개수에 어떻게 영향을 주는지 확인할 수 있다. 여기 소개한 매개변수의 정의와 대부분의 예시는 본문에 소개한 내용과 일치한다(더불어 그림 15.5도 참고하라). 아울러 양쪽 너비 끝에 다른 패딩값을 부여할 수 있는 식 (15.2)를 사용해 결과를 계산했다. 이 수식을 통해 구조 매개변수가 일관성을 유지하는지 엄밀하게 확인할 수 있다. W_{i+1}이 정숫값을 갖지 않는다면, 해당 구조는 잘못 배치된 것이다.

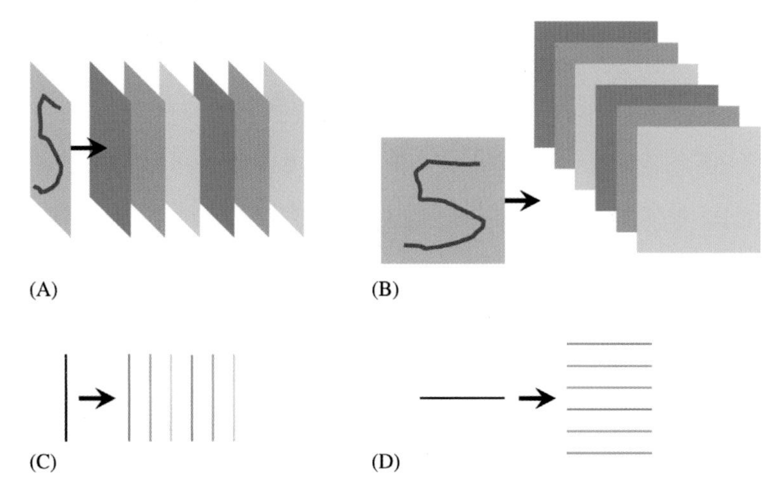

그림 15.6 CNN의 깊이. (A)는 입력 이미지가 CNN의 첫 번째 레이어에 적용되는 과정을 나타낸다. 해당 레이아웃에서는 이미지를 여섯 층짜리 네트워크로 처리하고 있다. (B)는 대신 이미지 정보를 6개의 레이어에 병렬로 입력해, 입력 이미지에 포함된 여섯 종류의 특징 세트 위치를 각각 찾도록 한다. (C)와 (D)는 이 두 방식을 선형 그림으로 각각 표현한 것이다. 단순하게 표현하기 위해 그림에서는 높이 방향 크기를 나타내지 않고 간단히 너비와 깊이만을 시각화했다. 여기서는 두 방식 모두 깊이가 6에 해당한다.

15.4 LeCun et al.(1998)의 LeNet 구조

1998년, 르쿤 등은 앞에서 언급한 여러 단계를 적용해, 기념비적인 CNN 방식을 발표했다(그림 15.7). 입력 이미지를 여섯 합성곱 레이어 스택에 병렬로 넣은 다음, 각각을 서브샘플링(풀링) 레이어로 보낸다. 이 여섯 풀링 레이어에 이어서 16개의 합성곱 레이어 스택을 배치하고, 마찬가지로 같은 수의 풀링 레이어를 놓는다. 마지막으로 두 단계에 걸쳐 완전연결 합성곱 레이어에 순차적으로 통과시킨 다음 완전연결된 상태로 네트워크를 구성하면, 방사형 기저 함수RBF, radial basis function 분류자를 포함한 네트워크를 최종적으로 출력하게 된다.

이 구조에 대해서는 그림 15.7과 표 15.2에 자세히 소개해놓았다. 굳이 두 가지 방식으로 표현한 이유는 전체적인 LeNet 구조가 얼마나 복잡한지를 설명하기 위함이기도 하지만, 구조 안에서 정확히 어떤 일이 일어나는지 명확히 설명할 수 없음을 보이기 위함이기도 하다. '왜' 이런 식으로 작동하는지를 이해하는 것 역시 중요한 목표이지만, 우선은 '어떤' 식으로

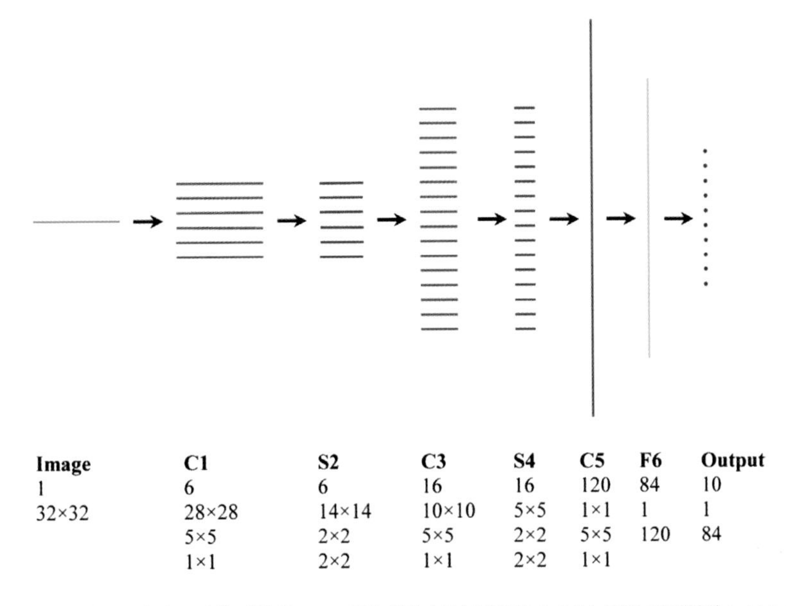

	Image	C1	S2	C3	S4	C5	F6	Output
N	1	6	6	16	16	120	84	10
$n \times n$	32×32	28×28	14×14	10×10	5×5	1×1	1	1
$r \times r$		5×5	2×2	5×5	2×2	5×5	120	84
$s \times s$		1×1	2×2	1×1	2×2	1×1		

그림 15.7 LeNet 구조 개요. 여기 묘사한 내용은 표 15.2와 상당 부분 동일하며, 이를 통해 전체적인 LeNet 구조를 구체적으로 이해할 수 있다. *N*은 각 형태의 레이어 수이며, $n \times n$은 2차원 이미지 형식인 경우의 크기, $r \times r$은 2D 뉴런 입력 필드의 크기를 나타낸다(숫자 하나로만 표시된 경우는 1차원 데이터를 입력한 것이다). C5, F6, 출력 레이어는 서로 완전연결된 상태다.

작동하는지에서 시작해 설계 특징을 자세히 살펴보자.

1. LeNet에서 6개의 은닉 레이어는 각각 C1, S2, C3, S4, C5, F6이란 이름이 붙으며, 이때 'C', 'S', 'F'는 각각 합성곱, 서브샘플링(풀링), 완전연결 합성곱을 뜻한다. 즉, C5에 도달할 때까지 합성곱 및 서브샘플링 레이어가 번갈아 반복된다. 이 시점에서(즉, S4 레이어 이후) 네트워크는 완전연결 상태가 되며, '모든' 입력 연결이 학습되어 있기 때문에 추가적인 서브샘플링 레이어가 필요하지 않게 된다(표 15.2에서 이 부분에 해당하는 '매개변수' 열과 '연결' 열 내용이 동일한 것이 이 때문이다). S4는 출력 부분만 완전연결 상태이므로 여기에 포함되지 않는다.
2. 표 15.2에서 2열은 각 종류의 레이어 개수 *N*과 그 크기를, $n \times n$은 해당 레이어가 2차원 이미지 형식으로 이뤄져 있음을 나타낸다. 또한 '1'만 있는 경우에는 레이어가 1차원 형식으로 되어 있다는 뜻이며, $r \times r$은 각 뉴런의 입력 필드 크기다. 표 15.2

표 15.2 LeNet 연결 및 학습 매개변수 요약

레이어	레이어 크기 $N: n \times n$ $r \times r$	연결			매개변수		
		입력	출력	총합	입력	출력	총합
이미지	1: 32×32		1024 (32^2)	1024			
C1	6: 28×28 5×5	117,600 ($6 \times 28^2 \times 5^2$)	4704 ($6 \times 28^2 \times 1$)	122,304	150 (6×5^2)	6 (6×1)	156
S2	6: 14×14 2×2	4704 ($6 \times 14^2 \times 2^2$)	1176 ($6 \times 14^2 \times 1$)	5880		12 (6×2)	12
C3	16: 10×10 5×5	150,000 ($60 \times 10^2 \times 5^2$)	1600 ($16 \times 10^2 \times 1$)	151,600	1500 (60×5^2)	16 (16×1)	1516
S4	16: 5×5 2×2	1600 ($16 \times 5^2 \times 2^2$)	400 ($16 \times 5^2 \times 1$)	2000		32 (60×2)	32
C5 (f.c.)	120: 1×1 5×5	48,000 ($120 \times 16 \times 5^2$)	120 (120×1)	48,120	48,000 ($120 \times 16 \times 5^2$)	120 (120×1)	48,120
F6 (f.c.)	84: 1 120	10,080 (84×120)	84 (84×1)	10,164	10,080 (84×120)	84 (84×1)	10,164
출력 (f.c.)	10: 1 84	840 (10×84)	10 (10)	850	(RBF 매개변수 제외)		–
총합 (C, F, S만 포함)		331,984	8084	340,068			60,000

LeNet은 이미지 레이어와 출력 레이어 사이에 여섯 단계의 은닉 레이어를 포함하고 있다. 이 표는 각 레이어의 연결 및 학습 매개변수의 수를 상세히 정리한다. 1열은 각 레이어의 이름을 나타내며, 'C', 'S', 'F'는 각각 합성곱, 서브샘플링(풀링), 완전연결 합성곱을 가리킨다. S4–C5, C5–F6, F6–출력 레이어는 완전연결 상태다. 2열은 레이어의 개수 N과 그 크기를 나타낸다. $n \times n$은 2차원 이미지에 대한 레이어의 크기를 뜻하며, '1'만 있는 경우에는 레이어가 1차원 형식으로 되어 있음을 가리킨다. $r \times r$은 합성곱 또는 서브샘플링 윈도 크기다. 3~5열, 6~8열에서 괄호 안의 식은 그 값이 어떻게 계산되는지를 나타낸다. 표에서 60, 120, 84 값이 나오는 이유에 대해서는 본문을 참고하라. 합성곱 C1, C3, C5에서 패딩 매개변수는 $P = 2$다.

는 각 레이어의 연결과 학습 가능한 매개변수의 수를 상세하게 보이고 있다. 3~5열, 6~8열에서 괄호 안의 식은 그 값이 어떻게 계산되는지를 나타낸다.

3. 원칙적으로 합성곱 입력과 출력의 개수는 일치해야 한다. 즉, 입력 개수는 출력 개수에 $r \times r$을 곱한 값이 돼야 한다. 다만 이 원칙은 C1에서만 적용된다. 다른 세 경우에 대해서는 다음 사항을 고려해야 하기 때문이다.

a. C3의 경우, 직전 레이어만이 아닌 전체 레이어에 대해 고려해야 한다. 그러나 이렇게 하려면 너무나 많은 계산이 필요하므로, 특징 맵을 사용해 특징을 60개 한도에서 선택한다. 표 15.3에 이러한 과정을 나타내었다.

b. C5의 경우 120개의 레이어가 사용됐는데, 왜 이 숫자를 선택했는지에 대해 LeCun et al.(1998) 논문은 명확하게 설명하고 있지 않다(그러나 레이어가 깊이 차원에 배치되어 있으므로, 실제와 달리 뉴런으로 간주할 수 있음을 유의하라). 그런데 C5가 완전연결 상태이기 때문에, 120개의 레이어가 이루는 연결은 가장 많은 수를 갖는다(표 15.2에서 연결과 학습된 매개변수를 비교해보면 120이 485배가 되어, 최종적으로 58,200개의 연결과 매개변수를 갖게 된다).

c. F6의 경우 합성곱을 완전연결 상태로 만들 수 있도록 고려해야 하며, 입력 개수는 $r \times r$이 아닌 1차원 형태로 120의 값을 갖는다. 또한 F6 레이어는 입력 이미

표 15.3 6개의 S2 특징 맵이 16개의 C4 입력과 연결되는 방식

	1	2	3	4	5	6
1	+				+	+
2	+	+				+
3	+	+	+			
4		+	+	+		
5			+	+	+	
6				+	+	+

	7	8	9	10	11	12
1	+			+	+	+
2	+	+			+	+
3	+	+	+			+
4	+	+	+	+		
5		+	+	+	+	
6			+	+	+	+

	13	14	15
1	+		+
2	+	+	
3		+	+
4	+		+
5	+	+	
6		+	+

	16
1	+
2	+
3	+
4	+
5	+
6	+

이 표는 S2 레이어의 출력이 C4 레이어의 입력과 어떤 식으로 연결되는지 나타낸다(+ 기호). 이를 위해 S2에서 C3으로 향하는 연결을 섹션으로 묶게 되며, 각 섹션은 18, 24, 12, 6 값을 갖는다. 이를 총합한 값 60은 S2 레이어 하나가 포함하는 값보다는 크지만, 완전연결 상태일 때의 값 96보다는 훨씬 적다. 이런 식의 샘플링 전략을 사용하면 메모리와 계산량만 줄어드는 것이 아니라, 대칭성이 깨짐으로 인해 어느 정도의 무작위성도 확보할 수 있다(너무 규칙적인 배치를 사용하면 특징 조합 중 중요한 요소를 놓칠 가능성이 높아진다).

지에 포함된 여러 양식의 숫자를 7 × 12 이미지 배열 형식으로 표현하도록 출력되기 때문에, 최종적으로 84라는 숫자가 등장한다. 이렇게 접근하는 방식이 유용한 이유는 일반적인 1 대 N 코드를 사용해 문자를 분류하면 여러 가지 경우의 수를 충분히 구별할 여유가 없기 때문이다. 최초의 LeNet은 숫자를 대상으로 연구됐지만, 여러 양식의 문자에 적용하는 데도 유리하다.

4. 최종적으로는 7 × 12 이미지 배열을 해석해 여러 양식의 숫자 0~9 중 하나를 선택한 결과가 나오며, 이 과정에서 RBF 연산자를 통해 분류를 진행한다.
5. 서브샘플링 레이어 S2 및 S4는 2 × 2 입력을 받아 평균 연산을 수행한다. 또한 각각 학습 가능한 배숫값과 편중값을 2개의 매개변수로 삼는 학습 함수를 사용한다.
6. 5 × 5 크기로 S4에서 출력된 값은 C5에서 레이어당 단일(1 × 1) 뉴런으로 들어간다. 그러나 네트워크 크기가 후에 늘어날 것을 생각하면, 2차원 형태로 출력하는 C5를 사용하는 것이 적절하다. 어찌 됐든 그림 15.7 및 표 15.2에서 나타낸 구조에 따르면 C5는 완전연결 상태이며, 표에도 그렇게 명시되어 있다.
7. '완전연결'이란 용어는 어떤 레이어에서 입력이 모든 레이어와 연결된 상태를 말한다(보통 완전연결 레이어는 패딩 부분 입력을 사용하지 않으며, 실제 신호를 포함한 입력 및 출력을 전부 연결한다). 이 경우 입력과 출력 개수에 대한 관계를 다음과 같이 간단한 수식으로 정의할 수 있다.

$$\text{inputs}_{i+1} = \text{outputs}_i \times \text{outputs}_{i+1} \tag{15.3}$$

   이를 통해 CNN의 완전연결 부분에 모순이 있는지 확인할 수 있고, C5, F6, 출력 레이어의 입력 개수를 정확히 구할 수 있다. 그러나 C3의 경우, 패딩 입력을 제외하면 입력값 개수는 $\text{inputs}_{C3} = 96 \times 10^4$이 되며 이는 표 15.2에서 주어진 값($15 \times 10^4$)보다 훨씬 크다. 즉, C3은 완전연결 상태와 다소 멀다고 할 수 있다.

8. 구조에 모순이 없음을 확인하는 더 자세한 방법으로, Si(i = 2 또는 4) 레이어에 적용되는 다음 식을 확인해보는 것이 있다.

$$\text{inputs}_i = \text{outputs}_{i-1} \tag{15.4}$$

구조를 자세히 이해하기 위해, 왜 이 구조가 숫자를 인식하는 데 선택된 방식인지를 살펴보자.

손글씨 지역번호 및 숫자를 인식할 경우, 숫자에 포함된 부호의 위치나 크기가 제대로 되지 않을 수 있다. 또한 숫자 양식이 수없이 많은 이유로 인해 변화되거나 왜곡될 수 있다. 예를 들어 부분적으로 뒤틀리거나, 점, 십자, 이음선, 종이에 이미 포함됐거나 글씨를 쓰는 과정에서 부주의하게 생긴 노이즈, 얼룩, 볼펜똥, 음식자국 등이 있다. 인간도 이러한 요인으로 인해 문자를 해석하는 데 어려움을 느끼는데, 기계라고 다를 바 없다. 이 문제를 해결하려면, 해석 알고리듬이 공간/스케일/왜곡에 있어 불변성을 확보할 수 있도록 해야 한다.

다행히 CNN은 합성곱을 사용하기 때문에 공간 불변성을 내포하고 있다. 즉, 작은 크기의 커널을 동일하게 복제할 수 있으며 CNN의 어느 특정 레이어에서든 적용 가능하다. 스케일, 양식, 왜곡에 의한 변화의 경우에도, 위치나 작은 특징이 상응하지 않아도 되기 때문에 그 영향을 줄일 수 있다. 특히, 각각 다른 하위 특징(여러 방향의 선분, 끝점, 교차, 모서리 등)을 검출하는 합성곱 레이어를 쌓아 올리는 과정에서, 약간의 위치 변화에는 민감하지 않도록 그 순서를 조합하는 것도 가능하다. 이를 위해 합성곱 사이에 서브샘플링(풀링) 레이어를 추가하게 된다. 즉, LeNet 구조는 합성곱과 풀링 레이어를 쌓아 올림으로써 그 주된 불변성을 확보할 수 있다. 사실 앞에서 언급한 많은 문제는 원래 무작위로 등장하며, 이를 해결하는 가장 간단한 방법은 매우 많은 양의 데이터를 사용해 네트워크를 학습시키는 것이다. 그러나 또 한 가지 방법은 풀링 레이어가 학습 가능한 곱셈 계수 및 편향을 확보할 수 있다는 가정하에 입력 데이터를 시그모이드 함수에 통과시키기 전에 정규화하는 것이다. 이때 시그모이드 함수가 너무 넓게 정의되어 있다면 선형 형태를 띠게 되며, 전체 네트워크 역시 이를 따라가기 때문에 선명하게 결정을 내리기 어려워짐을 유의하라. 반면 함수가 너무 좁게 정의되어 있다면, 선형성을 잃어버리기 때문에 역전파 학습 과정이 느리고 비효율적으로 진행된다. 따라서 이 두 극단적인 상황 중간에서 어떤 균형을 잡아야 하며, 적절한 매개변수를 학습시켜야 가장 잘 작동하는 지점이 어디인지 결정할 수 있다.

각각의 풀링 레이어는 직전 합성곱을 통해 얻은 입력의 평균을 구한 다음, 학습 가능한 매개변수만큼 곱해주고 학습 가능한 편중만큼 더하는 식으로 작동한다. 그러나 이에 더불어 입력에 대한 상대적인 가중치 역시 학습 가능하다. 입력값들을 가능한 한 균등하게 만들어야 가장 좋은 성능을 이끌어낼 수 있기 때문이다. 각 합성곱 레이어의 출력(표 15.2에서 '출력 매개변수' 열에 해당하는)에 학습 가능한 배수 가중치를 추가하는 방식으로 이를 구현할 수 있다.

이제 LeNet에서 C1~S4 레이어는 이미지 공간(또는 원본 이미지에 대해 스케일을 줄인 공간)에서 특징을 검출하는 각 단계로 해석할 수 있다. 또한 뒤쪽 레이어로 갈수록 좀 더 추상적인 특징을 검출하며(즉, 더 이상 이미지 공간에 얽매이지 않으며) 최종적으로는 입력 이미지에 포함된 숫자를 분류하게 한다. 최종적인 RBF 레이어를 제외하면, 이 복잡한 네트워크는 전부 역전파 알고리듬을 통해 학습이 이뤄졌다. 전체적인 네트워크의 깊이가 상당함에도 불구하고, 동일한 크기의 ANN에 비해 이 경우의 학습은 크게 어렵지 않다. 뒤에서 살펴보겠지만, 우편번호나 숫자를 최적의 성능으로 인식하기 위해서는 여러 레이어의 숫자와 크기를 조정하는 식으로 우리가 직접 설계해야 한다. 구체적인 가중치 숫자는 많은 양의 학습을 통해 구하면 되지만, 구조 그 자체는 목표로 하는 문제를 깊이 이해한 후 논리적으로 설계해야 하기 때문이다.

설계 측면에서 가장 인상적인 부분은, 큰 특징을 찾기 위해 의도적으로 위치 정확도를 '감소시키는' 식으로 네트워크가 설계됐다는 점이다. 만약 동일선상에서 더 큰 네트워크를 만들고자 한다면, 이러한 원칙을 더욱 확장해 적용해야 한다.

15.5 Krizhevsky et al.(2012)의 AlexNet 구조

AlexNet은 2012년 열린 ImageNet 챌린지를 위해 처음 설계됐다(연구실에서 설계가 이뤄지는 프로젝트를 과소평가하려는 것은 아니다. 하지만 이러한 챌린지가 벌어지면 그 기간 동안은 특정 종류의 문제에 많은 양의 노력이 집중될 수 있다. 2012년 열린 ILSVRC[ImageNet Large-Scale Visual Recognition Object Challenge]가 바로 그러한 예시다). 일반적으로 이러한 챌린지가 열리면, 경쟁자들이 가능한 지식과 기술을 총동원해 새로운 접근법과 발상을 내놓고, 이를 통해 극적인 진전을 이뤄내곤 한다. 극단적으로는, 이러한 챌린지를 통해 바탕이 되는 과학 이론을 근본적으로 개선하거나 기술적인 돌파구를 찾을 수 있다. 그럼에도 불구하고 최종적으로 얻은 해답에서 한두 가지 특성은 원래부터 임시적인 것이었을 수 있기 때문에, 나중에 시스템에 적용하기에는 그다지 이점이 없을 수 있다.

이러한 관점에서 볼 때, AlexNet의 설계자(Krizhevsky et al., 2012)는 전체적으로 인상적인 발전을 이뤘다 할 수 있다. 첫째, 그들은 CNN에 기반한 내용 중 분류 분야에서 이제는 다소 낡은 부분을 제거하고, 성공적인 접근법으로 대체하고자 했다. 이를 위해 CNN 구조를 근본적으로 뜯어고쳤는데, 그 결과 굉장히 큰 소프트웨어 머신을 필요로 하게 됐다. 다음으로 그들은 처리 속도를 높이기 위해 GPU의 도움을 받기 시작했다. 이때 소트프웨어를 하드웨어와 매칭시키기 위해 최적화를 다시 진행하는 약간의 작업을 거쳐야 한다. 마지막으로, 소프트웨어 시스템에 이렇게 큰 학습 세트를 어떤 방식으로 입력해야 하는지에 대해서도 찾아야 했다. 마찬가지로 유례없이 큰 수의 매개변수를 엄밀하게 학습시키는 작업이 필요하며, 이를 위해 개선해야 할 부분이 여럿 존재한다.

우선 소프트웨어 시스템의 구조부터 살펴보자. 적절한 학습 세트를 구성하고, 이를 다루어 CNN 소프트웨어 시스템을 충분히 학습시키기 위한 방법에 대해서는 그 뒤에 다룰 것이다.

그림 15.8은 CNN 구조를 묘사한 것이다. 각 레이어에 대한 더 상세한 내용은 표 15.4에 나타내었다. 은닉 레이어는 10개 포함되어 있으며, LeNet에 비해 4개가 더 많은 것이다. 이 숫자만 보면 오해할 수 있지만, 여러 레이어의 전체 '깊이'를 합쳐서 비교해보면 LeNet의 258개에 비해 AlexNet이 11,176개로 차이 난다. 비슷하게, AlexNet은 ~650,000개의 뉴런을 포함하고 있는데 LeNet은 6508개에 불과하다. 또한 학습 가능한 매개변수의 수는 6천만개에 달하는 반면 LeNet은 60,000개 정도다. 입력 이미지의 관점에서 보면, AlexNet이 224 × 224 크기의 컬러 이미지를 취할 때, LeNet은 32 × 32 크기의 바이너리 이미지를 다룬다. 따라서 종합하면, AlexNet은 LeNet과 비교했을 때 필요한 정도에 따라 100배에서 1000배 정도 더 크기가 크다. 그러나 실제로 AlexNet을 도입할 경우 역전파를 통해 학습을 진행하는 것은 동일하지만, 거대한 양의 레이어를 다루고 신뢰도 할당 문제를 다룰 수 있다는 실제적인 차이점이 있다. 원래는 불가능하지만, CNN에서 필요로 하는 매개변수의 수가 이미 줄어들었기 때문에 어느 정도 가능해진 것이다. 앞에서 살펴봤듯이 주어진 레이어의 모든 뉴런이 동일한 매개변수를 사용하도록 되어 있기 때문이다. 아울러 굉장히 큰 학습 세트를 사용하고, 뒤에 설명할 다른 방식을 도입하게 된 면도 있다.

다음으로 넘어가기 전에, AlexNet 구조를 자세하게 다뤄보자. 이 구조에서 우선 눈에 띄

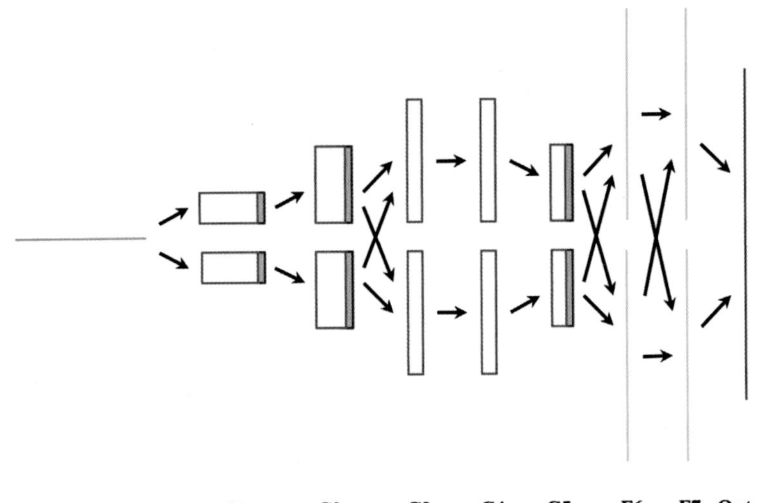

Layer	Image	C1	C2	C3	C4	C5	F6	F7	Output
N	3	96	256	384	384	256	4096	4096	1000
n×n	224×224	55×55	27×27	13×13	13×13	13×13	6×6	1	1
r×r		11×11	5×5	3×3	3×3	3×3	1×1	1	1
s×s		4×4	1×1	1×1	1×1	1×1	1×1	1	1
d		3	48	256	192	192	256	4096	4096

Layer	S1	S2	S3
N	96	256	256
n×n	27×27	13×13	6×6
r×r	3×3	3×3	3×3
s×s	2×2	2×2	2×2
d	1	48	192

그림 15.8 AlexNet 구조 개요. 여기 묘사한 내용은 표 15.4와 상당 부분 동일하며, 이를 통해 전체적인 AlexNet 구조를 구체적으로 이해할 수 있다. N은 각 형태의 레이어 수이며, $n \times n$은 2차원 이미지 형식인 경우의 크기, $r \times r$은 2D 뉴런 입력 필드의 크기를 나타낸다(숫자 하나로만 표시된 경우는 1차원 데이터를 입력한 것이다). $s \times s$는 2D 스트라이드, d는 직전 레이어의 깊이에 따른 연결 개수를 나타낸다. 두 GPU를 사용한 구조이기 때문에, 중간의 세 단계에서는 값이 절반으로 줄어든다. 간결함을 위해, 서브샘플링 레이어는 합성곱 레이어 뒤에 음영이 붙어 있는 형태로 표시했다. F6, F7, 출력 레이어는 완전연결 상태다.

는 특징은 네트워크를 수평으로 나누어 위아래로 각각 하나의 GPU가 담당하도록 할당했다는 점이다(그림 15.8). 이 구조를 구현하는 데 있어 원칙적으로 큰 제한이 있긴 하지만, 실제로 해결할 수 없는 문제인 것은 아니다(시스템에서 개선된 부분 중 여기가 가장 교묘한 지점이다). 즉, 각 GPU마다 이미지와 특징의 절반을 맡아 굴러가도록 하고, 최소한 하나의 연결구(C2와 C3 레이어 사이)를 통해 나머지 절반의 데이터를 받도록 하는 방법이 있다. 추가로, 모든 데이터를 하나로 합쳐 2개의 완전연결 레이어(F6과 F7)로 구성하고, 마찬가지로 완전연결 상태로 출

표 15.4 AlexNet 연결 및 학습 매개변수 요약

레이어	레이어 크기 $N: n \times n$ $r \times r: d$	연결 입력	연결 출력	매개변수
이미지	3: 224×224		150,528 (3×224²)	
C1	96: 55×55 11×11: 3	105.42×10⁶ (3×96×55²×11²)	290,400 (96×55²×1)	0.03×10⁶ (3×96×11²)
S1	96: 27×27 3×3: 48	0.63×10⁶ (96×27²×3²)	69,984 (96×27²×1)	192 (96×2)
C2	256: 27×27 5×5: 48	223.95×10⁶ (48×256×27²×5²)	186,624 (256×27²×1)	0.61×10⁶ (96×256×5²)
S2	256: 13×13 3×3: 192	0.39×10⁶ (256×13²×3²)	43,264 (256×13²×1)	512 (256×2)
C3	384: 13×13 3×3: 256	149.52×10⁶ (256×384×13²×3²)	64,896 (384×13²×1)	0.89×10⁶ (256×384×3²)
C4	384: 13×13 3×3: 192	112.14×10⁶ (192×384×13²×3²)	64,896 (384×13²×1)	1.33×10⁶ (384×384×3²)
C5	256: 13×13 3×3: 192	74.76×10⁶ (192×256×13²×3²)	43,264 (256×13²×1)	0.89×10⁶ (384×256×3²)
S3	256: 6×6 3×3: 192	0.08×10⁶ (256×6²×3²)	9216 (256×6²×1)	512 (256×2)
F6 (f.c.)	4096: 6×6 256	37.75×10⁶ (256×4096×6²)	4096	37.75×10⁶ (256×4096×6²)
F7 (f.c.)	4096: 1 4096	16.78×10⁶ (4096×4096)	4096	16.78×10⁶ (4096×4096)
출력 (f.c.)	1000: 1 4096	4.10×10⁶ (1000×4096)	1000	– (softmax)
총합 (C, F만 포함)		720.32×10⁶	658,272	58.28×6²

AlexNet은 이미지 레이어와 출력 레이어 사이에 열 단계의 은닉 레이어를 포함하고 있다. 이 표는 각 레이어의 연결 및 학습 매개변수의 수를 상세히 정리한다. 1열은 각 레이어의 이름을 나타내며, 'C', 'S', 'F'는 각각 합성곱, 서브샘플링(풀링), 완전연결 합성곱을 가리킨다. 2열은 레이어의 개수 N과 그 크기를 나타낸다. $n \times n$은 2차원 이미지에 대한 레이어의 크기를 뜻하며, '1'만 있는 경우에는 레이어가 1차원 형식으로 되어 있음을 가리킨다. $r \times r$은 합성곱 또는 서브샘플링 윈도 크기다. C1은 4 × 4 크기의 스트라이드를 가지며, 3개의 서브샘플링 윈도는 2 × 2 크기의 스트라이드를 갖는다. 3~5열에서, 괄호 안의 식은 그 값이 어떻게 계산되는지를 나타낸다. 편향 매개변수의 경우, LeNet에서처럼 합성곱 레이어(C, F)에서는 뉴런 출력당 1, 서브샘플링 레이어(S) 출력당 2의 값을 갖는다고 가정한다.

력 레이어를 구성해 softmax 연산을 수행하도록 한다. 다음으로 모든 합성곱 레이어의 뉴런은 $r \times r$ 크기를 가지며, 직전 레이어가 출력하는 '모든' 깊이를 다룬다. 그러나 C2, C4, C5 레이어의 경우, '가능한' 깊이 출력의 수 d는 직전 레이어의 개수와 비교했을 때 절반밖에 되지 않는다. 이는 GPU 내부에서 데이터를 주고받는 것은 불가능하기 때문에 나타나는 현상이다. 요컨대 이 세 경우에서 d는 직전 레이어의 N 값의 절반이 된다.

또한 초기 단계에서 시스템의 불필요한 부분을 줄일 필요가 있다. 거친 방법으로는 C1 레이어에서 4 × 4 스트라이드를 적용할 수 있지만, 데이터가 과도하게 손상되는 것을 방지하기 위해 동시에 11 × 11픽셀 크기의 윈도를 적용해 충분한 정보를 확보한다. 3개의 서브샘플링 레이어 S1~3을 제외하면, 전체 시스템 중 여기서만 스트라이드 크기가 1보다 크다. 이때 서브샘플링 레이어의 경우 손상을 막기 위해 일반적인 2 × 2 대신 3 × 3 풀링 윈도를 적용하게 된다. 이러한 서브샘플링 레이어는 '중첩 풀링overlapping pooling'이라 부르며, 쉽게 시각화해 이해할 수 있다(그림 15.9). 여기서는 평균 대신 최댓값 풀링 연산을 수행한다.

레이어의 크기($n \times n$)는 처음 224 × 224에서 55 × 55로 줄어들고, 차례대로 27 × 27, 13 × 13(세 번 반복), 6 × 6을 거쳐 최종적으로 1 × 1이 된다. 관련 논문(Krizhevsky et al., 2012)은 패딩 크기를 정확히 언급하고 있지 않으며, 이는 아마도 2012년이 가기 전까지 급하게 연구를 완성하려고 했기 때문일 것이다(물론, 논문은 그 시점까지 진행한 연구 내용을 담고 너무 과대포장하지 않는 것이 옳다). 그러나 어쨌든 1 × 1까지 빠르게 진행해 완전히 추상적인 패턴 분류에 이르도록 하는 방법은 저장공간을 최소화하고 속도를 최대로 한다는 면에서 이점이 있다.

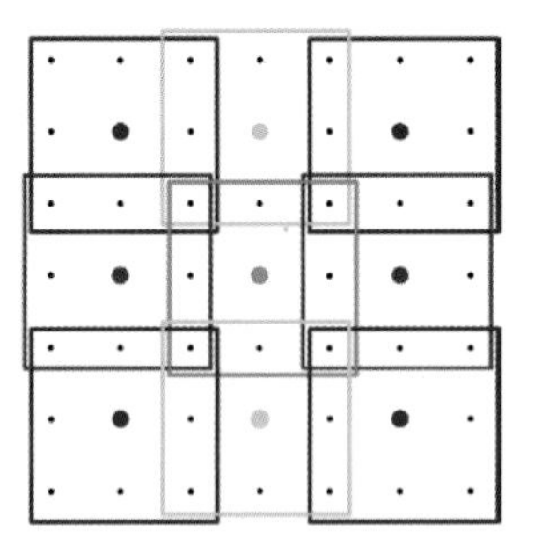

그림 15.9 중첩 풀링의 단순한 예시. 작은 크기의 7 × 7픽셀 이미지(작은 점)에 대해, 2 × 2 스트라이드 매핑을 거쳐 샘플링한 출력 지점(큰 점)을 나타내고 있다. 정사각형은 출력 지점에 대한 3 × 3 풀링 윈도를 나타낸다. 혼동을 피하기 위해 정사각형 윈도는 서로 약간씩 어긋나 있지만, 실제로는 모두 9개의 픽셀 중심에 위치하고 있다.

흥미롭게도 학습 가능한 매개변수는 거의 전부 F6 및 F7 레이어에 존재하며, 최종적으로 softmax(비신경) 분류자에 들어가는 입력은 1000개 정도밖에 남지 않는다.

AlexNet이 LeNet에 비해 차별성을 갖는 부분은 비교적 최근에 등장한 ReLU 비선형 전달 함수를 사용한다는 데 있다. Krizhevsky et al.(2012)에 따르면, 이 함수를 사용할 경우 일반적인 tanh 함수에 비해 학습 속도가 약 6배 정도 빨라진다. AlexNet을 학습하기 위해 엄청난 양의 학습이 필요하다는 점에서 생각해볼 때 매우 중요한 진전 중 하나다. 실제로 ReLU는 입력 데이터를 정규화해 포화 문제를 해결할 필요가 없다(선형 반응 함수가 포화되지 않음은 자명하므로). 그럼에도 불구하고 Krizhevsky et al.(2012)는 인간의 시각 체계에서 측면 억제가 일어나는 것과 비슷한 기능을 하도록 '밝기 정규화brightness normalization' 과정을 추가했으며, 이 과정을 통해 에러율을 1% 내지 2% 정도 개선할 수 있음을 보였다.

AlexNet이 완성도를 갖기 직전에, Hinton et al.(2012)에 의해 '드롭아웃dropout' 기법이 새롭게 등장했다(추가로 Hinton(2002)도 참고하라). 이 기법은 오버트레이닝이 발생하는 것을 제한하는 데 목적이 있다. 즉, 각 학습 패턴에 대해 가중치를 0으로 놓는 비율을 무작위로(보통 50% 이하) 정한다. 놀랍게도 이 기법은 잘 작동하는데, 은닉 레이어에 특정 데이터가 너무 많이 들어가는 것을 방지하기 때문이다(비슷한 취지의 방법으로서, 개의 각기 다른 구조에 대해 무작위로 샘플링을 진행해, 특정 구조에서 나타나는 오버트레이닝을 무시할 정도로 하는 것이다. 이 경우 전체 네트워크가 각각 독립적인 경로를 통해 학습되므로, 특정 경로가 오버트레이닝됐다 하더라도 전체 성능에 영향을 끼치지 않는다).

Krizhevsky et al.(2012)는 이러한 방식을 AlexNet에 접목시켰다. 즉, 각 뉴런의 출력값은 0.5의 확률로 0이 된다. 이 과정이 전방 전달forward pass 직전에 이뤄지기 때문에, 해당하는 뉴런은 뒤에 이어지는 역전파에 영향을 끼치지 않는다. 그다음 전방 전달에서는 다시 0.5의 확률로 뉴런 출력을 0으로 만들고, 해당하는 뉴런은 역전파에 영향을 주지 않는다. 이런 식으로 계속 이어서 반복한다. 테스트 과정에서는 다른 방식으로, 모든 출력값에 0.5를 곱해준다. 이렇게 '전체' 뉴런 출력에 0.5를 곱해주는 이유는 모든 로컬 뉴런 출력 확률 분포에 대한 통계적 기하 평균을 근사하기 위해서다. 기하 평균이 산술 평균과 그리 많이 차이 나지 않기 때문이다. 드롭아웃은 AlexNet의 처음 두 레이어에 적용되어, 오버피팅이 일어나는 횟수를 상당히 줄여준다(반면 학습 데이터가 너무 적으면 언더트레이닝undertraining이 일어난다). 이 방식의 주요한 단점은 수렴에 이르는 데 필요한 반복 수가 두 배로 늘어난다는 것이다. 비록 학습 시간 역시 두 배로 늘어나긴 하지만, 실제로는 학습 효율이 상당히 개선되는 효과가 있다. 최소한 과도한 학습을 거치면서도 더 나쁜 성능을 보이는 방식보다는 훨씬 낫다.

AlexNet은 ImageNet ILSVRC 챌린지에서 제공하는 120만 개의 이미지를 사용해 학습을 진행했는데, 전체 ImageNet 데이터베이스는 1500만 개의 이미지로 이뤄져 있다. ILSVRC-2010은 테스트 레이블이 붙은 유일한 서브셋인데, 1000개의 분류에 각각 1000개의 이미지를 포함하고 있다. 그러나 이 정도 양의 이미지는 복잡한 CNN을 구축해 정확하게 분류하는 커다란 임무를 수행하기에 너무 적었다. 따라서 AlexNet을 학습시켜 분류 에러율을 10%에서 20% 수준으로 이루기 위해서는 데이터셋을 확장할 방법이 필요했다.

데이터셋을 늘리는 방법으로는 크게 두 종류가 있다. 첫째로는 동일한 형태의 이미지를 더 생성하기 위해 이미지를 실제로 움직이거나 뒤집는 것이다. 더 나아가, 어떤 256 × 256 ImageNet 이미지를 다섯 종류의 224 × 224 패치로 잘라내고, 각각 수평으로 뒤집는 식으로 이미지당 10개의 패치를 생성할 수 있다. 둘째로는 입력 이미지의 픽셀 세기나 색상을 바꾸는 방법이 있다. 이 과정을 좀 더 엄밀하게 진행하기 위해, 주성분 분석PCA, principal components analysis을 진행해 ImageNet 데이터셋의 색상 주성분을 찾고, 무작위 크기를 생성해 고윳값으로 곱해주면, 원본 이미지에 대해 두드러지는 변화를 만들어낼 수 있다. 이 두 접근을 결합하면 일반성을 유지하면서도 원본 데이터넷에 비해 크기를 ~2000배 정도 더 키울 수 있다. 또한 이러한 방법론을 통해 자연스럽게 위치, 세기, 색상 등을 변경할 수 있다(이 중 색상의 경우, 주변 조명의 색을 자연스럽게 변경하는 식으로 이뤄진다).

이 시점에서 상기할 점은 이 챌린지의 목표다. 즉, 벼룩, 새, 자동차 등 보편적인 물체가 이미지 내에서 어디에 위치하든 어떤 (자연스러운) 형태로 나타나든 가장 뛰어난 성능으로(즉, 가장 낮은 분류 에러율로) 인식하는 비전 머신을 만드는 것이었다. 또한 머신은 분류 결과에 순위를 매겨 상위 5개의 분류 결과를 같이 출력해야 했다. 이렇게 하면, 각 머신을 평가할 때 최종 분류 결과뿐만 아니라 상위 5개의 결과를 함께 고려할 수 있다. AlexNet은 상위 다섯 결과를 포함했을 때 에러율 15.3%를 기록해 1위를 했는데, 2위는 26.2%였다. 이러한 챌린지에서 에러율이 20% 이하로 떨어진 것이 처음이었기 때문에, 이 결과는 심층 신경망에 있어 새로운 전기를 마련했고, 다시금 주목을 받는 계기가 됐다.

그러나 단지 구조를 잘 설계하고 적절하게 학습시키는 데에서 그치는 것이 아니라, 학습 시간을 적절한 수준으로 낮추는 것도 중요하다. 이러한 관점에서 보면, GPU를 도입하는 것이 매우 중요한 부분임은 자명하다. GPU를 2개 사용한다 할지라도, 꼬박 일주일을 쉬지 않고 학습해야 작업을 수행할 수 있다. 심지어 GPU가 없으면 소요되는 시간은 50배(길게는 1년 가까이)로 늘어나기에, 지금부터 시작하면 내년에 열리는 챌린지에 결과를 제출할 수가 있다 (일반적으로 GPU는 호스트 CPU에 비해 ~50배 정도 속도 면에서 이득이 있다고 알려져 있다).

끝으로, GPU는 그 특성상 병렬 처리를 구현하는 데 특출난 강점을 보이기 때문에, 큰 데이터셋을 각각 더 적은 횟수의 연산으로 다룰 수 있게 된다. CNN의 각 레이어는 완전히 균일하기 때문에, 병렬 처리로 다루기가 용이하다. 또한 GPU는 호스트 CPU 메모리에 데이터를 옮길 필요 없이 다른 GPU의 메모리에 직접 읽고 쓰는 것이 가능하기 때문에, 병렬 작업에 이점을 갖는다.

15.6 Zeiler and Fergus(2014)의 CNN 구조 연구

LeNet 같은 CNN 구조에 이어 유례없는 성공을 거두었던 AlexNet 이후, 많은 연구자는 이 성과를 바탕으로 더 멀리 나아가는 데 열중했다. 그중 Zeiler and Fergus(2014)는 그 최적점을 깊이 분석하고 실제 개선을 이루는 방법에 대해 연구했다. 이 논문은 다음과 같이 시작한다. "왜 (CNN이) 이리 잘 작동하는지, 혹은 어떻게 개선해야 하는지 우리는 아직 명확히 이해하지 못한다." "이 복잡한 모델이 어떻게 내부적으로 연산을 수행하고 작동하는지, 그리고 이렇게 뛰어난 성능을 낼 수 있는지에 대해 여전히 모르는 부분이 많다." "과학적인 관점에서 이는 매우 불만족스러운 상황이다."

논문의 첫 번째 목표는 AlexNet을 재현하는 과정에서 전반적인 테스트를 진행해, 그 한계를 규정하고 이를 개선하는 방법을 찾는 데 있다. 이를 위해 동일하게 ImageNet 2012 학습 데이터를 취해, 동일한 방법으로 그 수를 늘렸다(즉, 이미지를 리사이징하고, 256 × 256 크기로 크롭하고, 10가지 다른 방식을 통해 다시 224 × 224 크기로 크롭하고, 추가로 수평 방향에 대해 뒤집는다). AlexNet과 이 새로운 구현의 주된 차이점이라면, GPU를 2개가 아닌 하나만 사용한다는 것이다. Zeiler and Fergus(2014)는 이 방식을 취함으로써 C3과 C5 레이어 사이에 성긴 연결 대신 완전하게 빽빽한 연결을 구현했다. 또한 성능을 더욱 향상하기 위해 강력한 시각화 기법을 사용했다(이에 대해서는 다음 절에서 자세히 다룰 것이다). 아울러 합성곱 레이어에 포함된 여러 가지 필터를 다시 정규화함으로써, 어느 하나의 비중이 높아지는 것을 방지하는 개선을 이뤘다(실제로 어떤 레이어의 비중이 높아지면 물체를 인식할 때 다른 레이어는 고려하기가 어려워진다).

구조를 최적화하는 데는 시각화도 많은 부분 기여하고 있다. 특히 AlexNet의 첫째와 둘째 레이어가 중간 정도의 공간 주파수 영역에 취약함을 확인할 수 있다. 사후 판단을 통해, 4 × 4 스트라이드를 포함한 11 × 11 필터에서 1 × 1 스트라이드를 포함한 5 × 5 필터로 건너뛸 때 어떤 일이 일어날지 명확하게 이해할 수 있다. 또한 논문에 의하면, 예상과는 달리 스트라이드가 너무 크면 에일리어싱 문제가 발생할 수 있다. 이 문제를 해결하기 위해 논문은 C1에 7 × 7 크기의 필터를 사용하고 스트라이드는 2 × 2 크기로 작게 줄였다. 그러나 이러한 변경으로 인해 뒤쪽 레이어도 수정할 필요가 생기는데, 처음 몇 레이어에서 이미지 크기가 그리 충분하게 줄어들지 않기 때문이다. 그림 15.10의 ZFNet 구조 개요를 통해 이를 확인할 수 있다. 이름을 'ZFNet 구조'라고 붙인 이유는 AlexNet 등 다른 구조와 혼동하지 않도록 하기 위해서다. 이러한 변경점을 통해, ZFNet은 상위 5개의 분류 에러율 14.8%를 기록했다. 그에 반해 AlexNet은 15.3% 수준이다(사실 2013 ImageNet에서는 Clarifai가 11.7% 수준으로 더 나은 성능을 보였지만, 여기서는 이에 대해 자세히 다루지 않을 것이다).

Zeiler and Fergus(2014)는 더 많은 실험을 통해 AlexNet 구조가 잘 작동하는 이유를 찾고자 했다. 이를 위해 각 레이어의 크기를 조정하거나 레이어 자체를 배제하는 등 다양한 조건을 구성하고, 같은 데이터로 재학습을 진행했다. 그중 많은 경우 전체적인 성능 면에서 크게 차이를 보이지 않았고, 에러율만 약간 증가할 뿐이었다. 다만 여러 레이어를 한 번에 제거할 경우 성능이 훨씬 나빠졌고, 반면 중간 합성곱 레이어의 크기를 늘릴 경우 상당한 수준으로 성능이 향상됐다. 논문은 모델 구조의 전체적인 깊이를 유지하면서도 세부적인 부분을 변경할 경우 성능을 향상할 수 있다는 결론을 내리고 있다. 혹자는 근본적으로 네트워크의 깊이에 따라 그 '지능'이 결정된다고 지적하겠지만, 지능에만 초점을 맞출 경우 학습량과 이에 따른 계산량이 증가할 수밖에 없다.

이러한 접근법은 '절제 연구ablation study'라 부르는데, 여기서 '절제'란 종양 등을 레이어별로 잘라 떼어내는 의학 용어에서 온 것이다. CNN 같은 분류 시스템에서 점진적으로 레이어를

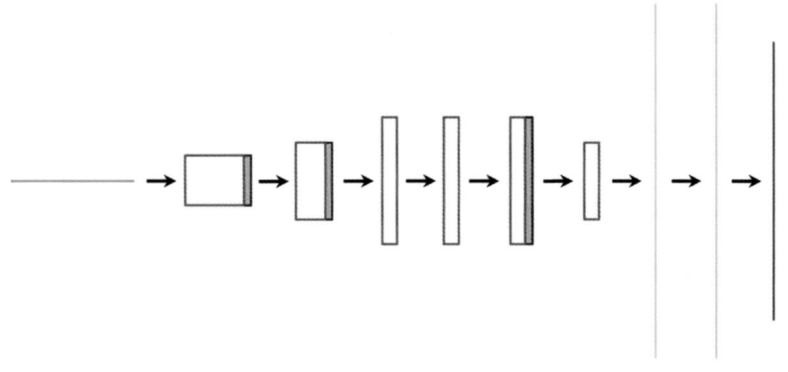

Layer	Image	C1	C2	C3	C4	C5	C6	F7	F8	Output
N	3	96	256	384	384	256	256	4096	4096	1000
n×n	224×224	110×110	26×26	13×13	13×13	13×13	6×6	6×6	1	1
r×r		7×7	5×5	3×3	3×3	3×3	3×3	1×1	1	1
s×s		2×2	2×2	1×1	1×1	1×1	1×1	1×1	1	1
d		3	96	256	384	384	256	256	4096	4096

Layer	S1	S2	S3
N	96	256	256
n×n	55×55	13×13	6×6
r×r	3×3	3×3	3×3
s×s	2×2	2×2	2×2
d	1	96	256

그림 15.10 ZFNet 구조 개요. 여기 묘사한 내용은 그림 15.8의 AlexNet과 매우 흡사하다. 심지어 용어도 그림 15.8에서 사용한 것과 동일하다. 다만 AlexNet이 7개의 은닉 레이어를 포함하고 있는 반면, ZFNet은 8개의 은닉 레이어를 갖고 있다(그림에서 네트워크에 포함된 서브샘플링 레이어는 3개로 차이를 보인다). ZFNet은 단일 GPU를 사용해 구현되고 있기 때문에, 구조가 나누어진 형태를 갖지 않는다. 이 때문에, 여기서 d는 직전 깊이에 대한 연결 숫자와 동일한 값을 갖는다. 여기서 주목해야 할 부분은 $n \times n$, $r \times r$, $s \times s$가 AlexNet과 ZFNet 간에 어떻게 차이 나는지다.

제거하다 보면, 구조에서 예민한 레이어가 드러날 것이다. 흥미롭게도 이 경우에는 약간 다른 결과가 나타났는데, 개개의 레이어보다는 최소 깊이가 더 예민한 요소로 작용했다.

여기서 더 나아가, Zeiler and Fergus(2014)는 이렇게 학습을 진행한 CNN 레이어를 사용해 Caltech-101, Caltech-256, Pascal VOC 2012 데이터셋 등 전혀 다른 작업도 수행할 수 있음을 보였다. 각각의 특징을 간략히 설명하면 다음과 같다.

- **Caltech-101**: 이 데이터셋은 101종류로 분류한 물체 사진을 포함하며, 각 분류당 ~50개의 이미지가 있으나, 일부는 최대 800개까지 포함하고 있다. 이미지는 대략 300 × 200 크기 수준이다. 이 데이터셋의 이미지는 Fei-Fei Li et al.(2003)에서 모은

것을 사용하고 있다. 이 이미지에는 클러터가 적게 포함되어 있으며, 물체가 대부분 이미지 중심 부분에 위치해 있다.

- **Caltech-256**: 이 데이터셋은 총 30607개의 이미지를 256종류로 분류하고 있다. 즉, 각 분류당 120개 수준, 최소 30~80개 정도의 이미지를 포함하고 있다. 데이터셋은 두 가지 중요한 특징을 갖고 있는데, 이미지 회전으로 인한 아티팩트가 존재하지 않으며, 배경 정보를 거부하는지의 테스트background rejection를 진행하기 위한 클러터 분류가 따로 존재한다. 이 데이터셋은 Griffin et al.(2006)에서 발표했다.
- **PASCAL VOC 2012**: 이 데이터셋은 20개의 클래스를 포함한다. 여기서는 한 이미지가 여러 물체를 포함할 수도 있음을 유의하라. 학습/검증 데이터는 11,530개의 이미지로 이뤄져 있으며, 각각 ROI를 정의한 27,450개의 물체와 5,034개의 분할 정보를 포함하고 있다. 그러나 이 정의가 완전한 것은 아니어서, 어떤 사람들은 정의하고 있지만 어떤 사람들은 놓치고 지나가는 경우도 있다. van de Sande et al.(2012)에서 자세한 내용을 확인하라.

이것을 가능하게 하기 위해, 논문은 단지 softmax 출력 분류자를 적절한 방식으로 재학습시키기만 했다. 이 분류자가 포함하고 있는 매개변수가 몇 개 되지 않기 때문에 재학습은 매우 빠르게 이뤄진다. 두 Caltech 데이터셋에 대해, 재학습된 ZFNet 시스템은 이전에 제시된 것보다 나은 성능을 보인다. 반면 PASCAL 데이터셋 이미지에서는 성능이 훨씬 떨어진다. 이는 PASCAL 데이터셋 이미지에 여러 개의 물체가 존재하는데, ZFNet 시스템은 각 이미지당 단 하나의 물체만 예측할 수 있기 때문이다. 두 Caltech 데이터셋에만 초점을 맞추면, 상당한 수준으로 성능 개선이 가능한 이유는 CNN의 핵심적인 부분에서 광범위한 학습이 이뤄지기 때문일 것이다. 이전 시스템에서는 학습을 위한 데이터가 적었기 때문에 가능하지 않았던 일이다. 반대로 말하면, 이 데이터를 사용해 ZFNet에서 재학습을 진행하면 성능이 좋지 않게 나온다. 즉, 강력한 신경 분류자를 만들려면 대량의 학습 데이터를 필요로 한다는 것을 의미한다.

15.7 Zeiler and Fergus(2014)의 시각화 실험

다음으로 Zeiler and Fergus(2014)의 시각화 실험에 대해 알아보자. 이 실험은 CNN 내부에서 어떤 일이 일어나는지 드러내기 위해 설계됐다. 즉, 적절하게 학습된 CNN이 들어온 데이터를 어떻게 처리하는가를 분석하기 위함이다. 전체적인 관점에서 이를 수행하기란 쉽지 않고, 레이어별로 분석을 진행해야 한다. 이를 위해 새로운 이미지를 시스템에 입력하고, i 레이어에서 출력하는 결과를 관찰해, 그 레이어를 통과하면서 어떤 일이 일어났는지 구하는 방식을 취했다(그림 15.11). 데이터가 서브샘플링 레이어, 특히 최대 풀링 레이어를 통과하는 경우를 생각해보자. 이 시점에서 $r \times r$ 입력(보통 4개 또는 9개 크기) 중 무엇이 최댓값을 갖는지는 알 수 없다. 그러나 우리가 입력한 특정 이미지에 한해서는 다음 레이어로 이동해 이를 찾을 수 있다. 이제 더 나아가, 앞쪽으로 한 레이어 더 이동해 이 최대 신호를 추적할 수 있다. 이렇게 각 레이어에 대해 역회귀backward recursion(여기서 'recursion'은 재귀보다는 라틴어 어원처럼 되돌아간다(회귀)는 뉘앙스가 더 강하다)를 수행하는 단위 단계를 '언풀링unpooling' 레이어라고 부르며, 이전 최댓값으로 되돌아가는 경로로 분기되는 지점을 '스위치switch'라고 한다.

이제 하방 회귀downwards recursion 과정을 좀 더 자세히 살펴보자. 하방 시스템은 단지 풀링

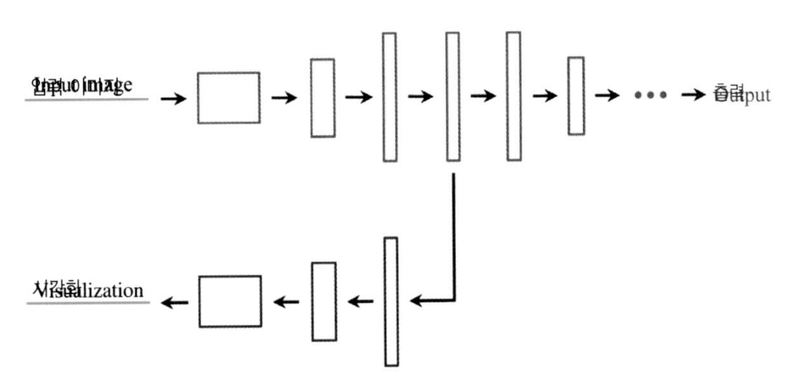

그림 15.11 역합성곱 네트워크 개요. (위) 입력 이미지가 출력되는 일반적인 경로. 이 경로는 일반적인 방식대로 역전파를 통해 학습을 진행하고, 학습된 매개변숫값은 고정한다. 그런 다음, 새로운 이미지를 입력하되 이번에는 중간에 데이터를 중간에 빼내 시각화 경로를 따르도록 한다. 이 방식의 목표는 학습한 매개변수를 해체해 새로운 이미지가 어떤 식으로 네트워크를 활성화하는지 확인하는 것이다. 그러나 이 과정은 예상보다 훨씬 복잡한데, 풀링이 이뤄진 최댓값을 언풀링해야 하기 때문에(즉, 올바른 채널로 되돌려야 하기 때문에) ReLU를 역으로 적용해야 하고 합성곱 계수를 '역합성곱'해야 한다.

연산이 아니라 전체적인 과정을 반대로 진행한다. ReLU 역시도 반대로 이뤄지는데, 반대 방향으로 진행하는 신호도 상호 양립이 가능하고 양의 값을 유지할 수 있어야 하기 때문이다(이러한 역과정이 일면 비정상적이고 무작위로 이뤄진다고 생각할 수 있지만, 이어지는 절에서 이에 대해 명확히 한 접근법을 살펴보게 될 것이다). 마지막으로, 합성곱 필터의 역함수는 이를 '전치'함으로써 구할 수 있다(실무에서는 필터를 180° 회전해 근사할 수 있다. Zeiler and Fergus(2014)). 이렇게 얻은 결과를 해석하기란 상당히 어렵다. 그러나 이 접근법을 통하면, AlexNet의 중간 범위 공간 주파수 영역이 취약점을 가짐을 확인할 수 있다. 유사한 방식으로, 학습이 진행된 네트워크에서 (부분적인) 오클루전에 의해 작동 중에 급격히 발생하는 손실을 찾아 그 민감도를 분석할 수 있다.

이렇듯 시각화는 CNN이 작동하는 방식에 대한 답을 찾는 데 매우 유용하지만, 한계도 분명하다. 특히 한 번에 하나의 특정한 이미지 입력에 대해서만 적용 가능하다는 문제점이 있다. 즉, 한 종류의 활성화에 대해서만 다룰 수 있고, 네트워크의 전체 작동 과정을 자동으로 찾을 수는 없다. 이 때문에 이 시스템은 네트워크의 현재 레이어 위치에 대한 convnet 특징을 근사해 복원해내는 것만이 가능하다.

이렇게 시각화를 수행하는 시스템 구조를 통틀어 'DNN'이라 부른다. 이는 원래 합성곱 네트워크과 더불어, 동일한 구조이되 역으로 진행하는 요소를 함께 포함하고 있기 때문이다. 즉, 풀링 레이어와 언풀링 레이어, 그리고 ReLU와 합성곱의 역연산이 포함되어 있다. 합성곱의 경우, 예를 들어 흐려진 이미지를 원래대로 되돌리는 것이 불가능한 것과 같이, 완전히 역연산을 수행하는 것은 불가능하다. 그러나 Zeiler et al.(2010)에서는 규칙화 기법을 사용하는 방법을 제안하고 있다. 요컨대 Zeiler and Fergus(2014)가 목표로 한 것은 (1) CNN이 작동하는 방식이 확실히 유효한지에 대한 신뢰도를 높이고 (2) 그 성능을 향상할 수 있는 방식이 얼마나 있는지 확인하는 작업이었다. 그럼에도 불구하고 CNN 설계를 개선하기 위해 구체적으로 필요한 정보들, 예를 들어 (최적 스트라이드 크기($s \times s$)를 제외하더라도) 레이어의 수, 각 레이어의 입력 이미지 크기($n \times n$), 뉴런 입력 필드 크기($r \times r$)를 찾는 수준에까지는 아직 이르지 못했다.

15.8 Simonyan and Zisserman(2015)의 VGGNet 구조

이상적인 구조 형태에 대한 정보를 아직 확보하지 못한 시점에서, Simonyan and Zisserman (2015)는 깊이가 증가함에 따라 나타나는 효과에 대해 확인하는 작업을 수행했다. 이를 위해 기본적인 네트워크에서 최대 뉴런 입력 필드를 3 × 3으로 제한해 필요한 매개변수의 양을 상당 수준으로 줄였다. 구체적으로는, 합성곱 입력 필드와 스트라이드를 각각 3 × 3과 1 × 1 크기로, 각 서브샘플링 레이어에 대해서는 입력 필드와 스트라이드 크기를 2 × 2로 제한했다. 또한 체계적이고 빠르게 수렴에 도달하도록 하여, 5단계의 레이어를 지남에 따라 224 × 224에서 7 × 7로 크기가 줄어들고, 1 × 1 크기의 단일 완전연결 단계에 도달하게 된다. 그런 다음 추가로 2개의 완전연결 레이어를 지나 최종적으로 softmax 레이어를 출력한다(그림 15.12). 모든 은닉 레이어는 ReLU 비선형 단계를 포함하며(그림에는 표시되지 않음), 크리제프스키 등이 AlexNet에서 사용한 로컬 반응 정규화는 성능에 영향을 주지 않기 때문에 제외했다. N개의 '채널' 외에 C1~C5 레이어는 각각 2, 2, 3, 3, 3개의 동일한 서브레이어를 포함하고 있으며, 그림 15.12에는 이를 나타내지 않았다. 마지막으로, Simonyan and Zisserman(2015)에서는 시험을 위해 VGGNet 구조를 여섯 가지 종류로 구성했으며, 각각 11~19개의 가중 은닉 레이어를 포함하고 있다. 여기서는 그중 구성 D(16개의 가중 은닉 레이어를 포함)에 대해서만 다룰 것이다. 여기에 포함된 서브레이어 수는 앞에서 언급한 것과 같으며, Noh et al.(2015) 논문에서 사용된 것으로 잘 알려져 있다. 자세한 내용은 다음 절에서 다룰 것이다.

앞에서 언급했듯이, 시모니안과 지서만은 기본적인 매개변수의 수를 줄이기 위해 입력 합성곱 필드의 크기를 3 × 3으로 제한했다. 다시 말해, 더 큰 크기로 합성곱을 진행하기 위해서는 3 × 3 합성곱을 연이어 진행해야 한다. 예를 들어 입력 필드 크기가 5 × 5인 경우 두 번에 걸쳐 3 × 3 합성곱을 수행해야 하고, 마찬가지로 7 × 7 필드는 3 × 3 합성곱 세 번이 필요하다. 이렇게 하면 총 $7^2 = 49$개의 매개변수가 $3^3 = 27$개로 줄어든다. 그뿐 아니라 합성곱 과정에서 추가적인 규칙화도 이뤄지는데, 각 3 × 3 성분에 대한 합성곱 간에 ReLU 비선형성이 포함되기 때문이다. 아울러 기존에는 $49N^2$개의 매개변수가 필요한 반면, 각 세 레이어로 구성된 3 × 3 합성곱 묶음은 총 $27N^2$개를 포함한다. 표 15.5에 VGGNet(구성 D)의 각 레이어에서 필요한 매개변수의 수를 나타내었다. 이때 C1~C5는 M개의 3 × 3 합성곱 묶음

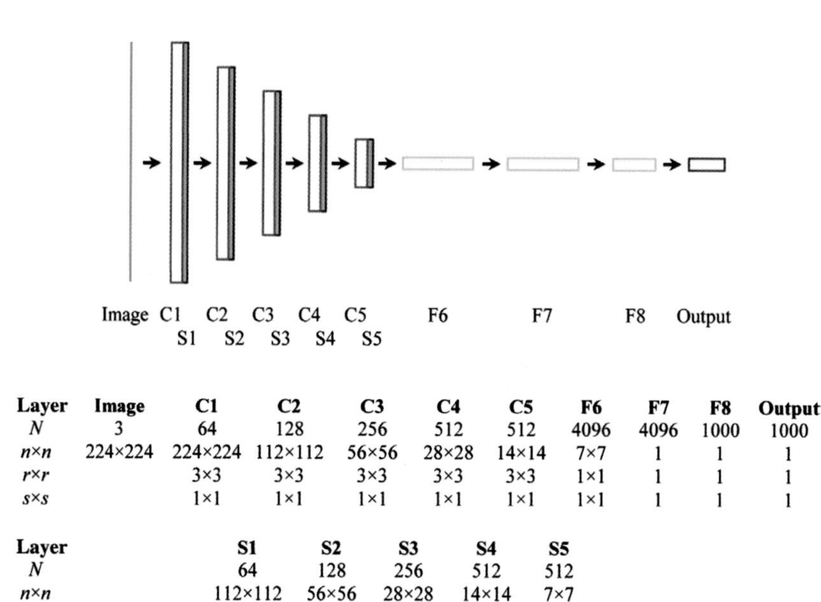

Layer	Image	C1	C2	C3	C4	C5	F6	F7	F8	Output
N	3	64	128	256	512	512	4096	4096	1000	1000
$n \times n$	224×224	224×224	112×112	56×56	28×28	14×14	7×7	1	1	1
$r \times r$		3×3	3×3	3×3	3×3	3×3	1×1	1	1	1
$s \times s$		1×1	1×1	1×1	1×1	1×1	1×1	1	1	1

Layer	S1	S2	S3	S4	S5
N	64	128	256	512	512
$n \times n$	112×112	56×56	28×28	14×14	7×7
$r \times r$	2×2	2×2	2×2	2×2	2×2
$s \times s$	2×2	2×2	2×2	2×2	2×2

그림 15.12 VGGNet 구조. 이 구조는 일반적인 CNN 네트워크를 최적화하는 시도 중 좀 더 최근의 것이다. 그림 15.7, 15.8, 15.10과 달리, 여기서는 합성곱 레이어의 상대적인 크기를 나타내어, 최종적으로 1 × 1로 줄어드는 과정을 보였다. 모든 합성곱 레이어는 단위 크기의 스트라이드를 포함하며, 입력 필드는 최대 3 × 3 크기로 제한됨을 유의하라. 또한 모든 서브샘플링 레이어는 입력 필드와 스트라이드가 2 × 2 크기를 갖는다.

VGGNet은 가중 은닉 레이어의 수를 11~19로 변경함에 따라 다양한 방식으로 구성할 수 있다. 그림은 구성 D을 나타낸 것이며, 16개의 가중 서브레이어가 C1~F8에 걸쳐 각각 2, 2, 3, 3, 3, 1, 1, 1개씩 포함되어 있다. 이 가중 레이어 수는 각 매개변수의 수를 결정한다. 자세한 내용은 표 15.5를 참고하라.

을 포함하고 있으며, 매개변수 수는 $M \times 3^2N^2$ 공식을 기반으로 계산된다. 그러나 이 식은 직전 합성곱 레이어의 N 값이 현재와 동일할 때만 성립함을 유의해야 한다. 즉, C5에만 온전히 들어맞고 C1~C4에서는 경우가 다르다. 표 15.5에서 자세한 내용을 확인하라.

깊이가 늘어났음에도 불구하고, VGGNet은 AlexNet과 비교할 때 매개변수가 2.4배만 증가했다. 또한 훨씬 단순하며 구조를 반으로 쪼개 2GPU 시스템(그림 15.8 참고)으로 구성하지 않는다. 반면 기성 4GPU 시스템을 사용한다면 단일 GPU에 비해 3.75배만큼 속도 향상이 있다.

이 시스템의 학습 방법론은 AlexNet과 비슷하다. 이에 대해서는 Simonyan and Zisserman(2015)를 참고하라. 그러나 논문에서는 '스케일 지터링scale jittering'이라는 흥미로운

표 15.5 VGGNet 매개변수

구성 D	N	서브레이어	공식	매개변수
C1	64	1	$(3\times3)\times3\times64$	0.04×10^6
		2	$(3\times3)\times64^2$	
C2	128	1	$(3\times3)\times64\times128$	0.22×10^6
		2	$(3\times3)\times128^2$	
C3	256	1	$(3\times3)\times128\times256$	1.47×10^6
		2	$(3\times3)\times256^2$	
		3	$(3\times3)\times256^2$	
C4	512	1	$(3\times3)\times256\times512$	5.90×10^6
		2	$(3\times3)\times512^2$	
		3	$(3\times3)\times512^2$	
C5	512	1	$(3\times3)\times512^2$	7.08×10^6
		2	$(3\times3)\times512^2$	
		3	$(3\times3)\times512^2$	
F6	4096		$(7\times7)\times512\times4096$	102.76×10^6
F7	4096		4096×4096	16.78×10^6
F8	1000		4096×1000	4.10×10^6
총합				$\mathbf{138.35\times10^6}$

이 표는 VGGNet 구성 D에 포함된 여러 합성곱 레이어의 매개변수 수를 나타내고 있다. 매개변수 중 대부분은 앞쪽 완전연결 레이어, 특히 F6에 포함되어 있음을 유의하라.

방식을 통해 학습 과정을 개선하고 있다. 즉, 다양한 스케일의 물체를 학습 세트에 포함시켜 보강하는 것이다. 구체적으로는 이미지에 2배 단위로 무작위 스케일을 적용하게 된다.

단일 VGGNet 네트워크를 사용할 경우 상위 다섯 결과의 테스트 에러율은 7.0%을 기록했으며, 이에 비해 GoogLeNet은 7.9%를 보였다(Szegedy et al., 2014). 정확하게는 GoogLeNet은 6.7%까지 에러율을 낮추었지만, 이는 7개의 네트워크를 결합한 결과였다. 어쨌든 VGGNet은 ILSVRC-2014 챌린지에서 2위를 기록했다. 그러나 결과를 제출한 이후, 저자들은 두 모델을 결합해서 에러율을 6.8%까지 낮출 수 있음을 확인했다. 이는 GoogLeNet과 비슷한 성능이지만, 필요한 네트워크의 개수는 현저히 적다. 흥미롭게도, VGGNet 구조는 LeCun et al.(1989)의 고전적인 LeNet 구조와 큰 차이를 보이지 않는다. 성능 개선은 주로 네트워크의 깊이를 크게 늘린 것에서 온다.

비록 ILSVRC-2014 챌린지에서 2등을 했지만, VGGNet은 여러 데이터셋에 대해 더 범용적으로 적용할 수 있음을 증명했으며, 이미지에서 특징을 추출할 때 비전 업계에서 선호하는 방식이 됐다. 이는 VGGNet이 특정 데이터셋에서는 조금 낮은 분류 성능을 보일지라도 전체적으로는 더 강건하게 특징을 추출하기 때문이다. 다음 절에서 살펴보겠지만, Noh et al.(2015)는 DNN에 대해 연구하는 과정에서 VGGNet 네트워크를 채용했다.

15.9 Noh et al.(2015)의 DeconvNet 구조

15.6절과 15.7절에서 다룬 Zeiler and Fergus(2014)의 연구에 기반해, Noh et al.(2015)는 '학습 DNN'(DeconvNet)을 고안했다. 즉, '학습 과정에서' 각 CNN 레이어의 합성곱 계수를 어떻게 역합성곱할지를 알아내는 방식이다. 전체적인 시스템은 15.7절에 나타낸 구조에 착안한 것이며, 그러나 훨씬 단순하다. 앞에서처럼 구조가 진행되는 과정을 사후 판단을 통해 이해할 수 있다. 그림 15.13에 이를 나타내었다. 여기서 앞부분의 CNN 구조는 VGGNet에서 F8과 출력 softmax 레이어를 제외하고 C1~F7 레이어만을 가져온 것이다. 이 구조에서는 하방 경로를 따르지 않는데, 이는 Zeiler and Fergus(2014)의 역합성곱deconv 네트워크에서 일부 하방 경로를 회전, 확장해 상방upflowing 부분에 추가했기 때문이다. 사실 이 구조는 Zeiler and Fergus(2014)의 deconv 네트워크를 일반화한 것이라고 해도 무방하다. 이해를 돕기 위해 그 근거를 설명하면 다음과 같다. 첫째, 입력 이미지에서 물체를 인식하기 위해서는 상방 CNN이 필요하다. 둘째, 어떤 물체가 이미지의 특정 부분에 존재할 경우, 그 위치를 지정하기 위해서 추가적인 CNN을 사용해 분류 과정을 진행해야 한다(이 모든 작업을 수행하는 네트워크를 시맨틱 분할망semantic segmentation network이라고 부른다). 이 두 작업을 하나의 거대한 CNN에서 제한 없이 동시에 수행하는 것은 메모리나 학습 문제로 인해 불가능하기 때문에, 두 종류의 네트워크를 밀접하게 연결하는 방식으로 진행해야 한다. 여기서 둘을 연결한다는 것은 풀링 레이어에서 뒤쪽의 언풀링 레이어로 나아가는 경로를 제공함을 뜻한다. 따라서 샘플 차이로 인해 발생하는 차이를 '제거하고' CNN에서 출력되는 값을 일반화하기 위해서는 두 번째 CNN을 확장해 필요한 위치 맵을 '마련해야' 한다. 결정적으로, 상방 데이터 경로가 하나만 존재함에 따라 ReLU가 모두 같은 방향을 향하게 된다(이 시점에서 전체적으로 다시 앞쪽을 향하게 됐음을 기억하라). 게다가 이 정도로 거대한 네트워크에서 학습 과정은 신중하게 진행돼야 하고, (물체

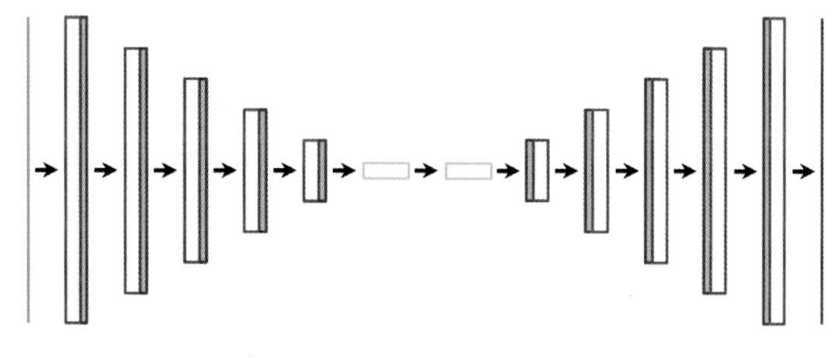

그림 15.13 Noh et al.(2015)의 학습 역합성곱 네트워크 개요. 이 네트워크는 앞뒤로 두 종류의 네트워크를 포함하고 있다. 왼쪽은 일반적인 CNN 네트워크이고, 오른쪽은 이에 대응해 역으로 진행되는 DNN '역합성곱' 네트워크에 해당한다. (왼쪽) CNN 네트워크는 출력 분류자(예: softmax)가 없는데, 궁극적으로 물체를 분류하는 것이 아니라 이미지 영역의 픽셀당 정보를 담은 맵을 제공하는 것이 목표이기 때문이다. 역합성곱 레이어는 D5에서 D1로 내려가며 C5~C1을 점진적으로 해체한다. 비슷하게, 언풀링 레이어 U5에서 U1로 내려가는 과정에서 풀링 레이어 S5~S1을 점진적으로 해체하게 된다. 이를 위해 최대 풀링 레이어의 위치 매개변수를 해당하는 언풀링 레이어의 위치에 대입한다(즉, S*i*의 위치를 U*i*에 대입하게 된다).

여기서는 합성곱 레이어의 상대적인 크기를 나타내며, 1 × 1로 줄어들었다가 다시 전체 크기의 입력 이미지 분할 맵으로 돌아오는 과정을 보여주고 있다. 전체적으로 이 구조를 단일 CNN으로 상정하고 학습시키는 것도 가능하나, 깊이가 깊기 때문에 좀 다른 전략을 도입할 필요가 있다(자세한 내용은 본문을 참고하라).

CNN 네트워크는 VGGNet에서부터 왔지만(그림 15.12), F8 레이어와 출력 softmax 레이어는 제외됐다. C1~F7 및 S1~S5 레이어에 대한 자세한 내용은 그림 15.12를 참고하라. D*i*의 세부적인 내용은 C*i*에, U*i*의 세부적인 내용은 S*i*에 해당한다. 다만 D*i*와 U*i*의 경우 데이터를 축소하는 대신 확장하는 방향으로 움직인다. 많은 경우, 이러한 확장 과정은 원래 축소 과정의 '미러링'으로 보는 것이 편하다. 출력 윈도와 중첩시킬 때에 적용할 결합 법칙을 정의할 필요가 있긴 하지만, 전반적으로는 적절한 역합성곱을 수행할 수 있도록 시스템을 '학습시킨다'.

검출을 다루는) 상방 섹션의 경우 초기에는 학습이 따로 이뤄져야 한다.

요약하면, 입력 CNN 뒤에 DNN을 추가하는 식으로 미러링 시스템을 구성하게 된다. 연산은 다음과 같이 진행된다. 비선형 언풀링 레이어 U*i*는 최대 신호 C*i*를 넘겨준다(언풀링한다). 그런 다음 역합성곱 레이어 D*i*가 데이터에 대해 선형 연산을 진행하고, 이 과정에서 겹치는 입력에 대해 필요한 가중치를 준 뒤 합치게 된다. 여기서 역합성곱 레이어의 경우, 결합 공식을 적용해 각 D*i* 레이어의 출력 윈도에서 겹치는 부분을 (예를 들어 '전치된' 합성곱 필터와 같이 상당히 근사하여) 정의하는 것이 아니라 다른 부분과 마찬가지 과정을 거쳐 학습을 진행한다. 이는 엄밀한 접근법이기는 하지만, 네트워크 학습 과정에서 부담을 증가시킨다.

DNN에서 벌어지는 과정에 대한 개념적인 모델을 정리해보자. 첫째, 언풀링 레이어는 상응하는 풀링 레이어의 정보를 복원하고 풀링 이전의 데이터 공간 크기로 재구성한다. 그러나 이 경우 적당한 위치에서 로컬 극댓값을 구하는 식으로 성긴 데이터를 취한다. 이어서 진행하는 역합성곱 레이어는 원래 조밀한 데이터 공간을 복원하는 것이다. 즉, CNN으로 인해 줄어든 활성화 크기를, DNN을 적용해 키우고 다시 조밀하게 만드는 것이다. 그러나 최댓값만을 다시 대입하기 때문에 상황이 완전히 해결되지는 못한다. Noh et al.(2015)에서 언급하듯이, "언풀링은 원본 이미지 공간에서 강력한 활성을 보이는 위치만을 추적하므로 표본에 특정한example-specific 구조를 취한다." 반면, "역합성곱 레이어의 학습 필터는 클래스에 특정한class-specific 형태를 취한다." 즉, 역합성곱 레이어는 표본의 형태를 구성하여 해당하는 물체를 어떤 클래스로 특정할 수 있는지를 좀 더 정확하게 구하는 역할을 한다.

네트워크에 대해 적절하게 학습이 이뤄진다면 이러한 결과가 가능할 것이다. Noh et al.(2015)는 앞에서 언급한 두 단계 학습 방식을 다음과 같이 발전시켰다. 즉, 시맨틱 분할을 진행하는 데 필요한 공간이 너무 커지는 문제를 해결하기 위해, 우선 단순한 표본에 대해 학습을 진행하고 난이도를 점점 높여가는 것이다. 요컨대 일종의 부트스트래핑bootstrapping 접근법이다. 좀 더 자세하게 설명하면, 처음에는 물체를 가운데로 정렬하고 정해진 영역에 맞추어 잘라내는 식으로 그 크기와 위치 변화를 제한한다. 두 번째 단계로, 좀 더 복잡한 물체가 실제 분할 결과와 잘 일치하는지 확인한다. 이 경우 결합 교차율intersection over union을 주로 사용하며, 값이 0.5 이상일 때만 통과시킨다.

처음 단계에서는 '타이트한' 영역을 설정한 다음 1.2배로 영역을 늘리고, 더 나아가 각 물체의 로컬한 내용을 전부 담을 수 있는 수준의 정사각형 영역을 잡는다. 이때 처음에는 영역 전체를 중심에 위치한 물체로, 나머지 픽셀은 배경으로 처리한다. 그러나 그다음 단계부터는 이렇게 단순화할 수가 없고, 적절하게 클래스 레이블을 정해 사용하게 된다.

이 방식은 먼저 발표된 Long et al.(2015)의 '완전 합성곱' 네트워크fully convolutional network, FCN보다 훨씬 정확하다. 평균 정확도는 각각 70.5%, 62.2%를 보여준다(여기서는 FCN에 대해 자세히 다루지는 않을 것이다. 요약하면 다소 단순하게 이뤄진 네트워크로서 스트라이드, 풀링 등 합성곱 레이어는 포함하나, 언풀링, 최종 풀링 레이어, 최종 분류 레이어는 포함하지 않는다. 즉, 모든 완전연결 레이어를 합성곱 형태로 변환한 것이다). 그러나 Noh et al.(2015)에 따르면, 두 방식은 상당 부분 상호 보완적인 관계를 가지며, 둘을 결합시키면 단독으로 사용하는 것보다 더 나은 성능(72.5%)을 보인다. FCN은 물체의 전체적인 형상을 구하는 데 이점이 있고, DeconvNet은 세부 형상을 구하는 데 이점이 있기 때문이다. 최적의 성능을 구하기 위해, 두 방식의 출력 맵 평균을 구한 뒤에 조건부 무작위 필드CRF, conditional random field를 적용해 최종적인 분할 결과를 구한다(평균을 취하는 이유는 FCN과 DeconvNet의 출력 맵이 클래스에 따른 확률 맵에 해당하며, 입력 이미지에 대해 독립적으로 계산되기 때문이다. 아울러 컴퓨터 비전에서 CRF는 물체 인식과 이미지 분할에 자주 사용되며, 사전적 확률을 사용해 그 맥락을 고려한다). 이야기가 복잡해질 수 있으므로 이 두 방식에 대한 설명을 더 진행하지는 않을 것이다. 다음으로 밀접한 연관성을 가지면서도 더 적은 메모리 사용 등의 이점을 가진 Badrinarayanan et al.(2015) 방식을 살펴보자.

15.10 Badrinarayanan et al.(2015)의 SegNet 구조

SegNet 구조는 DeconvNet과 매우 유사하며, 시맨틱 분할을 목표로 하고 있다. 그러나 논문에서 저자는 학습을 더 쉽게 진행하기 위해 구조를 훨씬 간단하게 구성할 필요성에 대해 말하고 있다(Badrinarayanan et al., 2015). 기본적으로 그 구조는 DeconvNet(그림 15.13)과 동일하되 F6과 F7은 포함하고 있지 않다. 아울러 최대 풀링과 서브샘플링을 사용할 경우, 특징 맵 해상도를 줄이고 최종 이미지 분할 결과의 위치 정확도를 낮추는 결과를 가져올 것임이 분명하다. 그럼에도 불구하고 논문은 VGGNet의 완전연결 레이어를 제거하고, DeconvNet의 인코딩-디코딩(CNN-DNN) 구조와 최대 풀링, 언풀링을 유지하는 데에서 출발했다. 이렇게 완전연결 레이어를 사용하지 않는 접근은 SegNet에 가장 큰 영향을 끼치는 요소인데, 학습해야 할 매개변수의 수를 상당히 줄이며(표 15.5 참고), 따라서 필요한 학습량도 급격히 감소하기 때문이다. 이 경우 전체 네트워크는 이중이 아닌 단일 네트워크로 이뤄지므로, '종단간end-to-end' 효과적인 학습이 가능하다. 더 나아가 저자는 물체 위치 정보를 더욱 효율적으로 저장하는 방식을 제안하고 있다. 즉, 최대 풀링 인덱스, 곧 각 인코더 특징 맵에서 각 풀링 윈도의 최대 특징값만을 저장한다. 이렇게 하면 각 2 × 2 풀링 윈도당 2비트 정보만을 필요로 하게 된다(그림 15.12 참고). 이는 초기 CNN(인코더) 레이어까지 포함해서, 특징 맵 자체를 저장할 필요가 없어지고 물체 위치 정보만 확보하면 됨을 뜻한다. 이 과정을 통해 필요한 인코더 저장량이 134M(표 15.5에서 VGGNet의 C1~F7 레이어 기준)에서 14.7M로 줄어든다.

만약 풀링 윈도당 (두 부동소수점 숫자 대신) 2비트 데이터만 저장한다면 이를 더 줄일 수 있다. SegNet의 총 용량은 이 값의 두 배가 되는데, 디코더 레이어에서 같은 양의 정보를 필요로 하기 때문이다. 그러나 이 계산이 다른 deconvnet에서도 동일하게 적용되기 때문에, 전체 데이터양은 초기 CNN 인코더에 포함된 내용에 비례해 그 두 배가 된다.

SegNet은 크기가 작아졌기 때문에 종단 간 학습이 가능하며, 실시간 응용 분야에 특히 더 적합하다. 저자들은 더 큰 네트워크로 구성하는 것이 더 잘 작동함을 인정하긴 했지만, 이 경우 학습 과정이 훨씬 복잡해지고 메모리가 증가하며 처리 시간이 상당히 늘어난다. 게다가 실제 성능을 파악하는 것도 어렵다. 기본적으로 디코더를 학습시키려면 매우 크고 육중한 인코더를 거쳐야 하는데, 이는 어떤 분야에 특정된 것이라기보다는 일반적인 목적으로 구성된 것이다(이 인코더를 학습시키는 데 필요한 비용은 너무 크기 때문에, 특정 분야에 응용하기 위해 재학습시키지 않는 경향이 있다). 많은 경우, 여기서 사용되는 네트워크는 VGGNet 프론트엔드에 기반하며, C1~C5의 전체 13개 서브레이어와, (매우 작은 범위에서) 유동적인 수의 완전연결 레이어를 포함한다.

이를 기반으로, Badrinarayanan et al.(2015)는 종단 간 학습을 통해 SegNet을 CamVid 데이터셋(Brostow et al., 2009)에 최적의 조건으로 적용하는 데 성공했다. 논문은 이 방식이 기존 일곱 가지의 (비신경망) 방식(예를 들어, 로컬 레이블 설명자나 슈퍼파싱superparsing(Yang et al., 2012; Tighe and Lazebnik, 2013))보다 훨씬 나은 성능을 보임을 확인했다. 구체적으로 기존에 각각 51.2%, 62.0%를 보이던 것에 비해 80.1%의 수치를 기록했다. 이때 인식을 진행한 범주는 빌딩, 나무, 하늘, 차량, 표지판, 도로, 보행자, 울타리, 기둥, 포장도로, 자전거 운전자이며, 범주별 정확도는 최소 52.9%(자전거 운전자), 최대 94.7%(포장도로)였다. 온라인 데모를 통해 이 방식이 얼마나 성공적인지 확인할 수 있다(http://mi.eng.cam.ac.uk/projects/segnet, 2020년 10월 4일 접속 확인). 이 데모를 실행하면 그림 15.14와 같은 이미지를 생성하며, 앞에서 언급한 11가지 범주 외에 도로 차선 등도 포함해 인식한다. 자세한 내용은 그림 15.14를 참고하라.

아울러 논문에서는 SegNet을 FCN이나 DeconvNet 등 최근 등장한 시맨틱 분할 네트워크와 비교했다. FCN과 DeconvNet은 인코더 크기가 같지만(134M), FCN이 디코더 크기를 0.5M 수준으로 낮춘 반면 DeconvNet은 134M를 유지한다. 세 방식의 클래스 분류 평균은

그림 15.14 운전석에서 바라본 도로 풍경. 각 경우에서 왼쪽이 원본 이미지, 오른쪽이 SegNet을 통해 처리한 분할 결과다. 범례는 SegNet이 할당하는 12종류의 영역을 나타내고 있다. 위치 정확도가 완벽하지는 않지만, SegNet은 수긍 가능할 수준으로 영역을 할당하고 있으며, 시야 내에서 가능한 해석 및 물체 종류의 범위를 좁혀준다. 이 이미지들은 온라인 데모(http://mi.eng.cam.ac.uk/projects/segnet/)를 통해 생성된 것이다(Badrinarayanan et al., 2015).

각각 59.1%, 62.2%, 69.6%로서, 셋 중 SegNet이 가장 낮긴 하지만 크게 차이 나지는 않고, 무엇보다 종단 간 학습을 진행함으로써 얻는 이점이 두드러지게 크다. 실제로 SegNet은 이 중 가장 빠르게 학습이 가능한데, 이미지 크기에 따라(결과가 유효한지의 여부로 인한) 차이가 있긴 하지만 FCN 대비 ~2.2배, DeconvNet 대비 ~3.3배 정도 속도 향상이 있다.

요약하면, 논문은 "인코더 네트워크 특징 맵을 전체 저장하는 구조가 가장 좋은 성능을 내지만 처리 시간 동안 더 많은 메모리를 필요로 하며", 따라서 훨씬 느린 속도로 작동함을 주장하고 있다. 반면 SegNet은 최대 풀링 인덱스만을 저장하기 때문에 훨씬 효율적이다. 아울러 기존과 비길 만한 정확도를 확보할 수 있으며, 주어진 연관 데이터에 대해 종단 간 학습이 가능하기 때문에 훨씬 더 활용도가 높다.

15.11 순환 신경망

이 장에서 딥러닝 네트워크를 다루며 처음 살펴본 내용은 전통적인 ANN과의 가장 뚜렷한 차이점이 합성곱 신경 성분을 사용하는 데 있다는 점이다. 그 외에는 구조에 대해 수정하거나 향상한 부분이 없다. 돌이켜보면, 이는 이를 사용하는 목적이 주로 단일 물체에 대해서든 전체 이미지의 시맨틱 분할에 대해서든 인식 작업을 수행하는 것이기 때문이다. 그러나 앞에서는 고정 이미지를 분석하는 데 깊이 초점을 맞추긴 했지만, 실제 업무에서는 비디오 해석에도 관심을 가질 필요가 있다. 기본적으로 어떤 비디오는 연속적인 이미지의 모음으로 보는 것이 가장 확실하고 간결하다. 그다음으로 시간에 대한 요소를 어떻게 다루는 것이 가장 적절한지에 대해 고려해야 한다. 가장 널리 쓰이는 방법은 상태 머신 접근법을 사용하는 것으로서, 네트워크의 출력값을 다시 입력값으로 넣어주는 식으로 간단하게 구현할 수 있다. 이러한 방식을 RNN이라 한다.

ANN과 CNN 둘 다 여러 레이어로 구성되어 있음을 상기하라. 즉, 특정 레이어의 출력값은 '직후' 레이어에 입력으로 들어간다. 이를 일반화하면, 어떤 뉴런의 출력값을 그 뉴런의 최소 하나의 입력값으로 넣을 수 있다. 따라서 각 뉴런은 일반적인 경우처럼 현재 입력 신호를 받지만, 동시에 전체 네트워크의 내력을 반영해 신호를 내보낸다고 할 수 있다. 또한 이렇게 형성된 피드백으로 인해 뉴런이 메모리를 포함한 플립플롭과 같이 작동하게 되고, 따라서 전체 네트워크가 시간에 대해 깊은 연관을 갖게 된다. 더 나아가, 테스트 과정에서 이러한 형태의 네트워크를 사용한 뒤에도 자동으로 연속적인 학습 과정에 연관되기 때문에 그 순서에 대해서도 연관이 깊다.

그러나 지금까지 RNN 구조에 대해 설명한 내용은 너무 광범위하고 일반적이다. 따라서

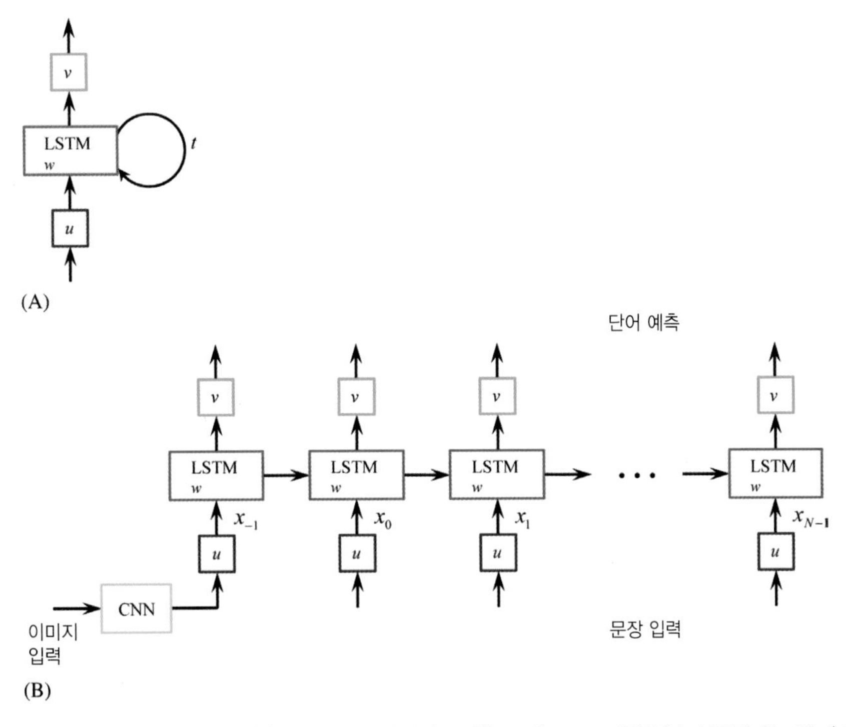

그림 15.15 순환 신경망과 그 응용. (A)는 순환 신경망에서 뉴런('LSTM'으로 표시된 부분. 본문을 참고하라)이 어떻게 작동하는지 나타내고 있다. 뉴런의 출력과 입력 간을 연결해 단일 피드백 루프를 형성하고, 시간에 따라 변화가 이뤄지도록 한다('*t*'로 표시된 부분). (B)는 피드백 루프를 '펼치고', 네트워크가 $t = -1$인 시점에서 초기화되어 어떻게 진행되는지를 나타내고 있다. 매개변수 u, v, w가 각 순간마다 동일하게 적용됨을 유의하라. 여기서 u와 v는 배수 매개변수로서 각각 입력과 출력 부분에 적용되고, w는 뉴런 내부적으로 적용되는 가중치다. 사실 (B)에서 나타낸 개요는 단지 (A)를 시간 차원으로 펼친 것에서 그치는 것이 아니라, Vinyals et al.(2015)의 캡션 생성 시스템으로 해석할 수 있다. 즉, 입력 이미지가 CNN을 거치는 동안 다양한 이미지 특징을 추출 및 인식하고, RNN을 통해 단어를 예측하게 된다. 이를 위해 $t = -1$ 이후, 즉 $t = 0, \cdots, N - 1$ 시점에 N개의 문장을 입력한다(기본적으로, 단어와 그에 상응하는 이미지를 함께 입력해 학습을 진행한다. 혹은 단어 벡터로 이뤄진 '문장'을 입력하는 것도 가능하다(Mikolov et al., 2013 참고)). 이때 $t = 0$ 시점에 적용된 단어는 '시작' 신호, $t = N$ 시점의 경우에는 '정지' 신호가 된다.

시간 차원에 대해 구조를 펼쳐(그림 15.15), 연속적인 각 이미지마다 동일한 연산을 수행하는 작업으로 해석하는 편이 더 낫다. 유의할 점은 CNN에서 각 레이어마다 모든 뉴런이 정확히 동일한 연산을 수행하듯이 RNN 역시 모든 순간마다 동일한 연산을 수행한다는 것이다. 이를 실제로 나타내면, 모든 입력이 동일한 가중치 u를, 출력이 동일한 가중치 v를, 각 뉴런의 배수 가중치가 동일한 값 w를 갖는다.

학습 과정이 이뤄지는 방식은 간단하게 역전파 알고리듬 부분을 거의 유사한 시간 역전파 BPTT, backpropagation through time 알고리듬으로 대체해 이뤄진다. 이에 따라 전체적인 구조는 동일한 네트워크를 여럿 복제해, 각 단계에서 얻은 데이터를 시간 축의 다음 네트워크에 대입하는 형태가 된다. 혹은 네트워크를 양방향으로 구성해 미래 시점의 데이터를 과거에 대입하게 할 수도 있다. 이러한 개념은 기존과 잘 부합하지 않긴 하지만, 자연 언어를 다룰 때는 문장이 포괄적인 의미를 가져야 하고 각 단어가 문장 내에서 맥락에 맞는 위치에 놓여야 한다는 점에서 유용한 기법이다. 또한 만약 연속적인 이미지를 제대로 해석했다면 출력되는 설명 문장 역시 포괄적으로 의미를 가져야 한다. 양방향 방식은 최근에 인기를 얻고 있긴 하지만, 내용이 너무 복잡해질 우려가 있으므로 여기서는 더 자세한 내용을 생략할 것이다.

RNN을 사용할 경우에는, ANN이나 CNN 등에서는 나타나지 않는 난점이 하나 있다. ANN과 CNN은 거의 유사한 방식으로 작동한다. 즉, 각 입력 뉴런 세트는 해당하는 신호를 출력하고, 이 신호는 전체 머신에 전반적으로 영향을 끼친다. RNN의 경우 이 과정은 '경쟁' 조건에 해당할 수 있으며, 기존 메모리 상태가 시스템상에서 어떻게 진행되는지, 그리고 신규 메모리 및 출력 신호를 어떻게 강건하고 높은 신뢰도로 확보할 수 있는지의 여부를 확신할 수 없다. 이 때문에 뉴런을 주의해서 설계할 필요가 있으며, 각 뉴런 안에 세 종류의 논리 게이트를 포함시켜야 한다. 이렇게 만들어진 뉴런을 LSTM이라고 한다. 이 방식은 전체 네트워크가 신뢰도 높게 작동할 수 있도록 하는 일종의 방어선 역할을 하고, Hochreiter and Schidhuber(1997)이 처음 발견한 이래 범용적으로 쓰이고 있다. 그 기능 중에는 오래돼서 현재는 부적절한 데이터를 지워버리고 전체 문장을 삭제해 적절한 시점에 새로운 데이터를 시작하는 것이 있다. 마지막으로, 많은 문헌에서는 RNN이 실패하는 경우로서 그레이디언트의 소실vanishing이나 폭주exploding로 인한 내용을(BPTT 알고리듬에서 특히 심각한 문제다) 다루고 있는데, 이는 처리 과정에서 나타나는 아날로그 신호를 제대로 제어할 수가 없기 때문이다. 장단기 메모리LSTM, long short-term memory를 사용하는 이유는 여러 시간 단계를 거친 후에도 네트워크의 매개변수가 신뢰성 있고 일관되도록 하기 위함이다.

상당히 많은 연구가 RNN을 사용해 진행됐다. 그중 가장 중요한 주제는 이미지나 비디오에 대해 자동으로 설명을 붙이는 것이다. 최근의 연구 중 주목할 만한 것으로는 자동 이미지 캡션 생성 시스템을 다룬 Vinyals et al.(2015)가 있다. 여기서는 이미지와 단어를 같은 공간에 매핑하고, 이미지는 비전 CNN에, 단어는 단어 임베딩word embedding 형태로 RNN에 통과시킨다(그림 15.15(B)). 흥미롭게도 이미지는 첫 번째 LSTM 입력에만 들어간다. Vinyals et al.(2015)에서 확인한 바에 의하면, 이미지를 반복적으로(즉, 각 시간 단계마다) 대입할 경우 이미지 노이즈 때문에 조악한 결과가 나타나며, 네트워크가 오버피팅될 가능성이 더 커진다. 결국, 네트워크를 학습시킬 때는 각 시간 단계에서 사용되는 올바른 단어에 대한 음의 로그 가능도 합이 최소가 되는 방향으로 나아가야 한다. 즉, 각 이미지에서 출력되는 문장(일련의 단어)은 최대 가능도를 갖는 해답이다. 캡션은 보통 '공놀이를 하는 여러 명의 어린이들'이나 '마른 풀밭을 걷는 코끼리 무리' 같은 형태로 나타난다. 이 예시(Vinyals et al., 2015)는 정확할 뿐만 아니라 상당히 예리하게 이미지를 묘사하고 있다. 이 연구에서 RNN이 기본적으로 번역 함수의 역할을 한다고 이해하면 쉬울 것이다. 즉, CNN 분류자에서 나온 내부적인 암호와 실제 단어 사이에서 RNN을 학습시키게 된다.

또 다른 연구(Vondrick et al., 2016)에서는 AlexNet CNN 프론트엔드를 사용해 좀 더 단순하게 구성한 RNN을 기반으로, 특정 사건(예를 들어 두 인물이 포옹하거나, 키스하거나, 하이파이브를 하는 등)이 일어나기 1초 전에 예측하도록 학습을 진행했으며, 기존 방식에 비해 최소 19% 이상 더 정확한 결과가 나타남을 증명했다. 다만 인간이 직접 판단하는 것보다는 절대적인 성능은 아래에 있는 것으로 나왔다.

15.12 결론

15장은 지금까지와 다르게 80% 정도를 2018년 기준 4~5년간 출판된 내용으로 채우고 있다. 물론 이 내용은 지난 사반세기 동안 진행돼온 연구에 뿌리를 깊게 둔 것이다. 근래 몇 년 동안에는 일반적인 컴퓨터 비전과 달리 눈에 띄는 발전이 이뤄졌다. 그 핵심이 되는 상당수의 논문은 arXiv에 먼저 출판됐는데, 이는 기존에 입자 물리학이나 천문학 분야에서 흔히 쓰이는 방식이다. 이러한 내용 중 핵심적인 부분을 한데 모아 어떠한 체계로 재구성하는 것은 쉽지 않은 작업이다. 이를 위해, 발전 과정을 개괄할 수 있는 핵심적인 사례 연구를 골라 나열하게 된다. 그러나 이 방식을 택할 경우 함정에 빠질 수 있는데, 어떤 주장과 반론이 어지럽게 뒤섞이는 동안 독자로 하여금 판단할 수 있는 이론과 논리를 제공하지 못할 수 있기 때문이다. 따라서 이러한 사태를 피하려고 하다 보면 사례 연구에 대한 설명이 예상보다 길어질 수밖에 없다. 그렇지만 어떤 책에서든 기초적인 설명은 줄일 수 없는 부분이다. 세부적인 이론을 독자에게 전달하기 위해 사례 연구라는 수단을 사용하는 이유가 여기에 있다. 한편 연구 논문에는 수많은 용어들이 등장하는데, 그중 상당수는 제대로 정의되지 않은 것이다. 즉, '모두가' 무슨 의미인지는 암묵적으로 이해하고 있지만, 많은 경우 최소한 문헌을 인용할 수 있을 수준으로 정확히 명시되어 있지는 않다. 심지어 어떤 용어는 학회나 비공개 미팅에서 한 번 언급되고 말 때도 있다. 이론적인 체계를 구축하기 위해서는 이러한 용어들을 가능한 한 찾아내 정의하고 필요한 부분에 사용해야 한다.

이 장에서는 우선 CNN을 설명하고 이들을 어떻게 결합하는지에 대해 설명한다. 그런 다음, CNN 구조와 이를 묘사하는 데 필요한 기술 용어를 소개한다. 예를 들어 깊이, 스트라이드, 제로 패딩, 수용 영역, 풀링, ReLU 등이 있다. 그러나 물론, 이 단계에서 매우 중요한 질문은 왜 합성곱 네트워크를 사용하는지다. 결론만 말하면 각 레이어에서 위치 불변성을 유지해야 하며, 이에 따라 학습 과정을 통해 구할 수 있는 매개변수의 수가 제한되기 때문이다. 이를 이해하면 LeCun et al.(1998)의 LeNet 구조로 쉽게 넘어갈 수 있다. 이 구조는 1990년대에 처음 등장해, 1998년 발표한 핵심적인 논문에서 그 정점에 도달했다. 이 구조가 어떤 새로운 틀을 제시하긴 했지만, 기존의 다른 비신경 접근법에 비해 특별히 성공적이라 보기는 어려웠다. 2012년에 크리제프스키 등이 AlexNet을 발표한 시점에 이르러서야 여러 핵심적인 방식을 크게 발전시켰고, 기존 비신경 접근법에 비해 뛰어난 성능을 보이며 실제 인기를 얻었다. 요컨대 AlexNet은 15.5절에서 자세히 다뤘듯이 사례 연구에 꼽힐 만한 기반을 마련했다고 할 수 있다. 이 구조는 단지 독창적일 뿐만 아니라, 학습 세트를 생성하고 추가하는 방식이기도 하다. 그러나 ~650,000개 뉴런과 ~6000만 개 수준의 학습 가능한 매개변수로 이뤄진 거대한 네트워크를 학습시키려면, 100만 개에 가까운(1000개의 클래스에 각각 1000개 이미지가 포함된 경우) 이미지로는 심히 부족하다. 따라서 (1) 여러 종류의 패치를 적용하고 좌우로 뒤집는 식으로 예제의 숫자를 늘린다. (2) 세기 및 색상을 변형해 사용 가능한 학습 샘플의 수를 더욱 늘린다. 이 두 전략 모두 제대로 작동한다.

AlexNet 논문에 잉크가 마르기도 전에, Zeiler and Fergus(2014)는 이 구조를 더 최적화하고 연산을 시각화하는 방법을 발표했다. 즉, 그 작동 원리를 이해해야 추가적인 개선이 이뤄질 수 있다는 발상이다. 실제로 그렇게 됐을 뿐만 아니라, 소위 절제 연구를 통해 더 큰 향상을 이끌어냈다(사실 '절제'라는 기술 용어 역시 그 뜻을 제대로 정의해야 하는 부류에 속한다).

Zeiler and Fergus(2014)는 CNN의 내부 연산을 분석하기 위해 역합성곱이란 개념을 제안했는데, 이를 통해 단시 물체를 분류하는 데에서 그치지 않고 그 과정을 거슬러 올라가 클래스를 일종의 픽셀 맵으로 재구성해 원본 이미지에 대한 시맨틱 분할을 가능케 하는 새로운 deconv 네트워크를 만들었다. 이 분야에 대한 모든 연구가 발전에 공헌하지만, 그중 Noh et al.(2015) 및 Badrinarayanan et al.(2015)가 큰 비중을 차지하고 있다. 그러나 두 논문이 상당 부분 참고하고 있는 Simonyan and Zisserman(2015)의 VGGNet 구조를 잊으면 안 된다. 이는 Simonyan and Zisserman(2015)에서 AlexNet 류에 포함된 CNN을 매우 깊게 구성하는 방법을 다루고 있기 때문이다(여기서 사용된 네트워크야말로 '매우 깊은'이란 수식어를 붙일 만하다). 이를 위해 합성곱 커널의 수용 영역 크기를 최대 3 × 3으로 줄이는 등의 여러 수단을 사용했다.

지금까지 살펴본 이야기도 매우 길지만, 앞으로 진행될 연구도 완성 단계에 이르기에는 아직 멀다. VGGNet 구조가 원본 이미지 입력을 받는 다중 출력 분류자를 구성할 수 있을 정도로 최적에 가깝긴 하지만, 음향학이나 지진학 등에서 비슷한 형태로 응용하거나, 3차원 분야에 적용하는 방법에 대해서는 아직 연구가 더 필요하다. 또한 분류나 시맨틱 분할을 넘어서 더 일반적인 경우에 사용하는 방법에 대해서도 고민해야 한다. 예를 들어, 15.11절에서 언급했듯이 구글은 특정 이미지에 대해 자동으로 이미지 캡션을 생성하는 시스템에 대한 논문을 발표한 바 있다(Vinyals et al., 2015). 연구가 충분히 발전할 경우, 특정한 형태의 그림을 통해 인터넷을 검색할 수 있다는 점에서 독자적인 가치를 얻게 될 것이다. 현재 시점에서도 이미지에 대한 심층 신경 분석을 함께 진행해 문장을 생성하는 것이 가능하며, 앞으로 어떻게 발전할지 주목할 만하다. 이러한 연구를 응용하면 로봇과 대화하고 제어하는 분야에서 유용할 것이다. 그러나 여기서 너무 멀리 나아가지는 않을 것이다. 이 책의 목표는 단지 지금까지 어떤 연구가 이뤄졌고 어떤 것이 가능한지에 대해 실마리를 제공하는 수준에서 그쳐야 한다. 심층 신경망에 대한 기본 이론이 느리게 발전하고 있다 할지라도, 응용 가능한 분야에 대해 다각도로 살펴보는 과정을 통해 지금까지 이룬 성과를 극대화하고 그 방법론을 더욱 개선할 수 있기 때문이다.

마지막으로, VGGNet 등 CNN이 갖는 가장 지속적인 효과는 특징 공간에 대해 미리 학습을 진행해 다른 분류자가 매우 유용하게 사용할 수 있도록 제공하는 데 있다. 이를 통해 SVM 등 다른 네트워크가 쉽게 새로운 문제를 다루고 풀 수 있다. 비전 분야에서 이러한 용도로는 방금 언급한 VGGNet이 가장 선호되지만, 이것 하나만 쓰이는 것은 물론 아니다. 예를 들어, GoogLeNet 또한 이러한 용도로 적용된 바 있다. Bejiga et al.(2017)은 미리 학습을 진행한 GoogLeNet 프론트엔드와 선형 SVM 분류자를 결합해 무인항공기UAV, unmanned aerial vehicle 연속 이미지를 분석, 산사태 상황에서 탐색 및 구조를 보조하는 데 사용했다. 이 CNN-SVM 결합 분류자를 전통적인 HOG-SVM 분류자와 비교했을 경우 두 종류의 데이터셋에 대해 더 나은 성능을 쉽게 얻을 수 있었으며, 비디오를 대상으로 했을 때 90% 이상의 정확도를 기록했다. 또한 Ravanbakhsh et al.(2015)는 AlexNet 프론트엔드와 SVM 분류자를 결합해 인간의 행동을 인식하는 데 사용했으며, 스포츠 등의 비디오를 비교했을 때 마찬가지로 기존 방식에 비해 훨씬 높은 성능을 보였다.

이 장에서는 딥러닝 네트워크를 분류 및 분할에 응용하는 방법을 살펴봤다. 2010년대 들어 이 분야는 폭발적으로 발전했으며, 딥러닝 구조의 기본적인 원리에 대해 여러 핵심 사례 연구를 예시로 하여 상당한 분량으로 설명했다. 2012년은 심층 신경망이 몇몇 분야에서는 기존의 가장 뛰어난 (비신경) 접근법보다도 더 나은 성능을 보인다는 사실을 문득 깨달은 해였다. 그뿐 아니라 자동 이미지 캡션 생성 등 다른 분야에서도 의미 있는 발전이 이뤄졌다.

15.13 문헌과 연보

다른 장과 달리 여기서는 ANN을 연구하고 응용하는 과정에서 그 체계가 점차 완성돼가는 모습을 다뤘다. 그 후 CNN이 점점 이 분야에서 우위를 차지하다가, 2011년 이후 갑자기 잇달아 폭발적인 발전이 이뤄졌다. 그 시작을 알리는 핵심적인 사건은 크리제프스키 등이 2012년 ILSVRC에 제출한 내용이다. 당시에는 표준에 속했던 LeCun et al.(1998)의 LeNet 구조를 확장하고, ReLU, 중첩 (최대) 풀링, 많은 수의 레이어, 드롭아웃 등 2011~12년 당시에는 '대담하다'고 평가되던 요소들을 구현했다. 또한 전체 머신을 GPU 2개의 구조로 구성하고 제한된 수의 레이어만을 서로 연결했다. 끝으로 챌린지에서 제공한 120만 개의 이미지뿐만 아니라, 최종적으로 그 2000배가량 되는 수를 학습시켰다. 이러한 작업을 1년 안에 완성한다는 것은 매우 어려운 작업이었고, 특히 실제로 어떻게 작동할지 모르는 시점에서는 더욱 그랬다. 말할 필요도 없이, 일이 년 뒤에는 다른 많은 연구자들이 이 연구의 성과를 바탕으로 각자 개선을 시도했다. 그중 주목할 만한 것으로는, 합성곱 커널의 수용 영역 크기를 '최대' 3 × 3으로 제한함으로써 네트워크를 '매우 깊게' 구성하는 방법을 찾아낸 Simonyan adn Zisserman(2015)가 있다. 응용 연구로서 시맨틱 분할을 다룬 Badrinarayanan et al.(2015) 역시 관심을 가질 필요가 있다.

이 시점에서부터 CNN 접근법의 이론적인 부분에 대한 연구보다는 기존 이론을 다루어 어떤 식으로 응용할 수 있을지에 대한 실험적 방식이 주로 연구됐다. 특히 얼굴을 검출하고 인식하는 연구가 주목할 만하다. 이 분야에 대해서는 21장 '얼굴 검출과 인식: 딥러닝'에서 자세히 다룰 것이다. 그러나 Taigman et al.(2014)의 연구는 여기서 소개할 만하다. 논문은 'DeepFace' 접근법을 통해 얼굴 인식 성능을 97.35% 수준으로 끌어올렸는데, 이는 인간이 인식하는 수준과 거의 유사한 성능이다. 이를 위해 '전면화frontalization' 기법을 사용해 얼굴들이 정면을 바라보면서 대칭을 띠도록 표준화하며, Sagonas et al.(2015)는 정면 이미지의 고유세트eigenset를 학습시키는 식으로 독자적인 전면화 기법을 개발했다. 비슷한 시기에 Yang et al.(2015, 2017)은 CNN 구조를 사용해 얼굴의 속성을 찾는 고성능의 Faceness-Net 검출자를 개발했다. 이를 통해 얼굴에 포함된 고유의 특성을 찾을 수 있을 뿐만 아니라, '역으로' 진행할 경우 얼굴 부분에 대한 로컬 반응 맵을 재생성하는 것 또한 가능하다. 논문은 이를 위해 Zeiler and Fergus(2014)의 인코딩-디코딩 방식을 따랐다. 마지막으로, Bai et al.(2016)은 매우 단순하고 빠른 설계를 위해, 5개의 공유 합성곱 레이어에 이어 두 합성곱 레이어로 브랜치를 나누는 다중 스케일 FCN을 고안했다. 브랜치를 나누는 이유는 크게 두 가지인데, (1) 다양한 스케일에 대응하고 (2) 최종 매칭을 위해 슬라이딩 윈도sliding window 효과를 사용하고자 함이다. 흥미롭게도, 이렇게 단순한 시스템으로 종단 간 학습을 진행할 경우 따로 미리 학습을 진행하는 방식보다 더 뛰어난 성능을 보였다.

PART

4

3D 비전과 모션

4부는 3차원 물체를 포함한 실제 장면을 이해하기 위한 발전 과정을 다룬다. 이 중 상당수는 움직임에 대해 다루고 있다. 3D 비전은 2D 비전에 비해 상당히 더 복잡한데, 그중 큰 비중을 차지하는 이유는 물체의 자유도가 일반적인 경우 3에서 6으로 증가하며, 고려해야 할 장면 구성의 수에 대해 조합이 이뤄지는 만큼 증가하기 때문이다.

우선 문제를 정의한 후(16장 '3차원 세계'), 전체 원근 투영에 따르는 복잡함에 대해 고려한다(17장 '*n* 지점 원근 문제'). 다음으로, 불변성을 고려함으로써 얻게 되는 이점을 살펴본다(18장 '불변성과 원근'). 19장 '이미지 변환과 카메라 조정'은 카메라 조정에 대해 다룸과 동시에, 여러 장면 간의 상호 관계를 구하는 계산을 통해 명시적 조정을 피할 수 있도록 하는 최신 연구들을 함께 다룬다. 이를 통해 복잡한 과정 중 일부를 건너뛰는 것이 가능해진다. 마지막으로, 20장 '모션'은 3차원 비전에서의 모션 문제를 살펴본다.

16

3차원 세계

인간은 3차원 비전을 완벽히 구현할 수 있으며, 그것이 가능한 이유는 양안 비전 때문이라는 것이 통념이었다. 진실은 그보다 훨씬 더 복잡하며, 16장에서는 그 이유를 소개한다.

16장에서 다루는 내용은 다음과 같다.

- 양안 비전의 특징
- 양안 비전 대신 표면 음영을 사용해 비슷한 결과를 얻는 방법
- 기본적인 방식을 통해 얻은 3차원 장면 정보로 물체를 인식할 수 없는 이유
- 3차원 기하 형태를 통한 3차원 물체 인식 과정

이 장은 3차원 비전에 대한 서론 역할을 하며, 관련 주제에 대한 흥미를 유발하고 인간 비전의 원리를 소개한다. 이어지는 4개 장(17~20장)에서 자세한 내용을 다룬다.

좀 더 구체적으로, 대응 문제(correspondence problem)를 해결하는 데 있어 등극선 선분 접근법이 중요함을 유의하라. 19장 '이미지 변환과 카메라 조정'에서 그 개념과 더불어 필요한 수식을 깊이 다룰 것이다.

16.1 서론

이전 장들에서는 평면으로 이뤄진 물체를 위에서 바라보기 때문에 3개의 자유도만이 존재한다고 가정했다. 그중 둘은 위치에, 나머지 하나는 방향에 대한 정보를 갖는다. 이러한 접근

을 통해 많은 비전 작업을 적절히 수행할 수 있지만, 야외나 공장의 장면을 해석하거나 혹은 상당히 단순한 로봇 조립 및 검사 작업을 수행할 경우에는 적절하지 않다. 이에 지난 수십 년 동안 실제 3차원 물체로 이뤄진 장면을 세부적으로 이해하기 위해 꽤 복잡한 이론을 세우고, 실험으로 이를 증명하는 식의 연구가 상당히 이뤄졌다.

일반적으로 이는 물체가 완전히 임의의 위치와 방향에 놓여 있는 장면을 어떻게 해석할지를 찾으려는 시도의 일환이며, 6개의 자유도를 갖는다. 이러한 장면을 해석하고 물체들에 대한 위치 및 방향 매개변수를 추정하려면 상당히 많은 계산이 필요하다. 이는 결국 2차원 이미지에서 이끌어내는 3차원 정보가 필연적으로 불명확함을 포함하기 때문이다.

현재 3차원 비전을 처리하기 위한 다양한 접근법이 나와 있다. 하나의 장에서 이러한 방식을 전부 설명하는 것은 불가능하므로, 여기서는 일반성과 응용 가능성 등을 기준으로 삼아 기본적인 원리를 요약하고자 한다. 컴퓨터 비전이 인간의 눈과 두뇌 시스템이 가진 능력을 완벽히 모사할 필요는 없지만, 3차원 비전의 경우 많은 연구가 생물학적으로 모델링을 하는 것을 목표로 하고 있다. 이러한 연구에 따르면, 인간의 시각 시스템은 여러 종류의 방식을 동시에 사용함으로써 입력 데이터에서 적절한 큐를 취해 장면 내용에 관한 가설을 형성하고, 장면상에 무엇이 존재하는지에 대해 적절한 모델을 구할 때까지 그 가설을 점차 발전시켜나간다. 즉, 각각의 방식이 따로 동작하는 것이 아니라 어떤 식의 데이터에 대해서든 대응 가능한 모델을 생성할 수 있어야 한다. 사실 다양한 생물 기관은 특정한 입력 자극이 들어올 때까지 반응하지 않고 대기하는 것이 일반적이다. 현재 수준에서 컴퓨터 비전 시스템은 이보다는 덜 복잡하며, 특정한 처리 모델에 기반해 구성되기 때문에 제한적인 범위 내의 이미지 데이터에 대해서만 효율적으로 작동한다. 이 장에서는 특정 상황에 특화된 방식을 개발해, 적절한 경우에만 이를 사용하도록 하는 실용적인 방법론을 택할 것이다. 다만 어떤 방식이 적절한지를 구하기 위해서는 어느 정도 고민이 필요하다.

16.2 3차원 비전: 방식의 다양성

인간의 시각 시스템이 갖는 가장 두드러진 특징은 2개의 눈을 상정한다는 것이다. 일반 대중에게는 양안(또는 '스테레오') 비전을 통해 장면을 볼 때 깊이를 파악할 수 있다고 알려져 있다.

하지만 한쪽 눈을 감는다고 해서 그다지 큰 문제가 생기는 것은 아니며, 자동차나 심지어 비행기를 모는 데도 아무런 결함이 없다. 오히려, 단안 시스템에서도 이미지 내에 포함된 수많은 큐를 통해 그 깊이를 파악하는 것이 가능하다. 일반적으로 눈-두뇌 시스템에서 이를 실현하려면 실제 세계와 장면 내에 포함된 자연적/인공적 물체에 대해 미리 저장하고 있던 대량의 데이터를 불러내야 한다. 예를 들어, 우리가 자동차를 관찰할 때 그 크기는 상당히 제한적인 범위에 걸쳐 있다. 마찬가지로, 거의 모든 물체는 절대적인 크기와 깊이에 따른 상대적인 전면 크기 모두 매우 제한적이다. 그럼에도 불구하고 하나의 장면 뷰만으로 물체의 절대적인 크기를 추정하는 것은 불가능하다. 모든 물체와 그 깊이는 임의의 비율로 스케일이 커지거나 작아진 상태이고, 단안 뷰에서는 이를 파악할 수 없기 때문이다.

눈-두뇌 시스템에서 물리적인 세계에 대해 거대한 데이터베이스를 구축해놓긴 했지만, 사소한 선행 정보로부터도, 특히 단안 뷰로부터도 획득할 수 있는 정보가 많이 있다. 그 핵심적인 방법론은 '셰이딩 기반 형태 추정shape from shading'이라 한다. 셰이딩 정보(즉, 이미지 내의 그레이스케일 세기)로부터 3차원 형태를 추정하기 위해서는 장면에 조명이 어떻게 이뤄지고 있는지를 알아야 한다. 가장 간단한 상황은 장면 내에 단일 점 광원이 존재하고 그 위치를 알고 있는 경우다. 실내에서는 천장에 텅스텐 전등 하나가 조명으로 달려 있는 경우가 가장 흔하며, 실외에서는 태양이 비슷한 역할을 한다. 이 두 경우에서는 단일 조명이 물체 한쪽을 비추지만 다른 곳은 비추지 않아 그림자가 형성될 것임이 명확하다. 또한 물체들은 조명에 대해 다양한 방향으로 놓여 있으며 다양한 밝깃값을 가지며 관측되기 때문에, 이론적으로는 그 방향을 추정하는 것이 가능하다. 뒤에서 살펴보겠지만, 방향과 위치를 추정하는 작업은 전혀 간단하지 않을 뿐만 아니라 명확한 답을 구하기 어렵다. 그럼에도 불구하고 이를 수행하기 위한 몇 가지 성공적인 방식들이 개발된 바 있다. 적지 않은 경우 광원의 위치를 알지 못하는 문제가 발생하긴 하지만, 이에 관련한 정보는 장면으로부터 (최소한 눈으로는) 어렵지 않게 확보할 수 있다. 따라서 부트스트래핑 과정을 통해 이미지 데이터를 점진적으로 해체한 다음 해석에 들어가는 것이 가능하다.

이러한 방식을 통해 눈으로 실제 장면을 해석할 수 있기는 하지만, 실제로 얼마만큼의 정확도를 확보할 수 있는지에 대해 말하기는 어렵다. 컴퓨터 비전의 경우 머신을 통해 광원의 위치를 정확하게 파악할 수 있긴 하지만, 요구되는 정확도 수준은 좀 더 높다. 그러나 컴퓨터 비전의 경우 더 나아가, 자연적으로 존재하지 않는 인공 조명을 사용하는 방식을 도입할 수 있다는 점에서 인간 비주얼 시스템에 대해 이점을 갖는다. 특히 여러 조명을 순차적으로 장면에 비추는 방식, 소위 광도 양안법 접근법을 사용하면 컴퓨터가 장면을 더 정밀하고 효율적으로 해석할 수 있다. 혹은 구조화 조명을 사용할 수도 있다. 이 방식은 점패턴, 줄무늬, 또는 선형 격자로 이뤄진 조명을 장면에 투영해서 이미지상에 나타나는 위치를 측정한다.

마지막으로, 기존에 인식 가능한 특징 세트를 기반으로 이미지를 분석하는 여러 방식들이 개발되어 있다. 이러한 방식들은 11장 '일반 허프 변환'에서 살펴봤던 그래프 매칭과 일반 허프 변환GHT, Generalized Hough Transform 방식의 3차원 버전이다. 유의해야 할 점은 이들 방식이 특정 물체가 장면 안에 존재할 것이라는 강한 가정에 기반해서 작동한다는 것이다. 일반적으로 이를 가정하기란 어렵기 때문에, 전체 장면을 3차원으로 매핑할 수 있도록 초기 이미지 분석을 진행한 다음, 3차원 모델을 구축해 장면의 일부가 다른 부분과 갖는 관계를 파악한 뒤, 최종적으로 추정 결과를 낸다. 만약 장면에 포함된 물체들이 기존 정보 없이 완전히 새로운 것들이라면, 무엇이 존재하는지 '묘사하고' 가장 '유사한' 세트를 찾는 수준에서 그치게 된다. 즉, 그 자체로는 인식 작업을 수행하지 못한다. 장면 분석이 (최소한 하나의 단안 이미지에 대해서는) 본질적으로 불분명한 처리 과정에 속함을 유의하라. 즉, 어떠한 장면에 대해 여러 가지 해석이 가능하며, 눈은 장면을 완벽하게 해석하려 하기보다는 그중 가장 단순하고 적합해 보이는 해석을 찾는 경향이 있다. 많은 착시 현상이 나타나는 이유는 눈-두뇌 시스템이 장면에 대해 가장 적합한 해석을 찾아 되풀이하여 결정을 내리기 때문이다. 또한 이 때문에, 내부적으로 모델을 구축하는 과정에서 최적에 이르지 못한 해석이나 부분적인 해석에 갇혀버리는 위험성도 존재한다(예를 들어, 에셔Escher의 그림을 떠올려보라).

이 절에서는 3차원 비전 방식을 다음과 같이 분류했다. 즉, 3차원 장면의 물체 형태를 매핑하는 데서 시작해 최종적으로 형태를 해석하거나, 그 특징으로부터 바로 물체를 인식할 수 있다. 두 경우 모두, 결국 기반이 되는 지식을 필요로 한다. 아울러 실제 공간에서 물체를 매핑하는 방법으로는 단안과 양안 기반의 두 종류가 있으며, 구조화 조명 방식을 통해 '눈'의 불완전함을 보완하는 것이 가능하다. 레이저 스캐닝이나 거리 측정ranging 기법도 3차원 매핑을 위해 사용될 수 있지만, 이 책에서는 자세하게 다루지 않을 것이다.

16.3 3차원 비전 투영 기법

엔지니어링 드로잉의 경우, 생산할 물체를 평면, 측면, 입면의 세 면이 나타나도록 그리는 것이 일반적이다. 전통적으로 이 세 면은 단순히 물체에 대해 각각 수직 각도로 (왜곡 없이) 투영된다. 즉, 물체 지점에서 투영할 평면까지 평행선을 긋는 식으로 그림을 그린다.

그러나 눈이나 카메라를 통해 물체를 관측할 경우, 빛이 렌즈를 통해 모이기 때문에 이미지의 스케일이 변할 뿐만 아니라 원근이 왜곡된다(그림 16.1). 이러한 종류의 투영을 원근 투영이라 부르며, 이때 수직 투영은 먼 지점에서부터 관측하는 특수한 경우로 간주할 수 있다. 원근 투영의 단점은 관측 과정에서 특징 간의 단순한 관계가 파괴되기 때문에 물체가 실제보다 더 복합적으로 보이게 된다는 것이다. 즉, 평행한 외각이 평행하게 나타나지 않고, 이등분점이 이등분점으로 보이지 않는다(다만 유용한 기하적 특성 중 그대로 유지되는 것도 적지 않다. 예를 들어, 탄젠트 선분이나 직선상의 지점 순서는 바뀌지 않는다).

야외 장면에서는 평행한 선들이 지평선상의 소실점에서 수렴하는 뚜렷한 경향을 보인다(그림 16.2). 이때 지평선은 무한대 거리에서 지면 G상의 선분을 이미지 평면에 투영한 결과라고 볼 수 있다. 즉, G에 존재하는 모든 평행선에 대한 소실점의 모음이다. 일반적으로 평

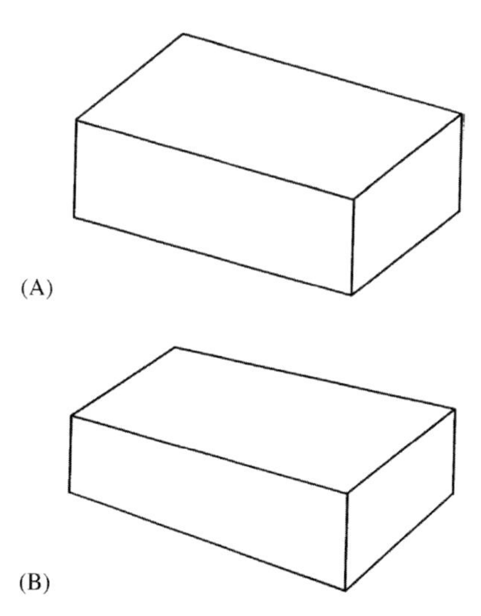

그림 16.1 (A) 수직 투영으로 나타낸 직육면체 상자. (B) 동일한 상자를 원근 투영으로 나타낸 결과. (B)에서는 평행선이 평행하게 나타나지 않지만, 역설적으로 이러한 모습이 더 현실에 가깝다.

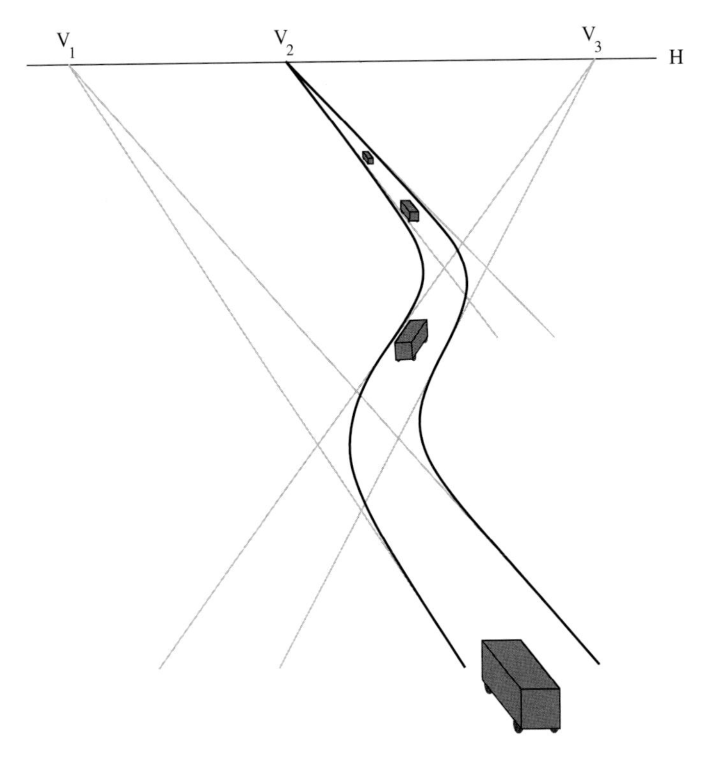

그림 16.2 소실점과 지평선. 그림은 원근 투영으로 지면을 나타냈을 때 평행선이 지평선 *H*에 놓인 소실점 V_i에서 만나며 사라지는 모습을 보여주고 있다(V_i와 *H*가 '이미지' 평면상에 있음을 유의하라). 두 평행선이 지면에 놓여 있지 않다면, 소실점은 다른 소실선상에 존재하게 된다. 이 점을 이용하면, 장면상의 모든 소실점을 계산해 어떤 도로가 평지에 있거나 경사져 있는지를 판단할 수 있다.

면 P의 소실점은 P상에서 이미지 평면을 향해 무한대로 뻗어 투영된 지점으로 정의할 수 있다. 즉, 시야 내의 임의의 평면 Q는 이미지 평면상에 소실점이 존재하며, 소실점이 놓인 소실선은 Q의 지평선과 거의 일치한다.

그림 16.3(A)는 원점에 놓인 볼록 렌즈(눈 또는 카메라)를 통해 이미지가 이미지 평면에 어떻게 투영되는지 나타낸다. 이미지가 뒤집혀서 나타나는 현상을 받아들이기는 다소 쉽지 않다. 일반적으로 렌즈 중심을 원점 (0, 0, 0)이라 가정할 경우 이미지 평면의 위치는 $Z = f$가 된다. 이때 f는 렌즈의 초점 거리에 해당한다. 좀 더 단순하게 나타낼 경우(그림 16.3(B)), 이미지 평면에서 이미지는 뒤집히지 않은 채 맺히게 된다. 장면 내 임의의 지점 (X, Y, Z)가 이미지상에서 (x_1, y_1) 위치에 나타날 경우, 원근 투영은 다음과 같은 관계를 갖는다.

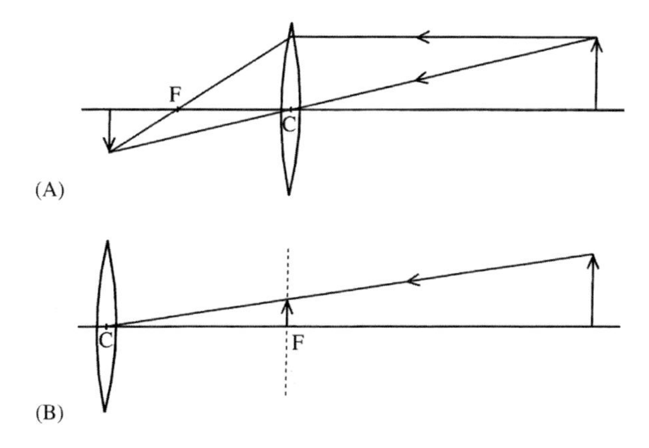

그림 16.3 (A) 볼록 렌즈를 통해 이미지를 이미지 평면에 투영한 결과. 하나의 이미지 평면은 하나의 거리에 놓인 물체의 상만을 맺지만, 매우 멀리 떨어진 물체의 경우 거리에 상관없이 이미지 평면은 렌즈로부터 f만큼 떨어진 초점면에 위치하게 된다. (B) 이미지가 렌즈 앞쪽 초점면 F에 투영되어 뒤집히지 않게 맺히는 일반적인 형태. 이때 렌즈의 중심은 이미지가 형성되는 중심점에 해당한다.

$$(x_1, y_1) = \left(fX/Z,\ fY/Z\right) \tag{16.1}$$

16.3.1 양안 이미지

그림 16.4는 2개의 렌즈를 사용해 스테레오 이미지를 취득하는 과정을 나타내고 있다. 이 2개의 광학 시스템은 그 광축이 평행하지 않고 '수렴도vergence'가 존재하기 때문에(인간의 눈에 대한 현상이므로 그 정도가 변할 수 있다), 장면 내의 어떤 지점에서 일반적으로 교차한다. 따라서 임의의 지점 (X, Y, Z)는 실제로 두 좌표 (x_1, y_1), (x_2, y_3)를 갖는다. 좌표가 차이 나는 이유는 두 광축의 수렴도와 더불어, 렌즈 간의 기준선 b로부터 상대적인 위치 차이, 즉 두 이미지 지점 간의 '불일치'가 발생하기 때문이다.

간단하게 수렴도가 0인 상황, 즉 광축이 평행한 경우를 생각해보자. 이제 기준선 b의 수직 이등분선상에 Z축을 설정하면, 다음과 같은 식을 구할 수 있다.

$$x_1 = (X + b/2)f/Z \tag{16.2}$$

$$x_2 = (X - b/2)f/Z \tag{16.3}$$

따라서 불일치는 다음과 같다.

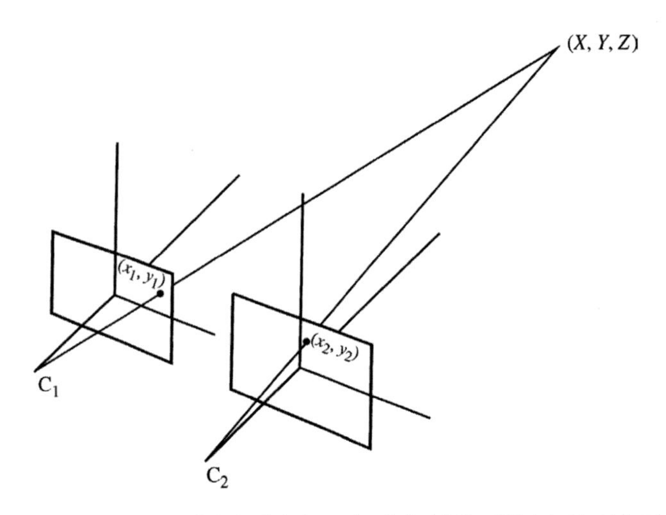

그림 16.4 두 렌즈를 사용한 스테레오 이미지. 여기서 두 시스템의 광축은 평행하다. 즉, 광축 간에 '수렴도'가 존재하지 않는다.

$$D = x_1 - x_2 = bf/Z \tag{16.4}$$

이 식을 다음과 같은 형태로 다시 쓰면,

$$Z = bf/(x_1 - x_2) \tag{16.5}$$

깊이 Z를 구할 수 있다. 이 경우 Z를 계산하기 위해서는 대상이 되는 이미지 지점 쌍 간의 불일치 값과 이미지 시스템의 매개변수만이 필요하다. 그러나 이 이미지 지점 쌍이 실제로 장면상에서 같은 지점을 가리키고 있는지를 확인하는 것은 일반적으로 간단하지 않으며, 스테레오 비전에서 대부분의 계산은 이를 위한 것이다. 아울러 높은 정확도로 깊이를 찾기 위해서는 기준선 b가 커질 필요가 있다. 다만, b가 늘어남에 따라 이미지 간의 유사성이 줄어들기 때문에 지점을 매칭하는 것이 어려워진다는 단점이 있다.

16.3.2 유사성 문제

스테레오 쌍으로 이뤄진 두 이미지 사이에서 지점을 매칭시키기 위해 사용되는 주요한 접근법은 크게 두 가지가 있다. 하나는 '줄무늬 조명light striping(구조화 조명의 한 형태)'으로서, 두 이미지를 인코딩해 상응하는 지점을 쉽게 찾도록 한다. 예를 들어 단일 수직 줄 모양을 사용할

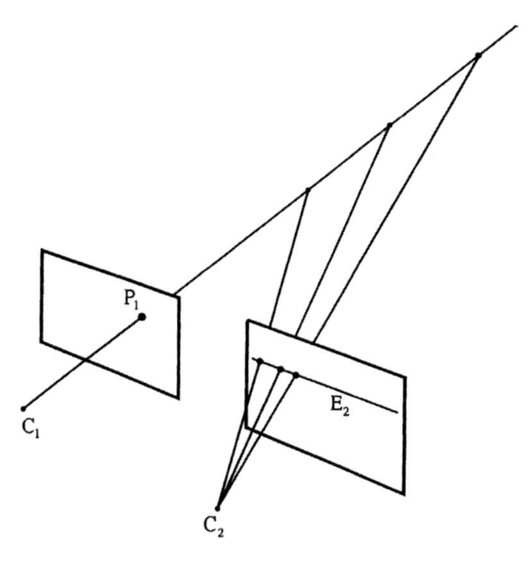

그림 16.5 등극선 선분의 개념도. 첫 번째 이미지상의 P_1 지점은 장면상에서 여러 지점들로 이뤄진 선분을 만들고, 다른 이미지상에서 임의의 지점들로 이뤄진 등극선 선분 E_2를 형성한다.

경우, 이론적으로 각 y 값에는 이 줄무늬 조명의 한 지점만 존재하게 되므로 매칭 문제를 해결할 수 있다. 뒤쪽 절에서 이 문제를 자세히 다룰 것이다.

두 번째 주요한 접근법은 등극선epipolar 선분을 이용하는 것이다. 이를 이해하기 위해, 첫 번째 이미지에서 어떤 특징을 갖는 지점을 취하고 물체 필드에서 그 지점에 해당할 수 있는 위치를 모두 표시한다고 상상해보자. 이렇게 하면 장면상에 깊이에 따라 지점들로 이어진 선이 생겨날 것이다. 두 번째 이미지 평면에서 이를 보면, 어떤 형태의 궤적으로 나타나게 된다. 이 궤적을 첫 번째 이미지에 상응하는 등극선 선분epipolar line이라고 부른다(그림 16.5). 이제 궤적상에서 비슷한 특징을 가진 지점을 찾는다면, 올바르게 매칭이 이뤄질 수 있는 확률이 상당히 높아진다. 이 방식은 상응하는 지점을 찾기 위한 계산량을 줄일 수 있을 뿐만 아니라, 거짓 경고가 발생할 가능성을 상당히 낮출 수 있다는 장점을 갖는다. 등극선 선분 방식을 양쪽 이미지에 모두 적용할 수 있음을 유의하라. 즉, 어떤 이미지상의 특정 지점은 다른 쪽 이미지에서 등극선 선분으로 나타낼 수 있다. 또한 그림 16.4에서 나타낸 단순한 형태의 경우 모든 등극선 선분은 x축에 평행하게 나타나지만, 일반적인 상황은 아님에 유의하라(보통 어떤 이미지 평면상의 모든 등극선 선분은 다른 이미지 평면에 투영된 임의의 이미지 지점을 지나간다).

유사성 문제가 더 꼬이는 부분은, 장면 중 한 이미지에서만 나타나고 다른 이미지에서는 나타나지 않는 지점이 존재할 경우다. 예를 들어 한쪽 이미지에서 오클루전이 일어났거나, 너무 큰 왜곡으로 인해 두 이미지 간에 인식이 가능한 매치가 이뤄지지 않을 수 있다(이러한 예시로는 두 이미지 간에 어떤 모서리 지점 뒤의 배경이 달라서 한쪽은 잘 구별되지만 다른 한쪽은 묻혀버리는 상황이 있다). 이 경우 지점을 매칭시키려고 하면 거짓 경고가 발생하게 된다. 그러므로 장면상에 존재하는 물체를 연속적인 외각 형태로 표현하는 확고한 해답 세트를 찾아야 한다. 이에 따라, 반복적 '완화relaxation'를 통해 스테레오 매칭을 구현하는 방식을 일반적으로 쓰게 된다.

넓은 범위에서 유사성을 찾는 방법은 두 종류다. 첫째, 두 이미지에서 수직에 가까운 외각 지점을 매칭하는 것이다(수평에 가까운 외각 지점을 사용할 경우 필요한 정확도를 확보하기 어렵다). 둘째, 상관성 기법을 통해 로컬 세기 패턴을 매칭하는 것이다. 상관성 연산은 그 비용이 클 뿐더러, 이 경우에는 상대적으로 신뢰도가 낮다. 주로 그 이유는 많은 경우 특정 이미지에서 세기 패턴이 크게 축소되어(즉, 원근에 따라 왜곡되어) 나타나며, 확실하게 매칭을 이루기가 어렵기 때문이다. 이 경우 가장 실용적인 해법은 기준선의 길이를 좁히는 것이다. 앞에서 살펴봤지만 이렇게 하면 깊이 측정 정확도가 줄어들 수 있다. 자세한 기법은 Shirai(1987)에서 확인할 수 있다.

다음으로 넘어가기 전에, 앞에서 언급한 가시성 관련 문제가 어떻게 발생하는지 좀 더 자세하게 살펴보자. 그림 16.6은 특정 물체를 두 카메라로 관측해 스테레오 이미지를 형성하는 과정이다. 이때 물체 중 많은 부분이 자기 오클루전self-occlusion으로 인해 모든 이미지상에 나타나지 않는 반면, 일부 특징점은 한쪽 이미지에만 등장한다. 이제 두 이미지에 나타나는 지점의 순서를 살펴보자(그림 16.7). 이미지상에서 보이는 지점은 실제 장면과 동일한 순서로 나타나며, 시야에 들어오지 않는 지점은 장면과 이미지에서 그 순서가 다르게 나타날 수 있다. 따라서 물체 앞쪽 표면에 대한 지점은 단순한 기하적 관계를 갖는다. 특히 주어진 지점 P를 가리거나 P에 가려지지 않으려면, P 및 투영 중심점 C_1, C_2를 꼭짓점으로 갖는 양쪽 끝이 맞닿은 뿔 모양 영역 밖에 있어야 한다. P를 포함하는 표면 영역의 경우, 해당 영역이 음영 밖에 놓여야 전체 깊이 정보를 확보할 수 있다(물론 표면의 각 지점마다 새로운 뿔 모양이 형성되므로 이를 고려해야 한다). 다만 물체에 구멍이 뚫려 있거나, 투명한 부분이 있을 수 있는 가능성

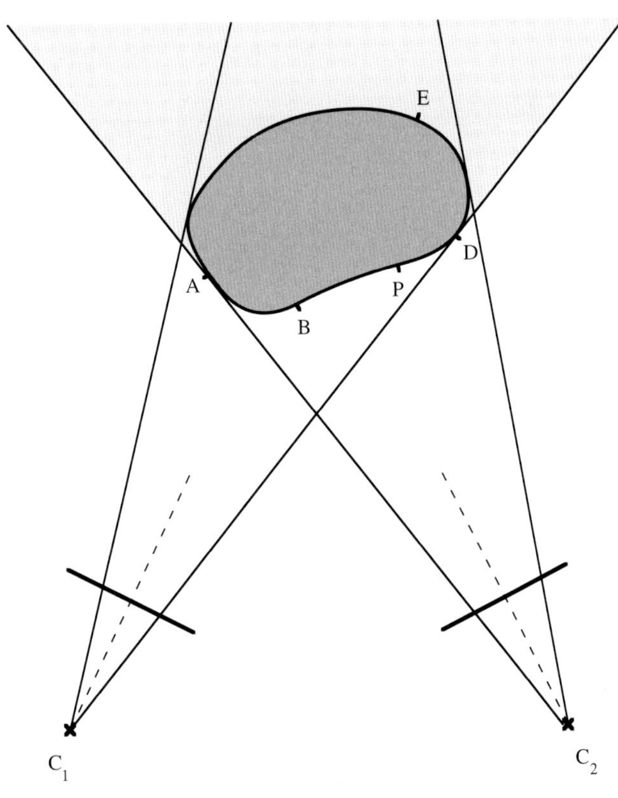

그림 16.6 두 스테레오 뷰에 대한 특징점의 가시성. 여기서는 물체를 두 방향에서 관측하고 있다. 두 뷰에서 동시에 나타나는 특징점을 사용해야 깊이를 추정할 수가 있다. 가려진 영역, 예를 들어 E 지점 등은 고려 대상에서 제외된다.

을 항상 염두에 두어야 한다(이러한 경우는 특징점의 순서가 뷰에 따라 달라지는지를 통해 확인할 수 있다. 그림 16.7을 참고하라). 여기에 나타낸 그림들은 물체의 어느 한 수평 단면만을 표시한 것이고, 단면을 어디에 잡느냐에 따라 전혀 다른 형태와 깊이를 가질 수 있다.

16.4 셰이딩 기반 형태 추정

16.2절에서 언급했듯이 하나의 (단안) 이미지에서도 세기 패턴을 분석할 수 있고, 셰이딩 정보로부터 물체의 형태를 추정할 수가 있다. 이 기법은 장면에서 물체 표면으로부터 반사되는

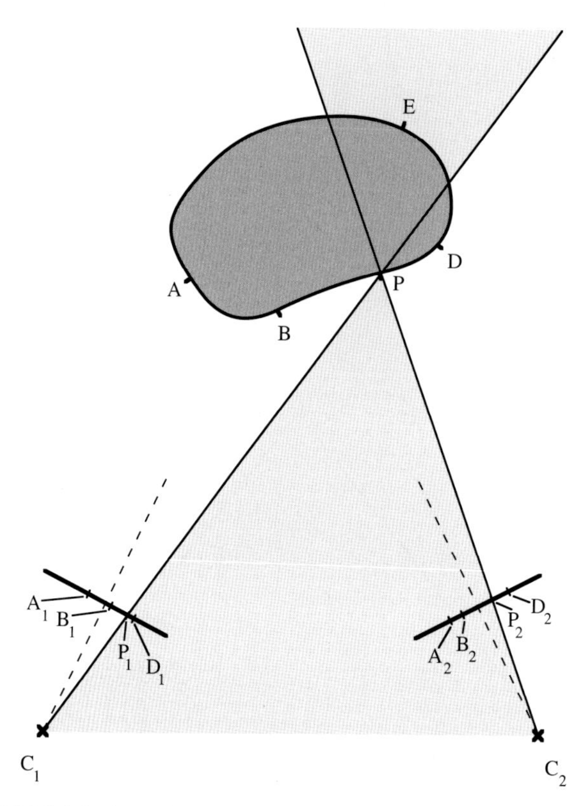

그림 16.7 물체에 대한 특징점 순서. 물체에 대한 두 뷰 모두 표면에 놓인 특징점이 A, B, P, D 순서로 나타나고 있다. 예를 들어 E처럼 나타나지 않는 지점의 경우, 물체 뒤쪽에 있기 때문에 뷰에 들어오지 않고 가려진다. 표면상의 주어진 특징점 P에 대해 양 끝이 맞닿은 뿔(음영)을 그리면, 그 뿔의 영역에 존재하는 특징점은 해당 특징을 가리지 않으려면 나타나지 않아야 한다. 예외적으로 물체에 반투명 윈도가 존재해서 특징 T가 추가적으로 나타날 경우, 두 뷰에서 특징이 나타나는 순서가 달라질 수 있다는 가능성을 고려해(예: A_1, T_1, B_1, P_1, D_1과 A_2, B_2, T_2, P_2, D_2) 해석을 진행해야 한다.

빛을 입사각 i와 반사각 e에 대한 함수로 나타내는 원리로 이뤄진다. 여기에 추가로 세 번째 각도가 포함되는데, 이를 '위상각' g라고 한다(그림 16.8).

이를 일반적인 모델로 나타내면, 조도 E(물체 표면에 비추는 단위 면적당 에너지)와 반사도 R에 대한 휘도 I(이미지상에서 빛의 세기)로 표현할 수 있다.

$$I(x_1, y_1) = E(x, y, z)R(\mathbf{n}, \mathbf{s}, \mathbf{v}) \tag{16.6}$$

대부분의 무광 표면은 이상적인 람베르시안Lambertian 표면, 즉 반사 함수가 입사각 i에 대

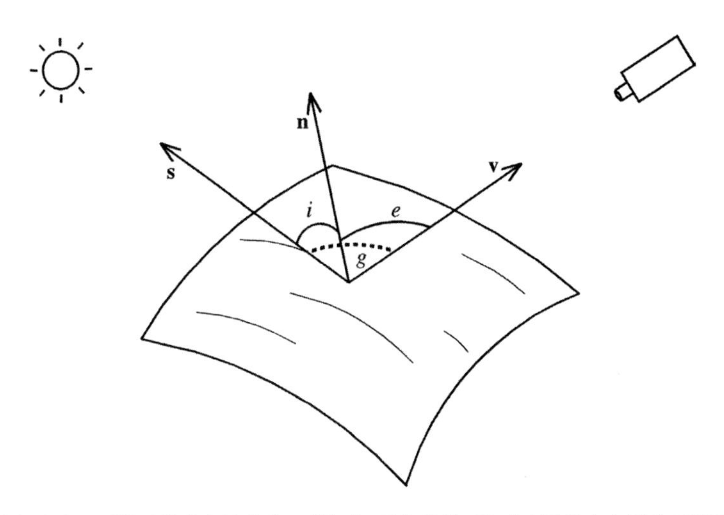

그림 16.8 반사 개념도. 광원 방향에서 입사하는 광선 **s**는 관측 방향 **v**를 따라 반사되며, 이때 표면의 로컬 노멀 방향은 **n**으로 정의된다. *i*, *e*, *g*는 각각 입사각, 반사각, 위상각에 해당한다.

해서만 표현되는 형태로 근사하면 잘 들어맞는다. 이때 반사각이나 위상각은 고려하지 않아도 무방하다.

$$I = (1/\pi)E \cos i \tag{16.7}$$

여기서는 E를 상수로 놓고, 카메라나 광학 시스템 등에 대한 다른 상수(예를 들어: f 넘버 등)와 결합할 수 있다고 가정한다. 이때 정규 반사도는 다음과 같이 구할 수 있다.

$$\begin{aligned} R &= R_0 \cos i = R_0 \mathbf{s} \cdot \mathbf{n} \\ &= \frac{R_0(1 + pp_s + qq_s)}{(1 + p^2 + q^2)^{1/2}(1 + p_s^2 + q_s^2)^{1/2}} \end{aligned} \tag{16.8}$$

이 수식은 p 및 q 값을 사용해 3차원 공간에 대한 방향을 표현했다. 이 값은 방향 코사인 direction cosine이 아니라, $z = 1$ 평면상의 원점에서 시작하는 방향 벡터 (p, q, l) 좌표에 해당한다. 위의 수식에서처럼 정규화가 필요한 이유는 이 때문이다.

위의 식을 사용하면 (p, q) 그레이디언트 공간상에서 반사도 맵을 구할 수 있다. 이제 절대 반사도 R_0가 균일하다고 놓아보자. 이 경우 반사도 맵을 같은 밝기로 이뤄진 등고선 형태로 그릴 수 있다. 이때 $\mathbf{s} = \mathbf{n}$ 위치에서 $R = 1$ 값을 갖고, **s**에 수직한 방향으로 **n**을 따라 0으로 줄어든다. $\mathbf{s} = \mathbf{v}$인 경우 광원이 시야각을 따라 진행하며(이때 방향을 $p = q = 0$으로 놓을 수 있다)

반사도 맵에서 무한대 거리에 있을 때만 밝기가 0이 된다($(p^2 + q^2)^{1/2}$을 무한대로 보내면 값이 0에 근접한다. 그림 16.9(A)). 좀 더 일반적인 경우, 즉 $\mathbf{s} \neq \mathbf{v}$일 경우 그레이디언트 공간에서 직선을 따라 밝기가 0인 지점이 형성된다(그림 16.9(B)). 등고선의 정확한 형태를 찾기 위해 R을 상수 a로 놓을 경우, 다음과 같은 결과를 얻게 된다.

$$a(1+p^2+q^2)^{1/2}(1+p_s^2+q_s^2)^{1/2} = 1 + pp_s + qq_s \tag{16.9}$$

이 식을 제곱하면 p와 q에 대한 이차방정식이 되며, 축을 적절히 변경해 식을 단순하게 할 수 있다. 따라서 이에 대한 등고선은 원뿔 곡선, 즉 원형, 타원형, 포물선, 쌍곡선, 선분, 점 형태로 나타나게 된다(점 형태는 $a = 1$일 때, $p = p_s$, $q = q_s$ 형태로 표현된다. 선분은 $a = 0$일 때, $1 + pp_s + qq_s = 0$ 형태로 성립한다. 두 결과 모두 위의 식에서 유도할 수 있다).

그러나 모든 물체 반사가 람베르시안인 것은 아니다. 분명한 반례는 표면에 대해 온전히 정반사specular reflection가 이뤄진다고 근사할 수 있는 경우다. 즉, $e = i$ 및 $g = i + e$가 성립한다($\mathbf{s}$, $\mathbf{n}$, $\mathbf{v}$는 동일 평면상에 있다). 그레이디언트 공간에서 0이 아닌 반사 위치는 광원 위치 $\mathbf{s}$ (p, q)와 관측 방향 $\mathbf{v}$ $(0, 0)$ 사이각을 이등분하는 지점이 유일하다. 즉, $\mathbf{n}$은 $\mathbf{s} + \mathbf{v}$상에 있으며, 다음 식의 관계가 매우 근접하게 성립한다.

$$p \approx p_s/2 \tag{16.10}$$

$$q \approx q_s/2 \tag{16.11}$$

정반사가 덜한 경우, 이 위치 주변에 피크가 형성된다. 실제 표면의 반사도를 잘 근사하려면 람베르시안에 기초하되, 정반사 위치에 추가적으로 강한 반사도를 부여하는 식으로 모델링해야 한다. 후자의 반사도를 Phong(1975) 모델을 사용해 정의하면 다음과 같다.

$$R = R_0 \cos i + R_1 \cos^m \theta \tag{16.12}$$

여기서 θ는 실제로 빛이 반사되는 방향과 정반사 방향 사이의 각도다.

이 모델에서 등고선에는 중심 피크 지점이 2개 포함된다. 하나는 이상적인 정반사 방향에($p \approx p_s/2$, $q \approx q_s/2$), 하나는 광원 방향에($p = p_s$, $q = q_s$) 나타난다. 물체 표면이 유광일 경우(예를 들어 금속, 플라스틱, 액체, 혹은 더 나아가 목재 표면에서도) 정반사로 인한 피크는 더 좁고 밝게 형성된다. 그나마 제대로 관측하지 않으면 다른 피크를 찾기가 어려운데, 람베르시안 반사가 너무 산란하게 이뤄지기 때문이다(그림 16.10). 다른 경우 정반사 피크가 더 넓게 형성되고

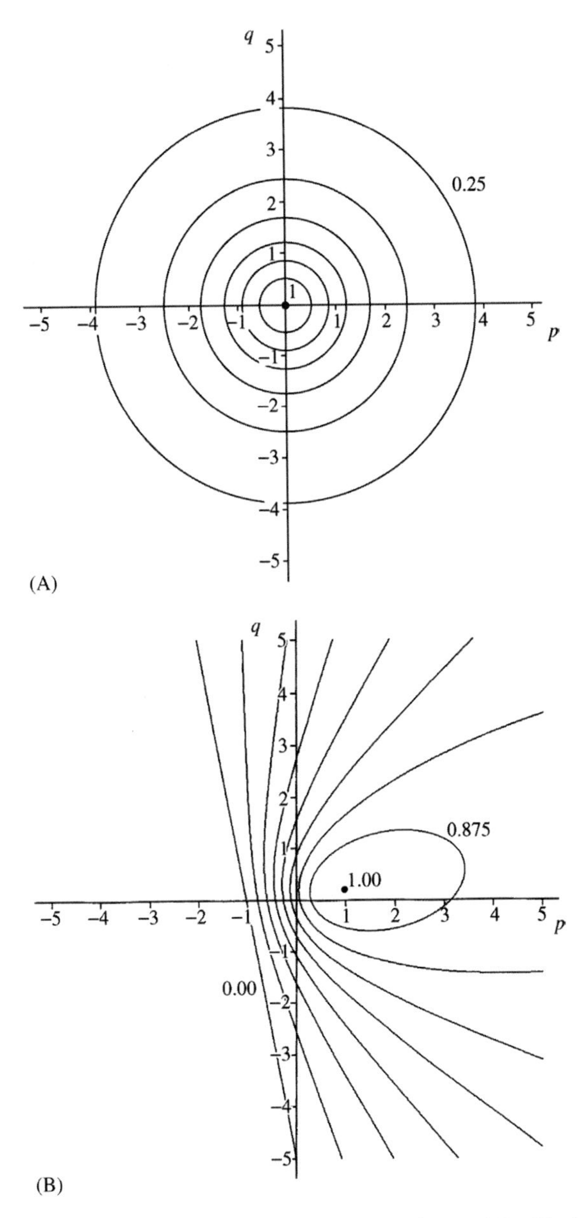

그림 16.9 람베르시안 표면에서의 반사맵. (A) 그레이디언트 공간 (p, q)에서, 광원 방향 **s**(검은색 점)가 관측 방향 **v** (0, 0)을 따라 형성됐을 때 동일 세기에 대해 등고선을 그린 결과(각 등고선 간 간격을 0.125로 설정함). (B) 광원 방향 (p_s, q_s)를 (p, q) 공간의 일사분면에 놓았을 때(검은색 점)의 등고선 형태. 이때 $1 + pp_s + qq_s = 0$ 선분 안쪽은 잘 정의된(well–defined) 영역에 해당하며, 선분상에서 세깃값은 0이 된다(등고선 간 간격은 0.125로 설정함).

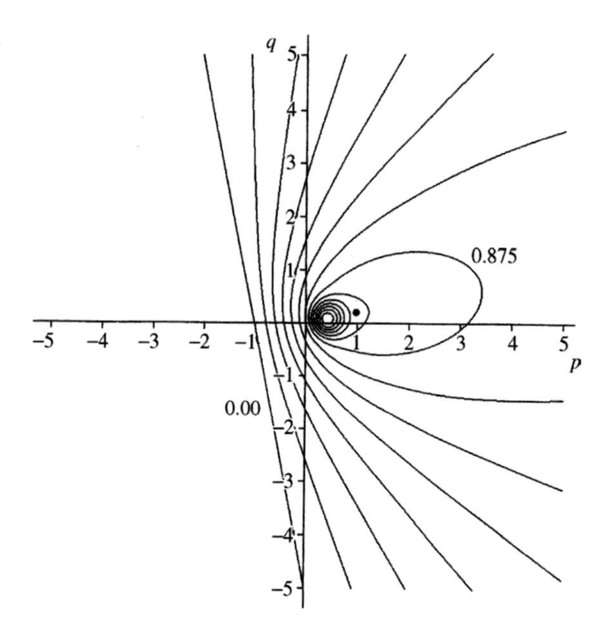

그림 16.10 비람베르시안 표면에서의 반사 맵. 여기서 표면은 그림 16.9(B)에 대해 정반사 성분을 포함하도록 수정했다(R_0 = 1.0, R_1 = 0.8). 정반사 피크는 매우 높은 세기를 갖고 있다(람베르시안 성분의 최댓값보다도 훨씬 크다). 이 경우 정반사 성분은 $\cos^8\theta$로 변화하도록 모델링됐다(마찬가지로 등고선 간 간격은 0.125로 설정함).

산란이 더 심하기 때문에, 람베르시안 피크와 섞여들어 실질적으로 사라지게 된다.

앞에서 언급한 퐁Phong 모델을 좀 더 살펴보자. 이 모델은 R_0, R_1, m 값을 조정함으로써 각기 다른 재질을 표현할 수 있다. 퐁에 따르면 R_1은 일반적으로 10%에서 80% 사이의 값을 가지며, m은 1~10 범위에 있다. 그러나 Rogers(1985)는 m이 50 수준의 높은 값을 가져야 한다고 언급하고 있다. 이 숫자들이 물리적으로 크게 중요한 것은 아니며, 단지 현상학적 모델에 불과함을 유의하라. 이러한 측면에서, $|\theta| > 90°$일 때 $\cos^m\theta$ 값을 포함하여 반사도를 계산하지 않도록 주의해야 한다. 퐁 모델 자체도 정확한 편이지만, 이후 Cook and Torrance(1982)가 이를 더욱 발전시켰다. 이 연구는 컴퓨터 그래픽 분야에서 중요성을 갖지만, 컴퓨터 비전에 적용하기에는 어려움이 있다. 이는 실제 물체의 반사도에 관한 데이터가 부족하고, 주어진 표면의 상태(깨끗함, 매끄러움 등)가 일정하지 않을 수 있기 때문이다. 그러나 광도 양안법 방식을 사용하면 이러한 문제를 극복할 수가 있다.

16.5 광도 양안법

광도 양안법photometric stereo은 표면 반사의 변화에 대해 더 많은 정보를 얻을 수 있는 구조화 조명의 한 형태다. 기본적으로는 장면에 하나의 조명을 비추어 단안 이미지 하나를 취득하지 않고, 동일한 시점에서 여러 장의 이미지를 얻는다. 이때 이미지별로 각기 다른 조명을 사용해 비추게 된다. 각 조명은 점 광원을 방향을 바꿔가며 멀리에서 비추는 식으로 이뤄지며, 따라서 표면의 방향을 측정하려는 목적에 잘 부합하는 조명이라고 할 수 있다.

광도 양안법의 기본적인 개념은 그레이디언트 공간상에서 물체의 주어진 표면 지점이 놓일 수 있는 위치 숫자를 줄이는 것이다. 이미 살펴봤듯이, 절대 반사도 R_0를 알고 있다면 동일한 밝기를 보이는 이미지는 그 표면 방향을 그레이디언트 공간상에서 원뿔 곡선 형태로 나타낼 수 있다. 여기서도 동일한 현상이 일어나며, 광원이 바뀌면 곡선의 형태도 다르게 나타난다. 일반적으로 두 원뿔 곡선은 두 지점에서 만나기 때문에, 이미지상의 주어진 지점에 대한 표면 그레이디언트를 찾기 위해서는 불확실성 하나만 해결하면 된다. 이를 위해 세 번째 조명을 사용할 경우(이 조명은 처음 두 조명과 검사할 표면 지점을 잇는 평면상에 놓이면 안 된다) 그레이디언트 공간에서 두 곡선의 교차점 중 하나를 지나는 새로운 곡선이 그려진다(그림 16.11). 만약 세 번째 조명을 사용할 수 없다면, 각 조명의 각도를 많이 기울여서 표면의 $(p^2 + q^2)^{1/2}$ 값이 $(p_s^2 + q_s^2)^{1/2}$보다 항상 낮도록 하여 주어진 데이터에 대한 해가 하나만 나오도록 할 수 있다. 그러나 이 방식을 사용하면 표면 일부분에 음영이 질 수 있고, 그 부분에 대해서는 그레이디언트를 측정할 수 없게 된다는 어려움이 있다. 혹은 표면이 충분히 매끄럽다고 가정해, p와 q가 표면상에서 연속적으로 변하도록 놓는 것이다. 이렇게 하면 표면 대부분 영역에서 불확실성이 해결된다.

그러나 둘 이상의 조명을 쓸 때의 이점이 이뿐만은 아니다. 우선, 표면의 절대 반사도 정보를 얻을 수 있다. 아울러 람베르시안 표면으로 가정할 수 있는지를 확인할 수 있다. 즉, 3종류의 조명을 사용하면 불확실성을 해소할 수 있을 뿐만 아니라 절대 반사도를 측정할 수 있다. 만일 세 등고선이 동일한 한 지점을 통과하지 않는다면 절대 반사도가 동일하지 않은 것이므로, 공통 지점을 통과하는 등고선을 찾아야 한다. 일반적으로 이를 계산하기 위해 9종류의 조사irradiance 성분 s_{ij}로 이뤄진 행렬을 정의한다. 이때 s_{ij}는 광원 벡터 $\mathbf{s}_i$의 j번째 성분을

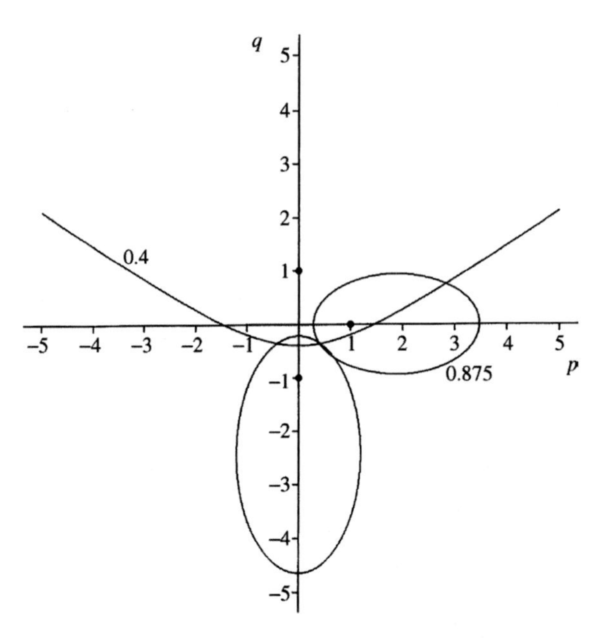

그림 16.11 광도 양안법를 통해 표면의 방향을 특정하는 과정. 세 등고선은 각각 동일한 세기에 해당하며, 같은 밝기로 다른 방향에서 조명을 비추었을 때를 나타낸다. 또한 공통적으로 하나의 지점 (p, q)를 지나며, 이 지점이 로컬 그레이디언트에 대한 고유 해답이 된다.

뜻한다. 이를 행렬 방식으로 표기하면 다음과 같다.

$$\mathbf{E} = R_0 S\mathbf{n} \tag{16.13}$$

여기서

$$\mathbf{E} = (E_1,\ E_2,\ E_3)^{\mathrm{T}} \tag{16.14}$$

그리고

$$S = \begin{bmatrix} s_{11} & s_{12} & s_{13} \\ s_{21} & s_{22} & s_{23} \\ s_{31} & s_{32} & s_{33} \end{bmatrix} \tag{16.15}$$

$\mathbf{s}_1$, $\mathbf{s}_2$, $\mathbf{s}_3$은 같은 평면 위에 있지 않으므로, S는 특이행렬에 속하지 않는다. 따라서 R_0 및 $\mathbf{n}$을 다음 식으로 나타낼 수 있다.

$$R_0 = |S^{-1}\mathbf{E}| \tag{16.16}$$

$$\mathbf{n} = \frac{S^{-1}\mathbf{E}}{R_0} \tag{16.17}$$

특수한 상황으로서, 세 광원 방향이 서로에 대해 수직인 경우를 생각해보자. 주축에 맞게 배치하면, S는 단위 행렬이 된다. 따라서

$$R_0 = (E_1^2 + E_2^2 + E_3^2)^{1/2} \tag{16.18}$$

그리고

$$\mathbf{n} = (E_1, E_2, E_3)^{\mathrm{T}} / R_0 \tag{16.19}$$

조명을 추가해 네 장 이상의 이미지를 취득할 경우, 예를 들어 전반사 계수 R_1처럼 더 많은 정보를 확보할 수 있다. 실제로 이 계수는 표면의 깨끗함에 따라 무작위로 변하기 때문에 정확하게 추론하기 어렵다. 사실 표면 영역이 빛을 매우 잘 반사하는지 여부를 확인해, 절대 반사도를 계산하지 않고 넘어가도 되는지 판단하는 것으로도 충분하다. 그럼에도 불구하고 앞 절에서 살펴봤듯이 반사 피크를 찾게 되면 중요한 표면 방향 정보를 얻게 된다. 단, 여러 광원에 대한 정보를 최소 제곱 분석을 통해 대조할 수 있긴 하지만 이를 위해 필요한 계산량이 상당하다는 점을 유의해야 한다. 따라서 추가적으로 광원을 적용한 이미지를 구하고, 이를 통해 결과를 검증하는 것이 더 적절하다. 혹은 그 대신, 반사도에 대해 가장 적은 정보를 갖고 있는 이미지 세 장을 선택해, 로컬 표면 방향에 대해 가장 신뢰도 높은 정보를 얻도록 할 수 있다.

16.6 매끄러운 표면 가정

앞에서 잠깐 언급했지만, 충분히 매끄러운 표면을 가정할 경우 두 조명이 존재하는 상황에서도 불확실성을 제거할 수가 있다. 심지어 단일 조명의 경우에도 밝기 맵을 분석할 수 있게 된다. 인간의 눈으로 이러한 해석이 가능하기 때문에, 컴퓨터를 통해서도 동일한 기능을 구현할 수 있을 것이다. 이 주제에 대해 수많은 연구가 이뤄졌고, 사용 가능한 방법들이 여럿 존재한다. 다만 계산이 복잡하고 반복적이며 계산량에 민감한 방식이라는 단점이 있기 때문에, 여기서는 이 방식들을 구체적으로 다루지 않을 것이다. 자세한 내용을 확인하고 싶다면

Horn(1986)을 참고하라. 다만 중요한 두 가지에 대해서는 언급할 필요가 있다.

첫째, 이러한 형태의 분석을 위해 어떤 식으로 표현해야 하는지 살펴보자. 일반적인 (p, q) 그레이디언트 공간을 사용하는 것은 그다지 적절하지 않다. 특히 이미지 내에서 로컬 그레이디언트 평균(즉, **n** 값)을 구해야 하는데, (p, q) 공간은 '선형'으로 구성되어 있지 않으므로 단순하게 (p, q) 윈도를 잡고 그 안의 값에 대해 평균을 구해도 편향된 결과가 나올 수 있다. 지점 간의 거리를 표현하는 것이 표면 노멀의 상대적 방향을 더 잘 근사하여 표현할 수 있다는 면에서는 그레이디언트를 등각으로 표현하는 방식(즉, 부분적인 형태를 유지시키는 방식)이 더 이상적이라 할 수 있다. 특히 이 표현 방식에 따라 평균을 구하면 충분히 정확한 결과를 얻게 된다. 이를 위해 필요한 정보는 입체 투영을 통해 얻을 수 있는데, (가우시안) 단위 구의 북쪽 극점을 지나는 평면($z = 1$)에 그 구를 투영하되 투영점을 중심점 대신 남쪽 극점으로 삼는다. 이러한 방식으로 투영하면, 단지 북반구 부분뿐만 아니라 표면상에 존재하는 모든 방향을 평면에 투영할 수 있다는 장점이 더해진다. 따라서 역광을 받고 있는 물체를 그렇지 않은 물체와 동일한 맵상에서 표현할 수 있게 된다.

둘째, 정확한 경계 조건과 더불어 표면 방향을 추정할 수 있도록 완화 방식을 사용해야 한다. 초기 방향값을 더 정확하게 지정할수록, 더 빠르고 정확하게 반복을 진행할 수 있다. 이 과정에서 적용할 수 있는 경계 조건은 크게 두 세트가 있다. 하나는 이미지상에서 관측 방향

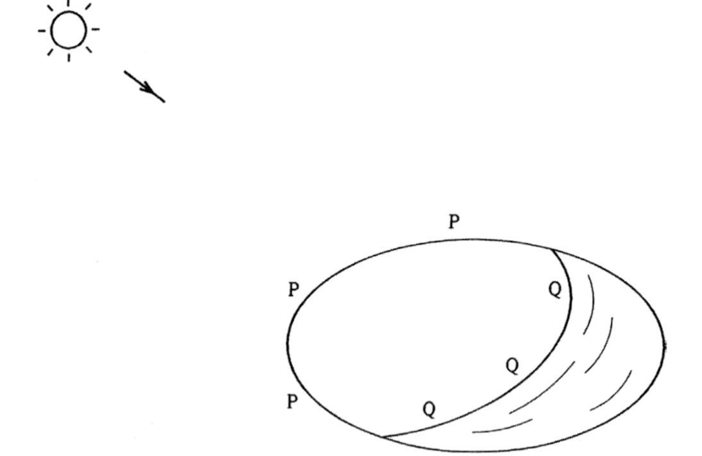

그림 16.12 음영 기반 형태 계산을 통해 표면 방향을 구할 때 사용할 수 있는 두 종류의 경계 조건: (1) 표면 노멀이 관측 방향과 수직인 위치 P, (2) 표면 노멀이 조명 방향과 수직인 위치 Q(즉, 음영 경계)

에 대해 수직하게 표면 노멀이 형성된 위치에 대한 세트이고, 다른 하나는 이미지상에서 표면 노멀이 조명 방향과 수직한 위치에 대한 세트다. 이 중 후자는 음영 외각의 위치에 해당한다(그림 16.12). 각 위치 세트를 찾기 위해서는 이미지를 자세히 분석해야 하지만, 한 번 위치를 찾으면 단안 이미지에 대한 정보와 내용을 구하는 데 의미 있는 큐를 확보할 수 있으며, 표면을 구체적으로 매핑할 수 있게 된다.

마지막으로, 음영 기법을 통해 얻은 모든 형상은 우선 표면 방향 맵 형태로 정보를 제공한다. 곧바로 크기를 알 수는 없지만, 기존에 알고 있는 출발점에서 출발해 이미지에 적분을 수행하는 식으로 계산하는 것이 가능하다. 즉, 실제 상황에서 물체의 절대적인 치수를 알 수는 없으며, 물체의 크기나 장면의 깊이를 통해서만 차원 맵을 구할 수 있다.

16.7 텍스처 기반 형태 추정

텍스처는 인간의 눈으로 하여금 깊이를 인식하게 하는 데 큰 도움을 준다. 텍스처의 복잡도에 무관하게, 가장 단순한 텍스처 요소에도 깊이 정보가 포함되어 있다. Ohta et al.(1981)은 평면 표면 위의 원형 패치를 비스듬한 각도에서 볼 경우, 거리가 멀어짐에 따라 타원형으로 변하고 더 나아가 점점 평평한 모양이 됨을 보였다. 무한한 거리의 수평선(주어진 평면에서 무한대에 위치한 선분)에서는 이 패치가 최종적으로 매우 짧은 선분 형태로 나타난다. 이 텍스처 이미지를 분석해 장면의 깊이를 구하려면, 우선 적절한 수평선을 찾아야 한다. 이를 위해 모든 텍스처 요소 쌍을 취해, 그 영역을 기반으로 수평선이 어디에 위치할지 구한다. 이 과정에서 다음 관계를 적용한다.

$$d_1^3/d_2^3 = A_1/A_2 \qquad (16.20)$$

즉, 원형 텍스처는 깊이에 따라 제곱에 비례해 변하고, 동시에 이심률 역시 깊이에 따라 그 넓이를 감소시킨다. 이 정보를 따로 이미지 공간에 저장한 다음, 데이터에 기반해 선형 근사를 수행한다. 이 허프 기반 과정을 거치면 거짓 경고가 발생할 가능성이 자연히 사라지며, 추가적으로 평균값을 구해야 정확한 결과를 얻을 수 있다. 몇몇 경우에서 이러한 형태의 방식을 도입 가능함을 확인하긴 했지만, 실제로는 매우 큰 양의 계산을 진행하지 않는 한 그 사용 범위가 매우 제한된다. 요컨대 일반적인 머신 비전 분야에 응용할 수 있는지에 대해서는 재고가 필요하다.

16.8 구조화 조명

16.2절에서 이미 구조화 조명을 양안 방식 대신 장면에서 깊이를 매핑할 수 있는 방식으로서 소개한 바 있다. 기본적으로는 줄무늬 또는 점이나 격자 형태의 조명 패턴을 물체 필드에 비추게 된다. 그런 다음 (일반적으로) 한 장의 단안 이미지를 취해 보정하여 깊이 정보를 추출한다. 최대한 많은 정보를 얻기 위해서는, 조명 패턴이 긴밀하게 위치해 있고 이미지의 해상도가 매우 높아야 한다. 형태가 조금이라도 복잡하다면 줄무늬가 너무 가깝게 모여 구분이 불가능해질 수 있다. 따라서 투영 패턴의 각 엘리먼트를 분리해, 해상도와 정확도 간에 적절히 균형을 맞추어 해석해야 한다. 이렇게 하더라도 물체 일부가 시야에서 선상에 있다면, 줄무늬가 이어지거나 심지어 앞뒤로 겹칠 수 있기 때문에 불확실성을 피하기란 불가능하다. 게다가 더 큰 문제는 다른 물체로부터 또는 자체적으로 오클루전이 나타나 패턴이 투영되는 것을 가려버린다는 데 있다. 이러한 특징은 셰이딩이나 양안 비전, 즉 '양쪽' 카메라를 통해 물체의 여러 부분을 동시에 관측할 수 있게 하는 방식에서도 공통적으로 나타난다. 요컨대 구조화 조명 방식 역시 다른 3차원 비전에서 나타나는 것과 비슷한 문제를 안고 있으며, 만병통치약은 절대 아니다. 그럼에도 불구하고 이 기법은 특정 3차원 정보를 취득하고자 할 때 컴퓨터로 하여금 복잡한 이미지를 다루도록 하는 간단하고 유용한 방식이다.

구조화 조명에서 가장 직관적인 형태는 점 광원이라 할 수 있지만, 각 점이 관측되는지 여부를 확인해야 한다는 면에서 한계가 있다. 반면 선형 광원의 경우 많은 양의 코딩 정보를 포함하기 때문에 불확실성이 나타날 확률이 낮아진다. 선형 격자는 더 많은 코딩 정보를 포함하긴 하지만 깊이 정보 면에서 더 이점이 있지는 않다. 실제로, 예를 들어 카메라 왼쪽으로부터 y축에 평행한 줄무늬 조명을 비추어 이미지를 관측할 경우, 추가로 x축에 평행한 줄무늬 조명을 비출 이유는 없다. 이미지의 픽셀 행으로부터 얻을 수 있는 정보와 중복되기 때문이다. 다시 말해, 깊이 정보는 이미지상에서 수직선이 수평 방향으로 어떻게 위치해 있는지를 통해 구할 수 있다. 이러한 분석이 이뤄지려면 카메라와 투영된 조명을 신경 써서 정렬

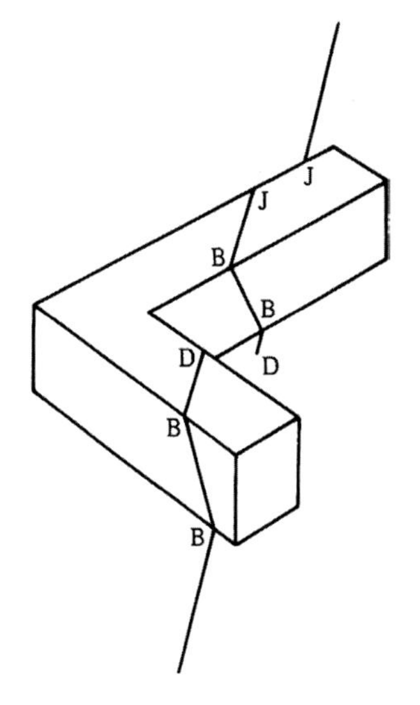

그림 16.13 선형 조명을 단순한 형태에 비추었을 때 (B) 구부러지고 (J) 도약하고 (D) 끊어지는 세 가지 상황

해, 시점 등의 측면에서 어떠한 왜곡도 있지 않다고 가정해야 한다. 사실 현재 실제로 가장 많이 쓰는 구조화 조명 시스템은 점광원이나 격자 패턴이 아닌 줄무늬 조명 패턴이다.

이번 절을 끝내기 전에, 광원 한 줄이 직육면체 블록 같이 단순한 물체에 비춰졌을 때 어떤 상황이 이뤄지는지 살펴보자. 그림 16.13은 줄무늬가 보이는 세 종류의 상황을 나타내고 있다. (1) 예각으로 인한 변형, (2) 선이 수직 수평으로 동시에 건너뛰는 '외각 도약' 현상, (3) 불연속적인 외각으로 인해 선이 수평으로 건너뛰나 수직으로는 움직이지 않는 효과. 이러한 현상이 나타나는 이유는 그림 16.13에서 명확하게 확인할 수 있다. 기본적으로 이러한 도약이나 불연속적 외각을 다루는 방법은 주어진 선이 끝나는 지점에 해당하는 외각이 다른 곳을 가리는지 또는 다른 곳에 가려진 것인지를 확인하는 것이다. 이 과정이 중요한 이유는 가린 외각이라면 실제 물체의 외각이겠지만 가려진 외각이라면 음영으로 인해 형성된 것이라 '직접적으로' 중요성을 갖지 않기 때문이다(좀 더 정확하게 말하면, 하나가 아닌 두 물체 간에 이뤄지는 상호작용이 조명에 반영되므로 해석이 좀 더 복잡해진다). 간단하게, 만약 왼쪽에서 줄무늬 조명을 투영하면 불연속적 외각의 왼쪽 성분은 가리는 외각이고 오른쪽 성분은 가려지는 외각이라 할 수 있다. 각진 외각의 위치는 줄무늬에 라플라시안 형태의 연산자를 적용해 그 방향을 찾는 식으로 구할 수 있다.

지금까지 설명한 내용은 1차원 연산자를 사용해 줄무늬 조명 정보를 해석하고, 수직이 아닌 물체 외각의 위치를 찾는 과정으로 이해할 수 있다. 이 방식은 수직 외각에 대해서는 직접적인 정보를 제공하지 못하며, 줄무늬 세트에 대한 전체적인 정보를 분석해야 한다. 이를 위해서는 최소 두세 개의 인접한 선 광원을 묶어서 취급하는 2차원 외각 연산자를 사용할 필요가 있다. 이에 대한 자세한 내용은 이 장에서 다루지 않을 것이다.

요약하면, 줄무늬 조명은 다면체 등의 형태를 띤 제품을 인식하는 데 매우 유용한 수단을 제공한다. 평행한 선 광원은 그 특성을 쉽게 구하고 구별할 수 있으며, 선형 신호가 상대적으로 분명한 정보를 제공하기 때문에 추적 기법을 적용하고 알고리듬 연산을 빠르게 수행하는 것이 가능하다. 그러나 여러 물체가 존재하는지 여부나 그 상대적 위치를 찾는 등 전체적인 장면을 해석하는 데 있어서는, 뒤에서 다루겠지만 좀 더 복잡한 작업에 대응할 방법이 필요하다.

16.9 3차원 물체 인식 방식

지금까지 이 장에서는 다양한 방식을 통해 장면상에서 모든 곳의 깊이를 찾아 충분한 수준의 3차원 표면 맵을 구하고자 했다. 그러나 이렇게 해도, 그 표면이 무엇을 의미하는지에 대해서는 어떠한 단서도 얻지 못한다. 예를 들어 벽이나 바닥처럼 배경에 평평한 표면이 포함되는 경우도 있지만, 일반적으로는 각각의 물체를 따로 분리해 인식하기가 어렵다. 실제로 물체는 다른 물체나 배경과 함께 인식되는 경향이 있기 때문에, 3차원 공간 맵을 분할해 물체를 인식하고 자세한 위치나 방향 정보를 얻도록 하는 방식을 찾아야 한다(3차원 공간 맵은 추가적인 해석 없이 장면상의 모든 물체에 대한 표면 정보를 나타내고, 여러 깊이나 범위 내에 있는 모든 이미지 관련 정보를 함께 보여주는 3차원 맵을 가리킨다. 다만 이 맵은 카메라 시점에서 보이는 앞쪽 표면 정보만을 포함하고 있음을 유의하라).

이 문제를 다루기 전에, 3차원 형태를 분석하기 위한 일반적인 처리 방식을 먼저 살펴보자. Agin and Binford(1976) 등은 3차원 형태를 '일반적인 원통 형태'로 취급하는 기법을 개발했다. 여기서 사용하는 원통은 일반적인 형태(원형 단면)에서 출발하되, 추가적인 자유도를 부과해 축을 구부리거나 단면의 크기 및 모양을 바꿀 수 있다. 이렇게 하면, 예를 들어 양 같은 동물도 원통으로 취급해 묘사하는 것이 가능하다. 전체적으로 이 접근법은 매우 우아하지만, 많은 산업 제품에 적용하기에는 덜 적합했기 때문에 여기에서 더 나아가지는 못했다. 비슷한 접근법으로서, 3차원 표면을 평면, 2차원, 3차원, 또는 4차원 면으로 모델링해 기존 물체에 대한 정보를 이 모델 평면으로 표현하는 방식이 있다. 이 접근법은 Hall et al.(1982)가 도입했으며, 최소한 컵처럼 상당히 단순한 물체에는 잘 작동함을 확인했다. Shirai(1987)은 여기서 더 나아가 복잡한 실내 장면에서도 전체적인 물체를 찾고 인식할 수 있음을 보였다.

다음으로 살펴볼 것은 무엇을 인식할지에 대해서다. 첫째, 앞에서 2차원 이미지에서 그랬듯이 매핑이 이뤄진 3차원 표면에 대해서도 '곧바로' 인식을 수행할 수 있을까? 둘째, 만약 3차원 모델링을 건너뛰고도 물체를 인식하는 것이 가능하다면 여러 2차원 이미지를 통해 3차원 물체를 인식하는 대신 3차원 표면 매핑 단계를 생략해 더 많이 계산을 줄일 수 있지 않을까? 혹은 단일 2차원 이미지에서 3차원 물체의 위치를 찾는 것이 가능하지 않을까?

첫 번째 문제를 살펴보자. 2차원 인식의 경우, 여러 예시에서 허프 변환HT, Hough Transform 접근법이 많은 도움을 줌을 확인했다. 이때 더 복잡한 상황, 특히 2 이상의 자유도가 주어진 경우 물체를 찾는 데 문제가 발생하게 된다. 그런데 일반적으로 물체는 6개의 자유도를 갖는다. 그중 셋은 이동, 셋은 회전에 관한 것이다. 2차원에서 3차원으로 넘어가면 자유도에 관한 매개변수 숫자가 두 배로 늘어나므로 상황이 더 안 좋아진다. 탐색 공간의 크기가 자유도 숫자에 비례하지 않고, 지수배로 늘어나기 때문이다. 예를 들어, 이동이나 회전에 관한 자유도가 각각 256개의 값을 갖는다면, 매개변수 공간에서 가능한 위치는 2차원의 경우 256^3, 3차원에서는 256^6가지다. 이는 물체 위치를 찾는 과정에 막대한 영향을 주며, HT 기법을 적용하는 데 어려움을 더한다. 다음 절에서는 3차원 인식 문제를 해결하기 위해 2차원과 3차원 기법을 교묘하게 결합하는 접근법을 소개할 것이다.

16.10 호라우드 연결점 방향 기법

이 기법 및 관련 기법은 '각도 기반 형태 추정'에 해당한다.

Horaud(1987)의 기법은 3차원 장면에 대한 2차원 이미지를 구한 다음 장면에 '역투영

backprojectʼ하는 식으로, 원래 2차원 프레임 대신 3차원 형태로 해석한다. 이렇게 하면 수학적인 복잡도가 늘어나긴 하지만, 최종적으로는 더 정확한 결과를 얻을 수 있기 때문에 유용하다.

우선, 물체의 평평한 표면 경계를 역투영한다. 이때 각 경계선은 '해석 평면'에 변환되는데, 이 평면은 카메라 투영 중심점과 이미지 평면의 경계선으로 이뤄진다. 즉, 해석 평면은 원래 이미지로 투영됐던 경계선을 포함하고 있어야 한다. 비슷하게, 경계선 간의 각도는 역투영 과정에서 2개의 해석 평면으로 정의되는데, 각 평면은 물체의 경계선을 하나씩 포함한다. 마지막으로, 세 경계선 사이의 연결점은 3개의 해석 평면으로 역투영되며 이 평면들은 공간 맵상에서 모서리를 포함해야 한다(그림 16.14). 이 중 호라우드Horaud의 논문은 연결점을 역투영하는 경우에 초점을 맞추고, 이미지상에서 연결점의 각도가 실제 모서리와 어떤 관계를 갖는지를 보였다. 또한 모서리의 공간 각도를 어떻게 계산해야 할지를 다뤘다. 흥미롭게도, 일반적으로는 하나의 이미지에서 물체의 모서리 각도 중 하나만을 구하더라도 전체 물체의 각도를 구하는 것이 가능하다. 이는 매우 고무적인 결과이며, 이론적으로 굉장히 적은 데이터만으로도 물체를 인식하고 그 위치를 찾을 수 있다는 뜻이 된다.

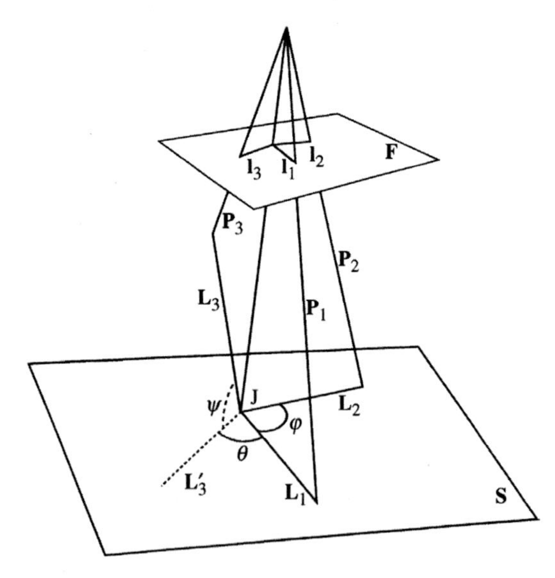

그림 16.14 연결점 역투영 개요. 이미지에서 세 선분의 연결점은 세 평면으로 역투영되며, 이를 통해 공간상에서 모서리 J의 실제 각도를 구할 수 있다.

이 방식을 이해하려면 우선 몇 가지 수학적인 정의가 필요하다. 선분 $\mathbf{L}_1$, $\mathbf{L}_2$, $\mathbf{L}_3$가 물체상에서 하나의 연결점에 모이며, 이미지에서는 $\mathbf{l}_1$, $\mathbf{l}_2$, $\mathbf{l}_3$로 나타난다고 가정하자(그림 16.14). 이에 해당하는 해석 평면을 각각 취하고 그 노멀 방향을 단위 벡터 $\mathbf{P}_1$, $\mathbf{P}_2$, $\mathbf{P}_3$로 정의하면, 다음 관계가 성립한다.

$$\mathbf{P}_1 \cdot \mathbf{L}_1 = 0 \tag{16.21}$$

$$\mathbf{P}_2 \cdot \mathbf{L}_2 = 0 \tag{16.22}$$

$$\mathbf{P}_3 \cdot \mathbf{L}_3 = 0 \tag{16.23}$$

추가로 $\mathbf{L}_1$과 $\mathbf{L}_2$를 포함하는 공간 평면을 만들고, 노멀 단위 벡터 $\mathbf{S}$로 정의할 경우

$$\mathbf{S}_1 \cdot \mathbf{L}_1 = 0 \tag{16.24}$$

$$\mathbf{S}_2 \cdot \mathbf{L}_2 = 0 \tag{16.25}$$

$\mathbf{L}_1$이 $\mathbf{S}$와 $\mathbf{P}_1$에 수직이고, $\mathbf{L}_2$가 $\mathbf{S}$와 $\mathbf{P}_2$에 수직이기 때문에

$$\mathbf{L}_1 = \mathbf{S} \times \mathbf{P}_1 \tag{16.26}$$

$$\mathbf{L}_2 = \mathbf{S} \times \mathbf{P}_2 \tag{16.27}$$

일반적으로는 $\mathbf{S}$가 $\mathbf{P}_1$ 및 $\mathbf{P}_2$에 수직이지 않기 때문에, $\mathbf{L}_1$과 $\mathbf{L}_2$가 단위 벡터는 아님을 유의하라. 이제 φ를 $\mathbf{L}_1$과 $\mathbf{L}_2$ 사이의 각도로 정의하면, 다음 관계를 얻게 된다.

$$\mathbf{L}_1 \cdot \mathbf{L}_2 = L_1 L_2 \cos \varphi \tag{16.28}$$

이를 다르게 표현하면,

$$(\mathbf{S} \times \mathbf{P}_1) \cdot (\mathbf{S} \times \mathbf{P}_2) = |\mathbf{S} \times \mathbf{P}_1| \ |\mathbf{S} \times \mathbf{P}_2| \cos \varphi \tag{16.29}$$

다음으로, $\mathbf{L}_1$, $\mathbf{L}_2$, $\mathbf{L}_3$ 간의 연결점을 살펴보자. 우선 세 선분 공간의 상대적인 각도를 정의해야 한다. θ는 $\mathbf{L}_1$과 $\mathbf{S}$ 평면상에서 $\mathbf{L}_3$를 투영한 $\mathbf{L}'_3$ 사이의 각도이며, ψ는 $\mathbf{L}'_3$과 $\mathbf{L}_3$ 사이의 각도다(그림 16.14). 따라서 연결점 J는 이 세 각도 φ, θ, ψ로만 정의 가능하다. 이를 기반으로 $\mathbf{L}_3$를 구하면 다음과 같다.

$$\mathbf{L}_3 = \mathbf{S} \sin \psi + \mathbf{L}_1 \cos \theta \cos \psi + (\mathbf{S} \times \mathbf{L}_1) \sin \theta \cos \psi \tag{16.30}$$

여기에 식 (16.23)을 적용하면,

$$\mathbf{S}\cdot\mathbf{P}_3 \sin\psi + \mathbf{L}_1\cdot\mathbf{P}_3 \cos\theta\cos\psi + (\mathbf{S}\times\mathbf{L}_1)\cdot\mathbf{P}_3 \sin\theta\cos\psi = 0 \tag{16.31}$$

식 (16.26)에서 $\mathbf{L}_1$을 제거해 정리하면, 최종적으로 다음 식을 얻는다.

$$\begin{aligned}(\mathbf{S}\cdot\mathbf{P}_3)|\mathbf{S}\times\mathbf{P}_1| \sin\psi + \mathbf{S}\cdot(\mathbf{P}_1\times\mathbf{P}_3)\cos\theta\cos\psi \\ + (\mathbf{S}\cdot\mathbf{P}_1)(\mathbf{S}\cdot\mathbf{P}_3)\sin\theta\cos\psi = (\mathbf{P}_1\cdot\mathbf{P}_3)\sin\theta\cos\psi\end{aligned} \tag{16.32}$$

식 (16.31)과 식 (16.32)를 통해 미지의 벡터 $\mathbf{L}_1$, $\mathbf{L}_2$, $\mathbf{L}_3$를 소거했지만, $\mathbf{S}$, $\mathbf{P}_1$, $\mathbf{P}_2$, $\mathbf{P}_3$ 및 세 각도 φ, θ, ψ는 남아 있다. $\mathbf{P}_1$, $\mathbf{P}_2$, $\mathbf{P}_3$의 경우 이미지 구조에서 구할 수 있으며, φ, θ, ψ는 물체 구조에서 구할 수 있다고 가정한다. 추가로, 단위 벡터 $\mathbf{S}$에서 두 성분 (α, β)만이 독립적이기 때문에, 공간 평면 $\mathbf{S}$는 2개의 수식만으로도 충분히 그 방향을 결정할 수 있다. 다만 이 식은 매우 비선형적이기 때문에 수치적으로 그 해를 구해야 한다. Horaud(1987)은 수식을 다음과 같이 고쳐 표현하는 방식으로 해를 구하고자 했다.

$$\cos\varphi = f(\alpha, \beta) \tag{16.33}$$

$$\begin{aligned}\sin\theta\cos\psi = g_1(\alpha,\beta)\sin\psi + g_2(\alpha,\beta)\cos\theta\cos\psi \\ + g_3(\alpha,\beta)\sin\theta\cos\psi\end{aligned} \tag{16.34}$$

각 이미지 연결점에 대해 $\mathbf{P}_1$, $\mathbf{P}_2$, $\mathbf{P}_3$를 알고 있기 때문에 f, g_1, g_2, g_3를 계산할 수가 있다. 그런 다음, 연결점에 대해 특정한 해석이 이뤄진다는 가정하에 φ, θ, ψ에 값을 할당하고 각 수식에 대해 (α, β)에 대한 그래프를 그린다. 이때 (α, β) 평면상에서 곡선이 교차하는 위치는 공간 평면 $\mathbf{S}$의 가능한 방향에 해당한다. 호라우드는 일반적으로 0, 1, 2개의 해답이 존재할 수 있음을 보였다. 해답이 없는 경우, φ, θ, ψ 값을 완전히 잘못 가정해서 모서리와 이미지 연결점을 매칭하는 것이 불가능한 것이다. 일반적으로는 1개의 해답이 존재하며, 2개의 해답은 정사영orthographic projection 또는 이에 가까운 투영으로 인해 시야의 반전이 이뤄지는 특수한 경우다. 즉, 볼록한 모서리가 오목하게 해석되거나 그 반대의 상황일 때 나타난다. 사실 정사영 조건에서 단일 모서리에 대한 이미지 데이터만으로는 그 자체로 유일한 해석을 구할 수 없다. 심지어 인간의 시각 시스템으로도 실수를 할 수 있다. 이미 잘 알려져 있는 네커Necker의 정육면체 착시를 생각해보라(17장 '*n*지점 원근 문제' 참고). 그러나 실제로 이러한 상황이 발생할 경우, 보통은 오목한 모서리보다는 볼록한 모서리가 더 적합할 확률이 높다고 가정하는 게 낫다.

호라우드에 따르면, 대상이 되는 물체 면 주위의 모든 연결점에 대해 공간 평면 방향을 동시에 추정할 경우, 즉 모든 연결점의 α 및 β 값을 하나의 α, β 그래프에 함께 그릴 경우 그 불확실성을 해결할 확률이 높아진다. 예를 들어 3개의 연결점이 있는 정육면체 면의 경우, 올바른 해는 9개의 곡선이 한데 모여 있는 지점에 해당하고 두 곡선만이 교차하는 9개의 지점은 틀린 해를 나타낸다. 반면 동일한 정육면체를 정사영에 매우 가까운 조건으로 관측한다면, 9개의 곡선이 모인 지점이 2개 등장하여 앞에서 언급했듯이 불확실성이 나타난다.

요약하면, 각 선분과 각도가 이론적으로는 무한한 가능성으로 3차원 장면 내에 존재할 수 있는 반면, 이 기법은 연결점을 통해 최대 2개의 해답만 남기고, 같은 면의 모든 연결점을 동시에 고려해 다른 불확실성을 제거한다는 면에서 의의가 있다. 살펴봤듯이 정사영으로 투영할 경우에는 예외이지만, 실제로는 이러한 상황을 피하는 것이 어렵지 않다.

그런데 지금까지 살펴본 내용은 장면에 대한 가설을 어떻게 확인할지에 관한 것이고, 관측한 연결점에 실제 각도 φ, θ, ψ 값을 어떻게 부여할 것인지에 대해서는 다루지 않았다. 호라우드의 논문은 이 주제에 대해 깊게 논의하고 있다. 일반적으로는 깊이 우선 탐색을 통해 초기 시점에 가장 적절한 연결점 배치로부터 '성장해' 매칭을 진행한다. 이때 깊이 우선 탐색 해석을 진행하기 전에 적절한 샘플 데이터 전처리를 통해 이미지 특징에 순위를 매기는 것이 중요하다. 즉, 선분 또는 원호, 볼록 또는 오목 연결점, 선분의 길이 등 모든 가능성에 대한 순서를 매기는 것이다. 이렇게 해야 트리에 대해 더 계획적이고 효율적인 시간 내에 탐색을 진행할 수 있다. 대체로 자주 등장하는 형태의 특징은 덜 나타나는 형태의 특징보다 더 많은 가중치를 주어서 탐색의 효율성을 높인다. 또한 앞에서 설명했듯이 역투영 단계를 거쳐야 하므로 가설을 설정하는 과정이 그리 간단하지 않음을 기억하라. 이상적이라면 이 단계는 (초기에 모서리를 하나만 고려한다고 했을 때) 물체당 한 번씩만 거치면 된다. 그다음 처리 단계에서는 물체의 다른 특징을 예측하기 위한 가설과 이미지에 그 특징이 존재하는지의 여부를 검증한다. 특징을 찾을 경우, 기존 매치를 보완하는 데 쓸 수 있다. 어떤 단계에서 매치 수준이 떨어지면, 알고리듬을 통해 전 단계로 돌아가 하나 이상의 특징을 제거하고 나머지로 다시 진행하게 된다. 예측한 하나 이상의 이미지 특징이 예측한 특징 위치 주변에 존재하기 때문에 이러한 과정은 불가피하다.

이 방식을 빠르게 수렴하게 하는 요건 중 하나는 특징을 각자 취급하기보다 그룹으로 묶어서 처리하는 것이다. 이렇게 하면 탐색 크기에 대해 조합 확산이 일어나는 것을 억제하게 된다. 따라서 주어진 물체 면 주위의 모든 연결점이나 각도에 대해 매칭을 진행해봐야 하며, 이때 물체 면은 매칭할 특징이 가장 많은 것을 선택해야 한다.

요약하면, 이 접근법은 이미지로부터 역투영을 진행한 다음, 3차원 공간 매칭에 대한 기하적 제약 조건과 휴리스틱한 가정을 대입한다. 이 방식은 평평한 면과 직선 경계를 가진 물체를 매칭하는 데 적합하다. 그러나 역투영 기법을 곡면 물체 및 곡면 경계로 확장하는 것은 상당히 더 어렵다.

16.11 예제: 산업용 부품 위치 찾기

이 절에서는 일반적인 산업용 부품의 위치를 찾는 방법을 살펴본다. 이 중요한 문제를 해결하는 방법은 여러 가지가 있다. 여기서는 Bolles and Horaud(1986) 접근법을 따라 적절한 해답을 찾고 그 의미를 찾아볼 것이다. 이 방식은 (구조화 조명을 통해 얻은) 장면의 깊이 맵에서부터 시작한다.

그림 16.15는 이미지에서 찾을 수 있는 부품의 형태를 간단히 나타낸 것이다. 일반적인 장면에서는 이러한 부품들이 작업대 위에 어지럽게 흩어져 있고, 그중 서너 개가 수직으로 쌓여 있기 마련이다. 이러한 경우, 대부분의 부품을 찾아내야 매칭 과정이 강건해진다. 오클루

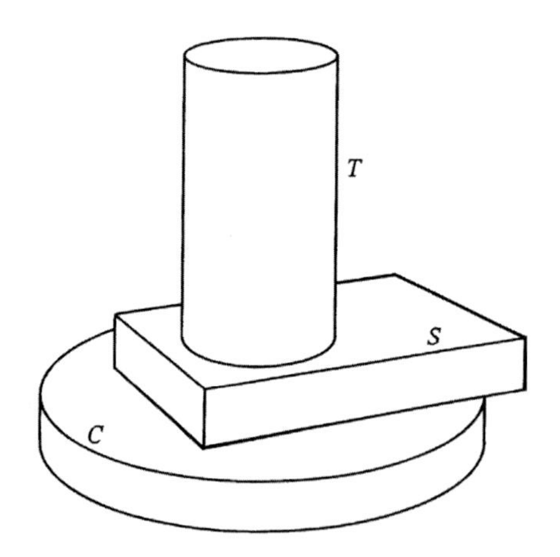

그림 16.15 Bolles and Horaud(1986)의 3D PO 시스템을 통해 찾은 산업 부품의 특징 위치. *S*, *C*, *T*는 각각 직선, 원형 이면각, 곧은 접선 외각을 가리키며, 시스템을 통해 그 위치를 찾을 수 있다.

전이 없다 할지라도 클러터가 많이 일어나거나 배경과의 구분이 어렵기 때문이다. 그러나 부품 자체는 상대적으로 형태가 단순하며 두드러지는 특징을 포함하고 있다. 그림 16.15의 경우 각 부품은 원통형 베이스에 다른 원통형 헤드가 같은 중심축으로 붙어 있으며, 베이스에 평행하게 평평한 셸프가 부착되어 있다. 이러한 물체의 위치를 찾으려면, 원형 및 이면각 외각을 찾아야 한다. 더불어 이러한 형태의 데이터의 경우, 원통을 비스듬히 관측했을 때 나타나는 곧은 접선 외각을 찾는 게 도움이 된다.

일반적으로 원형 이면각 외각은 타원형으로 나타나며, 이 외각을 분석함으로써 5~6 자유도를 가진 부품의 매개변수를 결정할 수 있다. 다만 원통 중심축에 대한 회전 각도 매개변수를 찾을 수는 없다.

곧은 이면각 외각 역시 5개의 자유도 매개변수를 찾을 수 있다. 한 평면의 위치는 3개의 자유도를, 인접한 다른 평면이 2개의 자유도를 결정한다. 찾을 수 없는 매개변수는 외각 방향의 선형 움직임에 관한 것이다. 추가적으로, 이면각 외각을 구성하는 어떤 면에서부터 부품이 나타날지에 대한 불확실성이 추가된다.

곧은 접선 외각은 4개의 자유도 매개변수만을 결정하는데, 부품이 원통 축을 따라 회전할 수도 있지만 접선 외각을 따라 움직일 수도 있기 때문이다. 곡선 표면에서 센서로부터 멀어질수록 노이즈의 양이 증가하기 때문에, 이러한 외각의 위치를 정확히 찾는 것이 가장 어려움을 유의하라.

앞에서 소개한 세 종류의 외각은 모두 평평하며, 부품상의 위치를 인식하는 데 유용한 정보를 추가로 제공한다. 예를 들어 직선 및 원형 이면각 외각을 통해 포함된 각도의 크기를 알 수 있으며, 곡선 외각에서 반지름값을 얻을 수 있다. 곡선 이면각 외각은 앞의 두 형태보다 훨씬 더 많은 매개변수 정보를 제공하며, 따라서 부품의 상태(위치와 방향)에 대해 초기 가설을 세울 때는 대부분 이 외각을 활용한다. 어떤 외각을 찾은 뒤에는, 예를 들어 특정 거리에 다른 원형 이면각 외각이 존재하는지 확인하는 식으로 그 외각에 대한 가설들을 검증한다. 이러한 가설 검증 과정은 필수적으로 거쳐야 한다. 그런 다음, 부품의 평면 셸프에서 선형 직선 이면각 외각 특징을 찾음으로써 남은 자유도 매개변수를 구한다.

이렇게 가설을 생성하는 단계를 통해 기본적으로 부품을 찾을 수 있지만, 다음 이유 때문에 가설 검증 과정이 필요하다. (1) 제대로 부품을 찾은 것인지, 이미지 내의 무관한 특징을 실수로 묶은 것은 아닌지 확인해야 한다. (2) 추정한 부품 상태의 정확도를 보완한다. (3) 예를 들어, 다른 부품 밑에 놓여 있는 경우(로봇이 집어 들기 어려운 상황) 등 부품의 '배치'를 결정한다. 상태를 최대한 정확하게 구했으면, 전체적인 근사 수준을 계산해 특정 기준에 미치지 못할 경우 가설을 배제한다.

다른 연구들(Faugeras and Hebert, 1983; Grimson and Lozano-Perez, 1984)과 마찬가지로 Bolles and Horaud(1986)은 기본적인 매칭 방식으로 깊이 우선 트리 검사를 채택했다. 이때 데이터에 사용할 키 특징을 최소한도로 사용해 가설을 생성한 다음 검증을 주의 깊게 진행한다(Bolles and Cain(1982)가 이미 이전에 2차원 위치를 찾는 문제에 이 방식을 사용한 바 있다). 이러한 접근법은 (특히 HT에 기반해) 가설을 만들지만 이를 확인하지는 않았던 많은 연구와 대조된다(그러나 초기 가설을 세우는 과정 자체가 어렵고 계산량에 민감한 작업임을 유의하라. 즉, 연구자들이 이 부분을 강조하고, 물체가 실제로 위치하는지를 확인하는 과정의 계산량은 비중이 낮아 명시하지 않았을 수 있다. 또한 많은 2차원 관련 연구의 경우, 이미지는 상당히 단순하고 매개변수 공간의 피크 크기가 크기 때문에 실질적으로 물체가 위치하는지 여부를 쉽게 확인할 수 있다. 즉, 검증 과정이 불필요하다).

16.12 결론

일반인들에게 3차원 비전에 대한 인식은, 인간의 시각 시스템이 양안으로 이뤄져 있어 양안 비전이 깊이 맵을 구하는 유일한 방법이며 추가적인 인식 과정이 그다지 필요하지 않다는 정도일 것이다. 그러나 이 장에서 살펴봤듯이 실제로 이러한 인식은 전부 사실이 아니다. 첫째, 깊이 맵을 찾는 좋은 방법은 여러 가지가 있으며, 그중 몇몇은 단안 비전으로도 구현 가능하다. 둘째, 물체의 위치를 찾는 수학적 계산과 강건한 해답을 얻기 위한 추상적인 추론(거기에 더해 추론의 불확실성을 배제하는 과정)은 간단한 상황, 예를 들어 물체에 잘 정의된 주요 특징이 존재하는 경우라도 꽤나 귀찮은 작업이다.

이 장에서 다룬 광범위한 방식들을 관통하는 주제는 다음과 같다. '트리거' 특징의 사용, 특징들을 함께 분석할 수 있도록 그룹으로 묶는 과정의 중요함, 초기 단계에서 실제로 작동하는 가설을 찾아야 하는 이유, 깊이 우선 휴리스틱 탐색(이와 더불어, 가능한 해석에 대해 더 엄밀한 너비 우선 평가)의 사용, 가설에 대한 상세한 검증. 이 주제들은 모두 현재 사용하는 방법론에 포함되어 있다. 그러나 '세부적인' 사항은 데이터셋에 따라 달라진다. 구체적으로 새로운 형태의 산업 부품을 검사하고자 할 경우, 가장 두드러진 특징을 찾기 위한 단계가 필요하다. 따라서 특징을 찾는 방식뿐만 아니라 탐색 과정의 휴리스틱, 그리고 수학적인 가설 메커니즘이 달라지게 된다. 뒤쪽 장에서 원근 투영을 통한 물체 인식을 더 자세히 알아볼 것이다.

앞의 두 절에서는 물체 인식에 초점을 맞추고 거리 측정 및 깊이 맵에 대한 내용은 가급적 언급하지 않으려 했다. 다만 이로 인해 그릇된 인상을 심어줄 수 있다. 많은 경우 인식을 진행하지 않으면서도 3차원 표면에 대해서는 매우 상세한 맵을 구해야 한다. 터빈 블레이드, 자동차 외장 부품, 혹은 과일 같은 식품은 3차원으로 정확히 측정할 필요가 있다. 이러한 경우 어떤 물체가 어떤 위치에 있는지 이미 알고 있지만, 검사나 측정 기능 자체는 물체 분석 등의 역할에 필요하다. 이러한 경우 구조화 조명 방식, 입체 영상 또는 광도 양안법 등의 방식이 매우 효과적이다. 또한 만일 로봇 비전 시스템이 특정한 작업대가 아닌 임의의 환경에서 동작해야 할 경우, 궁극적으로는 인간의 시각 시스템 중에 적용 가능한 모든 유용한 기법을 적용해야 한다.

이 장은 3차원 비전에 대한, 4부 및 5부의 서론 역할을 한다. 17장 '*n*지점 원근 문제'는 부분 및 전체 원근 투영 간의 차이와 물체 인식 과정에서의 영향을 다룬다. 18장 '불변성과 원근'에서는 전체 원근 투영에 대한 복잡함을 어느 정도 해결하기 위한 불변성의 간결함과 가치를 살펴본다. 19장 '이미지 변환과 카메라 조정'은 카메라 조정과 더불어, 장면 내에서 상호 관계를 갖는 여러 뷰를 구성함으로써 번거로운 카메라 조정 과정을 생략하는 최신 연구들을 다룬다. 또한 20장 '모션'에서는 3차원 장면에서의 모션 분석 관련 주제를 소개한다.

기존 통념은 3차원 세계를 이해하기 위해 양안 비전이 핵심적인 역할을 한다는 것이었다. 이 장에서 확인했듯이 실제로 양안 비전을 사용하는 과정에서는 대응 문제가 걸림돌이 되며, 이를 통해서도 깊이 맵만을 얻을 수 있고 3차원 세계를 전체적으로 이해하기 위해서는 추가적으로 복잡한 분석이 필요하다.

16.13 문헌과 연보

앞에서 언급했듯이, 3차원을 인식하는 가장 확실한 방법은 양안 카메라 시스템을 사용하는 것이다. Burr and Chien(1977) 및 Arnold(1978)은 전체 및 부분 외각을 통해 두 입력 이미지를 대응시키는 방법을 다뤘다. 이 과정에서 상당한 양의 계산이 따르기 때문에, Barnea and Silverman(1972)는 부적절한 매치를 빠르게 배제하는 방식을 통해 이 문제를 어느 정도 해결하고자 했다. 마찬가지로, Moravec(1980)은 큰 부분에서 세부로 진행하는[coarse-to-fine] 매칭 과정을 통해 두 이미지를 정확하게 대응시키는 체계적인 방법을 제시했다. Marr and Poggio(1979)는 두 제약 조건(고유성과 연속성)을 수치화해, 전역적으로 대응이 이뤄지는지 확인하는 데 사용했다. 이때 가능한 표면 해석 중 가장 간단한 답을 찾는 데 이 제약 조건들을 활용할 수 있다. Ito and Ishii(1986)은 삼중 뷰[three-view] 스테레오를 이용해 불확실성이나 오클루전 효과에 대한 보상이 가능함을 보였다.

3차원 비전에 구조화 조명 접근법을 도입하려는 시도는 Shirai(1972)와 Agin and Binford (1973, 1976)이 독립적으로 진행했다. 이들은 단일 평면상의 조명을 사용한 반면, Will and Pennington(1971)은 격자 코딩 기법을 개발했다. Nitzan et al.(1977)은 빛을 감지하고 거리를 측정해 3차원 공간상에 물체를 매핑하는 새로운 기법을 제안했는데, 짧은 펄스광을 보내 물체 표면에 맞고 돌아오는 시간을 재는 방식이다.

한편, 단안 방식을 통해 3차원 비전을 구현하고자 하는 시도도 계속 이뤄졌다. 셰이딩 기반 형태 추정 방식의 기본적인 개념이 처음 등장한 시점은 Fesenkov(1929)가 달 표면을 대상으로 한 연구로 거슬러 올라간다(추가로 van Digellen(1951)도 참고하라). 그러나 처음으로 셰이딩 기반 형태 추정 문제를 이론적으로 정립하고 실제로 작동하는 알고리듬을 만든 연구는 역시 달 표면을 대상으로 한 Rindfleisch(1966) 논문이다. 그 이후, 호른[Horn]은 이론적인 체계와 컴퓨터 계산 방식을 모두 활용해 문제를 해결하려 했다. 그 과정에서 탁월한 리뷰 논문(1975)에 이어, 여러 중요한 논문(Horn, 1977; Ikeuchi and Horn, 1981; Horn and Brooks, 1986)과 책(Horn, 1986), 편저(Horn and Brooks, 1989)를 발표했다. 이 분야에 대한 다른 흥미로운 논문으로는 Blake et al.(1985), Bruckstein(1988), Ferrie and Levine(1989) 등이 있다. 또한 광도 양안법의 개념을 제시한 Woodham(1978, 1980, 1981)도 언급할 필요가 있다. 마지막으로, 컴퓨터 그래픽 분야에서 이 주제에 기여한 연구도 잊으면 안 된다. 예를 들어 Phong(1975), Cook and Torrance(1982) 등이 있다.

텍스처 기반 형태 추정 방식의 개념은 Gibson(1950)이 처음 제시했으며, Bajcsy and Liebermann(1976), Stevens(1980) 등이 발전시켰다. 특히 Kender(1980)은 이 방식의 이론적인 제약을 깊이 다룬 바 있다.

Barrow and Tenenbaum(1981) 논문은 이러한 과거의 연구를 잘 정리해놓고 있다. 1980년은 일종의 전환점이 된 해인데, 3차원 비전의 관심사가 표면을 매핑하는 것에서 이미지를 3차원 물체 세트로 해석하는 것으로 바뀌었기 때문이다. 그 이전에 이러한 분할 문제가 다뤄지지 않았던 이유는 HT 같은 기본적인 수단이 아직 제대로 개발되지 않았기 때문일 가능성이 있다. Koenderink and van Doorn(1979) 및 Chakravarty and Freeman(1982) 역시 물체에 대한 3차원 뷰를 기반으로 해석 체계를 구축했다는 면에서 매우 중요한 연구다. Ballard and Sabbah(1983)은 실제 3차원 물체를 분할하는 문제를 해결한 초기 연구이며, 뒤이어 Faugeras and Hebert(1983), Silberberg et al.(1984), Bolles and Horaud(1986), Horaud(1987), Pollard et al.(1987) 등 많은 연구가 발표됐다.

또 다른 흥미로운 연구로서, Horaud et al.(1989)는 4지점 시점 문제perspective 4-point problem(알려진 지점에 대해 카메라의 상대적인 위치와 방향을 구하는 문제)를 해결하고자 했다. 이 주제에 대한 추가적인 문헌은 17.6절을 참고하라.

소실점을 찾는 문제는 앞에서 충분히 다룬 주제이긴 하지만, 1990년대 들어 이에 대해 추가적인 연구들이 이뤄진 바 있다(예: Lutton et al.(1994), Straforini et al.(1993), Shufelt(1999)). 비슷하게, 실시간 응용 분야에 대해 강건하게 대응 가능한 기법인 양안 상관성 매칭stereo correlation matching은 계속 연구 중인 주제다(Lane et al., 1994).

2000년 이후에도 양안 비전에 대한 연구는 꾸준히 주류를 놓치지 않았지만(예: Lee et al.(2002), Brown et al.(2003)), 호른의 셰이딩 기반 형태 추정 접근법 자체는 그 비중이 크게 줄어들었다. 새롭게 등장한 기법으로는 그린Green 함수를 사용한 셰이딩 기반 형태 추정과(Torreão, 2001, 2003), 셰이딩으로부터 로컬 형태를 구해 광도 양안법 기법을 보완하는 방식이 있다(Sakarya and Erkmen, 2003). 광도 양안법 자체 역시 계속 발전해왔는데, 예를 들어 4조명 기법을 통해 하이라이트나 음영에 대응하도록 했다(Barsky and Petrou, 2003). 또한 셰이딩 기반 형태 추정 방식 레이더 데이터에 적용하기 위해, 상당히 새로운 이론적 기반을 제공하는 연구도 발표됐다(Frankot and Chellappa, 1990; Bors et al., 2003). 마지막으로, 3차원 비전 및 라이트 필드에 대한 완전히 새로운 접근법이 처음 제시된 연구를 소개하고자 한다(Baker et al., 2003). 이 논문은 우선 (1) 양안 비전과 (2) 실루엣 기반 형태 추정 접근법(주어진 라이트 필드의 모든 방향에서 물체 실루엣을 구하는 방식)에 관한 내용을 정리한다. 논문의 결론 중 중요한 부분은 n개의 카메라로 이뤄진 스테레오를 통해 람베르시안 물체의 형태를 유일하게 구할 수 있다는 것이다. 단, 빛의 세기가 균일한 영역이 존재해서는 안 된다. 실제로 균일한 세기가 존재할 경우 '무조건' 불확실성이 발생한다. 본질적으로 이는 오목 껍질 바깥 영역의 광학적 특성을 껍질의 특성과 구분하지 못하게 되기 때문이다(Laurentini, 1994). 끝으로 Baker et al.(2003)의 논문은 일반적인 3차원 비전, 그중 특히 셰이딩에 관한 새로운 시각을 제공하며, 한편으로 새로운 질문을 던진다.

16.13.1 최신 연구

광도 양안법의 경우, 필요한 이미지를 얻는 과정이 복잡하기 때문에 초기 단계에서만 사용하는 것이 적절하다고 여겨져 왔다. 그러나 이제는 그 반대 의견이 우세하다. Hernandez et al.(2011)은 먼저 그렇게 여겨져 왔던 이유를 논하고 있다. 여러 색상으로 이뤄진 조명 세트를 일단 설정한 다음에는, 각 채널의 색상이 달라짐에 따라 다루는 형태가 달라지기 때문에 조명을 변경할 필요성은 없다. 그러나 이는 바꿔 말하면 기본적으로 3개의 조명만 사용할 수 있다는 뜻이며, 따라서 Barsky and Petrou(2003)의 4조명 기법은 적용할 수가 없다. 또한 (일반적인) 최소한의 조명 숫자 3개로 얻은 해석 결과를 검증하기가 어려워진다. 이는 특히 음영이 발생하는 상황에서 중요한 부분이다. 그럼에도 불구하고 Hernandez et al.(2011)은 규칙화 방식을 사용해 2개의 조명으로도 대응 가능함을 보였다. Wu and Tang(2010)은 반대로 촘촘하게 이미지 세트를 구성해 일종의 과잉 데이터를 만들고, 이를 통해 관측 결과가 람베르시안 모델에 얼마나 잘 들어맞는지 확인했다. 기댓값 최대화 접근법은 데이터 처리 과정을 두 단계로 나누어, 우선 표면 노멀에 집중한 다음 방향 불연속성 등의 표면 특성을 다룬다. 이 접근법으로 얻은 복원 결과는 강건하고 뛰어나다. Goldman et al.(2010)은 대부분의 물체를 이루는 근본적인 재질의 수가 그리 많지 않음을 지적하고 있다. 따라서 픽셀을 최대 두 종류의 재질로 표현하도록 제한할 수 있으며, 이를 통해 형태뿐만 아니라 재질의 양방향 반사율 분포bidirectional reflectance distribution 함수 및 가중치 맵을 구할 수 있다. McGunnigle and Dong(2011)은 광도 양안법에 대해 기존의 4조명 기법을 동축 조명으로 보완하는 방식을 제안했다. 아울러 동축 조명을 통해 음영과 광택에 대해 광도 양안법을 더 강건하게 구현할 수 있음을 보였다.

Chen et al.(2011)은 전역 그래프 컷 방식을 사용해 스테레오 매칭의 속도를 향상하면서도 일부 로컬 접근법과 비슷한 수준의 효율성을 가질 수 있음을 보였다. 영역 경계에 초점을 맞추고 시차disparity 후보군의 수를 제한함으로써, 그래프를 생성할 때 그 버텍스vertex의 수를 상당히 줄일 수 있다. 그 결과, 적절한 시차를 쉽게 선정하고 부분적인 오클루전에 효율적으로 대응할 수 있으며, 스테레오 매칭 속도를 향상할 수 있다.

16.14 연습문제

1. 하나의 이미지 평면에서 어떤 지점을 지나가는 모든 등극선 선분이, 다른 이미지 평면에 이를 투영한 이미지 지점을 지남을 증명하라.

2. 그레이디언트 공간에서 직선으로 그려진 등고선이 갖는 물리적 중요성을 논하라(그림 16.9(B) 참고).

3. $\cos^m\theta$ 함수 곡선을 그려라. R_1 성분의 90% 이상이 순수 정반사 각도 대비 10° 범위 내에서 반사되려면 m 값을 얼마로 주어야 하는지 추정하라.

4. 외계인의 눈은 3개다. 외계인이 인간보다 깊이를 더 정확하게 인식하거나 추정할까? 세 번째 눈을 어디에 놓는 것이 가장 좋을까?

5. 정육면체를 정사영으로 관측한다고 하자. 정육면체가 비스듬히 놓여 있다 할지라도, 이미지상에서 그 이론적인 중심점을 쉽게 계산할 수 있음을 보여라. 또한 정육면체의 면 중 분명히 보이는 영역만으로도 그 방향을 구할 수 있음을 보여라. 만약 면 간의 대비가 너무 낮아서 육각 형태의 외형만 보일 경우, 주어진 정보를 통해 정육면체의 방향을 구하는 과정에서 불확실성이 나타나게 됨을 보여라. 이러한 불확실성이

비단 정육면체뿐만 아니라 다른 형태에서도 나타나는가? 그 이유는 무엇일까?

6. a. (X, Y, Z)에 위치한 특징이 양안 이미징 시스템의 각 이미지에서 (x_1, y_1) 및 (x_2, y_2)에 나타난다고 하자. 두 카메라의 이미지 평면은 같은 평면상에 있으며, 두 카메라 렌즈의 초점 거리는 f이고, 두 렌즈의 광축 간 거리는 b다. 그림 16.P.1에 이를 적절히 명시하라. 삼각형의 닮음을 고려하여 다음을 보여라.

$$\frac{Z}{f} = \frac{X + b/2}{x_1} = \frac{X - b/2}{x_2}$$

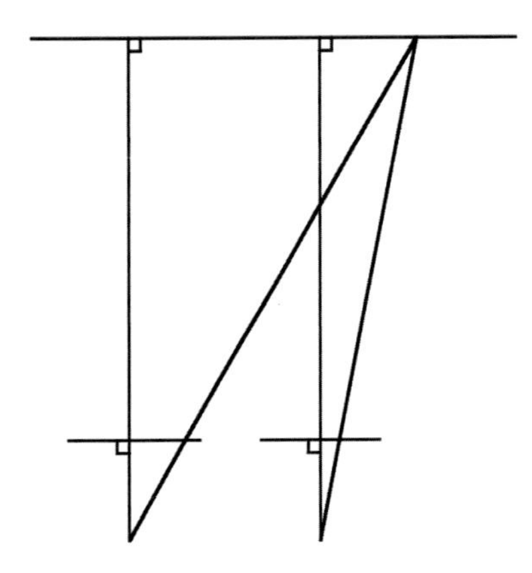

그림 16.P.1 양안 이미징 시스템 개요

b. 이에 따라, 이미지 간에 관측되는 불일치를 기반으로 깊이 Z를 구하는 수식을 제시하라.

7. 장면 내의 깊이 비율 Z를 계산하는 과정에서 나타나는 에러가 (1) 픽셀 크기와 (2) Z에 비례하고, (3) 두 카메라의 기준선 b에 역비례함을 보여라. 최종적인 수식에 포함되는 다른 매개변수는 무엇이 있는가? 나노기술로 매우 작은 카메라 2개를 만들었다고 했을 때, 그 쌍을 어떻게 구성해야 마찬가지로 깊이 측정을 구현할 수 있는지 논하라.

8. a. 양안 비전 시스템에서 두 이미지를 관측했을 때, 일반적으로 지점의 순서가 동일하게 나타남을 그림으로 표현하라.

b. 어떤 물체의 전면 표면이 반투명하여 내부 특징 F가 보인다고 하자. 두 뷰에서 나타나는 특징의 순서를 통해 F가 물체의 내부나 뒤에 있는지 확인할 수 있음을 보여라.

9. a. 무광 표면을 '람베르시안'으로 묘사할 수 있는 조건을 제시하라. 람베르시안 표면 지점의 노멀 방향이 광축을 중심으로 한 원뿔상에 있음을 보여라. 무광 표면의 정확한 방향을 인식하기 위해 최소 3개의 조명이 필요함을 보여라. 표면의 특징을 알지 못하거나 이상적인 형태가 아닐 경우, 표면 방향을 결정하기 위해 최소 4개의 조명이 필요한 이유는 무엇인가?

b. 장면 내의 각 물체에 대한 깊이 맵을 구하고자 할 때, 양안 비전과 광도 양안법의 효율성을 비교하라. 각각에 대해, 물체 표면의 특징과 관측 지점으로부터의 거리를 고려해 논하라.

10. a. 무광 표면 중 '일반적인' 정반사를 보이는 무광 표면의 특징을 비교하라. 어떤 무광 표면은 '람베르시안' 형태로 표현할 수 있다. 람베르시안 모델을 따를 경우 표면의 밝기가 어떻게 변하는지 묘사하라.

b. 주어진 표면 밝기에 대해, 람베르시안 표면상 임의의 지점 방향이 원뿔상에 놓임을 보여라.

c. 3개의 점 광원을 각각 비추어 세 표면 이미지를 구했다고 하자. 그림을 통해 이 방식이 표면의 방향을 확실히 찾아줌을 보여라. 이 방식을 사용했을 때 표면상에 그 방향을 '구할 수 없는' 지점이 존재하는가? 세 광원의 위치에 대해 어떠한 제약 조건이 있을까? 3개 대신 4개의 점 광원을 사용하면 이점이 있을까?

d. 세이딩 기반 형태 추정을 통해 얻은 표면 맵이 양안(양안) 비전을 통해 얻은 것과 동일한지의 여부를 논하라. 두 접근법을 적용하기에 가장 적합한 응용 분야가 동일할까? 이러한 기본적인 접근법에 비해 구조화 조명을 도입할 경우 어느 정도만큼 더 정확한 정보를 제공할까?

e. 앞의 접근법을 사용할 경우, 3차원 물체를 인식하기 위해 추가로 필요한 처리 과정이 무엇인지 논하라.

17

*n*지점 원근 문제

3차원 물체를 인식하는 데는 매우 적은 수의 특징점, 심지어 단일 뷰만 있어도 가능하다. 아울러 3차원 물체의 자세 역시 단일 뷰를 통해 구하는 것이 가능하다. 그러나 이 과정에서 해석의 불확실성이 나타나는데, 17장에서는 이러한 불확실성을 해소하는 문제를 다룬다.

17장에서 다루는 내용은 다음과 같다.

- 약한 원근 투영과 전체 원근 투영의 구분
- 약한 원근 투영에서 '원근 역전' 형식의 불확실성이 나타나는 이유
- 전체 원근 투영에서 더 심각한 불확실성이 나타나는 이유
- 전체 원근 투영이 약한 원근 투영보다 더 해석 관련 정보를 많이 제공하는 이유
- 동일 평면성이 3차원 데이터에 대한 강력한 제약 조건으로서, 도움을 줄 때도 있지만 방해가 되기도 하는 현상
- 대칭성을 통한 3차원 이미지 해석 개선

이 장은 3차원 비전의 한 부분만을 다루지만, 3차원 물체 인식 관련 주제에 대해서는 매우 중요한 화두를 제시하고 있음을 유의하라.

17.1 서론

이 장에서는 앞 장의 개론에 이어, 3차원 장면의 이미지를 분석하는 데 있어 핵심적인 문제

를 다뤄볼 것이다. 이 분석에 있어 필요한 부분에 초점을 맞추기 위해, 다소 짧은 분량으로 따로 장을 나누었다. 우선, 16장 '3차원 세계'에서 몇 번 다뤘던 원근 역전 현상을 살펴본다. 그런 다음, 원근에 대한 아이디어를 다듬어 이미지 속 물체의 두드러지는 특징으로부터 이미지상의 상태를 예측한다. 이때 상태의 불확실성을 해소하기 위해 두드러지는 특징이 얼마나 필요할지 고려하는 것이 좋다.

17.2 원근 역전 현상

이 절에서는 우선 원근 역전perspective inversion 현상에 대해 살펴본다. 이 현상은 소위 '네커의 정육면체Necker cube' 착시로 잘 알려져 있다. 12가닥의 선을 모서리로 이어 만든 정육면체를 상상해보자. 어떤 한 모서리를 중심으로 이 정육면체를 관측하면, 정육면체가 어떻게 놓여 있는지, 즉 마주보는 모서리 중 어떤 것이 가까이 있는지 파악하기 어렵다(그림 17.1). 실제로 정육면체를 보고 있으면, 서서히 정육면체가 어떻게 놓여 있는지 보이다가도 어느 순간 갑자기 뒤집혀 보이는 듯한 느낌을 받게 된다. 그리고 그 느낌이 얼마간 지속되다가 또 다시 뒤집혀서 보이게 된다(심리학에서 이러한 관점의 전환을 지각 반전perceptual reversal이라 하며, 원근 역전과 비슷한 용어이지만 좀 더 일반적으로 착시에 이르는 효과를 칭한다. Gregory(1971) 및 M.C. 에셔Escher의 여러 일러스트를 참고하라). 원근 역전 착시는 두뇌가 장면에 대해 다양한 가설을 세우고, 그 상태에 대한 불완전한 증거를 가지고도 어떤 가설을 택할지 결정 내린다는 사실을 보여준다

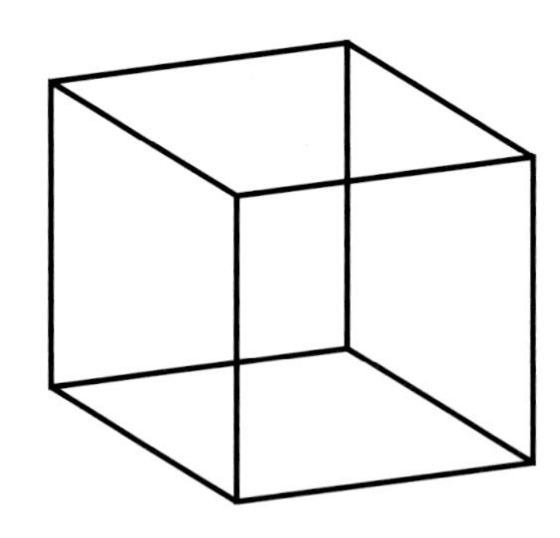

그림 17.1 원근 역전 현상. 그림은 한 모서리를 중심으로 선형 정육면체를 관측한 것이다. 시각 역전 현상으로 인해 마주보는 모서리 중 어느 쪽이 더 가깝게 있는지 파악하기가 어렵다. 이 경우 두 가지 해석이 성립 가능하며, 둘 중 어느 것이라도 인식할 수 있다.

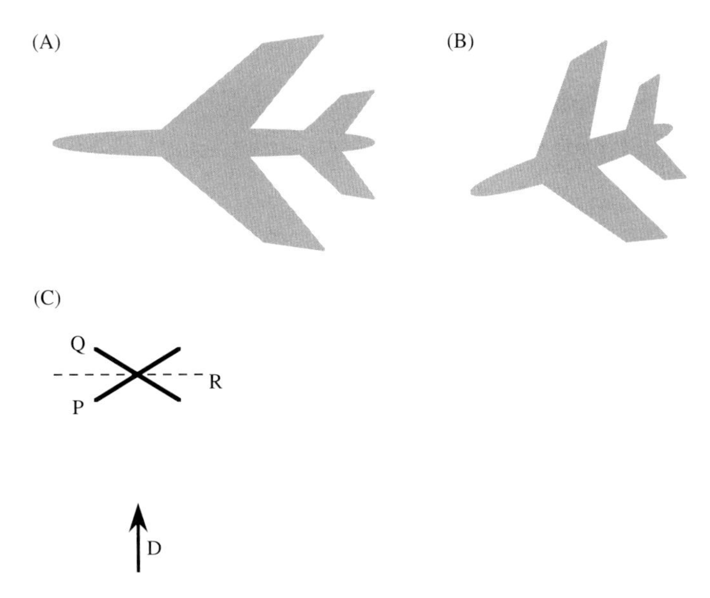

그림 17.2 비행기의 원근 역전. 그림에서 비행기(A)는 하늘과 대비되어 실루엣을 형성하여 (B)와 같이 나타난다. (C)는 관측 방향 D에 대해, 비행기가 두 평면 P와 Q에 놓일 수 있음을 보여주고 있다. R은 P 및 Q에 대한 반사 평면에 해당한다.

(Gregory, 1971, 1972).

선형 정육면체 착시는 다소 인위적인 것으로 보일지 모른다. 그렇다면 대신 비행기를 생각해보자(그림 17.2(A)). 비행기가 맑은 하늘 높은 곳에 떠 있을 경우(그림 17.2(B)), 세부적인 표면 정보가 보이지 않아 실루엣 형태로 보일 것이다. 이 경우 장면에 대한 가설을 세워야 해석이 가능하며, 따라서 잘못된 해석이 일어날 수 있다. 실제로(그림 17.2(C)) 비행기는 α 각도로(P의 경우), 혹은 $-\alpha$ 각도로(Q의 경우) 존재한다고 해석하는 것이 모두 가능하다. 이 방향에 대한 두 가설은 관측 방향 D와 노멀인 R 평면에 대해 서로 반사 관계에 있다.

엄격하게 말하면, 정사영 또는 **크기변환 정사영**scaled orthographic projection으로 관측할 경우에만 불확실성이 나타난다(크기변환 정사영은 정사영으로 관측한 이미지에 대해, 균일한 배수로 그 크기 스케일을 조정하는 방식이다). 그러나 먼 거리에서 원근 투영은 크기변환 정사영으로 근사할 수 있으며, 그 차이를 분간하기 어려운 경우가 많다(이 경우 물체를 '약한 원근 투영' 형태로 관측하고 있다고 한다. 여기서 약한 원근이란 물체의 깊이 ΔZ가 장면 내에 위치한 깊이 Z보다 훨씬 작음을 뜻한다. 원근 스케일 인수는 각 물체마다 다르고 장면 내의 깊이에 따라서 다르다. 따라서 로컬하게는 약한 원근이지만 전역적으로는 일반적인 원근인 경우도 가능하다). 만약 그림 17.2의 비행기가 꽤 가까이 위치하는 경우, 실루엣 중 더 가까운 부분이 원근에 의해 왜곡되는 현상이 분명하게 나타난다. 일반적으로 원근 투영이 일어남으로 인해 대칭성이 깨지며, 따라서 물체에 존재하는 대칭성을 찾음으로써 어떻게 놓여 있는지 알 수 있다. 그러나 물체가 그림 17.2(B)에서처럼 먼 거리에 위치할 경우, 대칭성이 깨지는 것을 보는 것이 사실상 불가능하다. 반대로, 비행기가 움직이는 짧은 순간만으로는 그림 17.2(B)를 해석하는 데 그리 도움이 되지 않는다. 그러나 결국 비행기는 점점 작게 또는 크게 보이게 되므로, 이 추가적인 정보를 활용해 문제를 해결할 수 있다.

17.3 약한 원근 투영에 대한 자세의 불확실성

약한 원근 투영에 대해 물체의 자세pose가 어떻게 얻어지는지 살펴보면 유익할 것이다. 가장 간단한 예로, 세 지점을 인식학고 그 위치를 찾아보자. 임의의 세 지점이 하나의 평면 위에 있고, 이 공통 평면이 그림 17.2(A)의 실루엣에 해당한다고 하자(이 세 지점은 평면을 형성하기 때문에 동일 선상에는 놓이지 않는다고 가정한다). 이 경우 문제는 이상적인 물체(그림 17.2(A))에 대해 관측한 물체(그림 17.2(B))의 해당하는 지점을 매칭하는 것이다. 이것이 가능한지, 혹은 앞에서 언급한 반사 연산을 제외하더라도 그 해법이 유일한지 여부는 확실히 알 수 없다. 셋 이상의 지점이 있어야 할 수도 있고(특히 스케일을 알지 못하는 경우), 반사 불확실성을 무시하더라도 해답이 여러 개 존재할 수도 있다. 따라서 관측된 이미지에서 처음 세 지점이 해당하는 지점을 찾는 작업이 어디까지 가능한지가 주요한 관심사라 할 수 있다.

이 문제의 난이도를 이해하기 위해 전체 원근 투영을 살펴보자. 이 경우 동일 선상에 없는 세 지점을 어떻게 고르든, 아무 세 지점을 골라 매핑하는 것이 가능하다. 이는 이 정보만으로는 원본 물체에 대해 많은 것을 알기 힘듦을 뜻한다. 즉, 주어진 지점 맵으로 다른 지점을 추정할 수가 없다. 그러나 뒤에서 보겠지만, 물체를 약한 원근 투영으로 관측할 경우 불확실성이 확실히 줄어든다.

(황Huang 등이 비교적 최근인 1995년 발표한) 가장 간단한 접근법은 원본 지점 세트 P_1, P_2, P_3를 지나는 가상의 원을 그리는 것이다(그림 17.3(A)). 그런 다음 지점들 간의 무게중심 C를 찾아

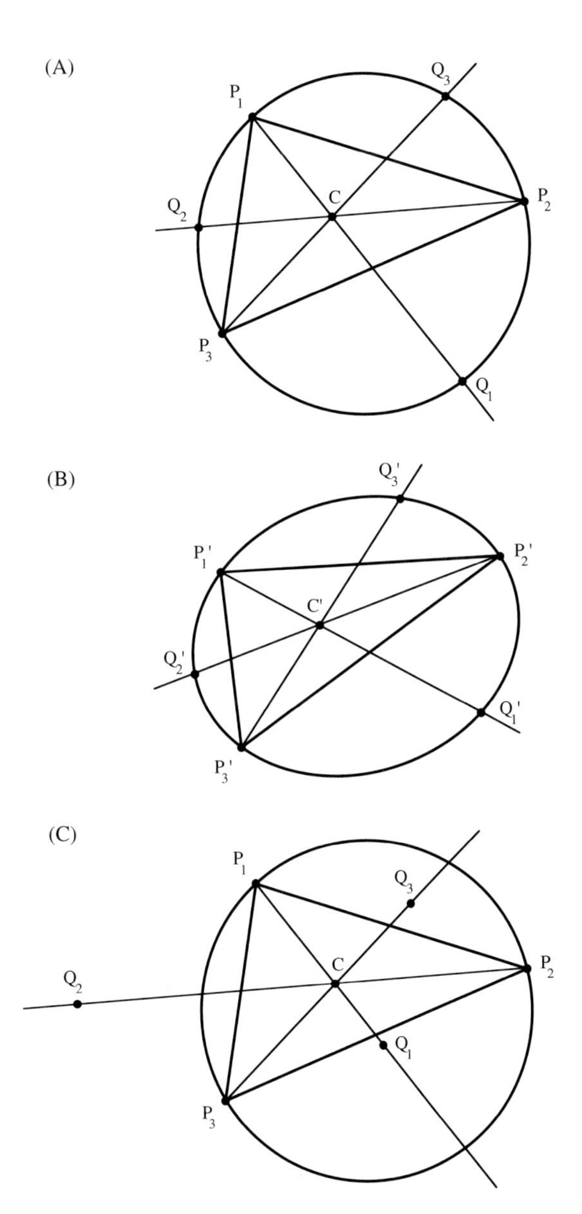

그림 17.3 약한 원근 투영을 통해 관측한 세 지점의 자세를 결정하는 과정. (A)는 형태를 알고 있는 물체상에 있는 특징점 P_1, P_2, P_3를 나타낸다. P_1, P_2, P_3를 지나는 원을 그리고, 각 지점과 무게중심 C를 지나는 선이 원과 만나는 지점을 Q_1, Q_2, Q_3로 정의한다. 이 과정에서 비율 P_iC:CQ_i를 구할 수 있다. (B)는 약한 원근 투영으로 지점을 관측하여 P_1', P_2', P_3'을 구하고, 원본 거리 비율에 따라 무게중심 C' 및 세 지점 Q_1', Q_2', Q_3'을 찾은 결과를 나타낸다. 이 여섯 지점 P_1', P_2', P_3', Q_1', Q_2', Q_3'을 사용해 P_1, P_2, P_3가 놓인 각도를 파악할 수 있으며, 또한 (타원의 장축으로부터) 관측 거리를 계산할 수 있다. (C)는 세 지점에 대해 잘못된 해석을 구한 상황을 보여주고 있다. 이 경우 P_1, P_2, P_3, Q_1, Q_2, Q_3를 지나는 원을 구하는 원을 그릴 수 없기 때문에, 관측 또는 추정한 지점 P_1', P_2', P_3', Q_1', Q_2', Q_3'을 지나는 타원 역시 찾을 수 없다.

각 지점과 C를 잇는 선분을 그으면, 이 선분과 원이 만나는 지점들을 Q_1, Q_2, Q_3로 정의할 수 있다(그림 17.3(A)). 이때 정사영과 마찬가지로 크기변환 정사영은 동일한 직선상에서 거리 비율이 변하지 않으며, 약한 원근 투영 역시 이에 근접한 비율을 유지한다. 따라서 거리 비율 P_iC:CQ_i는 투영 후에도 같은 값을 갖는다. 요컨대 그림 17.3(B)에서처럼 전체 그림을 투영할 경우, 원형이 타원형으로 변하긴 하지만 모든 선분이 선분으로 그대로 옮겨지며 모든 선형 거리 비율도 유지된다. 이 결과가 중요한 이유는 다음과 같다. 이미지상에서 지점 P_1', P_2', P_3'을 찾으면 무게중심 C'을 계산하고, 이를 기반으로 Q_1', Q_2', Q_3'의 위치를 찾을 수 있다. 즉, 타원형의 위치와 매개변수를 찾을 수 있는 6개의 지점을 확보하게 된다(엄밀히 말하면 5개만 있어도 충분하다). 타원에 대해 파악하면, 장축의 방향을 통해 물체의 회전축을 구할 수 있다. 아울러 단축과 장축 거리 비율을 통해 $\cos \alpha$ 값을 쉽게 구할 수 있다(이 계산 과정에서 α의 부호에 대한 불확실성이 자연히 발생함을 유의하라). 마지막으로, 타원에서 장축의 길이를 통해 장면 내의 물체 깊이를 유추할 수 있다.

이제 세 투영 지점을 관측한 다음 이를 지나는 고유한 타원형을 계산하고, 이를 원형으로 역투영하는 과정을 통해 물체의 회전축과 그 각도를 구할 수 있음을 보였다. 그러나 회전 각도의 부호에 대해서는 아직 알 수 없다. 이 계산 과정에서 짚고 넘어가야 할 부분을 크게 두 가지 언급할 필요가 있다. 첫째, 관측한 장면을 해석하기 전에 세 거리 비율을 기록해놓아야 한다. 둘째, 해석을 진행하기 전에 세 지점의 순서를 정확히 알고 있어야 한다. 그렇지 않으면 거리 비율에 대해 조합 가능한 여섯 가지 경우를 전부 계산해봐야 하기 때문이다. 더욱이 앞의 서론 부분에서 설명한 것과 같이 여러 해답이 존재할 가능성도 있다. 특징점을 분간할 수 있는 경우가 없는 것은 아니지만, 그렇지 않은 경우도 많이 있다(특히 여러 위치에서 3차원 물체를 관측함에 따라 모서리 특징이 크게 바뀌는 경우가 그렇다). 따라서 잠재적 불확실성을 고려하는 것이 중요한 부분이 된다. 그러나 여섯 경우를 각각 고려하게 되면 일반적으로 다소 어려움이 커진다. Q_1', Q_2', Q_3'의 위치를 찾는다 할지라도, 일반적으로는 단지 위치만으로 여섯 지점을 타원에 근사하는 것이 불가능하다. 그 이유는 해석 결과를 원래 원으로 되돌려보면 쉽게 알 수 있다. 거리 비율을 잘못 선택할 경우 Q_i가 원 위에 있지 못하며, 원 위에 놓도록 하는 거리 비율값만을 올바른 답으로 볼 수 있다(그림 17.3(C)). 다시 말해 잘못된 비율에 대해 무의미한 계산을 진행한다 하더라도, 이 과정에서 불확실한 해답을 얻게 되지는 않는다. 그럼에도 불구하고 문제가 발생할 가능성이 하나 있긴 하다. 원본 지점 세트 P_1, P_2, P_3가 거의 완벽하게 정삼각형 형태를 이룬다고 가정하자. 이 경우 거리 비율은 거의 유사할 것이며, 수치적인 부정확성을 염두에 둔다면 가장 알맞은 타원형 근사를 확실히 찾기가 어렵다. 이 때문에 이등변삼각형이나 정삼각형에 가까운 형태로 이뤄진 특징점 세트를 취하지 않도록 하는 것이 낫다. 그러나 실제로는 최적의 근사를 구하기 위해 같은 평면상의 셋 이상의 지점을 사용하기 때문에, 그러한 일이 일어날 확률이 좀 더 낮다.

요컨대 약한 원근 투영은 (반사 범위 내에서) 고유한 해답을 식별하는 데 있어 요구되는 조건이 느슨하다. 특히 전체 원근 투영에서 고유한 해답을 찾기 위해 네 지점을 필요로 한다는 점에서 더욱 그러하다(뒷부분 참조). 그러나 약한 원근 투영의 정확도를 높이고 반사로 인한 불확실성을 없애기 위해서는 추가적인 지점이 필요하다. 이는 불확실성을 (최소한 이론적으로) 해결할 수 있는 기피 큐가 약한 원근 투영 정보에 존재하지 않아 성능이 떨어지기 때문이다. 즉, 약한 원근 투영에 셋 이상의 지점을 통해 추가적인 정보를 확보할 경우, 세 지점을 인식한 시점에서 같은 평면상의 각 추가 특징이 이미 결정된다고 이해할 수 있다(여기서는 참조할 수 있는 모델 물체를 통해 정확한 거리 비율을 확보했다고 가정한다).

지금까지 제한된 수의 특징점으로부터 물체의 고유 위치를 찾을 수 있는 두 종류의 방법을 살펴봤다. 첫째는 동일 평면상에 없는 지점을 동일하게 약한 원근 투영으로 관측하는 것이다. 둘째는 전체 원근 투영을 사용해 동일 평면상에 존재하거나 존재하지 않는 특징점 집합을 관측하는 것이다. 뒤에서 논의하겠지만, 둘 중 어떠한 방법을 선택하든 고유한 해답을 얻으려면 물체에 관계없이 최소 4개의 특징점이 필요하다.

17.4 자세 문제의 고유 해답

표 17.1에 전체 상황을 요약해놓았다. 우선 약한 원근 투영의 경우, 셋 이상의 특징점이 있어야 해답의 수가 유한하다. 동일 평면 지점의 경우, 지점 수가 셋보다 더 많아진다고 해답의 수가 더 줄어들지 않는다. 이는 (앞에서 언급했듯이) 기존 지점으로부터 추가 지점의 위치를 추정할 수 있기 때문이다. 그러나 비동일 평면에서는 이것이 성립하지 않는데, 추가 지점 정보를 통해 불확실성을 제거할 수 있기 때문이다(그림 17.4 참고. 이것이 앞에서 설명한 원근 역전과

표 17.1 특징점에서 자세를 추정할 경우의 불확실성

지점 배치	n	WPP	FPP
동일 평면	≤ 2	∞	∞
	3	2	4
	4	2	1
	5	2	1
	≥ 6	2	1
비동일 평면	≤ 2	∞	∞
	3	2	4
	4	1	2
	5	1	2
	≥ 6	1	1

이 표는 단일 이미지상에서 강체 물체의 자세를 추정할 때 얻을 수 있는 해답의 수를 요약했다. 여기서는 n개의 특징점을 올바른 순서로 검출하고 인식했다고 가정한다. WPP 및 FPP 열은 각각 약한 시점 투영과 전체 시점 투영을 뜻한다. 위쪽 절반 부분은 n개의 지점이 동일 평면상에 있는 경우를, 아래쪽 절반은 동일 평면상에 없는 경우를 나타낸다. $n \leq 3$일 경우, 엄밀히 말해 동일 평면일 때만 표의 결과가 성립한다. 다만 아래쪽 두 행은 대조를 쉽게 하기 위해 남겨놓았다.

는 모순된다고 할 수 있겠지만, 여기서는 물체가 강체rigid body 형태로 되어 있으며 모든 특징이 3차원상의 '알려진' 고정 지점에 존재한다고 가정한다. 따라서 특정 대칭성을 갖는 물체 외에는 앞의 불확실성이 나타나지 않는다. 본문에서는 그 대칭성에 대해 다루지 않을 것이다. 그림 17.4(D)를 참고하라).

다음으로 전체 원근 투영에 대해 살펴보면, 해답의 수는 마찬가지로 특징점이 셋 이상일 때만 유한하다. 세 지점의 경우 정보가 부족하기 때문에 이론적으로 4개의 해답이 가능하다(그림 17.5의 예제와, 이에 대해 자세히 설명한 17.4.1절을 참고하라). 그러나 동일 평면상에서 특징점 개수가 넷에 도달하는 순간 가능한 해답 수는 하나로 떨어진다(이 경우 세 지점을 서브셋으로 골라 교차 검증을 진행하여 적절하지 않은 해답을 제외하는 식으로 올바른 답을 구한다). 비동일 평면의 경우 6개 이상의 특징점이 있어야 충분한 정보로 불확실성 없이 자세를 결정할 수 있다. 실제로 6개 이상의 특징점으로부터 유도한 12개의 선형식을 통해 11개의 카메라 보정 매개변수를 구할 수 있기 때문에, 불확실성이 존재하지 않는다고 봐도 무방하다(19장 '이미지 변환과 카메라 조정' 참고). 같은 맥락에서, 5개의 비동일 평면 지점만으로는 11개의 매개변수를 전부 추정하기에 '불충분하기' 때문에 불확실성이 존재한다 할 수 있다.

다음으로, 왜 동일 평면 조건이 처음에는(n = 3) 약한 원근 투영에서 유리하지만 그 이후

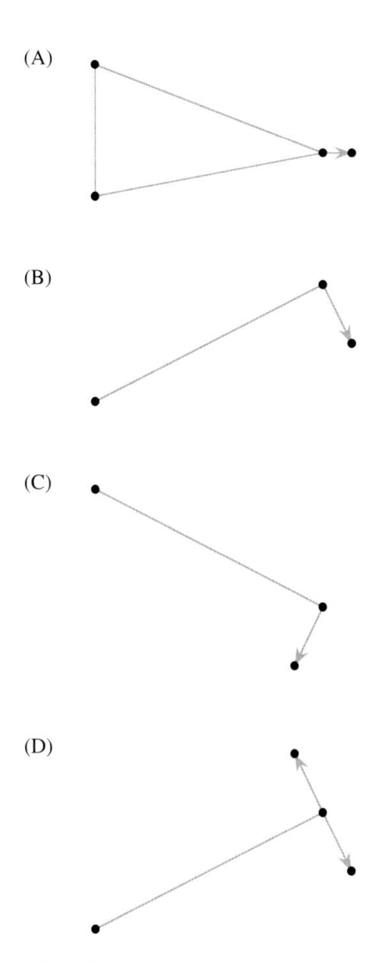

그림 17.4 약한 원근 투영으로 네 지점을 관측할 경우의 자세 추정 과정: (A) 비동일 평면상의 네 지점을 포함한 물체를 약한 원근 투영으로 관측한 결과, (B) 물체를 측면에서 관측한 결과. 처음 세 지점(회색 선분으로 연결됨)만 관측될 경우, 원근 역전 현상으로 인해 (C)로 해석할 여지가 있다. 그러나 네 번째 지점이 추가적인 정보를 제공하기 때문에, 결국은 하나의 자세 해석만이 유효하게 된다. 다만 (D)처럼 물체가 추가로 대칭성을 갖고 있을 경우에는 그렇지 않은데, 반사된 상이 원본과 동일한 형태를 띠기 때문이다(그림에 나타내지 않음).

에는($n > 3$) 전체 원근 투영에서 이점이 있는지, 그리고 비동일 평면 조건하에서는 약한 원근 투영이 언제나 더 나은 결과를 보이는지 알아보자(여기서 '더 낫다'란 불확실성이 낮고 더 적은 수의 해답을 갖는 것을 뜻한다). 본질적으로 전체 원근 투영은 더 자세한 정보를 제공하지만, 상대적으로 적은 수에서는 데이터가 부족하므로 무의미하다. 그러나 동일 평면과 비동일 평면에서 추가적인 정보가 도출되는 시점은 각기 다르다. 이러한 관점에서 보면, 약한 원근 투

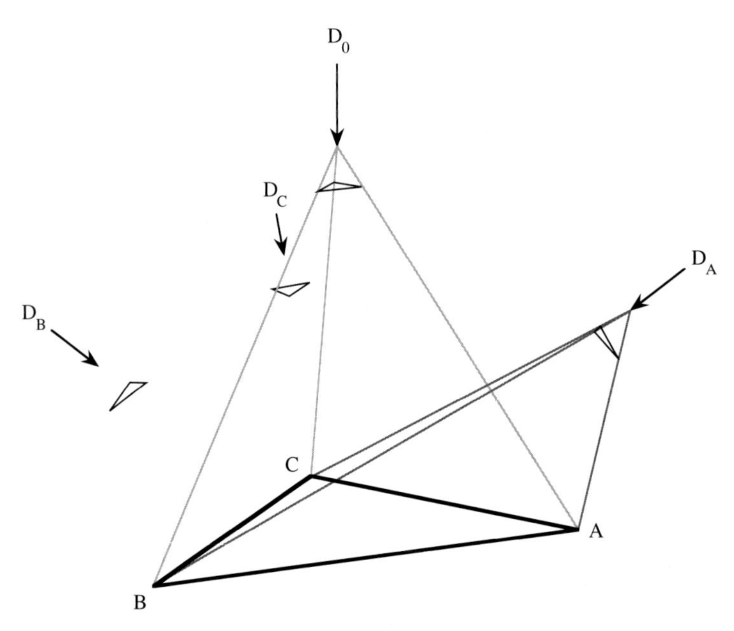

그림 17.5 전체 원근 투영으로 세 지점을 관측할 경우 나타나는 불확실성. 전체 원근 투영에서 카메라는 세 지점 A, B, C를 공간상에서 각기 다른 방향으로 관측하며, 이로 인해 알려진 물체를 해석함에 있어 4중의 불확실성이 발생한다. 그림은 관측이 가능한 네 종류의 방향과, 각각의 경우에 대한 카메라 투영 중심점(굵은 화살표의 방향과 머리 부분을 참고)을 묘사하고 있다. 각각의 경우에서 카메라가 보게 되는 이미지를 작은 삼각형으로 나타내었다. D_A, D_B, D_C는 각각 A, B, C 쪽에서 관측한 뷰를 의미한다.

영으로 동일 평면 지점을 관측할 경우 불확실성을 없앨 만한 충분한 정보가 발생하지는 않는다.

앞에서 논의한 내용은 물체와 이미지 특징이 모두 대응 관계에 있다고 가정했을 때, 즉 n개의 특징점을 검출하고 올바른 순서로 인식했음을 전제로 성립한다. 그렇지 않을 경우, 일치하지 않는 몇 지점을 조합하는 과정에서 가능한 해법의 수가 상당히 증가한다. 따라서 가장 알맞은 매칭을 찾는 데 필요한 최소 수의 특징만을 사용하는 것이 낫다(Horaud et al., 1989). 다른 연구자들은 휴리스틱을 사용해 경우의 수를 줄이고자 했다. 예를 들어, Tan (1995)는 단순한 밀집도 지표를 사용해(8.7절 참고) 가장 적합한 기하적 해법을 찾고자 했다. 가장 낮은 각도는 해답의 가능성이 낮으며, 가장 가능성이 높은 해답은 가장 높은 밀집도를 갖는다. 이러한 개념은 Brady and Yuille(1984)의 극값 원리, 즉 적절한 매개변수(예: 회전)에 대해 극값에 가장 가까울수록 해답의 가능성이 높아진다는 이론으로 이어졌다(이 원리를 이해하는 가장 간단한 방법은 진자를 생각해보는 것이다. 진자가 위치할 확률이 가장 높은 지점은 그 양 끝점이기 때문이다. 그러나 여기서는 각도 α(그림 17.1)가 0에 가까울수록 극값에 근접한다). 이러한 맥락에서 보면, 동일 평면상의 지점을 약한 원근 투영 또는 전체 원근 투영으로 관측할 경우에는 항상 동일한 순서로 순환해 나타나게 된다. 만약 지점을 통해 볼록 다면체를 그릴 수 있다면 투영 방향을 변화시켜도 그 경계의 순환 순서는 바뀌지 않겠지만(이는 평면의 볼록함이 투영에 대해 불변성을 띠기 때문이다), 그럼에도 물체에 대해 가능한 왜곡을 확인하는 것은 중요하다. 그러나 비동일 평면의 경우, 인식한 지점의 패턴이 무작위에 가까운 순서로 뒤섞일 수 있다. 이는 동일 평면보다 비동일 평면상의 지점에 대해 상당히 많은 수의 조합을 고려해야 함을 뜻한다.

마지막으로, 지금까지 논의한 내용은 자세 문제의 해답이 존재하는지 그리고 고유한지에 초점을 맞추었지만 그 해답을 안정적으로 확보할 수 있는지에 대해서는 아직 다루지 않았다. 해답의 안정성은 표 17.1에 나타낸 데이터와는 완전히 다른 차원의 것이다. 특히 비동일 평면상의 지점은 자세 문제에 대해 더 안정적인 해답을 갖는 경향이 있다. 예를 들어, 동일 평면 지점 세트를 포함하는 평면을 거의 정면에서 관측할 경우($\alpha \approx 0$) 평면의 정확한 방향에 대해서는 매우 적은 양의 정보만을 얻을 수 있다. 측면상의 지점 변위가 $\cos \alpha$ 수준으로 변하며(17.2절 참고), 방향에 대한 테일러Taylor 급수가 선형 항을 포함하지 않기 때문이다.

17.4.1 3지점 문제의 해답

그림 17.5는 전체 원근 투영으로 세 지점을 관측할 때 네 종류의 해답이 가능함을 보이고 있다. 이 절에서는 이 상황을 상응하는 수식으로 나타내어 살펴볼 것이다. 그림 17.5에서 카메라는 세 이미지 지점을 바라보고 있으며, 이는 공간상에서 세 방향을 뜻한다. 이때 이 세 방향에 대한 각도 α, β, γ를 각각 계산할 수 있다. 만약 물체상의 세 지점 A, B, C 간의 거리를 각각 D_{AB}, D_{BC}, D_{CA}로 놓는다면, 코사인 법칙을 적용해 투영 중심으로부터 거리 R_A, R_B, R_C를 계산할 수 있다.

$$D_{BC}^2 = R_B^2 + R_C^2 - 2R_B R_C \cos \alpha \tag{17.1}$$

$$D_{CA}^2 = R_C^2 + R_A^2 - 2R_C R_A \cos \beta \tag{17.2}$$

$$D_{AB}^2 = R_A^2 + R_B^2 - 2R_A R_B \cos \gamma \quad (17.3)$$

R_A, R_B, R_C 변수 중 2개를 소거하면, 나머지 변수들에 대한 8차방정식을 세울 수 있으며, 따라서 이 연립방정식으로부터 구할 수 있는 해답의 수는 8개가 된다(Fischler and Bolles, 1981). 그러나 앞에서 코사인 규칙을 적용한 수식은 상수와 2차 항만을 포함하고 있다. 따라서 하나의 해답은 모든 변수의 부호만 바꿔 계산한 다른 해답에 대응한다. 즉, 투영 중심점을 기준으로 역방향에 해당하는 해답이기에 성립할 수 없다. 따라서 이 연립방정식에서 가능한 해답의 수는 최대 4개라고 해야 한다. 사실 해답 수가 넷 미만인 경우도 어렵지 않게 보일 수 있다. 예를 들어 그림 17.5에서처럼 '뒤집힌' 위치가 하나 이상 존재할 경우 특징 중 하나는 투영 중심 기준으로 음의 방향에 위치하게 되며, 따라서 성립하지 않는다.

이번 절을 마치기 전에 유의할 점은 식 (17.1) ~ 식 (17.3)에서 동차성이 나타나므로 스케일을 알고 있는지 여부와 무관하게 각도 α, β, γ를 통해 물체의 방향을 추정할 수 있다는 것이다. 스케일은 그 범위에 따라 결정되는 것이며, 그 역도 성립한다. 즉, 범위 매개변수 하나(예: R_A)에 대한 정보만으로도 구하게 될 물체의 스케일을 추정할 수 있다. 혹은 넓이에 대한 정보를 알고 있을 경우 나머지 매개변수를 구할 수 있다. 이는 17.2절과 17.3절에서 살펴본 내용, 즉 물체의 모든 크기 정보를 알고 있다는 가정하에서 구한 결과를 약간 일반화한 개념이라 할 수 있다.

17.4.2 등변사다리꼴을 통한 자세 추정

한 가지 예제를 더 다뤄보자. 네 지점이 등변사다리꼴의 꼭짓점을 형성하는 경우(Tan, 1995), 이를 약한 원근 투영으로 관측했을 때는 평행변의 이등분점을 쉽게 구할 수 있다. 그러나 전체 원근 투영은 이등분점을 이등분점이 아니게 관측하며, 따라서 대칭축을 이 방법으로는 구할 수 없다. 그러나 빗변을 연장했을 때 만나는 점 S′과 대각선의 교점 I′을 그리면, 대칭축이 선분 I′S′상에 있음을 확인할 수 있다(그림 17.6). 즉, 사다리꼴의 경우 네 지점이 아닌 여섯 지점을 사용해 그 원근 뷰를 묘사할 수 있다. 더 중요한 점은 이렇게 찾은 중심 축이 평행변과 수직이라는 것이다. 이 성질을 이용하면 수식을 더 쉽게 다룰 수 있으며, 예를 들어 물체의 움직임을 실시간으로 추적하는 등 해답을 상당히 빠르게 구할 수가 있다. 요컨대 이 방식은

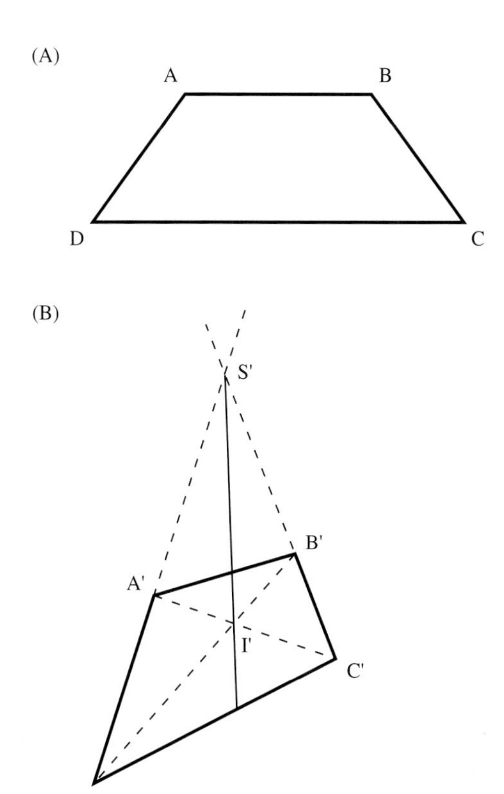

그림 17.6 전체 원근 투영으로 관측한 사다리꼴 형상: (A) 등변 사다리꼴 형태, (B) (A)를 전체 원근 투영으로 관측한 결과. 원근 투영을 거치면 이등분점이 이등분점으로 투영되지 않지만, 각각 빗변과 대각선의 교점에 해당하는 두 지점 S′ 및 I′은 대칭축상에 있기 때문에 이러한 불확실성을 해소할 수 있다. 즉, 총 여섯 지점을 확보할 수 있으며(여기에 필요하다면 대칭축상의 두 이등분점을 추가할 수 있다), 해석에 있어서 불확실성이 하나 남아 있기는 하나(본문 참고) 물체의 자세를 계산하기에는 충분하다.

물체의 방향을 손쉽게 구할 수 있으며, 원근법이 강하게 적용됐거나 물체의 크기를 알 수 없을 때도 적용 가능하다. 이 결과는 Haralick(1989)에서, 크기를 알지 못하는 직사각형이 존재할 때 단일 뷰로도 그 자세를 찾을 수 있는 방식을 일반화한 것이다. 두 경우 모두 물체의 넓이를 알고 있거나 다른 데이터로부터 하나의 범위 값을 찾을 수 있다면 그 범위를 구하는 것이 가능하다(17.4.1절 참고).

17.5 결론

17장에서는 앞 장에서 살펴봤던 3차원 비전 관련 내용을 좀 더 깊게 다뤘다. 구체적으로는 원근 역전에 대한 세부적인 내용과, 이것이 투영 방법에 따라 어떤 영향을 받는지에 대해 알아봤다. 정사영, 크기변환 정사영, 약한 원근 투영, 전체 원근 투영을 살펴보고, 해석이 올바르게 또는 불확실하게 이뤄지는 물체 지점 개수에 대해 분석했다. 크기변환 정사영 및 그에 대한 근사 개념인 약한 원근 투영은 넷 이상의 비동일 평면 지점이 존재할 경우 올바른 해석을 구할 수 있으나, 모든 지점이 동일 평면상에 있다면 원근 역전이 존재할 가능성이 있다. 이러한 불확실성은 전체 원근 투영으로 넷 이상의 지점을 관측해 해소할 수 있다. 그러나 비동일 평면의 경우 6개 이하의 지점 수에서는 불확실성이 여전히 남아 있을 수 있다. 이는 전체 원근 투영이 좀 더 복잡한 방식이나 동시에 더 많은 정보를 제공하기 때문에, 궁극적으로 불확실성을 해소하는 데 도움을 주기 때문이다.

추가적으로, 관측하려는 지점 간에 구별이 어려울 경우에 대한 문제와 그 해답의 불확실성을 최소로 하기 위해 시도해볼 만한 여러 좋은 방식을 알아봤다. 동일 평면의 경우 경우의 수가 더 적기 때문에 계산상의 복잡성이 더 낮다. 이 경우 평면상의 지점이 원래 갖는 순서를 이용할 수 있다. 예를 들어, 지점이 볼록 세트를 형성할 경우 다각형의 경계를 따라 고유한 순서를 갖는다. 이러한 맥락에서 Brady and Yuille(1984)의 극값 원리를 통해 해답의 개수를 줄이는 방식이 중요성을 갖는다(이에 관해 더 자세한 내용은 Horaud and Brady(1988)을 참고하라).

실시간 응용 분야에서는 빠른 해석을 구하는 것 또한 중요하다. 이를 위해 최소 지점 세트를 사용해, 반복적으로 많은 계산을 진행할 필요가 없는 해석적 해를 바로 구하는 것이 중요하다. 예를 들어, Horaud et al.(1989)는 일반적인 동일 평면과 비동일 평면에 동시에 적용 가능한 4지점 원근 문제의 해석적 해를 구했다. 계산량이 낮은 다른 방식도 개발되고 있는데, 예를 들어 등변사다리꼴에 대한 자세를 찾는 방식이 그러하다(Tan, 1995). 아울러 Huang et al.(1995)는 세 지점을 약한 원근 투영으로 관측할 경우 자세를 구하기 위해 기하적 해법을 고안했는데, 이렇듯 관련한 연구는 끊임없이 발전하고 있다.

이 장에서는 3차원 인식 문제 중 일부를 다뤘다. 18장 '불변성과 원근'에서는 불변성이라는 또 다른 면을 다루며, 전체 원근 투영이 갖는 어려움을 우회하는 빠르고 편리한 방법을 살펴본다. 19장 '이미지 변환과 카메라 조정'은 3차원 비전에 대한 내용을 마무리 짓는 차원에서, 카메라 조정을 진행하거나 어떤 경우 우회하는 방법에 대해 알아본다.

원근이 개입함에 따라 3차원 장면을 해석하는 것은 본질적으로 어려워진다. 그러나 17장에서는 멀리 떨어진 물체에 대한 '약한 원근' 뷰를 통해 이러한 문제를 상당히 단순화하여, 더 적은 수의 특징으로도 물체의 위치를 찾을 수 있음을 보였다. 평평한 물체의 경우 자세 불확실성이 남아 있지만, 전체 원근을 통해 해소할 수 있다.

17.6 문헌과 연보

소위 원근 n지점PnP, perspective n-point 문제(다양한 형태의 원근을 통해 n개의 특징으로부터 물체의 자세를 찾는 문제)의 해답을 찾기 위한 연구는 20년 이상 진행돼왔으며, 아직 완전한 방법은 나오지 않았다. Fischler and Bolles(1981)은 1981년 시점에서의 상황을 요약했으며, 몇 가지 알고리듬을 발표하기도 했다. 다만 약한 원근을 통해 자세를 구하는 방식은 다루지 않았으나, 해당 방식이 더 낮은 복잡성을 갖는다는 면에 주목해, 이후 관련한 연구가 상당히 진행됐다(예: Alter(1994), Huang et al.(1995)). Horaud et al.(1989)는 n의 수를 최대한 줄여 PnP 문제의 해답을 빠르게 찾는 문제에 대해 논의했다. 또한 $n = 4$인 경우에 대한 해석적 해답을 구해 실시간 응용 분야에 상당히 기여했다. 이러한 방식은 호라우드가 이전(1987)에 발표한 모서리 해석 방식과 연관이 있으며, 16.10절에서 이에 대해 설명하고 있다. 아울러 Haralick et al.(1984)는 와이어프레임 물체에 대한 기본적인 매칭 이론을 제공하고 있다.

이후 연구 중, Liu and Wong(1999)는 네 지점이 동일 평면상에 없을 경우 전체 원근 투영FPP, full perspective projection을 사용해 자세를 결정하는 알고리듬을 발표했다. 엄밀히 말해, 표 17.1에 따르면 이 경우에는 불확실성이 존재한다. 그러나 Liu and Wong(1999)에 의하면 "4지점 원근 문제에서 복수의 해답이 나타날 가능성은 3지점 원근 문제에 비하면 매우 적으며", 따라서 "4지점 모델을 사용하는 것이 3지점 모델보다 훨씬 더 적합하다." 사실 그들은 '좋은 결과'에만 초점을 맞추고 있다. 또한 논문에서 강조하는 부분은 대부분 에러와 신뢰성에 대한 것이다. 즉, 상황을 잘못 해석하는지에 대해서만 에러의 '범위'를 제한하고 있으며, 실제로 그 부분은 상당히 감소했다. 추가로, Liu and Wong(1999)는 다소 제한된 공간 영역상에서 알려진 물체를 추적하는 방식을 다루고 있다. 이 경우에도 에러는 상당히 제한적인 범위 내에서 정의하고 있다. 따라서 표 17.1에서 해당하는 항목(FPP, 비동일 평면, $n = 4$)과 그들의 결과가 부합하는지에 대해서는 불확실하다(Fischler and Bolles(1981) 참고). 다만 실제 불확실성이 발생한다거나 '부적절하다'고 말하기는 어렵다.

두 연구 사이에서, Faugeras(1993), Hartley and Zisserman(2000), Faugeras and Luong (2001), Forsyth and Ponce(2003) 등이 전반적인 3차원 비전에 대해 훌륭한 연구를 진행했다. Sullivan(1992)는 자세 개선 등 이 주제에 대한 흥미로운 관점을 제공하고 있다. 3차원 비전에 대해 추가적으로 참고할 내용이 필요하다면 16.13절, 18.12절, 19.16절을 보라(20.10절은 모션에 대한 이야기이지만 3차원 비전에 대한 내용도 다루고 있다).

17.6.1 최신 연구

Xu et al.(2008)은 P*n*P 문제를 다루는 새로운 방법을 제시했다. 4개의 동일 평면 지점에 대한 선형 문제를 확장해, 일반적인 P3P 문제에 대한 대략적인 해답을 찾고자 했다. P3P 문제에 해당하는 모든 해답을 정확히 찾을 수 있다면, 일반적인 P*n*P 문제에 대해 그 알고리듬을 적용할 수 있다. 논문은 제안한 방식을 사용했을 때 나타나는 해답의 안정성 문제 및 불확실성이 발생할 가능성에 대해 논하고, 실험을 통해 실제 효용성을 보였다. 이때 4개의 동일 평면 지점 중 임의의 세 지점을 이어 만들어지는 삼각형 내부에 나머지 하나가 존재하는지의 여부를 기준으로 삼아 사례를 둘로 나누었다. Lepetit et al.(2008)은 P*n*P 문제에 대해 $O(n)$ 수준의 비반복적 해법을 제시하고, 기존 방식보다 더 빠르고 정교하며 더 안정적임을 보였다. 핵심적인 아이디어는 임의의 3차원 지점을 가상의 네 기준점의 가중합으로 표현해 좌표축 문제를 해결하는 것이다(기존 방식의 계산량은 $O(n^5)$, 더 나아가 $O(n^8)$ 수준이다).

17.7 연습문제

1. 이미지상에서 인식한 물체 지점 수에 대해, '약한' 원근 투영 과정에서 나타나는 자세의 불확실성을 전체적으로 묘사하라. 동일 평면과 비동일 평면 지점에 대해 모두 다

뤄야 하며, 물체 지점 수가 무한으로 향할 때 남아 있는 불확실성에 대해서도 명시해야 한다. 결과의 근거를 함께 논하라.

2. 전체 원근 투영과 약한 원근 투영을 구별하여 설명하라. 각 투영 방식이 다음 형태의 물체에 대해 어떻게 사선 뷰를 나타내는지 묘사하라. (1) 직선, (2) 공점선(모든 선분이 하나의 지점에서 만남), (3) 평행선, (4) 선분들의 이등분점, (5) 곡선의 탄젠트, (6) 중심점을 점으로 나타낸 원. 결과의 근거를 함께 논하라.

3. 다음을 논하라. (1) 그림 17.P1(A)와 같은 물체를 약한 원근 투영으로 관측할 때 불확실성이 나타나는 이유는 무엇인가? (2) 왜 그림 17.P1(B)에서는 불확실성이 사라지지 않는가? (3) 왜 그림 17.P1(C)에서 물체의 성질을 알고 있는 경우에 불확실성이 사라지는가? (4) 왜 그림 17.P1(B)를 전체 원근 투영으로 관측할 경우에는 불확실성이 나타나지 않는가? 그 이유를 그림으로 그려 설명하라.

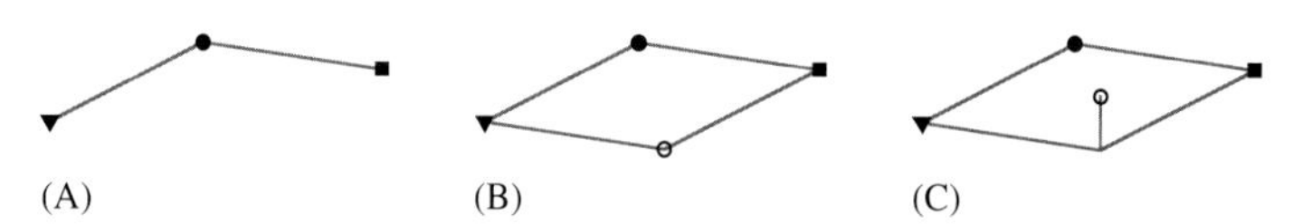

그림 17.P1 회색 외각은 작도를 위한 선이며, 실제 물체에 해당하지 않는다. (A)와 (B)는 평면 물체인 반면, (C)는 입체를 형성하고 있다.

18

불변성과 원근

2차원과 3차원 인식 양쪽에 있어 불변성은 중요한 위치에 있다. 불변성의 기본적인 개념은 동일한 물체가 서로 다른 순간에 변하지 않는 매개변수를 찾는 것이다. 그러나 일반적인 3차원의 경우 원근 투영으로 인해 이 작업이 매우 어려워진다. 18장에서는 이러한 문제를 살펴보고, 여러 유용한 기법을 다룬다. 아울러 원근 투영 문제들과 이를 해결하는 과정에서 도출되는 흥미로운 결과를 정리한다.

18장에서 다루는 내용은 다음과 같다.

- 동일 직선 위의 특징 간 거리 비율값을 약한 원근 투영에 대한 불변성으로 활용하는 방법
- 비율의 비율('교차 비율')을 전체 원근 투영에 대한 불변성으로 활용하는 방법
- 교차 비율 형태의 불변성을 일반화하여 좀 더 넓은 분야에 활용하는 수법
- 교차 비율 형태의 불변성이 주어진 평면 밖에서도 불변성을 확보할 수 있도록 하는 방법
- 소실점(VP, vanishing point) 검출 및 이를 통한 이미지 해석
- 뷰 최적화를 통한 2차원 그림 원근 왜곡 최소화
- '스티칭' 사진 문제

이 장에서는 3차원 비전 중 일부만 다루고 있긴 하나, 복잡한 이미지에 대한 큐를 찾거나(특히 그림 18.4의 에고모션 예제) 3차원 기하에 대한 지리한 분석을 간단하게 수행하고자 할 때(예를 들어, 18.8절과 18.9절을 참고하라) 매우 유용하다.

18.1 서론

패턴 인식은 매우 복잡한 작업이며, 1장 '비전, 그 도전'에서 다뤘듯이 식별과 일반화라는 두 과정이 함께 따라온다. 이 중 후자가 전자보다 훨씬 더, 특히 초기 인식 단계에서 중요하다. 일반적인 이미지 안에 포함된 정보가 너무 많기 때문이다. 따라서 부적절한 매칭을 제거할 수 있는 방법을 찾을 필요가 있다. 이러한 관점에서 불변성에 대한 연구의 중요성을 설명할 수 있다.

불변성이란 물체나 물체 클래스가 뷰포인트 또는 물체의 자세 등이 변함에 따라 영향을 받지 않는 속성을 뜻하며, 따라서 다른 물체와 구별하는 데 도움을 준다. 즉, 물체에 대한 특정 불변성을 찾아, 그 불변성을 갖고 있지 않은 물체는 즉각 고려 대상에서 제외하는 것이다. 불변 속성은 주어진 물체가 어떤 클래스에 속하기 위해 필요한 조건으로 생각할 수 있다. 물론 이를 확정하기 위해서는 자세한 분석이 이어져야 한다. 아울러 물체가 올바른 불변성을 갖고 있음을 확인한 다음에는, 분석을 계속해 그 자세, 크기 등 연관된 데이터를 찾을 수 있다. 이상적으로 불변성은 물체가 특정 형식이나 클래스에 속하는지 여부를 고유하게 식별할 수 있다. 즉, 단지 물체에 대한 가설을 도출하는 속성이 아니라 그 전체적인 특성을 정의한다 해도 무방하다. 그러나 실제로는 그 차이가 그렇게 크지 않으며, 절대적인 기준을 나눈다기보다는 정도나 목적에 관한 구분이 더 강하다. 뒤에서는 구체적인 예를 통해 어떻게 차이가 나타나는지 살펴볼 것이다.

우선 물체가 놓인 평면에 수직한 광축으로, 카메라를 알려진 거리만큼 부감으로 놓고 관측하는 상황을 생각해보자. 이때 물체는 평평하다고 가정한다. 물체에서 모서리 또는 작은 구멍 등의 두 특징점을 취한 다음, 이미지상에서 두 특징 간의 거리를 측정하면 그 값은 다음과 같은 이유 때문에 불변성으로 취급할 수 있다.

1. 물체의 이동이나 각도에 대해 독립적이다.
2. 같은 종류의 물체 간에 값이 차이 나지 않는다.
3. 물체 평면에 놓인 다른 물체들의 거리 매개변수와 일반적으로 다른 값을 갖는다.

요컨대 거리 수치는 물체를 찾거나 인덱싱하는 데 뛰어나며, 따라서 이상적으로는 고유하게 인식할 수 있게 해준다. 다만 그 방향을 정확히 찾기 위해서는 추가적인 분석이 필요하다. 이렇듯 거리는 불변성으로 분류하기 위한 모든 조건을 갖추고 있으나, 물체를 분류하는 데 있어 '보조적인' 역할을 하는 특징이라고 볼 수도 있다. 사실 지금까지의 설명에서는 중요한 요소가 빠져 있다. 즉, 공간상에서의 양자화(또는 불충분한 공간 해상도), 노이즈, 렌즈 왜곡 등으로 인해 발생하는 수치의 오차다. 또한 부분적인 오클루전이나 끊어짐이 나타나는 상황도 제외하고 있다. 무엇보다도 이 장이 불변성 기반 접근법의 성능과 장점을 계속해서 다루고 있긴 하지만, 하나의 불변성 수치만 사용하는 것은 결국 한계가 있다.

앞에서 다룬 거리 기반 불변성 수치는 2차원 물체의 이동이나 회전에 의한 효과를 억제하는 데 유용하다. 따라서 3차원상에서의 이동 및 회전에는 그만큼의 효용이 없다. 더 나아가, 2차원 물체의 스케일 변화에 대응하지도 못한다. 카메라를 물체 평면에 가깝게 이동해 초점을 다시 잡으면 상황이 완전히 변하게 되어, 물체 인덱싱 테이블의 모든 값이 바뀌고 이전 값은 무시된다. 그러나 조금만 생각해보면 이 문제는 극복할 수 있는데, 거리의 '비율'을 취하기만 하면 된다. 이를 위해 이미지상에서 최소 3개의 특징점을 식별한 뒤, 각 특징 간의 거리를 구한다. 이 중 2개의 거릿값을 d_1, d_2라고 정의할 경우, d_1/d_2는 스케일 독립적 불변성을 갖게 된다. 즉, 2차원 이동, 방향, 외관상의 크기 또는 스케일에 상관없이 인덱싱 연산 한 번만으로 물체를 인식할 수 있다. 또 다른 방법으로서는 거리 벡터 쌍 간의 각도 $\cos^{-1}(\mathbf{d}_1 \cdot \mathbf{d}_2 / |d_1||d_1|)$을 구해, 이를 스케일 불변성으로 삼는 것이다.

물론 앞에서 살펴본 형태 분석 관련 내용에서 이러한 논의가 이미 이뤄진 바 있다. 만약 물체가 2차원 이동과 회전에만 연관되어 있고 스케일의 변화와는 무관한 경우, 노멀 방향 크기와 더불어 둘레 또는 영역을 통해 특성을 나타낼 수 있다. 아울러, 9장 '경계 패턴 분석'에서 살펴봤듯이 밀집도 및 종횡비 등 이미지에 관한 무차원 수치 역시 크기/스케일 문제를 극복할 수 있는 매개변수에 해당한다.

그럼에도 불구하고 불변성을 사용하는 주된 이유는 물체의 특징이 구성된 바를 어떠한 뷰포인트나 좌표계에 무관하게, 그리고 이미지를 취득하는 과정에서 특정한 방식이나 보정 없이도 수학적으로 측정하기 위함이다. 그러나 카메라의 왜곡이 존재하지 않거나 존재하더라도 후처리 변환 과정을 통해 적절히 보상할 수 있음이 전제돼야 한다(19장 '이미지 변환과 카메라 조정' 참고).

이 장에서는 지금까지 제시한 개념을 살펴본 다음, 이를 VP 검출에 적용해(18.8절과 18.9절) 2차원 그림에 대한 최적의 뷰를 찾고 디지털 사진의 '스티칭stitching'을 구현한다(18.10절). 흥미롭게도, 이러한 응용은 그 앞쪽 절에서 살펴본 내용에 약간만 추가하면 얻을 수 있는 것이다. 요컨대 기본적인 이론의 중요성을 보여주는 증거라 할 수 있다.

18.2 교차 비율: '비율의 비율' 개념

앞에서 살펴본 개념을 확장해 3차원상의 일반적인 변환에 대한 인덱싱이 가능할 수 있다면 좋을 것이다. 이때 만약 거리에 대한 비율의 비율ratio of ratio을 구함으로써 적절한 불변성을 얻을 수 있다면, 이러한 일반화를 구현할 수 있을 것이다. 실제로 비율의 비율을 사용하면 유용한 불변성 값을 추가로 구할 수 있다. 다만 불변성을 확장할 경우 복잡성이 상당히 늘어나므로, 계산량의 제한이 존재할 경우 얻을 수 있는 범위에 제한이 있다. 아울러 복잡한 불변성을 계산하는 과정에서 굉장히 많은 매개변수를 필요로 하기 때문에, 노이즈가 궁극적으로는 제한 요소로 작용한다(이 방식도 결국 가설을 구하기 위한 많은 방법 중 하나이므로, 다루고자 하는 분야의 문제에 적절한 다른 접근법을 함께 사용해야 한다).

이제 비율의 비율 접근법에 대해 자세히 살펴보자. 우선, 동일 선상에 있는 물체 지점 4개에 대해서만 다뤄볼 것이다. 그림 18.1은 네 지점 세트 (P_1, P_2, P_3, P_4)와 광학적 중심점 C (c, d)를 갖는 이미징 시스템으로 변환한 지점 Q_1, Q_2, Q_3, Q_4를 나타내고 있다. 이때 사영축을 적절히 선택하면 각 지점의 좌표를 다음과 같이 표현할 수 있다.

$$(x_1,\ 0),\ \ (x_2,\ 0),\ \ (x_3,\ 0),\ \ (x_4,\ 0)$$
$$(0,\ y_1),\ \ (0,\ y_2),\ \ (0,\ y_3),\ \ (0,\ y_4)$$

P_i, Q_i 지점에 대해, 비율 CQ_i:PQ_i는 $\frac{c}{-x_i}$ 또는 $\frac{d-y_i}{y_i}$로 쓸 수 있다. 따라서

$$\frac{c}{x_i} + \frac{d}{y_i} = 1 \tag{18.1}$$

이 수식은 모든 i에 대해 성립한다. i번째 값에서 j번째 값을 빼주면 다음과 같다.

$$\frac{c(x_j - x_i)}{x_i x_j} = \frac{-d(y_j - y_i)}{y_i y_j} \tag{18.2}$$

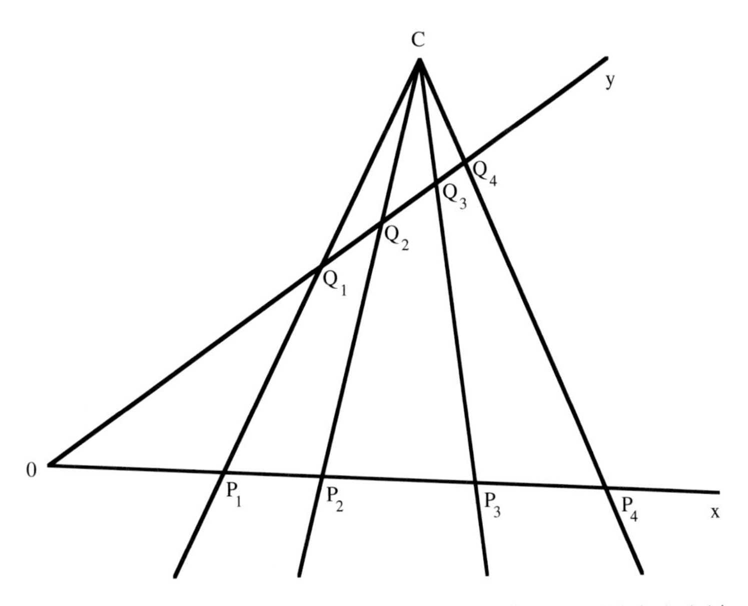

그림 18.1 동일 선상의 네 지점에 대한 원근 변환. 그림에서 (Q_1, Q_2, Q_3, Q_4)는 동일 선상의 네 지점 (P_1, P_2, P_3, P_4)에 대해 광학적 중심점이 C인 이미징 시스템을 통해 변환한 것이다. 이를 '원근 변환'이라 한다.

이 관계 간의 비율을 구할 경우 미지수 c와 d를 소거할 수 있다. 예를 들어,

$$\frac{x_3(x_2 - x_1)}{x_2(x_3 - x_1)} = \frac{y_3(y_2 - y_1)}{y_2(y_3 - y_1)} \tag{18.3}$$

그러나 이 단계에서도 x_3/x_2처럼 절대 위치에 따라 달라지는 요소가 남아 있다. 따라서 절대 위치에 의한 효과를 상쇄할 수 있도록 적절하게 비율을 구성해야 한다.

$$\left(\frac{x_2 - x_4}{x_3 - x_4}\right) \Big/ \left(\frac{x_2 - x_1}{x_3 - x_1}\right) = \left(\frac{y_2 - y_4}{y_3 - y_4}\right) \Big/ \left(\frac{y_2 - y_1}{y_3 - y_1}\right) \tag{18.4}$$

이렇듯, 원근 변환에 의한 효과를 상쇄시키는 비율의 비율 형식의 불변성이 존재하는 것은 사실이다. 특히 임의의 원근 뷰포인트에서 동일 선상의 네 지점을 관측할 경우 앞에서 정의한 교차 비율값은 동일하다. 네 지점에 대한 교차 비율값은 다음과 같이 표현할 수 있다.

$$\mathrm{C}(\mathrm{P}_1, \mathrm{P}_2, \mathrm{P}_3, \mathrm{P}_4) = \frac{(x_3 - x_1)(x_2 - x_4)}{(x_2 - x_1)(x_3 - x_4)} \tag{18.5}$$

의미를 명확하게 하기 위해 앞에서 구한 교차 비율을 κ로 놓자. 직선상에 네 지점을 배열

할 경우 4! = 24가지 경우의 수가 존재하며, 따라서 교차 비율의 값도 24가지가 된다. 그러나 이 값들이 모두 차이 나는 것은 아니며, 실제로는 여섯 가지의 각기 다른 값이 존재한다. 이를 검증하기 위해 다음과 같이 두 지점을 맞바꿔보자.

$$\mathrm{C(P_2, P_1, P_3, P_4)} = \frac{(x_3 - x_2)(x_1 - x_4)}{(x_1 - x_2)(x_3 - x_4)} = 1 - \kappa \tag{18.6}$$

$$\mathrm{C(P_1, P_3, P_2, P_4)} = \frac{(x_2 - x_1)(x_3 - x_4)}{(x_3 - x_1)(x_2 - x_4)} = \frac{1}{\kappa} \tag{18.7}$$

$$\mathrm{C(P_1, P_2, P_4, P_3)} = \frac{(x_4 - x_1)(x_2 - x_3)}{(x_2 - x_1)(x_4 - x_3)} = 1 - \kappa \tag{18.8}$$

$$\mathrm{C(P_4, P_2, P_3, P_1)} = \frac{(x_3 - x_4)(x_2 - x_1)}{(x_2 - x_4)(x_3 - x_1)} = \frac{1}{\kappa} \tag{18.9}$$

$$\mathrm{C(P_3, P_2, P_1, P_4)} = \frac{(x_1 - x_3)(x_2 - x_4)}{(x_2 - x_3)(x_1 - x_4)} = \frac{\kappa}{\kappa - 1} \tag{18.10}$$

$$\mathrm{C(P_1, P_4, P_3, P_2)} = \frac{(x_3 - x_1)(x_4 - x_2)}{(x_4 - x_1)(x_3 - x_2)} = \frac{\kappa}{\kappa - 1} \tag{18.11}$$

대부분의 경우를 이 방식으로 구할 수 있지만, 더 많은 수의 지점 순서를 바꾸면 이 외에도 가능한 값을 얻을 수 있다.

$$\mathrm{C(P_3, P_1, P_2, P_4)} = 1 - \mathrm{C(P_1, P_3, P_2, P_4)} = 1 - \frac{1}{\kappa} = \frac{\kappa - 1}{\kappa} \tag{18.12}$$

$$\mathrm{C(P_2, P_3, P_1, P_4)} = \frac{1}{\mathrm{C(P_2, P_1, P_3, P_4)}} = \frac{1}{1 - \kappa} \tag{18.13}$$

이렇게 여섯 가지 경우의 수를 모두 찾은 셈이다. 지점 위치를 좀 더 바꿔봐도 다른 경우가 존재하지 않음을 알 수 있다(κ, $1 - \kappa$, $\kappa/(\kappa - 1)$만이 계속 나타날 뿐이다). 특히, 지점의 순서를 반대로 세더라도(즉, 선분을 반대쪽에서 관측할 경우에도) 교차 비율의 값은 바뀌지 않는다. 이렇다 하더라도 하나의 불변성을 여섯 종류로 표현할 수 있다는 것은 다소 불편하다. 물체의 클래스를 확정하기 전에 6개의 값을 검사해야 하기 때문이다. 반면, 만약 무작위가 아닌 순서대로 지점들에 대해 레이블을 매긴다면 이러한 문제를 회피할 수 있다.

지금까지 살펴본 내용은 동일 선상의 네 지점에 대해 한 가지 경우의 투영 불변성만 구하는 상대적으로 단순한 경우에 해당한다. 이 수치가 더욱 유용해지는 지점은 이 네 지점에 대해 또 다른 임의의 지점을 동일 평면상에서 지나는 다발[pencil]을 정의할 경우다(이렇게 투영된 선의 모음은 '다발'이라고 부르는 것이 일반적이다. 예: Tuckey and Armistead(1953)). 이때 이러한 선분 다발에 대한 고유 교차 비율을 구할 수 있는데, 이는 다발을 통과하는 선분상의 지점 간 교차 비율과 같은 값이다. 이를 증명하기 위해 선분 간의 각도를 살펴보자(그림 18.2). 각각에 대해 사인 법칙을 적용해 교차 비율 $C(P_1, P_2, P_3, P_4)$에 관한 4개의 거릿값을 구하면 다음과 같다.

$$\frac{x_3 - x_1}{\sin \alpha_{13}} = \frac{OP_1}{\sin \beta_3} \tag{18.14}$$

$$\frac{x_2 - x_4}{\sin \alpha_{24}} = \frac{OP_4}{\sin \beta_2} \tag{18.15}$$

$$\frac{x_2 - x_1}{\sin \alpha_{12}} = \frac{OP_1}{\sin \beta_2} \tag{18.16}$$

$$\frac{x_3 - x_4}{\sin \alpha_{34}} = \frac{OP_4}{\sin \beta_3} \tag{18.17}$$

교차 비율 공식(식 (18.5))에 이를 대입해 OP_1, OP_4, $\sin \beta_2$, $\sin \beta_3$를 소거하면 다음과 같다.

$$C(P_1, P_2, P_3, P_4) = \frac{\sin \alpha_{13} \sin \alpha_{24}}{\sin \alpha_{12} \sin \alpha_{34}} \tag{18.18}$$

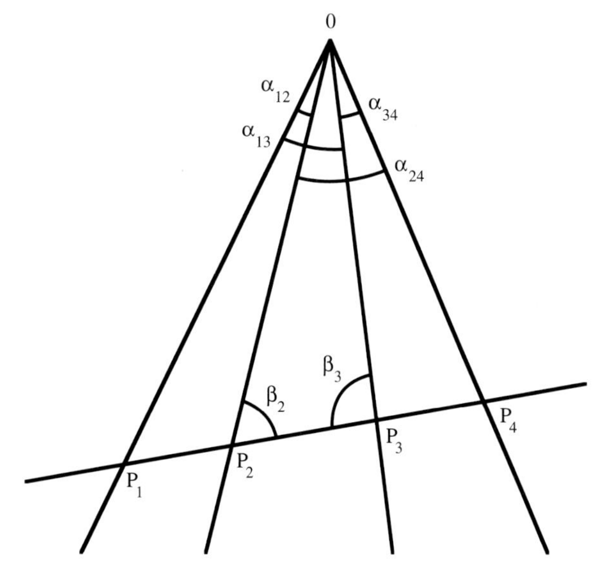

그림 18.2 선분 다발에 대한 교차 비율 계산. 선분 다발의 교차 비율을 계산하는 데 필요한 선분 간 각도를 나타내었다.

따라서 교차 비율은 선분 다발 각도에 따라서만 결정된다. 이렇듯 사인값을 적절히 병치할 경우 원근 투영에 대한 최종적인 불변성 공식을 구할 수 있다. 흥미롭게도, 각도 자체만으로는 원하는 수준의 수학적 불변성을 얻을 수 없다. 조금만 생각해보면 그 이유를 바로 알 수 있다. 선분의 방향을 반대로 놓고 계산하더라도 결과가 변하면 안 되기 때문이다. 즉, 앞의 공식은 어떤 선분에 관한 두 각도에 각각 π를 더하더라도 성립해야 한다. 이 결과를 얻기 위해서는 각도에 대해 적절한 삼각함수를 계산할 수밖에 없다.

이러한 개념을 확장하면 네 공점 평면에 대해서도 적용할 수 있는데, 네 공점 선분에 대해 각각의 공점 축을 정의할 경우 그 축에 선분을 각각 투영해 공점 평면을 만들 수 있기 때문이다. 이러한 축이 무한하게 존재하므로, 평면을 이룰 수 있는 방식도 무한하다. 따라서 동일 선상에 대한 단순한 결과를 더욱 일반적인 경우에까지 확장할 수가 있다.

마지막으로, 지금까지 동일 선상의 네 지점을 일반화하는 것에 관한 내용을 다뤘지만 그 과정에서 선분을 이루는 지점을 교차 비율로 묘사하는 방법과, 아울러 그 교차 비율로 묘사할 수 있는 평면을 찾는 방법에 대한 논의로 뻗어나갔음을 기억하라. 이제 다시 동일 선상의 네 지점으로 돌아오자. 이번에는 다른 방향으로 뻗어나가 볼 것이다.

18.3 비동일 선상의 지점에 대한 불변성

우선, 지점들이 전부 동일 선상에 있지 않은 경우를 생각해보자. 특히, 만약 세 지점이 동일 선상에 있고 나머지 하나는 따로 있다면 교차 비율을 계산하기에 정보가 충분하지 않다. 그러나 동일 평면상의 지점이 하나 더 존재한다면, 이 지점과 비동일 선상의 지점을 연결한 가상의 선분은 나머지 셋에 대한 공통 선분과 어떤 고유한 교차점을 만들어낼 것이며, 이를 통해 교차 비율을 계산할 수 있게 된다(그림 18.3(A)). 그러나 이와 별개로 비동일 선상의 지점에 대한 특성을 구하는 일반적인 해법이 존재한다. 즉, 불변성을 계산하기 위해 한 평면 위의 일반 위치general position에 대해 특징점이 필요한 최소 수에 대한 문제다('일반 위치'란 한 평면 위에서 동일 선상에 놓이지 않고 다각형 등 특수한 패턴을 형성하지 않도록 무작위로 선택한 지점을 일컫는다). 답은 5개인데, 앞에서 네 선분 간의 각도를 통해 교차 비율을 구한 것처럼 다섯 지점을 사용해 네 선분 다발을 그리면 교차 비율 불변성을 정의할 수 있기 때문이다(그림 18.3(B)).

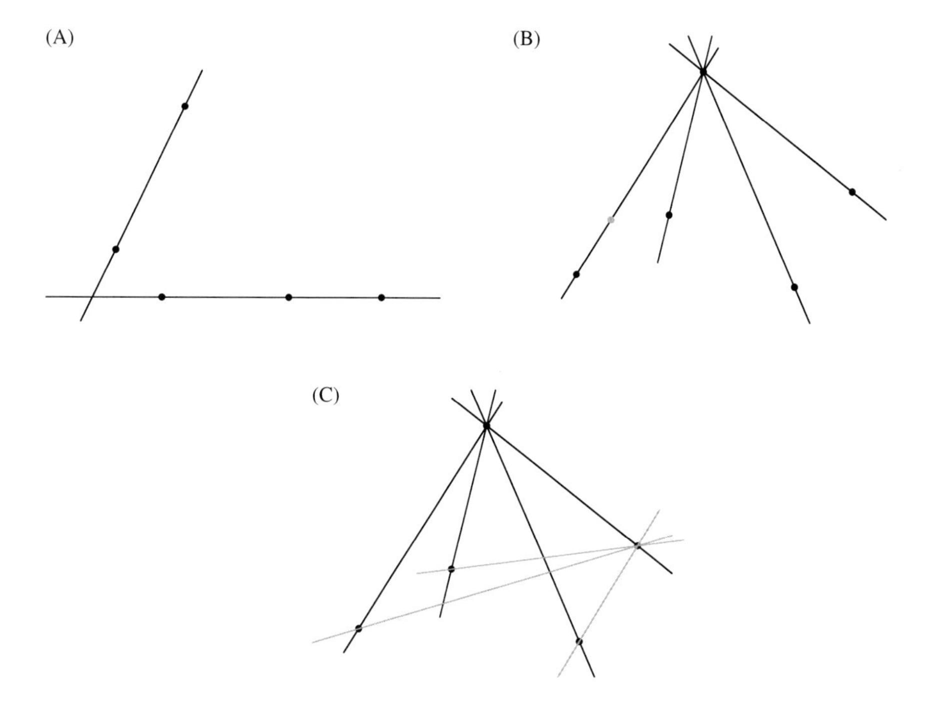

그림 18.3 비동일 선상 지점 세트에 대한 불변성 계산: (A) 하나의 지점이 동일 선상에 없을 경우, 다섯 번째 지점을 추가해 교차 비율을 계산하는 방식, (B) 임의의 비동일 선상 지점 세트에 대해 불변성을 계산하는 방식. 회색 지점의 경우, 그림에서 구한 교차 비율을 공유하므로 같은 선상의 다른 지점과 구별이 불가하다. (C) 지점을 고유하게 인식할 수 없는 경우, 처음 다발과 다른 방식으로 추가 다발을 그려 해결하는 방식

이렇게 구한 교차 비율은 5개의 동일 평면 지점으로 이뤄진 두 세트 간의 매치에 대한 필요 조건을 형성한다. 그러나 그 조건이 기준 지점과 나머지 지점 간에 이루는 상대적인 방향을 통해서만 결정되기 때문에, 즉 나머지 지점은 그려진 선분 위에만 있다면 동일한 조건하에 있기 때문에 우연히 두 세트가 매칭될 수도 있다. 이 경우, 각기 다른 두 기준점을 취해 각각 교차 비율을 구하는 식으로 나머지 지점들에 대한 비율을 고유하게 정의할 수 있다(그림 18.3(C)).

요약하면, 동일 평면상에 있는 다섯 지점에 대해 그중 임의의 세 지점이 동일 선상에 없다면, 형태의 특성을 구하기 위해서는 일반적으로 각기 다른 두 교차 비율을 구해야 한다. 이 두 교차 비율은 곧 각기 다른 두 기준점을 설정해, 각 기준점과 나머지 지점을 잇는 선 다발을 그리는 식으로 얻는다(그림 18.3(C)). 사실 이렇게 하면 다섯 가지의 교차 비율을 구할 수 있지만, 실제로 방식이 작동하기 위해 필요한 교차 비율은 둘이면 충분하다. 어떤 지점의 위치는 다른 두 지점과의 상대적인 방향을 통해 정의할 수 있기 때문이다.

다음으로, 실제 상황에서 지면을 찾는 문제, 그중에서도 유도주행 등에 사용되는 에고모션egomotion에 대해 살펴보자(그림 18.4). 이 경우 각 프레임마다 동일 선상의 네 지점 세트를 관측하게 된다. 만일 이 세트들이 전부 같은 평면상에 있다면, 교차 비율은 변하지 않을 것이다. 그러나 특정 프레임에서 지점들이 지면보다 높이 위치한다면(예: 다리나 다른 차량), 교차 비율은 시간에 따라 다른 값을 갖게 될 것이다. 더 많은 수의 지점을 취한다면, 소거 과정을 거쳐 지면 위의 지점과 그렇지 않은 지점을 구별할 수 있게 된다(이 과정에서 노이즈와 클러터의 양에 따라 계산 과정에서의 복잡성이 결정된다). 주목할 점은 이 과정이 어떠한 카메라 보정 없이

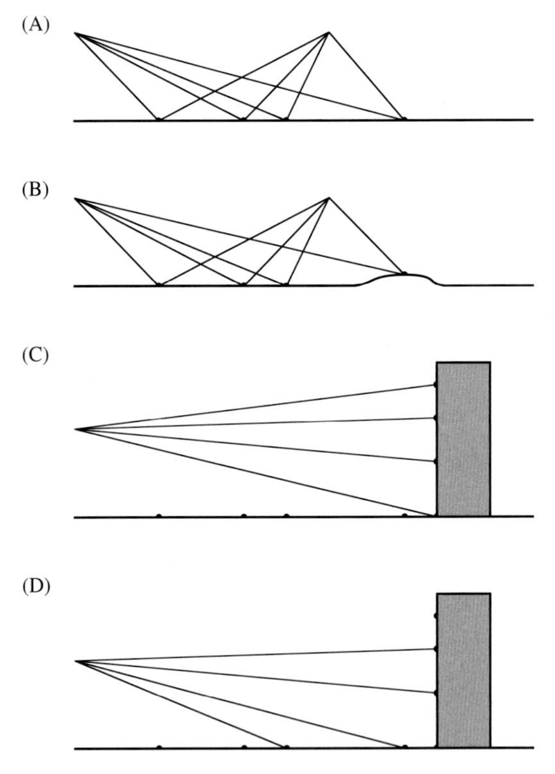

그림 18.4 교차 비율을 통한 에고모션 안내: (A) 네 지점 세트에 대한 교차 비율을 구해, 해당 지점들이 동일 선상에 있는지 여부를 추척하는 과정. 이때 지점들은 지면상에 놓여 있다고 가정한다. (B) 교차 비율이 균일하지 않은 경우, (C) 교차 비율이 균일하지만 지면이 아닌 평면에 지점이 위치한 경우, (D) 네 지점이 여러 평면에 위치한 경우. 이 경우에도 교차 비율은 균일하지 않다.

도 가능하다는 것인데, 이 부분이 투영 불변성이 갖는 주요한 가치라 할 수 있다. 아울러, 예를 들어 건물 수직면과 같이 부적절한 평면에 의한 문제가 발생할 여지가 있다. 교차 비율 테스트는 뷰포인트나 자세에 대한 영향성이 매우 적으며, 단지 대상이 되는 지점이 동일 평면상에 존재하는지만 판단할 뿐이다. 즉, 한 평면을 다른 평면으로부터 분리하기 위해서는 충분히 많은 양의 지점 세트를 필요로 한다(논의를 간단하게 하기 위해 여기서는 후속 자세 분석 과정에 대해 더 다루지 않는다).

18.3.1 5지점 구성

앞에서 살펴본 내용은 5지점 불변성 문제를 풀기 위한 원리를 간단하게 소개한 것이다. 그러나 이 원리가 적절히 작동하는 데 필요한 조건에 대해서는 다루지 않았다. 사실 이는 어렵지 않게 구할 수 있다. 우선 각도 α_{13}, α_{24}, α_{12}, α_{34}에 대한 사인값을 사용해 교차 비율을 나타낸다. 다음으로, 이 값을 적절한 삼각형의 넓이를 통해 다시 표현한다. 이 넓이는 다음과 같은 수식으로 표현된다.

$$\Delta_{513} = \frac{1}{2} a_{51} a_{53} \sin \alpha_{13} \tag{18.19}$$

마지막으로, 넓이를 지점 좌표에 대해 표현할 경우 다음과 같다.

$$\Delta_{513} = \frac{1}{2} \begin{vmatrix} p_{5x} & p_{1x} & p_{3x} \\ p_{5y} & p_{1y} & p_{3y} \\ p_{5z} & p_{1z} & p_{3z} \end{vmatrix} = \frac{1}{2} |\mathbf{p}_5 \ \mathbf{p}_1 \ \mathbf{p}_3| \tag{18.20}$$

이 표기법을 이용하면 다섯 지점으로 구성된 경우에 대한 교차 비율 쌍을 다음과 같이 쓸 수 있다.

$$\mathrm{C_a} = \frac{\Delta_{513}\Delta_{524}}{\Delta_{512}\Delta_{534}} \tag{18.21}$$

$$\mathrm{C_b} = \frac{\Delta_{124}\Delta_{135}}{\Delta_{123}\Delta_{145}} \tag{18.22}$$

이 외에도 세 수식을 더 쓸 수 있으나, 처음 두 식에 대해 독립적인 수식이 아니며 따라서 유용한 정보를 추가로 담고 있지는 않다. 만약 지점 중 셋이 동일 선상에 있다면 삼각형의 넓이가 0인 것과 동일한 상황이므로, 행렬식이 0 또는 무한대의 값을 가짐을 유의하라. 이 행렬식을 포함한 교차 비율은 유의미한 정보를 포함하지 못하게 된다. 그러나 한편으로는 추가적으로 사용해야 할 정보가 없는 것도 사실인데, 단일 교차 비율로도 묘사가 가능한 특별한 경우이기 때문이다. 즉, 그림 18.3(A)에서 나타내는 상황으로 돌아가게 된다.

마지막으로, 그림 18.3에서 다루지 않은 흥미로운 경우를 언급하고자 한다. 두 지점과 두 선분이 존재하는 상황이 그것이다(그림 18.5). 두 지점을 연결한 선을 그어 두 선분과 만날 때까지 뻗어나가면, 최종적으로 한 선분에 네 지점이 존재하게 된다. 따라서 이 경우에는 단일 교차 비율로 그 특성을 나타낼 수 있게 된다. 여기에 더하여, 두 선분을 교점에 이를 때까지 뻗은 다음, 이 교점과 두 지점이 각각 만나는 선분을 그릴 수 있음을 유의하라. 이렇게 만든 선분 다발은 단일 교차 비율로 그 특성을 나타낼 수 있다(그림 18.5(C)). 또한 동일 선상의 네 지점으로 계산한 비율과 동일한 값을 갖는다.

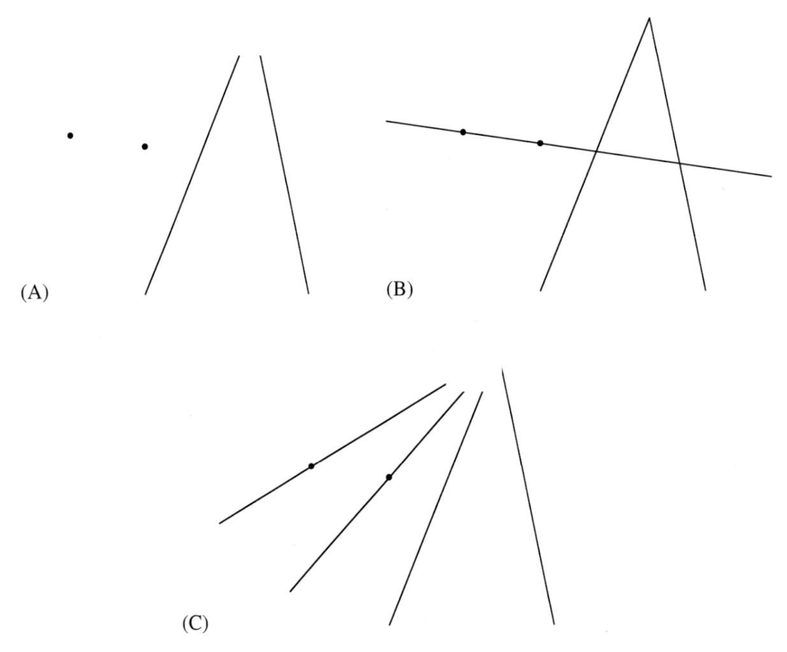

그림 18.5 두 선분과 두 지점에 대한 교차 비율: (A) 기본적인 구성, (B) 두 지점을 이은 선분으로 동일 선상의 네 지점을 형성해 교차 비율을 구하는 방식, (C) 두 선분의 교점과 두 지점을 각각 이어 네 선분 다발을 형성하고, 교차 비율을 구하는 방식

18.4 원뿔 곡선상 지점의 불변성

이 절에서는 3차원 공간상에서 지점, 선분, 평면 같은 세트의 기하적 불변성에 대한 설명을 다룬다. 특히 곡선이나 곡면의 경우, 원뿔면 등 다른 표면을 이해하기 위해 많은 진전이 이뤄진 바 있지만(Mundy and Zisserman(1992a) 참고), 여전히 난이도가 높은 편이다. 여기서 모든 경우를 깊이 있게 다루는 것은 불가능하지만, 원뿔 곡선과 특히 타원에 대해서는 좀 더 자세히 살펴볼 필요가 있다.

우선 19세기에 등장한 샤를Chasles의 정리를 살펴보자(사영기하학의 역사에 관한 내용은 굉장히 광범위하며, 머신 비전이 필요로 하는 내용과 완전히 독립적으로 다뤄야 한다). 4개의 고정된 동일 평면 지점 F_1, F_2, F_3, F_4가 원뿔 곡선상에 위치하고, 고정되지 않은 지점 P가 같은 평면에 존재한다고 하자(그림 18.6). 이제 고정된 지점과 P를 잇는 네 선분 다발을 만들면, 그 교차 비율은 P의 위치에 따라 다른 값을 갖게 될 것이다. 샤를의 정리는 P가 동일한 교차 비율을 유지하며 움직일 경우, 그 궤적이 원뿔 곡선의 형태를 띤다는 것이다. 이 정리를 활용하면 지점 집합이 타원 같은 평면 곡선상에 놓여 있는지를 확인할 수 있다. 앞에서 다룬 지면 검출 문제 역시 이와 상당히 비슷한 내용임을 유의하라. 마찬가지로, 이미지에 노이즈나 클러터가 포함되어 있을 경우 계산량이 상당히 증가하게 된다. 이미지에 대해 N개의 경계 특징을 확인해야 할 경우, 문제가 본질적으로 갖는 복잡성은 $O(N^5)$ 수준이다. 처음 네 지점을 선택하는 방법이 $O(N^4)$ 수준으로 존재하고, 각각의 선택에 대해 $N - 4$개의 지점이 동일한 원뿔 곡선

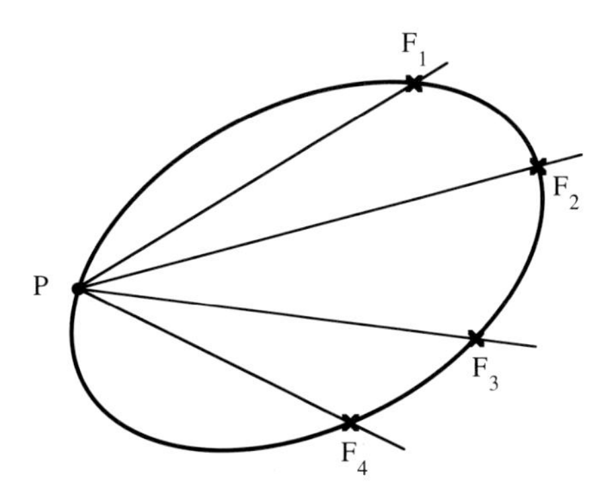

그림 18.6 교차 비율을 사용한 원뿔 곡선의 정의. 여기서 P는 P와 F_1, F_2, F_3, F_4의 선분 다발이 이루는 교차 비율이 균일한 범위 내에서만 움직이도록 제약된다. 샤를의 정리에 따르면 P의 궤적은 원뿔 곡선을 이룬다.

상에 있는지 확인하는 과정이 필요하기 때문이다. 그러나 적절한 휴리스틱을 채택해 계산량을 제한하는 것이 가능하다. 이 경우 (1) 특징점이나 (2) 연결되지 않은 경계 특징에 대해, 처음 네 지점이 타원상에 동일한 순서로 놓여 있는지를 확인하는 과정이 너무 길게 진행될 가능성이 높다.

샤를의 정리는 불변성을 사용해 이미지상에서 원뿔 곡선의 위치를 찾기에 훌륭한 방법이지만, 그렇다고 그렇게 간단한 방법도 아니다. 이 정리는 일반적인 원뿔 곡선에 전부 적용되기 때문에, 주어진 해답인지 원인지, 혹은 타원, 포물선, 쌍곡선인지 곧바로 인식할 수는 없다는 분명한 단점이 있다. 이는 패턴 인식 시스템을 구축할 때 마주치는 일반적인 문제의 한 예시이기도 하다. 즉, 어떤 물체를 다른 것과 구별하기 위해 어떻게, 그리고 어떤 순서로 결정해야 하는가? 여기서 이 문제를 깊게 다루지는 않을 것이다.

마지막으로 어떠한 원뿔 곡선이든 원근 투영을 통해 다른 종류의 원뿔 곡선으로, 그러니까 타원상의 곡선으로 변환되는 것이 가능함은 자명하다. 그리고 모든 타원은 원형으로 변형할 수 있다. 따라서 모든 원뿔 곡선은 원호상에 투영될 수 있으며, 역변환을 통해 투영한 곡선을 원래대로 되돌리는 것도 가능하다(Mundy and Zisserman, 1992b). 즉, 원의 상대적으로 단순한 특성을 타원이나 다른 원뿔 곡선에 대해 일반화할 수 있다. 이러한 맥락에서 유의해야 할 지점은 어떤 곡선을 지나는 선분은 원근 투영 이후에도 동일한 수의 지점에 대응하며, 따

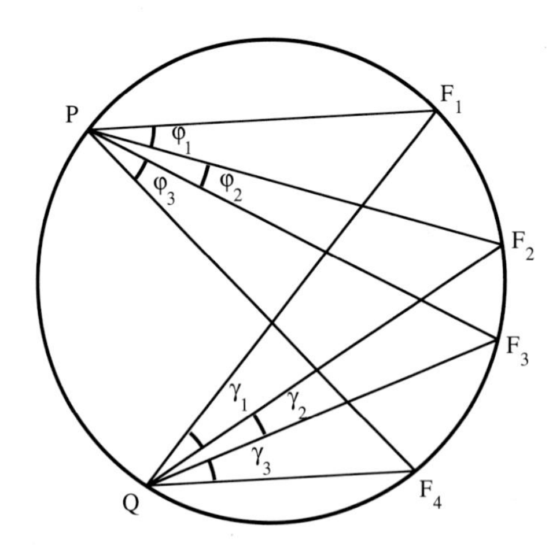

그림 18.7 샤를의 정리 증명 과정. 그림에서 네 지점 F_1, F_2, F_3, F_4가 임의의 지점 P와 이루는 각도는 고정 지점 Q에 대한 각도와 동일하게 대응한다. 따라서 교차 비율은 원상의 모든 지점에 대해 균일하다. 즉, 샤를의 정리는 원에 대해 성립한다.

라서 탄젠트는 탄젠트로, 현은 현으로, (원뿔 곡선이 아닌 경우) 3접촉점은 3접촉점으로 변환된다는 것이다. 샤를의 정리로 돌아오면, 원형에 대해 이 정리를 증명할 수 있다면 자동적으로 더 복잡한 원뿔 곡선에 대한 일반적인 증명도 이뤄진 셈이다.

그런데 사실 원형의 경우 샤를의 정리는 상당히 간단하게 증명할 수 있다. 그림 18.7에 나타냈듯이, 각도 φ_1, φ_2, φ_3는 각각 각도 γ_1, γ_2, γ_3(같은 원호상에서 형성된 각도)와 같은 값을 갖는다. 따라서 두 선분 다발 PF_1, PF_2, PF_3, PF_4 및 QF_1, QF_2, QF_3, QF_4는 동일한 각도를 가지며, '상대적인' 각도도 일치한다. 즉, 식 (18.18)에서 정의한 교차 비율을 계산하면 동일한 값을 갖는다. 따라서 P가 원호를 따라 움직이더라도 다발의 교차 비율은 유지된다. 앞에서 언급했듯이, 이 속성은 모든 일반적인 원뿔 곡선에도 자동적으로 적용된다.

18.5 미분 및 반미분 불변성

연속적인 곡선에 대해 불변성으로 그 특성을 정의하려는 시도는 여러 번 이뤄져 왔다. 가장 확실한 방법은 곡선 위의 지점을 로컬한 곡선 도함수로 표현하는 것이다. 충분한 수를 확보할 경우에는 이를 통해 불변성을 계산할 수 있다. 그러나 노이즈(디지털화 노이즈 등)가 항상 곡선 위에 존재하기 때문에 고차원 도함수의 정확성을 제한하고, 그 결과 유용한 불변성을 구하기가 어려워진다. 일반적으로 곡선 함수에 대한 2차 도함수가 일반적으로 사용 가능한 가장 높은 차원이며, 이는 곡률, 즉 유클리드 변환(고정된 스케일에서의 이동과 회전)에 대한 불변성에만 대응한다.

이 문제로 인해, 미분 불변성을 대신해 반미분semidifferential 불변성이 자주 사용된다. 이 경우 곡선 위에서 '구분 가능한' 지점 몇 개만을 고려해, 이를 통해 불변성을 일반화한다. 이때 구분 가능한 지점 중 가장 흔히 쓰이는 경우는 다음과 같다(그림 18.8).

1. 변곡점
2. 곡선 내의 예각 모서리
3. 곡선의 첨점cusp(여러 탄젠트가 동시에 존재하는 모서리)
4. 이중탄젠트 지점bitangent point(곡선에 두 번 접하는 선분과의 접점)

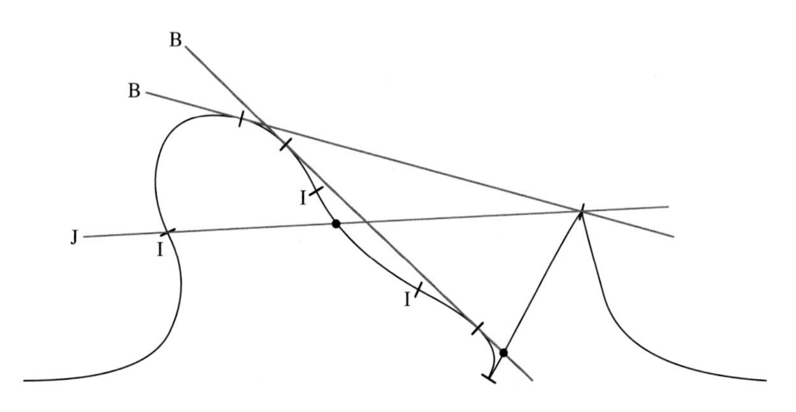

그림 18.8 곡선상에서 식별점을 구하는 방법. 두 이중탄젠트 선분과 곡선에 접하는 이중탄젠트 지점은 총 4개 존재한다. 추가적으로 세 변곡점 I를 식별점으로 사용할 수 있다. 아울러 첨점과 모서리도 두 식별점을 형성한다(이 중 후자는 이중탄젠트 지점이기도 하다). J로 표시한 선분은 이중탄젠트와 비슷한 방식으로 추가적인 식별점을 만든다. 이 지점은 짧은 선 대신 굵은 점으로 나타내었다.

5. 기타 현재 구분 가능한 지점으로부터 기하적으로 위치를 얻을 수 있는 지점들

탄젠트 지점은 부적절하기 때문에 이 목록에 포함되지 않았다. 매끄러운 곡선은 어디에서든 탄젠트를 갖는데, 현과 곡선 일부에 접하는 두 지점만으로도 정의할 수 있기 때문이다. 그러나 변곡점은 세 접점을 필요로 하며, 따라서 로컬화가 잘 이뤄지며 그 탄젠트 방향 역시 잘 정의된다. 한편 이중탄젠트 지점의 경우, 곡선상에서 완전히 떨어진 두 지점을 통해 그 탄젠트 방향을 구하게 되므로 정확도가 좀 더 높다(그림 18.8). 그럼에도 불구하고 이중탄젠트 지점은 세로 방향에 대한 에러를 포함할 가능성이 있다.

이중탄젠트는 여러 종류가 있다. 우선 두 지점이 같은 형태의 같은 쪽에 접할 수 있다. 또한 체body를 가로질러 양쪽에 존재할 수도 있다. 이 경우는 다소 복잡하여 머신 비전에 응용할 때는 계산하지 않기도 한다. 그 점을 감안하더라도, 이 방식을 통해 물체에서 불변성에 대한 추가적인 기준점을 찾을 수 있다. 이 지점은 직접적으로 찾을 수 있는데, 이중탄젠트 지점 자체가 식별점이기 때문이다. 혹은 이중탄젠트가 다른 기준선을 지나가는 특성을 이용해 간접적으로 추가적인 식별점을 찾을 수도 있다. 그림 18.9는 직접적 혹은 간접적인 식별점을 나타내고 있다. 이 중 가장 정확한 지점은 이중탄젠트에서, 가장 덜 정확한 지점은 변곡점에서 구한 것이다.

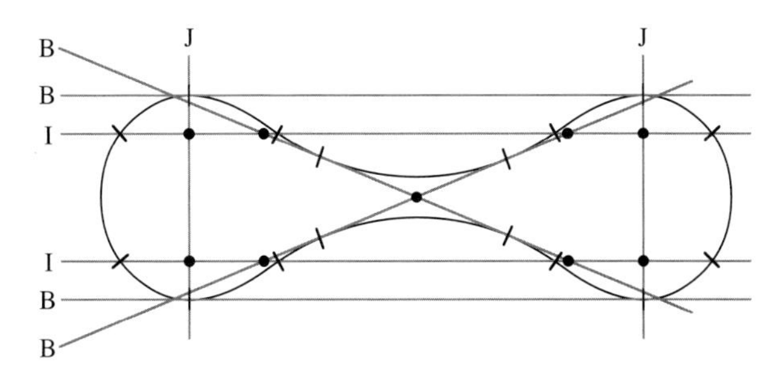

그림 18.9 물체상에서 직접 혹은 간접적으로 구분되는 지점을 찾는 방법. B로 표시한 네 선분은 이중탄젠트 선분이며, 6개의 이중탄젠트 지점을 형성한다. 이 중 두 이중탄젠트는 물체 경계의 양쪽에서 접하고 있다. I로 표시한 두 선분은 변곡점을 나타낸다. J로 나타낸 두 선분은 이중탄젠트 지점을 잇는다. 9개의 큰 점은 간접적 식별점으로서, 물체 경계상에 있지 않다. 이 외에도 간접적인 식별점을 더 많이 생성하는 것이 가능하나, 모든 경우에 위치를 정확하게 정의하고 있다고 말하기는 어렵다.

식별점과 그 지점 간의 기준선을 충분히 확보했다면, (1) 적당한 기준선상에서 나타나는 식별점이나 (2) 식별점에서 그은 선분 다발로부터 교선이나 다른 식별점을 비교하는 식으로 교차 비율 불변성을 구할 수 있다.

변곡점의 경우, 식별점으로 잘 작동하는지의 여부를 위해 원근 변환하에서도 불변성이 유지되는지 확인해야 한다. 원근 변환이 직선이나 곡선/선분의 교점을 유지시킨다는 전제에 따르면, 곡선을 세 번 교차하는 현은 원근 투영이 이뤄진 뒤에도 그 곡선을 세 번 교차한다. 이 세 교점을 3접촉점으로 묶어도 마찬가지다(접선이 접촉점상에서 곡선을 지나간다는 측면에서, 3접촉점은 2접촉점과 구분지어야 한다). 따라서 변곡점은 식별점으로써 적절하고 원근 불변성을 갖는다.

이러한 방식은 평면상의 곡선에 대응하나 공간적으로 평면상에 없는 곡선까지는 다루지 않았다. 후자의 경우 매우 어려운 영역인데, 이중탄젠트나 변곡점 같은 개념을 이러한 일반적인 영역에 도입하기 위해서는 새로운 의미를 부여해야 하기 때문이다. 여기서 이 정도까지 깊이 살펴보지는 않을 것이다.

18.6 대칭 교차 비율 함수

선분상의 지점들에 대해 교차 비율을 적용하고자 할 때, 많은 경우 지점의 순서는 알려져 있다. 단적인 예로, 전방 래스터 스캔을 사용해 이미지상에서 특징 검출을 시도하는 경우가 있다. 이때 순서에 관한 유일한 불확실성은 선분이 진행하는 방향에 대한 것이다. 그러나 교차 비율은 스캔 시 선분의 끝점에 대해 무관한데, $C(P_1, P_2, P_3, P_4) = C(P_4, P_3, P_2, P_1)$이기 때문이다. 그럼에도 불구하고 교차 비율 특징의 순서를 명확히 알지 못하는 상황이 분명 존재한다. 예를 들어 그림 18.3과 그림 18.5에서 특징들이 하나의 선상에 놓여 있지 않거나, 특징이 각도 형태로 나타나거나, 지점들이 원뿔 곡선상에 놓여 있고 그 식을 알지 못할 수 있다. 이러한 경우 모든 가능한 특징 순서에 대해 불변성을 확보하도록 하는 것이 좋다.

이를 위해, 우선 지점의 순서 값이 κ인지 $(1-\kappa)$인지 혼동되는 경우를 생각해보자. 함수 $f(\kappa) = \kappa(1-\kappa)$를 사용할 경우, $f(\kappa) = f(1-\kappa)$의 특성을 가지므로 문제가 해결된다. 비슷하게 κ와 $1/\kappa$을 구분하기 어려울 경우, $g(\kappa) = g(1/\kappa)$의 속성을 갖는 함수 $g(\kappa) = \kappa + 1/\kappa$을 적용해 문제를 해결할 수 있다.

그러나 κ, $(1-\kappa)$, $1/\kappa$ 값 자체를 혼동할 가능성이 있을 경우 상황은 좀 더 복잡해진다. 요컨대 $h(\kappa) = h(1-\kappa) = h(1/\kappa)$이라는 이중 조건을 만족하는 함수를 명확히 정의하기가 어렵기 때문이다. 다만 직관적으로 생각하면 이 함수는 앞에서 살펴봤던 $f(\kappa)$ 또는 $g(\kappa)$ 대칭 함수를 포함하고 있을 것이라 예상할 수 있다. 이를 기반으로 구하면, 가장 단순한 함수는 다음과 같은 형태일 것이다.

$$j(\kappa) = \frac{(1-\kappa+\kappa^2)^3}{\kappa^2(1-\kappa)^2} \tag{18.23}$$

이 함수는 다음 두 종류의 형태로 고쳐쓸 수 있기 때문에 대칭성을 만족한다.

$$j(\kappa) = \frac{[(1-\kappa(1-\kappa)]^3}{[\kappa(1-\kappa)]^2} = \frac{(\kappa+1/\kappa-1)^3}{\kappa+1/\kappa-2} \tag{18.24}$$

다행히 여섯 종류의 교차 비율값 κ, $(1-\kappa)$, $1/\kappa$, $1/(1-\kappa)$, $(\kappa-1)/\kappa$, $\kappa/(\kappa-1)$을 모두 만족시킬 필요는 없는데, 각각을 부정 공식 또는 역변환 공식을 통해 구할 수 있기 때문이다

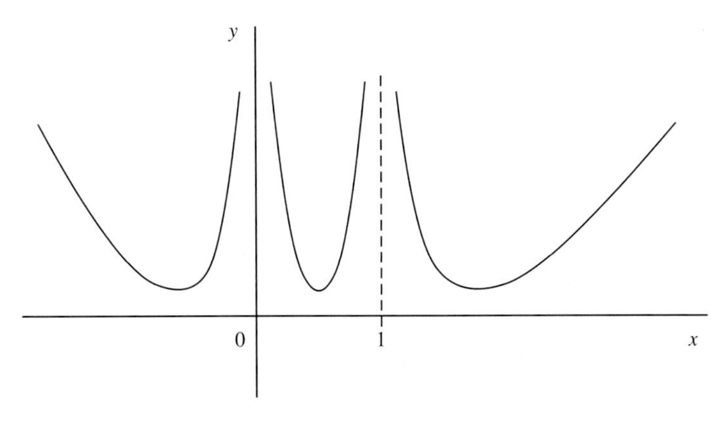

그림 18.10 대칭 교차 비율 함수. 그림은 식 (18.23)의 함수를 나타내고 있다.

(궁극적인 이유는 부정 변환 또는 역변환을 통해 여섯 종류의 값을 모두 변환하는 연산이 6차 함수 형태를 띠기 때문이다).

이 결과는 매우 고무적이지만 단점도 분명히 존재한다. 이렇게 구한 해답에는 6종류의 불확실성이 존재하지 때문에, 대칭 교차 비율 함수를 만족하는 지점 세트를 구한다 할지라도 이 6가지 가능성 중 실제 해답을 찾는 과정을 한 번 더 거쳐야 한다. 이로 인해, j 함수는 6차 다항식으로 이뤄져 있으며 각 j 값은 여섯 종류의 κ 값에 대응한다(그림 18.10).

요컨대 $j(\kappa)$ 함수는 '완전하지' 않기 때문에, 이 함수 자체로는 불확실성 없이 특징점 세트를 구하는 데 충분하지 않다. 원본 교차 비율이 '완전한 경우'를 살펴보자. 이 경우 κ 값을 알고 있다면, 나머지 세 지점 중 하나의 고유한 위치를 찾을 수 있다. x에 대한 κ의 함수는 식 (18.25)에 따라 포물선 형태로 나타나는데(사영기하학 관점에서 이 선은 3차 자유도를 갖는다. 즉, 세 지점에 대해 다른 뷰를 적용한다 해도 뷰포인트에 대한 추가적인 정보가 없다면 그 위치를 예측할 수 없다), 그래프를 그려보면 이를 명확히 확인할 수 있다(이때 $x = x_{34}$가 네 번째 지점의 위치에 해당한다).

$$\kappa = \frac{x_{31}x_{24}}{x_{21}x_{34}} = \frac{x_{31}(x_{23} + x)}{x_{21}x} = \frac{x_{31}x_{23}}{x_{21}}\left(\frac{1}{x} + \frac{1}{x_{23}}\right) \tag{18.25}$$

18.7 소실점 검출

이 절에서는 소실점VP, vanishing point을 검출하는 방법을 살펴본다. 일반적으로는 두 단계를 거쳐 이를 확인한다. 첫째, 이미지상에 존재하는 모든 직선을 찾는다. 둘째, 그 선분들이 만나는 공통적인 교점을 찾아서 이 지점을 VP로 간주한다. 허프 변환을 사용하면 직선을 간단하게 찾을 수 있지만, 텍스처가 포함된 경우 그 선분을 정확하고 신뢰성 있게 찾기가 어려워진다. 기본적으로 VP를 찾을 때는 처음 찾은 선분을 매개변수 공간에 나타낸 후 한 번 더 허프 변환을 시도하여, 잘 정의된 피크, 즉 여러 선분이 교차하는 지점을 VP로 삼는다. 실제로 이러한 선분 투표를 통해 모든 가능한 VP 위치를 찾는 것이 가능하다. 이러한 과정은 VP가 원본 이미지 공간상에 존재할 때는 유용하지만, 많은 경우 원본 이미지 바깥에 소실점이 형성되거나(그림 18.11) 무한대에 위치할 수도 있다. 즉, 일반적인 상황에서처럼 이미지 형태의 매개변수 공간을 사용할 경우, 원본 이미지 공간보다 더 넓게 확장하더라도 실패할 가능성이 있다. 또 하나의 문제는 VP가 멀리 존재할 경우 매개변수 공간상의 피크가 상당한 거리를

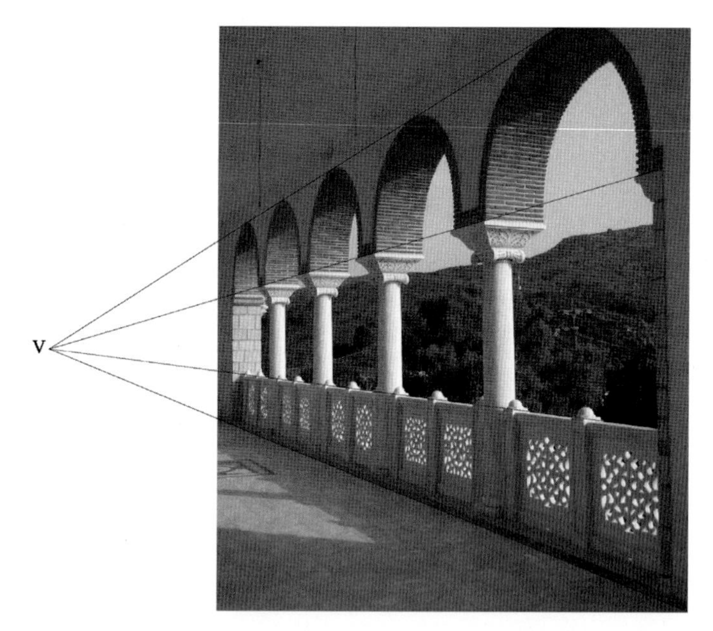

그림 18.11 소실점의 위치. 그림에서 아치의 평행선들은 그림 바깥의 소실점 V에서 만난다. 일반적으로 소실점은 임의의 거리, 심지어 무한대에도 위치할 수 있다.

두고 흩어져 위치하게 된다는 점이다. 이 경우 검출 민감도가 낮아지고 위치의 정확도가 떨어진다.

다행히 Magee and Aggarwal(1984)에서 고안한 방식을 통해 VP의 위치를 더 잘 찾을 수 있다. 이를 위해 단위구 G, 즉 가우시안 구를 카메라의 투영 중심에 위치시킨다. 그리고 확장한 이미지 공간 대신에 G를 매개변수 공간으로 사용한다. 이 방식을 사용하면(그림 18.12), 원래라면 무한대에 위치하는 경우에 대해서도 VP를 유한한 거리 내에 나타낼 수 있다. 이것이 가능한 이유는 두 방식으로 표현하는 지점 간에 일대일 대응이 이뤄지기 때문이다(가우시안 구의 뒤쪽 반은 사용되지 않음을 유의하라). 그러나 가우시안 구 방식이 문제가 없는 것은 아니다. 실제 3차원 공간에서 평행하지 않은 선분도 투표로서 작용할 수 있기 때문이다(일반적으로 이미지상에 존재하는 선분 중 극히 일부만이 VP를 지나간다). 이 문제를 해결하기 위해 선분 '쌍'을 고려 대상으로 삼아, 그 선분들이 3차원 공간에서 평행하다고 판명될 경우에만(예를 들어, 이미지상에서의 두 그레이디언트가 비모순적인 경우) 투표 지점으로 놓는 방식을 사용할 수 있다. 이

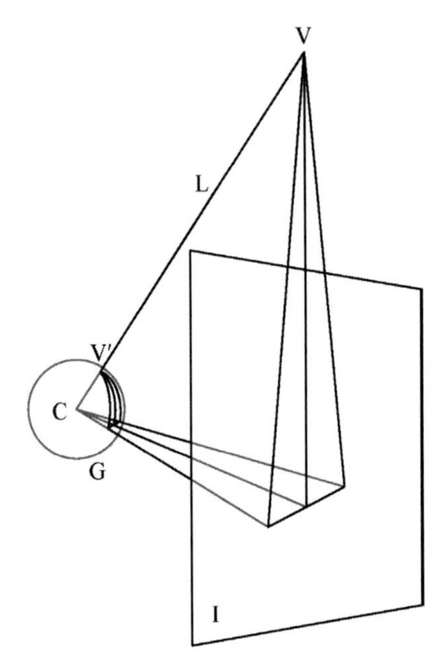

그림 18.12 가우시안 구를 활용한 소실점 검출. 공간상의 평행선은 이미지 I에서 소실선 형태로 나타난다. 소실점 V가 이미지 바깥 위에서 나타나지만, 가우시안 구 G에서는 여전히 이 지점을 투영하는 것이 가능하다. 본문에서 논의하듯이, 많은 경우 G를 매개변수 공간으로 사용해 소실점 투표를 축적할 수 있다. C는 카메라 렌즈의 투영 중심점을 나타낸다.

렇게 하면 투표의 개수를 제한할 뿐만 아니라, 부적절한 피크가 나타나는 수를 줄일 수도 있다. 그럼에도 불구하고 전체적인 비용은 존재하는 선분 쌍에 대해 비례하기 때문에 상당히 크다. 즉, N개의 선분이 존재할 경우 선분 쌍의 개수는 $^{N}C_2 = N(N-1)$이고, 따라서 $O(N^2)$ 수준의 비용이 발생한다.

이는 VP를 찾는 매우 신뢰도 높은 방식이며, 특히 끊어진 선분이나 이미지 클러터에 대해서도 대응 가능하다는 면에서 중요하다. 움직이는 로봇 등의 시스템에 대해, 연속적인 이미지의 VP 간 대응 관계를 구하는 것이 가능하다면 각 이미지를 더 확실하게 해석할 수 있음을 유의하라.

18.8 소실점 심화

교차 비율의 장점은 다양한 상황에서 이 값을 구할 수 있으며, 이를 통해 또 다른 유의미한 결과를 얻을 수 있다는 데 있다. 한 예로 도로나 보도에 판석이 깔려 있고, 그 경계를 명확히 구분하고 측정할 수 있는 경우를 생각해보자. 이를 사용하면 지면의 VP 위치를 추정할 수가 있다. 판석을 지면 위에서 비스듬히 관측하되, 카메라나 눈이 수평으로 놓여 있다고 하자(예를 들어, 그림 23.12(A)와 같은 경우). 그림 18.13은 그 상황을 나타내고 있으며, O, H_1, H_2는 지면에, O, V_1, V_2, V_3는 이미지 평면상에 놓여 있다(판석의 변과 평행하지 않은 선을 따라 약간 비스듬히 측정한다 하더라도, 동일한 교차 비율값을 얻을 수 있다. 선분상의 모든 거리에 대해 동일한 각도 인수를 적용하기 때문이다).

만약 C를 투영 중심으로 놓는다면, 지점 O, V_1, V_2, V_3로부터 형성되는 교차 비율은 O, H_1, H_2 및 수평 방향의 무한대에 의해 형성되는 교차 비율과 동일한 값을 갖는다. OH_1과 H_1H_2의 길이 a 및 b를 알고 있다면, 교차 비율값을 다음과 같이 계산할 수 있다.

$$\frac{y_1(y_3 - y_2)}{y_2(y_3 - y_1)} = \frac{x_1}{x_2} = \frac{a}{a+b} \tag{18.26}$$

(그림 18.13에서 y 값을 계산하는 기준점이 V_3가 아닌 O임을 유의하라.) 이를 통해 y_3를 구하면 다음과 같다.

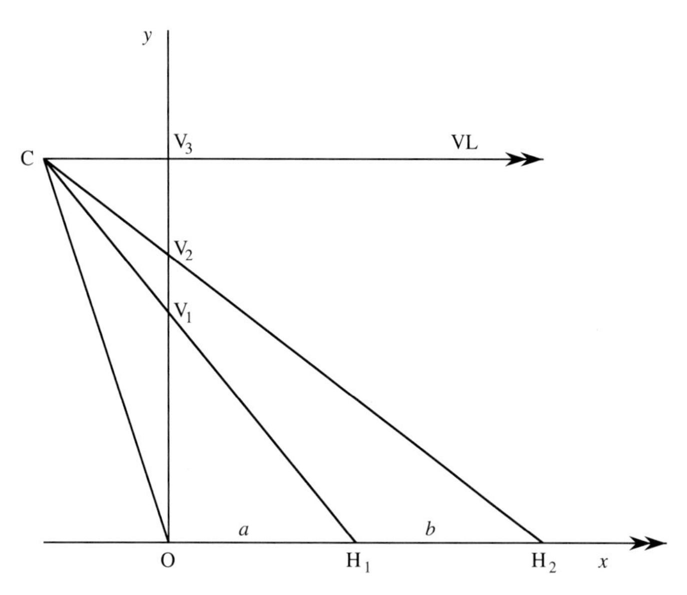

그림 18.13 두 간격을 사용해 소실선을 구하는 방식. C는 투영 중심을 나타낸다. VL은 소실선의 방향이며, 지면 OH_1H_2에 평행하다. 카메라 평면 $OV_1V_2V_3$는 지면에 수직으로 나타내고 있지만, 꼭 이렇지 않다고 해도 알고리듬을 적용하는 데는 큰 문제가 없다(본문 참고).

$$(a+b)(y_1y_3 - y_1y_2) = ay_2y_3 - ay_2y_1 \tag{18.27}$$

$$\therefore \quad y_3(ay_1 + by_1 - ay_2) = ay_1y_2 + by_1y_2 - ay_1y_2 \tag{18.28}$$

$$\therefore \quad y_3 = by_1y_2/(ay_1 + by_1 - ay_2) \tag{18.29}$$

만약 (판석이 그러하듯) $a = b$일 경우,

$$y_3 = \frac{y_1y_2}{2y_1 - y_2} \tag{18.30}$$

이 증명에서 V_1, V_2, V_3가 원점에 대해 수직이거나 OH_1H_2가 수평일 필요는 없으며, 두 동일 평면상의 직선상에 놓이기만 하면 된다. 또한 C 역시 같은 평면 위에 있어야 한다. 아울러 이 계산에서 a와 b의 실젯값까지는 필요하지 않고 둘 간의 비율만으로도 충분함을 유의하라.

y_3를 찾은 다음에는 VP의 방향이 지면에 수평하게 위치해 있는지, 또는 카메라 축이 수평한지의 여부를 계산한다.

마지막으로, 식 (18.30)은 다음과 같이 간단하게 표현할 수 있다.

$$\frac{1}{y_3} = \frac{2}{y_2} - \frac{1}{y_1} \tag{18.31}$$

이 역인수는 관련된 처리 방식과 비교했을 때 어떠한 직관적인 유사성을 갖고 있다. 예를 들어 지면에서의 거리와 소실선에서 이미지까지의 거리 간의 역관계 $Z = Hf/y$뿐만 아니라, 식 (16.4)에서 깊이와 시차가 갖는 역수 관계와 유사하다.

18.9 원형 및 타원형의 중심점

원형이나 타원형을 투영하면 타원형(특정 상황에서는 원형)이 됨은 잘 알려져 있다. 이 현상은 정사영, 크기변형 정사영, 약한 원근 투영, 전체 원근 투영 등에 광범위하게 적용된다.

또 한 가지 주목해야 하는 요인은 원형 또는 타원형의 중심점이 이러한 변환을 통해 어떻게 변화하는지에 대해서다. 전체 원근 투영의 경우 타원(또는 원)의 중심점이 타원(또는 원)의 중심점으로 투영되지 않으며, 약간의 오프셋이 발생한다(그림 18.14). 이 현상은 곧 타원이 투영을 거치며 약간 왜곡될 수 있음을 암시한다. 그러나 실제로는 왜곡이 발생하지 '않으며', 단지 전체 원근 투영을 거치며 길이 비율이 유지되지 않기 때문에 중심점이 이동할 뿐이다. 즉, 이등분점이 이등분점으로 투영되지 않는다.

만약 이미지상에서 평면의 소실선 위치를 인식할 수 있다면, 원의 중심점이 그 지름을 이등분한다는 점에 착안하여 18.8절에서 다룬 이론을 통해 오프셋을 매우 간단하게 계산할 수 있다(그림 18.15). 우선 ε을 중심점의 이동량으로, d를 타원의 중심점과 소실선 간의 거리로,

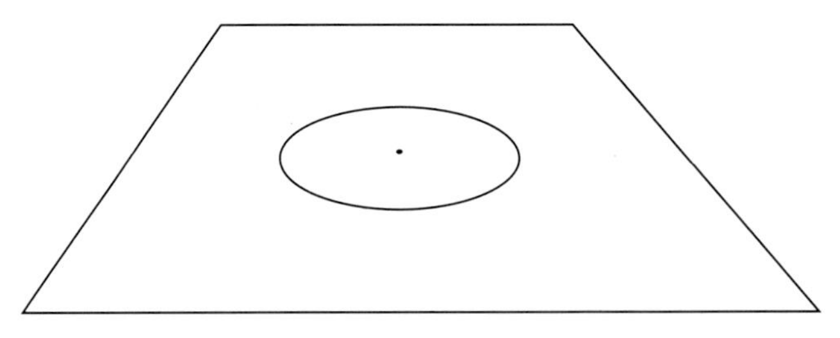

그림 18.14 전체 원근 투영을 통해 투영된 원형의 위치. 투영된 결과에서 원형의 중심점이 이미지 평면에서의 타원 중심점과 일치하지 않음을 유의하라.

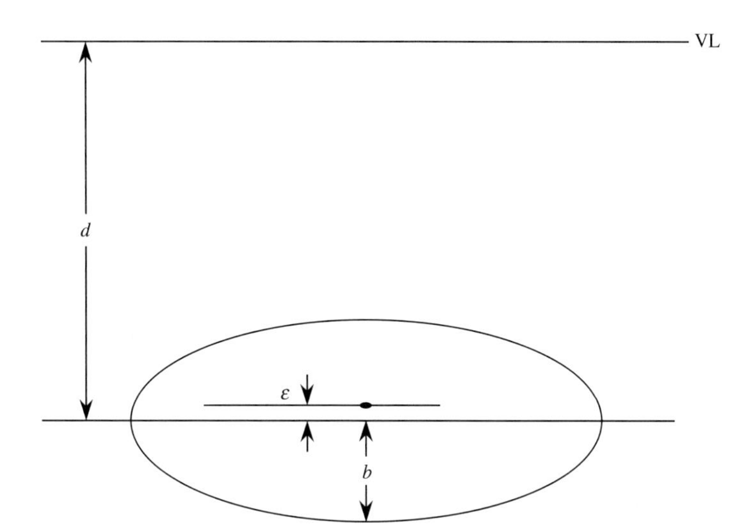

그림 18.15 원형 중심의 오프셋을 계산하는 방식. 투영된 원형 중심점은 긴 점 모양으로 나타나며, 이미지 평면에서의 타원 중심점은 소실선 VL에서 거리 d만큼 떨어져 있다.

b를 단축의 반지름으로 놓는다. 그런 다음 $b + \varepsilon$을 y_1으로, $2b$를 y_2로, $b + d$를 y_3로 놓는다. 마지막으로, 식 (18.30)을 활용해 y_1, y_2, y_3를 소거하면 다음과 같은 결과를 얻는다.

$$\varepsilon = b^2/d \tag{18.32}$$

이 경우 18.8절에서와 달리 y_3 값을 이미 알고 있다고 가정하며, 이를 통해 y_1과 ε을 구하게 된다.

소실선을 알지 못하더라도 원형이 놓여 있는 평면과 이미지 평면의 방향을 알고 있을 경우 소실선을 추정할 수 있으며, 이를 기반으로 앞에서 설명한 계산을 수행할 수 있다. 그러나 어떤 경우에도 카메라는 보정이 이뤄진 상태여야 한다(19장 '이미지 변환과 카메라 조정' 참고).

타원을 타원으로 투영한 경우 중심점을 찾는 문제는 좀 더 복잡해진다. 세로 방향뿐만 아니라 가로 방향의 위치를 알지 못하기 때문이다. 그럼에도 불구하고 기본적인 개념은 앞에서의 투영 문제와 동일하다. 타원에 대한 평행한 접선 쌍을 가정해보자. 이를 투영할 경우, 두 선분 λ_1, λ_2는 소실선상에서 만나게 된다(그림 18.16). 두 접점을 이어 현을 그리면 원래 타원의 중심점을 지나며, 이 속성은 투영에 대해 불변성을 띤다. 따라서 중심점을 투영하더라도 두 선분 λ_1, λ_2의 접점을 잇는 현상에 놓이게 된다. 이 현상은 원래 타원에서 평행한 모든 접

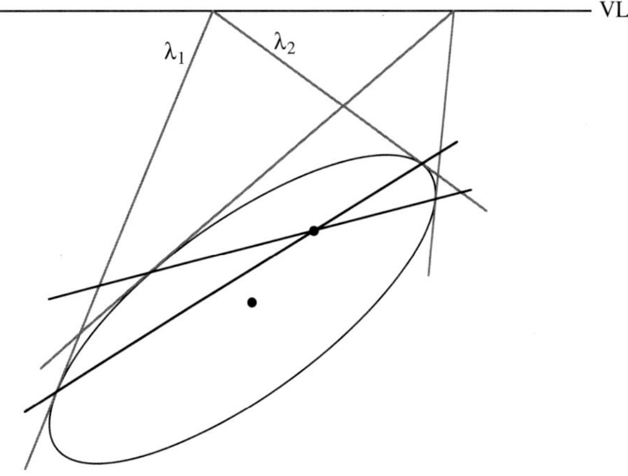

그림 18.16 투영된 타원형의 오프셋 계산 과정. 두 선분 λ_1, λ_2는 소실선 VL상의 한 지점에서 출발해 타원에 접하며, 선분 쌍의 접점을 이어 만든 모든 선분은 투영된 중심점을 지난다(그림에서는 두 가지 경우에 대해서만 나타내었다).

선 쌍에 적용되며, 따라서 타원 중심점이 이미지 평면상에 투영된 위치를 쉽게 찾을 수 있다(사영기하학에 관심이 있다면 원뿔 곡선의 '극점-극선' 관계를 떠올릴 것이다. 이 경우 극선은 소실선, 극점은 투영된 중심점에 해당한다. 일반적으로 극점은 극선이 무한대에 위치하지 않는 한 타원의 중심에 놓여 있지 않다. 실제로 이러한 관점에서 식 (18.31)은 '조화점렬harmonic ranges'로서, y_2는 y_1, y_3의 '조화평균harmonic mean'으로서 이해할 수 있다). 다른 관점에서 이를 수치적으로 분석한 방법에 대해서는 Zhang and Wei(2003)을 참고하라.

원형과 타원형 결과 모두 기계 부품을 검사하는 경우에 중요하게 사용된다. 원근 왜곡에 무관하게 중심점 위치를 정확하게 찾아야 하기 때문이다. 또한 원형의 경우 카메라 보정 목적으로 사용이 가능한데, 이 경우에도 높은 정확도가 요구된다(Heikkilä, 2000).

18.10 예술과 사진에서의 원근 효과

어떤 화가가 교외 어딘가에서 그림을 그리고 있다. 그는 끊임없이 이젤에서 눈을 떼어 풍경을 살핀다. 그리고 다시 그림으로 돌아가 몇 번의 터치를 더한다. 그림을 그리는 위치를 신중하게 고르고, 가장 적합한 각도로 이젤을 놓는다. 아마도 그는 인상주의파라기보다는 가능한 한 눈에 보이는 대로 풍경을 묘사하고자 하는 것일 테다. 그는 2차원상에 그림을 그리고 있지만, 다른 사람들이 풍경을 3차원으로 인식하기 위해 필요한 모든 정보를 나타내고자 한다. 그러나 문제가 있다. 화가가 원래 뷰포인트로 삼았던 거리와 각도에서 정확하게 그림을 봐야 하기 때문이다. 물론 화가는 풍경을 보는 순간과 그림을 그리는 순간 사이에 머리를 돌려야 하기 때문에, 머릿속으로는 회전이 이뤄진다(이렇게 될 수밖에 없는 이유는 캔버스가 불투명하기 때문이다. 카날레토Canaletto 같은 화가들은 카메라 옵스큐라obscura 방식을 통해 이러한 어려움을 극복하고자 했다). 그러나 만일 캔버스가 투명하다고 임시로 가정한다면 구도가 굉장히 단순해지기 때문에(그림 18.17) 이 문제를 극복할 수 있게 된다.

화가는 그의 뷰포인트에서 이젤의 각도를 어떻게 놓느냐에 따라 다양한 방식으로 풍경을 그려낼 수 있다(그림 18.17). 각 그림은 서로 밀접한 관계, 즉 동형성을 갖는다. 그러나 각각에 대해 관측하기에 적절한 위치와 방향은 하나만 존재하며, 적절한 위치에서 그림을 관찰할 경우에만 관측자가 동일한 3차원 재구성 효과를 얻을 수 있다. 따라서 여러 뷰 간에 동형성이 존재한다고 해서 가장 적합한 관측 위치가 하나만 존재하는 제약이 사라지는 것은 아니다.

하지만 풍경에 평평한(2차원) 면 F가 존재하고, 이 면을 2차원상에 나타내고자 한다면 상황은 달라진다. 이제 원래 풍경과 캔버스 사이에는 동형성이 존재하고, 캔버스가 어떤 각도

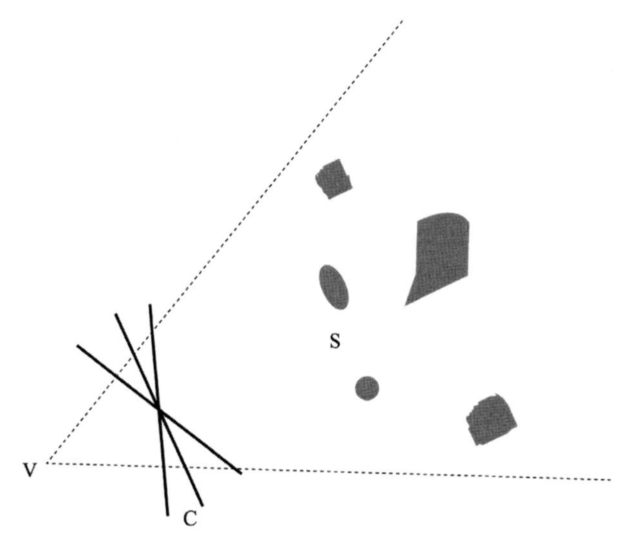

그림 18.17 화가가 그림을 그릴 때의 유효 뷰포인트. 화가는 풍경 S를 뷰포인트 V에서 관측하고, 캔버스 C에 그가 본 것을 그린다. C의 그림은 캔버스의 방향에 따라 다양한 방식으로 그려질 수 있다.

로 회전한다 해도 마찬가지다. 그러나 관측 위치는 어떨까? 이 상황을 이해하기 위해, 예를 들어 갤러리 벽 W와 같이 고정된 기준 프레임에 캔버스 C가 놓여 있을 경우에 가능한 관측 지점을 생각해보자. 원본 캔버스가 회전함에 따라, 갤러리 벽에 대한 이상적인 뷰포인트 위치는 화가의 눈에서 캔버스까지의 거리를 기준으로 회전할 것이다. 관객이 갤러리에서 그림의 주변을 (원을 그리며) 걸어다니면, 화가가 자신의 위치에서 그릴 수 있었던 그림의 모든 가능성을 볼 수 있는 셈이다(그림 18.18). 요컨대 모든 가능한 원근 왜곡을 자연스럽게 발생시킬 수 있다. 유의할 점은 화가의 시점에서 최종적인 (상수) 각도를 반영하기 위해서는(원에서 같은 길이의 호가 갖는 각도는 동일하다) 그 궤적이 원호 형태로 나타나야 한다는 것이다.

집의 벽이 아니라 얼굴 같은 경우에는 어떨까? 예를 들어 이마, 눈, 볼, 입, 턱 같은 얼굴의 상당 부분은 평평한 2차원 표면으로 가정할 수 있다. 이를 각기 따로 보면 관측 지점으로 삼을 수 있는 범위가 상당히 늘어난다. 그런데 인간은 얼굴을 볼 때 눈에 집중하고 나머지 부분은 거의 무시하는 경향이 있다. 이 경우, 그림을 여러 방향에서 관측해야 정확한 뷰를 얻을 수 있다. 다른 부분을 제외하고 눈에만 집중해보면, 왜 사람들이 대저택을 방문해 17세기 백작의 초상화를 봤을 때 '그의 눈이 계속 나를 따라온다'고 느끼는지 짐작할 수 있을 것이다.

추가로 고려해야 할 요인은 그림을 그릴 때 얼굴이 어느 방향을 향하고 있느냐다. 얼굴의 각도를 α로 놓으면, 정면을 보고 있는 그림에 비해 눈이 $\cos\alpha$만큼 더 가까이 모이게 된다. 그러나 캔버스가 β만큼 회전한다면, 눈은 $\sec\beta$만큼 확대된다. 따라서 총 배율은 $\cos\alpha/\cos\beta$로 계산할 수 있다. $\beta = \alpha$일 경우 두 값이 상쇄되어, 캔버스와 얼굴이 평행하게 놓인 것과 동일한 효과를 얻는다. 그러나 $\beta = -\alpha$일 때도 마찬가지로 상쇄가 일어나며, 관측 방향을 기준으로 캔버스와 얼굴이 동일한 각도로 서로 반대 방향을 향해 회전한 셈이 된다(그림 18.19). 다음으로, 눈 사이의 거리가 적당한 범위 내에서 늘어나거나 줄어들어도 된다고 가정해보자(만약 그림 속에서 17세기 공작을 알아볼 수 없다면 약간은 더 크게 그리는 게 나을 것이다). 이 경우 최종적인 관측 방향의 범위가 증가하며 β 왜곡이 α 왜곡을 상쇄시키기 때문에, 주어진 α에 대해 가장 큰 왜곡은 $\pm|\beta|$ 값을 갖는다(그림 18.20). $|\alpha| > 0$ 조건 아래 이 극왜곡값을 균일화하면, 가능한 최대 각도 범위를 구할 수 있다(예를 들어 $\alpha = 20°$일 경우 $|\beta| = 0°\sim40°$이며, $|\beta| = \alpha$ 값이 범위의 중간에 위치한다).

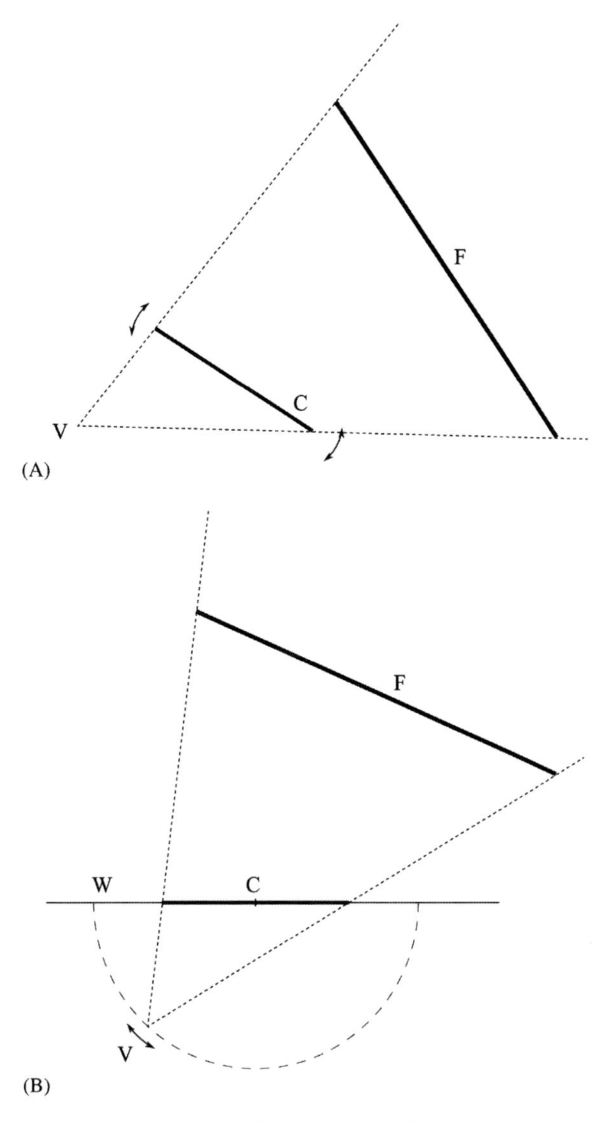

그림 18.18 회화의 관측 위치. (A)와 (B)는 각각 그림을 그리거나 관측할 때의 구도를 나타낸다. (A)에서 캔버스 방향이 회전함에 따라, (B)에서 적절한 관측 지점 V는 원을 그리며 움직인다. 평면 물체 F의 경우, 동형성에 따라 원형 궤적상에서 화가가 그릴 수 있었던 다른 모든 후보가 제외된다(본문 참고).

사진의 경우에도 올바른 관측 위치라는 것이 존재한다. 하지만 사람들이 가족 사진을 볼 때는 눈에만 집중해서 보지 않는다. 예를 들어 표정, 헤어스타일 등도 살펴보기 때문이다(혹은 사람들이 전부 눈을 뜨고 있는지도 주의 깊게 본다). 아울러 단체사진을 찍으면, 바깥 부분은 핀

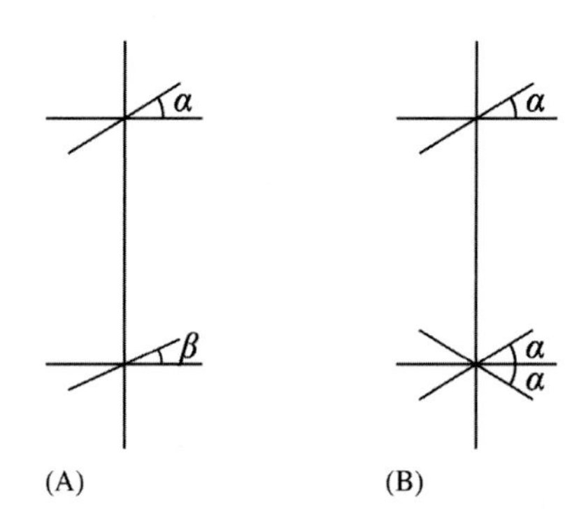

그림 18.19 관측 방향에 따른 회전 효과. (A)에서 α는 얼굴의 초기 방향을, β는 캔버스의 방향을 나타낸다. (B)는 $\beta = \alpha$ 및 $\beta = -\alpha$인 경우를 나타낸다. 두 경우 모두 두 각도에 대한 효과가 상쇄되며 눈이 원래 거리 간격으로 그려진다.

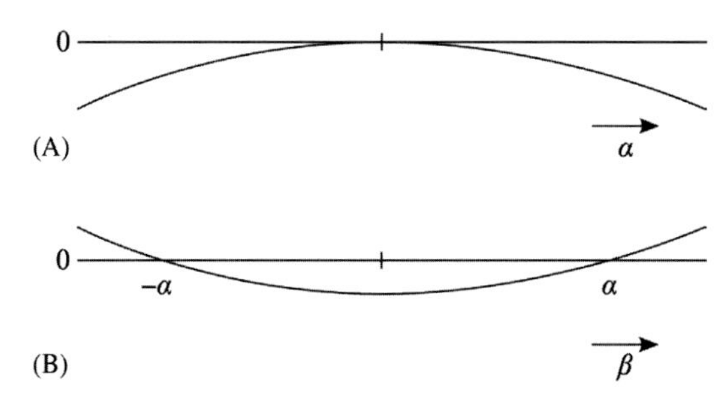

그림 18.20 관측 방향의 변화에 대한 효과: (A) $|\alpha|$가 0에서부터 증가함에 따라 눈 간의 거리가 감소하는 경향, (B) α를 고정한 채 $|\beta|$를 0에서부터 눈 간의 거리가 양의 값을 가질 때까지 증가시킨 결과. 평균적인 눈 간의 거리 변화량은 (A)에서보다 (B)에서 훨씬 낮은 것을 확인할 수 있다.

쿠션이나 배럴 왜곡barrel distortion 등의 왜곡이 일어난다(이는 렌즈 수차 때문에 발생한다. 19장 '이미지 변환과 카메라 조정' 참고). 그러나 한편으로는 관측 위치가 올바르지 않은 요인도 포함되어 있다. 카메라는 거짓말을 하지 않는다. 셔터를 눌렀을 때 카메라 시점에서 보이는 모습을 가감 없이 보여줄 뿐이다. 많은 경우 팔길이 정도 거리에서, 즉 올바른 관측 거리보다 훨씬 먼 위치에서 사진을 관측하게 된다(그림 18.21). 이는 사진을 더욱 멀리서 찍어야 카메라가 거짓말을 하지 않을 수 있음을 뜻한다. 물론 일반적으로 사진에 찍힐 때는 카메라를 바라보기 때문에, 다른 거리에서 사진을 찍으면 장면 내의 구성 내용에 영향을 끼치게 된다.

비교적 최근까지도 필름의 해상도 제한으로 인해 사진은 클로즈업으로 찍는 것이 가장 좋

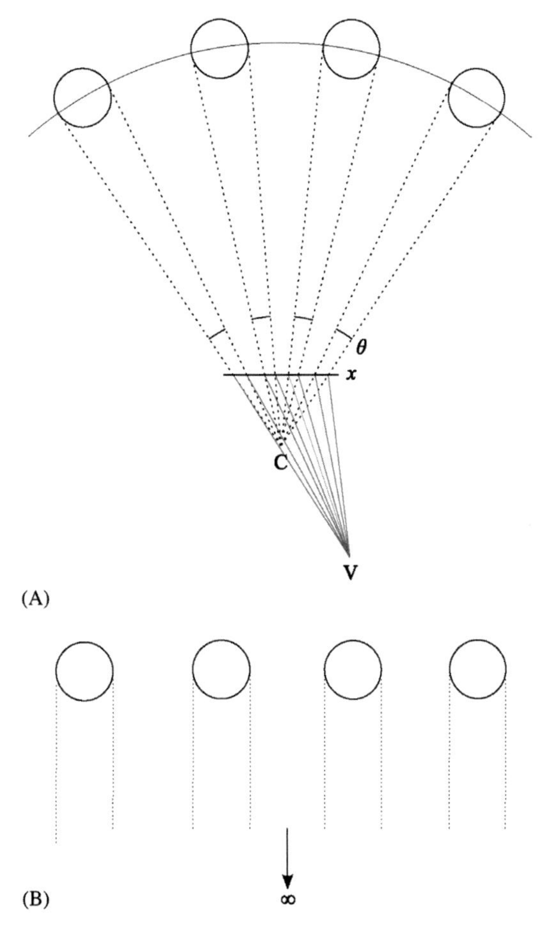

그림 18.21 사진을 찍고 관측하는 과정: (A) 모두가 카메라 C를 쳐다보는 상황에서 단체사진을 찍는 모습. V는 사진의 유효 관측 위치를 나타낸다(그림에서 V 윗부분의 스케일이 변하면 관측 이전 단계에서 확대되지만, 그 이외에는 변하지 않는다). (B) 사진을 멀리서 찍는, 좀 더 이상적인 상황. (B)를 따르면, 모든 사람이 이상적인 관측 위치에서 사진을 들여다보고 있는 셈이다. 아울러 사진 속의 모든 인물은 각각 왜곡 없이 찍혀 있게 된다.

았다. 현재에는 디지털 카메라가 등장하면서 해상도가 괄목할 정도로 향상됐으며, 줌 렌즈를 사용하면 조금 뒤나 상당히 먼 거리에서 찍어도 된다는 이점을 갖게 됐다(특히 줌 렌즈를 사용할 경우, 실제 상황에서 피사체가 당황하거나 사진을 찍히는 것을 경계하는 상황을 피할 수 있다). 그러나 여기에서 말하는, 사진을 멀리에서 찍을 때의 이점은 이것과 상당히 다르다. 올바른 관측 거리가 이상적인 관측 원근 위치보다 크다 하더라도, 사진 속의 모든 사람이 어떠한 위치에 있든 원근 왜곡 없이 그들을 관측하는 것이 가능하다. 다시 강조하지만 여럿이 모여 사진을 찍는 경우, 각각의 사람들을 '따로' 분리할 수 있어야 한다. 따라서 전체적인 구성보다는 각 사람들이 어떻게 보이느냐가 훨씬 중요한 요소가 된다(특히 사진 속 사람들이 누군지 알고 있을 경우에는 더욱 그렇다. 아마도 17세기 공작 그림보다는 그러할 확률이 더 높을 것이다). 사진에 대해 로컬한 부분과 전체적인 뷰를 모두 최적화하는 것은 불가능하지만, 절충안으로서 사진을 먼 거리에서 찍을 수 있다(그림 18.21(B)). 그러나 무한대에서 사진을 찍으면 얼굴에 원근법이 적용되지 않으며 평면에 가깝게 나타난다. 이 경우 조명을 통해 깊이를 잘 표현할 수 있는 큐가 존재하는지 여부가 상당히 중요하다.

디지털 사진은 또한 여러 프레임을 자동으로 이어붙여(스티칭stitching) 넓은 풍경이나 파노라마 사진을 만들어낼 수 있다. 이 경우 카메라를 스티칭 모드로 놓은 뒤 여러 프레임에 걸쳐 노출을 균일하게 유지하거나, 최소한 보이는 그대로 찍도록 해야 최상의 결과를 얻는다. 그런 다음, 여러 프레임에 포함된 외각이 급격한 변화 없이 서로 매칭되도록 한다. 정확한 매칭을 위해 프레임들을 겹치고, 소프트웨어를 통해 이미지를 잘라내고 스티칭하기 위한 최적의 기준선을 찾아낸다. 이때 기준선은 일반적으로 단색의 배경 영역에 놓이며, 불연속적인 부분을 느끼지 못하는 위치를 찾아간다. 물론 잘라낸 두 부분이 완전히 다른 세기를 갖지 않는 한, 외각에 대해 스무딩을 적용하는 것도 좋다. 다만 움직이는 물체가 포함되어 있을 경우 스티칭 방식으로 대응하기가 쉽지 않으며, 나도 일찍이 수많은 양들이 포함된 시골 풍경을 다룰 때 이 점을 경험한 바 있다.

이미지 스티칭 알고리듬을 정확히 설명하기란 꽤나 난해하다. 이는 최적의 기준선을 찾아내는 작업을 위해 많은 시간을 들여서 탐색을 진행해야 하기 때문이다. 다만 그 판단 척도가 중요하며, 특히 경계 부근에서 세기나 색상 변화가 최소로 돼야 한다. 혹은 경계 근방에서 세기나 색상 '그레이디언트'를 최소로 만들 수 있어야 한다. 스티칭을 진행한 다음에는 규칙에 따라 경계 부근 영역에 스무딩을 적용해야 한다. 가장 간단한 규칙은 '스무딩을 전혀 적용하지 않는 것'이다. 그러나 세기 또는 세기 그레이디언트가 적절히 최소로 변화한다면 이 규칙을 느슨하게 적용해도 된다.

스티칭의 주요한 문제 중 하나는 직선 외각이 전체 장면을 비스듬히 가로지르는 경우에 대응하기가 거의 불가능하다는 점이다(그림 18.22). 이는 더 넓은 뷰를 확보하기 위해 각기 다른 방향에서 (평면적인) 프레임을 취하는 방식 때문이다. 이 때문에 도로 같은 직선은 각 프레

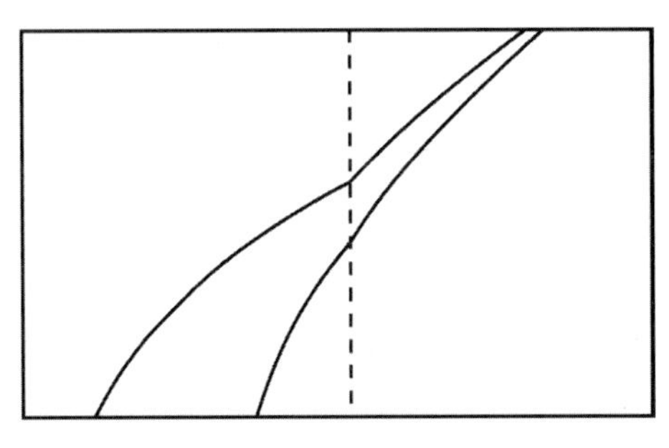

그림 18.22 도로를 찍은 두 사진을 이어붙인 결과. 외관상 올바르게 스티칭을 진행해도 실제로는 이음 부분이 꺾이게 된다.

그림 18.23 실제 스티칭 결과물: (A) 그림 18.22에서 예상한 내용이 실제로 나타나는 실례, (B) 과도하게 스티칭을 진행하는 패키지를 사용해 꺾임은 제거했으나 원근법상 말이 안 되는 사진을 생성한 결과. 아래쪽 도로 경계가 가려지지 않았다면 원근 문제는 해결할 수 있었겠지만, 꺾임이 발생하는 요인으로 작용했을 것이다.

임에서 모두 직선으로 나타나기는 하나, 프레임을 연결하는 지점에서 그 방향이 갑자기 변해버린다(그림 18.22). 단지 이론적으로만 그런 것이 아니라, 그림 18.23에서처럼 실제 예시에서도 나타나는 현상이다. 이를 극복하는 유일한 방법은 씬을 구나 원통 위에 나타내어, 연결 부분의 꺾임을 방지하는 것이다. 그러나 이렇게 하면, 특히 최종적인 그림을 평면 씬으로 나타내야 할 경우 원래 직선이었던 것이 곡선으로 변해버린다. 결국, 원본 사진들에 대한 단일 뷰포인트를 찾는 문제가 중요해진다. 이를 다루는 가장 좋은 방법은 (앞에서 단체 사진을 찍는 예시처럼) 무한대에서 찍은 사진처럼 표현하는 것이다. 이 경우 자를 대어보면 전체적으로는 직선이 아니더라도, 모든 로컬 위치에서는 직선으로 나타난다. 사실 이는 1960년대 이전까지 단체 졸업사진을 찍을 때 특수한 회전 라인스캔 카메라를 사용하던 방식과 동일하다. 충분한 광량을 확보하기 위해 시간이 많이 필요한 방식이었는데, 꼭 한 명은 한쪽 끝에서 다른 쪽 끝으로 달려가는 통에 사진에 두 번 찍히곤 했다.

18.11 결론

18장에서는 불변성에 대한 주요한 내용과 이를 이미지 인식에 응용하는 방법을 알아봤다. 우선 거리의 비율의 비율에서 출발해, 자연스럽게 교차 비율 불변성으로 넘어갔다. 기본적으로는 선분상의 지점 간 거리를 인식하는 데 사용할 수 있지만, 일반화를 거칠 경우 선분 다발에 대한 거리각을 구하거나 공점 평면의 거리각을 찾는 데 응용할 수 있다. 더 나아가 비동일 선상 지점에 대한 불변성을 구할 수 있는데, 이 경우 평면상의 다섯 비동일 선상 지점 세트에 대한 특성을 두 교차 비율로 묘사할 수 있다. 또한 교차 비율을 원뿔 곡선에 적용하는 것도 가능하다. 샤를의 정리는 주어진 네 지점 세트에 대해, 같은 교차 비율값을 갖는 지점의 궤적을 원뿔 곡선으로 정의하고 있다. 그러나 이 정리를 사용할 경우, 특정 형태의 원뿔 곡선을 다른 형태와 구분하기가 어렵다.

다른 불변성 및 이에 대한 여러 정리들에 대해서는 지면상의 한계로 여기서는 짧게 언급할 수밖에 없다. 이 장에서 살펴본 선분 및 원뿔 곡선의 예시를 확장해, 한 원뿔 곡선 및 두 동일 평면 비접선, 한 원뿔 곡선 및 두 동일 평면 지점, 두 동일 평면 원뿔 곡선에 대한 불변성을 확보했다. 특히 눈여겨볼 것은 불변성을 군으로서 설계하는 접근법이다(Mundy and Zisserman, 1992a). 그러나 예를 들어 곡선의 로컬한 형태 매개변수를 수학적으로 나타내는 등의 매개변수는 이미지 노이즈 때문에 일반적으로 사용하기에는 꽤나 불안정한 면이 있다. 그럼에도 불구하고 반미분 불변성을 사용할 경우 이러한 역할을 만족스럽게 구현할 수 있다.

다음으로 Åström(1995)에서 경고했듯이 원근 변환을 거치면 예를 들어 오리 실루엣이 토끼나 원형 같이 극적으로 그 형태가 변할 수 있기 때문에, 불변성 기반 인식에 실패할 수 있다(물론 모든 인식 방식이 원근 변환에 따라 영향을 받는다고 할 수도 있다. 그러나 기존의 많은 방식은 어느 정도 허용 가능한 범위의 형태 왜곡에 대해서만 다룰 수 있도록 설계된 반면, 불변성 기반 인식은 물체를 크게 왜곡하는 매우 극단적인 변환에 대해서도 어떻게든 대응을 시도한다). 이전과 달리 오스트롬Åström의 연구는 불변성 기반 인식을, 거짓 경고의 가능성을 가진 가설을 형성하는 과정으로 간주해 다뤄야 한다고 지적한다.

요컨대 불변성은 지점 등의 특징이 특정한 물체에 속하는지를 효율적인 계산으로 판단할 수 있다는 데 그 가치가 있다. 또한 카메라 보정이나 카메라 뷰포인트에 대한 정보가 없어도 이 판단이 가능하다는 점도 이점이다. 다만 카메라가 유클리드 공간에 놓여 있다는 전제가 필요하다(이는 이미지상에서 특정 물체의 위치가 어디인지 찾는 것을 가정했을 때다. 만약 더 나아가 물체의 위치를 계의 좌표로 나타내야 한다면, 카메라 보정이나 기준점 등을 사용해야 한다. 그러나 검사, 감시, 인식(예를 들어, 얼굴이나 서명) 등의 많은 응용 분야에서는 이미지상의 물체 위치를 찾는 것이 전적으로 충분하다).

불변성이 비전 커뮤니티에서 회자되기 시작한 것은 20년이 넘었지만, 체계적으로 연구되고 머신 비전에 적용된 것만 치면 15년 이내 정도다. 그 강력함을 볼 때, 시간이 지날수록 불변성이 점점 더 핵심적인 역할을 하게 될 것임은 자명하다. 이러한 강력함을 확인하고 싶다면 18.7~18.9절에서 설명한 소실점 검출을 참고하라. 아울러 원근 투영 문제의 경우, 불변성의 필요성뿐만 아니라 2차원 사진을 관찰하고 이어붙이는 문제에 대한 실마리를 제공해준다(18.10절).

원근 투영 문제는 3차원 비전에 있어 광범위한 비중을 차지하며, 2차원 사진을 관찰하거나 디지털 사진을 이어붙이는 등의 단순한 상황에서도 등장한다. 그러나 투영 불변성은 이 과정에서 발생하는 복잡성을 작게 쪼개어 상황에 필요한 정보를 제공하며, 소실점 검출 등을 해결하는 데 도움을 준다.

18.12 문헌과 연보

불변성이란 주제를 수학적으로 다루기 시작한 지는 매우 오래됐다(Chasles, 1855). 그러나 머신 비전 분야에 본격적으로 도입된 것은 비교적 최근이다. 관련 연구로는 로스웰

Rothwell, 지서만Zisserman 등이 참여한 Forsyth et al.(1991), Mundy and Zisserman(1992a, b), Rothwell et al.(1992a, b), Zisserman et al.,(1990)이 있다. 특히 Forsyth et al.(1991)은 다양한 불변성 기법을 소개하고, 특정 경우에 발생하는 안정성 문제를 다루고 있다. Mundy and Zisserman(1992a)는 Mundy and Zisserman(1992b)의 부록에 해당하는 내용으로서, 머신 비전에 대한 사영기하학 관련 내용을 다루고 있으며, 함께 수록된 다른 논문을 이해하는 데 필요한 배경지식을 제공한다는 면에서 특히 가치가 있다. 이 논문집은 불변성으로 할 수 있는 것을 이론적인 관점에서 분석하고 있지만, 다른 인식 방식과의 비교는 생략됐다. 즉, 연구자들이 불변성을 실제 응용 분야에 도입하는 데에서부터 논문이 시작한다. 이러한 관점에서 Kamel et al.(1994)의 얼굴 인식 논문은 불변성이 기존의 여러 접근법에 비해 더 많은 것을 이룰 수 있음을 보여주고 있다. 특히 얼굴 인식 과정에서 발생하는 원근 왜곡을 보정하는 면에서 그렇다.

좀 더 최근의 연구로는 「Image and Vision Computing」의 특별호에 실린 것이 있다(Mohr and Wu, 1998). 특히 Van Gool et al.(1998)은 항공 이미지에서 음영이 어떻게 반영되는지를, Boufama et al.(1998)은 불변성을 활용한 물체 자세 탐색을, Startchik et al.(1998)은 18.5절에서 살펴본 바 있는 반미분 불변성을 다뤘다. Maybank(1996)은 불변성의 정확성 문제를 다뤘으며, (4개의 매개변수만을 포함하는) 교차 비율에서 이 문제가 더 크게 나타남을 보였다. Barrett et al.(1991)은 지금까지 소개한 작업과 별개의 연구자들이 참여한 초기 연구인데, 여러 유용한 식을 유도함과 더불어 항공 인식을 그 실례로 삼고, 마지막으로 그 정확도에 대한 평가를 진행했다.

Rothwell(1995)의 저서는 불변성에 대한 초기 연구들을 꼼꼼히 정리했다. 이후 나온 Hartley and Zisserman(2000) 및 Faugeras and Luong(2001) 등의 3차원 관련 서적은 각자의 방식으로 그 개념들을 정리하고 있지만, 학생이 이러한 주제를 익히기에는 그다지 친절하지 않을지도 모른다. Semple and Kneebone(1952)는 투영 기하학에 대한 표준적인 서적이며, 재판을 거치며 현재도 널리 읽히고 있다.

VP 결정에 관한 주제는 모바일 로봇의 에고모션egomotion(Lebègue and Aggarwal, 1993; Shuster et al., 1993) 및 비전 방법론과 관련이 깊다(Magee and Aggarwal, 1984; Shufelt, 1999; Almansa et al., 2003). 이 경우, 어떤 식으로든 카메라 외각의 데이터를 사용할 때 발생하는 부

정확성에 대응해야 한다. 가우시안 구 기법을 제시한 선구적인 연구로는 Barnard(1983)이 있다. 흥미로운 응용으로서, Clark and Mirmehdi(2002, 2003)은 VP를 사용해 원근 왜곡이 이뤄진 텍스트를 복원했다. 이 접근법은 문단 단위로 복원을 시도하고 있으며, 이를 통해 줄간격을 포함해 여러 형태의 텍스트 정렬을 인식하고 다룰 수 있다.

18.12.1 최신 연구

좀 더 최근의 연구로서, Shioyama and Uddin(2004)는 교차 비율 불변성을 사용해 도로상의 변화 패턴과의 교점들을 분석하고, 이를 통해 횡단보도의 행인 위치를 찾도록 했다. Kelly et al.(2005)는 양안 뷰 간의 동형성을 통해 음영과 저고도 물체의 위치를 탐색했다. 이를 위해 논문은 직접 선형 변환DLT, direct linear transformation으로(Hartley and Zisserman(2003) 참고) 넷 이상의 지점 세트에 대한 동형성을 파악했다. 동형성을 찾으면 해당하는 물체를 후보에서 제거할 수 있기 때문에, 해당 물체에 대한 양안 뷰상의 3차원 깊잇값을 계산할 필요가 없다. Rajashekhar et al.(2007)은 교차 비율값을 사용해 이미지상의 인공 구조물을 인식하고 검색하는 방법을 보였다. 이미지상의 선형 구조를 찾는 데는 허프 변환을 사용했고, 선분상의 특징점을 찾아 교차 비율값 세트를 히스토그램 형태로 나타낸다(각 경우 히스토그램에는 여섯 종류의 모든 가능한 교차 비율값이 포함되어 있다). 이때 히스토그램이 적절한 수준으로 모여 있도록 0~5 사이의 값을 사용하는 것이 인공 구조물을 인식하는 데 가장 적절하다. 빌딩 등의 구조물은 200개 이상의 히스토그램 빈으로 양자화하더라도 잘 인식이 가능하다. Li and Tan(2010)은 비슷한 접근법을 택하되, 글자나 기호의 외각처럼 연속적으로 이어지는 형태에서 나타나는 교차 비율값을 추적했다. 이러한 '교차 비율 스펙트럼'을 통해, 문자에 꽤 큰 원근 왜곡이 발생하더라도 인식이 가능하다.

얼굴 인식 분야에서, An et al.(2010)은 다양한 조명 조건에 대응할 수 있는 조명 정규화 모델을 새롭게 고안했다. 이 경우, 얼굴을 고주파수 영역과 저주파수 영역으로 분해하는 식으로 작동한다. 즉, 원본 세기 패턴을 스무딩하게 나타나는 저주파수 부분으로 나누는 것으로 중요한 개선을 이뤘다(물론 추가적으로 균등화와 정규화 과정을 진행하긴 한다). Hansen and Ji(2010)은 눈 검출과 시선 추정에 관한 모델들을 조사하고, 추가로 개발이 필요한 내용을 정리했다. Fang et al.(2010)은 다중 스케일 이미지 스티칭에 대한 새로운 방식을 제안했다. 논문은 전역 및 로컬 정렬을 구하는 문제에 초점을 맞추고 있다. 관련된 여러 문제들을 해결하기 위해서는 다양한 전략이 필요하며, 이를 통합하기 위해서는 반복적인 처리 파이프라인이 요구된다.

18.13 연습문제

1. 선분상의 네 지점이 형성하는 6차 군 G(18.2절 및 18.6절 참고)의 여섯 값을, 교차 비율 κ로부터 변환해 구하기 위한 여섯 종류의 연산을 보여라. G가 비주기 군이며 2차 및 3차 하위군을 포함하고 있음을 보여라. 힌트: 이 6차 세트에 모든 가능한 결합 연산을 적용할 수 없으며, 항등 연산 및 각 세트 요소의 역수를 포함하고 있음을 보여라.
2. 원뿔 곡선 및 두 지점을 통해 불변성 교차 비율을 정의할 수 있음을 보여라.
3. 두 원뿔 곡선을 사용할 경우, 다음 조건에서 불변성 교차 비율을 정의할 수 있음을 보여라. (1) 네 지점에서 교차, (2) 두 지점에서 교차, (3) 교차하지 않아 공통적인 접선이 존재하지 않음(이 경우 좀 더 복잡한 수식을 사용해야 한다. 예를 들어, Rothwell(1995)를 참고하라. 해당 논문에는 (1)~(3)의 불확실성과 불완전성에 대한 내용도 포함되어 있다).
4. a. 그림 18.P.1에 사인 법칙을 적용해, 각도 α, β, γ가 거리 a, b, c에 대해 갖는 관계를 다음과 같이 계산할 수 있음을 보여라.

$$\frac{a}{\sin\alpha} \times \frac{c}{\sin\gamma} = \frac{a+b}{\sin(\alpha+\beta)} \times \frac{b+c}{\sin(\beta+\gamma)}$$

   b. 위의 식을 통해 선분상의 여러 거리와 각도 간의 관계를 구할 수 있음을 보여라. 더 나아가, O를 교점으로 하는 네 선분 다발을 지나는 임의의 두 선분에 대해 교차 비율이 균일함을 보여라.

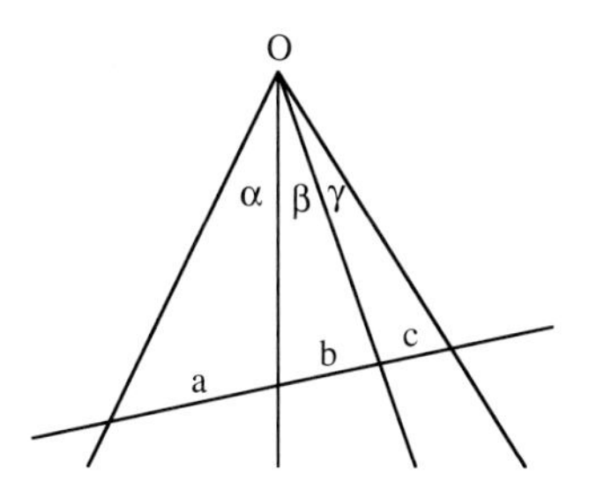

그림 18.P.1 교차 비율 계산

5. a. 패턴 인식에 '불변성'을 사용하는 것의 이점을 설명하라. 광학 문자 인식에 세선화 알고리듬을 사용할 때의 이점을 바탕으로 해답을 전개하라.

   b. 선분상의 네 지점(P_1, P_2, P_3, P_4)의 교차 비율은 다음과 같이 정의된다.

$$C(P_1, P_2, P_3, P_4) = \frac{(x_3 - x_1)(x_2 - x_4)}{(x_2 - x_1)(x_3 - x_4)}$$

   이러한 형태의 불변성이 물체를 전체 원근 투영으로 관측할 경우에 유용한 이유를 설명하라. 반대 방향으로 레이블을 붙인다 하더라도 교차 비율의 값이 변하지 않음을 보여라.

   c. 왜 교차 비율 개념이 약한 원근 투영에서도 유효한지를 논하라. 약한 원근 투영으로 관측한 선분의 불변성을 간단하게 구해보라.

   d. 평평한 조각칼날은 약한 원근 투영 조건에서 관측할 경우 서로 다른 길이의 두 평행변을 포함한다. 이 변의 길이를 측정할 경우, 3차원상의 어떤 각도에서든 이 칼날을 인식하는 것이 가능할지 논하라.

6. a. 도로의 편석을 관측할 경우, 동일 평면상의 특징점이 매우 많이 나타난다. 두 이미지(촬영 시점 간에 카메라가 이동했을 경우) 간의 대응 관계를 파악하려면, 5개의 동일 평면 특징점에 대한 두 교차 비율값을 확인하면 됨을 보여라.

   b. 파노라마 풍경 사진을 찍기 위해서는 여러 사진을 취한 후, 적절한 이미지 변환을 거쳐 '스티칭'을 진행해야 한다. 이때 각 이미지 간의 대응 관계를 확인할 필요가 있다. 평면 불변성 형태로 이뤄진 두 교차 비율값을 사용할 경우, 장면에서 선

택한 특징이 공통 평면상에 놓여 있지 않더라도 적용 가능함을 보이고, 이것이 가능한 조건을 구하라.

7. 관측 타원축을 따라 놓인 VP를 사용해 그림 18.16을 다시 그려라. 이렇게 하면 변환된 중심점 위치를 찾는 문제가 두 1차원 문제로 단순하게 변하며, 식 (18.32)를 통해 그 중심점 좌표를 구할 수 있음을 보여라.

8. 로봇이 직사각형 편석으로 포장된 도로를 걷고 있다고 하자. 카메라 헤드를 회전시키면, 편석 선의 세트 중 하나는 평행하고 나머지는 VP에서 수렴하게 할 수 있다. 로봇이 VP 위치를 계산하는 두 가지 방법을 보여라. (1) 각 편석의 너비가 변하는 양상을 측정. (2) 인접한 편석의 길이를 측정하고 식 (18.30)에 대입. (1)의 경우, VP의 위치를 결정하는 공식을 함께 제시하라. 두 경우 중 어느 것이 더 일반적인 접근법인가? 편석이 무작위 위치와 방향으로 정원에 놓여 있다면 어떤 방식을 적용할 수 있을까?

19

이미지 변환과 카메라 조정

계측 시스템을 구축할 경우 사용하기 전에 보정 과정을 주의 깊게 거치는 것이 일반적이다. 이 과정을 마지막에 다루는 이유는 (1) 수학적으로 까다롭고, (2) 건너뛰어도 되는 경우가 존재하며, (3) 충분한 수준의 계측이 먼저 이뤄진 다음에야 전체 보정을 진행할 수 있는 경우가 존재하기 때문이다. 19장에서는 보정에 관련된 문제를 다루고, 이 과정을 최소한 부분적으로나마 건너뛸 수 있도록 한 최근의 연구들을 알아본다.

19장에서 다루는 내용은 다음과 같다.

- 동차 좌표 기법을 통한 일반 3차원 위치와 변환
- '외부'(바깥 세계) 및 '내부'(카메라) 매개변수
- 절대 카메라 위치를 구하는 방법
- 카메라 렌즈 왜곡을 보정하는 방법
- 일반 등극선 기하의 개념
- 두 카메라의 기준 프레임에서 임의의 위치를 관측했을 때의 '필수' 및 '기초' 행렬 공식
- 8지점 알고리듬의 중요성
- 이미지 '정류화'의 가능성
- 3차원 복원의 가능성

19장은 3부를 이루는 핵심적인 내용을 담고 있다. 이 장들을 함께 살펴봐야 하는 이유는 각자가 다른 주제를 다루고 있을 뿐만 아니라, 같은 주제도 각기 다른 '관점'에서 바라보고 있기 때문이다. 아울러 2차원 이미지에서 3차원 및 움직임 정보를 추출하는 과정이 갖는 수학적인 복잡함을 고려해, 그 주제들을 가능한 한 매끄러운 과정으로 다루고자 했다.

19.1 서론

3차원 장면에서 이미지를 취득할 경우, 카메라 또는 이미지 센서의 정확한 위치와 방향은 알지 못하는 경우가 많다. 또한 전역 기준 프레임을 설정하고 그 관계를 찾아야 할 필요가 있다. 이는 예를 들어 검사 분야에서 이미지에 대해 정확한 물체 측정을 필요로 할 경우 특히 중요하다. 반면 특정한 경우, 예를 들어 침입자를 찾아내기 위한 보안 시스템이나 도로에서 자동차 수를 세는 시스템에서는 구체적인 정보를 확보해야 한다. 또한 로봇 팔 위에서 카메라가 회전하거나 이동하는 경우, 또는 공간 속에서 자유롭게 이동하는 물체를 검사하는 경우처럼 복잡한 상황도 있다. 이러한 상황에서는 카메라 보정이 주요한 문제로 떠오른다. 카메라 보정에 대해 살펴보려면, 처음 월드 지점과 최종 이미지의 지점 간에 발생하는 변환을 자세히 이해해야 한다. 이어지는 절에서는 이러한 이미지 변환에 대해 살펴보고, 그다음 두 절에서는 세부적인 카메라 매개변수 및 카메라 보정을 다룬다. 19.5절에서는 카메라 렌즈로 인한 이미지의 방사 왜곡을 보정하는 방법을 알아볼 것이다.

19.6절부터는 '다중 뷰' 비전이라는 다른 분야를 소개한다. 이 주제는 최근 들어 중요성이 높아졌는데, 기존처럼 카메라 보정을 하지 않아도 되는 새로운 이론을 사용함으로써 비전 시스템을 사용하는 도중에도 매개변수를 업데이트할 수 있기 때문이다. 이 방식은 일반 등극선 기하에 기반하고 있으며, 16.3.2절에서 다뤘던 등극선 선 개념에서 더 멀리 나아간 것이다. 여기서 핵심이 되는 내용은 '필수' 및 '기초' 행렬로서, 두 카메라 기준 프레임에서 임의의 지점을 관측한 위치에 관해 다룬다. 마지막 부분의 짧은 절들에서는 이미지 '정류화'(이상적인 카메라 위치에서 새로운 이미지를 취득하는 방식) 및 3차원 복원에 대해 살펴본다.

19.2 이미지 변환

우선, 전역 프레임에 대해 물체 지점의 회전과 움직임을 살펴보자. Z축에 대해 θ의 각도로 회전한 경우(그림 19.1), 일반적인 지점 (X, Y) 좌표는 다음과 같이 바뀐다.

$$X' = X\cos\theta - Y\sin\theta \tag{19.1}$$

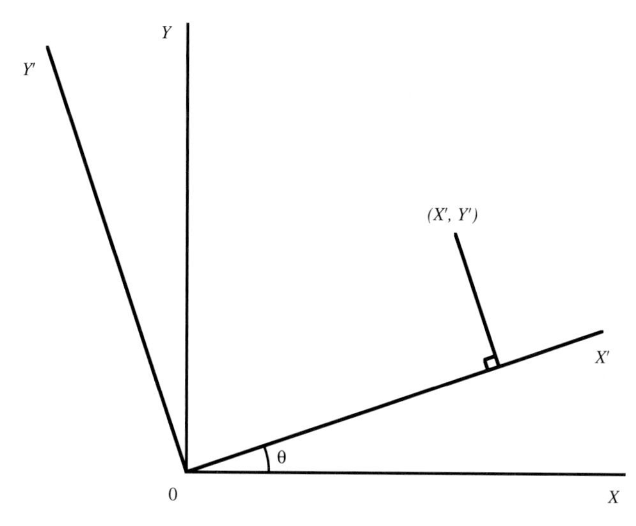

그림 19.1 원점 대비 θ만큼 회전한 결과

$$Y' = X \sin\theta + Y \cos\theta \tag{19.2}$$

행렬식을 사용하면 이 결과를 더 깔끔하게 표현할 수 있다.

$$\begin{bmatrix} X' \\ Y' \end{bmatrix} = \begin{bmatrix} \cos\theta & -\sin\theta \\ \sin\theta & \cos\theta \end{bmatrix} \begin{bmatrix} X \\ Y \end{bmatrix} \tag{19.3}$$

X 및 Y축에 대해서도 비슷한 회전을 수행할 수 있다. 3차원상에서의 회전을 3×3 행렬로 표현할 경우, Z축 θ 회전 행렬은 다음과 같다.

$$\mathbf{Z}(\theta) = \begin{bmatrix} \cos\theta & -\sin\theta & 0 \\ \sin\theta & \cos\theta & 0 \\ 0 & 0 & 1 \end{bmatrix} \tag{19.4}$$

마찬가지로, X축 ψ 및 Y축 φ 회전은 다음과 같다.

$$\mathbf{X}(\psi) = \begin{bmatrix} 1 & 0 & 0 \\ 0 & \cos\psi & -\sin\psi \\ 0 & \sin\psi & \cos\psi \end{bmatrix} \tag{19.5}$$

$$\mathbf{Y}(\varphi) = \begin{bmatrix} \cos\varphi & 0 & \sin\varphi \\ 0 & 1 & 0 \\ -\sin\varphi & 0 & \cos\varphi \end{bmatrix} \tag{19.6}$$

이 회전식을 순차적으로 적용하면 임의의 3차원 회전을 구현할 수 있다. 혹은 임의의 회전은 일련의 좌표축 회전으로 표현할 수 있다. 즉, $\mathbf{R} = \mathbf{X}(\psi)\mathbf{Y}(\varphi)\mathbf{Z}(\theta)$는 합성 회전식으로서, 우선 $\mathbf{Z}(\theta)$를 적용한 후 $\mathbf{Y}(\varphi)$, $\mathbf{X}(\psi)$ 순서대로 진행한다. 이 세 행렬 곱을 구하는 대신, 임의의 회전 $\mathbf{R}$을 일반적인 형태로 표현하면 다음과 같다.

$$\begin{bmatrix} X' \\ Y' \\ Z' \end{bmatrix} = \begin{bmatrix} R_{11} & R_{12} & R_{13} \\ R_{21} & R_{22} & R_{23} \\ R_{31} & R_{32} & R_{33} \end{bmatrix} \begin{bmatrix} X \\ Y \\ Z \end{bmatrix} \tag{19.7}$$

행렬 $\mathbf{R}$이 완전히 일반적인 것은 아님을 유의하라. 이 행렬은 직교 행렬이며, $\mathbf{R}^{-1} = \mathbf{R}^{\mathrm{T}}$의 속성을 갖는다.

회전과 대비해, 거리 (T_1, T_2, T_3)만큼 이동한 결과는 다음과 같다.

$$X' = X + T_1 \tag{19.8}$$

$$Y' = Y + T_2 \tag{19.9}$$

$$Z' = Z + T_3 \tag{19.10}$$

이 식은 3×3 곱셈 행렬 형태로 표현할 수가 없다. 그러나 일반적인 회전을 여러 좌표축의 회전으로 쪼개어 표현할 수 있듯이, 일반적인 이동과 회전은 각 좌표축에 대한 기본적 회전 및 이동의 일련으로 나타낼 수 있다. 즉, 변위를 일반화하여 행렬의 곱으로 표현하는 수학적인 표기법을 마련하는 것이 가장 편한 방법이다. 동차 좌표homogeneous coordinates가 바로 그것이다. 이 경우 행렬의 크기를 4×4로 키워야 한다. 일반적인 회전은 다음 형태로 나타낼 수 있다.

$$\begin{bmatrix} X' \\ Y' \\ Z' \\ 1 \end{bmatrix} = \begin{bmatrix} R_{11} & R_{12} & R_{13} & 0 \\ R_{21} & R_{22} & R_{23} & 0 \\ R_{31} & R_{32} & R_{33} & 0 \\ 0 & 0 & 0 & 1 \end{bmatrix} \begin{bmatrix} X \\ Y \\ Z \\ 1 \end{bmatrix} \tag{19.11}$$

또한 일반적인 이동은 다음과 같다.

$$\begin{bmatrix} X' \\ Y' \\ Z' \\ 1 \end{bmatrix} = \begin{bmatrix} 1 & 0 & 0 & T_1 \\ 0 & 1 & 0 & T_2 \\ 0 & 0 & 1 & T_3 \\ 0 & 0 & 0 & 1 \end{bmatrix} \begin{bmatrix} X \\ Y \\ Z \\ 1 \end{bmatrix} \tag{19.12}$$

따라서 일반적인 변위(즉, 이동과 회전) 변환은 다음 형태를 취한다.

$$\begin{bmatrix} X' \\ Y' \\ Z' \\ 1 \end{bmatrix} = \begin{bmatrix} R_{11} & R_{12} & R_{13} & T_1 \\ R_{21} & R_{22} & R_{23} & T_2 \\ R_{31} & R_{32} & R_{33} & T_3 \\ 0 & 0 & 0 & 1 \end{bmatrix} \begin{bmatrix} X \\ Y \\ Z \\ 1 \end{bmatrix} \tag{19.13}$$

이 일반 변환 표기법을 통해, 이동이나 회전 등 통상적인 강체의 움직임을 편리하게 연산할 수 있다. 우선, 물체의 크기 스케일을 나타내고자 할 경우 행렬로 가장 간단하게 표현하면 다음과 같다.

$$\begin{bmatrix} S & 0 & 0 & 0 \\ 0 & S & 0 & 0 \\ 0 & 0 & S & 0 \\ 0 & 0 & 0 & 1 \end{bmatrix}$$

좀 더 일반적인 경우

$$\begin{bmatrix} S_1 & 0 & 0 & 0 \\ 0 & S_2 & 0 & 0 \\ 0 & 0 & S_3 & 0 \\ 0 & 0 & 0 & 1 \end{bmatrix}$$

즉, 물체 내 선분 λ가 평행하지 않은 다른 선으로 변환되는 전단shear이 나타난다. 또한 기울임skewing은 다음과 같이 간단한 선형 이동이나

$$\begin{bmatrix} 1 & B & 0 & 0 \\ 0 & 1 & 0 & 0 \\ 0 & 0 & 1 & 0 \\ 0 & 0 & 0 & 1 \end{bmatrix}$$

혹은 더 일반적으로 다음과 같이 나타낼 수 있다.

$$\begin{bmatrix} 1 & B & C & 0 \\ D & 1 & F & 0 \\ G & H & 1 & 0 \\ 0 & 0 & 0 & 1 \end{bmatrix}$$

회전은 스케일링과 기울임의 조합으로 나타낼 수 있으며, 실제로 그렇게 구현된 바 있다(Weiman, 1976).

또 하나의 간단하지만 흥미로운 경우로는 반사가 있는데 다음과 같다.

$$\begin{bmatrix} 0 & 1 & 0 & 0 \\ 1 & 0 & 0 & 0 \\ 0 & 0 & 1 & 0 \\ 0 & 0 & 0 & 1 \end{bmatrix}$$

이 형태는 좌상단 3 × 3 행렬의 행렬식이 −1 값을 갖는 모든 부적절한 회전improper rotation에 대해 일반화할 수 있다.

지금까지 살펴본 모든 경우에서, 일반 변위 행렬의 맨 아래 행은 사실 필요하지 않다. 이 행은 다른 형태의 변환에서 유용하게 쓰인다. 그중 특기할 만한 경우는 원근 투영이 있다. 16.3절에 따르면, 물체 지점을 이미지 지점에 투영하는 식 (16.1)은 다음과 같다.

$$x = fX/Z \tag{19.14}$$

$$y = fY/Z \tag{19.15}$$

$$z = f \tag{19.16}$$

그런 다음, 변환 행렬의 아래 행을 사용하기 위해 동차 좌표를 $(X_h, Y_h, Z_h, h) = (hX, hY, hZ, h)$로 정의한다. 이때 h는 0이 아닌 상수로서, 1로 놓는 것도 가능하다. 이제 이에 대한 동차 변환을 나타내면 다음과 같다.

$$\begin{bmatrix} 1 & 0 & 0 & 0 \\ 0 & 1 & 0 & 0 \\ 0 & 0 & 1 & 0 \\ 0 & 0 & 1/f & 0 \end{bmatrix} \begin{bmatrix} X \\ Y \\ Z \\ 1 \end{bmatrix} = \begin{bmatrix} X \\ Y \\ Z \\ Z/f \end{bmatrix} \tag{19.17}$$

네 번째 좌푯값으로 나머지를 나누면 의도했던 변환 데카르트 좌표 $(fX|Z, fY/Z, f)$가 나옴을 확인할 수 있다.

이 결과를 좀 더 검토해보자. 우선, 4차원 동차 좌표에 대한 4 × 4 행렬 변환을 살펴봤다. 이 좌표는 실제와 바로 대응하지 않으며, 처음 세 좌표를 마지막 동차 좌표로 나누는 식으로 3차원 좌표를 구해야 한다. 요컨대 동차 좌표는 임의성, 어떤 상수를 곱하더라도 최종적인 해석값은 변하지 않는 성질을 갖고 있다. 같은 맥락으로, 실제 3차원 좌표에서 동차 좌표를 구하고자 할 경우 원하는 대로 곱셈 인수 h를 적용할 수 있다. 다만 보통은 값을 1로 놓는다.

동차 좌표의 장점은 하나의 곱셈 행렬을 사용해 모든 종류의 변환, 심지어 비선형 형태인 원근 변환에도 대응이 가능하다는 데 있다. 즉, 매우 복잡한 비선형 변환을 좀 더 간단한 선형 변환으로 치환하는 것이 가능하다. 이는 물체 좌표 변환이나 카메라 보정 등을 컴퓨터로 계산하기 쉬워짐을 뜻한다(뒷부분 참고). 또한 변환을 역으로 수행하고자 할 경우, 거의 대부분은 동차 변환 행렬의 역을 구하는 것으로 구현할 수 있다. 원근 변환은 예외인데, z 값이 고정되어 있기 때문에 Z는 미지수로 남아 있고, X와 Y는 단지 Z에 대한 상대 비율로 정의되기 때문이다(따라서 장면의 깊이를 파악하기 위해서는 양안 비전 등 추가적인 수단이 필요하다).

19.3 카메라 보정

앞에서는 동차 좌표계를 통해 강체의 이동이나 회전, 비강체의 스케일링이나 기울임, 원근 투영 등 3차원 연산을 선형 4 × 4 행렬로 쉽게 표현하는 방법을 살펴봤다. 이 중 원근 투영의 경우 이미지 좌표를 동일한 기준 프레임에서 나타내야 하므로, 카메라와 월드 좌표계world coordinates가 동일함을 암묵적으로 가정한다. 그러나 일반적으로 물체를 카메라로 관측할 때는 월드를 기준으로 한 물체의 위치는 파악할 수 있는 반면, 카메라 좌표계를 기준으로는 선험적인 정보를 확보할 수 없다. 카메라가 놓인 위치와 바라보는 방향이 정해져 있지 않기 때문이다. 예를 들어 헤드를 조정 가능한 짐벌 또는 모터 드라이브 위에 카메라가 놓일 수 있으며, 정밀한 보정 시스템이 갖춰져 있지 않을 수 있다. 카메라가 로봇 팔에 물려 있는 경우, 위치 센서를 통해 카메라 제어 시스템에 월드 좌표상의 위치 및 방향을 전달하도록 되어 있는 경우가 많다. 그러나 카메라가 느슨하게 물려 있는 경우 실제로 사용하기에(예를 들어, 로봇을 어떤 물체로 향하도록 할 경우) 부정확한 정보를 전달한다.

이러한 요인 때문에, 카메라 시스템을 통해 이미지를 실제로 응용하고자 할 경우, 예를 들어 픽 앤 플레이스 로봇robot pick-and-place에 도입하고자 할 때는 정확한 보정이 이뤄져야 한다. 이 경우 유용한 접근법은 월드 좌표와 카메라로 관측한 이미지 간에 원근 투영 형태의 일반 변환이 이뤄지고 있다고 가정하고, 장면 내의 여러 알려진 지점을 이미지상에서 찾아 보정 지점으로 삼는 것이다. 충분한 양의 지점을 확보할 수 있다면 변환 매개변수를 계산할 수 있고, 재보정 시점 전까지 모든 이미지 지점을 정확하게 해석할 수 있게 된다.

일반 변환 $\mathbf{G}$는 다음 형태로 나타낸다.

$$\begin{bmatrix} X_H \\ Y_H \\ Z_H \\ H \end{bmatrix} = \begin{bmatrix} G_{11} & G_{12} & G_{13} & G_{14} \\ G_{21} & G_{22} & G_{23} & G_{24} \\ G_{31} & G_{32} & G_{33} & G_{34} \\ G_{41} & G_{42} & G_{43} & G_{44} \end{bmatrix} \begin{bmatrix} X \\ Y \\ Z \\ 1 \end{bmatrix} \tag{19.18}$$

이때 최종적인 이미지 데카르트 좌표는 $(x, y, z) = (x, y, f)$이며, 처음 세 동차 좌표를 네 번째 좌표로 나눠주면 구할 수 있다.

$$x = X_H/H = (G_{11}X + G_{12}Y + G_{13}Z + G_{14})/(G_{41}X + G_{42}Y + G_{43}Z + G_{44}) \tag{19.19}$$

$$y = Y_H/H = (G_{21}X + G_{22}Y + G_{23}Z + G_{24})/(G_{41}X + G_{42}Y + G_{43}Z + G_{44}) \tag{19.20}$$

$$z = Z_H/H = (G_{31}X + G_{32}Y + G_{33}Z + G_{34})/(G_{41}X + G_{42}Y + G_{43}Z + G_{44}) \tag{19.21}$$

그러나 z 값을 알고 있기 때문에 G_{31}, G_{32}, G_{33}, G_{34} 매개변수를 구할 필요는 없다. 따라서 다른 매개변숫값을 찾는 방법을 마련해야 한다. 사실 여기서는 동차 좌표 간의 비율만이 유의미하기 때문에, G_{ij} 비율값을 계산하기만 하면 된다. 이때 일반적으로 G_{44}는 1로 놓으므로, 11개의 매개변수만 찾으면 된다. 이를 반영해 처음 두 수식을 정리하면 다음과 같다.

$$G_{11}X + G_{12}Y + G_{13}Z + G_{14} - x(G_{41}X + G_{42}Y + G_{43}Z) = x \tag{19.22}$$

$$G_{21}X + G_{22}Y + G_{23}Z + G_{24} - y(G_{41}X + G_{42}Y + G_{43}Z) = y \tag{19.23}$$

이렇듯, 어떤 이미지 지점 (x, y)에 대응하는 월드 지점 (X, Y, Z)는 두 수식으로 나타낼 수 있다. 즉, 11개의 G_{ij} 매개변숫값을 구하기 위해서는 최소 6개의 지점이 필요하다. 그림 19.2는 최소한에 가깝게 이를 구현하는 간단한 예시를 나타내고 있다. 중요하게 고려해야 할 사항은 보정 계산을 위해 월드 지점을 선택할 때 각각이 독립적인 수식을 형성하도록 해야 한다는 점이다. 따라서 동일 평면 관계가 발생하면 안 된다. 구체적으로, 최소 6개의 지점을 선택하되 그중 넷이 동일 평면상에 놓이면 안 된다. 더 많은 지점을 추가로 선택하면 과결정으로 인해 매개변수를 더 정확히 계산할 수 있다. 추가 지점의 경우 기존 지점과 동일 평면상에 있어도 된다. 일반적으로는 세 면이 보이게 정육면체를 배치하고, 각 면에 30~40개의 모서리 특징을 갖는 정사각형 패턴(루빅스Rubic 큐브처럼)을 형성하는 방식을 쓴다.

예를 들어, 유사역행렬pseudoinverse 방식 등 최소 제곱 분석을 사용해도 11개의 매개변수를 계산할 수 있다. 우선, $2n$개의 방정식을 행렬 형태로 나타내보자.

$$\mathbf{Ag} = \boldsymbol{\xi} \tag{19.24}$$

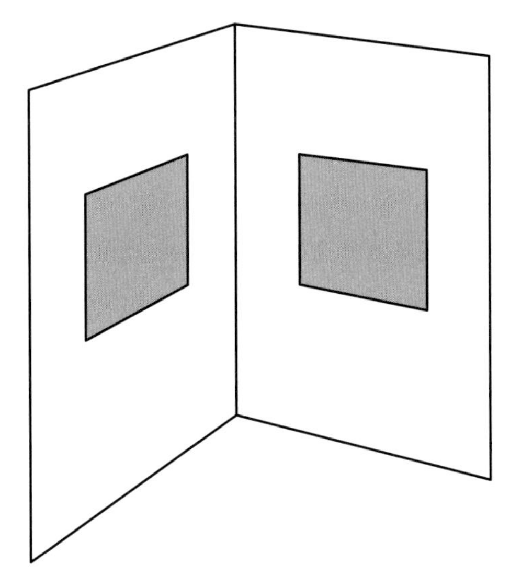

그림 19.2 카메라 보정을 위한 최소 셋업. 두 동일 평면 지점 세트를 포함하고 있으며, 각 세트는 정사각형 모서리에 위치하고 있다. 이 셋업은 카메라 보정을 위해 필요한 최소한도의 수보다는 더 많은 지점을 포함하고 있다.

여기서 $\mathbf{A}$는 $2n \times 11$ 계수 행렬이며, 여기에 다음 형태의 G 행렬을 곱해준다.

$$\mathbf{g} = (G_{11} G_{12} G_{13} G_{14} G_{21} G_{22} G_{23} G_{24} G_{41} G_{42} G_{43})^{\mathrm{T}} \tag{19.25}$$

또한 $\boldsymbol{\xi}$는 $2n$개의 성분을 갖는 열벡터다. 유사역행렬 해는 다음과 같다.

$$\mathbf{g} = \mathbf{A}^{\dagger} \boldsymbol{\xi} \tag{19.26}$$

여기서

$$\mathbf{A}^{\dagger} = (\mathbf{A}^{\mathrm{T}} \mathbf{A})^{-1} \mathbf{A}^{\mathrm{T}} \tag{19.27}$$

이 해는 예상보다 훨씬 복잡하다. 정사각행렬의 경우 일반적인 역행렬만이 정의되고 계산될 수 있기 때문이다. 유의할 점은 행렬 $\mathbf{A}^{\mathrm{T}}\mathbf{A}$의 역행렬이 존재할 경우에만 이 방식으로 해를 구할 수 있다는 것이다. 좀 더 자세한 설명은 Golub and van Loan(1983)을 참고하라.

19.4 내부 매개변수와 외부 매개변수

이제 카메라 보정을 위한 일반 변환을 좀 더 자세히 살펴보자. 카메라를 보정한다는 것은 곧 카메라와 월드 좌표계를 일치시키는 작업이다. 첫째, 월드 좌표의 원점을 카메라 좌표계 원점으로 이동한다. 둘째, 월드 좌표계의 축이 카메라 좌표계의 축과 일치할 때까지 회전한다. 셋째, 이미지 평면을 가로 방향으로 움직여 두 좌표계 간에 완전한 일치가 이뤄지도록 한다. 이 과정이 필요한 이유는 내부적인 정보, 즉 월드 좌표계에서 어떤 좌표가 이미지의 주지점에 대응하는지를 찾기 위해서다(주지점principal point은 카메라 주축 위에 놓인 지점을 뜻한다. 즉, 투영 중심에 가장 가까운 이미지 지점이다. 비슷하게, 카메라의 주축principal axis(또는 광축optical axis)은 투영 중심에서 이미지 평면에 수직으로 그은 선을 뜻한다).

이 처리를 진행할 때 명심해야 할 점이 있다. 카메라 좌표를 **C**라고 한다면, 첫 번째 과정에서 이동 **T**는 −**C**가 된다. 마찬가지로, 처리 과정에서 필요한 회전은 실제 카메라 방향의 역방향만큼이다. 이러한 역관계는 (예를 들어) 물체(여기서는 카메라)를 회전하는 것과 그 축을 반대 방향으로 회전하는 것이 동일한 효과를 갖기 때문이다. 따라서 모든 연산이 19.1절에서 나타낸 것과는 반대 방향으로 이뤄져야 한다. 즉, 카메라 보정 변환을 완전한 형태로 표현하면 다음과 같다.

$$\mathbf{G} = \mathbf{PLRT}$$

$$= \begin{bmatrix} 1 & 0 & 0 & 0 \\ 0 & 1 & 0 & 0 \\ 0 & 0 & 1 & 0 \\ 0 & 0 & 1/f & 0 \end{bmatrix} \begin{bmatrix} 1 & 0 & 0 & t_1 \\ 0 & 1 & 0 & t_2 \\ 0 & 0 & 1 & t_3 \\ 0 & 0 & 0 & 1 \end{bmatrix} \begin{bmatrix} R_{11} & R_{12} & R_{13} & 0 \\ R_{21} & R_{22} & R_{23} & 0 \\ R_{31} & R_{32} & R_{33} & 0 \\ 0 & 0 & 0 & 1 \end{bmatrix} \begin{bmatrix} 1 & 0 & 0 & T_1 \\ 0 & 1 & 0 & T_2 \\ 0 & 0 & 1 & T_3 \\ 0 & 0 & 0 & 1 \end{bmatrix} \tag{19.28}$$

여기서 **P**는 이미지 형성 과정에서의 원근 변환을 담당한다. **P** 및 **L**을 한데 묶어 내부 카메라 변환이라 부르며, 내부 카메라 매개변수intrinsic camera parameter를 포함하고 있다고 간주한다. 마찬가지로 **R**과 **T**는 외부 카메라 변환으로서, 외부 카메라 매개변수extrinsic camera parameter를 포함하고 있다.

$$\mathbf{G} = \mathbf{G}_{\text{internal}}\mathbf{G}_{\text{external}} \tag{19.29}$$

여기서

$$\mathbf{G}_{\text{internal}} = \mathbf{PL} = \begin{bmatrix} 1 & 0 & 0 & t_1 \\ 0 & 1 & 0 & t_2 \\ 0 & 0 & 1 & t_3 \\ 0 & 0 & 1/f & t_3/f \end{bmatrix} \rightarrow \begin{bmatrix} 1 & 0 & t_1 \\ 0 & 1 & t_2 \\ 0 & 0 & 1/f \end{bmatrix} \tag{19.30}$$

$$\mathbf{G}_{\text{external}} = \mathbf{RT} = \begin{bmatrix} \mathbf{R_1} & \mathbf{R_1 \cdot T} \\ \mathbf{R_2} & \mathbf{R_2 \cdot T} \\ \mathbf{R_3} & \mathbf{R_3 \cdot T} \\ \mathbf{0} & \mathbf{1} \end{bmatrix} \tag{19.31}$$

$\mathbf{G}_{\text{internal}}$에서 초기 이동 행렬 **T**는 카메라 투영 중심을 올바른 위치로 이동한다. 즉, t_3를 0으로 만든다. 이 경우 **L**은 앞에서 언급했듯이 가로 방향으로 이동한다. 이 시점에서는 (2차원) 결과를 3 × 3 동차 좌표 행렬로 표현할 수 있다. $\mathbf{G}_{\text{external}}$의 경우 **R**의 $\mathbf{R}_1$, $\mathbf{R}_2$, $\mathbf{R}_3$ 행에 대해 **T**와의 내적을 취하는 식으로 간단히 표현할 수 있다. 이렇게 구한 (3차원) 결과는 3 × 3 동차 좌표 행렬이다.

이러한 방식으로 **G**의 의미를 나타내는 것이 이해에는 쉬우나, 내부 행렬에 스케일링 및 기울임 매개변수를 포함하고 있지는 않으므로 일반적이라 할 수는 없다. 일반적인 형태의 $\mathbf{G}_{\text{internal}}$은 다음과 같이 나타낼 수 있다.

$$\mathbf{G}_{\text{internal}} = \begin{bmatrix} s_1 & b_1 & t_1 \\ b_2 & s_2 & t_2 \\ 0 & 0 & 1/f \end{bmatrix} \tag{19.32}$$

요컨대 $\mathbf{G}_{\text{internal}}$은 다음 성분을 포함할 수 있어야 한다.

1. 스케일링 오차를 보정하기 위한 변환
2. 이동 오차를 보정하기 위한 변환(이를 위해서는 카메라의 주축에 이미지의 원점이 위치해야 한다. 센서의 정렬이 잘못된 경우 이미지 중심에 원점이 놓이지 않는다.)
3. (센서 축이 직교하지 않을 경우) 센서의 기울임 오차를 보정하기 위한 변환
4. (센서 축 간에 스케일이 동일하지 않을 경우) 센서 전단shear 오차 보정을 위한 변환
5. 이미지 평면상에서 알 수 없는 이유로 틀어진 센서 방향을 바로잡기 위한 변환

여기서 이동 오차(2번 항목)는 t_1 및 t_2를 조정함으로써 바로잡을 수 있다. 나머지 항목은 다

음과 같은 2 × 2 행렬값을 통해 조정한다.

$$\begin{bmatrix} s_1 & b_1 \\ b_2 & s_2 \end{bmatrix}$$

그러나 이 행렬을 적용할 경우 우선 $\mathbf{G}_{\text{external}}$에 의해 월드 좌표계상에서 회전하고, 그다음에 이미지 평면에서 회전이 이뤄짐을 유의해야 한다. 즉, 두 회전을 분리하는 것이 사실상 불가능하다. 그러므로 이 시점에서 매개변수는 11개가 아니라, 외부 6개와 내부 6개를 포함해 총 12개다(1/f 인수에 대해서는 뒤에서 다룰 것이다). 따라서 앞의 내부 변환 목록에서 5번 항목을 제외하고 외부 매개변수에 포함하는 것이 낫다(이는 이상적인 방식이라 할 수는 없지만, 두 회전 성분을 분리하는 최적의 방식이란 존재하지 않는다. 카메라 시스템상의 내부 치수 측정을 통해서만 내부 성분을 파악할 수 있으나, 이 경우에도 분리를 적절하거나 의미 있는 문제로 취급하지는 않는다. 한편으로 내부 성분은 안정적인 반면 외부 성분은 카메라가 잘 설치되어 있지 않다면 쉽게 변할 수 있다). $\mathbf{G}_{\text{internal}}$에서 회전 성분을 제거하면 b_1 및 b_2가 동일해야 하므로, 내부 매개변수는 s_1, s_2, b, t_1, t_2다. f를 특정하게(혹은 따로) 측정하지 않더라도, 1/f 인수를 통해 카메라 보정 중 과정에서 다른 요인과 분리할 수 없는 스케일링을 반영할 수 있다. 요컨대 $\mathbf{G}_{\text{external}}$에서는 6개, $\mathbf{G}_{\text{internal}}$에서는 5개의 매개변수가 포함된다. 이를 합치면 앞 절에서 살펴봤듯이 총 11개의 매개변수가 된다.

다음으로 센서가 유클리드 공간상에 높은 정확도로 위치하는 상황을 생각해보자. 이 경우 $b = b_1 = b_2 = 0$, $s_1 = s_2$이므로 내부 매개변수는 3개로 줄어든다. 더 나아가 센서 정렬을 정확히 수행해 추가적인 오프셋이 발생하지 못하게 한다면 $t_1 = t_2 = 0$의 관계가 성립한다. 따라서 내부 매개변수의 수는 1개, 즉 $s = s_1 = s_2$로 줄어든다. 혹은 적절한 초점 거리가 sf로 줄어든다. 이에 따라 전체 카메라 시스템에 대한 보정 매개변수는 총 7개가 되며, 물체를 관측함에 있어 불확실성을 제거하기 위해 일반적으로 여섯 특징이 필요한 것과 달리 4개만으로도 충분하다(19.3절 참고).

19.5 방사 왜곡 보정

일반적으로 사진에는 왜곡이 잘 보이지 않기 때문에, 카메라 렌즈가 사실상 완벽에 가깝게 구성되어 있다고 생각할 수 있다. 그러나 사진상에서, 특히 주변 부분의 직선이 비정상적으로 휘어 보이는 경우가 종종 있다. 이는 소위 '핀쿠션pincushion' 또는 '배럴barrel' 왜곡 형태로 나타난다. 이름에서처럼 핀쿠션은 모서리 부분이 더 크게 뻗어나가고, 반대로 배럴은 중심 부분이 튀어나오는 모양을 띤다. 판석이나 담벽 이미지에서 왜곡이 일어나는 정도는 보통 512 픽셀 기준으로 몇 픽셀 정도에 불과하다. 즉, 2% 미만 수준이므로, 따로 직선을 표시하지 않는 이상 이러한 왜곡을 알아채지 못할 수 있다(그림 19.3). 그러나 인식이나 이미지 간 매칭에 있어서는 모든 종류의 왜곡을 제거하는 작업이 중요하다. 실제로 최근 들어 이미지 해석은 서브픽셀 정확도로 이뤄지는 것을 목표로 하며, 많은 경우 실제로 이를 실현하고 있다. 또한 두 양안 이미지 간의 차이는 1차 수준으로 그리 많지는 않지만, 픽셀 하나 차이가 깊이를 측정하는 데 있어 큰 오차를 만들어낸다. 즉, 3차원 이미지 분석 과정에서 배럴 또는 핀쿠션 왜곡을 보정해야 하는 상황이 특별한 것은 아니다.

대칭성에 따라, 이미지에 나타나는 왜곡은 방사 전개식 형태로 이뤄지거나 광축 주변에 축약되는 경향이 있다. 이는 각각 핀쿠션과 배럴 왜곡에 해당한다. 많은 오차 종류처럼, 수열 형태로 답을 찾는 것이 유용하다. 이에 따라 왜곡을 모델링하면 다음과 같다.

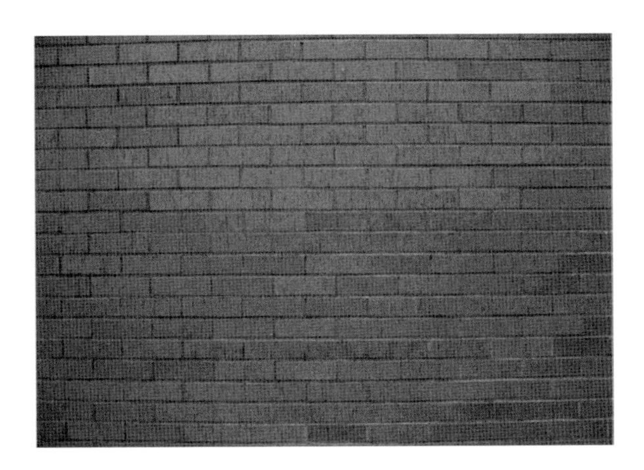

그림 19.3 방사 (배럴) 왜곡을 포함한 벽돌담 사진

$$\mathbf{r}' = \mathbf{r}f(r) = \mathbf{r}\left(a_0 + a_2r^2 + a_4r^4 + a_6r^6 + \cdots\right) \tag{19.33}$$

괄호 안에서 홀수 차수 항은 대칭성에 따라 0으로 소거된다. a_0는 카메라 보정 행렬의 스케일 매개변수로 대체할 수 있기 때문에, 일반적으로 1로 놓는다.

이 효과를 상세하게 정의하기 위해, x 및 y 왜곡을 각각 표현하면 다음과 같다.

$$x' - x_c = (x - x_c)\left(1 + a_2r^2 + a_4r^4 + a_6r^6 + \cdots\right) \tag{19.34}$$

$$y' - y_c = (y - y_c)\left(1 + a_2r^2 + a_4r^4 + a_6r^6 + \cdots\right) \tag{19.35}$$

여기서 x와 y 좌표는 렌즈의 광축 위치 (x_c, y_c)에 대한 상대 위치이며, 따라서 $\mathbf{r} = (x - x_c, y - y_c)$, $\mathbf{r}' = (x' - x_c, y' - y_c)$다.

앞에서 언급했듯이, 이미지의 오차는 보통 2% 범위 내로 발생한다. 이는 전개식에서 첫 번째 항만을 사용하고 나머지를 배제해 보정하더라도 일반적으로는 충분히 정확한 결과를 얻을 수 있다는 뜻이다. 특히 이미지 크기가 512 × 512픽셀 이하인 경우, 매우 드물지만 원본과 거의 구분할 수 없을 정도로 정확도가 향상될 수 있다(이는 일반인이 구입하는 저가의 웹캠에서는 대부분 해당하지 않는 내용이다. 카메라 칩이나 회로의 성능이 나쁘지 않다 하더라도, 저가 렌즈를 사용한 이상 왜곡을 없애기 위해서는 광범위한 보정이 필요하다). 또한 역행렬 계산 과정에서 발생하는 오차와 3차원 알고리듬의 수렴으로 인해 디지털화 오차가 발생하며, 더 높은 차수의 방사 왜곡이 보이지 않을 수 있다. 즉, 대부분의 경우 다음과 같이 하나의 매개변수로 수식을 모델링할 수 있다.

$$\mathbf{r}' = \mathbf{r}f(r) = \mathbf{r}\left(1 + a_2r^2\right) \tag{19.36}$$

다만 이 방법론은 왜곡에만 해당됨을 유의하라. 나머지는 다른 역변환을 통해 보정해야 한다.

예를 들어, 이미지 위쪽의 직선이 어떤 모양으로 나타나는지 확실히 파악해보자(그림 19.3). 이미지 크기가 $-x_1 \leq x \leq x_1$, $-y_1 \leq y \leq y_1$이며 카메라의 광축이 이미지 중심에 위치한다고 가정하자. 이때 직선은 다음과 같은 근사식으로 나타낼 수 있다.

$$y' = y_1\left[1 + a_2\left(x^2 + y_1^2\right)\right] = y_1 + a_2y_1^3 + a_2y_1x^2 \tag{19.37}$$

즉, 포물선 형태를 띤다. 포물선 중심의 수직 오차는 $a_2y_1^3$이며, 끝부분의 수직 오차는 $a_2y_1x_1^2$

이다. 정사각형 이미지인 경우($x_1 = y_1$), 이 두 오차는 같은 값을 갖는다(포물선 모양 때문에 $x = 0$에서 오차가 없다고 생각한다면 잘못된 것이다).

마지막으로, 디지털 스캐너는 단일 렌즈 카메라와는 매우 다른 환경에 있다. 물체 공간에서 렌즈를 움직이는 방식으로 이미지를 취득하기 때문이다. 따라서 원칙적으로 가로 방향 오차는 대응하기가 어려운 반면, 세로 방향 오차는 비슷한 수준으로 발생할 확률이 적다.

19.6 다중 뷰 비전

1990년대를 지나는 동안, 보정되지 않은 카메라로 다중 뷰를 구현하는 과정에서 3차원 비전 분야의 상당한 진전이 있었다. 앞 절을 통해 카메라 보정이 어떻게 이뤄지는지 이해했다면 잘 이해가 되지 않을 것이다. 그러나 다중 뷰를 통해 얻을 수 있는 추가적인 이점이 있다. 감시 카메라나 영화 촬영을 통해 기록된 비디오 테이프가 적어도 수천 개는 존재한다. 이러한 경우 '이것이 무엇이었을지'에 대해 후회하지 않도록, 가능한 한 많은 정보를 수집해야 한다. 그러나 이 외에도 필요한 내용은 더 많다. 온도나 줌, 초점 설정 등에 따라 카메라 매개변수가 변화하는 상황이 자주 있기 때문이다. 게다가 카메라를 계속 재보정하기 위해, 정교하게 만든 테스트 물체를 항상 바라보게 하는 것도 실현 불가능한 일이다. 마지막으로, (예를 들어 양안 비전처럼) 여러 카메라가 필요할 경우 각각을 다르게 보정해 상대적인 총 오차를 최소화해야 한다. 이보다는 전체를 하나의 시스템으로 놓고 관측한 실제 장면에 맞게 보정하는 편이 훨씬 낫다.

사실 이러한 목표 중 일부는 단일 카메라로 취득한 연속 이미지 간의 불변성 형태로 이미 다룬 바 있다. 예를 들어 동일 선상에 놓인 네 지점을 관측해 교차 비율을 확인해보면, 카메라가 앞으로 나아가거나 방향을 바꾸거나 시점 내에서 지점들을 점점 비스듬히 관측하더라도 그 값은 일정하다. 이를 위해, 즉 물체(또는 네 지점)를 인식하고 그 상태를 유지하기 위해서는 보정 없이도 왜곡이 존재하지 않는 카메라가 필요하다. 여기서 왜곡이 존재하지 않음이란, 원근 왜곡의 보정, 그러니까 교차 비율 불변성을 확보한다는 뜻이 아니다. 방사 왜곡이 존재하지 않거나, 최소한 소프트웨어로 이를 제거할 수 있음을 의미한다(19.5절 참고).

다중 뷰(하나의 카메라가 여러 장소로 이동하거나, 여러 카메라가 전체 월드를 커버하거나)를 통해 이미지 해석을 수행하는 방법을 일반적으로 이해하기 위해서는 처음으로 돌아가 양안 비전이나 등극선 제약 조건 등의 개념에서부터 다시 시작해야 한다. 이 과정에서 두 행렬, '필수' 행렬essential matrix과 '기초' 행렬fundamental matrix이 등장한다. 여기서는 우선 필수 행렬부터 알아본 뒤, 기초 행렬로 그 개념을 더 일반화할 것이다. 그러나 그 전에, 두 카메라가 월드에 대한 일반적인 뷰를 어떻게 구성하는지 살펴보자.

19.7 일반 등극선 기하

16.3절에서는 양안 대응 문제를 살펴봤고, 두 카메라를 선택함에 있어 각각의 이미지 평면이 평행함을 넘어 일치하도록 해야 그 작업을 단순하게 해결할 수 있음을 확인했다. 이렇게 하면 깊이를 지각하기 위한 구도가 매우 단순해지지만, 인간의 시각 시스템HVS, human visual system에서 두 이미지 간의 수렴도 각이 0 외의 값을 가질 가능성을 상당히 낮춘다. 실제로 HVS의 특징이라면, 수렴도를 조정해 현재 시야 내에서 초점을 맞출 위치의 두 이미지 간 분리도를 0에 가깝게 놓을 수 있다는 것이다. 또한 HVS는 깊이를 단지 분리도로 측정할 뿐만 아니라, 약간이라도 존재하는 분리도 변화에 따른 수렴도 변화를 계측해 구한다.

이제 실제 수렴도와 더불어 분리도의 가능성에 대해 일반적인 해를 구해보자. 그림 19.4는 이 구도를 다시 그린 것이다. 장면상의 실제 지점 P는 두 이미지에서 각각 P_1과 P_2로 나타난다. P_1은 이미지 2의 등극선 E_2상에서, P_2는 이미지 1의 등극선 E_1상에서 임의의 위치에 해당한다. 이때 소위 등극 평면 P는 P와 두 카메라의 투영 지점 C_1 및 C_2를 포함하는 평면을 뜻한다. 따라서 등극선(16.3절 참고)은 이 평면을 두 이미지 평면으로 나누는 직선을 의미한다. 더 나아가, C_1과 C_2를 잇는 선분은 이미지 평면상에서 등극점epipole e_1 및 e_2를 지나간다. 이 지점은 각 카메라의 다른 투영 지점에 대한 이미지에 해당한다. 모든 등극 평면이 C_1, C_2와 e_1, e_2를 지나감을 유의하라. 다시 말해, 두 이미지의 모든 등극선은 각각의 등극점을 지나간다. 그러나 수렴도 각이 0일 경우(그림 16.5), 두 이미지 방향에 대해 등극점은 모두 무한대에 존재하며 등극선은 평행하다. 즉, C_1에서 C_2로 향하는 벡터 **C**와 평행하다.

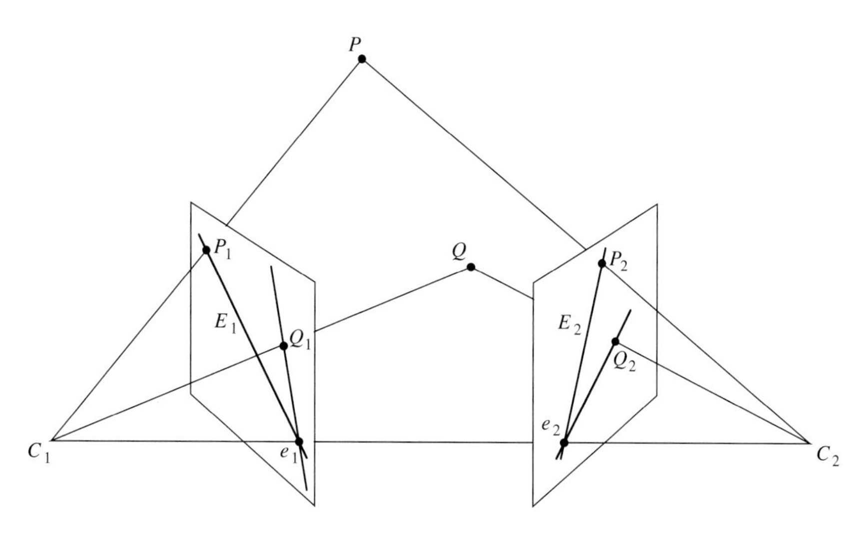

그림 19.4 두 뷰포인트에서의 장면 이미징 구도. 그림의 경우 상당한 수렴도가 존재한다. 왼쪽 이미지에서 모든 등극선은 등극점 e_1을 지나가며, 그중 E_1만을 나타내었다. 오른쪽 이미지도 비슷한 경향을 보인다.

19.8 필수 행렬

이 절에서는 우선, 각각 C_1과 C_2에서 P로 향하는 벡터 $\mathbf{P}_1$와 $\mathbf{P}_2$, 그리고 C_1에서 C_2로 향하는 벡터 $\mathbf{C}$를 정의한다. 벡터 간의 차를 구하면 다음과 같다.

$$\mathbf{P}_2 = \mathbf{P}_1 - \mathbf{C} \tag{19.38}$$

또한 $\mathbf{P}_1$, $\mathbf{P}_2$, $\mathbf{C}$가 동일 평면상에 있으므로, 동일 평면 조건은 다음과 같이 나타낼 수 있다.

$$\mathbf{P}_2 \cdot \mathbf{C} \times \mathbf{P}_1 = 0 \tag{19.39}$$

(이는 변의 길이가 $\mathbf{P}_1$, $\mathbf{P}_2$, $\mathbf{C}$인 평행육면체의 부피가 0인 것과 동일한 상황이다.)

다음으로, $\mathbf{P}_1$과 $\mathbf{P}_2$를 각 기준 프레임에 대해 상대적으로 표현할 때 두 벡터 간의 관계를 정의해보자. 만약 기준 프레임 C_1에 대해 벡터를 정의할 경우, $\mathbf{P}_2$에 해당하는 기준 프레임 (C_2)에 대해 재표현하려면 이동 $\mathbf{C}$와 수직 행렬 R에 대한 축 회전을 적용해야 한다. 즉,

$$\mathbf{P}'_2 = R\mathbf{P}_2 = R(\mathbf{P}_1 - \mathbf{C}) \tag{19.40}$$

따라서

$$\mathbf{P}_2 = R^{-1}\mathbf{P}'_2 = R^{\mathrm{T}}\mathbf{P}'_2 \tag{19.41}$$

이 식을 동일 평면 조건식에 대입하면 다음과 같다.

$$\left(R^{\mathrm{T}}\mathbf{P}'_2\right)\cdot\mathbf{C}\times\mathbf{P}_1 = 0 \tag{19.42}$$

여기서 벡터곱 $\mathbf{C}\ \times$는 다음과 같은 기울임-대칭 행렬 $C_\times$로 대체할 수 있다.

$$C_\times = \begin{bmatrix} 0 & -C_z & C_y \\ C_z & 0 & -C_x \\ -C_y & C_x & 0 \end{bmatrix} \tag{19.43}$$

이 경우 행렬을 올바르게 계산하기 위해서는 모든 벡터에 대해 적절한 전치가 이뤄져야 한다. 따라서 식은 다음과 같이 표현된다.

$$\left(R^{\mathrm{T}}\mathbf{P}'_2\right)^{\mathrm{T}}C_\times\mathbf{P}_1 = 0 \tag{19.44}$$

$$\therefore\quad \mathbf{P}'^{\mathrm{T}}_2 RC_\times\mathbf{P}_1 = 0 \tag{19.45}$$

'필수 행렬'에 대한 최종적인 공식을 구하면,

$$\mathbf{P}'^{\mathrm{T}}_2 E\mathbf{P}_1 = 0 \tag{19.46}$$

이를 통해 계산한 필수 행렬은 다음과 같다.

$$E = RC_\times \tag{19.47}$$

실제로는 식 (19.46)이 실제 의도한 결과에 해당한다. 즉, 동일한 지점이 두 카메라 기준 프레임에서 관측되는 위치 간의 관계를 정의한다. 여기에서 더 나아가 등극선에 대한 수식을 유도할 수도 있다. 우선 C_1 카메라 프레임의 경우

$$\mathbf{p}_1 = (f_1/Z_1)\mathbf{P}_1 \tag{19.48}$$

또한 C_2 카메라 프레임에 대해, 이에 해당하는 기준 프레임을 기준으로 표현하면 다음과 같다.

$$\mathbf{p}'_2 = (f_2/Z_2)\mathbf{P}'_2 \tag{19.49}$$

$\mathbf{P}_1$ 및 $\mathbf{P}'_2$을 소거하고 프라임 기호를 제거하면(각 이미지 평면에서 좌표를 구분하는 데는 숫자

1과 2로 나타내는 것으로도 충분하다),

$$\mathbf{p}_2^{\mathrm{T}} E \mathbf{p}_1 = 0 \tag{19.50}$$

이 과정에서 Z_1, Z_2와 f_1, f_2는 행렬식에서 소거된다.

이제 $\mathbf{p}_2^{\mathrm{T}} E = \mathbf{l}_1^{\mathrm{T}}$로, $\mathbf{l}_2 = E\mathbf{p}_1$으로 쓰면, 다음 관계가 성립하게 된다.

$$\mathbf{p}_1^{\mathrm{T}} \mathbf{l}_1 = 0 \tag{19.51}$$

$$\mathbf{p}_2^{\mathrm{T}} \mathbf{l}_2 = 0 \tag{19.52}$$

즉, $\mathbf{l}_2 = E\mathbf{p}_1$ 및 $\mathbf{l}_1 = E^{\mathrm{T}}\mathbf{p}_2$는 각각 $\mathbf{p}_1$ 및 $\mathbf{p}_2$에 대한 등극선이다(이를 이해하기 위해 선분 $\mathbf{l}$과 지점 $\mathbf{p}$를 생각해보라. $\mathbf{p}^{\mathrm{T}}\mathbf{l} = 0$은 $\mathbf{p}$가 $\mathbf{l}$상에 있음을, 혹은 $\mathbf{l}$이 $\mathbf{p}$를 지나감을 뜻한다).

마지막으로, 위의 수식을 통해 등극점을 찾아보자. 사실 등극점은 같은 이미지 내 모든 등극선상에 있다. 따라서 $\mathbf{e}_2$는 식 (19.52)를 ($\mathbf{p}_2$를 대체하는 식으로) 만족한다.

$$\mathbf{e}_2^{\mathrm{T}} \mathbf{l}_2 = 0$$
$$\therefore \quad \mathbf{e}_2^{\mathrm{T}} E \mathbf{p}_1 = 0 \quad \text{모든 } \mathbf{p}_1\text{에 대해}$$

이는 $\mathbf{e}_2^{\mathrm{T}} E = 0$, 또는 $E^{\mathrm{T}}\mathbf{e}_2 = 0$을 뜻한다. 마찬가지로, $E\mathbf{e}_1 = 0$이다.

19.9 기초 행렬

앞에서 필수 행렬을 계산할 때, 마지막 부분에서는 카메라가 올바르게 보정됐음을 전제로 했다. 즉, $\mathbf{p}_1$과 $\mathbf{p}_2$의 이미지 좌표는 보정된 상태다. 그러나 19.6절에서 언급한 이유들 때문에 보정되지 않은 이미지, 즉 원본 픽셀 정보를 사용해야 할 경우도 있다(또한 모든 방사 왜곡은 제거하되 19.3절과 19.4절에서 다룬 대로 보정하면 안 되는 경우도 있음을 유의하라). 보정된 이미지 좌표에 카메라 고유 행렬 G_1 및 G_2를 적용하면 이미지의 원본 좌표를 구할 수 있다.

$$\mathbf{q}_1 = G_1 \mathbf{p}_1 \tag{19.53}$$

$$\mathbf{q}_2 = G_2 \mathbf{p}_2 \tag{19.54}$$

반대 방향으로 진행할 필요가 있기 때문에, 양변에 역을 취하면 다음과 같다.

$$\mathbf{p}_1 = G_1^{-1}\mathbf{q}_1 \tag{19.55}$$

$$\mathbf{p}_2 = G_2^{-1}\mathbf{q}_2 \tag{19.56}$$

식 (19.50)에서 $\mathbf{p}_1$과 $\mathbf{p}_2$를 소거하면, 원본 픽셀 좌표계 간의 관계를 다음과 같이 구할 수 있다.

$$\mathbf{q}_2^{\mathrm{T}}\left(G_2{}^{-1}\right)^{\mathrm{T}} E G_1{}^{-1}\mathbf{q}_1 = 0 \tag{19.57}$$

이를 정리하면,

$$\mathbf{q}_2^{\mathrm{T}} F \mathbf{q}_1 = 0 \tag{19.58}$$

여기서

$$F = \left(G_2{}^{-1}\right)^{\mathrm{T}} E G_1{}^{-1} \tag{19.59}$$

F는 '기초 행렬'이라 부른다. 이 행렬은 카메라를 보정하기 위해 필요한 모든 정보를 담고 있기 때문에, 필수 행렬보다 더 많은 매개변수를 필요로 한다. 그러나 식 (19.46)과 식 (19.58) 간에 나타나는 유사성을 통해 확인할 수 있듯이, 두 행렬은 동일한 기본 정보를 전달한다.

마지막으로, 기초 행렬에서 등극점은 필수 행렬에서와 비슷하게, 원본 이미지 좌표 $\mathbf{f}_1$ 및 $\mathbf{f}_2$를 기준으로 $F\mathbf{f}_1 = 0$과 $F^{\mathrm{T}}\mathbf{f}_2 = 0$에 위치한다.

19.10 필수 행렬과 기초 행렬의 특성

다음으로 필수 행렬과 기초 행렬의 구성을 살펴보자. $C_\times$의 경우 E, 혹은 간접적으로 F에 대한 인수에 해당한다. 사실 이 행렬들은 $C_\times$에 대해 유사하기 때문에, $\mathbf{C}$의 스케일은 두 행렬식(식 (19.46)과 식 (19.58)) 간에 차이가 없다. 중요한 부분은 바로 $\mathbf{C}$의 '방향'이다. 다시 말해 E와 F의 스케일은 그다지 중요하지 않으며, 계수의 상대적인 값이 큰 의미를 갖는다. F의 경우, $C_\times$가 기울임에 대해 대칭이므로 7개의 계수를 포함한다. 즉, F의 속성은 랭크 3이 아니라 랭크 2 행렬이다. E에 대해서도 동일한 논리가 적용되나, E는 (이미지 보정 정보를 포함하고 있지 않아) 좀 더 단순하기 때문에 자유 매개변수가 5개만 존재한다. 이 경우 원래의 이동(**C**) 매개변수 3개와 회전(**R**) 매개변수 3개에서, 스케일 매개변수만 제외한 것이다.

이러한 맥락에서, **C**가 단일 카메라의 이동만을 포함하고 있다면 필수 행렬은 **C**에서 스케일만 변화시킨 결과를 보인다. 즉, **C**의 방향에만 신경을 쓰면 되며, 같은 방향으로 연속적인 움직임을 가질 경우 동일한 등극선이 생성된다. 이때 등극점은 확장이나 수축 중심점으로 해석할 수 있다. 요컨대 이 공식의 강력함은 움직임과 변위를 하나로 묶어 취급할 수 있다는 데 있다.

마지막으로, 기초 행렬에 7개의 자유 매개변수가 존재하는지에 대한 설명이다. 이유는 다소 단순한데, 각 등극점을 특정하기 위해서는 매개변수 2개가 필요하기 때문이다. 여기에, 두 이미지 간에 세 등극선을 매핑하기 위해 3개의 매개변수가 추가로 있어야 한다. 그런데 왜 세 등극선인가? 등극선 세트는 일종의 선분 다발로 취급할 수 있으며, 그 방향은 교차 비율과 관계가 있다. 따라서 세 등극선 선분을 특정할 경우, 나머지에 대한 매핑을 추정할 수 있다(교차 비율의 속성을 고려하면, 등극선의 개수가 셋보다 적을 경우 충분한 정보를 확보할 수 없으며, 반대로 셋보다 많아도 추가적인 정보를 제공하지는 않는다). 혹은 이렇게 말할 수 있다. 두 1차원 투영 공간 사이의 동형성(투영 변환)은 3개의 자유도를 갖는다.

19.11 기초 행렬 추정

앞 절에서는 기초 행렬이 7개의 자유 매개변수를 갖고 있음을 보였다. 즉, 두 이미지에서 동일한 일곱 특징을 사용하면 매개변수를 추정하는 것이 가능하다. 그러나 이렇게 최소한의 지점을 사용할 경우, 지점들이 일반적인 형태로 위치해야 한다. 일반적이지 않게 배열할 경우 계산 과정에서 수치적으로 불안정하거나, 수렴에 완전히 실패하거나, 원치 않는 불확실성이 발생할 수 있다. 일반적으로 지점들은 동일 평면상에 놓여서는 안 된다. 어쨌든 수학적인 측면에서는 가능한 상황이며 대응할 수 있는 비선형 알고리듬이 존재하지만(Faugeras et al., 1992), 계산을 진행해보면 수치적으로 불안정한 경향이 나타난다. 기본적으로 노이즈가 추가적인 변수로 작용하기 때문에 실질적인 자유도는 8개로 증가한다. 이를 해결하기 위해 8지점 알고리듬eight-point algorithm이라는 선형 알고리듬이 등장했다. 흥미롭게도, 이 알고리듬은

Longuet-Higgins(1981)이 '필수' 행렬을 수년 먼저 제시했지만, 실제로 널리 쓰이기 시작한 것은 Hartley(1995)가 제1정규화를 통해 오차를 제어할 수 있음을 보인 후부터다. 아울러 8개 이상의 지점을 사용할 경우 정확도도 높아지지만, 과결정되는 매개변수에 대응하기 위한 적절한 알고리듬을 확보해야 한다. 특잇값 분해를 통해 주성분 분석을 진행하는 방법도 그중 하나다.

노이즈를 제외하면, 이미지 간에 지점을 대응하는 과정에서 나타나는 총체적인 어긋남은 실제로 문제가 될 여지가 있다. 이 경우, 일반적인 최소 제곱 형태 대신 최소 제곱 메디안 강건 추정법least median of squares robust estimation method을 사용해 해법을 구하는 것이 유리하다(부록 A).

19.12 8지점 알고리듬 업데이트

19.11절에서는 8지점 알고리듬을 통해 기초 행렬을 추정하는 방법을 대략적으로 알아봤다. 8년의 시간 동안(1995~2003), 이 방식은 문제를 푸는 데 있어 표준적인 해법으로 자리 잡았다. 그러나 Torr and Fitzgibbon(2003, 2004)의 중요한 연구에 따르면 이 방식으로 얻은 해답은 계산 과정에서 쓰인 좌표계에 따라 바뀌며, 따라서 언제나 가장 뛰어난 방식이라 하기에는 무리가 있다. 이는 일반적으로 쓰이는 정규화 $\sum_i f_i^2 = 1$이 좌표계의 이동에 대한 불변성을 갖지 못하기 때문이다. 사실 정규화가 불변성을 갖는 방법을 찾기란 불가능하다. 예를 들어 Tsai and Huang(1984)가 제안했던 단순한 $f_9 = 1$ 정규화로 구한 해답은 편향되며, $f_9 = 0$인 경우에 대응하지 못한다. 그럼에도 불구하고 Torr and Fitzgibbon(2003, 2004)의 논리적인 분석에 따르면, 약한 원근처럼 아핀 변환을 무시하는 상황에 대해 F는 다음과 같이 정규화를 진행한다.

$$f_1^2 + f_2{}^2 + f_4{}^2 + f_5{}^2 = K \tag{19.60}$$

여기서 K는 상수이며

$$F = \begin{bmatrix} f_1 & f_2 & f_3 \\ f_4 & f_5 & f_6 \\ f_7 & f_8 & f_9 \end{bmatrix} \tag{19.61}$$

마지막으로, F를 구하는 과정에서 식 (19.60)을 라그랑주 승수 제약 조건으로 적용할 수 있으며, 이렇게 하면 F에 대한 고유벡터 해답을 얻을 수 있다. 요컨대 8 × 8 고윳값 문제를 8지점 알고리듬으로 푸는 대신 5 × 5 고윳값 문제로 바꿀 수 있다. 아울러 이 접근법은 필요한 불변 속성을 충족해 더 정확한 해답을 구할 수 있을 뿐만 아니라, 계산 속도가 훨씬 빨라져 이미지 시퀀스 분석을 훨씬 간단하게 진행할 수 있다.

19.13 이미지 정류법

19.7절에서는 등극선 접근법을 일반화하는 것의 어려움을 살펴보고, 장면의 뷰를 임의로 겹치는 방식을 통해 그 일반적인 해법을 구했다. 그러나 그중에서도 그림 16.5에서처럼 수렴도가 0인, 즉 카메라를 축에 따라 평행하게 움직이며 얻는 특수한 형태의 뷰가 갖는 이점이 있다. 즉, 이 방식을 사용하면 장면 간의 대응을 찾기가 더욱 쉬워진다. 다만 이렇게 긴밀하게 정렬 및 보정이 이뤄진 카메라로 이미지 쌍을 취득하는 방식은 19.6절에서 설정했던 목표와는 부합하지 않는 것도 사실이다. 또한 단일 카메라로 촬영한 프레임은 특수한 방식을 통해 움직임을 엄격하게 제한하지 않는 이상 저 방식에 적용할 수 없다. 사실 방법은 간단한데, 보정되지 않은 카메라에서 이미지를 취득하고, 기초 행렬을 추정한 다음, 적절한 선형 변환을 통해 원하는 이상적인 카메라 위치에 대한 이미지를 계산하는 것이다. 이 기법은 정류법 rectification이라 부르며, 예를 들어 등극선이 투영 중심점을 잇는 기준선 **C**에 대해 전부 평행하도록 하는 조건을 만족한다. 따라서 다른 이미지상에서 지점 간의 대응을 찾아보면, 두 지점은 같은 세로 좌표를 갖는다. 첫 번째 이미지에서 (x_1, y_1) 위치의 좌표는 두 번째 이미지에서 (x_2, y_1) 좌표에 대응된다.

정류 과정에서 이미지는 3차원으로 회전하며, 이를 구현하기 위해서는 각각의 픽셀을 정류 이미지상에서 새로운 위치로 이동시켜야 한다(물론 변환 및 스케일링도 이뤄지지만, 이러한 회전으로 인한 효과가 훨씬 크다). 그러나 회전은 기본적으로 비선형 처리이며, 따라서 여러 픽셀이 하나의 픽셀 위치로 이동해야 하는 경우가 발생한다. 게다가 많은 픽셀은 세깃값을 갖지 못할 수도 있다. 전자의 경우 평균 세기를 구하는 과정을 추가하는 식으로, 후자의 경우 변환한 이미지에 메디안 등의 필터를 적용하는 식으로 대응할 수 있다. 그러나 이런 접근법은 정확하고 신뢰성 있는 해법이라고 하기에는 충분하지 않다. 이러한 본질적인 문제를 해결하는 좀 더 '적절한' 방식은 변환된 이미지 공간에서 원본 이미지 공간으로 픽셀 위치를 역투영하고, 보간을 통해 이상적인 픽셀 세기를 계산한 다음, 이 세기를 다시 변환 이미지 공간에 옮기는 것이다.

이 변환 과정에서는 이중선형 보간법을 가장 많이 사용한다. 즉, x 방향으로 보간을 진행한 다음, y 방향 보간을 적용하는 방식이다. 예를 들어 보간하고자 하는 위치가 $(x + a, y + b)$이고 x와 y는 정수 픽셀 위칫값이며 $0 \leq a, b \geq 1$인 경우, x 방향에 대해 보간을 진행한 세깃값은 다음과 같다.

$$I(x + a, y) = (1 - a)I(x, y) + aI(x + 1, y) \tag{19.62}$$

$$I(x + a, y + 1) = (1 - a)I(x, y + 1) + aI(x + 1, y + 1) \tag{19.63}$$

그리고 여기에 y 방향 보간을 적용하면 최종적으로는 다음 결과를 얻게 된다.

$$\begin{aligned} I(x + a, y + b) = (1 - a)(1 - b)I(x, y) + a(1 - b)I(x + 1, y) \\ + (1 - a)bI(x, y + 1) + abI(x + 1, y + 1) \end{aligned} \tag{19.64}$$

여기서 나타나는 대칭성은 처음 보간을 진행하는 축에 따라 결과가 다르지 않음을 뜻하며, 이에 따라 이 방식이 갖는 임의성은 약하다. 유의할 것은 이 방식이 2차원상에서의 로컬한 세기 변화가 선형으로 이뤄짐을 가정하고 있지는 않다는 점이다. 즉, $I(x + 1, y + 1)$ 세깃값 역시 다른 세 세깃값과 마찬가지로 고려해야 한다. 그러나 이중선형 보간법은 표본화 정리를 고려하지 않으므로 완전히 이상적인 해답은 아니며, 이 때문에 (더 많은 계산이 필요한) 겹삼차 보간법을 쓰는 경우도 있다. 또한 이러한 방식은 이미지상에서 로컬한 세깃값을 평균내기 때문에 약간의 흐림이 발생할 수 있다. 요컨대 이런 식으로 변환 처리를 진행할 경우 이미지 데이터가 일부 손실된다.

19.14 3차원 복원

19.10절에서는 F를 구하는 과정에서 스케일 인수는 알 수 없음을(혹은 계수의 실제 스케일이 임의의 값으로 구해짐을) 크게 강조했다. 즉, 카메라 보정을 의도적으로 회피하게 된다. 이는 F를

계산한 결과를 실제 세계에 대입할 경우, 스케일 인수를 복원해야 함을 뜻한다. 하나의 기준을 정하고 이를 관측하는 과정을 거치면 이를 실현할 수 있다. 이때 루빅스 큐브 같은 물체를 관측할 필요는 없는데, 이 경우 F가 실제 세계에 대한 상대적인 크기 정보를 너무 많이 포함하게 되기 때문이다. 이 인수는 실제 장면을 실제 깊이 맵으로 복원하고자 할 때 중요하다.

이미지 복원의 경우 많은 방식이 존재하며, 그중 삼각법이 가장 확실한 방식에 속한다. 우선 두 카메라가 정규화된 이미지를 포함하도록 위치를 조정하고, 주어진 지점 P에 대한 광선을 각각 실제 세계에 투영해서 둘이 만나도록 한다. 사실 이렇게 하면 곧바로 문제를 마주하게 된다. 즉, 이미지를 픽셀화하는 과정에서 매개변수들의 정확도가 떨어질 경우 대부분 두 광선은 꼬인 관계skew line에 놓여 실제로는 만나지 않게 된다. 꼬인 관계를 해결하는 가장 좋은 방법은 최근접 점point of closest을 찾는 것이다. 이 지점에 기반한 최근접 선line of closest의 이등분점은 최소한 이 모델에서는 공간상에서 P의 위치를 찾은 결과다.

그러나 이 모델이 P의 위치를 가장 정확하게 예측한다고 보장하기는 어렵다. 원근 투영이 철저히 비선형 과정이기 때문이다. 특히 두 이미지에 대해 조금이라도 지점 방향을 잘못 판단하면 상당한 수준의 깊이 오차가 발생하며, 동시에 가로 방향 오차가 크게 발생한다. 그림 19.5는 이러한 상황을 명확히 나타내고 있다. 만약 이 오차가 선형으로 발생하고 있다면, 최소한 현재 시점에서 그 오차는 가우시안 분포를 통해 계산하는 것이 가능하다(여기서는 19.11절 등에서 깊이 다뤘듯이 이미지가 잘못 매치되어 발생하는 전반적인 오차는 발생하지 않는다고 가정한다). 실제로 이미지 간의 오차는 가우시안으로 근사하는 것이 가능하다. 즉, 데이터를 가장 정확하게 해석할 수 있는 공간상의 지점이, 곧 (최소 평균 제곱을 기준으로) 최소 오차를 내는 지점이다. 일반적으로 이 방식을 통해 얻은 오차는 앞에서 언급한 삼각법으로 얻은 것보다 절반만큼 적다(Hartley and Zisserman, 2000).

마지막으로, 두 카메라를 사용할 때 발생하는 또 다른 오차에 대해 알아보자. 이 오차는 물체의 경계가 부드럽게 변하는 경우에 나타난다. 예를 들어, 두 카메라가 원형 단면을 갖는 화병의 오른쪽 외각 부분을 관측하고 있다면 각각이 경계상에서 바라보는 지점은 다를 것이며, 따라서 추정한 경계 위치가 서로 어긋나게 된다(그림 19.6). 이 오차의 정확한 양에 대해서는 연습문제로 다룰 것이다(19.17절). 기본적으로는 관측한 경계의 로컬한 곡률 반지름 a 값과 장면 내의 깊이 Z에 대해 Z^{-2} 값에 비례해 오차를 계산한다. 이는 오차의 양(또는 오차 퍼센

그림 19.5 양안 이미징에서 공간상의 특징 위치를 찾는 과정에서의 오차. 어두운 음영은 이미지 평면에서 약간의 오차가 발생하는 경우에 해당하는 영역이다. 검은 음영으로 표시한 교차 영역은 세로 방향의 오차가 가로 방향보다 훨씬 큼을 나타낸다. 자세한 분석을 위해서는 가우시안 등의 오차 함수를 적용해야 한다(본문 참고).

트 비율)이 먼 거리에 대해 0으로 수렴하며, 날카로운 모서리의 경우에도 0으로 떨어짐을 뜻한다.

19.15 결론

19장에서는 카메라 보정을 위해 필요한 변환 과정과 실제 보정이 이뤄지는 과정을 다뤘다. 카메라 매개변수는 '내부'와 '외부'의 두 종류로 분류할 수 있으며, 이를 통해 문제의 개념을 단순하게 만들고 시스템 오차의 원인을 좀 더 명확하게 살필 수 있다. 일반적으로 11개의 변환 매개변수를 사용하는 보정의 경우 최소 여섯 지점이 필요하다. 그러나 예를 들어 센서를 유클리드 공간상에 정의하는 특수한 경우 이 지점 수를 더 줄일 수 있다. 그럼에도 불구하고 최소 요구 수보다 더 많은 지점을 사용해서 그 평균값을 구하는 과정을 거쳐야 보정 정확도

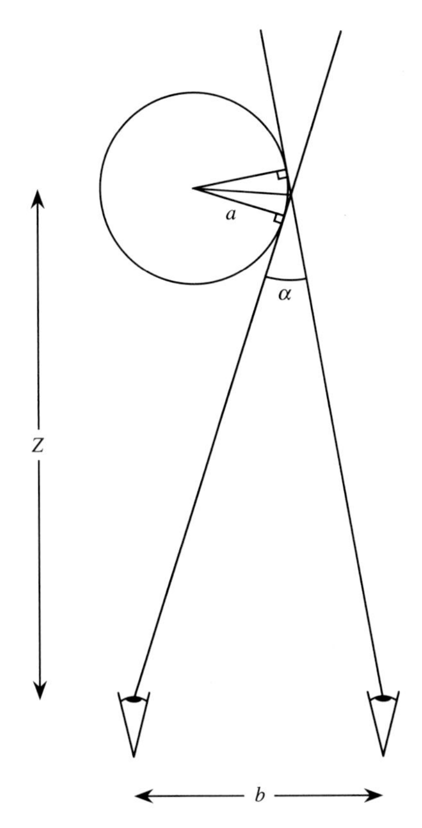

그림 19.6 매끄럽게 변하는 경계에 대한 가로 방향 오차 추정. 두 뷰에서 획득한 정보를 보통의 방식으로 결합할 경우, 경계 위치를 추정하는 과정에서 오차가 발생한다. *a*는 관측하는 화병의 반지름을, *α*는 오른쪽 경계의 불일치 양을, *Z*는 장면 내의 깊이를, *b*는 양안 기준선 길이를 뜻한다.

를 상당히 올릴 수 있다.

19.5절에서는 전혀 다른 주제인 다중 뷰 비전을 소개했다. 일반 등극선에서 시작해, 두 카메라의 기준 프레임상에서 관측한 임의의 지점 위치에 대한 필수 행렬 및 기초 행렬 공식을 구했다. 아울러 8지점 알고리듬을 통해 두 행렬을(특히 카메라가 보정되지 않았을 경우에는 기초 행렬을) 구하는 방법을 깊게 살펴봤다. 이때 기초 행렬을 정확하게 구하는 방법에 대한 연구는 여전히 진행 중이다.

비전 문제를 다루는 확실한 방법은 일단 카메라를 세우고 보정한 다음 이를 열심히 작용하는 것이다. 19장에서는 많은 경우 보정을 무시하거나 '실시간으로' 맞춰가며 진행할 수 있도록 하는 방법을 제시했다. 즉, 다중 뷰 비전을 구축하고, 일반 등극선 문제로부터 얻은 다양한 핵심 행렬을 분석한다.

19.16 문헌과 연보

19장에서 설명한 여러 변환을 처음으로 사용한 연구는 Roberts(1965)다. 카메라 보정에 대한 중요한 초기 문헌으로는 Manual of Photogrammetry(Slama, 1980), Tsai and Huang (1984), Tsai(1986) 등이 있다. 특히 Tsai(1986)은 비선형 렌즈 왜곡에 대응할 수 있는 매우 유용하고 광범위한 방법을 제시했다는 점에서 가치가 있다. 최근에 발표된 논문으로는 Haralick(1989), Crowley et al.(1993), Cumani and Guiducci(1995), Robert(1996) 등이 있다. 또한 Zhang(1995)도 참고할 만하다. 카메라 보정 과정에서 지점들 대신 매개변수화된 평면 곡선을 사용할 수 있음을 유의하라(Haralick and Chu, 1984).

카메라 보정은 오래된 주제이지만, 3차원 비전을 통해 측정을 진행하거나 3차원 장면에 대해 엄밀한 분석을 필요로 할 때마다 다시 호출돼왔다. 1990년대 초반 보정 방식에 대해 일종의 전환이 이뤄지는데, 직접적인 보정 없이도 움직이는 시퀀스나 다중 뷰를 통해 취한 이미지를 '비교하는' 과정만으로 상당한 정보를 얻을 수 있음을 발견했기 때문이다(Faugeras, 1992; Faugeras et al., 1992; Hartley, 1992; Maybank and Faugeras, 1992). 그러나 이 시점에서는 아직 얼마나 많은 정보를 '얻을 수 있는지' 알 수 없었고, 후속 연구를 통해 점차 그 범위가 빠르게 넓어져 갔다(예: Hartley(1995), Hartley(1997), Luong and Faugeras(1997)). 1990년대 후반에 들어서는 고속 발전 단계가 끝나고, 다소 복잡하지만 상세하게 이 발전 과정을 설명하는 문헌이 발표됐다(Hartley and Zisserman, 2000; Faugeras and Luong, 2001; Gruen and Huang, 2001). 물론 기존 방식을 다듬는 연구도 계속 나왔다(Faugeras et al., 2000; Heikkilä, 2000; Sturm, 2000; Roth and Whitehead, 2002). 이 시기에 주목할 만한 연구로는 Torr and Fitzgibbon(2003, 2004) 및 Chojnacki et al.(2003)이 있는데, 8지점 알고리듬과 비슷하지만 동일하지는 않은 새로운 관점을 제시하고 있다.

놀랍게도 Longuet-Higgins(1981)의 예리한 초기 논문을 다시 읽어보면, 그 이후에 나온 많은 연구에 대한 어떤 징후를 확인할 수 있다. 논문에서는 8지점 알고리듬을 필수 행렬에만 적용하고 있지만, 기초 행렬에까지 확장된 것은 한참 뒤의 일이며(Faugeras, 1992; Hartley, 1992), 이미지 데이터를 미리 정규화해 그 정확도를 비약적으로 향상할 수 있다는 중요한 발견은 그보다도 더 뒤에 등장했다(Hartley, 1997). 앞에서 언급했듯이, 8지점 알고리듬은 여전히 새로운 연구로서의 대상이 되고 있다.

19.16.1 최신 연구

가장 최근의 연구로서, Gallo et al.(2011)은 범위 데이터(실제 좌표 (X, Y, Z)를 대략적으로 알고 있는 데이터 지점 세트)로부터 구한 표면에 평면을 근사하는 방법을 다뤘다. RANSAC을 사용하면 쉽게 이를 구할 수 있지만, 평면 패치 쌍을 찾는 과정에서 실패할 확률이 있으며, 하나의 평면이 두 패치에 둘 다 근사됨에 따라 올바른 모델보다 인라이어를 더 많이 포함할 수 있다. 이 문제를 해결하기 위해 논문은 무작위 샘플 컨센서스[RANSAC, random sample consensus]를 변형한 연결 성분 RANSAC[CC-RANSAC, connected components-RANSAC]을 고안했다. 이 방식은 주어진 평면 가설에 대한 인라이어에서 가장 강하게 연결된 성분만을 고려한다. 이 방식은 인라이어 임계점을 설정할 필요가 있으며, 해결하고자 하는 분야에 따라 그 값을 조절해야 한다. 예를 들어, 자동 주차를 구현하기 위해 연석에 접근했을 때 나타나는 단일 신호를 식별한다.

기초 행렬을 구할 때는 8지점 알고리듬을 사용하는 것이 표준이라 할 수 있지만, 이 행렬은 7개의 매개변수만을 포함하고 있으므로, 두 이미지에 대해 동일한 7개의 특징을 식별하는 것으로도 충분하다. Bartoli and Sturm(2004)는 비선형 추정을 통해 이것이 가능함을 보였다. 이 방식은 다른 접근법보다 빠르게 해답에 도달하지만, 충분한 매개변수를 사용하는 것보다는 로컬 최소에 갇힐 가능성이 더 높다. Fathy et al.(2011)은 기초 행렬 추정에 있어 오차의 기준에 대해 연구했다. 즉, 대칭 등극선 거리 기준은 다소 편향되어 있으며, 여러 기준 중에 최근에 고안된 카나타니[Kanatani] 거리 척도(Kanatani et al., 2008)가 가장 정확도가 높음을 보였다. Ansar and Daniilidis(2003)은 n개의 지점 또는 선분에 대해 선형 자세를 추정하는 새로운 알고리듬 세트를 고안했다. 이 방식은 $n \geq 4$개의 지점들이 일반적인 위치에 놓인 경우에 대한 해답을 구한다. n개의 지점으로부터 답을 추정하는 비반복적인 방식의 경우 유사한 것이 둘 존재하지만(다만 새롭게 제안한 방식의 성능이 더 뛰어나다), n개의 선분으로부터 해답을 구하고자 할 경우에는 독보적이다.

19.17 연습문제

1. 2 카메라 스테레오 시스템에서, 불일치 오차로 인해 발생하는 깊이 오차에 대한 수식을 구하라. 이를 기반으로, 깊이 오차의 비율이 불일치 오차의 비율과 동일함을 보여라. 이 결과는 실제로 어떤 의미를 갖는가? 이미지를 픽셀화하는 과정에서 결과에 어떠한 영향이 주어지는가?
2. 로컬 반지름이 a인 원형 단면을 가진 원뿔형 화병을 두 카메라로 관측했다고 하자(그림 19.6). 화병 경계의 위치를 추정하는 과정에서 발생하는 오차에 대한 수식을 구하라. 계산을 단순하게 하기 위해, 경계가 두 카메라의 투영 중심을 잇는 선의 수직이등분선상에 있다고 가정하자. 이 조건하에 α(그림 19.6)를 b와 Z로 나타내어라. δ를 α에 대해 구하고, 앞의 식에서 α를 소거하라. 최종적으로, 19.14절 마지막 부분의 내용을 증명하라.
3. 19.8절에서 다룬 이론을 기반으로, 삼안 비전trinocular vision의 이점에 대해 논하라. 세 번째 카메라는 어디에 놓는 것이 가장 좋겠는가? 세 번째 카메라가 어디에 놓이면 안 되는가? 장면상에 더 많은 뷰를 추가할 경우 유리한 점이 있을까?

20

모션

움직임, 즉 모션(motion)은 3차원 비전 분야에서 인간이 쉽게 해석할 수 있는 또 다른 요소 중 하나다. 20장에서는 그 이론적인 기본 개념을 다룬다. 실제 모션을 중요하게 고려해야 하는 문제, 예를 들어 교통 흐름 모니터링 및 사람 추적 등의 응용은 22장과 23장에서 살펴볼 것이다.

20장에서 다루는 내용은 다음과 같다.

- 광학 플로우 및 그 한계에 대한 기본적인 개념
- 확장 중심의 개념과 이를 기반으로 한 '움직임 기반 구조 복원'
- 모션 스테레오를 구현하는 방법
- 칼만 필터가 모션 응용 분야에서 차지하는 위치
- 불변 특징을 사용해 광간격 매칭을 구현하는 방법

이 장은 3차원 모션에 대한 개괄을 다루며, 여기서 소개한 방식들을 통해 22장과 23장에서 살펴볼 감시를 구현할 수 있게 된다.

20.1 서론

이 장에서는 디지털 이미지에서의 모션 분석을 다룬다. 관련 주제를 전부 자세하게 다루기에는 분량이 너무 길어지므로, 최근 20~30년 동안 입증된 중요한 이론을 간단히 개괄하는 정도로 그칠 것이다. 이 시기의 또 다른 특징은 광학 플로우optical flow가 화두로 올라왔다는 점이다. 이 주제는 감시 등의 응용 분야에서 중요하게 쓰이기 때문에, 어느 정도 자세하게 살펴볼 필요가 있다. 뒷부분에서는 칼만 필터와, SIFT 등의 불변 특징을 사용한 광간격 매칭을 통해 움직이는 물체를 추적하는 방식을 다룬다.

20.2 광학 플로우

장면상에 물체가 움직이고 있을 경우 이를 분석하는 일은 정적인 장면일 때보다 확실히 더 복잡하다. 시간에 따른 세기의 변화를 고려해야 하기 때문이다. 그러나 직관적으로 생각해보면 이를 해결하는 방법은 심지어 간단하다. 움직이는 물체를 그 모션에 따라 구분하는 것이다. 이를 위해서는 연속적인 이미지 쌍 간의 차이를 찾는 작업을 진행해야 한다. 그리고 좀 더 생각해보면, 그림 20.1에 묘사한 것처럼 이 작업이 그렇게 단순하지는 않음을 알게 된다. 대비가 변하지 않는 영역에서는 모션을 감지할 수 없고, 모션의 방향에 평행한 외각 역시 움직임을 보이지 않는다. 모션에 대한 정보를 담고 있는 부분은 그 방향에 대한 노멀 성분 외각뿐이다. 또한 속도 벡터의 방향을 구함에 있어서도 불확실성이 존재한다. 이는 다소 작은 렌즈 구경으로는 속도 벡터를 완전하게 계산할 만한 충분한 정보를 얻기 어렵기 때문이기도 하다(그림 20.2). 따라서 이 문제를 **구경 문제**aperture problem라고도 한다.

광학 플로우를 나타내는 방법은 이러한 기본적인 발상에 기반한 것이다. 즉, 해당하는 로컬 연산자를 이미지상의 모든 픽셀에 적용하면 이미지 전체에 대해 완만하게 변화하는 모션 벡터장을 형성한다. 여기서 중요하게 봐야 할 점은 로컬 연산자를 사용하기 때문에 계산량이 어느 정도 제한된다는 데 있다. 이는 일반적인 세기 이미지에 대한 외각 검출에 비길 만한 수준의 오버헤드다. 다만 이미지 시퀀스상의 이미지 쌍에 로컬하게 적용할 때만 해당된다.

우선 세기 함수 $I(x, y, t)$를 테일러 급수로 전개해보자.

$$I(x + \mathrm{d}x, y + \mathrm{d}y, t + \mathrm{d}t) = I(x, y, t) + I_x\mathrm{d}x + I_y\mathrm{d}y + I_t\mathrm{d}t + \cdots \tag{20.1}$$

이 수식에서 2차 이상의 항은 생략됐다. I_x, I_y, I_t는 각각 x, y, t에 대한 편미분을 뜻한다.

다음으로 이미지가 $\mathrm{d}t$ 시간 동안 $(\mathrm{d}x, \mathrm{d}y)$만큼 로컬하게 이동했다는 로컬한 조건을 설정하

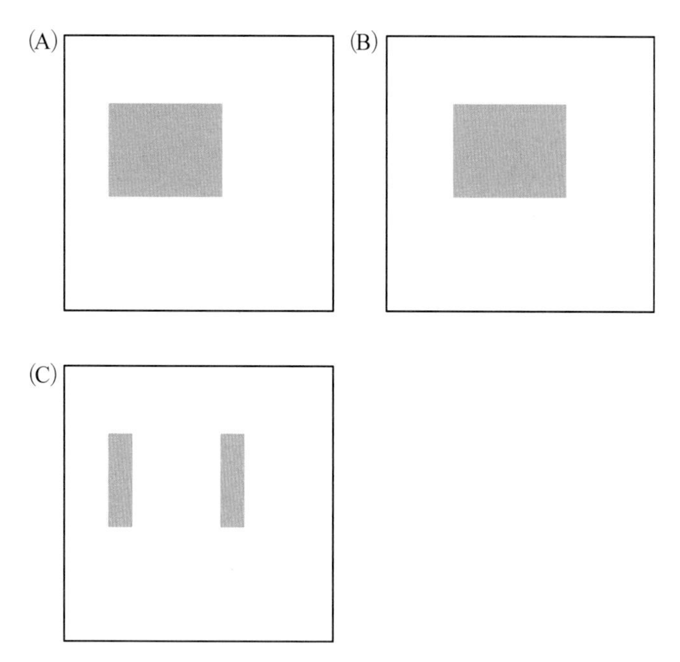

그림 20.1 이미지 차이 비교. (A)와 (B) 프레임은 물체가 움직이고 있는 순간을 담고 있다. (C)는 이미지 차이 연산을 수행한 결과다. 모션의 방향에 평행한 외각은 이미지상에서 차이를 보이지 않음을 유의하라. 또한 대비가 변하지 않는 영역에서는 모션을 감지할 수가 없다.

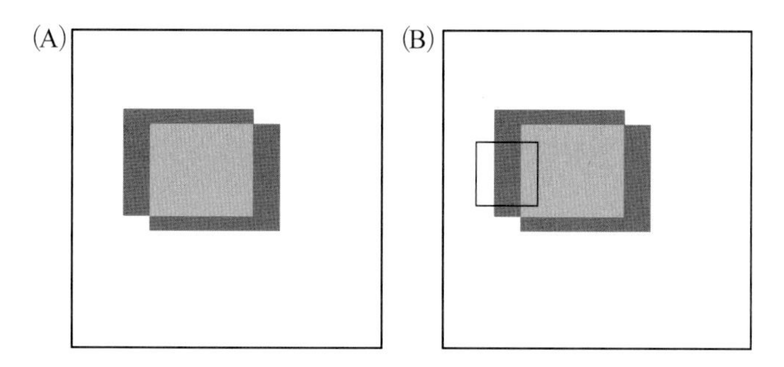

그림 20.2 구경 문제. (A)에서 짙은 회색 영역은 물체가 모션을 나타내는 반면, 중앙의 균일한 영역(연한 회색)은 모션을 보이지 않는다. (B)에서처럼 작은 구경(검은 경계)으로는 매우 적은 영역만을 볼 수 있으며, 따라서 물체의 모션 방향을 찾는 데 있어 불확실성을 갖게 된다.

자. 즉, $(x + \mathrm{d}x, y + \mathrm{d}y, t + \mathrm{d}t)$와 (x, y, t)는 기능상으로 동일하다.

$$I(x + \mathrm{d}x, y + \mathrm{d}y, t + \mathrm{d}t) = I(x, y, t) \quad (20.2)$$

따라서 다음과 같이 나타낼 수 있다.

$$I_t = -\left(I_x\dot{x} + I_y\dot{y}\right) \tag{20.3}$$

로컬 속도 **v**를 다음 형식으로 표현할 경우

$$\mathbf{v} = \left(v_x, v_y\right) = (\dot{x},\ \dot{y}) \tag{20.4}$$

다음이 성립한다.

$$I_t = -\left(I_x v_x + I_y v_y\right) = -\nabla I.\mathbf{v} \tag{20.5}$$

I_t는 입력 시퀀스상에서 두 이미지 쌍을 빼는 식으로 구할 수 있으며, ∇I는 소벨Sobel 등의 그레이디언트 연산자를 통해 얻을 수 있다. 그렇다면 위의 식을 통해 속도장 $\mathbf{v}(x, y)$를 구할 수 있어야 할 것이다. 그런데 이 수식은 스칼라식이므로, 속도장을 얻기 위해 필요한 두 로컬 필드를 계산하기에 충분하지 않다. 또 한 가지 문제는 속돗값이 I_t와 ∇I에 모두 관여하는데 각각은 차분 연산을 통해 근사한 값을 사용할 수밖에 없다는 점이다. 이 과정에서 노이즈가 상당히 포함되며, **v**를 계산할 때는 두 값의 비율을 구해야 하므로 이 노이즈가 증폭된다.

이제 전체 속도장 $\mathbf{v}(x, y)$를 계산하는 문제로 돌아오자. 우리는 **v**의 각 성분이 (v_x, v_y) 공간상에서 다음 선상에 있음을 알고 있다(그림 20.3).

$$I_x v_x + I_y v_y + I_t = 0 \tag{20.6}$$

이 선은 (I_x, I_y)와 노멀한 방향에 있으며, (속도 공간의) 원점과의 거리는 다음과 같다.

$$|\mathbf{v}| = -I_t/\left(I_x^2 + I_y^2\right)^{1/2} \tag{20.7}$$

v 성분은 식 (20.6)에서 정의한 선을 따라 구해야 함이 명백하다. 그러나 세기 함수의 1차 도함수로는 완전히 로컬한 방식으로 이를 얻을 방법이 없다. 개중 인정받고 있는 방식으로는 (Horn and Schunck, 1981) 이완 레이블링relaxation labeling을 반복적으로 사용해 전역 오차를 최소로 하는 자기 일관적 해법을 찾는 것이 있다. 이 방식은 이론적으로 앞에서 언급한 노이즈 문제도 최소화할 수 있다.

그러나 여전히 문제가 존재하며, 특히 세기 그레이디언트가 낮은 이미지에서 문제가 나타

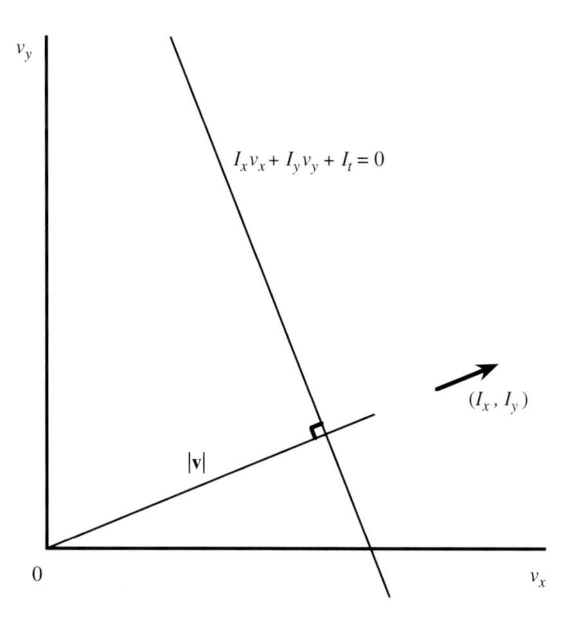

그림 20.3 속도장 계산. 그래프는 속도 공간에서 **v**가 놓이는 선을 나타내고 있다. 이 선은 (I_x, I_y) 방향과 수직이며, 원점과의 거리는 |**v**|에 해당한다(본문 참고).

나는 경향이 크다. 이 경우 ∇I와 평행한 속도 성분에 대한 정보가 부정확하기 때문에 전체적으로 불량 조건에 속하게 된다. 반면 텍스처를 많이 포함한 이미지에서는 (텍스처 그레인 크기가 충분히 커서 차분 신호를 잘 확보할 수 있다는 가정하에) 이러한 문제가 발생하지 않는다.

마지막으로 이 절 초반에 언급했던 내용, 즉 모션의 방향에 평행한 외각은 모션에 대한 유용한 정보를 제공하지 못한다는 사실로 돌아가자. 이 외각의 노멀은 모션 방향에 대해 수직일 것이며, 따라서 ∇I는 **v**에 대해 노멀하다. 즉, 식 (20.5)에 따라 I_t는 0이 된다. 요컨대 식 (20.5)는 단순한 형태이지만, 흥미롭게도 앞에서 직관적으로 예측한 모든 상황을 설명할 수 있다.

이제 광학 플로우 (속도장) 이미지를 만족스러운 수준으로 계산했다는 가정하에(즉, 정확도나 불량 조건에 문제가 없다는 가정하에) 다음으로 넘어가서, 움직이는 물체 또는 카메라를 해석해보자. 사실 기준 프레임을 고려하면 카메라의 모션은 무시해도 무방하다.

20.3 광학 플로우 장 해석

우선 모션이 나타나지 않는 경우를 생각해보자. 이 경우 속도장 이미지 내의 벡터는 길이를 갖지 않는다(그림 20.4(A)). 다음으로 하나의 물체가 오른쪽으로 움직이고 있다면, 속도장 이미지에 간단한 영향만 주게 된다(그림 20.4(B)). 그런 다음, 카메라가 앞으로 움직이고 있다고 해보자. 시야 내에서 멈춰 있는 모든 물체는 **확장 중심**FoE, focus of expansion 지점으로부터 확산되는 형태로 움직이는 듯 보일 것이다. 그림 20.4(C)의 경우, 카메라를 지나쳐 움직이는 또 다른 물체는 별개의 확장 중심을 갖고 있는 것처럼 나타난다. 그림 20.4(D)는 물체가 카메라를 향해 곧장 움직이는 상황에 해당한다. 이 경우 FoE는 물체의 외형 내에 존재한다. 비슷하게, 카메라로부터 물러나는 물체는 **수축 중심**focus of contraction으로부터 수렴하는 듯한 움직임을 보인다. 다음으로, 물체가 멈춰 있으나 시선 축과 평행하게 회전하는 경우가 있다. 그림 20.4(E)에 이 경우의 벡터장을 나타내었다. 마지막 경우는 매우 간단한데, 물체가 멈춰 있으나 시선과 수직한 축으로 회전하는 경우다. 만약 이 회전축이 수평으로 놓여 있다면, 물체의 특징이 상하로 움직이는 듯이 보이나 물체 자체는 멈춰 있게 된다(그림 20.4(F)). 다만 물체가 회전함에 따라 그 외형은 주기를 갖고 변화하는 듯 보인다.

이 예시들은 모션에 있어 이동이나 회전이 단독으로 이뤄지는 경우다. 예를 들어, 혜성이 회전하면서 지나가거나 크리켓 볼이 돌면서 다가오고 있다면 두 형태의 모션이 동시에 발생하고 있다고 할 수 있다. 이 경우 모션을 규명하기가 훨씬 복잡해진다. 이 문제에 대한 해법은 관련 문헌을 참고하라(예: Maybank(1992)). 다만, 이러한 복잡성은 계산 과정에서 깊이(Z)를 다루는 방식에 따라 달라진다. 예를 들어 시선과 평행한 축으로 회전하는 모션은 Z에 대해 독립적이므로, 각속돗값만 확보하면 간단하게 문제를 해결할 수 있다.

20.4 확장 중심을 통한 충돌 방지

이제 FoE가 이미지 내에 위치하는 간단한 경우에, 좌표를 알고 있는 고정된 물체와 카메라에 대한 최근접 거리를 구하는 방식을 알아보자. 이를 통해 얻는 정보는 로봇 팔이나 이동 로봇의 경로를 안내하고 충돌을 방지하는 데 유용하게 쓰인다.

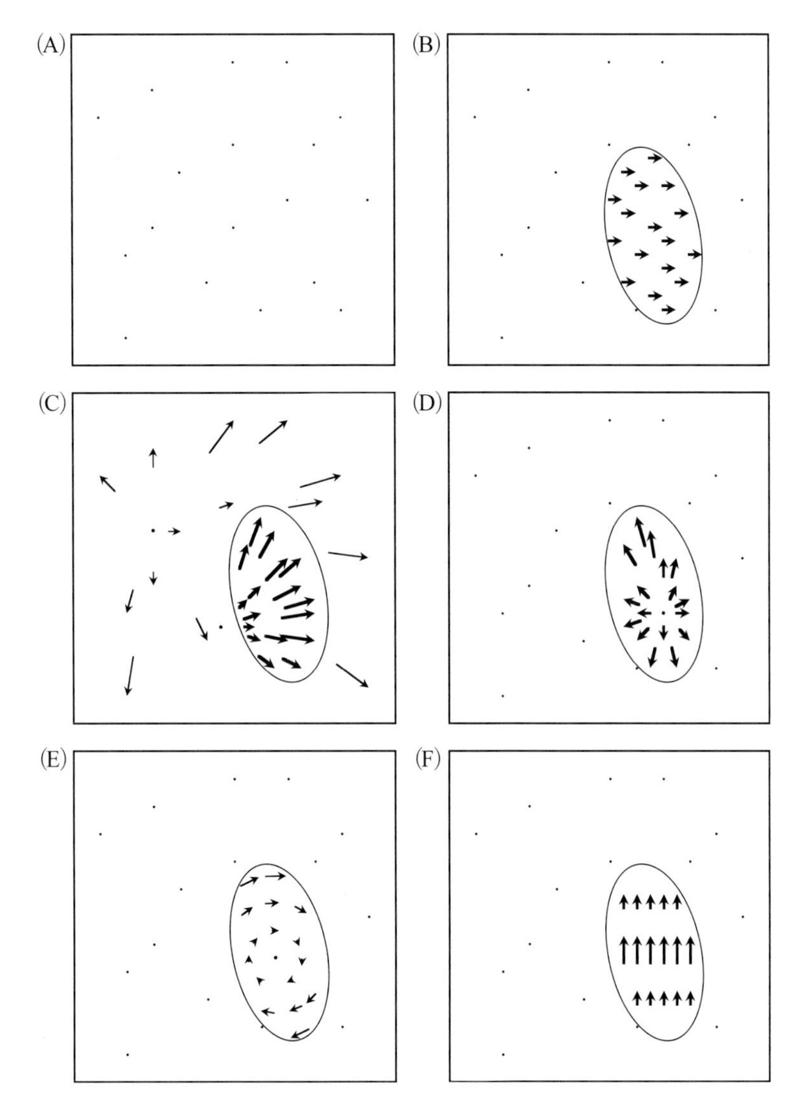

그림 20.4 속도 플로우 장의 해석: (A) 모든 물체 특징의 속도가 0인 경우, (B) 물체가 오른쪽으로 움직이는 경우, (C) 카메라가 장면을 향해 움직이는 경우. 멈춰 있는 물체들의 특징은 확장 중심(FoE)으로부터 발산하는 듯이 보이며, 카메라 앞에서 움직이는 하나의 큰 물체는 독자적인 FoE를 갖고 발산된다. (D) 물체가 멈춰 있는 카메라 앞으로 움직이는 경우. 물체의 FoE는 외형 내에 존재한다. (E) 물체가 시선에 평행하게 회전하는 경우, (F) 물체가 시선에 수직한 축으로 회전하는 경우. 모든 그림에서 화살표의 길이는 속도 벡터의 크기를 나타낸다.

16장 '3차원 세계'에서 표기한 방법에 따라, 월드 지점 (X, Y, Z)에 대한 이미지 지점 위치 (x, y, z)를 나타내면 다음과 같다.

$$x = fX/Z \tag{20.8}$$

$$y = fY/Z \tag{20.9}$$

$$z = f \tag{20.10}$$

카메라가 모션 벡터 $(-\dot{X}, -\dot{Y}, -\dot{Z}) = (-u, -v, -w)$를 가질 경우, 고정된 월드 지점은 카메라에 대해 (u, v, w)의 속도를 갖는다. 이제, 지점 (X_0, Y_0, Z_0)가 t만큼의 시간이 흐른 뒤에 $(X, Y, Z) = (X_0 + ut, Y_0 + vt, Z_0 + wt)$로 이동할 경우 이미지 좌표는 다음과 같다.

$$(x, y) = \left(\frac{f(X_0 + ut)}{Z_0 + wt}, \frac{f(Y_0 + vt)}{Z_0 + wt}\right) \tag{20.11}$$

$t \rightarrow \infty$일 경우, 좌표가 FoE F $(fu/w, fv/w)$로 접근한다. 이 좌표는 이미지 내에 존재하긴 하지만, 그보다 정확한 해석은 이미징 시스템에서 투영 중심점의 실제 움직임이 다음 지점을 향해 움직인다는 것이다.

$$\mathbf{p} = (fu/w, fv/w, f) \tag{20.12}$$

(물론 이 수식은 처음에 가정한 모션 벡터 (u, v, w)에 상응한다.) 이제 t의 시간이 흐른 뒤에 움직인 거리는 다음과 같이 모델링할 수 있다.

$$\mathbf{X}_c = (X_c, Y_c, Z_c) = \alpha t\,\mathbf{p} = f\alpha\, t(u/w, v/w, 1) \tag{20.13}$$

여기서 α는 정규화 상수다. 월드 지점 $\mathbf{X} = (X, Y, Z)$에 대한 카메라의 최근접 거리를 구하려면, $\mathbf{p}$에 수직인 벡터 $\mathbf{X}_c - \mathbf{X}$를 다음과 같이 정의해야 한다(그림 20.5).

$$(\mathbf{X}_c - \mathbf{X})\cdot\mathbf{p} = 0 \tag{20.14}$$

즉,

$$(\alpha t\,\mathbf{p} - \mathbf{X})\cdot\mathbf{p} = 0 \tag{20.15}$$

$$\therefore \quad \alpha t\,\mathbf{p}\cdot\mathbf{p} = \mathbf{X}\cdot\mathbf{p} \tag{20.16}$$

$$\therefore \quad t = (\mathbf{X}\cdot\mathbf{p})/\alpha(\mathbf{p}\cdot\mathbf{p}) \tag{20.17}$$

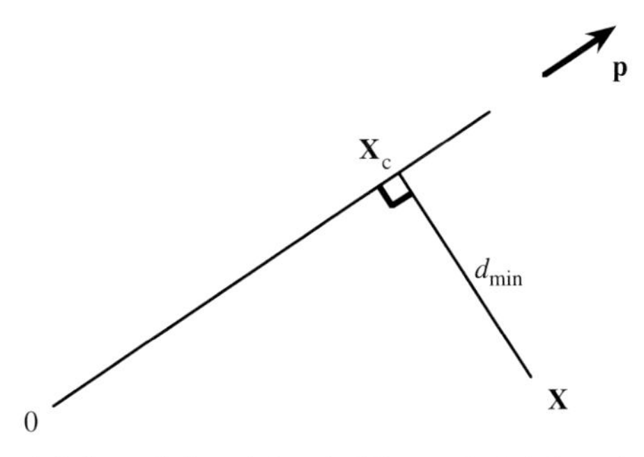

그림 20.5 최근접 거리 계산. 카메라는 0에서 X_c까지 **p**의 방향으로 움직이며, 곧바로 **X**로 향하지 않는다. d_{min}은 최근접 거리에 해당한다.

$\mathbf{X}_c$에 대해 수식을 정리하면,

$$\mathbf{X}_c = \mathbf{p}(\mathbf{X}\cdot\mathbf{p})/(\mathbf{p}\cdot\mathbf{p}) \tag{20.18}$$

따라서 최근접 거리는 다음과 같다.

$$\begin{aligned} d_{\min}^2 &= \left[\frac{\mathbf{p}(\mathbf{X}\cdot\mathbf{p})}{(\mathbf{p}\cdot\mathbf{p})} - \mathbf{X}\right]^2 = \frac{(\mathbf{X}\cdot\mathbf{p})^2}{(\mathbf{p}\cdot\mathbf{p})} - \frac{2(\mathbf{X}\cdot\mathbf{p})^2}{(\mathbf{p}\cdot\mathbf{p})} + (\mathbf{X}\cdot\mathbf{X}) \\ &= (\mathbf{X}\cdot\mathbf{X}) - \frac{(\mathbf{X}\cdot\mathbf{p})^2}{(\mathbf{p}\cdot\mathbf{p})} \end{aligned} \tag{20.19}$$

이때 **p**가 **X**를 따라 형성된 경우 그 값은 0이 된다. 충돌을 회피하기 위해서는 카메라와 결합되어 있는 로봇이나 기기의 크기와 이에 해당하는 월드 지점 특징 **X**의 크기를 알아야 한다. 마지막으로, **p**는 이미지 데이터에서 얻을 수 있는 반면, **X**는 다른 정보를 통해 깊이 Z 값을 먼저 얻은 다음에야 이미지 데이터를 통해 구할 수 있음을 유의하라. 공간상에서 카메라의 속도(w)를 알고 있을 경우, 이 정보는 인접 시간 분석을 통해서만 계산할 수 있다(뒷부분 참고).

20.5 인접 시간 분석

다음으로 광학 플로우를 통해 어느 정도로 물체의 깊이를 구할 수 있는지 살펴보자. 우선, 한 물체 내의 특징들은 동일한 FoE를 공유한다는 특징을 통해 인식이 가능하다. 그러나 광학 플로우로부터 물체의 다양한 특징에 대한 깊이를 구하려면 어떻게 해야 할까? 간단한 방법으로는 일반적인 이미지 지점 (x, y)에 대해 플로우 속도를 구하고, 이를 깊이 Z와 연관시키는 수식을 찾아야 한다.

식 (20.11)에서 정의한 이미지 지점 (x, y)를 변형하면 다음과 같다.

$$\begin{aligned} \dot{x} &= f[(Z_0 + wt)u - (X_0 + ut)w]/(Z_0 + wt)^2 \\ &= f(Zu - Xw)/Z^2 \end{aligned} \tag{20.20}$$

그리고

$$\dot{y} = f(Zv - Yw)/Z^2 \tag{20.21}$$

따라서

$$\begin{aligned} \dot{x}/\dot{y} &= (Zu - Xw)/(Zv - Yw) = \big(u/w - X/Z\big)/\big(v/w - Y/Z\big) \\ &= (x - x_F)/(y - y_F) \end{aligned} \tag{20.22}$$

이 결과는 어느 정도 예상된 것이라 할 수 있는데, 이미지 지점의 모션이 FoE (x_F, y_F)로부터 직접적으로 멀어지는 식으로 이뤄지기 때문이다. 일반적이지 않은 경우로서, 이미지 지점이 x축을 따라 움직이도록 축을 설정해보자. 이렇게 하면 식은 다음과 같다.

$$\dot{y} = 0 \tag{20.23}$$

$$y_F = y = fY/Z \tag{20.24}$$

FoE와의 거리를 Δr로 정의하면(그림 20.6),

$$\Delta r = \Delta x = x - x_F = fX/Z - fu/w = f(Xw - Zu)/Zw \tag{20.25}$$

$$\therefore \quad \Delta r/\dot{r} = \Delta x/\dot{x} = -Z/w \tag{20.26}$$

이 수식은 인접 시간time to adjacency을 나타낸다. 즉, 카메라 좌표계의 원점이 물체 지점에 도달하는 시간은 실제 좌표를 기준으로 하든 이미지 좌표$(-\Delta r/\dot{r})$를 기준으로 하든 (Z/w)로 같다. 이는 장면상의 여러 깊이의 물체 지점과 광학 플로우 벡터 간의 관계를 규정한다. 이것이 중요한 이유는 w가 동일하다는 가정하에 물체가 보이는 모션 매개변수만을 사용해 물체 지점의 상대 깊이를 구할 수 있기 때문이다.

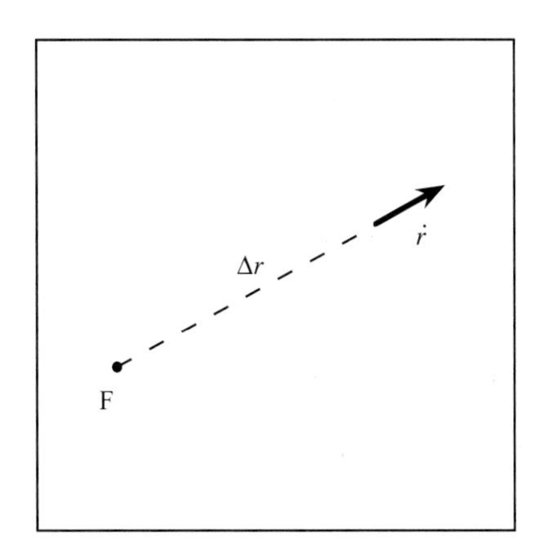

그림 20.6 인접 시간 계산. 물체 특징이 확장 중심 F로부터 $\dot{r}$의 속도로 벗어나고 있다. 관측 시점에서 F로부터의 특징 거리는 Δr이다. 이렇게 측정한 인접 시간을 통해, 특징의 상대적인 깊이를 계산할 수 있다.

$$\frac{Z_1}{Z_2} = \frac{\Delta r_1/\Delta r_2}{\dot{r}_1/\dot{r}_2} \tag{20.27}$$

이는 모션으로부터 물체의 구조를 찾는 첫 번째 과정이다. 이 경우 관찰 대상인 물체가 강체라는 가정이 묵시적으로 들어가 있음을 유의하라. 즉, 같은 물체의 지점은 전부 같은 w 값을 갖는다. 이미지에서 모션을 해석하고자 할 경우, 상당 부분은 이러한 강체 조건을 바탕으로 하고 있다.

20.6 광학 플로우 모델의 난제

지금까지 설명한 광학 플로우 개념을 실제 이미지에 적용할 경우, 접하지 못한 새로운 문제가 드러난다. 첫째, 모션 이미지에 존재해야 하는 외각 지점이 실제로 나타나지 않을 수 있다. 이는 움직이는 물체와 배경 간의 대비가 로컬하게 사라짐에 따라 잘 안 보이기 때문이다. 이러한 상황은 정지된 이미지에서 외각 검출 연사자를 통해 외각 위치를 찾는 방식과 일치한다. 즉, 외각 주변으로 가면서 대비가 낮은 값으로 떨어지며, 외각 역시 사라지게 된다. 이러한 외각 모델이나 속도 플로우 모델의 신호는 제한적일 수밖에 없다. 또한 로컬한 차원에서의 대응 방식은 임시방편에 불과하며, 이것만으로는 분할을 진행하기에 성능이 다소 떨어진다.

물론 단순한 모델도 유용할 수는 있으나, 특정한 상황에서는 문제가 발생할 수 있으며 이 경우에는 강건한 방식이 필요하다. 이러한 문제 중 일부는 1986년에 호른Horn이 제시한 바 있다. 우선, 매끄러운 구체가 회전할 경우 광학 플로우(차이) 이미지에는 그 모션이 나타나지 않는다. 사실 구의 회전은 눈으로도 잘 포착되지 않기 때문에, 이 현상은 일종의 착시로 해석할 수도 있다. 둘째, 멈춰 있는 구 주변을 조명이 회전할 경우 그 구는 회전하는 것처럼 보이게 된다. 물체는 람베르시안 광학 법칙을 따르며, 이 경우에도 이 현상을 일종의 광학 착시로 볼 수 있다(착시 현상은 광학 플로우 모델이 '일반적으로 옳다'는 믿음에 기반한다).

광학 플로우 모델로 돌아가, 어느 부분에서 잘못된 결론이 나올 수 있는지 살펴보자. 사실 답은 명확한데, 식 (20.2)는 '이미지'가 이동할 수 있음을 전제로 했다. 그런데 실제로 이동하는 것은 이미지가 아니라, 이미지 내에 그려진 물체다. 따라서 물체가 이미지 내에서 고정된 배경(혹은 카메라가 움직일 경우 변화하는 배경)에 대해 움직인다고 놓아야 한다. 이렇게 되면 움직이는 외각 부분의 대비가 높은 값에서 낮은 값으로, 다시 높은 값으로 변화하는 양상을 관측하기가 불안정해지긴 하지만, 그럼에도 불구하고 알고리듬 내에서 구현이 이뤄져야 한다. 요컨대 광학 플로우와 차분 이미징이 이론적으로는 분명히 그 유효함에 한계가 있다 하더라도, 결국은 이 개념을 사용할 수밖에 없다(근간이 되는 이론에 대한 더 상세한 분석은 Faugeras(1993)을 참고하라).

20.7 스테레오 모션

카메라 모션의 흥미로운 지점은 카메라가 기준선을 따라가며 얻는 일련의 이미지가 양안(스테레오) 이미지와 비슷하다는 것이다. 즉, 두 이미지를 통해 깊이 정보를 얻고 물체 특징을 추적하는 것이 가능하다. 이 기법은 일반적인 스테레오 이미징을 통한 특징 추적보다 원칙적으로 더 간단하며, 따라서 대응 문제가 존재하지 않아야 한다. 그러나 일련의 이미지가 물체 필드를 거의 동일한 방향에서 관측하기 때문에, 기준선을 통해 얻을 수 있는 시점이 희석된다는 난점이 있다(그림 20.7). 이 현상을 분석해보자.

우선 카메라가 움직일 경우, 이미지 내에서 가로 방향 위치에 대한 수식은 X와 Y에 동시에

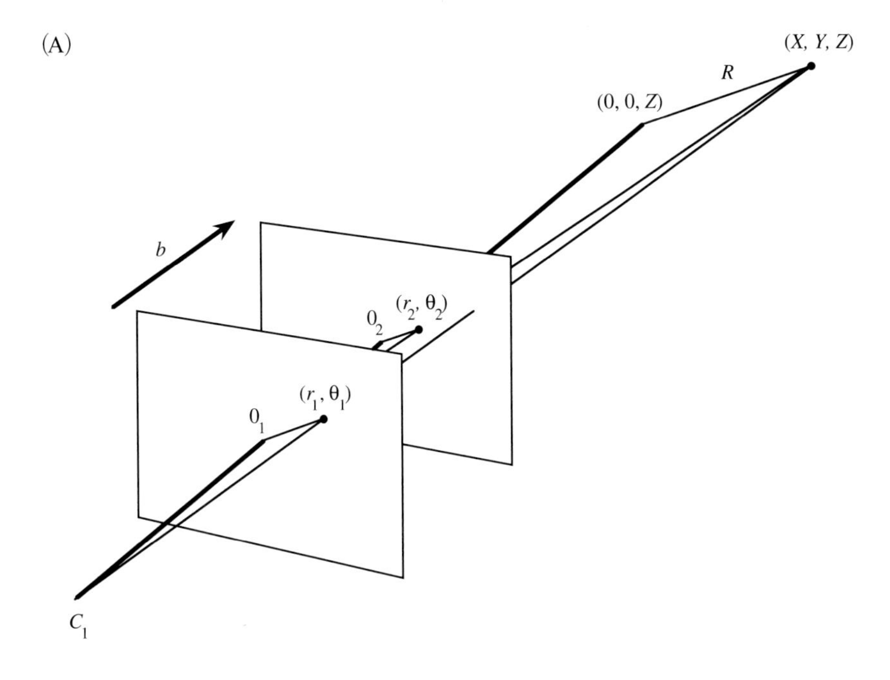

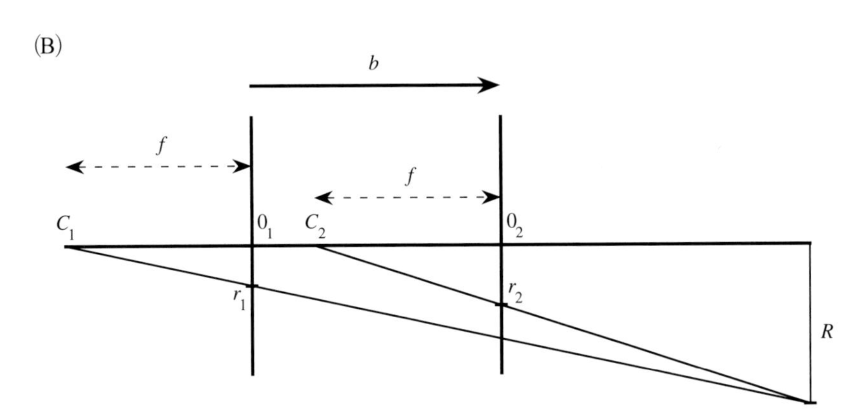

그림 20.7 카메라 모션을 통한 스테레오 계산: (A) 카메라 모션으로부터 스테레오 이미징을 얻는 방식. 벡터 **b**는 기준선을 뜻한다. (B) 시차를 계산하기 위해 필요한 요소를 평면 기하로 단순하게 나타낸 모습. 카메라는 광축을 따라 움직인다고 가정한다.

영향을 받는다. 그러나 카메라 광축에서부터의 물체 지점 방사 거리 R을 사용하면 식을 단순하게 표현할 수 있다. 즉,

$$R = \left(X^2 + Y^2\right)^{1/2} \tag{20.28}$$

이제 두 이미지상의 방사 거리를 다음과 같이 나타낼 수 있다.

$$r_1 = Rf/Z_1 \tag{20.29}$$

$$r_2 = Rf/Z_2 \tag{20.30}$$

따라서 그 시차는

$$D = r_2 - r_1 = Rf\left(1/Z_2 - 1/Z_1\right) \tag{20.31}$$

기준선을 다음과 같이 정의하고,

$$b = Z_1 - Z_2 \tag{20.32}$$

$b << Z_1$, Z_2로 가정하고 첨자를 제거하면,

$$D = Rbf/Z^2 \tag{20.33}$$

이 식은 R을 모르는 상태에서 Z를 찾는 문제의 난이도를 낮춰준다. 즉, 다음 관계를 이용해 문제를 해결할 수 있다.

$$R/Z = r/f \tag{20.34}$$

여기서 r은 평균값 $\frac{1}{2}(r_1 + r_2)$의 근삿값이다. R을 소거하면,

$$D = br/Z \tag{20.35}$$

따라서 물체 지점의 깊이는 다음과 같이 얻을 수 있다.

$$Z = br/D = br/(r_2 - r_1) \tag{20.36}$$

이 수식은 일반적인 스테레오에 대한 식 (15.5)에 비길 수 있다. 여기서 중요한 점은 모션 스테레오에서 시차는 카메라 광축에서 이미지 지점까지의 방사 거리 r에 따른다는 것이다. 반면 일반적인 스테레오에서 시차는 r에 독립적이다. 그 결과 모션 스테레오는 광축상에서

는 깊이 정보를 구할 수 없으며, 그 깊이 정보의 정확도는 r의 크기에 비례한다.

20.8 칼만 필터

움직이는 물체를 추적하는 과정에서, 다가올 프레임에 물체가 어디 있을지 예측할 수 있다면 좋을 것이다. 기존 정보를 최대한 활용할 수 있을 뿐만 아니라, 이어지는 프레임에서 탐색 시간을 최소화할 수 있기 때문이다. 또한 시간적인 차원에서 발생하는 오클루전, 예를 들어 차량이 다른 차량 뒤로 지나가거나, 사람이 겹치거나, 혹은 팔다리가 가려지는 등의 문제를 보완할 수 있다(추적 예측은 군사 쪽은 스포츠 분야에서도 상당 부분 필요로 하는 기능이다). 이를 위해, 추적하고자 하는 물체 지점의 위치와 속도를 순차적으로 업데이트하는 수식을 다음과 같이 정의한다.

$$x_i = x_{i-1} + v_{i-1} \tag{20.37}$$

$$v_i = x_i - x_{i-1} \tag{20.38}$$

편의를 위해 각 샘플 쌍 간에는 단위 시간 만큼의 간격이 존재한다고 가정한다.

사실 이것만으로는 최적의 결과를 얻기에 다소 허술하다. 우선, 세 값을 명확히 해야 한다. (1) 실제 측정치(예: x), (2) 관측 '전' 시점에서 해당하는 변수를 추정한 최적값('−'), (3) 동일한 모델 매개변수를 관측 '이후' 시점에서 추정한 최적값('+'). 추가로 노이즈 성분을 명시해, 최적값을 추정하는 과정에서 강건한 최적화 과정이 이뤄질 수 있도록 해야 한다.

앞에서 소개한 사례에서는 속도(그 외의 변경점은 논의를 단순하게 하기 위해 생략한다)가 모델을 최적으로 추정하기 위한 매개변수에 해당한다. 여기에 위치 계측 노이즈를 매개변수 u로, 속도 (모델) 추정 노이즈를 매개변수 w로 추가한다. 이렇게 하면 위의 식을 다음과 같이 쓸 수 있다.

$$x_i^- = {x_{i-1}}^+ + v_{i-1} + u_{i-1} \tag{20.39}$$

$$v_i^- = {v_{i-1}}^+ + w_{i-1} \tag{20.40}$$

속도가 일정하고 노이즈가 가우시안 형태로 나타날 경우, 최적해를 구하는 것이 가능하다.

$$x_i^- = x_{i-1}^{\ \ +} \tag{20.41}$$

$$\sigma_i^- = \sigma_{i-1}^{\ \ +} \tag{20.42}$$

위의 식을 예측 수식prediction equation이라 부르며,

$$x_i^+ = \frac{x_i/\sigma_i^2 + \left(x_i^-\right)/\left(\sigma_i^-\right)^2}{1/\sigma_i^2 + 1/\left(\sigma_i^-\right)^2} \tag{20.43}$$

$$\sigma_i^+ = \left[\frac{1}{1/\sigma_i^2 + 1/\left(\sigma_i^-\right)^2}\right]^{1/2} \tag{20.44}$$

위의 식을 보정 수식correction equation이라 부른다. 이 식들은 가중 평균을 구하는 잘 알려진 수식과 크게 다르지 않다(Cowan, 1998). 식에서 $\sigma^{\pm}$은 각각 모델 추정값 $x^{\pm}$의 표준편차이며, σ는 실제 측정치 x에 대한 표준편차다.

이 수식에서 확인할 수 있듯이, 반복적인 측정을 거치면 각 반복마다 위치 매개변수와 오차를 개선할 수 있다. 특히 중요한 부분은 노이즈가 위치와 마찬가지로 모델링됐다는 점이다. 따라서 $i - 1$ 이전 시점의 위치는 고려하지 않아도 된다. 이 위칫값들의 평균을 구하여 마지막 추정값의 정확도를 높일 수 있긴 하지만, 이 부분은 물론 x_i^-와 σ_i^- 값에 반영되며, 최종적으로는 x_i^+와 σ_i^+ 값에 반영된다.

다음으로 이 결과를 여러 변수와, 가능하다면 속도 및 가속도의 변화에 대해 일반화하는 방법을 생각해보자. 소위 칼만 필터Kalman filter가 이 역할로 널리 쓰인다. 이 필터는 연속적으로 선형 근사를 진행하고, 위치, 속도, 가속도(또는 다른 필요한 매개변수)를 포괄하는 하나의 상태 벡터 $\mathbf{s}$를 도입하는 식으로 이 문제를 해결한다. 이를 통해 동적 모델을 구성하며, 실제 측정값 x는 따로 고려해야 한다.

일반적인 경우, 상태 벡터의 업데이트는 다음 식처럼 단순하게 표현될 수 없으며

$$\mathbf{s}_i^- = \mathbf{s}_{i-1}^{\ \ +} \tag{20.45}$$

위치, 속도, 가속도 간의 상호 의존성 때문에 더 자세한 방식으로 나타내야 한다. 이를 반영해 식을 다시 쓰면 다음과 같다.

$$\mathbf{s}_i^- = K_i \mathbf{s}_{i-1}^{\ \ +} \tag{20.46}$$

몇몇 문헌에서는 이 수식에 K_{i-1}을 사용하지만, 레이블이 직전 또는 새로운 상태 중 어느 것을 가리키도록 정의하느냐의 문제일 뿐이며 의미는 같다. 비슷하게, 식 (20.42) ~ 식 (20.44)에서 표준편차 σ_i, $\sigma_i^{\pm}$(또는 상응하는 분산)는 공분산 행렬 Σ_i, $\Sigma_i^{\pm}$로 쓰는 것이 맞지만, 그렇게 하면 수식이 너무 복잡해진다. 이에 관한 내용 전개하려면 몇 페이지 정도가 더 필요하므로, 여기서는 그 계산 과정을 다루지 않을 것이다. 다만 최소 제곱 계산을 통해 최적 선형 필터를 구하는 것을 목표로 한다는 정도로 이해하면 충분하다(Maybeck(1979) 등 참고).

요컨대 칼만 필터는 예를 들어 화이트 노이즈나 가우시안 노이즈처럼 평균이 0인 노이즈를 포함한 선형 시스템에 대해 최적의 추정자로서 작용한다. 물론 가우시안 노이즈가 아니더라도 상당히 괜찮은 수준으로 추정하는 것이 가능하다.

마지막으로, 칼만 필터 자체는 평균값을 구하는 과정을 통해 동작하기 때문에 아웃라이어가 존재할 경우 결과가 상당히 어긋날 수 있다는 점을 유의해야 한다. 대부분의 모션 관련 응용 분야에 분명히 나타나는 현상이기 때문에, 각 예측값이 현실과 너무 동떨어진 결과가 아닌지 확인하는 작업을 거쳐야 한다. 그러한 상황이 나타난다면, 물체가 부분적 혹은 전체적으로 가려지기 때문일 수 있다. 이 경우 간단한 방법은 물체가 같은 속도로 이동한다고 가정하고(이 경우 시간이 지남에 따라 불확실성이 커진다) 다른 물체 뒤에서 나타날 때까지 기다려보는 것이다. 이런 식으로 최소한 몇 가지 가능성을 열어놓는 것은 좋지만, 그 시간은 상황과 응용 분야에 따라 많이 달라진다.

20.9 광간격 매칭

광간격 매칭이 필요한 이유에 대해서는 6장 '모서리, 특징점, 불변 특징 검출'에서 다룬 바 있다. 여기서는 적절한 불변 특징을 검출하는 방법을 다뤘는데(6.7절 및 여러 하위 절을 참고하라), 이번 장에서 다시 그 주제를 꺼내는 이유는 3차원 비전과 모션 분석에 적합한 내용이기 때문이다. 특히 후자는 이 장에서만 다루고 있다. 광간격 매칭은 같은 물체를 상당히 떨어진 여러 방향에서 관측하는 상황에 대한 것이다. 이 경우 각 관측 결과는 급격한 차이를 보이므로, 인식하기가 극단적으로 어려워진다. 좁은 기준선을 통한 스테레오는 두 카메라에서 노름을 구하는 식으로 깊이를 추정하는 데 사용된다면, 광간격은 감시 분야에서 흔히 쓰인다.

예를 들어, 22장 '감시'에서처럼 보행자 전용 구역에서 여러 카메라를 넓게 배치해 관측하는 경우가 있을 것이다. 이때도 물체를 이미지 데이터베이스에서 찾을 수 있다면 노름을 구하면 된다. 그러나 거의 대부분의 상황에서는 물체가 움직이는 도중에 관측된다. 각 프레임 쌍이 좁은 기준선 스테레오에 해당하기 때문에 감시나 운전자 보조 시스템에서는 그리 중요한 요소가 아니라고 볼 수 있겠지만, 물체가 '일시적으로 가려지고' 다른 각도나 배경에 대해 다시 등장하는 일이 흔하게 발생한다. 또한 소프트웨어는 (인간이 판단하는 것과 마찬가지로) 장면의 일부에 대해 부분적인 시간 동안만 '주의'를 기울이게 된다. 이 때문에 일반적인 모션에 대해서는 광간격을 사용할 수밖에 없다. 요컨대 다양한 3차원 관측과 모션 추적에 대응하기 위해서는 광간격 매칭 기법이 필요하다.

6장 '모서리, 특징점, 불변 특징 검출'에서는 50° 정도의 광간격 뷰까지 대응할 수 있도록 특징을 설계하는 방법을 보였다. 이 경우 적절한 특징 검출자를 설계하는 데 중요한 요인은 스케일 및 아핀 왜곡에 불변성을 갖도록 하는 것이다. 그러나 이것만으로는 충분하지 않다. 즉, 특징 검출자는 각 특징에 대한 설명자를 제공해, 뷰 간의 매칭 과정에서 가능한 한 불확실성을 제거할 수 있도록 충분한 정보를 확보해야 한다. 이러한 관점에서 광간격 매칭은 높은 신뢰도를 제공할 수 있다. Lowe(2004)는 최소 3개의 특징만으로도 신뢰성 있는 물체 인식이 가능함을 보였다. 특히, 배경 클러터와 여러 종류의 물체에 대해 수천 개의 특징이 포함되어 있는 일반적인 이미지에서는 이러한 점이 매우 중요하다. 이렇게 거짓 양성의 수를 최소한의 수준으로 줄이면, 입력 이미지에 대해 주어진 형태의 물체를 모두 검출할 확률이 높아진다. 이것이 가능한 이유는 로우Lowe의 SIFT 특징에 대한 설명자가 128개의 많은 매개변수를 포함하고 있기 때문이기도 하다(6장 '모서리, 특징점, 불변 특징 검출'에서 살펴봤듯이, 다른 방식으로 특징을 구하면 그 수가 줄어들지만 결국 일부 경우에는 작동하지 않는 위험성이 존재한다).

이렇듯 광간격 매칭의 이점이 있고, SIFT 등의 특징이 더 많은 설명자 세트를 포함하고 있다면, 실제로 매칭은 어떻게 이뤄질까? 이상적으로는 각 이미지 쌍 간의 특징 설명자를 비교해 둘 중 잘 매칭이 되는, 즉 두 뷰에서 동시에 인식이 가능한 것을 선택하기만 하면 된다. 이를 위해 맨 먼저 특징 쌍에 대해 유사성을 테스트해야 한다. Lowe(2004)는 128차원 설명자 공간에 대해 (유클리드) 최근접 거리를 구하는 식으로 이를 구현했다. 그런 다음, 두 이미지에서 물체의 자세에 대해 동일한 해석이 이뤄지도록 허프 변환을 통해 특징 군집을 찾았다.

이러한 상황에서는 RANSAC보다 허프 변환이 훨씬 더 좋은 성능을 내는데, 인라이어의 수가 상대적으로 적기 때문이다. Mikolajczyk and Schmid(2004)가 사용한 방식은 우선 초기 매치 세트를 얻기 위해 마할라노비스 거리로부터 가장 유사한 설명자를 찾는다. 그런 다음 교차 상관성을 통해 점수가 낮은 매치를 제외하고, 최종적으로 RANSAC을 사용해 두 이미지 간의 변환에 대한 강건한 추정을 구했다. Tuytelaars and Van Gool(2004)는 이 방식에서 더 나아가, 기하적으로 일관성을 유지하기 위한 세미로컬 제약 조건 및 광도 제약 조건을 적용해, (마찬가지로) RANSAC을 적용하기 이전에 선택한 매치를 한 번 거르고, 최종적으로 강건한 자세 추정을 얻는 방법을 제시했다. 이에 반해 Bay et al.(2008)은 물체 인식을 위해 '단어가방bag-of-words' 방식(Dance et al., 2004)으로 표현되는 나이브 베이즈 분류자에 설명자 정보를 대입했다. 이 방식은 물체의 이미지 데이터베이스 내에서 물체를 인식하는 데 더 비중을 두고 있기 때문에, Bay et al.(2008)은 물체 자세를 구하는 데 있어서는 별다른 언급을 하고 있지 않다. 논문은 또한 자세가 특별히 중요하지 않은 응용 분야로서 도로상에서 반복적으로 자동차를 인식하는 작업에 대해서도 주제로 다루고 있다.

요컨대 로컬 이미지 내용으로부터 정보가 풍부한 설명자를 확보해 불변 특징 검출자에 활용하는 이 새로운 체계는 광간격 물체 매칭을 구현하기 위한 강력한 방식임과 동시에, 후속 알고리듬에 쏠리는 부담을 줄여준다는 데 의미가 있다.

20.10 결론

20장에서는 광학 플로우 장을 형성하고, 움직이는 물체나 카메라에서 FoE를 구하는 방법을 다뤘다. 움직이는 물체의 경우, FoE를 사용해 충돌이 일어나는지 여부를 찾을 수 있다. 아울러 FoE 위치에 대한 모션을 분석해 그 구조를 얻는 것이 가능하다. 특히 인접 시간 분석은 이미지로부터 바로 모션 매개변수를 측정해 상대적인 깊이를 구할 수 있도록 한다. 그다음으로는 광학 플로우 모델을 사용할 때의 기본적인 난점으로서, 움직이는 외각이 넓은 범위의 대빗값을 갖기 때문에 그 모션을 정확히 측정하기가 어려운 현상에 대해 다뤘다. 실제 상황에서는 이 점 때문에, 모션 신호 크기를 높이기 위해 시간 간격을 더 길게 잡아야 한다. 그러지 않는다면, 11장 '일반 허프 변환'에서 다뤘던 특징 기반 처리를 도입할 수 있다.

가장 널리 쓰이는 특징은 모서리인데, 범용성이 높고 3차원상에서 로컬화되기 쉽기 때문이다. 분량상의 문제로 여기서는 이 접근법을 자세히 설명하지 않을 것이다. 대신 Barnard and Thompson(1980), Scott(1988), Shah and Jain(1984), Ullman(1979) 등을 참고하라. 아울러 일시적인 오클루전으로 인한 난점을 일부 해결하는 칼만 필터, (모션 추적 등의 응용에 도입할 수 있는) 불변 특징을 사용한 광간격 매칭 등을 다뤘다.

모션과 관련해 실제 응용 분야에 적용한 연구에 대해서는 감시나 자동차 비전 시스템을 다룬 22장과 23장에서 살펴볼 것이다.

모션을 이해하는 확실한 방법은 이미지 간의 차이와 광학 플로우를 구하는 것이다. 20장에서는 '구경 문제'의 어려움과, 모서리 추적을 통해 이를 피할 수 있음을 보였다. 또한 일시적 오클루전으로 인한 난점의 경우 오클루전 추정 및 칼만 필터 등의 기법을 필요로 한다.

20.11 문헌과 연보

광학 플로우는 오랫동안 많은 연구자가 다뤄온 주제다. 예를 들어, Horn and Schunck(1981)이나 Heikkonen(1995) 등을 참고하라. FoE에 대해 수학적으로 다룬 결정적인 연구는 1980년에 등장했다(Longuet-Higgins and Prazdny, 1980). 확장 중심의 경우 광학 플로우 장을 통해 얻거나 곧바로 계산할 수 있다(Jain, 1983). 20.5절에서 다룬 인접 시간 분석 결과는 Longuet-Higgins and Prazdny(1980)에서 차용한 것으로서, 광학 플로우 문제에 대해 전반적으로 깊게 다룸과 동시에 그 기울임 성분을 사용하는 방식을 제안하고 있다. 속도 장 문제의 수치적인 해법을 구하는 것이 그리 간단하지 않음을 유의해야 한다. 일반적으로 측정 과정에서 나타나는 부정확함과 노이즈를 극복해 위치 매개변수와 모션 매개변수를 얻기 위해서는 최소 제곱 분석이 필요하다(Maybank, 1986). 요컨대 불확실성을 해결하는 것은 이미지 시퀀스 분석에 있어 주된 문제와 난점이라 할 수 있다(평면의 움직임에 대한 불확실성 분석을 다룬 흥미로운 연구인 Longuet-Higgins(1984)도 참고하라).

다만 분량의 문제로, 모션이나 이미지 시퀀스 또는 3차원 비전에 상당한 영향을 끼치는 광학 플로우에 대한 중요 문헌을 여기서는 상세히 다루지 않을 것이다. 주요한 연구로서

Huang(1983), Jain(1983), Nagel(1983, 1986), Hildreth(1984) 등을 참고하라.

칼만 필터를 통해 추적을 구현하는 초기 논문으로는 Marslin et al.(1991) 등을 참고하라. 사람이나 자동차 등 움직이는 물체에 대한 추적이나 감시에 대한 최신 연구의 경우, 상당 부분 22장과 23장에서 다루고 있다(23장 '차량 내 비전 시스템'의 경우 자동차 내부 관점에서의 움직이는 물체 감시에 특화되어 있다). 추적, 파티클 필터, 움직이는 물체의 검출 등에 대한 최근 참고문헌은 22장과 23장의 문헌 절을 참고하라.

광간격 매칭에 대한 불변 특징 관련 참고문헌은 6장 '모서리, 특징점, 불변 특징 검출'을 참고하라.

20.12 연습문제

1. 식 (20.44)에서 분산을 왜 그러한 방식으로 결합하는지 설명하라(통계와 관련해, 대부분 분산은 합을 통해 결합된다).

PART

5

컴퓨터 비전의 응용

5부에서는 1~4부에서 다뤘던 기법들을 한데 모아, 컴퓨터 비전을 실제 응용 분야에서 활용하는 방식을 알아본다. 물론 가능한 분야를 전부 다룰 수는 없기 때문에, 세 가지 중요한 영역을 선정해 집중적으로 살펴본다. 이 영역은 업계의 요구와, 컴퓨터 비전이 보일 수 있는 능력을 반영해 선정된 것이다(따라서 여기서는 1~4부에서 다룬 모든 기법과 방식을 고려하게 된다).

21장 '얼굴 검출과 인식: 딥러닝'은 지난 20여 년 동안 얼굴 검출과 인식 분야에서 이뤄진 진전을 정리한다. 또한 얼굴 분석에 있어 딥러닝이 가져온 충격과, 2011~12년부터 딥러닝으로 인해 관련 분야가 어떻게 폭발적으로 성장해왔는지를 살펴본다.

5부에서 다룰 나머지 두 분야는 '감시'와 '차량 내 비전 시스템'이며, 모두 지난 15~20년 동안 발전해 온 주제다. 특히 '차량 내 비전 시스템'의 경우 현재 무인 자동차의 도래로 인해 유행하고 있다(여기서 '무인'이라는 용어를 문자 그대로 받아들이면 안 된다. 1) 대부분의 차량은 여전히 운전자를 필요로 하며 2) 완전히 사람이 관여하지 않는 차량은 어떤 미래가 오든지 그다지 신뢰할 수 없다고 여겨질 것이기 때문이다).

21

얼굴 검출과 인식: 딥러닝

얼굴 인식은 현대 사회에서 매우 중요하며, 특히 보안 분야에서는 필수적이다. 또한 많은 실제 상황에서는 장면 속의 얼굴을 검출하는 것으로부터 시작한다. 21장에서는 이 두 분야를 전부 다루며, 주성분 분석(PCA)을 통한 '고유얼굴' 획득 방식과 '부스팅'을 통한 얼굴 위치 고속 탐색 등을 비교한다. 초기에 등장한 이러한 방식들에 이어, 전면화 접근법이나 딥러닝 등 훨씬 더 뛰어난 방식들이 등장했으며, 이를 통해 컴퓨터는 인간 수준의 인식 성공률을 보일 수 있게 됐다.

21장에서 다루는 내용은 다음과 같다.

- 단순한 기법을 통한 효율적인 얼굴 검출
- 눈, 코, 입 등의 얼굴 특징 검출
- VJ(Viola-Jones) 부스팅 얼굴 검출자
- 고유얼굴 접근법을 통한 얼굴 인식
- 얼굴을 표준적인 전면 형태로 변환하기 위한 전면화 과정
- 딥러닝을 통한 얼굴 검출과 인식(FDR)
- 얼굴을 3차원 물체의 일부로 인식하는 접근법
- 불변성에 기반한 얼굴 인식

이 장은 FDR을 중점적으로 다루지만, 현대적인 딥러닝 구조에 대한 이해가 선행돼야 한다. 이에 관해서는 15장 '딥러닝 네트워크'에서 상당 부분 다뤘으며, 여기서는 그 기본적인 내용을 발전시켜 실제적인 용례를 제시한다. 이 장을 통해 딥러닝의 강력함을 좀 더 명확히 확인하게 될 것이다.

21.1 서론

얼굴 검출은 군중을 통제하거나 빌딩에 들어가는 사람들을 모니터링하는 등 현대 사회에서 중요한 비중을 차지한다. 많은 경우, 예를 들어 은행 금고에 출입하거나 컴퓨터에 로그인하는 등의 상황에서는 얼굴 검출 그 자체만으로 불충분하며, 얼굴을 인식하거나 확인하는 과정이 필요하다. 물론 사람의 수를 세거나 인식을 진행하더라도 얼굴 검출은 가장 기본적으로 필요한 절차다. 또한 인식 절차가 그 자체로 검출을 내포하고 있기도 하며, 한 사람만 인식하는 경우에는 인식이 곧 그 사람에 대한 확인 절차다. 요컨대 얼굴 검출은 개중 가장 단순한 작업이라 할 수 있다. 원칙적으로 이를 자동으로 진행하는 방법은 일종의 '평균' 얼굴 매칭 필터를 적용하는 것이다. 이름에서 암시하듯이 이 필터는 데이터베이스상의 수많은 얼굴의 평균값을 구하는 식으로 얻을 수 있다. 그러나 이 과정에서 넘어야 할 난점 또한 많다. 얼굴 이미지에 대한 조명 조건이 굉장히 광범위하고, 얼굴이 정면을 향할 확률이 많지 않기 때문이다. 실제로 머리가 취할 수 있는 위치와 자세는 실로 다양하다. 심지어 정면을 바라보고 있다 하더라도 여러 머리는 각기 다른 롤과 피치값을 갖고 있을 수 있다. 선박에서처럼 롤, 피치, 요 세 각도는 얼굴 검출이나 인식 과정에서 중요하게 고려하고 제어해야 한다. 물론, 예를 들어 여권이나 운전면허증 사진을 촬영할 때처럼 얼굴의 자세를 제어해야 할 수도 있지만, 다분히 예외적인 상황이다. 마지막으로 기억해야 할 점은 얼굴이 유연한 물체라는 것이다. 즉, 턱을 움직일 수 있을 뿐만 아니라, 눈과 입이 열리고 닫히며, 수많은 얼굴 표정(그리고 그에 따른 감정)을 표현하는 것이 가능하다. 이러한 얼굴 간의 또는 얼굴 내의 변화로 인해 얼굴을 분석하고 인식하는 작업은 매우 복잡한 것에 속하며, 여기에 더해 수염이나 머리카락, 안경, 모자 등의 외관이 더해지면 그 복잡도는 더더욱 커진다. 만약 테러리스트를 인식해야 한다면, 이러한 요소를 전부 고려해야 함은 당연하다.

이러한 맥락에서, 인터넷상의 사진에서 찾아낸 많은 '길거리의 얼굴'을 검토하는 과정이 유익할 것이다. 뒷부분에서는 이 중 일부를 살펴보며, 특히 잘 알려진 조지 W. 부시의 얼굴 모음을 예제로 삼을 것이다(그림 21.1). 이어서 기본적인 얼굴 검출 처리 방법으로서 피부 톤을 활용하는 방법을 알아본다.

그림 21.1 간단한 샘플링 접근법을 통한 얼굴 검출. 그림은 LFW 데이터베이스에서 네 장의 부시 얼굴(A~D)을 간단한 샘플링 접근법으로 검출한 결과를 나타낸다. 우선 피부 톤을 검출해 흰색 점으로 기록한다. 그런 다음, 2:3 종횡비 박스를 사용해 얼굴에 가장 잘 부합하는 위치를 찾는다. 이 최적 위치 박스 내에서는 흰색 점을 (인라이어) 검은색 점으로 바꾼다. (B)와 (C)의 경우, 상당한 수의 흰색 점이 존재하며, 특히 (C)에서는 검은색 점보다 흰색 점이 더 많이 남아 있다. 이 방식은 얼굴을 직접적으로 찾는다기보다는 피부 톤에 가장 잘 부합하는 영역을 찾는 것임을 유의하라. 얼굴 내에 존재하는 특징을 검출하는 방식이 아니기 때문이다.

21.2 간단한 얼굴 검출 접근법

널리 쓰이는 데이터셋인 LFW(labeled faces in the wild)는 인터넷에서 여러 사진을 모아, 가운데 정렬하고 크기를 조정한 것이다. 사진 대부분의 얼굴은 정면을 기준으로 좁은 범위의, 일반적으로는 ±30° 이내에서 3차원 롤, 피치, 요 각도가 변화한다(그림 21.1 등을 참고하라). 이 절에서는 얼굴 검출을 적절한 속도와 효율성으로 구현하는 방법을 살펴본다. 확실한 접근법 중 하나는 색상 및 세기를 통해 피부 톤을 검출하는 것이다. 그림 21.1에서는 간단한 색조와 세기 범위 평가를 진행했다. 색조 +180°는 180° ± 20° 범위 내에, 세깃값은 (전체 세기 범위 0~255를 기준으로) 140 ± 50 범위 내에 존재해야 한다. 이 범위는 경험적으로 설정한 것이며,

실제 시스템에서는 엄밀한 학습 과정을 통해 정해야 한다. 여기서는 어떤 과정으로 이뤄지는지를 보여주기 위한 목적이므로 복잡한 과정을 생략했다.

그림 21.1의 경우, 속도를 높이기 위해 각 방향에서 10픽셀 간격으로 샘플링을 진행했다. 앞에서 설정한 기준에 따라 피부 톤 신호를 갖는 모든 픽셀은 흰색 점으로 표시한다. 그런 다음, LFW 얼굴 크기와 부합하도록 약 2:3 종횡비를 갖는 박스를 피부 톤 신호가 가장 많이 포함되는 위치에 그린다. 이 단계에서 인라이어 점은 검은색으로 다시 칠하고, 나머지 흰색 점은 아웃라이어로 처리한다. 그림 속 네 사진 모두 실제 얼굴을 올바르게 찾고 레이블을 매겼으며, 얼굴 부분이나 밝은 배경 패치 등을 포함한 여분의 아웃라이어로 인해 잘못된 결과가 도출되지는 않았다. 확실히 이 방법은 강건하고 꽤 높은 정확도를 보여준다. 또한 100개 중 한 픽셀에 대해서만 다루므로 연산 속도가 매우 빠르다. 피부 톤 검출자가 다소 불완전하고 각각의 얼굴에 맞추어 적용되는 방식이 아니긴 하지만 큰 문제는 없다. 가장 중요한 매개변수는 박스의 크기 정도인데, 그마저도 그렇게 심각하게 고려할 필요는 없다. 상당히 많은 LFW상의 얼굴에 대해 실패하는 일 없이 잘 적용되는 방식이기 때문이다. 요컨대 얼굴과 가장 비슷한 물체를 찾는 것이 얼굴 검출자가 풀어야 할 주된 문제다. 혹은 비슷한 여러 물체 중 하나를 얼굴로 선택해야 할 수도 있다. 이러한 경우, 가장 확실한 방법은 적절한 얼굴 특징, 예를 들어 눈, 귀, 코, 입 등을 찾는 적절한 검출자를 구해, 찾은 물체가 실제 얼굴인지를 검증하는 과정을 거치는 것이다. 흥미로운 사실은 이 과정에서 가장 널리 쓰이는 특징이 눈이긴 하지만 그림 21.2에서 위쪽 두 행의 경우처럼 사진상에서 그리 뚜렷하게 나타나지는 않는다는 점이다. 이러한 점 때문에 어떤 특징을 관찰해야 하는지, 그 특징의 정확도가 어느 정도인지 결정하는 작업이 매우 까다로워진다.

21.3 얼굴 특징 검출

피부 톤을 통해 얼굴을 검출하는 방식은 다음과 같은 이유 때문에 신뢰도가 떨어진다. (1) 손 등 다른 신체 부위가 얼굴과 유사한 형태를 띨 수 있다. (2) 옷이 피부와 비슷한 톤과 색상을 가질 수 있다. (3) 모래 등 배경 영역 역시 피부 톤 및 색상과 유사할 가능성이 있다. 이러한 경우 특징이나 외형에 기반한 얼굴 검출 방식을 대신 사용해야 한다. 혹은 피부 톤 영역 검출

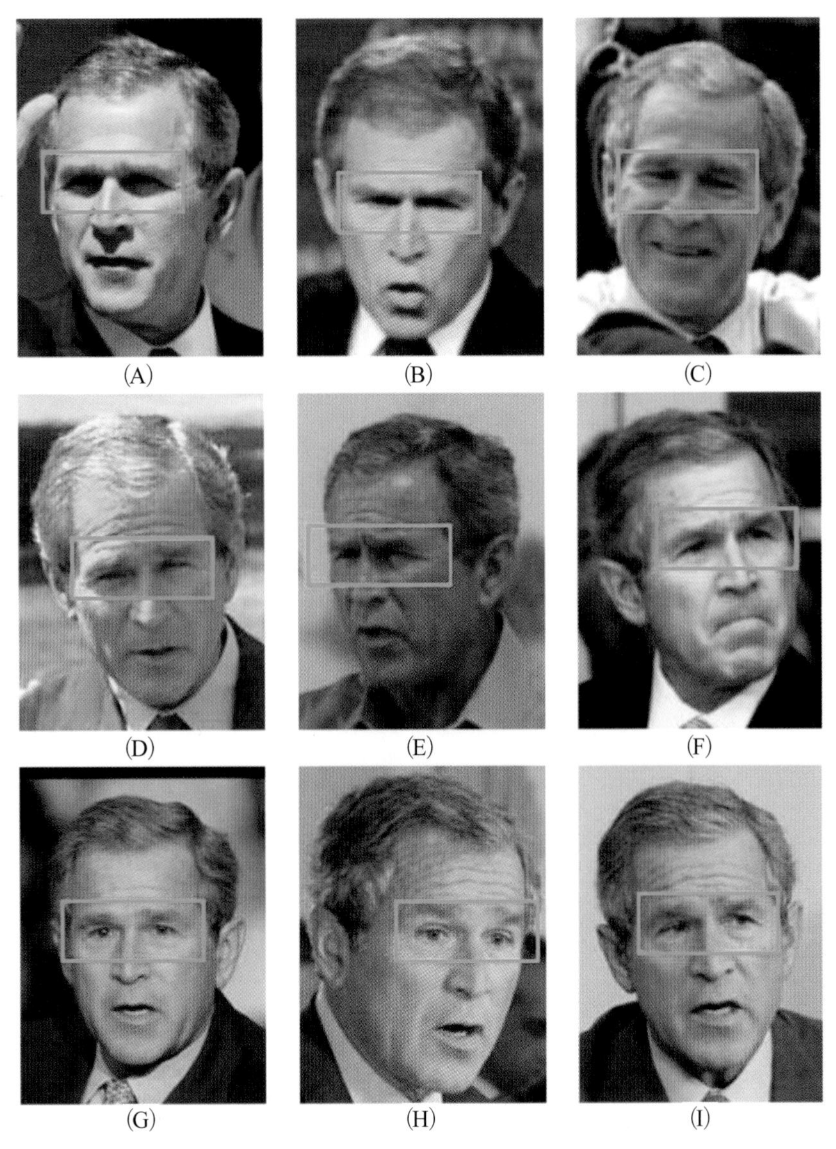

그림 21.2 부시 LFW 얼굴의 다양한 눈 영역 형태. (A)~(E)의 경우 그림자 영역이 강하게 나타나 있기 때문에, 예를 들어 허프 변환 등 홍채 검출을 기반으로 하여 명확하게 눈을 검출하는 것이 불가능하다. 그러나 (F)~(I)의 경우 구분이 가능한 홍채 경계 영역이 다소 적기는 해도(50%보다 상당히 낮은 비율) 눈 검출이 가능한 영역에 속한다. 다만 해상도가 낮을 경우에는 문제가 된다. 또한 으레 나타나는 눈두덩이의 어두운 영역이 (G)~(I)에서 거의 완전히 사라져 있기 때문에, 눈 위치를 확실하게 찾기가 어려워진다. 따라서 코나 입 등 다른 특징에 대한 검출자를 함께 적용해야 한다.

과 '함께' 적용해 그 전체적인 강건성을 충분히 확보할 수도 있다.

여러 얼굴 특징 중 눈, 코, 입, 귀, 추가로 모서리 등의 하위 특징이 중요한 고려 대상이다. 이러한 특징의 검출은 학습 템플릿을 사용해 상관성을 찾는 식으로 이뤄진다. 예를 들어, 그림 21.3은 눈 검출 예제를 나타내고 있다. 신뢰도 측면에서, 이러한 템플릿은 상당히 작은 크기로 설정해야 변동성으로 인해 얼굴 검출이 방해받지 않는다. 즉, 그림 21.3에서처럼 일단 각 눈을 따로 검출하고, 충분히 정확한 범위 내에서 나타나는 결과를 결합하는 과정으로 진행된다. 물론 눈이 아니더라도 다른 종류의 특징 여럿을 검출해 합치는 방식을 쓰는 것이 가능하지만, 이를 강건하게 진행하기 위해 필요한 선험적인 정보를 확보하기가 어렵다. 특히 롤, 피치, 요가 크거나 그 수준을 알 수 없을 경우에 그렇다. 요컨대 다중 특징 접근법의 가

그림 21.3 눈 특징 검출. (A)~(D)의 경우, 눈에 대한 학습 템플릿을 적용해 구한 상관성값을 기준으로 잠재적인 눈 특징 위치를 찾고, 그중 가장 유사성이 높은 9개의 위치를 붉은 십자 모양으로 표시했다. 그런 다음, 수평 및 수직 방향 범위(각각 29~42 및 ±8픽셀) 내에 있는 눈 특징 쌍을 찾아서 초록색 박스로 나타내었다. 이때 박스의 크기는 눈 검출에 사용된 특징 템플릿 크기와 같다. 대부분의 아웃라이어는 머리카락이나 배경에 의해 발생하지만, (D)에서처럼 다른 사람들의 쌍을 이루지 못한 눈도 포함하고 있음을 유의하라. 흥미롭게도, 이 방식은 20° 롤 및 30° 요를 갖는 얼굴에도 잘 대응한다.

장 취약한 점은 여러 검출자를 설계하고 학습해야 하며, 여러 특징 데이터를 합치는 과정을 다루고 학습하는 것은 더 어렵다는 데 있다. 또한 이러한 요건과 복잡성을 처리하는 데 상당한 계산을 필요로 한다는 점도 유의하라. 따라서 어찌 보면 당연하지만, 최근 들어 이 복잡한 접근법에 대한 연구는 덜 활발히 이뤄지고 있다. VJ[Viola and Jones]는 오히려 이러한 맥락에서 연구를 착안해, 혁신적인 하르[Haar] 필터 기반 접근법을 제안했다. 다음 절에서는 이에 대해 다룰 것이다.

21.4 VJ 고속 얼굴 검출

2001년 VJ는 앞 절에서 다룬 얼굴 검출 문제를 분석하고, 완전히 새로운 접근법을 시도하기로 결정했다. 우선, 앞에서 언급한 '명확한' 특징, 즉 눈, 귀, 코, 입에 집중하지 않기로 했다. 또한 색상이나 피부 톤 검출도 진행하지 않고, 세기 프로파일을 우선적으로 고려해 분석했다. 이러한 특징들을 실제로 사용하기 위해서는 알려진 데이터셋을 대상으로 하여 충분히 일반적인 차원에 도달할 때까지 주의 깊게 학습을 진행해야 하기 때문이다. 따라서 그들은 일반적인 목적의 특징을 찾을 수 있도록 하르 기반 함수를 사용한 소프트웨어 시스템을 학습하는 방식을 택했다. 이렇게 하면 얼굴의 상대적으로 어두운 영역에 대해서도 위치를 찾는 것이 가능하다. 실제로 눈썹 밑의 눈두덩이 부분은 상대적으로 음영이 지기 때문에 이마나 코, 뺨 등의 영역보다 어둡다. 마찬가지로, 미간 부분은 코 영역보다 상당히 밝게 나타난다. 이러한 세기 변화가 실제로 존재할 경우, 하르 기반 필터를 사용하면 해당 영역을 잘 드러내는 것이 가능하다.

일반적인 하르 필터는 같은 크기의 두 인접한 직사각형으로 이뤄져 있으며, 각각은 반대 부호의 가중치를 갖는다(보통 ±1). 따라서 가중치의 합은 0이 되며, 배경 세기 레벨에 무관하게 작동한다. 이러한 형태의 필터는 미분 외각 검출자와 유사하다고 할 수 있다. 세 인접한 직사각형으로 이뤄진 하르 필터의 경우, 각각의 넓이가 같다면 −1:2:−1 비율로 가중치를 갖는다. 혹은, 네 인접한 직사각형을 포함한 하르 필터는 각 행의 가중치가 −1, 1과 1, −1의 비율이 된다. 그림 21.4에 이러한 기본적인 필터를 나타내었다. 필터의 형태가 단순한 이유는 (1) 매우 많은 수의 필터를 쉽게 구성하고 적용하기 위해, 그리고 (2) 계산량을 최소화하기

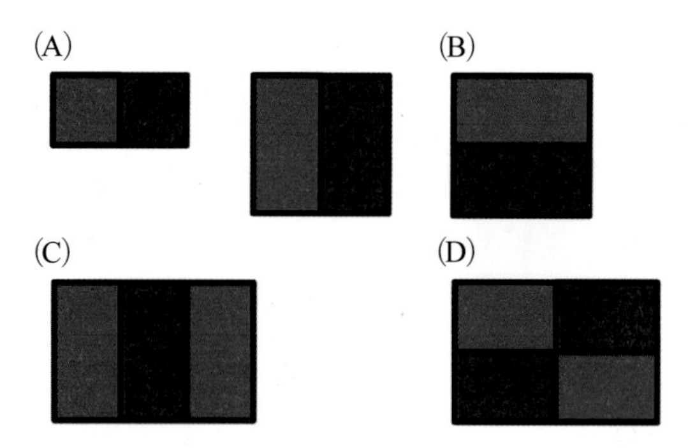

그림 21.4 일반적인 하르 필터: (A) 기본적인 두 요소로 이뤄진 미분 외각 검출자 형태의 필터, (B) 두 요소가 수직으로 배열된 미분 외각 검출자, (C) 세 요소로 이뤄진 1차원 라플라시안 형태 필터, (D) 네 요소로 이뤄진 로버츠(Roberts) 교차 형태 필터. 붉은색 요소와 푸른색 요소는 각각 +1 및 −1의 가중치를 가지므로, 전체 필터의 가중치 합은 0이 된다. 예외적으로 (C)의 경우 푸른색 요소는 가중치를 두 배로 주어야 한다.

위해서다.

Viola and Jones(2001)에서는 24 × 24픽셀 크기의 얼굴 이미지를 학습에 사용하되, 각 이미지에서 적절한 특징이 존재할 수 있는 위치를 따로 제한하지는 않았다. 또한 그 크기 역시 이미지 내에서 제한이 없도록 조건을 설정했다. 즉, 각 특징이 이미지 내에서 아무 위치에나, 아무 크기로나 나타날 수 있다는 개념을 기반으로 하여 학습 과정에서 그 식별 능력을 검증했다.

일반적인 하르 필터를 하나의 직사각형으로 정의할 경우, 전체 필터 개수를 계산하기가 용이하다. 수직 방향으로 필터를 구성할 수 있는 경우의 수는 ${}^{25}C_2 = 300$가지이며, 수평 방향도 마찬가지다. 즉, 고려할 수 있는 총 특징 수는 $300^2 = 90,000$개다. 그러나 만약 특징이 내부적으로 비대칭 형태를 띨 경우, 예를 들어 수평으로 인접한 두 직사각형이 각기 다른 가중치를 가질 경우 총 특징 수가 두 배로(180,000) 증가한다. 또한 내부적인 특성에 따라서 경우의 수가 제한되는데, 마지막 경우에서처럼 전체 직사각형 너비가 짝수 픽셀 수를 가져야 하기 때문에 총 특징 수는 6 × 24 × 300 = 43,200개가 된다. 만약 직사각형이 수직이나 수평으로 인접해 붙어 있다면 총 특징 수는 86,400개가 된다. 직사각형 특징이 3개 또는 4개인 경우, 그리고 다른 모든 조합의 경우의 수를 합치면, Viola and Jones(2001)에서 구했듯 총 개수는 180,000개에 달한다. 이 숫자는 24 × 24 크기의 이미지에 대해 필요한 총 기반 함수의 수($24^2 = 576$)를 크게 뛰어넘는다. 즉, 몇 배나 과완전overcomplete한 양이다. 그러나 우리에게 필요한 것은 실제 상황에서 모든 얼굴을 정확하면서도 간결하게 묘사할 수 있도록 하는 특징 세트다. 당연히 저 정도의 특징 수는 실제 얼굴 검출자에 포함시키기에는 불가능한 수준이다. 그럼에도 불구하고 저 중 상당한 분량을 학습 과정에서 사용할 경우, 얼굴 검출자를 정확하고 빠르게 작동하도록 만들 수 있다.

VJ가 고안한 접근법은 에이다부스트에 기반한 부스팅 분류자를 사용하는 것이다(14장 '머신러닝: 확률론적 방식' 참고). 즉, 각각의 특징이 약한 분류자 역할을 하는 것이다. 이 약한 (특징) 분류자 중 상당 부분은 유용하지 않음을 확인할 수 있기 때문에 제외되며, 탈락하지 않은 것들에 최적 임곗값과 필터 부호로서 패리티값을 부여한다(즉, 필터링이 어떻게 이뤄질지 결정한다). 각 단계에서 얼굴과 그렇지 않은 영역을 가장 잘 구별하는 약한 학습자를 선택하게 된다. 유의할 점은 앞에서는 학습 세트가 얼굴 이미지로 구성된 것과 달리 여기서 사용하는 세트에서는 얼굴이 없는 이미지도 많이 포함돼야 한다는 것이다. VJ의 경우 4916장의 얼굴 이미지에 더해 동일한 수의 수직 반사 이미지(총 9832장), 그리고 얼굴이 없는 동일 크기의 이미지 10,000장을 사용한다. 후자의 이미지를 사용한 학습 진행은 거짓 양성을 제거하기 위해 필수적이다.

VJ 검출자의 연산 속도가 빠른 이유 중 하나는 각 단계에서 대부분의 음성 서브윈도를 제거하고 거의 모든 양성 인스턴스만 남기기 때문이다. 다시 말해, 거짓 음성 비율이 0에 가깝게 유지된다. 이 과정은 실제로는 점진적으로 이뤄지는데, 우선 더 단순하고 빠르게 연산이 이뤄지는 분류자가 대부분의 서브윈도를 제거하고, 이어서 좀 더 복잡한 분류자가 거짓 양성 비율을 줄여나간다. 요컨대 전체적인 과정은 직렬로 연결된 분류자 형태로 설명할 수 있다(그림 21.5). 각 분류자는 음성 서브윈도를 제거하지만, 양성 서브윈도의 경우 사실상 제거하지 않고 남기게 된다. 이러한 일련의 과정이 갖는 위험성은 어떤 양성 서브윈도가 일단 제외

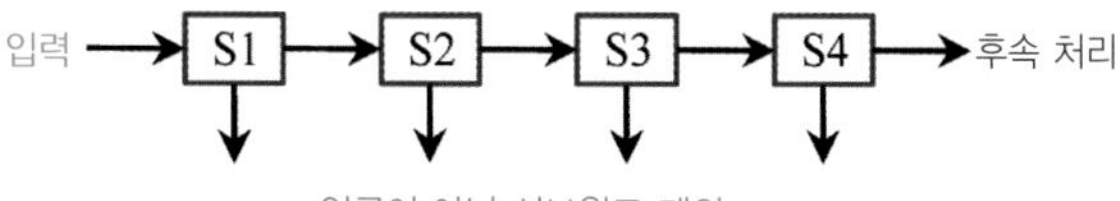

그림 21.5 VJ 직렬 검출자. 그림은 처음 네 단계 S1~S4만을 묘사하고 있다. 입력 부분에 모든 서브윈도를 대입하면 그중 얼굴이 아닌 것으로 판단되는 서브윈도가 필터링되며, 나머지가 후속 처리를 거친다. 전체 검출자는 38단계로 이뤄져 있다. 최종적으로 남은 모든 윈도는 높은 정확도로 얼굴을 포함하고 있으며, 거짓 양성 또는 거짓 음성이 발생할 확률은 학습 수준에 따라 결정된다.

되면 되돌릴 방법이 없기 때문에 에러율이 필연적으로 증가한다는 점이다. VJ 검출자를 통해 얻은 전체 분류자는 38개의 레이어로 이뤄져 있으며, 총 6061개의 특징을 포함하고 있다. 이 중 처음 다섯 레이어는 각각 1, 10, 25, 25, 50개의 특징으로 이뤄져 있으며, 이는 직렬로 단계가 진행됨에 따라 복잡성이 증가함을 대변한다.

VJ 검출자가 빠르고 효율적인 또 다른 이유는 모든 특징에 대해 적분 이미지 방식을 사용하기 때문이다(6.7.5절 및 그림 6.15 참고). 하르 필터는 직사각형으로만 이뤄져 있기 때문에 적분 이미지 방식을 매우 자연스럽게 구현할 수가 있다. 사실 직사각형 하르 필터는 특징 검출자로서 그렇게까지 이상적인 형태가 아니지만, 적분 이미지 방식을 사용해 구현할 경우 처리 속도가 매우 빨라져서 수많은 비슷한 특징을 쉽게 추가하거나 그 출력값을 적절하게 결합할 수 있기 때문에, 각 필터의 최적성이 떨어지는 점을 쉽게 보완할 수 있다. 어찌 됐든 하르 특징은 (완전한) 기반 세트를 형성하기 때문에, 가능한 모든 형태를 생성할 수 있다는 점을 기억해야 한다.

요컨대 VJ 검출자는 이전까지 나왔던 검출자 중 가장 빠른 것(Rowley et al., 1998)보다 15배가량 더 빠르며, 이전에는 생각하지 못했던 새로운 돌파구를 열어줬다. 즉, 기존의 비전 알고리듬 설계에 덜 의존하고, 특별하게 구성된 데이터셋에 기반해 학습의 비중을 높인 시스템으로 그 지평을 넓혔다. 다시 말해 초기에 형태, 색상, 피부 톤 분석을 지양하고, 온전히 그레이스케일 처리와 세기 프로파일 분석을 진행하는 것이 더 이점이 많다. 다만, 검출뿐만 아니라 인식 작업도 함께 진행해야 할 경우에는 분명한 한계가 있다.

마지막으로, 앞 절에서 설명한 단순 샘플링 검출자와 VJ 검출자를 비교해보자. 두 방식 모두 그림 21.6에 제시한 얼굴 이미지에서 모든 얼굴을 찾는 데 성공했지만, 샘플링 검출자에서는 VJ와 달리 두 가지 이유로 잘못 판단하는 경우가 나타난다. 첫째, 눈 영역이 상대적으로 어두울 경우에 대한 추가적인 정보를 확보하지 못하기 때문에 거짓 양성에 더 취약하다. 둘째, 동일한 이유로, 최종적인 박스 안에 두 눈이 존재하는지 확신할 수 없더라도 피부 톤 패치가 넓게 존재하는 위치를 얼굴로 판단하는 편향이 나타난다. 다만 이 문제는 얼굴에 대해 평면 내 회전in-plane rotation(롤)을 고려할 때만 발생한다.

그림 21.6 두 방식을 통한 얼굴 검출. 초록색 박스는 그림 21.1에서처럼 단순 샘플링 방식을 사용해 얻은 결과이며, 붉은 박스는 VJ 검출자를 사용해 유추한 위치를 나타낸다. 그림에서 유추할 수 있듯이 후자의 방식이 얼굴을 더 정확히 찾아내는 반면, 샘플링 방식은 피부 톤 영역에 편향되는 경향을 보인다. 또한 샘플링 방식은 손이나 옷 부분에서처럼 밝은 영역을 거르지 못하고 헤매고 있음에 유의하라. 그림의 경우, 이러한 거짓 양성은 얼굴이 존재하지 않을 것임이 예상되는 아래쪽 영역을 제외하는 식으로 없앨 수 있다. 또한 이러한 비교를 진행하기 위해서는 단순 샘플링 알고리듬을 수정해 겹치지 않는 여러 얼굴을 순차적으로 찾는 식으로 작동하도록 해야 함을 유의하라.

21.5 고유얼굴을 통한 얼굴 인식

고유얼굴 방식을 통한 얼굴 인식은 Sirovich and Kriby(1987)에서 처음 고안됐으며, Turk and Pentland(1991)에서 실용적인 차원으로 발전했다. 기본적인 개념은 얼굴 이미지 세트를 얼굴 공간상의 벡터로 치부하고, PCA를 통해 표준적인 얼굴 벡터 기반 세트를 형성하는 것이다. 이렇게 하면 얼굴을 기반 세트의 선형 조합으로 표현할 수 있으므로, 각 조합을 구성하기 위한 가중치로 정의하는 것 역시 가능하다. 이러한 표현 방식의 장점은 원본 이미지의 수많은 픽셀값 대신 적은 수의 계수 세트로 얼굴을 나타낼 수 있다는 것이다. 즉, 임의의 평가 얼굴 이미지를 학습 세트 이미지와 비교해, 최근접 알고리듬을 통해 가장 유사한 매치를 보이는 결과를 찾을 수 있다.

앞의 내용에서 유추할 수 있듯이 이 접근법은 치명적인 단점이 하나 있다. 학습 세트가 너무 클 경우, 평가 과정에서 필요한 계수의 수가 이미지 픽셀 수를 넘어설 수 있다. 이렇게 되면 오히려 인식에 있어서는 장점이 아닌 단점이 된다. 그러나 PCA의 주요 장점은 각 고유벡터마다 고윳값을 갖고 있기 때문에 이를 활용하면 학습 세트를 기준으로 그 상대적인 중요도를 쉽게 나타낼 수 있다는 것이다. 고윳값을 내림차순으로 정렬하면 그 값이 너무 작아 고유벡터가 유의미한 특징보다는 노이즈로 작용하고, 인식 과정에서 기여하는 바가 거의 없는 항목을 제외시킬 수 있다. 예를 들어, Extended Yale Face Database B에 포함된 총 16,128장의 얼굴 이미지에서 분산 범위 95% 내의 것만을 선택하려면, 처음 43개의 고유얼굴을 확보해야 한다. 이는 14.5절에서 다뤘듯이 일반적으로 거치게 되는 과정이다. 요컨대 M개의 학습 벡터를 N개의 기반 세트로 줄여야 한다. 그런 다음 N을 얼굴 이미지 픽셀 수 P와 비교한다. 이때 학습 세트의 모든 얼굴 이미지 크기는 $r \times c$, 보통은 100×100으로 동일해야 함을 유의하라. 다행히 M개의 얼굴을 공간상에 놓는 데는 상대적으로 작은 수의 N개 기반 세트를 사용해도 충분하며, 일반적으로는 $N \ll P = rc$의 관계가 성립한다고 가정한다. 실제로 N은 일반적으로 50, P는 일반적으로 $\sim$10,000의 값을 갖기 때문에, 이러한 가정이 대체로 유효하다 할 수 있다.

고유얼굴 시스템을 사용하기 위해서는 우선 학습 세트를 구축해야 한다. 학습 세트에 포함하는 얼굴은 전부 가능한 한 비슷한 형태를 띠도록 해야 함을 유의하라. 즉, 같은 조명 조건하에서 촬영한 이미지를 적절히 정규화하고 잘라내어 눈과 입이 비슷한 위치에 놓이도록 해야 한다. 아울러 같은 픽셀 해상도를 갖도록 리샘플링이 이뤄져야 하며, 초기의 2차원(픽셀) 형태를 길이 P의 1차원 벡터 형식으로 변환해야 한다. 마지막으로 모든 이미지를 묶어, 길이가 M인 단일 학습 행렬 $\mathbf{T}$로 만들어야 한다. 아울러 중요한 과정으로서, PCA를 진행하기 위해서는 각 입력 이미지(즉, $\mathbf{T}$의 각 열)에서 평균값을 빼서 전체 평균을 0으로 만들어야 한다.

그런 다음, PCA를 통해 공분산 행렬 $\mathbf{S}$의 고윳값 및 고유벡터를 구한다(얼굴 인식의 경우 이러한 고유벡터를 '고유얼굴'이라 부른다). 이 M개의 고윳값을 내림차순으로 정렬해 가장 작은 값을 제외해, 앞에서 언급한 것처럼 N개의 기반 세트만 남긴다.

다만 PCA는 계산량이 많이 필요하며, 특히 각각 P개의 항목을 포함하고 있는 이미지 쌍에 대한 공분산 행렬 **S**의 대각화 과정이 필요함을 기억해야 한다. 즉, **S**는 보통 10,000 × 10,000개의 요소로 이뤄져 있다. PCA가 계산량이 많이 필요한 이유는 이 때문이다. 그러나 학습 이미지 개수 M은 각 이미지의 픽셀 수 P보다 작기 때문에, 다음 방식을 사용하면 주성분을 훨씬 간단하게 계산할 수 있다. 우선, 다음 수식처럼 일반적인 주성분 계산식을 세운다.

$$\mathbf{S}v_i = \lambda_i v_i \tag{21.1}$$

다음으로 공분산 행렬을 **T**에 대해 표현한다.

$$\mathbf{S} = \mathbf{T}\mathbf{T}^{\mathrm{T}} \tag{21.2}$$

S를 소거하면 다음 식을 얻는다.

$$\mathbf{T}\mathbf{T}^{\mathrm{T}} v_i = \lambda_i v_i \tag{21.3}$$

$\mathbf{T}\mathbf{T}^{\mathrm{T}}$가 큰 행렬이므로, 좀 더 작은 행렬인 $\mathbf{T}^{\mathrm{T}}\mathbf{T}$를 적용해보자.

$$\mathbf{T}^{\mathrm{T}}\mathbf{T}u_j = \lambda_j u_j \tag{21.4}$$

T를 각각 앞에 곱해주면,

$$\mathbf{T}\mathbf{T}^{\mathrm{T}}\mathbf{T}u_j = \lambda_j \mathbf{T}u_j \tag{21.5}$$

즉, u_j가 $\mathbf{T}^{\mathrm{T}}\mathbf{T}$의 고유벡터일 경우 $v_j - \mathbf{T}u_j$는 **S**의 고유벡터가 된다.

$\mathbf{T}\mathbf{T}^{\mathrm{T}}$가 큰 행렬인 반면(보통 10,000 × 10,000) $\mathbf{T}^{\mathrm{T}}\mathbf{T}$는 훨씬 작은 행렬이기 때문에(예를 들어, 200 × 200), 작은 행렬의 고윳값과 고유벡터를 구하고 이를 기반으로 큰 행렬에 대한 결과를 계산하는 것이 유리하다. 다만 이 방식을 통해 구한 v_i는 정규화되어 있지 않으므로, 필요하다면 나중에 정규화를 진행해야 한다.

고유얼굴에 대해 얼굴 이미지를 투영한 결과를 나타내는 계수는 피사체 그 자체가 아니라 특정한 이미지에 따라서 그 값이 결정된다. 이 방식의 심각한 단점은 여기에 있는데, 같은 피사체를 두 종류의 조명(예를 들어, 왼쪽과 오른쪽에서 비추는 조명)으로 촬영하더라도 그 이미지가 굉장히 다르게 나타날 수 있기 때문이다.

다만 이러한 학습 이미지 세트에 대한 문제점에도 불구하고, 보통은 데이터셋에서 처음 세 고유얼굴을 제외해야 하는 수준에 그친다. 이는 이러한 변화가 조명에 의한 것이지, 얼굴 그 자체의 차이에 의한 것이 아니기 때문이다. 따라서 해당 고유얼굴을 제외하면 인식 정확도가 향상되는 효과를 낳는다(Belhumeur et al., 1997). 그런데 왜 굳이 처음 '세' 고유얼굴인가? 이미 PCA 분석 과정에서 평균 이미지 세기를 제거했기 때문에, 다른 요인을 고려해야 한다. 첫 번째는 대비에 대한 것이고, 나머지 둘은 두 직교 방향에 대한 선형 세기 변화다. 이를 제거하면 가능한 모든 선형 세기 변화에 대한 대응이 이뤄진 셈이다. 고차 변화의 경우, 조명 조건과 얼굴 특징 중 어떤 요인에 의한 것인지 컴퓨터가 구분하기 어렵기 때문에 유지할 수밖에 없다.

또 한 가지 유의할 점은 고유얼굴 자체는 실제 얼굴과 시각적인 유사성이 그다지 크지 않다는 것이다. 단지 가중치를 주어 합칠 때 실제 얼굴을 더 잘 표현할 수 있도록 하는, 일종의 단계적 조절incremental adjustment 역할에 가깝다. 실제로 가중치를 바꾸더라도 모델의 세부는 약간만 변화한다. 아울러, PCA는 최적으로 분류를 수행하기 위해 설계됐다기보다는 수학적인 기반에 의한 효율적인 '표현' 과정에 속한다. 즉, 이상적인 결정 경계가 아닌 결정자만을 제공한다. 그러나 얼굴 인식에 있어 차원을 줄이고자 할 때는 충분히 유용한 가치가 있다.

고유얼굴 접근법은 또한, 예를 들어 눈이나 입이 열려 있는 정도, 표정 차이 등의 변화 모드를 찾는 데 유리하다. 그러나 얼굴 인식에 기반한 접근법에 너무 의존하는 것은 적절치 않다. 표정 분석에 대해서는 (내부적으로 PCA를 진행하는) 능동 형태 모델 및 능동 외관 모델이 좀 더 그 목적에 부합한다.

마지막으로, 이 분야에 대한 또 하나의 성공적인 접근법인 Fisherface를 소개하고자 한다. 이 방식은 Belhumeur et al.(1997)에서 처음 고안됐으며, 선형 식별 분석에 기반해 데이터에 레이블을 붙여, 차원을 줄이는 과정에서 더 많은 클래스 정보를 유지한다. 이에 따라 고유얼굴보다 더 개선된 결과를 보이는 데 성공했다. 특히 조명 조건 변화에 덜 좌우되므로 인식 정확도가 더 상승한다. 실제로 고유얼굴 방식의 분류 에러율이 24.4%, 처음 세 주성분을 제거하면 15.3%였던 반면, Fisherface 방식은 7.3%를 기록했다(Belhumeur et al., 1997).

21.6 얼굴 인식의 어려움

이 시점에서, 얼굴이 매우 변화가 큰 물체임은 자명해 보인다. 여기서는 그 이유를 자세히 살펴볼 것이다. 첫째, 얼굴은 매우 다양한 크기, 형태, 색깔, 반사도, 표정 등을 갖는다. 또한 얼굴의 일부가 안경, 머리카락, 모자, 심지어 가면이나 얼굴 자체적으로 가려질 수 있다. 게다가, 2차원 이미지상에서 보이는 얼굴은 원래의 3차원 형태에 의해 결정된다. 즉, 전체적인 원본 형태의 자세를 고려해야 2차원 이미지를 제대로 분석할 수 있다. 실제로 롤, 피치, 요 세 종류의 방향은 일반적으로 값을 모르며, 얼굴 인식을 어렵게 만드는 요인 중 하나다. 또 한 가지 중요하게 고려해야 하는 요인은 배경 조명, 특히 얼굴에 대한 조명 방향이다. 이러한 모든 변화에 따라 초기 얼굴 인식 연구는 얼굴을 바로 앞쪽에서 관측한다고 간주하고, 뷰포인트와 조명 조건을 제어하는 데 집중했다. 그러나 이런 방식에 기반한 시스템은 응용 분야나 정확도 면에서 분명한 한계가 존재한다. 그렇다 하더라도 얼굴을 여러 방향에서 관측해 학습을 진행하면, 각 학습 이미지는 전체가 아닌 ~20° 각도 범위 내에서 대응하면 되기 때문에 평가 얼굴과의 비교 과정을 개선할 수 있다. 이에 따라, 여러 자세에 대해 얼굴 인식을 다루기 위한 여러 방식들이 연구됐다. 특히 2차원 통계 기반 알고리듬과 3차원 알고리듬을 사용해 각 두상의 3차원 모델을 생성하는 방식이 등장했다(예: Blanz and Vetter(2003), Gross et al.(2004), Yan et al.(2007)). 이 경우 3차원 모델에서 얻은 렌더링 이미지를 각 테스트 이미지와 비교한다. 다만 3차원 기반 알고리듬은 많은 계산량을 요구하며, 실제로 사용 가능한 3차원 모델을 합성하기 위해서는 각각 최대 10장의 이미지가 필요하다. 이 접근법은 2007~2008년 동안 정확도를 87%까지 끌어올리긴 했지만, 여전히 자세 변화가 ~30° 범위로 제한적이었다. 물론 몇몇 경우에는 인간 수준을 뛰어넘는 성능을 보이기는 했으나, 이후 연구에서 이는 사진을 찍을 때의 조건을 인위로 조절함에 따라 얻을 수 있는 부자연스러운 결과임이 드러났다.

이 시점에서 통제된 환경이 아닌 임의의 조건에 대한 관심이 높아졌고, 마침 LFW 데이터베이스가 등장함에 따라(Huang et al., 2007) 연구자들이 좀 더 현실적인 이미지 세트를 활용해 학습을 진행할 수 있게 됐다. 그 결과 당시 존재하던 알고리듬에 대한 성능이 급락하는 경향을 보이기도 했지만, 몇 년 지나지 않아 이전 수준으로 성능이 회복됐다(예를 들어, Wolf et al.(2009)는 89.5% 분류 정확도를 보였다).

Taigman et al.(2014)는 'DeepFace' 얼굴 인식 접근법을 발표했다. 이 방식은 딥러닝 구조를 사용해(그림 21.7) 성능을 97.35% 수준까지 끌어올렸다. 특히, 최소한 LFW 데이터셋의 경우 인간의 인식 성능은 97.53%를 보였으며, 약간의 차이가 있을 뿐 이 방식이 인간과 큰 성능차를 보이지 않음을 확인했다. 어떤 면에서는 딥러닝 네트워크가 이 정도의 성능을 보일 것이라고 어렵지 않게 예상할 수 있다. 이 구조를 깊이 들여다보면, (1) 초기에는 신경망을 사용하지 않은 '전면화frontalization' 과정을 진행하며(21.7절 참고), (2) 딥러닝 네트워크가 두 레이어의 합성곱 네트워크와(두 레이어는 최댓값 풀링 레이어로 분리한다) 세 레이어의 로컬 연결 부분, 두 완전연결 레이어 순서로 구성되어 있다(그림 21.7). 이때 두 합성곱 레이어는 각각 11 × 11 × 3 크기의 필터 32개와 9 × 9 × 16 크기의 필터 16개로 이뤄져 있으며, 최댓값 풀링

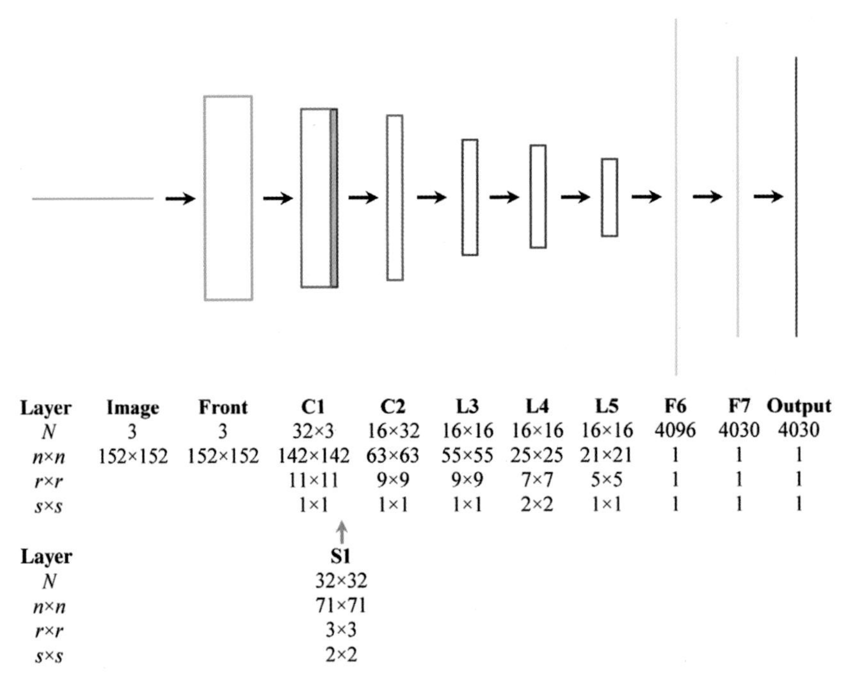

Layer	Image	Front	C1	C2	L3	L4	L5	F6	F7	Output
N	3	3	32×3	16×32	16×16	16×16	16×16	4096	4030	4030
$n \times n$	152×152	152×152	142×142	63×63	55×55	25×25	21×21	1	1	1
$r \times r$			11×11	9×9	9×9	7×7	5×5	1	1	1
$s \times s$			1×1	1×1	1×1	2×2	1×1	1	1	1

Layer	S1
N	32×32
$n \times n$	71×71
$r \times r$	3×3
$s \times s$	2×2

그림 21.7 Taigman et al.(2014)의 DeepFace 얼굴 인식 구조. 이 구조는 이전 ZFNet(그림 15.10)과 상당 부분 유사하다. 그러나 비신경 전면화 역할을 하는 'Front' 모듈이 포함된 부분에서 차이를 보인다(21.7절 참고). 이를 통해 6개의 합성곱 레이어를 둘로, 세 샘플링(최댓값 풀링) 레이어를 하나로 줄이고, 세 로컬 연결 레이어 L3~L5를 추가해, 완전연결 레이어로 들어가는 레이어의 차원을 더 높게($n \times n$) 유지한다. 로컬 연결 레이어는 입력 이미지의 데이터 로컬화를 유지하기 때문이다. 이때 눈이나 코, 입 등의 얼굴 특징은 각 이미지에서 비슷한 위치에 놓여 있으며, 각각을 큰 비중으로 놓고 평가해야 함을 명심해야 한다.

레이어는 3 × 3 크기의 입력 필드와 크기 2인 스트라이드를 포함하고 있다. 또한 세 로컬 연결 레이어는 각각 9 × 9 × 16, 7 × 7 × 16, 5 × 5 × 16 크기의 필터 16개로 구성되어 있다(그림 21.7에서 처음 입력하는 두 이미지의 크기는 $r \times r$ 행에, 마지막은 N 행에 표시되어 있음을 유의하라).

이 네트워크가 로컬 연결 레이어를 포함하고 있는 이유는 입력 이미지 데이터의 로컬화를 유지하기 위해서다. 얼굴 분석의 경우, 물체가 이미지상의 모든 위치에 존재한다고 볼 필요는 없다. 예를 들어 특정 위치에 눈이, 다른 위치에 코가 위치할 확률이 높다는 것이다. 또한 이러한 위치들이 상대적으로 비슷한 거리에 놓여 있다고 간주한다. 그럼에도 불구하고 로컬화를 위해 필요한 추가 매개변수는 큰 규모의 데이터셋을 사용해 학습을 진행할 때만 확보할 수 있다. 두 번째 완전연결 레이어는 K 분류 softmax 레이어와 연결되어, 모든 클래스 출력에 대한 확률 분포를 제공한다. Facebook Social Face Classification 데이터셋의 경우 $K = 4030$, LFW 데이터셋은 $K = 5749$, YouTube Faces 비디오 데이터셋은 $K = 1595$이며, 이 세 데이터셋은 DeepFace 시스템을 평가하는 데 사용된 것이다(다만 데이터셋을 활용해 이미지나 비디오의 얼굴 쌍을 비교하는 데 목적이 있기 때문에, 뒤의 두 K 값은 유의해서 해석해야 한다).

21.7 전면화

이 절에서는 전면화frontalization라는 개념을 깊게 다룬다. 기본적으로는 모든 얼굴 이미지가 전면을 보도록 표준적인 상태로 변환해 평가 이미지와 학습 이미지 간의 비교를 더 쉽고 훨씬 정확하게 진행하는 데 목적이 있다. 문제는 어떻게 구현하느냐다. 최근 몇 년 동안 이를 위한 몇 가지 방식이 제안된 바 있으며, 그중 일부를 살펴보겠다. 우선, 3차원 모델에 대한 '관심이 멀어진' 시점에서, Taigman et al.(2014)는 얼굴 지점을 종합해 모델링 과정을 보완하는 방식을 발표했다. 이를 위해 6개의 얼굴 위치(눈 중심, 콧대 끝, 입꼬리, 아랫입술 중심)를 인식한다(그림 21.8(A)). 이 위치들을 2차원 유사성 변환을 통해 앵커 지점 세트로 이동시킨다. 이 연산은 외평면out-of-plane 회전을 포함하지 않기 때문에, 3차원 모델링도 함께 이뤄져야 한다. 그런 다음, '수동으로' 추가적인 67개의 얼굴 지점을 선택해 최소 제곱 과정을 거쳐 근사한다. 이렇게 하면 전면화 얼굴 이미지를 쉽게 구할 수 있다. 계산 과정에서 아핀 카메라 모델을 사용하기 때문에 전체 시점 투영을 고려하지 않으며, 그 결과 역시 '근삿값일 뿐'임을 유의해야

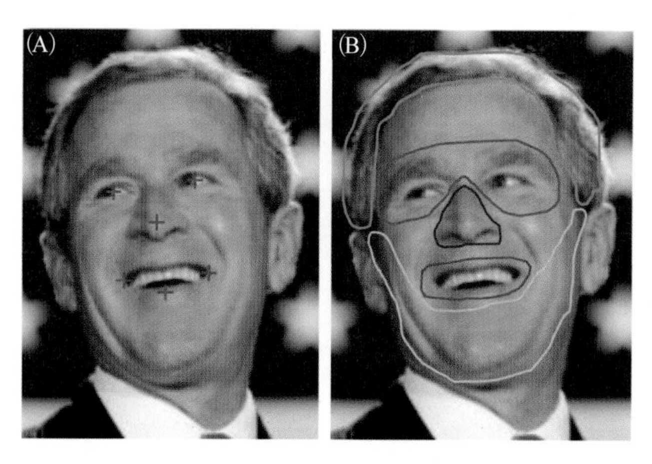

그림 21.8 여러 주요한 방식을 통해 구한 얼굴 특징: (A) 타이그만(Taigman) 등의 DeepFace 인식 방식을 통해 얻은 6개의 표지 지점. 각각 눈 중앙, 콧대 끝, 입꼬리, 아랫입술 중심에 위치하고 있다. (B) 양(Yang) 등의 Faceness-Net 검출 시스템을 통해 얻은 5개의 얼굴 영역. 선(Sun) 등의 DeepID 얼굴 인식 방식의 경우, (A)의 표지 지점에서 아랫입술 부분을 제외한 5개를 검출하는 데에서 출발한다. (A)에서 붉은 십자 모양으로 표시한 눈 중심점은 홍채 중심점과 동일하지 않음을 유의하라. 이는 표지 지점이 실제 응용에서 어떤 식으로 작동하는지를 대변한다.

한다. 그럼에도 불구하고 앞에서 설명했듯이 이 모델을 사용하는 방식 자체는 인상적이라 할 수 있다.

Sagonas et al.(2015)는 완전히 다른 전면화 방식을 고안했다. 우선 전면 이미지 세트를 구축하되, 이 세트를 기반으로 임의의 이미지를 표현할 수 있도록 이미지를 선택했다. 즉, 전면 이미지를 통해 일반적인 전면 얼굴 하위 공간을 포괄하는 기반 세트를 생성하고, 전면이 아닌 이미지를 변형해 기반 세트의 선형 조합으로 표현할 수 있는 최적값을 찾는다. 만약 카메라 앞에서 얼굴이 회전할 경우 어느 한 지점에서 적절한 전면 이미지가 나타나는데, 이를 '핵 노름nuclear norm'에 도달했다고 한다. 이러한 방식은 물론 상세한 계산을 통해 표현할 수 있지만, 또 한 가지 지나치지 말아야 할 사항이 있다. 얼굴을 전면에서 본 것이 아닐 경우, 일부 부분이 카메라에 나타나지 않게 된다. 약간의 각도만 틀어져도, 코가 뺨의 일부를 가리게 되는 경향이 있기 때문이다(그림 21.9). 각도를 크게 회전하면 뺨 전체나 귀까지 가려진다. 여기에 더해 턱 아래쪽의 상당히 많은 영역이 가려지는 경우가 많다. 이러한 요인으로 인해 앞에서 설명한 최적화 문제의 난이도가 급상승하는데, 단일 와핑만으로는 이 상황에 대응할 수 없기 때문이다. 즉, 전면이 아닌 이미지는 필연적으로 그 일부가 잘려나가며, 따라서 최

그림 21.9 얼굴 전면화의 오클루전 문제. 사진은 필자의 얼굴을 전면에서 찍은 것이지만, 대부분의 조명은 오른쪽에서 40° 각도로 들어오고 있다. 코 왼쪽 부분의 그림자는 카메라가 조명 방향으로 놓였을 때 사진에서 '보이지 않는' 부분에 해당한다. 이러한 조건에서 얼굴 전면화를 진행한다면, 이 가려진 부분은 변환 혹은 반사된 다른 얼굴 이미지에서 가져오거나, 전면 얼굴 세트를 사용해 진행한 학습 맵으로 채워야 한다. 이 중 후자의 방식은 Sagonas et al.(2015)가 고안한 FAR 기법에서 구현한 바 있다.

소 제곱 근사가 제대로 작동하지 않는다. 이 경우 l_1 노름 분석을 대신 혹은 함께 진행해 보완해야 한다. Sagonas et al.(2015)는 이를 위해 체계적인 반복 과정을 개발해, 큰 수준으로 발생하는 성긴 오차 형태의 오클루전을 자동으로 제거했다. 이 알고리듬은 보통의 경우 ~100회 정도의 반복을 진행하게 되는데, 따라서 좀 더 큰 규모의 오클루전, 예를 들어 머리가 ~30° 각도로 회전함에 따라 나타나는 현상에도 대응할 수 있다. 저자들은 이러한 '얼굴 정렬 및 인식을 위한 전면화FAR, Face frontalization for Alignment and Recognition' 기법과 Taigman et al.(2014)의 3차원 모델링 접근법을 비교했는데, FAR과 DeepFace의 평균 r.m.s 오차는 각각 0.082와 0.103으로 측정된다. 저자들에 의하면 이렇게 성능이 향상된 이유는 분석 과정에서 어떠한 3차원 모델링도 사용하지 않았기 때문이다. 요컨대 FAR 접근법은 이미지 통계 모델을 구축하는 데 있어 이전의 방식을 훨씬 상회하는 성능을 보여준다. 이는 기존의 여러 방식들이 다양한 방향으로 찍힌 수천 장의 레이블링 얼굴 사진을 필요로 하는 반면, 여기서는 단지 수

백 장의 전면 얼굴 이미지만을 사용하기 때문이다.

얼굴이 빠르게 움직이는 물체임을 상기하면, 얼굴 전면화에 대해 Hassner et al.(2015)가 발표한 또 다른 접근법을 검토할 필요가 있다. 이 방식은 3차원 모델링 방식으로 돌아가되, 표준적인 3차원 두상을 사용해 모든 이미지를 정확히 근사한다. 그런 다음 투영을 통해 전면 얼굴 이미지를 얻는다. 이때 각 이미지당 3 × 4 투영 행렬이 필요하며, 전체 시점 투영은 사용하지 않는다. 즉, 표준적인 3차원 두상을 얼굴 대신 움직이는 방식이라 할 수 있다. 이를 위해 저자들은 49개의 얼굴 특징을 대상으로 하되, 턱선의 경우 다른 특징들에 비해 뚜렷하거나 정확히 정의하기가 어렵기 때문에 제외했다. 이 특징점은 얼굴 앞부분의 3차원 평면에 가깝게 위치한다. 즉, 정확한 3차원 형상을 확보해야 할 필요성이 줄어든다.

어떤 경우에는 코나 머리 전부가 얼굴 일부를 가릴 수도 있는데, 3차원 모델 형상을 통해 분석할 수 있다. 만약 이러한 상황이 발생하면, 전면화 사진에서 각 픽셀이 실제로 보이는지의 여부는 수식으로 명확하게 확인할 수 있다. 잘 보이지 않는 픽셀의 경우, 상응하는 반대쪽의 값을 사용하되 적절한 가중치를 주어 그 평균값으로 대체한다. 논문은 또한 이 전략이 잘 들어맞지 않는 경우에 대해서도 언급하고 있다. 예를 들어 얼굴 자체적인 오클루전이 아니라 다른 물체(손이나 마이크 등)가 얼굴을 가리는 경우, 얼굴이 비대칭적으로 생긴 경우, 혹은 한쪽 눈이 가려진 경우가 있다. 이 중 마지막 경우에는 눈이 사시와 같은 모습을 보이게 된다. 또한 한쪽 얼굴에 붕대를 감았거나 안대를 했을 때, 혹은 단안경을 착용했을 때도 문제가 발생한다.

이러한 접근법은 다른 3차원 방식에 비해 세부와 외각을 명확하고 또렷하게 유지할 수 있을 뿐만 아니라, 무엇보다도 '공격적인 정렬'과 높은 정확도가 가능하다는 장점이 있다. 3차원 모델 형상 위에 붙이는 식으로 구현하기 때문에 다소 인공적이고 명확한 오차를 보이는 점도 있긴 하지만(예를 들어, 얼굴이 좁아지거나 넓대해지는 등), 전체적으로는 굉장히 안정적인 결과를 낼 수 있다. 기본적으로 전면화를 진행하면 인식 가능하지만 무시할 만한 수준의 세부를 잃되, 잘 정렬된 결과를 얻을 수 있다. 부시 대통령 전면 이미지의 경우, 얼굴선이 여러 이미지 간에 굉장히 잘 정렬되기 때문에 높은 정확도로 잘 인식하는 것이 가능하다.

저자들은 Huang and Learned-Miller(2014)가 개발한 'IRLFOD Image-Restricted, Label-Free Outside Data' 프로토콜을 사용해 제안한 접근법을 평가했다. 이 둘은 LFW 데이터셋에 참여하

기도 했다(Huang et al., 2007). IRLFOD는 알고리듬 성능을 좀 더 엄밀하고 엄격하게 평가할 수 있다는 장점이 있다. 그 결과, 저자들의 방식은 '당시'(2015년) IRLFOD로 평가한 결과 중 가장 높은 점수(91.7%)를 기록했으며, 따라서 고성능을 갖는다고 결론 내렸다. 수치적으로 이 점수는 Cao et al.(2013)의 성능을 2% 정도 상회하는 값이다.

지금까지 설명한 세 가지 방식 중, 마지막 방법은 가장 적은 계산량을 필요로 하지만 동시에 가장 높은 정렬 정확도를 보인다. 다만 명시했듯이 대칭 연산을 진행하기 때문에 추가되는 상당한 오버헤드에 대응하려면 여러 종류의 확인 과정을 거쳐야 한다. 흥미롭게도 Sagonas et al.(2015) 방식은 이러한 문제가 전혀 없는데, 표준적인 전면 뷰를 기반 세트로 삼아 자체적인 오클루전으로 인한 문제가 발생할 시 (l_1 노름을 통해) 자동적으로 이를 보정하기 때문이다. 그러나 이러한 최적화 알고리듬은 좀 더 높은 계산량을 필요로 할 수밖에 없다. 타이그만 등의 전면화 접근법은 좀 더 번거로운 구축 과정이 필요하며(67개의 기준 지점 위치를 수동으로 잡아줘야 한다), Sagonas et al.(2015) 및 Hassner et al.(2015)에서 모두 언급하고 있듯이 들로네Delaunay 삼각화에 의존해 모델을 형성하기 때문에 정확도 면에서 다소 손해를 보게 된다. 전체적인 시스템이 인간에 가까운 성능을 보이고 있는 것과 동시에, 이러한 단점도 비중을 두어 고려해야 한다. 어떤 방식이 더 좋은지 결론을 내리려면 좀 더 지켜봐야 하는데, LFW 등의 데이터셋은 공정한 비교를 위한 매우 엄격한 프로토콜을 상정하고 있기 때문이다. 이러한 관점에서 Huang and Learned-Miller(2014)는 데이터셋에서 고려할 필요가 없는 '아웃사이드 데이터'를 주의해야 함을 지적하고 있다. 즉, 데이터셋에 아웃사이드 데이터가 추가되면 분류자에게 참값에 대한 단서를 제공하는 꼴이 되기 때문에, 다른 분류자와의 공정한 비교가 이뤄지지 않는다.

21.8 DeepID 얼굴 표현 시스템

21.6절에서는 타이그만 등의 얼굴 인식 접근법을 자세히 살펴봤다. 이제 다른 방식을 통해 역시 뛰어난 성능을 보이는 또 다른 최신 방식을 다뤄보자. 바로 Sun et al.(2014a, b) 방식이다. 이 DeepID 얼굴 인식 방식은 그들이 바로 전해(2013년) 발표한 얼굴 지점 검출자에 크게 기반하고 있으므로, 우선 이에 대해 먼저 살펴볼 것이다.

그림 21.10은 눈, 코, 입을 검출하는 F1 전면 얼굴 네트워크의 구조다. 여기서 사용하는 특징은 눈 중심점, 콧대 끝, 입꼬리다(그림 21.8(A)). 눈과 코(EN1), 코와 입(NM1)을 찾기 위한 네트워크도 비슷한 형태를 띠고 있다. 위치 정확도를 높이고자 한다면, 세 네트워크를 통해 예측한 결과의 평균값을 구하면 된다. 이 세 네트워크는 일련의 단계에서 첫 번째 단계에 속하며, 거의 비슷한 다음 두 단계에서는 다섯 특징의 위치를 좀 더 정확하게 찾는다. 이 시점에서는 지점 위치를 너무 멀리 움직이게 하지 않도록 조심해서 규칙을 정해야 한다. 모든 레이어에서 스트라이드 s는 1로 동일하다. p 및 q 매개변수는 합성곱 레이어를 균일하게 나누

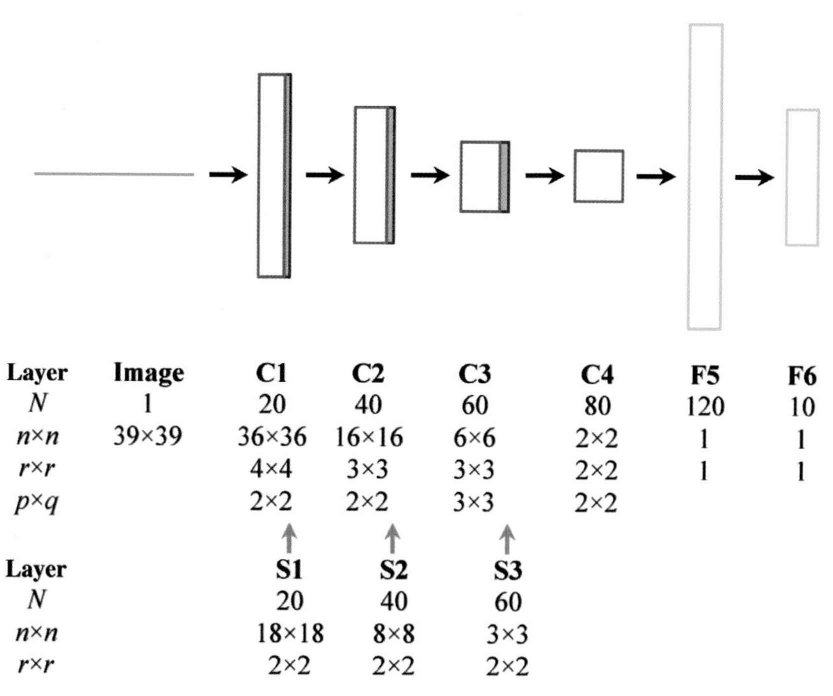

Layer	Image	C1	C2	C3	C4	F5	F6
N	1	20	40	60	80	120	10
$n\times n$	39×39	36×36	16×16	6×6	2×2	1	1
$r\times r$		4×4	3×3	3×3	2×2	1	1
$p\times q$		2×2	2×2	3×3	2×2		

Layer	S1	S2	S3
N	20	40	60
$n\times n$	18×18	8×8	3×3
$r\times r$	2×2	2×2	2×2

그림 21.10 Sun et al.(2014a, b)의 CNN 얼굴 지점 검출 구조. 그림에서 나타내고 있는 것은 눈, 코, 입을 검출하기 위한 F1 전면 얼굴 네트워크이며, 눈과 코(EN1), 코와 입(NM1)을 검출하는 네트워크도 비슷한 형태다. 이 세 네트워크는 일련의 단계에서 첫 단계에 해당하며, 다섯 특징의 위치를 좀 더 명확히 하기 위해 비슷한 두 단계를 추가로 사용한다. 모든 레이어에서 스트라이드 s는 1 값으로 동일하다. p 및 q 매개변수는 합성곱 레이어를 균일하게 나누는 패치 $p \times q$ 크기이며, 각 패치마다 균일한 가중치를 적용한다. EN1 및 NM1의 경우, p와 q의 값은 F1과 다를 수 있음을 유의하라. 2단계 및 3단계에서는 $p = q = 1$이기 때문에 합성곱 레이어를 나누지 않으며, 저수준 특징을 정확히 찾으려면 이렇게 하는 것이 가장 유리하다. 또한 2단계 및 3단계의 경우, 합성곱 레이어와 최댓값 풀링 레이어는 각각 2개와 1개다. 종합하면 네트워크 개수는 1단계에서 3개, 2단계에서 10개, 3단계에서 10개가 된다. 좀 더 자세한 내용은 Sun et al.(2013)을 참고하라.

는 패치 $p \times q$ 크기이며, 각 패치마다 균일한 가중치를 적용하게 된다. EN1 및 NM1의 경우, p와 q의 값은 F1과 다를 수 있음을 유의하라. 2단계와 3단계에서는 $p = q = 1$이기 때문에 합성곱 레이어를 나누지 않으며, 저수준 특징을 정확히 찾으려면 이렇게 하는 것이 가장 유리하다. 아울러 2단계와 3단계의 경우 합성곱 레이어와 최댓값 풀링 레이어의 개수는 각각 2개씩이며, 완전연결 레이어의 개수도 2개로 유지된다. 따라서 1단계에서 3개, 2단계에서 10개, 3단계에서 10개의 네트워크가 존재한다. 도합 23개의 이 네트워크는 그림 21.10의 네트워크와 유사하거나 대부분은 더 단순한 형태로 이뤄져 있다. 자세한 내용은 Sun et al.(2013)을 참고하라.

원래 합성곱 네트워크는 계산량을 줄이고, 물체 위치를 찾는 데 있어 위치에 대한 불변성을 확보하고자 도입된 것이었다. 여기서 각각 매개변수를 공유하는 패치를 사용하는 이유는 NM1을 여러 부분적인 영역에 적용해서 눈 등의 물체 위치를 세분화해 찾기 위함이다. 이러한 특징은 타이그만 등의 DeepFace 구조에서도 나타나며, L3~L5 레이어를 로컬하게 레이블링하게 된다. Sun et al.(2014a, b)의 얼굴 지점 검출자의 경우 다섯 특징의 검출 신뢰성과 위치 정확도 사이에 균형을 잡아야 하며, 몇 가지 방법을 통해 이를 구현할 수 있다. 예를 들어 균일한 가중치를 갖는 패치의 넓이를 작게 한다든지, 다섯 특징을 검출하는 작업을 가능한 한 분리한다든지, (일련의 단계를 거쳐) 위치의 정확도를 점차 늘려나가는 식이다. 이때 tanh 함수와 abs 함수를 비선형성으로 사용할 수 있다(후자는 실험을 통해 그 성능 향상이 증명된 바 있다).

학습 및 평가에 사용된 10,000개의 이미지는 인터넷이나 LFW 데이터셋에서 얻은 것인데, 이상하게도 논문에서는 다섯 키포인트 세트가 어떻게 나타나 있는지에 대해 많이 다루지 않았다. 그러나 LFPW^labeled face parts in the wild^로 평가했을 때, 이 방식은 이전보다 훨씬 높은 검출 신뢰도 및 위치 정확도를 보여준다. 예를 들어, Belhumeur et al.(2011)이나 Cao et al.(2012) 등이 이에 해당한다. BioID 평가 세트에서 이 새로운 방식의 검출 실패률은 0에 가까웠다. 이는 이전의 다섯 가지 방식보다 개선된 수치다. 흥미롭게도 이 방식은 자세, 조명, 표정 등이 크게 변화해도 높은 검출 신뢰도를 보였으며, 예를 들어 눈을 감거나 고개를 돌려 눈이 거의 보이지 않는 등 오클루전에 가까운 상황에서도 정확하게 위치를 예측했다.

이제 지금까지 살펴본 얼굴 지점 검출자를 사용하는 DeepID 얼굴 인식 방법으로 넘어가

보자(Sun et al., 2014a, b). 우선 다섯 얼굴 표지 지점(눈 중앙, 콧대 끝, 입꼬리)을 검출하고, 유사성 변환을 통해 얼굴을 전체적으로 정렬한다. 이때 두 눈의 중심점과 양 입꼬리의 중간 지점을 기준으로 내평면 이동, 회전, 스케일을 조정하기 때문에, 얼굴 정렬 상태가 약간만 바뀌게 된다. 이러한 유사성 변환은 정사각형에서 정사각형으로 변환이 이뤄지는 방식이라 할 수 있다. 반면 아핀 변환은 정사각형을 평행사변형으로 변환하며(6.7.1절 참고), 시점 변환은 정사각형을 (볼록) 사변형으로 일그러뜨린다. 2차원에서 얼굴을 실제와 같이 표현하고자 할 때는 이러한 특성이 긴밀히 영향을 끼친다. 그럼에도 불구하고, 뒤에서 보듯 저자들은 이를 기반으로 하여 인상적으로 작동하는 인식 시스템을 성공적으로 구축했다.

얼굴 이미지를 정렬한 다음, 10개의 직사각형 패치를 추출한다. 그중 5개는 전체 영역에 관한 것이고, 5개는 각 표지 특징을 중심으로 한 로컬 영역에 해당한다. 패치들을 각각 ~0.75, 1.0, ~1.2 스케일로 조정하고, (1) 그레이스케일과 (2) 색상으로 표현하면, 총 60개의 패치가 존재하게 된다. 마지막으로, 60개의 DeepID convnet(그림 21.11)을 학습시켜 10,000개의 얼굴로부터 2개의 160차원 DeepID 벡터를 구하고, 10,000개의 인식 클래스를 얻는다(이러한 처리 과정을 식별, 검증, 인식 중 원하는 대로 불러도 무방하다). 이때 DeepID 벡터의 총 길이는 160 × 2 × 60인데, 여기서 2를 곱해주는 이유는 얼굴이 수평으로 뒤집히기 때문이다(다만 눈 중심과 입꼬리에 대한 패치를 제대로 구하려면 반대쪽을 뒤집어야 한다!).

다음으로 강조해야 할 사항은 다섯 표지 지점의 위치를 학습 시스템에 입력하려면 이를 중심으로 하는 패치를 통해서만 가능하다는 것이다. 따라서 시스템이 각 패치의 의미와, 패치 중 절반이 전역적이고 절반이 표지 지점을 중심에 둔 것임을 자체적으로 학습해야 한다.

더 중요한 부분은 네트워크에서 다양한 조건을 갖는 10,000개의 얼굴을 인식하도록 학습하면 신원identity에 관한 압축적인 특징의 정보를 매우 정확하게 파악할 수 있다는 점이다. 이러한 정보는 가장 뒤쪽 레이어에, 대개는 60개의 F5 레이어에 존재한다. 굉장히 많은 학습을 진행하게 되면, 이 시스템은 인간 얼굴 특징의 특성에 대해 '과학습'됐다고 말할 수 있다. 즉, 60개의 F5 레이어는 상호 보완적인 벡터 세트를 통해 과완전overcomplete하게 얼굴을 표현하고 있다. 또한 DeepID 출력 벡터가 너무 크기 때문에 학습된 특징은 데이터를 오버핏한다고 보기 어려운 반면, 학습 과정에서 보이지 않는 얼굴에 대해 충분한 수준으로 일반화를 진행해야 한다. 무엇보다도 마지막 은닉 레이어에 존재하는 뉴런 수는 출력 레이어의 뉴런 수

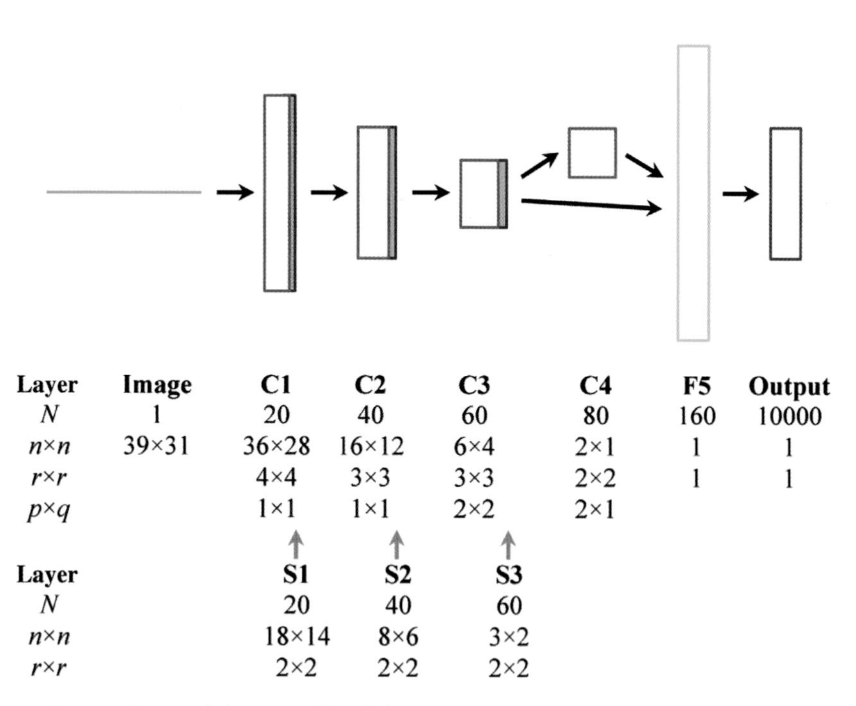

Layer	Image	C1	C2	C3	C4	F5	Output
N	1	20	40	60	80	160	10000
$n \times n$	39×31	36×28	16×12	6×4	2×1	1	1
$r \times r$		4×4	3×3	3×3	2×2	1	1
$p \times q$		1×1	1×1	2×2	2×1		

Layer	S1	S2	S3
N	20	40	60
$n \times n$	18×14	8×6	3×2
$r \times r$	2×2	2×2	2×2

그림 21.11 Sun et al.(2014a, b)의 DeepID 얼굴 인식 구조. 이 구조는 그림 21.10과 상당 부분 유사하나, 세부 사항에서 한 가지 결정적인 차이점이 있다. 즉, F5 레이어는 C3에서 곧바로, 혹은 C4를 거쳐 데이터를 받는다. C4는 작은 레이어이기 때문에, 이런 식으로 병목현상을 방지하는 것이 가능하다. 물론 C4는 다중 스케일 특징을 확보하는 데 있어 중요한 역할을 한다. 모든 레이어에서 스트라이드 s는 1로 같다. p 및 q 매개변수는 합성곱 레이어를 균일하게 나누는 패치 $p \times q$ 크기이며, 각 패치마다 균일한 가중치를 적용한다. 다만 이 네트워크에서는 주로 높은 레벨에 적용되는 값이다. 높은 합성곱 레벨의 가중치가 로컬하게 공유되기 때문에, 여러 영역에서 '각기 다른' 고수준 특징을 학습할 수 있게 된다.

보다 훨씬 작다. 이 때문에 마지막 은닉 레이어는 여러 사람들에 대한 '공유 은닉 표현shared hidden representation'(Sun et al., 2014a, b)을 학습해야 하고, 또한 식별적discriminative임과 동시에 압축적이어야 한다.

이 방식은 학습 과정에 등장하지 않은 얼굴에 대해서도 충분히 일반화가 가능하다. 논문에서는 여기까지 논의를 뻗어나가지 않았지만, 이를 명확히 확인할 수 있는 방법이 있다. CelebFaces+와 LFW를 통해 학습된 얼굴 이미지를 사용할 경우 확보 가능한 얼굴 이미지는 ~200,000개, 존재하는 신원(사람)의 수는 ~10,000 정도다. 즉, 각 신원당 ~20개 정도의 얼굴이 배정된다. 각 이미지 간에 보간이 이뤄질 수 있기 때문에, 이 정도 수로도 굉장히 많은

3차원 자세 가짓수에 대해 대응이 가능하다. 무엇보다도 이 과정에서 어떠한 3차원 모델을 만드느라 노력할 필요가 없다. 순전히 학습과, 방식을 수행하는 과정에서 자연스럽게 이뤄지는 일반화를 통해 문제를 해결할 수 있다. 타이그만 등의 DeepFace 방식과 대조적인 부분이다. 실제로 DeepID는 DeepFace보다 훨씬 더 높은 정확도를 보이는데, 97.25% 분류 성능을 갖는 DeepFace와 달리 97.45%의 성능을 나타내며, 이에 상응하는 인간 성능은 97.53%다. 이러한 성능 향상 중 가장 큰 비중을 차지하는 요인은 얼굴 이미지당 사용하는 패치의 수(60개)인데, 이로 인해 5.27% 정도의 개선이 이뤄졌다.

이 모든 논의를 종합하면 확실한 결론에 이르게 된다. 즉, 얼굴이 3차원 머리상에 있어서 상당한 정도의 변화(안면 근육, 눈 및 입이 열리는 정도 등)가 발생함에도 불구하고, 이러한 3차원 형상 또는 3차원 자세 정보에 대한 전제 지식이 없더라도 인간 수준의 높은 성능을 갖는 얼굴 인식 시스템을 구축하는 것이 가능하다. 혹자는 애초에 이러한 구조가 인간의 3차원 지식에 기반해 결정된 것이 아닌가 질문할 것이다. 그림 21.10과 그림 21.11의 구조를 보면 그렇지 않다는 사실을 확인할 수 있다. 이들 구조가 상당히 복잡하게 진화된 것은 사실이지만, 저수준과 고수준 얼굴 특징을 찾는 데 있어 3차원을 기반으로 한 어떠한 방식보다도 이러한 복잡도가 기여한 바가 더 크다. 심지어 얼굴 인식 시스템의 전체적인 진화는 결국 3차원에 관한 내용을 완전히 배제하고 CNN 기반의 학습 시스템으로 하여금 완전히 학습을 진행하도록 함으로써 가능하다고 말할 수도 있다.

21.9 고속 얼굴 검출 재검토

지금까지 얼굴 특징 검출과 얼굴 자체의 검출(얼굴 영역에서만 찾을 수 있는 얼굴 특징을 통한)에 기반한 얼굴 분류가 어떻게 성공적으로 이뤄질 수 있는지 살펴봤다. 이 시점에서 고속 얼굴 검출을 다시 살펴볼 필요가 있다. Viola and Jones(2001)의 훌륭한 연구와 이를 기반으로 같은 저자가 이를 발전시킨 내용에 이어(2004), Felzenszwalb et al.(2010)은 변형 가능 파트 모델DPM, deformable parts model이라는 개념을 제시하며 한 걸음 더 나아갔다. 이 방식은 얼굴을 여러 파트의 모음으로 이해하는 데서 출발한다. 따라서 얼굴을 검출하기 위해서는 각 파트의 위치를 찾고 파트 간의 상호 관계를 찾기만 하면 된다. 이 과정에서 파트와 각 파트에 대한 박스를 인식하고, 이들을 결합해 (Felzenszwalb et al.(2010)의 경우) 물체나 얼굴에 대한 더 큰 박스를 제시하게 된다. 이 영역은 비최대 억제를 통한 추가적인 분석 과정에서 보존된다. 구체적으로, 각 박스 후보에 대해 점수를 매기고 그중 가장 높은 점수를 갖는 박스만 선택한 다음, 실제 존재하는 박스 중 이 영역의 임계 비율(예: 50%)을 넘게 겹치는 것을 남기게 된다. 이 접근법은 매우 성공적이었는데, PASCAL VOC 2006, 2007, 2008 벤치마크에서 가장 뛰어난 성적을 냈으며(Everingham et al., 2006, 2007, 2008) '일반적인 물체 검출 방식에 있어 표준에 가까운 위치에 올랐다'(Mathias et al., 2014).

Mathias et al.(2014)는 DPM 접근법을 자세히 평가해 얼굴 검출에 있어 최고의 성능을 낼 수 있음을 보였다. 그리고 이를 기반으로 자체적인 'HeadHunter' 검출자를 개발하고, 만약 이 검출자가 강체 템플릿rigid template에 기반한다면 역시 최고에 가까운 성능을 낼 수 있음을 증명했다. 예를 들어, 두 방식은 AFW 평가 세트에 대해 각각 97.21%와 97.14%의 검출률을 보였다. 평가에 대한 자세한 내용은 Zhu and Ramanan(2012)를 참고하라. 논문에서 저자는 "파트는 유용하지만 최고의 성능을 내는 데 필수적인 것은 아니다."라고 결론 내리고 있다. 다만 강체 템플릿 접근법의 주된 문제는 상당히 많은 양의 학습 데이터가 필요하다는 것이다.

Yang et al.(2015a, b)는 HeadHunter를 '최첨단의 방식'이라고 규정한 다음, FDDBface detection data set and benchmark 벤치마크(Learned-Miller, 2013)상에서 그보다 2.91% 더 향상된 성능을 보이는 방식을 개발했다. Yang et al.(2015a, b)의 이 Faceness-Net은 CNN을 따라 개발된 초창기 얼굴 검출자 중 하나다. 우선, 얼굴 이미지의 속성을 찾기 위한 CNN 구조를 구축한다(그림 21.12). 이를 정방향으로 진행해 고유의 얼굴 특징을 구하고, '역방향으로'(업샘플링) 진행해 로컬 얼굴 파트 반응 맵을 재생성한다. 이때 15장 '딥러닝 네트워크'에서 소개한 Zeiler and Fergus(2014), Simonyan et al.(2014), Noh et al.(2015)의 deconv 네트워크를 참고했다. 그런 다음, 이렇게 얻은 박스에 대해 얼굴 유사성faceness 점수를 매기는 식의 파이프라인을 거쳐 얼굴에 대한 후보를 생성한다. 마지막으로, 비최대 억제를 사용해 가장 적절한 박스 후보를 선택한다.

이 방식이 성공적일 수 있었던 주된 이유는 얼굴 파트를 5개로 분류해 정의하고 그 상대적인 위치를 적절히 규정했기 때문이다. 이 다섯 분류를 요약하면 다음과 같다(순서는 그림

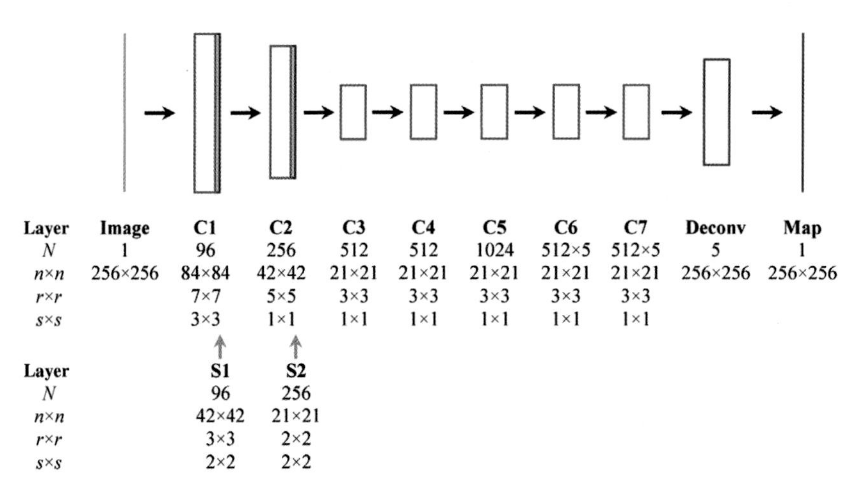

그림 21.12 Yang et al.(2015a, b)의 Faceness-Net 얼굴 검출 구조(이 도식은 Yang et al.(2015a, b) 논문에서 제시한 세부 내용을 반영한 Faceness-Net 구조에 근접한다. 다만, 예를 들어 스트라이드, 패딩, 합성곱 크기, 이미지 크기 등의 측면에서는 약간 불완전하다. 또한 전체 구조를 하나의 그림에 나타냈기 때문에 명확함 측면에서 다소 부정확하게 표현된 부분도 있다). 기본적인 구조는 표준 합성곱 네트워크에서 가져온 것이다. 즉, 7개의 합성곱 레이어 C1~C7과 두 최댓값 풀링 레이어 S1, S2를 포함하고 있다. 뒤쪽의 Deconv 네트워크는 언풀링과 업샘플링을 적용해 Conv 네트워크를 거슬러 올라간다. 즉, C7에서 가장 큰 활성을 찾아, 이를 따라 최종적으로 전체 크기의 얼굴 파트 맵을 구하게 된다(그림에서 Deconv 열을 참고하라). 얼굴의 다섯 속성에 대해, C1~C5 레이어는 공유되며 C6과 C7은 채널 수가 다섯 배로 되어 있다. *N* 행에서 두 열에 명시된 '×5'를 참고하라. 또한 Deconv 연산이 끝나면 최종적으로 5개의 얼굴 파트 결과를 얻게 된다. 마지막으로, 얼굴 파트 박스를 최적의 조건으로 합치면 하나의 얼굴 맵을 형성할 수 있게 된다. 자세한 내용은 본문을 참고하라.

21.8(B)의 얼굴에 대해 위에서 아래 순이다).

1. '머리카락': 색상, 곱슬머리, 직모, 탈모, 헤어라인, 앞머리 숱
2. '눈': 눈썹, 눈 형태, 애굣살, 안경
3. '코': 크기와 형태
4. '입': 입술 크기, 입이 열린 정도, 립스틱 여부
5. '수염': 수염의 존재, 구렛나루, 턱수염, 콧수염, 수염 길이

얼굴에 난 털의 위치에 따라 위쪽, 중간, 아래쪽에 대해 각각 분류됐음을 유의하라. 앞에서 명시했듯이 존재하는 위치에 따라 그 속성은 다양하게 나타난다. 다만 어느 위치에서든 털이 없거나 숨겨지거나 가려질 수는 있다. 이러한 부자연스러운 양상에 따라 얼굴 유사성

점수가 깎이게 된다. 이렇게 구한 점수는 전체 얼굴에 해당하는 물체 후보의 점수를 매기는 데 사용된다. 각 단계에서 박스가 생성되고, (학습을 거친) 박스 회귀 분석을 통해 각각의 얼굴에 대한 최종 후보의 최적 위치를 예측하게 된다.

앞에서 설명한 접근법은 파이프라인 측면에서 VJ 방식에, deconv 네트워크 측면에서 자일러와 퍼거스 등의 방식에, 비최대 억제 등 DPM 방법론 측면에서 Felzenszwalb et al.(2010) 방식에 많은 부분 빚지고 있다.

이러한 맥락에서, Bai et al.(2016)이 제안한 훨씬 단순하고 빠른 방식도 살펴보자. 이 방식은 전체 합성곱 네트워크를 여러 스케일에서 작동할 수 있도록 한 것으로서, 5개의 공유 합성곱 레이어 뒤에 추가로 두 합성곱 레이어를 놓아 신호가 갈라지게 한다. 이 뒤쪽 레이어는 (1) 다중 스케일과 (2) 최종 매칭을 수행하는 데 필요한 슬라이딩 윈도 효과에 대응하기 위함이다. 이 네트워크는 풀링을 사용하지 않으나, 처음 세 레이어의 경우 뒤에 스트라이드값이 2인 합성곱 레이어가 추가된다. Bai et al.(2016)은 제안한 방식을, 이전에 뛰어난 성능을 보여준 Faceness-Net(Yang et al., 2015a, b), HeadHunter(Mathias et al., 2014), DenseBox(Huang et al., 2015) 등과 비교했다. 결론은 그들의 방식이 최고의 두 방식을 제외하고는 다른 것들을 훨씬 뛰어넘는 성능을 보일 뿐만 아니라(뒷부분 참고), (훨씬 단순하고 효율적이기 때문에) 실시간 상황에서도 성능이 유지된다는 것이었다. 특히 AFW 데이터셋에서는 97.7%의 평균 정확도를 보였는데, Yang et al.(2015a, b)의 경우에는 97.2%였고, 다른 방식은 훨씬 더 큰 격차를 갖는다. 사실 이는 추가적인 불확실성이나 부정확성을 가져올 수 있는 역합성곱을 거치지 않고, 단순히 종단 간 학습을 진행했기 때문일 것이다. 아울러 PASCAL 얼굴 데이터셋의 경우(Yan et al., 2014), 제안한 방식은 Faceness-Net(92.1%)보다 약간 낮은 성능(91.8%)을 보였지만, 역시 다른 방식에 비해 훨씬 뛰어난 성능을 나타냈다. 아울러 FDDB 데이터셋에서는 DenseBox 외의 모든 'CNN 기반' 검출자보다 좋은 성능을 보였다. 다만 DenseBox는 Bai et al.(2016)의 방식보다 세 배 더 많은 학습 데이터를 사용했음을 유의해야 한다. 종합하면, 종단 간 학습을 사용한 더 단순한 시스템으로도 훨씬 뛰어난 성능을 갖는 것이 가능하다.

21.9.1 더 강력한 물체 검출 방식

21.9절에서는 Felzenszwalb et al.(2010)의 DPM 물체 검출 방식이 얼마나 강력한지 엿봤

다. 흥미롭게도, 지금 시점에서 이 접근법은 다른 방식에 밀려 사장되는 추세다. 그중 하나는 'CNN 특징 영역[R-CNN]' 방식으로서(Girshick et al., 2014), 영역을 제안하는 방식을 통해 최종 박스 후보를 생성한다. 이 박스를 분류해 겹치는 검출 건은 제거하고, 남은 것에 대해 다시 점수를 매긴다. 이러한 방식은 느리고 복잡한 처리 과정을 거치긴 하지만, 이후 연구에서 그 속도를 개선해왔다(Girshick, 2015; Ren et al., 2015; Lenc and Vedaldi, 2015). 그러나 실제로 큰 향상을 이룬 것은 YOLO 접근법이 등장하면서부터다(Redmon et al., 2015). YOLO는 'You only look once'의 약자인데, 앞에서 살펴본 모든 방식의 다중 파이프라인 처리를 하나의 합성곱 네트워크 패스로 간주함을 의미한다. 이 단일 패스 과정에서는 모든 박스 후보를 얻은 다음, 점진적으로 각 후보를 제외할지의 여부를 판단해, 패스가 끝나는 시점에 상호 일관성을 확보한 세트를 남기게 된다. 얼핏 보면 불가능해 보이지만, 그만큼 이 방식이 혁신적이라는 것을 방증하며 충분히 실현 가능한 방식이다. 물론 이 방식에 아무런 문제도 없고 항상 성공적이라는 뜻은 아니다. 실제로 다양한 작은 물체에 대해서는 대응하기가 어려우며, 물체 로컬화가 정확하게 이뤄지지 않는다는 문제가 존재한다. 반면 다른 방식에 비해 배경 부분을 검출하는 실수는 확실히 적다. 즉, 배경 영역에 있는 물체를 잘못 예측하는 경우가 확연히 낮게 발생한다.

또 하나 중요한 사항은 단일 패스 접근법이 훨씬 더 빠른 속도를 갖고, 초당 ~45프레임 정도의 실시간 성능을 확실하게 내줄 수 있다는 것이다. 이 구조의 주된 특징은 24개의 합성곱 레이어에서 2개의 완전연결 레이어를 거쳐, $7 \times 7 \times 30$ 텐서에 이르게 된다. 이 텐서는 7×7 이미지 격자에 다섯 매개변수 x, y, w, h, $confidence$(인접한 물체에 대응하기 위해 각각을 두 개씩 할당한다) + 20개의 조건부 클래스 확률 $Pr(Class_i | Object)$를 포함하고 있다. 아울러, 이 접근법에 대해 훨씬 인상적인 후속연구가 발표된 바 있다(Redmon and Farhadi, 2016). 이 방식은 9000개 이상의 물체 분류를 200개의 클래스로 나누어 물체를 검출하지만, 여전히 실시간에 가깝게 빠르다. 논문에서 해답을 정리하는 과정을 여기서 자세히 다룰 수는 없지만, 최종적으로 얻은 구조('Darknet-19')는 19개의 합성곱 레이어와 5개의 최댓값 풀링 레이어로 이뤄져 있으며, 공통적인 분류와 검출을 구현할 수가 있다.

21.10 3차원 물체로서의 얼굴

21.6~21.8절에서 몇 번 다뤘듯이, 검출자는 2차원 유사성 변환(또는 더 나아가 아핀 변환)을 사용해 머리가 3차원 물체라는 점에 기반한 얼굴 특징 모델링을 진행했다. 이렇게 한 이유는 (1) 단순한 방법론을 유지하려는 측면과 (2) 적절한 수준에서 계산을 늘리지 않기 위함이었다. 그러나 때로는 더 정확한 방식을 적용해 분류 성능을 향상할 필요도 있다. 여기서는 이러한 분석을 어떻게 진행할 것인지 살펴볼 것이다.

우선 눈과 입의 바깥쪽 모서리를 포함하는 평면 Π를 정의한다. 이때 정확한 근사를 위해, 같은 평면상에 눈의 내부 모서리 역시 포함되어 있다고 가정할 수 있다(그림 21.13(A)~(C)). 다음으로 세 특징 쌍을 각각 잇는 수평선 λ_1, λ_2, λ_3에 대한 소실점 V 위치를 추정한다(그림 21.13(D)). 이 작업이 끝나면, 적절한 교차 비율 불변성을 사용해(18장 '불변성과 원근' 참고) 각 특징 쌍 사이의 중간 지점이 3차원상에 어디 위치하는지 찾을 수 있다. 이를 통해 얼굴의 대칭 선분 λ_s를 구한다. 아울러 얼굴 평면 Π의 수평 방향 θ, 혹은 전면 뷰에 대해 수직축을 중심으로 회전하는 (요) 각도를 구한다. 그림 21.13(E)는 이 계산을 설명하고 있다. 마지막으로 λ_1, λ_2, λ_3에 대한 특징 간 거리를 해당하는 전면값으로 변환한다. 이 값은 시점을 반영하고 있으나 Π에 대한 수직 방향 φ는 아직 알 수 없기 때문에 반영되어 있지 않다. 이 과정은 18.8절에서 설명한 이론과 밀접한 관련이 있다. 아울러 그림 18.13도 같이 참고하라.

사실 수직 방향 φ(피치)를 구하기 위해서는 추가적인 가정이 필요하다. 결국 얼굴은 수평축에 대해 대칭 관계가 없기 때문이다. 만약 φ를 0으로 가정한다면(즉, 머리가 위아래로 회전하지 않고, 카메라도 얼굴과 같은 높이에 있다면) λ_1, λ_2, λ_3와 대칭선 λ_s의 절편으로부터 얼굴의 상대적인 수직 거리에 대한 정보를 얻을 수 있다. 혹은 특징 간 거리의 평균값을 가정하고 이를 통해 얼굴의 수직 방향을 구하는 방법도 있다. 혹은 뺨이나 코, 귀, 헤어라인 등을 기반으로 추가적인 추정값을 구할 수도 있다. 다만 이렇게 할 경우 얼굴 평면 Π에 존재한다고 보장할 수 없기 때문에, 얼굴의 전체적인 자세가 부정확하고 시점 효과에 대해 불변성을 띠지 못할 수도 있다.

결국, 시점 왜곡이 일어날 수밖에 없는 상황이라도 얼굴 자세와 얼굴 특징 간 측정을 통해 전체 또는 일부 정보를 확보해야 한다(Kamel et al., 1994, Wang et al., 2003). 물론 얼굴을 먼

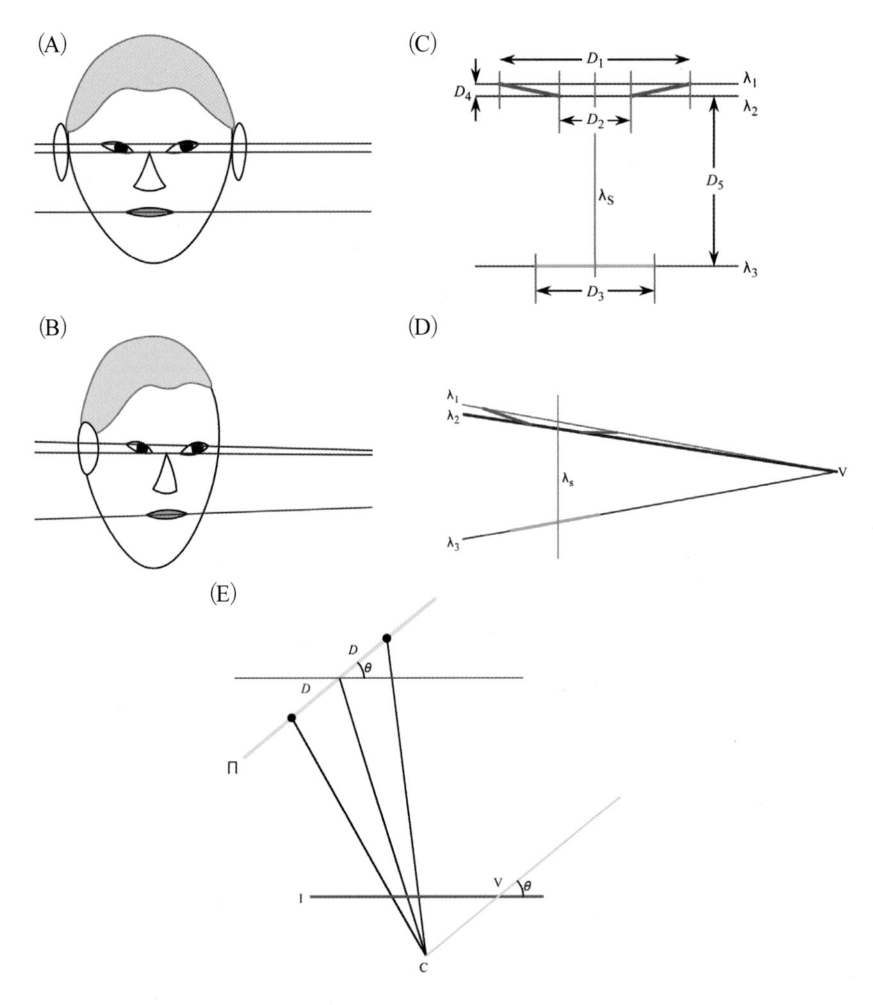

그림 21.13 얼굴 매개변수에 대한 3차원 분석: (A) 전면 얼굴 뷰, (B) 얼굴에 대한 비스듬한 뷰. 눈과 입의 모서리에 대한 시점 선분도 함께 나타내었다. (C) 눈과 입에 대한 레이블과 다섯 특징 간 거리 매개변수, (D) 비스듬한 뷰에서 소실점 V의 위치, (E) 특징 쌍 중 하나와, 이에 해당하는 얼굴 평면 Π 상의 이등분점 위치. 시점 투영을 통해 관측할 경우 이미지 평면 I에서는 이 지점이 더 이상 이등분점이 아님을 유의하라. 또한 소실점 V는 Π의 수평 위치에 대응한다.

거리에서 관측하거나 완전히 전면에서 보게 된다면, 시점 왜곡이 없기 때문에 분석이 상당히 단순해진다. 실제로 지금까지 이뤄진 얼굴 인식과 자세 추정 방식 중 상당수는 약한 시점 관점에서 이뤄지기 때문에, 분석이 전체적으로 단순해진다. 이렇다 하더라도 표정이 다양하게 변화할 수 있기 때문에 상당히 큰 복잡성이 추가된다. 얼굴은 '말끔하게' 접힐 수 있는 고무 마스크(또는 변형 가능한 템플릿)가 아니다. 눈이나 입이 닫히고 열리는 과정은 추가적인 비선형 효과로서 작용하는데, 단순히 고무 마스크를 늘리는 정도로는 모델링할 수 없는 형태다.

21.11 결론

오랫동안 얼굴 인식은 컴퓨터 비전을 실제로 활용하려는 사람들의 주된 관심사였다. 그동안 많은 연구가 이 문제를 풀었다고 발표했지만, 범죄학자들은 '실제' 상황에서 사람들을 만족스러운 수준으로 식별하려면 아직 해결해야 할 부분이 많다고 지적해왔다. 특히 모자, 안경, 헤어스타일, 턱수염, 구렛나루, 굉장히 다양한 표정, 그리고 물론 조명이나 그림자의 변화에 따른 문제가 존재한다. 만약 작정하고 변장을 한다면 문제는 더 심각해진다. 게다가, 자명한 사실이지만 얼굴은 평면상에 있지 않다. 머리라는, 강체임과 동시에 변형 가능하며 공간상에서 다양한 방향과 위치에 존재할 수 있는 물체 위에 있다. 흥미롭게도, 우리는 머릿속에서 얼굴을 평평한 사진로 표현할 수 있는 경향이 있다. 인간은 실제로 보는 것으로부터 상상력을 발휘해 보이지 않는 것을 인식하는 데 뛰어난 능력이 있다. 요컨대 본다는 것은 수동적인 과정이 아니며, 2차원으로 입력된 내용을 3차원 해석으로 혼동할 여지가 있다.

물론 범죄학자들만이 얼굴 인식 알고리듬이나 방법론을 필요로 하는 것은 아니다. 표정을 수치화해 누군가가 진실을 말하는지 여부를 확인하거나, 영화에서 누군가를 가능한 한 실제와 가깝게 모사하는 등의 응용에도 필요하다(가까운 미래에 대부분의 영화는 제작비와 시간을 단축하기 위해 실제 인간 배우를 사용하지 않게 될 가능성이 있다). 또한 진단이나 얼굴 복원 역시 얼굴의 표정을 계측하는 절차를 도입하는 이점이 있다. 그뿐 아니라 컴퓨터나 은행 등 보안 분야에서의 사람 인식은 다양한 직업에서 필수적이며, 신속하고 적은 오차를 보여야 한다. 이러한 관점에서 홍채 패턴으로부터 사람을 인식하는 방향으로 연구가 이뤄져 왔으며(예: Daugman, 1993, 2003), 더 나아가 망막 혈관에 대한 혈관조영술을 통해 얻은 패턴으로부터 더 정확도를 높이기도 했다. 이때 가장 높은 수준의 보안이 필요할 때의 기술적 어려움을 해결하는 것이 비용 측면에서 효율적이다. 요컨대 "제대로 구축된 홍채 스캔 시스템의 인식 실패율은 0.0001% 이하로 떨어진다"(ru.computers.toshiba-europe.com, 2004년 5월 19일 확인함). 혈관 방식을 구현할 때는 상대적으로 비용이 많이 소요되지만, 홍채 인식의 경우 그렇지 않기에 이 방향으로 많은 진전이 이뤄졌다.

이 장에서는 얼굴 검출 및 인식에 대한 도입 정도만 다뤘지만, FDR이나 얼굴 특징 위치 탐색 등의 주제에까지는 이르렀다. 특히 후자의 경우 FDR을 위해 핵심적이긴 하지만, 예를 들어 입술을 읽거나 눈의 움직임 및 주의 패턴attention pattern을 분석하는 데도 유용하게 쓰인다. 이 분야의 발전 과정에서는 몇 번의 도약이 있었지만, 그중 가장 획기적인 순간은 매우 빠르면서도 유용한 Viola-Jones(2001) 얼굴 검출자다. 이후 Mathias et al.(2014) 역시 상당한 진보를 이뤘는데, Felzenszwalb et al.(2010) 등의 중요한 연구 성과를 기반으로 하여 파트 기반 학습 모델을 통한 물체 검출을 구현한 것이다. 그러나 그 직후에는 딥 신경망을 돌파구로 삼아 또 다른 진전이 이뤄졌다. 예를 들어, Yang et al.(2015a, b)를 참고하라.

얼굴 인식도 비슷한 과정을 거쳤다. 즉, 상당한 개선을 통해 분류 성능이 2007년 ~87% 수준에서 최근에는 ~97%까지 향상됐다. 특히 Taigman et al.(2014), Sun et al.(2014a, b), Sagonas et al.(2015, 2016), Bai et al.(2016) 등의 연구가 그렇다. 이를 통해 인간에 근접한 수준의 성능을 달성했지만, 이러한 성공 역시 합성곱 네트워크 방식을 통해 이뤄낸 것이다. 15장 '딥러닝 네트워크'에서 설명했듯이, CNN은 2012년 즈음 급격히 인기를 얻었으며(이는 SVM 등의 표준적인 방식에 비해 매우 뛰어난 성능을 보였기 때문이다), FDR을 상당히 감소시켰다. 이 과정에서 LFW 등 현실적인 데이터베이스에 대해 학습 및 평가를 진행하고, 데이터셋에 대응할 개선된 프로토콜을 필요로 하게 됐다. 2012년 이전의 표준 비전 알고리듬 및 이후에 등장한 새로운 방식에 무관하게 딥 네트워크도 계속해서 그 지위를 유지할 것이다. 마치 제트 엔진이 등장한 이후에도 내연기관이 살아남았던 것처럼 말이다. 어쨌든 얼굴 인식 방식은 10년도 안 되는 기간 동안 훨씬 안정적으로 자리를 잡은 것이 사실이다.

고유얼굴 방식은 얼굴을 분석하고 다양한 얼굴의 변형에 대응하기 위해 등장한 초창기의 체계적 접근법이라 할 수 있다. 그러나 얼마 되지 않아 Fisherface 방식이 이를 대체했다. 얼굴 검출 역시 중요성이 큰데, VJ 등의 부스팅 기반 방식을 통해 이전보다 15배 빠른 속도를 확보할 수 있었다. 그러나 얼굴 인식은 '야외 환경에서' 인간의 수준보다 크게 떨어지는 성능을 보여왔다. 결국 수십만 개의 얼굴과 더 많은 얼굴 패치를 사용해 딥러닝을 적용하여, '과학습'이 이뤄지는 수준까지 진행한 뒤에야 돌파구가 마련됐다. 2016년부터 딥러닝은 얼굴 검출에 있어 혁신을 가져왔다.

21.12 문헌과 연보

얼굴 분석과 인식에 대한 초창기의 체계적 접근법은 Sirovich and Kirby(1987)이 개발한 고유얼굴 방식이었고, Turk and Pentland(1991)은 이를 실용적인 차원으로 끌어올렸다. 기본적인 아이디어는 얼굴 이미지 세트를 얼굴 공간상의 벡터로 나타낸 후, PCA를 사용해 표준 얼굴 벡터에 대한 기반 세트를 구축하는 것이다. 이 접근법은 얼굴을 종류와 그 변환 모드(얼굴 간 혹은 표정 등 얼굴 내부, 혹은 얼굴의 자세나 조명 조건)에 따라 분류하기 때문에, 관련하여 많은 연구가 이뤄져 왔다. 그러나 이 모든 조건을 하나의 방식에 전부 통합해 다루기는 어려웠기 때문에, Belhumeur et al.(1997)의 Fisherface 접근법은 이를 개선해 조명 조건에 대한 민감도를 줄이고 임의의 세 주성분을 배제하지 않아도 되도록 했다. 이렇게 함으로써 Fisherface는 분류 에러율을 ~24%에서 ~7% 수준까지 줄이는 주목할 만한 성공을 거두었다.

검출 속도는 얼굴 분석에서 고려해야 하는 또 다른 문제다. 2001년 VJ는 기존의 방법을 뛰어넘어, 부스팅을 사용해 원하는 속도와 성능을 확보하는 매우 새로운 방식을 개발했다. 또한 기본적인 직사각형 형태의 하르 필터로 특징 세트를 줄이고, 기존의 가장 뛰어난 검출자(Rowley et al., 1998)에 비해 15배가량의 속도 향상을 이뤘다. 이는 지금까지 아무도 예상하지 못한 엄청난 발전이었다.

2007년 즈음에는 2차원과 3차원 기반 얼굴 인식 알고리듬 간의 경쟁이 이뤄지고 있었으며, 그 성능 또한 인식 성공률 ~87%에서 정체된 상태였다. 이 시점에서 얼굴 인식 분야는 성숙했다기보다는 인간에 비해 '야외 환경에서의' 실제 이미지에 대한 성능이 답보 상태에 있었다. 따라서 통제된 환경에서 통제되지 않은 환경으로 연구의 중심이 옮겨졌고, 이에 따라 LFW 데이터베이스가 등장했다(Huang et al., 2007). 이 데이터베이스를 처음 적용했을 때 기존 알고리듬의 성능은 낮게 나왔지만, 2009년 들어서 그 성능은 다시 상당 수준으로 회복됐다. 예를 들어 Wolf et al.(2009)는 89.5%의 성능을 이뤘다고 보고했다. 그러나 2014년 타이그만 등이 DeepFace(딥러닝) 얼굴 인식 접근법을 발표하면서 상황은 완전히 바뀌었다. 이를 적용했을 경우 성능이 97.35%까지 나오는데, 이는 인간의 성능 수준 97.53%에 근접하는 것이다. 이 방법이 이토록 성공적이었던 이유는 '전면화' 기법을 통해 얼굴을 대칭적인 전면 뷰로 변환해 표준화하는 데 있었다. Sagonas et al.(2015, 2016)은 전면 이미지의 학습된 고유 세트를 구하는 식의 자체적인 전면화 기법을 개발했다. 비슷한 시기에 Yang et al.(2015a, b)는 CNN 구조를 사용해 얼굴 이미지의 속성을 찾는 고성능 Faceness-Net 얼굴 검출자를 개발했다(Yang et al.(2017)도 함께 참고하라). 이는 본질적인 얼굴 특징을 찾아낸 다음 '역방향으로' 로컬화된 얼굴 파트 반응 맵을 재생성하는 방식으로 이뤄져 있다. 이때 그들이 사용한 코딩–디코딩 절차는 Zeiler and Fergus(2014)가 이전에 고안한 것을 차용한 것이다. 마지막으로, Bai et al.(2016)은 굉장히 단순하고 빠른 설계를 고안했다. 즉, 다중 스케일에서 작동하는 완전 합성곱 네트워크로서, 5개의 공유 합성곱 레이어에 이어 2개의 추가 합성곱 레이어로 갈라지는 구조를 띠고 있다. 그중 후자는 각각 (1) 다중 스케일과 (2) 슬라이딩 윈도 효과에 대응하기 위함으로서, 최종적인 매칭을 수행하는 데 필요한 것이다. 결론적으로, 종단 간 학습을 진행한 단순한 시스템은 각각 미리 학습한 섹션을 종합한 시스템보다 훨씬 뛰어난 성능을 보일 확률이 높아진다.

요약하면, 얼굴 인식은 지난 10년이 안 되는 기간 동안 훨씬 안정적인 상태에 이르렀다고 할 수 있지만, 그렇다고 완전히 안정화됐다고 하기에는 무리가 있다. 현재 시점에서 어느 정도는 제어 알고리듬이 완전히 학습된 단계에 이르렀으나, (전면화 원칙에 기반한 새로운 접근법을 제외하면) 컴퓨터 인식 시스템이 실제로 어떻게 작동하고 있으며 어떻게 최적의 해답에 접근하는지에 대한 지식은 아직 부족하다 할 수 있다. 그러나 최소한 CNN 기반 시스템이 등장하면서 대격변이 일어났으며, 침체되어 있던 분야에 빛을 비추어 더 넓은 곳으로 이끌어내었음은 분명하다(이는 윈스턴 스펜서 처칠Winston Spencer Churchill이 1940년 6월 영국 공중전이 끝난 이후 했던 연설에서 인용한 것이다. "… 세계는 광활하고 빛나는 정상으로 나아갈 것이다").

22

감시

오늘날 감시는 교통이나 공공장소 등에서 차량 및 사람들을 관찰하는 데 매우 광범위하게 쓰이며, 컴퓨터의 역할이 점점 더 커지고 있다. 즉, 비정상적인 행위(도둑, 수상한 움직임, 과속 등)가 발생할 경우 그 위치를 찾는 것이 목표다. 감시 분야는 시각적 정보가 입력되는 주기가 빠르며, 대부분의 물체가 움직이고 있다는 특징을 갖는다. 이에 대응하기 위해서는 배경 부분을 인식하고 제거하는 과정에 중점을 둘 뿐만 아니라, 움직이는 물체를 효율적으로 추적할 수 있어야 한다. 동시에 빠르게 연산을 수행할 수 있는 알고리듬과, 고속 처리를 위해 설계된 하드웨어 시스템을 확보해야 한다.

22장에서 다루는 내용은 다음과 같다.

- 감시 개요
- 배경과 전경의 분리
- 파티클 필터의 기초와 이를 통한 추적 방식
- 색상 히스토그램을 통한 추적
- 챔퍼 매칭과 이를 통한 식별 및 추적
- 다중 카메라를 통한 대응 영역 확장
- 교통 흐름 모니터링 시스템
- 여러 형태의 모션 장면을 분석하기 위한 초기 단계로서의 지면 식별
- 물체들이 다른 물체 뒤로 사라졌다 다시 나타나는 상황에서 '오클루전 파악'이 필요한 이유
- 모션 분야에서 칼만 필터의 중요도
- 번호판 위치 탐색
- 복잡한 물체의 모션 연구에서 3차원 관절 연결 모델을 고려해야 하는 이유
- 인간 걸음걸이 분석의 기본 개념
- 동물 추적

이 장에서는 정적인 카메라를 사용해 움직이는 물체를 감시하는 상황만을 다루며, 다음 장에서 좀 더 복잡한 차량 내 비전 시스템, 즉 움직이는 카메라를 통해 멈춰 있거나 움직이는 물체를 감시하는 경우를 살펴볼 것이다.

"저기 오는 사람은 신나Cinna요. 걸음걸이를 보면 알 수 있소."(윌리엄 셰익스피어, 1599)

22.1 서론

시각적인 감시는 컴퓨터 비전에서 오랫동안 연구된 분야이며, 초창기에는 군사 영역에서, 예를 들어 고고도 비행기나 위성으로부터 정보를 얻기 위해 사용돼왔다. 그러나 훨씬 저렴한 비디오 카메라가 등장함에 따라 도로 교통을 관찰하거나, 최근에는 보행자를 감시하는 데도 보편적으로 응용되고 있다. 그뿐 아니라 범죄자나 수상한 행동을 보이는 사람들을 찾는 데까지 널리 쓰이고 있다. 예를 들어, 주차장에서 어슬렁거리는 사람은 절도범으로 의심할 여지가 있다. 그러나 시각 감시 카메라는 절대 다수가 비디오 레코더에 연결되어 수많은 비디오테이프에 녹화하며, 그중 거의 대부분은 다시 재생할 일이 없다. 범죄자 등을 추적할 때만 몇 시간 정도의 테이프를 꺼내 돌려볼 뿐이다. 좀 더 나아가면, 카메라를 폐쇄 회로 모니터에 연결해 인간이 지켜보며 화면에 보이는 정보 중 일부를 확인하게 할 수도 있다. 그러나 10개가 넘는 화면을 사람이 지켜본다는 것 자체가 집중도와 신뢰도가 그다지 높지 않은 과도한 업무다. 만약 비디오 카메라가 자동 컴퓨터 비전 모니터링 시스템에 연결되어, 다양한 형태의 위험이나 범죄가 의심될 때만 인간을 호출해 주의를 끌게 한다면 확실히 더 나을 것이다. 행여 특정 응용 분야에서는 실시간으로 이를 구현하기가 어렵다 하더라도, 녹화해놓은 비디오 테이프를 골라 빠르게 범죄의 순간과 그 위치를 잡아낼 수만 있다면 경찰 인력을 훨씬 적게 동원할 수 있다.

감시가 쓰일 수 있는 분야는 거리의 소동을 다루거나, 축구 경기장의 관객들을 관찰하거나, 지하철역의 승객들이 붐비는지 확인하거나, 범죄나 안전을 관리하는 등 다양하다. 어떤 면에서는 이러한 감시 과정에서 인간의 사적 자유가 제한되기 때문에, 보안과 사생활 간의 트레이드오프가 분명히 존재한다. 보안 수준이 올라가 많은 이들이 더 행복할 수 있다면, 약간의 비용으로 사생활이 일부 침해되는 정도는 용인할 수 있을 것이다.

감시에 있어서 '사람 추적'이라는 문제를 해결하는 데는 많은 어려움이 있다. 첫째, 자동차에 비해 사람은 움직이면서 그 형태가 확연하게 변화하는 물체다. 다행히 그 움직임은 상당 부분 주기적이기 때문에 시각적인 분석에 도움이 되긴 하지만 불규칙한 인간 움직임, 예를 들어 장애물을 피할 때의 모습 또한 고려해야 한다. 둘째, 인간은 움직이는 과정에서 스스로에 대해 오클루전을 발생시킨다. 한쪽 다리가 다른 쪽을 가리거나, 팔이 뷰에서 사라지거나 하는 일이 생긴다. 셋째, 사람은 크기나 형태가 각기 다르며 그들의 외형을 다양한 의상으로 가리기도 한다. 넷째, 보도 블록 위나 지하에서 보행자를 관찰할 경우 그 뒤로 다른 사람이 지나가면 두 외형이 합쳐져서 겹쳐진 물체 형태를 따라 인식되기 때문에 관찰이 끊겨버릴 수 있다.

이러한 문제들을 해결하는 것 자체는 가능하다. 그러나 이를 위해 적용해야 하는 알고리듬 중 상당수는 그 성능이 제한적이다. 특히 실시간으로 끊기지 않고 작동하도록 하는 것이 정확도를 확보하는 것보다 우선하기 때문에, 일부 알고리듬은 상당히 단순화해서 적용해야 한다. 게다가 컴퓨터가 시각 데이터를 전달한다 하더라도 인간 관리자가 이를 통해 올바른 해석을 내릴 수 있다는 보장은 없다. 예를 들어 사람들은 종종 잃어버린 것을 찾기 위해 왔던 길을 돌아가는데, 복잡한 장면에서 모든 사람을 추적하는 과정에서 이들은 해석에 혼란을 가져온다. 혹은 다양한 조명 조건, 건물에 의한 그림자, 구름이나 차량에 의해 움직이는 음영 등의 복잡성이 영향을 줄 수도 있다.

이 장의 나머지 절에서는 감시를 사용하는 주된 두 영역에 대해 다룰 것이다. 즉, 사람(또는 보행자)과 자동차를 주요한 목표 대상으로 삼는다. 물론 교통 환경에 따라 하나의 시스템에서 사람과 자동차를 동시에 관찰해야 할 수도 있다. 다음 절에서는 카메라 위치에 대한 기하를 기반으로 하여 보행자에 대한 내용을 주로 살펴볼 것이다. 물론 대부분의 내용은, 예를 들어 고속도로 등에서 자동차를 주된 목표로 놓는 등의 상황에서도 동일하게 적용되지만, 확실하게 하기 위해 보행자로 내용을 제한한다.

22.2 감시: 기본 기하

보행자를 관찰하는 가장 확실한 방법은 그림 22.1(A)에 나타낸 형태일 것이다. 16장 '3차원 세계'에서 살펴봤듯이, 이를 실제 월드 (X, Y, Z)와 이미지 좌표 (x, y) 간의 관계로 정리하면 다음과 같다.

$$x = fX/Z \tag{22.1}$$

$$y = fY/Z \tag{22.2}$$

여기서 Z는 장면의 (수평 깊이) 방향이며, X는 수평 위치, Y는 수직 위치(카메라 축을 따라 아랫방향으로), f는 카메라 렌즈의 초점 거리를 뜻한다. 이러한 방식의 관찰은 보행자를 왜곡되지 않은 형태로 인식해야 할 때 유용하다. 반면 보행자의 크기 외에는 장면 내에서 실질적인 깊이 정보를 얻을 방법이 없다. 비전 시스템을 통해 얻을 수 있는 핵심적인 매개변수 중 하나가 크기라는 점에서 보면 그다지 만족스러운 상황은 아니다. 아울러 이런 식으로 장면을 관찰할 경우 보행자가 다른 보행자를 심하게 가리는 일이 일어날 수 있음을 유의하라.

이 문제를 극복하는 데는 조감 뷰가 좀 더 유리할 것이다. 그러나 완전한 수직 뷰를 얻기는 어렵다. 어떻게 하든 매우 제한된 범위 내에서만 관측이 가능할 뿐만 아니라, 이번에는 보행자의 높이를 측정하는 것이 불가능해진다. 대신 그림 22.1(A)의 카메라를 좀 더 높이 올려, 그림 22.1(B)에서처럼 지면에 있는 모든 보행자의 발 위치를 확인할 수 있도록 하는 방법이 있다. 이렇게 하면 장면 내의 깊이를 적절하게 추정할 수 있다. 지면에 대한 카메라 높이를 H_c라 하면, 식 (22.2)의 깊이 Z는 다음과 같다.

$$Z = fH_c/y \tag{22.3}$$

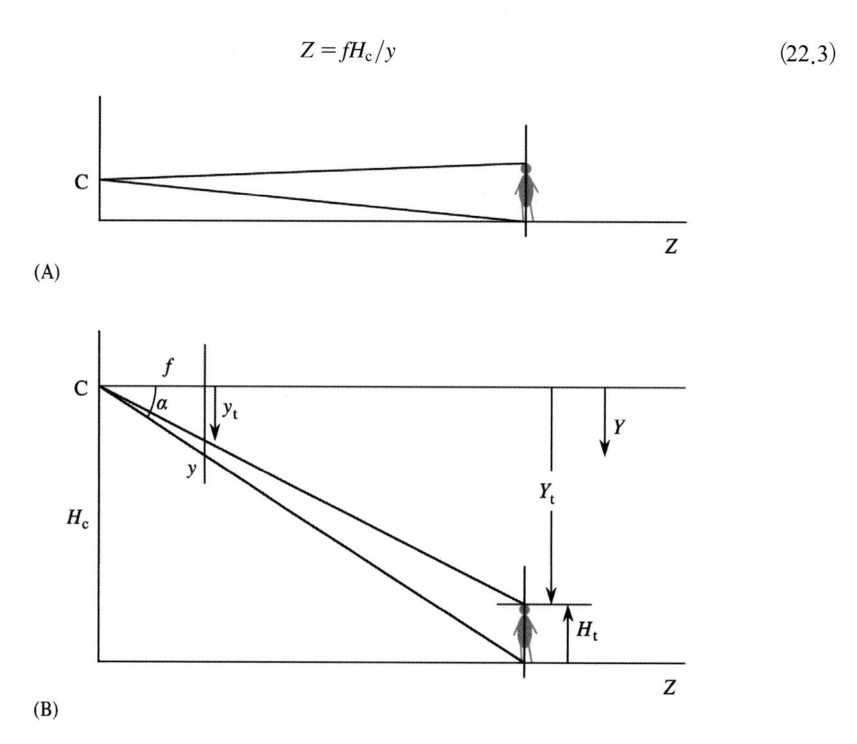

그림 22.1 3차원 모니터링(카메라가 수평인 경우): (A) 카메라를 눈높이에 고정한 경우, (B) 카메라를 높이 고정해 뷰가 덜 제한되도록 한 경우

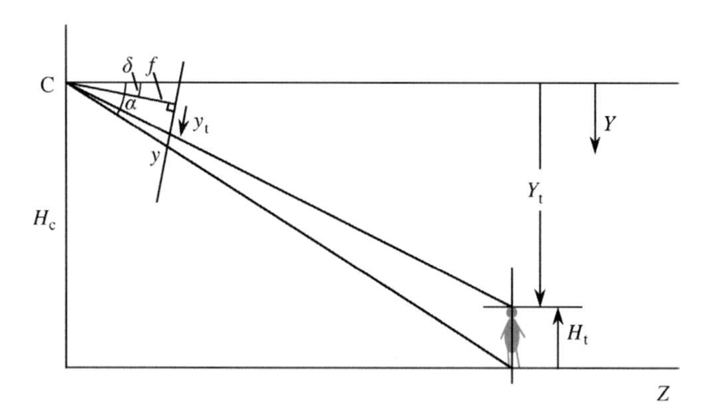

그림 22.2 3차원 모니터링(카메라를 아래로 기울인 경우). δ는 카메라 광축의 기울임 각도를 뜻한다.

보행자 머리 위를 기준으로 하여 수정한 y는 다음과 같이 계산할 수 있다.

$$y_t = fY_t/Z = yY_t/H_c \tag{22.4}$$

이에 따라, 다음 식을 통해 보행자의 키 H_t를 얻을 수 있게 된다.

$$H_t = H_c - Y_t = H_c(1 - y_t/y) \tag{22.5}$$

이 식을 실제로 적용하려면, H_c를 현장에서 미리 측정하거나 테스트 물체를 통한 카메라 보정으로 구해야 함을 유의하라.

실제로 위의 방법을 사용할 때는 카메라의 광축을 약간 아래 방향으로 기울이는 식으로 수정하는 것이 더 좋다(그림 22.2). 이렇게 하면 관측 범위가 증가하며, 특히 가까이 있는 보행자도 관찰이 가능해진다. 그러나 대신 그 기하는 약간 더 복잡해지는데, 기본적으로 다음 식을 바탕으로 진행된다.

$$\tan\alpha = H_c/Z \tag{22.6}$$

$$\tan(\alpha - \delta) = y/f \tag{22.7}$$

여기서 δ는 카메라를 기울인 각도에 해당한다. 이를 $\tan(\alpha - \delta)$에 대해 정리하면 다음과 같다.

$$\tan(\alpha - \delta) = (\tan\alpha - \tan\delta)/(1 + \tan\alpha\tan\delta) \tag{22.8}$$

그리고 이를 통해 α를 소거하면, Z를 y에 관해 나타낸 식을 구할 수 있다.

$$Z = H_c(f - y \tan \delta)/(y + f \tan \delta) \tag{22.9}$$

지금까지는 물체의 높이를 고려하지 않고 지면상의 위치에 대해서만 다뤘다. 보행자의 높이를 구하기 위해서는 다음과 같은 수식을 추가로 사용해야 한다.

$$Z = Y_t(f - y_t \tan \delta)/(y_t + f \tan \delta) \tag{22.10}$$

이 식은 식 (22.9)에서 Y_t를 H_c에 대해, y_t를 y에 대해 정리함으로써 구할 수 있다. 이제 두 수식을 결합해 Z를 소거하면, Y_t를 구할 수 있다.

$$Y_t = H_c(f - y \tan \delta)(y_t + f \tan \delta)/(y + f \tan \delta)(f - y_t \tan \delta) \tag{22.11}$$

이에 따라, 여기서도 $H_t = H_c - Y_t$ 수식을 사용해 계산하는 것이 가능하다.

다음으로, 카메라 광축 기울임 각도 δ의 최적값을 구해보자. 카메라의 뷰 범위를 가까운 Z_n에서 먼 Z_f까지로 규정하며, 각 지점에 해당하는 각도가 α와 α_n, α_f라고 가정하자(그림 22.3). 또한 카메라의 전체 수직 시야가 2γ라고 가정하면, 다음과 같은 수식을 얻을 수 있다.

$$H_c/Z_n = \tan \alpha_n = \tan(\delta + \gamma) \tag{22.12}$$

$$H_c/Z_f = \tan \alpha_f = \tan(\delta - \gamma) \tag{22.13}$$

두 수식 간의 비율을 구하면 다음 관계를 얻는다.

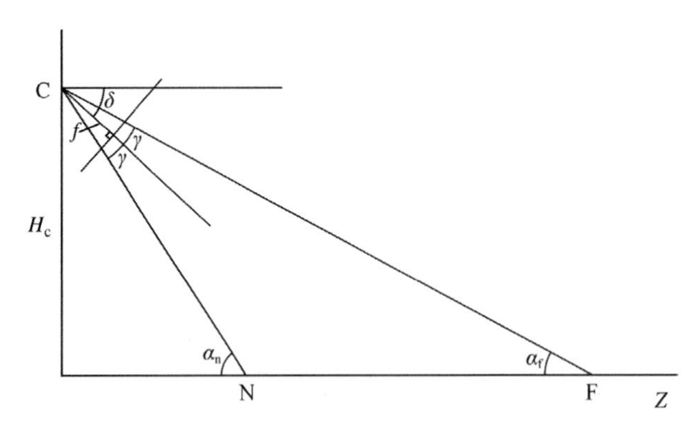

그림 22.3 카메라 기울기 최적값을 찾기 위한 기하. δ는 카메라 광축의 기울임 각도를 뜻하며, 2γ는 카메라의 전체 수직 시야를 나타낸다.

$$\eta = Z_n/Z_f = \tan(\delta - \gamma)/\tan(\delta + \gamma) \quad (22.14)$$

즉, Z_n이나 Z_f 중 하나의 값을 특정하면 다른 값을 구할 수 있다. 만약 Z_f를 무한대로 놓으면, 식 (22.13)에 따라 δ와 γ가 같은 값을 갖게 되며, 따라서 식 (22.12)는 $Z_n = H_c \cot 2\gamma$가 된다. 특별하게 $\delta = \gamma = 45°$일 경우 $Z_n = 0$이고 $Z_f = \infty$이기 때문에, 지면의 모든 지점에 대응할 수 있다. γ가 작아지면, Z_n 및 Z_f는 δ에 따라 결정된다. 예를 들어 $\gamma = 30°$일 경우 η의 최적값(즉, 0)은 $\delta = 30°$이거나 $\delta = 60°$일 때 나타나며, 최악의 경우($\eta \approx 0.072$)일 때 $\delta = 45°$다.

마지막으로, 보행자가 서로를 가리지 않는 최소 간격 Z_s에 대해 고려해보자. H_t/Z_s와 H_c/Z의 값이 $\tan \alpha$로 동일하다고 한다면, 다음 관계가 성립한다.

$$Z_s = H_t Z/H_c \quad (22.15)$$

예상할 수 있듯이 이 값은 카메라의 높이에 반비례하여 변하지만, 또한 Z에 비례해서 변하기도 한다.

요약하면, 카메라를 높이 위치시키면 보행자의 깊이 위치와 높이를 모두 구할 수 있으며 오클루전이 발생하는 빈도도 상당히 낮출 수 있다. 또한 카메라를 아래 방향으로 기울이면 관측 범위를 최대로 할 수 있다. 이런 식으로 두 카메라를 구획 양쪽에 놓으면 상당히 넓은 영역에 대응할 수 있다. 보행자는 그 지면에서의 위치를 기준으로 식별이 이뤄지며, 동시에 크기, 형태, 색상 등을 기반으로 시각적인 인식도 가능하다. 단, 그림 22.1(B)에 나타낸 단순한 예에 대해서도 y와 Z의 역수 관계가 매우 비선형적으로 나타나기 때문에(식 (22.3) 참고) Z 방향으로 동일한 간격을 준다 하더라도 이미지 평면에서 결코 동일한 수직 간격으로 나타나지 않는다는 점을 유의하자. 이 부분에 대한 이론적인 분석은 18.8절을 참고하라.

22.3 전경–배경 분리

감시에서 처음 마주하는 문제 중 하나는 관찰할 목표의 위치를 지정하는 것이다. 원칙적으로는 이전 장들에서 살펴봤던 인식 방식을 활용해 각 목표를 인식하면 될 것이다. 그러나 여기서는 두 가지 이유 때문에 다른 방식으로 접근해야 한다. 첫째, 도로를 따라 움직이는 자동차나 인도를 걸어가는 보행자는 생산 라인을 따라 움직이는 상품에 비해 너무나 다양하다. 둘째, 실시간 처리 문제가 굉장히 크게 작용한다. 예를 들어 차량은 고속도로에서 시속 100km까지 달리는 등 변동이 심하며, 카메라는 일반적으로 초당 30프레임을 촬영한다. 따라서 목표의 움직임을 이용해 움직임 기반 분할을 진행해야 한다.

이러한 상황에서는 프레임 차분과 광학 플로우를 이용해보는 것이 자연스럽다. 실제로 프레임 차분을 적용할 수 있긴 하지만, 노이즈 문제에 취약하기 때문에 신뢰도가 낮다. 실제로 인접한 프레임에 이를 적용할 경우, 20장 '모션'에서의 $-\nabla I.\mathbf{v}$ 공식에 따라 목표 외형의 일부분만 그 위치를 잡을 수 있다. 이러한 난점을 해결하는 가장 간단한 방법은 배경을 모델링하는 것이다.

22.3.1 배경 모델링

배경 모델링은 이상적인 배경 이미지를 생성해, 어느 프레임에서든 배경 정보를 제거해서 목표나 전경 이미지를 얻을 수 있게 하자는 발상에서 시작됐다. 가장 간단하게 구현하는 방법은 목표가 없는 프레임을 선택해 배경 모델로 삼는 것이다. 여기에 더해, 노이즈를 제거하기 위해서 여러 프레임의 평균을 구한 뒤 목표를 관측할 수도 있다. 이 전략의 문제점은 (1) 목표가 존재하지 않는, 순수한 배경이 어느 순간에 존재하는지 어떻게 알 수 있느냐와 (2) 날씨나 시간에 따라 변화하는 일반적인 외부 조명 조건에 어떻게 대응하느냐다.

이 중 후자의 문제는 가장 최신의 프레임만을 사용하면 해결할 수 있지만, 이렇게 하면 전자의 문제에 대응하기가 어려워진다(예를 들어, 교통체증이 벌어지는 고속도로나 보행자로 붐비는 인도에서는 깨끗한 배경 프레임을 많이 얻기가 거의 불가능에 가깝다). 이에 대한 타협점으로, 가장 최근의 일정 시간 범위 Δt 내의 배경 프레임을 선택해서 목표가 존재하든 존재하지 않든 전부 평균을 구하는 방법이 있다. 만약 목표가 많지 않다면, 대부분의 프레임은 깨끗할 것이기 때문에 이상적인 배경 모델에 가까운 이미지를 얻을 수 있다. 물론 평균을 구했기 때문에 목표가 완전히 제거되지는 않으며, 모델에서 일종의 '꼬리'를 남기며 나타나게 된다. 모델 최적화의 경우 Δt를 증가시키면 문제 (1)을 최소화하는 방향으로, 감소시키면 문제 (2)를 최소화하는 방향으로 진행된다. 즉, 두 문제 간에는 트레이드오프가 존재한다. 다시 말해, 잘 조정해서 낮과 밤에 잘 부합하고 날씨나 조명 조건을 극복하도록 하더라도 결국 이 접근법은 일정 부분 제한적이다.

이러한 문제가 발생하는 이유 중 일정 부분은, 결국 앞에서 언급했듯이 '평균' 연산을 진행하기 때문이다. 시간 축에 대한 메디안 필터를 적용하면 이를 어느 정도 해결할 수 있다. 즉, 메디안 필터를 각 픽셀의 **I**(세기 및 색상) 값에 적용하되, 가장 최근의 시간 범위 Δt에 대한 일련의 프레임상의 값을 대상으로 하게 된다. 이렇게 하면 계산량이 많이 필요하지만, 그냥 평균값을 취하는 것보다는 훨씬 낫다. 이런 식으로 메디안 필터를 통해 아웃라이어를 제거하는 것이 효율적이긴 하지만, 여전히 추정한 값에는 편향이 존재한다. 특히 차량이 도로보다 훨씬 어두운 색을 띠고 있을 경우, 시간 축에 대한 메디안 필터를 적용하더라도 도로보다 어두운 값을 얻게 된다. 시간 축에 대한 모드 필터를 적용하면 이 문제를 해결할 수 있다. 그리고 다행히도 세기 분포를 보면, 차량과 도로가 각각 다른 모드값을 갖고 있기 때문에 분리할 수 있다. 따라서 도로에 차가 많아 모드값이 작다 하더라도 식별이 가능하다. 그러나 한편으로는 차량이 하나의 모드값만 갖는다는 보장이 없고, 도로와 차량의 모드값을 항상 분명하게 분리할 수 있다는 보장도 없기 때문에, 역시 편향이 나타날 수 있다. 22.3.2절의 그림 22.4 ~ 그림 22.6에서 이러한 문제를 일부 나타내고 있다.

사실 배경 모델링이 지닌 문제는 이것뿐만이 아니다. 많은 경우 배경 물체 자체가 움직임을 가질 수 있다. 특히 그림자가 시간에 따라 움직일 수 있고 그 선명도도 날씨에 따라 변화한다. 또한 낙엽이나 나뭇가지, 깃발 등이 바람에 펄럭이고 날린다. 심지어 카메라도, 특히 기둥에 매달려 있는 경우 바람에 흔들릴 수 있다. 다만 이 문제는 23장 '차량 내 비전 시스템'에서 다룰 것이다. 작은 동물이나 새의 움직임 역시 고려해야 한다. 여기서는 야외나 도시에서 흔히 보이는 현상으로서, 바람에 흔들리는 식물에 초점을 맞추어 논의를 진행할 것이다.

바람에 흔들리는 식물의 영향성은 생각보다 크다. 나뭇잎, 가지, 하늘(또는 지면, 빌딩 등)에 대한 픽셀 **I** 값이 변동할 수 있기 때문이다. 따라서 임의의 픽셀의 세기 및 색상값은 두세 가지 성분에 의한 영향이 합쳐진 것으로 이해해야 한다. 여기서 중요한 부분은 각 성분의 분포가 상당히 좁고 잘 정의될 수 있다는 것이다. 다시 말해, 학습 과정에서 각각에 대해 알고 있다면 현재 **I** 세깃값이 배경에 상응하는지 여부를 확인할 수 있다. 만일 그렇지 않는다면 새로운 전경 물체에 대한 정보로 분류할 수 있다.

복수의 성분 분포로부터 형성된 모델은 혼합 모델이라고 통칭한다. 일반적으로 성분 분포는 가우시안으로 근사되는데, 각각의 성분이 모여 전체적으로 독특한 형태의 분포를 형성하고 있기 때문이다. 이에 따라 가우시안 혼합 모델GMM, Gaussian mixture model과 가우시안 혼합이란 개념이 등장한다. 초기에는 각 픽셀이 포함하고 있는 성분의 개수를 알 수 없음을 유의하라. 대부분의 픽셀은 하나의 성분만을 포함할 것이며, 실제 상황에서는 3개 이상을 포함하기가 어렵다. 그러나 모든 픽셀마다 각각의 GMM을 분석해야 하기 때문에 계산이 다소 번거로울 뿐만 아니라, 앞에서 언급한 것만큼 성분 분포가 깔끔하게 되어 있지 않다면 분석 과정이 불안정할 수도 있다. 이러한 점 때문에, 계산 집약적인 알고리듬인 기댓값 최대화EM, expectation maximization 알고리듬을 사용해 상황을 분석해야 한다. 배경 생성에 대한 '초기' 과정을 진행할 때는 이 강건한 접근법을 사용하는 것이 일반적이나, 업데이트 단계에서는 좀 더 단순하고 효율적인 기법을 채용해 후속 과정이 실시간으로 이뤄지도록 하는 것이 일반적이다. GMM 방식은 필요한 성분 분포의 개수를 스스로 결정하는데, 배경 모델에 주어진 총 가중치 비율에 대한 임곗값을 기준으로 한다.

그러나 배경이 매우 높은 주기로 흔들릴 경우 GMM 접근법은 실패할 확률이 높다. 알고리듬이 매우 짧은 시간 주기에 따라 급격히 변화하는 분포에 대응하는 과정에서, 통계적으로 너무 빈약하게 정의되기 때문이다. 이 문제를 해결하기 위해 Elgammal et al.(2000)은 파라메트릭 GMM과 다른 접근법을 택했다(파라메트릭하다고 볼 수 있는 이유는, 결국 성분 분포의 가중치와 분산값을 찾기 때문이다). 즉, 커널 스무딩 함수를 구한 다음(일반적으로 가우시안), 각 픽셀마다 현재 시점보다 Δt만큼 앞선 범위 내의 프레임에서 N개의 **I** 샘플을 취하여, 여기에 이 함수를 적용하는 논파라메트릭 방식이다. 이를 통해 한 세깃값에서 다른 값으로 뛰는 현상에 빠르게 대응할 수 있으며, 동시에 각 픽셀의 로컬 변화를 구하는 것이 가능하다. 즉, 이전 세깃값에 대해 무작위가 아닌 로컬 변화를 빠르게 반영하도록 하는 데 그 강점이 있다. 아울러 이 방식은 확률적으로 접근하지만 EM 알고리듬이 필요하지 않으며, 따라서 실시간으로 구현하고자 할 때 높은 효율을 갖는다. 또한 전경 물체를 민감하면서도 낮은 거짓 경고율로 검출할 수 있다. 이것들이 모두 가능한 이유는 크게 두 가지 특징 때문이다.

1. 세 색상 채널이 독립적이며, 각기 다른 커널 대역폭(분산)을 갖는다고 가정한다. 가우시안 커널 함수에 이를 반영하면 다음과 같이 확률을 추정할 수 있다.

$$P(\mathbf{I}) = \frac{1}{N}\sum_{i=1}^{N}\prod_{j=1}^{C}\frac{1}{\left(2\pi\sigma_j^2\right)^{1/2}}\,e^{-\left(I_j - I_{j,i}\right)^2/2\sigma_j^2} \tag{22.16}$$

여기서 i는 Δt 시간 범위 내에서 취한 N개의 샘플을, j는 C개의 색상 채널값을 나타낸다. 이 함수는 계산하기 쉬우며, 미리 커널 함수를 계산해 룩업 테이블을 확보한다면 속도를 더 향상할 수 있다.

2. 그림자를 줄이기 위해 색도 좌표를 사용한다. 세 좌푯값이 밝기에 대해 독립적이며, 그림자는 보통 배경에서 어둡게 나타나기 때문에, 대부분 배경 영역에 함께 묶이게 된다. 따라서 배경 제거 과정을 거치면 전경 물체는 그림자를 포함하지 않을 확률이 높다. 색도 좌표 r, g, b는 일반적인 R, G, B 좌표에 대해, $r = R/(R + G + B)$ 등의 공식을 적용해 얻는다($r + g + b = 1$).

사실 그림자는 특히 까다로운 문제다. 배경 제거 후에 전경 물체의 형태를 왜곡할 뿐만 아니라, 별개의 전경 물체가 연결되어 분할이 제대로 일어나지 않는 현상이 발생하기 때문이다. 이러한 문제는 Prati et al.(2003)이 검토한 바 있으며, Xu et al.(2005)는 모폴로지를 사용한 하이브리드 그림자 제거 방식을 제안했다. 아울러 Guan(2010)도 참고하라.

어떤 방식을 써서 배경을 모델링하든, 배경을 제거하고 전경을 검출하는 과정에서 여러 블롭을 묶어 연결 성분 분석connected components analysis을 통해 레이블링해야 한다. 이때 각 프레임의 블롭 간 유사성을 파악해 구하는 식으로 프레임 간 추적을 수행할 수 있다. Xu et al.(2005)의 경우 모폴로지를 도입해 이를 보완한다. 그럼에도 불구하고 그림자와 조명 효과 등으로 인해 거짓 양성이, 배경과 전경 색상이 유사함에 따라 거짓 음성이 나타날 수 있다.

요컨대 다음 두 가지 상황에서 실패가 이뤄질 수 있다. (1) 고정 배경 문제, 즉 전경 물체의 형태가 충분히 정확하게 정의되지 않은 경우. (2) 유동적 배경 문제, 즉 전경 물체가 등장하는 순간과 사라지는 순간을 충분히 신속하게 찾을 수 없는 경우. 만약 배경 모델의 정확도나 반응성이 부적절할 경우, 배경 제거를 진행하더라도 거짓 물체를 찾게 된다. Cucchiara et al.(2003)은 이 거짓 물체를 '고스트ghosts'라고 정의한다. 또한 앞에서 언급했듯이 그림자 역시 이러한 문제를 형성한다.

22.3.2 배경 모델링 예시

앞에서 논의한 내용을 구체적으로 다루기 위해, 교통 감시용으로 녹화한 비디오에 앞서 다뤘던 알고리듬 중 일부를 적용해보자. 소개를 위한 것이므로 알고리듬을 최대한 간단한 방식으로 사용할 것이다. 이 원본 데이터는 디지털 카메라(Canon Ixus 850 IS)로 녹화한 AVI 형식이며, 각각의 프레임을 JPG 형식으로 디컴파일한다. 이때 JPG 아티팩트가 상당히 드물게 발생하기 때문에, 특별히 이를 제거하는 과정을 도입할 필요는 없다. 프레임은 320 × 240픽셀 크기의 RGB 이미지이나, 여기서는 8비트 명돗값만을 취한다. 비디오는 초당 15프레임을 녹화하며, 여기서는 10프레임마다 하나씩을 취해 총 113프레임을 대상으로 테스트를 진행한다. 이 중 처음 10프레임은 초기 학습을 위해 사용되므로 고려하지 않는다. 이 비디오에서는 버스가 정류장에 도착해 잠시 멈춰 있는다. 그림 22.5에서 전체적인 시퀀스를 나타내고 있으며, 공간의 제약으로 문제를 잘 묘사하는 주요 프레임만 명시했다. 아울러 비디오를 맑은 날 찍었기 때문에 그림자가 상당히 많이 발생하고 있으며, 비디오에서 1분 이상의 시간이 지나도 그 양상이 크게 변하지 않는다. 반면 카메라의 움직임은 다리의 움직임을 통해 쉽게 눈에 띈다. 즉 원본 데이터는 여러 부분에서 이상적인 상태가 아니라 할 수 있으며, 어떤 알고리듬이든 제대로 작동하려면 이를 감안해야 한다.

그림 22.4는 시간 축에 대한 메디안 필터를 적용한 결과 중 일부를 나타내고 있다. (A)와 (B)는 정류장에 버스가 멈춰 있을 때 점점 배경에 '먹히는' 모습을 보여준다. (C)는 버스가 정류장을 떠나 움직이는 순간이며, 버스 뒤로 긴 '고스트'가 나타나고 있음을 확인할 수 있다. (D)에서처럼 시간이 어느 정도 흐른 후에도 고스트가 남아 있으며, 따라서 전경 해석 과정에서 실질적으로 고려해야 하는 요소로 작용한다.

이러한 문제를 극복하기 위해, 메디안 필터를 제한해 현재 메디안값에 해당하는 한정된 수의 그레이 레벨 픽셀 세기에 대해서만 고려한다. 이렇게 하면 모드 필터와 비슷한 특성을 공유하게 된다(시간 축 모드 필터 자체가 현재 상태에 대해 너무 고정적이며, 변화하는 세기 분포에 대해 잘 대응하지 못한다). 그림 22.5에 그 결과를 나타내었다. 제한적 메디안 필터는 앞에서 언급한 두 문제(즉, 관측 중인 차량이 멈춰 있을 때 배경에 먹히는 문제와 움직이면서 고스트를 남기는 문제)를 잘 해결한다. 이에 따라 이후 평가에서는 제한적 메디안 필터만을 사용해 진행한다. 그림 22.5에서 확인되는 문제는 다음과 같다.

그림 22.4 시간 축에 대한 메디안 필터를 통해 배경을 제거하는 과정. 검은 점선은 도로 영역의 경계를 나타낸다. 바람에 흔들리는 식물 대다수는 이 영역 밖에 존재한다(전경 물체에 비해 희미한 경계로 이에 관해 나타내었다. (B)를 참고하라). 상당수의 그림자는 배경 제거 과정에서 완전히 사라진다. 정차해 있는 버스는 (A)와 (B)에서 점진적으로 침식되어 사라지지만, (C) 및 (D)에서는 버스의 흔적이 나타나 배경와 결합하기 시작한다. 그림 22.5에서는 동일한 네 프레임에 대해 이러한 문제를 상당 부분 해결했다.

1. 전경 물체가 배경에 먹혀서 이상한 형태로 남는 현상(예: (D), (I))
2. 전경 물체가 파편화되는 현상(예: (B), (F))
3. 움직이는 전경 물체를 따라다니는 그림자(예: (C), (G), (J))
4. 별개의 전경 물체가 합쳐지는 현상(예: (I), (J))
5. 흔들리는 나무로부터 발생하는 신호(예: (A), (K))

이 중 2번 항목은 1번 항목의 극단적인 예시로 치부할 수 있다. 3번 항목은 그림자가 차량과 동일한 속도로 움직이는 경우를 생각하면 이해가 쉬우며, 이 경우 배경 제거나 다른 움직이는 물체 검출 방식만으로 그림자를 제거할 수가 없다. 일반적으로는 색상 해석을 통하지 않는 이상(뒤에서 이에 대해 검토할 것이다), 만족스러운 수준으로 이를 제거하려면 높은 수준의 해석이 필요하다. 4번 항목이 발생하는 이유 중 일부는 차량의 그림자 때문으로서, 특히 차

그림 22.5 제한적 시간 축 메디안 필터를 사용한 배경 제거. 이 방식은 그림 22.4에 비해 더 정확하기 때문에, 더 넓은 범위의 프레임을 나타내었다. 특히 그림 22.4에 나타난 버스 문제가 상당히 개선된 것을 확인할 수 있다((D), (E), (G), (H)). 흔들리는 식물에 해당하는 영역은 차량에 비해 옅은 경계로 나타나고 있지만, 도로 영역에서는 해당 문제가 거의 존재하지 않고 있다. 모든 프레임에서 고정된 그림자 영역은 배경 제거 과정에서 완전히 사라지며, 두드러지게 나타나는 다리 그림자 역시 배제된다. 그뿐 아니라 이 과정에서 전경 물체에 대해 큰 영향을 끼치지도 않는다. 차량의 경우 거짓 음성률이 낮게 나타나며, 먼 거리에 위치한 경우에만 서로 결합되어 포착됨을 유의하라. 요컨대 전경 물체의 파편화와 (움직이는 그림자 등에 의해 발생하는) 거짓 형태가 가장 심각한 문제다.

그림 22.5 (계속)

가 멀리 있을 때 차량 간의 그림자가 이들을 연결하곤 한다. 모폴로지 연산을 적용할 때도(뒤 참조) 차량을 연결하는 현상이 발생한다. 5번 항목은 도로 영역, 즉 프레임에서 검은 점선으로 나타낸 경계 안쪽에서는 거의 나타나지 않는 현상이다. 이는 나무들이 도로에서 높이, 그리고 멀리 떨어져 있기 때문이다. 또한 이들은 모폴로지 연산을 통해 상당 부분 제거하는 것이 가능하다. 그림 22.6은 배경 제거를 진행한 직후의 결과를 나타낸다. 확인할 수 있듯이 심각한 수준으로 노이즈가 나타나는데, 이는 (1) 카메라 노이즈, (2) JPG 아티팩트, (3) 흔들리는 나무, (4) 카메라의 미동 등의 이유 때문이다. 흥미롭게도 단일 픽셀 침식 연산을 두 번 적용하면 거의 모든 노이즈를 충분히 제거할 수 있으며, 단일 픽셀 팽창 연산을 네 번 적용해

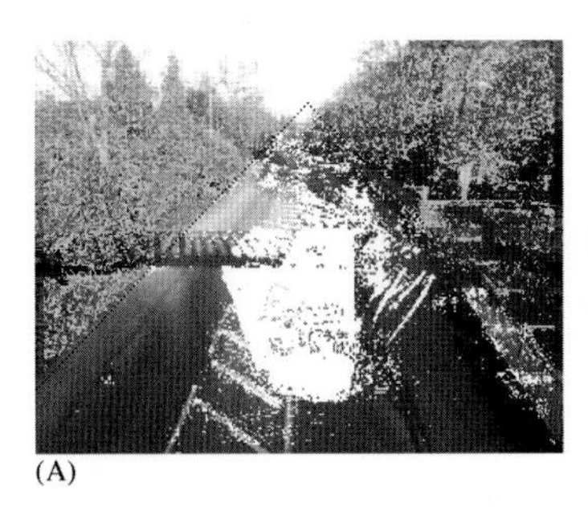

(A)

(B)

그림 22.6 배경 제거를 진행하면서 마주할 수 있는 문제. 배경을 제거한 프레임에서 노이즈 문제가 분명하게 나타나는 것을 확인할 수 있다. 흰 픽셀은 현재 이미지가 배경 모델에 부합하지 않는 영역을 나타낸다. 대부분의 노이즈는 도로 밖의 흔들리는 나무에 의해 발생한다. 모폴로지 연산(본문 참고)을 사용하면, 그림 22.4와 그림 22.5에서처럼 노이즈를 상당 부분 제거할 수 있으며, 차량의 형태를 가능한 한 완전하게 구할 수가 있다.

차량 형태를 복원할 수 있게 된다(이는 2픽셀 열림 연산과 2픽셀 팽창 연산에 해당한다). 이러한 모폴로지 연산을 통하면 최적에 가까운 결과를 얻을 수 있다. 특히 각 프레임에서 전경 물체를 포착하는 데 실패할 확률을 줄여주며, 물체의 형태를 가능한 한 현실적으로 보전하고, 차량이 불가피하게 연결되는 현상을 막아준다. 요점은 배경 제거가 이후 진행되는 전경 물체 인식, 추적, 해석 단계에 대해 충분히 유용한 정보를 제공할 수 있어야 한다는 데 있다.

이러한 결과에서 주목할 만한 지점은, 정지되어 있는 그림자를 완전히 제거했기 때문에 이로부터 오는 문제점이 발생하지 않는다는 것이다. 그러나 다른 두 종류의 그림자는 여전히 남아 있는데, 움직이는 물체의 그림자와 움직이는 물체가 지나가는 그림자가 그것이다(예제 비디오에서 후자는 다리나 다른 지면의 그림자에 해당한다). 또 다른 문제는 반사로부터 오며, 특히 버스의 창문에서 반사된 빛과(그림 22.5(G)의 프레임을 참고하라) 움직이는 차량으로부터 반사되는 2차 조명이 이에 해당한다.

마지막으로, 원본 컬러 이미지를 활용해 앞에서 살펴본 색도 좌표계를 통한 배경 모델을 향상해보자. 이 경우 몇몇 부분에서는 개선이 이뤄지지만, 거짓 음성률이나 전경 물체 형태의 파편화 감소로 인해 그 개선이 상쇄되는 부분도 상당하다. 여기서 그 결과를 직접 나타내지는 않았으나, Elgammal et al.(2000)에서 이 방식을 사용해 탁월한 결과를 보였던 반면, 앞에서 사용한 비디오에 대해서는 개선점이 보이지 않았다. 이에 대해서는 약간의 설명이 필요하다. 가장 큰 이유는 여러 차량들이 매우 다양한 색상과 세깃값을 갖기 때문이다. 특히 몇 및 차량은 자신의 그림자와 비슷한 색상을 갖거나, 창문 및 후드가 그림자와 비슷한 세깃값을 갖기도 한다. 이로 인해 차량의 상당 부분이 그림자로 치부되어 제거되며, 거짓 음성과 거짓 형태 정보를 얻게 될 확률이 높아진다. 그러나 Elgammal et al.(2000)에서도 지적하듯이 이 접근법에서 세기 정보는 신중하게 사용해야 색도 정보를 통한 그림자 제거 능력을 보완할 수가 있는데, 앞의 비디오에서는 그러한 여지가 별로 없다. 요컨대 색상 및 그레이스케일 정보 모두에 대해 좀 더 신중하고 전략적으로 고려해야 하며, 따로 임기응변에 의존해 찾아내는 방식보다는 좀 더 고차원적인 구상을 통해 물체를 하나하나 식별하는 통계적 패턴 인식 접근법을 필요로 한다. 물론 전자의 경우 그 나름의 가치가 있지만, 남용해서는 안 된다. 이렇게 물체를 개개로 인식하는 예로는 도로 표시를 식별하는 작업이 있다. 이때 차량 그림자가 도로 위를 지나가더라도 그 표시를 쉽게 식별할 수 있어야 한다. 따라서 차량 그림자를 인식하고, 추적하고, 제거하기 위한 전략이 수립돼야 한다. 한편 앞에서 교통 감시에 대해 다룬 것과 같이 도로에 대한 색상 정보가 거의 없을 경우, 색도 정보만 가지고 그림자를 효과적으로 제거하기란 어렵다.

22.3.3 직접적 전경 검출

앞에서 살펴봤듯이, 배경 모델링과 배경 제거는 연속적인 이미지상에서 움직이는 물체의 위치를 찾을 수 있는 강력한 전략이다. 그럼에도 불구하고 여러 이유 때문에 그 성능에 있어서 제한이 존재한다. 예를 들어 앰비언트 조명, 그림자의 영향, 흔들리는 나뭇잎처럼 관심 밖의 움직임, 전경과 배경의 색상 유사성 등이 그것이다. 그러나 결정적으로, 필요한 정보 중 한 부분이 완전히 빠져 있다. 다시 말해 목표 물체의 크기, 형태, 위치, 각도, 색상, 속도, 등장 빈도 등 특성에 관한 정보가 전혀 없다. 만약 이 정보를 확보할 수 있다면, 목표를 완전하게 검출할 수 있는 시스템을 구축해 검출 능력을 완벽하게 할 수 있을 것이다. 몇몇 경우에는 실제로 구현이 가능한데, 처음부터 배경을 제외하고 전경을 근사해 직접적으로 검출하는 식이다. 이러한 방식은, 예를 들어 얼굴 검출을 효율적이고 효과적으로 수행할 수 있다. 여기서는 직접적 전경 검출이 어떻게 가능한지 살펴볼 것이다.

직접적 전경 검출은 적절한 전경 모델이 존재하거나 구축이 가능해야만 실현할 수 있다. 즉, 보행자 검출이나 차량 검출처럼 특정한 응용 분야 각각에 대해 특화된 모델을 구하는 방식이다. 그러나 몇몇 연구자들은(예: Khan and Shah(2000)) 부트스트래핑 과정을 통해 이를 좀 더 일반적으로 구하는 방식을 다뤘다. 우선 배경 모델링과 배경 제거를 진행한 뒤, '배경 제외exception to background' 과정을 통해 전경 물체의 위치를 찾아 초기 전경 모델을 생성한다. 그런 다음 프레임에서는 이를 더욱 개선하는데 일반적으로 가우시안 기반 모델, 즉 GMM이나 논파라메트릭 모델을 사용한다. 배경 모델링과 이 방식이 다른 점은 배경 모델링이 같은 카메라에 대해 지속적으로 (업데이트를 진행하며) 적용되는 반면, 전경 물체의 경우 각각 모델을 새롭게 학습해 할당해야 한다는 것이다. 즉, 배경 모델링은 전경 물체의 초기 위치를 찾는 데만 적용된다. 그런 다음에 전경 모델을 구하고 추적하며, 이는 배경 모델링이 이뤄지는 방식과 유사하다.

좀 더 최근에 등장한 새로운 부류의 알고리듬으로서, Yu et al.(2007)이 GMM을 사용해 전경과 배경을 동시에 모델링한 방식을 들 수 있다. 이 경우 전경과 배경 간의 대치가 이뤄지므로, 분할 정확도가 향상될 여지가 높아짐을 실제로 확인할 수 있다. 반면, 이 알고리듬은 초기에 전경과 배경 영역을 대략적으로 표시한 다음 자율적으로 정확한 영역을 찾아가는지 추적하는 식으로 작동한다. 그러나 초기 단계의 배경 모델링을 통해 이 초기 영역 역시 자동으로 이뤄지도록 할 수 있다.

22.4 파티클 필터

전경 물체를 추적하고자 할 경우, 각 프레임마다 검출을 진행하고 그 결과를 적절히 연결하는 방식으로는 확보 가능한 정보를 온전히 이용한다고 할 수 없을 뿐만 아니라, 그 민감도에 대해서도 불완전성이 존재한다. 이는 천천히 움직이는 물체에 대해 여러 프레임의 평균을 구하는 식으로 신호 대 잡음비를 향상할 수 있다는 면에서도 명확히 알 수 있다. 또한 시간이 지남에 따라(어떨 때는 몇 프레임도 안 되어) 물체의 외양이 급격히 변하기도 하므로, 연속적으로 물체를 포착하려면 추적이 수반돼야 한다. 가장 적합한 예시로는 수 마일 떨어진 목표를 향해 발사하는 유도 미사일이 있다. 이 경우 비행하는 동안 이미지상의 크기, 스케일, 해상도가 급격하게 증가하게 된다. 그러나 사람을 추적하는 경우에도, 그 외관이 급격히 변하면 머리가 따라서 회전하게 된다. 움직이거나 회전하는 물체에 따라 배경이 급격히 변하는 경우,

섬세하고 강건한 추적이 근본적인 중요함을 갖게 된다. 이를 위해서는 최적의 방식을 찾아야 하며, 특히 급격히 변하는 얼굴의 경우 추적하고자 하는 물체의 위치로서 가장 '적절한' 곳을 알 수 있어야 한다. 이때 그 가능도를 최적으로 추정하기 위해서는 베이즈 필터링이 필요하다.

우선 일련의 프레임에서 물체를 관측한 결과를 $\mathbf{z}_1$에서 $\mathbf{z}_k$, 이에 대응되는 물체의 상태를 $\mathbf{x}_0$에서 $\mathbf{x}_k$라고 하자($\mathbf{z}_0$는 존재하지 않는데, 상태 정보 중 속도 $\mathbf{v}_k$를 구하기 위해서는 최소 두 프레임이 필요하기 때문이다). 각 단계에서 가장 물체 상태를 가장 적절하게 나타내는 값을 구해야 하며, 베이즈 법칙을 통해 식 (22.17)에서처럼 사후 확률 밀도를 계산해야 한다(만약 $\mathbf{z}_{1:k}$에 대한 조건부 의존성이 제거된다면 베이즈 규칙과의 관계를 확인하기가 훨씬 쉬워짐을 유의하라. 이렇게 할 경우 모든 첨자가 $k+1$로 바뀌며, 첨자를 생략하면 식 (22.17)과 식 (22.18)은 표준적인 베이즈 규칙이 된다. 물론 직전에 관측한 $\mathbf{z}_{1:k}$에 이어지는 $k+1$ 프레임에 대해 추적을 진행하고자 할 경우에는 $\mathbf{z}_{1:k}$에 대한 의존성을 복원해야 한다).

$$p(\mathbf{x}_{k+1}|\mathbf{z}_{1:k+1}) = \frac{p(\mathbf{z}_{k+1}|\mathbf{x}_{k+1})p(\mathbf{x}_{k+1}|\mathbf{z}_{1:k})}{p(\mathbf{z}_{k+1}|\mathbf{z}_{1:k})} \tag{22.17}$$

이때 정규화 상수는 다음과 같다.

$$p(\mathbf{z}_{k+1}|\mathbf{z}_{1:k}) = \int p(\mathbf{z}_{k+1}|\mathbf{x}_{k+1})p(\mathbf{x}_{k+1}|\mathbf{z}_{1:k})\,\mathrm{d}\mathbf{x}_{k+1} \tag{22.18}$$

사전 확률은 직전 시간 스텝을 기반으로 얻을 수 있다.

$$p(\mathbf{x}_{k+1}|\mathbf{z}_{1:k}) = \int p(\mathbf{x}_{k+1}|\mathbf{x}_k)p(\mathbf{x}_k|\mathbf{z}_{1:k})\,\mathrm{d}\mathbf{x}_k \tag{22.19}$$

그러나 이는 베이즈 분석을 단순하게 하기 위한 (1차) 마르코프[Markov] 과정을 가정했을 때만 성립한다. 즉,

$$p(\mathbf{x}_{k+1}|\mathbf{x}_k, \mathbf{z}_{1:k}) = p(\mathbf{x}_{k+1}|\mathbf{x}_k) \tag{22.20}$$

요컨대 $\mathbf{x}_k \rightarrow \mathbf{x}_{k+1}$ 업데이트에 대한 전이 확률은 $\mathbf{z}_{1:k}$에 대해서만 간접적으로, 직전 업데이트를 통해 영향을 받는다.

이 수식 세트(특히 식 (22.17)과 식 (22.19))에 대한 일반적인 해법은 존재하지 않는다. 그러나

칼만 필터의 경우처럼(20장 '모션' 참고) 모든 사후 확률이 가우시안이라고 가정할 수 있을 때만 제한적으로 해답을 구할 수 있다. 또한 가우시안 제약 조건을 적용할 수 없는 상황에서 파티클 필터particle filter를 사용해 최적 베이즈 해법을 근사할 수도 있다.

파티클 필터, 또는 순차적 중요도 샘플링SIS, sequential importance sampling, 순차적 몬테카를로 접근법, 부트스트랩 필터링, 응집은 회귀적(즉, 재귀적으로 적용하는) 베이즈 접근법으로서, 각 단계에서 사후 확률 함수에 대한 샘플을 적용한다(부록 D에서 분포 샘플링에 대한 기본적인 개념을 참고하라). 많은 양의 샘플(또는 '파티클')을 필요로 한다는 한계 때문에, 최적 베이즈 추정에 접근할 수 있다는 점에서 이 필터는 매력적인 개념이라 할 수 있다(Arulampalam et al., 2002).

이 방식을 적용하기 위해 사후 확률 함수를 다음과 같이 델타 함수 샘플의 합으로 고쳐 쓴다.

$$p(\mathbf{x}_k|\mathbf{z}_{1:k}) \approx \sum_{i=1}^{N} w_k^i \delta\left(\mathbf{x}_k - \mathbf{x}_k^i\right) \tag{22.21}$$

이때 가중치는 다음과 같이 정규화된다.

$$\sum_{i=1}^{N} w_k^i = 1 \tag{22.22}$$

여기에 식 (22.17) ~ 식 (22.19)를 대입하면 사후 확률은 다음과 같이 얻을 수 있다.

$$p(\mathbf{x}_{k+1}|\mathbf{z}_{1:k+1}) \propto p(\mathbf{z}_{k+1}|\mathbf{x}_{k+1}) \sum_{i=1}^{N} w_k^i \, p\left(\mathbf{x}_{k+1}|\mathbf{x}_k^i\right) \tag{22.23}$$

이제 사전 확률은 N개의 성분을 혼합한 형태가 된다.

원칙적으로 이러한 과정을 거치면 실제 사후 확률에 대해 불연속적인 가중치 형태로 근사할 수 있다. 사후 확률에 대해 곧바로 샘플링을 하는 것이 어려울 때가 종종 있는데, 이 문제는 적절한 '제안' 확률 함수 $q(\mathbf{x}_{0:k}\,|\,\mathbf{z}_{1:k})$를 통해 SIS로써 그 해답을 구할 수 있다. 이때 다음과 같이 표현되는 중요도 확률 함수를 취한 다음,

$$q(\mathbf{x}_{0:k+1}|\mathbf{z}_{1:k+1}) = q(\mathbf{x}_{k+1}|\mathbf{x}_{0:k}\mathbf{z}_{1:k+1})q(\mathbf{x}_{0:k}|\mathbf{z}_{1:k}) \tag{22.24}$$

가중치 업데이트 수식을 다음과 같은 형태로 구한다(Arulampalam et al., 2002).

$$
\begin{aligned}
w_{k+1}^{i} &= w_{k}^{i}\frac{p(\mathbf{z}_{k+1}|\mathbf{x}_{k+1}^{i})p(\mathbf{x}_{k+1}^{i}|\mathbf{x}_{k}^{i})}{q(\mathbf{x}_{k+1}^{i}|\mathbf{x}_{0:k}^{i}, z_{1:k+1})} \\
&= w_{k}^{i}\frac{p(\mathbf{z}_{k+1}|\mathbf{x}_{k+1}^{i})p(\mathbf{x}_{k+1}^{i}|\mathbf{x}_{k}^{i})}{q(\mathbf{x}_{k+1}^{i}|\mathbf{x}_{k}^{i}, \mathbf{z}_{k+1})}
\end{aligned} \tag{22.25}
$$

여기서 경로 $\mathbf{x}_{0:k}^{i}$와 관측 이력 $\mathbf{z}_{1:k}$는 소거된다. 이렇게 하는 이유는 파티클 필터를 회귀적으로 추적할 수 있도록 하기 위함이다.

SIS 그 자체는 필연적인 문제를 안고 있는데, 몇 번의 반복을 거치면 하나를 제외한 모든 파티클이 거의 무시할 만한 크기의 가중치를 갖게 된다. 좀 더 정확히 말하면, 시간이 지남에 따라 가중치 간의 차이가 점점 커지기만 하기 때문에, 필연적으로 이러한 퇴행degeneracy 문제가 발생한다. 파티클을 리샘플링하여 작은 가중치를 가진 것을 제거하면 이 문제가 발생하는 것을 간단하게 제한할 수 있지만, 큰 가중치를 가진 파티클은 복제되는 식으로 강화된다. 이러한 복제를 구현하는 것은 그리 어렵지 않으나, 소위 샘플 빈곤화sample impoverishment, 즉 파티클 간의 다양성을 잃어버리는 다른 형태의 퇴행이 발생한다. 그럼에도 불구하고 충분한 처리 노이즈가 존재하고 있다면 그 결과는 충분히 적합하다고 할 수 있다.

기본적인 리샘플링 알고리듬으로는 '체계적 리샘플링'이 있는데, (원본 델타 함수 샘플을 일련의 단계별로 적분하는 식으로) 누적 불연속 확률 분포를 한 다음 0에서 1 사이의 범위를 균일하게 나눈 값에 대입해 새로운 샘플의 인덱스를 찾는 식이다. 이렇게 하면 그림 22.7에서처럼 작은 샘플이 제거되고 강한 샘플이 여러 번 복제되는 현상이 일어난다. 이를 샘플링 중요도 리샘플링Sir, sampling importance resampling이라 부르며, 안정적인 샘플 세트를 구하는 첫 번째 단계가 된다. 이 접근법에서는 중요도 확률을 사전 확률로 삼는다.

$$
q(\mathbf{x}_{k+1}|\mathbf{x}_{k}^{i}, \mathbf{z}_{k+1}) = p(\mathbf{x}_{k+1}|\mathbf{x}_{k}^{i}) \tag{22.26}
$$

식 (22.25)에 이를 대입하면 가중치 업데이트 수식을 굉장히 간단하게 나타낼 수 있다.

$$
w_{k+1}^{i} = w_{k}^{i}\, p(\mathbf{z}_{k+1}|\mathbf{x}_{k+1}^{i}) \tag{22.27}
$$

더 나아가, 모든 시간 인덱스에 리샘플링을 적용하기 때문에 직전 가중치 w_{k}^{i}는 모두 $1/N$의 값을 갖는다. 이에 따라 수식을 더 간결하게 고치면 다음과 같다.

$$
w_{k+1}^{i} \propto p(\mathbf{z}_{k+1}|\mathbf{x}_{k+1}^{i}) \tag{22.28}
$$

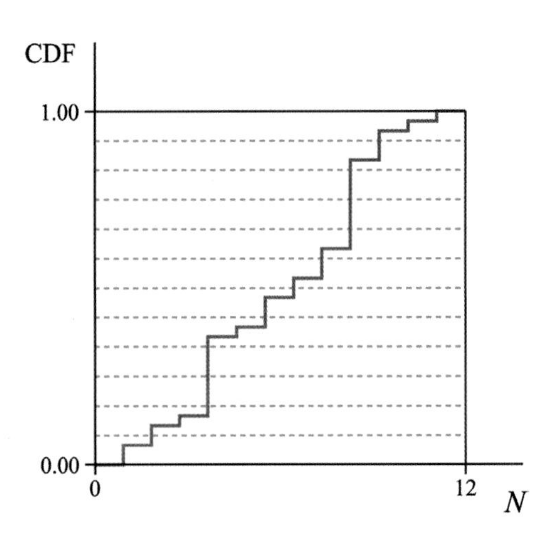

그림 22.7 누적 분포 함수(CDF, cumulative distribution function)를 사용한 체계적 리샘플링. 균일한 간격으로 수평 샘플링 라인을 그어, 새로운 샘플에 대한 적정 인덱스(*N*)를 찾는다. 이렇게 자르면 작은 CDF 스탭을 무시하고 큰 스탭은 샘플 복제 형태로 강화한다.

식 (22.26)에서 확인할 수 있듯이, 정확도 확률은 $\mathbf{z}_{k+1}$ 계측과 무관한 값을 갖는다. 따라서 이 알고리듬은 관측에 대해 제한적이며, 앞에서 언급했듯이 파티클 함수에 손실이 일어나는 이유 중 하나가 이것이다.

Isard and Blake(1996)의 Condensation 방식은 이러한 문제를 해결하기 위해 복제된 샘플을 분리하는 확산 과정에서 위상을 예측해 리샘플링을 진행하며, 따라서 샘플 다양성을 유지하는 데 도움을 준다. 이를 위해 샘플 물체의 움직임을 학습한 확률적 다이내믹 모델을 적용한다. 그림 22.8은 이 접근법을 개괄하고 있으며, 앞에서 설명한 모든 샘플링과 절차를 설명하고 있다.

ICondensation 접근법(Isard and Blake, 1998)은 이 개념에서 더 나아가 샘플 혼합을 사용했다. 그중 일부는 표준적인 Sir, 일부는 최근 계측값 $\mathbf{z}_{k+1}$로 구성되어 있으며, 다이내믹은 포함하지 않는다. 이 방식이 복잡하게 이뤄진 이유는 샘플 다양성을 유지할 수 있도록 하기 위함이다. 또한 저수준 및 고수준 접근법을 결합해, 예를 들어 사람의 손을 추적할 때처럼 실제 상황에서 필요로 할 때 모델을 전환할 수 있게 한다.

Pitt and Shephard(1999)는 비슷한 아이디어와 발상을 보조 파티클 필터APF, auxiliary particle filter에 구현했다. 이 방식은 가장 최근의 관측으로부터 중요도 분포를 구해 파티클을 생성하

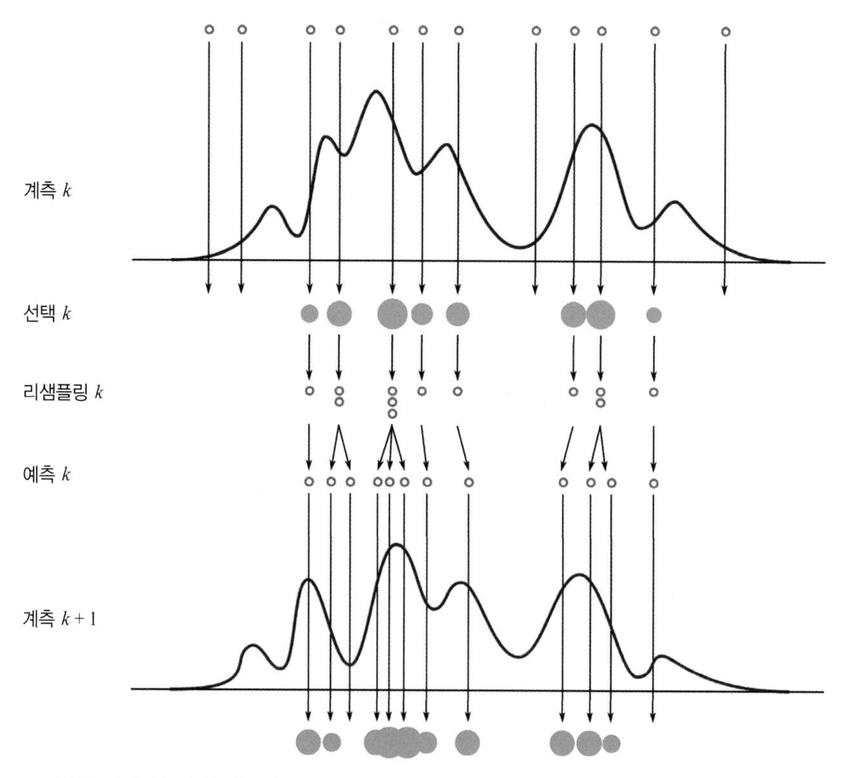

그림 22.8 파티클 필터링을 수행하는 과정. 필터가 기본적인 과정을 반복해 진행하고 있음을 유의하라.

고, 이 중요도 확률에서 사후 확률을 도출한다. 또한 추가적으로 각 파티클에 대해 추가적인 가능도 계산을 수행하지만, 전체적으로는 적은 수의 파티클을 필요로 하기 때문에 계산이 더 효율적으로 이뤄진다. 그러나 Nait-Charif and McKenna(2004)는 이 방식이 Sir에 비해 개선에 한계가 있음을 보였으며, 반복적 가능도 가중치ILW, iterated likelihood weighting를 고안해 비교했다. 이 방식은 Sir로 초기 반복을 진행한 다음, 샘플 세트를 무작위로 나누어 같은 크기의 두 세트로 만든다. 하나는 높은 가능도 영역에 대한 것이고, 나머지 하나는 기존과 같이 다룬다. 이렇게 하는 이유는 사전 확률이 적절한 수준으로 존재하는 경우와, 그렇지 않기에 높은 가능도 영역을 찾아야 하는 경우에 모두 대응하기 위해서다. 인간의 머리를 추적할 경우 이 방식은 Sir이나 APF보다 훨씬 더 강건한 추적자다. 이상할 수도 있지만, 애초에 ILW는 편향되지 않은 사후 확률을 구하는 것보다는 근사 오차를 줄이는 것을 목적으로 설계된 것이다. 즉, 완전히 확률론적 방식이라고 할 수는 없다. 반면 앞에서 언급한 Isard and Blake의

ICondensation 접근법은 다양한 실제 상황에서, 특히 모든 확률을 전부 모델링하기 어려운 경우에 대응하는 것을 의도하고 있다.

지난 10년 동안, 이 외에도 매우 많은 파티클 필터 방식이 개발됐다. 그중 일부는 확장 칼만 필터나 '무향' 칼만 필터를 사용해, 샘플의 다양성이 충분하지 않을 경우에 그 가능도를 최적화하고자 시도했다. 좀 더 최근에는 샘플 빈곤화 문제에 대응하기 위해 '정규화' 및 '커널' 파티클 필터(Schmidt et al., 2006)가 개발됐다. 이 필터는 주로 Epanechnikov 커널을 사용해 사후 확률에 대해 연속적으로 근사하고, 이를 통해 리샘플링을 진행한다(Comaniciu and Meer, 2002). 평균 이동 접근법도 이 범주에 속한다. 기본적으로 평균 이동 알고리듬은 확률 그레이디언트를 상승시키면서 희소 분포의 모드를 식별하며, 검색을 진행할 공간 내에서 샘플링 구를 이동시키는 방식이다. 이 방식은 반복적인 검색 기법으로서 잘 작동하지만, 한 번에 하나의 모드 위치를 찾을 때만 유용하다. 또한 어떤 물체를 찾을 수 있는지에 대한 정확도를 높이는 식으로 파티클 필터에 대한 보완적인 역할을 하며, 파티클의 개수가 제한적이라도 잘 작동한다. Chang and Lin(2010)은 최근 이 방식을 사용해 여러 신체 부분의 움직임을 추적하는 데 응용했다.

이 시점에서 확인할 수 있듯이, 각 추적 분야는 각기 다른 종류의 파티클 필터를 필요로 한다. 예를 들어 움직임의 급격함이나 회전의 여부, 오클루전 여부와 그 길이, 그리고 물론 물체의 외양이나 편차 등 다양한 변수에 따라 달라진다. 다만 지금까지 소개한 모든 이론과 아이디어는 이론적인 상황을 상정한 것이며, 로컬하게 고려할 수 있을 정도로 상대적으로 작고 잘 구분된 물체를 대상으로 함을 유의해야 한다. 즉, 필터 자체는 전역적인 차원에서 상황을 파악하지는 못한다. 다시 말해, 저수준 또는 중간 레벨의 비전으로 분류할 수 있다. 반면 인간의 눈은 어떤 물체가 존재하고 그중 어떤 물체가 어디로 움직이는지, 다른 물체의 뒤로 사라지는지, 혹은 잠깐 장면 밖으로 나가는지 등을 추론할 수 있는 뛰어난 추적자다. 파티클 필터는 확률론적 모델에 기반하기 때문에 너무 많은 것을 기대해서는 안 된다.

파티클 필터의 중요한 이점은 이미지 시퀀스에서 여러 물체를 동시에 추적할 수 있다는 데 있다. 이는 특정 파티클이 어떤 물체를 추적해야 하는지 기록하지 않기 때문이다. 그러나 이는 사후 확률에 대해 어떠한 제한이 없을 때만 성립한다. 특히 칼만 필터의 경우, 해당하는 사후 확률이 가우시안 형태를 가져야 하는 것은 아니다. 만약 칼만 필터를 추적에 사용할 경우, 각 물체는 각각의 칼만 필터를 통해 추적해야 한다.

적절한 파티클 필터 접근법을 확보했다면, 이를 어떻게 구현할 것인지에 대해서도 생각해야 한다. 기본적으로는 외관 모델을 바탕으로 한다. 그중에서도 특히 색상과 형태 모델을 주로 사용한다. 그러나 이 주제로 깊이 들어가기 전에, 다소 오래되긴 했으나 여전히 유용한 색상 분석, 즉 색상 히스토그램 매칭을 통한 색상 인덱싱에 대해 먼저 살펴보자.

22.5 색상 히스토그램을 통한 추적

1991년 스웨인Swain과 발라드Ballard는 '색상 인덱싱'이라는 논문을 발표했는데, 여기 소개된 방식은 물체 추적에 사용되는 가장 유용한 도구 중 하나가 됐다. 이 논문은 색상 이미지를 인덱싱해 거대한 모델 데이터베이스를 구축하는 것이었다. 이 발상은 추적 문제를 뒤집어 생각한 것이라 할 수 있다. 이미지 시퀀스 프레임상에서 주어진 모델을 찾는 것이 아닌, 주어진 이미지에 대해 가장 잘 매칭되는 모델을 찾는 방식이기 때문이다. 실제로 추적 과정에서는 찾고자 하는 물체를 이미 식별한 상태임을 가정하는 반면, 데이터베이스 탐색은 분류의 영역에 속한다고 할 수 있다. 그러나 뒤에서 살펴볼 한 가지 중요한 차이점에 비하면 이는 사소한 내용이다.

색상 인덱싱 접근법의 주요한 발상은 이미지 그 자체가 아닌 색상 히스토그램을 대상으로 매칭을 진행한다는 것이다. 이 접근법이 성립할 수 있는 이유는 이미지가 매칭된다면 색상 히스토그램도 매칭될 것임이 명백하기 때문이다. 더 나아가, 색상 히스토그램에는 특정 색상의 위치나 분포에 대한 정보가 없으므로, 히스토그램은 관측 축에 대한 이동이나 회전(소위 '평면 내 회전')에 대해 불변성을 띤다. 아울러 평면 외 회전에 영향을 받는 평평한 물체 역시 동일한 색상 히스토그램을 갖는다. 다만 픽셀의 수는 변화하기 때문에 정규화 과정은 필요하다. 장면 내에서 깊이가 각기 다른 물체들도 마찬가지다. 히스토그램 프로파일은 변하지 않으나, 픽셀의 수가 변화하기 때문에 정규화가 이뤄져야 한다. 마지막으로, 구면 또는 원통 물체의 경우 같은 색상 세트가 표면에 비슷하게 분포되어 있다면 같은 히스토그램을 갖게 된다. 완전히 부합하지는 않지만, 털실 공이나 축구공에는 이러한 현상이 거의 성립하며, 삭발한 머리나 토르소에서는 부합하는 정도가 상황에 따라 다르다. 사실 히스토그램을 사용해 인식을 진행할 때의 주된 문제는 그 결과가 불확실할 수 있다는 점이다. 그러나 그 존재를 알고 있는 물체가 프레임 간에 작은 거리로 움직이는 경우라면 이 문제는 그리 심각한 것은 아니다.

이렇듯 히스토그램 접근법의 성능은 충분히 뛰어나지만, 물체가 모델보다 작아지거나 커질 경우, 예를 들어 깊이 스케일링이나 평면 외 회전이 이뤄질 때는 어떤 현상이 일어나는지 파악하는 것이 중요하다. 특히 물체가 작아질 경우, 모델은 물체 배경에 대해 부분적으로만 일치하게 될 것이다. 스웨인과 발라드는 이미지 I와 모델 M의 히스토그램에 대해 어떠한 상관성 대신, 다음과 같은 교찻값을 취해 상기한 효과를 최소화했다.

$$\sum_{i=1}^{n} \min(I_i, M_i) \tag{22.29}$$

이렇게 하면 모델 히스토그램에서 예상보다 초과된 색상(예를 들어, 모델에 포함되지 않았거나 적은 양만 포함한 색상)의 픽셀 수를 제할 수 있다. 그런 다음, 이 수식을 모델 히스토그램의 픽셀 수로 정규화하면 된다. 그러나 여기서는 Birchfield(1998)의 방식을 따라, 이미지 히스토그램의 픽셀 수를 사용할 것이다. 이는 앞에서 언급했듯이 우리가 모델 매칭이 아닌 이미지 매칭 결과를 찾고 있기 때문이다.

$$H_{\mathrm{N}}(I, M) = \frac{\sum_{i=1}^{n} \min(I_i, M_i)}{\sum_{i=1}^{n} I_i} \tag{22.30}$$

이 경우 적은 픽셀 수로 이뤄진 매칭은 정규화되어 사라지며 완벽히 1로 균일하게 정규화된 결과를 보이기 때문에, 이 수식은 잘못된 것으로 보인다. 예를 들어, 형태 매칭에서는 $(A \cap B)/(A \cup B)$ 수식을 사용하는 것이 일반적이다(A와 B는 물체의 영역을 나타내며, $A \supset B$일 경우에 1보다 작은 값을 갖는다). 그러나 식 (22.30)은 이미지의 부분적인 오클루전, 즉 M 값이 줄어들어 교찻값이 I가 되고, 따라서 분모와 상쇄되어 최종적으로 1을 얻게 되는 상황에도 잘 대응할 수 있도록 설계되어 있다.

요약하면, 식 (22.30)에서처럼 정규 교차를 사용할 경우 배경에 의한 영향을 최소화하고 오클루전 효과를 상쇄시킬 수 있다. 또한 뷰포인트가 변하는 경우에도 잘(일부 상황에서는 완벽히) 대응하는 것이 가능하다. 스케일이 변하는 경우의 문제가 남아 있기는 하지만, 미리 물체에 대한 분할을 진행하고 각각의 히스토그램을 모델 히스토그램의 크기에 맞게 스케일을 조정하는 식으로 대응할 수 있다.

모델을 통해 이미지를 매칭하고자 할 때 추가로 고려해야 하는 부분은 조명 수준이 변함에 따라 그 모델 역시 갱신돼야 한다는 점이다. 여기서 조명 조건은 색차[chrominance] 매개변숫값은 변하지 않는 상황에서 휘도[luminance]가 바뀌는 경우에 해당한다. 이 문제는 색상을 표현하는 방식을 바꿈으로써 해결할 수 있다. 예를 들어, RGB에서 HSI(색조, 채도, 밝기)로 그 표현을 바꾸고(부록 C 참고), 이 중 색조[hue](H) 및 채도[saturation](S) 매개변수를 사용하는 식이다. 색상 정규화(I로 나누는 식)를 진행하면 추가로 문제에 대처가 가능하나, 각 RGB 매개변수를 곧바로 정규화하는 것이 더 쉽고 계산량도 더 적다.

$$r = R/(R + G + B) \tag{22.31}$$

$$g = G/(R + G + B) \tag{22.32}$$

$$b = B/(R + G + B) \tag{22.33}$$

그러나 $r + g + b = 1$이므로, 매개변수 중 하나(예를 들어, b)는 무시해도 무방하다.

앞에서 논한 내용은 휘도를 완전히 무시하고 있는데, 이렇게 하면 색상 공간에서 흑-백 선상에 인접한 색상(즉, 채도 $S \approx 0$)은 구별할 수 없기 때문에 부적절하다. 실제로 Birchfield(1998)은 휘도를 무시할 경우 흑갈색 머리카락과 흰색 벽이 동일하게 보이는 '위험한' 예시를 제시하고 있다. 이러한 이유 때문에, 대부분의 연구자들은 휘도와 색차 정보에 대해 각기 다른 크기와 빈 크기를 사용해 히스토그램을 정의한다. 각 색상 차원에 대해 256개의 빈을 포함하는 풀사이즈 히스토그램은 실시간 검색을 진행하기에 너무 크고 불편하며 쉽지도 않음을 기억해야 한다. 특히 추적 분야에서 실시간 검색은 중요한 요소다. 또한 이렇게 히스토그램을 구현하면 제대로 데이터를 모으기 어렵기 때문에 매우 노이즈가 많은 통계를 얻게 된다. 따라서 색상 차원당 16~40개 수준의 빈을 사용하는 것이 훨씬 일반적이다. 특히 널리 쓰이는 빈 구성은 16 × 16 × 8개인데, 여기서 8이란 숫자는 휘도 채널의 수를 뜻한다. 이 숫자들은 각각 채널당 16, 16, 32단계를 가리키며, 512 × 512 크기의 이미지는 빈당 평균 128 수준으로 점유하게 된다. 그러나 256 × 256 이미지의 경우 빈당 평균 점유가 32 수준에 불과하며, 그 수가 상당히 낮기 때문에 부정확한 결과를 낼 가능성이 높다(다만 데이터의 종류에 따라 매우 큰 영향을 받는다).

Birchfield(1998)은 색상 히스토그램 방식을 머리 추적에 사용하더라도 충분히 정확하게 머리를 따라가나, 피부색과 유사한 흰 보드 앞에 머리가 놓일 경우 '안정한' 성능을 보임을 확인했다. 이는 앞에서 언급했듯이 히스토그램 접근법이 이동에 대해 불변성을 갖기 때문에 나타나는 현상이다(이 때문에 이미지상에 머리가 존재하는 이상 히스토그램 추적자는 이를 놓치는 일이 없다). 이러한 부분 때문에 히스토그램 추적자는 결국 제한적인 성능을 갖게 되며 다른 수단, 특히 물체 외형을 검출하는 방법 등을 통해 보완해야 한다. 이를 위해 Fieguth and Terzopoulos(1997)은 다음을 도입했다. (1) M개의 가설로 단순화해 직전 위치 주변에서만 현재 위치를 탐색하는 방식. 3×3 윈도의 경우 $M = 9$개의 지점 변위를 고려하게 된다. (2) 가속, 감속, 진동 감쇄 등을 위한 점진적 보정을 진행하는 과정에서의 고도의 비선형 속도 예측. (3) 색차에 대해서만 고려한 색상 히스토그램 빈. 이렇게 단순화함으로써 풀 프레임(640 × 480픽셀)과 초당 30프레임 레이트 조건에서도 실시간 연산을 실현할 수 있다. 특히 이 프레임 레이트 조건에서는 물체의 변위가 훨씬 줄어들기 때문에 추적하기가 용이해진다.

Birchfield(1998)은 인간의 머리 형태를 1:2의 고정된 종횡비로 그려진 수직 타원으로 근사하는 좀 더 복잡한 접근법을 고안했다. 이전의 등고선 추적자와 마찬가지로, 여기서도 타원 경계 주위의 그레이디언트 크기 정규화 합을 계산해 매칭 수준을 측정한다. 다만 차이점은, (1) 일부 대신 전체 경계 지점에 대한 그레이디언트값을 합하고(대부분의 방식은 경계상에서 100개 정도의 지점을 샘플링한다) (2) 경계에 수직한 그레이디언트 성분을 취한다는 데 있다. 이 과정을 거치면 세 매개변수를 가진 형태 모델 $\mathbf{s}(x, y, \sigma)$를 얻을 수 있다. 이때 x, y는 타원의 위치를, σ는 그 단축을 의미한다. 아울러 다음과 같이 매개변수의 일치도도 구할 수 있다.

$$\psi(\mathbf{s}) = \frac{1}{N_\sigma} \sum_{i=1}^{N_\sigma} \left| \mathbf{n}_\sigma(i) \cdot \mathbf{g}_\mathbf{s}(i) \right| \tag{22.34}$$

여기서 N_σ는 단축 σ에 해당하는 타원 경계상의 픽셀 수를, $\mathbf{n}_\sigma(i)$는 타원의 픽셀 i에 대한 노멀 방향 단위 벡터를, $\mathbf{g}_\mathbf{s}(i)$는 로컬 세기 그레이디언트 벡터를 나타낸다. 경계 형태(ψ_b) 및 색상(ψ_c) 근사 매개변수의 정규 일치도를 추가하면, 최적의 근사를 구하는 데 사용할 수 있다.

$$\mathbf{s}_{\mathrm{opt}} = \arg \max_{\mathbf{s}_i} \{\psi_{\mathrm{b}}(\mathbf{s}_i) + \psi_{\mathrm{c}}(\mathbf{s}_i)\} \tag{22.35}$$

앞에서 논했듯이, 색상 모듈을 각각 평가하는 방식은 잘 작동하기는 하지만, 배경색이 피부와 유사한 경우에는 불안정하게 동작한다. 그레이디언트 모듈을 추가하면 이를 보정할 수 있다. 그러나 그레이디언트 모듈 그 자체는 색상 모듈보다 성능이 낮다. 시간이 지남에 따라 그레이디언트 모델이 배경에 의해 방해받는 경향이 강해지는데, 이에 대응할 수 있는 내부적인 요소를 갖고 있지 않기 때문이다. 더군다나 배경이 복잡한 경우에는 더 성능이 떨어질 뿐만 아니라, 높은 그레이디언트를 갖는 영역을 다루는 능력이 제한적이므로 가속이 큰 경우에 제대로 대응하지 못한다. 다행히 두 모듈을 함께 쓰면 서로의 단점을 보완할 수 있다. 색상 모듈은 그레이디언트 모듈과 달리 배경 클러터를 무시할 수 있고, 흡인 영역region of attraction도 더 크다. 반대로, 만약 인간이 고개를 돌려 머리카락만 보일 경우 그 움직임에 따라 리스케일링을 제대로 수행하는 데 그레이디언트 모듈이 관여할 수 있다. 또한 색상 추적자가 비슷한 색상 히스토그램을 가진 목으로 잘못 넘어가는 경우가 있는데, 그레이디언트 모듈은 이를 방지한다. 이렇듯 실제 상황에서는 정확한 추적 해석을 수행하기 위해 주어진 조건에서 충분한 정보를 확보해야 하기 때문에, 둘 이상의 추적 전략을 사용하는 것이 유리하다. 또한 색상 히스토그램 형태의 추적 모듈은 굉장히 강력하며, 약간의 수정만으로도 물체를 지속적으로 따라갈 수 있다. 그러나 결국 오클루전을 다루기 위해서는 좀 더 면밀하게 개발을 진행해야 하는 것도 사실이다. 이 문제에 대응하려면, 단순히 수정 정도가 아니라 설계 자체를 다시 생각해야 한다. 다음 절에서 이에 대해 살펴볼 것이다.

22.6 파티클 필터 구현

파티클 필터는 일반적인 확률 기반 최적화를 사용하기 때문에 매우 강력하지만, 그 성능을 제대로 발휘하려면 추가적인 작업이 필요하다. 즉, 실제 물체에 적용하는 과정에서 외관 모델(좀 더 일반적이고 정확하게는 관측 모델)을 고려해야 한다. 앞에서 소개한 파티클 필터는 식 (22.28)에서 조건부 확률 $p(\mathbf{z}_k | \mathbf{x}_k)$ 형태로 이를 포함시켰다.

이 단계에서의 관측은 색상을 고려하고 인간 머리가 타원형이라고 가정하는 특별한 과정

으로 구성되어 있다. 즉, 영역 기반(r) 및 경계 기반(b) 속성으로 나눌 수 있으며, 각각 독자적인 가능도를 갖는다. 이 중 후자가 조건부 독립성을 갖는다고 한다면, $p(\mathbf{z}_k|\mathbf{x}_k)$는 다음과 같이 분해할 수 있다.

$$p(\mathbf{z}_k|\mathbf{x}_k) = p(\mathbf{z}_k^{\mathrm{r}}|\mathbf{x}_k)p(\mathbf{z}_k^{\mathrm{b}}|\mathbf{x}_k) \tag{22.36}$$

이때 영역 기반 가능도는 색상과 그 영역의 형태 모두와 관계를 갖는다. 그럼에도 불구하고 조건부 독립성을 가정하는 이유는 경계 내의 색상과 그 그레이디언트값에 분명한 관심을 갖고 있기 때문이다.

다음 단계로 넘어가기 위해, 현재 영역 r 내에서 이미지와 목표 모델에 대한 색상 히스토그램 I와 M을 각각 구했다고 가정하자. Nummiaro et al.(2003)을 포함한 여러 연구를 따르면(그리고 Swain and Ballard(1991)의 정규 교집합 방식을 배제하면) 이를 1로 정규화하여 각각 p^{I}, p^{M}으로 놓게 된다. 두 분포를 쉽게 비교하기 위해, 분포 간의 유사성을 나타내는 바타차리야 Bhattacharyya 계수를 (적분 대신 합의 형태로) 사용하면 다음과 같다.

$$\rho(p^{\mathrm{I}}, p^{\mathrm{M}}) = \sum_{i=1}^{m} \sqrt{p_i^{\mathrm{I}} p_i^{\mathrm{M}}} \tag{22.37}$$

분포 간의 거리distance는 다음 수치를 계산해 나타낼 수 있다.

$$d = \sqrt{1 - \rho(p^{\mathrm{I}}, p^{\mathrm{M}})} \tag{22.38}$$

이상적으로 색상 분포는 목표 분포와 유사할 것이기 때문에, 그 차이는 가우시안 오차 함수 형태로만 나타나야 한다. p^{I}가 실제로는 $\mathbf{x}_k$에 대한 함수이므로, 영역(및 색상) 조건부 가능도를 다음과 같이 구할 수 있다.

$$p\left(\mathbf{z}_k^{\mathrm{r}}|\mathbf{x}_k\right) = \frac{1}{\left(2\pi\sigma_{\mathrm{r}}^2\right)^{1/2}} e^{-\frac{d^2}{2\sigma_{\mathrm{r}}^2}} = \frac{1}{\left(2\pi\sigma_{\mathrm{r}}^2\right)^{1/2}} e^{-\frac{1-\rho\left(p^{\mathrm{I}}(\mathbf{x}_k), p^{\mathrm{M}}\right)}{2\sigma_{\mathrm{r}}^2}} \tag{22.39}$$

비슷하게, 이미지 I 내에서 추정한 그레이디언트 위치가 목표 모델 M과 가우시안 오차 함수 형태로 차이를 보인다고 가정할 경우, 다음과 같이 경계 조건부 가능도를 찾을 수 있다.

$$p\left(\mathbf{z}_k^{\mathrm{b}}|\mathbf{x}_k\right) = \frac{1}{\left(2\pi\sigma_{\mathrm{b}}^2\right)^{1/2}} e^{-\frac{G^2}{2\sigma_{\mathrm{b}}^2}} \tag{22.40}$$

여기서 G는 로컬 경계 위치에 대해 수직한 그레이디언트 세깃값의 합을 나타낸다.

식 (22.36)에서처럼 마지막 두 수식을 결합하면, 필요한 $p(\mathbf{z}_k|\mathbf{x}_k)$ 값을 추정할 수 있다. 여기에 파티클 필터를 대입하면 $p(\mathbf{x}_k|\mathbf{z}_{1:k})$를 추정하는 것도 가능하다. 이렇게 파티클 필터를 구성하는 계산 과정이 끝났다.

사실 추가로 고려해야 할 내용이 몇 가지 더 있긴 하다. 첫째, 색상 히스토그램을 구성하는 다양한 픽셀에 대해 각기 다른 가중치를 주는 것이 자연스럽다. 특히 타원 중심 부분의 픽셀은 경계 부분에 비해 더 많은 가중치를 주어야 중심 위치의 부정확도를 최소로 할 수 있을 것이다. 예를 들어, Nummiaro et al.(2003)은 다음과 같은 가중치 함수를 사용했다.

$$k(r) = \begin{cases} 1 - \dfrac{r^2}{{r_0}^2}: & r < r_0 \\ 0: & r \geq r_0 \end{cases} \tag{22.41}$$

이때 $r_0 = \sqrt{a^2 + b^2}$ 이며, a와 b는 각각 타원의 장축과 단축을 뜻한다. Nummiaro et al.(2003)은 이러한 가중치를 통해, 파티클 필터가 분리된 경계 가능도 $p(\mathbf{z}_k^{\mathrm{b}}|\mathbf{x}_k)$를 사용하지 않아도 되도록 했다. 이에 반해 Zhang et al.(2006)은 앞에서 설명한 것처럼 두 방식을 모두 사용하되, APF 결합 평균 이동 필터링을 함께 도입했다.

또 하나 언급하지 않은 중요한 부분은 목표 모델 M을, 예를 들어 실제 목표로 하는 크기나 형태에 대해 항상 최신 내용으로 유지해야 한다는 것이다. Nummiaro et al.(2003)은 일반적으로 사용하는 '학습/망각' 연산을 통해 이를 구현했다.

$$p_{k+1,i}^{\mathrm{M}} = \alpha p_{k,i}^{\mathrm{M}} + (1 - \alpha) p_{k,i}^{\mathrm{I}} \qquad i = 1, 2, \ldots, m \tag{22.42}$$

즉, 이전 모델 데이터 중 일부는 잊어버리고, 대신 최신 이미지 데이터를 일부 섞는 식이다. 이 과정에서는 부분 오클루전 등 아웃라이어 데이터가 섞이지 않도록 주의가 필요하다. 이렇게 대비하더라도, 이러한 적응형 모델을 사용하는 것이 잠재적으로 위험성을 품고 있다는 사실을 염두에 두고 있어야 한다. 즉, 외관이 바뀜에 따라 적응이 이뤄진다는 점에서는 도움이 되지만, 한편으로는 오클루전이 늘어나거나 목표를 잃어버리는 상황에 대해 높은 민감도를 갖는다.

일반적으로 머리는 2차원 위치 (x, y) 및 타원 형태 매개변수 (a, b)를 사용해 추적하는 데, 이때 타원은 수직으로 정렬되어 있다고 가정한다. 하지만 머리 위에서 이를 관찰할 경우, 평면 내 각도(θ) 역시 중요한 매개변수가 된다. 손발을 인식할 때도 비슷한 모델을 사용할 수 있지만, 이 경우에는 직사각형도 같이 적용한다. 그러나 타원은 단순하고 매개변수화하기 쉬운 형태다. 실제로 3개의 매개변수 (x, y, b)만 가지고 이를 명시하는 것이 가능하다. 심지어 타원을 사용해 전체 인간의 형체를, 서너 개의 매개변수를 통해 추적할 수도 있다(Nummiaro et al., 2003). 반면 몸통이나 손을 추적할 경우에는 폐곡선 형태가 적합하지 않기 때문에, 파라메트릭 스플라인 곡선을 사용하는 것이 일반적이다.

앞에서 소개한 파티클 설계의 경우, 오클루전이 발생했을 때 성능이 어떻게 되는지가 성가신 문제로 작용한다. 실제로 많은 관련 논문에서 이 방식의 추적 효용성과 오클루전 대응 능력에 대한 갑론을박이 이뤄진 바 있다. 각 논문마다 다른 데이터셋을 사용해 그 주장을 전개하기 때문에, 실제로 이 방식이 어떤 위치에 있는지 파악하기란 쉽지 않다. 그러나 근본적으로 파티클 필터는 매우 높은 수준의 강건성을 갖고 있다. 이는 추적 과정에서 가능도가 낮은 물체 상태도 어느 시간 동안 남아 있게 되고, (따라서) 파티클 필터는 짧게 나타났다 사라지는 오클루전에 대응할 수 있기 때문이다(Nummiaro et al., 2003). 요컨대 다른 모듈을 사용해 적절하게 보완해주기만 하면 성능을 상당히 끌어올릴 수 있다. 이론적으로 부분적인 오클루전이 강하게 나타나는 등의 상당한 변화가 발생할 경우, 추적자를 잠시 멈추는 간단한 테크닉을 적용한 다음 다시 복원해 계속 추적을 진행할 수 있다. 그러나 이 복원이 제대로 이뤄지려면 배경 제거 과정을 거쳐 물체가 다시 존재함을 확인한 다음 추적자를 다시 가동해야 한다(Nait-Charif and McKenna, 2006). 어떤 경우든 배경 제거 모듈은 완전히 새로운 물체가 장면에 등장하는 것을 감지하는 데 유용하다. 마지막으로, 물체가 장면에서 사라진 뒤 짧은 시간 후에 같은 위치 또는 비슷한 위치에 다시 등장하는 경우에 대비해 외관과 물체에 대해 미리 저장해놓으면 유용하다(실내에서 사람이 드나드는 지점은 정해져 있기 때문에, 보통은 나간 곳에서 다시 들어올 가능성이 가장 높다). 그러나 각 물체를 명확하게 또는 확률 세트로 최소한 가장 비슷하게 식별하는 과정에서 완전에 가까운 물체 인식 모듈을 필요로 할 경우, 문제를 해결하기 위해 알고리듬들을 임시로 조합해서 사용하게 될 위험이 있다. 이러한 상황의 예로는 두 보행자가 반대 방향에서 걸어올 때 (1) 상호작용 없이 그저 지나쳐가되, 한쪽이 다른 한쪽을 가리거나 (2) 중간에서 멈추어 악수하고 다시 지나가는 경우, 또는 (3) 중간에서 멈추어 악수하고 돌아가는 경우 등이 있다. 이 중 (3)번 시나리오는 프로파일들을 합쳐야 하는 과정이 들어가므로 오클루전만큼 까다롭다. 어떤 경우든 일시적으로 발생하는 부분 오클루전의 경우 물체를 합치는 과정이 포함된다. 완전한 오클루전이 이뤄지고 한 물체가 전부 사라지는 경우는 희박하다. 아울러, (1)번 시나리오는 칼만 필터 모듈(해석을 돕기 위해 속도의 연속성을 사용)을 사용해 잘 다룰 수 있다. 그러나 (2)번 시나리오는 시간 지연에 따라 이 모듈이 잘 작동할 수도 있고 그렇지 않을 수도 있으며, (3)번 시나리오는 이 모듈로 전혀 문제를 다룰 수 없다(이러한 칼만 필터에 대한 내용은 Nummiaro et al.(2003)에서 공을 튀기는 매우 전혀 다른 상황을 기준으로 설명한 바 있다). 일반적으로 인간 간 상호작용의 경우, 움직임에 대한 가설을 구축하기 위해 임시로라도 칼만 필터를 사용해야 한다. 파티클 필터에 칼만 필터를 유용하게 도입할 수 있는 이유는 이 때문이다(van der Merwe et al., 2000). 마찬가지로, 앞에서 보인 것처럼 전체 추적 과정을 관장하는 감독 프로그램에 필터를 도입할 수도 있다(Comaniciu et al.(2003)도 참고하라).

22.7 챔퍼 매칭, 추적, 오클루전

앞에서 살펴봤듯이, 매칭과 추적을 다룰 때 끊임없이 마주치는 문제는 FOV 내의 물체에 대해 발생하는 오클루전이다. 이러한 겹침 현상에 대해 단일 카메라 시스템이 가능한 한 강건하게 대응할 수 있도록 하기 위해, 다양한 계측값을 대입할 수 있다. Leibe et al.(2005)는 챔퍼 매칭chamfer matching과 분할에 기반해, 그 가설을 검증하기 위한 최소 설명 길이 절차를 접목한 방식을 고안했다. 이때 최소 설명 길이는 어떤 가설을 통해 이미지를 묘사함으로써 얻을 수 있는 이득을 기반으로 그 가설을 평가한다. 여기서는 챔퍼 매칭의 개념을 중점적으로 다룰 텐데, 특히 가브릴라Gavrila가 보였듯(예: Gavrila(1998, 2000)) 이 방식이 보행자 매칭에 상당한 적합성을 갖기 때문이다.

챔퍼 매칭의 기본적인 발상은 경계 템플릿을 통한 물체 매칭 과정과 연관이 있다. 즉, 전체 물체 영역을 통한 매칭보다 계산량 면에서 유리하다. 그러나 이 방식은 실제 매치 위치에 근접하지 않는 한 매칭 가능성이 높은 값을 갖지 못하므로, 추가적인 수단을 통해 매치 위치에 훨씬 부드럽게 접근할 수 있도록 해야 한다. 또한 순차적 정밀coarse-to-fine 계층 검색을 적용하면 추가적으로 그 처리 속도를 높일 수 있다. 더 부드러운 이동을 위해 우선 이미지 내에서 외각 지점 위치를 찾고, 그 위치에서부터의 거리 함수를 계산한 이미지를 생성한다(즉, 외각 지점의 값은 0이 된다). 여기에 마찬가지로 외각 지점 형태의 템플릿을 적용하면, 템플릿 지점을 따라서 그 합이 0으로 계산될 것이다. 반면 템플릿 위치가 실제에 대해 벗어났거나 물체 형태가 왜곡됐다면 그 값은 이상적인 위치에서 현재 위치까지의 거리를 합한 값으로 증가하게 된다. 거리 함수를 $DF_{\mathrm{I}}(i)$로 놓으면, 매치 수준을 평균 '챔퍼' 거리로, 즉 각 외각 지점에서 템플릿 T상의 가장 가까운 외각 지점과의 평균 거리로 나타낼 수 있다.

$$D_{\mathrm{chamfer}}(\mathrm{T},\mathrm{I}) = \frac{1}{N_{\mathrm{T}}}\sum_{i=1}^{N_{\mathrm{T}}} DF_{\mathrm{I}}(i) \tag{22.43}$$

여기서 N_{T}는 템플릿 내의 외각 지점 개수다. $D_{\mathrm{chamfer}}(\mathrm{T},\ \mathrm{I})$는 실제로 차이를 측정하는 값이며, 완벽한 매칭이 이뤄지는 순간에 0의 값을 갖게 된다.

사실 이미지와 템플릿에 대해 꼭 외각 지점을 취할 필요는 없으며, 모서리 등 다른 특징점을 사용해도 일반적으로 적용 가능하다. 그러나 지점 세트가 희소한 상태여야 가장 잘 작동하며, (1) 정확한 위치를 구할 수 있고 (2) 계산량이 줄어든다. 한편으로 지점 수를 너무 많이 줄일 경우 이미지 및 템플릿을 적절하게 표현할 수가 없어지기 때문에, 민감도와 강건성이 떨어진다.

이렇듯 앞에서 소개한 접근법은 (예를 들어, 오클루전이나 분할 오차에 의한) 아웃라이어에 따라 근본적으로 제한되며, 매칭 문제를 일으킬 수 있다. 이러한 문제를 줄이기 위해 Leibe et al.(2005)는 다음과 같은 단축 매칭 거리truncated distance for matching를 사용했다.

$$D_{\mathrm{chamfer}}(\mathrm{T},\mathrm{I}) = \frac{1}{N_{\mathrm{T}}}\sum_{i=1}^{N_{\mathrm{T}}} \min(DF_{\mathrm{I}}(i), d) \tag{22.44}$$

여기서 d 값은 경험적으로 적당한 값을 대입한다. 반면 가브릴라는 간섭 거리 함숫값을 제한하기 위해 순서 기반 방식을 도입했는데(Gavrila, 1998), 순서를 매긴 값의 목록($1 \sim N_{\mathrm{T}}$)에서 k번째 값을 해답으로 취하는 식이다.

$$D_{\mathrm{chamfer}}(\mathrm{T},\mathrm{I}) = \arg\ \mathrm{order}_{k}^{i=1:N_{\mathrm{T}}}\ DF_{\mathrm{I}}(i) \tag{22.45}$$

이 공식을 따르면 중간값, 즉 $k = \frac{1}{2}(N_{\mathrm{T}} + 1)$번째 값을 취하는 것이 좋아 보인다. 그러나 템플릿 영역 중 상당 부분이 가려지는 경우가 쉽게 발생하므로, 이 점을 감안해 k 값을 더 작게 가져갈 필요가 있다(예: $0.25N_T$). 그런데 이렇게 하면 가려진 템플릿 부분이 없을 때는 정확도가 떨어지기 때문에, 결국은 식 (22.44)를 사용하는 것이 더 유용한 결과를 가져온다. 여기서 더 깊이 논의하기 위해서는 관련한 데이터의 종류를 염두에 둬야 한다. 다만, $k = N_T$일 경우 식 (22.45)는 잘 알려진 하우스도르프Hausdorff 거리로 변환됨을 유의하라(Huttenlocher et al., 1993).

$$D_{\text{chamfer}}(\text{T}, \text{I}) = \max_{i=1:N_T} DF_{\text{I}}(i) \tag{22.46}$$

이 하우스도르프 거리 공식은 일반적으로 쓰이는 최대-최소 연산 방식과는 다소 형태가 다르다. 그러나 거리 함수를 계산하기 위해서는 가능한 거릿값 중 로컬 최소를 취해야 하기 때문에(8장 '바이너리 형태 분석' 참고) 결국 두 공식은 동일하다 할 수 있다.

앞의 논의에서 템플릿 대신 이미지에 대한 거리 함수를 사용했음을 주목하라. 이는 실제 상황에서 물체의 여러 변화를 검출하기 위해 많은 양의 템플릿을 사용해야 하기 때문이다. 예를 들어 보행자를 검출할 때는 크기, 자세, 팔다리의 위치, 복장, 배경의 변화, 겹침 수준 등을 고려해야 한다. 이 경우에는 DF_T보다 DF_I를 사용하는 것이 훨씬 효율적이다. Gavrila(1998)은 이러한 변화를 어떻게 다뤄야 하는지와 더불어, 이 방식을 보행자 검출에 어떻게 적용해야 하는지를 성공적으로 보여줬다.

마지막으로, Leibe et al.(2005)의 연구에서는 분할 정보를 사용해 챔퍼 매칭 기법의 한계를 보상하고 있다. 즉, 챔퍼 거리에 대한 유사성 함수(혹은 비유사성 함수)를 구한 다음, 분할 가설 $\text{Seg}_\text{I}(i)$와 겹치는 바타차리야 계수와 결합해 전체적인 유사성 값을 얻는다.

$$S = a\left[1 - \frac{1}{b} D_{\text{chamfer}}(\text{T}, \text{I})\right] + (1 - a)\sum_i \sqrt{Seg_{\text{I}}(i) R_{\text{T}}(i)} \tag{22.47}$$

수식에서 $R_\text{T}(i)$는 T 내의 영역을, 합은 이 영역 내의 모든 픽셀을 대상으로 한다. 또한 임의로 선택했으나 적절한 가중치 쌍을 통해 두 유사성 값 간의 균형을 잡는다. 즉, a는 전체 유사성 중 챔퍼 매칭에 할당된 비율을, b는 챔퍼 매칭이 이뤄지는 경계 거리를 대변하는 가중치를 뜻한다. Leibe et al.(2005)의 연구에서 a 및 b는 각각 0.45 및 50의 값을 갖는다. 이렇게 함으로써, 적절한 값을 취한 챔퍼 거리 방식(식 (22.44))에 비해 위치 정확도 향상 및 거짓 양성 제거 측면에서 훨씬 향상된 해법을 구할 수 있게 된다.

22.8 다중 카메라 뷰 결합

최근 10년 정도 사이에 다중 카메라 감시 시스템에 대한 관심이 급증했다. 예를 들어 길게 뻗은 차도를 모니터링하거나, 보행자 전용 구역 또는 쇼핑 구역에서 사람들을 추적하고자 할 때 다중 카메라가 필요하다. 단일 카메라의 FOV는 상당히 제한적이며, 먼 거리에서 관측한다 할지라도 자세한 관측에 있어서는 부적절하다. 여러 카메라를 사용하는 또 다른 이유는 양안 뷰를 통해 깊이 정보를 취득하기 위함이다. 아울러 보행자 전용 구역의 보행자들은 동상 등의 건축물, 다른 보행자 등에 의해 부분적 혹은 전체적으로 가려지는 일이 자주 발생한다. 하지만 여러 카메라를 사용해 관측하면 보행자를 잃어버리는 일이 매우 줄어든다. 물론 도로처럼 여러 종류의 오클루전이 발생하는 환경에서도 마찬가지다.

도로에서 카메라는 많은 경우 갠트리gantry를 통해 높이 고정되기 때문에, 긴 거리에 걸쳐 계속 관찰을 수행하기 위해서는 많은 카메라가 필요하다. 이에 따라 관측이 끊어지지 않는지의 여부, 즉 카메라 뷰를 겹치거나 연속적으로 혹은 불연속적으로 배치해야 하는지의 여부에 대한 문제가 발생한다. 도로의 경우 카메라는 몇 마일 간격으로 놓거나 교차로에 설치하는 식으로, 너무 많은 비용을 들이지 않고도 모든 차량을 추적할 수가 있다. 대신에 중간의 끊어진 지점에서는 관측이 이뤄지지 않는다. 반면 쇼핑 구역의 경우 범죄나 테러 활동을 검출하기 위해서는 상당히 밀접한 감시가 필요하므로, 뷰를 연속적으로 또는 겹쳐서 배치해야 한다. 이때 보행자들이 한 FOV에서 다음 FOV로 넘어가더라도 전부 확실하게 인식할 수 있도록 하는 문제가 발생한다. 이를 해결하는 과정에서 시스템을 쉽게 구성하려면, 일반적으로는 뷰를 겹치도록 하는 것이 필요하다.

다음으로 다중 카메라 시스템의 레이아웃을 살펴보자. 이를 위해서는 카메라 FOV 내의 지면 넓이를 계산해야 한다. 첫째, 카메라 광축이 이미지 평면의 중심을 지나가고, 이 평면이 x와 y축에 대해 각각 $\pm x_m$ 및 $\pm y_m$ 범위의 크기를 갖는 직사각형이라 하자. 이에 따르면 FOV는 네 평면 범위, 즉 수직 수평으로 각각 $\pm\alpha$ 및 $\pm\beta$ 각도를 갖는다. 이때 $\tan\alpha = x_m/f$, $\tan\beta = y_m/f$이며, f는 카메라 렌즈의 초점 거리를 뜻한다. 각 평면은 지면과 선분을 이루며 교차하고, 수평 x축에 놓인 카메라의 지면 관측 영역은 등변사다리꼴 형태를 갖는다(그림 22.9). 그러나 22.2절에서 논의한 바와 같이, 카메라를 약간 아래로 기울여야 사다리꼴의

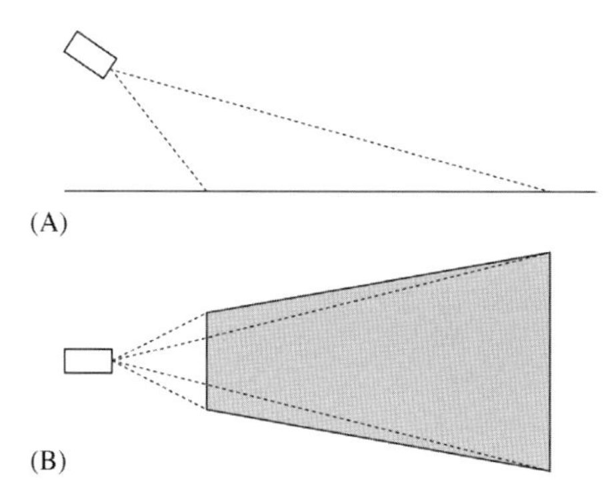

그림 22.9 카메라로 관측한 지면 영역: (A) 약간 아래로 기울어진 카메라를 측면에서 바라본 모습, (B) 카메라로 지면을 관측하는 등변사다리꼴 영역의 평면도

멀리 떨어진 변 부분을 관측할 수 있다. 카메라 FOV 중 대부분의 영역을 구현하기 위해서는 먼 쪽의 변이 지면과 접촉하도록 카메라를 정렬했다고 가정해야 한다.

다른 인접한 카메라가 지면의 인접한 섹션을 관측하고 있다면, 두 가지 가능성이 존재한다. 즉, (1) 도로의 경우처럼 동일한 방향으로 뻗어 관측을 진행하고 있거나 (2) 동일한 방향을 가리키거나 놓여 있지 않고 필요에 따라 겹쳐져서 관측하게 된다. 예를 들어, 보행 구역이나 공원에서는 일반적으로 그림 22.10(A)와 같이 두 카메라의 FOV 양변이 각각 모여 겹친 영역을 형성하게 된다. 즉, 사다리꼴이 아니라 사변형 형태를 갖게 된다. 그러나 그림 22.10(B)에서처럼 다른 상황도 충분히 가능하다. 즉, 두 카메라의 사다리꼴 형태가 좀 더 복잡한 형태로 겹치면, 겹치는 관측 영역은 사변형을 띠지 않게 된다.

다중 카메라 시스템을 도입하는 이유가 어떤 것이든 간에, 분리된 카메라 뷰 간의 관계를 찾아 그 사이를 지나가는 물체에 대해 일관되게 레이블링이 이뤄져야 할 수도 있다. 가장 확실한 방법은 외관을 통해, 즉 다양한 카메라의 시야에 걸쳐서 동일한 사람이나 차량을 계속 추적할 수 있도록 인식 알고리듬을 구현하는 것이다. 하지만 양안 비전을 사용하면 이러한 부합성 문제를 간단하게 해결할 수 있긴 하나, 그림 22.10에서처럼 광간격 상황에서는 전혀 그렇지 않다. 이는 크게 두 가지 이유 때문이다. (1) 어떤 사람을 각기 다른 뷰에서 관측할 경우 그 외관이 완전히 다르게 보인다. 예를 들어 얼굴과 뒤통수는 전혀 다른 모습을 하고 있고, 셔츠 뒤쪽이 앞쪽과 다른 디자인일 있을 수도 있다. (2) 각 뷰에 대한 조명 조건도 달라질

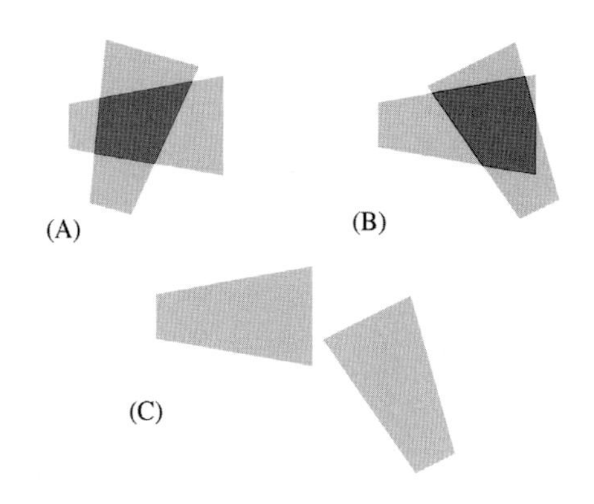

그림 22.10 다중 카메라를 통한 지면 관측 영역: (A) 사다리꼴이 겹쳐서 사변형을 형성하는 경우, (B) 사다리꼴이 겹쳐서 다른 형태의 다각형을 형성하는 경우. 그림에서는 오각형 모양을 띠고 있다. (C) 사다리꼴이 겹치지 않는 경우. 그러나 이 떨어져 있는 영역에서도 공간 및 시간적 대응을 통해 추적이 가능하다(본문 참고).

수 있으며, 이 때문에 어떤 카메라에서 확인한 사람을 다른 카메라에서도 동일하게 찾기가 더 어려워진다.

이 문제를 해결하는 확실한 방법은 외관이 아닌 위치와 시간을 통해 그 특징을 확인하는 것이다. 어떤 사람 P가 t 시점에 $\mathbf{X}$ 위치에 존재하고 있음을 알고 있다면, 모든 뷰에 대해 이것이 성립해야 한다. 즉, 지면상의 카메라 간 공통 영역에 대한 관계를 찾기만 하면 된다. 이 경우 모든 것이 평평한 지면 위에 놓여 있다는 가정이 흔하게 쓰이며, 그러면서도 충분히 정확한 결과를 내준다. 그다음으로 두 카메라 간의 상동 관계를 찾아 어떠한 뷰에서도 동일한 해석이 이뤄지도록 해야 한다. 시점 투영하에서는 이러한 상동 관계를 확보하기 위해 최소 4개의 공통적인 특징점을 필요로 하지만(이 정도의 지점 수로도 확보가 가능한 이유는 평면 제약 조건을 걸었기 때문이다. 표 16.1에서 이에 대해 명확히 확인할 수 있다), 더 많은 지점을 사용하면 정확도를 높일 수 있다. 또한 상동 관계를 검증하기 위해 최소 하나의 지점이 더 필요함을 유의하라.

Calderara et al.(2008)에서는 공통 사변형을 형성하는 선분을 찾은 후, 위치를 매우 정확하게 구할 수 있는 모서리를 사용해 상동성을 정의하는 식으로 그 정확도를 높였다. 사소할 수도 있는 사실이지만, 이러한 공통 사변형의 위치는 실험을 통해 구해야 한다. 장면이 텅 빈 경우(예: 한밤중) 가장 쉽게 위치를 찾을 수 있는데, 특정인이 계속 그 공간을 맴돌도록 하여 시야에서 나타났다 사라지는 위치를 찾는 식으로 두 뷰 모두에 대해 충분한 경계 지점을 확보하게 된다. 이때 온전한 결과를 얻을 수 있으려면 두 카메라가 시간적으로 동기화되도록 하는 것이 매우 중요하다. 이를 전제로 하여 허프 변환이나 RANSAC 등의 방식을 통해 경계 지점을 사변형의 변을 형성하는 선분으로 대입한다. 이 과정에서 기본적으로 평균값을 구하기 때문에 선분을 정확하게 구할 수 있으며, 또한 모서리 위치도 정확하게 구할 수 있다. 즉, 상동성을 정확하게 찾기 위해 굳이 많은 지점을 사용할 필요가 없어진다.

흥미롭게도 Khan and Shah(2003)은 이 접근법이 레이블링 문제를 해결하는 데 있어 너무 과한 방법으로 치부했다. 즉, 상동성을 찾기 위해 이런 수치적 방식을 굳이 사용할 필요가 없다는 주장이다. 대신 FOV 경계 선분을 찾은 뒤 보행자가 이 선을 지나가는 순간에 인식을 시도하는 식으로 구현해야 한다. 예를 들어, 특정인이 t 시점에 어떤 선을 지나가면 두 카메라 모두 t 시점에 이를 검출할 것이며 그 순간에 그 사람에 대한 인식이 이뤄진다. 이러한 과정을 일반적으로 카메라 '핸드오프handoff'(사실 '핸드오버handover'라 이름 붙이는 편이 더 자연스럽긴 하지만, 이 용어는 시야가 겹쳐져 있다기보다는 이어져 있다고 암시되는 느낌이 강하다)라 부른다. 그러나 여러 사람들이 한 번에 그 선을 넘어간다면 일이 어려워진다. 실제로 보행자 그룹을 추적하는 문제 자체는 난이도가 높으며, 사람들의 밀도가 높으면 거의 극복하기 어렵다.

사람이 없거나 한 사람이 주위를 돌아다니면 FOV 경계선을 찾는 작업이 이뤄질 수 있긴 하지만, 이러한 학습 시스템은 성능에 한계가 있다. 이는 상동성이 평면에 기반하며, 평면을 정의하고 사용하는 가장 간단한 방식은 발의 위치를 그 접점으로 놓는 것이기 때문이다(이론적으로 사람의 가장 낮은 지점을 발의 위치로 삼는 것이 가장 쉽다). 그러나 시스템을 조정해 사용할 경우 한 사람의 발이 다른 사람에 의해 가려지는 경우가 많다. 사람이 많으면 이 상황을 실질적으로 마주치지 않기란 불가능하다. 이에 따라, 머리 위쪽 끝부분을 통해 개개인을 인식하고 그 위치를 찾는 방식에 대한 연구에도 상당한 관심이 쏟아졌다(예: Eshel and Moses(2008, 2010)). 확실히 머리 위쪽 끝은 발보다는 가려질 확률이 적기 때문이다. 요컨대 사람이 붐비는 환경에서도 카메라가 상당히 높은 곳에 설치되어 비교적 큰 각도로 아래를 관측하고 있다면(예: 40°), 아무리 키가 작더라도 식별이 가능하다. 흥미롭게도, 머리 위쪽 끝부분은 뷰가 달라져도 방향과 상관없이 비슷하게 보인다. 카메라 기울임 각도를 미리 알고 있기 때문에, 머리의 방향이 바뀌어도 인식과 카메라 간의 교차 식별을 진행할 수 있다. 완전히 조정이 이뤄진 카메라를 사용할 경우(19장 '이미지 변환과 카메라 조정' 참고) 머리 윗부분의 위치를 3차원 공간상에서 정의할 수 있으며, 발의 위치 및 각 사람의 키도 구할 수 있다. 다만 완전한 카메라 조정은 지리한 과정을 거쳐야 할 뿐만 아니라 업데이트 빈도도 잦기 때문에, '비정규적인'(즉, 상황이 고정되어 있지 않은) 감시 상황, 예를 들어 백화점 같은 곳에서는 이 접근법을 쓰지 않는 것이 좋다. 이 경우 기초 행렬식을 대신 사용해 카메라 뷰를 구할 수 있으며(19장 '이미지 변환과 카메라 조정' 참고), 등극점을 통해 등극선을 구하기만 하면 된다. 다만 이를 찾으려면 상당한 계산량이 필요하긴 하나, 실제로 사용할 때는 미리 오프라인에서 계산을 진행하면 된다(Calderara et al., 2008).

머리 위쪽 위치를 찾는 흥미로운 방법으로서, 지면과의 거리에 대한 매개변수 H에 대해서만 변화를 주어 다양한 상동성을 계산하는 것도 있다. 동일한 H 값을 나타내는 상동성을 찾게 되면, 발이 가려져 있다 하더라도 이를 통해 각 카메라 뷰에 대해 그 위치를 계산할 수 있다. 그러나 이러한 결과를 얻으려면 다소 복잡하고 섬세한 과정을 필요로 한다(Eshel and Moses, 2008, 2010). 네 수직 극점을 각 관측 사변형의 모서리에 설정하고(혹은 다른 용이한 지점에 잡아도 무방하다), 각 극점에 세 종류의 밝은 빛이 지나가도록 한다(예를 들어 극점의 위쪽, 아래쪽, 중간쪽). 그런 다음 각각에 대해 상동성을 설정해, 이미지상의 임의의 위치에서 세 종류의 높잇값을 구할 수 있도록 한다. 마지막으로, 측정하고자 하는 위치에서 이 값들을 대입해서 수직선을 따라 교차 비율을 계산하는 식으로 원하는 높이를 구한다. 아울러 각 카메라 뷰의 발 위치 역시 불확실성 없이 인식할 수 있다.

요컨대 가장 단순하면서도 강력한 접근법은 미리 누군가로 하여금 관측 장소를 돌아다니도록 하여 각 공통 관측 영역의 경계를 찾는 것이다. 그런 다음, 카메라 쌍에 대한 기초 행렬을 적용해 상호 관측 가능한 지면 영역의 상동성을 찾게 된다. Calderara et al.(2008) 논문에서는 고려해야 할 그 밖의 세부 사항들도 다루고 있지만, 분량 문제에 따라 여기서 이를 전부 설명하지는 않을 것이다. 마지막으로, 사람의 머리 윗부분을 통해 그 키와 정확한 위치를 구하고자 할 경우, 우아하지만 상당히 복잡한 방법으로서 여러 종류의 상동성을 사용해야 한다. 그러나 사람이 붐비는 등의 상황에서는 이러한 복잡함을 감수할 가치가 있다. 하지만 군중 속에서 각 개인을 분할하고 인식하는 과정은 추가적으로 연구를 진행해야 할 주제다. 특히 지하철역이나 축구장에서처럼 사람들이 빽빽히 모여 있는 경우가 그렇다.

22.8.1 겹치지 않는 시야의 경우

다음으로 시야가 겹치지 않는 경우를 살펴보자. 이 경우에는 상동성이나 카메라 핸드오프를 구하기 위한 기반이 존재하지 않는 상황이다. 그러나 뷰 간에 외관 유사성은 어느 정도 확인할 수 있다. 아울러 물체가 한 FOV에서 사라지는 시점과 다른 FOV에 나타나는 시점에 대해서도 상당히 강한 상관성이 존재한다. 예를 들어, 이웃한 문이 하나만 존재하는 등 접근이 제한되어 있는 상황에서는 이 점을 활용해 많은 도움을 받을 수 있다(차도에서는 이러한 제한이 항상 존재하며, 시간에 따른 상관성이 강하게 된다). Pflugfelder and Bischof(2008)은 이러한 상황에 대해 외관에 관한 가정 없이도 상당한 성공을 거두었다. 특히 겹치는 뷰가 존재할 수 없을 때 카메라 조정을 어떻게 설정할 것인가에 대한 방법을 구축했다. 본질적으로는 공통 이미지 지점이 존재하지 않아 매개변수 간의 관계를 찾을 수 없기 때문에 설정값을 찾는 것이 불가능하지만(8지점 알고리듬에서 충분한 수의 수식을 확보하기 위해서는 8개의 지점을 필요로 함을 기억하라), 연구는 공간 사이에서 진행하는 속도가 균일하다는 가정을 전제하면 충분한 수식을 찾기 위한 연속성을 확보할 수 있음을 보였다. 요컨대 각 궤적을 구하기 위해 뷰당 최소 두 위치, 즉 카메라 핸드오프 전후 시점에 대해서만 확보해도 충분하다. 이 경우 상대적인 카메라 방향에 대한 데이터에서처럼 엄격한 시간 상관성이 필요하지만, 공통 지면 영역을 가정하지는 않아도 된다. 이 조건을 따르면 최대 4m 간격으로 뷰가 떨어져 있어도 추적이 가능하다(그림 22.10(C)). 뷰가 겹치는 두 카메라의 상대적인 위치를 찾을 수 있음을 보인 Rother and Carlsson(2001)의 2지점 기법을 흉내 내어, 이 새로운 방식은 겹치지 않는 두 번째 뷰에서 따로 두 지점을 취해서 뷰가 겹친다면 존재했을 두 지점을 구하여 교체하는 방식으로 동작한다.

Makris et al.(2004)는 이 문제를 해결하기 위해 다른 방식으로 접근해, 겹치지 않는 뷰 간의 이동 확률에 기반한 확률론적 전략을 제시했다. 특히 이 방식은 비지도적이며, 카메라의 위치나 특성에 대한 직접적인 지식을 전혀 포함하고 있지 않다는 면에서 상당한 보편성을 갖는다.

22.9 교통 흐름 모니터링 응용

22.9.1 Bascle et al.(1994) 시스템

교통 흐름에 대한 시각적 분석은 감시에서 중요한 영역 중 하나다. 이에 대한 초기 연구에서는(Bascle et al., 1994) 차량이 도로 위에서만 움직이고 그 모션이 일반적으로 부드럽게 이뤄지기 때문에 분석의 복잡도가 줄어듦을 확인했다. 그럼에도 불구하고 장면에 대해 신뢰도 높고 강건하게 해석하는 작업은 그리 간단하지만은 않다.

우선, 모션 기반 분할을 사용해 장면 시퀀스에 대한 초기 해석을 구한다. 모션 이미지를 통해 물체에 대한 대략적인 마스크를 얻고, 전통적인 외각 검출 및 연결 방식을 통해 물체 외형을 다듬는다. 추가로 B 스플라인을 사용해 이를 더욱 부드럽게 만든 다음, 스네이크 기반 추적 알고리듬에 대입한다. 이 알고리듬은 물체 외형에 대한 근사를 업데이트한 다음 각 후속 이미지에 대해 이 과정을 반복시킨다.

그러나 스네이크 기반 분할은 물체 경계를 격리하는 데 집중하고 있기 때문에, 물체의 주 영역에 포함된 모션 정보를 무시하는 경향이 있다. 따라서 스네이크로 둘러싼 전체 영역에 대해 모션 기반 분할을 진행하고, 이 정보를 통해 모션에 대한 묘사를 다듬거나 다음 이미지에서의 물체 위치를 예측하는 방식이 더 높은 신뢰도를 갖는다. 즉, 전체적인 과정은 스네이크 경계 추정자에서 얻은 값을 모션 기반 분할자 및 위치 예측자에 대입해, 다음 이미지의 스네이크를 다시 초기화하는 데 사용하는 식으로 이뤄진다. 이렇게 함으로써 포함된 두 알고리듬이 모두 가장 적합한 연산을 수행할 수 있게 된다. 불확실성을 제거하고 계산량을 줄이기 위한 측면에서, 스네이크가 각 프레임마다 적당한 근사 위치에서 시작하도록 하는 것이 특히 중요하다. 원칙적으로 모션 기반 영역 분할자는 광학 플로우 분석을 통해 연산을 진행하지만, 실제 상황에서는 프레임 간의 증가량이 그리 작지 않다. 즉, 실제 도함수를 구하지는 못하더라도 그 결과에 노이즈가 심하게 끼어드는 일은 없게 된다.

이 기본적인 과정에 더해, 추가로 다음과 같은 여러 방식을 통해 결과를 보완할 수 있다.

- B 스플라인을 통해 외형을 부드럽게 할 수 있다.
- 지점 단위 아핀 모션 모델을 사용해 모션을 예측할 수 있다(시점에 대한 영향성이 약해서

모션을 선형식 세트로 로컬하게 근사할 수 있는 경우, 아핀 모델은 충분한 정확도를 갖는다).

- 다중 해상도 절차를 통해 모션 매개변수에 대한 더 신뢰도 높은 분석을 진행할 수 있다.
- 여러 이미지 프레임에 걸쳐 모션에 대해 시간 필터링을 진행할 수 있다.
- 칼만 필터를 적용해 경계 지점에 대한 전체적인 궤적을 부드럽게 할 수 있다(칼만 필터의 기본적인 내용은 20.8절을 참고하라).

아핀 모션 모델을 세우기 전에, 아핀 변환이 좌표상에서 선형으로 진행됨을 기억하라. 이러한 형태의 변환은 다음과 같은 기하 변환을 포함하게 된다. 이동, 회전, 스케일링, 기울임(6장 및 19장 참고). 따라서 아핀 모션 모델을 적절하게 표현하려면 다음과 같이 6개의 매개변수를 사용해야 한다.

$$\begin{bmatrix} x(t+1) \\ y(t+1) \end{bmatrix} = \begin{bmatrix} a_{11}(t) & a_{12}(t) \\ a_{21}(t) & a_{22}(t) \end{bmatrix} \begin{bmatrix} x(t) \\ y(t) \end{bmatrix} + \begin{bmatrix} b_1(t) \\ b_2(t) \end{bmatrix} \tag{22.48}$$

이를 기반으로, 마찬가지로 6개의 매개변수를 사용한 이미지 속도 아핀 모델을 얻을 수 있다.

$$\begin{bmatrix} u(t+1) \\ v(t+1) \end{bmatrix} = \begin{bmatrix} m_{11}(t) & m_{12}(t) \\ m_{21}(t) & m_{22}(t) \end{bmatrix} \begin{bmatrix} u(t) \\ v(t) \end{bmatrix} + \begin{bmatrix} c_1(t) \\ c_2(t) \end{bmatrix} \tag{22.49}$$

이렇게 광학 플로우 필드에서 모션 매개변수를 구하면, 다음 스네이크 위치의 추정은 간단하게 진행할 수 있다.

이러한 알고리듬을 적용할 때는 강건함의 정도가 중요한 요소로 작용한다. 이 경우 스네이크 알고리듬과 모션 기반 영역 분할 방식은 모두 부분 오클루전에 대해 상대적으로 강건하다. 각 물체에 대한 충분히 많은 모션 정보, 일관된 모션이라는 목표, 칼만 필터를 포함한 반복적 스무딩 적용 등이 그 이유다. 그러나 두 차량이 한데 겹쳐졌다가 분리되거나 전체적인 오클루전이 발생하는 등의 상황에 도움이 되는 비선형 아웃라이어 제외 절차는 여기에서 언급하지 않았다.

마지막으로 초기 모션 분할 과정은 차량의 그림자를 그 위치로 잡는데, 그림자 역시 같이 움직이고 있기 때문이다(그림 22.11). 추가적인 분석을 통하면 이 그림자를 제거하고 차량 경

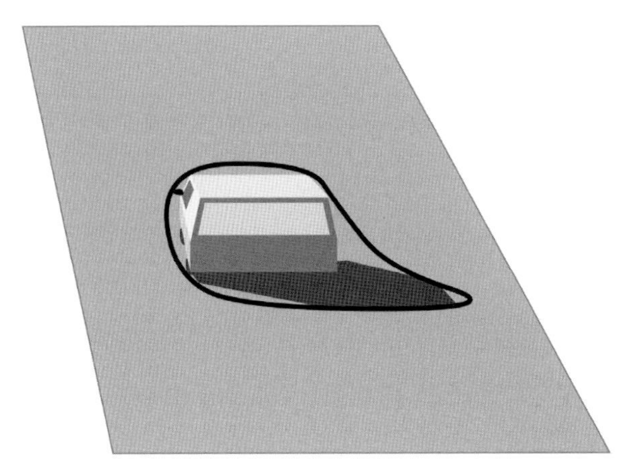

그림 22.11 그림자를 포함한 차량. 많은 실제 상황에서 그림자는 그 원인이 되는 물체와 함께 움직이며, 모션 분할을 단순하게 적용하면 그림자를 포함하여 한데 묶인 물체를 얻는다. 그림에서 스네이크 추적자는 자동차와 그림자를 함께 감싸고 있다.

계를 부드럽게 만들 수 있다.

22.9.2 Koller et al.(1994) 시스템

자동 교통 상황 분석을 진행하는 또 다른 방식은 Koller et al.(1994)에 기술되어 있다. 이 방식은 앞에서 설명한 것과 달리 신뢰 네트워크belief network를 통한 고수준 장면 해석에 많은 비중을 두고 있다. 기본적인 시스템은 광학 플로우, 세기 그레이디언트, 시간 도함수 등의 저수준 비전을 기반으로 하며, 이를 통해 특징 추출 및 스네이크 등고선 근사를 수행한다. 볼록 다각형을 이미지 간에 추적하는 것이 어렵기 때문에(이는 조정점이 무작위로 움직이는 경향이 있기 때문이다), 12 조정점 큐빅 스플라인을 통해 경계를 스무딩하고, 그런 다음 칼만 필터를 사용해 추적을 진행한다. 역시 모션은 아핀 모델을 통해 근사되나, 여기서는 세 매개변수만 사용된다. 하나는 스케일, 나머지 둘은 속도에 관한 매개변수다.

$$\Delta \mathbf{x} = s(\mathbf{x} - \mathbf{x}_{\mathrm{m}}) + \Delta \mathbf{x}_{\mathrm{m}} \tag{22.50}$$

수식에서 두 번째 항은 차량 영역의 중심부에 대한 기본적인 속도 성분을 나타내며, 첫 번째 항은 영역 내의 다른 지점이 갖는 상대 속도, s는 차량 스케일 변화다(스케일 변화가 없다면 s

= 0이 된다). 식을 이렇게 쓸 수 있는 이유는 차량이 도로 위에서만 움직이고 회전량도 적다는 제약 조건 때문이다. 아울러 카메라를 향한 모션 성분에 따라 물체 크기가 증가하며, 외관상의 모션 속도 역시 함께 빨라지는 것처럼 보인다.

차량이 도로를 따라 움직일 때 오클루전이 일어나는 이유는 순차적으로 도로를 지나가면서 (뒤쪽에서 관측할 경우) 뒤쪽 차가 앞쪽 차를 부분적 혹은 전체적으로 가리기 때문이다. 이때 깊이 방향의 순서는 어떤 차량이 다른 차량을 가릴지의 여부를 정의하는데, 오클루전 문제를 확실히 해결하기 위해서는 최소한 이 정보가 필요하다.

앞에서 언급했듯이, 이 시스템은 신뢰 네트워크를 도입해 이미지 시퀀스를 해석함에 있어 가능한 다양한 해석들을 구분한다. 신뢰 네트워크는 유향 비순환 그래프directed acyclic graph, 즉 노드가 임의의 변수를 나타내고 노드 간의 연결선이 그 인과관계를 나타내는 형식으로 이뤄져 있다. 각 노드는 그 상위 노드(즉, 유향 네트워크상에 연결된 직전 노드)의 상태를 가정해 얻을 수 있는 상태에 대한 조건부 확률 목록을 포함하고 있다. 따라서 노드 서브셋의 관측 상태를 통해 다른 노드의 상태 확률을 추정하는 것이 가능하다. 이러한 네트워크를 사용하는 이유는 시스템에 대해 제한적인 정보만 존재할 경우에도 여러 결과에 대한 확률을 엄밀하게 분석하기 위해서다. 마찬가지로, 여러 상황에 대한 결과를 명확히 알게 되면(예를 들어, 특정 차량이 다리 밑을 지나갈 경우) 네트워크 중 일부는 불필요하기 때문에 제거해도 무방하다. 그러나 제거 전에 나머지 네트워크의 확률을 업데이트하여 그 영향성을 '정리'해야 한다. 교통 분야에 적용할 경우, 신뢰 네트워크는 현재 관측하고자 하는 차량에 맞게 업데이트해야 한다. 실제로 각 차량은 각각의 신뢰 네트워크를 갖고 있으며, 이 네트워크들은 전체 교통 장면을 온전히 묘사하기 위해 필요하다. 그러나 한 차량은 다른 차량에 어느 정도 영향을 끼치며, 정차 중이거나 차선을 바꾸는 차량에 대해서는 특별히 주의가 필요하다. 또한 어떤 차가 속도를 줄이면 뒤따르는 차량 운전자들의 반응에 영향을 끼치게 된다. 이러한 모든 요소는 신뢰 네트워크에 반영되어, 전역적으로 올바른 해석을 이루는 데 기여하게 된다. 아울러 일반적인 도로 및 날씨 조건도 고려해야 한다.

추가로 그림자, 브레이크 램프 등 다른 신호, 혹은 여러 다양한 날씨 조건을 다루기 위한 비전 시스템을 구현하는 연구가 진행됐다. 요컨대 이 시스템은 Bascle et al.(1994) 시스템과 유사하되, 신뢰 네트워크를 사용한다는 측면에서 좀 더 복잡한 구성을 하고 있다.

이후 등장한 연구에서는(Coifman et al., 1998) 부분 오클루전에 대해 더 높은 수준의 강건성을 필요로 함을 전제했다. 이에 따라, 전체 물체를 추적하는 대신 모서리 특징을 검출하는 방식을 도입했다. 다만 이는 또 다른 문제를 불러오는데, 차량의 존재를 추정하기 위해 어떻게 모서리 특징을 묶어야 하는가다. 이 과정은 공통 모션 제약 조건을 사용해, 함께 고정적으로 움직이는 특징을 찾아 함께 묶는 식으로 간단하게 구현할 수 있다. 또한 이 새로운 버전의 시스템은 이미지 평면과 지면 간의 상동성을 적용한다. 이를 통해 월드 매개변수를 생성해 지면을 기준으로 한 위치, 궤적, 속도, 밀도 등의 정보를 구할 수 있게 된다. 예를 들어, 차량이 도로에서 동일한 속도로 움직이고 있을 경우에도 이미지상에서는 속도가 변화하는 것처럼 보임을 유의하라. 또한 부분적 또는 전체적인 오클루전이 발생하는 경우에도 올바른 정보를 쉽게 적용할 수 있게 된다.

가장 후자의 시스템을 설계함에 있어 Magee(2004)는 몇 가지 흥미로운 점을 제시하고 있다. (1) 대상이 되는 물체의 크기가 작기 때문에 모서리 특징의 신뢰도를 확보할 수가 없다. (2) 차량 부분을 통합하는 데 있어 연결 성분 분석은 그다지 좋은 도구가 아니다. 일부 물체의 전경 지점과 배경 간에 나타나는 단절과 유사성 때문이다. (3) 선형 스케일링이 이뤄지지 않는 많은 물체에 대해 파티클 필터 추적자의 계산량은 큰 편이다. 예를 들어, 가까이 붙어 있는 30대 이상의 차량을 동시에 추적해야 할 때는 심각한 제약으로 작용한다. 논문은 차량을 안정적으로 추적하기 위해 차량의 크기, 색상, 속도 등의 불변성을 동적으로 모델링하는 방식을 제안했다. 다시 말해, 체계적이고 정확한 추적에 있어서 물체의 외관과 그 인식의 중요도가 높다. 그리고 이를 구현하기 위한 유일한 방법은 이미지와 지면 간의 상동성을 구축하는 것이다. 이렇게 해야 차량 매개변수에 대해 필요한 불변성을 확보할 수 있다. 상동성은 비선형 시점 변형(또는 '역 시점 매핑')으로 표현할 수 있으며, 이를 구하기 위해서는 약간의 노력이 필요하다(이러한 매핑은 네 지점이 지면 위에 있을 때만 수학적으로 가능함을 유의하라. 역전파된 지점이 지면에 놓이지 않으면, 예를 들어 건물이 뒤쪽으로 기울어지는 등 기이하고 어처구니없는 효과가 나타난다). 만약 카메라 x축이 수평일 경우 상동성은 이미지 x축에 대한 θ 각도만큼의 회전과 더불어, 이미지 좌표와 지면 좌표의 관계를 구하기 위해 스케일을 필요로 한다. 즉, 스케일을 무시하면 하나의 매개변수(θ)만을 고려하면 된다. Magee(2004)는 도로가 균일한 너비로 나타나도록 하는 각도를 구하여 이를 θ로 삼는 간단한 전략을 도입했으며, 이 방식이 논문에

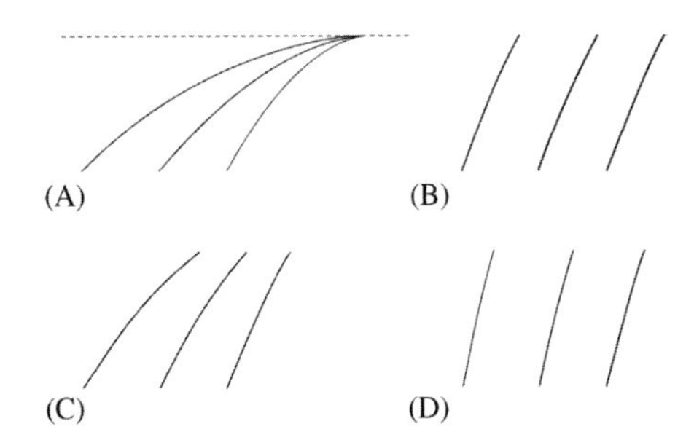

그림 22.12 도로에 대한 역 시점 매핑 조정: (A) 카메라로 관측한 도로의 모습, (B) 동일한 도로 너비로 역 시점 매핑을 진행한 결과, (C)~(D) 잘못된 값으로 매핑을 진행한 결과

서 다루고 있는 응용 분야에 잘 들어맞음을 증명했다(그림 22.12). 이 과정에서 도로의 중앙선과 외각선을 세 다항식으로 근사하고, 이를 사용해 반복적으로 θ를 조정하는 식으로 계산을 진행했는데, 그 결과는 충분히 정확한 값을 보였다. 이렇게 하는 이유는 도로의 형태를 미리 결정할 여지가 없어서 휴리스틱한 접근법을 사용하는 것이 적절하기 때문이다. 그러나 이상적으로는 도로 중앙선 및 외각선에 대한 참값을 알고 있는 상태에서 θ 값을 조정해, 도로가 동일한 너비를 갖고 있다고 가정하지 않았을 때도 그 참값에 근사되도록 해야 한다.

22.10 번호판의 위치

지난 10년 동안에는 번호판을 통해 차량을 자동으로 인식하기 위한 많은 노력이 이뤄져 왔다. 번호판 자체는 훨씬 전부터 도입되어 차량의 소유자 정보와 도난 차량 판별에 이용돼왔지만, 최근에 차량 자동 인식을 도입하려는 다른 두 가지 이유는 (1) 톨게이트에서 요금을 정산하거나 (2) 주차 위반 단속 벌금을 부여하기 위함이다. 이렇게 하면 인간의 개입을 최소화하면서도 상당한 수준의 돈을 거둘 수 있기 때문이다. 또한 감시 분야에서 컴퓨터 비전을 활용할 수 있는 모든 분야를 고려하면, 현재 수준의 방법론으로도 번호판 식별은 간단하게 구현할 수 있다. 그럼에도 불구하고 아직 여러 가지 문제점이 남아 있는데, 특히 번호판 스타일이 지역마다 각기 다르기 때문이다.

번호판 식별은 주로 세 단계를 걸쳐서 이뤄진다. (1) 번호판의 위치 탐색 및 분할, (2) 각 글자에 대한 분할, (3) 각 글자에 대한 인식. 여기서는 이 중 첫 번째 단계에 집중할 텐데, 여러 나라 번호판의 다양한 스타일, 폰트, 문자 세트 등을 고려했을 때, 나머지 두 단계는 더 특화되어 있거나 일반성이 적기 때문이다. 어떤 경우에서도 다루기 가장 어려운 단계는 첫 번째다.

선험적으로, 번호판 위치를 찾는 가장 좋은 방법은 지역마다 일반적으로 다르게 지정된 색상을 사용하는 것이다. 그러나 주변 조명 조건, 특히 계절이나 날씨, 시간에 따른 조명 차이와 그림자의 변화 때문에 많은 문제가 발생한다. 이러한 상황에서 시작하기 가장 좋은 방법은 단순한 소벨 또는 다른 수직 외각 검출 연산자와 더불어, 수평 방향으로 비최대 억제 및 임계화를 결합해 사용하는 것이다. 이렇게 하면 번호판의 외각 부분 수직선을 찾을 수 있을 뿐만 아니라, 글자의 수평 방향 변에 대한 정보도 찾을 수 있다(Zheng et al., 2005). 또한 번호판 영역 내에서 수직 외각이 상대적으로 조밀한 집합으로 나타나게 된다. 그다음으로, 배경 부분의 긴 외각과 짧은 노이즈 외각을 제거한다. 마지막으로, 번호판 위치를 찾는 신뢰도 높은 방법으로서 번호판 크기의 직사각형을 이미지 내에서 움직이며 그 영역 내의 외각 픽셀 개수를 센다(이는 상관성을 구하는 형태와 동일하다). 그림 22.13에 전체적인 과정을 나타내었다. 본문과의 차이는 마지막 단계에서 모폴로지 연산만을 사용해 진행했다는 점이다(각각 16픽셀에 대해 수평 닫힘 및 수평 열림 연산을 수행함).

이후 Abolghasemi and Ahmadyfard(2009)가 이를 좀 더 발전시켜, 색상과 텍스처 큐를 사용한 방식을 제안했다. 논문은 색상 물체를 분석함으로써 뷰포인트 변화에 대해 더 강건할 수 있음을 보였다. 또한 모폴로지 닫힘 연산을 통해 수직 외각 지점을 모두 연결하고, 그런 다음 열림 연산을 통해 고립된 노이즈 지점을 제거하는 방식을 취했다.

글자를 분할하고 인식하려면, 그 전에 추가적인 과정이 필요하다. 즉, 번호판의 왜곡을 제거해야 한다. 이는 번호판을 이상적인 뷰포인트에서 관측할 수 없기 때문이다. 왜곡 제거를 진행할 때는 특히 주의를 기울여야 한다. 차량이 카메라로부터 너무 멀리 떨어져 있다면, 해상도가 너무 낮아 수직 외각을 찾을 수가 없을뿐더러, 글자를 정확하게 인식하는 것도 불가능하다. 번호판을 비스듬히 관측할 경우, 방향이 어긋나 직사각형으로 보이지 않게 된다. 그러나 번호판을 특정한 거리와 위치에서 계속 관찰할 수 있도록 한다면 기본적인 시점 변환을 적용해 이러한 왜곡을 제거할 수 있다. 여러 문헌에서(예: Chang et al.(2004)) 이러한 과정을 추

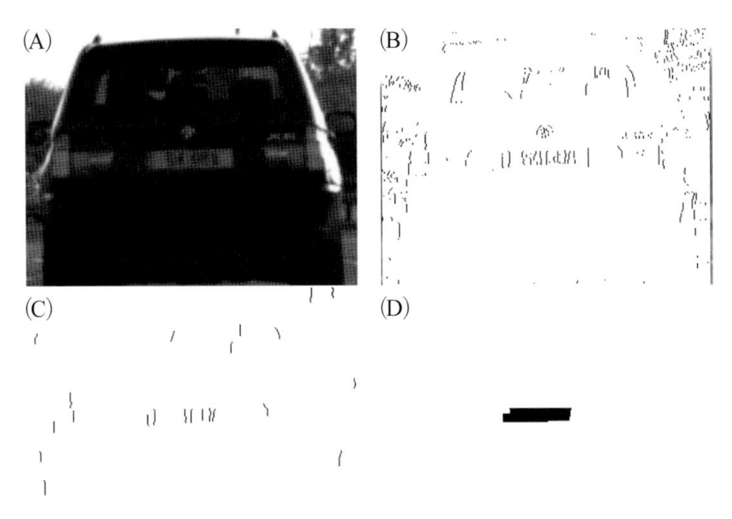

그림 22.13 번호판 위치를 찾는 간단한 방식: (A) 번호판을 포함한 원본 이미지. 번호가 식별되는 것을 막기 위해 여기서는 모자이크 처리를 거쳤다. (B) 원본 이미지의 수직 외각, (C) 길이를 기준으로 선택된 수직 외각, (D) 수평 닫힘과 열림을 연속으로 진행해 그 위치를 찾은 번호판 영역. 각 연산은 충분한 거릿값을 설정해서 진행해야 한다(예제에서는 16픽셀).

가해 번호판 인식 성능을 개선할 수 있음을 보이긴 했지만, 실제로 이를 적용하고 있는 시스템은 거의 없다. 왜냐하면 광학 문자 인식OCR, optical character recognition 시스템이 이미 매우 정확하여 글자가 약간 기울어졌거나 회전했을 때도 잘 인식할 수 있기 때문이다.

22.11 추적을 위한 오클루전 분류

앞에서 여러 번 언급했듯이, 오클루전은 특히 사람을 추적할 때 자세한 분석과 알고리듬 설계를 진행하는 데 있어 심각한 문제점으로 작용한다. 이를 해결하기 위해, Vezzani and Cucchiara(2008) 및 Vezzani et al.(2011)은 오클루전이 발생하는 원리를 주의 깊게 분석했다. 우선 비가시 영역nonvisible region을 현재 프레임에서 보이지 않는 물체 부분으로 정의했다. 그리고 이 영역을 '동적', '장면', '식별 가능' 오클루전으로 분류했다.

1. 동적 오클루전dynamic occlusion은 이미 식별이 이뤄진 물체가 움직이는 과정에서 발생한다.

2. 장면 오클루전scene occlusion은 배경에 속하지만 움직이는 물체 앞에 위치할 수 있는 정적인 물체에 의해 발생한다.

3. 식별 가능 오클루전apparent occlusion은 추적하고 있는 물체의 형태 변화가 이뤄지는 픽셀의 세트다.

이때 배경과 전경 간의 구분을 유의할 필요가 있다. 얼핏 '배경'을 연극 무대에서 배우 뒤에 놓는 배경막의 개념으로 생각할 수 있다. 즉, 정적인 상태이고, 전경에는 움직이는 물체가 있어 더 신경을 써야 할 것 같다. 그러나 컴퓨터 비전에서는 어느 위치에서든 배경을 정적으로 간주하되, 움직이는 '전경' 물체는 카메라와 다양한 거리로 떨어져 있을 뿐만 아니라 때로는 배경 물체 '뒤에서' 움직이기도 한다고 본다(그림 22.14). 배경 모델링 알고리듬을 통해 식별한 배경은 장면에서 정적인 부분에 속함을 유의하라. 물론 배경의 일부에 잠시 또는 영구적으로 멈추는 물체가 포함되어 있기 때문에 문제가 다소 혼란스러워지는 면도 있다. 이

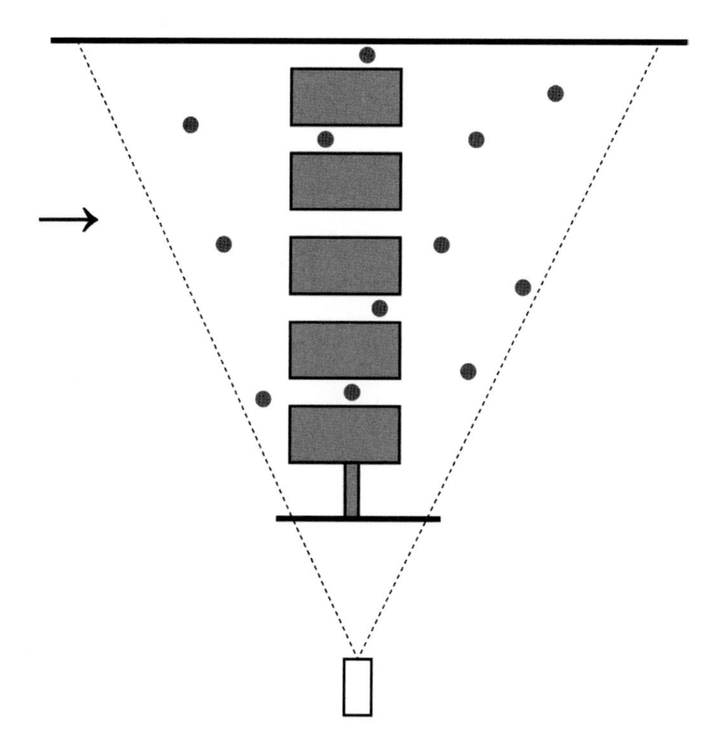

그림 22.14 일반적인 오클루전 상황. 그림은 지하철 개찰구를 옆에서 관측하는 상황을 나타낸다. 점은 사람을 뜻하며(화살표 방향으로 이동 중) 카메라상에서 다양한 거리에 놓여 있다.

경우 장면 관찰을 통해 활용 가능한 증거를 찾아, 적절한 비전 알고리듬을 적용해 다양한 가능성과 확률을 평가해야 한다.

또 하나 고려해야 할 요소는 오클루전이 부분적인지 전체적인지 판단하는 것이다. 많은 정적인 장면과 상황에서 전체적인 오클루전은 보통 고려하지 않아도 되는 사건이다. 따라서 부분적인 오클루전만 취하게 되며, 이를 그냥 간단하게 '오클루전'이라고 통칭한다. 그러나 물체를 추적할 경우, 전체적인 오클루전이 일어날 가능성을 계속 염두에 둬야 한다(다만 실제 상황에서는 그 시간에 제한이 걸리게 된다).

즉, 모션 이미지 시퀀스를 관측할 경우 물체가 일시적으로 전부 가려지거나 또는 부분적으로 가려질 수 있다. 어느 경우든 그 물체는 여러 부분으로 쪼개져서 보이게 된다. 그리고 시간이 흐른 뒤 물체가 다시 나타나면, 쪼개졌던 부분이 다시 재조합되어 전체 물체로 보인다. 예를 들어, 사람이 식탁 뒤를 지나가는 상황을 떠올려보라. 혹은 사람이 낮은 울타리 뒤를 지나갈 경우, 하반신이 일시적으로 보이지 않기 때문에 그 전체적인 사람의 형상을 기억해놓기 위한 모델이 필요하다. 변경된 조건에 맞춰 모델을 적응시키면, 전체적인 형상이 다시 나타났을 때 대응할 수가 없고 상반신에 대해서만 계속 추적이 이뤄질 것이기 때문이다. 이러한 상황에 확실히 대응하기 위해서는(그림 22.15), 컴퓨터가 총체적으로 판단할 수 있는 수단을 마련해야 한다. 마찬가지로, 두 사람이 함께 걸어가다가 한 덩어리로 합쳐져 보일 경우 컴퓨터로 하여금 이 덩어리가 두 사람임을 기억하게 하고 나중에 분리됐을 때 다시 인식하게 하는 수단이 필요하다. 요컨대 추적 알고리듬에 추가적인 요소를 도입하기 위한 고민이 이뤄져야 한다.

알고리듬에 추가적으로 도입해야 하는 요소들은 다음과 같다. (1) 통상적인 배경 추출 기

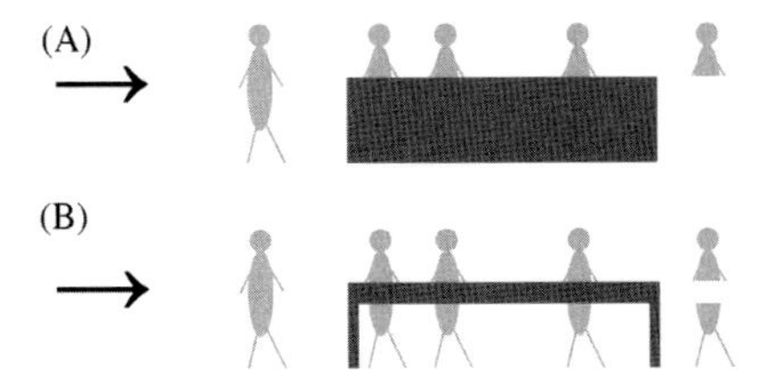

그림 22.15 추가적인 오클루전 예제: (A) 사람들이 울타리나 가림막 뒤를 지나가는 경우. 이 구간에서는 머리와 어깨만을 추적 가능하다. (B) 사람들이 식탁 뒤를 지나가는 경우. 이 구간에서는 신체가 두 부분으로 나뉘어 독립적으로 추적 가능하다.

능, (2) 통상적인 블롭 추적 기능, (3) 전체 외관 및 정체성 정보 복원 기능, (4) 결합 기능, (5) 분할 기능, (6) 확률론적 해석 분석. 이때 (6)은 전체적인 알고리듬을 한데 묶어 작동시키는 힘 역할을 한다.

Vezzani and Cucchiara(2008) 및 Vezzani et al.(2011)은 이러한 측면을 모두 다루고 있다. 특히 논문에서는 각 물체의 가능한 형태 변화를 통합한 뒤, 확률 맵으로 표현하는 외관 기반 형식론을 도입했다. 다시 말해, 물체 일부가 가려질 때 그 형태 모델은 그 확률론적 형태에 기반해 가상의 전체 물체를 가정하므로 전체 물체가 다시 나타날 때 자동으로 그 원래 형태를 즉시 재결합하게 한다.

아직까지 3번 항목은 다루지 않았는데(이번 절의 처음 부분을 참고하라), 즉 형태 변화로 인해 발생하는 부분적 오클루전에 대한 것이다. 이 현상이 나타나는 이유는 물체가 회전하거나 구부러지는 등 약간의 변형이 이뤄질 경우, 일부분이 사라지면서 새로운 부분이 나타나게 되기 때문이다. 이를 일종의 자기 오클루전으로 여길 수 있긴 하지만, 예를 들어 물체가 늘어나는 등 다른 원인도 존재한다. 이에 대해 너무 깊이 다루지는 않겠지만, 다른 어떠한 물체에 의해 부분 오클루전이 일어나지는 않음을 강조해야 한다. 이러한 사실은 오클루전에 대한 혁신적인 발견이며, 왜 오클루전과 관련해 수년 동안 발전이 더디게 이뤄졌는지에 대한 답변 중 하나이기도 하다. Vezzani et al.(2011)은 추적 과정에서 오클루전에 대한 여러 측면을 다루어, 훌륭하고 인상적인 발전을 이뤄냈다.

이러한 시스템은 전반적으로 매우 강건하고 빠르며, PETS2006 데이터셋에 대해 최대 40명까지 비디오상에서 대응할 수 있다. 그럼에도 불구하고 다음 몇 가지 유형으로 인식을 실패하는 사례가 발생한다. (1) 동일한 사람에 대한 정체성 변경, (2) 머리/발의 분리, (3) 2~3명의 사람을 포함한 그룹으로 잘못 분할, (4) 들고 있는 짐에 따른 정체성 변경. 다만 이는 물체나 오클루전을 잘못 다뤄서 발생한 '전체적인' 시스템의 실패라기보다는 시스템이 외관을 다루는 과정에서 혼동의 여지가 있는 부분 때문이며, 약간의 설계 개선으로 해결할 수 있는 것이다. 또한 앞의 두 논문에서는 인간이 동일한 비디오를 관측했을 때 더 나은 성능을 낼 수 있었는지 여부를 명시하지 않았다. 그럼에도 불구하고 막대인간 모델을 사용해 팔다리 관절 제약 조건을 고려하면(다음 절 참고) 앞의 (2)~(3)번 유형을 포함해 시스템을 더 개선할 수 있다. 다시 말해, 신체를 통째로 묶어 그 전체에 대한 확률론적 형태 프로파일을 구하는 식으로는 적절한 개선법을 찾지 않는 이상 그 성능이 제한될 수밖에 없다.

22.12 걸음걸이를 통한 보행자 구별

이 절에서는 걸음걸이를 통해 보행자를 구별하는 방식을 개괄한다. 예를 들어 차량 등의 다른 움직이는 물체와 달리 보행자는 반복적인 움직임을 보이며, 그들의 걸음걸이를 통해 각 보행자를 인식하는 것이 실제로 가능하다. 그러나 여기서는 이미지 시퀀스상에서 보행자의 위치를 찾는 방법론만을 다룰 것이다.

이 접근법은 기본적으로 시공간에 대한 도함수를 구하는 과정으로 이뤄지는데, 시공간에 대한 평균을 구한 뒤에 시간에 대한 도함수를 계산하는 식이다. 이러한 '모션 증류' 방식(Sugrue and Davies, 2008)은 하르 웨이블릿을 통해 구현됐는데, 영상의 각 시점마다 다음 수식을 적용해 비바이너리 모션 맵을 얻게 된다.

$$W = \sum_{t=t_0}^{t} \sum_{i} \sum_{j} x_{tij} - \sum_{t=t_1}^{t} \sum_{i} \sum_{j} x_{tij} \tag{22.51}$$

여기서 x_{tij}는 시공간상의 지점 (t, i, j)에 대한 영상 픽셀 데이터를 나타낸다.

이 방식에 따르면, 검출한 물체에 걸쳐 W 값을 정규화하는 식으로 원치 않는 대비의 의존성을 제거할 수 있다. 즉, 양(W_+)과 음(W_-)의 필터 출력값 비율 R을 취하는 식으로 이뤄진다.

$$R = \frac{\sum |W_+|}{\sum |W_-|} \tag{22.52}$$

카메라에 대해 그 상대적인 각도를 유지하는 강체 물체의 경우, R은 시간에 따라 거의 상수에 가깝게 적은 변화를 보인다. 반면 보행자는 움직이는 과정에서 변형이 이뤄지기 때문에 그 변화를 평가하는 식으로, 특히 '강체 매개변수' R의 흔들림을 통해 빠르게 검출할 수가 있다.

그림 22.17(A)는 일반적인 차량과 보행자의 모션 신호 R을 비교하고 있다(그림 22.16에서 원본 영상이 통상적으로 어떤 프레임을 보이는지 참고하라). 차량 신호는 회전과 시점, 노이즈 등에 의해 점진적으로 변화하는 반면, 보행자의 신호는 걸음걸이 움직임으로 인해 크게 변하며 흔들린다. 그림 22.17(A)에서 나타낸 범위에 걸쳐 차량 영역은 ~10배 단위로 변화하는 반면, 보행자가 차지하는 넓이는 몇 퍼센트 수준의 변화만 보인다. 이는 차량의 R 값이 거의 상수에

그림 22.16 모션 검출자를 통해 영상 시퀀스에서 추출한 프레임 일부분. 왼쪽: 움직이는 차량에 대한 세 프레임. 오른쪽: 보행자, 달리는 사람, 함께 걷는 사람에 대한 프레임 © IET 2007

가까워, 모션에 대해 일종의 불변성으로 작용한다는 중요한 사실을 암시한다.

검출을 진행한 다음에는 다양한 행동 패턴에 대해 보행자의 모션을 추가적으로 분석할 수 있다. 일반적인 행동은 그 모션 장을 직사각형 박스에 근사하는 식으로 모델링할 수 있다. 이때 직사각형의 높이는 물체의 전체 높이를 담을 수 있을 정도로, 너비는 높이의 절반 정도로 그려진다(다음 참고). 총 모션 영역 A는 다음과 같이 계산할 수 있다.

$$A = \sum |W_+| + \sum |W_-| \tag{22.53}$$

이 경우 물체 전체에 대해 합을 구하게 된다. 추가로, 이에 대응하는 박스 외부 영역 A_{ex}를 계산한다. 박스 매개변수 η는 이 두 영역 간의 비율을 통해 구한다.

$$\eta = \frac{A_{ex}}{A} \tag{22.54}$$

이 매개변수는 또한 강체 움직임과 소위 '조밀' 모션, 즉 A_{ex} 값이 작은 경우에 대해 모두 불변성을 확보할 수 있어야 하며, 값을 통해 그 상태를 파악할 수 있어야 한다. 이는 η가 무차원 변수이며 비슷비슷한 것을 비교하긴 하나 여전히 두 모션(즉, 박스 외부와 전체)을 대조할 수 있기 때문이다. 보행자가 걸어갈 때 보통 η는 전체적으로 낮은 값을 나타낸다(예를 들어, 그림 22.17(A)의 아래쪽 궤적을 보라). 달리는 사람은 그림 22.17(B)에서 나타냈듯이 좀 더 높은 값을 그린다. 또한 갑자기 흔들리거나 점프할 때는 η가 튀는 양상을 보인다.

세 번째 불변성 형태인 R_{ex}는 좀 더 복잡한 경우에 대해 마찬가지로 식별이 가능할 수 있도록 개발된 것이다. 이 불변성은 R과 동일하게 정의하되, 박스 외부의 물체 일부에만 적용한다. 또한 걷는 사람과 달리는 사람을 식별하는 데 있어 유용한 정보를 제공한다(그림 22.16

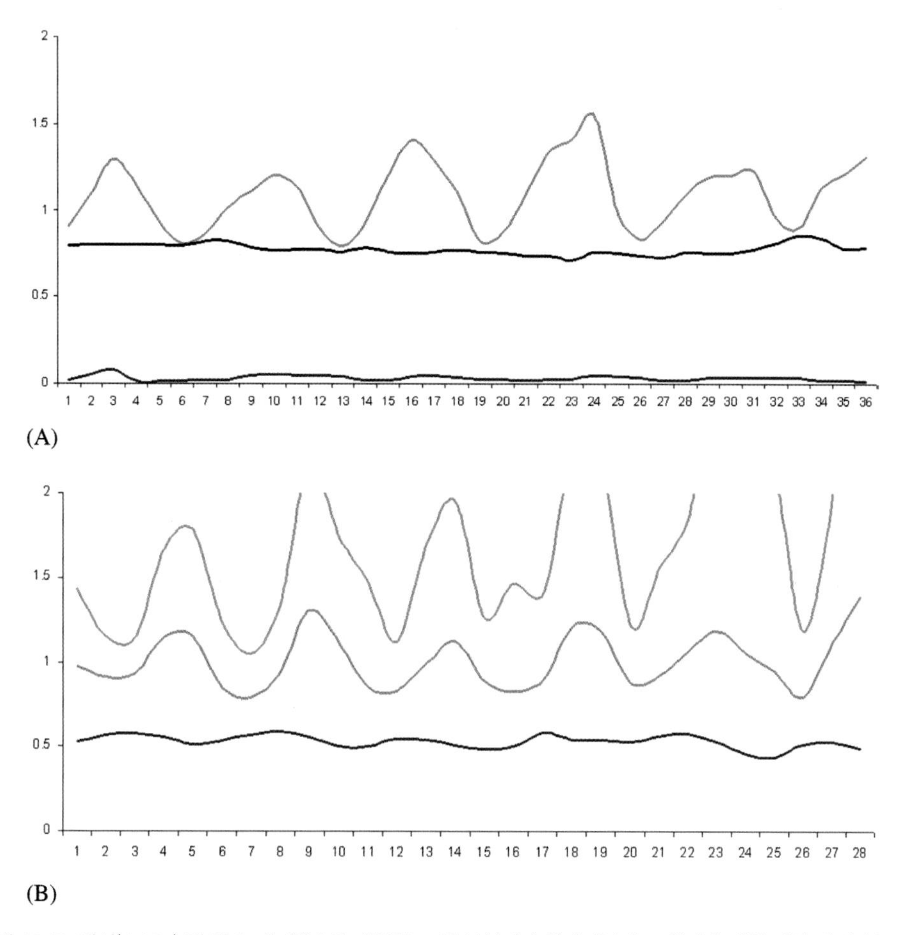

그림 22.17 강성(rigidity) 및 박스 매개변수를 사용한 모션 분석. (A) 위에서부터: 보행자에 대한 강성 매개변수 R을 적용한 결과, 차량에 대한 R을 적용한 결과, 보행자에 대한 박스 매개변수 η를 적용한 결과. 수평축은 비디오 프레임을 나타낸다. (B) 위에서부터: 달리는 사람에 대해 R_{ex}, R, η를 적용한 결과. 여기 나타낸 결과는 그림 22.16을 대상으로 분석한 것이다. © IET 2007

참고). 두 부류 모두 η가 0.5 정도의 값을 갖기 때문에, R_{ex}는 이를 식별하는 데 유용하게 쓰일 수 있다(구체적으로 달리는 사람의 경우 $R_{ex} \approx 1.5R$ 수준이며, 걷는 사람의 경우 $R_{ex} \approx R$이다. 다만 R과 R_{ex}는 달리는 사람에 대해서만 그 관계가 잘 부합한다). R_{ex} 정보를 통해 특정 그룹을 묘사할 수는 없긴 하나, 그 가치는 충분하다. 궁극적으로는, 예를 들어 막대인간 모델을 사용해 사람들을 구체적으로 분석해야만 응용 분야에 필요한 특정 정보를 취득할 수 있다(다음 절을 참고하라).

η 및 R_{ex} 값을 구하는 데 있어 박스 크기가 큰 중요성을 갖기 때문에, 걷는 사람과 달리는

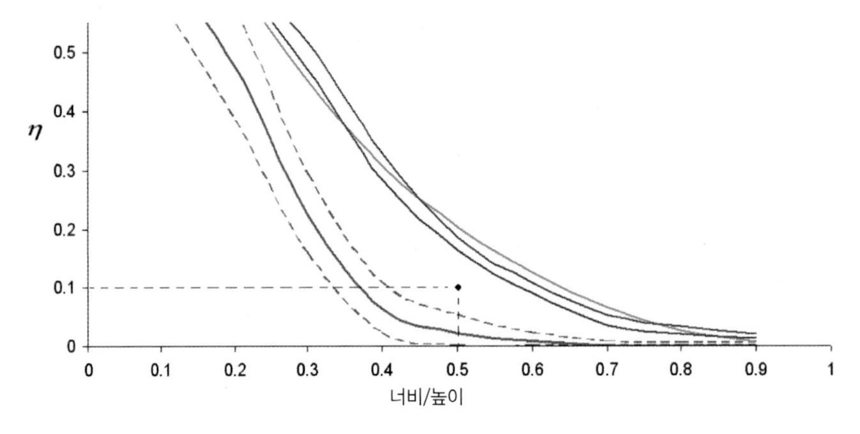

그림 22.18 박스 매개변수 η를 통한 식별. 아래쪽 실선은 걷는 사람에 대한 평균값이며(점선은 $\pm\sigma$ 오차 바 범위를 나타낸다), 위쪽 실선은 달리는 사람에 대한 결과들이다. 걷기와 달리기를 식별하는 데 있어, 그림에서처럼 (0.5, 0.1) 지점 근방을 선택하는 것이 가장 적합하다. © IET 2007

사람을 최적으로 식별하기 위한 심층 연구가 이뤄졌다. 이에 따르면 최적 박스 너비/높이 비율은 0.5 수준이며, 걷기와 달리기를 구별하는 임곗값은 0.1로 설정했을 때가 가장 성능이 높았다(그림 22.18 참고).

요컨대 지금까지 설명한 방식은 강체 및 비강체 물체의 모션을 ~97% 정도의 정확도로 구별할 수 있다. 또한 한 명의 걷는 사람을 ~95% 정확도로, 달리는 사람 또는 걷는 무리를 ~87% 정확도로 구분할 수 있다. 아울러 몸을 흔들거나 점프하는 등의 '돌출' 행동을 파악하는 데도 유용하다. 특히 이 방식은 특별히 설계된 불변성을 사용해, 복잡도와 계산량을 줄여서 구축 및 조정을 용이하게 했다.

22.13 인간 걸음걸이 분석

수십 년 동안, 인간의 모션을 분석하는 데는 주로 시네마토그래피cinematography가 쓰였다. 그 중 많은 경우 다양한 스포츠에서 인간의 움직임을 분석하기 위한 목적으로 연구가 이뤄졌다. 특히 골프채를 스윙할 때의 궤적을 추적해, 플레이어의 실력을 향상할 수 있도록 도움을 주었다. 분석을 용이하게 하기 위해 몸에 밝은 마커를 부착한 다음 스트로보를 터뜨리는 방식이 도입됐으며, 이를 통해 동작을 매우 효율적으로 나타낼 수 있었다. 1990년대 들어서 머신 비전을 적용해 동일한 작업을 수행하려는 시도가 이뤄졌다. 이 시점부터는 좀 더 상세한 연구를 통해 정확도를 높이는 데 초점이 맞춰졌다. 이는 비단 스포뿐만 아니라 의학 진단이나 모던 애니메이션, 가상의 영화 시퀀스 촬영 등의 여러 분야로 그 응용이 넓어졌기 때문이다.

이러한 분석을 진행하기 위해서는 인간 신체의 운동학적인 모델이 필요하다. 일반적으로 이 모델은 팔다리가 강체이며, 제한적으로 절구관절ball and socket joint에 의해 연결되어 있다고 가정한다. 이 관절은 막대기 간의 접합 지점으로 근사할 수 있다. 예를 들어 어떤 모델은(Ringer and Lazenby, 2000) 척추와 엉덩이 부분의 연결점에 2개의 회전 매개변수를, 대퇴부와 엉덩이 간에 3개의 매개변수를, 발목 부분에 3개의 매개변수를 적용했다. 즉, 각 다리는 7개의 자유도를 갖게 되며, 그중 둘은 두 다리에 대해 공통적이다(척추 부분). 따라서 다리 움직임을 나타내는 데 총 12개의 매개변수가 필요해진다(그림 22.19). 관절은 기본적으로 회전 가능한 특성을 갖지만, 특히 어깨의 경우 느슨한 부분이 존재하며 무릎은 수평 방향의 자유도를 갖기도 한다. 마지막으로, 예를 들어 무릎에서 종아리 부분을 앞으로 너무 많이 뻗지는 못하는 등의 제약 조건이 존재하기 때문에 상황이 더욱 복잡해지는 면이 있다. 운동학 모델을 구축한 뒤에는 추적을 진행한다. 신체의 마커를 충분한 정확도로 인식하는 과정은 상대적으로

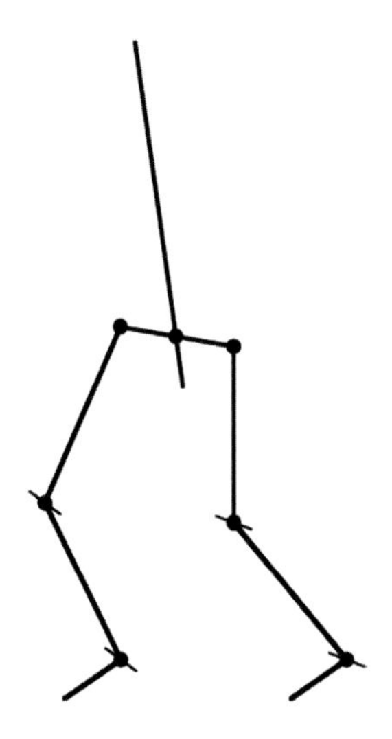

그림 22.19 인간 하반신에 대한 막대기 스켈레톤 모델. 모델은 스켈레톤의 주요 접합부를 일반적인 절구관절로 가정하며, 이는 접합 지점으로 근사할 수 있다. 다만 가능한 신체 모션에 대한 추가적인 제약 조건을 적용하게 된다(본문 참고). 그림에서 접합부를 관통하는 가는 실선은 각 접합부의 단일 회전축을 의미한다.

쉬운 편이다. 다음으로 마주하게 되는 문제는 어떤 마커를 다른 마커와 어떻게 구분하고, 여기에 레이블을 붙일 수 있을지에 관한 것이다. 레이블 조합에 대한 매우 많은 경우의 수와 다리나 팔 부분에 오클루전이 발생하는 빈도를 고려하면, 이 문제를 해결하기 위해서는 특화된 알고리듬을 필요로 한다. 이를 위해 칼만 필터를 사용해, 현재 시점에서 보이지 않는 마커가 시야에 다시 들어올 때까지 어떻게 움직이는지 예측한다. 아울러 추가로 가속도, 위치, 속도 등의 매개변수를 도입하면 모델을 더 개선할 수 있다(Dockstader and Tekalp, 2002). 이 경우 단지 이론적으로 모델을 구하는 게 아니라 학습을 진행해야 하는데, 통상적으로 1/30초 간격으로 촬영한 2500장의 이미지 시퀀스를 사용한다. 또한 각 인간에 대한 초기 막대기 모델을 일일이 설정해줘야 한다. 계측 과정에서의 일부 부정확성을 극복함과 동시에 실제 테스트 과정에 필요한 통계를 충분히 확보하기 위해서는 상당한 양의 학습이 필요하다. 가장 큰 오차는 손과 팔의 움직임을 다룰 때 나타나는데, 그 특성상 오클루전이 빈번하게 일어나기 때문이다.

요약하면, 분절 모션 분석은 복잡한 처리 과정과 많은 학습 데이터를 수반한다. 따라서 컴퓨터 비전의 핵심적인 영역 안에 있게 되며, 관련한 주제가 활발히 연구되고 있다. 현재 시점에서도 유용한 결과물을 내놓는 수준에 이르고 있지만, 저비용으로 의료 모니터링, 진단, 실제에 가깝게 자연스러운 애니메이션, 스포츠 활동에 대한 자세한 보조 등의 분야로 그 활용을 넓히기 위해서는 앞으로 정확도를 더 높여야 한다. 걸음걸이 특성을 통해 용의자를 인식하는 기술은 말할 것도 없다. 이를 위한 필요조건(예: 다중 카메라)은 유지되지만, 마커를 부착하지 않는 모니터링 방식도 계속 다뤄질 것이다. 추가적인 정보를 얻고 싶다면, Nixon et al.(2006)의 모노그래프에서부터 시작하는 것을 추천한다.

22.14 모델 기반 동물 추적

이 절은 농장의 동물들을 대상으로 한다. 좋은 목축업자는 키우는 가축의 행동을 보고 여러 가지를 짐작한다. 싸움, 괴롭힘, 꼬리치기, 활동, 휴식, 태도 등은 가축의 건강, 질병, 열 스트레스 등을 확인하는 데 쓰이며, 집단 행동을 통해 포식자나 다른 인간의 침입을 알아챌 수 있다. 또한 먹이를 주는 과정에서 새끼가 태어났거나 우리를 탈출했는지를 파악할 수 있다.

이러한 모든 과정에서 컴퓨터 비전 시스템을 활용해 동물을 자동으로 관측할 수 있다면 유용할 것이다.

돼지나 양 같은 일부 동물은 일반적인 배경, 즉 흙과 초원보다 밝게 보이며, 따라서 원칙적으로는 임계화를 통해 그 위치를 찾아야 한다. 그러나 배경이 울타리나 우리, 여물통 등에 의해 방해받아 그 해석이 복잡해질 수 있다. 즉, 일반적인 농장 장면에서 단순한 임계화는 거의 작동하지 않는다. McFarlane and Schofield(1995)는 이 문제를 해결하기 위해 배경 제거를 도입했다. 즉, 상당한 범위에 걸쳐 얻은 이미지에 대해 시간 축에 대한 메디안 필터를 적용해 배경 이미지를 구한다. 이 과정에서 새끼 돼지가 쉬고 있는 영역은 제외하도록 해야 한다. 논문에서 구축한 알고리듬은 새끼 돼지를 간단한 타원으로 모델링해 동물을 모니터링하는 데 상당한 성공을 이뤘다.

다음으로 Marchant and Onyango(1995)가 도입하고 Onyango and Marchant(1996) 및 Tillett et al.(1997) 등이 발전시킨 정밀 모델링 접근법을 알아보자. 이 연구에서는 우리 내에서 돼지의 움직임을 부감으로 관측하되, 조명 조건이 그렇게 균일하지 않은 상태에서 추적을 수행하는 것을 목표로 했다. 이렇듯 초창기에는 동물을 추적하는 것을 주로 의도했으나, 후속 연구에서는 앞에서 언급했듯이 행동에 대한 분석까지 시도하려 했다. 동물을 찾기 위해서는 특정 형태의 템플릿 매칭이 필요하다. 형태 매칭을 사용하는 방식은 매력적이지만, 돼지 등의 살아 있는 동물은 그 형태가 많이 변화하는 편이다. 특히 서 있거나 걸어다니는 동물은 그 몸통이 한쪽 방향으로 휘거나 목을 굽히고, 밥을 먹을 때 고개를 위아래로 움직이는 등의 변형이 일어난다. 이러한 상황에서 형태를 매칭하는 데 필요한 템플릿 마스크의 수가 적어서는 안 되는데, 다양한 형태 매개변숫값에 부합하는 형태의 수가 무한히 존재하기 때문이다. 명확한 값을 갖는 위치, 방향, 크기 등에 추가적으로 이 매개변수를 적용하게 된다.

다만 면밀한 분석을 통한 결과, 매개변수에 전부 매칭되는 것만으로는 여전히 불충분하다. 모델이 수평하게 움직이거나 조명에 의한 변화를 갖게 되기 때문이다. 만약 돼지의 한쪽 면이 광원에 더 가깝다면 그 부분은 더 밝게 보이며, 이에 따라 매칭에 사용하는 최종 템플릿도 해당 방향으로 움직이게 된다. 최종적으로 얻게 되는 근사는 그 품질이 좋지 않아, '적합도' 기준에 따라 돼지가 존재하지 않는다고 판별될 수도 있다. 다시 말해, 동물의 세기 프로파일을 잘 근사하기 위해서는 가능한 조명 변화를 고려해야 한다.

엄밀한 접근법은 주성분 분석PCA, principal components analysis을 사용한다. 학습 물체와 모델에 대해 각각 적합한 지점을 선택해, 둘 간의 위치 및 세기 변화를 PCA 시스템에 입력한다. 가장 높은 에너지를 갖는 고윳값은 예측되는 메인 변화 모드를 대변한다. 여기에 특정한 테스트 샘플을 근사해 각 변화 모드에 대한 세깃값과 적합도를 대변하는 전체 매개변수를 추출한다. 그러나 이러한 접근법은 상당히 계산량에 민감한데, 자유 매개변수의 수가 많은 편이기 때문이다. 또한 위치 및 세기 매개변수는 각각 별개로 측정해야 하며, 이 과정에서 각기 다른 스케일을 사용해야 제대로 동작할 수 있다. 다시 말해, 위치와 세기 정보를 분리하기 위한 방법을 필요로 한다. 이는 두 독립적인 PCA를 순차적으로 수행함으로써 해결할 수 있다. 즉, 위치 좌표에 대해 한 번, 세깃값에 대해 한 번 진행하는 식이다.

이 과정을 거치면 세 가지 중요한 형태 매개변수를 얻을 수 있다. 첫 번째는 수평 방향으로 돼지의 등이 휘어지는 정도로서, 평균 대비 78% 정도 범위 내의 분산에 해당한다. 두 번째는 돼지 머리의 숙인 정도로서, 이 매개변수는 전체 분산의 ~20%에만 대응하기 때문에 후속 분석에서 고려하지 않았다. 추가로 그레이 레벨 분포 모델은 세 변화 모드를 가지며, 합치면 세기 분산의 77% 정도에 해당한다. 이 중 처음 두 모드는 (1) 등뼈에 대해 대칭 분포를 갖는 일반적인 경우에 대한 세기 변화, (2) 세기 분포가 등뼈로 인해 수평으로 이동하는 좀 더 복잡한 변화다(이는 많은 경우 동물에게 수평으로 조명을 비추기 때문에 나타나는 현상이다). 그림 22.20을 참고하라.

PCA를 통해 중요한 형태 및 세기 변화 모드를 구할 수 있지만 모든 주어진 경우에 대해 동물의 프로파일을 근사하려면 필요한 만큼의 매개변수, 즉 하나의 형태 매개변수와 2개의 세기 매개변수를 사용해야 하는 것은 여전하다. 심플렉스 알고리듬(Press et al., 1992)은 이러한 관점에서 유용하게 쓰일 수 있음을 보인 바 있다. 최적 근사를 구하기 위해 최소가 돼야 하는 목적 함수는 (1) 렌더링된 모델(그레이 레벨)과 모델 영역 내의 이미지 사이의 평균 세기 차이, (2) 모델 경계를 따라 그 이미지 노멀 방향의 로컬 세기 그레이디언트 평균의 음수를 취한 값이다(모델이 동물의 외형을 제대로 찾았다면, 로컬 세기 그레이디언트는 동물 바로 근처에서 최댓값을 갖게 될 것이다).

그런데 앞에서 언급하지 않은 중대한 요소가 있다. 즉, 동물 모델의 위치와 정렬이 매우 정확해야 한다는 것이다(Cootes et al., 1992). 이는 초기 PCA와, 각 동물을 모델에 근사하는

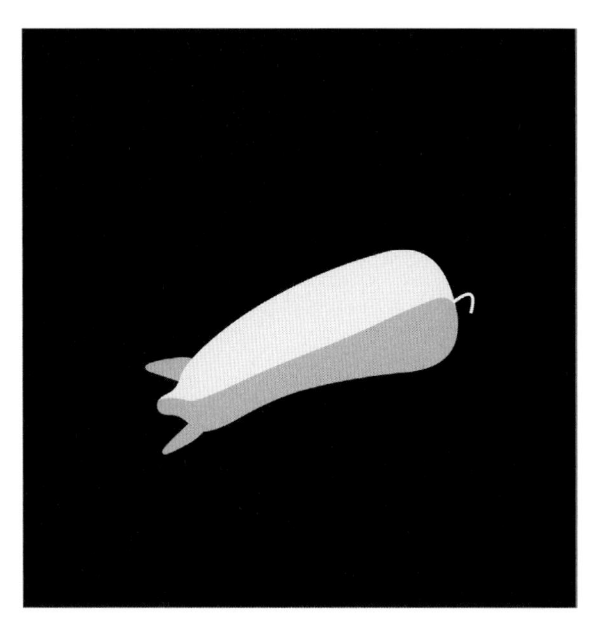

그림 22.20 PCA를 통해 찾은 세기 변화 모드 중 하나를 적용한 결과. 이 모드는 돼지를 수평 방향에서 비춤으로써 발생한다.

과정에 모두 해당한다. 여기서는 PCA 작업에만 집중해 살펴볼 것이다. PCA를 사용할 때는 이것이 편차의 특성을 구하는 방식임을 염두에 둬야 한다. 다시 말해, 분포 평균값에 대한 변화를 전부 고려해 그 편차를 최소로 해야 한다. 따라서 PCA를 진행하기 전 데이터를 설정할 때 모든 물체를 공통적인 위치, 방향, 스케일로 가져다놓는 작업이 매우 중요해진다. 여기서 PCA는 형태 분석과 관련이 있으며, 위치, 방향, 스케일에 대한 정규화가 미리 진행됐다고 가정한다(좀 더 일반적인 경우, 스케일은 PCA 자체적으로 필요에 따라 포함된다. 그러나 PCA는 계산량에 민감하기 때문에 불필요한 매개변수는 가능한 한 신경을 덜 쓸 수 있도록 하는 편이 낫다).

요컨대 지금까지 설명한 방식은 주목할 만한 성과를 거두었으며, 특히 형태와 세기 분석을 분리하는 측면에서 효율적이다. 또한 축산업 분야에서 컴퓨터 비전을 통해 동물을 감시하고 궁극적으로 행동을 분석하는 것이 가능함을 보였다.

22.15 결론

22장에서는 감시에 대한 내용을 다뤘으며, 그중 대부분은 도로나 보행 지구에서 사람과 차량의 행동 패턴 감시에 관한 것이었다. 또한 감시를 구현하기 위한 여러 이론과 방식도 살펴봤다. 배경 식별과 제거, 움직이는 물체의 검출과 추적, 지면 식별, 오클루전 추론, 칼만 및 파티클 필터, 관절로 연결된 물체 등의 복잡한 모션 모델링, 다중 카메라를 통한 시공간의 범위 확장 등이 이에 해당한다.

시간이 흐름에 따라 번호판 위치 파악 및 인식, 과속 차량 식별, 인간의 걸음걸이 분석, 동물 추적 등의 특화된 응용 분야도 등장했으며, 이 장에서는 이를 어떻게 구현할 수 있는지를 다뤘다. 초기 방식으로는 칼만 필터와 챔퍼 매칭이 있으며, 이후 확률론적 접근법을 도입한 파티클 필터를 위한 추적이 등장했다. 파티클 필터는 많은 진전을 이뤄왔으나, 확률적 평가만을 통해 이 정도의 성과를 이룰 수 있다고 보기는 어렵다. 인간이 움직이는 물체를 추적하는 과정에서, 필요한 정보에 대한 거대한 데이터베이스를 확보하게 되기 때문이다.

검출과 추적이 상당히 다른, 그러나 보완적인 기능임을 이해하는 것은 중요하다. 아울러 두 기능에 대해 동시에 최적인 알고리듬이 존재해야 할 이유는 없다. 22.3.3절에서 언급했듯이 전경 검출을 진행하기 위해서는 적절한 전경 모델이나, '배경 제외' 절차를 거치는 부트스래핑 과정을 사용해야 한다. 그러나 일단 검출이 가능하다면 원칙적으로 추적은 훨씬 간단하고 빠르게 진행할 수 있다. 다만 검출 + 추적 모델을 어떻게 효율적으로 확보할 수 있을지는 미지수다. 사실 걷는 사람들은 외관이 급격히 변화하는 물체에 해당하기 때문에 가능하지 않을 수도 있다. 따라서 두 과정을 연속적으로 진행하는 대신, 항상 병렬로 진행되게 하는 것이 더 자연스럽다(꼭 같은 속도로 진행할 필요는 없다). 탱크를 목표로 발사된 유도 미사일도 비슷한 경우에 해당하는데, 목표의 스케일이 수 배 차원으로 변화함에 따라 배경에 있는 다른 물체로 잘못 유도될 수 있기 때문이다. 마찬가지로 여기서도 연속적으로 작동하는 검출 알고리듬을 통해 추적 알고리듬을 모니터링해야 한다. 이 부분이 검출과 추적이 감시에 있어 응용 분야에 무관하게 핵심적인 역할을 한다는 측면에서, 이 장에서는 그 근간이 되는 내용으로 놓고 자세히 설명했다.

이 장에서는 정적인 카메라를 사용해 움직이는 물체를 감시하는 상황을 다뤘지만, 다음 장에서는 차량 내 비전 시스템, 즉 움직이거나 멈춰 있는 물체를 움직이는 카메라가 감시하는 좀 더 복잡한 경우를 살펴볼 것이다. 여기서는 지금까지의 비전 시스템 전략을 다시 살펴볼 기회를 갖게 될 텐데, 모든 장면 부분이 끊임없이 이동하고 변화하며, 정적인 배경에 기대어 기초적인 식별 작업을 진행하는 것이 사실상 불가능하기 때문이다.

22장에서는 대부분의 감시가 움직이는 물체의 검출과 추적에 대한 것이며, 여러 기능을 실현하기 위해 각기 다른 형태의 알고리듬을 필요로 함을 보였다. 대부분의 경우 지면의 위치를 찾는 것이 분석에 있어 제일 먼저 수반돼야 하며, 궁극적으로 행동 패턴을 분석하기 위해서는 많은 경우 오클루전 파악, 칼만 필터링, 복잡 모션 모델링, 다중 카메라 등을 필요로 한다.

22.16 문헌과 연보

살펴봤듯이 감시는 3D에서 모션까지 다양한 요소를 고려하고 있지만 그중 최고봉은 움직이는 물체, 특히 차량과 사람들을 추적하는 것이다. 몇 년 동안 추적은 곧 칼만 필터를 사용하는 것이었지만, 1990년대 들어서는 이 접근법의 불완전성을 보완하기 위해 파티클 필터를 개발하려는 움직임이 등장했다. 주요한 연구로는 Isard and Blake(1996, 1998), Pitt and Shepherd(1999), van der Merwe et al.(2000), Nummiaro et al.(2003), Nait-Charif and McKenna(2004, 2006), Schmidt et al.(2006) 등이 있다. 대부분의 초기 연구는 Arulampalam et al.(2002)에서 요약하고 있으며, Doucet and Johansen(2011)은 비슷한 목적으로 새롭게 보완해 출판됐다. 전자와 후자의 2008년 초본은 소개 논문이라기보다는 리뷰 논문으로 보는 것이 더 적합한데, 난이도가 상당히 높으며(이는 설명을 위한 그림이 빠져 있기 때문인 탓도 있다) 많은 경우 원본 연구를 참조하는 것이 더 쉽기 때문이다.

이러한 개발과 별개로, 파라메트릭 및 논파라메트릭 방식을 통해 배경 모델링을 진행하는 연구도 상당 부분 이뤄졌다. 예를 들어 Elgammal et al.(2000)을 참고하라. Cucchiara et al.(2003)은 정적 또는 움직이는 배경 문제를 정의하고 '고스트' 문제를 명확히 하여 이 부분에 기여했다. 그림자는 언제나 문제의 핵심으로 작용하는데, 단지 그림자가 정적이거나 움직일 수 있어서만이 아니라 정적이거나 움직이는 물체에 붙어서 발생하기 때문이다. Elgammal et al.(2000)과 Prati et al.(2003)은 이 부분에 대해 기념비적인 연구를 발표한 바 있다.

Khan and Shah(2000, 2003, 2009)는 단일 또는 다중 카메라를 통해 사람들을 추적하는 접근법의 틀을 마련했으며, 이후 Eshel and Moses(2008, 2010)은 이를 더 발전시켜 군중 장면에서 부감 추적을 정확히 진행할 수 있는 방식을 제시했다. Pflugfelder and Bischof(2008, 2010)은 겹치지 않는 뷰에 대한 접근법을 개발했는데, 이전 연구(Makris et al., 2004)에서 어느 정도의 일반성을 기반으로 이를 해결했다면, 여기서는 장면의 기하 개요에 대한 지식 없이 물체가 뷰 간을 통과해 이동할 확률을 학습하는 식으로 구현했다.

Vezzani and Cucchiara(2008) 및 Vezzani et al.(2011)은 오클루전이 발생할 수 있는 경우를 주의 깊게 분석한 뒤, 일시적으로 부분 또는 전체 오클루전이 발생하거나 움직이는 물체가 잠시 합쳐지는 경우에 대응해, 혼동하지 않고 빠르게 원래 상태로 돌아올 수 있는 알고리듬을 고안하게 했다.

교통 모니터링에 대한 연구는 오랫동안 이어져 왔다(예: Fathy and Siyal(1995), Kastrinaki et al.(2003)). 초기 연구로는 스네이크를 활용한 Delagnes et al.(1995), 칼만 필터를 사용한 추적을 다룬 Marslin et al.(1991), 그리고 지면상의 차량 인식을 다룬 Tan et al.(1994) 등이 있다. 신뢰 네트워크에 대한 자세한 내용은 Pearl(1988)을 참고하라. 아울러 모서리 검출자(6장 '모서리, 특징점, 불변 특징 검출') 역시 추적 용도로 널리 쓰임을 유의하라. 관련한 성능 평가를 진행한 연구로서 Tissainayagam and Suter(2004)가 있다.

인간의 모션에 대해서도 상당한 양의 연구가 진행돼왔다(Aggarwal and Cai, 1999; Gavrila, 1999; Collins et al., 2000; Haritaoglu et al., 2000; Siebel and Maybank, 2002; Maybank and Tan, 2004). 보행자를 구분하는 간단한 방식으로는 Sugrue and Davies(2007)을 참고하라. 그러나 인간 모션을 정밀하게 분석하기 위해서는 관절 움직임에 대한 연구가 필요하며(Ringer and Lazenby, 2000; Dockstader and Tekalp, 2001), 이를 가능케 한 초기 기법 중 하나로는 Wolfson(1991)이 발표한 것이 있다. 이에 따라, 많은 연구자가 인간의 걸음 패턴의 특징을 구하거나 인식할 수 있었다(Foster et al., 2001; Dockstader and Tekalp, 2002; Vega and Sarkar, 2003). 관련 주제에 대한 최신 모노그래프는 Nixon et al.(2006)을 참고하라. 특히 움직이는 차량에서 보행자를 식별하고 피하기 위한 목적으로 이러한 연구가 진행돼왔다(Broggi et al., 2000; Gavrila, 2000). 이 중 상당수는 선구자격인 초기 연구(Hogg, 1983)와 이후 고유 형태 및 변형

가능 모델에 대한 중요한 연구(Cootes et al., 1992; Baumberg and Hogg, 1995; Shen and Hogg, 1995)들에 그 근간을 두고 있다. 가브릴라의 보행자 검출 연구(Gavrila, 1998, 2000)는 챔퍼 매칭을 사용했으며, Leibe et al.(2005)는 최소 거리 길이 톱다운 분할을 통해 다중 가설을 다루는 방식을 사용하긴 했으나 챔퍼 매칭을 더욱 발전시켰다.

관절 모션이나 오클루전 등으로 인한 복잡한 주제의 경우, 비교적 최근에 등장한 방향 그레이디언트 히스토그램HOG, histograms of orientated gradient 같은(Dalal and Triggs, 2005) 단순하지만 우아한 성과를 항상 염두에 둬야 한다. 이러한 연구는 인간의 형태를 검출하기 위해 설계됐고 실제로 잘 들어맞는다. 기본적으로 이 방식은 인간 신체의 곧은 팔다리, 즉 많은 외각 지점이 같은 방향을 따라 배열되어 있는 상황에 초점을 맞추고 있다. 다만 걷거나 다른 움직임에 의해 자연스럽게 변화할 수는 있다. 이 방식은 이미지를 '셀'(픽셀 세트)로 나누어 각각에 대해 방향 히스토그램을 생성하는 과정에 기반한다. 또한 방향 히스토그램 빈에 투표하는 과정을 거쳐 그레이디언트 크기에 비례하도록 가중치를 구한다. 조명에 대해 강한 불변성을 갖기 위해서는 강건한 정규화 과정을 사용하게 된다. 셀들은 여러 방식을 통해 중복 블록으로 좀 더 크게 합쳐지며, 이 과정에서 일부 블록이 더 큰 신호를 냄에 따라 인간 팔다리가 존재함을 나타내게 된다. 그러나 흥미롭게도 HOG 검출자는 실루엣 등고선에 주로 치중해 머리와 어깨, 발을 강조한다. 이후 논문인 Dalal, Triggs, and Schmid(2006)에서는 HOG 검출자와 모션 검출자를 결합해 좀 더 개선된 결과를 얻었다(모션 검출은 가장 뛰어난 외형 기반 검출자 대비 10배 수준의 거짓 경고 비율 개선을 보였다). HOG 접근법의 흥미로운 지점은 웨이블릿 분석보다 훨씬 뛰어난 성능을 보인다는 것인데, 후자의 경우 너무 이른 시점에 이미지 데이터를 블러링함으로써 급격히 발생하지만 중요한 외각 정보를 제거하기 때문이다.

요약하면, 감시에 대한 연구는 오랫동안 이어져 왔지만 1990년대 중반부터 급격히 발전이 이뤄졌다. 이는 연구자들이 더 강력한 성능의 컴퓨터를 사용하게 됨에 따라, 실험상에서든 도로상의 시스템에서든 실시간으로 구현하는 것이 더 용이해졌기 때문이다. 최근 몇 년 동안은 현장 프로그래밍 가능 게이트 어레이FPGA, field programmable gate array(대략 2000년 즈음 시점에 이미 등장함)와 그래픽 처리 유닛GPU, graphics processing unit(특히 최근 들어 비디오 게임 산업과 컴퓨터 비전 간의 자연스러운 교류로 인해 부상함)을 사용한 실시간 시스템에 대한 발전이 이뤄졌음을 유의하라.

22.16.1 최신 연구

최신 연구 중에는 Kim et al.(2010)이 계층적 능동 형태 모델을 사용해 걸음걸이에 따라 인간을 인식할 수 있는 강건한 방식을 제안했다. 이 접근법은 기존에 비해 예측 기반이라는 면에서 특이하고, 걸음걸이를 직접 분석하는 대신 모델 매개변수 세트를 추출하는 기존 방식의 단점을 극복할 수 있다. 특징 추출은 모션 검출, 물체 영역 검출, 능동 형태 모델 매개변수에 대한 칼만 예측 등을 통해 이뤄진다. 이 방식은 배경 생성, 그림자 제거, 고인식률 확보 등의 작업을 좀 더 쉽게 진행할 수 있다. Ramanan(2006)은 새로운 반복적 파싱 방식을 통해, 게임을 하는 인간이나 크고 작게 날뛰는 말 등 관절 운동체의 모션을 잘 분석할 수 있음을 보였다. 이 접근법은 피부나 인간 얼굴 등의 위치에 무관하게 일반적으로 적용할 수 있다는 이점이 있다. Lian et al.(2011)은 카메라의 뷰가 20m 이상 분리되어 있을 때도 보행자를 인상적인 성능으로 추적할 수 있음을 보였다. 이는 Pflugfelder and Bischof(2008, 2010)이 ~4m 정보 분리 조건에서 보인 결과보다 훨씬 향상된 것이다.

Ulusoy and Yuruk(2011)은 시각 및 열화상 이미지 데이터를 융합해 그 속성을 보완하고 전체적인 성능을 향상했다. 이러한 융합으로 인해 재현율이 더 향상된다(즉, 거짓 음성률을 낮춘다). 그러나 동시에 정밀도는 낮아진다(즉, 거짓 양성률이 높아진다). 또한 논문은 적외선(열화상) 영역이 항상 높은 정밀도를 가짐을 언급하고 있다(이러한 현상을 보이는 이유는 열화상 이미지가 물체 픽셀에 해당하는 '전경' 정보를 좀 더 효과적으로 담아내기 때문이다). 즉, 융합은 재현율 개선이 필요할 때만 시도하는 것이 유리하다. 논문은 데이터를 융합하는 데 있어 더 효율적인 방식을 제시해, 이전보다 더 향상된 재현율을 얻을 수 있도록 하고 있다. 또한 유명한 데이터베이스 등에서 가져온 야외 군중 이미지를 대상으로 제안한 방식을 평가했다. 이 논문은 그보다 먼저 발표된 Davis and Sharma(2007) 연구에 상당 부분 기반하고 있다. 전자의 경우 제목에 '적외선' 이미지라고 명시하고 있으나, 사실 두 논문 모두 열화상 이미지를 대상으로 한다.

22.17 연습문제

1. 지면에 대해 역시점 매핑을 진행할 경우 이 새로운 방식으로 지면상의 지점을 잘 표현할 수 있다. 건물이나 사람에게는 왜 그렇지 않으며, 항상 뒤쪽 방향으로 기울어진 형태로 표현되는지 설명하라.

23

차량 내 비전 시스템

23장에서는 운전자 보조 시스템을 제공하기 위한 수단 중 일부로서, 차량 내 비전이 얼마나 가치 있는지를 따져본다. 이 시스템이 이뤄지기 위해서는 도로 자체뿐만 아니라 차선 등의 여러 표식, 표지판, 다른 차량, 보행자 등 수많은 물체를 식별해야 한다. 특히 보행자의 경우 그 동작이 상대적으로 예측하기 어려우며, 도로로 진입하는 사람들은 사고를 유발하기 쉽기 때문에 특히 중요하다. 즉, 운전자 보조 시스템이 이들을 피할 수 있도록 도움을 주어야 한다.

차량 내 비전 시스템을 설계하는 것은 절대 단순한 작업이 아닌데, 움직이고 있는 카메라를 통해 이를 구현해야 하기 때문이다. 다시 말해, 장면 내의 모든 물체가 움직이는 환경에 대응해야 한다. 따라서 배경을 고려하지 않도록 제거하는 작업이 굉장히 어려워진다. 그러므로 모션 기반 분할 대신에 각 물체를 따로 인식하는 방식을 좀 더 비중 있게 다뤄야 한다.

23장에서 다루는 내용은 다음과 같다.

- 도로, 도로 표지판, 도로 마킹 위치를 찾는 법
- 차량 위치를 찾을 수 있는 몇 가지 방식들의 비교
- 차량 번호판 및 바퀴를 관측함으로써 얻을 수 있는 정보
- 보행자 위치를 찾는 법
- 소실점(VP)을 통한 기본적 장면 이해
- 지면 식별 방법
- 지면의 평면도를 확보해 내비게이션을 보조하는 법
- 비전을 통해 롤, 피치, 요를 보정해 차량을 안내하는 법

평범한 도로 상황에서는 차량 내 비전 시스템을 구축하는 것이 쉽지만, 농장이나 들판 등 구조화가 적은 환경에서는 다소 어려움이 있다. 대신 GPS(global positioning system)에 상당 부분을 의지해야 하며, 목적에 부합하는 다른 방법론을 도입해야 할 수도 있다.

23.1 서론

이 장에서는 차량 내 비전 시스템을 소개한다. 여기서 다루는 주제는 앞 장과 상당 부분 겹치며, 특히 교통 감시에 대한 내용이 그러하다. 다만 카메라가 (일반적으로) 높은 지지대에 정적으로 고정되어 있는 것이 아니라 차량 내에서 움직이며 감시한다는 차이가 있다. 환경은 비슷할지 몰라도 그 상황은 근본적으로 다른데, 카메라 플랫폼이 모션 상태에 있고 보이는 것 중 멈춰 있는 게 거의 없기 때문이다(표 23.1). 이는 배경 제거 같은 방식을 사용하기가 너무나 어려움을 뜻한다. 이론적으로는 프레임 시퀀스에 부합하는 일반 시점 변환을 찾을 수 있기 때문에 배경 제거가 가능하지만, 이를 위해서는 이미지 큐를 사용하는 간단한 방식이 아닌 고도로 복잡한 방식을 사용해야 한다. 그리고 충분히 정확한 수준의 시점 변환을 찾기 위해서는 상당한 계산량이 필요하므로, 이미지 시퀀스를 분석하는 데 있어 그다지 유용한 전략은 아니다.

이렇듯 움직이는 플랫폼상에서 움직이는 물체를 분석하는 문제의 난이도는 더욱 높으며, 이를 적절하게 해결하기 위한 방법을 찾아야 한다. 다행히 도로 위에서 관찰할 수 있는 장면의 형태는 크게 제한적이다. 특히 도로 자체는 이미지 전경에 속하며 쉽게 식별할 수 있다. 또한 일반적으로 도로는 어두운 세기 특성을 가지며, 먼 거리도 어렵지 않게 인식할 수 있다. 카메라에 대해 움직인다는 점은 그다지 큰 영향을 끼치지 않는다. 사실 도로 표면을 내려다보며 모션을 검출하는 것도 상당히 어렵다. 다음으로 차량 내에서 봐야 하는 표준적인 물체들의 종류를 나열해보면 건물, 다른 차량, 보행자, 차선 표시, 표지판, 전신주, 가로등, 중앙분리대 등이다. 이러한 물체들은 높은 빈도로 나타나기 때문에, 속도와 거리에 무관하게 각각에 대해 인식이 가능해야 한다. 즉, '분석의 첫 단계로서' 모션의 속도를 무시하고 패턴 인식에 집중하는 것이 더 유리하다. 그래도 거리를 고려하면 인식을 더 잘 수행할 수 있는

표 23.1 모션이 발생할 때의 난이도

1. 정지해 있는 플랫폼에서의 정적인 물체 위치 탐색
2. 정지해 있는 플랫폼에서의 움직이는 물체 위치 탐색
3. 움직이는 플랫폼에서의 정적인 물체 위치 탐색
4. 움직이는 플랫폼에서의 움직이는 물체 위치 탐색

데, 물체가 도로와 만나는 가장 낮은 위치를 통하면 처음부터 쉽게 구할 수 있다(이 경우 장면에 대한 초반 분석 단계에서 중요한 부분으로서, 도로를 다른 것과 이미 분할했다고 가정한다). 분석의 목적에 따라(이 부분에 대해서는 뒤에서 다시 다룰 것이다) 도로 영역에 놓인 물체를 식별하는 것이 더 중요할 수 있기 때문에, 도로 영역을 분할하는 것이 첫 단계로서 더욱 큰 중요함을 유의하라. 그런 다음, 이러한 물체들(이제 다른 차량, 보행자, 차선 표시, 표지판, 신호등 등의 서브셋)을 각각에 맞게 식별한다. 이렇게 한 뒤 움직이는 플랫폼의 정확한 모션과 다른 모든 물체에 대한 상대적인 위치를 확인해야 한다.

다음으로 차량 내 비전 시스템을 구현하고자 하는 목적에 대해 생각해보자. 크게 두 가지로 나누어볼 수 있다. (1) 도로 내비게이션. 즉, 차선을 유지하고, 표지판 및 신호등을 통해 어디로 가야 할지, 언제 멈춰야 할지 등의 정보를 확보하게 된다(여기서는 단순함을 위해 GPS 같은 보조 수단과 여러 곳에서 수집한 데이터를 융합하는 과정에 대해서는 고려하지 않는다). (2) 주행자 보조. 이 과정에서 (1) 등의 여러 요소를 고려하고, 급정거 차량이나 도로에 끼어드는 보행자 등 중대한 상황을 보행자에게 알린다. 이때 비전 시스템을 통해 획득한 많은 정보는 여러 가지 방식으로 운전자에게 전달돼야 한다. 그러나 보행자, 예상치 못하게 브레이크를 밟는 차량, 갑자기 끼어들어 추월하는 차량 등을 피하기 위해 운전자가 빠르게 반응하지 못할 수 있다는 점에 특히 유의할 필요가 있다. 또한 졸음운전이나 다른 탑승자의 방해, 여러 곳을 동시에 탐색해야 하는 등의 이유로 너무 느리게 반응하면 사고의 위험이 커진다는 문제가 있다. 이러한 경우 주행 보조로 하여금 자동으로 브레이크를 밟기 시작하거나 방향을 틀도록 하는 것이 중요하다. 혹은 비전 시스템이 전체 자동 운전 시스템의 일부가 되도록 하는 여러 상황을 상상해보자. 이 경우 법적인 문제나 사고가 났을 때의 책임 소재(즉, 운전자, 자동차 제조사, 비전 시스템 디자이너 등) 등의 문제에 매이게 된다. 여기서 이러한 문제들을 깊이 다루지는 않을 것이지만, 비전 시스템이 혁신적인 기술인 것은 확실하다. 그러나 비전 시스템과 운전자 보조 시스템이 충분히 강력해지면, 밀접 경호(도로로 무언가를 운송하는 빠르고 안전한 방법으로 많이 알려진) 등의 다른 분야에서도 그 지분을 차지할 것이다. 아울러, 크루즈 컨트롤이나 자동 주차 등 운전자 보조가 의미를 갖는 다른 분야들도 많다.

이 장에서는 비전 시스템을 통해, 일반적으로 차량 가이드나 운전자 보조에서 필요로 하는 모든 종류의 감지, 특히 도로와 차선의 위치, 다른 차량의 식별, 도로에 근접하거나 진입한 보행자의 위치를 파악하는 방법에 집중해 살펴볼 것이다. 앞에서 언급했듯이, 가장 처음 진행하는 절차는 도로의 위치를 찾는 것이다. 다음 절에서 이에 대해 다뤄보겠다.

23.2 도로 위치 탐색

4장 '임계화의 역할'에서는 다중 레벨 임계화 접근법을 사용해 도로의 위치를 찾는 기법을 설명했다(그림 4.9(B) 참고). 실제로 도로는 3단계 또는 4단계 임곗값, 구체적으로 이미지상에서 그레이 레벨이 100~140 범위 내에 있는 영역으로 식별된다. 예를 들어, 그림 23.1(B)에서처럼 두 임곗값이 더 넓은 그레이스케일 범위(60~160)를 나누는 경우에도 비슷한 결과를 얻을 수 있다. 이렇듯 비교적 이상적인 경우가 아니더라도, 임계화는 다소 이상적이지 않은 경우에도 대입할 수 있는 기본적인 기법에 속한다. 예를 들어 그림자가 도로에 그림자가 드리운 경우, 이로 인해 형성되는 두 인접 영역은 각각 구분되는 세기 크기를 갖게 되며, 마찬가지 방식을 통해 식별하는 것이 가능하다. 또한 조명 밝기가 변함에 따라 특정 세깃값이 다른 세깃값으로 부드럽게 이어지게 되므로, 만약 세기 임곗값 범위를 적절히 잡는다면(그림 4.9 및 그림 23.1 참고) 분할 문제를 완전히 동일한 방법으로 해결할 수 있음을 유의하라. 그러나 궁극적으로 이 문제는 패턴 인식에 대한 것이며, (1) 도로 차선 표시 등의 다른 물체를 제거하고 (2) 도로의 한계 범위를 식별하며 (3) 색상이나 텍스처 등의 다른 특징을 고려하는 식으로 해결할 수 있다. 도로는 많은 경우 단조로운 회색을 띠고 있기 때문에, 풀, 나무, 건물 외벽 등의 다른 주변 색상을 고려하는 방식만이 가능함을 유의하라. 이로 인해 전체 시스템이 더 복잡해지기는 하지만, 패턴 인식 자체는 비교적 성숙한 주제이며, 잘 알려지고 오랫동안 쓰여온 것이다. 차량의 모션을 고려할 경우 해결에 어느 정도 도움이 될 수 있다(지금까지 굳이 이 방식을 다루지 않은 이유는 가장 단순하고 기본적인 단계에서부터 논의를 쌓아오기 위함이다). 이 경우, 차량의 정확한 모션을 계산하지 않아도 도로가 먼 거리까지 정면으로 길게 뻗어 있음을 전제로 하면, 차량이 지나갈 때만 해당 도로 부분이 변화한다는 점을 이용할 수 있다. 더 나아가 정면에 보이는 도로 영역에서 존재하는 모든 차량은 분명히 도로 위에서 달리고 있을 것이므로, 부분적이라도 끊임없이 식별이 이뤄진다. 따라서 차량의 카메라가 차량을 식별할 가능성이 있는 영역에 대해 계속 기록을 진행하게 한다면, 세깃값에 따른 식별 과정에서 발생하

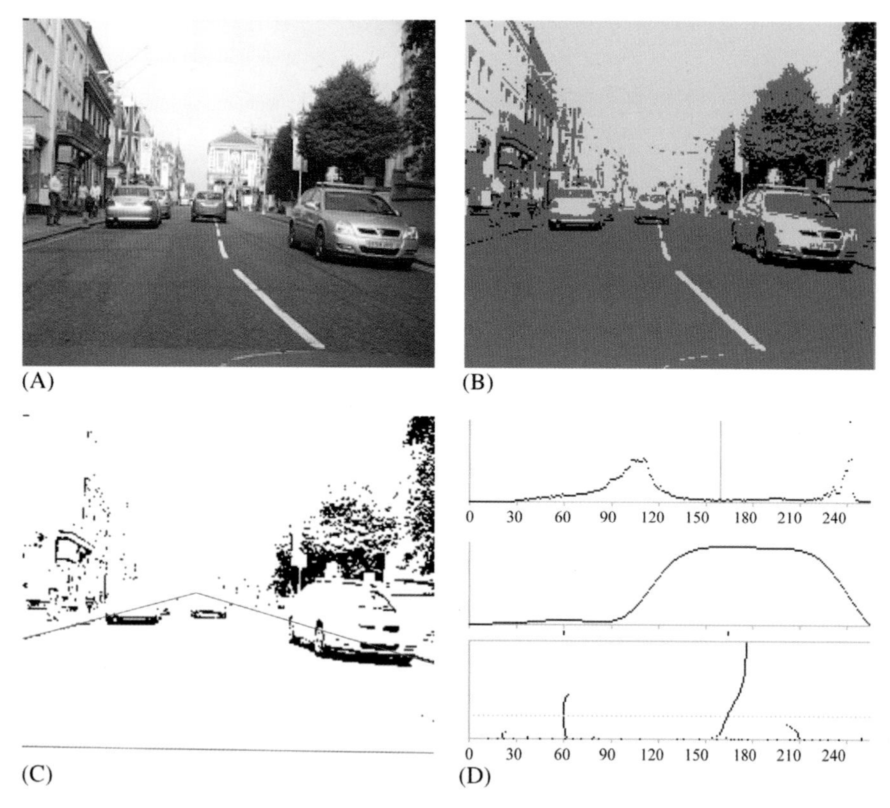

그림 23.1 움직이는 차량에서 취한 프레임: (A) 원본 이미지, (B) 2단계 임계화를 적용한 이미지, (C) 낮은 임곗값을 취한 결과, (D) 위: 원본 장면의 세기 히스토그램. 중간: 전역 골짜기 변환과 스무딩을 거친 결과. 아래: (B)에서 사용한 임곗값을 자동으로 찾는 과정(점선). 구체적인 내용은 4장 '임계화의 역할' 본문을 참고하라. (C)의 붉은 줄은 차량 하단의 그림자가 대부분 도로 영역 내에서 식별됨을 보여주고 있다. © IET 2008

는 불확실성을 제거할 수 있다. 마지막으로, 이러한 모션 매개변수를 고려하면 칼만 필터를 통해 도로 경계를 계속 파악함으로써 많은 나머지 문제들을 해결할 수 있다.

23.3 도로 표시 위치 탐색

그림 4.9 및 그림 23.1에서 확인할 수 있듯이 다중 레벨 임계화 기법은 도로의 회색 표면 위치를 찾지만, 동시에 흰색 차선 표시를 분할한다. 그러나 흰색 표시가 완전히 흰색인 경우는 거의 없고, 오염되거나 이전 표시 위에 덧그린 경우가 대부분이다. 어떻든 이를 임계화로 분

그림 23.2 RANSAC을 활용한 차선 표시 위치 탐색: (A) 원본 도로 장면에 RANSAC을 사용해 차선 표시를 식별한 결과, (B) 외각 지점의 로컬 극댓값을 RANSAC에 대입해 차선 표시 위치를 찾은 결과. 차선 표시는 전체적으로 수평선상에 거의 수렴하지만, 각 차선의 평행한 변은 그렇게 잘 수렴한다고 보기는 어렵다. 이는 너무 적은 수의 외각 지점을 사용하기 때문에 불가피한 한계로서, RANSAC 자체의 실패라기보다는 외각 검출자의 실패에 가깝다.

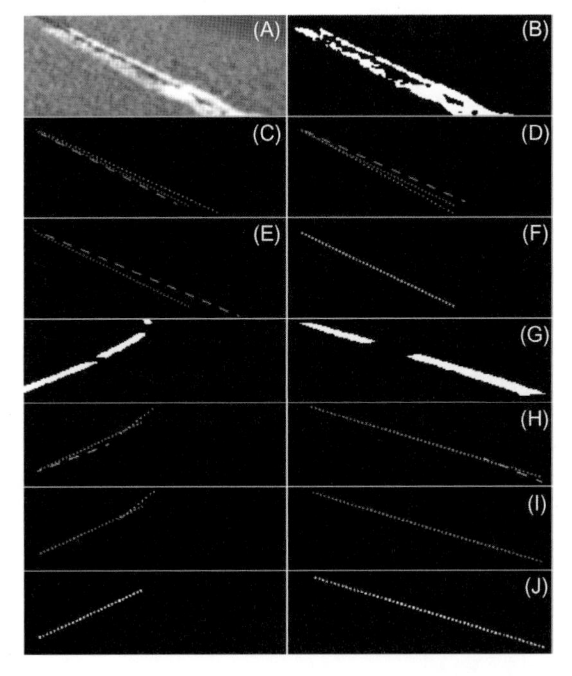

그림 23.3 RANSAC을 통한 추가 차선 표시 위치 탐색 결과: (A) 원본 이미지 1. 부분적으로 벗겨진 이중 실선, (B) (A)에 임계화를 적용한 결과, (C) 3-3, (D) 3-6, (E) 3-10, (F) 3-11('$d_i - d_d$'는 각각 '근사 거리' 및 '제거 거리'를 나타낸다. 본문 참고), (G) 원본 이미지 2. 임계화를 미리 진행한 결과로서, 표시가 없는 도로 중앙 부분은 공간을 절약하기 위해 제외했다. (H) 3-3, (I) 3-6, (J) 3-11. (F) 및 (J)에 최종 결과를 점선으로 나타내었다. 나머지 경우 점선과 파선으로 각각 다른 선을 구분했다. 임계화 직후 수평 이등분 알고리듬을 통해 수평선을 따라 흰색 영역의 중점을 찾고, 그 결과를 RANSAC에 대입해 근사를 진행함을 유의하라. © IET 2011

할한 결과는 완전한 식별과 거리가 멀다. 이 딜레마를 해결하는 방법 중 하나는 도로 표시를 적절한 모델에 근사하는 것이다. 대부분 직선으로 모델링하는 것이 적절하지만, 경우에 따라서는 포물선을 사용해야 할 수도 있다. 그림 23.2는 RANSAC^random sample consensus 기법을 활용해 연속적 또는 끊어진 도로 표시를 식별하여 수평선상의 VP 위치를 상당한 수준으로 근사한 결과를 나타낸다. 차선 표시 너비도 이 방식을 통해 측정할 수 있다. 그림 23.3은 여기서 더 나아가, 각 차선 표시 데이터를 RANSAC에 대입하기 전에 수평으로 로컬하게 이등분하여 신뢰도 및 정확도를 향상했다. 이렇게 하면 불필요한 신호를 제거할 수 있으며, 필요 시 수평 너비를 추가로 필터링하면 된다. 도로 표시가 곡선 형태일 때도 RANSAC은 가장 직선에 근접한 섹션을 찾아냄을 유의하라. 비슷하게, 오래된 차선 표시로 인해 왜곡된 형태도 이 방식을 통해 제거할 수 있다(그림 23.3(A)). 10장 '선, 원, 타원 검출'에서 설명했듯이 여기서 사용된 RANSAC은 선분 부분 근사에 사용된 지점들을 잘 제거하며, 너비 제외를 위한 임곗값 d_d를 근사 임곗값 d_f보다 크게 잡아서 후속 선분 부분을 찾을 때 알고리듬에 혼동을 줄 수도 있는 지점을 남기지 않도록 한다(그림 23.4에 나타낸 알고리듬 순서도를 참고하라).

23.4 도로 표지판 위치 탐색

다음으로 차량의 주변을 분석해 도로 위에 있거나 근접하고 있는 정적인 영역을 고려해보자. 요컨대 교통 표지판에 대한 것이다. 표지판에는 중요한 경고들이 포함되어 있으나, 여기서는 그중 일부만을 다룰 것이다. 예를 들어, 과속 방지턱 또는 양보 표지판 등을 생각해보라. 물론 다른 많은 표지판도 비슷한 형태로 이뤄져 있다. 즉, 흰색 바탕에 검은 글씨로 메시지가 쓰여 있으며, 붉은 삼각형이 외각에 그려져 있다. 이러한 표지판의 위치를 찾는 데 있어, 색상을 사용할 경우 그 접근법이 너무 쉬워진다(거기에 더해 조명 조건이 잘못될 경우 색상을 잘못 인식할 수 있음을 유의하라). 대신, 22 × 19픽셀 크기의 작은 바이너리 템플릿을 사용한다. 다소 엉성해 보이지만, 이 작은 템플릿은 원하는 물체의 위치를 찾는 데 매우 적은 계산량만을 요구한다는 장점이 있다. 그림 23.5의 경우 챔퍼 매칭 기법(22.7절)을 사용해 신호등을 검출했다. 템플릿은 원래 과속 방지턱 표지판을 검출하기 위해 설계된 것이지만, 양보 표지판에 대해서도 그 신호가 두드러진다. 실제로 이 템플릿을 통해 얻은 신호 크기는 이미지 내의

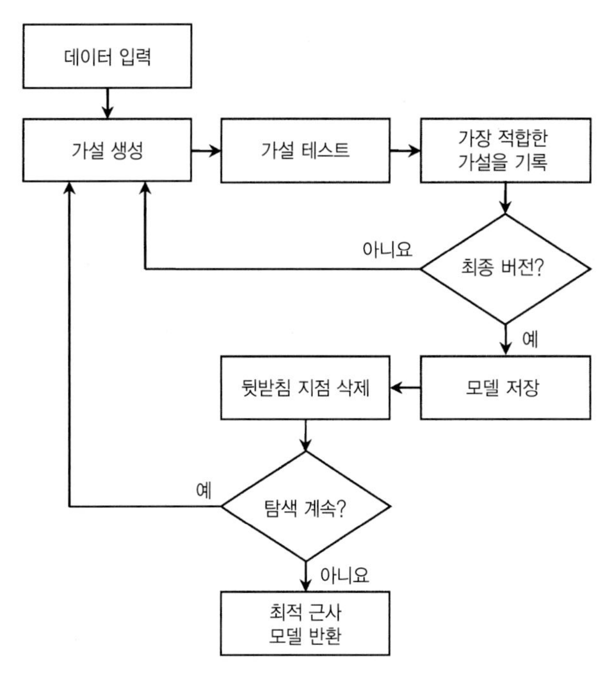

그림 23.4 그림 23.3에서 평가에 사용한 차선 검출자 알고리듬의 순서도 © IET 2011

다른 위치와 비교했을 때 신호 대 잡음비를 훨씬 넘어서며, 그나마 거짓 경고의 가능성이 가장 큰 경우는 온갖 모양이 뒤섞여 있는 나무 꼭대기 부분 정도다. 예시로 든 이미지를 촬영한 환경은 비온 뒤 도로 곳곳이 반짝거리는, 다소 이상과 거리가 먼 조건임을 유의하라. 요컨대 챔퍼 매칭 기법은 고정되어 있는 다양한 종류의 표지판 위치를 빠르게 찾는 데 상당히 적합하다.

템플릿을 잘 설계하면 모든 종류의 삼각형 표지판 위치를 찾는 데 활용할 수 있다. 무엇보다 내부가 흰색으로 비어 있는 형태가 그림 23.5(E)와 같은 과속 방지턱 모양보다 더 적합함을 유의하라. 즉, '양보' 문구가 쓰인 템플릿 중심 부분을 무시하게 된다. 실제로 템플릿은, 예를 들어 Davies(1992d)에서 소개한 방식 등 적절한 학습을 통해 설계가 이뤄져야 한다. 이 방식의 경우 매칭 필터 접근법을 통해 템플릿을 설계하며, 학습 샘플의 로컬 변화량(표준편차 $\sigma(\mathbf{x})$로 표현됨)을 노이즈값으로 취해 로컬 가중치를 줄이게 된다. 따라서 로컬 가중치는 학습 과정에서 $\mathbf{x}$의 평균 로컬 신호 $\bar{S}(\mathbf{x})$가 아니라 $\bar{S}(\mathbf{x})/\sigma(\mathbf{x})^2$이 된다(Davies, 1992d). 앞에서 살펴본

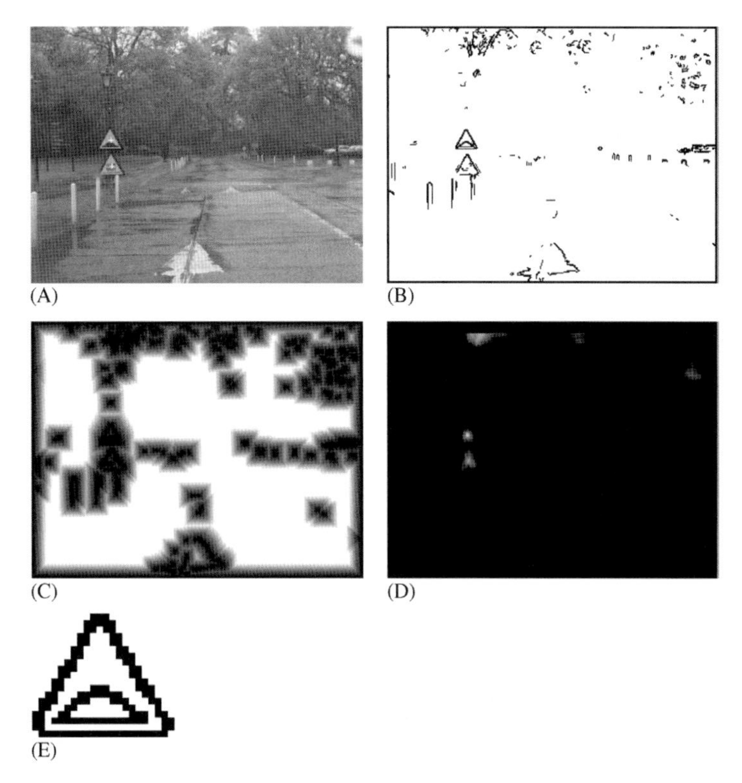

그림 23.5 챔퍼 매칭을 사용한 도로 표지판 위치 탐색: (A) 두 삼각형 표지판을 포함한 원본 이미지(각각 과속 방지턱과 '양보' 표시를 나타내고 있음). 챔퍼 매칭 알고리듬을 통해 찾은 각 표지판의 중심 위치를 흰색 십자로 나타내었다. (B) 비최대 억제를 통해 임계화를 거친 외각 이미지, (C) 거리 함수 이미지. 여기서는 가시성 인수(display enhancement factor)를 20으로 주었으며, 13픽셀 이상 거리에 대해서는 그 값이 포화되어 나타난다. (D) 템플릿 (E)를 이미지 전체에 대해 움직여서 얻은 반응 결과

표지판 형태의 경우, 중앙 흰색 영역 내의 검은 부분에 대한 변수 분포를 다루기 위해 이 방식을 통하는 것이 최적이다.

23.5 차량 위치 탐색

최근 들어, 감시 분야나 차량 내 비전 시스템에 적용하기 위해 도로상의 차량 위치를 찾는 여러 알고리듬이 설계됐다. 그중 주목할 만한 것은 차량에 의해 생겨난 그림자를 찾는 것이다(Tzomakas and von Seelen, 1998; Lee and Park, 2006). 중요한 사실은 차량 바로 밑에 나타나는

그림자가 가장 진하다는 것이다. 특히 하늘이 흐려서 다른 그림자들이 보이지 않아도 그 부분의 그림자를 확인할 수가 있다. 이러한 그림자는 마찬가지로 4장 '임계화의 역할'에서 다룬 다중 레벨 임계화를 통해 식별할 수 있다. 그림 23.1은 해당 상황의 예시를 보여주는데, 도로 영역에서 오로지 차량 아래의 그림자 부분 픽셀만 어둡게 나타나고 있다. 실제로 차량 밑부분의 그림자는 차량보다 아래에 존재하기 때문에, 그림자에 근접한 차량 위치를 찾는 좋은 방법은 도로의 가장 낮은 곳에서 시작해 어두운 픽셀이 나올 때까지 위쪽으로 올라가보는 것이다. 이 방식을 사용하면 높은 확률로 차량의 위치만을 찾게 된다. 그림 23.1(C)의 경우 이렇게 하면 나무를 찾게 될 가능성도 있지만, 점선 삼각형으로 나타냈듯이 나무들은 도로 영역보다 한참 위에 있기 때문에 그 가능성을 제거할 수 있다.

앞에서 도로 표지판 위치를 찾는 방식을 살펴보는 과정에서 지적했듯이, 조명 조건 등의 변화에 따라 차량 등의 물체 위치를 찾을 수 있는 다양한 방식을 확보하는 것이 더 유리하다. 이러한 맥락에서, 오래전부터 사용돼온(예: Kuehnle(1991), Zielke et al.(1993)) 대칭성에 대해 살펴보자. 그림 23.6은 물체의 수직 대칭축을 통해 그 위치를 찾는 여러 예시를 보여준다. 이 접근법은 1차원 허프 변환을 사용해 히스토그램을 얻고, 이미지 전체에 대해 외각 지점 쌍의 수평 이등분점을 구해나간다. 얼굴 검출에 이 접근법을 적용하면, 높은 민감도에 따라 얼굴의 중심점뿐만 아니라 눈의 위치도 구해진다. 그림 23.6(C)의 경우 알고리듬이 왼쪽 눈 위치를 찾는 과정에서 아래쪽의 금속 물체와 혼동을 일으키지만, 이 부분을 제외하면 큰 문제는 나타나지 않는다. 알고리듬이 전체 눈에 할당된 부분을 평균 내기 때문에 약간의 편향이 발생하며, 홍채와 나머지 눈 간의 거리가 중요함을 유의하라. 마찬가지로 그림 23.6(E)의 나뭇잎 위치도 어렵지 않게 찾을 수 있긴 하지만, 구한 수직축의 정확한 위치는 아래쪽 두 이파리와 위쪽 잎 부분의 비중을 평균 낸 결과를 대변한다. 이 경우 각각의 나뭇잎 위치를 식별하는 것이 더 낫다. 그림 23.6(G)에서는 이러한 문제가 덜 나타나기 때문에, 오른쪽 차가 정확히 수평이 아님에도 불구하고 두 차량의 위치를 상당히 정확하게 찾게 된다. 흥미롭게도 하부 그림자 방식을 통해서도 두 차량을 찾을 수가 있는데, 각 차량이 서로 다른 차선 위에 있기 때문에 식별이 더 잘 이뤄질 수 있는 면도 있다.

이렇듯 대칭을 활용하는 것이 유용하긴 하나, 사용에 있어서는 어느 정도 주의가 필요하다. 특히 그림 23.6(G)의 빌딩은 창문 간의 수많은 대칭성으로 인해 불필요한 신호가 다발한

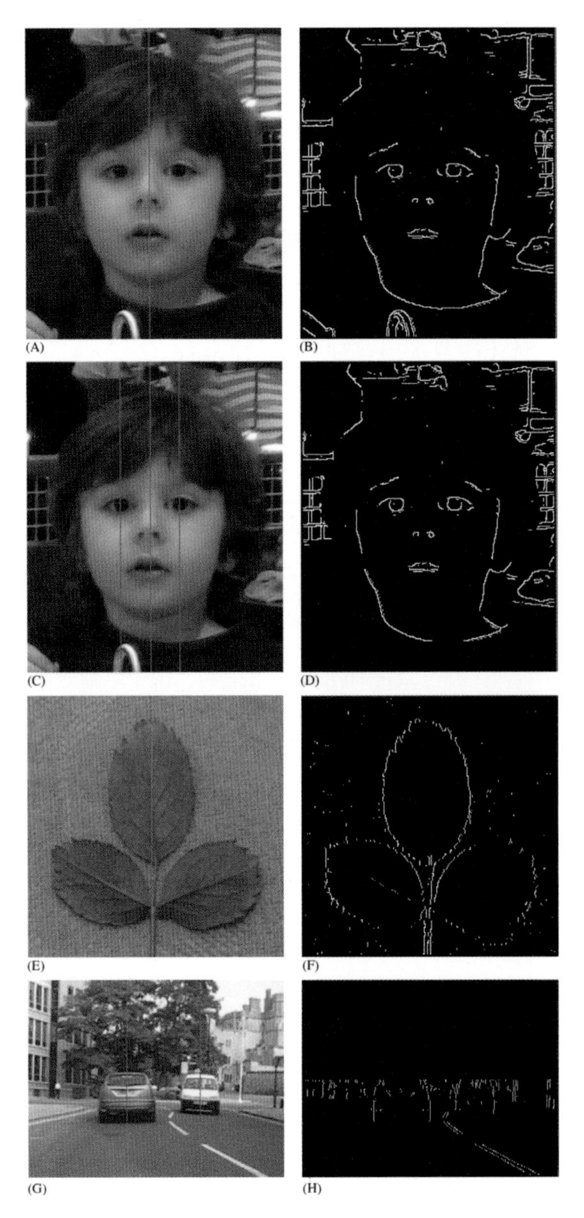

그림 23.6 이미지 내에서의 대칭성 탐색: (A) 수직축에 대해 대칭인 얼굴 이미지, (B) (A)의 대칭축을 찾기 위한 외각 이미지, (C) 눈에 대한 대칭축을 나타낸 원본 이미지, (D) 눈에 대한 대칭축을 찾기 위해 약간 제한된 외각 이미지, (E) 세 장의 나뭇잎이 대칭으로 놓인 원본 이미지, (F) (E)의 대칭축을 찾기 위한 수직 외각 이미지, (G) 원본 교통 상황 이미지에 대칭축을 표시한 결과, (H) (F)에서 대칭축을 찾기 위한 수직 외각 이미지. (C)의 왼쪽 대칭축이 약간 편향된 이유는 대칭축에 관여하는 픽셀의 수가 적은 편이며 이미지상의 다른 외각 픽셀에 의해 간섭이 이뤄지기 때문이다.

다. 요컨대 $x = 1, 3, 5$의 세 위치에 균일하게 떨어진 수직선이 있다면, 대칭성은 $x = 3$에도 존재하지만 $x = 2, 4$에서도 나타나게 된다.

마지막으로, 이 접근법에서 수직축에 놓이지 않는 회전 대칭성과 반사 대칭성은 그다지 유용하게 쓰이기 어렵다. 그러나 이는 수직 대칭축 위치를 찾기 위해 1차원 허프 변환을 사용할 수 있기 때문으로, 임의 방향의 선분에 대한 대칭을 찾는 데는 2차원 허프 변환을 적용할 수 있다. 즉, 단일 2차원 매개변수 공간을 정의하면 공간상의 각 수평선은 이미지의 여러 방향에 대한 대칭성을 나타낸다. 이러한 매개변수 공간은 수직 방향에 대해서도 약간의 일치성을 갖는다고 볼 수 있지만, 여기서는 이 부분을 깊게 다루지 않을 것이다.

23.6 번호판 및 다른 구조적 특징 관측을 통한 정보 취득

번호판 위치를 찾는 방법은 22.10절에서 이미 다룬 바 있다. 이번 절에서는 길이 R인 번호판을 비스듬히 관측했을 때 얻을 수 있는 내용을 살펴본다. 상황을 간단하게 하기 위해, 이미지 평면과 번호판이 모두 수직으로 놓여 있고 그 주축이 수평과 수직으로 정렬되어 있다고 가정한다. 그림 23.7(A)와 (B)는 번호판의 수평축을 각각 비스듬하게, 또는 부감으로 관측하는 상황을 나타낸다. 번호판의 중심선을 PT 방향에서 바라볼 경우 그 수평 투영(CQ)은 $R\cos\alpha$가 된다. 그림 23.7(C)에 따르면, 수직 투영(QT)는 $R\sin\alpha\tan\beta$다. 그러나 좀 더 일반화하여 수평 각도 λ를 갖는 임의의 방향 PT′에서 관측하면, 수평 투영은 CQ′이 되며 그 길이는 $R\cos\alpha - R\sin\alpha\tan\lambda$가 된다. 그림 23.7(D)에서처럼 각도 γ와 길이 R'은 다음 수식을 통해 얻을 수 있다.

$$\tan\gamma = \frac{\tan\alpha\tan\beta}{1 - \tan\alpha\tan\lambda} \tag{23.1}$$

$$\begin{aligned} R' &= R\cos\alpha(1 - \tan\alpha\tan\lambda)\sec\gamma \\ &= R\sin\alpha\tan\beta\,\mathrm{cosec}\,\gamma \end{aligned} \tag{23.2}$$

예를 들어, $\alpha = 0$ 또는 $\beta = 0$일 때 $\gamma = 0$인 경우 등을 생각해보면 이 수식들은 직관적으로 성립한다고 할 수 있다. 또한 기울인 상태로 관측하지 않는다면 $\beta = 0$, $\lambda = 0$, $\gamma = 0$이며, 따라서 식 (23.2)를 기울이지 않았을 때의 일반적인 관측 수식, $R' = R\cos\alpha$로 고쳐 쓸 수 있다.

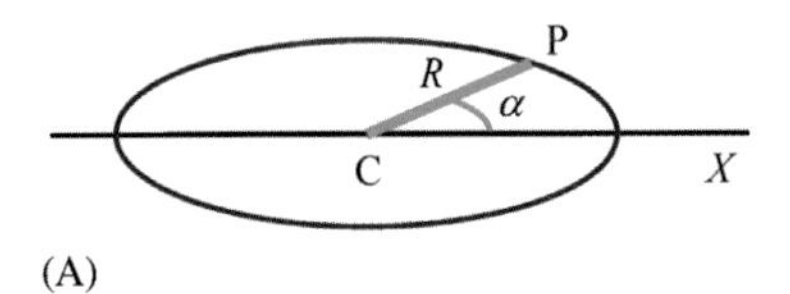

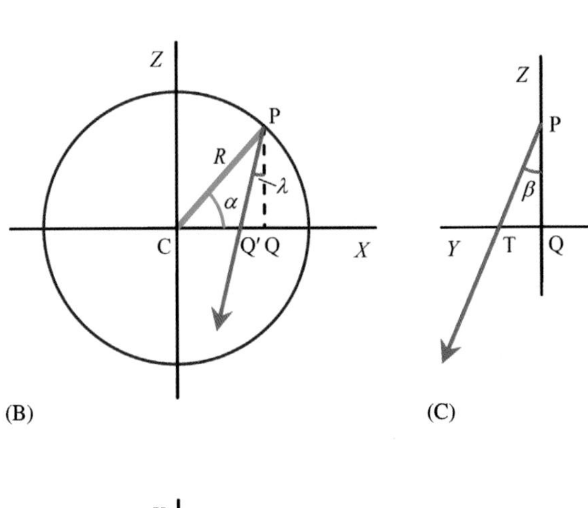

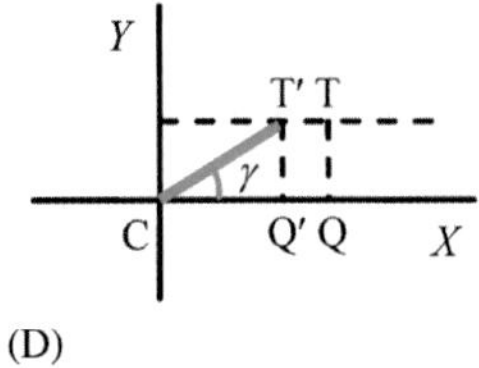

그림 23.7 수평선 자세 관측 기하: (A) 길이가 R인 수평 직선을 X축에서 α 각도만큼 회전해 관측한 결과, (B) 직선을 부감으로 관측한 결과, (C) 측면도. 관측 방향은 수평 각도 λ의 PT′을 따라 이뤄진다. 상승 각도 β는 T′이 아닌 T를 기준으로 정의됨을 유의하라. (D) X–Y 평면을 기준으로 한 전면 뷰. 이 평면은 x–y 이미지 평면과 평행이다. (B)의 수평선 CP는 (D)에서 γ 각도로 놓여 있음을 유의하라. 이때 CT′의 길이는 R'이 된다.

이보다 더 중요한 경우는 $\alpha = \pi/2$일 때이며, 이 경우 $\tan\gamma = -\tan\beta/\tan\lambda$가 된다. 이미지 평면 좌표 (x, y) 및 3차원 좌표 (X, Y, Z)를 취하여 이 결과를 해석할 수 있다. $\tan\beta = y/f$이고 $\tan\lambda = x/f$임을 고려하면, $\tan\gamma = -y/x = -Y/X$를 얻을 수 있다. 이는 카메라 광축에 평행한 도로의 투시선에 해당한다(수식에서 마이너스 부호는 $\alpha = \pi/2$일 때 γ가 $\pi/2$에서 π 범위 내에서 관측됨에 따른 것이다).

마지막으로, 관측 방향을 따라 나타나는 선분 투영을 구하는 대신, 이미지 평면 x–y에 평행한 수직 평면 X–Y에 대한 투영을 고려했음을 유의하라. 이렇게 얻은 수식은 단지 직교 투영이 아니라, '정확히' 이미지 평면에 대한 시점 투영에 대응한다.

이제 α에 대한 수식을 정리해보자. 식 (23.1)을 풀면 다음과 같은 결과를 얻는다.

$$\tan\alpha = \frac{\tan\gamma}{\tan\beta + \tan\gamma\tan\lambda} \tag{23.3}$$

다음으로 이미지의 x축 및 y축을 따라 번호판 중심선을 각각 δx, δy로 투영하면, 매개변수 β, γ, λ 모두 측정이 가능하다. 따라서 α를 다음과 같이 구할 수 있다.

$$\tan\alpha = \frac{\delta y/\delta x}{(y/f) + (\delta y/\delta x)(x/f)} = \frac{f\delta y}{y\delta x + x\delta y} \tag{23.4}$$

이런 식으로 공간상에서의 번호판 방향을 알 수 있다. 원칙적으로 식 (23.2)를 사용하면 번호판의 범위를 구하는 것이 가능하다. 이를 위해서는 R 값을 알아야 한다. 영국 표준 번호판의 경우 R 값은 비교적 잘 정의되어 있으며(번호판 내의 글자 수를 알고 있다는 가정하에), 따라서 식 (23.2)를 통해 R'을 구할 수 있다. 다음으로, 번호판의 길이 r에 대한 R'의 비율을 통해 범위 Z를 구해보자.

$$Z = fR'/r = \frac{fR'}{[(\delta x)^2 + (\delta y)^2]^{1/2}} \tag{23.5}$$

번호판의 짧은 변 길이와 방향을 사용할 수 있다면, 이 축이 수직이라는 가정을 사용하지 않아도 된다. 그러나 이 짧은 선분을 충분히 정확하게 측정할 수 있어야 상당한 수준의 개선이 가능한데 이는 쉽지 않다. 그 대신 차선책으로서 긴 축의 길이를 측정해 차량의 위치를 대략적으로 구한 다음, 다른 측정값으로 이를 보완하는 방식을 취한다.

그런데 앞에서 다룬 방법론의 경우, 도로상에서 캠버의 변화로 인해 혼동이 발생할 수도 있다. 그러나 도로 건너편의 캠버가 상당히 다른 값을 갖는다 하더라도, 같은 편 도로의 번호판을 관측할 경우에는 그 효과가 상쇄됨을 유의해야 한다. 다음으로 γ의 크기는 y에 좌우되며, 따라서 목표 특징에 대한 카메라의 높이와 연관을 갖게 된다. 이는 번호판에 대해 관측한 γ 값이 뒷바퀴보다 작음을 뜻한다. 따라서 뒷바퀴가 가려지지 않았다면, 번호판을 사용한 것보다 α를 더 정확하게 추정할 수 있다. 그럼에도 불구하고 번호판은 뒷바퀴보다 더 안정적인 지표로서 사용할 수 있는데, 오클루전이 일어날 확률이 낮을 뿐만 아니라 독자적으로 인식할 수 있기 때문이다. 실제로 어떤 차량의 뒷바퀴를 다른 차량의 것으로 혼동할 수 있

그림 23.8 비스듬히 관측한 차량. 차량의 후면 뷰보다는 측면 뷰를 통해 방향에 대해 더 자세한 정보를 얻을 수 있다.

고, 심지어 앞바퀴와 구분을 못할 수도 있다. 마지막으로 고려해야 할 부분은 우리가 구하려는 α는 많은 경우 작은 값을 가지며, 역시 작은 γ 값으로부터 구해야 한다는 것이다. 이때 두 값 모두 캠버 각도의 간섭 효과와 비슷한 수준을 갖는다. 사실 이 문제를 더 효율적으로 해결하는 방법은 $\tilde{\gamma} = \pi/2 - \gamma$로부터 $\tilde{\alpha} = \pi/2 - \alpha$를 구한 다음 이 값을 다른 차량의 측면(특히 바퀴 쪽 측면에서) 뷰에 적용하는 것이다. 이는 식 (23.1) 및 (23.2)에서 $\tan\alpha$ 및 $\tan\gamma$를 각각 $\cot\tilde{\alpha}$ 및 $\cot\tilde{\gamma}$로 치환하는 식으로 구할 수 있다. 요컨대 차량의 측면 뷰를 사용하면 후면 뷰에서 뒷바퀴나 번호판을 지표로 사용하는 것보다 더 방향을 구하는 데 유리하다(다만 대상 차량 뒤쪽에서 운전하고 있는 경우에는 후면 뷰만이 적절한 선택이다). 그림 23.1, 23.6, 23.8, 23.9를 통해 이러한 내용을 확인할 수 있다.

마지막으로, 거리에 관한 내용을 다룰 때 각도 측정을 크게 강조하는 이유가 궁금할 수도 있다. 이는 각도가 거리의 비율을 나타내며, 따라서 스케일에 불변하는 정보를 제공하기 때문이다. 또한 해석을 할 때 절대적인 거릿값에 대한 지식을 필요로 하지 않는다는 면도 있다.

23.7 보행자 위치 탐색

이론적으로 모든 보행자의 위치를 찾기 위해서는 다양한 크기와 형태에 대한 챔퍼 템플릿을 통해 움직이는 사람들의 여러 신체 프로파일에 대응할 수 있어야 한다. 여기서는 그 대신 좀 더 일반적이고 불변성을 띤 부분 형태subshape를 찾는 방식을 사용할 것이다. 예를 들어 다리, 팔, 머리, 몸통 등을 각각 고려할 수 있다. 그림 23.9는 평행한 변을 가진 'U'자 형태의 템

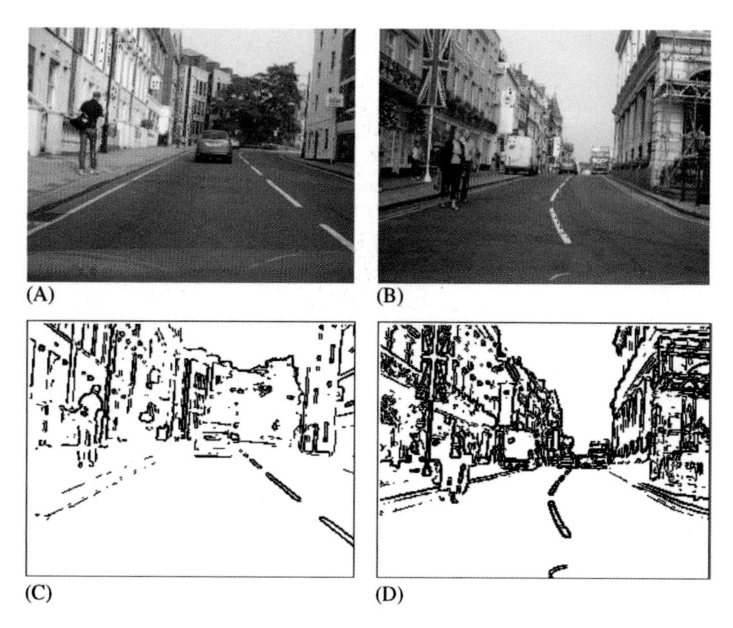

그림 23.9 하반신 다리를 통해 보행자의 위치를 찾는 챔퍼 매칭. (A)와 (B)는 보행자가 포함된 원본 도로 이미지를 나타낸다. 붉은 점은 이상적인 형태의 바이너리 U 템플릿을 적용해 얻은 피크 신호다. (C)와 (D)에서처럼 수많은 수직 외각으로 인해 신호가 교란되고, 거짓 양성이 다발함을 유의하라.

플릿을 기준으로 하여 다리를 찾는 과정을 보여준다. 그러나 여러 곳에 존재하는 수많은 수직 외각이 신호를 교란하기 때문에 거짓 양성이 다발하는 것을 확인할 수 있다. 이는 여러 지점에서 원치 않는 외각으로 인해 거리 함수가 0으로 되돌려지기 때문에, 의도한 것처럼 거리 함수가 이상적인 최댓값을 갖지 못하게 됨을 뜻한다. 다만 템플릿이 대변하고자 하는 형태의 존재와 그 위치를 찾는다는 면에서 보면, 그 민감도가 낮아지는 것은 아니다. 그러나 거짓 양성이 검출되는 빈도에는 확실히 영향을 끼치게 된다. 사실 예제의 경우 그 결과가 절망적인 수준까지는 아닌데, 도로 표시를 제거하면 찾아낸 물체 중 보행자의 다리가 가장 낮은 위치에 존재하기 때문이다. 그러나 어찌 됐든 이 방식이 이상적인 결과를 주지 못하는 것은 사실이므로, 대체재를 찾을 필요가 있다.

해리스Harris 연산자는 대신하여 쓸 수 있는 유용한 접근법이다. 그림 23.10에서 보여주듯이 이 연산자는 발과 머리, 차선 표시 등 다양한 종류의 특징 위치를 찾아낸다. 그림 23.10(A)의 경우 오른쪽 발이 반대쪽 발보다 크기 때문에 찾아내는 데 실패했으며, 여기서

그림 23.10 해리스 연산자를 통해 보행자의 위치를 찾는 또 다른 방법. 여기서 연산자는 모서리 및 특징점을 찾는 효과를 가지며, 그중 보행자의 머리와 발이 포함된다. 무엇보다, 도로 차선 표시를 높은 확률로 찾게 된다. 이 결과는 이러한 특징을 인식하기 위해 연산자에 대해 어떠한 조정도 가하지 않은 상태에서 얻은 것이다. 또한 연산자는 극성(검은색 혹은 흰색에 치우친 정도)에 전혀 영향받지 않는다.

사용한 해리스 연산자는 7픽셀 범위 내에서만 대응하도록 되어 있음을 유의하라. 또한 해리스 연산자는 극성(검은색 혹은 흰색에 치우친 정도)에 영향받지 않는다. 보행자의 경우 이러한 특성은 옷이나 신발(혹은 발)이 밝은 배경 앞에 어둡게 나타나거나 혹은 그 반대일 때에 유용하다(극성이 존재하지 않는 현상은 챔퍼 매칭에도 동일하게 나타나지만, 그 맥락은 다르다).

추가로, 앞에서 소개한 두 접근법을 보완하고 검출 결과의 신뢰성을 강화하는 접근법을 도입하는 것이 유리하다. 이러한 관점에서 인간 피부색을 고유하게 식별하는 과정을 도입하면 유용하다. 그림 23.11에서 그 예시를 확인할 수 있다. 이 경우 주된 문제 중 하나는 얼굴 영역에 포함된 픽셀 수가 상대적으로 작다는 데 있다. 엄밀하게 피부 검출을 진행하기 위해서는 학습 이미지 세트를 통해 색상 분류자를 학습시키는 과정이 필요하다. 그림 23.11(E)에 이에 대해 나타내었다. 이 방식이 높은 성능을 보이긴 하지만(그림 23.11(F) 참고), 사실 이는 피부색에 대한 지도 학습에 더 가깝다. 실제로 학습 이미지 세트가 약간만 느슨하게 구성되면, 조금 밝거나 어둡게 나타나는 사람들과 비슷한 색상을 띠는 모래, 돌, 시멘트, 기타 갈색 계열의 존재에 의해 성능이 저하된다. 또 하나 중요하게 여겨야 할 요소는 차량 내 비전 시스템이 학습 데이터를 충분히 모을 만큼 시간이 많지 않다는 것이다. 특히 차량은 어딘가로 이동하기 위한 것이며, 어두워지고 밝아지는 등 환경적인 요소가 심각한 문제로 작용할 수밖에 없다. 이러한 관점에서 차량 내 시스템은 일반적인 감시 시스템보다 그 조건이 좋지 못하다고 할 수 있다.

그림 23.11 피부색 검출을 통한 보행자 위치 찾기. (A)와 (B)에서처럼 피부색 검출을 사용하면 얼굴뿐만 아니라 목, 가슴, 팔, 발을 찾아낼 수 있다. (C)와 (D)에 그 세부 내용을 나타내었다. (E)와 (F)에서처럼 적절히 색상 분류자 학습을 진행하면 더 높은 수준을 이룰 수 있다.

요컨대 차량 내 보행자 검출 시스템은 상당한 수의 패턴 인식 문제를 내포하고 있다. 앞에서, 움직이는 물체를 움직이는 플랫폼에서 검출하는 데 있어 패턴 인식의 중요성을 강조한 바 있다. 학술적인 관점에서도 이 접근법은 의미가 있다. 지금부터는 그 한계를 살펴볼 것이다. 즉, 특징을 추적하고 속도에 따라 묶는 식으로 모션을 사용하지 않아야 하는 제한이 발생한다(이는 22장 '감시'에서 이미 언급한 것이기도 하다). 이 접근법의 문제는 다수의 특징점이 이미지 전체에 걸쳐 존재하는데 그 특징들이 거의 다 움직이고 있다는 데 있다. 인접한 프레임 쌍에 대해 특징점(N)들을 각각 나머지 특징점과 비교할 경우, $O(N^2)$ 수준의 연산을 필요

(E)

(F)

그림 23.11 (계속)

로 한다. 그러나 여러 특징들이 각기 독자적으로 특성을 갖고 있다는 점과 그 공간적인 배치를 반영하면, 감당할 수 있을 비율로 숫자를 줄일 수 있다. 특히, 프레임 간에 특징점이 움직이는 거리는 그 한계가 있기 때문에 한 프레임에서 다른 프레임으로 움직이는 주어진 특징에 매칭이 가능한 후보의 수는 매우 작다. 즉, O(*Nn*)개의 특징점 쌍을 고려해야 하며, 다양한 쌍의 상대적인 강도와 색상을 고려하면 그 수를 좀 더 줄일 수 있다(이상적으로는 최소 O(*N*)까지 감소 가능하다). 이때 6.7절에서 제시했듯이 다양한 설명자를 통해 특징의 특성을 구할 수 있다. 다만 광간격 매칭은 프레임 간 추적에 적합하지 않다.

23.8 안내와 에고모션

운전자 보조 시스템에서 중요한 부분은 차량 안내다. 사실 인간이 운전하는 차량이든 로봇 자동주행 차량이든 이는 중요한 부분이다. 이를 위해서는 전체적인 상황을 파악할 수 있도록 컴퓨터로 하여금 제어가 이뤄지게 해야 한다. 이 과정에서 받아들이는 이미지는 복잡한 정보를 담고 있으며, 여기서 핵심적인 정보를 구하기 위해서는 적절한 큐를 찾아야 한다. 그중 가장 널리 쓰이는 큐는 VP로서, 특히 도시 장면에서 명확하게 나타난다(예: 그림 17.11).

VP를 가장 유용하게 활용하는 방법은 지면을 식별하는 것이며, 많은 정보를 여기에서부터 이끌어낼 수 있다. 특히 로컬 스케일을 구하는 것이 가능하다. 예를 들어 지면에 놓인 물체에는, 그 비율을 구하는 식으로 참조할 수 있는 지면의 로컬 너비가 따라오게 된다. 또한 아래에서 살펴보겠지만 적절한 이미지 지점에서 VP까지의 거리를 측정하는 식으로 지면상에서의 거리를 구할 수 있다. 따라서 VP는 물체를 인식하고 측정하는 과정과 그 위치와 방향의 파악, 그리고 내비게이션을 진행하기 위한 출발점으로 유용하다.

이때 주변 환경의 형태와 차량의 종류가 많은 부분을 좌우한다. 예를 들어 로봇청소기, 창문 청소 로봇, 잔디깎이 로봇, 장애인 보조 로봇, 제초 로봇과 분사 로봇, 미로 탐사 로봇, 거기에 물론 도로 위의 자동주행차량, 혹은 자동 주차 기능이 있는 차량 등 수많은 경우가 있다. 몇몇 경우 로봇이 매핑과 경로 계획, 내비게이션 모델링, 그리고 고차원의 분석을 진행해야 한다. Kortenkamp et al.(1998)은 이러한 상황을 연구했다. 여기서 제시한 접근법은 경로에 볼라드나 기둥 같은 장애물이 존재할 경우(그림 23.12)에 중요하며, 특히 미로 탐사 로봇

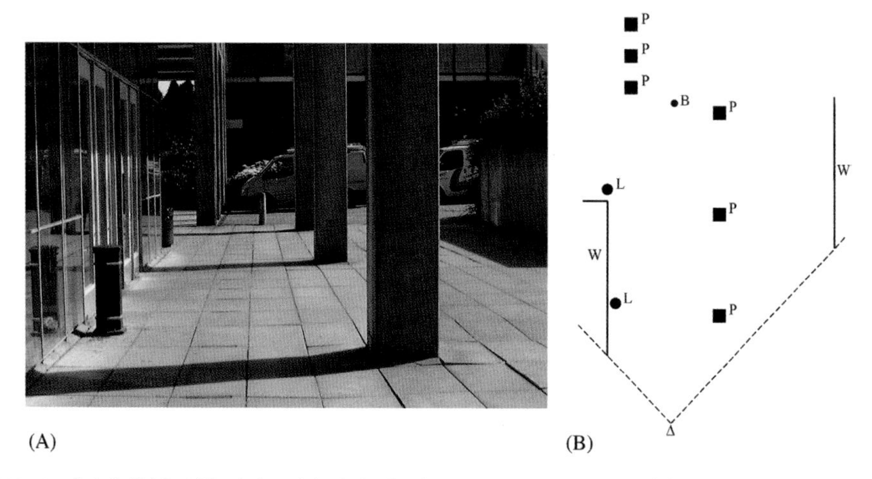

그림 23.12 내비게이션을 위한 평면 뷰: (A) 장애물을 피해야 하는 장면에 대한 뷰, (B) 뷰포인트 Δ에서 무엇이 보이는지 나타낸, 지면에 대한 평면 뷰(명확하게 하기 위해 기둥 P, 볼라드 B, 휴지통 L의 전체 영역을 나타내었다). 벽은 W로 표시된 부분에 해당한다.

에 있어 핵심적인 부분을 차지한다. 이러한 많은 경우에 비전 등의 센서는 대상이 되는 영역에 대해 제한적인 정보만을 제공하며, 적절한 방식으로 관련한 지식을 보완해줘야 한다. 즉, 자연스럽게 대상 영역에 대한 평면 뷰 모델을 해답으로 구하게 된다. 이를 위해서는 각 이미지에서 얻어낸 정보를 평면 뷰에 맞게 대입해야 한다(표 23.2의 알고리듬을 참고하라).

기본적으로 지면에 대한 평면 뷰를 구축하기 위해서는 하나의 뷰를 통해 그 장면의 소실점 V를 구하고, 지면의 주요 특징점(특히 그 경계에 관해)을 식별해야 한다. 그런 다음, 그림 23.13에서처럼 지면상의 거리를 구한다. 지면 위의 일반적인 특징점 P (X, H, Z)에 대해, 이미지 평면상에서 (x, y) 지점으로 관측될 경우 그 기울어진 각도 α는 다음과 같다.

$$\tan \alpha = H/Z = y/f \tag{23.6}$$

따라서 Z 값은 다음과 같다.

$$Z = Hf/y \tag{23.7}$$

수평 거리 X에 대해서도 비슷한 수식을 전개하면, 다음 결과를 구하게 된다.

$$X = Hx/y \tag{23.8}$$

표 23.2 지면의 평면도 계산

1. 현재 프레임에서 모든 외각을 검출한다.
2. 현재 프레임에서 모든 직선의 위치를, 예를 들어 허프 변환을 통해 찾는다.
3. 모든 VP 위치를 찾는다. 이때 18.7절에서 묘사한 것처럼 HT를 추가로 적용한다.
4. 모션 방향에 가장 가까운 VP를 찾고, 나머지 모든 VP를 제거한다.
5. 가장 가까운 G 섹션을 구한다. 이 영역은 즉각적으로 로봇 앞의 프레임 일부를 형성한다.
6. 이 정보 등을 사용해 G상에 놓인 선분 중 주 VP를 지나는 선을 찾는다. 나머지 모든 선분은 제거한다.
7. G에서 물체를 분할한다.
8. 주 VP를 지나는 선분과 무관한 물체 경계를 제거한다.
9. G상의 모든 어두운 영역을 일단 그림자로 식별한다.
10. 남은 물체와 그림자 경계를 취한 후, 프레임 간에 일치가 이뤄지는지 확인한다. 이때 18.3절에서 설명한 5지점 교차 비율값 등을 사용할 수 있다.
11. G상에 남은 모든 특징점을 (X, Z) 좌표로 레이블링한다. 이때 식 (23.7)과 식 (23.8)을 사용한다.
12. 이전 프레임과의 일관성을 확인한다.
13. 일관적이지 않은 경계를 가진 물체에 대해, G에 놓이지 않거나 신뢰할 수 없다고 놓고, 그 목록을 업데이트한다. 이 현상은 움직이는 그림자나 노이즈 때문이다.
14. G상의 특징점 이력을 업데이트한다.

이 표는 지면 G에 대한 평면 뷰를 계산하는 과정을 나타낸다. 여기서는 로봇이 일련의 비디오 프레임을 대상으로, 각 프레임마다 그 기반 지식을 업데이트해야 한다고 가정한다. 또한 일단 각 프레임을 분석한 뒤, 이전 프레임과의 일관성을 구하는 것이 최선이라는 가정하에 알고리듬을 구성한다.

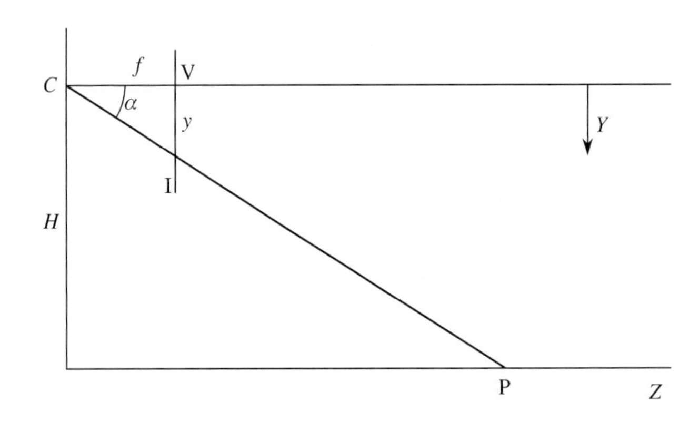

그림 23.13 이미지와 지면과의 관계에 대한 기하. C는 카메라 투영 중심을, I는 이미지 평면을, V는 소실점을, P는 지면 위의 지점을 나타낸다. f는 카메라 렌즈의 초점 거리를, H는 지면 위의 C 높이를 나타낸다. 여기서는 카메라의 광축이 지면과 평행하다고 가정한다.

이런 식으로 (평면 뷰) 월드 좌표 (X, Z)를 이미지 좌표 (x, y) 형태로 구할 수 있다. y 역시 이미지 윗부분이 아닌 소실점 V를 통해 측정하게 됨을 유의하라. 또한 X와 Z는 y에 대해 역의 관계로 변화하며 y가 작을 때 더 크게 변하기 때문에, 디지털화 등으로 인한 오차는 평면 뷰에서 멀리 있는 물체에 대한 정확도에 크게 영향을 준다.

카메라의 광축이 지면과 평행하지 않을 경우, 19장 '이미지 변환과 카메라 조정'에서 살펴봤던 동차 좌표계를 사용해 계산하는 것이 최선의 방법이다.

23.8.1 단순 경로 탐색 알고리듬

이 절에서는 앞에서 소개했던 방식을 통해 주변에 대한 평면 뷰를 구축했다고 가정한다. 인간이 걷거나 운전할 때 주변 환경에 대한 평면 뷰를 즉각적으로 구축해 사용하는 것은 절대 아니지만(그보다는 이미지에 기반한 방식에 더 가깝다) 현재 상황을 연역적이고 논리적으로 분석하거나 지도를 볼 때는 분명히 평면 뷰를 사용하게 된다. 어찌 됐든, 평면 뷰는 주행 정보를 저장하고 전역적으로 최적인 경로를 통해 목적지에 도달하는 데 있어 가장 적합한 방식이라 할 수 있다. 여기서는 인간이 평면 뷰와 이미지에 대해 어떻게 정보를 주고받는지는 제쳐두고, 구축되어 있는 평면 뷰를 통해 로봇이 어떻게 경로를 찾는지에 집중할 것이다. 실제로 미로 탐색 로봇의 경우 이러한 목표를 구현하기 위해 적절한 알고리듬을 도입해야 한다.

그림 23.14(A)는 간단한 미로를 나타내고 있으며, 로봇은 E로 들어가 최종적으로 G에 도달해야 한다(그림에서 각각 '↓'와 '☺'). 여기서는 미로의 평면 뷰를 이미 구축해놓았다는 가정하에, G에 도달하기 위한 최적 경로를 찾는 체계적인 방법을 찾아야 한다. 이때 G에서 시작해 전체 영역에 대한 거리 함수를 전개하되, 미로 벽을 그 제약 조건으로 놓는 식으로 알고리듬을 구현할 수 있다(그림 23.14). 만약 병렬 알고리듬을 사용할 경우, 거리 함수가 E에 이르는 순간 알고리듬을 중단하게 된다. 순차적 알고리듬의 경우, 최적 경로를 찾기 위해 전체 미로를 다룰 때까지 계속 연산을 진행한다. 전체 거리 함수를 구한 다음, G에 도달할 때까지 거리 함수상에서 하강하는 방향으로 움직이며 최적 경로를 구하게 된다. 즉, 각 지점에서 로컬 최대 그레이디언트로 향한다(Kanesalingam et al., 1998). 연결 성분 분석을 사용하면 경로가 존재하는지는 확인할 수 있으나, 가장 짧은 경로인지는 거리 함수를 사용해야 한다. 이 방식이 여러 동일한 길이의 경로 중 하나만을 찾아준다는 점을 유의하라. 이는 인접한 픽셀 간의 거

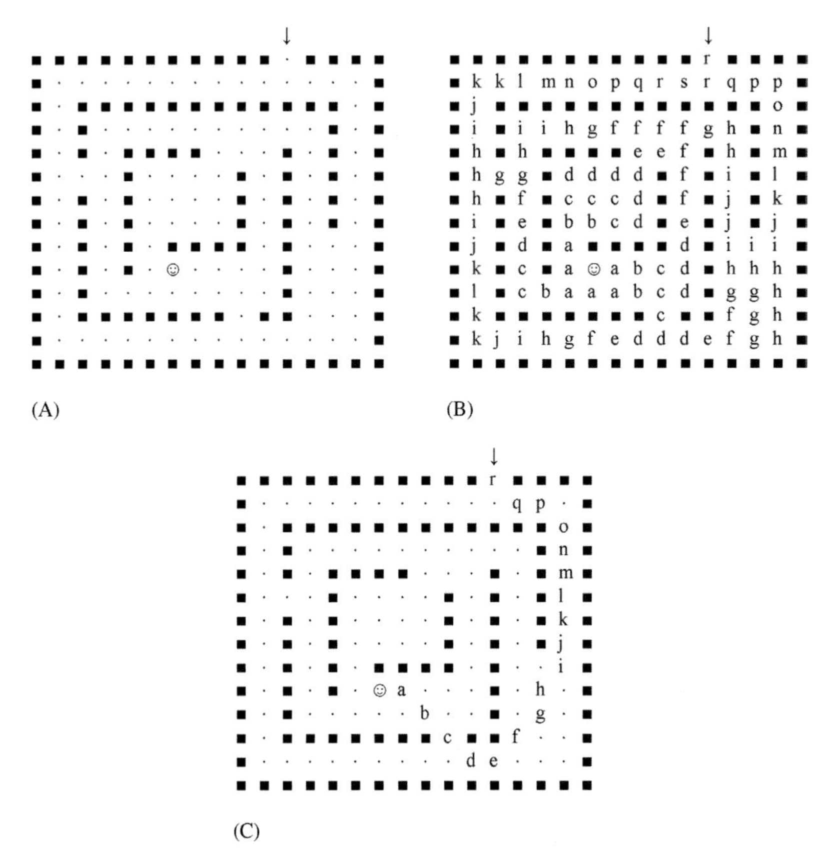

그림 23.14 미로 내에서의 최적 경로 탐색: (A) 미로의 평면 뷰, (B) 목적지(☺)에서부터의 거리 함수를 구해, 그 거리를 알파벳순으로 나타낸 결과. 즉, $a = 1$에 해당한다. (C) 미로 입구(↓)로부터 최대 그레이디언트 방향을 추적해 얻은 최적 경로

리에 정숫값을 부여하는 형태의 방식들이 갖는 한계점이다.

23.9 농업용 차량 안내

최근 들어 농업 종사자들은 경작을 위해 필요한 농약의 양을 줄이라는 압력을 받아왔다. 이는 환경운동가뿐만 아니라 소비자들의 요구이기도 하다. 이를 해결하기 위한 방법은 경작물에 좀 더 선택적으로 농약을 살포하는 것이다. 예를 들어, 농업용 차량이 잡초를 인식해 그 부분에만 제초제를 뿌리고 농작물에는 해가 가지 않도록 할 수 있다면 유용할 것이다. 혹은 각 작물에만 살충제를 뿌리는 방법도 있다. 이러한 사례는 작물이 심어진 열을 따라 추적해, 농약을 살포할 작물을 선택할 수 있는 차량의 설계로 이어진다(Marchant and Brivot, 1995; Marchant, 1996; Brivot and Marchant, 1996; Sanchiz et al., 1996; Marchant et al., 1998). 흥미롭게도, 이러한 연구들의 세부 사항을 따져보면 호주에서 이뤄진 전혀 동떨어진 프로젝트와 놀라울 정도로 비슷하다(Billingsley and Schoenfisch, 1995).

만약 작물이 매우 규칙적인 패턴으로 심어져 있다면 문제는 매우 간단해진다. 차량이 그 위치에 따라 잡초인지 작물인지 판단해 동작하면 되기 때문이다. 그러나 생태계는 어느 정도 예측할 수 없는 부분이 있으며, 이러한 단순한 방식을 실제로 적용하기란 어렵다. 다만 작물을 온실에 심은 다음 100mm 높이로 자랐을 때 밭에 옮겨심는 경우를 가정해보면, 작물이 다 클 때까지 곧고 평행하게 배치되어 자랄 것이라 예상할 수 있다. 그렇다면 (그림 23.15에 나타낸 경우처럼) 비교적 단순한 비전 알고리듬을 통해 이 직선의 열을 추출해, 간단하게 작물의 위치를 찾고 식별하는 것이 가능해진다.

그림 23.15 농업 관련 응용에서 색상의 중요성. 이러한 농경지 장면에서 색상 정보를 활용하면 분할과 인식에 도움이 된다. 특히 잡초를 골라내어 로봇으로 하여금 뽑도록 할 때는 이 정보가 매우 중요하다. © World Scientific 2000

이 시점에서 주된 문제는 (1) 작물이 어느 한쪽으로 치우쳐 일렬로 자라지 못할 수 있고, (2) 작물 일부가 죽어버릴 수 있으며, (3) 잡초가 작물에 붙어서 자라는 경우도 있고, (4) 몇몇 작물이 너무 느리게 자라서 다른 작물과 같이 인식되지 못할 수 있다는 점이다. 따라서 우선 작물이 자라고 있는 열을 찾도록 강건한 알고리듬이 필요한데, 이 경우 HT가 적합하다. 이미지상에서 선형 구조를 찾는 용도로 많이 쓰이기 때문이다.

구체적으로 첫 번째 과정은 작물의 위치를 찾는 것이다. 이는 입력 이미지에 적절한 수준으로 임계화를 적용함으로써 이룰 수 있다(이 경우 적외선 파장을 사용하면 대비가 높아져 좀 더 수월하게 진행할 수 있다). 그러나 이 과정을 거쳐 얻은 작물 이미지는 형태가 없는 덩어리 모양으로 나타나게 된다(그림 23.16). 이 과정에서 구멍과 잎사귀(양배추나 콜리플라워의 경우 잎다발)를 포함하게 되며, 이 부분은 물체 크기에 맞는 박스를 놓거나, 그 외형에 대한 팽창을 통해 정규화를 진행하고 오목한 부분을 채우는 식으로 정리할 수 있다(실시간으로 구현해야 할 경우 전자를 주로 사용한다). 그런 다음 형태의 무게중심 위치를 결정하고, HT 직선(작물 열) 검출자에 대입한다. 일반적인 HT 접근법에서처럼 매개변수 공간에 주어진 입력 데이터에 대해 모든 가능한 매개변수 조합 투표를 축적한다. 이는 주어진 작물 중심점을 각각 지나는 모든 선분 그레이디언트와 절편을 취하여 매개변수 공간에 그 값을 쌓아간다는 뜻이다. 가장 의미 있는 해답을 찾기 위해서는 그 값을 작물 영역에 비례하도록 축적해야 한다. 또한 이미지에 세 작물 열이 존재할 경우 작물이 어떤 열에 존재하는지 처음에는 파악할 수 없으며, 따라서 세 열 위

그림 23.16 임계화를 거친 뒤의 작물 열에 대한 원근 뷰. 그림은 배경 클러터가 없는 이상적인 경우를 나타낸다. © World Scientific 2000

치에 대해 모두 투표가 이뤄지게 됨을 유의하라. 자연히 이는 열 간의 거리를 알고 있고 분석 과정에서 이를 상정할 수 있을 경우에만 가능하다. 그러나 일단 이 과정을 거치면, 중간에 작물이 빠져 있거나 잡초가 작물로 잘못 판단했을 때도 좀 더 강건하게 대응할 수 있다.

HT를 적용하기 전에 잡초를 제거하는 식으로 알고리듬을 더 개선하는 것이 가능하다. 잡초는 히스테리시스 임계화, 팽창, 블롭 크기 필터링이라는 세 가지 기법으로 제거할 수 있다. 팽창은 3장 '이미지 필터링과 모폴로지'에서 형태를 확장하는 대표적인 기법으로 설명한 바 있으며, 여기서는 작물 블롭의 구멍을 메우는 용도로 사용된다. 블롭 넓이를 기준으로 필터링하는 방식은 작물이 충분히 자란 뒤에 옮겨 심겨지기 때문에 잡초가 작물만큼 무성하지는 않을 것이란 사실에서 출발한다.

히스테리시스 임계화는 두 임곗값을 사용하며, 널리 쓰이는 기법 중 하나다. 이 경우 상위 레벨 t_u보다 세기가 클 경우에만 해당 물체를 작물로 인식한다. 만약 세기가 하위 레벨 t_l보다 작으면 작물로 분류된다. 세기가 두 임곗값 중간 범위 내에 있으며 작물로 분류된 영역과 인접한 경우에는 역시 작물로 분류한다. 즉, 작물 영역은 순차적으로, 명백히 작물인($\geq t_u$) 영역 간에 t_l과 t_u 사이의 세깃값을 갖는 연속적인 영역이 있을 때까지 가능한 한 계속 확장된다. 히스테리시스 임계화를 사용해 전체 물체를 분할하는 데 응용하기에는 이 기법이 부적절함을 유의하라. 그보다는 연결된 물체 경계를 생성하는 데 더 적합하다(5.10절 참고).

HT를 얻은 다음, 매개변수 공간을 분석해 가장 두드러진 피크 위치를 찾게 된다. 일반적으로는 인접한 열의 작물까지 각 피크에 대해 투표하게 되는 방식일지라도 항상 올바른 피크를 구하는 것이 가능하다. 이는 세 열이 매개변수 공간상의 인접한 피크에 투표하는 패턴이 다음과 같기 때문이다. 1,1,1,0,0; 0,1,1,1,0; 0,0,1,1,1. 이를 전부 합치면 1,2,3,2,1이다. 즉, 실제 중심 위치가 가장 두드러지게 된다(실제로는 각 열에 여러 작물이 보이기 때문에 위치가 좀 더 복잡하게 나타나며, 이 과정에서 중심 위치가 더 강화된다). 그러나 작물이 존재하지 않는다면 오차가 발생할 수 있다. 따라서 HT가 실제 중심 위치에 나타나도록 하는 것이 유용하다. 이때 칼만 필터(20.8절)를 적용해 이전 중심 위치를 추적하고 다음 중심 위치를 예상하는 식으로 이를 구현함으로써 잘못된 해답을 제거할 수 있다. Sanchiz et al.(1996)의 논문은 이 개념에서 더 멀리 나아가, 농작지에 대해 적절한 지도를 그려 각각의 작물을 그 위에서 식별하고 차량의 랜덤한 모션에 의한 오차도 허용 가능함을 보였다.

23.9.1 3차원 관점

지금까지는 3차원 장면의 상세한 부분까지 간단히 2차원 이미지로 나타내어 관측한다고 가정했다. 그러나 실제로는 그렇지 않다. 이는 작물 열을 비스듬히 관측함에 따라, 직선으로 나타나기는 하지만 시점 왜곡으로 그 위치가 이동하거나 회전하는 현상이 나타나기 때문이다. 전체 위치는 차량의 모션을 파악하고 있을 때만 구할 수 있다. 실제로 작물 열을 따라 움직이는 차량들은 각기 속도에 차이가 있으며, 롤, 피치, 요가 발생하기 쉽다. 이 중 앞의 둘은 각각 수평축과 모션 방향의 직교축에 대한 회전에 연관이 있으며 중요도가 낮기 때문에 여기서는 생략할 것이다. 반면 후자는 수직축에 관한 것이며 차량의 모션 방향에 직접적인 영향을 끼치기 때문에 중요하다.

이를 살펴보기 위해, 작물의 3차원 위치 (X, Y, Z)와 이미지상의 위치 (x, y) 간의 관계를 규정해야 한다. 이를 위해 일반 이동 식과

$$T = (t_x, t_y, t_z)^{\mathrm{T}} \tag{23.9}$$

일반 회전 식을 사용한다.

$$R = \begin{bmatrix} r_1 & r_2 & r_3 \\ r_4 & r_5 & r_6 \\ r_7 & r_8 & r_9 \end{bmatrix} \tag{23.10}$$

둘을 결합하면 다음과 같다.

$$\begin{bmatrix} X \\ Y \\ Z \end{bmatrix} = \begin{bmatrix} r_1 & r_2 & r_3 \\ r_4 & r_5 & r_6 \\ r_7 & r_8 & r_9 \end{bmatrix} \begin{bmatrix} x \\ y \\ z \end{bmatrix} + \begin{bmatrix} t_x \\ t_y \\ t_z \end{bmatrix} \tag{23.11}$$

또한 렌즈 투영식을 대입할 수 있다.

$$x = fX/Z \tag{23.12}$$

$$y = fY/Z \tag{23.13}$$

여기서 전체 분석을 제시하지는 않겠지만, 롤과 피치가 0이고 헤딩 각도(작물 열에 대해 모션 방향이 이루는 각도)가 작은 값인 ψ를 갖는다고 가정하면, ψ를 t_x에 대한 2차식으로 표현할 수 있다. 따라서 일반적으로 얻을 수 있는 해답의 수는 2개다. 그러나 그중 하나만이 상황에 맞

는 해답이며, 다른 하나는 나머지 특징점 위치에 대입해봤을 때 잘못된 값이 나온다. 요컨대 기하적인 구성에 대해 고도의 제한 조건을 가정한다 해도(특히 작은 ψ 값에 대한 가정) 원근 투영으로 인한 복잡성이 발생할 수밖에 없다.

23.9.2 실시간 구현

차량 안내 시스템을 구현하는 방법으로서, 단일 프로세서와 두 특수 하드웨어 유닛, 색상 분류자와 체인코더를 사용하는 구조가 제안된 바 있다. 이 중 후자는 빠른 형태 분석과 경계 추적에 있어 유용하다. 전체 시스템은 입력 이미지를 10Hz 속도로 처리할 수 있으며, 차량 안내를 구현하기에 충분한 빠르기다. 무엇보다도, 10mm 및 1° 각도 영역에 대한 정확도를 갖기 때문에 약간의 제약 조건이 존재하는 응용 분야에서도 전체 안내 시스템이 대응하도록 할 수 있다. 이후 등장한 구현에서는(Marchant et al., 1998) 각각의 작물을 더 꼼꼼히 분할하는 과정을 도입함에 따라(여전히 블롭 크기 필터는 사용하지 않았다) 최종적으로 5Hz 샘플링 속도를 확보했다. 이는 여전히 실시간 응용에 사용하기에는 충분한 속도다. 전체적으로 이러한 연구는 잡초를 매우 정확한 수준으로 골라 살포할 수 있도록 함에 따라 양배추, 컬리플라워, 밀 등의 농작물에 사용하는 제초제의 양을 비약적으로 줄일 수 있다.

23.10 결론

23장에서는 운전자 안내 시스템을 제공하는 수단 중 일부로서 차량 내 비전의 역할을 살펴봤다. 아울러 이러한 시스템을 설계하는 방법도 알아봤다. 카메라가 움직일 수밖에 없는 환경이기 때문에 이 과정은 그다지 단순하지가 않다. 즉, 장면의 모든 물체가 모션을 갖는 것처럼 보이게 된다. 따라서 배경을 고려하지 않도록 제거하는 과정이 상당히 어려워지며, 모션 기반 분할에 의존하기가 쉽지 않다. 따라서 자연히, 각 물체의 인식에 의존하는 방법을 대신 사용하게 된다. 23.2절과 23.3절에서는 이 개념을 도로뿐만 아니라 차선 표시 및 표지판의 위치에 적용하는 방법을 보였다. 또한 차량의 위치에도 이 원리를 적용했지만, 차량의 모습은 다양하게 변하기 때문에 그 위치를 찾기 위해서는 차량 하부 그림자, 대칭성, 바퀴,

번호판 등 여러 방식을 혼용할 필요가 있음을 보였다(이 중 후자는 단지 차량을 각각 식별하는 것뿐만 아니라 그 일반적인 특성을 찾는 역할도 한다). 흥미롭게도 번호판은 도로상의 차량 위치뿐만 아니라 그 방향을 찾는 데도 쓰일 수 있지만, 그 결과는 관측 당시 카메라와 번호판의 상대적인 높이에 영향을 받는다. 다시 말해, 오클루전이 발생하지 않는다는 가정하에 타이어와 바퀴 위치가 차량 방향을 식별하는 데 더 정확하다.

보행자 위치를 찾는 것 또한 풀어야 할 숙제 중 하나다. 특히 사람들은 분절적으로 움직이고, 흔들거리는 모션으로 걸어다니며, 각각 고유의 외형과 의상을 보이는 물체에 해당한다. 따라서 전체 신체에 대한 템플릿 대신 다리, 팔, 머리, 몸통 등 각각에 대해 템플릿을 사용하는 것이 자연스럽다. 아울러 피부색이나 대칭성도 큐로서 사용 가능하다. 23.7절에서 이러한 접근법을 살펴보고, 관련하여 문헌에 언급된 내용을 명시했다.

또한 이 장에서는 차량이나 다른 장애물을 지면에 대한 평면 뷰로 투영함으로써 경로를 찾는 주제를 다뤘다. 이는 로봇 에고모션 및 위치 탐색과 연관이 있다. 또한 경작, 선택적 살포 등을 위한 농업 차량 안내에도 쓰일 수 있다. 이 경우 트랙터 등 차량이 밭갈이 된 경작지 위에서 움직이는 과정에서 높은 수준으로 발생하는 롤, 피치, 요를 고려해야 하며, 시각적인 보상을 통해 이에 대응해야 한다. 이러한 요소를 어떻게 반영해야 하는지에 대해 대략적인 내용과 원리를 설명했으며, 논문 원문을 참고하면 자세한 내용을 확인할 수 있다.

마지막으로, 2000년 이후 폭발적으로 성장하고 있는 차량 내 운전자 안내 시스템에 대해 언급했다. 이 분야의 내용은 매우 중요하기 때문에, 다음 절에서 관련한 개발 내용과 다양한 방면의 문헌을 소개한다. 이렇게 따로 나눈 이유는 앞 절에서 다룬 이론과 연구 성과를 바탕으로 설명하는 것이 내용을 더 명확하게 전달할 수 있기 때문이다.

차량 내 비전 시스템은 필수적으로 카메라가 움직이는 상황에 처하며, 따라서 정적 배경을 제거하는 일반적인 감시 전략을 적용하기가 어렵다. 그러나 도로나 표지판, 차선 표시, 차량(예를 들어 대칭성, 그림자, 바퀴, 번호판 등을 통한), 보행자(예를 들어 다리, 팔, 몸통, 머리를 통한) 등 가장 목적에 부합하는 물체의 위치를 직접 찾는 대안이 제시되어 상당한 성공을 거두었다. 지면에 대한 평면 뷰를 사용하면 이러한 방식에 유용하게 쓰일 수 있는 보조 정보를 제공할 수 있다.

23.11 첨단 운전자 보조 시스템 관련 연구 및 문헌

이 장 앞부분에서 설명했듯이, 최근 들어(특히 2000년 이후) 차량 내 비전 시스템에 대한 관심이 폭발적으로 증가했다. 그중 많은 경우 직접적으로 명시하지는 않지만, 가장 주요한 목표는 운전자 보조이며 궁극적으로는 차량 안내까지 포괄한다. 그런데 이 문제 중 상당 부분은 1998년에 Bertozzi and Broggi(1998)에서 처음으로 해결한 바 있다. 모폴로지 필터를 통한 차선 표시 위치 탐색, 대칭성이나 형태의 제약을 주지 않는 상태에서의 장애물 위치 탐색, 양안 이미지 분석을 통한 앞쪽 도로의 빈 공간 탐색, 원근 효과 제거, 고속 소프트웨어 및 거대한 병렬 구조 시스템 구현, TV 모니터 및 제어 패널 등을 통해 운전자에게 정보를 피드백하는 방식, 도로 주행 테스트, 그리고 무엇보다도 그림자나 조명 변화, 도로 텍스처 변환, 일반적인 도로 주행 등에 대한 강건성 검증 등이 여기에 해당한다. 그러나 이 시스템은 도로가 평탄하고 차선 표시가 잘 보인다는 등의 기본적인 가정을 전제한다. 또한 이 방식은 양안 시스템에 상당 부분 의존하고 있는데, 이 경우 그 범위가 제한된다. 더구나 각 양안 이미지 쌍을 따로 취급하기 때문에, 시간 축에 대한 정합성을 확보할 수가 없다. 마지막으로, 도로 앞의 차량을 검출하는 면에 있어서는 절대 실패하지 않지만, 다양한 이미지 리매핑 과정에서 발생하는 노이즈로 인해 거짓 장애물을 검출해내는 경우가 종종 있다.

이 연구를 바탕으로 하여, 다른 연구자들은 그 불합리성을 제거하는 식으로 관련 연구를 더 빠르게 진행할 수 있게 됐다. 흥미롭게도, 그들 중 상당수는 양안 비전 접근법을 제외하여 수반되는 많은 난점을 회피했다. 사실 인간의 비전 시스템을 생각해보면, 양안 방식은 차량주행 같은 제한적인 방면의 활용에 있어서는 실제로 거의 이점이 없음이 명백하다(자이로스코프 등의 기구를 조합해서 사용하더라도 마찬가지다). 아래에서 이 부분을 다시 다룰 것이다.

우선, 첨단 운전자 보조 시스템ADAS, advanced driver assistance system을 통해 얻을 수 있는 일반적인 이점을 다룬 Connolly(2009)를 요약해보자. 즉, 차선 이탈 경고, 차선 변경 보조, 추돌 방지, 적응형 순항 제어, 운전자 경계 감시 등을 제공할 수 있다는 장점이 있다. 그러나 ADAS가 경고를 너무 자주 내놓아 운전자가 귀찮아하고, 결국 기능을 비활성화하는 일이 없도록 해야 한다. 그렇게 되면 운전자가 빨리 반응하거나, 너무 안심하거나, 혹은 너무 자유롭게 판단할 우려가 있기 때문이다. 특히 졸음운전을 검출해야 하는데, 도로상에서 일어나는 사고 중 30%가량이 운전자의 얕거나 깊은 졸음에 의해 발생하기 때문이다. 눈이 깜박이는 빈도를 통해 이를 검출하고자 하는 연구가 여럿 이뤄지긴 했지만, 이 방식은 뇌의 상태 자체를 확인하지 못한다는 점 때문에 그 효율성에 한계가 있다. 그럼에도 불구하고 비전 시스템을 통해 운전자의 행동을 감시하고, 특히 시선의 방향과 '겉으로 보이는' 지각의 상태를 감시함으로써 많은 것을 확인할 수 있음은 명백하다. 요컨대 ADAS가 운전자를 귀찮게 하지 않으면서 가장 잘 해낼 수 있는 분야는 차선 이탈 경고와 추돌 방지다. 운전자의 부주의가 추돌을 야기할 수 있거나 빠르게 반응하기 어려운 경우에는 ADAS가 자율적으로 동작할 수 있어야 한다. 원칙적으로 이 부분은 법적으로 논란의 여지가 있지만, 잠김방지 브레이크 시스템이 이미 널리고 쓰이고 있다는 점에서 전례가 없는 것은 아니다.

추돌을 유발하는 원인은 여러 가지가 있지만, 그중 상당 부분을 차지하는 것은 운전자의 판단 미숙이다. 단지 졸음운전 때문만은 아니다. 도로 안팎에서 일어난 다른 사건 때문에 차량이나 보행자를 보지 못하거나, 차량의 속도나 그 경로를 잘못 예측하거나, 제동이 얼마나 빨리 걸리게 될지 판단하는 데 실패하거나, 다른 운전자들이 어떻게 반응하는지 주의를 기울이지 않는 등의 모든 요소가 사고를 유발한다. 물론 예상치 못한 타이어 펑크 등 차량에 중대한 오작동이 발생할 수도 있다. 사실, 이러한 모든 요인은 올바른 정보를 충분히 빠르게 확보하지 못해서 나타나거나 더 악화된다. 따라서 상기한 문제를 극복하는 데 있어 비전은 상당 부분을 차지하고 있다. 레이더, 라이더, 초음파 등의 기술이 도움을 주긴 하지만 비전은 훨씬 높은 빈도로 더 적합한 정보를 제공해줄 수 있으며, 특히 컴퓨터 비전을 사용하면 이러한 목적에 적절하고 빠르게 대응할 수 있다. 여기서 고려해야 할 주요한 지점은 다음과 같다. 어느 정도의 비용이 발생할까? 카메라를 어떤 위치에 장착해야 할까? 적절한 수준의 정보를 취득하기 위해 필요한 만큼의 카메라를 충분히 사용하는 것이 가능할까? 다행히 최근 카메라의 가격은 매우 낮아졌고(최소한 차량 자체의 가격이나 교통사고로 인해 발생되는 손상에 대한 비용보다는 낮다) 더 이상 심각한 문제는 아니다. 그보다는 관련된 소프트웨어의 복잡성과 속도가 당면한 문제다(혹은, 후자의 문제는 주어진 하드웨어에 대한 시스템을 어떻게 구현할 수 있는가로 바꿔 말할 수 있다. 이에 관련된 주제는 Bailey(2011) 등의 문헌을 참고하라). 이 장의 나머지 부분에서는 이 소프트웨어의 복잡성을 깊이 살펴보며, 특히 2000년 이후 발표된 성과를 다룰 것이다.

23.11.1 차량 검출 연구

최근 활발히 연구되고 있는 분야는 다른 차량, 특히 추월하는 차량의 검출에 관한 것이다(Zhu et al., 2004; Wang et al., 2005; Hilario et al., 2006; Cherng et al., 2009). 이 중 뒤쪽 문헌은 운전 패턴, 예를 들어 추월 과정에서의 '칼치기' 등을 다루고 있지만, 좀 더 근간에 있는 내용은 둘 이상의 차량으로 인한 상황 사이에서의 상호작용으로 인해 최적의 행동을 취할 수 없게 방해받는 경우에 대한 것이다. 이러한 경우가 생기는 이유는 동적인 장애물을 모두 예측하는 것이 불가능하기 때문이다. 사실 중대한 상황 여럿이 동시에 나타날 수도 있다. 논문에 의하면 컴퓨터는 인간의 뇌를 흉내 내어 그 집중 패턴을 따라야 하며, 겪을 수 있는 다양한 중대 단계를 주기적으로 제거하는 데 집중해야 한다. 이 경우 이를 위해 필요한 동적 시각 모델은 시공 집중 신경망이다. Kuo et al.(2011)이 제시한 시스템은 도로 앞쪽에 있는 차량을 검출할 뿐만 아니라 그 세로 방향의 거리 정보를 함께 구하며, 따라서 적응형 순항 제어를 구현할 수 있다(다만 논문에서는 정확도에 대한 내용을 다루지는 않았다). 이 시스템은 단안 카메라를 사용했기 때문에, 앞에서 언급한 양안 시스템의 어려움은 회피하고 있음을 유의하라.

Sun et al.(2004, 2006)은 차량 검출에 대한 다양한 연구자들의 방식들을 리뷰하고 있다. 즉, 대칭성, 색상, 그림자, 모서리, 수평 및 수직 외각, 텍스처, 조명 등의 정보에 기반한 방식들을 소개했다. 또한 양안 및 모션 기반 방식도 제시된 바 있다. 아울러 템플릿 매칭과 외형 기반 방식도 소개했으며, 이 과정에서 신뢰할 만한 차량 검출을 위해서는 다양한 센서를 혼용해 충분한 정보를 확보할 수 있어야 한다. 저자들은 적합한 해답을 얻기 위해서는 가설 생성과 검증이 중요함을 강조하고 있다. 요컨대 센서를 혼용하지 않는 이상 확실한 해결책은 없지만, (논문의 전체적인 결론을 종합하면) '방법' 혼용이 더 큰 중요성을 갖는다. 저자들은 최악의 조건을 대상으로 하여, '올 아워–올 웨더all hours–all weather' 방식을 고안했다. 특히 나쁜 조명 환경(그중에서도 야간)과 눈, 비 등은 그림자 기반 방식 등 잘 알려진 차량 검출 알고리듬 결과에 영향을 주게 된다. 원칙적으로 차량에서 나오는 불빛을 사용하면 쉽게 차량을 검출할 수 있지만, 어두운 환경에서는 예를 들어 비에 젖은 도로가 빛을 반사시키는 등 혼란이 올 수 있다. 따라서 Sun et al.(2004, 2006)에 따르면, "이러한 큐는 제한적으로만 적용할 수 있다." 그러나 몇몇 방법이 잘 작동하지 않는 조건의 한계를 갖고 있다 하더라도, 동적으로 방법을 혼용해 각 조건마다 각기 다른 방법에 각기 다른 가중치를 준다면 결국에는 적절한 해답을 얻을 수 있다. 인간은 어떠한 정보를 확인하기 어려운 어두운 환경에서 혼란스러워하지만, 비나 눈, 무작위 반사, 혹은 그림자가 보이지 않는 등의 이유로 차량 검출을 못하지는 않는다.

도로에서 빠른 속도로 주행하는 경우 양쪽 차선에서의 추월이나 칼치기 등 매우 복잡한 면이 있기 때문에, 많은 경우 속도를 낮추어 리스크를 줄이고 처리해야 할 데이터양을 감당 가능할 수준으로 낮춰야 한다. 그러나 보행자에 대응하는 것은 훨씬 더 복잡하다. 차량의 경우 주어진 시간 간격 동안 동일한 방향을 향해 대부분 균일한 속도로 움직이며 각 순간마다 차량 주변에 충분히 넓은 빈 공간이 존재하는 반면, 보행자의 움직임을 예측하기란 어렵다. 차량 사이로 길을 건널 수도 있고, 무단횡단을 할 수도 있으며, 단체로 움직일 경우 더욱 예측이 어렵다. 근본적인 문제는 정지해 있는 보행자가 갑자기 도로 안으로 들어와, 순간적으로 대부분의 차량보다 빠른 가속도로 움직이는 순간을 알 수 없다는 데 있다. 이 때문에 많은 훌륭한 연구자들이 보행자 검출과 추적에 대한 알고리듬을 계속해서 제시하고 있다.

23.11.2 보행자 검출 연구

최근 Geronimo et al.(2010)은 ADAS에 대한 보행자 검출 시스템을 리뷰한 바 있다. 참고문헌을 146개 제시할 정도로 방대한 분량이지만, 이 논문을 꼼꼼히 살펴보는 것을 추천한다. 다만 여기서는 몇 가지 중요한 부분을 요약하고자 한다. 우선 보행자들의 크기, 자세, 의상, 들고 있는 물체 등은 굉장히 다양하다. 혹은 보행자들이 번잡한 장면상에 존재하거나, 부분적으로 가려지거나, 대비가 낮게 보이는 영역상에 보일 수 있다. 또한 카메라와 보행자가 모두 움직일 경우 동적으로 변화하는 장면을 대상으로 식별을 진행해야 한다. 마지막으로, 보행자들을 다른 각도에서 보면 그 모습이 급격히 변화하게 된다. Geronimo et al.(2010)은 챔퍼 매칭 기법 등의 실루엣 매칭 방식이 검출에 널리 쓰이긴 하지만 외형 기반 절차를 추가하는 식으로 보완이 필요하다고 지적한다(단순히 실루엣 매칭을 사용하자는 것이 아니라, 앞에서 설명한 방식 혼용을 따라 이를 큐로 사용하자는 주장이다. 요컨대 적지 않은 클러터를 포함하고 있는 '실제' 장면에 강건하게 대응하기 위해서는 여러 가지 방식을 사용할 필요가 있다). Geronimo et al.(2010)은 검증과 보완의 필요성을 지적하고 있다. 흥미롭게도, 논문에서는 칼만 필터가 (여전히) 가장 진지하게 사용되는 추적 알고리듬임을 지적하고 있다. 보도나 쇼핑 구역을 걷는, 또는 횡단보도를 건너는 보행자들의 모션이 정적인 움직임과는 거리가 멀다는 점을 생각해보면 다소 놀라운 사실이다(사실 장애물이나 다른 사람들을 피해 나아가는 과정에서 보행자들의 움직임은 급작스럽거나 예측이 어려운 경향을 띤다). 마지막으로, Geronimo et al.(2010)은 때와 장소에 구애받지 않는 성능을 낼 필요가 있음을 강조한다. 예를 들어 근적외선NIR, near infra-red 이미징은 가시광선을 사용한 것과 크게 다르지 않은 이미지를 보여주며, 따라서 비슷한 알고리듬을 통해 분석할 수 있다. 그러나 열화상 이미지(원적외선FIR, far infra-red)의 경우처럼 소위 '나이트 비전' 이미지는 상황이 조금 다르다. 즉, 후자는 상대적인 온도에 반응하기 때문에 보행자나 차량처럼 온도가 높은 목표를 구분하는 데 유용하지만, 배경이나 도로 표지판 등의 물체를 판단하기에는 부적절하다. 따라서 열화상 카메라는 주간용 가시광선 카메라나 야간용 NIR 카메라에 보조적인 역할로 사용해야 하며, 도입할 경우 대체로 불필요한 비용을 발생시킨다.

Gavrila and Munder(2007)은 다중 큐 보행자 검출 시스템을 제시했다. 복잡한 도심 교통환경에 대해 집중적으로 필드 테스트를 진행한 결과에 따르면, 그들의 시스템은 2007년 당시 기준으로 앞서나가는 성능을 보였다. 여기에 포함된 4개의 주 검출 모듈은 각각 저밀 양안sparse stereo 기반 ROIregion of interest(관심 영역) 생성, 형태 기반 검출, 텍스처 기반 분류, 고밀 양안 기반 검증을 담당하며, 여기에 추적 모듈을 더해 보완한다. 사실 이는 과거에 발표한 논문(Gavrila et al., 2004)을 발전시킨 것이며, 보행자 검출을 위한 다중 큐 시스템에 상술한 방법들을 결합시킴과 동시에, 수신자-조작자 특성ROC, receiver-operator characteristic에 기반한 체계적인 매개변수 설정 및 시스템 최적화를 적용했다는 데 의의가 있다. 이 시스템이 성공적일 수 있었던 이유 중 상당 부분은 형태 및 텍스처 기반 분류에 있어서 혼합 전문가mixture-of-experts 구조를 도입했기 때문이다. 즉, 알려진 형태 정보를 취하고, 특징 공간상에서 변동이 덜하도록 텍스처를 사용해 그 영역을 구분한다. 이러한 과정은 인간이 입은 옷의 종류에 잘 매칭되는 특징을 갖는다. 이렇듯 형태 매칭으로 얻은 결과를 통해 텍스처 기반 혼합 전문가 결과에 가중치를 주는 접근법은 단일 텍스처 분류자보다 훨씬 뛰어난 성능을 보인다. 또한 가브릴라의 이전 연구에서처럼 (계속) 챔퍼 매칭을 사용해 형태 검출을 진행하고 있음도 유의할 만하다.

앞에서 양안 이미징이, 시야 내에 들어오는 거의 모든 물체가 수 미터 수준으로 떨어져 있는 차량 내 비전 시스템에는 적절하지 않으며 복잡성을 상당히 증가시킨다고 언급한 바 있다. 이에 따라 Enzweiler and Gavrila(2009) 리뷰 논문은 단안 보행자 검출을 집중적으로 소개했다. 또한 여러 보행자 검출 방법을 실험적인 관점에서 비교하고 있다. 시계열 통합과 추적을 제외하고, 논문은 다음 방식들을 평가했다. (1) 하르 웨이블릿 기반 단계적 방식, (2) 로컬 수용 영역을 통한 신경망, (3) 방향 그레이디언트 히스토그램HOG, histograms of oriented gradient과 선형 서포트 벡터 머신SVM, support vector machine 기반 분류자, (4) 형태 및 텍스처 통합 접근법. 이 중 마지막 방식은 처리 속도 면에서만 주로 이점을 갖는데, 이는 비교에 있어 적절한 지표가 아니다. 따라서 이 방식을 제외한 나머지 셋에 대해서만 비교를 진행했다. 결과적으로 HOG 접근법이 웨이블릿 및 신경망 접근법에 비해 훨씬 뛰어난 성능을 보여줬다(22.16절은 HOG 접근법에 대한 전반적인 소개와 이 분야에서 웨이블릿 방식에 비해 갖는 성능적 이점을 설명하고 있다. 6.7.8절도 함께 참고하라). 특히 70%의 민감도에 대해 거짓 양성률은 각각 0.045, 0.38, 0.86을 보였는데, 나머지에 비해 거짓 양성이 확연히 감소되는 것을 확인할 수 있다(논문에서는 민감도('sensitivity' 또는 'recall')를 검출률detection rate이란 용어로 사용하고 있다. 14장 '머신러닝: 확률론적 방식'을 참고하라). 마찬가지로 민감도 60% 조건에서는 HOG 접근법의 정밀도가 급격히 개선되며, 특히 신경망 접근법에 비교했을 때 그렇다. 다만 이 결과는 ~48 × 96픽셀 크기의 중간 해상도 보행자 이미지를 대상으로 한 것이며, ~18 × 36픽셀 크기의 저해상도 보행자 이미지에서는 하르 웨이블릿이 가장 적합한 방식이다. 요컨대 실제로 어떤 요인이 중요하게 작용하는지에 대해서는 약간의 이견이 있다. 특히 저자들이 언급했듯이, "아마도 결국 가장 중요한 것은 데이터다." 다시 말해, 성능이 증가하는 데 있어 학습 세트의 크기가 영향이 없다고 할 수는 없다. 또한 처리 과정에서의 제약 조건도 약간의 영향을 끼치며, 제약이 심한 경우 하르 웨이블릿 접근법이 다시 우위를 갖게 된다. 그러나 결국 이미지 데이터, 또는 더 나아가 이미지 시퀀스 데이터를 표준화하거나 명시하는 것은 어렵기 때문에, 이 논문이 모든 부분을 다 다룰 수는 없다. 마지막으로, 이 논의에서 형태 기반 검출, 특히 챔퍼 매칭 접근법은 속도 외에는 이점이 없으므로 제외됐으며, 인식 정확도를 주된 성능 측정 지표로 삼았음을 유의해야 한다. 아울러 이 문단에서 민감도는 거짓 음성률의 역수, 즉 $1 - FN/(TP + FN)$으로, 정밀도는 거짓 양성률의 역수, 즉 $1 - FP/(TP + FP)$로 정의됐다.

챔퍼 매칭 대신 하우스도르프Hausdorff 거리를 사용해 템플릿 매칭을 진행한 Curio et al.(2000)으로 돌아가 보자. 여기서는 팔다리의 움직임을 분석하는 데 중점을 두어, 인간의 걸음을 모델링하고 그 걸음걸이 패턴을 관찰했다. 그러나 한편으로 상체의 외형은 차이가 큰 양상을 보이므로, 하체에 대해서만 보행자 검출을 진행하도록 제한하는 것이 더 적절하며 계산량 측면에서도 효율적이다. 또한 여자가 치마를 입고 있는 경우 정확한 모델링이 더 복잡해진다(혹은 남자가 예복이나 레인코트를 입었을 때도 마찬가지다). 요컨대 운전자가 보행자의 신체 모델뿐만 아니라 모션과 걸음걸이도 함께 파악하는 것처럼, 실용적인 보행자 검출 알고리듬을 구현하려면 이러한 요소를 함께 고려해 신뢰도와 강건성을 극대화해야 한다.

Zhang et al.(2007)은 '적외선IR, infra-red 이미지'(일반적으로 7–14μm 범위의 파장에 대응하는 카메라로 취득한 이미지)를 통한 보행자 인식을 평가했다. 이는 야간에 작동할 수 있는 시스템을 구축하기 위한 목적인데, 저자들이 언급했듯이 밤이나 어두운 환경에서는 예상치 못한 상황이 발생할 수 있기 때문에, 다른 분야에도 이 방법론이 유용하다. 논문은 IR 이미지가 가시광선 이미지에 대해 차이점이 전혀 없으며, 따라서 비슷한 알고리듬을 통해 분석할 수 있음을 발견했다. 즉, IR에 대해 따로 다른 방식을 고안할 필요가 없다. 특히, 에지릿edgelet 및 HOG 방식(Dalal and Triggs, 2005 참고)을 적용해 IR 이미지를 다룰 수 있으며, 부스팅과 단계적 SVM 분류 방식(Viola and Jones, 2001)도 비슷하게 가능함을 보였다. 이에 따라, IR 이미지에 대한 검출 성능을 가시광선에 대한 최근 시점의 성능에 비길 수준까지 확보할 수 있다. 이것이 가능한 이유는 근본적으로 IR과 가시광선이 비슷한 실루엣을 그리기 때문이다.

23.11.3 도로 및 차선 검출 연구

Zhou et al.(2006)은 단안 모노크롬 카메라를 사용해 차선 검출 및 추적 시스템을 개발했다. 이를 위해 가변 템플릿 모델deformable template model을 사용해 초기 차선 위치를 구하고, 타부 탐색tabu search을 통해 그 최적 위치를 찾는다. 그런 다음 파티클 필터로 표시를 추적한다. 이 시스템에 대한 실험 결과에 따르면, 차선이 끊어지거나 굽이지거나 그림자가 발생하거나 외각이 뚜렷하지 않거나 오클루전이 발생하더라도 강건한 성능을 보여준다. Kim(2008) 역시 파티클 필터를 사용해 차선을 추적하되, 초기 검출에는 RANSAC을 사용했다. 비슷하게 Mastorakis and Davies(2011)은 RANSAC으로 검출을 진행하되, 10.4절과 23.3절에서 설명했듯이 신뢰도를 높이는 방향으로 수정했다. Borkar et al.(2009)도 함께 참고하라. 마지막으로, Marzotto et al.(2010)은 FPGAfield programmable gate array 플랫폼을 통해 RANSAC 기반 시스템을 실시간으로 구현하는 방법을 제시했다.

앞에서 설명한 접근법은 도심 도로, 즉 일반적으로 차선 표시가 잘 정비된 환경에서 적합한 반면, 특히 지방 등의 많은 도로에서는 차선 표시가 제대로 그려져 있지 않거나 아예 누락되곤 한다. 또한 웃자란 식물들로 도로 경계를 구분하는 경우도 많다. Cheng et al.(2010)은 단안 카메라로 정비됐는지의 여부에 관계없이 도로에 대응할 수 있는 시스템을 고안했다. 이를 위해 계층적 차선 검출 전략을 제시, 꽤 단순한 알고리듬으로도 높은 수준의 정확도를 확보할 수 있도록 했다. 우선, 고윳값 분해 정규화 분리 분석eigenvalue decomposition regularized discriminant analysis을 사용해 고차원의 특징 벡터를 구하여 픽셀 차원에서 환경 분류를 진행했다. 정비되지 않은 도로의 경우, 평균 이동 분리를 적용한 뒤 그 영역 경계로부터 도로 경계 후보를 추린다. 그중 실제 경계와 가장 가까운 것을, 베이즈 규칙을 사용해 선택한다. 차량이 한 도로에서 다른 종류의 도로로 옮겨갈 경우, 환경 분류자가 다른 알고리듬을 사용해야 함을 파악해 정확도를 유지할 수 있게 해준다.

도로 및 차선 매핑 과정에서 제한으로 작용하는 요소가 있다면, 주어진 카메라에서의 시야다. 일반적으로 카메라는 전체 시야각이 ~45° 정도다. 사실 이상적인 차량 부착 카메라는 360° 전체를 시야각으로 가져야 추월 차량이나 옆에서 접근하는 보행자를 확실하게 파악할 수 있다. 무지향성 (반사-굴절) 카메라를 사용하는 것이 이 문제에 대한 가장 확실한 해답이 될 수 있으며, 많은 연구자가 적극적으로 이 주제에 대한 연구에 나서고 있다. Cheng and Trivedi(2007)은 무지향성 카메라를 사용한 시스템을, 차선 검출 및 운전자 머리 자세 모니터링의 두 작업에 동시에 도입하는 테스트를 진행했다(머리 자세 모니터링을 진행하는 이유는 운전자가 도로 상황에 주의를 기울이는지 확인하기 위함이다). 이러한 종류의 카메라는 해상도가 줄어듦에 따라, 테스트 결과 차량 검출 정확도는 (단지) 2~3배 수준으로 감소했다. 즉, 이 방법을 따르면 실제 구현에서 필요한 센서의 수를 줄일 수가 있다.

23.11.4 도로 표지판 검출 연구

21세기 들어 도로 표지판을 검출하고 인식하는 연구에 대한 많은 훌륭한 논문들이 발표되고 있는데, 이는 ADAS가 진지하게 받아들여지고 있다는 징후다. Fang et al.(2003)은 도로 표지판의 색상과 형태를 검출하고 추적하기 위해 신경망을 사용했다. 이때 고려된 형태는 원형, 삼각형, 팔각형, 마름모, 직사각형이다. 우선 표지판이 작고 상대적으로 왜곡이 덜하게 보이는 먼 거리에서 검출을 진행하고, 칼만 필터를 통해 추적을 계속한다. 거리가 가까워짐에 따라 원근에 따른 왜곡이 증가하기 때문에 크기와 형태의 변화에 더 신경을 많이 써야 하며, 도로 표지판으로 가정했던 물체가 충분히 커지는 시점에서 시스템이 실제 표지판인지의 여부를 판단한다. 논문은 실제 인식이 이뤄지는 과정을 다루지는 않았지만, 검출과 추적에 한해서만큼은 정확하고 강건하다는 결론을 내렸다. 단일 PC^personal computer^에서 처리 속도가 느리긴 하나, 신경망은 손쉽게 여러 프로세서에 걸쳐 병렬 연산이 가능하다. 연계 논문으로서 Fang et al.(2004)는 해당 분야에 쓰이는 신경망의 종류를 다루고 있다. Kuo and Lin(2007)은 비슷하게 신경망을 사용하는 시스템을 소개한다. 특히 모서리 검출이나 HT, 모폴로지 등 검출 단계에서의 이미지 구조 분석에 많은 분량을 할애하고 있다. De la Escalara et al.(2003)은 색상 분류 기반으로 분석을 시작하고, 유전 알고리듬을 통해 범위를 좁힌 다음, 신경망을 통해 표지판을 분류하는 시스템을 제시했다.

McLoughlin et al.(2008)은 실제 상황에서 도로 표지판 및 표지병을 검출하는 것에 중점을 두고 있다. 저자들은 도로 기호를 사용하기보다는 그 상태를 평가하는 데 중점을 두고, 최종적으로 표지판과 GPS 정보를 연결하고자 했다. 특히 표지판의 반사도에 초점을 맞추고, 도로 표지판이나 표지병에 결함이 있는지 여부를 검출할 수 있게 했다. 이 시스템은 완전히 자동으로 작동하며, 따라서 ADAS 방법론에 도입하는 것이 가능하다.

Prieto and Allen(2009)는 신경망의 일종인 자기조직화 지도^SOM, self-organizing maps^를 사용해 신호등을 검출 및 분류하는 비전 기반 시스템을 제시했다. 여기서는 2단계 검출을 사용했다. 즉, 이미지상의 붉은 픽셀 분포를 분석해 잠재적인 도로 표지판을 검출한 다음, 중앙 그림문자에 해당하는 어두운 픽셀의 분포를 통해 실제 표지판을 인식한다. HT 등 구조적 분석 접근법을 가능한 한 쓰지 않고 SOM 접근법을 도입한 이유는 (효율적인) 실시간 연산에서 너무 느리게 동작한다고 여겼기 때문이다. 그림문자를 인식하는 과정에서, 삼각형 등 표지판이 이뤄진 형태를 따라 16개의 블록을 나누었다. 이때 표지판 영역에 걸쳐 밝기를 정규화하는 과정이 필요하다. 여기서는 FPGA와 SOM 디지털 구현을 결합한 임베디드 머신 비전 하드웨어를 사용했다. 실험 결과에 따르면 시스템의 성능은 훌륭하며, 표지판의 위치, 스케일, 방향, 오클루전 수준 등이 상당히 변하더라도 잘 대응할 수 있다. 또한 흰색 배경에 검은색으로 그려진 그림문자를 특정 색의 외각으로 두른 형태에 대한 모델에 대한 학습이 가능함도 확인했다. SOM과 하이브리드 구현에 대한 구체적 내용은 해당 논문과 논문에 명시된 참고 문헌을 참고하라.

Ruta et al.(2010)은 (앞에서 설명한 많은 연구와 달리) 신경망에 기반하지 않고, 색상 거리 변환과 최근접 인식 시스템을 사용한 시스템을 개발했다. 색상 거리 변환은 실제로 각 색상(RGB)당 하나씩, 세 거리 변환의 세트 형태를 하고 있다. 테스트 과정에서 특정 색상이 존재하지 않는다면, 시스템이 오작동하는 것을 방지하기 위해 최대 거릿값으로 10픽셀을 부여한다. 색상 거리 변환의 경우 강한 입사광, 반사, 어두운 그림자 등 다양한 조건에 대한 영향성을 확인하기 위해 평가가 이뤄졌으며, 조명이 상당히 변화하더라도 강건함을 보였다. 더 중요한 부분은 움직이는 카메라가 취약한 아핀 변환 효과에 대해서도 비교적 불변성을 유지한다는 점이다. 이는 챔퍼 매칭이 왜곡에 대해 점진적으로 성능이 저하됨에 따라, 왜곡 수준이 증가하며 템플릿 (외각) 위치가 '서서히' 증가하기 때문이다. 다른 것과 비교하면 이 방식은 잘 작동하는 편인데, 분류 성공률 기준으로 HOG/PCA는 22.3%, 하르/에이다부스트 62.6%, HOG/에이다부스트 74.5%, 새로운 색상 거리 변환을 적용한 방식은 74.4%다. 이 방식에 비길 수 있는 HOG/에이다부스트의 경우 훌륭한 해답을 제공하긴 하지만 좀 더 복잡도가 크며, 실제로도 크게 이점이 없다. 요컨대 제안한 방식은 목표 분야에 잘 들어맞는다 할 수 있다.

23.11.5 경로 탐색, 내비게이션, 에고모션 연구

차량 안내 및 에고모션 관련 주제는 1992년부터 시작됐으며(Brady and Wang, 1992; Dickmanns and Mysliwetz, 1992), 호송 과정에서의 자동 시각 안내도 비슷한 시기부터 이뤄졌다(Schneiderman et al., 1995; Stella et al., 1995). 또한 이동 로봇, 경로 탐색의 필요성 등에 대한 논의가 Kanesalingam et al.(1998) 및 Kortenkamp et al.(1998)에서 이뤄졌으며, 이후 DeSouza and Kak(2002)에서 관련 내용을 정리했다. 아울러 Davison and Murray(2002)도 참고하라. 야외의, 특히 도로상의 차량 안내에 대해서는 점점 많은 연구가 이뤄지고 있다. 예를 들어 Bertozzi and Broggi(1998), Guiducci(1999), Kang and Jung(2003), Kastrinaki et al.(2003) 등을 참고하라. Zhou et al.(2003)은 노인 보행자에 대한 연구를 진행했는데, 맹인이나 휠체어를 탄 보행자에게도 적용되는 내용이다. Hofmann et al.(2003)은 비전 및 레이더를 결합해

사용할 경우, 비전의 훌륭한 수평 방향 해상도와 레이더의 정밀한 범위 방향 해상도를 함께 확보할 수 있음을 보였다.

이렇듯 뚜렷한 향상이 이뤄졌음에도 불구하고, 여전히 시각적 완전 자동 차량 안내 시스템을 전면적으로 사용하는 경우는 제한적이다. 주된 문제는 시간과 조건에 관계없이 시스템을 믿고 운용하기 위한 '잠재적인' 강건성과 신뢰도가 부족하다는 데 있다. 물론 차량 감시에 비해 차량을 제어하는 용도의 경우 법적인 제약도 존재한다.

23.12 연습문제

1. 그림 23.14(C)에서 나타낸 미로 경로가 최적인지, (1) 손으로 계산한 결과와 (2) 컴퓨터로 계산한 결과를 통해 확인하라. 또한 이 외의 최적 경로도 몇 가지 존재함을 확인하라. 수직/수평 방향으로 2개만큼 떨어진 이웃 픽셀을 취하고, 대각선 방향으로 3개만큼 떨어진 이웃 픽셀을 취하는 식으로 더 정확한 결과를 구하라.

24

결론: 비전에 대한 전망

24.1 서론

지금까지 비전에 관련된 많은 주제(이미지에 포함된 노이즈의 제거, 특징 검출, 특징을 통한 물체 위치 찾기 등)를 살펴봤다. 그 과정에서 조명을 설정하는 방법과 자동 시각 검사 등에 필요한 고속 하드웨어 시스템 구축에 대한 단서도 제공했다. 이러한 주제들은 40년 이상 전부터 오랫동안 연구가 이뤄져 온 것이다. 그러나 체계적이라기보다는 단편적으로 진행된 것 또한 사실이다. 많은 경우 소수 그룹의 연구자들이 특정 주제를 다소 임시적인 관점에서 연구했다. 더불어 알고리듬, 처리, 기법 등의 발전에 있어 연구자들의 창조성이 그 제약으로 작용해오기도 했다. 즉, 이들을 설계하는 과정은 체계적이라기보다는 직관에 더 가까웠기 때문에, 마찬가지로 시간이 지나며 예측할 수 없는 방향으로 느리게 진전이 이뤄졌다. 그 결과, 특정 목표를 해결하고자 할 때 확립된 해답보다는 불완전한 여러 방식이 존재하고 있으며, 그중 하나를 선택하는 데 있어 과학적인 근거가 제한적인 것이 일반적이다.

결국, 어떤 주제에 대해 어떻게 좀 더 확고한 기반을 다질 수 있을까가 문제다. 시간이 지나면 해결될 수도 있겠지만, 한편으로는 시간이 갈수록 고려해야 할 방식이나 결과가 점점

불어날 수도 있다. 요컨대 마주한 문제의 지적인 분석에 있어 쉬운 길이란 존재하지 않는다. 이 책은 각 단계마다 충분한 수준의 분석을 이루고자 했다. 그러니 이 마지막 장에서는 앞에서 다룬 내용을 묶어서 일반적인 관점에서의 방법론을 요약하고, 이후 나아갈 방향에 대해 논할 필요가 있다.

컴퓨터 비전은 일종의 공학에 속한다. 그리고 다른 많은 학문 분과와 마찬가지로 과학과 그 기저에 깔린 과정에 대한 이해에 기반하고 있다. 그러나 한편으로는, 공학이기 때문에 명세 기반 설계 역시 필요하다. 비전 시스템에 대한 명세를 정하고 나면, 그 명세가 자연적 또는 기술적인 측면에서 발생하는 제약 조건에 잘 부합하는지 확인할 수 있다. 즉, 우선 비전 시스템의 명세에 해당하는 정합성 매개변수를 고려하고, 그다음에 제약 조건과 그 원인을 고려해야 한다. 이 방식은 원하는 주제를 어떻게 개발해나가야 할지 단서를 제공해준다.

그러나 이런 식의 접근 방식을 채택하기 전에 한 가지 염두에 둬야 할 점이 있다. 이 장에서 소개하겠지만, 인상적이고 강력한 딥러닝 구조가 등장함에 따라 기존의 방식에 균열이 가기 시작했다. 따라서 앞으로는 컴퓨터 비전에 대한 전복적인 접근이 필요하다.

24.2 머신 비전에서의 중요도 매개변수

공학 설계를 위해 우선적으로 필요한 건, 실제로 그 설계가 작동하는지 확인하는 것이다. 이는 비단 컴퓨터 비전뿐만 아니라 다른 공학 분야에 모두 적용되는 내용이다. 예를 들어 외각을 찾지 못하는 외각 검출자를 고안할 필요가 없고, 모서리를 찾지 못하는 모서리 검출자, 가늘게 하지 않는 세선화 알고리듬, 혹은 물체를 찾지 못하는 3D 물체 검출 방식 등도 고려할 필요가 없다. 그러나 왜 작동하지 않는 것일까? 알고리듬이 제대로 작동하는 것을 방해하는 노이즈나 아티팩트의 가능성을 제외하더라도, 어느 단계엔가 중요하지만 고려하지 못한 요소가 존재할 수 있다.

예를 들어, 경계 추적 알고리듬이 실패하는 이유 중 하나는 1픽셀 너비의 경계를 따라가지 못하고 뛰어넘기 때문이다. 세선화 알고리듬이 실패하는 이유 중 하나는 가능한 로컬 패턴을 전부 고려하지 못해서 스켈레톤이 끊어지기 때문이다. 3차원 물체 검출 방식의 경우, 관측된 특징들이 동일 평면상에 없는지를 적절히 확인하지 못해서 실패하곤 한다. 물론 이러한 형태의 문제가 발생할 확률은 매우 드물며(즉, 매우 특정한 종류의 입력 데이터에 대해서만 나타나는 문제이며), 설계 에러를 한 번에 파악하기 어려운 이유가 여기에 있다. 많은 경우 이러한 에러를 줄이기 위해 수학적인 방식이나 가능한 문제를 나열하는 과정을 통해 에러를 줄이고, 문제를 체계적으로 감소시킬 수 있다. 그러나 에러가 발생하지 않는다고 완벽하게 확신하기란 어렵다. 그리고 컴퓨터 프로그램을 작성하는 과정에서의 에러가 문제의 원인이 될 수도 있다는 점을 결코 잊어서는 안 된다. 따라서 알고리듬이 적절하거나 최소한 충분히 강건성을 확보하고 있는지를 검증하기 위해, 큰 규모의 데이터셋을 사용해 집중적인 평가를 진행해야 한다. 이런 식으로 다양한 평가를 시도해보는 것 외에, 어떤 방식이 '확실히' 제대로 동작하는지를 확인할 수 있는 방법은 없다. 실제로 어이없는 에러들이 끊이지 않고 발생하기 때문에 이러한 점을 염두에 둬야 한다.

이제 이상적인 데이터에 잘 작동하고, 동일한 결과를 얻을 수 있는 여러 알고리듬을 확보했다고 하자. 다음으로 마주하게 되는 문제는 알고리듬을 면밀히 비교하고, '실제' 데이터 또는 함께 포함된 노이즈 같이 지저분한 것들에 대해 어떻게 대응하는지를 살피는 것이다. 구체적으로 이는 다음 요소들을 포함하고 있다.

1. 노이즈
2. 배경 클러터
3. 오클루전
4. 물체 결함과 파손
5. 광학 및 원근 왜곡
6. 비균일 조명과 그로 인한 효과
7. 미광stray light, 그림자, 반짝임

일반적으로 이러한 문제를 극복하기 위해서는 알고리듬이 충분히 강건해야 한다. 그러나 실제로는 그리 단순한 문제가 아니다. 예를 들어, HT 등 많은 알고리듬은 상당한 수준의 오클루전이 존재하더라도 물체나 특징을 적절하게 찾을 능력이 있다. 그러나 정확히 어느 정도의 오클루전까지 허용되는 것일까? 혹은 왜곡, 노이즈 등 다른 지저분한 것들을 얼마나 감수할 수 있을까? 각각의 경우에 대해서는 그 수준을 어느 정도 제시할 수 있다. 예를 들어 선분 검출 알고리듬은 50%의 오클루전까지 허용 가능해야 하며, 따라서 이에 기반해 구현한 HT도 이 수준까지 성능을 갖는다(항상 그렇지는 않다). 그러나 이렇게 얻은 수많은 숫자들 각각은 큰 의미를 갖지 못한다. 단지 들쑥날쑥하고 비교하기 어려운 값들만이 존재할 뿐이다. 다만 후자의 문제는 상당 부분 해결할 수 있다. 즉, 각 결함으로 인해 물체의 일정 부분이 제거된다고 가정하는 것이다(임펄스 노이즈의 경우 이는 자명하다. 가우시안 노이즈의 경우 확실한 등가조건이 성립하지 않지만, 이론적인 차원에서라도 그 등가성이 계산 가능하다고 가정해야 한다). 따라서 특정 데이터셋에 포함된 아티팩트는 모든 물체마다 정해진 비율만큼의 영역과 둘레를 제거하거나, 모든 작은 물체들 중 일정 비율만큼을 제거하는 역할을 한다. 물론 지저분한 것들 중 일부는(예: 광학 왜곡) 정확도를 저하시키는 방식으로 작용하지만, 여기서는 물체 검출의 강건성에만 중점을 둘 것이다. 이러한 내용을 모두 고려했다면 다음 단계로 넘어갈 차례다.

이제 특정 비전 알고리듬에 대해 완전하게 설계 명세를 구축해보자. 명세는 다음과 같이 구성할 수 있다(그러나 일반적으로는 특정한 알고리듬 관련 함수를 명시하지 않도록 작성한다).

1. 이상적인 데이터에 대해 작동하는 알고리듬
2. 아티팩트에 의해 x% 오염된 데이터에 대해 작동하는 알고리듬
3. p픽셀 정확도로 작동하는 알고리듬
4. s초 이내로 작동하는 알고리듬
5. 학습 가능한 알고리듬
6. d일당 1회 이하의 고장률을 갖도록 구현 가능한 알고리듬
7. L원 이하의 비용으로 알고리듬을 구현할 수 있는 하드웨어

(6번 항목의 고장률failure rate은 하드웨어 문제로 인해 주로 발생하며, 따라서 이어지는 내용에서는 고려하지 않는다.)

그러나 이러한 명세는 어떠한 기술 개발 단계에서든(특히 하드웨어 관점에서) 달성하기 어려운 것이다. 이는 명세마다 특정한 방식으로 구현해야 하며 타협이 불가능하기 때문이다. 그러나 주어진 명세가 달성할 수 있는 한계에 걸쳐 있을 경우, 다른 알고리듬으로 전환하는 것은 가능하다. 다만 기술적이거나 자연적인 제약 때문에 일부 또는 전체 알고리듬이 동일한 한계를 가질 수 있음을 유의해야 한다. 혹은 명세를 유지할 수 있는 범위 내에서 내부 매개변

수를 조정하는 것도 가능하다. 일반적으로는 고정된(조정할 수 없는) 일부 명세와 어느 정도 타협이 가능한 나머지 명세가 공존한다. 이 책의 여러 장에서 언급했듯이 이로 인해 트레이드오프가 발생할 수 있으며, 다음 절에서 이 주제를 다룰 것이다.

24.3 트레이드오프

트레이드오프는 알고리듬에서 가장 중요한 특징 중 하나다. 본질적으로 얼마나 유연성이 확보 가능한지를 결정하기 때문이다. 이상적으로 이론을 통해 정립된 트레이드오프는 무엇이 가능한지 명확하게 제시할 수 있기 때문에, 만약 어떤 알고리듬이 그 한계에 도달한다면 가능한 만큼의 '좋은' 성능을 내는 상태라 봐도 무방하다.

다음으로, 트레이드오프 곡선상에서 알고리듬을 작동시켜야 할지에 대한 문제가 있다. 많은 경우 트레이드오프 곡선(또는 곡면)은 하드 리밋hard limit 범위 안에 있다. 곡선이 이 한계 범위 내에서 연속이고 최적점이 존재한다면, 고유한 최적점의 위치를 찾는 기준 함수를 결정할 수 있다. 세부적으로 들어가면 경우마다 다르지만, 결국 트레이드오프 곡선상에 최적점이 반드시 존재하며, 따라서 곡선의 형태를 알고 있다면 그 최적점을 체계적으로 찾을 수 있게 된다. 물론 이는 현재 상황을 충분히 파악하고 있으며, 이에 따라 적절한 트레이드오프를 결정할 수 있다는 가정에 기반한 것이다. 이어지는 절에서 이에 대해 좀 더 자세히 묘사할 텐데, 처음 책을 읽을 때는 건너뛰어도 무방하다.

24.3.1 주요 트레이드오프

이 책의 앞쪽 장에서는 매개변수 간에 이뤄지는 임의의 관계 중에서 중요한 트레이드오프들을 다룬 바 있다. 여기서는 몇 가지 예제를 통해 그 내용을 요약해볼 것이다.

우선, 5장 '외각 검출'에서는 DG 외각 연산자에 하나의 설계 매개변수, 즉 반지름 r만 포함되어 있음을 확인했다. 불연속적인 격자 형태로 r 값을 주었을 때 발생하는 중요한 효과는 다음과 같다.

1. 신호 대 잡음비는 r에 대해 선형으로 변화하는데, 이는 신호와 노이즈가 평균화되는

효과 때문이다.

2. 해상도는 r에 대해 반비례하는데, 이미지상의 선형 특징이 이웃 활성 영역 내에서 평균화되기 때문이다. 외각 위치 측정값의 스케일은 해상도로 주어진다.
3. 외각 위치를 측정할 때의 (현재 스케일에 대한) 정확도는 이웃 영역의 픽셀 수 제곱근에 따라 결정되며, 따라서 r에 대해 변화한다.
4. 계산량과 그에 대한 하드웨어 비용은 일반적으로 이웃 영역의 픽셀 수에 비례하며, 따라서 r^2에 대해 변화한다.

요컨대 연산자의 반지름은 다음과 같은 4개의 매개변수와 밀접하게 연관되어 있다(신호 대 잡음비, 해상도(또는 스케일), 정확도, 하드웨어 비용/계산량).

또 하나의 중요한 문제는 원의 중심점 위치를 빠르게 찾는 것이다(10장 '선, 원, 타원 검출' 참고). 이 경우, 노이즈나 신호 왜곡에 대해 허용 가능한 수준이 그 강건성을 대변한다. HT 기반 방식의 경우 노이즈, 오클루전, 왜곡 등은 모두 매개변수 공간에서 피크 높이를 감소시키는 요인이므로, 신호 대 잡음비가 줄어들고 정확도가 열화된다. 만약 원본 신호에 대해 이러한 왜곡이나 오클루전이나 계획적인 샘플링 때문에 β만큼의 비율이 제거되면, 즉 $\gamma = 1 - \beta$ 만큼의 비율만이 남아 있다면, 중심점 위치에 대한 독립적인 측정 횟수는 최적 대비 γ 비율로 줄어든다. 즉, 중심 위치를 예측하는 데 있어 정확도가 최적값 대비 $\sqrt{\gamma}$만큼 감소한다는 뜻이다.

중요한 것은 샘플링이 신호 왜곡과 상당히 유사한 효과를 갖고 있으며, 따라서 더 많은 왜곡을 허용할 수 있다면 총 샘플링 신호 비율 α도 높아진다는 점이다. 다시 말해 왜곡 수준이 증가하면 샘플링을 감당할 수 있는 능력도 감소하며, 따라서 샘플링을 통해 얻을 수 있는 속도 이점이 줄어든다. 즉, 신호 대 잡음비와 정확도를 고정할 경우 강건성과 속도 간의 트레이드오프가 존재하게 된다. 혹은 정확도, 강건성, 처리 속도의 삼각관계가 존재한다고 말할 수도 있다. 이런 식의 접근을 통해, 앞에서 살펴본 외각 연산자의 트레이드오프를 일반화하는 것이 가능하다.

이러한 트레이드오프를 살펴보는 것이 중요한 이유는 어떠한 알고리듬이든 특정한 매개변수 세트를 조정하는 식으로 처리 속도, 신호 대 잡음비, 정확도 등의 주요한 요소를 제어할 수 있으며, 그리고 그 과정에서 각각의 사이에 트레이드오프가 발생하게 되기 때문이다. 궁극적으로 이러한 트레이드오프는 완전히 이론적인 기반에서 유추할 수 있는 것보다는 (주어진 알고리듬으로부터) '실제로' 발생할 수 있는 경우를 위주로 고려돼야 한다. 그렇게 해야 현재 수준의 알고리듬보다 더 개선될 여지가 있는지 파악할 수 있기 때문이다.

24.3.2 2단계 템플릿 매칭 트레이드오프

2단계 템플릿 매칭은 일반적으로 느리고 계산량이 많은 템플릿 매칭의 속도를 개선하기 위해 이 책에서 여러 번 언급한 바 있다. 일반적으로 이 방식은 쉽게 인식할 수 있는 하위 특징을 찾기 때문에, 최종적으로 특징 위치를 찾는 단계에서 거짓 알람을 제거해야 하는 문제가 그리 크지 않다. 이 방식이 유용한 이유는 원본 이미지 데이터 중 상당 부분을 먼저 제거해서, 상대적으로 적은 평가 과정만이 남게 되기 때문이다. 덤으로 이 과정을 필요한 만큼 정교하게 만들 수도 있다. 반면에 '제거' 단계는 상대적으로 거칠게 이뤄지며, 그 과정에서 필요한 특징 중 어느 것도 제거해서는 안 된다. 요컨대 거짓 양성은 발생할 수 있어도 거짓 음성이 발생해서는 안 된다. 그러나 2단계 처리가 갖는 효율성은 기본적으로 첫 단계의 거짓 경고의 개수에 의해 제한된다(21.4절과 21.5절에서 언급한 부스팅 기법도 비슷한 특성을 갖는다).

첫 단계에서 임겟값 h_1, 두 번째 단계에서 임겟값 h_2에 의해 그 결과가 좌우된다고 가정하자. 만약 h_1 값을 매우 낮게 잡으면, 첫 단계에서 이미지 부분을 제거하지 않고 놔두기 때문에 일반적인 템플릿 매칭 과정과 다를 바가 없어진다. 실제로 $h_1 = 0$으로 설정해놓고 h_2가 잘 작동하는 값을 찾아 조정할 수 있다. 그다음에 h_1을 증가시켜 효율성을 향상하는(즉, 전체 계산량을 줄이는) 방향으로 개량한다. 이때 거짓 음성이 발생하기 시작하면 필요한 특징 중 일부의 위치를 찾을 수 없게 되기 때문에, 한계점로 간주해야 한다. 여기서 더 h_1을 증가시키면 속도는 빨라지지만, 유효한 신호가 줄어드는 효과를 낳는다. 요컨대 신호 대 잡음비에 대한, 혹은 위치의 정확도와 속도 간의 트레이드오프가 존재하게 된다.

HT를 통해 물체의 위치를 찾는 경우, h_1이 증가함에 따라 위치를 찾아야 하는 외각 지점의 개수는 줄어든다. 따라서 물체 위치에 대한 정확도도 감소하게 된다(Davies, 1988f). 그다음에는 기준 함수 접근법을 통해 최적 작동 조건을 찾게 된다. 이 경우 $C = T/A$ 형태의 기준 함수가 적절하며, 여기서 T는 총 실행 시간, A는 실현 가능한 정확도에 해당한다. 이 접근법이 최적값을 찾는 데 유용하긴 하지만, 일반적인 2단계 템플릿 매칭과 랜덤 샘플링을 함께 사용하면 더욱 최적인 값을 찾을 수 있다. 이 경우 두 매개변수 h_1과 u(랜덤 샘플링 계수, $1/\alpha$와 같은 값)에 대한 2차원 최적화 문제가 될 것이다. 그러나 현실에서는 이보다 훨씬 복잡하다. 즉, 일반적으로 이는 h_1, h_2, u에 대한 3차원 최적화 문제로 봐야 하며, 전역 최적값에 잘 근사하기 위해서는 h_2를 먼저 조정한 다음, h_1과 u를 함께 최적화해야 한다. 혹은 h_2를 우선 조정하고, 그런 다음 h_1과 u를 차례대로 조정하는 방법도 있다(Davies, 1988f). 여기서는 그 자세한 논의를 생략할 것이다.

24.4 무어의 법칙

앞에서 한두 번 언급했듯이, 알고리듬을 제한하는 제약 조건이나 트레이드오프 중 몇몇은 우연한 것이라기보다는 기술적인 제약이거나 알고리듬이 근본적으로 내포하고 있는 것이다. 이 경우 가능한 한 많은 사례를 확보하는 것이 중요하다. 이 작업이 선행되지 않으면, 알고리듬을 개선하기 위해 연구자들이 쏟은 수많은 시간이 무위로 돌아갈 수 있다. 물론 실제로 이를 진행하는 과정은 말처럼 쉽지 않지만, 그 기반에 대한 과학적인 분석이 필요함은 분명하다.

컴퓨터 하드웨어에 관해 잘 알려진 무어의 법칙Moore's law(Noyce, 1977)은 하나의 집적 회로에 포함될 수 있는 부품의 수가 2년에 2배씩 증가한다는 내용을 담고 있다. 실제로 이 법칙은 1959년 이후 20년 동안 성립해왔지만, 이후에는 그 비율이 조금씩 줄어들었다(그러나 여전히 그 증가율은 지수함수로 근사하기에 충분한 수준이었다). 여기서 무어의 법칙이 얼마나 정확한지를 깊이 논의하지는 않을 것이다. 그러나 컴퓨터 메모리와 성능이 앞으로도 한동안은 2년에 2배씩 증가할 것이라고 간편하게 예측할 수 있다. 만일 그렇다면 컴퓨터 속도도 비슷한 비율로 빨라질 것이다. 비전도 마찬가질까?

안타깝게도 탐색 같은 많은 비전 처리 과정은 NP 완전이며, 따라서 필요한 계산량은 지수함수 형태로 증가한다. 예를 들어, 매치 그래프의 노드 수 같은 내부 매개변수 역시 비슷한 비율로 늘어나게 된다. 즉, 기술이 진보하더라도 이러한 내부 매개변수에 대해서는 선형에 가까운 성능 향상만이 존재할 것이다(예를 들어, 매치 그래프는 2년에 추가적인 노드 하나 정도의 성능이 개선될 것이다). 즉, 탐색 등 주요한 문제를 해결하기보다는 개선되는 정도만을 기대할 수 있다.

NP 완전 여부를 떠나, 무어의 법칙에 따라 컴퓨터 성능이 진보함은 결국 일반적인 PC를 통해서도 상당한 비전 작업에 대응할 수 있다는 것을 뜻한다. 실제로 잘 설계된 알고리듬과 결합할 경우 많은 간단한 작업은 이러한 관점에서 해결이 가능하며, 비전 시스템을 설계하고자 하는 사람들의 어려움을 상당 부분 덜어주게 될 것이다.

24.5 하드웨어, 알고리듬, 처리

직전 절에서는 하드웨어 시스템의 발전에 따라 비전 분야가 진보할 수 있는 하나의 실마리를 제공해줄 수 있을 것이란 희망에 대해 언급했다. 그러나 이와 더불어, 비전 알고리듬 측면에서도 어떠한 돌파구가 마련돼야 한다. 예를 들어 로봇이 어린아이들과 같이 물체와 그 재질을 바라보지 못하는 한, 충분한 정보를 모아서 복잡한 실제 비전 문제를 다루는 것은 어려울 것이다. 우리 세상은 너무 복잡해서 모든 규칙을 시시콜콜하게 다 규정하는 것은 불가능하기 때문이다. 요컨대 각 규칙은 학습 과정을 거쳐 내재화해야 한다. 이러한 접근법은 더 유연하고 적용하기도 쉬우며, 거대한 데이터베이스나 프로그램에 도입하는 과정에서 발생하는 에러를 보정하기에도 유리하다. 즉, 비전과 지능에 관련된 처리 과정 역시 중요하게 고려해야 할 사항임을 잊어서는 안 된다. 하드웨어는 단지 구현할 수 있는 수단을 제공해줄 뿐이다. 어떤 비전 문제를 해결하기 위해 하드웨어적인 방식을 고안한다면, 거기에 따르는 알고리듬 처리가 효율적으로 이뤄지는지의 여부를 따로 판단해야 한다. 만약 효율적이라면 그 하드웨어의 유용함이 확인됐다 할 수 있다. 그러나 알고리듬을 하드웨어 설계와 아예 별개로 놓고 생각해서는 안 된다. 결국 전체 시스템을 최적화해야 하며 이를 위해서는 양쪽을 전부 고려해야 하기 때문이다. 이상적으로 생각하면, 최소한 하드웨어가 고정되기 전에 그 처리 과정을 먼저 고려하는 것이 맞다. 하드웨어에 무게중심이 실리면, 몇몇 구현의 경우에는(특히 현재 시점에서 새로 등장해 개선을 기대하고 있는 경우) 연구자들이 관련 처리에 매몰될 위험이 있다. 더군다나 이미 설계되어 있는 하드웨어 구조들(직렬 파이프라인에서 SIMD^single instruction stream, multiple data stream^, VLSI^very large scale integration^, ASIC^application specific integrated circuit^, 그리고 FPGA^field programmable gate array까지), 혹은 최근 부각되고 있는 GPUgraphics processing unit 등은 고수준이 아닌 저수준 비전 능력을 수행할 수 있도록 제한되어 있다. 하드웨어가 비전에 있어서 주객전도가 되어서는 안 된다.

24.6 표현 방식 선택의 중요성

이 책은 3차원 이미지 분석과 그에 필요한 기술 등을 다루기 위해, 낮은 단계의 아이디어에서 시작해서 중간 단계의 방식을 거쳐 최종적으로 처리를 다루는 순서로 구성되어 있다. 그리고 이를 위해 구체적인 예제를 제시하고 필요한 내용을 강조했다. 이 책에서는 이러한 방식으로 많은 개념과 전략을 제시했다. 그러나 우리는 어디에 와 있는가? 혹은 그래서, 우리가 1장 '비전, 그 도전'에서 언급한 문제를 어떻게 해결할 수 있는가?

비전과 관련해 가장 까다로운 문제는 이미지 인식과 측정 작업을 수행하는 데 필요한 처리량을 최소화하는 것이다. 이미지 자체가 상당히 많은 양의 데이터를 포함하고 있을 뿐만 아니라 그 이미지를 무섭도록 짧은 시간 안에 해석해야 하며, 그 과정에서 필요한 탐색 등의 작업량이 조합 확산 수준으로 증가하기 때문이다. 그런데 앞의 내용을 떠올려보면, 이러한 문제에 대응하기 위해 우리가 '보편적으로' 사용할 수 있는 도구는 거의 없다. 정말 보편적으로 사용할 수 있는 도구는 (인공지능AI, artificial intelligence 트리 탐색 등의 고수준 처리 방식을 무시하면) 다음과 같다.

1. 고차원 문제의 차원을 줄여서 해결이 가능하도록 하는 방식
2. 허프 변환 등의 인덱싱 기법
3. 희소하게 존재하는 특징의 위치를 통해 불필요한 내용을 빠르게 줄이는 방식(대표적인 예로 외각이나 모서리 등의 특징)
4. 2단계 또는 다단계 템플릿 매칭
5. 랜덤 샘플링

이 도구들이 보편적인 이유는 완전히 다른 데이터를 사용하는 다양한 상황에서 여러 방식

으로 사용되기 때문이다. 그러나 이러한 수단이 계산량을 줄이기 위해 우연하게 고안된 방식(또는 어떠한 기교)보다 더 적합한 것인지는 검토해볼 필요가 있다. 지금부터 이 흥미로운 의문점을 살펴보자.

우선, 다양한 형태의 허프 변환을 고려해보자. 즉, 추상적인 매개변수 공간에 대한 일반적인 선분 매개변수화 방식, 이미지 공간과 동일한 공간에 대해 매개변수화를 진행하는 GHT, 추상 2차원 매개변수 공간에 매개변수화를 진행하는 적응형 임계화 변환(4장 '임계화의 역할' 참고) 등이 있다. 이러한 형식들은 공통적으로 여러 지점의 데이터 피크가 자연스럽게 드러나도록 표현 방식에 대한 선택을 제공하며, 분석을 좀 더 효율적으로 진행할 수 있게 한다. 이러한 과정들을 우연하게 발견할 가능성이 적다는 면에서, 목록에서 3번 항목과의 관계를 분명하게 찾을 수 있다.

다음으로, 1번 항목에 속하는 방식은 다양하게 존재한다. 예를 들어, 타원의 위치를 찾기 위한 방법이 있다(10장 '선, 원, 타원 검출'). 따라서 1번 항목은 4번 항목과 상당히 공통적인 면이 있다. 5번 항목 역시 4번 항목의 특수한 예로 분류할 수 있음을 유의하라(랜덤 샘플링은 첫 단계를 '비운null' 2단계 템플릿 매칭 형태로 표현할 수 있으며, 많은 수의 입력 패턴을 매우 높은 효율로 제거할 수 있다. Davies(1988f)를 참고하라). 마지막으로, 24.3.2절에서 다룬 2단계 템플릿 매칭은 실제로는 다단계 문제 중 일부에 속한다. 예를 들어 외각 검출자는 2단계로 진행되지만 이에 포함된 HT 역시 2단계로 진행되므로, 전체적으로 보면 최소 4단계로 진행된다고 할 수 있다. 즉, 항목 1~5는 모두 다단계 매칭(또는 순차적 패턴 인식)으로 표현되며, 단일 단계 접근법과 비교했을 때 더 강력하고 효율적인 성능을 기대할 수 있다. 강건 통계와 관련한 머신 비전 응용을 다룬 부록 A에서도 비슷한 결론에 도달하게 될 것이다.

결국 앞의 논의는 복잡한 작업을 가장 적합한 다단계 처리로 어떻게 쪼갤 수 있는지, 혹은 희소한 특징의 위치를 가장 잘 표현하는 방법이 무엇인지를 찾는 문제와 연결된다. 동시에, 비전 알고리듬에 대한 표현 방식을 찾는 과정에서 모든 표현 방식은 그 시스템이 고유의 체계를 갖도록 강제한다는 사실을 염두에 둬야 한다. 한동안은 이 강제가 긍정적으로 작용하지만, 결국에는 시대에 뒤떨어진 끔찍한 제약으로 작용하게 된다(경계 코딩boundary coding에 대해 오래전부터 쓰이던 체인 코드 표현 방식과, 형태 분석을 위한 무게중심 프로파일centroidal profile 접근법이 이러한 사례에 속한다).

24.7 과거, 현재, 미래

이 책도 마찬가지이지만, 어떤 면에서 책은 하나의 주제에 집중할 수 있어야 한다. 즉, 저자의 의무는 휘발성이 적고 확실한 정보를 전달하는 것이며, 자연스럽게 과거에 정립된 이론에 무게중심을 둘 수밖에 없다. 그러나 책이란 동시에 현재와 미래에 대해서도 눈을 떼어서는 안 된다. 미래에 가서야 주목을 받게 될 이론은 책에 실리기 어려우며, 현재 시점에서 당면한 어려움 및 풀리지 않은 문제를 포함하고 있는 확고한 프레임워크 정도가 돼야, 필요로 하는 독자에게 관련한 이론을 전달할 수 있다. 실제로 이 책은 의도했던 문제를 일부 해결했다. 즉, 저수준 처리에서 시작해 그 전략과 제한을 다루고 중간 수준의 최적화를 거쳐 고수준 작업을 진행했다. 그리고 이러한 과정을 통해 비전 처리에 대한 어떤 체계를 이해할 수 있도록 했다. 동시에, 현재 개발되는 내용 중에는 추후 더욱 흥미로운 주제가 될 수 있는 것들이 있다. 즉, 하드웨어와 절대적인 효율성에 과도하게 집중하던 시기에서 벗어나, 유효성 및 기능적인 부분을 확장하는 중요한 지점에 대한 관심으로 넘어가고 있는 주제들이 이에 해당한다. 또한 과거 십여 년 동안의 연구를 돌아보면, 임시적인 해법을 찾던 경향에서 수학적인 정밀함과 확률론적 정리를 구하여, 비전이 이루고자 하는 내용을 수학적으로 정의된 추정자로 나타내어 엄밀하게 구현하는 식으로 변화해왔다. 특히, 방대한 설명자를 통해 3차원 해석 및 모션 추적을 거의 문제없이 구현할 수 있도록 한 불변 특징 검출자의 경우, 이러한 변화의 분명한 예시라 할 수 있다. 이를 통해, 예를 들어 비전 기반 운전자 보조 시스템처럼 아직 낯설지만 분명히 필요한 응용 분야를 구현할 수 있다. 그리고 제도가 갖춰지기만 하면, 머지않은 미래에는 우리가 차를 운전할 때 이 시스템이 함께하게 될 것이다.

성급한 예측은 바보들의 몫이다(AI에 대한 수많은 예측은 40년 동안 아직 이뤄지지 못했다). 그러나 이론적으로 분명하다면 이야기가 다르다. 그리고 많은 비전 연구자가 그 이론을 다지고 있다. 실제로 최근에는 비전 알고리듬의 빠른 성숙과 이를 뒷받침해줄 만한 성능을 갖춘 최신 컴퓨터에 대한 긍정적인 분위기가 형성되고 있기 때문에, 다양한 분야에 대한 연구가 이뤄질 것임을 어렵지 않게 예측할 수 있다. 즉, 교통 관련 분야부터 범죄 탐지 및 예방, 얼굴 인식, 바이오메트릭, 로보틱에 이르기까지 모든 종류의 비디오 분석이 발전할 것이다. 이 책을 통해 현재와 미래의 연구, 그리고 또한 그 근간이 되는 내용을 이해하는 수단을 파악하고, 그 과정에서 어떠한 자극을 받을 수 있기를 희망한다.

24.8 딥러닝 열풍

앞 절에서는 컴퓨터 비전이 전통적으로 발전해온 방식, 즉 그 발상과 설계, 과학적인 최적화가 함께 나아가는 과정을 주로 다뤘다. 그러나 2011~2012년에 컴퓨터 비전 분야에서 폭발적으로 자리 잡은 딥러닝이란 개념과 그 엄청난 성능은, 이 주제를 순수하게 과학적으로 분석하려는 자세를 잠깐만 버리면 더 멀리 나아갈 수 있음을 보여주었다. 요컨대 이는 무시할 수 없는 점들에 대한 존재 정리라 할 수 있다. 그러나 과학자의 관점에서는 마냥 신뢰할 수 없는 것 또한 사실이다(왜냐하면 '적절한' 알고리듬을 통해 진행하는 것과 달리 신경망 시스템 내에서 '실제로' 무슨 일이 일어나고 있는지를 우리는 알 수 없기 때문이다). 그럼에도 불구하고 과학이 실제적인 진보, 이어서 이론적인 진보, 다시 실제적인 진보, 그다음 현상론적인 진보 등의 순서로 차례차례 이뤄짐을 기억해야 한다. 아직 우리가 이론적인 단계에 도달하지 못했다고 나쁘게 볼 것은 아니다. 시간이 지나면 결국 필요한 이론이 등장할 것이기 때문이다. 우리에게 필요한 것은 상당한 양의 실험 데이터를 다양한 응용 분야에서 모아, 가능한 영역에 대해 일반화를 시도하고, 컴퓨터 비전에 있어 딥 네트워크가 할 수 있는 적절한 역할에 대해 충분히 과학적인 결론을 내리는 과정이라 할 수 있다.

24장에서 주로 살펴본 내용은 트레이드오프와 최적화에 관한 것이지만, 예를 들어 이미지 데이터에 대해 유효한 명세를 찾거나, 주어진 비전 알고리듬에 필요한 표현 방식을 찾거나, 이를 통해 전체 과정을 수많은 서브프로세스로 쪼개는 작업 등 더 깊은 내용도 다뤘다. 아울러 핵심적인 매개변수들, 즉 신뢰도, 강건성, 목표와의 적합성 등에 관한 매개변수들을 엄밀히 찾기 위해 어떤 비전 알고리듬이 필요한지에 대한 문제도 있다. 여기에 새롭게 등장해 빠르게 성숙해가는 흥미로운 주제에 관한 내용도 살펴봤다.

그러나 새로운 딥러닝 네트워크는 이 모든 것을 바꿔버릴 것처럼 보인다. 특히 그 성능 수준이 매우 인상적이기 때문이다. 결국, 내부적으로 어떻게 작동하는지를 전적으로 신뢰할 수 있도록 과학적인 접근법을 어떻게 구현할 수 있을지가 문제다. 실제로 작동 방식이 숨겨져 있다 하더라도, 총체적인 비전 알고리듬을 이상적으로 구축할 방법에 대해 엄격하게 판단하기에는 충분하다.

24.9 문헌과 연보

24장의 많은 내용은 앞쪽에서 소개한 연구를 요약해, 이에 관해 어떠한 관점을 제시하고자 했다. 특히 2단계 템플릿 매칭을 집중적으로 살펴봤다. 이 주제가 가장 먼저 등장한 연구는 Rosenfeld and VanderBrug(1977) 및 VanderBrug and Rosenfeld(1977)이며, 24.3.2절에서 소개한 아이디어는 Davies(1988f)에서 고안된 것이다. 2단계 템플릿 매칭을 거슬러 올라가면, 11장 '일반 허프 변환' 등에서 다룬 공간 매치 필터링 개념에 도달한다. 결국, 이 개념은 검출할 수 있는 물체의 종류에 대한 제한이 있다. 그러나 예를 들어 필터 마스크의 설계(Davies(1992d) 참고) 등 이 문제를 일부 다룰 수 있는 방법은 존재한다. 아울러 이 주제는 계속 발전하고 있으며, 템플릿 매칭의 맥락에서 연구가 진행된다 해도 그 전체적인 면모를 살피는 것이 가능하다. 요컨대 이 개념이 어떻게 실현되는지를 확인하기 위해서는 어떤 새로운 알고리듬이 시각 분석을 효율적인 서브프로세스 세트로 쪼개어 진행할 수 있는지와 그것들이 어떤 표현법을 통해 작동하는지를 살피기만 하면 된다.

A

강건 통계

과학을 공부하는 학생이 초기에 배우는 내용 중 하나는 평균화가 노이즈를 제거하고 정확도를 높이는 데 있어 유용한 방식이라는 것이다. 그러나 3장 '이미지 필터링과 모폴로지'에서 살펴봤듯이 이미지에 대해서는 평균 필터링보다 메디안 필터링이 훨씬 더 낫다. 주어진 신호의 형태를 유지하면서 임펄스 노이즈를 억제할 수 있기 때문이다. 강건 통계(robust statistics)는 시각 등의 데이터로부터 아웃라이어를 체계적으로 제거하기 위한 방법을 골자로 한다. 부록 A에서는 이에 관한 주요 내용을 살펴볼 것이다.

부록 A에서 다루는 내용은 다음과 같다.

- '붕괴점' 및 '상대 효율'의 개념
- M, R, L 추정자
- 영향 함수의 개념
- 최소 제곱 메디안(LMedS, least median of squares) 접근법
- RANSAC 접근법
- 이러한 방식을 머신 비전에 적용하는 방법

강건 통계가 상대적으로 오래되지 않은 학문이긴 하지만, 넓게 보면 1980년대부터 이미 머신 비전 분야에서 주목하고 있던 내용이었으며, 강건한 3차원 비전 알고리듬을 연구하는 데 있어 중요한 비중을 차지하고 있다. 즉, 입력된 데이터 중 어느 정도가 아웃라이어인지 파악하는, 불가능에 가까운 문제를 해결하기 위함이다.

A.1 서론

이 책에서 여러 번 언급했지만, 노이즈는 이미지 신호를 방해하여 예를 들어 물체의 형태, 크기, 위치 등에 대해 부정확한 값을 얻도록 한다. 그러나 더 중요한 점은 이러한 불필요한 신호로 인해 형태가 크게 왜곡될 수 있으며, 이에 따라 물체를 인식하거나 식별하지 못하게 될 수 있다는 것이다. '지능적인' 알고리듬은 중요한 문제를 해결할 수 있지만, 많은 경우 노이즈는 확실한 해석 알고리듬마저 쓸모없게 만든다. 허프 변환의 중요성은 이 지점에 있다. 이러한 이미지 해석 방식은 대체로 '강건하다'고 일컬어지지만, 사실 강건함이 무엇인가에 대해 이 책에서 엄밀한 정의가 이뤄지지는 않았다. 부록 A에서는 이 문제를 깊이 다루는 것을 목적으로 한다.

강건성에 대한 연구가 머신 비전에서 시작된 것은 아니며, 강건 통계라고 불리는 특화된 통계 분과로 발전해왔다. 아마도 이 분야를 거칠게 요약하면, 지점들의 세트를 하나의 직선에 근사하는 문제라고 할 수 있을 것이다. 물리학 분야에서는 최소 제곱 분석을 주로 사용해 대응한다. 그림 A.1(A)는 모든 데이터 지점을 대체로 균일한 정확도로 근사할 수 있으며, 잔여 오차가 가우시안 분포에 근접하게 되는 상황을 나타내고 있다(여기서 '잔여'란 관측한 값과, 주어진 모델 또는 모델의 현재 반복 단계에서 이론적으로 예측한 값과의 차이를 뜻한다). 그림 A.1(B)는 조금 덜 확실한 상황인데, 특정 지점이 가우시안 분포상에 놓이지 않고 있다. 직관적으로 생각하면 이 지점은 계측값을 잘못 읽거나 잘못 옮겨적는 등의 문제로 어긋난 데이터로 볼 수 있다. 이론적으로 가우시안 분포의 양쪽 끝은 무한대까지 이어지긴 하지만, 중심을 기준으로 표준편차의 5배 거리에 지점이 존재할 확률은 매우 작으며, 실질적으로는 $\pm 3\sigma$ 한계가 정확도의 기준점으로 작용한다. 즉, 이 범위를 넘어가는 지점은 무시하는 것이 일반적이다.

불행하게도 실제로 발생할 수 있는 일은 생각보다 더 단순하지 않다. 다른 것과 매우 멀리 동떨어진 데이터 지점이 존재한다고 생각해보자. 최소 제곱 분석에 넣으면 올바른 해답을 구하지 못할 여지가 커진다. 그리고 올바른 해답을 구하지 못한다면 동떨어진 데이터 지점을 배제할 근거가 존재하지 않게 된다. 그림 A.1(C)에 나타낸 내용이 이를 나타낸다. 즉, 수치적인 분석 과정에서 올바른 해답이 제외된 상황이다.

더 안 좋은 상황은 동떨어진 지점들이 여럿 존재해서, 직선상에 놓이는 지점과 그렇지 않

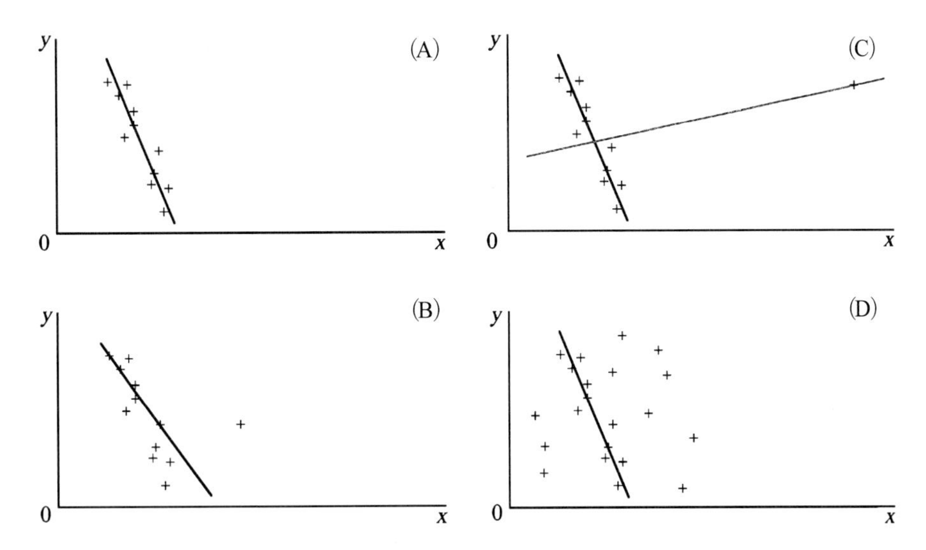

그림 A.1 데이터 지점을 직선에 근사하는 과정: (A) 모든 데이터 지점이 대체로 정확하게 근사되는 확실한 상황, (B) 특정 데이터 지점이 가우시안 분포에 놓이지 않는 조금 덜 확실한 상황, (C) 수치적인 분석 과정을 거쳐 올바른 해답이 무시된 상황, (D) 동떨어진 지점들이 많이 존재해서, 직선 위에 놓여야 할 지점과 그렇지 않은 지점을 구분하기가 불확실한 상황. 이러한 경우 근사가 가능한 직선이 여럿 존재하거나, 근사할 직선이 존재하지 않을 수 있다.

은 지점을 명확하게 구분하기 어려운 경우다(그림 A.1(D)). 사실 이 경우 근사가 가능한 선분이 여럿인지, 혹은 근사가 가능한 어떠한 선분도 존재하지 않을지는 알 수 없다. 물리 실험에서 이러한 형태로 데이터 지점이 표시되지 않을 것이라 생각할 수 있지만, 높은 에너지의 입자에 대해서는 가능하다. 혹은 실내 또는 실외 장면에서 다양한 길이와 위치, 각도로 수많은 선분이 존재할 경우에도 마찬가지다. 즉, 이는 실제로 답변을 얻어야 하는 문제다. 이를 해결하기 위한 시도 중 하나는 일반화된 이미지(카메라 바깥쪽 이미지나 데이터를 그래프에 표시한 그래프 등)상에서 모든 길이의 직선을 전부 구하는 방식을 찾아서 데이터셋에 가장 잘 들어맞는 근사를 찾는 것이다. 안타깝게도 어떤 방식으로 선분을 근사시키더라도 가능한 해답은 너무 많이 존재하며, 데이터 지점들이 특별히 정확하게 형성되어 있지 않을 경우에 더욱 그렇다(만일 정확도가 높다면 가능한 해답의 수는 작으며, 그중 가장 들어맞는 해답이 무엇인지 직관적 또는 자동으로 선택하는 것이 그다지 어렵지 않을 것이다). 사실 최적 근사를 어떻게 찾을 수 있을지에 대해 엄밀한 답변을 하기 위해서는 그 기준 함수에 대한 정의를 필요로 하며, 이를 위해서는 선분의 수나 선험적인 길이 분포를 고려해야 한다. 이 접근법을 여기서 자세히 다루지는 않을 것이다. 부록 A의 목적은 강건 통계에 대해 기본적인 이해를 제공하고자 하는 것이기 때문이다. 따라서 다음 절에서는 다시 간단한 예제로 돌아가, 일반화된 이미지상에 하나의 선분만 존재하고 동떨어진 데이터 지점 또는 '아웃라이어'가 상당수 존재하는 경우를 살펴볼 것이다.

A.2 예비 정의 및 분석

앞 절에서는 실험 데이터를 수치적 모델에 근사시키는 과정에서 강건성이 중요한 요인임을 살펴봤다. 강건성을 정확하게 계측하는 것이 중요하며, '붕괴점breakdown point'이 오랫동안 그 지표로 사용돼왔다. 어떤 회귀의 붕괴점 ε은 오염으로 인해 추정값이 주어진 범위를 넘어가게 하는 아웃라이어의 가장 작은 비율로 정의된다. 앞에서 보았듯, 지점 세트 중에 하나의 아웃라이어만 존재하더라도 최소 제곱 회귀가 완전히 잘못된 결과를 낼 수 있다. 그러나 여기서는 훨씬 간단한 예시로서, 1차원 분포상에서 평균을 계산하는 작업을 생각해보자. 역시나 하나의 아웃라이어가 존재한다 해도 평균값은 주어진 범위를 넘어가게 된다. 즉, 평균에 대한 붕괴점은 0이 돼야 한다. 반면에 분포의 메디안값은 아웃라이어에 대해 높은 강건성을 보이는 것으로 알려져 있으며, 절반에 가까운 데이터가 오염되더라도 바뀌지 않는다. 이를 확인하기 위해 '바닥'(내림) 연산 $\lfloor \cdot \rfloor$, 즉 주어진 값보다 작거나 같은 정수를 반환하는 연산을 생각해보자. n개의 데이터 지점 세트의 경우, $\lfloor n/2 \rfloor \leq n/2 \leq \lfloor n/2 \rfloor + 1$의 관계가 성립한다. 따라서 n개의 데이터 지점 세트의 메디안값은 낮은 쪽의 $\lfloor n/2 \rfloor$ 지점들의 값이 더 낮아지거나, 높은 쪽의 $\lfloor n/2 \rfloor$ 지점들의 값이 더 높아지더라도 변하지 않는다. 그러나 두 경우 모두 $\lfloor n/2 \rfloor + 1$개의 지점이 움직이는 순간 그 메디안값은 바뀌게 된다. 앞에서 정의한 바에 따르면, 메디안의 붕괴점은 $(\lfloor n/2 \rfloor + 1)/n$이 된다. 이 값을 평균값 $1/n$과 비교해보자. 메디안의 경우 n이 무한대로 향함에 따라 붕괴점은 0.5에 근접한다(표 A.1 참고). 즉, 메디안을 통해 가능한 최대 붕괴점값인 0.5를 확보할 수 있으며, 따라서 최소한 이 문단에서 다루는 1차원 예시에서는 최적이다.

사실 붕괴점은 회귀 과정에 있어 적절한 매개변수로만 작용하는 것이 아니다. 예를 들어 '상대 효율성', 즉 확보 가능한 가장 낮은 분산과 회귀를 통해 얻은 실제 분산과의 비율 또한

표 A.1 평균과 메디안의 붕괴점

n	평균	메디안
1	1	1
3	1/3	2/3
5	1/5	3/5
11	1/11	6/11
∞	0	0.5

1차원 데이터의 경우, n이 무한대로 향함에 따라 평균 및 메디안 접근법의 붕괴점은 각각 0과 0.5로 접근한다.

중요하다. 실제로 이 상대 효율성은 데이터에 포함된 노이즈 분포에 좌우된다. 평균 연산의 경우 가우시안 노이즈를 제거하는 데 있어 최적이며, 그 상대 효율성이 1의 값을 갖는다. 반면 메디안의 상대 효율성은 $2/\pi = 0.637$ 수준이다. 그러나 임펄스 노이즈의 경우 메디안이 평균보다 훨씬 높은 상대 효율성을 갖는 등, 정확한 값은 노이즈의 특성에 좌우된다. 다음 문단에서 이에 대해 좀 더 자세히 다룰 것이다.

회귀 과정에 필요한 추가적인 매개변수로서는 시간 복잡성time complexity이 있다. 이에 관해 요약하면, 평균에 대한 시간 복잡성은 $O(n)$인 반면, 메디안의 경우 계산 방식에 따라 차이를 보인다(예를 들어 3.3절의 히스토그램 접근법에서는 $O(n)$, 버블 정렬을 사용했을 때는 $O(n^2)$). 어느 경우에도 메디안을 계산하는 절대 시간은 평균에 비해 훨씬 많이 소요된다.

앞에서 살펴본 매개변수 중 새로운 회귀 방식을 고안하는 데 가장 중요한 비중이 있었던 것은 붕괴점이다. 메디안이 이미 강건한 회귀를 구할 수 있는 접근법이긴 하지만, 그 붕괴점 값인 0.5는 1차원 데이터에서만 성립한다. 따라서 선분 근사 등의 작업을 수행하기 위해 필요한 붕괴점이 무엇인지를 파악하되, 최소 제곱 회귀의 성능이 그리 좋지 않음은 염두에 둬야 한다. Theil(1950)의 방식을 따라 n개의 데이터 지점에서 각 지점 쌍의 기울기를 계산하고, 이 ${}^{n}C_2 = \frac{1}{2}n(n-1)$개의 값을 갖는 세트에서 메디안값을 구해 최종적인 기울기를 구해보자. 사실 이 과정을 거치면 1차원 문제로 줄어들기 때문에, 그 절편을 구하는 것이 훨씬 단순해진다. 이 과정에서 메디안값을 사용하므로, 실제 기울기를 올바르게 구하기 위해서는 최소 절반이 올바른 값이어야 한다. 이를 위해 데이터셋이 '인라이어', 즉 정상적인 유효 데이터 지점과 '아웃라이어'로 구성되어 있다고 하자. 만약 데이터의 아웃라이어 비율이 η라면 인라이어의 비율은 $1 - \eta$이며, 따라서 올바른 기울기의 비율은 $(1 - \eta)^2$, 즉 최소 0.5의 값을 갖게 된다. 이는 η는 다음 범위 내에 있음을 뜻한다.

$$\eta \le 1 - 1/\sqrt{2} = 1 - 0.707 = 0.293 \tag{A.1}$$

따라서 이 접근법에 대한 선형 회귀의 붕괴점은 0.3보다 작다. 최적 근사 평면을 구해야 하는 3차원 데이터 공간의 경우, 가능한 붕괴점값은 더 작아져서 $1 - 2^{-1/3} \approx 0.2$가 된다. p차원에 대해 이 공식을 일반화하면 다음과 같다.

$$\eta_p \le 1 - 2^{-1/p} \tag{A.2}$$

즉, p가 더 커짐에 따라 강건한 회귀 방식에 대한 수요가 점점 더 중요해진다.

강건한 다차원 회귀 방식 연구는 비교적 최근인 1970년부터 시작됐다. 이 시기에 개발된 기본적인 추정자로는, 1981년 후버Huber의 분류에 따르면 M/R/L 추정자가 있다. M 추정자는 단연 가장 널리 쓰이며, 메디안 및 평균 추정자와 최소 제곱 회귀를 포괄하는 다양한 형태를 하고 있다. 뒤에서 이에 대해 자세히 다룰 것이다. L 추정자는 순서 통계량order statistics의 선형 조합 형태로 α 절삭 평균alpha-trimmed mean을 포함하고 있으며, 특수한 경우에 한해 메디안 및 평균을 사용한다. 그러나 메디안과 평균을 고려하는 데 있어서는 M 추정자를 사용하는 게 더 쉽기 때문에, 다음 절에서는 이에 중점을 둘 것이다.

A.3 M 추정자 (영향 함수) 접근법

M 추정자는 잔엿값 r_i에 대한 함수 ρ의 합을 최소화하는 연산을 뜻한다. 일반적으로 ρ는 양의 정부호 함수 형태이며, 최소 제곱(L_2) 회귀의 경우 잔엿값의 제곱으로 표현된다.

$$\rho(r_i) = r_i^2 \tag{A.3}$$

일반적으로 M 추정 최소화 연산은 안정적인 해답을 얻을 때까지 반복적으로 실행해야 한다(각 반복 단계에서 이전 매개변숫값 집합에 새로운 오프셋 집합을 추가하게 된다).

붕괴점이 0인 데서 짐작할 수 있듯이, L_2 회귀가 갖는 낮은 강건성을 개선하기 위해서는 데이터에 포함된 노이즈나 아웃라이어에 잘 들어맞도록 함수 ρ를 구해야 한다. 이 시점에서 잠깐 주제를 벗어나 노이즈라는 개념을 좀 더 자세히 알아보자. '노이즈'란 이미지 원본에 대한 전자적 처리 과정에서 주로 발생하며, 일반적으로는 픽셀 세깃값에 대해 가우시안 분포를 이룬다. 물체의 위치를 계측하는 과정에서 고려하게 되는 것은 엄밀히 말해 노이즈라기보다는 오차라고 해야 하며, 오차 분포가 노이즈 분포와 동일하다는 보장은 없다. 하지만 이어지는 절에서는 이를 노이즈와 노이즈 분포로 부를 것이다. 적절한 논의를 위해, 노이즈란 용어는 원본 노이즈와 이로부터 발생한 오차를 포괄한다. 이제 1차원 데이터셋에 대해 상황을 분석해 각 데이터 지점의 영향을 살펴보자. 데이터 지점의 영향은 다음과 같이 영향 함수 $\psi(r_i)$로 표현할 수 있다.

$$\psi(r_i) = \frac{\mathrm{d}\rho(r_i)}{\mathrm{d}(r_i)} \tag{A.4}$$

$\sum_{i=0}^{n} \rho(r_i)$를 최소화하는 작업은 $\sum_{i=0}^{n} \psi(r_i)$를 0에 가깝게 줄이는 것과 동일함을 유의하라. 또한 L_2 회귀의 경우 다음이 성립하게 된다.

$$\psi(r_i) = 2r_i \tag{A.5}$$

1차원의 경우 이 수식은 간단하게 해석할 수 있다. 좌표 원점을 $\sum_{i=0}^{n} r_i = 0$, 즉 평균값의 위치로 움직이는 것이다. 이렇듯 L_2 회귀가 간단한 평균 연산과 동일하다는 점에서 강건성이 떨어지는 요인을 명확히 파악할 수 있다. 그러나 평균 데이터 지점에서 멀리 떨어진 곳에서는 여전히 잔엿값 r_i에 비례하는 가중치가 적용되어 있다. 이에 따라 넓은 범위의 또다른 영향 함수를 통해 먼 지점, 즉 아웃라이어의 가능성이 있는 데이터의 가중치를 낮추는 식으로 문제를 줄일 필요가 있다.

가장 확실한 접근법은 어떤 최댓값을 정해, 먼 지점의 영향값이 이를 넘지 않도록 제한하는 것이다. 혹은 잔여 오차가 어떤 제한값을 넘어가면 그 영향을 제거하는 방법도 있다(그림 A.2). 이를 구현하는 방식은 여러 가지가 있다. 예를 들어 제한 거리 이후부터 영향값을 칼같이 잘라버리거나($\pm3\sigma$ 지점의 경우), 선형으로 0까지 점점 줄이거나, 다른 함수를 적용해 좀 더 부드럽게 줄일 수도 있다. 여기에 더해, 많은 양의 데이터를 대상으로 여러 번 계산을 반복하는 과정에서의 계산량 등에 대해서도 고려할 여지가 있다. 이 때문에 다양한 이상적인 연속 프로파일에 좀 더 잘 근사하기 위한 조각 선형 프로파일들이 다양하게 고안됐다. 그러나

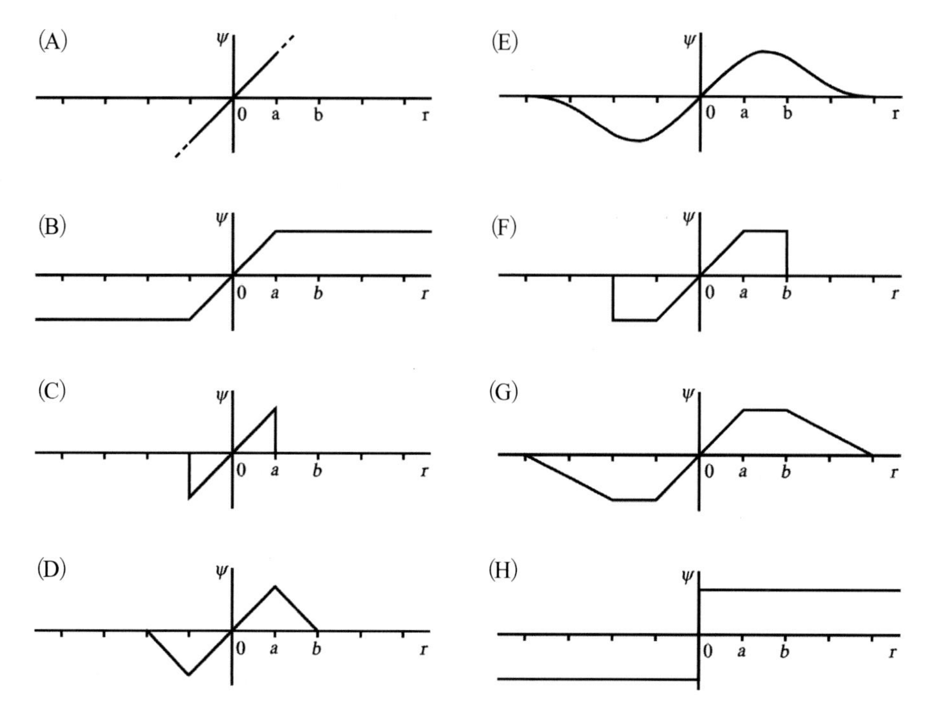

그림 A.2 아웃라이어 효과를 제한하는 영향 함수: (A) 멀리 떨어진 지점의 영향값에 아무런 제한을 걸지 않는 경우, (B) 특정 최댓값으로 영향을 제한하는 경우, (C) 정해진 최대 잔엿값 이상에서는 영향을 제거하는 경우, (D) 변화를 좀 덜 급작스럽게 하기 위해 조각 선형 프로파일을 적용한 경우, (E) 수학적으로 더 부드럽게 움직이는 영향 함수, (F) 조각 선형 프로파일의 또 다른 예시, (G) (E)를 이상적인 경우로 놓고 이를 수학적으로 크게 다르지 않은 정확도로 근사하는 함펠(Hampel) 3부분 재하강 M 추정자, (H) 메디안 추정자

일반적인 영향 함수는 원점 부근에서는 선형으로 움직이며, 원점에서 멀리 떨어질수록 수평에 가깝고, 특정 영역에서 데이터 지점에 상당한 가중치를 주게 된다(그림 A.2).

이 중 주목할 만한 것으로는 선형 성분으로만 간단하게 구성된 함펠Hampel 3부분 재하강 M 추정자와 터키Tukey 이중 가중 추정자가 있다(Beaton and Tukey, 1974). 후자는 그림 A.2(E)와 비슷한 형태를 하고 있으며, 다음과 같이 표현할 수 있다.

$$\begin{aligned}\psi(r_i) &= r_i(\gamma^2 - {r_i}^2)^2 \quad |r_i| \le \gamma \\ &= 0 \quad\quad\quad\quad\quad\; |r_i| > \gamma\end{aligned} \tag{A.6}$$

앞에서 살펴봤듯이 메디안 연산은 M 추정자의 특수한 형태라 할 수 있다. 이 경우 원점을 기준으로 한쪽의 모든 지점은 +1 가중치를, 다른 쪽의 지점들은 −1 가중치를 갖게 된다.

$$\psi(r_i) = \text{sign}(r_i) \tag{A.7}$$

따라서 한쪽에 더 많은 데이터 지점이 존재할 경우 해답은 그쪽에 쏠린 상태로 구해진 상태로, 메디안이 원점에 위치하게 될 때까지 반복이 이뤄진다.

메디안이 아웃라이어를 저감하는 데 있어 굉장히 유용하긴 하지만, 실제로는 아웃라이어에 상당한 가중치를 주게 됨을 이해할 필요가 있다. 사실 메디안은 아웃라이어가 얼마나 멀리 떨어져 있는지는 고려하지 않아도, 현재 원점 기준으로 양쪽에 얼마나 많은 아웃라이어가 존재하는지는 셈한다. 이 때문에 메디안은 다소 편향된 추정을 하게 되기 쉽다. 이 때문에 데이터를 분석하는 데 있어 다른 종류의 영향 함수를 고려할 필요가 있다. 마지막으로, 메디안 영향 함수가 L_1 회귀에 대한 ρ 값을 도출하게 됨을 유의하라.

$$\rho(r_i) = |r_i| \tag{A.8}$$

영향 함수를 선택할 때는 이 함수가 적절한지뿐만 아니라 스케일이 데이터에 잘 매칭되는지도 고려해야 한다. 만약 영향 함수의 너비가 너무 클 경우 아웃라이어를 거의 제외하지 못하게 된다. 반대로 너비가 너무 작다면, 추정자가 거의 동질적인 데이터 지점 풀로 구성되어 데이터에 대해 로컬한 차원에서만 최적 근사를 구할 수밖에 없을 것이다. 이러한 요인들은 주어진 응용에 대해 최적의 영향 함수 형태를 찾으려면 미리 계측을 진행해야 함을 뜻한다.

요컨대 노이즈 특성으로부터 영향 함수를 계산하기 위해서는 좀 더 정확한 접근법이 필요하다. 이에 따라 예상되는 노이즈 분포를 $f(r_i)$로 놓으면, 영향 함수의 최적 형태는 다음과 같게 된다.

$$\psi(r_i) = -\frac{f'(r_i)}{f(r_i)} = -\frac{\mathrm{d}}{\mathrm{d}r_i}\ln[f(r_i) \tag{A.9}$$

이러한 로그 형태의 해답은 가우시안이나 이중 지수함수 등의 지수 기반 노이즈 분포를 단순하게 다룰 수 있다는 측면에서 흥미롭고 유용하다. $\exp(-r_i^2/2\sigma^2)$ 형태로 표현되는 가우시안의 경우

$$\psi(r_i) = r_i/\sigma^2 \tag{A.10}$$

후자의 노이즈 형태, 즉 $\exp(-|r_i|/s)$의 경우

$$\psi(r_i) = \text{sign}(r_i)/s \tag{A.11}$$

상수 승수는 무시할 수 있으므로, 가우시안 및 이중 지수 노이즈의 최적 신호 추정자가 각각 평균과 메디안이라 봐도 무방하다.

가우시안 노이즈는 다양한 상황에서 등장하며(이는 중심 극한 정리의 영향이 가장 크다), 평균과 L_2 회귀가 갖는 가치가 여기에 있다. 반면 이중 지수 분포는 실제 상황에서 명확하게 드러나는 편이 아니다. 다만 노이즈 분포에서 양쪽 날개가 넓게 뻗어가는 상황을 대변한다고 할 수 있으며, 이러한 조건에서는 대부분 메디안을 최적으로 놓아도 된다. 그럼에도 불구하고 영향 함수를 명확한 수학적 형태로 표현하고자 하는 이유는 임의의 노이즈 조건에서, 특히 아웃라이어가 존재할 경우에 대해 신호를 검출하는 작업을 최적으로 수행하기 위함이다.

노이즈가 기본적으로 가우시안 형태를 취하지만, 아웃라이어 역시 존재하며 균일한 분포에 가깝게 그려지는 경우를 가정하자. 이는 아웃라이어값이 제한된 범위에 걸쳐 균일한(그러나 낮은 수준의) 분포를 띠는 예시에 해당한다. 이 경우의 전체적인 분포는 그림 A.3에 나타낸 것과 유사하다. $r_i = 0$ 부근에서는 아웃라이어가 균일한 분포를 보이더라도 영향이 크지는 않으며, $\psi(r_i)$는 r_i에 근접한다. $|r_i|$ 값이 큰 경우 f' 값은 주로 가우시안 노이즈에 의한 것임인 반면, f 값은 균일 분포 f_u로부터 주로 발생한다. 이를 반영하면 다음과 같다.

$$\psi(r_i) \approx \frac{r_i}{s^2 f_u} \exp(-r_i{}^2/2\sigma^2) \tag{A.12}$$

즉, r_i의 중간 값에서 피크를 형성하는 함수가 된다. 이 결과는 그림 A.2(E)와 같은 형태가 확실히 가능함을 증명한다. 그러나 아웃라이어는 그 정의상 일반적이지 않고 드물게 발생한다는 치명적인 문제가 있으며, 대부분의 경우 앞에서 제시한 $\psi(r_i)$의 최적 형태를 구하기란 불

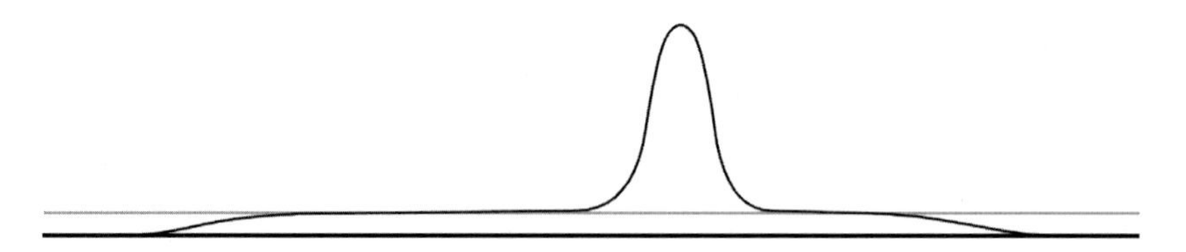

그림 A.3 가우시안 노이즈와 아웃라이어로 구성된 분포. 일반적인 가우시안 노이즈 형태가 제한 범위에 걸쳐 균일에 가까운 아웃라이어 분포에 의해 위로 올라온 양상을 보이고 있다.

가능에 가깝다. 더군다나 실제 상황은 앞에서 논한 내용보다 더 나쁘다. 재하강 M 추정자는 데이터 지점의 로컬 분포에 민감하며, 따라서 거짓 해답을 찾게 되기가 쉽다. 즉, 유일해를 찾는다는 보장이 없다. 비재하강 M 추정자는 항상 유일해에 도달하지만, 그 정확성은 미리 추정한 스케일의 정확성에 달려 있다. 또한 초기 근사의 품질은 M 추정자, 특히 재하강 M 추정자에 있어 매우 중요하다 할 수 있다.

마지막으로, 앞에서 분석한 내용은 정확도의 최적화에 치중한 것이며 결국 최대 가능도 전략에 기반하고 있음을 짚고 넘어갈 필요가 있다(Huber, 1964). 즉, 그 내포된 분포를 알고 있다는 가정하에 상대적인 효율을 최대로 하는 문제와 관련이 있다. 반면 붕괴점 기준에 따라 측정하는 강건성은 최적화되어 있지 않으며, 아웃라이어가 완전히 예상 가능하지 않은 분포의 일부에 포함되는, 혹은 예측 가능한 분포의 일부에 포함되는 상황에서 이 강건성은 큰 중요성을 갖는다(이 상황은 다소 철학적으로 표현할 수 있다. 즉, 아웃라이어 분포가 존재하지 않거나, 존재할 수 없거나, 경험적으로 알고 있는 임의의 수단으로는 (예를 들어, 그 희소성 때문에) 파악할 수 없는 경우를 나타낸다). 방법을 가공하여 붕괴점 기준에 대해 본질적으로 높은 강건성을 확보할 수 있도록 해야 한다는 점은 확실하다. 이는 1980년대에 LMedS 접근법의 개발이 이뤄질 수 있었던 동기다.

A.4 최소 제곱 메디안 회귀 접근법

앞에서는 수치 데이터에 포함된 노이즈를 억제하고, 강건성과 최종 결과의 정확도를 최적화하는 다양한 추정자를 살펴봤다. M 추정자(또는 영향 함수) 접근법은 굉장히 널리 쓰이며, 최소 제곱 회귀(1차원의 경우 평균 연산을 포함)를 사용할 때 발생하는 주된 문제를 효과적으로 해결할 수 있다. 그러나 이 방법은 일반적으로 이상적인 붕괴점값인 0.5에 도달하지 못하기 때문에, 데이터의 변화 스케일에 최적으로 매칭되기 위해서는 주의 깊게 설정할 필요가 있다. 이에 따라 새로운 접근법인 LMedS[least median of square](최소 제곱 메디안) 회귀에 대해 많은 연구가 이뤄져 왔다.

LMedS 회귀의 목적은 이미 알려진 메디안의 강건성을 완전히 다른 방식으로 이용하는 것이다. 즉, 최소 (평균) 제곱의 평균 대신 훨씬 강건한 메디안을 사용한다. 이렇게 하면, 분

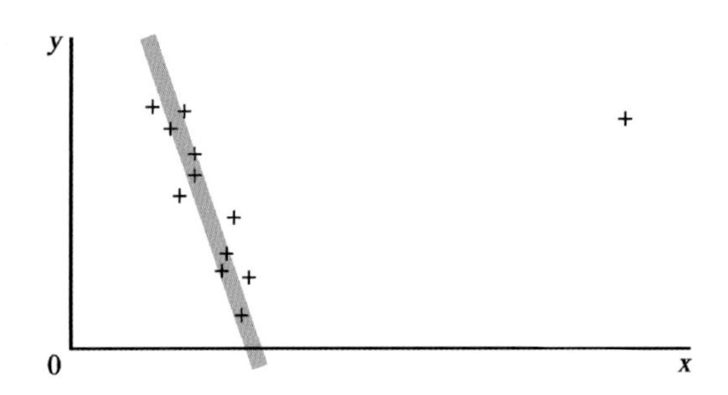

그림 A.4 최소 제곱 메디안 기법의 응용 예. 그림에 나타낸 스트립은 분포 모수의 절반을 포함하고, 양변이 평행하며, 그 너비가 가장 좁은 조건에 해당한다. 이를 통해 분포를 가장 잘 근사하는 선분을 구하는 것이 가능하다. 그림 A.1(C)의 상황과 비교해서 손쉽게 훌륭한 성능을 확보할 수 있음에 주목하라.

포의 멀리 떨어진 부분과 피크에 노이즈가 많이 포함되어 불분명한 중심 부분의 오차를 무시하고, 절반 이상 값을 갖는 분포 양쪽에 집중할 수 있게 된다. 간접적인 방식이긴 하지만, 최소화 연산 후 분포 양쪽 값의 균형을 맞추는 식으로 모드 위치를 높은 민감도로 구하게 된다. 이 기법을 이해하기 위한 가장 단순한 설명은 분포 모수의 절반만큼을 포함하는 가장 좁은 너비 영역의 위치를 찾는 과정이라 할 수 있다. 2차원 직선 위치를 찾는 응용에 이를 대입하면, 분포 모수의 절반을 포함하도록 양변이 평행하고 긴 조각을 나누되, 그 너비가 가장 좁은 위치를 찾는 문제가 된다(그림 A.4). 원칙적으로 이러한 경우에는 분포의 모수가 희박해야, 실험 데이터 세트를 플롯한 뒤 최적 근사 직선을 찾을 때와 같이 효율적으로 연산이 이뤄진다.

LMedS 기법은 분포상에서 모드에 해당할 수 있는 모든 위치에 대해 잔엿값 r_j 제곱의 메디안을 최소화하는 과정을 포함한다. 즉, $M = \text{med}_j(r_j^2)$이 최소가 되는 위치 x_i를 찾는 것이다. 여기서 M이 $M = \text{med}_j(|r_j|)$에 해당한다고 생각할 수 있지만, 동일한 반응이 나오는 두 근접한 중심 위치가 존재할 경우에는 성립하지 않는다(그림 A.5(A)~(C)가 이에 해당한다). 그러나 M의 형태에서 유추할 수 있듯이 이 두 위치 사이의 어딘가에는 최소점이 확실히 존재한다. 논의를 분명하게 하기 위해 이 부분은 생략하고 M 자체에 대해서만 깊이 살펴보자. 이는 조각 선형 반응을 이용해 이론적인 분석을 상당히 단순하게 하는 이점을 취하기 위해서다.

그림 A.5(A)는 원본 분포가 가우시안에 근접한 경우의 반응 함수 M을 나타낸다. 이 경우 모드 위치에 M의 최솟값이 분명하게 나타나며, 이 방식은 완벽하게 작동한다. 그림 A.5(B)는 분포가 매우 지저분한 경우를 나타내며, 이 경우에도 적절한 위치에 M의 최솟값이 존재

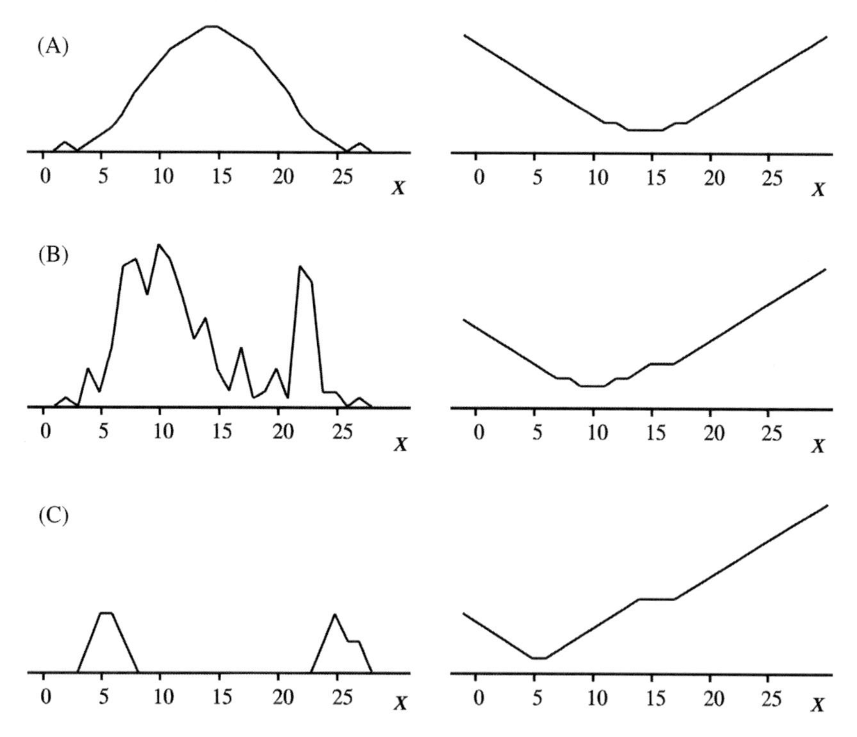

그림 A.5 다양한 분포에 대해 *M*을 최소화하는 과정. 각각에 대해 왼쪽은 원본 분포, 오른쪽은 이에 해당하는 반응 함수 *M*을 나타낸다. (A) 가우시안에 근접한 분포, (B) '지저분한' 분포, (C) 두 피크를 포함한 분포

한다. 그림 A.5(C)는 좀 더 극단적인 경우로서, 두 피크가 존재하는 상황을 나타낸다. 그리고 이 경우에도 역시 반응 함수 M은 적절한 최솟값을 포함하긴 하나, 확인할 수 있듯이 기법은 한 번에 하나의 피크에만 집중할 수 있다. 대신 그 집중하고 있는 영역에 대해서는 확실히 적절하고 강건한 해답을 찾을 수 있다. 두 피크가 동일할 경우에도 이 방식은 작동하기는 하나 고유 해답을 찾지는 못한다.

LMedS 회귀 접근법(Rousseeuw, 1984)은 상당히 많은 지지를 얻었는데, 최대로 가능한 붕괴점이 0.5였기 때문이다. 특히 이 방식은 패턴 인식이나 이미지 분석 응용 분야에 널리 쓰였다(Kim et al.(1989) 등을 참고하라). 그중에서도 특히 (1) 디지털 이미지에서 직선의 위치를 찾거나, (2) 매개변수 공간상에서 허프 변환 피크의 위치를 찾거나, (3) 특징 공간에서 지점의 군집 위치를 찾고자 할 때 유용하다.

다만 LMedS 접근법은 두 분포의 모드가 겹쳐져 있을 경우 편향된 추정을 하기 쉬우며,

다중 모드 분포의 경우 주된 모드에만 집중하게 된다. 따라서 LMedS 기법을 통해 모든 군집 중심점을 찾기 위해서는 적절하게 데이터를 잘라내는 과정을 거쳐 기법을 여러 번 적용해야 하며, 정확도를 최적화하기 위해서는 가중 최소 제곱 근사가 필요하다. 이를 진행하는 과정에서 다소 복잡성이 높아지며 상당한 계산량이 추가된다. 일반적으로 이 계산량이 너무 커지기 때문에 데이터 지점의 서브셋을 취하는 식으로 근사를 진행한다. 이에 대해서는 자세히 논하지 않을 것이다(Kim et al.(1989) 등을 참고하라). 이를 거치고 나더라도 그 결과는 상당히 인상적이다.

궁극적으로 LMedS 접근법의 가치는 다차원 데이터에서 붕괴점을 증가시킬 수 있다는 데 있다. p차원상에 n개의 데이터 지점이 존재할 경우, LMedS 붕괴점은 다음과 같다.

$$\varepsilon_{\text{LMedS}} = (\lfloor n/2 \rfloor - p + 2)/n \tag{A.13}$$

이때 수식은 n이 무한대로 향함에 따라 0.5로 접근한다(Rousseeuw, 1984). 이 값을 앞에서 살펴봤던 표준적인 강건 회귀 방식, 즉 M, R, L 추정자에 대한 다음 수식의 최댓값과 비교해 보자(Kim et al., 1989).

$$\varepsilon = 1/(p+1) \tag{A.14}$$

(식 (A.2)는 타일Theil 접근법을 통한 선분 추정으로 구한 차선의 해법이라 할 수 있다). 후자의 경우 $p = 2$일 때 최선의 붕괴점은 0.33인 반면, LMedS 접근법은 0.5를 확보할 수 있다. 그러나 LMedS의 상대적인 효율은 낮은 편이다(결국 이 방식은 메디안 기반 추정자이기 때문이다). 앞에서 언급했듯이, 이 특성 때문에 가중 최소 제곱 기법이 함께 사용돼야 한다. 아울러 LMedS 기법은 본질적으로는 1차원에 기반하고 있기 때문에 '투영 추적projection pursuit', 즉 한 번에 하나의 차원에만 집중하는 식으로 사용돼야 함을 유의해야 한다(Huber, 1985). 구체적으로 어떻게 구현하는지에 대해서는 문헌을 참고하라(A.8절 참고).

A.5 강건성 문제 개괄

강건성 및 정확성 문제를(각각 붕괴점과 상대 효율을 기준으로) 해결하는 데 있어, 앞 절에서는 LMedS 기법을 통해 그 신호(피크, 군집, 선, 초평면 등)를 찾고, 가중 최소 제곱 회귀를 통해 정확도를 끌어올리며, 만족스러운 결과를 얻을 때까지 전체 과정을 반복하는 방식을 살펴봤다. 이는 복잡하고 계산량에 민감한 과정이지만, 앞 장에서 여러 차례 묘사했던 전체적인 전략을 반영하고 있다. 즉, 근접한 해답을 찾은 다음, 이를 기반으로 위치의 정확도를 최적화하는 보완을 진행한다. 이 시점에서, 초기 탐색 과정에서 가장 효율적이고 효과적인 방식이 무엇인지에 대한 의문이 발생한다. 현재의 맥락에서 질문을 좀 더 적절하게 바꾸면 다음과 같다. 붕괴점을 0.5보다 크게 할 수 있는 방법이 존재할까?

이제 허프 변환으로 이 문제를 어느 정도로 대응하고 해결할 수 있는지 살펴보자. 우선, 허프 변환은 매우 효율적인 탐색 방식이긴 하지만 그 계산 효율에 대해서는 의문의 여지가 있다(그러나 지금까지 살펴봤듯이 LMedS 기법이 훨씬 더 계산 집약적이다). 둘째, 허프 변환은 붕괴점을 0.5 이상, 심지어 1에 가깝게 확보할 수 있다. 매개변수 공간에 많은 피크와 상당히 많은 수의 무작위 투표가 존재한다고 가정해보자. 이 경우 전체 투표 중 각 피크에서 차지하고 있는 비율은 적을 것이며, 따라서 90~99% 수준의 (노이즈나 클러터에 의한) 아웃라이어 오염에도 불구하고 피크 위치를 어렵지 않게 찾는 것이 가능하다. 즉, 피크를 찾는 전략은 아웃라이어를 제외하는 측면에서 성공적으로 작동한다. 하지만 LMedS 기법의 가치가 없다는 뜻은 아닌데, 피크가 존재함을 '검증'하고, 그 상대 효율을 통해 위치를 더 정확하게 구하고, 따라서 이어지는 최소 제곱 회귀 단계를 위해 신뢰도 높은 정보를 확보할 수 있기 때문이다. 따라서 높은 붕괴점과 낮은 상대 효율에서 시작해, 중간 수준의 붕괴점 및 상대 효율, 마지막으로 낮은 붕괴점과 높은 상대 효율의 순서로 진행하는 것이 유리하다. 표 A.2에 이러한 진행 과정과 이를 대변하는 수치를 나타내었다.

표 A.2 평균과 메디안의 붕괴점

	HT	LMedS	LS	전체
ε	0.98	0.50	0.2	0.98
η	0.2	0.4	0.95	0.95

이 표는 피크를 찾는 데 있어 가능한 붕괴점 ε과 상대 효율 η 값을 나타낸다. 초기 피크를 찾는 과정에서는 허프 변환이 사용됐다. 그런 다음, LMedS 기법을 통해 피크를 검증하고 아웃라이어를 제거한다. 마지막으로, 최소 제곱 회귀를 통해 위치 정확도를 최적화한다. 이 방식을 거치면 각 기법을 홀로 사용하는 것보다 훨씬 높은 전체 효율을 보이게 된다. 그러나 이는 계산량에 대한 고려를 제외한 것이며, 이 부분에 대해서는 깊이 논의해야 한다.

A.6 RANSAC 접근법

오랜 시간 동안 RANSAC은 아웃라이어를 제거하고 데이터를 근사하는 도구로서, 특히 3차원 비전 분야에서 가장 널리 쓰여왔다. RANSAC은 'RANdom SAmple Consensus'의 줄임말이며, 주어진 데이터에 대한 근사가 특정 수준을 넘어갈 때까지 반복해서 주류(인라이어 세트)를 구하는 과정이다.

이 과정을 이해하기 위해 우선 LMedS 접근법으로 돌아가 보자. 두 방식 모두 시각적으로 그 과정을 나타낼 수 있으며, 작동을 위해 특정한 매개변수를 필요로 하지 않는다. 사실 후자의 경우 많은 측면에서 오히려 단점이 되는데, 데이터 내의 아웃라이어 비율이 50%를 넘어가면 크게 편향된 근사를 얻게 되기 때문이다. 이를 간단하게 개선하는 방법으로서, 더 적은 수의 인라이어(입력 데이터에 대해 기대하는 임의의 비율로)를 필요로 하도록 할 수 있다. 예를 들어 인라이어 20%, 아웃라이어 80%가 적당한 비율이라고 놓을 수 있다. 그러나 이 방식의 본질적인 문제점은 미리 또는 근사 과정에서 인라이어의 적정 비율을 추정하고 그 값을 기법에 적용해야 한다는 데 있다.

LMedS 방식이 '깔끔하지' 않은 점에 대해서는 다양한 대안을 적용하는 것이 가능하다. RANSAC 방식은 고정된 인라이어 비율을 취하고 잔여 거리(예를 들어, 가장 잘 근사된 직선으로부터의 거리)를 구하는 대신, 임계 잔여 거리 t를 정의하고 그에 대한 인라이어의 비율이 변하는 양을 찾는다. 여기서 '인라이어'란 용어는 그다지 적합하지 않은데, 해당 데이터가 허용 가능하다고 가정하고 있기 때문이다. 대신 이를, 최소한 이 과정이 진행되는 동안에는 주류 지점이라 부르자. 즉, 임계 잔여 거리 t를 설정하고 이 거리에 해당하는 주류의 비율을 구한다. 최소한 원칙상으로는, 가장 잘 근사되는 t를 반복적으로 구하는 과정이 포함됨을 유의하라. 그러나 실험적인 불확실성을 미리 알고 있다는 전제하에 진행하는 것도 가능하며, 예를 들어 t가 표준편차의 3배 수준이라면 최종적으로 구한 근사는 너무 큰 오차를 보이지는 않을 것이다.

RANSAC에 대한 또 다른 특징으로는 n개의 데이터 지점으로부터 무작위로 데이터를 추출해 초기 근사를 구하고, 이 해답 가설에 속하는 주류 데이터가 얼마나 많은지를 확인한다는 것이 있다. 이렇게 k번 시도를 한 뒤에, 가장 많은 주류를 확보한 것을 최상의 해답으로

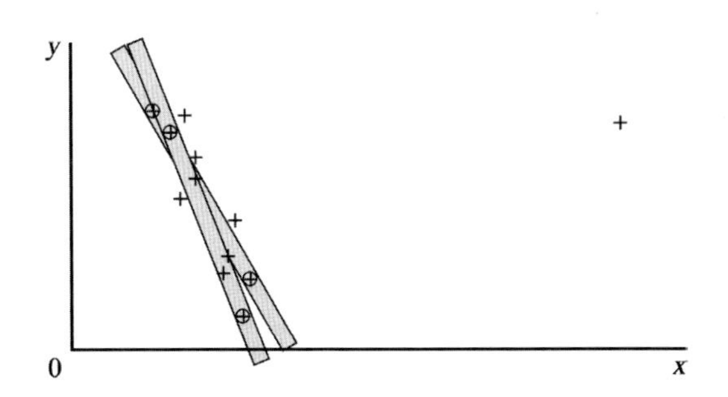

그림 A.6 RANSAC 기법. 그림에서 + 기호는 근사를 진행할 데이터 지점을 나타내며, 가설 선분에 해당하는 두 데이터 지점 쌍(⊕)도 함께 표시되어 있다. 각 가설 선분은 영향 범위 $\pm t$에 해당하는 영역을 포함하는데, 이 영역 내에서 최대 데이터 지점을 포함하는 지지 세트를 찾는다. 가장 많은 지지 세트에 해당하는 선분이 가장 잘 근사된 것이라 할 수 있다(가중 최소 제곱 분석을 추가로 적용하면 이를 좀 더 개선할 수 있다).

놓는다. 마지막 단계로, 이에 속하는 주류를 인라이어 세트로 치환한다.

근사를 위해 필요한 데이터 지점의 수 n은 데이터의 자유도 수와 동일하다. 예를 들어 평면 위의 직선은 2, 원은 3, 구는 4 등의 식이다(그림 A.6). 이제 명시해야 할 값은 n개의 데이터 지점 세트에 대해 가장 잘 근사된 해답에 도달하기 위해 필요한 반복 숫자인 k다. k를 추정하는 방법 중 하나는 n개의 데이터 지점 중 k개의 세트를 선택했을 때 전부 아웃라이어만을 포함하여, 올바른 데이터를 고르는 것이 불가능한지의 여부를 확인하는 것이다. 당연히 k는 이러한 가능성과 리스크를 낮추기 위해 충분히 큰 값이 돼야 한다. 이러한 관점에서 k를 추정하는 공식은 Hartley and Zisserman(2000) 등을 참고하라.

마지막으로, 다른 많은 아웃라이어 식별 과정에서처럼 남은 (인라이어) 데이터에 일반 또는 가중 최소 제곱 분석을 최종적으로 적용할 경우 그 근사의 정확도를 개선할 수 있다.

A.7 결론

부록 A에서는 이 책의 앞 장에서 직관적인 방식으로 다룬 것보다 좀 더 상세하게 강건함에 대해 논의하고자 했다. 강건 통계는 수학적으로 고도의 성숙을 이룬 주제이며, 이 주제를 깊이 파고드는 과정을 통해 얻을 수 있는 내용이 적지 않다. 이 분야에서 특히 중요하게 기억해야 하는 매개변수는 크게 세 가지다. 첫째, 추정자의 붕괴점은 아웃라이어에 대한 저항성을 나타내며, 강건성이라는 개념에 있어 핵심적인 의미를 대변한다. 둘째, 추정자의 상대 효율은 처리 단계에서 데이터의 인라이어를 얼마나 잘 효율적으로 활용해 정확한 추정을 이루는지에 대한 지표다. 셋째, 추정자를 컴퓨터 알고리듬으로 구현할 때의 시간 복잡성이다. 시간 복잡성은 실제 상황에서 매우 중요하게 고려해야 하는 요인이긴 하나, 분량의 문제로 이 책에서는 이 부분을 다루지 않았다. 다만 가장 강건한 기법은(특히 LMedS) 높은 수준의 계산 집약성을 보이는 경향이 있다. 아울러 앞의 두 매개변수 간에는 분명한 트레이드오프가 존재한다. 즉, 높은 붕괴점값을 갖는 기법은 낮은 상대 효율을 보이며 그 반대도 성립한다(이러한 현상이 일어나는 이유를 요약하면, 높은 강건성을 이루기 위해서는 데이터 중 상당한 수준의 아웃라이어 후보를 제거해야 하는데, 이 중 추정의 정확도를 높이는 데 기여할 수 있는 부분도 제거의 대상이 되기 때문이다). 이러한 요인의 특성에 따라, 여러 기법을 순차적 또는 반복적으로 진행해 최상의 성능을 내게 할 수 있다. 즉, LMedS를 최소 제곱 회귀와 연결해 사용하는 경우가 많다(Kim et al.(1989) 등 참고).

마지막으로, 강건 통계는 존재하는 데이터에 대한 통계적인 분석을 기반으로 하고 있음을 유의해야 한다. 다시 말해, 일반적으로 데이터를 읽거나 옮기는 과정에서 발생하는 아웃라이어는 드물다고 가정하게 된다. 하지만 비전에서 발생하는 가장 어려운 문제 중 하나는 배경의 부적절한 물체로부터 발생하는 클러터이며, 입력되는 데이터 중 극히 일부만이 의미 있는 인라이어에 해당한다. 이로 인해 강건성 문제가 더 중대해지며, 원칙적으로는 전체 이미지를 해석할 때까지 물체를 하나라도 만족스러운 수준으로 식별하거나 그 위치 및 방향을 정확히 측정하지 못할 수 있다. 물론 이는 극히 드문 상황이며, 실제 비전 응용 과정에서 발생하는 매우 극단적인 경우로 보는 것이 맞다.

강건 통계는 실제 비전 시스템을 운용하는 데 있어 핵심적인 비중을 차지한다. 부록 A에서는 해당 주제의 복잡한 내용을 가능한 한 알기 쉽게 정리하고자 했다. 특히 '붕괴점' 및 측정 '효율'이란 개념 측면에서 이를 살펴봤다. 우리가 던져야 할 질문은 강건 통계가 필요한가가 아니라, 이를 '어떻게' 실용적인 비전 시스템에 도입할지에 대한 것이다.

A.8 문헌과 연보

부록 A는 짧은 시간 내에 성숙했으며 25년 이상 머신 비전에 상당한 영향을 끼친 주제인 강건 통계에 대해 개괄했다. 강건 통계에 있어 여전히 가장 널리 쓰이는 성공적인 접근법으로는 M 추정자(영향 함수) 접근법이 있다(넓게 보면 최소 제곱 및 메디안 필터링도 포함된다). 다만 고차원 공간에서는 그 강건성이 불확실하기 때문에, 나중에 등장한 LMedS 접근법이 그 뒤를 확고하게 이었다. 좀 더 최근에는, 추정자를 연속적으로 사용해 전체적인 붕괴점과 상대 효율을 최적화하는 방법이 효과적임을 제시하는 연구가 등장했다(Kim et al., 1989). 특히 허프 변환(혹은 상응하는 다른 기법), LMedS, 가중 최소 제곱 회귀를 조합하는 것이 강력한 성능을 보였다.

강건 통계는 머신 비전의 여러 분야에 도입됐는데, 강건 윈도 연산자(Besl et al., 1989), 자세 추정(Haralick and Joo, 1988), 모션 연구(Bober and Kittler, 1993), 카메라 위치 및 보정(Kumar and Hanson, 1989), 표면 결함 검사(Koivo and Kim, 1989) 등이 그중 일부다.

초기 논문 Huber(1964)와 Rousseeuw(1984)는 현재에도 여전히 읽어볼 필요가 있으며, Huber(1981), Hampel et al.(1986), Rousseeuw and Leroy(1987)은 그 통찰력과 다양한 자료 등 참고할 만한 가치가 충분하다. LMedS 기법 응용 및 머신 비전에 대한 강건 회귀 리뷰를 다룬 Meer et al.(1990, 1991) 역시 참고하라.

RANSAC 기법(Fischler and Bolles, 1981)은 LMedS 이전에 미리 그 가능성을 확인했다. 즉, RANSAC은 역사적으로 큰 중요성을 갖는다. Siegel(1982) 역시 LMedS가 등장할 수 있는 배경을 제공했다는 점에서 역사적으로 중요한 위치에 있으며, Steele and Steiger(1986)은 LMedS가 충분히 구현 가능한 수준의 계산량을 보일 수 있음을 확인했다.

지금까지 소개한 연구들은 대부분 1980년대에 발표된 것이지만, Hartley and Zisserman (2003)은 그 방법론과 고민이 현재 시점의 머신 비전에 어떻게 깊이 연관되어 있는지를 살펴본다는 측면에서 의미가 있다. 한 예로 3차원 유사성 매칭에 대한 응용을 다룬 Hasler et al.(2003)을 참고하라. 논문은 아웃라이어가 어떻게 발생했고 전체적인 과정을 어떻게 모델링할지에 대해 다루고 있다. 의도하지 않은 모션, 특정 뷰에 대한 지점의 오클루전, 다양한 위치에서의 볼록 경계 관측 등은 미스매칭과 아웃라이어를 유발한다. 이에 따라 논문은 이미지 쌍에서 아웃라이어를 계산하는 방식으로, 이 분야를 좀 더 단단한 기반 아래에서 다룰 수 있도록 했다.

A.8.1 최신 연구

많은 응용 분야에서 RANSAC은 상당히 많은 가설을 통해 적절한 해답에 수렴하는 방식을 취하며, 특히 고차원 공간상에서 탐색할 경우에는 더욱 그렇다. 이 문제를 해결하기 위해 여러 연구가 이뤄졌다. Myatt et al.(2002)는 일반적으로 인라이어가 아웃라이어보다 다른 인라이어에 더욱 가깝게 모여 있음에 착안했다. 그들이 발표한 알고리듬인 NAPSAC은 인접한 지점들을 샘플링해 그 세트를 초구hypersphere라 부른다. 이렇게 하면 인라이어에 해당하는 세트를 형성할 확률이 상당히 증가하며, 논문은 광간격 양안 매칭 데이터를 통해 이를 보였다. Torr and Davidson(2003) 역시 IMPSACIMPortance SAmpling Consensus이란 이름으로 RANSAC의 개선된 버전을 발표했다. 이 방식은 계층적으로 작동하며, 초기에는 RANSAC의 가장 기초적인 수준에서 시작해 점점 더 자세하게 후험적인 추정을 이뤄나간다. IMPSAC은 3차원 매칭 작업을 위해 도입되긴 했지만, 그 통계적 기법을 활용하면 아웃라이어에 오염된 데이터를 제거해야 하는 다양한 범위의 통계 문제에도 응용할 수 있다.

Chum amd Matas(2005)는 무작위로 고른 가설 대신 가장 가능성이 높은 가설에서 시작해서, 점차 수확 체감을 따라 균일한 샘플링으로 되돌아가는 식으로 RANSAC을 개선하고자 했다. 이 PROSAC 방식은 상당한 수준으로 계산량을 줄였으며, 예를 들어 광간격 양안 데이터 등에서 RANSAC보다 100배가량 더 빠르게 작동한다. 사실상 PROSAC이 개선된 이유라 한다면, 가설을 적절한 방식으로 정렬했기 때문이다. 최악의 경우에도 PROSAC은 RANSAC과 동일한 성능을 갖게 되겠지만, 실제로 그렇다고 증명된 바는 없다. Ni et al.(2009)는 또 다른 RANSAC의 변종인 GroupSAC을 개발했다. 이 방식은 데이터를 묶을 경우, 그 그룹 중 일부는 높은 인라이어 비율을 갖고 일부는 대부분 아웃라이어를 포함한다는 가정에 기반한다. 광간격 양안 데이터에 대입했을 경우, GroupSAC은 '대부분' PROSAC보다 훨씬 빠르며 RANSAC은 개중 가장 느린 것으로 나타났다. Méler et al.(2010) 역시 BetaSAC이란 이름으로 RANSAC의 변종을 고안했다. 이 방식은 성능을 개선하기 위한 모든 종류의 필요한 정보를 포함할 수 있도록 하는 일반 프레임워크 형태로 이뤄져 있다.

BetaSAC은 반복 초기 단계에서 완전한 무작위 대신 조건부 샘플링을 통해 더 적합한 샘플을 선택할 수 있도록 했다. 이는 연속적인 데이터 지점 선택을 통해서도 적절한 샘플링이 가능하다는 가정에만 기반한 것이다. 샘플의 순위가 무작위로 부여되어 있을 경우, 이 방식은 RANSAC과 동일한 성능을 갖는다. 호모그래피 추정의 경우, 이 방식은 항상 RANSAC보다 빠르며 일반적으로 PROSAC과 비교했을 때는 속도 면에서 10~40배 정도의 이점을 갖는다.

A.9 연습문제

1. 데이터 분석 방식에서 '붕괴점'이 나타내는 뜻은 무엇인가? 강건성의 개념과 이것이 어떻게 연관되는지 설명하라. 데이터 분석 방식에서 사용하는 데이터 지점의 비율이 측정 정확도와 어떤 관계를 갖는지 나타내어라. 아울러 (1) 평균, (2) 메디안, (3) 함펠 3부분 재하강 M 추정자를 적용했을 때의 결과에 대해 논하라.
2. 디지털 이미지에서 직선의 위치를 구하는 방식의 경우, 각 외각 지점 쌍을 취해 두 지점을 이은 선분이 x축 및 y축을 지나가는 절편을 구하게 된다. 그런 다음, 전체 절편의 메디안값을 구해 최종적인 직선을 그린다. 이렇게 쌍을 취하는 과정에서 붕괴점이 50%에서 30%가량으로 감소함을 보이고, 정확한 붕괴점값을 구하라(힌트: 우선 원본 외각 지점 데이터 중 아웃라이어 비율을 ε으로 가정하고, 절편 중 절반이 올바른 값을 갖게 될 확률에 대해 생각해보라).

B

샘플링 정리

비전의 모든 부분은 결국 이미지 취득에 달려 있다. 현대적인 관점에서 이미지 취득은 아날로그 신호를 샘플링하여 디지털 형태로 변환하는 작업을 뜻한다. 궁극적으로 샘플링은 샘플링 정리에 따라 정의된 수학적인 규칙을 따르도록 되어 있다. 디지털 신호가 원본 아날로그 신호를 정확하게 대변하도록 하려면 이 정리가 매우 중요하다. 부록 B의 목표는 독자들에게 이 기초적인 처리 과정을 일깨워주는 것이다.

B.1 샘플링 정리

나이퀴스트[Nyquist] 샘플링 정리는 연속적인 신호를 샘플링하는 모든 상황을 다루고 있으며, 특히 패턴을 디지털화하여 컴퓨터가 분석하게 하고자 할 때 중요하다. 특히 시각 패턴과 음향 파형 모두에 적합하며, 이번 절에서도 이에 관해 자세히 설명할 것이다.

우선 시간에 따라 변하는 1차원 파형에 대한 샘플링 정리를 생각해보자. 이 경우 파형에 대한 일련의 샘플들은(그림 B.1) 모든 원본 정보를 담고 있으며, 이를 사용해 원래 파형을 정확하게 재현할 수 있어야 한다. 그러나 이는 (1) 원본 파형의 대역폭 W가 제한되어 있으며, (2) 샘플링 비율 f가 원본 파형 대역폭의 최소 2배 이상은 돼야 한다(즉, $f \geq 2W$). T초마다 샘

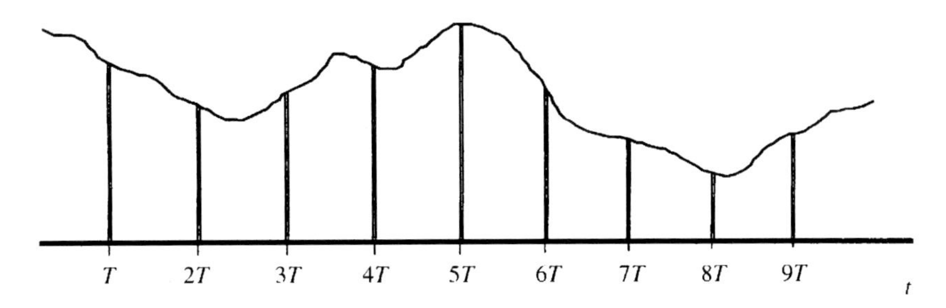

그림 B.1 시간에 따라 변화하는 신호에 대한 샘플링 과정. 시간에 따라 연속적으로 변하는 1차원 신호에 대해, $f_r = 1/T$ 주기의 좁은 샘플링 펄스를 대입해 샘플링한다. 이때 샘플링 주기는 신호 대역폭의 최소 두 배 이상은 돼야 한다.

플을 취한다고 가정할 경우 이는 $1/T \geq 2W$에 해당한다.

무엇보다 먼저, 불연속적인 샘플 세트를 통해 원본 파형을 복원할 수 있다는 점이 놀랍게 다가올 것이다. 그러나 앞에서 설명했듯이 이를 달성하는 데 필요한 두 조건은 매우 엄격하다. 실제로 신호가 예측할 수 없게(즉, 너무 빠른 비율로) 변화하거나, 샘플 간의 보간이 정확하게 이뤄질 수 없으면 안 된다(이러한 신호로 인해 발생하는 오차를 '에일리어싱aliasing' 오차라고 부른다).

안타깝게도 첫 번째 조건은 실현할 수 없는데, 완벽한 컷오프를 수행할 수 있는 로우 패스 필터를 만드는 것이 불가능에 가깝기 때문이다. 3장 '이미지 필터링과 모폴로지'의 내용을 떠올려보면, 완벽한 컷오프가 가능한 로우 패스 필터는 시간 축에서 무한대의 너비를 가져야 하기 때문에 시간 축상에서 연산을 통해 이를 구현하는 것은 항상 실패할 수밖에 없다. 그러나 의도했던 컷오프 주파수와 실제 주파수 사이에 '가드 밴드guard-band'를 허용하는 식으로 어느 정도 근사는 가능하다. 즉, 샘플링 주기가 나이퀴스트 주기보다 커야 한다(전자통신 분야에서는 보통 샘플링 주기가 나이퀴스트 대비 20% 이상 높으면 허용 가능하다고 간주한다. Brown and Glazier(1974)를 참고하라).

원본 파형을 복원하는 방법 중 하나는 로우 패스 필터를 적용하는 것이다. 직관적으로 이 접근법이 성립하는 이유는 불연속적인 샘플들이 서로 결합해 연속적인 파형을 이루기 직전까지만 대역폭을 넓히기 때문이다. 실제로 이 방식은 원본 샘플 파형을 주파수 변환한 후 '반복적인' 스펙트럼을 제거한다(그림 B.2). 이는 샘플링 전 단계에 원본 파형이 충분히 좁은 대

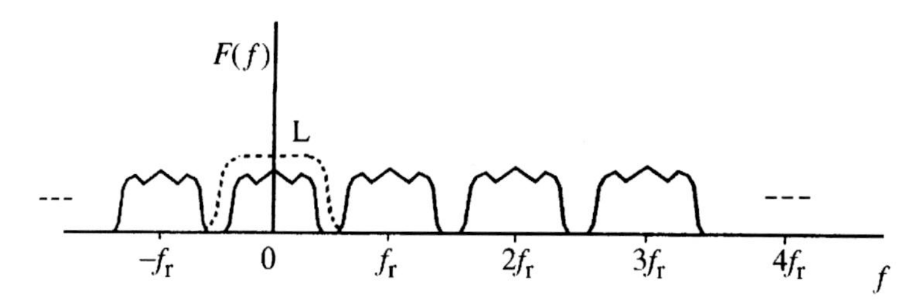

그림 B.2 로우 패스 필터링을 통해 반복적으로 등장하는 주파수 대역 성분을 제거한 결과(f_r: 샘플링 주기, L: 로우 패스 필터 특성). 그림의 경우, 원본 샘플 파형을 주파수 변환한 $F(f)$에 스펙트럼이 반복되어 나타나고 있다. 아울러 로우 패스 필터가 반복적인 스펙트럼을 제거해 원본 파형을 복원할 수 있음을 확인할 수 있다.

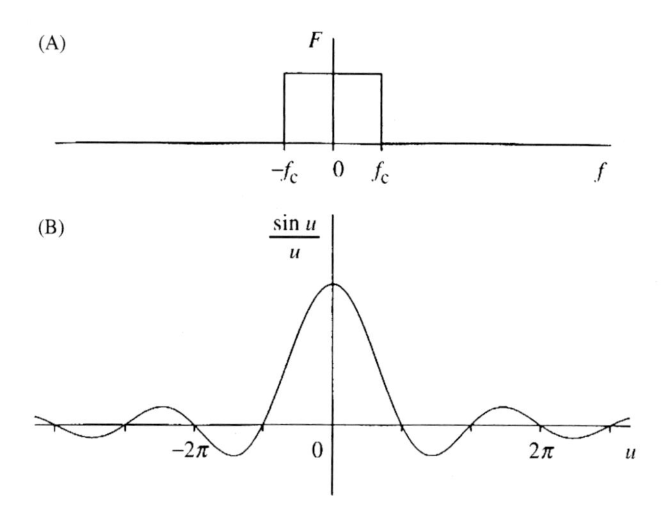

그림 B.3 (B)의 sinc(sin u/u) 함수는 (A)에 나타낸 사각 펄스 형태의 이상적 로우 패스 필터를 푸리에 변환한 것이다. 이 경우 $u = 2\pi f_c t$이며, f_c는 컷오프 주파수를 가리킨다.

역폭을 가져야, 반복되는 파형 스펙트럼이 서로 겹쳐지지 않고 로우 패스 필터를 통해 분리할 수 있게 됨을 뜻한다. 이 아이디어에서 더 나아가 보자. 사각 컷오프 필터의 푸리에 변환은 sinc(sin u/u) 함수 형태로 정의된다(그림 B.3). 따라서 sinc 함수를 사용해 샘플에 대한 합성곱을 구하면 원본 파형을 복원할 수 있다(이 경우에는 로우 패스 필터에 적절한 세기의 sinc 함수를 사용하면 된다). 즉, 이는 원본 파형을 복원할 수 있을 수준까지 샘플을 넓히는 작용을 한다.

지금까지 살펴본 내용은 시간에 따라 변화하는 1차원 신호에 관한 것이었다. 그러나 시간과 주파수 영역 간의 신호에, 그리고 공간과 공간 주파수 영역 간의 신호에 대해 수학적으로 분명한 유사성이 존재한다는 면에서 보면, 앞의 아이디어를 이미지의 각 축에 대해서도 큰 문제 없이 적용할 수 있을 것이다(다만 정확한 샘플링을 위해서는 $1/X \geq 2W_X$의 관계가 성립해야 하며, 여기서 X는 공간 샘플링 주기, W_X는 공간 대역폭을 뜻한다). 여기서는 이 유사성이 왜 성립하는지에 대해서는 생략하고, 이미지 취득에 샘플링 정리를 적용해볼 것이다.

이제 샘플링 정리에 따라 카메라 신호에 대한 샘플을 엄밀하게 구해보자. 우선, 이 과정은 수평과 수직축 모두에 대해 이뤄져야 됨을 유의해야 한다. 이 문제를 해결하는 가장 확실한 방법은 광학적인 처리, 예를 들어 렌즈의 초점을 흐리는 방식일 것이다. 그러나 적지 않은 경우(예를 들어, 초점이 과도하게 맞지 않을 때) 해당하는 광학 변환 함수는 다소 비정상적인 형태가 되며, 특정 공간 주파수에서 음의 값을 가짐에 따라 대비가 뒤집히는 현상이 발생하기 때문에, 그 해답이 이상적인 것과는 거리가 멀어지게 된다(Pratt, 2001). 대신 회절 제한 광학 시스템을 사용하거나, 초점이 맞는 광선을 패턴 또는 간유리에 통과시켜 인위적으로 공간 주파수를 제한하는 방법이 있을 수 있다. 이 중 어떤 기법도 적용이 쉽거나 (패턴 방식을 제외하고는) 해답을 정확하게 구할 수 없다. 다만 실제로 이 문제가 그렇게 심각하게 작용하는 것은 아니다. 만약 카메라의 (픽셀당) 감지 영역이 픽셀 크기에 근접할 정도로 상당히 크다면, 픽셀 세기를 구하기 위한 평균 연산은 대역폭을 줄이는 과정을 수행하는 것과 마찬가지 과정이 된다(그림 B.4). 구체적으로, 픽셀은 정사각형 형태로 되어 있으며 그 경계 부분에서 급격한 컷오프가 이뤄짐을 유의해야 한다. 즉, 그 공간 주파수 패턴은 2차원 sinc 함수 형태를 띠게 되며,

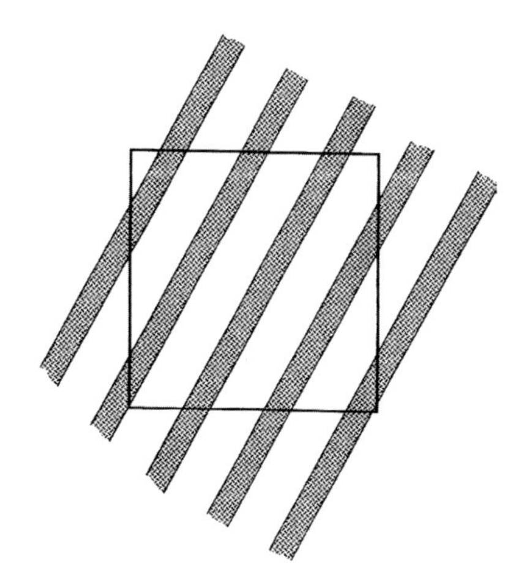

그림 B.4 픽셀 영역에 걸친 평균 연산을 통한 로우 패스 필터링. 이미지가 로컬한 고주파수 대역폭을 갖고 있더라도, 센서 기기의 특성상 전체 픽셀 영역에 대해 평균화된다.

(중앙 부분의 양수 피크를 기준으로) 로우 패스 공간 주파수 필터로 간주할 수 있다. 이때 픽셀 간의 경계가 불명확할수록 더 로우 패스 필터에 근접한 형태를 띤다.

요컨대 샘플링 정리 관점에서 발생할 수 있는 최악의 상황은 샘플이 극도로 좁고 불연속적으로 형성되는 것이지만, 대부분의 카메라에서는 이 정도로 극단적인 상황이 잘 나타나지 않는다. 그러나 그렇다고 해서 샘플링이 언제나 이상적으로 이뤄진다는 뜻은 아니다. 그리고 실제로도, 급격히 떨어지는 픽셀 형태의 경우 공간 주파수 영역에서는 (원칙적으로) 무한히 뻗어가는 모양을 보이기 때문이다. Pratt(2001)의 리뷰 논문에서는 이 상황을 제시한 뒤, 애일리어싱과 해상도 오차 간에 트레이드오프가 존재함을 보였다. 즉, 이미지를 측정할 때 정확도를 최우선으로 둔다면 샘플링의 품질은 이를 제한하는 요인이 된다. 만약 프리샘플링 필터의 대역폭이 너무 좁을 경우 해상도가 낮아진다. 반대로 대역폭이 너무 넓으면 애일리어싱 왜곡이 생긴다. 혹은 공간 주파수 반응 곡선이 충분히 매끄럽지 않다면, 가드 밴드가 포함됨에 따라 성능이 역시나 저하된다.

샘플링 정리는 신호 처리를 다룬 수많은 책에서 깊이 설명하고 있다(Rosie(1966) 등을 참고하라). 다만 샘플링 이전에 대역폭 제한을 어떻게 진행해야 하는지를 자세히 설명한 경우는 많지 않다. 이미징 관점에서 샘플링에 대해 추가적인 정보를 다룬 참고문헌으로는 Pratt(2001) 등이 있다.

C

색상 표현

컴퓨터 비전에 있어 색상 입력은 일반적으로 RGB(빨강, 초록, 파랑) 형식으로 이뤄지며, 각 입력 채널은 1바이트의 데이터를 갖는다. 그러나 인간의 눈이 컬러 이미지를 보고 주관적으로 그 색상을 인식하므로, 이를 따라 HSI(색조, 채도, 세기) 등 적절한 컴퓨터 표현 방식을 사용하는 것이 편리하다. HSI의 경우, 색조 채널만을 통해 색상을 표현할 수 있다. 세기 채널은 밝기, 채도 채널은 원본 RGB 신호에 존재하는 '채색 수준', 즉 색상이 백색광에 의해 엷어진 정도를 대변한다.

부록 C에서 다루는 내용은 다음과 같다.

- *H*, *S*, *I* 매개변수에 대한 수식
- 색조 매개변수의 주기적 특성과 이로 인한 복잡성
- 색상 항등성을 이루는 문제
- 색상 기반 분할이 유용한 응용 분야

많은 경우, 조명이 무작위로 변하거나 시야에 드리운 그림자 등으로 인해 이미지 내의 세깃값이 바뀐다. 이 경우에는 세기를 무시하고 색조 매개변수에 의지하는 것이 유용하다. 혹은 더 일반적으로, 전체 HSI 색상 공간을 활용해 색상 기반 물체 분할이 가능한 최대한의 정보를 확보할 필요가 있다.

C.1 서론

초기 컴퓨터 비전에서는 디지타이저digitizer가 그레이스케일 이미지를 입력으로 받았기 때문에, 그 처리 역시 그레이스케일 이미지를 분석하는 데에서 그쳤다. 그러나 20여 년 전부터는 색상을 입력으로 받는 것이 거의 당연시됐으며, 이에 대응하기 위한 처리 능력이 발전돼 왔다. 일반적으로는 RGB 형태로 색상을 입력받으며, 세 채널마다 각각 1바이트의 데이터를 저장한다. 그러나 인간의 눈이 컬러 이미지를 보고 그 색상을 주관적으로 판단하기 때문에, 컴퓨터도 이를 따라 적절한 표현을 사용하는 것이 편리하다. 이를 흉내 낼 수 있는 색상 표현법은 다양하게 존재하며, 그중 필요에 따라 적합한 것을 선택한다. 혹은 그 결과물을 컴퓨터 이미지 분석에 사용할 것인지 디스플레이에 표현할 것인지 프린터로 인쇄할 것인지에 따라 적합한 방식이 달라진다. 여기서는 컴퓨터 분석에만 초점을 맞추며, 이에 잘 들어맞는 표현 방식인 HSI를 채용한다. 특히 RGB를 HSI로 변환하는 과정에서 실제 색상은 색조 채널로만 표현된다. 세기 채널은 밝기 정보를, 채도 채널은 원본 RGB 신호에 존재하는 '채색 수준'을 나타낸다. 여기서 채색 수준이란 백색광에 의해 색상이 엷어지는 정도를 뜻한다.

많은 경우 조명이 무작위로 변하거나 시야에 드리운 그림자 등으로 인해 이미지 내의 세깃값이 바뀐다. 이러한 경우, 세기 정보를 무시하고 색상 정보만을 사용하는 것이 유용할 수 있다. 이를 위해서는 색조 채널의 데이터만에 기반해 해석하는 것이 더 적절하다. 검사, 감시, 얼굴 인식 등 의도하지 않은 세기 변화가 나타날 수 있는 응용 분야에서는 이러한 전략을 사용하는 것이 일반적이다.

그러나 실제 해답을 좀 더 복잡하게 표현할 수도 있고, 원칙적으로는 복잡하게 표현하는 것이 옳다. 이는 주위 조명의 색상 변화로 인해, 물체에서 반사된 빛이 확연한 색상 변화를 유발할 수 있기 때문이다. 그럼에도 불구하고 인간의 눈은 색상 항등성color constancy이라는 특성을 갖고 있기 때문에, 주위 광원으로부터 나온 빛이 반사되더라도 그 색상이 변화되는 것처럼 보이지는 않는다. 다소 어려운 작업이긴 하지만, 컴퓨터 처리를 통해 이러한 현상을 구현할 수는 있다. 그러나 여기서는 이 주제를 깊이 다루지는 않을 것이다.

C.2 색상 표현 상세

앞에서 설명했듯이, 광원이 무작위로 변하거나 그림자가 시야 내에서 움직임에 따라 세기 매개변수가 변할 경우에는 색조 매개변수에 집중하는 것이 적절하다. 기본적으로 색조 매개변수는 색상 공간상에서 세기 벡터와 수직인 평면을 따라 움직이기 때문에, 왜곡이 가장 적고 가장 의미 있는 정보를 갖고 있다고 간주된다.

그러나 더 일반적으로는, 전체 HSI 색상 공간을 취하여 이미지 해석, 특히 색상 기반 물체 분할을 수행하기 위한 최대의 정보를 확보하는 것이 바람직하다. 예를 들어 도로 표지판의 위치를 찾는 데 있어 그 색상을 활용하거나, 붉은 표면 색을 통해 토마토의 위치를 찾거나, 피부색 인식을 통한 인간 얼굴의 위치를 구하는 과정이 이에 해당한다.

이러한 작업을 수행하기 위해서는 입력받은 데이터를 RGB에서 HSI 형식으로 변환해야 한다. 우선 다음 수식을 통해 세 HSI 매개변수를 정의한다. 이 중 가장 간단하게 정의할 수 있는 변수는 세기 I다. 이 값은 빛의 평균 세기를 뜻하며, 다음과 같이 표현할 수 있다.

$$I = \frac{1}{3}(R + G + B) \tag{C.1}$$

색조 H는 포함하고 있는 색상을, 채도 S는 그 색상이 백색광에 의해 엷어지지 않은 정도를 수치화한 것이다(즉, 완전한 백색광에서 S는 0이며, 최소한도로 엷어진 상태가 1이다). S는 다음 식을 통해 구할 수 있다.

$$S = 1 - \frac{\min(R, G, B)}{I} = 1 - \frac{3\min(R, G, B)}{R + G + B} \tag{C.2}$$

즉, 색상 삼각형의 변을 따라갈 경우(즉, $R = 0$ 또는 $G = 0$ 또는 $B = 0$) 이 값은 1이 되며, 백색광($R = G = B = I$)에서는 0이 된다. 이 S에 관한 수식은 R, G, B 성분 중 어느 것에도 치우치지 않도록 정의되어 있음을 유의하라. 즉, S는 색상 자체를 표현하는 것이 아니라, 완전한 흰색 대비 색상의 '비율'에 대한 지표다. 그림 C.1은 색상 삼각형을 묘사하고 있다. 삼각형의 세 모서리는 (RGB 색상 공간상의) (R, G, B) 축이 주어진 상수 I에 대한 색상 평면을 지나가는 지점이다.

색조는 색상 삼각형 중앙의 백색 지점 **W**에 대한 회전각 H로 정의된다. 즉, 순수한 붉은색의 방향과(**R**−**W** 벡터) 주어진 색상 **C**에 대한 방향(**C**−**W** 벡터) 간의 각도다. H에 대한 수식을 유도하는 과정은 매우 복잡하며, 여기서 이를 구체적으로 다루지는 않을 것이다. 다만 $\cos H$를 계산하는 방식으로 접근할 수 있는데, 이 값은 내적 $(\mathbf{C}-\mathbf{W}) \times (\mathbf{R}-\mathbf{W})$에 따라 결정된다. 결론적으로

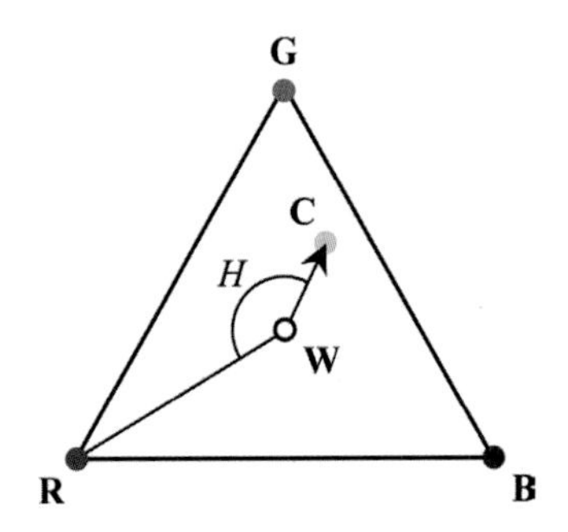

그림 C.1 색상 삼각형 RGB. 이 삼각형은 백색광에 의해 엷어짐에 따라 나타날 수 있는 모든 색상을 포함하고 있다. 삼각형의 세 모서리 지점은 세 가지 색상 축상에 놓여 있으며, 그림에서는 해당하는 색의 점으로 **R**, **G**, **B** 벡터를 나타내었다. 백색광은 색상 삼각형 중앙에 벡터 **W**로 표시했다. 임의의 색상 **C**는 **R–W** 벡터에 대해 색조 각도 *H* 방향에 존재한다. 즉, 그림은 2차원 형태로, 색조 각도 *H*와 채도 수준 *S*(본문 참고)로써 정의된다. 세기 *I*는 그림에 반영되지 않았는데, *S*가 균일한 세기를 갖고 그려진 것이기 때문이다. 실제로 세기의 변화는 색상 삼각형에서 수직으로 이뤄지며, 삼각형 중심의 백색 지점 **W**를 지나간다. 붉은 점을 마주보는 변은 전체가 $R = 0$의 값을 가지며, 초록이나 파랑 점에 대해서도 마찬가지 관계가 성립한다.

$$H = \cos^{-1}\left(\frac{\frac{1}{2}[(R-G)+(R-B)]}{\left[(R-G)^2+(R-B)(G-B)\right]^{1/2}}\right) \tag{C.3}$$

만약 $B > G$일 경우 2π에서 이 값을 빼주면 된다(Gonzalez and Woods, 1992).

이 논의에서 확인할 수 있듯이 색조는 1차원 매개변수다. 사실 색조가 각도 형태로 정의되기 때문에, 이 값은 2π 단위의 '주기' 매개변수다. 단지 한계 요인으로 인식될 수 있지만, 이 특성으로 인해 많은 이미지 분석 계산이 복잡해진다. 첫째, 1차원 이동 평균 필터를 통해 색조 변수를 스무딩할 경우 $0{\sim}2\pi$ 범위의 양 끝점에 주의를 기울여야 한다. 둘째, 1차원 메디안 필터를 통해 스무딩을 수행할 경우 0°에서 색조 값이 이중으로 존재하므로 제대로 정의됐다고 할 수 없다(다시 말해, 메디안값을 정의하는 데 필요한 색조 값의 고유 순서가 존재하지 않는다).

마지막으로 R, G, B, I 값의 범위는 디지털화 방식에 따라진다. 여기서는 각 RGB 색상 매개변수가 1바이트 크기의 데이터를 갖는다고 가정했기 때문에 $0 \le R, G, B, I \le 255$가 된다.

C.3 일반적인 색상 사용 예제

과일을 자동으로 선택하고 검사하고 정렬하는 분야에서는 색상이 굉장히 큰 비중을 차지한다. 특히 사과의 품질을 파악하는 데 있어 색상은 매우 중요하다. 과일이 익었는지의 여부뿐만 아니라, 먹기 좋은지의 여부와 관계없이 눈으로 보이는 매력에 있어서도 색상의 역할은 중요하다. 컴퓨터를 통해 과일의 외관을 평가하는 인간을 흉내 내기 위해서는 RGB 표현을 HSI 영역으로 바꾼 다음에 색상을 판단하는 것이 유용하다.

Heinemann et al.(1995)의 연구는 이러한 접근법에 기반한 색상 판별 및 분석을 구축해 컴퓨터로 하여금 80개의 샘플을 학습시키고, 다른 66개의 샘플로 테스트를 진행하여, 인간 감별사와 동일한 판단을 내릴 수 있도록 했다. 그러나 이는 학습 과정에서 사용하는 샘플의 조명 세기 크기를 동일하게 맞춰야 함을 전제로 성립한다. 그리고 이러한 패턴 인식 시스템이 그렇듯, 학습 세트는 궁극적으로 테스트 세트를 완전히 대변할 수 있어야 함을 명심해야 한다.

사과의 색상을 확인할 때 색조는 중요한 매개변수다. 그 색상을 엄밀하게 확인하려면, 먼저 색조 분포를 구한 뒤 적절한 학습 세트에 대해 이를 비교하는 식으로 진행할 수 있다. 가장 간단한 비교 방법은 두 분포의 평균 및 표준편차를 계산한 다음, 가우시안 분포 함수로 가정해 판별 분석을 진행하는 것이다. 일반적인 최대 가능도 임계화(4.5.3절, 식 (4.19) ~ 식 (4.22)) 이론을 사용하면 최적 색조 결정 임곗값을 구할 수 있다.

마지막으로, 완전한 색상 판별을 진행하기 위해서는 전체 3차원 색상 공간상에서 확인하기 위한 최적 결정 경계를 필요로 한다. 일반적으로 이 결정 경계는 초타원 형태이며, 마할라노비스 거리 지표를 통해 구할 수 있다(Webb(2002) 등을 참고하라). 그러나 동일한 공분산 행렬을 갖는 가우시안 분포, 또는 좀 더 간단하게 균일한 등방 공분산 같은 특수한 경우에는 결정 경계가 초평면 형태를 띤다.

C.4 문헌과 연보

이 책에서는 분량 문제로 색상에 대해 더 자세히 다루지 못했다. 구체적인 정보를 얻고자 한다면 관련 주제를 깊이 다룬 참고문헌을 확인하라(Gonzalez and Woods, 1992; Sangwine and

Horne, 1998). 색상 검사의 경우 음식이나(Heinemann et al, 1995) 의약품 등의 예시가 존재한다(Derganc et al., 2003). 색상 항등성에 대한 초기 연구로는 Forsyth(1990)과 Finlayson et al.(2001) 등이 있다.

D

분포 샘플링

균일하게 분포된 샘플링은 표준 라이브러리 함수에서 의사 무작위 숫자를 생성하는 식으로 쉽게 수행할 수 있다. 가우시안 분포 등의 더 일반적인 분포의 경우에는 이 정도로 확실한 방법이 없다. 그러나 누적 분포 함수(CDF, cumulative distribution function)를 계산하게 된다면, 전체적인 처리 과정이 좀 더 깔끔해진다. 따라서 실제로 당면하게 되는 문제는 일반적인 경우에 대해 분석적인 접근 대신 수치적인 방식을 통하는 과정에서 다소 속도가 느려진다는 데 있다. 즉, 가우시안처럼 널리 사용되는 분포에 대응할 수 있는 특수한 방식을 구축할 필요가 있다. 박스-뮬러(Box-Muller) 방식 및 이를 극축에 적용한 방법이 이러한 상황에 매우 유용하다.

부록 D에서 다루는 내용은 다음과 같다.

- CDF 접근법
- 단순한 가우시안 분포에서도 발생하는 관련 문제
- 이 문제를 해결하기 위한 박스-뮬러 접근법
- 박스-뮬러 접근법을 극축에 적용했을 때의 이점

분포를 갖는 샘플링을 14장 '머신러닝: 확률론적 방식'에서 2차원 데이터셋을 빠르게 생성하기 위해 사용한 바 있으며, 22장 '감시'에서는 파티클 필터 접근법을 통해 물체를 추적하는 과정에서 사용했다.

D.1 서론

머신러닝 등 많은 통계 분야에서는 샘플링을 거쳐 확률 분포를 나타내는 것이 유용하다. 이러한 분포를 모델링함으로써 뒤에 진행해야 할 계산 과정을 단순하게 만들 수 있고, 그 계산량도 상당히 줄일 수 있다. 특히 가우시안 분포는 실제 상황에서 굉장히 자주 등장하기 때문에, 이를 따라 샘플링해야 할 필요성이 잦다. 그러나 아무리 단순하고 잘 정의된 함수라 할지라도, 적절한 샘플 세트를 구한다는 것은 쉬운 일이 아니다. 실제로 이의의 여지 없이 분명하게 구할 수 있는 경우는 균일한 분포뿐인데, 표준 라이브러리 함수(예를 들어, 'rand')를 통해 생성된 의사 무작위 숫자를 통해 샘플링하면 되기 때문이다.

다행히 균일 분포에서 가우시안 분포로 넘어가는 데는 큰 변화가 필요하지 않다. 분포의 불연속적 히스토그램 $f(x)$를 구성하는 M개의 원본값에 대해, 이 모든 M개의 값을 숫자 순서대로 정렬해 연속적인 균일 분포를 구하고, 이에 대해 적절한 과정을 거쳐 샘플링하면 된다. 즉, 원본 분포에 상응하는 값들을 찾는 식으로 의도했던 샘플값 세트를 구할 수 있다. 그림 D.1에 이 과정을, 원본 분포 $\mathcal{N}$과 그 CDF로 나타내었다. 왼쪽에 나타낸 세로 좌표는 연속적인 균일 분포로서, CDF에서 취할 수 있는 모든 샘플을 형성한다. 그림 D.1에서 확인할 수 있듯이 이는 규칙적인 간격으로 샘플링된 것이라 할 수 있다. 직관적으로 생각하면 이 샘플이 x축을 따라 이루는 (샘플값의) 밀도는 CDF 곡선의 그레이디언트에 비례한다. 이는 무작위 샘플에 대해서도 성립하지만, 이 경우 정확한 밀돗값을 구하기 위해서는 샘플의 위칫값에 스무딩을 적용해야 한다. 여기서는 설명을 쉽게 하기 위해 규칙적인 간격으로 샘플링을 진행했

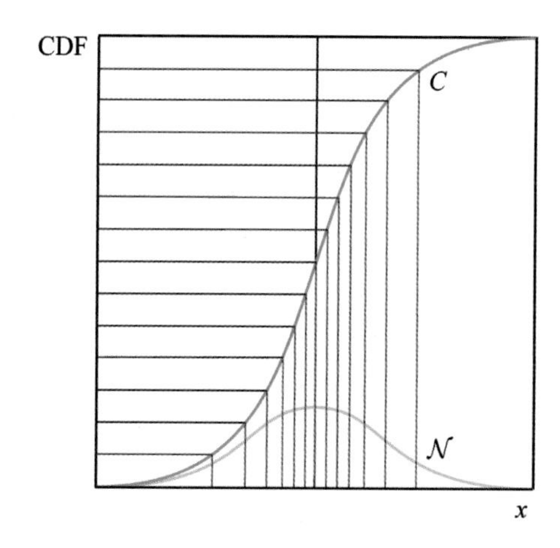

그림 D.1 누적 분포 함수(CDF)의 형성 과정. 가우시안 분포에 가까운 함수 $\mathcal{N}$(그림 아래쪽의 주황색 그래프)의 CDF는 원본 함수보다 더 높이, 초록색으로 나타나 있다. 규칙적이고 균일하게 생성한 샘플 위치(왼쪽 세로축의 파란 선)를 선택한 뒤, 이 위치를 지나는 CDF상의 좌표를 원본 분포(주황색)상에 붉은 선으로 나타내었다. 높은 CDF 그레이디언트를 갖는 지점은 x축을 따라 높은 샘플 밀도를 보인다. 즉, 이 영역은 원본 분포의 확률이 가장 높은 위치에 해당한다.

지만, 통계나 머신러닝 관련 응용에서는 무작위 샘플링을 사용하는 것이 일반적이다.

이 과정을 자세히 이해하기 위해, CDF를 수식으로 정의하면 다음과 같다.

$$C(x) = \int_{-\infty}^{x} f(x)\mathrm{d}x \tag{D.1}$$

이를 미분하면,

$$f(x) = \frac{\mathrm{d}C(x)}{\mathrm{d}x} \tag{D.2}$$

이는 앞에서 직관적으로 살펴봤던 결론, 즉 x축에서의 샘플링 밀도가 그레이디언트 $\frac{\mathrm{d}C(x)}{\mathrm{d}x}$에 비례함을 증명한다.

마지막으로, 초기 히스토그램 f를 정규화하여 실제 확률 분포 p를 구하는 과정이 필요하다. 이 경우 CDF는 0~1 범위 내에 있어야 하므로, 다음 형태를 따르게 된다.

$$c(x) = \int_{-\infty}^{x} p(x)\mathrm{d}x \tag{D.3}$$

따라서

$$p(x) = \frac{\mathrm{d}c(x)}{\mathrm{d}x} \tag{D.4}$$

D.2 박스-뮬러 및 관련 방식

CDF 방식이 유효하게 작동하기는 하지만, CDF를 구해 그 역수를 구하는 과정을 진행해야 하기 때문에 실제로 적용하기에는 마냥 쉽지만은 않다. 사실 닫힌 형식의 해답을 제공할 수 있는 확률 함수는 제한적이며, 예를 들어 지수 분포나 코시[Cauchy] 분포 정도가 있다. 나머지 대부분의 경우 조각 선형 또는 다항 근사와 같이 수치적인 방식을 사용해서 구해야 한다. 그러나 굉장히 많은 분야에 사용되는 가우시안 분포의 경우 샘플링을 진행하는 특수한 방식들을 고안하려는 시도가 많이 이뤄졌다. 그중 하나는 2차원 극좌표상에서 이를 계산하는 것이다. 이를 위해, 예를 들어 x 및 y 방향에 대해 −1~+1 범위 내의 가우시안 분포를 정의해보

자. 이 경우 방사 방향에 대해서도 0~1 거리 범위로 제한을 두어야 한다. 이에 따르면 단위 원 내에서, 즉 $0 \leq r \leq 1$, $0 \leq \theta \leq 2\pi$ 범위 내에서 샘플링을 진행해야 한다. r에 대한 샘플은 균일 분포 Unif (0, 1)을 통해, θ에 대한 샘플은 Unif (2, 2π)를 통해 구할 수 있다. 마지막으로, x 및 y 값은 다음 수식을 통해 계산할 수 있다.

$$x = r\cos\theta \tag{D.5}$$

$$y = r\sin\theta \tag{D.6}$$

사실 이 접근법은 유용하긴 하나 계산량에 매우 민감하다. 그러나 박스-뮬러 변환을 사용하면 이 문제를 극복할 수 있다. 우선 분포를 다음과 같이 표현해보자.

$$\begin{aligned} p(x, y) &= p(x)p(y) \\ &= \frac{1}{(2\pi)^{1/2}}\exp\left(-\frac{x^2}{2}\right) \times \frac{1}{(2\pi)^{1/2}}\exp\left(-\frac{y^2}{2}\right) \\ &= \frac{1}{2\pi}\exp\left(-\frac{x^2+y^2}{2}\right) \\ &= \frac{1}{2\pi}\exp\left(-\frac{r^2}{2}\right) \end{aligned} \tag{D.7}$$

이 수식은 데카르트 좌표를 극좌표로 변환한 것이며, θ 좌표에 대해서는 변화가 없음을 유의하라. 즉, θ 측면에서는 균일한 각도 분포를 보이고 있다. 박스-뮬러 분포는 여기서 한 단계 더 나아가, 독립적인 표준 균일 무작위 변수 u_1과 u_2를 취한다. 즉, 다음 수식을 통해 독립적인 표준 x 및 y 분포를 구하게 된다.

$$R^2 = -2\ln u_1 \tag{D.8}$$

$$\theta = 2\pi\, u_2 \tag{D.9}$$

이 식이 성립하는 이유는 R^2이 표준적인 2차원 가우시안 변수 (x, y)의 노름의 제곱이며, 2자유도의 카이제곱 분포, 즉 가우시안 분포를 갖기 때문이다. 이제 식 (D.8)과 식 (D.9)를 사용하면 표준 극좌표 식 (D.5)와 식 (D.6)을 통해 x와 y 값을 구할 수 있다. 이 방식이 두 독립적인 가우시안 분포를 생성하며, 1차원 해답이 필요할 경우 이 중 하나만 사용하면 됨을 유의하라. 물론 2차원 가우시안 분포에 대한 샘플링을 수행하고자 할 경우 역시 유용한 방식이다. Box and Muller(1958) 및 Pike(1965)는 이 방식의 정교함과 그 유효함을 증명하고 있다.

마지막으로, 박스-뮬러 방식에서 분리된 '극좌표' 형식을 사용하는 이유는 코사인 및 사인 함수를 계산하는 과정을 배제해 분명한 수준으로 그 속도를 향상하기 위한 것이다. 이렇게 구현된 버전의 알고리듬은 Knop(1969)가 제안했으며, Press et al.(1997) 'Numerical Recipes in C'에 포함되면서 가장 널리 쓰이는 방식이 됐다.

이 책에서 분포 샘플링에 관한 내용은 14장 '머신러닝: 확률론적 방식'에서 다루고 있으며, 그림 14.3과 같이 여러 개의 2차원 가우시안으로부터 시작 데이터를 생성하기 위해 사용됐다. 아울러 22.4절에서 파티클 필터를 계산하는 데도 이 방식이 적합하다. 특히 그림 22.8의 윗부분을 참고하라.

D.3 문헌과 연보

이 책에서는 분량 문제로 분포 샘플링에 대해 더 자세히 다루지는 못했다. Bishop(2006)은 박스-뮬러 방식에 이르는 데 있어 유용한 이론적 기반을 제공하고 있다. 더 깊은 내용은 Box and Muller(1958)과 Pike(1965), 그리고 비교적 최근 논문인 Martino et al.(2012)를 참고하라. 아울러 극좌표 형식 알고리듬은 Knop(1969) 및 Press et al.(1997)에서 확인할 수 있다. Rubinstein and Kroese(2007)은 좀 더 복잡하고, 많은 경우 더 실증적인 분포에 대해 다루고 있다.

참고문헌

Abdou, I.E., Pratt, W.K., 1979. Quantitative design and evaluation of enhancement/thresholding edge detectors. Proc. IEEE 67, 753 – 763.

Abolghasemi, V., Ahmadyfard, A., 2009. An edge-based color-aided method for license plate detection. Image Vision Comput. 27, 1134 – 1142.

Abutaleb, A.S., 1989. Automatic thresholding of gray-level pictures using two-dimensional entropy. Comput. Vision Graph. Image Process 47, 22 – 32.

Ade, F., 1983. Characterization of texture by "eigenfilters". Signal Process. 5 (5), 451 – 457.

Aggarwal, J.K., Cai, Q., 1999. Human motion analysis: a review. Comput. Vision Image Understanding 73 (3), 428 – 440.

Agin, G.J., Binford, T.O., 1973. Computer description of curved objects. In: Proc. Third Int. Joint Conf. on Artif. Intell., Stanford, California, pp. 629 – 640.

Agin, G.J., Binford, T.O., 1976. Computer description of curved objects. IEEE Trans. Comput. 25, 439 – 449.

Aguado, A.S., Montiel, M.E., Nixon, M.S., 2000. On the intimate relationship between the principle of duality and the Hough transform. Proc. Royal Soc. London, Ser. A 456 (1995), 503 – 526.

Aguilar, W., Frauel, Y., Escolano, F., Martinez-Perez, M.E., Espinosa-Romero, A., Lozano, M.A., 2009. A robust Graph Transformation Matching for non-rigid registration. Image Vision Comput. 27, 897 – 910.

Aleksander, I., Thomas, W.V., Bowden, P.A., 1984. WISARD: a radical step forward in image recognition. Sens. Rev. 4, 120 – 124.

Ali, S.M., Burge, R.E., 1988. A new algorithm for extracting the interior of bounded regions based on chain coding. Comput. Vision Graph. Image Process 43, 256 – 264.

Almansa, A., Desolneux, A., Vamech, S., 2003. Vanishing point detection without any a priori information. IEEE Trans. Pattern Anal. Mach. Intell. 25 (4), 502 – 507.

Alter, T.D., 1994. 3-D pose from 3 points using weak-perspective. IEEE Trans. Pattern Anal. Mach. Intell. 16 (8), 802 – 808.

Ambler, A.P., Barrow, H.G., Brown, C.M., Burstall, R.M., Popplestone, R.J., 1975. A versatile system for computer-controlled assembly. Artif. Intell. 6, 129 – 156.

Amit, Y., 2002. 2D Object Detection and Recognition: Models, Algorithms and Networks. MIT Press, Cambridge, MA.

An, G., Wu, J., Ruan, Q., 2010. An illumination normalization model for face recognition under varied lighting conditions. Pattern Recognit. Lett. 31 (9), 1056 – 1067.

Ansar, A., Daniilidis, K., 2003. Linear pose estimation from points or lines. IEEE Trans. Pattern Anal. Mach. Intell. 25 (5), 578 – 589.

Aragon-Camarasa, G., Siebert, J.P., 2010. Unsupervised clustering in Hough space for recognition of multiple instances of the same object in a cluttered scene. Pattern Recognit. Lett. 31, 1274 – 1284.

Arcelli, C., di Baja, G.S., 1985. A width-independent fast-thinning algorithm. IEEE Trans. Pattern Anal. Mach. Intell. 7, 463 – 474.

Arcelli, C., Ramella, G., 1995. Finding grey-skeletons by iterated pixel removal. Image Vision Comput. 13 (3), 159 – 167.

Arcelli, C., Cordella, L.P., Levialdi, S., 1975. Parallel thinning of binary pictures. Electron. Lett. 11, 148 – 149.

Arcelli, C., Cordella, L.P., Levialdi, S., 1981. From local maxima to connected skeletons. IEEE Trans. Pattern Anal. Mach. Intell. 3, 134 – 143.

Arnold, R.D., 1978. Local context in matching edges for stereo vision. Proc. Image Understanding Workshop, Cambridge, Massachusetts. 65 – 72.

Arulampalam, M.S., Maskell, S., Gordon, N., Clapp, T., 2002. A tutorial on particle filters for online nonlinear/non-Gaussian Bayesian tracking. IEEE Trans. Signal Process. 50 (2), 174 – 188.

Assheton, P., Hunter, A., 2011. A shape-based voting algorithm for pedestrian detection and tracking. Pattern Recognit. 44, 1106 – 1120.

Åström, K., 1995. Fundamental limitations on projective invariants of planar curves. IEEE Trans. Pattern Anal. Mach. Intell. 17 (1), 77 – 81.

Atherton, T.J., Kerbyson, D.J., 1999. Size invariant circle detection. Image Vision Comput. 17 (11), 795 – 803.

Atiquzzaman, M., Akhtar, M.W., 1994. Complete line segment description using the Hough transform. Image Vision Comput. 12 (5), 267 – 273.

Babaud, J., Witkin, A.P., Baudin, M., Duda, R.O., 1986. Uniqueness of the Gaussian kernel for scale-space filtering. IEEE Trans. Pattern Anal. Mach. Intell. 8, 26 – 33.

Badrinarayanan, V., Kendall, A., Cipolla, R., 2015. SegNet: A Deep Convolutional Encoder-Decoder Architecture for Image Segmentation. arXiv:1511.00561v2 [cs.CV] 8 Dec.

Bai, X., Latecki, L.J., 2008. Path similarity skeleton graph matching. IEEE Trans. Pattern Anal. Mach. Intell. 30 (7), 1282 – 1292.

Bai, X.Z., Zhou, F.G., 2010. Top-hat selection transformation for infrared dim small target enhancement. Imag. Sci. 58 (2), 112 – 117.

Bai, Y., Ma, W., Li, Y., Cao, L., Guo, W., Yang, L., 2016. Multi-scale fully convolutional network for fast face detection. In: Proc. British Machine Vision Association Conference. 19 – 22 September, York. http://www.bmva.org/bmvc/2016/papers/paper051/paper051.pdf.

Bailey, D.G., 2011. Design for Embedded Image processing on FPGAs. Wiley IEEE Press, Singapore.

Bajcsy, R., 1973. Computer identification of visual surface. Comput. Graph. Image Process. 2, 118–130.

Bajcsy, R., Liebermann, L., 1976. Texture gradient as a depth cue. Comput. Graph. Image Process. 5 (1), 52–67.

Baker, S., Sim, T., Kanade, T., 2003. When is the shape of a scene unique given its light-field: a fundamental theorem of 3D vision? IEEE Trans. Pattern Anal. Mach. Intell. 25 (1), 100–109.

Ball, G.H. and Hall, D.J., 1966. ISODATA, an iterative method of multivariate data analysis and pattern classification. In: IEEE Int. Communications Conf., Philadelphia, Digest of Techn. Papers II, pp. 116–117.

Ballard, D.H., 1981. Generalizing the Hough transform to detect arbitrary shapes. Pattern Recognit. 13, 111–122.

Ballard, D.H., Brown, C.M., 1982. Computer Vision. Prentice-Hall, Englewood Cliffs, NJ.

Ballard, D.H., Sabbah, D., 1983. Viewer independent shape recognition. IEEE Trans. Pattern Anal. Mach. Intell. 5, 653–660.

Bangham, J.A., Marshall, S., 1998. Image and signal processing with mathematical morphology. IEE Electron. Commun. Eng. J. 10 (3), 117–128.

Barnard, S., 1983. Interpreting perspective images. Artif. Intell. 21, 435–462.

Barnard, S.T., Thompson, W.B., 1980. Disparity analysis of images. IEEE Trans. Pattern Anal. Mach. Intell. 2 (4), 333–340.

Barnea, D.I., Silverman, H.F., 1972. A class of algorithms for fast digital image registration. IEEE Trans. Comput. 21, 179–186.

Barrett, E.B., Payton, P.M., Haag, N.N., Brill, M.H., 1991. General methods for determining projective invariants in imagery. Comput. Vision Graph. Image Process 53 (1), 46–65.

Barrow, H.G., Popplestone, R.J., 1971. Relational descriptions in picture processing. In: Meltzer, B., Michie, D. (Eds.), Machine Intelligence 6. Edinburgh University Press, Edinburgh, pp. 377–396.

Barrow, H.G., Tenenbaum, J.M., 1981. Computational vision. Proc. IEEE 69, 572–595.

Barrow, H.G., Ambler, A.P., Burstall, R.M., 1972. Some techniques for recognising structures in pictures. In: Watanabe, S. (Ed.), Frontiers of Pattern Recognition. Academic Press, New York, pp. 129.

Barsky, S., Petrou, M., 2003. The 4-source photometric stereo technique for three-dimensional surfaces in the presence of highlights and shadows. IEEE Trans. Pattern Anal. Mach. Intell. 25 (10), 1239–1252.

Bartoli, A., Sturm, P., 2004. Nonlinear estimation of the fundamental matrix with minimal parameters. IEEE Trans. Pattern Anal. Mach. Intell. 26 (3), 426–432.

Bartz, M.R., 1968. The IBM 1975 optical page reader. IBM J. Res. Dev. 12, 354–363.

Bascle, B., Bouthemy, P., Deriche, R. and Meyer, F., 1994. Tracking complex primitives in an image sequence. In: Proc. 12th Int. Conf. on Pattern Recognition. 9–13 Oct., Jerusalem, Israel, Vol. A, pp. 426–431.

Batchelor, B.G., 1979. Using concavity trees for shape description. Comput. Digital Tech. 2, 157–

165.

Batlle, J., Marti, J., Ridao, P., Amat, J., 2002. A new FPGA/DSP-based parallel architecture for real-time image processing. Real-Time Imaging 8 (5), 345 – 356.

Bay, H., Ess, A., Tuytelaars, T., Van Gool, L., 2008. Speeded-up robust features (SURF). Comput. Vision Image Understanding 110 (3), 346 – 359.

Bay, H., Tuytelaars, T. and Van Gool, L., 2006. SURF: speeded up robust features. In: Proc. Ninth European Conf. on Computer Vision (ECCV). Springer LNCS Vol. 3951, part 1, pp. 404 – 417.

Beaton, A.E., Tukey, J.W., 1974. The fitting of power series, meaning polynomials, illustrated on band-spectroscopic data. Technometrics 16 (2), 147 – 185.

Beaudet, P.R., 1978. Rotationally invariant image operators. In: Proc. Fourth Int. Conf. on Pattern Recognition. Kyoto, pp. 579 – 583.

Beckers, A.L.D., Smeulders, A.W.M., 1989. A comment on "a note on 'distance transformations in digital images'". Comput. Vision Graph. Image Process 47, 89 – 91.

Beiden, S.V., Maloof, M.A., Wagner, R.F., 2003. A general model for finite-sample effects in training and testing of competing classifiers. IEEE Trans. Pattern Anal. Mach. Intell. 25 (12), 1561 – 1569.

Bejiga, M.B., Zeggada, A., Nouffidj, A., Melgani, F., 2017. A convolutional neural network approach for assisting avalanche search and rescue operations with UAV imagery. Remote Sens. 9 (100), 1 – 22.

Belhumeur, P.N., Hespanha, J.P., Kriegman, D.J., 1997. Eigenfaces vs. Fisherfaces: recognition using class specific linear projection. IEEE Trans. Pattern Anal. Mach. Intell. 19 (7), 711 – 720.

Belhumeur, P.N., Jacobs, D.W., Kriegman, D., and Kumar, N., 2011. Localizing parts of faces using a consensus of exemplars. In: Proc. IEEE Conf. on Computer Vision and Pattern Recognition. 20 – 25 June, Colorado Springs, CO, pp. 545 – 552.

Bergholm, F., 1986. Edge focusing. In: Proc. Eighth Int. Conf. on Pattern Recognition. 27 – 31 October, Paris, pp. 597 – 600.

Berman, S., Parikh, P., Lee, C.S.G., 1985. Computer recognition of two overlapping parts using a single camera. IEEE Computer 18 (3), 70 – 80.

Bertozzi, M., Broggi, A., 1998. GOLD: a parallel real-time stereo vision system for generic obstacle and lane detection. IEEE Trans. Image Process. 7 (1), 62 – 81.

Besl, P.J., Birch, J.B., Watson, L.T., 1989. Robust window operators. Mach. Vision Appl. 2, 179 – 191.

Beun, M., 1973. A flexible method for automatic reading of handwritten numerals. Philips Tech. Rev. 33, 89 – 101; 130 – 137.

Billingsley, J., Schoenfisch, M., 1995. Vision-guidance of agricultural vehicles. Auton. Robots 2 (1), 65 – 76.

Birchfield, S., 1998. Elliptical head tracking using intensity gradients and color histograms. In: Proc. IEEE Conf. on Computer Vision and Pattern Recognition. Santa Barbara, CA, pp. 232 – 237.

Bishop, C., 1995. Neural Networks for Pattern Recognition. Oxford University Press, Oxford, UK.

Bishop, C.M., 2006. Pattern Recognition and Machine Learning. Springer-Verlag, Berlin, Heidelberg.

Blake, A., Zisserman, A., Knowles, G., 1985. Surface descriptions from stereo and shading. Image Vision Comput. 3, 183–191.

Blanz, V., Vetter, T., 2003. Face recognition based on fitting a 3D morphable model. IEEE Trans. Pattern Anal. Mach. Intell. 25 (9), 1063–1073.

Bledsoe, W.W., Browning, I., 1959. Pattern recognition and reading by machine. Proc. East. Joint Comput. Conf. 225–232.

Blum, H., 1967. A transformation for extracting new descriptors of shape. In: Wathen-Dunn, W. (Ed.), Models for the Perception of Speech and Visual Form. MIT Press, Cambridge, MA, pp. 362–380.

Blum, H., Nagel, R.N., 1978. Shape description using weighted symmetric axis features. Pattern Recognit. 10, 167–180.

Bober, M. and Kittler, J., 1993. Estimation of complex multimodal motion: an approach based on robust statistics and Hough transform. In: Proc. Fourth British Machine Vision Assoc. Conf., Univ. of Surrey. 21–23 Sept., Vol. 1, pp. 239–248.

Bolles, R.C., 1979. Robust feature matching via maximal cliques. In: SPIE, 182. Proc. Technical Symposium on Imaging Applications for Automated Industrial Inspection and Assembly. April, Washington D.C., pp. 140–149.

Bolles, R.C., Cain, R.A., 1982. Recognizing and locating partially visible objects: the local-feature-focus method. Int. J. Robot. Res. 1 (3), 57–82.

Bolles, R.C., Horaud, R., 1986. 3DPO: a three-dimensional part orientation system. Int. J. Robot. Res. 5 (3), 3–26.

Borkar, A., Hayes, M. and Smith, M.T., 2009. Robust lane detection and tracking with RANSAC and Kalman filter. In: IEEE Int. Conf. on Image Processing. 7–10 November, Cairo, Egypt, pp. 3261–3264.

Bors, A.G., Hancock, E.R., Wilson, R.C., 2003. Terrain analysis using Radar shape-from-shading. IEEE Trans. Pattern Anal. Mach. Intell. 25 (8), 974–992.

Boufama, B., Mohr, R., Morin, L., 1998. Using geometric properties for automatic object positioning. Image Vision Comput. 16 (1), 27–33.

Bovik, A.C., Huang, T.S., Munson, D.C., 1983. A generalization of median filtering using linear combinations of order statistics. IEEE Trans. Acoust. Speech Signal Process. 31 (6), 1342–1349.

Bovik, A.C., Huang, T.S., Munson, D.C., 1987. The effect of median filtering on edge estimation and detection. IEEE Trans. Pattern Anal. Mach. Intell. 9, 181–194.

Box, G.E.P., Muller, M.E., 1958. A note on the generation of random normal deviates. Ann. Math. Stat. 29 (2), 610–611.

Boykov, Y., Funka-Lea, G., 2006. Graph cuts and efficient N-D image segmentation. Int. J. Comput. Vision 70 (2), 109–131.

Boykov, Y. and Jolly, M.-P., 2001. Interactive graph cuts for optimal boundary and region segmentation of objects in N-D images. In: Proc. Int. Conf. on Computer Vision. July, Vol. I, pp. 105 – 112.

Boykov, Y., Kolmogorov, V., 2004. An experimental comparison of min-cut/max-flow algorithms for energy minimization in vision. IEEE Trans. Pattern Anal. Mach. Intell. 26 (9), 1124 – 1137.

Brady, J.M., Wang, H., 1992. Vision for mobile robots. Philos. Trans. Royal Soc. London, Ser. B 337, 341 – 350.

Brady, J.M., Yuille, A., 1984. An extremum principle for shape from contour. IEEE Trans. Pattern Anal. Mach. Intell. 6, 288 – 301.

Brady, M., 1982. Computational approaches to image understanding. Comput. Surv. 14, 371.

Breiman, L., 1996. Bagging predictors. Mach. Learn. 24 (2), 123 – 140.

Bretschi, J., 1981. Automated Inspection Systems for Industry. IFS Publications Ltd, Bedford, UK.

Brink, A.D., 1992. Thresholding of digital images using two-dimensional entropies. Pattern Recognit. 25, 803 – 808.

Brivot, R., Marchant, J.A., 1996. Segmentation of plants and weeds for a precision crop protection robot using infrared images. IEE Proc. Vision Image Signal Process. 143 (2), 118 – 124.

Broggi, A., Bertozzi, M., Fascioli, A., 2000. Architectural issues on vision-based automatic vehicle guidance: the experience of the ARGO project. Real-Time Imaging 6 (4), 313 – 324.

Bron, C., Kerbosch, J., 1973. Algorithm 457: finding all cliques in an undirected graph [H]. Commun. ACM 16, 575 – 577.

Brooks, M.J., 1976. Locating Intensity Changes in Digitised Visual Scenes. Computer Science Memo-15 (from MSc Thesis), University of Essex, Colchester, Essex, UK. Brooks, M.J., 1978. Rationalising edge detectors. Comput. Graph. Image Process. 8, 277 – 285.

Brostow, G., Fauqueur, J., Cipolla, R., 2009. Semantic object classes in video: a high-definition ground truth database. Pattern Recognit. Lett. 30 (2), 88 – 97.

Brown, C.M., 1984. Peak-finding with limited hierarchical memory. In: Proc. Seventh Int. Conf. on Pattern Recognition. 30 July – 2 August, Montreal, pp. 246 – 249.

Brown, J., Glazier, E.V.D., 1974. Telecommunications, second ed. Chapman and Hall, London.

Brown, M.Z., Burschka, D., Hager, G.D., 2003. Advances in computational stereo. IEEE Trans. Pattern Anal. Mach. Intell. 25 (8), 993 – 1008.

Bruckstein, A.M., 1988. On shape from shading. Comput. Vision Graph. Image Process 44, 139 – 154.

Buch, N., Orwell, J., Velastin, S.A., 2010. Urban road user detection and classification using 3D wire frame models. IET Comput. Vision 4 (2), 105 – 116.

Bunke, H., 1999. Error correcting graph matching: on the influence of the underlying cost function. IEEE Trans. Pattern Anal. Mach. Intell. 21 (9), 917 – 922.

Bunke, H., Shearer, K., 1998. A graph distance metric based on the maximal common subgraph. Pattern Recognit. Lett. 19, 255 – 259.

Burr, D.J. and Chien, R.T., 1977. A system for stereo computer vision with geometric models. In: Proc. Fifth Int. Joint Conf. on Artif. Intell. Boston, p. 583.

Cai, H., Mikolajczyk, K., Matas, J., 2011. Learning linear discriminant projections for dimensionality reduction of image descriptors. IEEE Trans. Pattern Anal. Mach. Intell. 33 (2), 338–352.

Calderara, S., Prati, A., Cucchiara, R., 2008. HECOL: homography and epipolar-based consistent labeling for outdoor park surveillance. Comput. Vision Image Understanding 111 (1), 21–42.

Califano, A., Mohan, R., 1994. Multidimensional indexing for recognizing visual shapes. IEEE Trans. Pattern Anal. Mach. Intell. 16 (4), 373–392.

Canny, J., 1986. A computational approach to edge detection. IEEE Trans. Pattern Anal. Mach. Intell. 8, 679–698.

Cao, Q., Ying, Y., and Li., P., 2013. Similarity metric learning for face recognition. In: Proc. IEEE Int. Conf. on Computer Vision. 1–8 December, Darling Harbour, Sydney, pp. 2408–2415.

Cao, X., Wei, Y., Wen, F., and Sun, J., 2012. Face alignment by explicit shape regression. In: Proc. IEEE Conf. on Computer Vision and Pattern Recognition. 16–21 June, Providence, RI.

Caselles, V., Kimmel, R., Sapiro, G., 1997. Geodesic active contours. Int. J. Comput. Vision 21 (1), 61–79.

Cauchie, J., Fiolet, V., Villers, D., 2008. Optimization of an Hough transform algorithm for the search of a center. Pattern Recognit. 41, 567–574.

Celebi, M.E., 2009. Real-time implementation of order-statistics-based directional filters. IET Image Process. 3 (1), 19.

Chakravarty, I., Freeman, H., 1982. Characteristic views as a basis for three-dimensional object recognition. Proc. Soc. Photo-opt. Instrum. Eng. Conf. Robot Vision 336, 37–45.

Chakravarty, V.S., Kompella, B., 2003. The shape of handwritten characters. Pattern Recognit. Lett. 24 (12), 1901–1913.

Chandra, B., Kothari, R., Paul, P., 2010. A new node splitting measure for decision tree construction. Pattern Recognit. 43, 2725–2731.

Chang, I.-C., Lin, S.-Y., 2010. 3D human motion tracking based on a progressive particle filter. Pattern Recognit. 43, 3621–3635.

Chang, S.-L., Chen, L.-S., Chung, Y.-C., Chen, S.-W., 2004. Automatic license plate recognition. IEEE Trans. Intell. Transp. Syst. 5 (1), 42–53.

Charles, D. and Davies, E.R., 2003a. Properties of the mode filter when applied to colour images. In: Proc. IEE Int. Conf. on Visual Information Engineering, VIE 2003. 7–9 July, Surrey, IEE Conference Publication 495, pp. 101–104.

Charles, D. and Davies, E.R., 2003b. Distance-weighted median filters and their application to colour images. In: Proc. IEE Int. Conf. on Visual Information Engineering, VIE 2003. 7–9 July, Surrey, IEE Conference Publication 495, pp. 117–120.

Charles, D., Davies, E.R., 2004. Mode filters and their effectiveness for processing colour images. Imag. Sci. 52 (1), 3–25.

Chasles, M., 1855. Question no. 296. Nouv. Ann. Math. 14, 50.

Chauduri, B.B., 1994. Dynamic clustering for time incremental data. Pattern Recognit. Lett. 15 (1), 27–34.

Chen, S., Yang, X., Cao, G., 2009. Impulse noise suppression with an augmentation of ordered difference noise detector and an adaptive variational method. Pattern Recognit. Lett. 30 (4), 460–467.

Chen, W., Zhang, M.-J., Xiong, Z.-H., 2011. Fast semi-global stereo matching via extracting disparity candidates from region boundaries. IET Comput. Vision 5 (2), 143–150.

Chen, Y., Adjouadi, M., Han, C., Wang, J., Barreto, A., Rishe, N., Andrian, J., 2010. A highly accurate and computationally efficient approach for unconstrained iris segmentation. Image Vision Comput. 28, 261–269.

Cheng, H.-Y., Yu, C.-C., Tseng, C.-C., Fan, K.-C., Hwang, J.-N., Jeng, B.-S., 2010. Environment classification and hierarchical lane detection for structured and unstructured roads. IET Comput. Vision 4 (1), 37–49.

Cheng, S.Y., Trivedi, M.M., 2007. Lane tracking with omnidirectional cameras: algorithms and evaluation. EURASIP J. Embedded Syst. 2007, Article 46972, 1–8.

Cherng, S., Fang, C.Y., Chen, C.P., Chen, S.W., 2009. Critical motion detection of nearby moving vehicles in a vision-based driver-assistance system. IEEE Trans. Intell. Transp. Syst. 10 (1), 70–82.

Chiang, Y.P. and Fu, K.-S., 1983. Matching parallel algorithm and architecture. In: Proceedings of the International Conference on Parallel Processing. Computer Society Press, Columbus, Ohio, USA, pp. 374–380.

Chittineni, C.B., 1980. Efficient feature subset selection with probabilistic distance criteria. Inf. Sci. 22, 19–35.

Chiverton, J., Mirmehdi, M. and Xie, X., 2008. Variational logistic maximum a posteriori model similarity and dissimilarity matching. In: Proc. Int. Conf. on Pattern Recognition. 8–11 December, Tampa, FL.

Chojnacki, W., Brooks, M.J., van den Hengel, A., Gawley, D., 2003. Revisiting Hartley's normalized eight-point algorithm. IEEE Trans. Pattern Anal. Mach. Intell. 25 (9), 1172–1177.

Choudhary, R., Paliwal, J., Jayas, D.S., 2008. Classification of cereal grains using wavelet, morphological, colour, and textural features of non-touching kernel images. Biosyst. Eng. 99, 330–337.

Chow, C.K., Kaneko, T., 1972. Automatic boundary detection of the left ventricle from cineangiograms. Comput. Biomed. Res. 5, 388–410.

Choy, S.S.O., Choy, C.S.-T., Siu, W.-C., 1995. New single-pass algorithm for parallel thinning. Comput. Vision Image Understanding 62 (1), 69–77.

Chum, O., Matas, J., 2005. Matching with PROSAC – progressive sample consensus. Proc. IEEE Conf. Comput. Vision Pattern Recognit. Vol. 1, 220–226.

Chung, C.-H., Cheng, S.-C., Chang, C.-C., 2010. Adaptive image segmentation for region-based object retrieval using generalized Hough transform. Pattern Recognit. 43, 3219–3232.

Chung, K.-L., Lin, Z.-W., Huang, S.-T., Huang, Y.-H., Liao, H.-Y.M., 2010. New orientation-based elimination approach for accurate line-detection. Pattern Recognit. Lett. 31 (1), 11–19.

Clarifai, 2013. Average of multiple models on original training data. 0.11743. ImageNet Large Scale

Visual Recognition Challenge 2013 (ILSVRC2013), Results of ILSVRC2013, http://www.image-net.org/challenges/LSVRC/2013/results.php.

Clark, P. and Mirmehdi, M., 2002. On the recovery of oriented documents from single images. In: Proc. Advanced Concepts for Intelligent Vision Systems (ACIVS). 9–11 Sept., Ghent, Belgium, 190–197.

Clark, P., Mirmehdi, M., 2003. Rectifying perspective views of text in 3D scenes using vanishing points. Pattern Recognit. 36, 2673–2686.

Clarke, J.C., Carlsson, S. and Zisserman, A., 1996. Detecting and tracking linear features efficiently. In: Proc. British Machine Vision Assoc. Conf.

Clerc, M., Mallat, S., 2002. The texture gradient equation for recovering shape from texture. IEEE Trans. Pattern Anal. Mach. Intell. 24 (4), 536–549.

Coeurjolly, D., Klette, R., 2004. A comparative evaluation of length estimators of digital curves. IEEE Trans. Pattern Anal. Mach. Intell. 26 (2), 252–258.

Coifman, B., Beymer, D., McLauchlan, P., Malik, J., 1998. A real-time computer vision system for vehicle tracking and traffic surveillance. Transp. Res., 6 (C), 271–288.

Coleman, G.B., Andrews, H.C., 1979. Image segmentation by clustering. Proc. IEEE 67, 773–785.

Collins, R.T., Lipton, A.J. and Kanade, T. (eds.), 2000. Special section on video surveillance. In: IEEE Trans. Pattern Anal. Machine Intell. Vol. 22, no. 8.

Comaniciu, D., Meer, P., 2002. Mean shift: a robust approach toward feature space analysis. IEEE Trans. Pattern Anal. Mach. Intell. 24 (5), 603–619.

Comaniciu, D., Ramesh, V., Meer, P., 2003. Kernel-based object tracking. IEEE Trans. Pattern Anal. Mach. Intell. 25 (5), 564–577.

Conners, R.W., Harlow, C.A., 1980a. A theoretical comparison of texture algorithms. IEEE Trans. Pattern Anal. Mach. Intell. 2 (3), 204–222.

Conners, R.W., Harlow, C.A., 1980b. Toward a structural textural analyzer based on statistical methods. Comput. Graph. Image Process. 12, 224–256.

Connolly, C., 2009. Driver assistance systems aim to halve traffic accidents. Sens. Rev. 29 (1), 13–19.

Cook, R.L., Torrance, K.E., 1982. A reflectance model for computer graphics. ACM Trans. Graphics 1, 7–24.

Cootes, T.F., Taylor, C.J., 1996. Data driven refinement of active shape model search. In: Fisher, R.B., Trucco, E. (Eds.), Proc. British Machine Vision Conference. BMVA Press, pp. 383–392.

Cootes, T.F. and Taylor, C J., 2001. Statistical models of appearance for medical image analysis and computer vision. In: Sonka, M., and Hanson, K.M. (Eds.), Proc. SPIE, Int. Soc. Opt. Eng. USA, Vol. 4322, pp. 236–248.

Cootes, T.F., Taylor, C.J., Cooper, D.H. and Graham, J., 1992. Training models of shape from sets of examples. In: Proc. Third British Machine Vision Assoc. Conf. 2224 Sept., Leeds, pp. 9–18.

Cootes, T.F., Edwards, G.J., Taylor, C.J., 2001. Active Appearance Models. IEEE Trans. Pattern Anal. Mach. Intell. 23 (6), 681–685.

Corneil, D.G., Gottlieb, C.C., 1970. An efficient algorithm for graph isomorphism. J. ACM 17, 51–64.

Cosío, F.A., Flores, J.A.M., Castañeda, M.A.P., 2010. Use of simplex search in active shape models for improved boundary segmentation. Pattern Recognit. Lett. 31 (9), 806–817.

Costa, LdaF., Cesar, R.M., 2000. Shape Analysis and Classification: Theory and Practice. CRC Press, Boca Raton.

Coudray, N., Buessler, J.-L., Urban, J.-P., 2010. Robust threshold estimation for images with unimodal histograms. Pattern Recognit. Lett. 31 (9), 1010–1019.

Cowan, G., 1998. Statistical Data Analysis. Oxford University Press, Oxford.

Cremers, D., Rousson, M., Deriche, R., 2007. A review of statistical approaches to level set segmentation: integrating color, texture, motion and shape. Int. J. Comput. Vision 72 (2), 195–215.

Crimmins, T.R., Brown, W.R., 1985. Image algebra and automatic shape recognition. IEEE Trans. Aerosp. Electron. Syst. 21, 60–69.

Cristianini, N., Shawe-Taylor, J., 2000. An Introduction to Support Vector Machines. Cambridge University Press, Cambridge, UK.

Cross, A.D.J., Wilson, R.C., Hancock, E.R., 1997. Inexact graph matching with genetic search. Pattern Recognit. 30 (6), 953–970.

Crowley, J.L., Bobet, P., Schmid, C., 1993. Auto-calibration by direct observation of objects. Image Vision Comput. 11 (2), 67–81.

Cumani, A., Guiducci, A., 1995. Geometric camera calibration: the virtual camera approach. Mach. Vision Appl. 8 (6), 375–384.

Curio, C., Edelbrunner, J., Kalinke, T., Tzomakas, C., von Seelen, W., 2000. Walking pedestrian recognition. IEEE Trans. Intell. Transp. Syst. 1 (3), 155–163.

Cybenko, G., 1988. Continuous valued neural networks with two hidden layers are sufficient. Techn. Report, Dept. of Comput. Sci., Tufts Univ., Medford, MA.

Cybenko, G., 1989. Approximation by superpositions of a sigmoidal function. Math. Control, Signals Syst. 2 (4), 303–314.

da Gama Leitão, H.C., Stolfi, J., 2002. A multiscale method for the reassembly of two-dimensional fragmented objects. IEEE Trans. Pattern Anal. Mach. Intell. 24 (9), 1239–1251.

Dalal, N. and Triggs, B., 2005. Histograms of oriented gradients for human detection. In: Proc. Conf. on Computer Vision and Pattern Recognition. San Diego, California, USA, pp. 886–893.

Dalal, N., Triggs, B., Schmid, C., 2006. Human detection using oriented histograms of flow and appearance. In: Leonardis, A., Bischof, H., Prinz, A. (Eds.), Proc. European Conf. on Computer Vision. Springer-Verlag, Berlin, Heidelberg, pp. 428–441. Part II, LNCS 3952.

Dance, C., Willamowski, J., Fan, L., Bray, C. and Csurka, G., 2004. Visual categorization with bags of keypoints. In: Proc. ECCV International Workshop on Statistical Learning in Computer Vision. Prague.

Danielsson, P.-E., 1981. Getting the median faster. Comput. Graph. Image Process. 17, 71–78.

Daugman, J.G., 1993. High confidence visual recognition of persons by a test of statistical independence. IEEE Trans. Pattern Anal. Mach. Intell. 15, 1148 – 1161.

Daugman, J.G., 2003. Demodulation by complex-valued wavelets for stochastic pattern recognition. Int. J. Wavelets Multiresolution Inf. Process. 1 (1), 1 – 17.

Davies, E.R., 1984aThe median filter: an appraisal and a new truncated version. In: Proc. Seventh Int. Conf. on Pattern Recognition. 30 July – 2 August, Montreal, pp. 590 – 592.

Davies, E.R., 1984b. Circularity – a new principle underlying the design of accurate edge orientation operators. Image Vision Comput. 2, 134 – 142.

Davies, E.R., 1984c. Design of cost-effective systems for the inspection of certain food products during manufacture. In: Pugh, A. (Ed.), Proceedings of the Fourth International Conference on Robot Vision and Sensory Controls, London (9 – 11 October). IFS (Publications) Ltd, Bedford and North-Holland, Amsterdam, pp. 437 – 446.

Davies, E.R., 1986. Image space transforms for detecting straight edges in industrial images. Pattern Recognit. Lett. 4, 185 – 192.

Davies, E.R., 1987a. A new framework for analysing the properties of the generalised Hough transform. Pattern Recognit. Lett. 6, 1 – 7.

Davies, E.R., 1987b. Design of optimal Gaussian operators in small neighbourhoods. Image Vision Comput. 5, 199 – 205.

Davies, E.R., 1987c. The effect of noise on edge orientation computations. Pattern Recognit. Lett. 6, 315 – 322.

Davies, E.R., 1987d. A high speed algorithm for circular object location. Pattern Recognit. Lett. 6, 323 – 333.

Davies, E.R., 1988a. Application of the generalised Hough transform to corner detection. IEE Proc. E 135, 49 – 54.

Davies, E.R., 1988b. A modified Hough scheme for general circle location. Pattern Recognit. Lett. 7, 37 – 43.

Davies, E.R., 1988c. On the noise suppression and image enhancement characteristics of the median, truncated median and mode filters. Pattern Recognit. Lett. 7, 87 – 97.

Davies, E.R., 1988d. Median-based methods of corner detection. In: Kittler, J. (Ed.), Proceedings of the Fourth BPRA International Conference on Pattern Recognition, Cambridge (2830 March). Lecture Notes in Computer Science, Vol. 301. Springer-Verlag, Heidelberg, pp. 360 – 369.

Davies, E.R., 1988e. Training sets and *a priori* probabilities with the nearest neighbour method of pattern recognition. Pattern Recognit. Lett. 8, 11 – 13.

Davies, E.R., 1988f. Tradeoffs between speed and accuracy in two-stage template matching. Signal Process. 15, 351 – 363.

Davies, E.R., 1989a. Finding ellipses using the generalised Hough transform. Pattern Recognit. Lett. 9, 87 – 96.

Davies, E.R., 1989b. Edge location shifts produced by median filters: theoretical bounds and experimental results. Signal Process. 16, 83 – 96.

Davies, E.R., 1991a. The minimal match graph and its use to speed identification of maximal cliques. Signal Process. 22 (3), 329 – 343.

Davies, E.R., 1991b. Median and mean filters produce similar shifts on curved boundaries. Electron. Lett. 27 (10), 826 – 828.

Davies, E.R., 1991c. Insight into operation of Kulpa boundary distance measure. Electron. Lett. 27 (13), 1178 – 1180.

Davies, E.R., 1992a. Simple fast median filtering algorithm, with application to corner detection. Electron. Lett. 28 (2), 199 – 201.

Davies, E.R., 1992b. Modelling peak shapes obtained by Hough transform. IEE Proc. E 139 (1), 9 – 12.

Davies, E.R., 1992c. Locating objects from their point features using an optimised Hough-like accumulation technique. Pattern Recognit. Lett. 13 (2), 113 – 121.

Davies, E.R., 1992d. Procedure for generating template masks for detecting variable signals. Image Vision Comput. 10 (4), 241 – 249.

Davies, E.R., 1992e. Accurate filter for removing impulse noise from one- or two-dimensional signals. IEE Proc. E 139 (2), 111 – 116.

Davies, E.R., 1992f. Simple two-stage method for the accurate location of Hough transform peaks. IEE Proc. E 139 (3), 242 – 248.

Davies, E.R., 1992g. A framework for designing optimal Hough transform implementations. In: Proc. 11th IAPR Int. Conf. on Pattern Recognition. 30 Aug. – 3 Sept., The Hague, Vol. III, pp. 509 – 512.

Davies, E.R., 1999a. Chord bisection strategy for fast ellipse location. Electron. Lett. 35 (9), 703 – 705.

Davies, E.R., 1999b. Algorithms for ultra-fast location of ellipses in digital images. In: Proc. Seventh IEE Int. Conf. on Image Processing and its Applications. 13 – 15 July, Manchester, IEE Conf. Publication no. 465, pp. 542 – 546.

Davies, E.R., 1999c. Image distortions produced by mean, median and mode filters. IEE Proc. Vision Image Signal Process. 146 (5), 279 – 285.

Davies, E.R., 2000a. Resolution of problem with use of closing for texture segmentation. Electron. Lett. 36 (20), 1694 – 1696.

Davies, E.R., 2000b. Accuracy of multichannel median filter. Electron. Lett. 36 (25), 2068 – 2069.

Davies, E.R., 2000c. A generalized model of the geometric distortions produced by rank-order filters. Imag. Sci. 48 (3), 121 – 130.

Davies, E.R., 2003a. Formulation of an accurate discrete theory of median shifts. Signal Process. 83, 531 – 544.

Davies, E.R., 2003b. Design of real-time algorithms for food and cereals inspection. Imag. Sci. 51 (2), 63 – 78.

Davies, E.R., 2003c. An analysis of the geometric distortions produced by median and related image processing filters. Adv. Imaging Electron Phys. 126, 93 – 193.

Davies, E.R., 2005. Using an edge-based model of the Plessey operator to determine localisation properties. Proc. IET Int. Conf. on Visual Information Engineering. University of Glasgow, Glasgow, pp. 385–391. (46 April).

Davies, E.R., 2007a. Efficient transformation for identifying global valley locations in 1D data. Electron. Lett. 43 (6), 332–333.

Davies, E.R., 2007b. Fast implementation of generalised median filter. Electron. Lett. 43 (9), 505–507.

Davies, E.R., 2008. Stable bi-level and multi-level thresholding of images using a new global transformation. In: Valestin, S. (Ed.), IET Computer Vision 2, no. 2, Special Issue on Visual Information Engineering, pp. 60–74.

Davies, E.R., Celano, D., 1993. Analysis of skeleton junctions in 3 × 3 windows. Electron. Lett. 29 (16), 1440–1441.

Davies, E.R., Plummer, A.P.N., 1981. Thinning algorithms: a critique and a new methodology. Pattern Recognit. 14, 53–63.

Davies, E.R., Bateman, M., Chambers, J. and Ridgway, C., 1998. Hybrid non-linear filters for locating speckled contaminants in grain. In: IEE Digest no. 1998/284, Colloquium on Non-Linear Signal and Image Processing. 22 May, IEE, pp. 12/1–5.

Davies, E.R., Ridgway, C. and Chambers, J., 2003NIR detection of grain weevils inside wheat kernels. In: Proc. IEE Int. Conf. on Visual Information Engineering, VIE 2003. 7–9 July, Surrey, IEE Conference Publication 495, pp. 173–176.

Davis, J.W., Sharma, V., 2007. Background-subtraction using contour-based fusion of thermal and visible imagery. Comput. Vision Image Understanding 106 (2–3), 162–182.

Davison, A.J., Murray, D.W., 2002. Simultaneous localization and map-building using active vision. IEEE Trans. Pattern Anal. Mach. Intell. 24 (7), 865–880.

de la Escalara, A., Armingol, J.Ma, Mata, M., 2003. Traffic sign recognition and analysis for intelligent vehicles. Image Vision Comput. 21 (3), 247–258.

Deans, S.R., 1981. Hough transform from the Radon transform. IEEE Trans. Pattern Anal. Mach. Intell. 3, 185–188.

Delagnes, P., Benois, J., Barba, D., 1995. Active contours approach to object tracking in image sequences with complex background. Pattern Recognit. Lett. 16 (2), 171–178.

Dempster, A.P., Laird, N.M., Rubin, D.B., 1977. Maximum likelihood from incomplete data via the EM algorithm. J. R. Stat. Soc. 39 (1), 138.

DeSouza, G.N., Kak, A.C., 2002. Vision for mobile robot navigation: a survey. IEEE Trans. Pattern Anal. Mach. Intell. 24 (2), 237–267.

Devijver, P.A. and Kittler, J., 1980. On the edited nearest neighbour rule. In: Proc. Fifth Int. Conf. on Pattern Recognition. Miami Beach, Florida (IEEE Computer Soc.), pp. 72–80.

Devijver, P.A., Kittler, J., 1982. Pattern Recognition: a Statistical Approach. Prentice-Hall, Englewood Cliffs, NJ.

Dewaele, P., Van Gool, L., Wambacq, P. and Oosterlinck, A., 1988. Texture inspection with self-adaptive convolution filters. In: Proc. Ninth Int. Conf. on Pattern Recognition, pp. 56–60.

Dickinson, S., Pelillo, M. and Zabih, R. (Eds.), 2001. Special Section on Graph Algorithms and

Computer Vision. IEEE Trans. Pattern Anal. Mach. Intell. Vol. 23, no. 10, pp. 1049 – 1151.

Dickmanns, E.D., Mysliwetz, B.D., 1992. Recursive 3-D road and relative ego-state recognition. IEEE Trans. Pattern Anal. Mach. Intell. 14 (2), 199 – 213.

Dinic, E.A., 1970. Algorithm for solution of a problem of maximum flow in networks with power estimation. Sov. Math. Dokl. 11, 1277 – 1280.

Dockstader, S.L., Tekalp, A.M., 2001. On the tracking of articulated and occluded video object motion. Real-Time Imaging 7 (5), 415 – 432.

Dockstader, S.L. and Tekalp, A.M., 2002. A kinematic model for human motion and gait analysis. In: Proc. Workshop on Statistical Methods in Video Processing (ECCV). 1 – 2 June, Copenhagen, Denmark, pp. 49 – 54. http://dx.doi.org/10.1049/el.2012.2816.

Dorst, L., Smeulders, A.W.M., 1987. Length estimators for digitized contours. Comput. Vision Graph. Image Process 40, 311 – 333.

Doucet, A., Johansen, A.M., 2011. A tutorial on particle filtering and smoothing: fifteen years later. In: Crisan, D., Rozovsky, B. (Eds.), Oxford Handbook of Nonlinear Filtering. Oxford University Press, Oxford, UK.

Dougherty, E.R., Giardina, C.R., 1988. Morphology on umbra matrices. Int. J. Pattern Recognit. Artif. Intell. 2, 367 – 385.

Dougherty, E.R., Sinha, D., 1995a. Computational gray-scale mathematical morphology on lattices (a comparator-based image algebra) Part I: architecture. Real-Time Imaging 1 (1), 69 – 85.

Dougherty, E.R., Sinha, D., 1995b. Computational gray-scale mathematical morphology on lattices (a comparator-based image algebra) Part II: image operators. Real-Time Imaging 1 (4), 283 – 295.

Doyle, W., 1962. Operations useful for similarity-invariant pattern recognition. J. ACM 9, 259 – 267.

Dreschler, L., Nagel, H.-H., 1981. Volumetric model and 3D-trajectory of a moving car derived from monocular TV-frame sequences of a street scene. Proc. Int. Joint Conf. Artif. Intell. 692 – 697.

Du Buf, J.M.H., Kardan, M., Spann, M., 1990. Texture feature performance for image segmentation. Pattern Recognit. 23, 291 – 309.

Duda, R.O., Hart, P.E., 1972. Use of the Hough transformation to detect lines and curves in pictures. Commun. ACM 15, 11 – 15.

Duda, R.O., Hart, P.E., 1973. Pattern Classification and Scene Analysis. Wiley, New York.

Duda, R.O., Hart, P.E., Stork, D.G., 2001. Pattern Classification. Wiley, New York.

Dudani, S.A., Luk, A.L., 1978. Locating straight-line edge segments on outdoor scenes. Pattern Recognit. 10, 145 – 157.

Dudani, S.A., Breeding, K.J., McGhee, R.B., 1977. Aircraft identification by moment invariants. IEEE Trans. Comput. 26, 39 – 46.

Duin, R.P.W., 2002. The combining classifier: to train or not to train? In: Proc. 16th Int. Conf. on Pattern Recognition. 11 – 15 Aug., Québec, Canada, Vol. II, pp. 765 – 770.

Duin, R.P.W., Haringa, H., Zeelen, R., 1986. Fast percentile filtering. Pattern Recognit. Lett. 4,

269 – 272.

Ehsan, S., Kanwal, N., Clark, A.F., McDonald-Maier, K.D., 2010. Improved repeatability measures for evaluating performance of feature detectors. Electron. Lett. 46 (14), 998 – 1000.

Ehsan, S., Kanwal, N., Clark, A.F. and McDonald-Maier, K.D., 2011. Measuring the coverage of interest point detectors. In: Proc. Eighth Int. Conf. on Image Analysis and Recognition (ICIAR). 22 – 24 June, British Columbia, Canada, Vol. 6753, pp. 253 – 261.

Elgammal, A., Harwood, D., Davis, L., 2000. Non-parametric model for background subtraction. Proc. Eur. Conf. Comput. Vision LNCS Vol. 1843, 751 – 767.

Ellis, T.J., Abbood, A., Brillault, B., 1992. Ellipse detection and matching with uncertainty. Image Vision Comput. 10 (5), 271 – 276.

Eng, H.-L., Ma, K.-K., 2001. Noise adaptive soft-switching median filter. IEEE Trans. Image Process. 10 (2), 242 – 251.

Enzweiler, M., Gavrila, D.M., 2009. Monocular pedestrian detection: survey and experiments. IEEE Trans. Pattern Anal. Mach. Intell. 31 (12), 2179 – 2195.

Eshel, R. and Moses, Y., 2008. Homography based multiple camera detection and tracking of people in a dense crowd. In: Proc. IEEE Conf. on Computer Vision and Pattern Recognition. 23 – 28 June, pp. 1 – 8.

Eshel, R., Moses, Y., 2010. Tracking in a Dense Crowd Using Multiple Cameras. Int. J. Comput. Vision 88 (1), 129 – 143.

Evans, A.N., Nixon, M.S., 1995. Mode filtering to reduce ultrasound speckle for feature extraction. IEE Pro.—Vision Image Signal Process. 142 (2), 87 – 94.

Everingham, M., Van Gool, L., Williams, C.K.I., Winn, J., and Zisserman, A., 2007. The PASCAL Visual Object Classes Challenge 2007. (VOC2007) Results. http://www.pascalnetwork.org/challenges/VOC/voc2007/.

Everingham, M., Zisserman, A., Williams, C.K.I., and Van Gool, L., 2006. The PASCAL Visual Object Classes Challenge 2006. (VOC2006) Results. http://www.pascalnetwork.org/challenges/VOC/voc2006/.

Everingham, M., Van Gool, L., Williams, C.K.I., Winn, J., and Zisserman, A., 2008. The PASCAL Visual Object Classes Challenge 2008. (VOC2008) Results. http://www.pascalnetwork.org/challenges/VOC/voc2008/.

Fang, C.Y., Chen, S.W., Fuh, C.S., 2003. Road-sign detection and tracking. IEEE Trans. Veh. Technol. 52 (5), 1329 – 1341.

Fang, C.Y., Fuh, C.S., Yen, P.S., Cherng, S., Chen, S.W., 2004. An automatic road sign recognition system based on a computational model of human recognition processing. Comput. Vision Image Understanding 96, 237 – 268.

Fang, X., Luo, B., Zhao, H., Tang, J., Zhai, S., 2010. New multi-resolution image stitching with local and global alignment. IET Comput. Vision 4 (4), 231 – 246.

Fasel, B., 2002. Robust face analysis using convolutional neural networks. In: Proc. 16th Int. Conf. on Pattern Recognition, 11 – 15 Aug., Québec, Canada, Vol. II, pp. 40 – 43.

Fathy, M., Siyal, M.Y., 1995. Real-time image processing approach to measure traffic queue parameters. IEE Proc. Vision Image Signal Process. 142 (5), 297–303.

Fathy, M.E., Hussein, A.S., Tolba, M.F., 2011. Fundamental matrix estimation: a study of error criteria. Pattern Recognit. Lett. 32 (2), 383–391.

Faugeras, O., 1992. What can be seen in three dimensions with an uncalibrated stereo rig? Proc. Second European Conf. on Computer Vision. In: Sandini, G. (Ed.), Lecture Notes in Computer Science, vol. 588. Springer-Verlag, Berlin Heidelberg, pp. 563–578.

Faugeras, O., 1993. Three-Dimensional Computer Vision – a Geometric Viewpoint. MIT Press, Cambridge, MA.

Faugeras, O., Luong, Q.-T., 2001. The Geometry of Multiple Images. The MIT press, Cambridge, Mass.

Faugeras, O., Luong, Q.-T., Maybank, S.J., 1992. Camera self-calibration: theory and experiments. Proc. Second European Conf. on Computer Vision. In: Sandini, G. (Ed.), Lecture Notes in Computer Science, vol. 588. Springer-Verlag, Berlin Heidelberg, pp. 321–334.

Faugeras, O., Quan, L., Sturm, P., 2000. Self-calibration of a 1D projective camera and its application to the self-calibration of a 2D projective camera. IEEE Trans. Pattern Anal. Mach. Intell. 22 (10), 1179–1185.

Faugeras, O.D., 1978. Texture analysis and classification using a human visual model. In: Proc. Fourth Int. Joint Conf. on Pattern Recognition. 7–10 Nov., Kyoto, pp. 549–552.

Faugeras, O.D. and Hebert, M., 1983. A 3-D recognition and positioning algorithm using geometrical matching between primitive surfaces. In: Proc. Eighth Int. Joint Conf. on Artif. Intell. pp. 996–1002.

Fawcett, T., 2006. An introduction to ROC analysis. Pattern Recognit. Lett. 27, 861–874.

Fei-Fei, L., Fergus, R., Perona, P., 2003. A Bayesian approach to unsupervised one-shot learning of object categories. In: Proc. Ninth IEEE Int. Conf. on Computer Vision. 14–17 October, Nice, France, Vol. 2, pp. 1134–1141.

Felzenszwalb, P.F., Girshick, R.B., McAllester, D., Ramanan, D., 2010. Object detection with discriminatively trained part based models. IEEE Trans. Pattern Anal. Mach. Intell. 32 (9), 1627–1645.

Ferrie, F.P., Levine, M.D., 1989. Where and why local shading analysis works. IEEE Trans. Pattern Anal. Mach. Intell. 11, 198–206.

Fesenkov, V.P., 1929. Photometric investigations of the lunar surface. Astronomochhesk. Zh 5, 219–234.

Fieguth, P., Terzopoulos, D., 1997. Color_based tracking of heads and other mobile objects at video frame rates. Proc. IEEE Conf. Comput. Vision Pattern Recognit, San Juan, PR, USA, 17–19 June, pp. 21–27.

Finlayson, G.D., Hordley, S.D., Hubel, P.M., 2001. Color by correlation: a simple, unifying framework for color constancy. IEEE Trans. Pattern Anal. Mach. Intell. 23 (11), 1209–1221.

Fischer, B., Buhmann, J.M., 2003. Bagging for path-based clustering. IEEE Trans. Pattern Anal. Mach. Intell. 25 (11), 1411–1415.

Fischler, M.A., Bolles, R.C., 1981. Random sample consensus: a paradigm for model fitting with applications to image analysis and automated cartography. Commun. ACM 24 (6), 381 – 395.

Fitch, J.P., Coyle, E.J., Gallagher, N.C., 1985. Root properties and convergence rates of median filters. IEEE Trans. Acoust. Speech Signal Process 33, 230 – 239.

Föglein, J., 1983. On edge gradient approximations. Pattern Recognit. Lett. 1, 429 – 434.

Ford, L., Fulkerson, D., 1962. Flows in Networks. Princeton University Press, Princeton, NJ, USA.

Forgy, E.W., 1965. Cluster analysis of multivariate data: efficiency versus interpretability of classification. Biometrics 21, 768 – 769.

Förstner, W., Dickscheid, T. and Schindler, F., 2009. Detecting interpretable and accurate scale-invariant keypoints. In: Proc. Int. Conf. on Computer Vision (ICCV), Kyoto, Japan, pp. 2256 – 2263.

Forsyth, D.A., 1990. A novel algorithm for colour constancy. Int. J. Comput. Vision 5 (1), 5 – 36.

Forsyth, D.A., Ponce, J., 2003. Computer Vision: A Modern Approach. Pearson Education International, Upper Saddle River, NJ.

Forsyth, D.A., Mundy, J.L., Zisserman, A., Coelho, C., Heller, A., Rothwell, C.A., 1991. Invariant descriptors for 3-D object recognition and pose. IEEE Trans. Pattern Anal. Mach. Intell. 13 (10), 971 – 991.

Foster, J.P., Nixon, M.S. and Prugel-Bennett, A., 2001. New area based metrics for automatic gait recognition. In: Proc. British Machine Vision Assoc. Conf. pp. 233 – 242.

Frankot, R.T., Chellappa, R., 1990. Estimation of surface topography form SAR imagery using shape from shading techniques. Artif. Intell. 43, 271 – 310.

Freeman, H., 1961. On the encoding of arbitrary geometric configurations. IEEE Trans. Electron. Comput. 10, 260 – 268.

Freeman, H., 1974. Computer processing of line drawing images. Comput. Surv. 6, 57 – 97.

Freeman, H., 1978. Shape description via the use of critical points. Pattern Recognit. 10, 159 – 166.

Frei, W., Chen., C.-C., 1977. Fast boundary detection: a generalization and a new algorithm. IEEE Trans. Comput. 26, 988 – 998.

Freund, Y. and Schapire, R., 1996. Experiments with a new boosting algorithm. In: Proc. 13th Int. Conf. on Machine Learning, pp. 148 – 156.

Friedman, J., Hastie, T., Tibshirani, R., 2000. Special invited paper – additive logistic regression: a statistical view of boosting. Ann. Stat. 28 (2), 337 – 407.

Fu, K.-S., Mui, J.K., 1981. A survey on image segmentation. Pattern Recognit. 13, 3 – 16.

Fumera, G., Fabio, R., Alessandra, S., 2008. A theoretical analysis of bagging as a linear combination of classifiers. IEEE Trans. Pattern Anal. Mach. Intell. 30 (7), 1293 – 1299.

Gallagher, N.C., Wise, G.L., 1981. A theoretical analysis of the properties of median filters. IEEE Trans. Acoust. Speech Signal Process 29, 1136 – 1141.

Gallo, O., Manduchi, R., Rafii, A., 2011. CC-RANSAC: fitting planes in the presence of multiple surfaces in range data. Pattern Recognit. Lett. 32 (3), 403 – 410.

Gao, C., Sang, N., Tang, Q., 2010. On selection and combination of weak learners in AdaBoost. Pattern Recognit. Lett. 31 (9), 991 – 1001.

Garcia, C. and Delakis, M., 2002. A neural architecture for fast and robust face detection. In: Proc. 16th Int. Conf. on Pattern Recognition. 11 – 15 Aug., Québec, Canada, Vol. II, pp. 44 – 47.

Gavrila, D., 1999. The visual analysis of human movement: a survey. Comput. Vision Image Understanding 73 (1), 82 – 98.

Gavrila, D., 2000. Pedestrian detection from a moving vehicle. In: Vernon, D. (Ed.), Proc. European Conf. on Computer Vision. June, Dublin, Ireland, pp. 37 – 49.

Gavrila, D.M., 1998. Multi-feature hierarchical template matching using distance transforms. In: Proc. IEEE Int. Conf. on Pattern Recognition. Brisbane, Australia.

Gavrila, D.M., Groen, F.C.A., 1992. 3D object recognition from 2D images using geometric hashing. Pattern Recognit. Lett. 13 (4), 263 – 278.

Gavrila, D.M., Munder, S., 2007. Multi-cue pedestrian detection and tracking from a moving vehicle. Int. J. Comput. Vision 73 (1), 41 – 59.

Gavrila, D.M., Giebel, J., and Munder, S., 2004. Vision-based pedestrian detection: the PROTECTOR 1 system. In: Proc. IEEE Intelligent Vehicle Symposium. Parma, Italy.

Geiger, D., Liu, T.-L., Kohn, R.V., 2003. Representation and self-similarity of shapes. IEEE Trans. Pattern Anal. Mach. Intell. 25 (1), 86 – 99.

Gerig, G. and Klein, F., 1986. Fast contour identification through efficient Hough transform and simplified interpretation strategy. In: Proc. Eighth Int. Conf. on Pattern Recognition. 2731 October, Paris, pp. 498 – 500.

Geronimo, D., Lopez, A.M., Sappa, A.D., Graf, T., 2010. Survey of pedestrian detection for advanced driver assistance systems. IEEE Trans. Pattern Anal. Mach. Intell. 32 (7), 1239 – 1258.

Ghosh, A., Petkov, N., 2005. Robustness of shape descriptors to incomplete contour representations. IEEE Trans. Pattern Anal. Mach. Intell. 27 (11), 1793 – 1804.

Gibbons, A., 1985. Algorithmic Graph Theory. Cambridge University Press, Cambridge.

Giblin, P.J., Kimia, B.B., 2003. On the intrinsic reconstruction of shape from its symmetries. IEEE Trans. Pattern Anal. Mach. Intell. 25 (7), 895 – 911.

Gibson, J.J., 1950. The Perception of the Visual World. Houghton Mifflin, Boston, MA.

Girshick, R., Donahue, J., Darrell, T., and Malik, J., 2014. Rich feature hierarchies for accurate object detection and semantic segmentation. In: Proc. IEEE Conf. on Computer Vision and Pattern Recognition. 23 – 28 June, Columbus, OH, pp. 580 – 587. See also arXiv:1311.2524v5 [cs.CV] 22 Oct.

Girshick, R.B., 2015. Fast R-CNN. In: Proc. IEEE Int. Conf. on Computer Vision. 13 – 16 Dec, Santiago, Chile, pp. 1440 – 1448.

Goetcherian, V., 1980. From binary to grey tone image processing using fuzzy logic concepts. Pattern Recognit. 12, 7 – 15.

Goldberg, A.V., Tarjan, R.E., 1988. A new approach to the maximum-flow problem. J. Assoc. Comput. Mach. 35 (4), 921 – 940.

Goldman, D.B., Curless, B., Hertzmann, A., Seitz, S.M., 2010. Shape and spatially-varying BRDFs from photometric stereo. IEEE Trans. Pattern Anal. Mach. Intell. 32 (6), 1060 – 1071.

Golightly, I., Jones, D., 2003. Corner detection and matching for visual tracking during power line inspection. Image Vision Comput. 21 (9), 827–840.

Golub, G.H., van Loan, C.F., 1983. Matrix Computations. North Oxford, Oxford, UK.

Gong, S., McKenna, S., Psarrou, A., 2000. Dynamic Vision: From Images to Face Recognition. Imperial College Press, London, UK.

Gonnet, G.H., 1984. Handbook of Algorithms and Data Structures. Addison-Wesley, London.

Gonzalez, R.C., Woods, R.E., 1992. Digital Image Processing. Addison Wesley, Reading, MA.

Gonzalez, R.C., Woods, R.E., 2008. Digital Image Processing, third ed. Prentice Hall, Upper Saddle River, NJ.

Gope, C., Kehtarnavaz, N., 2007. Affine invariant comparison of point-sets using convex hulls and Hausdorff distances. Pattern Recognit. 40, 309–320.

Granlund, G.H., 1980. Description of texture using the general operator approach. In: Proc. Fifth Int. Conf. on Pattern Recognition. 1–4 Dec., Miami Beach, Florida, pp. 776–779.

Greenhill, D. and Davies, E.R., 1993. Texture analysis using neural networks and mode filters. In: Proc. Fourth British Machine Vision Assoc. Conf., Univ. of Surrey, Guildford, Surrey, UK. 21–23 Sept., Vol. 2, pp. 509–518.

Greenhill, D., Davies, E.R., 1994. Relative effectiveness of neural networks for image noise suppression. In: Gelsema, E.S., Kanal, L.N. (Eds.), Pattern Recognition in Practice IV. Elsevier Science B.V, pp. 367–378.

Gregory, R.L., 1971. The Intelligent Eye. Weidenfeld and Nicolson, London.

Gregory, R.L., 1972. Eye and Brain, second ed. Weidenfeld and Nicolson, London.

Griffin, G., Holub, A., and Perona, P., 2006. The Caltech-256. Caltech Technical Report.

Griffin, L.D., 2000. Mean, median and mode filtering of images. Proc. Royal Soc. London, Ser. A 456 (2004), 2995–3004.

Grimson, W.E.L., Huttenlocher, D.P., 1990. On the sensitivity of the Hough transform for object recognition. IEEE Trans. Pattern Anal. Mach. Intell. 12 (3), 255–274.

Grimson., W.E.L., Lozano-Perez, T., 1984. Model-based recognition and localisation from sparse range or tactile data. Int. J. Robot. Res. 3 (3), 3–35.

Gross, R., Matthews, I., Baker, S., 2004. Appearance-based face recognition and light-fields. IEEE Trans. Pattern Anal. Mach. Intell. 26 (4), 449–465.

Gruen, A., Huang, T.S. (Eds.), 2001. Calibration and Orientation of Cameras in Computer Vision. Springer-Verlag,, Berlin Heidelberg.

Guan, Y.-P., 2010. Spatio-temporal motion-based foreground segmentation and shadow suppression. IET Comput. Vision 4 (1), 50–60.

Guiducci, A., 1999. Parametric model of the perspective projection of a road with applications to lane keeping and 3d road reconstruction. Comput. Vision Image Understanding 73, 414–427.

Guo, S., Pridmore, T., Kong, Y., Zhang, X., 2009. An improved Hough transform voting scheme utilizing surround suppression. Pattern Recognit. Lett. 30 (13), 1241–1252.

Guru, D.S., Shekar, B.H., Nagabhushan, P., 2004. A simple and robust line detection algorithm based on small eigenvalue analysis. Pattern Recognit. Lett. 25 (1), 1 – 13.

Hall, E.L., 1979. Computer Image Processing and Recognition. Academic Press, New York.

Hall, E.L., Tio, J.B.K., McPherson, C.A., Sadjadi, F.A., 1982. Measuring curved surfaces for robot vision. IEEE Comput. 15 (12), 42 – 54.

Hampel, F.R., Ronchetti, E.M., Rousseeuw, P.J., Stahel, W.A., 1986. Robust Statistics, The Approach Based on Influence Functions. Wiley, New York.

Hannah, I., Patel, D., Davies, E.R., 1995. The use of variance and entropic thresholding methods for image segmentation. Pattern Recognit. 28 (8), 1135 – 1143.

Hansen, D.W., Ji, Q., 2010. In the eye of the beholder: a survey of models for eyes and gaze. IEEE Trans. Pattern Anal. Mach. Intell. 32 (3), 478 – 500.

Hansen, F.R., Elliott, H., 1982. Image segmentation using simple Markov field models. Comput. Graph. Image Process. 20, 101 – 132.

Haralick, R.M., 1979. Statistical and structural approaches to texture. Proc. IEEE 67 (5), 786 – 804.

Haralick, R.M., 1980. Edge and region analysis for digital image data. Comput. Graph. Image Process. 12, 60 – 73.

Haralick, R.M., 1984. Digital step edges from zero crossing of second directional derivatives. IEEE Trans. Pattern Anal. Mach. Intell. 6, 58 – 68.

Haralick, R.M., 1989. Determining camera parameters from the perspective projection of a rectangle. Pattern Recognit. 22, 225 – 230.

Haralick, R.M., Chu, Y.H., 1984. Solving camera parameters from the perspective projection of a parameterized curve. Pattern Recognit. 17 (6), 637 – 645.

Haralick, R.M. and Joo, H., 1988. 2D-3D pose estimation. In: Proc. Ninth Int. Conf. on Pattern Recognition. 1417 Nov., Rome, Italy, pp. 385 – 391.

Haralick, R.M., Shapiro, L.G., 1985. Image segmentation techniques. Comput. Vision Graph. Image Process 29, 100 – 132.

Haralick, R.M., Shapiro, L.G., 1992. Computer and Robot Vision, Volume I. Addison Wesley, Reading, MA.

Haralick, R.M., Shapiro, L.G., 1993. Computer and Robot Vision, Volume II. Addison Wesley, Reading, MA.

Haralick, R.M., Shanmugam, K., Dinstein, I., 1973. Textural features for image classification. IEEE Trans. Syst. Man Cybern. 3 (6), 610 – 621.

Haralick, R.M., Chu, Y.H., Watson, L.T., Shapiro, L.G., 1984. Matching wire frame objects from their two dimensional perspective projections. Pattern Recognit. 17 (6), 607 – 619.

Haralick, R.M., Sternberg, S.R., Zhuang, X., 1987. Image analysis using mathematical morphology. IEEE Trans. Pattern Anal. Mach. Intell. 9 (4), 532 – 550.

Haritaoglu, I., Harwood, D., Davis, L.S., 2000. W^4: real-time surveillance of people and their activities. In Special Section on Video Surveillance. IEEE Trans. Pattern Anal. Mach. Intell. 22 (8), 809 – 830.

Harris, C. and Stephens, M., 1988. A combined corner and edge detector. In: Proc. Fourth Alvey

Vision Conf. pp. 147 – 151.

Hart, P.E., 1968. The condensed nearest neighbour rule. IEEE Trans. Inf. Theory 14, 515 – 516.

Hartley, R., Zisserman, A., 2000. Multiple View Geometry in Computer Vision. Cambridge University Press, Cambridge, UK.

Hartley, R., Zisserman, A., 2003. Multiple View Geometry in Computer Vision, second ed. Cambridge University Press, Cambridge, UK.

Hartley, R.I., 1992. Estimation of relative camera positions for uncalibrated cameras. Proc. Second European Conf. on Computer Vision. In: Sandini, G. (Ed.), Lecture Notes in Computer Science, vol. 588. Springer-Verlag, Berlin Heidelberg, pp. 579 – 587.

Hartley, R.I., 1995A linear method for reconstruction from lines and points. In: Proc. Int. Conf. on Computer Vision, pp. 882 – 887.

Hartley, R.I., 1997. In defense of the eight-point algorithm. IEEE Trans. Pattern Anal. Mach. Intell. 19 (6), 580 – 593.

Harvey, N.R. and Marshall, S., 1994. Using genetic algorithms in the design of morphological filters. In: IEE Colloquium on Genetic Algorithms in Image Processing and Vision, IEE. 20 Oct., IEE Digest no. 1994/193, pp. 6/1 – 5.

Harvey, N.R. and Marshall, S., 1995. Rank-order morphological filters: a new class of filters. In: Proc. IEEE Workshop on Nonlinear Signal and Image Processing. June, Halkidiki, Greece, pp. 975 – 978.

Harwood, D., Subbarao, M., Davis, L.S., 1985. Texture classification by local rank correlation. Comput. Vision Graph. Image Process 32, 404 – 411.

Hasler, D., Sbaiz, L., Süsstrunk, S., Vetterli, M., 2003. Outlier modelling in image matching. IEEE Trans. Pattern Anal. Mach. Intell. 25 (3), 301 – 315.

Hassner, T., Harel, S., Paz, E., Enbar, R., 2015. Effective face frontalization in unconstrained images. In: Proc. IEEE Conf. on Computer Vision and Pattern Recognition. 7 – 12 June, Boston, MA, pp. 4295 – 4304.

Haykin, S., 1999. Neural Networks: A Comprehensive Introduction. Prentice-Hall, New Jersey, USA.

Heijmans, H., 1991. Theoretical aspects of gray-level morphology. IEEE Trans. Pattern Anal. Mach. Intell. 13, 568 – 582.

Heikkilä, J., 2000. Geometric camera calibration using circular control points. IEEE Trans. Pattern Anal. Mach. Intell. 22 (10), 1066 – 1076.

Heikkonen, J., 1995. Recovering 3-D motion parameters from optical flow field using randomized Hough transform. Pattern Recognit. Lett. 16 (9), 971 – 978.

Heinemann, P.H., Varghese, Z.A., Morrow, C.T., Sommer III, H.J., Crassweller, R.M., 1995. Machine vision inspection of "Golden Delicious" apples. Appl. Eng. Agric 11 (6), 901 – 906.

Heinonen, P., Neuvo, Y., 1987. FIR-median hybrid filters. IEEE Trans. Acoust. Speech Signal Process 35, 832 – 838.

Herault, L., Horaud, R., Veillon, F., Niez, J.J., 1990. Symbolic image matching by simulated annealing. Proc. Br. Mach. Vision Assoc. Conf. 319 – 324.

Hernandez, C., Vogiatzis, G., Cipolla, R., 2011. Overcoming shadows in 3-source photometric stereo. IEEE Trans. Pattern Anal. Mach. Intell. 33 (2), 419–426.

Hilario, C., Collado, J.M., Armingol, J.M. and de la Escalera, A., 2006. Visual perception and tracking of vehicles for driver assistance systems. In: Proc. Intelligent Vehicles Symposium. June 13–15, Tokyo, Japan, pp. 94–99.

Hildreth, E.C., 1984. Measurement of Visual Motion. MIT Press, Cambridge, MA.

Hinton, G.E., 2002. Training products of experts by minimizing contrastive divergence. Neural Comput. 14 (8), 1771–1800.

Hinton, G.E., Srivastava, N., Krizhevsky, A., Sutskever, I., and Salakhutdinov, R.R., 2012. Improving Neural Networks by Preventing Co-adaptation of Feature Detectors. arXiv: 1207.0580v1 [cs.NE] 3 Jul.

Hlaoui, A. and Wang, S., 2002. A new algorithm for inexact graph matching. In: Proc. 16th Int. Conf. on Pattern Recognition. 11–15 Aug., Québec, Canada, Vol. IV, pp. 180–183.

Ho, T.K., Hull, J.J., Srihari, S.N., 1994. Decision combination in multiple classifier systems. IEEE Trans. Pattern Anal. Mach. Intell. 16 (1), 66–75.

Hochreiter, S., Schmidhuber, J., 1997. Long short-term memory. Neural Comput. 9 (8), 1735–1780.

Hodgson, R.M., Bailey, D.G., Naylor, M.J., Ng, A.L.M., McNeil, S.J., 1985. Properties, implementations, and applications of rank filters. Image Vision Comput. 3, 4–14.

Hofmann, U., Rieder, A., Dickmanns, E.D., 2003. Radar and vision data fusion for hybrid adaptive cruise control on highways. Mach. Vision Appl. 14 (1), 42–49.

Hogg, D., 1983. Model-based vision: a program to see a walking person. Image Vision Comput. 1 (1), 5–20.

Horaud, R., 1987. New methods for matching 3-D objects with single perspective views. IEEE Trans. Pattern Anal. Mach. Intell. 9, 401–412.

Horaud, R., Brady, M., 1988. On the geometric interpretation of image contours. Artif. Intell. 37, 333–353.

Horaud, R., Sossa, H., 1995. Polyhedral object recognition by indexing. Pattern Recognit. 28 (12), 1855–1870.

Horaud, R., Conio, B., Leboulleux, O., Lacolle, B., 1989. An analytic solution for the perspective 4-point problem. Comput. Vision Graph. Image Process 47, 33–44.

Horn, B.K.P., 1975. Obtaining shape from shading information. In: Winston, P.H. (Ed.), The Psychology of Computer Vision. McGraw-Hill, New York, pp. 115–155.

Horn, B.K.P., 1977. Understanding image intensities. Artif. Intell. 8, 201–231.

Horn, B.K.P., 1986. Robot Vision. MIT Press, Cambridge, MA.

Horn, B.K.P., Brooks, M.J., 1986. The variational approach to shape from shading. Comput. Vision Graph. Image Process 33, 174–208.

Horn, B.K.P., Brooks, M.J. (Eds.), 1989. Shape from Shading. MIT Press, Cambridge, MA. Horn, B.K.P., Schunck, B.G., 1981. Determining optical flow. Artif. Intell. 17 (13), 185–203.

Horng, J.-H., 2003. An adaptive smoothing approach for fitting digital planar curves with line segments and circular arcs. Pattern Recognit. Lett. 24 (13), 565–577.

Hornik, K., Stinchcombe, M., White, H., 1989. Multilayer feedforward networks are universal approximators. Neural Networks 2, 359–366.

Horowitz, S.L. and Pavlidis, T., 1974. Picture segmentation by a directed split-and-merge procedure. In: Proc. Second Int. Joint Conf. on Pattern Recognition. pp. 424–433.

Hough, P.V.C., 1962. Method and Means for Recognising Complex Patterns. US Patent 3069654.

Hsiao, J.Y., Sawchuk, A.A., 1989. Supervised textured image segmentation using feature smoothing and probabilistic relaxation techniques. IEEE Trans. Pattern Anal. Mach. Intell. 11 (12), 1279–1292.

Hsiao, J.Y., Sawchuk, A.A., 1990. Unsupervised textured image segmentation using feature smoothing and probabilistic relaxation techniques. Comput. Vision Graph. Image Process 48, 1–21.

Hu, M.K., 1961. Pattern recognition by moment invariants. Proc. IEEE 49, 1428.

Hu, M.K., 1962. Visual pattern recognition by moment invariants. IRE Trans. Inf. Theory 8, 179–187.

Huang, C.T., Mitchell, O.R., 1994. A Euclidean distance transform using greyscale morphology decomposition. IEEE Trans. Pattern Anal. Mach. Intell. 16 (4), 443–448.

Huang, G.B., and Learned-Miller, E., 2014. Labeled Faces in the Wild: Updates and New Reporting Procedures. University of Massachusetts, Amherst Technical Report UM-CS-2014-003.

Huang, G.B., Jain, V., and Learned-Miller, E., 2007. Unsupervised joint alignment of complex images. In: Proc. 11th IEEE Int. Conf. on Computer Vision. 14–20 October, Rio de Janeiro, Brazil.

Huang, L., Yang, Y., Deng, Y., and Yu., Y., 2015. DenseBox: Unifying Landmark Localization with End to End Object Detection. arXiv:1509.04874v3 [cs.CV] 19 Sep.

Huang, T.S. (Ed.), 1983. Image Sequence Processing and Dynamic Scene Analysis. Springer-Verlag, New York.

Huang, T.S., Yang, G.J., Tang, G.Y., 1979. A fast two-dimensional median filtering algorithm. IEEE Trans. Acoust. Speech Signal Process 27, 13–18.

Huang, T.S., Bruckstein, A.M., Holt, R.J., Netravali, A.N., 1995. Uniqueness of 3D pose under weak perspective: a geometrical proof. IEEE Trans. Pattern Anal. Mach. Intell. 17 (12), 1220–1221.

Hubel, D.H., 1995. Eye, Brain and Vision. Scientific American Library, New York.

Huber, P.J., 1964. Robust estimation of a location parameter. Ann. Math. Stat. 35, 73–101.

Huber, P.J., 1981. Robust Statistics. Wiley, New York.

Huber, P.J., 1985. Projection pursuit. Ann. Stat 13 (2), 435–475.

Hughes, G.F., 1968. On the mean accuracy of statistical pattern recognisers. IEEE Trans. Inf. Theory 14, 55–63.

Huttenlocher, D.P., Klanderman, G.A., Rucklidge, W.J., 1993. Comparing images using the Hausdorff distance. IEEE Trans. Pattern Anal. Mach. Intell. 15 (9), 850 - 863.

Ikeuchi, K., Horn, B.K.P., 1981. Numerical shape from shading and occluding boundaries. Artif. Intell. 17, 141 - 184.

Isard, M., Blake, A., 1996. Contour tracking by stochastic propagation of conditional density. Proc. Eur. Conf. Comput. Vision 1, 343 - 356.

Isard, M. and Blake, A., 1998. Icondensation: unifying low-level and high-level tracking in a stochastic framework. In: Proc. European Conf. on Computer Vision. Freiburg, Germany, Vol. I, pp. 893 - 908.

Ito, M., Ishii, A., 1986. Three-view stereo analysis. IEEE Trans. Pattern Anal. Mach. Intell. 8 (4), 524 - 532.

Jacinto, C.N., Arnaldo, J.A., George, S.M., 2003. Using middle level features for robust shape tracking. Pattern Recognit. Lett. 24, 295 - 307.

Jackway, P.T., Deriche, M., 1996. Scale-space properties of the multiscale morphological dilation-erosion. IEEE Trans. Pattern Anal. Mach. Intell. 18 (1), 38 - 51.

Jain, A.K., 2010. Data clustering: 50 years beyond *k*-means. Pattern Recognit. Lett. 31 (8), 651 - 666.

Jain, A.K., Dubes, R.C., 1988. Algorithms for Clustering Data. Prentice-Hall, Englewood Cliffs, NJ.

Jain, A.K., Duin, R.P.W., Mao, J., 2000. Statistical pattern recognition. IEEE Trans. Pattern Anal. Mach. Intell. 22 (1), 4 - 37.

Jain, R., 1983. Direct computation of the focus of expansion. IEEE Trans. Pattern Anal. Mach. Intell. 5, 58 - 63.

Jain, V., Learned-Miller, E., 2010. FDDB: A Benchmark for Face Detection in Unconstrained Settings. University of Massachusetts Technical Report UM-CS-2010-009.

Jang, Y.K., Kang, B.J., Park, K.R., 2008. A study on eyelid localization considering image focus for iris recognition. Pattern Recognit. Lett. 29, 1698 - 1704.

Janney, P., Geers, G., 2010. Texture classification using invariant features of local textures. IET Image Process. 4 (3), 158 - 171.

Jiang, J.-A., Chuang, C.-L., Lu, Y.-L., Fahn, C.-S., 2007. Mathematical-morphology-based edge detectors for detection of thin edges in low-contrast regions. IET Image Process. 1 (3), 269 - 277.

Jolion, J.-M., Rosenfeld, A., 1989. Cluster detection in background noise. Pattern Recognit. 22 (5), 603 - 607.

Jones, M.J., Rehg, J.M., 2002. Statistical color models with application to skin detection. Int. J. Comput. Vision 46 (1), 81 - 96.

Juan, A., Vidal, E., 1994. Fast K-means-like clustering in metric spaces. Pattern Recognit. Lett. 15 (1), 19 - 25.

Kadir, T., Brady, M., 2001. Scale, saliency and image description. Int. J. Comput. Vision 45 (2), 83 - 105.

Kadir, T., Brady, M. and Zisserman, A., 2004. An affine invariant method for selecting salient regions in images. In: Proc. Eighth European Conf. on Computer Vision (ECCV). pp. 345 – 457.

Kadyrov, A., Petrou, M., 2001. The trace transform and its applications. IEEE Trans. Pattern Anal. Mach. Intell. 23, 811 – 828.

Kadyrov, A. and Petrou, M., 2002. Affine parameter estimation from the trace transform. In: Proc. 16th Int. Conf. on Pattern Recognition. 11 – 15 Aug., Québec, Canada, Vol. II, pp. 798 – 801.

Kaizer, H., 1955. A Quantification of Textures on Aerial Photographs. Ms Thesis, Boston Univ., Boston, MA, USA.

Kamat-Sadekar, V. and Ganesan, S., 1998. Complete description of multiple line segments using the Hough transform. In Davies, E.R. and Atiquzzaman, M. (eds.), Special Issue on Projection-Based Transforms, Image Vision Computing. Vol. 16, nos. 9 – 10, pp. 597 – 614.

Kamel, M.S., Shen, H.C., Wong, A.K.C., Hong, T.M., Campeanu, R.I., 1994. Face recognition using perspective invariant features. Pattern Recognit. Lett. 15 (9), 877 – 883.

Kanatani, K., Sugaya, Y. and Niitsuma, H., 2008. Triangulation from two views revisited: Hartley-Sturm vs. optimal correction. In: Proc. British Machine Vision Assoc. Conf.

Kanesalingam, C., Smith, M.C.B., and Dodds, S.A., 1998. An efficient algorithm for environmental mapping and path planning for an autonomous mobile robot. In: Proc. 29th Int. Symp. on Robotics. Birmingham, pp. 133 – 136.

Kang, D.-J., Jung, M.-H., 2003. Road lane segmentation using dynamic programming for active safety vehicles. Pattern Recognit. Lett. 24, 3177 – 3185.

Kapur, J.N., Sahoo, P.K., Wong, A.K.C., 1985. A new method for gray-level picture thresholding using the entropy of the histogram. Comput. Vision Graph. Image Process 29, 273 – 285.

Kasif, S., Kitchen, L., Rosenfeld, A., 1983. A Hough transform technique for subgraph isomorphism. Pattern Recognit. Lett. 2, 83 – 88.

Kass, M., Witkin, A., 1987. Analyzing oriented patterns. Comput. Vision Graph. Image Process 37 (3), 362 – 385.

Kass, M., Witkin, A., Terzopoulos, D., 1988. Snakes: active contour models. Int. J. Comput. Vision 1, 321 – 331.

Kastrinaki, V., Zervakis, M., Kalaitzakis, K., 2003. A survey of video processing techniques for traffic applications. Image Vision Comput. 21 (4), 359 – 381.

Keagy, P.M., Parvin, B., Schatzki, T.F., 1995. Machine recognition of navel orange worm damage in x-ray images of pistachio nuts. Opt. Agric., For. Biol., SPIE 2345, 192 – 203.

Keagy, P.M., Parvin, B., Schatzki, T.F., 1996. Machine recognition of navel orange worm damage in X-ray images of pistachio nuts. Lebensm. Wiss. Technol. 29, 140 – 145.

Kégl, B., Krzyżak, A., 2002. Piecewise linear skeletonization using principal curves. IEEE Trans. Pattern Anal. Mach. Intell. 24 (1), 59 – 74.

Kehtarnavaz, N., Mohan, S., 1989. A framework for estimation of motion parameters from range images. Comput. Vision Graph. Image Process 45, 88 – 105.

Kelly, P., Beardsley, P., Cooke, E., O'Connor, N., Smeaton, A., 2005. Detecting shadows and low-lying objects in indoor and outdoor scenes using homographies. Proc. IET Conf. Visual Inf.

Eng, Glasgow, 46 April, 393 – 400.

Kender, J.R., 1980. Shape from Texture. Carnegie-Mellon University, Comput. Sci. Techn. Rep. CMU-CS-81-102.

Kender, J.R., 1983. Shape from Texture. Carnegie-Mellon Univ. Techn. Report CMU-CS-81-102.

Kenney, C.S., Manjunath, B.S., Zuliani, M., Hewer, G.A., van Nevel, A., 2003. A condition number for point matching with application to registration and postregistration error estimation. IEEE Trans. Pattern Anal. Mach. Intell. 25 (11), 1437 – 1454.

Kesidis, A.L., Papamarkos, N., 2000. On the grayscale inverse Hough transform. Image Vision Comput. 18 (8), 607 – 618.

Kessal, L., Abel, N., Demigny, D., 2003. Real-time image processing with dynamically reconfigurable architecture. Real-Time Imaging 9 (5), 297 – 313.

Khan, S. and Shah, M., 2000. Tracking people in presence of occlusion. In: Proc. Asian Conf. on Computer Vision.

Khan, S., Shah, M., 2003. Consistent labeling of tracked objects in multiple cameras with overlapping fields of view. IEEE Trans. Pattern Anal. Mach. Intell. 25 (10), 1355 – 1360.

Khan, S., Shah, M., 2009. Tracking multiple occluding people by localizing on multiple scene planes. IEEE Trans. Pattern Anal. Mach. Intell. 31 (3), 505 – 519.

Kim, D., Kim, D., Paik, J., 2010. Gait recognition using active shape model and motion prediction. IET Comput. Vision 4 (1), 25 – 36.

Kim, D.-S., Lee, W.-H., Kweon, I.-S., 2004. Automatic edge detection using 3 × 3 ideal binary pixel patterns and fuzzy-based edge thresholding. Pattern Recognit. Lett. 25 (1), 101 – 106.

Kim, D.Y., Kim, J.J., Meer, P., Mintz, D. and Rosenfeld, A., 1989. Robust computer vision: a least median of squares based approach. In: Proc. DARPA Image Understanding Workshop. 23 – 26 May, Palo Alto, CA, pp. 1117 – 1134.

Kim, Z.-W., 2008. Robust lane detection and tracking in challenging scenarios. IEEE Trans. Intell. Transp. Syst. 9 (1), 16 – 26.

Kimme, C., Ballard, D., Sklansky, J., 1975. Finding circles by an array of accumulators. Commun. ACM 18, 120 – 122.

Kimura, A. and Watanabe, T., 2002. An extension of the generalized Hough transform to realize affine-invariant two-dimensional (2D) shape detection. In: Proc. 16th Int. Conf. on Pattern Recognition. 11 – 15 Aug., Québec, Canada, Vol. I, pp. 65 – 69.

Kirsch, R.A., 1971. Computer determination of the constituent structure of biological images. Comput. Biomed. Res. 4, 315 – 328.

Kiryati, N., Bruckstein, A.M., 1991. Antialiasing the Hough transform. Comput. Vision Graph. Image Process: Graph. Models Image Process 53 (3), 213 – 222.

Kitchen, L., Rosenfeld, A., 1979. Discrete relaxation for matching relational structures. IEEE Trans. Syst. Man Cybern 9, 869 – 874.

Kitchen, L., Rosenfeld, A., 1982. Gray-level corner detection. Pattern Recognit. Lett. 1, 95 – 102.

Kittler, J., 1983. On the accuracy of the Sobel edge detector. Image Vision Comput. 1, 37 – 42.

Kittler, J., Illingworth, J., Föglein, J., 1985. Threshold selection based on a simple image statistic. Comput. Vision Graph. Image Process 30, 125 – 147.

Klassen, E., Srivistava, A., Mio, W., Joshi, S.H., 2004. Analysis of planar shapes using geodesic paths on shape spaces. IEEE Trans. Pattern Anal. Mach. Intell. 26 (3), 372 – 383.

Knop, R., 1969. Remark on Algorithm 334 [g5]: normal random deviates. Commun. ACM 12 (5), 281.

Koenderink, J.J., van Doorn, A.J., 1979. The internal representation of solid shape with respect to vision. Biol. Cybern. 32, 211 – 216.

Koivo, A.J., Kim, C.W., 1989. Robust image modelling for classification of surface defects on wood boards. IEEE Trans. Syst. Man Cybern. 19 (6), 1659 – 1666.

Köktas, N.S., Yalabik, N., Yavuzer, G., Duin, R.P.W., 2010. A multi-classifier for grading knee osteoarthritis using gait analysis. Pattern Recognit. Lett. 31 (9), 898 – 904.

Koller, D., Weber, J., Huang, T., Malik, J., Ogasawara, G., Rao, B. and Russell, S., 1994. Towards robust automatic traffic scene analysis in real-time. In: Proc. 12th Int. Conf. on Pattern Recognition. 9 – 13 Oct., Jerusalem, Israel, pp. 126 – 131.

Koplowitz, J., Bruckstein, A.M., 1989. Design of perimeter estimators for digitized planar shapes. IEEE Trans. Pattern Anal. Mach. Intell. 11, 611 – 622.

Kortenkamp, D., Bonasso, R.P., Murphy, R. (Eds.), 1998. Artificial Intelligence and Mobile Robots. AAAI Press/The MIT Press, Menlo Park, California; Cambridge, Massachusetts; London, England.

Krizhevsky, A., Sutskever, I., and Hinton, G.E., 2012. ImageNet classification with deep convolutional neural networks. In: Proc. 26th Annual Conf. on Neural Information Processing Systems. 3 – 8 December, Lake Tahoe, Nevada.

Kroon, D.-J., 2011. Segmentation of the Mandibular Canal in Cone-beam CT Data. PhD Thesis, University of Twente, The Netherlands.

Kuehnle, A., 1991. Symmetry-based recognition of vehicle rears. Pattern Recognit. Lett. 12, 249 – 258.

Kulpa, Z., 1977. Area and perimeter measurement of blobs in discrete binary pictures. Comput. Graph. Image Process. 6, 434 – 451.

Kumar, R. and Hanson, A.R., 1989. Robust estimation of camera location and orientation from noisy data having outliers. In: Proc. Workshop on Interpretation of 3D Scenes. 27 – 29 Nov., Austin, TX, pp. 52 – 60.

Kuo, P., Makris, D., Nebel, J.-C., 2011. Integration of bottom-up/top-down approaches for 2D pose estimation using probabilistic Gaussian modelling. Comput. Vision Image Understanding 115 (2), 242 – 255.

Kuo, W.-J. and Lin, C.-C., 2007. Two-stage road sign detection and recognition. In: Proc. IEEE Int. Conf. on Multimedia and Expo. 25 July, Beijing, pp. 1427 – 1430.

Kuo, Y.-C., Pai, N.-S., Li, Y.-F., 2011. Vision-based vehicle detection for a driver assistance system. Comput. Math. Appl. 61, 2096 – 2100.

Kwok, P.C.K., 1989. Customising thinning algorithms. In: Proceedings of the Third International

Conference on Image Processing and its Applications. 18 – 20 July, Warwick, IEE Conf. Publ. 307, 633 – 637.

Lacroix, V., 1988. A three-module strategy for edge detection. IEEE Trans. Pattern Anal. Mach. Intell. 10, 803 – 810.

Lamdan, Y. and Wolfson, H.J., 1988. Geometric hashing: a general and efficient model-based recognition scheme. In: Proc. IEEE Second Int. Conf. on Computer Vision, Tampa, FL (Dec.), pp. 238 – 249.

Lane, R.A., Thacker, N.A., Seed, N.L., 1994. Stretch-correlation as a real-time alternative to feature-based stereo matching algorithms. Image Vision Comput. 12 (4), 203 – 212.

Laurentini, A., 1994. The visual hull concept for silhouette-based image understanding. IEEE Trans. Pattern Anal. Mach. Intell. 16 (2), 150 – 162.

Laws, K.I., 1979. Texture energy measures. Proc. Image Understanding Workshop, Nov 47 – 51.

Laws, K.I., 1980a. Rapid texture identification. In: Proc. SPIE Conf. on Image Processing for Missile Guidance. 28 July – 1 Aug, San Diego, Calif., Vol. 238, pp. 376 – 380.

Laws, K.I., 1980b. Textured Image Segmentation. PhD Thesis, Univ. of Southern California, Los Angeles.

Lazarevic-McManus, N., Renno, J.R., Makris, D., Jones, G.A., 2008. An object-based comparative methodology for motion detection based on the F-Measure. Comput. Vision Image Understanding 111 (1), 74 – 85.

Leavers, V.F., 1993. Which Hough transform? Comput. Vision Graph. Image Process.: Image Understanding 58 (2), 250 – 264.

Leavers, V.F., Boyce, J.F., 1987. The Radon transform and its application to shape parametrization in machine vision. Image Vision Comput. 5, 161 – 166.

Lebegue, X., Aggarwal, J.K., 1993. Significant line segments for an indoor mobile robot. IEEE Trans. Rob. Autom. 9 (6), 801 – 815.

LeCun, Y., Boser, B., Denker, J.S., Henderson, D., Howard, R.E., Hubbard, W., Jackel, L.D., 1989. Backpropagation applied to handwritten zip code recognition. Neural Comput. 1 (4), 541 – 551.

LeCun, Y., Bottou, L., Bengio, Y., Haffner, P., 1998. Gradient-based learning applied to document recognition. Proc. IEEE 86, 2278 – 2324.

Lee, D.H. and Park, Y.T., 2006. Robust vehicle detection based on shadow classification. In: Proc. 18th Int. Conf. Pattern Recognition, Vol. 3, pp. 1167 – 1170.

Lee, M.-S., Medioni, G., Mordohai, P., 2002. Inference of segmented overlapping surfaces from binocular stereo. IEEE Trans. Pattern Anal. Mach. Intell. 24 (6), 824 – 837.

Lei, Y., Wong, K.C., 1999. Ellipse detection based on symmetry. Pattern Recognit. Lett. 20 (1), 41 – 47.

Leibe, B., Seemann, E. and Schiele, B., 2005. Pedestrian detection in crowded scenes. In: Proc. Conf. on Computer Vision and Pattern Recognition.

Lenc, K., and Vedaldi, A., 2015. R-CNN Minus R. arXiv:1506.06981 [cs.CV] 23 Jun.

Lepetit, V., Moreno-Noguer, F., Fua, P., 2008. EPnP: An accurate O(n) solution to the PnP problem. Int. J. Comput. Vision 81 (2), 155–166.

Lev, A., Zucker, S.W., Rosenfeld, A., 1977. Iterative enhancement of noisy images. IEEE Trans. Syst. Man Cybern. 7, 435–442.

Levine, M.D., 1985. Vision in Man and Machine. McGraw-Hill, New York.

Lézoray, O., Charrier, C., 2009. Color image segmentation using morphological clustering and fusion with automatic scale selection. Pattern Recognit. Lett. 30 (4), 397–406.

Li, H. and Lavin, M.A., 1986. Fast Hough transform based on bintree data structure. In: Proc. Conf. Comput. Vision and Pattern Recognition. Miami Beach, Florida, pp. 640–642.

Li, H., Lavin, M.A. and LeMaster, R.J., 1985. Fast Hough transform. In: Proc. Third Workshop on Comput. Vision: Representation and Control. Bellair, pp. 75–83.

Li, L., Tan, C.L., 2010. Recognizing planar symbols with severe perspective deformation. IEEE Trans. Pattern Anal. Mach. Intell. 32 (4), 755–762.

Li, P., Liu, X., Xiao, L., Song, Q., 2010. Robust and accurate iris segmentation in very noisy iris images. Image Vision Comput. 28, 246–253.

Li, S.Z., Zhang, Z.Q., 2004. FloatBoost learning and statistical face detection. IEEE Trans. Pattern Anal. Mach. Intell. 26 (9), 1112–1123.

Li, Z., Yang, J., Liu, G., Cheng, Y., Liu, C., 2011. Unsupervised range-constrained thresholding. Pattern Recognit. Lett. 32 (2), 392–402.

Lian, G., Lai, J., Zheng, W.-S., 2011. Spatial-temporal consistent labeling of tracked pedestrians across non-overlapping camera views. Pattern Recognit. 44, 1121–1136.

Liao, P.-S., Chen, T.-S., Chung, P.-C., 2001. A fast algorithm for multilevel thresholding. J. Inf. Sci. Eng. 17, 713–727.

Lin, C.C., Chellappa, R., 1987. Classification of partial 2-D shapes using Fourier descriptors. IEEE Trans. Pattern Anal. Mach. Intell. 9, 686–690.

Lindeberg, T., 1998. Feature detection with automatic scale selection. Int. J. Comput. Vision 30 (2), 79–116.

Lippmann, R.P., 1987. An introduction to computing with neural nets. IEEE Acoust., Speech, Signal Process. Mag. 4 (2), 4–22.

Liu, L., Sclaroff, S., 2004. Deformable model-guided region split and merge of image regions. Image Vision Comput. 22 (4), 343–354.

Liu, M.L., Wong, K.H., 1999. Pose estimation using four corresponding points. Pattern Recognit. Lett. 20 (1), 69–74.

Liu, W., Wen, X.-Z., Duan, B., Yuan, H., and Wang, N., 2007. Rear vehicle detection and tracking for lane change assist. In: Proc. IEEE Intelligent Vehicles Symposium. 13–15 June, pp. 252–257.

Lladós, J., Martí, E., Villanueva, J.J., 2001. Symbol recognition by error-tolerant subgraph matching between region adjacency graphs. IEEE Trans. Pattern Anal. Mach. Intell. 23 (10), 1137–1143.

Lockton, R. and Fitzgibbon, A., 2002. Real-time gesture recognition using deterministic boosting. In: Proc. British Machine Vision Assoc. Conf. 2–5 Sept., Cardiff, UK, pp. 817–826.

Long, J., Shelhamer, E., and Darrell, T., 2015. Fully convolutional networks for semantic segmentation. In: Proc. IEEE Conf. on Computer Vision and Pattern Recognition. 7–12 June, Boston, MA, pp. 3431–3440.

Longuet-Higgins, H.C., 1981. A computer algorithm for reconstructing a scene from two projections. Nature 293, 133–135.

Longuet-Higgins, H.C., 1984. The visual ambiguity of a moving plane. Proc. Royal Soc. London, Ser. B 233, 165–175.

Longuet-Higgins, H.C., Prazdny, K., 1980. The interpretation of a moving retinal image. Proc. Royal Soc. London, Ser. B 208, 385–397.

Lowe, D., 2004. Distinctive image features from scale-invariant keypoints. Int. J. Comput. Vision 60, 91–110.

Lowe, D.G., 1999. Object recognition from local scale-invariant features. In: Proc. Seventh Int. Conf. on Computer Vision (ICCV). Corfu, Greece, pp. 1150–1157.

Lüdtke, N., Luo, B., Hancock, E. and Wilson, R.C., 2002. Corner detection using a mixture model of edge orientation. In: Proc. 16th Int. Conf. on Pattern Recognition. 11–15 Aug., Québec, Canada, Vol. II, pp. 574–577.

Lukac, R., 2003. Adaptive vector median filtering. Pattern Recognit. Lett. 24 (12), 1889–1899.

Luo, B., Hancock, E.R., 2001. Structural graph matching using the EM algorithm and singular value decomposition. IEEE Trans. Pattern Anal. Mach. Intell. 23 (10), 1120–1136.

Luong, Q.-T., Faugeras, O., 1997. Self-calibration of a moving camera from point correspondences and fundamental matrices. Int. J. Comput. Vision 22 (3), 261–289.

Lutton, E., Maître, H., Lopez-Krahe, J., 1994. Contribution to the determination of vanishing points using Hough transform. IEEE Trans. Pattern Anal. Mach. Intell. 16 (4), 430–438.

Lyvers, E.R., Mitchell, O.R., 1988. Precision edge contrast and orientation estimation. IEEE Trans. Pattern Anal. Mach. Intell. 10, 927–937.

Ma, L., Tan, T., Wang, Y., Zhang, D., 2003. Personal identification based on iris texture analysis. IEEE Trans. Pattern Anal. Mach. Intell. 25 (12), 1519–1533.

Ma, Y., Derksen, H., Hong, W., Wright, J., 2007. Segmentation of multivariate mixed data via lossy data coding and compression. IEEE Trans. Pattern Anal. Mach. Intell. 29 (9), 1546–1562.

Mackeown, W.P.J., Greenway, P., Thomas, B.T., Wright, W.A., 1994. Contextual image labelling with a neural network. IEE Proc. Vision Image Signal Process. 141 (4), 238–244.

MacQueen, J.B., 1967. Some methods for classification and analysis of multivariate observations. In: Proc. Fifth Berkeley Symp. on Math. Stat. and Prob. Vol. I, pp. 281–297.

Magee, D.R., 2004. Tracking multiple vehicles using foreground, background and motion models. Image Vision Comput. 22, 143–155.

Magee, M.J., Aggarwal, J.K., 1984. Determining vanishing points from perspective images. Comput. Vision Graph. Image Process. 26 (2), 256–267.

Makris, D., Ellis, T. and Black, J., 2004. Bridging the Gaps between Cameras. In: Proc. IEEE Conf. on Computer Vision and Pattern Recognition. Washington DC, USA, pp. 205 – 210.

Manthalkar, R., Biswas, P.K., Chatterji, B.N., 2003. Rotation invariant texture classification using even symmetric Gabor filters. Pattern Recognit. Lett. 24 (12), 2061 – 2068.

Marchant, J.A., 1996. Tracking of row structure in three crops using image analysis. Comput. Electron. Agric. 15, 161 – 179.

Marchant, J.A., Brivot, R., 1995. Real-time tracking of plant rows using a Hough transform. Real-Time Imaging 1 (5), 363 – 371.

Marchant, J.A., Onyango, C.M., 1995. Fitting grey level point distribution models to animals in scenes. Image Vision Comput. 13 (1), 3 – 12.

Marchant, J.A., Tillett, R.D., Brivot, R., 1998. Real-time segmentation of plants and weeds. Real-Time Imaging 4, 243 – 253.

Marr, D., 1976. Early processing of visual information. Philos. Trans. Royal Soc. London, Ser. B 275, 483 – 524.

Marr, D., Hildreth, E., 1980. Theory of edge detection. Proc. Royal Soc. London, Ser. B 207, 187 – 217.

Marr, D., Poggio, T., 1979. A computational theory of human stereo vision. Proc. Royal Soc. London, Ser. B 204, 301 – 328.

Marshall, S., 2004. New direct design method for weighted order statistic filters. IEE Proc. Vision Image Signal Process. 151 (1), 1 – 8.

Marshall, S., Harvey, N., Shah, D. (Eds.), 1998. Proc. Noblesse Workshop on Non-linear Model Based Image Analysis. Glasgow (1 – 3 July). Springer-Verlag, London.

Marslin, R.F., Sullivan, G.D. and Baker, K.D., 1991. Kalman filters in constrained model based tracking. In: Proc. Second British Machine Vision Assoc. Conf. 23 – 26 Sept., Glasgow, pp. 371 – 374.

Martino, L., Luengo, D., Míguez, J., 2012. Efficient sampling from truncated bivariate Gaussians via Box–Muller transformation. Electron. Lett. 48 (24), 1533 – 1534.

Mastorakis, G., Davies, E.R., 2011. Improved line detection algorithm for locating road lane markings. Electron. Lett. 47 (3), 183 – 184.

Matas, J., Chum, O., Urban, M., Pajdla, T., 2002. Robust wide baseline stereo from maximally stable extremal regions. Proc. British Machine Vision Conf. (BMVC). Cardiff University, UK, pp. 384 – 393.

Mathias, M., Benenson, R., Pedersoli, M., and Van Gool, L., 2014. Face detection without bells and whistles. In: Proc. 13th European Conf. on Computer Vision. 8 – 11 September, Zurich, Switzerland.

Maybank, S., 1992. Theory of Reconstruction from Image Motion. Springer-Verlag, Berlin, Heidelberg.

Maybank, S. and Tan, T. (Eds.) (2004). Special issue: Visual Surveillance. Image Vision Comput. 22 (7), 515 – 582.

Maybank, S.J., 1986. Algorithm for analysing optical flow based on the least squares method.

Image Vision Comput. 4, 38 – 42.

Maybank, S.J., 1996. Stochastic properties of the cross ratio. Pattern Recognit. Lett. 17 (3), 211 – 217.

Maybank, S.J., Faugeras, O., 1992. A theory of self-calibration of a moving camera. Int. J. Comput. Vision 8 (2), 123 – 151.

Maybeck, P.S., 1979. Stochastic Models, Estimation, and Control, Volume 1. Academic Press, New York and London.

McFarlane, N.J.B., Schofield, C.P., 1995. Segmentation and tracking of piglets in images. Mach. Vision Appl. 8 (3), 187 – 193.

McGunnigle, G., Chantler, M., 2003. Resolving handwriting from background printing using photometric stereo. Pattern Recognit. 36, 1869 – 1879.

McGunnigle, G., Dong, J., 2011. Augmenting photometric stereo with coaxial illumination. IET Comput. Vision 5 (1), 33 – 49.

McLoughlin, S., Deegan, C., Mulvihill, C., Fitzgerald, C., Markham, C., 2008. Mobile mapping for the automated analysis of road signage and delineation. IET Intel. Transport Syst. 2 (1), 61 – 73.

Medina-Carnicer, R., Muñoz-Salinas, R., Carmona-Poyato, A., Madrid-Cuevas, F.J., 2011. A novel histogram transformation to improve the performance of thresholding methods in edge detection. Pattern Recognit. Lett. 32 (5), 676 – 693.

Meer, P., Georgescu, B., 2001. Edge detection with embedded confidence. IEEE Trans. Pattern Anal. Mach. Intell. 23 (12), 1351 – 1365.

Meer, P., Mintz, D. and Rosenfeld, A., 1990. Least median of squares based robust analysis of image structure. In: Proc. DARPA Image Understanding Workshop. 11 – 13 Sept., Pittsburgh, Pennsylvania, pp. 231 – 254.

Meer, P., Mintz, D., Rosenfeld, A., Kim, D.Y., 1991. Robust regression methods for computer vision: a review. Int. J. Comput. Vision 6 (1), 59 – 70.

Méler, A., Decrouez, M. and Crowley, J., 2010. BetaSAC: a new conditional sampling for RANSAC. In: Proc. British Machine Vision Assoc. Conf.

Merlin, P.M., Farber, D.J., 1975. A parallel mechanism for detecting curves in pictures. IEEE Trans. Comput. 28, 96 – 98.

Mikolajczyk, K., 2002. Interest Point Detection Invariant to Affine Transformations. PhD Thesis. Institut National Polytechnique de Grenoble (INPG), France.

Mikolajczyk, K. and Schmid, C., 2002. An affine invariant interest point detector. In: Proc. European Conf. on Computer Vision (ECCV). Copenhagen, Denmark, pp. 128 – 142.

Mikolajczyk, K., Schmid, C., 2004. Scale and affine invariant interest point detectors. Int. J. Comput. Vision 60 (1), 63 – 86.

Mikolajczyk, K., Schmid, C., 2005. A performance evaluation of local descriptors. IEEE Trans. Pattern Anal. Mach. Intell. 27 (10), 1615 – 1630.

Mikolajczyk, K., Tuytelaars, T., Schmid, C., Zisserman, A., Matas, J., Schaffalitzky, F., et al., 2005. A comparison of affine region detectors. Int. J. Comput. Vision 65, 43 – 72.

Mikolov, T., Chen, K., Corrado, G., Dean, J., 2013. Efficient Estimation of Word Representations in Vector Space. arXiv:1301.3781v3 [cs.CL] 7 Sep.

Min, T.-H., Park, R.-H., 2009. Eyelid and eyelash detection method in the normalized iris image using the parabolic Hough model and Otsu's thresholding method. Pattern Recognit. Lett. 30, 1138–1143.

Minsky, M.L., Papert, S.A., 1969. Perceptrons. MIT Press, Cambridge.

Mirmehdi, M., Petrou, M., 2000. Segmentation of colour textures. IEEE Trans. Pattern Anal. Mach. Intell. 22 (2), 142–159.

Mirmehdi, M., Xie, X., Suri, J. (Eds.), 2008. Handbook of Texture Analysis. Imperial College Press, London.

Mishra, A.K., Fieguth, P.W., Clausi, D.A., 2011. Decoupled active contour (DAC) for boundary detection. IEEE Trans. Pattern Anal. Mach. Intell. 33 (2), 310–324.

Mohr, R. and Wu, C. (Eds.), 1998. In: Special Issue on Geometric Modelling and Invariants for Computer Vision, Image Vision Computing. 16, 1.

Mokhtarian, F., Bober, M., 2003. Curvature Scale Space Representation: Theory, Applications and MPEG-7 Standardisation. Kluwer Academic Publishers, Dordrecht.

Mokhtarian, F., Abbasi, S., Kittler, J., 1996. Efficient and robust shape retrieval by shape content through curvature scale space. In: Proc. 1st Int. Conf. Image Database and Multi-Search, pp. 35–42.

Montiel, E., Aguado, A.S., Nixon, M.S., 2001. Improving the Hough transform gathering process for affine transformations. Pattern Recognit. Lett. 22 (9), 959–969.

Moravec, H.P., 1977. Towards automatic visual obstacle avoidance. In: Proc. Fifth Int. Joint. Conf. on Artificial Intelligence. 22–25 August, Cambridge, MA, pp. 584.

Moravec, H.P., 1980. Obstacle avoidance and navigation in the real world by a seeing robot rover. Stanford Artif. Intell. Lab. Memo AIM-340.

Mori, G., Belongie, S., Malik, J., 2005. Efficient shape matching using shape contexts. IEEE Trans. Pattern Anal. Mach. Intell. 27 (11), 1832–1837.

Mundy, J.L. and Zisserman, A. (Eds.), 1992a. Geometric Invariance Computer Vision. MIT Press, Cambridge, MA.

Mundy, J.L. and Zisserman, A., 1992b. Appendix—Projective Geometry for Machine Vision. In Mundy, J.L. and Zisserman, A. (Eds.) (1992a), op. cit., pp. 463–519.

Myatt, D.R., Torr, P.H.S., Nasuto, S.J., Bishop, J.M., Craddock, R., 2002. Napsac: high noise, high dimensional robust estimation – it's in the bag. Proc. British Machine Vision Assoc. Conf. 458–467.

Nagao, M., Matsuyama, T., 1979. Edge preserving smoothing. Comput. Graph. Image Process. 9, 394–407.

Nagel, H.-H., 1983. Displacement vectors derived from second-order intensity variations in image sequences. Comput. Vision Graph. Image Process. 21, 85–117.

Nagel, H.-H., 1986. Image sequences – ten (octal) years-from phenomenology towards a theoretical foundation. In: Proc. Eighth Int. Conf. on Pattern Recognition. 27–31 October, Paris, pp.

1174 – 1185.

Nagel, R.N., Rosenfeld, A., 1972. Ordered search techniques in template matching. Proc. IEEE 60, 242 – 244.

Nait-Charif, H. and McKenna, S.J., 2004. Tracking poorly modelled motion using particle filters with iterated likelihood weighting. In: Proc. Asian Conf. on Computer Vision. Jeju Island, Korea, pp. 156 – 161.

Nait-Charif, H., McKenna, S.J., 2006. Tracking the activity of participants in a meeting. Mach. Vision Appl. 17 (2), 83 – 93.

Nakagawa, Y., Rosenfeld, A., 1979. Some experiments on variable thresholding. Pattern Recognit. 11, 191 – 204.

Narendra, P.M., 1978. A separable median filter for image noise smoothing. In: Proc. IEEE Computer Soc. Conf. on Pattern Recognition and Image Process. 31 May – 2 June, Chicago, pp. 137 – 141.

Ng, H.-F., 2006. Automatic thresholding for defect detection. Pattern Recognit. Lett. 27 (14), 1644 – 1649.

Ni, K., Jin, H. and Dellaert, F., 2009. GroupSAC: Efficient consensus in the presence of groupings. In: Proc. Int. Conf. on Computer Vision. October, Kyoto, Japan.

Niblack, W., 1985. An Introduction to Digital Image Processing. Strandberg, Birkeroed, Denmark.

Nieminen, A., Heinonen, P., Neuvo, Y., 1987. A new class of detail-preserving filters for image processing. IEEE Trans. Pattern Anal. Mach. Intell. 9, 74 – 90.

Nilsson, N.J., 1965. Learning Machines—Foundations of Trainable Pattern-Classifying Systems. McGraw-Hill, New York.

Nitzan, D., Brain, A.E., Duda, R.O., 1977. The measurement and use of registered reflectance and range data in scene analysis. Proc. IEEE 65, 206 – 220.

Nixon, M., 1985. Application of the Hough transform to correct for linear variation of background illumination in images. Pattern Recognit. Lett. 3, 191 – 194.

Nixon, M., Aguado, A., 2008. Feature Extraction and Image Processing, second ed. Academic Press, Oxford, UK.

Nixon, M.S., Tan, T.N., Chellappa, R., 2006. Human Identification Based on Gait. Springer, New York.

Noble, J.A., 1988. Finding corners. Image Vision Comput. 6, 121 – 128.

Noh, H., Hong, S., Han, B., 2015. Learning deconvolution network for semantic segmentation. In: Proc. IEEE Int. Conf. on Computer Vision. 13 – 16 December, Santiago, Chile, pp. 1520 – 1528. See also arXiv:1505.04366v1 [cs.CV] 17 May.

North, D.O., 1943. An analysis of the factors which determine signal/noise discrimination in pulsed-carrier systems. In: Rep. PTR-6C; Reprinted in Proc. IEEE 51, 1963, RCA Lab., Princeton, NJ, pp. 1016 – 1027.

Noyce, R.N., 1977. Microelectronics. Sci. Am. 237 (September), 62 – 69.

Nummiaro, K., Koller-Meier, E., Van Gool, L., 2003. An adaptive color-based particle filter. Image

Vision Comput. 21 (1), 99 – 110.

O'Gorman, F., 1978. Edge detection using Walsh functions. Artif. Intell. 10, 215 – 223.

O'Gorman, F., Clowes, M.B., 1976. Finding picture edges through collinearity of feature points. IEEE Trans. Comput. 25, 449 – 456.

Ohanian, P.P., Dubes, R.C., 1992. Performance evaluation for four classes of textural features. Pattern Recognit. 25, 819 – 833.

Ohta, Y., Maenobu, K. and Sakai, T., 1981. Obtaining surface orientation from texels under perspective projection. In: Proc. Seventh Int. Joint Conf. on Artif. Intell. Vancouver, pp. 746 – 751.

Oja, E., 1982. A simplified neuron model as a principal component analyzer. Int. J. Neural. Syst. 1, 61 – 68.

Ojala, T., Pietikäinen, M., Mäenpää, T., 2002. Multiresolution gray-scale and rotation-invariant texture classificaiton with local binary patterns. IEEE Trans. Pattern Anal. Mach. Intell. 24 (7), 971 – 987.

Olague, G. and Hernández, B., 2002. Flexible model-based multi-corner detector for accurate measurements and recognition. In: Proc. 16th Int. Conf. on Pattern Recognition. 11 – 15 Aug., Québec, Canada, Vol. II, pp. 578 – 583.

Olson, C.F., 1998. Improving the generalized Hough transform through imperfect grouping. In Davies, E.R. and Atiquzzaman, M. (Eds.), Special Issue on Projection-Based Transforms, Image Vision Computing. 16 (9 – 10), 627 – 634.

Olson, C.F., 1999. Constrained Hough transforms for curve detection. Comput. Vision Image Understanding 73 (3), 329 – 345.

Onyango, C.M., Marchant, J.A., 1996. Modelling grey level surfaces using three-dimensional point distribution models. Image Vision Comput. 14, 733 – 739.

Ooms, D., Palm, R., Leemans, V., Destain, M.-F., 2010. A sorting optimization curve with quality and yield requirements. Pattern Recognit. Lett. 31 (9), 983 – 990.

Osteen, R.E., Tou, J.T., 1973. A clique-detection algorithm based on neighbourhoods in graphs. Int. J. Comput. Inf. Sci. 2, 257 – 268.

Otsu, N., 1979. A threshold selection method from gray-level histograms. IEEE Trans. Syst. Man Cybern. 9 (1), 62 – 66.

Pal, N.R., Pal, S.K., 1989. Object-background segmentation using new definitions of entropy. IEE Proc. E 136 (4), 284 – 295.

Paler, K., Kittler, J., 1983. Greylevel edge thinning: a new method. Pattern Recognit. Lett. 1, 409 – 416.

Paler, K., Föglein, J., Illingworth, J., Kittler, J., 1984. Local ordered grey levels as an aid to corner detection. Pattern Recognit. 17, 535 – 543.

Pan, X.-B., Brady, M., Bowman, A.K., Crowther, C., Tomlin, R.S.O., 2004. Enhancement and feature extraction for images of incised and ink texts. Image Vision Comput. 22 (6), 443 – 451.

Pan, X.D., Ellis, T.J. and Clarke, T.A., 1995. Robust tracking of circular features. In: Proc. Sixth British Machine Vision Assoc. Conf. 11 – 14 Sept., Birmingham, pp. 553 – 562.

Panda, D.P., Rosenfeld, A., 1978. Image segmentation by pixel classification in (gray level, edge value) space. IEEE Trans. Comput. 27, 875–879.

Papadakis, N., Bugeau, A., 2011. Tracking with occlusions via graph cuts. IEEE Trans. Pattern Anal. Mach. Intell. 33 (1), 144–157.

Paragios, N., Deriche, R., 2000. Geodesic active contours and level sets for the detection and tracking of moving objects. IEEE Trans. Pattern Anal. Mach. Intell. 22 (3), 266–280.

Parker, D.B., 1985. Learning-logic: casting the cortex of the human brain in silicon. Technical Report TR-47, Center for Comput. Res. in Economics and Management Sci., MIT, Cambridge, MA.

Parker, J.R., 1994. Practical Computer Vision Using C. Wiley, New York.

Patel, D., Hannah, I. and Davies, E.R., 1994. Texture analysis for foreign object detection using a single layer neural network. In: Proc. IEEE Int. Conf. on Neural Networks, 28 June–2 July, Florida, Vol. VII, pp. 4265–4268.

Pavlidis, T., 1980. Algorithms for shape analysis of contours and waveforms. IEEE Trans. Pattern Anal. Mach. Intell. 2, 301–312.

Pearl, J., 1988. Probabilistic Reasoning in Intelligent Systems: Networks of Plausible Inference. Morgan Kaufmann, San Mateo, CA.

Pearson, K., 1901. On lines and planes of closest fit to systems of points in space. Philos. Mag. 2, 559–572.

Pelillo, M., 1999. Replicator equations, maximal cliques and graph isomorphism. Neural Comput. 11 (8), 1933–1955.

Pentland, A.P., 1984. Fractal-based description of natural scenes. IEEE Trans. Pattern Anal. Mach. Intell. 6 (6), 661–674.

Perdoch, M., Matas, J. and Obdrzalek, S., 2007. Stable affine frames on isophotes. In: Proc. Int. Conf. on Computer Vision (ICCV).

Persoon, E., Fu, K.-S., 1977. Shape discrimination using Fourier descriptors. IEEE Trans. Syst. Man Cybern. 7, 170–179.

Petrou, M. and Kittler, J., 1988. On the optimal edge detector. In: Proc. Fourth Alvey Vision Conf. 31 August–2 September, Manchester, pp. 191–196.

Petrou, M., Petrou, C., 2010. Image Processing: The Fundamentals, second ed. John Wiley and Sons, Ltd, Chichester, UK.

Petrou, M., Sevilla, P.G., 2006. Image Processing: Dealing With Texture. Wiley, Chichester, UK.

Pfaltz, J.L., Rosenfeld, A., 1967. Computer representation of planar regions by their skeletons. Commun. ACM 10, 119–125.

Pflugfelder, R. and Bischof, H., 2008. Tracking across non-overlapping views via geometry. In: Proc. IEEE Int. Conf. on Pattern Recognition.

Pflugfelder, R., Bischof, H., 2010. Localization and trajectory reconstruction in surveillance cameras with nonoverlapping views. IEEE Trans. Pattern Anal. Mach. Intell. 32 (4), 709–721.

Phong, B.-T., 1975. Illumination for computer-generated pictures. Commun. ACM 18, 311–317.

Pietikäinen, M., Rosenfeld, A., Davis, L.S., 1983. Experiments with texture classification using averages of local pattern matches. IEEE Trans. Syst. Man Cybern. 13 (3), 421 – 426.

Pike, M.C., 1965. Algorithm 267: random normal deviate [g5]. Commun. ACM 8 (10), 606.

Pitt, M.K., Shephard, N., 1999. Filtering via simulation: auxiliary particle filters. J. Am. Stat. Assoc. 94 (446), 590 – 599.

Plummer, A.P.N., Dale, F., 1984. The Picture Processing Language Compiler Manual. National Physical Laboratory, Teddington.

Pollard, S.B., Porrill, J., Mayhew, J.E.W., Frisby, J.P., 1987. Matching geometrical descriptions in three-space. Image Vision Comput. 5 (2), 73 – 78.

Postaire, J.G., Touzani, A., 1989. Mode boundary detection by relaxation for cluster analysis. Pattern Recognit. 22 (5), 477 – 489.

Prati, A., Mikić, I., Trivedi, M.M., Cucchiara, R., 2003. Detecting moving shadows: algorithms and evaluation. IEEE Trans. Pattern Anal. Mach. Intell. 25 (7), 918 – 923.

Pratt, W.K., 2001. Digital Image Processing, second ed. Wiley-Interscience, New York, USA.

Press, W.H., Teukolsky, S.A., Vetterling, W.T., Flannery, B.P., 1992. Numerical Recipes in C. The Art of Scientific Computing, second ed. Cambridge Univ. Press, Cambridge.

Press, W.H., Teukolsky, S.A., Vetterling, W.T., Flannery, B.P., 1997. Numerical Recipes in C, second ed. Cambridge University Press, Cambridge.

Prewitt, J.M.S., 1970. Object enhancement and extraction. In: Lipkin, B.S., Rosenfeld, A. (Eds.), Picture Processing and Psychopictorics. Academic Press, New York, pp. 75 – 149.

Prieto, M.S., Allen, A.R., 2003. A similarity metric for edge images. IEEE Trans. Pattern Anal. Mach. Intell. 25 (10), 1265 – 1273.

Prieto, M.S., Allen, A.R., 2009. Using self-organising maps in the detection and recognition of road signs. Image Vision Comput. 27, 673 – 683.

Princen, J., Illingworth, J. and Kittler, J., 1989a. A hierarchical approach to line extraction. In: Proc. IEEE Computer Vision and Pattern Recognition Conf. San Diego, pp. 92 – 97.

Princen, J., Yuen, H.K., Illingworth, J. and Kittler, J., 1989b. Properties of the adaptive Hough transform. In: Proc. Sixth Scand. Conf. on Image Analysis. 19 – 22 June, Oulu, Finland, pp. 613 – 620.

Princen, J., Illingworth, J., Kittler, J., 1994. Hypothesis testing: a framework for analyzing and optimizing Hough transform performance. IEEE Trans. Pattern Anal. Mach. Intell. 16 (4), 329 – 341.

Pringle, K.K., 1969. Visual perception by a computer. In: Grasselli, A. (Ed.), Automatic Interpretation and Classification of Images. Academic Press, New York, pp. 277 – 284.

Pritchard, D., Heidrich, W., 2003. Cloth motion capture. Comput. Graphics Forum (Eurographics 2003) 22 (3), 263 – 271.

Pun, C.-M., Lee, M.-C., 2003. Log-polar wavelet energy signatures for rotation and scale invariant texture classification. IEEE Trans. Pattern Anal. Mach. Intell. 25 (5), 590 – 603.

Pun, T., 1980. A new method for grey-level picture thresholding using the entropy of the histogram.

Signal Process. 2, 223 – 237.

Pun, T., 1981. Entropic thresholding, a new approach. Comput. Graph. Image Process. 16, 210 – 239.

Rabbani, H., Gazor, S., 2010. Image denoising employing local mixture models in sparse domains. IET Image Process. 4 (5), 413 – 428.

Rajashekhar, Chaudhuri, S., Namboodiri, V.P., 2007. Retrieval of images of man-made structures based on projective invariance. Pattern Recognit. 40, 296 – 308.

Ramanan, D., 2006. Learning to parse images of articulated bodies. In: Proc. Neural Information Processing Systems Conf. pp. 1129 – 1136.

Rätsch, G., Mika, S., Schölkopf, B., Müller, K.-R., 2002. Constructing boosting algorithms from SVMs: an application to one-class classification. IEEE Trans. Pattern Anal. Mach. Intell. 24 (9), 1184 – 1199.

Ravanbakhsh, M., Mousavi, H., Rastegari, M., Murino, V., and Davis, L.S., 2015. Action Recognition with Image Based CNN Features. arXiv:1512.03980v1 [cs.CV] 13 Dec.

Redmon, J., Farhadi, A., 2016. YOLO9000: Better, Faster, Stronger. arXiv:1612.08242v1 [cs.CV] 25 Dec.

Redmon, J., Divvala, S., Girshick, R., and Farhadi, A., 2015. You Only Look Once: Unified, Real-time Object Detection. arXiv:1506.02640 [cs.CV] 8 Jun.

Reed, T.R., Du Buf, J.M.H., 1993. A review of recent texture segmentation and feature extraction techniques. Comput. Vision Graph. Image Process.: Image Understanding 57, 359 – 372.

Reeves, A.P., Akey, M.L. and Mitchell, O.R., 1983. A moment-based two-dimensional edge operator. In: Proc. IEEE Computer Soc. Conf. on Comput. Vision and Pattern Recognition. 19 – 23 June, pp. 312 – 317.

Ren, J., Jiang, J., Wang, D., Ipson, S.S., 2010. Fusion of intensity and inter-component chromatic difference for effective and robust colour edge detection. IET Image Process. 4 (4), 294 – 301.

Ren, S., He, K., Girshick, R., and Sun, J., 2015. Faster R-CNN: towards Real-time Object Detection with Region Proposal Networks. arXiv:1506.01497 [cs.CV] 4 Jun.

Rindfleisch, T., 1966. Photometric method for lunar topography. Photogramm. Eng. 32, 262 – 276.

Ringer, M. and Lazenby, J., 2000. Modelling and tracking articulated motion from multiple camera views. In: Proc. 11th British Machine Vision Assoc. Conf. 11 – 14 Sept., Bristol, UK, pp. 172 – 181.

Rish, I., 2001. An empirical study of the naive Bayes classifier. In: Proc. IJCAI-01 Workshop on Empirical Methods in AI, Int. Jt. Conf. on Artificial Intelligence. pp. 41 – 46.

Robert, L., 1996. Camera calibration without feature extraction. Comput. Vision Image Understanding 63 (2), 314 – 325.

Roberts, L.G., 1965. Machine perception of three-dimensional solids. In: Tippett, J., et al., (Eds.), Optical and Electro-optical Information Processing. MIT Press, Cambridge, MA, pp. 159 – 197.

Robinson, G.S., 1977. Edge detection by compass gradient masks. Comput. Graph. Image Process. 6, 492 – 501.

Robles-Kelly, A. and Hancock, E.R., 2002. A graph-spectral approach to correspondence matching. In: Proc. 16th Int. Conf. on Pattern Recognition. 11 – 15 Aug., Québec, Canada, Vol. IV, pp. 176 – 179.

Rocket, P.I., 2003. Performance assessment of feature detection algorithms: a methodology and case study of corner detectors. IEEE Trans. Image Process. 12 (12), 1668 – 1676.

Rodríguez, J.J., Garcíıa-Osorio, C., Maudes, J., 2010. Forests of nested dichotomies. Pattern Recognit. Lett. 31, 125 – 132.

Rogers, D.F., 1985. Procedural Elements for Computer Graphics. McGraw-Hill, New York.

Rosenblatt, F., 1958. The perceptron: a probabilistic model for information storage and organisation in the brain. Psychol. Rev. 65, 386 – 408.

Rosenblatt, F., 1962. Principles of Neurodynamics. Spartan, New York.

Rosenfeld, A., 1969. Picture Processing by Computer. Academic Press, New York. Rosenfeld, A., 1970. Connectivity in digital pictures. J. ACM 17, 146 – 160.

Rosenfeld, A., Pfaltz, J.L., 1966. Sequential operations in digital picture processing. J. ACM 13, 471 – 494.

Rosenfeld, A., Pfaltz, J.L., 1968. Distance functions on digital pictures. Pattern Recognit. 1, 33 – 61.

Rosenfeld, A., Troy, E.B., 1970a. Visual texture analysis. Computer Science Center, Univ. of Maryland Techn. Report TR-116.

Rosenfeld, A. and Troy, E.B., 1970b. Visual texture analysis. In: Conf. Record for Symposium on Feature Extraction and Selection in Pattern Recognition. Oct., Argonne, Ill, IEEE Publication 70C-51C, pp. 115 – 124.

Rosenfeld, A., VanderBrug, G.J., 1977. Coarse-fine template matching. IEEE Trans. Syst. Man Cybern. 7, 104 – 107.

Rosenfeld, A., de la Torre, P., 1983. Histogram concavity analysis as an aid in threshold selection. IEEE Trans. Syst. Man Cybern. 13 (3), 231 – 235.

Rosenfeld, A., Hummel, R.A., Zucker, S.W., 1976. Scene labelling by relaxation operations. IEEE Trans. Syst. Man Cybern. 6, 420 – 433.

Rosie, A.M., 1966. Information and Communication Theory. Blackie, London.

Rosin, P., 2000. Fitting superellipses. IEEE Trans. Pattern Anal. Mach. Intell. 22 (7), 726 – 732.

Rosin, P.L., 2001. Unimodal thresholding. Pattern Recognit. 34 (11), 2083 – 2096.

Rosin, P.L., West, G.A.W., 1995. Curve segmentation and representation by superellipses. IEE Proc. Vision Image Signal Process. 142 (5), 280 – 288.

Rosten, E., Porter, R., Drummond, T., 2010. Faster and better: a machine learning approach to corner detection. IEEE Trans. Pattern Anal. Mach. Intell. 32 (1), 105 – 119.

Roth, G. and Whitehead, A., 2002. Some improvements on two autocalibration algorithms based on the fundamental matrix. In: Proc. 16th Int. Conf. on Pattern Recognition. 11 – 15 Aug., Québec, Canada, Vol. II, pp. 312 – 315.

Rother, C. and Carlsson, S., 2001. Linear multi view reconstruction and camera recovery. In: Proc.

Eighth IEEE Int. Conf. on Computer Vision, Vancouver.

Rothwell, C.A., 1995. Object Recognition through Invariant Indexing. Oxford University Press, Oxford.

Rothwell, C.A., Zisserman, A., Forsyth, D.A. and Mundy, J.L., 1992a. Canonical frames for planar object recognition. In: Proc Second European Conf. on Computer Vision, Santa Margherita Ligure. 19 – 22 May, Italy, pp. 757 – 772.

Rothwell, C.A., Zisserman, A., Marinos, C.I., Forsyth, D.A., Mundy, J.L., 1992b. Relative motion and pose from arbitrary plane curves. Image Vision Comput. 10 (4), 250 – 262.

Rousseeuw, P.J., 1984. Least median of squares regression. J. Am. Stat. Assoc. 79 (388), 871 – 880.

Rousseeuw, P.J., Leroy, A.M., 1987. Robust Regression and Outlier Detection. Wiley, New York.

Rowley, H., Baluja, S., Kanade, T., 1998. Neural network-based face detection. IEEE Trans. Pattern Anal. Mach. Intell. 20 (1), 23 – 38.

Roy, P.P., Pal, U., Lladós, J., 2011. Document seal detection using GHT and character proximity graphs. Pattern Recognit. 44, 1282 – 1295.

Rubinstein, R.Y., Kroese, D.P., 2007. Simulation and the Monte Carlo Method, second ed. Wiley, Hoboken, NJ, USA.

Rumelhart, D.E., Hinton, G.E., Williams, R.J., 1986. Learning internal representations by error propagation. In: Rumelhart, D.E., McClelland, J.L. (Eds.), Parallel Distributed Processing: Explorations in the Microstructure of Cognition. The MIT Press, Cambridge, Mass, pp. 318 – 362.

Rummel, P., Beutel, W., 1984. Workpiece recognition and inspection by a model-based scene analysis system. Pattern Recognit. 17, 141 – 148.

Ruta, A., Li, Y., Liu, X., 2010. Real-time traffic sign recognition from video by class-specific discriminative features. Pattern Recognit. 43, 416 – 430.

Rutovitz, D., 1970. Centromere finding: some shape descriptors for small chromosome outlines. In: Meltzer, B., Michie, D. (Eds.), Machine Intelligence 5. Edinburgh University Press, Edinburgh, pp. 435 – 462.

Sagonas, C., Panagakis, Y., Zafeiriou, S., Pantic, M., 2015. Face Frontalization for Alignment and Recognition. arXiv:1502.00852v1 [cs.CV] 3 Feb.

Sagonas, C., Panagakis, Y., Zafeiriou, S., Pantic, M., 2016. Robust statistical frontalization of human and animal faces. Int. J. Computer Vision. Springer, http://dx.doi.org/10.1007/s11263-016-0920-7, published online 20 July 2016.

Sahoo, P.K., Soltani, S., Wong, A.K.C., Chen, Y.C., 1988. A survey of thresholding techniques. Comput. Vision Graph. Image Process 41, 233 – 260.

Sakarya, U., Erkmen, I., 2003. An improved method of photometric stereo using local shape from shading. Image Vision Comput. 21 (11), 941 – 954.

Sanchiz, J.M., Pla, F., Marchant, J.A., Brivot, R., 1996. Structure from motion techniques applied to crop field mapping. Image Vision Comput. 14, 353 – 363.

Sanfeliu, A., Fu, K.S., 1983. A distance measure between attributed relational graphs for pattern recognition. IEEE Trans. Syst. Man Cybern. 13 (3), 353 – 362.

Sangwine, S.J., Horne, R.E.N. (Eds.), 1998. The Colour Image Processing Handbook. Chapman and Hall, London.

Schaffalitsky, F., Zisserman, A., 2000. Planar grouping for automatic detection of vanishing lines and points. Image Vision Comput. 18 (9), 647 – 658.

Schapire, R.E., 1990. The strength of weak learnability. Mach. Learn. 5 (2), 197 – 227.

Schildt, H., 1995. C++, the Complete Reference, third ed. McGraw-Hill, Osborne.

Schmid, C., Mohr, R., Bauckhage, C., 2000. Evaluation of interest point detectors. Int. J. Comput. Vision 37 (2), 151 – 172.

Schmidt, J., Fritsch, J. and Kwolek, B., 2006. Kernel particle filter for real-time 3D body tracking in monocular color images. In: Proc. IEEE Int. Conf. on Automatic Face and Gesture Recognition. Southampton, UK, pp. 567 – 572.

Schneiderman, H., Nashman, M., Wavering, A.J., Lumia, R., 1995. Vision-based robotic convoy driving. Mach. Vision Appl. 8 (6), 359 – 364.

Schoölkopf, B., Smola, A., Müller, K.R., 1997. Kernel principal component analysis. Int. Conf. Artif. Neural Networks 583 – 588.

Scott, G.L., 1988. Local and Global Intepretation of Moving Images. Pitman/Morgan Kaufmann, London/San Mateo, CA.

Sebe, N., Lew, M.S., 2003. Comparing salient point detectors. Pattern Recognit. Lett. 24 (1 – 3), 89 – 96.

Sebe, N., Tian, Q., Loupias, E., Lew, M.S., Huang, T.S., 2003. Evaluation of salient point techniques. Image Vision Comput. 21 (13 – 14), 1087 – 1095.

Semple, J.G., Kneebone, G.T., 1952. Algebraic Projective Geometry. Oxford University Press, Oxford.

Ser, P.-K., Siu, W.-C., 1995. Novel detection of conics using 2-D Hough planes. IEE Proc. Vision Image Signal Process. 142 (5), 262 – 270.

Serra, J., 1982. Image Analysis and Mathematical Morphology. Academic Press, New York.

Sewisy, A.A., Leberl, F., 2001. Detection ellipses by finding lines of symmetry in the images via an hough transform applied to straight lines. Image Vision Comput. 19 (12), 857 – 866.

Sezgin, M., Sankur, B., 2004. Survey over image thresholding techniques and quantitative performance evaluation. J. Electron. Imaging 13 (1), 146 – 168.

Sfikas, G., Nikou, C., and Galatsanos, N., 2007. Robust image segmentation with mixtures of Student's t-distributions. In: Proc. IEEE Int. Conf. on Image Processing. Vol. I, pp. 273 – 276.

Shah, M.A., Jain, R., 1984. Detecting time-varying corners. Comput. Vision Graph. Image Process 28, 345 – 355.

Shakespeare, W., 1599. The Tragedy of Julius Caesar.

Shapiro, L.G., Haralick, R.M., 1985. A metric for comparing relational descriptions. IEEE Trans. Pattern Anal. Mach. Intell. 7 (1), 90 – 94.

Shen, F., Wang, H., 2002. Corner detection based on modified Hough transform. Pattern Recognit.

Lett. 23 (8), 1039 – 1049.

Shen, X., Hogg, D., 1995. 3D shape recovery using a deformable model. Image Vision Comput. 13 (5), 377 – 383.

Shima, T., Saito, S., Nakajima, M., 2010. Design and evaluation of more accurate gradient operators on hexagonal lattices. IEEE Trans. Pattern Anal. Mach. Intell. 32 (6), 961 – 973.

Shioyama, T., Uddin, M.S., 2004. Detection of pedestrian crossings with projective invariants from image data. Meas. Sci. Technol. 15, 2400 – 2405.

Shirai, Y., 1972. Recognition of polyhedra with a range finder. Pattern Recognit. 4, 243 – 250.

Shirai, Y., 1987. Three-dimensional Computer Vision. Springer-Verlag, Berlin.

Shufelt, J.A., 1999. Performance evaluation and analysis of vanishing point detection techniques. IEEE Trans. Pattern Anal. Mach. Intell. 21 (3), 282 – 288.

Shuster, R., Ansari, N., Bani-Hashemi, A., 1993. Steering a robot with vanishing points. IEEE Trans. Rob. Autom. 9 (4), 491 – 498.

Siebel, N.T. and Maybank, S.J., 2002. Fusion of multiple tracking algorithms for robust people tracking. In: Heyden, A., Sparr, G., Nielsen, M. and Johansen, P. (Eds.), Proc. Seventh European Conf. on Computer Vision (ECCV). Vol. IV, pp. 373 – 387.

Siegel, A.F., 1982. Robust regression using repeated medians. Biometrika 69 (1), 242 – 244.

Silberberg, T.M., Davies, L., Harwood, D., 1984. An iterative Hough procedure for three-dimensional object recognition. Pattern Recognit. 17, 621 – 629.

Silletti, A., Abate, A., Axelrod, J.D., Tomlin, C.J., 2011. Versatile spectral methods for point set matching. Pattern Recognit. Lett. 32 (5), 731 – 739.

Simard, P., Bottou, L., Haffner, P., LeCun, Y., 1999. Boxlets: a fast convolution algorithm for neural networks and signal processing, Advances in Neural Information Processing Systems, 11. MIT Press, Cambridge, MA, USA.

Simonyan K., and Zisserman, A., 2015. Very Deep Convolutional Networks for Large-scale Image Recognition. arXiv:1409.1556v6 10 Apr.

Simonyan, K., Vedaldi, A., Zisserman, A., 2014. Deep Inside Convolutional Networks: Visualising Image Classification Models and Saliency Maps. arXiv:1312.6034v2 [cs.CV] 19 Apr.

Sirovich, L., Kirby, M., 1987. A two-dimensional procedure for the characterization of human faces. J. Opt. Soc. Am. 4 (3), 519 – 524.

Sjöberg, F., Bergholm, F., 1988. Extraction of diffuse edges by edge focussing. Pattern Recognit. Lett. 7, 181 – 190.

Sklansky, J., 1970. Recognition of convex blobs. Pattern Recognit. 2, 3 – 10.

Sklansky, J., 1978. On the Hough technique for curve detection. IEEE Trans. Comput. 27, 923 – 926.

Sklansky, J., Cordella, L.P., Levialdi, S., 1976. Parallel detection of concavities in cellular blobs. IEEE Trans. Comput. 25, 187 – 196.

Slama, C.C. (Ed.), 1980. Manual of Photogrammetry, fourth ed. Amer. Soc. of Photogrammetry, Falls Church, VA.

Smith, S., Brady, J.M., 1997. Susan – a new approach to low level image processing. Int. J. Comput. Vision 23 (1), 45–78.

Smolka, B., 2010. Peer group switching filter for impulse noise reduction in color images. Pattern Recognit. Lett. 31 (6), 484–495.

Soille, P., 2003. Morphological Image Analysis: Principles and Applications, second ed. Springer-Verlag, Heidelberg.

Soille, P., Vogt, P., 2009. Morphological segmentation of binary patterns. Pattern Recognit. Lett. 30 (4), 456–459.

Song, J., Cai, M., Lyu, M. and Cai, S., 2002. A new approach for line recognition in large-size images using Hough transform. In: Proc. 16th Int. Conf. on Pattern Recognition. 11–15 Aug., Québec, Canada, Vol. I, pp. 33–36.

Sonka, M., Hlavac, V., Boyle, R., 2007. Image Processing, Analysis, and Machine Vision, third ed. Thomson Engineering, Toronto, Canada.

Spence, A., Robb, M., Timmins, M., Chantler, M., 2004. Real-time per-pixel rendering of textiles for virtual textile catalogues. Int. J. Clothing Sci. Technol. 16 (1/2).

Startchik, S., Milanese, R., Pun, T., 1998. Projective and illumination invariant representation of disjoint shapes. Image Vision Comput. 16 (9–10), 713–723.

Stauffer, C., and Grimson, W.E.L., 1999. Adaptive background mixture models for real-time tracking. In: Proc. IEEE Conf. on Computer Vision and Pattern Recognition. 23–25 June, Ft. Collins, CO, pp. 246–252.

Steele, J.M., Steiger, W.L., 1986. Algorithms and complexity for least median of squares regression. Discrete Appl. Math. 14, 93–100.

Stella, E., Lovergine, F.P., D'Orazio, T., Distante, A., 1995. A visual tracking technique suitable for control of convoys. Pattern Recognit. Lett. 16 (9), 925–932.

Stephens, R.S., 1991. Probabilistic approach to the Hough transform. Image Vision Comput. 9 (1), 66–71.

Stevens, K., 1980. Surface perception from local analysis of texture and contour. MIT Artif. Intell. Lab. Memo AI-TR-512.

Stockman, G.C., Agrawala, A.K., 1977. Equivalence of Hough curve detection to template matching. Commun. ACM 20, 820–822.

Straforini, M., Coelho, C., Campani, M., 1993. Extraction of vanishing points from images of indoor and outdoor scenes. Image Vision Comput. 11 (2), 91–99.

Stroustrup, B., 1997. The C++ Programming Language, third ed. Addison-Wesley, Reading, MA, USA.

Sturm, P., 2000. A case against Kruppa's equations for camera self-calibration. IEEE Trans. Pattern Anal. Mach. Intell. 22 (10), 1199–1204.

Sugrue, M., Davies, E.R., 2007. Motion signals provide rapid discernment of pedestrians and pedestrian behaviour. Electron. Lett. 43 (23), 1267–1269.

Sugrue, M. and Davies, E.R., 2008. Motion detection and tracking by mimicking neurological dorsal/ventral pathways. In: Chapter 9 in Bharath, A. and Petrou, M. (Eds.) Reverse

Engineering the Human Vision System: Next Generation Artificial Vision Systems. pp. 217–247.

Sullivan, G.D., 1992. Visual interpretation of known objects in constrained scenes. Philos. Trans. Royal Soc. London, Ser. B 337, 361–370.

Sun, Y., Wang, X., and Tang, X., 2013. Hybrid deep learning for face verification. In: Proc. IEEE Int. Conf. on Computer Vision. 1–8 December, Darling Harbour, Sydney, pp. 1489–1496.

Sun, Y., Wang, X., and Tang, X., 2014a. Deep Learning Face Representation by Joint Identification-Verification. arXiv:1406.4773v1 [cs.CV] 18 Jun.

Sun, Y., Wang, X., and Tang, X., 2014b. Deep learning face representation from predicting 10,000 classes. In: Proc. IEEE Conf. on Computer Vision and Pattern Recognition. 24–27 June, Columbus, Ohio, pp. 1891–1898.

Sun, Z., Bebis, G. and Miller, R., 2004. On-road vehicle detection using optical sensors: a review. In: IEEE Int. Conf. on Intelligent Transportation Systems, pp. 585–590.

Sun, Z., Bebis, G., Miller, R., 2006. On-road vehicle detection: a review. IEEE Trans. Pattern Anal. Mach. Intell. 28 (5), 694–711.

Suzuki, K., Horiba, I., Sugie, N., 2003. Neural edge enhancer for supervised edge enhancement from noisy images. IEEE Trans. Pattern Anal. Mach. Intell. 25 (12), 1582–1596.

Swain, M.J., Ballard, D.H., 1991. Color indexing. Int. J. Comput. Vision 7 (1), 11–32.

Szegedy, C., Liu, W., Jia, Y., Sermanet, P., Reed, S., Anguelov, D., et al., 2014. Going Deeper with Convolutions. arXiv:1409.4842v1 [cs.CV] 17 Sep.

Tabandeh, A.S. and Fallside, F., 1986. Artificial intelligence techniques and concepts for the integration of robot vision and 3D solid modellers. In: Proc. Int. Conf. on Intell. Autonomous Systems. 18–11 December, Amsterdam.

Taigman, Y., Yang, M., Ranzato, M.'A., and Wolf, L., 2014. DeepFace: closing the gap to human-level performance in face verification. In: Proc. IEEE Conf. on Computer Vision and Pattern Recognition. 24–27 June, Columbus, OH, pp. 1701–1708.

Tan, T.N., 1995. Structure, pose and motion of bilateral symmetric objects. In: Proc. Seventh British Machine Vision Assoc. Conf. 11–14 Sept., Birmingham, pp. 473–482.

Tan, T.N., Sullivan, G.D., Baker, K.D., 1994. Recognizing objects on the ground-plane. Image Vision Comput. 12 (3), 164–172.

Tang, Y.Y., You, X., 2003. Skeletonization of ribbon-like shapes based on a new wavelet function. IEEE Trans. Pattern Anal. Mach. Intell. 25 (9), 1118–1133.

Tao, W.-B., Tian, J.-W., Liu, J., 2003. Image segmentation by three-level thresholding based on maximum fuzzy entropy and genetic algorithm. Pattern Recognit. Lett. 24 (16), 3069–3078.

Teixeira, L.F., Corte-Real, L., 2009. Video object matching across multiple independent views using local descriptors and adaptive learning. Pattern Recognit. Lett. 30 (2), 157–167.

Theil, H., 1950. A rank-invariant method of linear and polynomial regression analysis (parts 1–3). Nederlandsche Akad. Wetenschappen Proc. A53, 386–392, 521–525 and 1397–1412.

Theodoridis, S., Koutroumbas, K., 1999. Pattern Recognition. Academic Press, London.

Tighe, J., Lazebnik, S., 2013. Finding things: Image parsing with regions and per-exemplar detectors. In: Proc. IEEE Conf. on Computer Vision and Pattern Recognition. 23–28 June, Portland, Oregon, pp. 3001–3008.

Tillett, R.D., Onyango, C.M., Marchant, J.A., 1997. Using model-based image processing to track animal movements. Comput. Electron. Agric. 17, 249–261.

Tipping, M.E., Bishop, C.M., 1999. Mixtures of probabilistic principal component analyzers. Neural Comput. 11 (2), 443–482.

Tissainayagam, P., Suter, D., 2004. Assessing the performance of corner detectors for point feature tracking applications. Image Vision Comput. 22 (8), 663–679.

Toennies, K., Behrens, F. and Aurnhammer, M., 2002. Feasibility of Hough-transform-based iris localisation for real-time application. In: Proc. 16th Int. Conf. on Pattern Recognition. 11–15 Aug., Québec, Canada, Vol. II, pp. 1053–1056.

Torr, P.H.S., Davidson, C., 2003. IMPSAC: synthesis of importance sampling and random sample consensus. IEEE Trans. Pattern Anal. Mach. Intell. 25 (3), 354–364.

Torr, P.H.S. and Fitzgibbon, A.W., 2003. Invariant fitting of two view geometry or In defiance of the 8 point algorithm. In: Proc. British Machine Vision Assoc. Conf. 9–11 Sept., Norwich, UK, pp. 83–92.

Torr, P.H.S., Fitzgibbon, A.W., 2004. Invariant fitting of two view geometry. IEEE Trans. Pattern Anal. Mach. Intell. 26 (5), 648–650.

Torreão, J.R.A., 2001. A Green's function approach to shape from shading. Pattern Recognit. 34 (12), 2367–2382.

Torreão, J.R.A., 2003. Geometric–photometric approach to monocular shape estimation. Image Vision Comput. 21 (12), 1045–1062.

Toulson, D.L., Boyce, J.F., 1992. Segmentation of MR images using neural nets. Image Vision Comput. 10 (5), 324–328.

Tsai, D.-M., 1995. A fast thresholding selection procedure for multimodal and unimodal histograms. Pattern Recognit. Lett. 16 (6), 653–666.

Tsai, F.C.D., 1996. A probabilistic approach to geometric hashing using line features. Comput. Vision Image Understanding 63 (1), 182–195.

Tsai, R.Y., 1986. An efficient and accurate camera calibration technique for 3D machine vision. In: Proc. Conf. on Comput. Vision Pattern Recognition. Miami, FL, pp. 364–374.

Tsai, R.Y., Huang, T.S., 1984. Uniqueness and estimation of three-dimensional motion parameters of rigid objects with curved surfaces. IEEE Trans. Pattern Anal. Mach. Intell. 6, 13–27.

Tsuji, S., Matsumoto, F., 1978. Detection of ellipses by a modified Hough transform. IEEE Trans. Comput. 27, 777–781.

Tsukune, H. and Goto, K., 1983. Extracting elliptical figures from an edge vector field. In: Proc. IEEE Conf. on Computer Vision and Pattern Recognition. Washington, pp. 138–141.

Turin, G.L., 1960. An introduction to matched filters. IRE Trans. Inf. Theory 6, 311–329.

Turk, M.A., Pentland, A.P., 1991. Eigenfaces for recognition. J. Cogn. Neurosci. 3 (1), 71–86.

Turney, J.L., Mudge, T.N., Volz, R.A., 1985. Recognizing partially occluded parts. IEEE Trans. Pattern Anal. Mach. Intell IEEE Trans. Pattern Anal. Mach. Intell. 7, 410 – 421.

Tuytelaars, T., Mikolajczyk, K., 2008. Local invariant feature detectors: a survey. Found. Trends Comput. Graphics Vision 3 (3), 177 – 280.

Tuytelaars, T. and Van Gool, L., 2000. Wide baseline stereo matching based on local, affinely invariant regions. In: Proc. British Machine Vision Conf. (BMVC), Bristol University, UK, pp. 412 – 422.

Tuytelaars, T., Van Gool, L., 2004. Matching widely separated views based on affine invariant regions. Int. J. Comput. Vision 1 (59), 61 – 85.

Tuytelaars, T., Turina, A., van Gool, L., 2003. Noncombinatorial detection of regular repetitions under perspective skew. IEEE Trans. Pattern Anal. Mach. Intell. 25 (4), 418 – 432.

Tzomakas, C. and von Seelen, W., 1998. Vehicle Detection in Traffic Scenes Using Shadows. Internal Report 98 – 06. Ruhr-Universität Bochum.

Ullman, S., 1979. The Interpretation of Visual Motion. MIT Press, Cambridge, MA.

Ullmann, J.R., 1969. Experiments with the *n*-tuple method of pattern recognition. IEEE Trans. Comput. 18, 1135 – 1137.

Ullmann, J.R., 1973. Pattern Recognition Techniques. Butterworth, London.

Ullmann, J.R., 1974. Binarisation using associative addressing. Pattern Recognit. 6, 127 – 135.

Ullmann, J.R., 1976. An algorithm for subgraph isomorphism. J. ACM 23, 31 – 42.

Ulusoy, I., Yuruk, H., 2011. New method for the fusion of complementary information from infrared and visual images for object detection. IET Image Process. 5 (1), 36 – 48.

Umeyama, S., 1988. An eigen decomposition approach to weighted graph matching problems. IEEE Trans. Pattern Anal. Mach. Intell. 10 (5), 695 – 703.

Unser, M., 1986. Local linear transforms for texture measurements. Signal Process. 11, 61 – 79.

Unser, M., Eden, M., 1989. Multiresolution feature extraction and selection for texture segmentation. IEEE Trans. Pattern Anal. Mach. Intell. 11 (7), 717 – 728.

Unser, M., Eden, M., 1990. Nonlinear operators for improving texture segmentation based on features extracted by spatial filtering. IEEE Trans. Syst. Man Cybern. 20 (4), 804 – 815.

Vaillant, R., Monrocq, C., Le Cun, Y., 1994. Original approach for the localisation of objects in images. IEE Proc. Vision Image Signal Process. 141 (4), 245 – 250.

Valero, S., Chanussot, J., Benediktsson, J.A., Talbot, H., Waske, B., 2010. Advanced directional mathematical morphology for the detection of the road network in very high resolution remote sensing images. Pattern Recognit. Lett. 31 (10), 1120 – 1127.

van de Sande, K.E.A., Gevers, T., Snoek, C.G.M., 2010. Evaluating color descriptors for object and scene recognition. IEEE Trans. Pattern Anal. Mach. Intell. 32 (9), 1582 – 1596.

van de Sande, K.E.A., Uijlings, J., Snoek, C., and Smeulders, A., 2012. Hybrid coding for selective search. PASCAL Visual Object Classes (VOC) Classification Challenge Workshop, in conjunction with the European Conf. on Computer Vision. 12 October, Florence, Italy.

van der Merwe, R., Doucet, A., De Freitas, N., Wan, E., 2000. The unscented particle filter. Proc.

Neural Inf. Process. Syst. 584 – 590.

van Digellen, J., 1951. Photometric investigations of the slopes and heights of the ranges of hills in the Maria of the moon. Bull. Astron. Inst. Netherlands 11, 283 – 289.

van Dijck, H., van der Heijden, F., 2003. Object recognition with stereo vision and geometric hashing. Pattern Recognit. Lett. 24 (1 – 3), 137 – 146.

van Ginneken, B., Frangi, A.F., Staal, J.J., ter Haar Romeny, B.M., Viergever, M.A., 2002. Active shape model segmentation with optimal features. IEEE Trans. Med. Imaging 21 (8), 924 – 933.

Van Gool, L., Dewaele, P., Oosterlinck, A., 1985. Survey: Texture analysis anno 1983. Comput. Vision Graph. Image Process 29, 336 – 357.

Van Gool, L., Proesmans, M. and Zisserman, A., 1998. Planar homologies as a basis for grouping and recognition. In Special Issue on Geometric Modelling and Invariants for Computer Vision, Image Vision Comput. 16 (1), 21 – 26.

van Wyk, M.A., Durrani, T.S., van Wyk, B.J., 2002. A RKHS interpolator-based graph matching algorithm. IEEE Trans. Pattern Anal. Mach. Intell. 24 (7), 988 – 995.

VanderBrug, G.J., Rosenfeld, A., 1977. Two-stage template matching. IEEE Trans. Comput. 26, 384 – 393.

Vapnik, V.N., 1998. Statistical Learning Theory. Wiley, New York.

Vega, I.R., Sarkar, S., 2003. Statistical motion model based on the change of feature relationships: human gait-based recognition. IEEE Trans. Pattern Anal. Mach. Intell. 25 (10), 1323 – 1328.

Vetrov, D.P., Kropotov, D.A., Osokin, A.A., 2010. Automatic determination of the number of components in the EM algorithm of restoration of a mixture of normal distributions. Comput. Math. Math. Phys. 50 (4), 733 – 746.

Vezzani, R. and Cucchiara, R., 2008. Ad-hoc: appearance driven human tracking with occlusion handling. In: Proc. First Int. Workshop on Tracking Humans for Evaluation of Motion in Image Sequences (THEMIS). Leeds, UK, pp. 9 – 18.

Vezzani, R., Grana, C., Cucchiara, R., 2011. Probabilistic people tracking with appearance models and occlusion classification: the AD-HOC system. Pattern Recognit. Lett. 32, 867 – 877.

Vincze, M., 2001. Robust tracking of ellipses at frame rate. Pattern Recognit. 34 (2), 487 – 498.

Vinyals, O., Toshev, A., Bengio, S., and Erhan, D., 2015. Show and tell: a neural image caption generator. In: Proc. IEEE Conf. on Computer Vision and Pattern Recognition. 7 – 12 June, Boston, MA, pp. 3156 – 3164. See also: arXiv:1411.4555v2 [cs.CV] 20 Apr.

Viola, P. and Jones, M., 2001. Rapid object detection using a boosted cascade of simple features. In: Proc. IEEE Conf. on Computer Vision and Pattern Recognition. 8 – 14 December, Kauai, Hawaii, Vol. 1, pp. 511 – 518.

Viola, P., Jones, M.J., 2004. Robust real-time face detection. Int. J. Comput. Vision 57 (2), 137 – 154.

Vistnes, R., 1989. Texture models and image measures for texture discrimination. Int. J. Comput. Vision 3, 313 – 336.

Vondrick, C., Pirsiavash, H., Torralba, A., 2016. Anticipating visual representations from unlabeled video. In: Proc. IEEE Conf. on Computer Vision and Pattern Recognition. 26 June – 1 July, Las Vegas, pp. 98 – 106. See also arXiv:1504.08023v2 [cs.CV] 30 Nov.

Wang, C., Sun, H., Yada, S., Rosenfeld, A., 1983. Some experiments in relaxation image matching using corner features. Pattern Recognit. 16, 167.

Wang, J., Bebis, G. and Miller, R., 2005. Overtaking vehicle detection using dynamic and quasi-static background modeling. In: Proc. IEEE Workshop on Machine Vision for Intelligent Vehicles. 21 June, San Diego, CA.

Wang, J.-G., Sung, E., 2001. Gaze determination via images of irises. Image Vision Comput. 19 (12), 891 – 911.

Wang, J.-G., Sung, E. and Venkateswarlu, R., 2003. Determining pose of a human face from a single monocular image. In: Proc. British Machine Vision Assoc. Conf. 9 – 11 Sept., Norwich, UK, pp. 103 – 112.

Wang, L., Bai, J., 2003. Threshold selection by clustering gray levels of boundary. Pattern Recognit. Lett. 24 (12), 1983 – 1999.

Wang, S., Siskind, J.M., 2003. Image segmentation with ratio cut. IEEE Trans. Pattern Anal. Mach. Intell. 25 (6), 675 – 690.

Ward, A.D., Hamarneh, G., 2010. The groupwise medial axis transform for fuzzy skeletonization and pruning. IEEE Trans. Pattern Anal. Mach. Intell. 32 (6), 1084 – 1096.

Webb, A., 2002. Statistical Pattern Recognition. Wiley, Chichester, UK.

Weiman, C.F.R., 1976. Highly parallel digitised geometric transformations without matrix multiplication. In: Proc. Int. Joint Conf. on Parallel Processing, pp. 1 – 10.

Werbos, P.J., 1974. Beyond Regression: New Tools for Prediction and Analysis in the Behavioral Sciences, PhD Thesis. Harvard Univ., Cambridge, MA.

Wermser, D. and Liedtke, C.-E., 1982. Texture analysis using a model of the visual system. In: Proc. Sixth Int. Conf. on Pattern Recognition. 19 – 22 Oct., Munich, pp. 1078 – 1081.

Wermser, D., Haussmann, G., Liedtke, C.-E., 1984. Segmentation of blood smears by hierarchical thresholding. Comput. Vision Graph. Image Process 25, 151 – 168.

Weska, J.S., 1978. A survey of threshold selection techniques. Comput. Graph. Image Process. 7, 259 – 265.

Weska, J.S., Rosenfeld, A., 1976. An application of texture analysis to materials inspection. Pattern Recognit. 8, 195 – 199.

Weska, J.S., Nagel, R.N., Rosenfeld, A., 1974. A threshold selection technique. IEEE Trans. Comput. 23, 1322 – 1326.

Weszka, J.S., Dyer, C.R., Rosenfeld, A., 1976. A comparative study of texture measures for terrain classification. IEEE Trans. Syst. Man Cybern. 6 (4), 269 – 285.

Whelan, P.F., Molloy, D., 2001. Machine Vision Algorithms in Java. Springer, London.

White, J.M., Rohrer, G.D., 1983. Image thresholding for optical character recognition and other applications requiring character image extraction. IBM J. Res. Dev. 27, 400 – 411.

Wiejak, J.S., Buxton, H., Buxton, B.F., 1985. Convolution with separable masks for early image processing. Comput. Vision Graph. Image Process. 32, 279 – 290.

Will, P.M., Pennington, K.S., 1971. Grid coding: a preprocessing technique for robot and machine vision. Artif. Intell. 2, 319 – 329.

Wilson, H.R., Giese, S.C., 1977. Threshold visibility of frequency gradient patterns. Vision Res. 17, 1177 – 1190.

Witkin, A.P., 1981. Recovering surface shape and orientation from texture. Artif. Intell. 17, 17 – 45.

Witkin, A.P., 1983. Scale-space filtering. In: Proc. Fourth Int. Joint. Conf. on Artif. Intell. Tbilisi, Georgi, USSR, pp. 1019 – 1022.

Wolf, L., Hassner, T., and Taigman, Y., 2009. Similarity scores based on background samples. In: Proc. Asian Conf. on Computer Vision.

Wolfson, H.J., 1991. Generalizing the generalized Hough transform. Pattern Recognit. Lett. 12 (9), 565 – 573.

Wong, R.Y., Hall, E.L., 1978. Scene matching with invariant moments. Comput. Graph. Image Process. 8, 16 – 24.

Woodham, R.J., 1978. Reflectance map techniques for analysing surface defects in metal castings. MIT Artif. Intell. Lab. Memo AI-TR-457.

Woodham, R.J., 1980. Photometric method for determining surface orientation from multiple images. Opt. Eng. 19, 139 – 144.

Woodham, R.J., 1981. Analysing images of curved surfaces. Artif. Intell. 17, 117 – 140.

Wu, A.Y., Hong, T.-H., Rosenfeld, A., 1982. Threshold selection using quadtrees. IEEE Trans. Pattern Anal. Mach. Intell. 4, 90 – 94.

Wu, H., Yoshikawa, G., Shioyama, T., Lao, S. and Kawade, M., 2002. Glasses frame detection with 3D Hough transform. In: Proc. 16th Int. Conf. on Pattern Recognition. 11 – 15 Aug., Québec, Canada, Vol. II, pp. 346 – 349.

Wu, T.-P., Tang, C.-K., 2010. Photometric stereo via expectation maximization. IEEE Trans. Pattern Anal. Mach. Intell. 32 (3), 546 – 560.

Xie, Y. and Ji, Q., 2002. A new efficient ellipse detection method. In: Proc. 16th Int. Conf. on Pattern Recognition. 11 – 15 Aug., Québec, Canada, Vol. II, pp. 957 – 960.

Xu, D., Li, Y.F., Tan, M., 2008. A general recursive linear method and unique solution pattern design for the perspective-n-point problem. Image Vision Comput. 26, 740 – 750.

Xu, L., Oja, E., 1993. Randomized Hough transform (RHT): basic mechanisms, algorithms, and computational complexities. Comput. Vision Graph. Image Process.: Image Understanding 57 (2), 131 – 154.

Xu, L.-Q., Landabaso, J.L. and Pardas, M., 2005. Shadow removal with blob-based morphological reconstruction for error correction. In: Proc. Int. Conf. on Acoustics, Speech, Signal Process.

Xu, M., Ellis, T.J., Godsill, S.J., Jones, G.A., 2011. Visual tracking of partially observable targets with suboptimal filtering. IET Comput. Vision 5 (1), 1 – 13.

Yan, C., Sang, N., Zhang, T., 2003. Local entropy-based transition region extraction and thresholding. Pattern Recognit. Lett. 24 (16), 2935–2941.

Yan, J., Zhang, X., Lei, Z., Li, S.Z., 2014. Face detection by structural models. Image Vision Comput. 32 (10), 790–799.

Yan, S., Xu, D., Yang, Q., Zhang, L., 2007. Multilinear discriminant analysis for face recognition. IEEE Trans. Image Process. 16 (1), 212–220.

Yang, S., Luo, P., Loy, C.C., and Tang, X., 2015a. From facial parts responses to face detection: a deep learning approach. In: Proc. IEEE Int. Conf. on Computer Vision. 13–16 December, Santiago, Chile, pp. 3676–3684.

Yang, S., Luo, P., Loy, C.C., Tang, X., 2015b. From Facial Parts Responses to Face Detection: A Deep Learning Approach. arXiv:1509.06451v1 [cs.CV] 22 Sep.

Yang, S., Luo, P., Loy, C.C., and Tang, X., 2017. Faceness-Net: Face Detection through Deep Facial Part Responses. arXiv:1701.08393v1 [cs.CV] 29 Jan.

Yang, Y., Li, Z., Zhang, L., Murphy, C., Ver Hoeve, J., and Jiang, H., 2012. Local label descriptor for example based semantic image labelling. In: Proc. 12th European Conf. on Computer Vision. 7–13 October, Florence, Italy, pp. 361–375.

Yitzhaky, Y., Peli, E., 2003. A method for objective edge detection evaluation and detector parameter selection. IEEE Trans. Pattern Anal. Mach. Intell. 25 (8), 1027–1033.

Youn, E., Jeong, M.K., 2009. Class dependent feature scaling method using naive Bayes classifier for text datamining. Pattern Recognit. Lett. 30 (5), 477–485.

Yu, T., Zhang, C., Cohen, M., Rui, Y. and Wu, Y., 2007. Monocular video foreground/background segmentation by tracking spatial-color Gaussian mixture models. In: Proc. IEEE Workshop on Motion and Video Computing, Austin, TA.

Yuen, H.K., Illingworth, J. and Kittler, J., 1988. Ellipse detection using the Hough transform. In: Proc. Fourth Alvey Vision Conf. 31 August–2 September, Manchester, pp. 265–271.

Yuen, H.K., Princen, J., Illingworth, J. and Kittler, J., 1989. A comparative study of Hough transform methods for circle finding. In: Proc. Fifth Alvey Vision Conf. 31 August–2 September, Manchester, pp. 169–174.

Yuille, A., Poggio, T.A., 1986. Scaling theorems for zero crossings. IEEE Trans. Pattern Anal. Mach. Intell. 8, 15–25.

Zahn, C.T., Roskies, R.Z., 1972. Fourier descriptors for plane closed curves. IEEE Trans. Comput. 21, 269–281.

Zeiler, M., Krishnan, D., Taylor, G., and Fergus, R., 2010. Deconvolutional networks. In: Proc. IEEE Conf. on Computer Vision and Pattern Recognition. 13–18 June, San Francisco, CA, pp. 2528–2535.

Zeiler M.D., and Fergus, R., 2014. Visualizing and understanding convolutional networks. In: Proc. 13th European Conf. on Computer Vision. 8–11 September, Zurich, Switzerland.

Zhang, B., Tian, W., Jin, Z., 2006. Head tracking based on the integration of two different particle filters. Meas. Sci. Technol. 17 (11), 2877–2883.

Zhang, G., Wei, Z., 2003. A position-distortion model of ellipse centre for perspective projection. Meas. Sci. Technol 14, 1420–1426.

Zhang, J., Modestino, J.W., 1990. A model-fitting approach to cluster validation with application to stochastic model-based image segmentation. IEEE Trans. Pattern Anal. Mach. Intell. 12 (10), 1009 – 1017.

Zhang, L., Wu, B. and Nevatia, R., 2007. Pedestrian detection in infrared images based on local shape features. In: Proc. Third Joint IEEE Int. Workshop on Object Tracking and Classification in and Beyond the Visible Spectrum.

Zhang, Z., 1995. Motion and structure of four points from one motion of a stereo rig with unknown extrinsic parameters. IEEE Trans. Pattern Anal. Mach. Intell. 17 (12), 1222 – 1227.

Zheng, D., Zhao, Y., Wang, J., 2005. An efficient method of license plate location. Pattern Recognit. Lett. 26, 2431 – 2438.

Zhou, H., Wallace, A.M., Green, P.R., 2003. A multistage filtering technique to detect hazards on the ground plane. Pattern Recognit. Lett. 24, 1453 – 1461.

Zhou, J., Fu, Z., Robles-Kelly, A., 2011. Structured learning approach to image descriptor combination. IET Comput. Vision 5 (2), 134 – 142.

Zhou, Y., Xu, R., Hu, X., Ye, Q., 2006. A robust lane detection and tracking method based on computer vision. Meas. Sci. Technol. 17 (4), 736 – 745.

Zhu, X., and Ramanan, D., 2012. Face detection, pose estimation, and landmark localization in the wild. In: Proc. IEEE Conf. on Computer Vision and Pattern Recognition. 1621 June, Providence, RI, pp. 2879 – 2886.

Zhu, Y., Comaniciu, D., Pellkofer, M. and Koehler, T., 2004. Passing vehicle detection from dynamic background using robust information fusion. In: Proc. Conf. on IEEE Intelligent Transportation Systems.

Zhuang, X., Haralick, R.M., 1986. Morphological structuring element decomposition. Comput. Vision, Graph, Image Process. 35, 370 – 382.

Zielke, T., Braukermann, M., von Seelen, W., 1993. Intensity and edge-based symmetry detection with an application to car-following. Comput. Vision Graph. Image Process.: Image Understanding 58 (2), 177 – 190.

Zisserman, A., Marinos, C., Forsyth, D.A., Mundy, J.L. and Rothwell, C.A., 1990. Relative motion and pose from invariants. In: Proc. 1st British Machine Vision Assoc. Conf. 24 – 27 Sept., Oxford, pp. 7 – 12.

Zucker, S.W., 1976a. Toward a model of texture. Comput. Graph. Image Process. 5, 190 – 202.

Zucker, S.W., 1976b. Region growing: childhood and adolescence. Comput. Graph. Image Process. 5, 382 – 399.

Zuniga, O.A. and Haralick, R.M., 1983. Corner detection using the facet model. In: Proc. IEEE Conf. on Computer Vision and Pattern Recognition, pp. 30 – 37.

Zuniga, O.A., Haralick, R.M., 1987. Integrated directional derivative gradient operator. IEEE Trans. Pattern Anal. Mach. Intell. 17, 508 – 517.

찾아보기

컴퓨터 비전 5/e

원리, 알고리듬, 응용

발 행 | 2022년 7월 29일

지은이 | E.R. 데이비스
옮긴이 | 전 성 빈

펴낸이 | 권 성 준
편집장 | 황 영 주
편 집 | 조 유 나
김 다 예
디자인 | 윤 서 빈

에이콘출판주식회사
서울특별시 양천구 국회대로 287 (목동)
전화 02-2653-7600, 팩스 02-2653-0433
www.acornpub.co.kr / editor@acornpub.co.kr

ISBN 979-11-6175-666-0
http://www.acornpub.co.kr/book/cv-5e

책값은 뒤표지에 있습니다.